SISTEMAS DISTRIBUÍDOS
princípios e paradigmas
2ª edição

SISTEMAS DISTRIBUÍDOS
princípios e paradigmas
2ª edição

Andrew S. Tanenbaum
Maarten Van Steen

Tradução
Arlete Simille Marques
Engenheira Química — UFPR

Revisão Técnica
Wagner Luiz Zucchi
Professor doutor do Departamento de Sistemas Eletrônicos da
Escola Politécnica da Universidade de São Paulo

Pearson

© 2008 by Pearson Education do Brasil
© 2007 by Pearson Education Inc.
Tradução autorizada da edição original em inglês Distributed systems,
2nd edition, de Andrew S. Tanembaum e Maarten van Steen, publicada pela
Pearson Education Inc., sob o selo Prentice Hall.

Todos os direitos reservados. Nenhuma parte desta publicação poderá ser
reproduzida ou transmitida de qualquer modo ou por qualquer outro meio,
eletrônico ou mecânico, incluindo fotocópia, gravação ou qualquer outro tipo de sistema
de armazenamento e transmissão de informação, sem prévia autorização, por escrito,
da Pearson Education do Brasil.

Gerente editorial: Roger Trimer
Editora sênior: Sabrina Cairo
Editora de desenvolvimento: Josie Rogero
Editora de texto: Sheila Fabre
Preparação: Alessandra Miranda de Sá
Revisão: Norma Gusukuma
Capa: Celso Blanes, a partir da concepção original de Tamara Newnam
Composição editorial: ERJ Composição Editorial e Artes Gráficas Ltda.

Dados Internacionais de Catalogação na Publicação (CIP)
(Câmara Brasileira do Livro, SP, Brasil)

Tanenbaum, Andrew S., 1944 –
 Sistemas distribuídos : princípios e paradigmas / Andrew S. Tanenbaum,
Maarten van Steen ; [tradutora Arlete Simille Marques ; revisor técnico Wagner
Zucchi]. – 2. ed. – São Paulo : Pearson Prentice Hall, 2007.

 Título original: Distributed systems : principles and paradigms
 Bibliografia.
 ISBN 978-85-7605-142-8

 1. Processamento eletrônico de dados — Processamento distribuído
2. Sistemas operacionais distribuídos (Computadores) I. Steen, Maarten van.
II. Título.

07-5663   CDD-005.4476

Índices para catálogo sistemático:

1. Sistemas distribuídos : Processamento de dados
005.4476

Printed in Brazil by Reproset RPPA 224012

Direitos exclusivos cedidos à
Pearson Education do Brasil Ltda.,
uma empresa do grupo Pearson Education
Avenida Francisco Matarazzo, 1400
Torre Milano – 7o andar
CEP: 05033-070 -São Paulo-SP-Brasil
Telefone 19 3743-2155
pearsonuniversidades@pearson.com

Distribuição
Grupo A Educação
www.grupoa.com.br
Fone: 0800 703 3444

Para Suzanne, Barbara, Marvin e em memória de Bram e Sweetie π
— AST

Para Mariëlle, Max e Elke
— MvS

Sumário

Prefácio IX

1. Introdução 1
1.1 Definição de um sistema distribuído 1
1.2 Metas 2
1.3 Tipos de sistemas distribuídos 10
1.4 Resumo 18

2. Arquiteturas 20
2.1 Estilos arquitetônicos 20
2.2 Arquiteturas de sistemas 22
2.3 Arquiteturas *versus* middleware 32
2.4 Autogerenciamento em sistemas distribuídos 35

3. Processos 42
3.1 Threads 42
3.2 Virtualização 48
3.3 Clientes 50
3.4 Servidores 53
3.5 Migração de código 62
3.6 Resumo 67

4. Comunicação 69
4.1 Fundamentos 69
4.2 Chamada de procedimento remoto 75
4.3 Comunicação orientada a mensagem 84
4.4 Comunicação orientada a fluxo 95
4.6 Resumo 105

5. Nomeação 108
5.1 Nomes, identificadores e endereços 108
5.2 Nomeação simples 110
5.3 Nomeação estruturada 118
5.4 Nomeação baseada em atributo 131
5.5 Resumo 137

6. Sincronização 140
6.1 Sincronização de relógios 140
6.2 Relógios lógicos 147
6.3 Exclusão mútua 152
6.4 Posicionamento global de nós 157
6.5 Algoritmos de eleição 159
6.6 Resumo 163

7. Consistência e replicação 165
7.1 Introdução 165
7.2 Modelos de consistência centrados em dados 167
7.3 Modelos de consistência centrados no cliente 174
7.4 Gerenciamento de réplicas 178
7.5 Protocolos de consistência 185
7.6 Resumo 191

8. Tolerância a falha 194
8.1 Introdução à tolerância a falha 194
8.2 Resiliência de processo 198

8.3 Comunicação confiável cliente–servidor ... 203
8.4 Comunicação confiável de grupo ... 207
8.5 Comprometimento distribuído ... 215
8.6 Recuperação ... 220
8.7 Resumo ... 226

9. Segurança 228

9.1 Introdução à segurança ... 228
9.2 Canais seguros ... 240
9.3 Controle de acesso ... 250
9.4 Gerenciamento da segurança ... 259
9.5 Resumo ... 266

10. Sistemas distribuídos baseados em objetos 268

10.1 Arquitetura ... 268
10.2 Processos ... 272
10.3 Comunicação ... 275
10.4 Nomeação ... 281
10.5 Sincronização ... 284
10.6 Consistência e replicação ... 285
10.7 Tolerância a falha ... 288
10.8 Segurança ... 291
10.9 Resumo ... 294

11. Sistemas de arquivos distribuídos 296

11.1 Arquitetura ... 296
11.2 Processos ... 302
11.3 Comunicação ... 303
11.4 Nomeação ... 306
11.5 Sincronização ... 310
11.6 Consistência e replicação ... 314
11.7 Tolerância a falha ... 320
11.8 Segurança ... 322
11.9 Resumo ... 328

12. Sistemas distribuídos baseados na Web 330

12.1 Arquitetura ... 330
12.2 Processos ... 335
12.3 Comunicação ... 339
12.4 Nomeação ... 344
12.5 Sincronização ... 345
12.6 Consistência e replicação ... 346
12.7 Tolerância a falha ... 353
12.8 Segurança ... 354
12.9 Resumo ... 355

13. Sistemas distribuídos baseados em coordenação 357

13.1 Introdução a modelos de coordenação ... 357
13.2 Arquiteturas ... 358
13.3 Processos ... 364
13.4 Comunicação ... 364
13.5 Nomeação ... 365
13.6 Sincronização ... 367
13.7 Consistência e replicação ... 367
13.8 Tolerância a falha ... 371
13.9 Segurança ... 374
13.10 Resumo ... 375

14. Sugestões de leitura adicional e bibliografia 377

14.1 Sugestões para leitura adicional ... 377
14.2 Bibliografia em ordem alfabética ... 382

Prefácio

Sistemas distribuídos são uma área da ciência da computação que está mudando rapidamente. Nos últimos anos vêm surgindo novos tópicos muito interessantes, como computação peer-to-peer e redes de sensores, enquanto outros amadureceram muito, como serviços Web e aplicações Web em geral. Mudanças como essas exigiram uma revisão de nosso texto original para que ficasse atualizado.

Esta segunda edição reflete uma grande revisão em comparação com a anterior. Adicionamos um capítulo específico sobre arquiteturas, que reflete o progresso alcançado na organização de sistemas distribuídos. Uma outra diferença importante é que, agora, há muito mais material sobre sistemas descentralizados, em particular computação peer-to-peer. Não nos limitamos a discutir apenas as técnicas básicas, mas também demos atenção às suas aplicações, como compartilhamento de arquivo, divulgação de informações, redes de entrega de conteúdo e sistemas publicar/subscrever.

Assim como esses dois assuntos importantes, ainda discutimos novos assuntos em todo o livro. Por exemplo, adicionamos material sobre redes de sensores, virtualização, clusters de servidores e computação em grade. Demos atenção especial ao autogerenciamento de sistemas distribuídos, um tópico cada vez mais importante dado o contínuo crescimento da escala desses sistemas.

Certamente, modernizamos o material onde foi adequado. Por exemplo, quando discutimos consistência e replicação, era agora focalizamos modelos de consistência mais apropriados para sistemas distribuídos modernos mais do que os modelos originais, que foram talhados para computação distribuída de alto desempenho. Da mesma maneira, adicionamos material sobre modernos algoritmos distribuídos, entre eles algoritmos de sincronização de relógio e de localização baseados em GPS.

Embora isso não seja comum, conseguimos *reduzir* o número total de páginas. Essa redução é causada, em parte, pela exclusão de assuntos como coleta distribuída de lixo e protocolos de pagamento eletrônico, e também pela reorganização dos quatro últimos capítulos.

Como na edição anterior, o livro é dividido em duas partes. Princípios de sistemas distribuídos são discutidos do Capítulo 2 ao Capítulo 9, enquanto as abordagens globais dos modos de desenvolvimento de aplicações distribuídas (os paradigmas) são discutidas do Capítulo 10 ao Capítulo 13. Entretanto, diferente da edição anterior, decidimos não discutir estudos de casos completos nos capítulos dedicados a paradigmas. Em vez disso, agora cada princípio é explicado por meio de um caso representativo. Por exemplo, invocações de objeto são discutidas como um princípio de comunicação no Capítulo 10 sobre sistemas distribuídos baseados em objetos. Essa abordagem nos permitiu condensar o material, mas também tornou a leitura e o estudo mais agradáveis.

Claro que continuamos a recorrer extensivamente à prática para explicar o que são, afinal, sistemas distribuídos. Vários aspectos de sistemas utilizados na vida real, como WebSphere MQ, DNS, GPS, Apache, Corba, Ice, NFS, Akamai, TIB/Rendezvous, Jini e muitos outros são discutidos em todo o livro. Esses exemplos ilustram a tênue divisão entre teoria e prática, que torna a área de sistemas distribuídos tão interessante.

Muitas pessoas contribuíram para este livro de diversas maneiras. Gostaríamos de agradecer em especial a D. Robert Adams, Arno Bakker, Coskun Bayrak, Jacques Chassin de Kergommeaux, Randy Chow, Michel Chaudron, Puneet Singh Chawla, Fabio Costa, Cong Du, Dick Epema, Kevin Fenwick, Chandana Gamage, Ali Ghodsi, Giorgio Ingargiola, Mark Jelasity, Ahmed Kamel, Gregory Kapfhammer, Jeroen Ketema, Onno Kubbe, Patricia Lago, Steve MacDonald, Michael J. McCarthy, M. Tamer Ozsu, Guillaume Pierre, Avi Shahar, Swaminathan Sivasubramanian, Chintan Shah, Ruud Stegers, Paul Tymann, Craig E. Wills, Reuven Yagel e Dakai Zhu pela leitura de partes do manuscrito e por terem ajudado a identificar erros cometidos na edição anterior e oferecido comentários úteis.

Por fim, gostaríamos de agradecer a nossas famílias. Até agora, Suzanne já passou por esse processo dezessete vezes. É muito para mim, mas também para ela. Ela nunca disse: "Agora, chega!", embora eu tenha certeza de que teve vontade de dizer. Obrigado. Agora, Barbara e Marvin têm uma idéia muito melhor do que professores fazem para viver e sabem quais são as diferenças entre um bom e um mau livro didático. Agora eles são uma inspiração para eu tentar produzir mais bons do que maus livros (AST).

Como tirei uma licença para atualizar o livro, o trabalho de escrever também ficou muito mais agradável para Mariëlle. Ela está apenas começando a se acostumar com ele, mas continua a me dar suporte e a me alertar quando é tempo de voltar minha atenção a assuntos mais importantes. Eu lhe devo muito. A essa altura, Max e Elke já têm uma idéia muito melhor do que significa escrever um livro, porém, em comparação com o que eles mesmos estão lendo, acham difícil entender o que há de tão interessante nessas coisas estranhas que chamamos sistemas distribuídos. E eu não posso culpá-los (MvS).

Material de apoio do livro

No site www.grupoa.com.br professores e alunos podem acessar os seguintes materiais adicionais:

Os editores da edição brasileira agradecem a preciosa colaboração do professor Fabio Kon.

1 Introdução

Os sistemas de computação estão passando por uma revolução. Desde 1945, quando começou a era moderna dos computadores, até aproximadamente 1985, os computadores eram grandes e caros. Mesmo os minicomputadores custavam no mínimo dezenas de milhares de dólares cada. O resultado é que a maioria das organizações tinha apenas alguns poucos computadores e, na falta de um modo de conectá-los, eles funcionavam independentemente uns dos outros.

Contudo, mais ou menos a partir de meados da década de 1980, dois avanços tecnológicos começaram a mudar essa situação. O primeiro foi o desenvolvimento de microprocessadores de grande capacidade. De início, eram máquinas de 8 bits, mas logo se tornaram comuns CPUs de 16, 32 e 64 bits. Muitas dessas CPUs tinham a capacidade de computação de um mainframe — isto é, um grande computador central —, mas por uma fração do preço dele.

A quantidade de melhorias que ocorreu na tecnologia de computadores nos últimos 50 anos é verdadeiramente assombrosa e totalmente sem precedentes em outros setores. De uma máquina que custava dez milhões de dólares e executava uma instrução por segundo, chegamos a máquinas que custam mil dólares e podem executar um bilhão de instruções por segundo, um ganho preço/desempenho de 10^{13}. Se os carros tivessem melhorado nessa proporção no mesmo período de tempo, um Rolls Royce custaria agora um dólar e faria um bilhão de milhas por galão. (Infelizmente, é provável que também tivesse um manual de 200 páginas para ensinar como abrir a porta.)

O segundo desenvolvimento foi a invenção de redes de computadores de alta velocidade. **Redes locais**, ou **LANs** (**local-area networks**), permitem que centenas de máquinas localizadas dentro de um edifício sejam conectadas de modo tal que pequenas quantidades de informação possam ser transferidas entre máquinas em alguns microssegundos, ou algo parecido. Maiores quantidades de dados podem ser movimentadas entre máquinas a taxas de 100 milhões a 10 bilhões de bits/s. **Redes de longa distância**, ou **WANs** (**wide-area networks**), permitem que milhões de máquinas no mundo inteiro se conectem a velocidades que variam de 64 Kbits/s a gigabits por segundo.

O resultado dessas tecnologias é que, atualmente, não somente é viável, mas também fácil, montar sistemas de computação compostos por grandes quantidades de computadores conectados por uma rede de alta velocidade. Esses sistemas costumam ser denominados redes de computadores ou **sistemas distribuídos**, em comparação com os **sistemas centralizados** (ou **sistemas monoprocessadores**) anteriores, que consistem em um único computador, seus periféricos e, talvez, alguns terminais remotos.

1.1 Definição de um Sistema Distribuído

Várias definições de sistemas distribuídos já foram dadas na literatura, nenhuma delas satisfatória e de acordo com nenhuma das outras. Para nossa finalidade, é suficiente dar uma caracterização sem ser muito específica:

> Um sistema distribuído é um conjunto de computadores independentes que se apresenta a seus usuários como um sistema único e coerente.

Essa definição tem vários aspectos importantes. O primeiro é que um sistema distribuído consiste em componentes (isto é, computadores) autônomos. Um segundo aspecto é que os usuários, sejam pessoas ou programas, acham que estão tratando com um único sistema. Isso significa que, de um modo ou de outro, os componentes autônomos precisam colaborar. Como estabelecer essa colaboração é o cerne do desenvolvimento de sistemas distribuídos. Observe que nenhuma premissa é adotada em relação ao tipo de computadores. Em princípio, até mesmo dentro de um único sistema, eles poderiam variar desde computadores centrais (mainframes) de alto desempenho até pequenos nós em redes de sensores. Da mesma maneira, nenhuma premissa é adotada quanto ao modo como os computadores são interconectados. Voltaremos a esses aspectos mais adiante neste capítulo.

Em vez de continuar com definições, talvez seja mais útil que nos concentremos em características importantes de sistemas distribuídos. Uma característica importante é que as diferenças entre os vários computadores e o modo como eles se comunicam estão, em grande parte, ocultas aos usuários. O mesmo vale para a organização interna do sistema distribuído. Uma outra característica importante é que usuários e aplicações podem interagir com um sistema distribuído de maneira consistente e uniforme, independentemente de onde a interação ocorra.

Em princípio, também deveria ser relativamente fácil expandir ou aumentar a escala de sistemas distribuídos. Essa característica é uma conseqüência direta de ter computadores independentes, porém, ao mesmo tempo, de ocultar como esses computadores realmente fazem parte do sistema como um todo. Em geral, um sistema distribuído estará continuamente disponível, embora algumas partes possam estar temporariamente avariadas. Usuários e aplicações não devem perceber quais são as partes que estão sendo substituídas ou consertadas, ou quais são as novas partes adicionadas para atender a mais usuários ou aplicações.

Para suportar computadores e redes heterogêneos e, simultaneamente, oferecer uma visão de sistema único, os sistemas distribuídos costumam ser organizados por meio de uma camada de software — que é situada logicamente entre uma camada de nível mais alto, composta de usuários e aplicações, e uma camada subjacente, que consiste em sistemas operacionais e facilidades básicas de comunicação, como mostra a Figura 1.1. Por isso, tal sistema distribuído às vezes é denominado **middleware**.

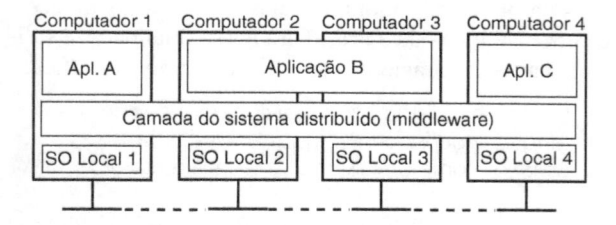

Figura 1.1 Sistema distribuído organizado como middleware. A camada de middleware se estende por várias máquinas e oferece a mesma interface a cada aplicação.

A Figura 1.1 mostra quatro computadores em rede e três aplicações, das quais a aplicação *B* é distribuída para os computadores 2 e 3. A mesma interface é oferecida a cada aplicação. O sistema distribuído proporciona os meios para que os componentes de uma única aplicação distribuída se comuniquem uns com os outros, mas também permite que diferentes aplicações se comuniquem. Ao mesmo tempo, ele oculta, do melhor e mais razoável modo possível, as diferenças em hardware e sistemas operacionais para cada aplicação.

1.2 Metas

O fato de ser possível montar sistemas distribuídos não quer dizer necessariamente que essa seja uma boa idéia. Afinal, dada a tecnologia corrente, também é possível colocar quatro drives de disco flexível em um computador pessoal. A questão é que não teria sentido fazer isso. Nesta seção, discutiremos quatro metas importantes que devem ser cumpridas na construção de um sistema distribuído para que valha a pena o esforço. Um sistema distribuído deve oferecer fácil acesso a seus recursos; deve ocultar razoavelmente bem o fato de que os recursos são distribuídos por uma rede; deve ser aberto e deve poder ser expandido.

1.2.1 Acesso a recursos

A principal meta de um sistema distribuído é facilitar aos usuários, e às aplicações, o acesso a recursos remotos e seu compartilhamento de maneira controlada e eficiente. Os recursos podem ser muito abrangentes, mas entre os exemplos típicos estão impressoras, computadores, facilidades de armazenamento, dados, páginas Web e redes, só para citar alguns. Há muitas razões para querer compartilhar recursos, e uma razão óbvia é a economia. Por exemplo, é mais barato permitir que uma impressora seja compartilhada por diversos usuários em um pequeno escritório do que ter de comprar e manter uma impressora direcionada a cada usuário. Do mesmo modo, em termos econômicos, faz sentido compartilhar recursos de alto custo como supercomputadores, sistemas de armazenamento de alto desempenho, imagesetters e outros periféricos caros.

Conectar usuários e recursos também facilita a colaboração e a troca de informações, o que é claramente ilustrado pelo sucesso da Internet com seus protocolos simples para trocar arquivos, correio, documentos, áudio e vídeo. Agora, a conectividade da Internet está levando a várias organizações virtuais nas quais grupos de pessoas muito dispersas geograficamente trabalham juntas por meio de **groupware**, isto é, software para edição colaborativa, teleconferência e assim por diante. Da mesma maneira, a conectividade da Internet possibilitou o comércio eletrônico, que nos permite comprar e vender todos os tipos de mercadoria sem ter de realmente ir a uma loja ou até mesmo sair de casa.

Contudo, à medida que a conectividade e o compartilhamento crescem, a segurança se torna cada vez mais importante. Na prática corrente, os sistemas oferecem pouca proteção contra bisbilhotice ou intrusão na comunicação. Senhas e outras informações sensíveis muitas vezes são enviadas como texto comum — isto é, não criptografado — pela rede, ou armazenadas em servidores que podemos apenas esperar que sejam confiáveis. Nesse sentido, há muito espaço para melhorias. Por exemplo, hoje é possível fazer pedidos de mercadorias informando apenas um número de cartão de crédito. Raramente é solicitada uma prova de que o cliente seja o proprietário do cartão. No futuro, fazer pedidos desse modo só será possível se você realmente provar que possui o cartão em mãos, inserindo-o em uma leitora de cartões.

Um outro problema de segurança é o rastreamento de comunicações para montar um perfil de preferências de um usuário específico (Wang et al., 1998). Esse rastreamento é uma violação explícita da privacidade, em especial se for feito sem avisar o usuário. Um problema relacionado é que maior conectividade também pode resultar em comunicação indesejável, como envio de mala direta sem permissão, muitas vezes denominada *spam*. Nesses casos, talvez precisemos nos proteger usando filtros especiais de informações que selecionam mensagens de entrada com base em seu conteúdo.

1.2.2 Transparência da distribuição

Uma meta importante de um sistema distribuído é ocultar o fato de que seus processos e recursos estão fisicamente distribuídos por vários computadores. Um sistema distribuído que é capaz de se apresentar a usuários e aplicações como se fosse apenas um único sistema de computador é denominado **transparente**. Em primeiro lugar, vamos examinar quais são os tipos de transparência que existem em sistemas distribuídos. Em seguida, abordaremos a questão mais geral sobre a decisão de se a transparência é sempre requerida.

Tipos de transparência

O conceito de transparência pode ser aplicado a diversos aspectos de um sistema distribuído — os mais importantes são mostrados na Tabela 1.1.

Transparência	Descrição
Acesso	Oculta diferenças na representação de dados e no modo de acesso a um recurso
Localização	Oculta o lugar em que um recurso está localizado
Migração	Oculta que um recurso pode ser movido para outra localização
Relocação	Oculta que um recurso pode ser movido para uma outra localização enquanto em uso
Replicação	Oculta que um recurso é replicado
Concorrência	Oculta que um recurso pode ser compartilhado por diversos usuários concorrentes
Falha	Oculta a falha e a recuperação de um recurso

Tabela 1.1 *Diferentes formas de transparência em um sistema distribuído (ISO, 1995).*

Transparência de acesso trata de ocultar diferenças em representação de dados e o modo como os recursos podem ser acessados por usuários. Em um nível básico, desejamos ocultar diferenças entre arquiteturas de máquinas, porém o mais importante é chegar a um acordo sobre como os dados devem ser representados por máquinas e sistemas operacionais diferentes. Por exemplo, um sistema distribuído pode ter sistemas de computação que executam sistemas operacionais diferentes, cada um com suas próprias convenções para nomeação de arquivos.

Diferenças entre convenções de nomeação e também o modo como os arquivos devem ser manipulados devem ficar ocultos dos usuários e das aplicações.

Um importante grupo de tipos de transparência tem a ver com a localização de um recurso. **Transparência de localização** refere-se ao fato de que os usuários não podem dizer qual é a localização física de um recurso no sistema. A nomeação desempenha um papel importante para conseguir transparência de localização.

Em particular, pode-se conseguir transparência de localização ao se atribuir somente nomes lógicos aos recursos, isto é, nomes nos quais a localização de um recurso não está secretamente codificada. Um exemplo desse tipo de nome é o URL *http://www.prenhall.com/index.html*, que não dá nenhuma pista sobre a localização do principal servidor Web da Prentice Hall. O URL também não dá nenhuma pista se *index.html* sempre esteve em sua localização corrente ou se foi transferido para lá recentemente. Diz-se que sistemas distribuídos nos quais recursos podem ser movimentados sem afetar o modo como podem ser acessados proporcionam **transparência de migração**. Ainda mais vantajosa é a situação na qual recursos podem ser relocados *enquanto* estão sendo acessados sem que o usuário ou a aplicação percebam qualquer coisa. Nesses casos, diz-se que o sistema suporta **transparência de relocação**. Um exemplo de transparência de relocação é o uso móvel de laptops sem fio, cujos usuários podem continuar a usá-lo quando vão de um lugar a outro sem sequer se desconectar temporariamente.

Como veremos, a replicação desempenha um papel muito importante em sistemas distribuídos. Por exemplo, recursos podem ser replicados para aumentar a disponibilidade ou melhorar o desempenho colocando uma cópia perto do lugar em que ele é acessado. **Transparência de replicação** está relacionada a ocultar o fato de que existem várias cópias de um recurso. Para ocultar a replicação dos usuários, é necessário que todas as réplicas tenham o mesmo nome. Por conseqüência, um sistema que suporta transparência de replicação em geral também deve suportar transparência de localização porque, caso contrário, seria impossível referir-se a réplicas em diferentes localizações.

Já mencionamos que uma importante meta de sistemas distribuídos é permitir compartilhamento de recursos. Em muitos casos, esse compartilhamento é cooperativo, como no caso da comunicação. Todavia, também há muitos exemplos de compartilhamento competitivo de recursos. Um deles pode ser o caso de dois usuários independentes, em que cada um pode ter armazenado seus arquivos no mesmo servidor de arquivos ou pode acessar as mesmas tabelas em um banco de dados compartilhado. Nesses casos, é importante que cada usuário não perceba que o outro está utilizando o mesmo recurso. Esse fenômeno é denominado **transparência de concorrência**. Uma questão importante é que o acesso concorrente a um recurso compartilhado deixe esse recurso em estado consistente. Pode-se conseguir consistência por meio de travas de acesso, o que dá a cada usuário, um por vez, acesso exclusivo ao recurso desejado. Um mecanismo mais refinado é utilizar transações; porém, como veremos em capítulos posteriores, é bastante difícil implementar transações em sistemas distribuídos.

Uma definição alternativa e popular de um sistema distribuído, devida a Leslie Lamport, é "Você sabe que tem um quando a falha de um computador do qual nunca ouviu falar impede que você faça qualquer trabalho". Essa descrição pontua uma outra questão importante no projeto de sistemas distribuídos: como tratar falhas. Fazer com que um sistema distribuído seja **transparente à falha** significa que um usuário não percebe que um recurso (do qual possivelmente nunca ouviu falar) deixou de funcionar bem e que, subseqüentemente, o sistema se recuperou da falha. Mascarar falhas é uma das questões mais difíceis em sistemas distribuídos e até mesmo impossíveis de se realizar quando são adotadas certas premissas aparentemente realistas, como discutiremos no Capítulo 8. A principal dificuldade para mascarar falhas está na incapacidade de distinguir entre um recurso morto e um recurso insuportavelmente lento. Por exemplo, quando contatamos um servidor Web ocupado, a certa altura o tempo do browser se esgotará e ele avisará que a página Web não está disponível. Nesse ponto, o usuário não pode concluir se, na verdade, o servidor está avariado.

Grau de transparência

Embora a transparência de distribuição seja geralmente considerada preferível para qualquer sistema distribuído, há situações em que tentar ocultar completamente dos usuários todos os aspectos da distribuição não é uma boa idéia. Um exemplo é requisitar que seu jornal eletrônico apareça em sua caixa postal antes das 7 horas da manhã, hora local, como sempre, enquanto naquele momento você está no outro lado do mundo, onde o fuso horário é diferente. Seu jornal matutino não será aquele ao qual você está acostumado.

Da mesma maneira, não se pode esperar que um sistema distribuído de longa distância que conecta um processo em San Francisco a um processo em Amsterdã oculte o fato de que a Mãe Natureza não permitirá que ele envie uma mensagem de um processo para o outro em menos do que aproximadamente 35 milissegundos. Na prática, quando se está usando uma rede de computadores, isso levará várias centenas de milissegundos. A transmissão de sinal não somente está limitada pela velocidade da luz, mas também pelas capacidades de processamento dos comutadores intermediários.

Também há um compromisso entre um alto grau de transparência e o desempenho de um sistema. Por exemplo, muitas aplicações de Internet tentam contatar um servidor repetidas vezes antes de finalmente desistir. Por conseqüência, tentar mascarar uma falha transitória de servidor antes de tentar um outro pode reduzir a velocidade do sistema como um todo. Nesse caso, talvez seja melhor desistir mais cedo ou, ao menos, permitir que o usuário cancele as tentativas para fazer contato.

Um outro exemplo é o de precisar garantir que várias réplicas, localizadas em continentes diferentes, devam ser consistentes o tempo todo. Em outras palavras, se uma cópia for alterada, essa alteração deve ser propagada para todas as cópias antes de permitir qualquer outra operação. É claro que, agora, uma única operação de atualização pode demorar até alguns segundos para ser concluída, algo que não pode ser ocultado dos usuários.

Por fim, há situações em que não é nem um pouco óbvio que ocultar distribuição seja uma boa idéia. À medida que sistemas distribuídos estão se expandindo para dispositivos que as pessoas carregam consigo, e a própria noção de localização e percepção de contexto está se tornando cada vez mais importante, pode ser melhor *expor* a distribuição em vez de tentar ocultá-la. Essa exposição de distribuição ficará mais evidente quando discutirmos sistemas distribuídos embutidos e ubíquos neste capítulo. Como um exemplo simples, considere uma funcionária que quer imprimir um arquivo que está em seu notebook. É melhor enviar o trabalho a ser impresso a uma impressora ocupada que está próxima do que a uma desocupada localizada na sede corporativa em um país diferente.

Também há outros argumentos contra a transparência de distribuição. Reconhecendo que a total transparência de distribuição é simplesmente impossível, devemos nos perguntar se é até mesmo sensato *dissimular* que podemos alcançá-la. Talvez seja muito melhor tornar a distribuição explícita, de modo que o usuário e o desenvolvedor de aplicação nunca sejam levados a acreditar que existe uma coisa denominada transparência. O resultado será que os usuários entenderão de maneira mais clara o comportamento, às vezes inesperado, de um sistema distribuído e, por isso, estarão mais bem preparados para lidar com esse comportamento.

A conclusão é que visar à transparência de distribuição pode ser uma bela meta no projeto e na implementação de sistemas distribuídos, mas deve ser considerada em conjunto com outras questões, como desempenho e facilidade de compreensão. Nem sempre vale a pena tentar conseguir total transparência, pois o preço que se paga por isso pode ser surpreendentemente alto.

1.2.3 Abertura

Uma outra meta importante de sistemas distribuídos é a abertura. Um **sistema distribuído aberto** é um sistema que oferece serviços de acordo com regras padronizadas que descrevem a sintaxe e a semântica desses serviços. Por exemplo, em redes de computadores há regras padronizadas que governam o formato, o conteúdo e o significado de mensagens enviadas e recebidas. Tais regras são formalizadas em protocolos. No caso de sistemas distribuídos, em geral os serviços são especificados por meio de **interfaces**, que costumam ser descritas em uma **linguagem de definição de interface (Interface Definition Language — IDL)**.

Definições de interfaces escritas em IDL quase sempre capturam apenas a sintaxe de serviços. Em outras palavras, elas especificam com precisão os nomes das funções que estão disponíveis, junto com os tipos dos parâmetros, os valores de retorno, as possíveis exceções que podem surgir e assim por diante. A parte difícil é especificar com precisão o que esses serviços fazem, isto é, a semântica das interfaces. Na prática, tais especificações são sempre dadas de modo informal por meio de linguagem natural.

Se adequadamente especificada, uma definição de interface permite que um processo arbitrário que necessita de certa interface se comunique com um outro processo que fornece aquela interface. Permite também que duas partes independentes construam implementações completamente diferentes dessas interfaces, o que resulta em dois sistemas distribuídos separados que funcionam exatamente do mesmo modo.

Especificações adequadas são completas e neutras. Completa significa que tudo que é necessário para uma implementação foi, de fato, especificado. Contudo, muitas definições de interface não são absolutamente completas, portanto é necessário que um desenvolvedor adicione detalhes específicos da implementação. De igual importância é o fato de que especificações não prescrevem como deve ser a aparência da implementação; elas devem ser neutras. Completude e neutralidade são importantes para interoperabilidade e portabilidade (Blair e Stefani, 1998).

Interoperabilidade caracteriza até que ponto duas implementações de sistemas ou componentes de fornecedores diferentes devem coexistir e trabalhar em conjunto, com base na mera confiança mútua nos serviços de cada um, especificados por um padrão comum.

Portabilidade caracteriza até que ponto uma aplicação desenvolvida para um sistema distribuído A pode ser executada, sem modificação, em um sistema distribuído diferente B que implementa as mesmas interfaces que A.

Uma outra meta importante para um sistema distribuído aberto é que deve ser fácil configurá-lo com base em componentes diferentes (possivelmente de desenvolvedores diferentes). Além disso, deve ser fácil adicionar novos componentes ou substituir os existentes sem afetar os que continuam no mesmo lugar. Em outras palavras, um sistema distribuído aberto deve ser também **extensível**. Por exemplo, em um sistema extensível, deve ser relativamente fácil adicionar partes que são executadas em um sistema operacional diferente, ou até mesmo substituir todo um sistema de arquivo. Como muitos de nós sabemos por experiência própria, é mais fácil falar do que conseguir tal flexibilidade.

Separação entre política e mecanismo

Para conseguir flexibilidade em sistemas distribuídos abertos, é crucial que o sistema seja organizado como um conjunto de componentes relativamente pequenos e de fácil substituição ou adaptação. Isso implica que devemos fornecer definições não somente para as interfaces de nível mais alto, isto é, as que são vistas por usuários e aplicações, mas também definições para interfaces com partes internas do sistema, além de descrever como essas partes interagem.

Essa abordagem é relativamente nova. Muitos sistemas mais antigos, ou mesmo alguns contemporâneos, são construídos segundo uma abordagem monolítica na qual a separação dos componentes é apenas lógica, embora eles sejam implementados como um único e imenso programa. Essa abordagem dificulta a substituição ou adaptação de um componente sem afetar todo o sistema. Portanto, sistemas monolíticos tendem a ser fechados em vez de abertos.

A necessidade de alterar um sistema distribuído é quase sempre causada por um componente que não fornece a política ideal para uma aplicação ou usuário específico. Por exemplo, considere a cache na World Wide Web. Em geral, os browsers permitem que os usuários adaptem sua política de cache especificando o tamanho da cache e se a consistência de um documento em cache deve ser verificada sempre ou se apenas uma vez por sessão. Contudo, o usuário não pode influenciar outros parâmetros de cache, como o período que um documento pode permanecer na cache, ou qual documento deve ser retirado quando a cache estiver cheia. Além disso, é impossível tomar decisões de cache com base no *conteúdo* de um documento. Um usuário pode querer manter em cache uma tabela de horários de trens porque sabe que esses horários dificilmente mudam, mas nunca as informações sobre as condições de tráfego correntes nas rodovias.

Precisamos de uma separação entre política e mecanismo. No caso de cache na Web, por exemplo, o ideal seria que um browser proporcionasse facilidades apenas para armazenar documentos e, ao mesmo tempo, permitisse aos usuários decidir quais documentos teriam de ser armazenados e por quanto tempo. Na prática, isso pode ser implementado pela oferta de um rico conjunto de parâmetros que o usuário pode estabelecer dinamicamente.

Ainda melhor é que um usuário possa implementar sua própria política sob a forma de um componente que possa ser conectado diretamente ao browser. Claro que esse componente deve ter uma interface que o browser possa entender, de modo que ele possa chamar procedimentos dessa interface.

1.2.4 Escalabilidade

A conectividade mundial pela Internet está rapidamente se tornando tão comum quanto poder enviar um cartão-postal para qualquer pessoa em qualquer lugar do mundo. Com isso em mente, a escalabilidade é uma das mais importantes metas de projeto para desenvolvedores de sistemas distribuídos.

A escalabilidade de um sistema pode ser medida segundo, no mínimo, três dimensões diferentes (Neuman, 1994). Em primeiro lugar, um sistema pode ser escalável em relação a seu tamanho, o que significa que é fácil adicionar mais usuários e recursos ao sistema. Em segundo lugar, um sistema escalável em termos geográficos é um sistema no qual usuários e recursos podem estar longe uns dos outros. Em terceiro lugar, um sistema pode ser escalável em termos administrativos, o que significa que ele ainda pode ser fácil de gerenciar, mesmo que abranja muitas organizações administrativas diferentes. Infelizmente, um sistema escalável em uma ou mais dessas dimensões muitas vezes apresenta perda na capacidade de desempenho à medida que é ampliado.

Problemas de escalabilidade

Quando é necessário ampliar um sistema, é preciso resolver problemas de tipos muito diferentes. Em primeiro lugar, vamos considerar a escalabilidade em relação ao tamanho. Se for preciso suportar mais usuários ou recursos, freqüentemente deparamos com as limitações de serviços centralizados, dados e algoritmos (ver Tabela 1.2). Por exemplo, muitos serviços são centralizados no sentido de que são implementados por meio de apenas um único servidor que executa em uma máquina específica no sistema distribuído. O problema com esse esquema é óbvio: o servidor pode se transformar em um gargalo à medida que o número de usuários e aplicações cresce. Ainda que tenhamos capacidades de processamento e armazenagem praticamente ilimitadas, a comunicação com aquele servidor acabará por impedir crescimento ulterior.

Infelizmente, às vezes é inevitável usar apenas um único servidor. Imagine que temos um serviço para gerenciar informações altamente confidenciais como históricos médicos, contas de bancos e assim por diante. Nesses casos, talvez seja melhor implementar o serviço por meio de um único servidor localizado em uma sala separada, de alta segurança, e protegido em relação às outras partes do sistema distribuído por meio de componentes de rede especiais. Copiar o servidor para diversas localizações para melhorar o desempenho pode estar fora de questão porque isso tornaria o serviço menos seguro.

Conceito	Exemplo
Serviços centralizados	Um único servidor para todos os usuários
Dados centralizados	Uma única lista telefônica on-line
Algoritmos centralizados	Fazer roteamento com base em informações completas

Tabela 1.2 *Exemplos de limitações de escalabilidade.*

Tão ruins quanto serviços centralizados são dados centralizados. Como não perder de vista os números de telefones e endereços de 50 milhões de pessoas? Suponha que cada registro de dados pudesse caber em 50 caracteres. Uma única partição de disco de 2,5 gigabytes proporcionaria armazenamento suficiente. Porém, mais uma vez, nesse caso, ter um único banco de dados sem dúvida saturaria todas as linhas de comunicação que o acessam. Do mesmo modo, imagine como a Internet funcionaria se seu Sistema de Nomes de Domínio (Domain Name System — DNS) ainda estivesse implementado como uma tabela única. O DNS mantém informações de milhões de computadores no mundo inteiro e forma um serviço essencial para localizar servidores Web. Se cada requisição para resolver um URL tivesse de ser passada para aquele único servidor DNS, é claro que ninguém estaria usando a Web — o que, por falar nisso, resolveria o problema.

Por fim, algoritmos centralizados também são má idéia. Em um sistema distribuído de grande porte, uma quantidade enorme de mensagens tem de ser roteada por muitas linhas. De um ponto de vista teórico, um bom modo de fazer isso é colher informações completas sobre a carga em todas as máquinas e linhas, e então executar um algoritmo para computar todas as rotas ótimas. Em seguida, essa informação pode ser propagada por todo o sistema para melhorar o roteamento.

O problema é que colher e transportar todas as informações de entrada e saída também seria má idéia porque essas mensagens sobrecarregariam parte da rede. Na verdade, qualquer algoritmo que colha informações de todos os sites, envie-as a uma única máquina para processamento e então distribua os resultados para todos os sites deve ser, de maneira geral, evitado. Somente algoritmos descentralizados devem ser utilizados. Em geral, esses algoritmos têm as seguintes características, que os distinguem dos algoritmos centralizados:

1. Nenhuma máquina tem informações completas sobre o estado do sistema.
2. As máquinas tomam decisões tendo como base somente informações locais.
3. A falha de uma máquina não arruína o algoritmo.
4. Não há nenhuma premissa implícita quanto à existência de um relógio global.

As três primeiras decorrem do que dissemos até agora. A última talvez seja menos óbvia, mas também é importante. Qualquer algoritmo que comece com "Precisamente às 12:00:00 todas as máquinas anotarão o tamanho de sua fila de saída" falhará porque é impossível conseguir a exata sincronização de todos os relógios, fato que os algoritmos devem levar em conta. Quanto maior o sistema, maior a incerteza. Talvez seja possível conseguir a sincronização de todos os relógios com tolerância de alguns microssegundos em uma única LAN, com considerável esforço, mas fazer isso em escala nacional ou internacional é complicado.

A escalabilidade geográfica tem seus próprios problemas. Uma das principais razões por que hoje é difícil ampliar sistemas distribuídos existentes que foram originalmente projetados para redes locais é que eles são baseados em **comunicação síncrona**. Nessa forma de comunicação, uma parte que requisita um serviço, em geral denominada cliente, fica bloqueada até que uma mensagem seja enviada de volta. Essa abordagem costuma funcionar bem em LANs nas quais a comunicação entre duas máquinas, na pior das hipóteses, demora, comumente, algumas centenas de microssegundos. Todavia, em um sistema de longa distância, precisamos levar em conta que a comunicação entre processos pode demorar centenas de milissegundos, isto é, ela é três ordens de grandeza mais lenta. Construir aplicações interativas usando comunicação síncrona em sistemas de longa distância requer muito cuidado, além de muita paciência.

Um outro problema que atrapalha a escalabilidade geográfica é que a comunicação em redes de longa distância é inerentemente não confiável e quase sempre ponto a ponto. Por comparação, redes locais em geral proporcionam facilidades de comunicação de alta confiança com base em broadcast, o que facilita muito o desenvolvimento de sistemas distribuídos. Considere o problema de localizar um serviço. Em um sistema de área local, um processo pode simplesmente enviar uma mensagem broadcast a todas as máquinas, perguntando a cada uma se está executando o serviço de que ele necessita. Somente as máquinas que têm aquele serviço respondem, cada uma delas fornecendo seu endereço de rede na mensagem de resposta. Tal esquema de localização é inconcebível em um sistema de longa distância: imagine só o que aconteceria se tentássemos localizar um serviço desse modo na Internet. Em vez disso, é preciso projetar serviços especiais de localização, que talvez tenham alcance mundial e sejam capazes de atender a bilhões de usuários. Voltaremos a abordar esses serviços no Capítulo 5.

A escalabilidade geográfica está fortemente relacionada com problemas de soluções centralizadas que atrapalham a escalabilidade de tamanho. Se tivermos um sistema com muitos componentes centralizados, é claro que a escalabilidade geográfica estará limitada pelos problemas de desempenho e confiabilidade resultantes da comunicação a longa distância. Além disso, nessa circunstância os componentes centralizados resultarão em desperdício de recursos de rede. Imagine que um único servidor de correio seja usado por um país inteiro. Isso significaria que, quando você enviasse um e-mail a seu vizinho, primeiro o e-mail teria de ir até o servidor central de correio, que poderia estar a quilômetros de distância. Claro que esse não é o melhor caminho.

Por fim, uma questão difícil e, em muitos casos, ainda aberta é como ampliar um sistema distribuído por vários domínios administrativos independentes. Um problema importante que precisa ser resolvido é o de políticas conflitantes em relação à utilização — e pagamento — de recursos, gerenciamento e segurança.

Muitas vezes, por exemplo, os usuários de um único domínio podem confiar em componentes de um sistema distribuído que residam dentro desse mesmo domínio. Em tais casos, a administração do sistema deve ter testado e certificado aplicações e tomado providências especiais para garantir que os componentes não sofram nenhuma ação indevida. Em essência, os usuários confiam em seus administradores de sistema. Contudo, essa confiança não ultrapassa naturalmente as fronteiras do domínio.

Se um sistema distribuído se expandir para um outro domínio, é preciso tomar duas medidas de segurança. Antes, o sistema distribuído tem de se proteger contra ataques maliciosos do novo domínio: os usuários do novo domínio podem ter somente acesso de leitura ao sistema de arquivos no novo domínio original. Da mesma forma, facilidades como imagesetters caros ou computadores de alto desempenho podem não estar disponíveis para usuários estranhos. Em segundo lugar, o novo domínio tem de se proteger contra ataques maliciosos do sistema distribuído. Um exemplo típico é o download de programas como applets em browsers Web. Basicamente, o novo domínio não sabe que comportamento esperar de tal código estranho e, portanto, pode decidir impor limites severos aos direitos de acesso para esse código. O problema, como veremos no Capítulo 9, é como impor essas limitações.

Técnicas de escalabilidade

Após discutirmos alguns problemas de escalabilidade, surge a questão de como resolvê-los de maneira geral. Na maioria dos casos, problemas de escalabilidade em sistemas distribuídos aparecem como problemas de desempenho causados por capacidade limitada de servidores e rede. Agora, há basicamente apenas três técnicas para ampliar sistemas: ocultar latências de comunicação, distribuição e replicação [ver também Neuman (1994)].

Ocultar latências de comunicação é importante para conseguir escalabilidade geográfica. A idéia básica é simples: tentar evitar, o quanto possível, esperar por respostas a requisições remotas — e potencialmente distantes — de serviços. Vamos supor que um serviço seja requisitado em uma máquina remota. Uma alternativa a esperar por uma resposta do servidor é executar outro trabalho útil no lado do requisitante. Em essência, isso significa construir a aplicação requisitante de modo tal que ela use só **comunicação assíncrona**. Quando chega uma resposta, a aplicação é interrompida e um manipulador especial é chamado para concluir a requisição emitida anteriormente.

A comunicação assíncrona muitas vezes pode ser usada em sistemas de processamento de lotes e em aplicações paralelas, nos quais tarefas mais ou menos independentes podem ser escalonadas para execução enquanto uma outra tarefa está esperando pela conclusão da comunicação. Como alternativa, pode-se iniciar um novo thread de controle para executar a requisição. Embora ele fique bloqueado à espera da resposta, outros threads no processo podem continuar.

Contudo, há muitas aplicações que não podem fazer uso efetivo da comunicação assíncrona. Por exemplo, em aplicações interativas, quando um usuário envia uma requisição, em geral ele não terá nada melhor a fazer do que esperar pela resposta. Nesses casos, uma solução muito melhor é reduzir a comunicação global, passando parte da computação que normalmente é executada no servidor para o processo do cliente que está requisitando o serviço.

Um caso típico em que essa abordagem funciona é o acesso a bancos de dados por meio de formulários. O preenchimento de formulários pode ser feito com o envio de uma mensagem separada para cada campo e a espera por um reconhecimento do servidor, como mostra a Figura 1.2(a). O servidor pode verificar se há erros de sintaxe antes de aceitar uma entrada.

Uma solução muito melhor é despachar para o cliente o código para preencher o formulário e possivelmente verificar as entradas, além de fazer com que o cliente devolva um formulário completo, como mostra a Figura 1.2(b). Essa abordagem de despacho de código atualmente é amplamente suportada pela Web sob a forma de applets Java e Javascript.

Uma outra técnica importante de ampliação é a **distribuição**. A distribuição envolve tomar um componente, subdividi-lo em partes menores e, na seqüência, espalhar essas partes pelo sistema. Um excelente exemplo de distribuição é o Sistema de Nomes de Domínio da Internet. O espaço de nomes do DNS é organizado por hierarquia em uma árvore de **domínios**, dividida em **zonas** sem sobreposição, como mostra a Figura 1.3. Os nomes em cada zona são manipulados por um único servidor de nomes. Sem entrar em muitos detalhes, podemos imaginar cada nome de caminho como o nome de um hospedeiro na Internet e, por isso, associado a um endereço de rede daquele hospedeiro.

Basicamente, resolver um nome significa retornar o endereço de rede do hospedeiro associado. Considere, por exemplo, o nome *nl.vu.cs.flits*. Para resolver esse nome, primeiro ele é passado ao servidor de zona *Z1* (ver Figura 1.3),

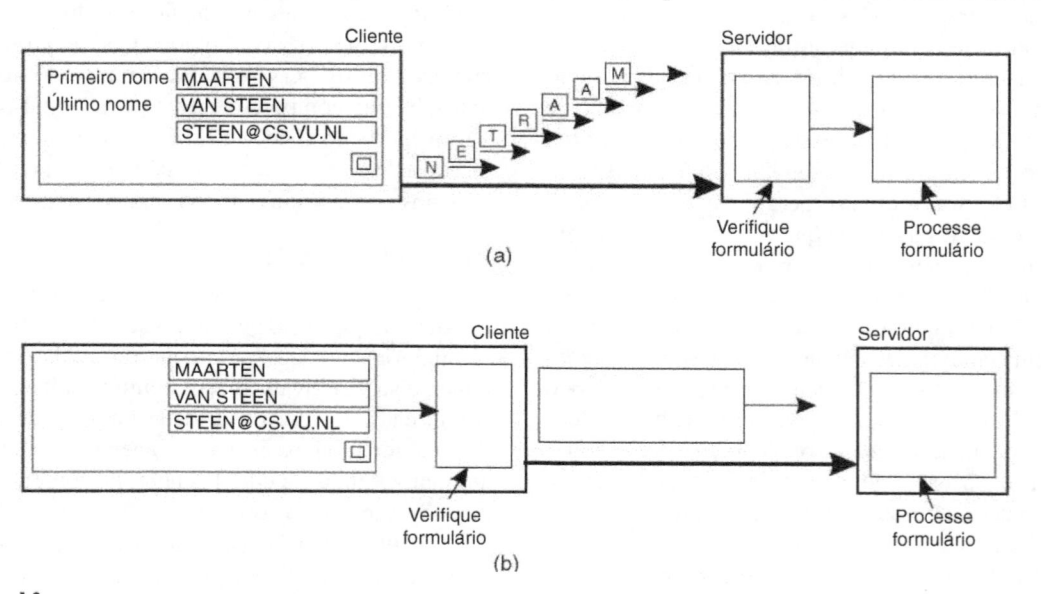

Figura 1.2 A diferença entre deixar (a) um servidor ou (b) um cliente verificar formulários à medida que são preenchidos.

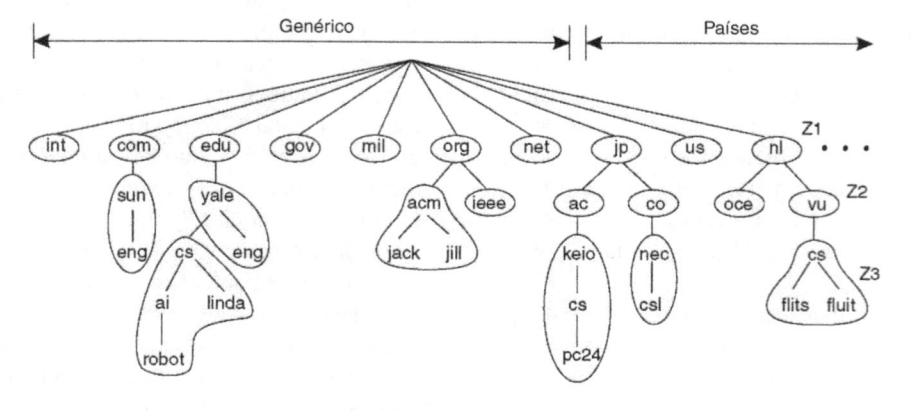

Figura 1.3 Exemplo de divisão do espaço de nomes do DNS em zonas.

que retorna o endereço do servidor para a zona Z2, para a qual o resto do nome, *vu.cs.flits*, pode ser entregue. O servidor para Z2 retornará o endereço do servidor para a zona Z3, que é capaz de manipular a última parte do nome e retornará o endereço do hospedeiro associado.

Esse exemplo ilustra como o *serviço de nomeação* fornecido pelo DNS é distribuído por várias máquinas, evitando, desse modo, que um único servidor tenha de lidar com todas as requisições de resolução de nomes.

Como outro exemplo, considere a World Wide Web. Para a maioria dos usuários, a Web parece ser um enorme sistema de informações baseado em documentos, no qual cada documento tem seu próprio nome exclusivo sob a forma de um URL. Em termos de conceito, pode até parecer que há apenas um único servidor. Entretanto, a Web é fisicamente distribuída por um grande número de servidores, e cada um deles manuseia certa quantidade de documentos da Web. O nome do servidor que manuseia um documento está codificado no URL do documento. Somente graças a essa distribuição de documentos é que foi possível aumentar a Web até seu tamanho atual.

Considerando que problemas de escalabilidade freqüentemente aparecem sob a forma de degradação do desempenho, em geral é uma boa idéia **replicar** componentes por um sistema distribuído. A replicação não somente aumenta a disponibilidade, mas também ajuda a equilibrar a carga entre componentes, o que resulta em melhor desempenho. Além disso, em sistemas de ampla dispersão geográfica, ter uma cópia por perto pode ocultar grande parte dos problemas de latência de comunicação já mencionados.

Cache é uma forma especial de replicação, embora muitas vezes a distinção entre as duas seja difícil de compreender ou até mesmo artificial. Como no caso da replicação, a cache resulta em fazer uma cópia de um recurso, em geral na proximidade do acesso do cliente àquele recurso. Entretanto, ao contrário da replicação, a cache é uma decisão tomada pelo cliente de um recurso, e não por seu proprietário. Além disso, a cache acontece sob demanda, ao passo que a replicação costuma ser planejada antecipadamente.

Tanto a cache quanto a replicação têm uma séria desvantagem que pode causar efeitos adversos na escalabilidade. Como nessa circunstância temos várias cópias de um recurso, se uma delas for modificada, ficará diferente das outras. Por consequência, cache e replicação resultam em problemas de **consistência**.

Até que ponto as inconsistências podem ser toleradas depende em grande parte da utilização de um recurso. Muitos usuários da Web acham aceitável que seus browsers retornem um documento em cache cuja validade não tenha sido verificada nos últimos minutos passados. Contudo, também há muitos casos em que é preciso cumprir fortes garantias de consistência, tal como no caso de bolsas de valores e leilões eletrônicos. O problema com a forte consistência é que uma atualização deve ser imediatamente propagada para todas as outras cópias. Além do mais, se duas atualizações ocorrerem ao mesmo tempo, frequentemente também é exigida a atualização de cada cópia na mesma ordem.

Situações como essa em geral requerem algum mecanismo de sincronização global. Infelizmente, é extremamente difícil ou até impossível implementar esses mecanismos de modo escalável porque as leis da física insistem em que os fótons e os sinais elétricos obedeçam a um limite de velocidade de 3×10^8 m/s (a velocidade da luz). Por consequência, ampliar um sistema por replicação pode introduzir outras soluções inerentemente não escaláveis. Voltaremos à replicação e à consistência no Capítulo 7.

Ao considerarmos essas técnicas de ampliação de escala de um sistema, poderíamos argumentar que a escalabilidade de tamanho é a menos problemática do ponto de vista técnico. Em muitos casos, o simples aumento da capacidade de uma máquina resolverá a questão, ao menos temporariamente, e talvez a custos significativos. A escalabilidade geográfica é um problema muito mais difícil, porque é a Mãe Natureza que está atrapalhando. Ainda assim, a prática mostra que combinar técnicas de distribuição, replicação e cache com diferentes formas de consistência costuma ser suficiente em muitos casos.

Por fim, escalabilidade administrativa parece ser a mais difícil, em parte porque também precisamos resolver problemas que não são técnicos (como políticas de organizações e colaboração humana). Não obstante, houve progresso nessa área simplesmente *ignorando* domínios administrativos. A introdução, e agora a utilização, disseminada de tecnologia peer-to-peer demonstra o que pode ser conseguido se os usuários finais simplesmente tomarem o controle (Aberer e Hauswirth, 2005; Lua et al., 2005; Oram, 2001). Contudo, vamos deixar claro que, na melhor das hipóteses, a tecnologia peer-to-peer pode ser apenas uma solução parcial para a escalabilidade administrativa. Mas, em algum momento, teremos de tratar dela.

1.2.5 Ciladas

Agora já deve estar claro que desenvolver sistemas distribuídos pode ser uma tarefa dificílima. Como veremos muitas vezes em todo este livro, há tantas questões a considerar ao mesmo tempo que parece poder ser apenas a complexidade o único resultado. Mesmo assim, seguindo alguns princípios de projeto, podem-se desenvolver sistemas distribuídos que cumpram à risca as metas que estabelecemos neste capítulo. Muitos princípios seguem as regras básicas da engenharia decente de software e não serão repetidos aqui.

Contudo, sistemas distribuídos são diferentes do software tradicional porque os componentes estão dispersos por uma rede. Não levar essa dispersão em conta durante o projeto é o que torna tantos sistemas desnecessariamente complexos e resulta em erros que precisam ser consertados mais tarde. Peter Deutsch, que, na época, trabalhava na Sun Microsystems, formulou esses erros como as seguintes premissas falsas que todos adotam ao desenvolver uma aplicação distribuída pela primeira vez:

1. A rede é confiável.
2. A rede é segura.
3. A rede é homogênea.
4. A topologia não muda.
5. A latência é zero.
6. A largura de banda é infinita.
7. O custo de transporte é zero.
8. Há só um administrador.

Observe como essas premissas se referem a propriedades exclusivas de sistemas distribuídos: confiabilidade, segurança, heterogeneidade e topologia da rede; latência e largura de banda; custos de transporte e, por fim, domínios administrativos. No desenvolvimento de aplicações não distribuídas, é provável que a maioria dessas questões nem apareça.

A maior parte dos princípios que discutimos neste livro está imediatamente relacionada a essas premissas. Em todos os casos, discutiremos soluções para problemas causados pelo fato de uma ou mais premissas serem falsas. Por exemplo, redes confiáveis simplesmente não existem, o que leva à impossibilidade de conseguir transparência à falha. Dedicaremos um capítulo inteiro para tratar do fato de que a comunicação por rede é inerentemente insegura. Já discutimos que sistemas distribuídos precisam levar em conta a heterogeneidade. Na mesma toada, quando discutimos replicação para resolver problemas de escalabilidade, estamos, em essência, atacando problemas de latência e largura de banda. Também abordaremos questões de gerenciamento em vários pontos desta obra, tratando das falsas premissas do transporte a custo zero e de um único domínio administrativo.

1.3 Tipos de Sistemas Distribuídos

Antes de começarmos a discutir os princípios de sistemas distribuídos, vamos examinar com maior atenção os vários tipos de sistemas distribuídos. A seguir faremos a distinção entre sistemas de computação distribuídos, sistemas de informação distribuídos e sistemas embutidos distribuídos.

1.3.1 Sistemas de computação distribuídos

Uma classe importante de sistemas distribuídos é a utilizada para tarefas de computação de alto desempenho. Em termos estritos, podemos fazer uma distinção entre dois subgrupos. Na **computação de cluster**, o hardware subjacente consiste em um conjunto de estações de trabalho ou PCs semelhantes, conectados por meio de uma rede local de alta velocidade. Além disso, cada nó executa o mesmo sistema operacional.

A situação fica bem diferente no caso da **computação em grade**. Esse subgrupo consiste em sistemas distribuídos que costumam ser montados como federação de computadores, na qual cada sistema pode cair sob um domínio administrativo diferente, e pode ser muito diferente no que tange a hardware, software e tecnologia de rede empregada.

Sistemas de computação de cluster

Sistemas de computação de cluster tornaram-se populares quando a razão preço/desempenho de computadores pessoais e estações de trabalho melhorou. A certa altura ficou atraente, em termos financeiros e técnicos, construir um supercomputador que usasse tecnologia de prateleira simplesmente conectando uma série de computadores relativamente simples a uma rede de alta velocidade. Em quase todos os casos, a computação de cluster é usada para programação paralela na qual um único programa, intensivo em computação, é executado em paralelo em várias máquinas.

Um exemplo bem conhecido de um computador de cluster é formado pelos clusters Beowulf baseados em Linux, cuja configuração geral é mostrada na Figura 1.4. Cada cluster consiste em um conjunto de nós de computação controlados e acessados por meio de um único nó mestre. As tarefas típicas do mestre são manipular a alocação de nós a um determinado programa paralelo, manter uma fila de jobs apresentados e proporcionar uma

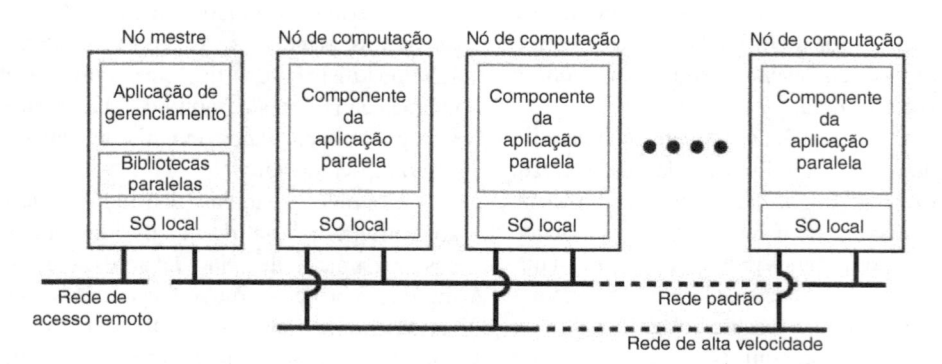

Figura 1.4 *Exemplo de um sistema de computação de cluster.*

interface para os usuários do sistema. Assim, na verdade, o mestre executa o middleware necessário para a execução de programas e o gerenciamento do cluster, ao passo que, para os nós de computação, muitas vezes basta um sistema operacional padrão e nada mais.

Uma parte importante desse middleware é formada pelas bibliotecas para execução de programas paralelos. Como discutiremos no Capítulo 4, na realidade, muitas dessas bibliotecas fornecem somente facilidades avançadas de comunicação por mensagem, mas não são capazes de manipular segurança, processos com falhas e assim por diante.

Como alternativa para essa organização hierárquica, o sistema Mosix adota uma abordagem simétrica (Amar et al., 2004). Esse sistema tenta prover uma **imagem de sistema único** de um cluster, o que significa que, para um processo, um computador de cluster oferece a transparência de distribuição definitiva porque parece ser um único computador. Como já mencionamos, é impossível proporcionar tal imagem sob todas as circunstâncias. No caso do Mosix, o alto grau de transparência é conseguido com a permissão de uma forma dinâmica e preventiva de migração de processos entre os nós que compõem o cluster.

A migração de processos permite que um usuário inicie uma aplicação em qualquer nó (denominado nó nativo), após o que ele pode se mover transparentemente para outros nós a fim de, por exemplo, fazer uso eficiente de recursos. Voltaremos à migração de processos no Capítulo 3.

Sistemas de computação em grade

Um aspecto característico da computação de cluster é sua homogeneidade. Na maioria dos casos, os computadores que compõem um cluster são, em grande parte, os mesmos, todos têm o mesmo sistema operacional e todos estão conectados à mesma rede. Por comparação, sistemas de computação em grade têm alto grau de heterogeneidade: nenhuma premissa é adotada em relação a hardware, sistemas operacionais, redes, domínios administrativos, políticas de segurança e assim por diante.

Uma questão fundamental em um sistema de computação em grade é que recursos de diferentes organizações são reunidos para permitir a colaboração de um grupo de pessoas ou instituições. Tal colaboração é realizada sob a forma de uma **organização virtual**. As pessoas que pertencem à mesma organização virtual têm direitos de acesso aos recursos fornecidos por aquela organização. Entre os recursos típicos estão servidores de computação (entre eles supercomputadores, possivelmente implementados como computadores de cluster), facilidades de armazenamento e bancos de dados. Além disso, também podem ser oferecidos equipamentos especiais em rede, como telescópios, sensores e outros.

Dada a sua natureza, grande parte do software para realizar computação em grade é desenvolvida com a finalidade de prover acesso a recursos de diferentes domínios administrativos, e somente para usuários e aplicações que pertençam a uma organização virtual específica. Por essa razão, o foco costuma ser dirigido às questões de arquitetura. Uma arquitetura proposta por Foster et al. (2001) é mostrada na Figura 1.5.

A arquitetura consiste em quatro camadas. A mais baixa, denominada *camada-base,* provê interfaces para recursos locais em um site específico. Observe que essas interfaces são projetadas para permitir compartilhamento de recursos dentro de uma organização virtual. A tarefa típica dessas interfaces é prover funções para consultar o estado e as capacidades de um recurso, em conjunto com funções para o gerenciamento de recursos propriamente dito. Por exemplo: travar recursos.

A *camada de conectividade* consiste em protocolos de comunicação para suportar transações da grade que abranjam a utilização de múltiplos recursos. Por exemplo, são necessários protocolos para transferir dados entre recursos, ou para o simples acesso de um recurso desde uma localização remota. Além disso, a camada de conectividade conterá protocolos de segurança para autenticar usuários e recursos. Observe que, em muitos casos, usuários humanos não são autenticados; em vez disso, são autenticados programas que agem em nome dos usuários. Nesse sentido, delegar direitos de um usuário a programas é uma função importante que precisa ser suportada na camada de conectividade. Daremos mais detalhes sobre a delegação quando discutirmos segurança em sistemas distribuídos.

A *camada de recursos* é responsável pelo gerenciamento de um único recurso. Ela utiliza as funções fornecidas pela camada de conectividade e chama diretamente as interfaces disponibilizadas pela camada-base. Por exemplo, essa cama-

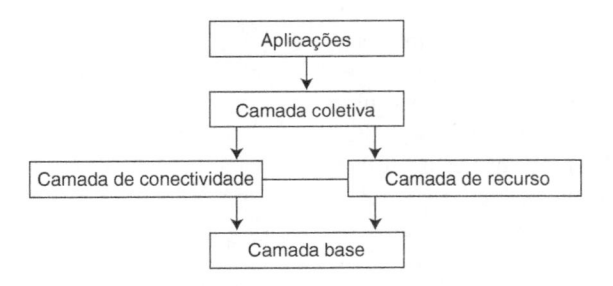

Figura 1.5 Arquitetura em camadas para sistemas de computação em grade.

da oferecerá funções para obter informações de configuração sobre um recurso específico ou, em geral, para realizar operações específicas como criar um processo ou ler dados. Portanto, a camada de recursos é considerada responsável pelo controle de acesso e, por isso, dependerá da autenticação realizada como parte da camada de conectividade.

A camada seguinte na hierarquia é a *camada coletiva*. Ela trata de manipular o acesso a múltiplos recursos e normalmente consiste em serviços para descoberta de recursos, alocação e escalonamento de tarefas para múltiplos recursos, replicação de dados e assim por diante. Diferentemente das camadas de conectividade e de recursos, que consistem em um conjunto padronizado e relativamente pequeno de protocolos, a camada coletiva pode consistir em muitos protocolos diferentes para muitas finalidades diferentes, que reflitam o amplo espectro de serviços que ela pode oferecer a uma organização virtual.

Por fim, a *camada de aplicação* consiste em aplicações que funcionam dentro de uma organização virtual e que fazem uso do ambiente de computação em grade.

Normalmente, as camadas coletiva, de conectividade e de recursos formam o cerne daquilo que poderia ser denominado camada de middleware em grade. Em conjunto, essas camadas dão acesso e gerenciam recursos que estão potencialmente dispersos por vários sites. Uma observação importante da perspectiva do middleware é que, com a computação em grade, a noção de um site (ou unidade administrativa) é comum. Essa prevalência é enfatizada pela tendência gradual à migração para uma **arquitetura orientada a serviços** na qual sites ofereçam acesso às várias camadas por meio de um conjunto de serviços Web (Joseph et al., 2004).

A essa altura, isso nos levou à definição de uma arquitetura alternativa conhecida como **arquitetura de serviços de grade aberta** (Open Grid Services Architecture — OGSA). Essa arquitetura consiste em várias camadas e muitos componentes, o que a torna bastante complexa. A complexidade parece ser o destino de qualquer processo de padronização. Detalhes sobre a OGSA podem ser encontrados em Foster et al. (2005).

1.3.2 Sistemas de informação distribuídos

Uma outra classe importante de sistemas distribuídos é encontrada em organizações que se defrontaram com uma profusão de aplicações em rede para as quais a interoperabilidade se mostrou uma experiência dolorosa. Muitas das soluções de middleware existentes são resultado do trabalho com uma infra-estrutura na qual era mais fácil integrar aplicações a um sistema de informações de âmbito empresarial (Bernstein, 1996; Alonso et al., 2004).

Podemos distinguir vários níveis nos quais ocorreu a integração. Em muitos casos, uma aplicação em rede consistia simplesmente em um servidor que executava aquela aplicação, freqüentemente incluindo um banco de dados, e a disponibilizava para programas remotos, denominados **clientes**. Esses clientes podiam enviar uma requisição ao servidor para executar uma operação específica e depois receber uma resposta que era devolvida. Integração no nível mais baixo permitiria que clientes empacotassem várias requisições, possivelmente para diferentes servidores, em uma única requisição maior, e as enviassem para execução como uma **transação distribuída**. A idéia fundamental era que todas as — ou nenhuma das — requisições seriam executadas.

À medida que as aplicações se tornavam mais sofisticadas e eram gradualmente separadas em componentes independentes, notavelmente distinguindo componentes de banco de dados de componentes de processamento, ficou claro que a integração também deveria ocorrer de modo que permitisse às aplicações se comunicar diretamente umas com as outras. Isso resultou, atualmente, em uma enorme indústria dedicada à **integração de aplicações empresariais** (Enterprise Application Integration — EAI). A seguir, abordaremos essas duas formas de sistemas distribuídos.

Sistemas de processamento de transações

Para deixar nossa discussão mais clara, vamos nos concentrar em aplicações de banco de dados. Na prática, operações em um banco de dados costumam ser realizadas sob a forma de **transações**. Programar a utilização de transações requer primitivas especiais que devem ser fornecidas pelo sistema distribuído subjacente ou pelo sistema de linguagem em tempo de execução. Exemplos típicos de primitivas de transação são mostrados na Tabela 1.3.

A lista exata de primitivas depende dos tipos de objetos que estão sendo usados na transação (Gray e Reuter, 1993). Em um sistema de correio, poderia haver primitivas para enviar, receber e repassar correio. Em um sistema de contabilidade, elas poderiam ser bastante diferentes. Entretanto, READ e WRITE são exemplos típicos. Declarações ordinárias, chamadas de procedimento e assim por diante, também são permitidas dentro de uma transação. Em particular, mencionamos que chamadas a procedimentos remotos (*Remote Procedure Calls* — RPCs), isto é, chamadas de procedimento em servidores remotos, também costumam ser encapsuladas em uma transação, o que resulta no que é conhecido como **RPC transacional**. Discutiremos RPCs minuciosamente no Capítulo 4.

Primitiva	Descrição
BEGIN_TRANSACTION	Marque o início de uma transação
END_TRANSACTION	Termine a transação e tente comprometê-la
ABORT_TRANSACTION	Elimine a transação e restaure os valores antigos
READ	Leia dados de um arquivo, tabela ou de outra forma
WRITE	Escreva dados para um arquivo, tabela ou de outra forma

Tabela 1.3 *Exemplos de primitivas para transações.*

BEGIN_TRANSACTION e END_TRANSACTION são usadas para delimitar o escopo de uma transação. As operações entre elas formam o corpo da transação. O aspecto característico de uma transação é que todas essas operações são executadas ou nenhuma é executada. Elas podem ser procedimentos de biblioteca, chamadas de sistema ou declarações entre parênteses em uma linguagem, dependendo da implementação.

Essa propriedade tudo-ou-nada das transações é uma das quatro propriedades características que elas têm. Mais especificamente, transações são:

1. Atômicas: para o mundo exterior, a transação acontece como se fosse indivisível.
2. Consistentes: a transação não viola invariantes de sistema.
3. Isoladas: transações concorrentes não interferem umas com as outras.
4. Duráveis: uma vez comprometida uma transação, as alterações são permanentes.

Essas propriedades costumam ser citadas por suas letras iniciais: **ACID**.

A primeira propriedade fundamental exibida por todas as transações é que elas são **atômicas**. Essa propriedade garante que cada transação aconteça completamente, ou não aconteça; e, se acontecer, será como uma única ação indivisível e instantânea. Enquanto uma transação está em progresso, outros processos, estejam ou não envolvidos em transações, não podem ver nenhum dos estados intermediários.

A segunda propriedade afirma que elas são **consistentes**. Isso quer dizer que, se o sistema tiver certos invariantes que devem valer sempre, se eles forem válidos antes da transação, também o serão após a transação. Por exemplo, em um sistema bancário, um invariante fundamental é a lei da conservação do dinheiro. Após toda transferência interna, a quantidade de dinheiro no banco tem de ser a mesma que era antes da transferência; contudo, por um breve instante durante a transação, esse invariante pode ser violado. Todavia, a violação não é visível fora da transação.

A terceira propriedade diz que as transações são **isoladas** ou **serializáveis**. Isso significa que, se duas ou mais transações são executadas ao mesmo tempo, o resultado final para cada uma delas e para outros processos se apresentará como se todas as transações fossem executadas em seqüência em certa ordem, dependente do sistema.

A quarta propriedade diz que as transações são **duráveis**. Refere-se ao fato de que, não importa o que aconteça, uma vez comprometida uma transação, ela continua, e os resultados tornam-se permanentes. Nenhuma falha após o comprometimento pode desfazer os resultados ou provocar sua perda.

A durabilidade será discutida minuciosamente no Capítulo 8.

Até aqui, transações foram definidas em um único banco de dados. Uma **transação aninhada** é construída com base em uma quantidade de subtransações, como mostra a Figura 1.6. A transação do nível mais alto pode se ramificar e gerar 'filhos' que executam em paralelo uns aos outros em máquinas diferentes para obter ganho de desempenho ou simplificar a programação. Cada um desses filhos também pode executar uma ou mais subtransações ou se ramificar e gerar seus próprios filhos.

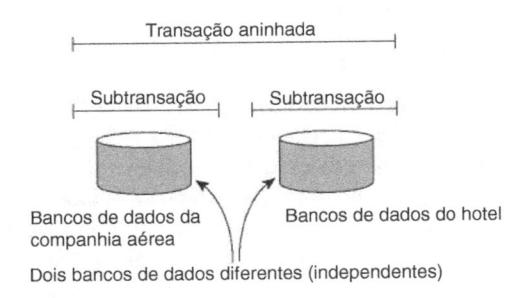

Figura 1.6 Transação aninhada.

Subtransações dão origem a um problema sutil, porém importante. Imagine que uma transação inicia várias subtransações em paralelo e uma delas se compromete, tornando seus resultados visíveis à transação-pai. Após mais computação, a transação-pai é abortada, restaurando todo o sistema ao estado em que estava antes que a transação do nível mais alto começasse. Por conseqüência, os resultados da subtransação que se comprometeu devem ser anulados. Portanto, a permanência que citamos anteriormente se aplica somente às transações do nível mais alto.

Visto que transações podem ser aninhadas até uma profundidade arbitrária, é preciso considerável administração para conseguir que tudo esteja correto. No entanto, a semântica é clara. Quando qualquer transação ou subtransação começa, ela recebe, em termos conceituais, uma cópia privada de todos os dados presentes no sistema inteiro, a qual pode manipular como desejar. Se ela abortar, seu universo privado desaparece como se nunca tivesse existido. Se ela se comprometer, seu universo privado substitui o universo do pai. Assim, se uma subtransação estiver comprometida e mais tarde for iniciada uma nova subtransação, a segunda vê os resultados produzidos pela primeira. Da mesma forma, se uma transação do nível mais alto abortar, todas as suas subtransações subjacentes também têm de ser abortadas.

Transações aninhadas são importantes em sistemas distribuídos porque proporcionam um modo natural de distribuir uma transação por várias máquinas. Elas seguem uma divisão *lógica* do trabalho da transação original. Por exemplo, uma transação para o planejamento de uma viagem pela qual é preciso reservar três vôos pode ser subdividida logicamente em até três subtransações. Cada uma dessas subtransações pode ser gerenciada em separado e independentemente das outras duas.

Quando os sistemas de middleware empresarial começaram, o componente que manipulava transações distribuídas, ou aninhadas, formava o núcleo para a integração de aplicações no nível do servidor ou do banco de dados. Esse componente era denominado **monitor de processamento de transação**, ou, de forma abreviada, **monitor TP**. Sua principal tarefa era permitir que uma aplicação acessasse vários servidores/bancos de dados oferecendo a ela um modelo de programação transacional, como mostra a Figura 1.7.

Integração de aplicações empresariais

Como já mencionamos, quanto mais as aplicações se desvinculavam dos bancos de dados sobre os quais eram construídas, mais evidente ficava que eram necessárias facilidades para integrar aplicações independentemente de seus bancos de dados. Em particular, componentes de aplicação deveriam poder se comunicar diretamente uns com os outros, e não apenas por meio do comportamento de requisição/resposta que era suportado por sistemas de processamento de transações.

Essa necessidade de comunicação entre aplicações resultou em muitos modelos diferentes de comunicação que serão discutidos minuciosamente neste livro — por essa razão, por enquanto faremos aqui apenas uma breve descrição. A principal idéia era que aplicações existentes pudessem trocar informações diretamente, como mostra a Figura 1.8.

Existem vários tipos de middleware de comunicação. Com **chamadas de procedimento remoto** (**Remote Procedure Calls — RPC**), um componente de aplicação pode efetivamente enviar uma requisição a um outro componente de aplicação executando uma chamada de procedimento local, que resulta no empacotamento da requisição como uma mensagem e em seu envio ao chamador. Da mesma forma, o resultado será enviado de volta e devolvido à aplicação como o resultado da chamada de procedimento.

À medida que a popularidade da tecnologia de objeto aumentava, foram desenvolvidas técnicas que permitissem chamadas a objetos remotos, o que resultou naquilo que denominamos **invocações de método remoto** (**Remote Method Invocations — RMI**). Uma RMI é, em essência, o mesmo que uma RPC, exceto que funciona com objetos em vez de com aplicações.

A desvantagem da RPC e da RMI é que ambos, o chamador e o chamado, precisam estar ligados e em funcionamento no momento da comunicação. Além disso, eles precisam saber exatamente como se referir um ao outro. Esse forte acoplamento muitas vezes é percebido como uma séria desvantagem e resultou no que conhecemos como **middleware orientado a mensagem** ou, simplesmente, **MOM (Message-oriented Middleware)**. Nesse caso, as aplicações apenas enviam mensagens a pontos lógicos de contato, que freqüentemente são descritos por meio de um sujeito. Da mesma forma, as aplica-

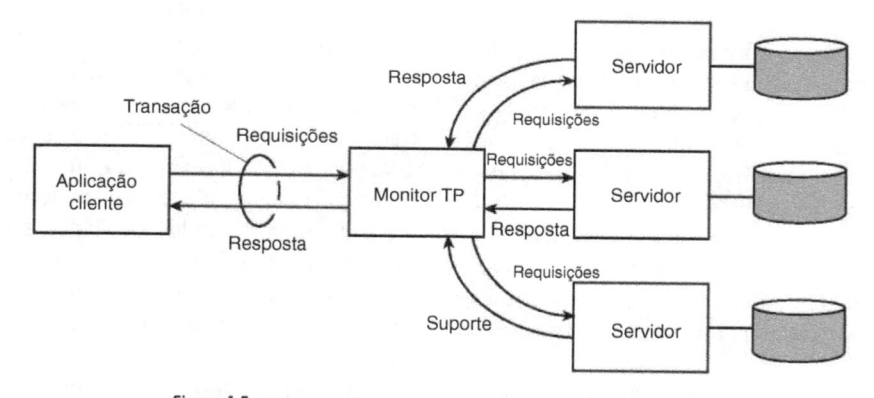

Figura 1.7 O papel do monitor TP em sistemas distribuídos.

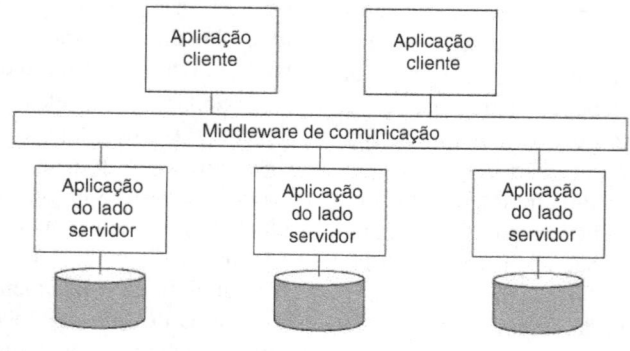

Figura 1.8 Middleware como facilitador de comunicação em integração de aplicações empresariais.

ções podem indicar seu interesse por um tipo específico de mensagem, após o que o middleware de comunicação cuidará para que todas as mensagens sejam entregues a essas aplicações. Esses sistemas, denominados **publicar/subscrever**, formam uma classe importante e em expansão de sistemas distribuídos. Nós os discutiremos minuciosamente no Capítulo 13.

1.3.3 Sistemas distribuídos pervasivos

Os sistemas distribuídos que discutimos até aqui são, em grande parte, caracterizados por sua estabilidade: os nós são fixos e têm uma conexão mais ou menos permanente e de alta qualidade com uma rede. Até certo ponto, essa estabilidade tem sido conseguida por meio de várias técnicas que são discutidas neste livro e que visam a obter transparência de distribuição. Um exemplo: a profusão de técnicas para mascarar falhas e recuperação dará a impressão de que as coisas podem dar errado apenas raramente. Da mesma maneira, conseguimos ocultar aspectos relacionados com a real localização de um nó na rede, o que permite, efetivamente, que usuários e aplicações acreditem que os nós continuam onde estão.

Contudo, a questão ficou muito diferente com a introdução de dispositivos de computação móveis e embutidos. Atualmente encontramos sistemas distribuídos nos quais a instabilidade é o comportamento esperado. Nesses sistemas, que denominamos **sistemas distribuídos pervasivos**, os equipamentos costumam ser caracterizados por seu pequeno tamanho, pela alimentação por bateria, por sua mobilidade e por terem somente uma conexão sem fio, se bem que nem todas essas características se aplicam a todos os dispositivos. Além do mais, tais características não precisam ser necessariamente interpretadas como restritivas, como é ilustrado pelas possibilidades dos modernos smart phones (Roussos et al., 2005).

Como seu nome sugere, um sistema distribuído pervasivo é parte de nosso entorno; por isso, é, em geral, inerentemente distribuído. Um aspecto importante é a ausência geral de controle administrativo humano. Na melhor das hipóteses, os dispositivos podem ser configurados por seus proprietários; porém, quanto ao mais, eles precisam descobrir automaticamente seu ambiente e 'se encaixar' o melhor que puderem. Grimm et al. (2004) tornaram esse 'encaixar' mais exato pela formulação dos três requisitos para aplicações pervasivas apresentados a seguir:

1. Adotar mudanças contextuais.
2. Incentivar composição ad hoc.
3. Reconhecer compartilhamento como padrão.

Adotar mudanças contextuais significa que um dispositivo deve estar continuamente ciente do fato de que seu ambiente pode mudar o tempo todo. Uma das mudanças mais simples é descobrir que uma rede não está mais disponível porque um usuário está se movimentando entre estações-bases. Nesse caso, a aplicação deve reagir, possivelmente conectando-se a uma outra rede, ou tomando outras providências adequadas.

Incentivar composição ad hoc refere-se ao fato de que muitos dispositivos em sistemas pervasivos serão utilizados de modos muito diferentes por usuários diferentes. O resultado é que a configuração do conjunto de aplicações que executa em um dispositivo, seja pelo usuário, seja por interposição automatizada, porém controlada, tem de ser fácil.

Um aspecto muito importante de sistemas pervasivos é que, em geral, os dispositivos se juntam ao sistema para acessar — e possivelmente fornecer — informações. Isso requer meios para ler, armazenar, gerenciar e compartilhar informação com facilidade. À luz da conectividade intermitente e em constante mutação dos dispositivos, é muito provável que o espaço no qual residem informações acessíveis mudará o tempo todo.

Mascolo et al. (2004) bem como Niemela e Latvakoski (2004) chegaram a conclusões semelhantes: na presença de mobilidade, dispositivos devem suportar a adaptação fácil e dependente de aplicação a seu ambiente local. Também devem ser capazes de descobrir serviços com eficiência e reagir de acordo. Considerando esses requisitos, a esta altura já ficou claro que, na realidade, não existe transparência de distribuição em sistemas pervasivos. De fato, a distribuição de dados, processos e controle é *inerente* a esses sistemas, razão por que talvez seja melhor tão-somente expor a distribuição, em vez de ocultá-la. Vamos estudar, agora, alguns exemplos concretos de sistemas pervasivos.

Sistemas domésticos

Um tipo cada vez mais popular de sistema pervasivo, mas que talvez seja o menos restrito, são sistemas montados ao redor de redes domésticas. Em geral, esses sistemas são compostos de um ou mais computadores pessoais. Porém, o mais importante é que integram eletrônicos de consumo típicos como aparelhos de TV, equipamentos de áudio e vídeo, dispositivos para jogos, smart phones, PDAs e outros equipamentos de uso pessoal em um único sistema. Além disso, podemos esperar que todos os tipos de dispositivos, como eletrodomésticos de cozinha, câmaras de vigilância, relógios, controladores de iluminação e assim por diante, serão conectados a um único sistema distribuído.

Da perspectiva de sistema, há vários desafios que precisam ser enfrentados antes que os sistemas pervasivos domésticos se tornem realidade. Um desafio importante é que tal sistema deve ser completamente autoconfigurável e autogerenciável. Não se pode esperar que usuários finais estejam dispostos ou sejam capazes de manter um sistema distribuído doméstico ligado e em funcionamento se seus componentes forem propensos a erros, como acontece com muitos dos dispositivos existentes hoje.

Muito já foi conseguido por meio dos padrões **Universal Plug and Play** (**UPnP**), pelos quais dispositivos obtêm automaticamente endereços IP, podem descobrir uns aos outros e assim por diante (UPnP Forum, 2003). Contudo, é preciso mais. Por exemplo, não está claro como o software e o firmware presentes em dispositivos podem ser atualizados com facilidade sem intervenção manual, ou quando ocorrem as atualizações, de modo que a compatibilidade com outros dispositivos não seja violada.

Uma outra questão premente é o gerenciamento daquilo que é conhecido como um *espaço pessoal*. Reconhecendo que um sistema doméstico consiste em muitos dispositivos compartilhados, bem como pessoais, e que os dados em um sistema doméstico também estão sujeitos a restrições de compartilhamento, muita atenção é dedicada à percepção desses espaços pessoais. Por exemplo, parte do espaço pessoal de Alice pode consistir em sua agenda, fotos da família, um diário, músicas e vídeos que ela comprou etc. Esses ativos pessoais devem ser armazenados de maneira que Alice tenha acesso a eles sempre que desejar. Além disso, partes desse espaço pessoal devem estar — temporariamente — acessíveis a outros, como no caso de ela precisar participar de uma reunião de negócios.

Felizmente, as coisas podem ficar mais simples. Há muito tempo considera-se que espaços pessoais relacionados com sistemas domésticos são inerentemente distribuídos por vários dispositivos. É óbvio que tal dispersão poderá resultar facilmente em problemas de sincronização. Todavia, esses problemas podem ser amenizados devido ao rápido crescimento da capacidade de discos rígidos, aliado à redução de seu tamanho. Configurar uma unidade de armazenamento de vários terabytes para um computador pessoal não é, realmente, um problema.

Da mesma maneira, discos rígidos portáteis com capacidade de centenas de gigabytes estão sendo colocados dentro de reprodutores de mídia portáteis relativamente pequenos. Com o crescimento contínuo dessas capacidades, é possível que logo vejamos sistemas pervasivos domésticos adotarem uma arquitetura na qual uma única máquina funcionará como mestra (e ficará escondida em algum lugar do porão, perto do aquecimento central) e todos os outros dispositivos fixos simplesmente oferecerão uma interface conveniente para os seres humanos. Então,

os dispositivos pessoais ficarão repletos de informações diárias necessárias, mas sua capacidade de armazenamento nunca se esgotará.

Contudo, ter armazenamento suficiente não resolve o problema do gerenciamento de espaços pessoais. Ser capaz de armazenar enormes quantidades de dados muda o problema para o armazenamento de dados *relevantes* e para a capacidade de achá-los mais tarde. Cada vez mais veremos sistemas pervasivos, como redes domésticas, equipados com o que denominamos **recomendadores**, programas que consultam o que os outros usuários armazenaram, de modo a identificar gostos semelhantes e, na seqüência, deduzir qual conteúdo colocar no espaço pessoal de alguém. Uma observação interessante é que a quantidade de informações de que os programas recomendadores necessitam para fazer seu trabalho costuma ser pequena o suficiente para permitir que sejam executados em PDAs (Miller et al., 2004).

Sistemas eletrônicos para tratamento de saúde

Uma outra classe de sistemas pervasivos importante e que está começando a fazer sucesso é a relacionada ao tratamento eletrônico (pessoal) de saúde. Com o aumento do custo do tratamento médico, estão sendo desenvolvidos novos dispositivos para monitorar o bem-estar de indivíduos e entrar automaticamente em contato com médicos quando necessário. Em muitos desses sistemas, uma meta importante é evitar que as pessoas sejam hospitalizadas.

Sistemas para tratamentos de saúde costumam ser equipados com vários sensores organizados em uma rede de área corporal (*Body-area Network* — BAN), de preferência sem fio. Uma questão importante é que, na pior das hipóteses, tal rede deve incomodar uma pessoa o mínimo possível. Com essa finalidade em vista, a rede deve ser capaz de funcionar quando a pessoa estiver em movimento, sem que esta precise estar presa por fios elétricos a dispositivos imóveis.

Esse requisito resulta em duas organizações óbvias, como mostra a Figura 1.9. Na primeira, um hub central é parte da BAN e colhe dados conforme necessário. Esses

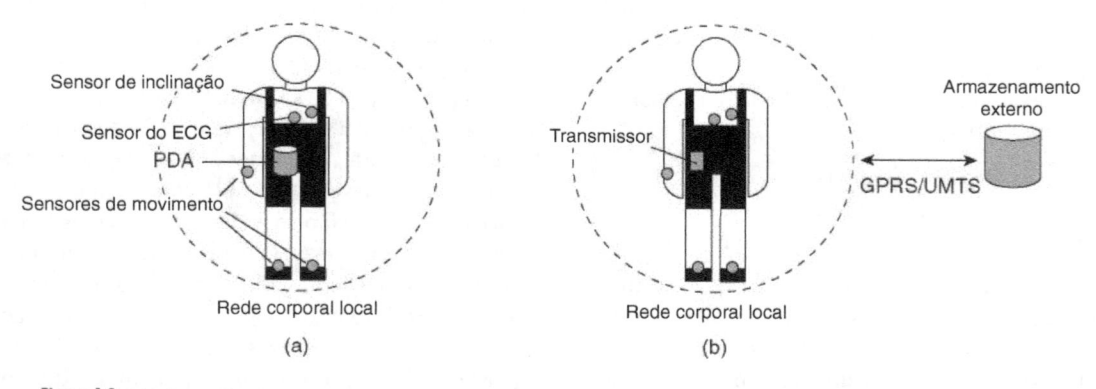

Figura 1.9 Monitoração de uma pessoa em um sistema eletrônico pervasivo de tratamento de saúde utilizando (a) um hub local ou (b) uma conexão contínua sem fio.

dados são descarregados periodicamente em um dispositivo de armazenamento de maior capacidade. A vantagem desse esquema é que o hub também pode gerenciar a BAN. Na segunda, a BAN está ligada continuamente a uma rede externa, mais uma vez por uma conexão sem fio, à qual envia dados monitorados. Será preciso disponibilizar técnicas separadas para gerenciar a BAN. Claro que também poderão existir mais conexões com um médico ou com outras pessoas.

Da perspectiva do sistema distribuído, deparamos imediatamente com questões como:

1. Onde e como os dados monitorados deverão ser armazenados?
2. Como podemos evitar a perda de dados cruciais?
3. Qual é a infra-estrutura necessária para gerar e transmitir sinais de alerta?
4. Como os médicos podem dar retorno on-line?
5. Como pode ser alcançada a extrema robustez do sistema de monitoração?
6. Quais são as questões de segurança e como as políticas adequadas podem ser impostas?

Diferentemente dos sistemas domésticos, não podemos esperar que a arquitetura de sistemas pervasivos de tratamento de saúde tenda a passar para sistemas de um único servidor e que seus dispositivos de monitoração operem com funcionalidade mínima. Ao contrário: por razões de eficiência, os dispositivos e redes de áreas corporais terão de suportar **processamento de dados na rede**, o que significa que os dados de monitoração terão de ser agregados antes de ser armazenados permanentemente ou enviados a um médico. Diferentemente do caso de sistemas de informação distribuídos, ainda não há uma resposta clara para essas questões.

Redes de sensores

Nosso último exemplo de sistemas pervasivos são as redes de sensores. Em muitos casos, essas redes são parte da tecnologia que habilita a pervasividade, e veremos que muitas soluções para redes de sensores são aproveitadas por aplicações pervasivas. O que torna as redes de sensores interessantes da perspectiva de sistema distribuído é que em praticamente todos os casos elas são usadas para processar informações. Nesse sentido, elas fazem mais do que apenas fornecer serviços de comunicação, que é o objetivo principal das redes de computadores tradicionais.

Akyildiz et al. (2002) dão uma visão geral de acordo com a perspectiva de rede. Zhao e Guibas (2004) dão uma introdução às redes de sensores orientadas a sistemas. Estreitamente relacionadas com as redes de sensores são as **redes em malha**, que, em essência, formam um conjunto de nós (fixos) que se comunicam por meio de ligações sem fio. Essas redes podem formar a base para muitos sistemas distribuídos de médio porte. Akyildiz et al. (2005) dão uma visão geral dessas redes.

Normalmente, uma rede de sensores consiste em dezenas a centenas de milhares de nós relativamente pequenos, cada um equipado com um dispositivo de sensoriamento. A maioria das redes de sensores usa comunicação sem fio, e os nós com freqüência são alimentados por bateria. Seus recursos limitados, sua capacidade restrita de comunicação e demanda reprimida de consumo de energia exigem que a eficiência ocupe um dos primeiros lugares da lista de critérios de projeto.

A relação com sistemas distribuídos pode ser esclarecida considerando redes de sensores como bancos de dados distribuídos. Essa visão é bastante comum e fácil de entender quando se percebe que muitas redes de sensores são montadas para aplicações de medição e vigilância (Bonnet et al., 2002). Nesses casos, um operador gostaria de extrair informações de (uma parte de) uma rede simplesmente emitindo consultas como "Qual é a carga de tráfego na direção norte na Rodovia 1?". Essas consultas são parecidas com as consultas tradicionais em bancos de dados. Nesse caso, é provável que a resposta tenha de ser dada por meio da colaboração de muitos sensores localizados ao longo da Rodovia 1, deixando, ao mesmo tempo, os outros sensores intactos.

Para organizar uma rede de sensores como um banco de dados distribuído há, em essência, dois extremos, como mostra a Figura 1.10. No primeiro, os sensores não cooperam; simplesmente enviam seus dados a um banco de dados centralizado, localizado no site do operador. No outro extremo, as consultas são repassadas a sensores relevantes e permite-se que cada um processe uma resposta, o que requer que o operador agregue, de modo sensato, as respostas devolvidas.

Nenhuma dessas soluções é muito atraente. A primeira requer que os sensores enviem pela rede todos os seus dados medidos, o que pode desperdiçar recursos de rede e energia. A segunda solução também pode ser perdulária, porque despreza as capacidades de agregação dos sensores que permitiriam o retorno de uma quantidade muito menor de dados ao operador. Portanto, é preciso facilidades para **processamento de dados na rede,** como encontramos também em sistemas pervasivos de tratamento de saúde.

O processamento de dados na rede pode ser feito de várias maneiras. Uma óbvia é repassar uma consulta a todos os nós sensores ao longo de uma árvore que abranja todos os nós e, na seqüência, agregar os resultados à medida que são propagados de volta à raiz em que está localizado o iniciador. A agregação ocorrerá onde dois ou mais ramos da árvore se encontrarem. Pode até parecer que esse sistema é simples, mas ele introduz questões difíceis:

1. Como montar (dinamicamente) uma árvore eficiente em uma rede de sensores?
2. Como ocorre a agregação de resultados? Ela pode ser controlada?
3. O que acontece quando enlaces de rede falham?

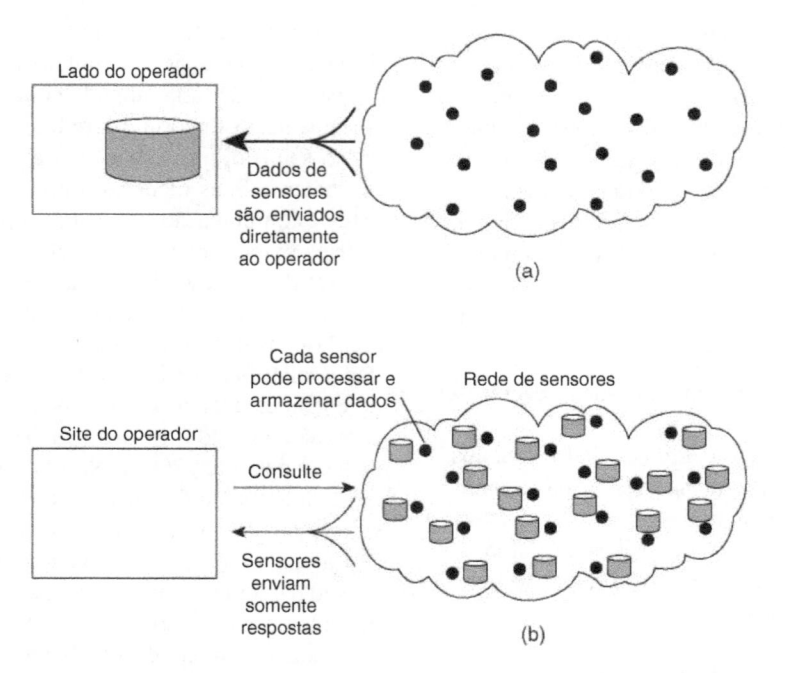

Figura 1.10 Organizando um banco de dados de rede de sensores e, ao mesmo tempo, armazenando e processando dados (a) somente no site do operador ou (b) somente nos sensores.

Essas questões são parcialmente resolvidas pelo TinyDB, que implementa uma interface declarativa (banco de dados) com redes de sensores sem fio. Em essência, o TinyDB pode usar qualquer algoritmo de roteamento baseado em árvore. Um nó intermediário colherá e agregará os resultados de seus filhos, junto com suas próprias constatações, e os enviará em direção à raiz. Para dar eficiência ao sistema, as consultas abrangem um período que leva em conta o cuidadoso escalonamento das operações, de modo que o consumo de recursos da rede e de energia seja ótimo. Se quiser mais detalhes, consulte Madden et al. (2005).

Contudo, quando consultas podem ser iniciadas em diferentes pontos da rede, usar árvores de uma única raiz, como no TinyDB, pode não ser suficientemente eficiente. Como alternativa, redes de sensores podem ser equipadas com nós especiais para os quais são repassados resultados, bem como as consultas relacionadas a esses resultados. Para dar um exemplo simples, consultas e resultados relacionados a leituras de temperatura são colhidos em um lugar diferente dos relacionados às medições de umidade. Essa abordagem corresponde diretamente à noção de sistemas publicar/subscrever, que discutiremos minuciosamente no Capítulo 13.

1.4 Resumo

Sistemas distribuídos consistem em computadores autônomos que trabalham juntos para dar a aparência de um único sistema coerente. Uma importante vantagem é que eles facilitam a integração em um único sistema de diferentes aplicações que executam em computadores diferentes. Uma outra vantagem importante é que, quando adequadamente projetados, sistemas distribuídos podem ser ampliados com facilidade em relação ao tamanho da rede subjacente. Muitas vezes essas vantagens vêm à custa de software mais complexo, degradação do desempenho e, também, freqüentemente, de menor segurança. Não obstante, há considerável interesse mundial na construção e instalação de sistemas distribuídos.

Sistemas distribuídos costumam ter como meta ocultar grande parte das complexidades relacionadas à distribuição de processos, dados e controle. Contudo, essa transparência de distribuição não é apenas conseguida à custa do desempenho, mas, em situações práticas, ela nunca pode ser totalmente alcançada. O fato de ser necessário estabelecer compromissos de modo a obter várias formas de transparência de distribuição é inerente ao projeto de sistemas distribuídos, e é fácil que elas compliquem a sua compreensão.

As coisas ficam ainda mais complicadas porque muitos desenvolvedores adotam premissas iniciais sobre a rede subjacente que estão fundamentalmente erradas. Mais tarde, quando essas premissas são abandonadas, pode ficar difícil mascarar comportamentos indesejáveis. Um exemplo típico é adotar como premissa que a latência da rede não é significativa. Mais tarde, quando chega a hora de transferir um sistema existente para uma rede de longa distância, as latências ocultas podem afetar profundamente o projeto original do sistema. Outras ciladas incluem admitir que a rede é confiável, estática, segura e homogênea.

Existem tipos diferentes de sistemas distribuídos que podem ser classificados como orientados a suporte de computação, processamento de informações e pervasividade. Em geral, sistemas de computação distribuídos são utilizados para aplicações de alto desempenho que muitas vezes se originaram do campo da computação paralela. Uma enorme classe de sistemas distribuídos pode ser encontrada em ambientes tradicionais de escritório, nos quais os bancos de dados desempenham importante papel.

Normalmente, sistemas de processamento de transações são utilizados nesses ambientes. Por fim, há uma classe emergente de sistemas distribuídos na qual os componentes são pequenos e o sistema é composto ad hoc; porém, acima de tudo, eles não são mais gerenciados por meio de um administrador de sistemas. Essa última classe tem como representantes típicos os ambientes de computação ubíquos.

Problemas

1. Uma definição alternativa para um sistema distribuído é que ele é um conjunto de computadores independentes que dá a impressão de ser um *sistema único*, isto é, o fato de haver vários computadores fica completamente oculto para os usuários. Dê um exemplo para o qual essa visão viria muito a calhar.

2. Qual é o papel do middleware em um sistema distribuído?

3. Muitos sistemas em rede são organizados em termos de uma retaguarda e de uma vanguarda. Como as organizações se ajustam à visão coerente que exigimos para um sistema distribuído?

4. Explique o que quer dizer *transparência* (de distribuição) e dê exemplos de diferentes tipos de transparência.

5. Por que às vezes é tão difícil ocultar a ocorrência e a recuperação de falhas em um sistema distribuído?

6. Por que nem sempre é uma boa idéia visar à implementação do mais alto grau de transparência possível?

7. O que é um sistema distribuído aberto e quais são os benefícios que a abertura proporciona?

8. Descreva, com exatidão, o que quer dizer *sistema escalável*.

9. Pode-se conseguir escalabilidade pela aplicação de diferentes técnicas. Quais são essas técnicas?

10. Explique o que significa *organização virtual* e dê uma sugestão para uma possível implementação dessas organizações.

11. Dissemos que, quando uma transação é abortada, o mundo é restaurado a seu estado anterior, como se a transação nunca tivesse acontecido. Mentimos. Dê um exemplo no qual restaurar o mundo é impossível.

12. Executar transações aninhadas requer certo tipo de coordenação. Explique o que um coordenador deveria realmente fazer.

13. Argumentamos que a transparência de distribuição pode não estar presente em sistemas pervasivos. Essa declaração não vale para todos os tipos de transparências. Dê um exemplo.

14. Já demos alguns exemplos de sistemas distribuídos pervasivos: sistemas domésticos, sistemas eletrônicos para tratamento de saúde e redes de sensores. Amplie essa lista com mais exemplos.

15. **(Tarefa de laboratório)** Esboce um projeto para um sistema doméstico composto de um servidor de mídia em separado, que leva em conta a ligação com um cliente sem fio. Esse último está conectado a um equipamento (analógico) de áudio e vídeo e transforma as seqüências de mídia digital em saída analógica. O servidor executa em uma máquina separada, possivelmente conectada à Internet, mas não há nenhum teclado nem monitor conectado a ela.

2 Arquiteturas

Sistemas distribuídos muitas vezes são complexas peças de software cujos componentes estão, por definição, espalhados por várias máquinas. Para controlar sua complexidade, é crucial que esses sistemas sejam organizados adequadamente. Há diferentes modos de ver a organização de um sistema distribuído, mas uma maneira óbvia é fazer uma distinção entre a organização lógica do conjunto de componentes de software e, por outro lado, a realização física propriamente dita.

A organização de sistemas distribuídos trata, em grande parte, dos componentes de software que constituem o sistema. Essas **arquiteturas de software** nos dizem como os vários componentes de software devem ser organizados e como devem interagir. Neste capítulo, em primeiro lugar vamos dar atenção a algumas abordagens comumente aplicadas à organização de sistemas (distribuídos) de computadores.

A realização efetiva de um sistema distribuído implica que especifiquemos e coloquemos componentes de software em máquinas reais. Para fazer isso, há diferentes opções. A especificação final de uma arquitetura de software é também denominada **arquitetura de sistema**. Neste capítulo estudaremos arquiteturas centralizadas tradicionais nas quais um único servidor implementa a maioria dos componentes de software — e, portanto, a funcionalidade — enquanto clientes remotos podem acessar esse servidor usando meios de comunicação simples. Além disso, vamos considerar arquiteturas descentralizadas nas quais as máquinas desempenham papéis mais ou menos iguais, bem como organizações híbridas.

Como explicamos no Capítulo 1, uma meta importante de sistemas distribuídos é separar aplicações das plataformas subjacentes provendo uma camada de middleware. Adotar tal camada é uma decisão arquitetônica importante, e sua finalidade principal é proporcionar transparência de distribuição. Contudo, é preciso fazer compromissos para conseguir transparência, o que resulta em várias técnicas para tornar o middleware adaptativo. Discutiremos algumas das técnicas mais comumente aplicadas neste capítulo porque elas afetam a organização do próprio middleware.

Também pode se conseguir a adaptabilidade em sistemas distribuídos fazendo o sistema monitorar seu próprio comportamento e tomar as providências adequadas quando necessário. Esse modo de ver as coisas resultou em uma classe que agora denominamos **sistemas autonômicos**. Esses sistemas distribuídos são freqüentemente organizados sob a forma de realimentações de contato que formam um importante elemento arquitetônico durante o projeto de um sistema. Neste capítulo, dedicamos uma seção a sistemas distribuídos autonômicos.

2.1 Estilos Arquitetônicos

Começamos nossa discussão de arquiteturas considerando, em primeiro lugar, a organização lógica de sistemas distribuídos em componentes de software, também denominada arquitetura de software (Bass et al., 2003). A pesquisa de arquiteturas de software teve considerável amadurecimento e atualmente já é comum aceitar que projetar ou adotar uma arquitetura é crucial para o sucesso no desenvolvimento de grandes sistemas.

Para nossa discussão, a noção de um **estilo arquitetônico** é importante. Tal estilo é formulado em termos de componentes, do modo como esses componentes estão conectados uns aos outros, dos dados trocados entre componentes e, por fim, da maneira como esses elementos são configurados em conjunto para formar um sistema. Um **componente** é uma unidade modular com interfaces requeridas e fornecidas bem definidas que é substituível dentro de seu ambiente (OMG, 2004b).

Como discutiremos a seguir, a questão importante sobre um componente para sistemas distribuídos é que ele pode ser substituído, contanto que respeitemos suas interfaces. Um conceito um pouco mais difícil de entender é o de um **conector** que, em geral, é descrito como um mecanismo que serve de mediador da comunicação ou da cooperação entre componentes (Mehta et al., 2000; Shaw e Clements, 1997). Por exemplo, um conector pode ser formado pelas facilidades para chamadas de procedimento (remotas), passagem de mensagem ou fluxos de dados.

Usando componentes e conectores, podemos chegar a várias configurações que, por sua vez, foram classificadas em estilos arquitetônicos. Até agora já foram identificados vários estilos, entre os quais os mais importantes para sistemas distribuídos são:

1. Arquiteturas em camadas
2. Arquiteturas baseadas em objetos
3. Arquiteturas centradas em dados
4. Arquiteturas baseadas em eventos

A idéia básica para o estilo em camadas é simples: os componentes são organizados **em camadas**, e um componente na camada L_i tem permissão de chamar componentes na camada subjacente L_{i-1}, mas não o contrário, como mostra a Figura 2.1(a). Esse modelo tem sido amplamente adotado pela comunidade de redes; faremos uma breve revisão dele no Capítulo 4. Uma observação fundamental é que, em geral, o controle flui de camada para camada: requisições descem pela hierarquia, ao passo que resultados fluem para cima.

Uma organização bem mais solta é seguida nas **arquiteturas baseadas em objetos**, que são ilustradas na Figura 2.1(b). Em essência, cada objeto corresponde ao que definimos como componente, e esses componentes são conectados por meio de uma chamada de procedimento (remota). Não é surpresa que essa arquitetura de software se ajuste à arquitetura de sistema cliente–servidor que descrevemos antes. As arquiteturas em camadas e baseadas em objetos ainda formam os estilos mais importantes para sistemas de software de grande porte (Bass et al., 2003).

Arquiteturas centradas em dados se desenvolvem em torno da idéia de que processos se comunicam por meio de um repositório comum (passivo ou ativo). Pode-se argumentar que, para sistemas distribuídos, essas arquiteturas são tão importantes quanto as arquiteturas em camadas ou baseadas em objetos. Por exemplo, foi desenvolvida uma profusão de aplicações em rede que dependem de um sistema distribuído de arquivos compartilhados no qual praticamente toda a comunicação ocorre por meio de arquivos. Da mesma maneira, sistemas distribuídos baseados na Web, que discutiremos extensivamente no Capítulo 12, são, em grande parte, centrados em dados: processos se comunicam por meio da utilização de serviços de dados baseados na Web.

Em **arquiteturas baseadas em eventos**, processos se comunicam, em essência, por meio da propagação de eventos que, opcionalmente, também transportam dados, como mostra a Figura 2.2(a). No caso de sistemas distribuídos, a propagação de eventos tem sido associada, em geral, com o que denominamos **sistemas publicar/subscrever** (Eugster et al., 2003). A idéia básica é que processos publiquem eventos após os quais o middleware assegura que somente os processos que se subscreveram para esses eventos os receberão. A principal vantagem de sistemas baseados em eventos é que os processos são fracamente acoplados. Em princípio, eles não precisam se referir explicitamente uns aos outros, o que também é conhecido como desacoplados no espaço ou **referencialmente desacoplados**.

Arquiteturas baseadas em eventos podem ser combinadas com arquiteturas centradas em dados, resultando no

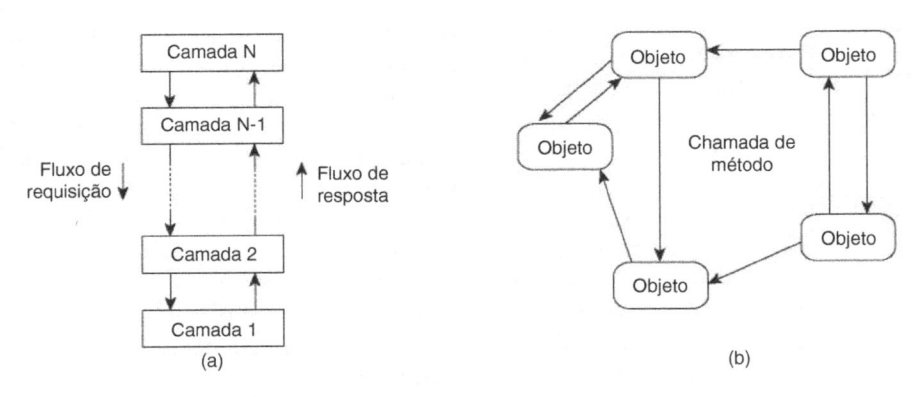

Figura 2.1 Estilo arquitetônico (a) em camadas e (b) baseado em objetos.

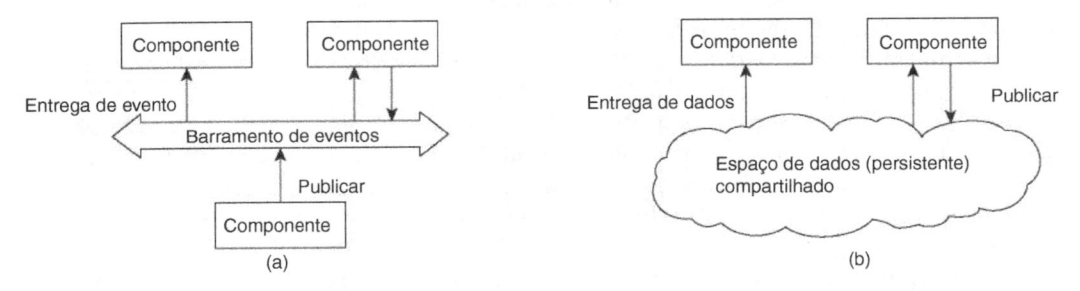

Figura 2.2 Estilo arquitetônico (a) baseado em eventos e (b) de espaço de dados compartilhado.

que também é conhecido como **espaços compartilhados de dados**. A essência de espaços compartilhados de dados é que, agora, os processos também estão desacoplados no tempo: não precisam estar ambos ativos quando ocorre a comunicação. Além do mais, muitos espaços compartilhados de dados usam uma interface semelhante à SQL com o repositório compartilhado, no sentido de que os dados podem ser acessados com a utilização de uma descrição em vez de uma referência explícita, como acontece no caso dos arquivos. Dedicamos o Capítulo 13 a esse estilo arquitetônico.

O que torna essas arquiteturas de software importantes para sistemas distribuídos é que todas elas visam obter transparência de distribuição, em um nível razoável. Todavia, como já argumentamos, transparência de distribuição requer fazer compromissos entre desempenho, tolerância à falha, facilidade de programação e assim por diante. Como não há nenhuma solução única que cumprirá os requisitos para todas as aplicações distribuídas possíveis, os pesquisadores abandonaram a idéia de que um único sistema distribuído pode ser usado para cobrir 90% de todos os casos possíveis.

2.2 Arquiteturas de Sistemas

Agora que já discutimos brevemente alguns estilos arquitetônicos comuns, vamos ver como diversos sistemas distribuídos são realmente organizados, considerando onde são colocados os componentes de software. Decidir a respeito de componentes de software, sua interação e sua colocação leva a um exemplo de uma arquitetura de software também denominada **arquitetura de sistema** (Bass et al., 2003). Discutiremos organizações centralizadas e descentralizadas, bem como várias formas híbridas.

2.2.1 Arquiteturas centralizadas

Apesar da falta de consenso sobre muitas questões de sistemas distribuídos, há uma delas com a qual muitos pesquisadores e praticantes concordam: pensar em termos de *clientes* que requisitam serviços de *servidores* nos ajuda a entender e gerenciar a complexidade de sistemas distribuídos, e isso é bom.

No modelo cliente–servidor básico, processos em um sistema distribuído são divididos em dois grupos, com possível sobreposição. Um **servidor** é um processo que implementa um serviço específico — por exemplo, um serviço de sistema de arquivo ou um serviço de banco de dados. Um **cliente** é um processo que requisita um serviço de um servidor enviando-lhe uma requisição e, na seqüência, esperando pela resposta do servidor. Essa interação cliente–servidor, também conhecida como **comportamento de requisição–resposta**, é mostrada na Figura 2.3.

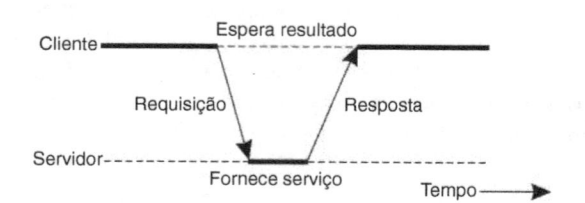

Figura 2.3 Interação geral entre um cliente e um servidor.

A comunicação entre um cliente e um servidor pode ser implementada por meio de um protocolo simples sem conexão quando a rede subjacente for razoavelmente confiável, como acontece em muitas redes locais. Nesses casos, quando um cliente requisita um serviço, ele simplesmente empacota uma mensagem para o servidor, identificando o serviço que quer, junto com os dados de entrada necessários. Então a mensagem é enviada ao servidor. Por sua vez, o servidor sempre vai esperar pela chegada de uma requisição e, em seguida, a processará e empacotará os resultados em uma mensagem de resposta que é enviada ao cliente.

Usar um protocolo sem conexão tem a óbvia vantagem de ser eficiente. Contanto que as mensagens não se percam nem sejam corrompidas, o protocolo de requisição/resposta que acabamos de esboçar funciona bem. Infelizmente, fazer com que o protocolo seja resistente a ocasionais falhas de transmissão não é trivial. A única coisa que podemos fazer é possivelmente deixar que o cliente reenvie a requisição quando não receber nenhuma mensagem de resposta. Todavia, o problema está no fato de que o cliente não pode detectar se a mensagem de requisição original se perdeu ou se a transmissão da resposta falhou. Se a resposta se perdeu, reenviar uma requisição pode resultar em executar a operação duas vezes. Se a operação for algo como "transfira $ 10.000 de minha conta", então é claro que teria sido melhor apenas comunicar que houve um erro.

Por outro lado, se a operação for "informe quanto dinheiro ainda tenho", seria perfeitamente aceitável reenviar a requisição. Quando uma operação pode ser repetida várias vezes sem causar dano, diz-se que ela é **idempotente**. Visto que algumas requisições são idempotentes e outras não, deve ficar claro que não há nenhuma solução única para tratar mensagens perdidas. Adiaremos uma discussão detalhada sobre o tratamento de falhas de transmissão para o Capítulo 8.

Como alternativa, muitos sistemas cliente–servidor usam um protocolo confiável orientado a conexão. Embora não seja inteiramente adequada para uma rede local devido a seu desempenho relativamente lento, essa solução funciona perfeitamente bem em sistemas de longa distância, nos quais a comunicação é inerentemente não confiável. Praticamente todos os protocolos de aplicação da Internet são baseados em conexões TCP/IP confiáveis. Nesse caso, sempre que um cliente requisita um serviço, primeiro ele estabelece conexão com o servidor e depois envia a requisição.

Em geral, o servidor usa a mesma conexão para enviar a mensagem de resposta, após o que a conexão é encerrada. O problema é que estabelecer e encerrar uma conexão custa relativamente caro, em especial quando as mensagens de requisição e resposta forem pequenas.

Camadas de aplicação

O modelo cliente–servidor tem sido alvo de muitos debates e controvérsias ao longo dos anos. Uma das questões principais era como estabelecer uma distinção clara entre um cliente e um servidor. Não é surpresa que freqüentemente não haja nenhuma distinção clara. Por exemplo, um servidor para um banco de dados distribuído pode agir continuamente como um cliente porque está repassando requisições para diferentes servidores de arquivo responsáveis pela implementação das tabelas do banco de dados. Nesse caso, em essência, o próprio servidor do banco de dados nada mais faz do que processar consultas.

Contudo, considerando que muitas aplicações cliente–servidor visam a dar suporte ao acesso de usuários a banco de dados, muitas pessoas defendem uma distinção entre os três níveis citados abaixo, seguindo, em essência, o estilo arquitetônico em camadas que discutimos antes:

1. Nível de interface de usuário
2. Nível de processamento
3. Nível de dados

O nível de interface de usuário contém tudo que é necessário para fazer interface diretamente com o usuário, como gerenciamento de exibição. O nível de processamento normalmente contém as aplicações. O nível de dados gerencia os dados propriamente ditos sobre os quais está sendo executada alguma ação.

Em geral, clientes implementam o nível de interface de usuário. Esse nível consiste em programas que permitam aos usuários finais interagir com aplicações. Há considerável diferença entre os níveis de sofisticação de programas de interface de usuário.

O programa de interface de usuário mais simples nada mais é do que uma tela baseada em caracteres. Tal interface normalmente é usada em ambientes de mainframe. Nos casos em que o mainframe controla toda a interação, incluindo teclado e monitor, mal podemos falar em ambiente cliente–servidor. Entretanto, em muitos casos, o terminal de usuário realiza algum processamento local, como ecoar teclas acionadas ou suportar interfaces do tipo formulário nas quais deve-se editar uma entrada completa antes de enviá-la ao computador principal.

Hoje em dia, mesmo em ambientes de mainframe, vemos interfaces de usuário mais avançadas. Normalmente, a máquina cliente oferece no mínimo um visor gráfico no qual são usados menus pop-up ou pull-down com controles de tela, muitos dos quais manipulados por meio de um mouse em vez de pelo teclado. Entre os exemplos típicos dessas interfaces estão as interfaces X-Windows utilizadas em ambientes Unix e interfaces mais antigas desenvolvidas para PCs MS-DOS e Macintoshes da Apple.

Interfaces de usuário modernas oferecem consideravelmente mais funcionalidade, permitindo que aplicações compartilhem uma única janela gráfica e usem essa janela para permutar dados por meio de ações de usuário. Por exemplo, para apagar um arquivo, em geral é possível arrastar o ícone que representa esse arquivo até um ícone que representa uma lata de lixo. Da mesma maneira, muitos editores de texto permitem a um usuário transferir texto de um documento para uma outra posição usando apenas o mouse. Voltaremos a interfaces de usuário no Capítulo 3.

Muitas aplicações cliente–servidor podem ser construídas de acordo com três partes diferentes: uma parte que manipula a interação com um usuário, uma parte que age sobre um banco de dados ou sistema de arquivo e uma parte intermediária que, em geral, contém a funcionalidade central de uma aplicação. Essa parte intermediária está localizada logicamente no nível de processamento. Ao contrário de interfaces de usuário e bancos de dados, não há muitos aspectos comuns no nível de processamento. Portanto, daremos vários exemplos para esclarecer melhor esse nível.

Como primeiro exemplo, considere um mecanismo de busca da Internet. Ignorando todos os banners animados, imagens e outras extravagâncias das janelas, a interface de usuário de um mecanismo de busca é muito simples: um usuário digita uma seqüência de palavras-chave e, em seguida, aparece na tela uma lista de títulos de páginas Web. A retaguarda de apoio é formada por um enorme banco de dados de páginas Web que foram pesquisadas antecipadamente e indexadas. O núcleo do mecanismo de busca é um programa que transforma a seqüência de palavras-chaves do usuário em uma ou mais consultas a banco de dados. Em seguida, o mecanismo de busca ordena os resultados em uma lista e a transforma em uma série de páginas HTML. Dentro do modelo cliente–servidor, essa parte de recuperação de informações costuma estar localizada no nível de processamento. A Figura 2.4 mostra essa organização.

Como um segundo exemplo, considere um sistema de suporte à decisão para uma corretora de valores. Análogo ao mecanismo de busca, tal sistema pode ser dividido em uma extremidade frontal que implementa a interface de usuário, uma retaguarda de apoio para acessar um banco de dados que contém os dados financeiros e os programas de análise entre essas duas. A análise de dados financeiros pode exigir métodos e técnicas sofisticados de estatística e inteligência artificial. Em alguns casos, o núcleo de um sistema de suporte a decisões financeiras pode até precisar ser executado em computadores de alto desempenho de

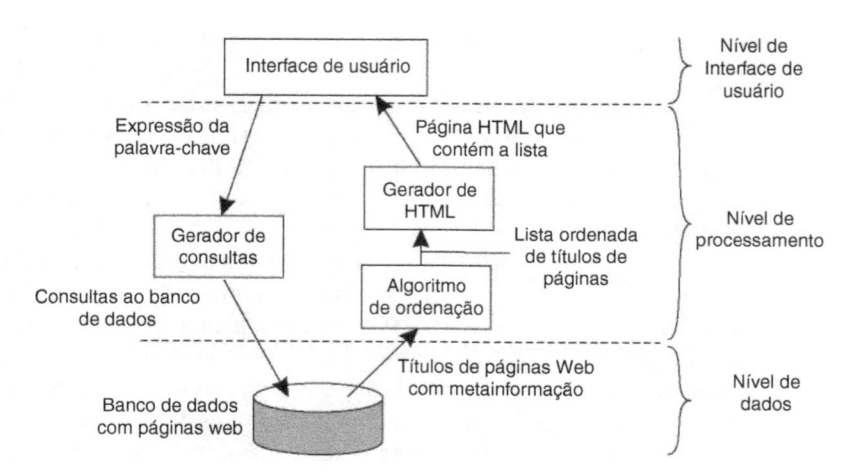

Figura 2.4 Organização simplificada de um mecanismo de busca da Internet em três camadas diferentes.

modo a conseguir a produtividade e a capacidade de resposta esperada por seus usuários.

Como um último exemplo, considere um pacote típico para computadores de mesa composto de um processador, uma aplicação de planilha, facilidades de comunicação e assim por diante. Esses conjuntos 'de escritório', em geral, são integrados por meio de uma interface comum de usuário que suporta documentos compostos e age sobre arquivos do diretório particular (*home directory*) do usuário. Em ambientes de escritório, esse diretório particular costuma estar localizado em um servidor de arquivo remoto.

Nesse exemplo, o nível de processamento consiste em um conjunto relativamente grande de programas, cada um com capacidades de processamento bastante simples.

O nível de dados no modelo cliente–servidor contém os programas que mantêm os dados propriamente ditos sobre os quais as aplicações agem em suas operações. Uma importante propriedade desse nível é que os dados costumam ser **persistentes**, isto é, ainda que nenhuma aplicação esteja sendo executada, os dados estarão armazenados em algum lugar para a próxima utilização. Em sua forma mais simples, o nível de dados consiste em um sistema de arquivo, porém é mais comum utilizar um banco de dados plenamente capacitado. No modelo cliente–servidor, o nível de dados normalmente é implementado no lado servidor.

Além do mero armazenamento de dados, em geral o nível de dados também é responsável por manter os dados consistentes nas diferentes aplicações. Quando bancos de dados estão sendo usados, manter consistência significa que os metadados, como descrições de tabelas, restrições de entrada e metadados específicos de aplicação, também são armazenados nesse nível. No caso de um banco, podemos querer gerar um aviso quando o cartão de débito de um cliente chegar a certo valor. Esse tipo de informação pode ser mantido por meio de um mecanismo de disparo (*trigger*) de banco de dados que ativa um manipulador que é acionado no momento adequado.

Na maioria dos ambientes orientados a negócios, o nível de dados é organizado como um banco de dados relacional. Nesse caso, a independência dos dados é crucial. Os dados são organizados independentemente das aplicações de modo tal que alterações nessa organização não afetam as aplicações, nem as aplicações afetam a organização dos dados. Usar bancos de dados relacionais no modelo cliente–servidor ajuda a separar o nível de processamento do nível de dados, porque processamento e dados são considerados independentes.

Todavia, nem sempre bancos de dados relacionais são a opção ideal. Um aspecto característico de muitas aplicações é que elas operam sobre tipos de dados complexos cuja modelagem é mais fácil em termos de objetos do que em termos de relações. Exemplos desses tipos de dados vão de simples polígonos e círculos até representações de projetos de aeronaves, como é o caso de sistemas de projeto auxiliado por computador (*Computer-aided Design* — CAD).

Nos casos em que é mais fácil expressar operações de dados em termos de manipulações de objetos, faz sentido implementar o nível de dados por meio de um banco de dados orientado a objetos ou de um banco de dados relacional orientado a objetos. Esse último tipo está conquistando notável popularidade porque esses bancos de dados são construídos sobre o modelo de dados relacionais amplamente dispersos e, ao mesmo tempo, oferecem as vantagens que a orientação a objetos proporciona.

Arquiteturas multidivididas

A distinção entre três níveis lógicos, como discutimos até aqui, sugere várias possibilidades para a distribuição física de uma aplicação cliente–servidor por várias máquinas. A organização mais simples é ter só dois tipos de máquinas:

1. Uma máquina cliente que contém apenas os programas que implementam o nível (parte do nível) de interface de usuário.
2. Uma máquina do servidor que contém o resto, ou seja, os programas que implementam o nível de processamento e de dados.

Nessa organização, tudo é manipulado pelo servidor, ao passo que, em essência, o cliente nada mais é do que um terminal burro, possivelmente com uma interface gráfica bonitinha. Há muitas outras possibilidades e estudaremos algumas das mais comuns nesta seção.

Uma abordagem para organizar clientes e servidores é distribuir os programas presentes nas camadas de aplicação da seção anterior por máquinas diferentes, como mostra a Figura 2.5 [veja também Umar (1997) e Jing et al. (1999)]. Como primeira etapa, fazemos uma distinção entre dois tipos de máquinas apenas: máquinas clientes e máquinas servidoras, o que resulta em algo também denominado **arquitetura de duas divisões (físicas)**.

Uma possível organização é ter na máquina cliente só a parte da interface de usuário que é dependente de terminal, como mostra a Figura 2.5(a), e dar às aplicações o controle remoto sobre a apresentação de seus dados. Uma alternativa é colocar todo o software de interface de usuário no lado cliente, como mostra a Figura 2.5(b). Nesses casos, em essência, dividimos a aplicação em uma extremidade frontal gráfica, que se comunica com o resto da aplicação — que reside no servidor — por meio de um protocolo específico de aplicação. Nesse modelo, a extremidade frontal — o software cliente — não faz nenhum processamento exceto o necessário para apresentar a interface da aplicação.

Prosseguindo nessa linha de raciocínio, também podemos deslocar parte da aplicação para a extremidade frontal, como mostra a Figura 2.5(c). Um exemplo no qual isso faz sentido é a aplicação utilizar um formulário que precise ser completamente preenchido antes de poder ser processado. Então, a extremidade frontal pode verificar a correção e a consistência do formulário e, quando necessário, interagir com o usuário. Um outro exemplo de organização como a da Figura 2.5(c) é o de um editor de texto no qual as funções básicas de edição são executadas no lado cliente, onde operam sobre dados presentes em caches locais ou em dados da memória, mas no qual as ferramentas avançadas de suporte, como verificação de ortografia e gramática, são executadas no lado servidor.

Em muitos ambientes cliente–servidor, as organizações mostradas nas figuras 2.5(d) e 2.5(e) gozam de particular popularidade. Essas organizações são utilizadas quando a máquina cliente é um PC ou estação de trabalho, conectado por meio de uma rede a um sistema de arquivo distribuído ou a um banco de dados. Em essência, grande parte da aplicação está executando na máquina cliente, mas todas as operações com arquivos ou entradas em banco de dados vão para o servidor. Por exemplo, muitas aplicações bancárias executam na máquina de um usuário final na qual este prepara transações e coisas semelhantes. Uma vez concluída, a aplicação contata o banco de dados no servidor do banco e carrega as transações para processamento ulterior.

A Figura 2.5(e) representa a situação em que o disco local do cliente contém parte dos dados. Ao consultar a Web com seu browser, por exemplo, um cliente pode construir gradativamente uma enorme cache em disco local com as páginas Web mais recentemente consultadas.

Observamos que nos últimos anos tem ocorrido forte tendência para abandonar as configurações mostradas nas figuras 2.5(d) e 2.5(e) nos casos em que o software cliente é colocado em máquinas de usuários finais. Nesses casos, grande parte do processamento e do armazenamento de dados é manipulada no lado do servidor. A razão para isso é simples: embora máquinas clientes façam muito, também são mais problemáticas para gerenciar. Ter mais funcionalidade na máquina cliente torna o software do lado do cliente mais propenso a erros e mais dependente da plataforma subjacente do cliente, isto é, do sistema operacional e respectivos recursos.

Da perspectiva de gerenciamento de sistema, ter o que denominamos **clientes gordos** (*fat clients*) não é ótimo. Em vez disso, os terminais **clientes magros** (*thin clients*), como representados pelas organizações mostradas nas figuras 2.5(a) a 2.5(c), são muito mais fáceis, talvez ao custo de interfaces de usuário menos sofisticadas e do desempenho percebido pelo cliente.

Observe que essa tendência não implica que não precisemos mais de sistemas distribuídos. Ao contrário, o que estamos vendo é que as soluções do lado do servidor

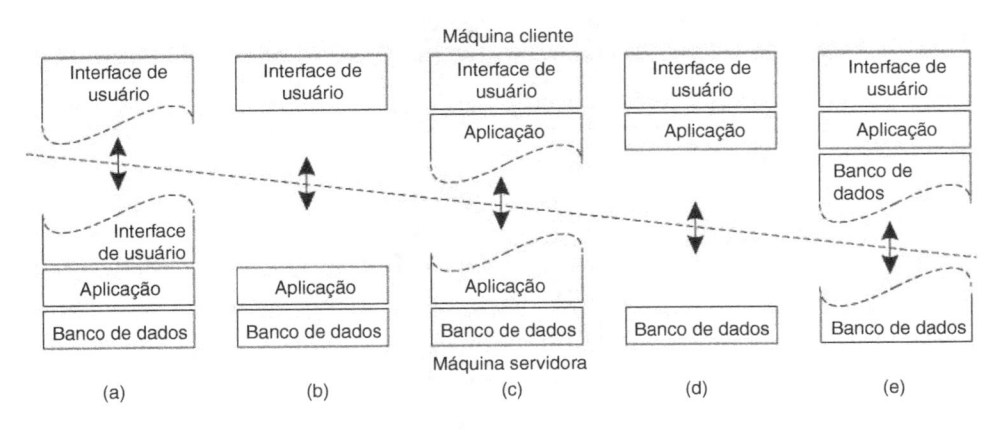

Figura 2.5 Alternativas de organizações cliente–servidor (a)—(e).

estão se tornando cada vez mais distribuídas à medida que um servidor único está sendo substituído por vários servidores que executam em máquinas diferentes. Em particular, quando fizemos distinção somente entre máquinas clientes e máquinas servidoras, como fizemos até aqui, deixamos passar em branco o fato de que um servidor às vezes pode precisar agir como um cliente, como mostra a Figura 2.6, o que resulta em uma **arquitetura de três divisões, em termos físicos**. Nessa arquitetura, programas que formam parte do nível de processamento residem em um servidor separado, mas, além disso, podem ser parcialmente distribuídos pelas máquinas cliente e servidora. Um exemplo típico da utilização de uma arquitetura de três divisões é o processamento de transações.

Como discutimos no Capítulo 1, um processo separado, denominado monitor de processamento de transação, coordena todas as transações em servidores de dados possivelmente diferentes.

Um outro exemplo, porém muito diferente, no qual muitas vezes vemos uma arquitetura de três divisões, é a organização de sites Web. Nesse caso, um servidor Web age como ponto de entrada para um site, passando requisições para um servidor de aplicação no qual ocorre o processamento propriamente dito. Por sua vez, esse servidor de aplicação interage com um servidor de banco de dados. Um servidor de aplicação pode ser responsável por rodar o código para inspecionar o estoque disponível de algumas mercadorias oferecidas por uma livraria eletrônica. Para fazer isso, ele talvez precise interagir com um banco de dados que contém os dados brutos do estoque. Voltaremos à organização de sites Web no Capítulo 12.

2.2.2 Arquiteturas descentralizadas

Arquiteturas cliente–servidor multidivididas são uma conseqüência direta da divisão de aplicações em uma interface de usuário em componentes de processamento e em um nível de dados. As diferentes divisões correspondem diretamente à organização lógica das aplicações. Em muitos ambientes de negócios, processamento distribuído equivale a organizar uma aplicação cliente–servidor como uma arquitetura multidivididas. Esse tipo de distribuição é denominado **distribuição vertical**. O aspecto característico da distribuição vertical é que ela é obtida ao se colocar componentes *logicamente* diferentes em máquinas diferentes. O termo está relacionado ao conceito de **fragmentação vertical** como utilizada em bancos de dados relacionais distribuídos, nos quais significa que as tabelas são subdivididas em colunas e, na seqüência, distribuídas por várias máquinas (Oszu e Valduriez, 1999).

Mais uma vez, da perspectiva de gerenciamento de sistema, ter uma distribuição vertical pode ajudar: funções são subdivididas lógica e fisicamente por várias máquinas, e cada máquina é projetada para um grupo específico de funções. Contudo, a distribuição vertical é apenas um dos modos de organizar aplicações cliente–servidor. Em arquiteturas modernas, muitas vezes é a distribuição dos clientes e dos servidores que conta, à qual nos referimos como **distribuição horizontal**.

Nesse tipo de distribuição, um cliente ou servidor pode ser fisicamente subdividido em partes logicamente equivalentes, mas cada parte está operando em sua própria porção do conjunto completo de dados, o que equilibra a carga. Nesta seção, examinaremos uma classe moderna de arquiteturas de sistemas que suporta distribuição horizontal, conhecida como **peer-to-peer**.

De uma perspectiva de alto nível, os processos que constituem um sistema peer-to-peer são todos iguais, o que significa que as funções que precisam ser realizadas são representadas por todo processo que constitui o sistema distribuído. Como conseqüência, grande parte da interação entre processos é simétrica: cada processo agirá como um cliente e um servidor ao mesmo tempo (o que também se denomina agir como **servente**).

Dado esse comportamento simétrico, arquiteturas peer-to-peer se desenvolvem em torno da questão de como organizar os processos em uma **rede de sobreposição**, isto é, uma rede na qual os nós são formados pelos processos e os enlaces representam os canais de comunicação possíveis (que usualmente são realizados como conexões TCP). Em geral, um processo não pode se comunicar diretamente com um outro processo arbitrário, mas deve enviar mensagens por meio dos canais de comunicação disponíveis.

Existem dois tipos de redes de sobreposição: as que são estruturadas e as que não são. Esses dois tipos são estudados extensivamente em Lua et al. (2005), acompa-

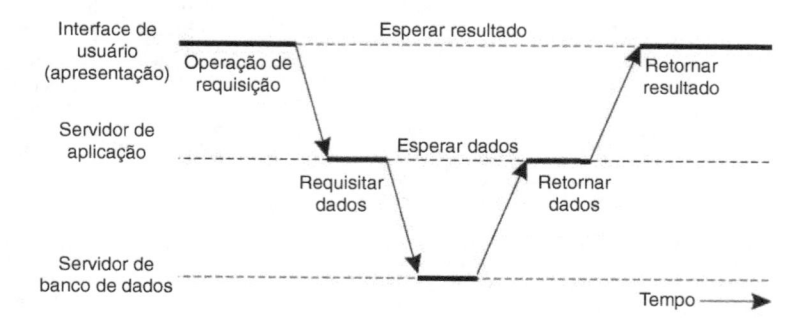

Figura 2.6 *Exemplo de um servidor que age como cliente.*

nhados de numerosos exemplos. Aberer et al. (2005) dão uma arquitetura de referência que permite uma comparação mais formal entre os diferentes tipos de sistemas peer-to-peer. Androutsellis-Theotokis e Spinellis (2004) dão um levantamento realizado com base na perspectiva da distribuição de conteúdo.

Arquiteturas peer-to-peer estruturadas

Em uma arquitetura peer-to-peer estruturada, a rede de sobreposição é construída com a utilização de um procedimento determinístico. O procedimento mais usado é, de longe, organizar os processos por meio de uma **tabela de hash distribuída (Distributed Hash Table — DHT)**.

Em um sistema baseado em DHT, os itens de dados recebem uma chave aleatória, como um identificador de 128 bits ou 160 bits, de um grande espaço de identificadores. Da mesma maneira, os nós do sistema também recebem um número aleatório do mesmo espaço de identificadores. Portanto, o ponto crucial de todo sistema baseado em DHT é implementar um esquema eficiente e determinístico que mapeie exclusivamente a chave de um item de dado para o identificador de um nó tendo como base somente alguma distância métrica (Balakrishnan et al., 2003). O mais importante é que, ao consultar um item de dado, o endereço de rede do nó responsável por aquele item de dado é retornado. Na verdade, consegue-se isso *roteando* uma requisição para um item de dado até o nó responsável.

No sistema Chord (Stoica et al., 2003), por exemplo, os nós estão logicamente organizados em um anel de modo tal que um item de dado com chave k seja mapeado para o nó que tenha o menor identificador $id \geq k$. Esse nó é denominado *sucessor* da chave k e denotado como $succ(k)$, como mostra a Figura 2.7. Portanto, para consultar o item de dado, uma aplicação que executa em um nó arbitrário teria de chamar a função LOOKUP(k) que, na seqüência, retornaria o endereço de rede de $succ(k)$. Nesse ponto, a aplicação pode contatar o nó para obter uma cópia do item de dado.

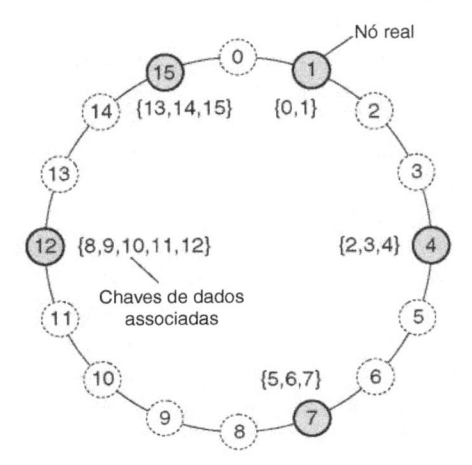

Figura 2.7 *Mapeamento de itens de dados para nós em Chord.*

Não entraremos no assunto de algoritmos para consultar uma chave agora; adiaremos essa discussão até o Capítulo 5, no qual descreveremos detalhes de vários sistemas de nomeação. Em vez disso, vamos nos concentrar no modo como os nós se organizam em uma rede de sobreposição, em outras palavras, no **gerenciamento de associação ao grupo**. No que for apresentado adiante, é importante entender que consultar uma chave não segue a organização lógica de nós no anel da Figura 2.7. Na verdade, cada nó manterá atalhos para outros nós, de modo tal que, em geral, as consultas possam ser feitas em $O(log(N))$ números de etapas, onde N é o número de nós que participam da rede de sobreposição.

Agora considere novamente o Chord. Quando um nó quer se juntar ao sistema, ele começa gerando um identificador aleatório id. Observe que, se o espaço do identificador for grande o suficiente, contanto que o gerador de números aleatórios seja de boa qualidade, a probabilidade de gerar um identificador que já esteja designado a um nó real é próxima de zero. Portanto, o nó pode simplesmente fazer uma pesquisa em id, que retornará o endereço de rede de $succ(id)$. Nesse ponto, o nó que está se juntando ao grupo pode simplesmente contatar $succ(id)$ e seu predecessor e se inserir no anel. Claro que esse esquema requer que cada nó também armazene informações sobre seu predecessor. Da inserção ainda decorre que cada item de dado cuja chave esteja agora associada com o nó id seja transferido de $succ(id)$.

Sair também é simples: o nó id informa sua partida a seu predecessor e sucessor e transfere seus itens de dados para $succ(id)$.

Abordagens similares são adotadas em outros sistemas baseados em DHT. Para ilustrar, considere a **rede de conteúdo endereçável (Content Addressable Network — CAN)** descrita em Ratnasamy et al. (2001). A CAN emprega um espaço de coordenadas cartesianas de d dimensões que é completamente particionado entre todos os nós que participam do sistema. Para finalidade de ilustração, vamos considerar apenas o caso de duas dimensões, do qual mostraremos um exemplo na Figura 2.8.

A Figura 2.8(a) mostra como um espaço bidimensional $[0,1] \times [0,1]$ é dividido entre seis nós. Cada nó tem uma região associada. A todo item de dados em CAN será atribuído um único ponto desse espaço, após o que também fica claro qual nó é responsável por aquele dado (ignorando itens de dados que caem na fronteira de várias regiões, para os quais é utilizada uma regra determinística de atribuição).

Quando um nó P quer se juntar a um sistema CAN, ele escolhe um ponto arbitrário do espaço de coordenadas e, na seqüência, pesquisa o nó Q em cuja região o ponto cai. Essa pesquisa é realizada por roteamento baseado em posicionamento, cujos detalhes adiaremos até capítulos posteriores. Então, o nó Q subdivide sua região em duas metades, como mostra a Figura 2.8(b), e uma metade é

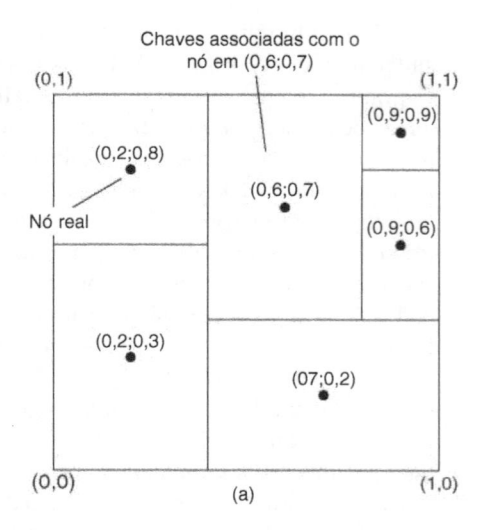

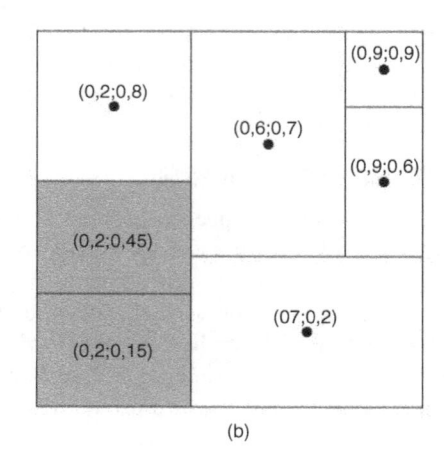

Figura 2.8 (a) Mapeamento de itens de dados para nós em CAN. (b) Subdivisão de uma região quando um nó se junta ao grupo.

designada ao nó P. Os nós monitoram seus vizinhos, isto é, nós responsáveis por regiões adjacentes. Na ocasião de subdivisão de uma região, fica fácil para o nó P, que está se juntando ao grupo, vir a saber quem são seus novos vizinhos perguntando ao nó Q. Como acontece em Chord, os itens de dados pelos quais o nó P agora é responsável são transferidos do nó Q.

Sair da CAN é um pouco mais complicado. Considere que, na Figura 2.8, o nó cuja coordenada é (0,6;0,7) sai. Sua região será designada a um de seus vizinhos, por exemplo, o nó em (0,9;0,9), mas é claro que não se pode simplesmente fundi-la e obter um retângulo. Nesse caso, o nó em (0,9;0,9) simplesmente cuidará daquela região e informará isso aos antigos vizinhos. É óbvio que tal fato pode levar a uma repartição menos simétrica do espaço de coordenadas, razão por que um processo de fundo é iniciado periodicamente para fazer a repartição do espaço inteiro.

Arquiteturas peer-to-peer não estruturadas

Sistemas peer-to-peer não estruturados dependem, em grande parte, de algoritmos aleatórios para construir uma rede de sobreposição. A idéia principal é que cada nó mantenha uma lista de vizinhos, mas que essa lista seja construída de modo mais ou menos aleatório. Da mesma maneira, admite-se que itens de dados sejam colocados aleatoriamente em nós. Por conseqüência, quando um nó precisa localizar um item de dado específico, a única coisa que ele efetivamente pode fazer é inundar a rede com uma consulta de busca (Risson e Moors, 2006). Voltaremos à busca em redes de sobreposição não estruturadas no Capítulo 5 e, por enquanto, vamos nos concentrar em gerenciamento de associação ao grupo.

Uma das metas de muitos sistemas peer-to-peer não estruturados é construir uma rede de sobreposição parecida com um **gráfico aleatório**. O modelo básico é que cada nó mantenha uma lista de c vizinhos na qual, de pre-

ferência, cada um dos vizinhos representa um nó *vivo* escolhido aleatoriamente no conjunto de nós vigente no momento. A lista de vizinhos também é denominada **visão parcial**. Há muitos modos de construir essa visão parcial. Jelasity et al. (2004, 2005a) desenvolveram uma estrutura que captura muitos algoritmos diferentes para a construção da rede de sobreposição, de modo a permitir avaliações e comparações. Nessa estrutura, a premissa adotada é que nós trocam entradas regularmente de sua visão parcial. Cada entrada identifica um outro nó na rede e tem uma idade associada que indica a antiguidade das referências àquele nó. São usados dois threads, conforme mostra a Figura 2.9.

O thread ativo toma a iniciativa de se comunicar com um outro nó e seleciona esse nó de acordo com sua visão parcial corrente. Considerando que entradas precisam ser *empurradas* (*pushed*) até o par selecionado, o thread continua e constrói um buffer que contém $c/2 + 1$ entradas, entre elas uma entrada que identifica ele próprio. As outras entradas são tiradas da visão parcial vigente naquele momento.

Se o nó também estiver em *modo pull* (puxar), ele vai esperar por uma resposta do par selecionado. No meio-tempo, esse par também terá construído um buffer por intermédio do thread passivo mostrado na Figura 2.9(b), cujas atividades são muito parecidas com as do thread ativo.

O ponto crucial é a construção de uma nova visão parcial. Essa visão, que serve para o nó iniciante, bem como para o nó contatado, conterá exatamente c entradas, parte das quais virá de buffer recebido. Em essência, há dois modos de construir a nova visão. No primeiro, os dois nós podem decidir descartar as entradas que tinham enviado um ao outro. Na realidade, isso significa que eles *trocarão*, dinamicamente, parte de suas visões originais. A segunda abordagem é descartar o maior número possível de entradas *velhas*. Em geral, verificamos que as duas abordagens são complementares [ver Jelasity et al. (2005a) se quiser detalhes]. Ocorre que muitos protocolos de gerenciamento de associação a um grupo para sobreposições não estruturadas se encaixam nessa estrutura. Há várias observações interessantes a fazer.

Primeiro, vamos considerar que, quando um nó quer se juntar ao grupo, ele contata um outro nó arbitrário, possivelmente de uma lista de pontos de acesso bem conhecidos. Esse ponto de acesso é apenas um membro comum da rede de sobreposição, exceto que podemos considerar que ele tenha alta disponibilidade.

Ações por thread ativo (repetidas periodicamente):
```
selecione um par P da visão parcial corrente;
se PUSH_MODE {
mybuffer = [(MyAddress, 0)];
permute visão parcial;
mova H entradas mais velhas para o fim;
anexe primeiras c/2 entradas a mybuffer;
envie mybuffer a P;
} else {
envie gatilho a P;
}
se PULL_MODE {
receba buffer de P;
}
construa uma nova visão parcial com base na corrente e no buffer de P;
incremente a idade de cada entrada na nova visão parcial;
```
(a)

Ações por thread passivo:
```
receba buffer de qualquer processo Q;
se PULL_MODE {
mybuffer = [(MyAddress, 0)];
permute visão parcial;
mova H entradas mais velhas para o fim;
anexe primeiras c/2 entradas a mybuffer;
envie mybuffer a P;
}
construa uma nova visão parcial com base na corrente e no buffer de P;
incremente a idade de cada entrada na nova visão parcial;
```
(b)

Figura 2.9 (a) Etapas seguidas pelo thread ativo. (b) Etapas seguidas pelo thread passivo.

Nesse caso, ocorre que protocolos que usam somente *modo pull* ou somente *modo push* podem resultar, com razoável facilidade, em redes de sobreposição desconectadas. Em outras palavras, grupos de nós ficarão isolados e nunca poderão alcançar nenhum outro nó na rede. Claro que esse é um aspecto indesejável, razão por que faz mais sentido deixar que os nós realmente *troquem* entradas.

Em segundo lugar, abandonar a rede vem a ser uma operação muito simples contanto que os nós troquem visões parciais a intervalos regulares. Nesse caso, um nó pode simplesmente sair sem informar qualquer outro nó. O que acontecerá é que, quando um nó P selecionar um de seus vizinhos aparentes, por exemplo, o nó Q, e descobrir que Q não está mais respondendo, ele apenas vai remover a entrada de sua visão parcial para selecionar um outro par. Ocorre que, ao construir uma nova visão parcial, um nó segue a política de descartar o maior número possível de entradas velhas; portanto, nós que abandonaram a rede serão rapidamente esquecidos. De outro modo: entradas que se referem a nós que saíram da rede serão rápida e automaticamente removidas das visões parciais.

Entretanto, há um preço a pagar quando se adota essa estratégia. Para explicar, considere, para um nó P, o conjunto de nós cuja entrada em suas visões parciais se refere a P. Em termos técnicos, isso é conhecido como o **grau interno** de um nó. Quanto mais alto o grau interno de P, maior a probabilidade de que algum outro nó decida contatar P. Resumindo, há um perigo de P se tornar um nó popular, o que poderia facilmente levá-lo a uma posição de desequilíbrio em relação à carga de trabalho. O descarte sistemático de entradas velhas acaba promovendo nós a nós que tenham alto grau interno.

Há outros compromissos além desses, para os quais damos como referência Jelasity et al. (2005a).

Gerenciamento de topologia de redes de sobreposição

Embora possa parecer que sistemas peer-to-peer estruturados e não estruturados formem classes estritamente independentes, na verdade pode não ser esse o caso [ver também Castro et al. (2005)]. Uma observação fundamental é que, ao trocar e selecionar cuidadosamente as entradas de visões parciais, é possível construir e manter topologias específicas de redes de sobreposição. Esse gerenciamento de topologia é obtido pela adoção de uma abordagem em duas camadas, como mostra a Figura 2.10.

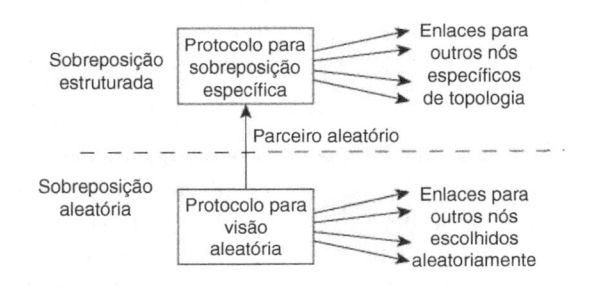

Figura 2.10 Abordagem de duas camadas para construir e manter topologias específicas de sobreposição usando técnicas de sistemas peer-to-peer não estruturadas.

A camada mais baixa constitui um sistema peer-to-peer não estruturado no qual os nós trocam periodicamente entradas de suas visões parciais com o objetivo de manter um gráfico aleatório preciso. Nesse caso, precisão se refere ao fato de que a visão parcial deva ser preenchida com entradas que se refiram a nós *vivos* selecionados aleatoriamente.

A camada mais baixa passa essa visão parcial para a camada mais alta, em que ocorre uma seleção adicional de entradas. Então, isso resulta em uma segunda lista de vizinhos correspondente à topologia desejada. Jelasity e Babaoglu (2005) propõem usar uma *função de ordena-*

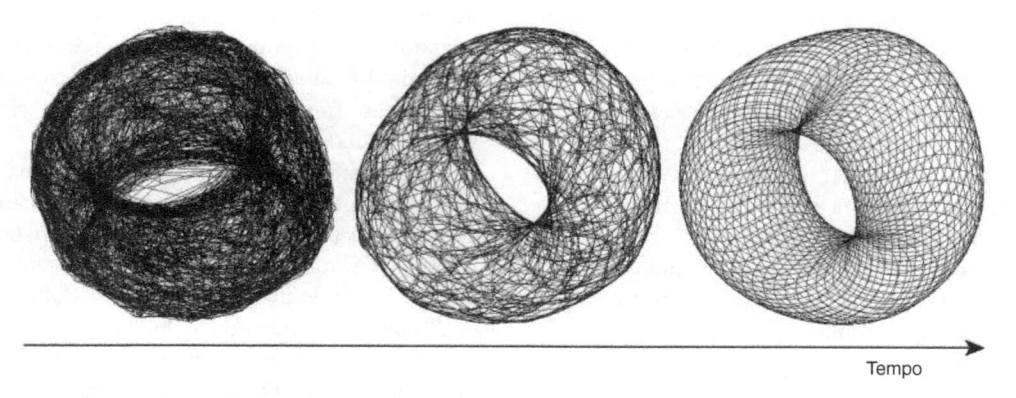

Figura 2.11 Geração de rede de sobreposição específica que utiliza um sistema peer-to-peer não estruturado de duas camadas [adaptado com a permissão de Jelasity e Babaoglu (2005)].

ção pela qual os nós são ordenados de acordo com certo critério em relação a determinado nó. Uma função de ordenação simples é ordenar um conjunto de nós em ordem crescente de distância em relação a um determinado nó P. Nesse caso, o nó P gradativamente montará uma lista de seus vizinhos mais próximos, contanto que a camada mais baixa continue a lhe passar nós selecionados aleatoriamente.

Como ilustração, considere uma grade lógica de tamanho $N \times N$ que tenha um nó colocado em cada ponto da grade. Todo nó deve manter uma lista de c vizinhos mais próximos, na qual a distância entre um nó em (a_1, a_2) e (b_1, b_2) é definida como d_1+d_2, com $d_i=min(N-|a_i-b_i|, |a_i-b_i|)$. Se a camada mais baixa executar periodicamente o protocolo como esboçado na Figura 2.9, a topologia que se desenvolverá será um toro, mostrado na Figura 2.11.

Naturalmente podem ser usadas funções de ordenação completamente diferentes. Em particular, são interessantes as relacionadas com a captura da **proximidade semântica** de itens de dados como os armazenados em um nó par. Essa proximidade possibilita a construção de **redes semânticas de sobreposição** que permitem algoritmos de busca de alta eficiência em sistemas peer-to-peer não estruturados. Voltaremos a esses sistemas no Capítulo 5 quando discutirmos nomeação baseada em atributo.

Superpares (superpeers)

Deve-se notar que localizar itens de dados relevantes em sistemas peer-to-peer não estruturados pode se tornar problemático à medida que a rede cresce. A razão para esse problema de escalabilidade é simples: como não há nenhum modo determinístico para rotear uma requisição de pesquisa até um item de dado específico, em essência, a única técnica à qual um nó pode recorrer é enviar a requisição a todos os nós. Há vários modos de limitar uma inundação de mensagens, como discutiremos no Capítulo 5, porém, como alternativa, muitos sistemas peer-to-peer propuseram a utilização de nós especiais que mantenham um índice de itens de dados.

Há outras situações em que é sensato abandonar a natureza simétrica dos sistemas peer-to-peer. Considere uma colaboração de nós que oferecem recursos uns aos outros. Por exemplo, em uma **rede colaborativa de entrega de conteúdo** (Content Delivery Network — CDN), os nós podem oferecer armazenamento para hospedar cópias de páginas Web, permitindo que clientes Web acessem páginas próximas e que, por isso, esse acesso seja rápido. Nesse caso, um nó P pode precisar buscar recursos em uma parte específica da rede. Se isso acontecer, usar um intermediário que coleta utilização de recurso para vários nós que estão nas proximidades uns dos outros permitirá a rápida seleção do nó que tenha recursos suficientes.

Nós como os que mantêm um índice, ou agem como intermediários, em geral são denominados **superpares** (*superpeers*). Como seu nome sugere, superpares muitas vezes também são organizados em uma rede peer-to-peer, o que resulta em uma organização hierárquica, como explicado em Yang e Garcia-Molina (2003). Um exemplo simples de tal organização é mostrado na Figura 2.12. Nessa organização, todo par comum está conectado como cliente a um superpar. Toda comunicação de e para um par comum ocorre por meio daquele superpar associado ao par.

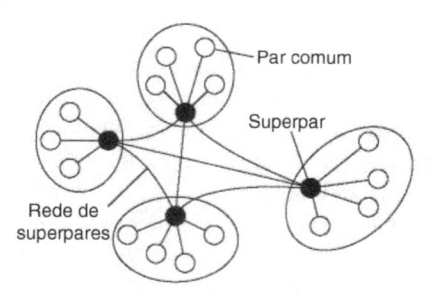

Figura 2.12 Organização hierárquica de nós em uma rede de superpares.

Em muitos casos, a relação cliente–superpar é fixa: sempre que um par comum se juntar à rede, ele se liga a um dos superpares e continua ligado até sair da rede. É óbvio que se espera que superpares sejam processos de longa vida com alta disponibilidade. Para compensar o comportamento potencialmente instável de um superpar, podem-se disponibilizar esquemas de segurança, como montar pares de cada superpar com um outro superpar para todos os superpares e requerer que os clientes se liguem a ambos.

Ter uma associação fixa com um superpar pode não ser sempre a melhor solução. Por exemplo, no caso de redes de compartilhamento de arquivo, talvez seja melhor que um cliente se ligue a um superpar que mantenha um índice de arquivos nos quais o cliente geralmente está interessado. Quando for esse o caso, são maiores as chances de que, no caso de um cliente estar procurando um arquivo específico, seu superpar saberá onde encontrá-lo.

Garbacki et al. (2005) descrevem um esquema relativamente simples no qual a relação cliente–superpar pode mudar à medida que clientes descobrem superpares melhores com os quais se associar. Em particular, um superpar que está retornando o resultado de uma operação de consulta recebe preferência sobre outros superpares.

Como vimos, redes peer-to-peer oferecem um meio flexível para os nós entrarem e saírem da rede. Contudo, as redes de superpares introduzem um novo problema, a saber, como selecionar os nós que estão qualificados para se tornar um superpar. Esse problema guarda estreita relação com o **problema da seleção do líder**, que discutiremos no Capítulo 6, quando voltarmos à qualificação de superpares em uma rede peer-to-peer.

2.2.3 Arquiteturas híbridas

Até aqui, focalizamos arquiteturas cliente–servidor e várias arquiteturas peer-to-peer. Muitos sistemas distribuídos combinam aspectos arquitetônicos, como já encontramos em redes de superpares. Nesta seção estudaremos algumas classes específicas de sistemas distribuídos nas quais soluções cliente–servidor são combinadas com arquiteturas descentralizadas.

Sistemas de servidor de borda

Uma classe importante de sistemas distribuídos organizada segundo uma arquitetura híbrida é formada por **sistemas de servidor de borda**. Esses sistemas são disponibilizados na Internet onde servidores são colocados 'na borda' da rede. Essa borda é formada pela fronteira entre as redes corporativas e a Internet propriamente dita, por exemplo, como fornecida por um **provedor de serviço de Internet (Internet Service Provider — ISP)**. Da mesma maneira, quando usuários finais que estão em suas casas se conectam com a Internet por meio de seu ISP, pode-se considerar que o ISP reside na borda da Internet. Isso resulta na organização geral mostrada na Figura 2.13.

Usuários finais, ou clientes em geral, se conectam com a Internet por meio de um servidor de borda. A principal finalidade do servidor de borda é servir conteúdo, possivelmente após ter aplicado funções de filtragem e transcodificação. Mais interessante é o fato de que um conjunto de servidores de borda pode ser usado para otimizar distribuição de conteúdo e de aplicação. O modelo básico é aquele em que, para uma organização específica, um único servidor de borda age como um servidor de origem do qual se origina todo o conteúdo. Esse servidor pode usar outros servidores de borda para replicar páginas Web e coisas semelhantes (Leff et al., 2004; Nayate et al., 2004; Rabinovich e Spatscheck, 2002). Voltaremos a sistemas de servidor de borda no Capítulo 12, quando discutirmos soluções baseadas na Web.

Sistemas distribuídos colaborativos

Estruturas híbridas são disponibilizadas notavelmente em sistemas distribuídos colaborativos. A questão principal em muitos desses sistemas é conseguir dar a partida, para o que muitas vezes é disponibilizado um esquema cliente–servidor tradicional. Tão logo um nó se junte ao sistema, ele pode usar um esquema totalmente descentralizado para colaboração.

Para ficarmos no terreno concreto, em primeiro lugar vamos considerar o sistema de compartilhamento de arquivos BitTorrent (Cohen, 2003). O BitTorrent é um

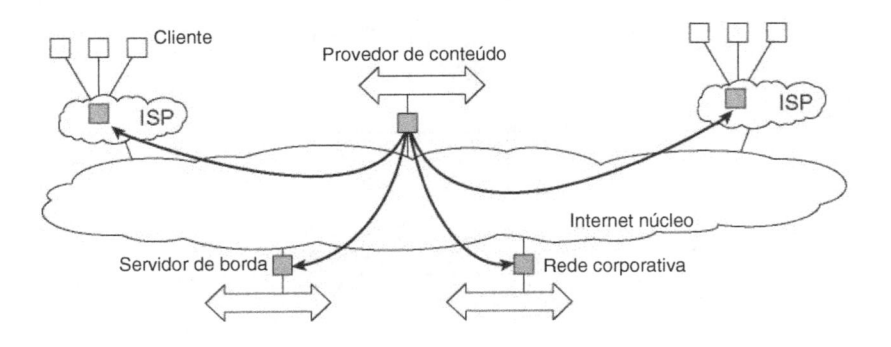

Figura 2.13 Visão da Internet como rede composta por um conjunto de servidores de borda.

sistema peer-to-peer de transferência (*download*) de arquivos. Seu funcionamento principal é mostrado na Figura 2.14. A idéia básica é que, quando um usuário final estiver procurando um arquivo, ele transfira porções do arquivo de outros usuários até que as porções transferidas possam ser montadas em conjunto, resultando no arquivo completo. Uma meta importante de projeto era garantir colaboração. Na maioria dos sistemas de compartilhamento de arquivo, uma fração significativa de participantes se limita a obter arquivos; porém, quanto ao mais, sua contribuição é quase nula (Adar e Huberman, 2000; Saroiu et al., 2003; Yang et al., 2005). Com essa finalidade, um arquivo só pode ser transferido quando o cliente que está transferindo estiver fornecendo conteúdo a mais alguém. Em breve voltaremos a esse comportamento toma-lá-dá-cá.

Para obter um arquivo, um usuário precisa acessar um diretório global, que é apenas um de alguns sites Web bem conhecidos. Tal diretório contém referências ao que denominamos arquivos *.torrent*. Um arquivo *.torrent* contém as informações necessárias para transferir um arquivo específico. Em particular, ele se refere a algo conhecido como **rastreador** — um servidor que está mantendo uma contabilidade precisa de nós *ativos* que têm o arquivo requisitado (porções dele). Um nó ativo é um nó que está transferindo um outro arquivo no momento em questão. É óbvio que haverá muitos rastreadores diferentes, embora, em geral, somente um único por arquivo (ou conjunto de arquivos).

Tão logo os nós tenham identificado de onde as porções podem ser transferidas, o nó que está transferindo se torna efetivamente ativo. Nesse ponto, ele será forçado a auxiliar outros: por exemplo, fornecendo porções do arquivo que está transferindo e que outros ainda não têm. Essa imposição resulta de uma regra muito simples: se o nó P perceber que o nó Q está enviando mais do que está recebendo, P pode decidir reduzir a taxa à qual ele envia dados a Q. Esse esquema funciona bem contanto que P tenha algo a enviar de Q. Por essa razão, muitas vezes os nós são supridos com referências a muitos outros nós, o que os coloca em uma posição melhor para negociar dados.

É claro que o BitTorrent combina soluções centralizadas e descentralizadas. Porém, ocorre que o gargalo do sistema são os rastreadores, o que não é surpresa.

Como outro exemplo, considere a rede colaborativa de distribuição de conteúdo Globule (Pierre e Van Steen, 2006). Essa rede é muito parecida com a arquitetura de servidor de borda que já mencionamos. Nesse caso, em vez de servidores de borda, são usuários finais — mas também organizações — que fornecem voluntariamente servidores Web aprimorados que sejam capazes de colaborar na replicação de páginas Web. Em sua forma mais simples, cada um desses servidores tem os seguintes componentes:

1. Um componente que pode redirecionar requisições de clientes a outros servidores.
2. Um componente para analisar padrões de acesso.
3. Um componente para gerenciar a replicação de páginas Web.

O servidor fornecido por Alice é o servidor Web que normalmente manipula o tráfego para o site Web de Alice. É denominado **servidor de origem** para esse site. Ele colabora com outros servidores, como o fornecido por Bob, para hospedar as páginas do site de Bob. Nesse sentido, a Globule é um sistema distribuído descentralizado. Requisições para o site Web de Alice são inicialmente repassadas a seu servidor, ponto em que elas podem ser redirecionadas para um dos outros servidores. Suporta-se também redirecionamento distribuído.

Todavia, a Globule ainda tem um componente centralizado na forma de seu **agente**. O agente é responsável pelo registro de servidores e por fazer com que a existência desses servidores seja conhecida por outros servidores. Os servidores se comunicam com o agente de modo completamente análogo ao que seria de esperar em um sistema cliente–servidor. Por razão de disponibilidade, o agente pode ser replicado, porém, como veremos mais adiante neste livro, esse tipo de replicação é amplamente aplicado para conseguir computação cliente–servidor confiável.

2.3 Arquiteturas *versus* Middleware

Quando consideramos as questões arquitetônicas que discutimos até aqui, uma pergunta que vem à nossa mente é onde o middleware se encaixa. Como discutimos no Capítulo 1, o middleware forma uma camada entre

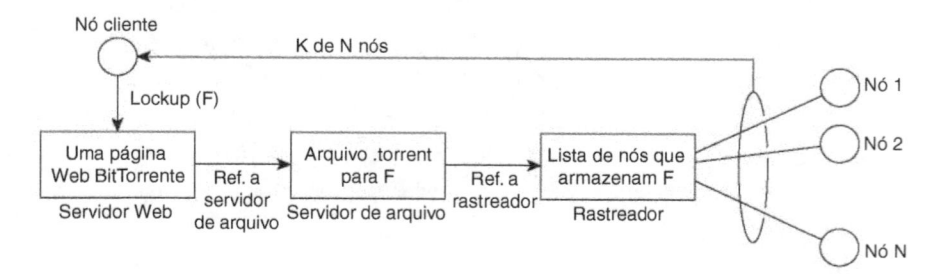

Figura 2.14 Funcionamento principal do BitTorrent [adaptado com permissão de Pouwelse et al. (2004)].

aplicações e plataformas distribuídas, como mostra a Figura 1.1. Uma finalidade importante é proporcionar um grau de transparência de distribuição, isto é, ocultar das aplicações, até certo ponto, a distribuição de dados, processamento e controle.

O que se vê comumente na prática é que, na realidade, sistemas de middleware seguem um estilo arquitetônico específico. Por exemplo, muitas soluções de middleware adotaram um estilo arquitetônico baseado em objetos, como o CORBA (OMG, 2004a). Outros, como o TIB/Rendezvous (TIBCO, 2005), fornecem middleware que segue o estilo arquitetônico baseado em eventos. Em capítulos posteriores encontraremos mais exemplos de estilos arquitetônicos.

Moldar o middleware de acordo com um estilo arquitetônico específico tem como benefício a simplificação do projeto de aplicações. Contudo, uma óbvia desvantagem é que o middleware pode não ser mais o ideal para aquilo que um desenvolvedor de aplicação tinha em mente. No início, CORBA oferecia somente objetos que podiam ser invocados por clientes remotos. Mais tarde, considerou-se que ter somente essa forma de interação era demasiadamente restritivo, portanto foram adicionados outros padrões de interação como passagem de mensagens. É óbvio que acrescentar novas características pode resultar facilmente em soluções de middleware inchadas.

Além disso, embora a intenção do middleware seja proporcionar transparência de distribuição, o pensamento geral é que soluções específicas deveriam ser adaptáveis a requisitos de aplicação. Uma solução para esse problema é fazer várias versões de um sistema de middleware no qual cada versão seja projetada para uma classe específica de aplicação.

Uma abordagem em geral considerada melhor é fazer sistemas de middleware de modo que sejam simples de configurar, adaptar e personalizar conforme necessário para uma aplicação. O resultado é que atualmente são desenvolvidos sistemas nos quais está sendo introduzida uma separação mais estrita entre políticas e mecanismos. Isso resultou em vários mecanismos com os quais pode-se modificar o comportamento do middleware (Sadjadi e McKinley, 2003). Vamos estudar algumas das abordagens comumente adotadas.

2.3.1 Interceptadores

Em termos de conceito, um **interceptador** nada mais é do que um constructo de software que interromperá o fluxo de controle usual e permitirá que seja executado um outro código (específico de aplicação). Fazer com que interceptadores sejam genéricos pode exigir esforço substancial de implementação, como ilustrado em Schmidt et al. (2000), e não fica claro se, em tais casos, a generalidade seria preferível à simplicidade e à aplicabilidade restrita. Além disso, há muitos casos em que ter somente facilidades limitadas de interceptação melhorará o gerenciamento do software e do sistema distribuído como um todo.

Para ficar no campo concreto, considere a interceptação como suportada em muitos sistemas distribuídos baseados em objetos. A idéia básica é simples: um objeto A pode chamar um método que pertence a um objeto B enquanto este residir em uma máquina diferente de A. Como explicaremos detalhadamente mais adiante neste livro, tal invocação remota a objeto é realizada como uma abordagem de três etapas:

1. É oferecida ao objeto A uma interface local que é exatamente a mesma oferecida pelo objeto B. A simplesmente chama o método disponível naquela interface.
2. A chamada por A é transformada em uma invocação a objeto genérico, possibilitada por meio de uma interface geral de invocação de objeto oferecida pelo middleware na máquina em que A reside.
3. Por fim, a invocação a objeto genérico é transformada em uma mensagem que é enviada por meio de uma interface de rede de nível de transporte como oferecida pelo sistema operacional local de A.

Esse esquema é mostrado na Figura 2.15.

Após a primeira etapa, a chamada B.faz_alguma_coisa(valor) é transformada em uma chamada genérica como invoke(B, &faz_alguma_coisa, valor) com uma referência ao método de B e os parâmetros que acompanham a chamada. Agora imagine que o objeto B é replicado. Nesse caso, cada réplica deveria ser realmente invocada. Esse é claramente um ponto em que a interceptação pode ajudar. O que o **interceptador de nível de requisição** fará é simplesmente chamar invoke(B, &faz_alguma_coisa, valor) para cada uma das réplicas. O bom disso tudo é que o objeto A não precisa estar ciente da replicação de B, mas também o objeto middleware não precisa ter componentes especiais para lidar com essa chamada replicada. Só o interceptador de nível de requisição, que pode ser *adicionado* ao middleware, precisa saber da replicação de B.

No final, uma chamada a objeto remoto terá de ser enviada pela rede. Na prática, isso significa que a interface de envio de mensagens como a oferecida pelo sistema operacional local vai precisar ser invocada. Nesse nível, um **interceptador de nível de mensagem** pode ajudar na transferência da invocação ao objeto visado. Por exemplo, imagine que o parâmetro valor, na verdade, corresponda a um imenso arranjo de dados. Nesse caso, talvez seja sensato fragmentar os dados em partes menores e montá-los novamente no destino. Tal fragmentação pode melhorar o desempenho ou a confiabilidade. Mais uma vez, o middleware não precisa estar ciente dessa fragmentação; o interceptador de nível mais baixo manipulará transparentemente o resto da comunicação com o sistema operacional local.

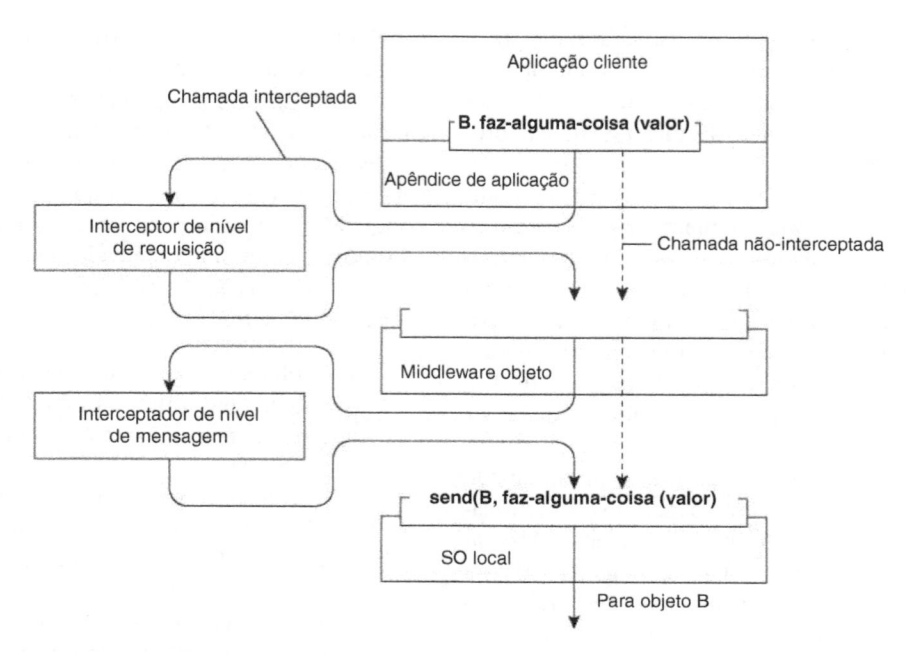

Figura 2.15 Utilização de interceptadores para manipular invocações de objeto remoto.

2.3.2 Abordagens gerais para o software adaptativo

O que os interceptadores realmente oferecem é um meio de adaptar o middleware. A necessidade de adaptação resulta do fato de que o ambiente no qual as aplicações distribuídas são executadas está sempre mudando. As mudanças incluem as resultantes da mobilidade, uma forte variância na qualidade de serviço de redes, hardware defeituoso e esgotamento da bateria, entre outras. Em vez de fazer com que as aplicações sejam responsáveis por reagir à mudança, essa tarefa é colocada no middleware.

Essas fortes influências do ambiente levaram muitos projetistas de middleware a considerar a construção de *software adaptativo*. Contudo, o software adaptativo não alcançou o sucesso que se esperava. Como muitos pesquisadores e desenvolvedores consideram que ele é um aspecto importante de sistemas distribuídos modernos, vamos lhe dar uma ligeira atenção. McKinley et al. (2004) distinguem três técnicas para chegar à adaptação de software:

1. Separação de interesses
2. Reflexão computacional
3. Projeto baseado em componente

A separação de interesses está relacionada com o modo tradicional de modularizar sistemas: separar as partes que implementam funcionalidade das que cuidam de outras coisas — conhecidas como *funcionalidades extras* — como confiabilidade, desempenho, segurança e assim por diante. Poderíamos argumentar que desenvolver middleware para aplicações distribuídas é, em grande parte, manipular funcionalidades extras independentemente de aplicações.

O principal problema é que não é fácil separar essas funcionalidades extras por meio de modularização. Apenas colocar segurança em um módulo separado não vai funcionar. Da mesma maneira, é difícil imaginar como a tolerância à falha pode ser isolada em uma caixa separada e vendida como um serviço independente. Separar e, na seqüência, entrelaçar esses interesses *cruzados* em um sistema (distribuído) é o tema principal abordado pelo **desenvolvimento de software orientado a aspecto** (Filman et al., 2005). Contudo, a orientação a aspecto ainda não foi aplicada com sucesso ao desenvolvimento de sistemas distribuídos de grande escala, e a expectativa é que ainda há um longo caminho a percorrer antes que ela chegue a esse estágio.

Reflexão computacional se refere à capacidade de um programa inspecionar a si mesmo e, se necessário, adaptar seu comportamento (Kon et al., 2002). A reflexão foi embutida em linguagens de programação, entre elas Java, e oferece uma facilidade poderosa para modificações em tempo de execução. Além disso, alguns sistemas de middleware proporcionam os meios para aplicar técnicas refletivas. Contudo, exatamente como no caso da orientação a aspecto, o middleware reflexivo ainda tem de provar que é uma ferramenta poderosa para gerenciar a complexidade de sistemas distribuídos de grande escala. Como mencionado por Blair et al. (2004), a aplicação da reflexão a um extenso domínio de aplicações ainda está por acontecer.

Por fim, o projeto baseado em componente suporta adaptação por meio de composição. Um sistema pode ser configurado estaticamente durante a elaboração do projeto ou dinamicamente em tempo de execução. O último requer suporte para ligação tardia, uma técnica que tem sido aplicada com sucesso em ambientes de linguagem de programação, mas também em sistemas operacionais nos quais os módulos podem ser carregados e descarregados à vontade. Há pesquisas já bem adiantadas para permitir a seleção automática da melhor implementação de um componente em tempo de execução (Yellin, 2003); porém, mais uma vez, o processo permanece complexo para sistemas distribuídos, em especial quando se considera que a substituição de um componente implica saber que efeito ela terá sobre os outros componentes. Em muitos casos, os componentes são menos independentes do que poderíamos imaginar.

2.3.3 Discussão

Arquiteturas de software para sistemas distribuídos, encontradas consideravelmente como middleware, são volumosas e complexas. Em grande parte, tal volume e complexidade surgem da necessidade de ser geral no sentido de que é preciso proporcionar transparência de distribuição. Ao mesmo tempo, aplicações têm requisitos extrafuncionais específicos que conflitam com a meta de conseguir totalmente essa transparência. Esses requisitos conflitantes para generalidade e especialização resultaram em soluções de middleware de alta flexibilidade.

Todavia, o preço a pagar é a complexidade. Por exemplo, Zhang e Jacobsen (2004) informam um aumento de 50% no tamanho de determinado produto de software em apenas quatro anos após seu lançamento, enquanto o número de arquivos para aquele produto triplicou durante o mesmo período. É óbvio que essa não é uma direção encorajadora para seguir.

Considerando que, hoje em dia, praticamente todos os grandes sistemas de software têm de executar em um ambiente de rede, podemos nos perguntar se a complexidade de sistemas distribuídos é simplesmente um aspecto inerente da tentativa de fazer com que a distribuição seja transparente. Claro que assuntos como abertura são de igual importância, mas a necessidade de flexibilidade nunca foi tão predominante como no caso do middleware.

Coyler et al. (2003) argumentam que precisamos de um foco mais forte sobre a simplicidade (externa), um modo mais simples de construir middleware por componentes e independência da aplicação. Se qualquer uma das técnicas que já mencionamos é a solução, é algo sujeito a debate. Em particular, nenhuma das técnicas propostas até agora conquistou adoção maciça nem foi aplicada com sucesso a sistemas de grande escala.

A premissa subjacente é que precisamos de *software adaptativo* no sentido de que se deve permitir que o software mude à medida que o ambiente muda. Contudo, devemos questionar se a adaptação a um ambiente em mutação é uma boa razão para adotar a mudança de software. Hardware defeituoso, ataques contra a segurança, consumo de energia etc. parecem ser influências ambientais que podem, e devem, ser antecipadas por software.

O argumento mais forte e por certo o mais válido para suportar software adaptativo é que muitos sistemas distribuídos não podem ser desligados. Essa restrição exige soluções para substituir e atualizar componentes durante o funcionamento do sistema, mas não está claro se qualquer uma das soluções já propostas é a melhor para atacar o problema de manutenção.

Portanto, o que prevalece disso tudo é que sistemas distribuídos devem ser capazes de reagir a mudanças em seu ambiente, como trocar dinamicamente políticas para alocação de recursos. Todos os componentes de software para habilitar tal adaptação já estarão presentes. São os algoritmos contidos nesses componentes e que determinam o comportamento que mudam sua montagem. O desafio é deixar que tal comportamento reativo ocorra sem intervenção humana. Considera-se que essa abordagem funciona melhor quando se discute organização física de sistemas distribuídos ao serem tomadas decisões sobre onde colocar os componentes, por exemplo. Em seguida, discutiremos essas questões de arquitetura de sistemas.

2.4 Autogerenciamento em Sistemas Distribuídos

Sistemas distribuídos — e em especial seu middleware associado — precisam fornecer soluções gerais de blindagem contra aspectos indesejáveis inerentes a redes, de modo que possam suportar o maior número possível de aplicações. Por outro lado, a total transparência de distribuição não é algo que, na verdade, a maioria das aplicações quer, o que resulta em soluções específicas de aplicação que também precisam ser suportadas. Já argumentamos que, por essa razão, sistemas distribuídos deveriam ser adaptativos, mas especificamente quando se tratar de adaptar seu comportamento de execução, e não os componentes de software que eles compreendem.

Quando a adaptação precisa ser automática, observamos um forte intercâmbio entre arquiteturas de sistema e arquiteturas de software. Por um lado, precisamos organizar os componentes de um sistema distribuído de modo tal que seja possível fazer monitoração e ajustes, enquanto, por outro, precisamos decidir onde devem ser executados os processos que manipulam a adaptação.

Nesta seção, damos maior atenção à organização de sistemas distribuídos como sistemas de realimentação de controle de alto nível que permitam adaptação automática a mudanças. Esse fenômeno também é conhecido como **computação autonômica** (Kephart, 2003) ou **sistemas auto*** (Babaoglu et al., 2005). O último nome indica a variedade de modos de adaptação automática que estão sendo englobados: autogerenciador, auto-reparador, auto-configurador, auto-otimizador e assim por diante. Resolvemos utilizar simplesmente o nome autogerenciador como abrangente de suas muitas variantes.

2.4.1 O modelo de realimentação de controle

Há muitas visões diferentes sobre sistemas autogerenciadores, mas o que a maioria deles tem em comum, explícita ou implicitamente, é a premissa de que as adaptações ocorrem por meio de um ou mais **laços de realimentação de controle**. De acordo com esse fato, sistemas organizados por meio desses laços são denominados **sistemas de realimentação de controle**. Há muito que a realimentação de controle é aplicada em vários campos da engenharia, e seus fundamentos matemáticos também estão gradativamente encontrando seu espaço em sistemas de computação (Hellerstein et al., 2004; Diao et al., 2005). No caso de sistemas autogerenciadores, as questões arquitetônicas são, de início, mais interessantes. A idéia básica que fundamenta essa organização é bastante simples, como mostra a Figura 2.16.

O núcleo de um sistema de realimentação de controle é formado pelos componentes que precisam ser gerenciados. Adota-se como premissa que esses componentes sejam guiados por parâmetros de entrada que possam ser controlados, mas seu comportamento pode ser influenciado por todos os tipos de entradas *não controláveis*, também conhecidas como perturbações ou ruídos. Embora as perturbações freqüentemente virão do ambiente no qual um sistema distribuído está executando, pode perfeitamente bem ser o caso de uma interação de componentes não prevista provocar o comportamento inesperado.

Há, em essência, três elementos que formam o laço de realimentação de controle. Primeiro, o sistema em si precisa ser monitorado, o que implica que vários aspectos do sistema precisam ser medidos. Quando se trata de medir comportamento, em muitos casos é mais fácil falar do que fazer. Por exemplo, atrasos de viagens de ida e volta na Internet podem variar enlouquecedoramente e também depender do que, exatamente, está sendo medido. Nesses casos, estimar um atraso com precisão pode ser realmente difícil. As coisas se complicam ainda mais quando um nó A precisa estimar a latência entre dois nós, B e C, completamente diferentes, sem poder se comportar como intruso em qualquer um dos dois nós. Por razões como essa, um laço de realimentação de controle em geral contém um **componente de estimativa de medição**.

Uma outra parte do laço de realimentação de controle analisa as medições e as compara com valores de referência. Esse **componente de análise de realimentação** forma o cerne do laço de realimentação porque conterá os algoritmos que decidem possíveis adaptações.

O último grupo de componentes consiste em vários mecanismos para influenciar diretamente o comportamento do sistema. Pode haver muitos mecanismos diferentes: colocação de réplicas, mudança de prioridades de escalonamento, troca dinâmica de serviços, movimentação de dados por razões de disponibilidade, redirecionamento de requisições para servidores diferentes etc. O componente de análise vai precisar estar ciente desses mecanismos e de seu efeito (esperado) sobre o comportamento do sistema. Portanto, ele acionará um ou vários mecanismos para, na seqüência, observar o efeito.

Uma observação interessante é que o laço de realimentação de controle também se ajusta ao gerenciamento manual de sistemas. A principal diferença é que o componente de análise é substituído por administradores humanos. Contudo, para gerenciar adequadamente qualquer sistema distribuído, esses administradores precisarão de equipamentos de monitoração decentes, bem como de mecanismos decentes para controlar o comportamento do sistema. Deve ficar claro que a análise adequada de dados medidos e o acionamento das ações corretas é que tornam o desenvolvimento de sistemas autogerenciadores tão difícil.

É preciso salientar que a Figura 2.16 mostra a organização *lógica* de um sistema autogerenciador e, por isso, corresponde ao que vimos quando discutimos arquiteturas de software. Entretanto, a organização *física* pode ser muito diferente. Um exemplo é que o componente de análise pode ser totalmente distribuído pelo sistema. Da mesma maneira, as medições de desempe-

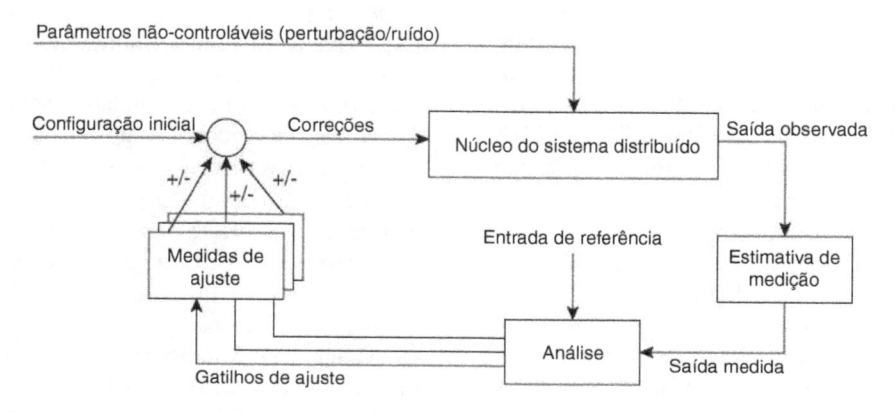

Figura 2.16 *Organização lógica de um sistema de realimentação de controle.*

nho costumam ser realizadas em cada máquina que faz parte do sistema distribuído.

Estudemos então alguns exemplos concretos de como monitorar, analisar e corrigir sistemas distribuídos automaticamente. Esses exemplos também ilustrarão a distinção entre organização lógica e organização física.

2.4.2 Exemplo: monitoração de sistemas com Astrolabe

Como nosso primeiro exemplo, consideramos o Astrolabe (Van Renesse et al., 2003), sistema que pode suportar monitoração geral de sistemas distribuídos muito grandes. No contexto de sistemas autogerenciadores, o Astrolabe deve ser posicionado como uma ferramenta geral para a observação do comportamento de sistemas. Seus resultados podem ser utilizados para alimentar um componente de análise a fim de decidir ações corretivas.

O Astrolabe organiza um grande conjunto de hospedeiros em uma hierarquia de zonas. As zonas de nível mais baixo consistem em apenas um único hospedeiro, que são subseqüentemente agrupados em zonas de tamanho crescente. A zona de nível mais alto abrange todos os hospedeiros. Cada hospedeiro executa um processo Astrolabe, denominado *agente,* que colhe informações nas zonas em que aquele hospedeiro está contido. O agente também se comunica com outros agentes com a finalidade de propagar informações de zona por todo o sistema.

Cada hospedeiro mantém um conjunto de *atributos* para colher informações locais. Um hospedeiro, por exemplo, pode monitorar arquivos específicos que armazena, a utilização que faz dos recursos e assim por diante. Somente os atributos mantidos diretamente por hospedeiros, isto é, no nível mais baixo da hierarquia, podem ser escritos. Cada zona também pode ter um conjunto de atributos, mas os valores desses atributos são *computados* com base em valores das zonas de nível mais baixo.

Considere o seguinte exemplo simples mostrado na Figura 2.17, com três hospedeiros, *A*, *B* e *C,* agrupados em uma zona. Cada máquina monitora o endereço IP, a carga de CPU, a memória livre disponível e a quantidade de processos ativos. Cada um desses atributos pode ser escrito diretamente usando informações locais de cada hospedeiro. No nível de zona, somente podem ser colhidas informações agregadas, como a carga média da CPU ou a quantidade média de processos ativos.

A Figura 2.17 mostra como a informação reunida por cada máquina pode ser vista como um registro em um banco de dados e que esses registros em conjunto formam uma relação (tabela). Essa representação é feita de propósito: é o modo como o Astrolabe vê todos os dados colhidos. Todavia, informações por zona só podem ser computadas de acordo com registros básicos mantidos por hospedeiros.

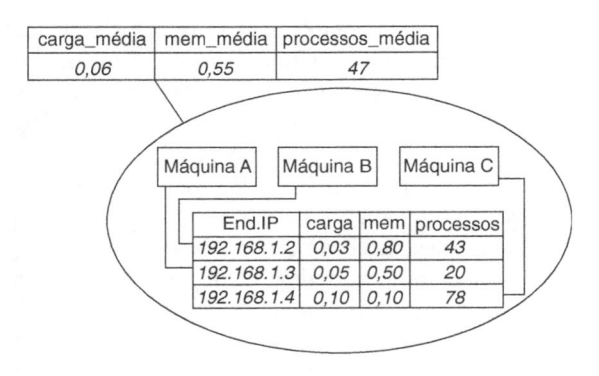

Figura 2.17 Coleta de dados e agregação de informações em Astrolabe.

Informações agregadas são obtidas por funções de agregação programáveis, que são muito semelhantes a funções disponíveis na linguagem de bancos de dados relacionais SQL. Por exemplo, considerando que a informação de hospedeiro da Figura 2.17 seja mantida em uma tabela local denominada *hostinfo*, poderíamos coletar a quantidade média de processos para a zona que contém as máquinas *A*, *B* e *C* por meio da simples consulta SQL

SELECT AVG(processos) AS processos_média FROM hostinfo

Em combinação com alguns aprimoramentos da SQL, não é difícil imaginar que podem ser formuladas mais consultas informativas.

Consultas como essa são avaliadas continuamente *por* cada agente que executa em cada hospedeiro. É óbvio que isso só é possível se as informações de zona forem propagadas para todos os nós que abrangem o Astrolabe. Com essa finalidade, um agente que executa em um hospedeiro é responsável por computar partes das tabelas de suas zonas associadas. Registros sobre os quais ele não tem nenhuma responsabilidade computacional lhe são enviados de tempos em tempos por meio de um procedimento de troca simples, porém efetivo, denominado **gossiping** (*mexerico*). Protocolos de gossiping serão discutidos detalhadamente no Capítulo 4. Do mesmo modo, um agente também passará resultados computados para outros agentes.

O resultado dessa troca de informações é que, a certa altura, todos os agentes necessários para auxiliar na obtenção de alguma informação agregada verão o mesmo resultado, contanto que não ocorra nenhuma alteração nesse meio-tempo.

2.4.3 Exemplo: diferenciação de estratégias de replicação em Globule

Vamos agora estudar a Globule, rede colaborativa de distribuição de conteúdo (Pierre e Van Steen, 2006). A Globule depende da colocação de servidores de usuário final na Internet e da colaboração entre esses servidores para otimizar desempenho por meio de replicação de páginas Web. Com essa finalidade, cada servidor de origem — isto é, o servidor responsável pela manipulação das atualizações de um site Web específico — monitora padrões de acesso por página. Padrões de acesso são expressos como operações de leitura e escrita para uma página, sendo que cada operação recebe um selo de tempo e é registrada pelo servidor de origem para aquela página.

Em sua forma mais simples, a Globule parte da premissa de que a Internet pode ser vista como um sistema de servidor de borda, conforme explicamos antes. Em particular, ela admite que as requisições sempre podem ser passadas por meio de um servidor de borda adequado, como mostra a Figura 2.18. Esse modelo simples permite que um servidor de origem veja o que teria acontecido se ele tivesse colocado uma réplica em um servidor de borda específico. Por um lado, colocar uma réplica mais perto dos clientes melhoraria a latência percebida do cliente, mas isso induziria tráfego entre o servidor de origem e o servidor de borda, de modo a manter uma réplica consistente com a página original.

Quando um servidor de origem recebe uma requisição para uma página, ele registra o endereço IP de onde a requisição se originou e consulta o ISP ou a rede corporativa associada com aquela requisição usando o serviço *WHOIS* de Internet (Deutsch et al., 1995). Então, o servidor de origem procura o servidor de réplica existente que estiver mais próximo e que poderia agir como servidor de borda para aquele cliente; na seqüência, computa a latência até aquele servidor junto com a largura de banda máxima. Em sua configuração mais simples, a Globule adota como premissa que a latência entre o servidor de réplica e a máquina do usuário requisitante é desprezível e, da mesma maneira, que a largura de banda entre os dois é abundante.

Tão logo tenham sido colhidas requisições suficientes para uma página, o servidor de origem realiza uma simples análise do tipo 'o que aconteceria se'. Tal análise se resume a avaliar diversas políticas de replicação, considerando que uma política descreve para onde uma página especificada é replicada e como essa página é mantida consistente. Cada política de replicação incorre em um custo que pode ser expresso como uma função linear simples:

$$\text{custo} = (w_1 \times m_1) + (w_2 \times m_2) + \ldots + (w_n \times m_n)$$

onde m_k denota uma métrica de desempenho e w_k é o peso que indica a importância dessa métrica. Métricas de desempenho típicas são os atrasos agregados entre um cliente e um servidor de réplica referentes ao retorno de cópias de páginas Web; a largura de banda total consumida entre o servidor de origem e um servidor de réplica para manter uma réplica consistente e a quantidade de cópias velhas que são retornadas (tolera-se que sejam retornadas) a um cliente (Pierre et al., 2002).

Considere, por exemplo, que o atraso típico entre o instante em que o cliente C emite uma requisição e o instante em que aquela página é retornada pelo melhor servidor de réplica é d_C ms. Observe que o melhor servidor de réplica é determinado por uma política de replicação. Vamos denotar por m_1 o atraso agregado durante certo período, isto é, $m_1 = \Sigma\ d_C$. Se o servidor de origem quiser otimizar a latência percebida do cliente, escolherá um valor relativamente alto para w_1. Como conseqüência, somente as políticas que realmente minimizam m_1 mostrarão que têm custo relativamente baixo.

Em Globule, um servidor de origem avalia periodicamente algumas dezenas de políticas de replicação usando uma simulação guiada por rastreador para cada página Web em separado. Por essas simulações, a melhor política é selecionada e, na seqüência, imposta. Isso pode implicar que novas réplicas sejam instaladas em diferentes servidores de borda ou que é escolhido um modo diferente de manter as réplicas consistentes. A coleta de amostras pelo rastreador, a avaliação de políticas de replicação e a imposição de uma política selecionada são todas feitas automaticamente.

Há várias questões sutis que precisam ser tratadas. Uma razão é que não está claro quantas requisições precisam ser colhidas antes de se poder realizar uma avaliação da política corrente. Para explicar, suponha que no tempo T_i o servidor de origem seleciona a política p para o pró-

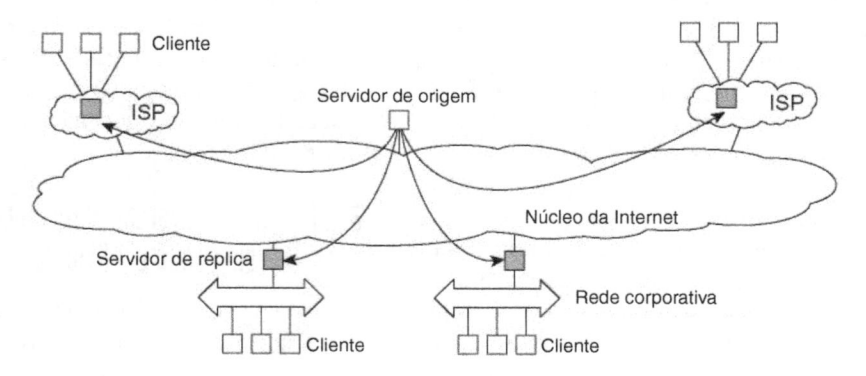

Figura 2.18 *Modelo de servidor de borda adotado pela Globule.*

ximo período até T_{i+1}. Essa seleção ocorre com base em uma série de requisições passadas que foram emitidas entre T_{i-1} e T_i. Claro que, em retrospectiva no tempo T_{i+1}, o servidor pode chegar à conclusão de que deveria ter selecionado a política p^* dadas as requisições que realmente foram emitidas entre T_i e T_{i+1}. Se p^* for diferente de p, então a seleção de p em T_i estava errada.

Ocorre que a porcentagem de previsões erradas depende dos comprimentos das séries de requisições (denominadas comprimento da amostra) que são usadas para prever e selecionar a próxima política. Essa dependência está esboçada na Figura 2.19. O gráfico mostra que o erro na previsão da melhor política aumenta se a amostragem não for longa o suficiente. Isso é facilmente explicado pelo fato de que precisamos de quantidade suficiente de requisições para fazer uma avaliação adequada.

Contudo, o erro também aumenta se usarmos uma quantidade demasiadamente grande de requisições. A razão para isso é que uma amostragem muito longa capta tantas *mudanças* em padrões de acesso que prever a melhor política a seguir fica difícil, se não impossível. Esse fenômeno é bem conhecido e é análogo a tentar prever o tempo que fará amanhã examinando o que aconteceu durante os cem anos imediatamente precedentes. Uma previsão muito melhor pode ser feita apenas com a consulta do passado recente.

Também pode-se achar o comprimento de amostragem ótimo automaticamente. Deixamos como exercício a proposição de uma solução para esse problema.

2.4.4 Exemplo: gerenciamento automático de conserto de componente em Jade

Para fazer a manutenção de clusters de computadores, nos quais cada computador executa servidores sofisticados, torna-se importante amenizar problemas de gerenciamento. Uma abordagem que pode ser aplicada a servidores construídos segundo uma tecnologia baseada em componentes é detectar falhas de componentes e substituí-los automaticamente. O sistema Jade segue essa abordagem (Bouchenak et al., 2005). Nós a descreveremos brevemente nesta seção.

O sistema Jade é construído sobre o modelo de componente Fractal, implementação Java de uma estrutura que permite aos componentes serem adicionados e removidos em tempo de execução (Bruneton et al., 2004). Em Fractal, um componente pode ter dois tipos de interfaces. Uma **interface de servidor** é usada para chamar métodos que são implementados por aquele componente. Uma **interface de cliente** é usada por um componente para chamar outros componentes. Os componentes são conectados uns aos outros por interfaces de **vinculação**. Um exemplo é a interface de cliente do componente C_1, que pode ser vinculada à interface de servidor do componente C_2. Uma vinculação primitiva significa que uma chamada a uma interface de cliente resulta diretamente na chamada da interface vinculada de servidor.

No caso de vinculação composta, a chamada pode prosseguir por um ou mais componentes: por exemplo, porque as interfaces de cliente e servidor não combinam e é preciso algum tipo de conversão. Uma outra razão pode ser que os componentes conectados estejam em máquinas diferentes.

O Jade usa a noção de **domínio de gerenciamento de conserto**. Tal domínio consiste em uma quantidade de nós na qual cada nó representa um servidor junto com os componentes que são executados por aquele servidor. Há um gerente de nó em separado que é responsável por adicionar e remover nós do domínio. O gerente de nó pode ser replicado para garantir alta disponibilidade.

Cada nó é equipado com detectores de falha que monitoram a saúde de um nó ou de um de seus componentes e informam quaisquer falhas ao gerente de nó. Normalmente esses detectores observam mudanças excepcionais no estado do componente, a utilização de recursos e a falha propriamente dita de um componente. Observe que, na verdade, a última pode significar que a máquina está avariada.

Quando uma falha é detectada, é iniciado um procedimento de conserto. Tal procedimento é guiado por uma política de conserto, parcialmente executada pelo gerente de nó. Políticas são declaradas explicitamente e executadas dependendo da falha detectada. Por exemplo, suponha que uma falha de nó tenha sido detectada. Nesse caso, a

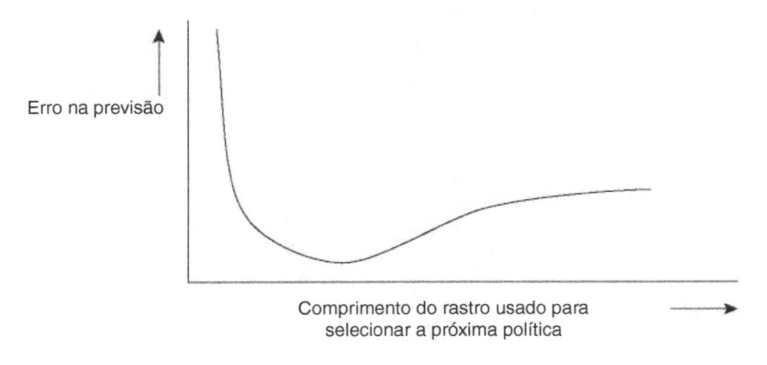

Figure 2.19 A dependência entre precisão da previsão e comprimento do rastro.

política de conserto pode prescrever que devem ser executadas as seguintes etapas:

1. Encerre todas as vinculações entre um componente que está em um nó sem falha e o componente que está no nó que acabou de falhar.
2. Requisite ao gerente de nó que inicie e adicione um novo nó ao domínio.
3. Configure o novo nó exatamente com os mesmos componentes do nó que falhou.
4. Restabeleça todas as vinculações que foram encerradas anteriormente.

Nesse exemplo, a política de conserto é simples e só funcionará quando nenhum dado crucial tiver se perdido (os componentes avariados são conhecidos como **sem estado**).

A abordagem seguida pelo Jade é um exemplo de autogerenciamento: quando é detectada uma falha, uma política de conserto é automaticamente executada para levar o sistema como um todo a um estado no qual estava antes da avaria. Por ser um sistema baseado em componente, esse conserto automático requer suporte específico para permitir que componentes sejam adicionados e removidos em tempo de execução. Em geral não é possível transformar aplicações herdadas em sistemas de autogerenciamento.

2.5 Resumo

Sistemas distribuídos podem ser organizados de modos diferentes. Podemos fazer uma distinção entre arquitetura de software e arquitetura de sistema. A última considera onde os componentes que constituem um sistema distribuído estão colocados nas várias máquinas. A primeira se preocupa mais com a organização lógica do software: como os componentes interagem, de que modos eles podem ser estruturados, como podem ficar independentes e assim por diante.

Uma idéia fundamental quando falamos sobre arquiteturas é o estilo arquitetônico. Um estilo reflete o princípio básico que é seguido na organização da interação entre os componentes de software que compreendem um sistema distribuído. Entre os estilos importantes estão disposição em camadas, orientação a objetos, orientação a eventos e orientação a espaço de dados.

Há variadas organizações de sistemas distribuídos. Uma classe importante é aquela em que as máquinas são divididas em clientes e servidores. Um cliente envia uma requisição a um servidor, que então produzirá um resultado que é retornado ao cliente. A arquitetura cliente–servidor reflete o modo tradicional de modularização de software pelo qual um módulo chama as funções disponíveis em um outro módulo. Colocando componentes diferentes em máquinas diferentes, obtemos uma distribuição física natural de funções por um conjunto de máquinas.

Arquiteturas cliente–servidor costumam apresentar alto grau de centralização. Em arquiteturas descentralizadas, freqüentemente vemos um papel igual desempenhado pelos processos que constituem um sistema distribuído, também conhecidos como sistemas peer-to-peer. Em sistemas peer-to-peer, os processos são organizados em uma rede de sobreposição, que é uma rede lógica na qual todo processo tem uma lista local de outros pares com os quais ele pode se comunicar. A rede de sobreposição pode ser estruturada, caso em que são disponibilizados esquemas determinísticos para rotear mensagens entre processos. Em redes não estruturadas, a lista de pares é mais ou menos aleatória, o que implica que é preciso disponibilizar algoritmos de busca para localizar dados ou outros processos.

Como alternativa, foram desenvolvidos sistemas autogerenciadores. Até certo ponto, esses sistemas fundem idéias de arquiteturas de sistema e de software. Sistemas autogerenciadores podem ser organizados, de modo geral, como laços de realimentação de controle. Esses laços contêm um componente de monitoração pelo qual é medido o comportamento de um sistema distribuído, um componente de análise para verificar se alguma coisa precisa ser ajustada e um conjunto de vários instrumentos para mudar o comportamento. Laços de realimentação de controle podem ser integrados a sistemas distribuídos em vários lugares. Ainda é preciso muita pesquisa antes de se chegar a um entendimento comum de como tais laços devem ser desenvolvidos e disponibilizados.

Problemas

1. Se um cliente e um servidor forem colocados longe um do outro, podemos ver a latência de rede dominar o desempenho global. Como podemos atacar esse problema?
2. O que é uma arquitetura cliente–servidor de três divisões?
3. Qual é a diferença entre uma distribuição vertical e uma distribuição horizontal?
4. Considere uma cadeia de processos P_1, P_2, ..., P_n implementando uma arquitetura cliente–servidor multidividida. O processo P_i é cliente do processo P_{i+1}, e P_i retornará uma resposta a P_{i-1} somente após receber uma resposta de P_{i+1}. Quais são os principais problemas dessa organização quando se examina o desempenho de requisição–resposta no processo P_1?
5. Em uma rede de sobreposição estruturada, mensagens são roteadas de acordo com a topologia da sobreposição. Cite uma importante desvantagem dessa abordagem.

6. Considere a rede CAN da Figura 2.8. Como você rotearia uma mensagem do nó cujas coordenadas são (0,2;0,3) até o nó cujas coordenadas são (0,9;0,6)?

7. Considerando que um nó em CAN conheça as coordenadas de seus vizinhos imediatos, uma política de roteamento razoável seria repassar uma mensagem ao nó mais próximo na direção do destino. Quão boa é essa política?

8. Considere uma rede de sobreposição não estruturada na qual cada nó escolhe aleatoriamente c vizinhos. Se P e Q forem ambos vizinhos de R, qual é a probabilidade de também serem vizinhos um do outro?

9. Considere, mais uma vez, uma rede de sobreposição não estruturada na qual cada nó escolhe aleatoriamente c vizinhos. Para procurar um arquivo, um nó envia uma requisição para todos os seus vizinhos e requisita que estes repassem a requisição mais uma vez. Quantos nós serão alcançados?

10. Nem todo nó em uma rede peer-to-peer deve se tornar um superpar. Cite requisitos razoáveis que um superpar deve cumprir.

11. Considere um sistema BitTorrent no qual cada nó tem um enlace de saída com uma largura de banda de capacidade B_{out} e um enlace de entrada com uma capacidade de B_{in}. Alguns desses nós, denominados 'sementes', oferecem voluntariamente arquivos para serem transferidos por outros. Qual é a capacidade máxima de transferência de um cliente BitTorrent se admitirmos que ele pode contatar no máximo uma semente por vez?

12. Dê um argumento técnico interessante para explicar por que a política toma-lá-dá-cá, como usada em BitTorrent, está longe de ser ótima para compartilhamento de arquivos na Internet.

13. Demos dois exemplos de utilização de interceptadores em middleware adaptativo. Cite outros exemplos que lhe venham à mente.

14. Até que ponto interceptadores são dependentes do middleware em que são disponibilizados?

15. Carros modernos estão repletos de dispositivos eletrônicos. Dê alguns exemplos de sistemas de realimentação de controle em carros.

16. Dê um exemplo de um sistema autogerenciador no qual o componente de análise está completamente distribuído ou até mesmo oculto.

17. Proponha uma solução para determinar automaticamente o melhor comprimento de amostragem para prever políticas de replicação em Globule.

18. (**Tarefa de laboratório**) Usando software existente, projete e implemente um sistema baseado em BitTorrent para distribuir arquivos a muitos clientes com base em um único e poderoso servidor. Simplifique as coisas utilizando um servidor Web padrão que possa funcionar como rastreador.

3 Processos

Neste capítulo, examinaremos mais de perto como os diferentes tipos de processos desempenham papel crucial em sistemas distribuídos. O conceito de um processo é originário do campo de sistemas operacionais no qual, em geral, ele é definido como um programa em execução. Da perspectiva de sistema operacional, o gerenciamento e o escalonamento de processos são talvez as questões mais importantes a discutir. Contudo, quando se trata de sistemas distribuídos, outras questões mostram ser de igual ou maior importância.

Por exemplo, para organizar sistemas cliente–servidor com eficiência, muitas vezes é conveniente usar técnicas de multithreading. Como discutimos anteriormente, uma das principais contribuições de threads em sistemas distribuídos é que eles permitem que clientes e servidores sejam construídos de modo tal que comunicação e processamento local possam se sobrepor, o que resulta em alto nível de desempenho.

Nos últimos anos, o conceito de virtualização ganhou popularidade. A virtualização permite que uma aplicação, e possivelmente também seu ambiente completo, incluindo o sistema operacional, execute concorrentemente com outras aplicações, mas com alto grau de independência em relação ao hardware e plataformas subjacentes, o que resulta em alto grau de portabilidade. Além do mais, a virtualização ajuda a isolar falhas causadas por erros ou problemas de segurança. É um conceito importante para sistemas distribuídos, por isso vamos abordar o assunto mais adiante.

Como discutimos no Capítulo 2, organizações cliente–servidor são importantes em sistemas distribuídos. Neste capítulo, examinaremos mais de perto organizações típicas de clientes e de servidores. Também damos atenção a questões gerais de projeto para servidores.

Uma questão importante, em especial em sistemas distribuídos de longa distância, é movimentar processos entre máquinas diferentes. Migração de processo, ou, mais especificamente, migração de código, pode ajudar a conseguir escalabilidade, mas também pode ajudar a configurar dinamicamente clientes e servidores. Neste capítulo, também discutiremos o que realmente quer dizer migração de código e quais são suas implicações.

3.1 Threads

Embora processos formem um bloco de construção em sistemas distribuídos, a prática indica que a granularidade de processos proporcionada pelos sistemas operacionais sobre os quais os sistemas distribuídos são construídos não é suficiente. Em vez disso, observa-se que ter granularidade mais fina sob a forma de múltiplos threads de controle por processo facilita muito a construção de aplicações distribuídas e a obtenção de melhor desempenho. Nesta seção, examinaremos mais de perto o papel de threads em sistemas distribuídos e explicamos por que eles são tão importantes. Se quiser saber mais sobre threads e sobre como eles podem ser usados, consulte Lewis e Berg (1998) e Stevens (1999).

3.1.1 Introdução a threads

Para entender o papel dos threads em sistemas distribuídos, é importante entender o que é um processo e como processos e threads se relacionam. Para executar um programa, um sistema operacional cria vários processadores virtuais, cada um para executar um programa diferente. Para monitorar esses processadores virtuais, o sistema operacional tem uma **tabela de processos** que contém entradas para armazenar valores de registradores de CPU, mapas de memória, arquivos abertos, informações de contabilidade, privilégios e assim por diante. Um **processo** costuma ser definido como um programa em execução, isto é, um programa que está sendo executado em um dos processadores virtuais do sistema operacional no momento em questão.

Um aspecto importante é que o sistema operacional toma grande cuidado para assegurar que processos independentes não possam afetar, de modo intencional ou malicioso, ou mesmo por acidente, a correção do comportamento um do outro. Em outras palavras, o fato de que vários processos podem compartilhar concorrentemente a mesma CPU e outros recursos de hardware torna-se transparente. Normalmente, o sistema operacional requer suporte de hardware para impor essa separação.

Essa transparência de concorrência tem preço relativamente alto. Por exemplo, cada vez que um processo é criado, o sistema operacional deve criar um espaço de endereços completo independente. Alocação pode significar iniciar segmentos de memória: por exemplo, zerando um segmento de dados, copiando o programa associado para um segmento de texto e estabelecendo uma pilha para dados temporários.

Da mesma maneira, chavear a CPU entre dois processos pode ser igualmente caro. Além de salvar o contexto da CPU (que consiste em valores de registradores, contador de programa, ponteiro de pilha e assim por diante), o sistema operacional também terá de modificar registradores da unidade de gerenciamento de memória (Memory Management Unit — MMU) e invalidar caches de tradução de endereços como no buffer lateral de tradução (Translation Lookaside Buffer — TLB). Ademais, se o sistema operacional suportar mais processos do que pode conter simultaneamente a memória principal, ele talvez tenha de efetuar troca dinâmica de processos entre a memória principal e o disco antes que o chaveamento propriamente dito possa ocorrer.

Assim como um processo, um thread executa sua própria porção de código, independentemente de outros threads. Todavia, ao contrário dos processos, nenhuma tentativa é feita para conseguir alto grau de transparência de concorrência se isso resultar em degradação do desempenho. Por conseguinte, um sistema de threads em geral mantém a mínima informação que permita à CPU ser compartilhada por vários threads. Em particular, um **contexto de thread** freqüentemente consiste em nada mais que o contexto da CPU, junto com algumas outras informações para gerenciamento de threads. Por exemplo, um sistema de threads pode monitorar o fato de um thread estar bloqueado em uma variável de mútua exclusão em dado instante, de modo a não selecioná-lo para execução.

Informações que não são estritamente necessárias para gerenciar múltiplos threads em geral são ignoradas. Por essa razão, proteger dados contra acesso inadequado por threads dentro de um único processo fica inteiramente a cargo dos desenvolvedores da aplicação.

Há duas implicações importantes nessa abordagem. Antes de qualquer coisa, o desempenho de uma aplicação multithread não precisa ser necessariamente pior do que o de sua contraparte monothread. Na verdade, em muitos casos o multithreading resulta em ganho de desempenho. Em segundo lugar, como threads não são automaticamente protegidos uns contra os outros, como acontece com os processos, o desenvolvimento de aplicações multithread requer esforço intelectual adicional. Elaborar adequadamente o projeto e manter as coisas simples, como sempre, ajuda muito. Infelizmente, a prática corrente não demonstra que esse princípio é igualmente bem entendido.

Utilização de threads em sistemas não distribuídos

Antes de discutir o papel dos threads em sistemas distribuídos, vamos considerar sua utilização em sistemas não distribuídos tradicionais. Há vários benefícios proporcionados por processos multithread que aumentaram a popularidade da utilização de sistemas de threads.

O benefício mais importante vem do fato de que, em um processo monothread, sempre que for executada uma chamada bloqueadora de sistema, o processo é bloqueado como um todo. Para ilustrar, imagine uma aplicação como um programa de planilha e considere que um usuário quer alterar valores de maneira contínua e interativa. Uma propriedade importante de um programa de planilha é que ele mantém a dependência funcional entre diferentes células, muitas vezes em planilhas diferentes. Por conseguinte, sempre que uma célula for modificada, todas as células dependentes serão automaticamente atualizadas.

Quando um usuário altera o valor de uma única célula, essa modificação pode disparar uma grande série de cálculos. Se houver só um thread de controle, o cálculo não pode prosseguir enquanto o programa estiver esperando uma entrada. Da mesma maneira, não é fácil fornecer entrada enquanto as dependências estiverem sendo calculadas. A solução mais fácil é ter no mínimo dois threads de controle: um para manipular a interação com o usuário e outro para atualizar a planilha. No meio-tempo, um terceiro thread poderia ser usado para fazer uma cópia de segurança da planilha em disco enquanto os outros dois estivessem fazendo seu trabalho.

Uma outra vantagem do multithreading é que se torna possível explorar paralelismo ao executar o programa em um sistema multiprocessador. Nesse caso, cada thread é designado a uma CPU diferente, enquanto dados compartilhados são armazenados em memória principal compartilhada. Quando projetado adequadamente, tal paralelismo pode ser transparente: o processo executará igualmente bem em um sistema monoprocessador, se bem que com mais lentidão. O multithreading para paralelismo está se tornando cada vez mais importante com a disponibilidade de estações de trabalho multiprocessadoras relativamente baratas. Tais sistemas de computação normalmente são usados para rodar servidores em aplicações cliente–servidor.

O multithreading também é útil no contexto de grandes aplicações. Essas aplicações costumam ser desenvolvidas como um conjunto de programas cooperativos, cada qual executado por um processo separado. Essa abordagem é típica para um ambiente Unix. A cooperação entre programas é implementada por meio de mecanismos de comunicação entre processos (Interprocess Communication — IPC). Para sistemas Unix, esses mecanismos normalmente incluem pipes (nomeados), filas de mensagens e segmentos de memória compartilhados [veja também Stevens e Rago (2005)]. A principal desvantagem de todos os mecanismos IPC é que a comunicação muitas vezes requer extensivo chaveamento de contexto, mostrado em três pontos diferentes na Figura 3.1.

Como IPC requer intervenção do núcleo, em geral um processo terá de chavear primeiro de modo usuário para modo núcleo, mostrado como S1 na Figura 3.1. Isso requer trocar o mapa de memória na MMU, bem como descarregar o TLB. Dentro do núcleo ocorre um chaveamento de contexto de processo (S2 na figura), após o qual a outra parte pode ser ativada pelo chaveamento de modo núcleo para modo usuário novamente (S3 na Figura 3.1). O último chaveamento requer, mais uma vez, trocar o mapa da MMU e descarregar o TLB.

Em vez de usar processos, também se pode construir uma aplicação tal que as diferentes partes sejam executadas por threads separados. A comunicação entre essas partes é inteiramente realizada com a utilização de dados compartilhados. O chaveamento de thread às vezes pode ser feito inteiramente em espaço de usuário, embora em outras implementações o núcleo esteja ciente dos threads e os escalone. O efeito pode ser uma drástica melhoria em desempenho.

Por fim, há também uma razão de pura engenharia de software para usar threads: muitas aplicações são simplesmente mais fáceis de estruturar como um conjunto de threads cooperativos. Imagine aplicações que precisem realizar várias tarefas, mais ou menos independentes. No caso de um processador de texto, por exemplo, podem ser usados threads separados para manipular entrada de usuário, verificação de ortografia e gramática, apresentação do documento, geração de índice e assim por diante.

Implementação de thread

Threads muitas vezes são fornecidos na forma de um pacote de threads. Tal pacote contém operações para criar e terminar threads, bem como operações sobre variáveis de sincronização como de mútua exclusão e variáveis de condição. Há, basicamente, duas abordagens para a implementação de um pacote de threads. A primeira é construir uma biblioteca de threads que é executada inteiramente em modo usuário. A segunda é fazer com que o núcleo fique ciente dos threads e os escalone.

Uma biblioteca de threads de nível de usuário tem várias vantagens. A primeira é que criar e terminar threads é barato. Como toda a administração de threads é mantida no espaço de endereço do usuário, o preço da criação de um thread é primariamente determinado pelo custo de alocar memória para estabelecer uma pilha de threads. De maneira análoga, terminar um thread envolve principalmente liberar para a pilha a memória que já não está mais sendo usada. Ambas as operações são baratas.

Uma segunda vantagem de threads de nível de usuário é que o chaveamento de contexto de thread pode ser feito em apenas algumas instruções. Basicamente, somente os valores dos registradores de CPU precisam ser armazenados e, na seqüência, recarregados com os valores previamente carregados do thread para o qual está sendo chaveado. Não há nenhuma necessidade de mudar mapas de memória, descarregar o TLB, fazer contabilidade de CPU e assim por diante. O chaveamento de contexto de thread é feito quando dois threads precisam entrar em sincronia — por exemplo, ao entrar em uma seção de dados compartilhados.

Todavia, uma importante desvantagem de threads de nível de usuário é que a invocação de uma chamada bloqueadora de sistema imediatamente bloqueará todo o processo ao qual o thread pertence e, assim, também todos os outros threads naquele processo. Como já explicamos, threads são particularmente úteis para estruturar grandes aplicações em partes que poderiam ser logicamente executadas ao mesmo tempo. Nesse caso, o bloqueio de E/S não deveria impedir que outras partes sejam executadas nesse meio-tempo. Para essas aplicações, threads de nível de usuário em nada ajudam.

Esses problemas podem ser contornados, em grande parte, pela implementação de threads no núcleo do sistema operacional. Infelizmente, o preço a pagar é alto: toda operação de thread —criação, encerramento, sincronização etc. — terá de ser executada pelo núcleo, o que requer uma chamada de sistema. Por isso, chavear contextos de thread pode ficar tão caro quanto chavear contextos de processo. O resultado é que, portanto, a maioria dos benefícios de desempenho proporcionada pela utilização de threads, em vez de processos, desaparece.

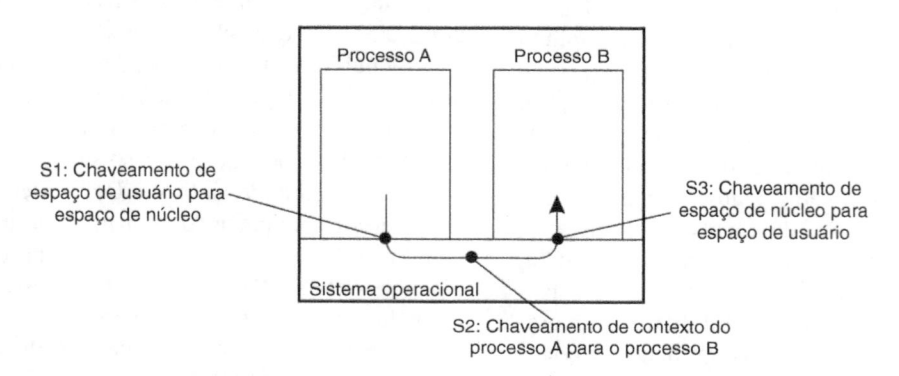

Figura 3.1 Chaveamento de contexto como resultado de IPC.

Uma solução se encontra em uma forma híbrida de threads de nível de usuário e nível de núcleo, em geral denominados **processos leves (Lghtweight Processes — LWP)**. Um LWP executa no contexto de um único processo (pesado) e pode haver vários LWPs por processo. Além de ter LWPs, um sistema ainda fornece um pacote de threads de nível de usuário, o qual oferece às aplicações as operações usuais de criação e encerramento de threads. Além disso, o pacote provê facilidades para sincronização de threads, como de mútua exclusão e variáveis de condição. A questão importante é que o pacote de threads é implementado inteiramente em espaço de usuário. Em outras palavras, todas as operações em threads são realizadas sem intervenção do núcleo.

O pacote de threads pode ser compartilhado por vários LWPs, como mostra a Figura 3.2. Isso significa que cada LWP pode rodar seu próprio thread (de nível de usuário). Aplicações multithread são construídas com a criação de threads e, na seqüência, com a designação de cada thread a um LWP. A designação de um thread a um LWP normalmente é implícita e oculta do programador.

A combinação de threads (de nível de usuário) e LWPs funciona da seguinte maneira. Um pacote de threads tem uma única rotina para escalonar o próximo thread. Ao criar um LWP (o que é feito por meio de uma chamada de sistema), este recebe sua própria pilha e é instruído para executar a rotina de escalonamento em busca de um thread para rodar. Se houver vários LWPs, cada um deles executa o escalonador. Assim, a tabela de threads, que é usada para monitorar o conjunto corrente de threads, é compartilhada pelos LWPs. A proteção dessa tabela para garantir o acesso mutuamente exclusivo é feita por meio de mútua exclusão, que é implementada inteiramente em espaço de usuário. Em outras palavras, a sincronização entre LWPs não requer nenhum suporte do núcleo.

Quando um LWP encontra um thread executável, chaveia o contexto para aquele thread. Enquanto isso, outros LWPs também podem estar procurando outros threads executáveis. Se um thread precisar bloquear por meio de mútua exclusão ou variável de condição, ele faz a administração necessária e, no devido tempo, chama a rotina de escalonamento. Quando for encontrado um outro thread executável, é feito um chaveamento de contexto para aquele thread. O bom de tudo isso é que o LWP que está executando o thread não precisa ser informado: o chaveamento de contexto é completamente implementado em espaço de usuário e aparece para o LWP como código normal de programa.

Agora vamos ver o que acontece quando um thread faz uma chamada bloqueadora de sistema. Nesse caso, a execução muda de modo de usuário para modo de núcleo, mas ainda continua no contexto do LWP corrente. No ponto em que o LWP corrente não puder mais continuar, o sistema operacional pode decidir chavear contexto para um outro LWP, o que também implica que é feito um chaveamento de volta ao modo usuário. O LWP selecionado simplesmente continuará de onde tinha parado antes.

Há várias vantagens em utilizar LWPs em combinação com um pacote de threads de nível de usuário. A primeira é que criar, destruir e sincronizar threads é relativamente barato e não envolve absolutamente nenhuma intervenção do núcleo. A segunda é que, contanto que um processo tenha LWPs suficientes, uma chamada bloqueadora de sistema não suspenderá o processo inteiro. A terceira é que não há necessidade nenhuma de a aplicação ter conhecimento dos LWPs. Tudo que ela vê são threads de nível de usuário. A quarta é que LWPs podem ser usados com facilidade em ambientes de multiprocessamento, pela execução de diferentes LWPs em diferentes CPUs. Esse multiprocessamento pode ser inteiramente oculto da aplicação. A única desvantagem de processos leves combinados com threads de nível de usuário é que ainda precisamos criar e destruir LWPs, o que é exatamente tão caro quanto fazer o mesmo com threads de nível de núcleo. Contudo, a criação e a destruição de LPWs só precisam ser feitas ocasionalmente, e muitas vezes são totalmente controladas pelo sistema operacional.

Uma abordagem alternativa, mas similar, para processos leves é utilizar **ativações de escalonador** (Anderson et al., 1991). A diferença mais essencial entre ativações de escalonador e LWPs é que, quando um thread bloqueia em uma chamada de sistema, o núcleo faz uma *upcall* para o pacote de threads, o que equivale a chamar a rotina de escalonador para selecionar o próximo

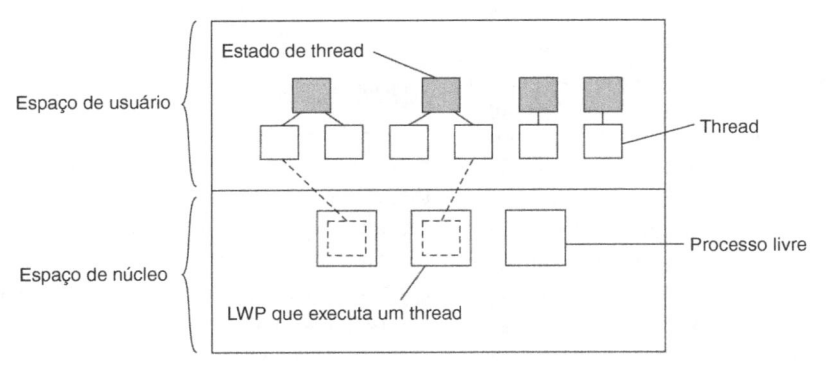

Figura 3.2 Combinação de processos leves de nível de núcleo e threads de nível de usuário.

thread executável. O mesmo procedimento é repetido quando um thread é desbloqueado. A vantagem dessa abordagem é que ela poupa gerenciamento de LWPs pelo núcleo. Contudo, a utilização de upcalls é considerada menos elegante porque viola a estrutura de sistemas em camadas, nos quais somente são permitidas chamadas a uma camada de nível mais baixo

3.1.2 Threads em sistemas distribuídos

Uma importante propriedade de threads é que eles podem proporcionar um meio conveniente de permitir chamadas bloqueadoras de sistema sem bloquear o processo inteiro no qual o thread está executando. Essa propriedade torna os threads particularmente atraentes para utilização em sistemas distribuídos, uma vez que facilitam muito expressar comunicação na forma de manter múltiplas conexões lógicas ao mesmo tempo. Ilustramos esse ponto examinando mais de perto clientes e servidores multithread, respectivamente.

Clientes multithread

Para estabelecer um alto grau de transparência de distribuição, sistemas distribuídos que operam em redes de longa distância podem precisar esconder longos tempos de propagação de mensagens entre processos. O atraso de viagem de ida e volta em uma rede de longa distância pode ser facilmente da ordem de centenas de milissegundos ou, às vezes, até de segundos.

A maneira usual de ocultar latências de comunicação é iniciar a comunicação e imediatamente prosseguir com alguma outra coisa. Um exemplo típico onde isso acontece é em browsers Web. Em muitos casos, um documento Web consiste em um arquivo HTML que contém texto comum acompanhado de um conjunto de imagens, ícones e assim por diante. Para buscar cada elemento de um documento Web, o browser tem de estabelecer uma conexão TCP/IP, ler os dados que entram e passá-los ao componente de exibição — um visor. O estabelecimento de uma conexão bem como a leitura de dados que chegam são, inerentemente, operações bloqueadoras. Quando estivermos lidando com comunicação de longa distância, também temos a desvantagem de que o tempo para concluir cada operação possa ser relativamente longo.

Um browser Web freqüentemente inicia buscando a página HTML e, na seqüência, a exibe. Para ocultar o máximo possível as latências de comunicação, alguns browsers começam a exibir dados enquanto eles ainda estão entrando. Enquanto o texto está sendo disponibilizado para o usuário, incluindo as facilidades de rolamento e assemelhados, o browser continua buscando outros arquivos para compor a página, como as imagens. Essas últimas são apresentadas à medida que são trazidas. Assim, o usuário não precisa esperar até que todos os componentes da página inteira sejam buscados antes de a página ser disponibilizada.

Na verdade, verifica-se que o browser Web está executando várias tarefas simultaneamente. Ocorre que desenvolver o browser como um cliente multithread simplifica consideravelmente as coisas. Tão logo o principal arquivo HTML tenha sido buscado, threads separados podem ser ativados para se encarregar de buscar as outras partes. Cada thread estabelece uma conexão separada com o servidor e traz os dados.

O estabelecimento de uma conexão e a leitura de dados do servidor podem ser programados com a utilização das chamadas (bloqueadoras) de sistema padronizadas, considerando que uma chamada bloqueadora não suspende o processo inteiro. Como também é ilustrado em Stevens (1998), o código para cada thread é o mesmo e, acima de tudo, é simples. Enquanto isso, o usuário observa atrasos apenas na exibição de imagens e similares, porém, quanto ao mais, pode consultar o documento.

Há um outro benefício importante na utilização de browsers Web multithread no qual várias conexões podem ser abertas simultaneamente. No exemplo anterior, várias conexões foram estabelecidas com o mesmo servidor. Se a carga desse servidor estiver pesada, ou se ele for simplesmente lento, nenhuma melhoria real de desempenho será notada em comparação com trazer os arquivos que compõem a página estritamente um depois do outro.

Contudo, em muitos casos, servidores Web foram replicados em várias máquinas nas quais cada servidor fornece exatamente o mesmo conjunto de documentos. Os servidores replicados estão localizados no mesmo site e são conhecidos pelo mesmo nome. Quando entra uma requisição para uma página Web, ela é repassada para um dos servidores, freqüentemente por meio da utilização de uma estratégia de alternância cíclica ou alguma outra técnica de balanceamento de carga (Katz et al., 1994).

Ao ser usado um cliente multithread, podem ser estabelecidas conexões com diferentes réplicas, o que permite aos dados serem transferidos em paralelo. Por sua vez, isso determina efetivamente que o documento Web inteiro seja totalmente exibido em tempo muito menor do que com um servidor não replicado. Essa abordagem só é possível se o cliente puder manipular fluxos de dados de entrada verdadeiramente paralelos. Threads são ideais para essa finalidade.

Servidores multithread

Embora, como vimos, clientes multithread ofereçam benefícios importantes, a principal utilização de multithreading em sistemas distribuídos é encontrada no lado do servidor. A prática mostra que o multithreading não somente simplifica consideravelmente o código do servidor, mas também facilita muito o desenvolvimento de servidores que exploram paralelismo para obter alto desempenho, até mesmo em sistemas monoprocessadores. Contudo, agora que computadores multiprocessadores estão amplamente disponíveis como estações de trabalho de uso geral, o multithreading para paralelismo é ainda mais útil.

Para entender os benefícios de threads para escrever código de servidor, considere a organização de um servidor de arquivos que ocasionalmente tenha de bloquear à espera do disco. O servidor de arquivos normalmente espera pela entrada de uma requisição para uma operação de arquivo e, na seqüência, executa a requisição e então devolve a resposta. Uma organização possível e particularmente popular é a mostrada na Figura 3.3. Nesse caso, um thread, o **despachante**, lê requisições que entram para uma operação de arquivo. As requisições são enviadas por clientes para uma porta bem conhecida para esse servidor. Após examinar a requisição, o servidor escolhe um **thread operário** ocioso (isto é, bloqueado) e lhe entrega a requisição.

O operário prossegue realizando uma leitura bloqueadora no sistema de arquivo *local*, que pode fazer com que o thread fique suspenso até que os dados sejam buscados no disco. Se o thread estiver suspenso, um outro thread é selecionado para ser executado. Por exemplo, o despachante pode ser selecionado para adquirir mais trabalho. Alternativamente, pode ser selecionado um outro thread operário que esteja pronto para executar no momento em questão.

Agora considere como o servidor de arquivos poderia ter sido escrito na ausência de threads. Uma possibilidade é fazer com que ele funcione como um único thread. O laço principal do servidor de arquivos obtém uma requisição, examina-a e a executa até a conclusão antes de obter a próxima. Enquanto espera pelo disco, o servidor fica ocioso e não processa nenhuma outra requisição. Por conseqüência, requisições de outros clientes não podem ser manipuladas. Ademais, se o servidor de arquivos estiver executando em uma máquina dedicada, como costuma ser o caso, a CPU fica naturalmente ociosa enquanto o servidor de arquivos estiver esperando pelo disco. O resultado líquido é que um número muito menor de requisições por segundo pode ser processado. Assim, threads resultam em considerável ganho de desempenho, mas cada thread é programado seqüencialmente, da maneira usual.

Até aqui, vimos dois projetos possíveis: um servidor de arquivos multithread e um servidor de arquivos monothread. Suponha que não haja threads disponíveis, mas os projetistas de sistemas acham inaceitável a perda de desempenho devida a monothread. Uma terceira possibilidade é rodar o servidor como uma grande máquina de estado finito. Quando uma requisição entra, o único e solitário thread a examina. Se a requisição puder ser satisfeita pela cache, tudo bem; porém, se não puder, uma mensagem deve ser enviada ao disco.

Contudo, em vez de bloquear, o thread registra o estado da requisição corrente em uma tabela e então vai obter a mensagem seguinte. Essa mensagem pode ser uma requisição para novo trabalho ou uma resposta do disco sobre uma operação anterior. Se for um novo trabalho, ele é iniciado. Se for uma resposta do disco, a informação relevante é buscada na tabela, a resposta é processada e, na seqüência, enviada ao cliente. Nesse esquema, o servidor terá de utilizar chamadas não bloqueadoras para *send* e *receive*.

Nesse projeto, perde-se o modelo de 'processo seqüencial' que tínhamos nos dois primeiros casos. O estado da computação tem de ser explicitamente salvo e restaurado na tabela para toda mensagem enviada e recebida. Na verdade, estamos simulando threads e suas pilhas do modo mais difícil. O processo está se operando como uma máquina de estado finito que obtém um evento e reage a ele, dependendo do que estiver dentro dele.

Nesse momento já deve estar claro o que os threads têm a oferecer. Eles possibilitam reter a idéia de processos seqüenciais que fazem chamadas bloqueadoras de sistema (por exemplo, uma RPC para falar com o disco) e ainda conseguem paralelismo. Chamadas bloqueadoras de sistema facilitam a programação, e paralelismo melhora o desempenho. O servidor monothread conserva a facilidade e a simplicidade de chamadas bloqueadoras de sistema, mas desiste de certa quantidade de desempenho. A abordagem da máquina de estado finito consegue alto desempenho por meio de paralelismo, mas usa chamadas não bloqueadoras, portanto é difícil de programar. Esses modelos estão resumidos na Tabela 3.1.

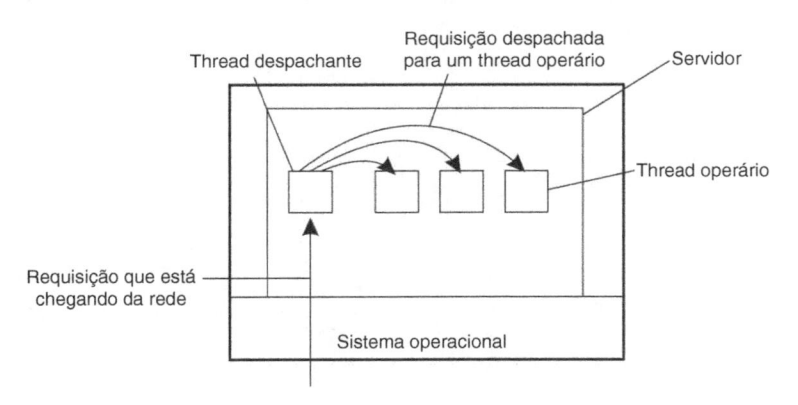

Figura 3.3 Servidor multithread organizado segundo modelo despachante/operário.

Modelo	Características
Threads	Paralelismo, chamadas bloqueadoras de sistema
Processo monothread	Sem paralelismo, chamadas bloqueadoras de sistema
Máquina de estado finito	Paralelismo, chamadas de sistema não bloqueadoras

Tabela 3.1 Três modos de construir um servidor.

3.2 Virtualização

Threads e processos podem ser vistos como um modo de fazer mais coisas ao mesmo tempo. Na verdade, eles nos permitem construir (porções de) programas que parecem ser executados simultaneamente. É claro que em um computador monoprocessador essa execução simultânea é uma ilusão. Como há somente uma única CPU, só uma instrução de um único thread ou processo será executada por vez. A ilusão de paralelismo é criada pelo chaveamento rápido entre threads e processos.

Essa separação entre ter uma única CPU e ser capaz de fingir que há mais delas pode ser estendida também a outros recursos, o que resulta no que denominamos **virtualização de recursos**. Essa virtualização é aplicada há décadas, mas conquistou renovado interesse à medida que sistemas (distribuídos) de computadores se tornaram mais comuns e complexos, o que resultou na situação em que o software de aplicação quase sempre sobrevive a seus sistemas subjacentes de software e hardware. Nesta seção, daremos um pouco de atenção ao papel da virtualização e discutiremos como ela pode ser realizada.

3.2.1 O papel da virtualização em sistemas distribuídos

Na prática, todo sistema (distribuído) de computadores oferece uma interface de programação a software de alto nível, como mostra a Figura 3.4(a). Há vários tipos diferentes de interfaces, que vão desde o conjunto básico de instruções oferecido por uma CPU até o vasto conjunto de interfaces de programação de aplicação que acompanha muitos dos sistemas atuais de middleware. Em sua essência, a virtualização trata de estender ou substituir uma interface existente de modo a imitar o comportamento de um outro sistema, como mostra a Figura 3.4(b). Em breve chegaremos à discussão de detalhes técnicos da virtualização, mas antes vamos nos concentrar em saber por que a virtualização é importante para sistemas distribuídos.

Uma das razões mais importantes para introduzir a virtualização na década de 1970 foi permitir que software herdado executasse em caros hardwares de mainframe. O software não somente incluía várias aplicações mas, na verdade, também os sistemas operacionais para os quais tinha sido desenvolvido. Essa abordagem voltada ao suporte de software herdado foi aplicada com sucesso nos mainframes IBM 370 (e seus sucessores), que ofereciam uma máquina virtual para a qual tinham sido transportados diferentes sistemas operacionais.

À medida que o hardware ficava mais barato, os computadores ficavam mais potentes e a quantidade de tipos diferentes de sistemas operacionais diminuía, a virtualização deixava de ser um problema tão importante. Todavia, as coisas mudaram desde o final da década de 1990 por várias razões, que discutiremos agora.

Em primeiro lugar, enquanto hardware e sistemas de software de baixo nível mudam com razoável rapidez, softwares em níveis mais altos de abstração — por exemplo, middleware e aplicações — são muito mais estáveis. Em outras palavras, estamos enfrentando a situação em que software herdado não pode ser mantido no mesmo passo que as plataformas de que depende. A virtualização pode ajudar transportando as interfaces herdadas para novas plataformas e, assim, abrindo imediatamente as últimas para grandes classes de programas existentes.

O fato de as redes já estarem onipresentes no ambiente da computação é de igual importância. É difícil imaginar que um computador moderno não esteja conectado a uma rede. Na prática, essa conectividade requer que os administradores de sistemas mantenham um conjunto grande e heterogêneo de computadores servidores, cada um executando aplicações muito diferentes, que podem ser acessadas por clientes. Ao mesmo tempo, os vários recursos devem estar facilmente acessíveis a essas aplicações. A virtualização pode ajudar muito: a diversidade de plataformas e máquinas pode ser reduzida, em essência, deixando que cada aplicação execute em sua

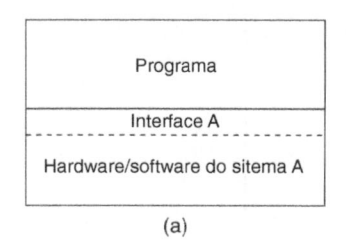

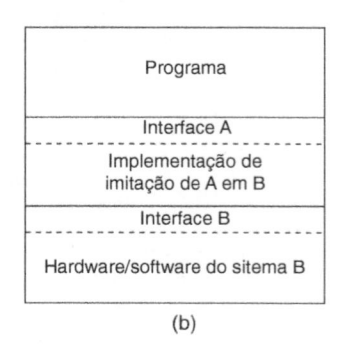

(a)

```
Programa
---------
Interface A
---------
Hardware/software do sitema A
```

(b)

```
Programa
---------
Interface A
---------
Implementação de
imitação de A em B
---------
Interface B
---------
Hardware/software do sitema B
```

Figura 3.4 (a) Organização geral entre programa, interface e sistema. (b) Organização geral da virtualização do sistema A sobre o sistema B.

própria máquina virtual, possivelmente incluindo as bibliotecas e o sistema operacional relacionados que, por sua vez, executam em uma plataforma comum.

Esse último tipo de virtualização proporciona alto grau de portabilidade e flexibilidade. Por exemplo, para realizar redes de entrega de conteúdo que possam suportar com facilidade a replicação de conteúdo dinâmico, Awadallah e Rosenblum (2002) argumentam que o gerenciamento fica muito mais fácil se os servidores de borda suportarem virtualização, permitindo que um site completo, incluindo seu ambiente, seja copiado dinamicamente. Como discutiremos mais adiante, esses argumentos de portabilidade são as razões primordiais que fazem da virtualização um importante mecanismo para sistemas distribuídos.

3.2.2 Arquiteturas de máquinas virtuais

Há variados modos pelos quais a virtualização pode ser realizada na prática. Uma visão geral dessas diferenciadas abordagens é descrita por Smith e Nair (2005). Para entender as diferenças em virtualização, é importante perceber que, em geral, sistemas de computadores oferecem quatro tipos diferentes de interfaces em quatro níveis diferentes:

1. Uma interface entre o hardware e o software, o qual consiste em **instruções de máquina** que possam ser invocadas por qualquer programa.
2. Uma interface entre o hardware e o software, o qual consiste em instruções de máquina que possam ser invocadas somente por programas privilegiados, como um sistema operacional.
3. Uma interface que consiste em **chamadas de sistema** como oferecidas por um sistema operacional.
4. Uma interface que consiste em chamadas de biblioteca que, em geral, formam o que é conhecido como **interface de aplicação de programação (application programming interface — API)**. Em muitos casos, as chamadas de sistema mencionadas anteriormente estão ocultas por uma API.

Os diferentes tipos são mostrados na Figura 3.5. A essência da virtualização é imitar o comportamento dessas interfaces.

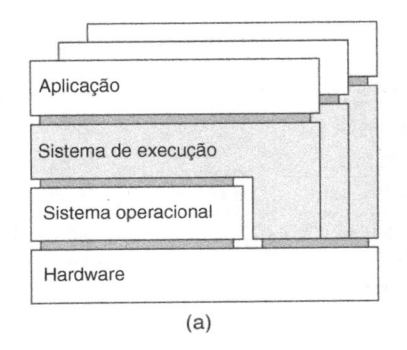

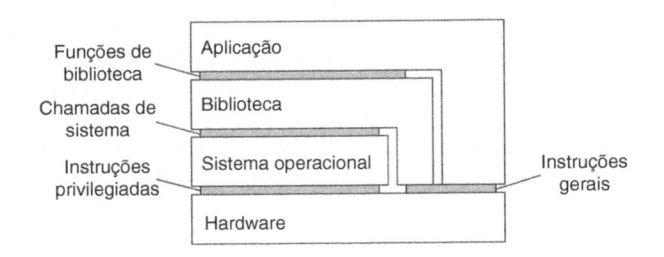

Figura 3.5 Várias interfaces oferecidas por sistemas de computadores.

A virtualização pode ocorrer de dois modos. Primeiro, podemos construir um sistema de execução que, em essência, forneça um conjunto de instruções abstrato que deve ser utilizado para executar aplicações. Instruções podem ser interpretadas (como é o caso do ambiente de execução Java), mas também poderiam ser emuladas, como acontece na execução de aplicações Windows em plataformas Unix. Observe que, no último caso, o emulador também terá de imitar o comportamento de chamadas de sistema, o que, em geral, mostrou estar longe de ser trivial. Esse tipo de virtualização resulta no que Smith e Nair (2005) denominam **máquina virtual de processo**, salientando que essa virtualização é feita, em essência, somente para um único processo.

Uma abordagem alternativa da virtualização é fornecer um sistema que seja essencialmente implementado como uma camada que protege completamente o hardware original, mas que oferece como interface o conjunto de instruções completo do mesmo — ou de outro — hardware. O fato de essa interface poder ser oferecida *simultaneamente* a programas diferentes é crucial. O resultado é que nessa circunstância é possível ter vários sistemas operacionais diferentes executando independente e concorrentemente na mesma plataforma. Em geral, essa camada é denominada **monitor de máquina virtual (Virtual Machine Monitor — VMM)**. Exemplos típicos dessa abordagem são VMware (Sugerman et al., 2001) e Xen (Barham et al., 2003). Essas duas abordagens são mostradas na Figura 3.6.

Como Rosenblum e Garfinkel (2005) argumentaram, VMMs ficarão cada vez mais importantes no contexto de confiabilidade e segurança para sistemas (distribuídos).

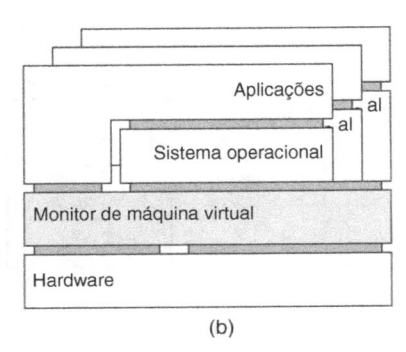

Figura 3.6 (a) Máquina virtual de processo, com várias instâncias de combinações (aplicação, execução). (b) Monitor de máquina virtual com várias instâncias de combinações (aplicações, sistema operacional).

Como eles permitem o isolamento de uma aplicação completa e seu ambiente, uma falha causada por um erro ou ataque à segurança não precisa mais afetar uma máquina inteira. Ademais, como também mencionamos antes, a portabilidade se aprimora porque os VMMs promovem maior desacoplamento entre hardware e software, o que permite a um ambiente completo ser movido de uma máquina para outra.

3.3 Clientes

Nos capítulos anteriores, discutimos o modelo cliente–servidor, os papéis de clientes e servidores e a maneira como eles interagem. Agora vamos examinar mais de perto a anatomia de clientes e servidores, respectivamente. Nesta seção, começaremos com uma discussão a respeito de clientes. Servidores serão discutidos na próxima seção.

3.3.1 Interfaces de usuário em rede

Uma tarefa importante de máquinas clientes é proporcionar aos usuários meios de interagir com servidores remotos. Há praticamente só dois modos pelos quais essa interação pode ser realizada. Primeiro, para cada serviço remoto, a máquina cliente terá uma contraparte separada que pode contatar o serviço pela rede. Um exemplo típico é uma agenda que executa no PDA de um usuário e que precisa entrar em sincronia com uma agenda remota, possivelmente compartilhada. Nesse caso, um protocolo de nível de aplicação manipulará a sincronização, como mostra a Figura 3.7(a).

Uma segunda solução é fornecer acesso direto a serviços remotos oferecendo apenas uma interface de usuário conveniente. Na verdade, isso significa que a máquina cliente é usada só como um terminal sem nenhuma necessidade de armazenamento local, o que resulta em uma solução independente de aplicação, como mostra a Figura 3.7(b). No caso de interfaces de usuário em rede, tudo é processado e armazenado no servidor. Essa abordagem de **terminais clientes minimizados** (*thin clients*) está recebendo mais atenção à medida que aumenta a conectividade da Internet e que dispositivos de mão ficam cada vez mais sofisticados. Como argumentamos no capítulo anterior, as soluções de clientes minimizados também são populares porque facilitam a tarefa de gerenciamento de sistema. Vamos estudar como interfaces de usuário em rede podem ser realizadas.

Exemplo: sistema X Window

Talvez uma das mais antigas e ainda amplamente usadas interfaces de usuário em rede seja o **sistema X Window**. O sistema X Window, em geral denominado simplesmente X, é usado para controlar terminais mapeados em bits, que incluem monitor, teclado e dispositivo de ponteiro, como um mouse. De certo modo, o X pode ser visto como a parte de um sistema operacional que controla o terminal. O cerne do sistema é formado pelo que denominaremos **núcleo X**. Ele contém todos os drivers de dispositivos específicos de terminal e, por isso, é, em geral, altamente dependente de hardware.

O núcleo X oferece uma interface de nível relativamente baixo para controlar a tela e também para capturar eventos do teclado e do mouse. Essa interface é disponibilizada para aplicações como uma biblioteca denominada *Xlib*. Essa organização geral é mostrada na Figura 3.8.

O aspecto interessante do X é que o núcleo X e as aplicações X não precisam necessariamente residir na mesma máquina. Em particular, X fornece o **protocolo X**, que é um protocolo de comunicação de camada de aplicação pelo qual uma instância de *Xlib* pode trocar dados e eventos com o núcleo X. Por exemplo, *Xlib* pode enviar requisições ao núcleo X para criar ou encerrar uma janela, estabelecer cores e definir o tipo de cursor a exibir, entre muitas outras requisições. Por sua vez, o núcleo X reagirá a eventos locais como entrada de teclado e mouse devolvendo pacotes de eventos a *Xlib*.

Várias aplicações podem se comunicar ao mesmo tempo com o núcleo X. Há uma aplicação específica que recebe direitos especiais, conhecida como **gerenciador de janela**. Essa aplicação pode determinar a aparência geral do visor como ele se apresenta ao usuário. Por exemplo, o gerenciador de janela pode prescrever como cada janela é decorada com botões extras, como as janelas devem ser colocadas no visor e assim por diante. Outras aplicações terão de adotar essas regras.

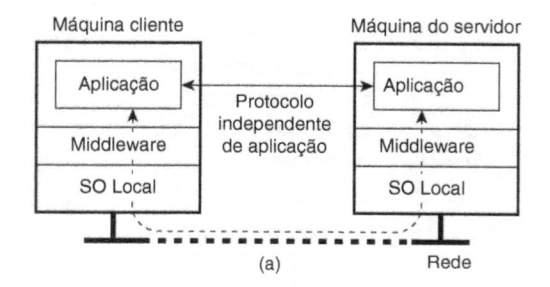

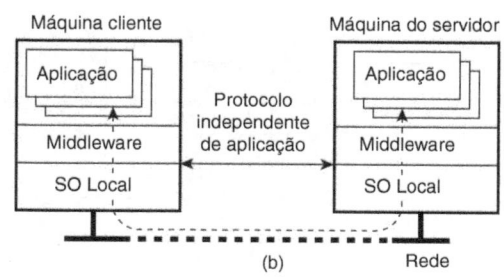

Figura 3.7 (a) Aplicação em rede com seu próprio protocolo. (b) Solução geral para permitir acesso a aplicações remotas.

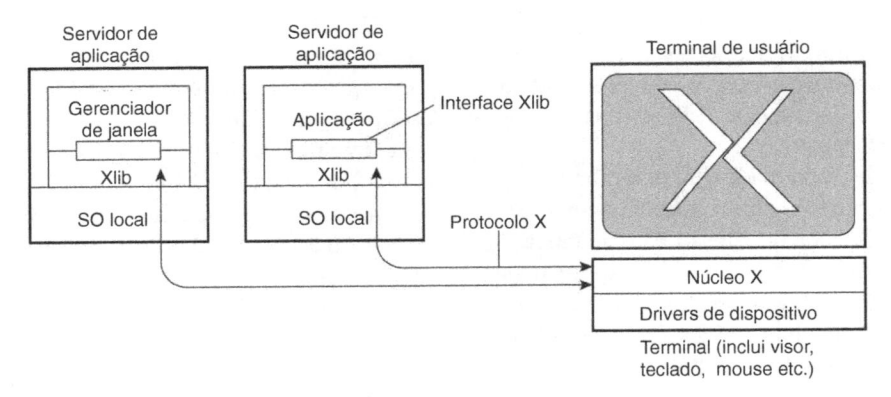

Figura 3.8 Organização básica do sistema X Window.

É interessante notar como o sistema X Window se ajusta à computação cliente–servidor. Pelo que descrevemos até aqui, deve estar claro que o núcleo X recebe requisições para manipular o visor e que recebe essas requisições de aplicações, possivelmente remotas. Nesse sentido, o núcleo X age como um servidor, enquanto as aplicações desempenham o papel de clientes. Essa terminologia foi adotada por X e, embora correta em termos estritos, pode facilmente levar à confusão.

Computação em redes de terminais clientes minimizados

É óbvio que aplicações manipulam um visor usando os comandos específicos de visor como oferecidos por X. Em geral, esses comandos são enviados pela rede em que, na seqüência, são executados pelo núcleo X. Por sua natureza, aplicações escritas para X devem, de preferência, separar a lógica da aplicação dos comandos de interface de usuário. Infelizmente, nem sempre é esse o caso. Como relatado por Lai e Nieh (2002), ocorre que grande parte da lógica da aplicação e da interação do usuário está fortemente acoplada, o que significa que uma aplicação enviará muitas requisições ao núcleo X para as quais esperará uma resposta antes de poder avançar para uma nova etapa. Esse comportamento síncrono pode causar efeitos adversos sobre o desempenho quando em operação por uma rede de longa distância que tenha longas latências.

Há várias soluções para esse problema. Uma é elaborar uma nova engenharia para a implementação do protocolo X, como é feito com NX (Pinzari, 2003). Uma parte importante desse trabalho se concentra na redução da largura de banda pela compressão de mensagens X. Primeiro, considera-se que mensagens consistem em uma parte fixa, que é tratada como identificador, e uma parte variável. Em muitos casos, várias mensagens terão o mesmo identificador, caso em que freqüentemente conterão dados semelhantes. Essa propriedade pode ser usada para enviar somente as diferenças entre mensagens que têm o mesmo identificador.

O lado remetente, bem como o lado destinatário, mantêm uma cache local cujas entradas podem ser consultadas com a utilização do identificador de uma mensagem. Quando uma mensagem é enviada, em primeiro lugar ela é consultada na cache local. Se for encontrada, isso significa que uma mensagem anterior com o mesmo identificador mas, possivelmente, dados diferentes foi enviada. Nesse caso é utilizada a codificação diferencial para enviar somente as diferenças entre as duas.

No lado destinatário, a mensagem também é consultada na cache local; depois disso, pode ocorrer a decodificação por meio das diferenças. Quando houver ausência da cache, são utilizadas técnicas de compressão padronizadas que, em geral, já resultam em um fator quatro de melhoria na largura de banda. No todo, essa técnica tem apresentado reduções de largura de banda que alcançam um fator de 1.000, o que permite que X também execute por enlaces de largura de banda de apenas 9.600 kbps.

Um efeito colateral importante de armazenar mensagens é que remetente e destinatário têm informações compartilhadas sobre o estado corrente do visor. Por exemplo, a aplicação pode requisitar informações geométricas sobre vários objetos por meio de simples requisições de consulta na cache local. Só o fato de ter essa informação compartilhada já reduz a quantidade de mensagens requeridas para manter sincronizados a aplicação e o visor.

Apesar dessas melhorias, o X ainda requer ter um servidor de exibição em execução. Isso talvez seja exigir demais, em especial se o visor for algo tão simples como um telefone celular. Uma solução para manter muito simples o software embutido no visor é deixar que todo o processamento ocorra no lado da aplicação. Na realidade, isso significa que o visor inteiro é controlado até o nível de pixel no lado da aplicação. Portanto, mudanças no mapa de bits são enviadas pela rede até o visor, onde são imediatamente transferidas para o buffer de quadros local.

Essa abordagem requer sofisticadas técnicas de compressão de modo a impedir que a disponibilidade de largura de banda se torne um problema. Considere a apresentação de um fluxo de vídeo a uma taxa de 30 quadros por segundo em uma tela de 320×240, por exemplo. Esse tamanho de tela é comum para muitos PDAs. Se cada pixel for codificado por 24 bits, sem compressão precisaríamos de uma largura de banda de aproximadamente 53 Mbps. A compressão é claramente necessária em tal caso e, hoje, muitas técnicas estão sendo disponibilizadas. Entretanto, note que compressão requer descompressão no destinatário, o que, por sua vez, pode ser caro em termos de computação se não houver suporte de hardware. Pode-se fornecer suporte de hardware, mas isso aumenta o custo dos dispositivos.

A desvantagem de enviar dados em pixels brutos, em comparação com protocolos de nível mais alto como o X, é que é impossível fazer qualquer uso da semântica da aplicação, pois ela efetivamente se perde naquele nível. Baratto et al. (2005) propõem uma técnica diferente. Em sua solução, denominada THINC, eles fornecem alguns comandos de alto nível para o visor, que operam no nível dos drivers do dispositivo de vídeo. Assim, esses comandos são dependentes de dispositivo, mais poderosos do que operações em pixels brutos, porém menos poderosos em comparação com o que é oferecido por um protocolo como o X. O resultado é que os servidores de visor podem ser muito mais simples, o que é bom para a utilização da CPU, enquanto, ao mesmo tempo, otimizações dependentes de aplicação podem ser usadas para reduzir largura de banda e sincronização.

Em THINC, requisições de visor vindas da aplicação são interceptadas e traduzidas para os comandos de nível mais baixo. Com a interceptação de requisições de aplicação, o THINC pode fazer uso da semântica da aplicação para decidir qual combinação de comandos de nível mais baixo pode ser mais bem utilizada. Comandos traduzidos não são enviados imediatamente ao visor; em vez disso, são enfileirados. Reunindo vários comandos em lotes, é possível agregar comandos de visor em um único comando, o que resulta em menor número de mensagens. Por exemplo, quando um novo comando para desenhar em determinada região da tela sobrescreve efetivamente o que um comando anterior — e ainda enfileirado — teria estabelecido, esse último não precisa ser enviado ao visor.

Por fim, em vez de deixar o visor solicitar atualizações, o THINC sempre empurra atualizações à medida que elas ficam disponíveis. Essa abordagem de empurrar poupa latência porque não há nenhuma necessidade de o visor enviar uma requisição de atualização.

A abordagem seguida pelo THINC proporciona melhor desempenho global, embora muito próximo daquele mostrado por NX. Detalhes sobre comparação de desempenho podem ser encontrados em Baratto et al. (2005).

Documentos compostos

Modernas interfaces de usuário fazem muito mais do que sistemas como o X ou suas aplicações simples. Em particular, muitas interfaces de usuário permitem que aplicações compartilhem uma única janela gráfica e usem essa janela para trocar dados por meio de ações de usuário. Entre as ações adicionais que podem ser executadas pelo usuário estão as que são denominadas, de modo geral, operações de **arrastar e soltar** e **edição no local**.

Um exemplo típico de funcionalidade arrastar e soltar é mover um ícone que representa um arquivo A até um ícone que representa uma lixeira, o que resulta na remoção do arquivo. Nesse caso, a interface de usuário precisará fazer mais do que apenas arranjar os ícones no visor: ela terá de passar o nome do arquivo A para a aplicação associada com a lixeira tão logo o ícone de A tenha sido deslocado até em cima do ícone da aplicação de lixeira. É fácil lembrar de outros exemplos.

A edição no local pode ser mais bem ilustrada por meio de um documento que contenha texto e gráficos. Imagine que o documento será exibido dentro de um processador de texto padrão. Assim que o usuário colocar o mouse em cima de uma imagem, a interface de usuário passará essa informação para um programa de desenho a fim de permitir que o usuário modifique a imagem. Por exemplo, o usuário pode ter feito uma rotação da imagem, o que pode afetar a disposição da imagem no documento. Por conseguinte, a interface de usuário descobre quais são as novas altura e largura da imagem e passa essas informações ao processador de texto. Este, por sua vez, pode atualizar automaticamente o layout da página do documento.

A idéia fundamental por trás dessas interfaces de usuário é a noção de um **documento composto**, que pode ser definido como um conjunto de documentos, possivelmente de vários tipos bem diferentes (como texto, imagens, planilhas e assim por diante), integrado no nível de interface de usuário sem que se percebam separações. Uma interface de usuário que pode manipular documentos compostos oculta o fato de que diferentes aplicações operam em diferentes partes do documento. Para o usuário, todas as partes estão integradas sem que se percebam separações. Quando a troca de uma parte afeta outras partes, a interface de usuário pode tomar providências adequadas, por exemplo, informar as aplicações relevantes.

De forma semelhante à situação descrita para o sistema X Window, as aplicações associadas com um documento composto não têm de executar na máquina cliente. Contudo, é preciso ficar claro que interfaces de usuário que suportam documentos compostos poderão ter de fazer muito mais processamento do que as que não suportam.

3.3.2 Software do lado cliente para transparência de distribuição

Software cliente compreende mais do que apenas interfaces de usuário. Em muitos casos, partes do nível de processamento e dados em uma aplicação cliente–servidor são executadas também no lado cliente. Uma classe especial é formada por software cliente embutido, tal como o de caixas automáticos (ATMs), caixas registradoras, leitoras de códigos de barra, transceptores de TV e assim por diante. Nesses casos, a interface de usuário é uma parte relativamente pequena do software cliente, em contraste com as facilidades locais de processamento e comunicação.

Além da interface de usuário e de outros softwares relacionados com aplicação, o software cliente compreende componentes para conseguir transparência de distribuição. O ideal seria que um cliente não ficasse ciente de que está se comunicando com processos remotos. Ao contrário, a distribuição muitas vezes é menos transparente para servidores por razões de desempenho e correção. Por exemplo, no Capítulo 6 mostraremos que servidores replicados às vezes precisam se comunicar de modo a determinar que as operações sejam executadas em ordem específica em cada réplica.

Transparência de acesso é, em geral, manipulada por meio da geração de um apêndice de cliente conforme uma definição da interface do que o servidor tem a oferecer. O apêndice fornece a mesma interface que está disponível no servidor, mas oculta as possíveis diferenças em arquiteturas de máquina, bem como a comunicação propriamente dita.

Há vários modos diferentes de manipular transparência de localização, de migração e de relocação. Usar um sistema de nomeação conveniente é crucial, como veremos no próximo capítulo. Em muitos casos, a cooperação com o software do lado cliente também é importante. Por exemplo, quando um cliente já está vinculado a um servidor, ele pode ser informado diretamente quando o servidor mudar de localização. Nesse caso, o middleware do cliente pode ocultar do usuário a corrente localização geográfica do servidor e ainda, se necessário, vincular-se novamente ao servidor de modo transparente. Na pior das hipóteses, a aplicação do cliente pode notar perda de desempenho temporária.

De modo semelhante, muitos sistemas distribuídos implementam transparência de replicação por meio de soluções do lado cliente. Por exemplo, imagine um sistema distribuído com servidores replicados. Tal transparência de replicação pode ser conseguida com o repasse de uma requisição a cada réplica, como mostra a Figura 3.9. O software do lado cliente pode colher todas as respostas e passar uma única resposta à aplicação cliente, conservando a transparência.

Por fim, considere a transparência à falha. O mascaramento de falhas de comunicação com um servidor normalmente é feito por meio de middleware cliente. Por exemplo, middleware cliente pode ser configurado para tentar a conexão com um servidor repetidas vezes, ou talvez tentar um outro servidor após várias tentativas. Também há situações nas quais o middleware cliente retorna dados que tinha guardado em cache durante a sessão anterior, como às vezes é feito por browsers Web que não conseguem se conectar com um servidor.

Transparência de concorrência pode ser manipulada por meio de servidores intermediários especiais, particularmente monitores de transação, e requer menos suporte de software cliente. Da mesma maneira, muitas vezes a transparência de persistência é completamente manipulada no servidor.

3.4 Servidores

Agora vamos examinar mais de perto a organização de servidores. Nas páginas seguintes, primeiro vamos nos concentrar em várias questões gerais de projeto para servidores, seguidas de uma discussão de clusters de servidores.

3.4.1 Questões gerais de projeto

Um servidor é um processo que implementa um serviço específico em nome de um conjunto de clientes. Em essência, cada servidor é organizado do mesmo modo: ele espera por uma requisição que vem de um cliente e, na seqüência, assegura que ela seja atendida, após o que espera pela próxima requisição.

Há vários modos de organizar servidores. No caso de um **servidor iterativo**, é o próprio servidor que manipula a requisição e, se necessário, retorna uma resposta ao cliente requisitante. Um **servidor concorrente** não manipula por si próprio a requisição, mas a passa para um thread separado ou para um outro processo, após o que imediatamente espera pela próxima requisição. Um servidor multithread é um exemplo de servidor concorrente. Uma implementação alternativa de um servidor concorrente é bifurcar um novo processo para cada requisição que chegar. Essa abordagem é adotada em muitos sistemas Unix. O thread ou processo que manipula a requisição é responsável por devolver uma resposta ao cliente requisitante.

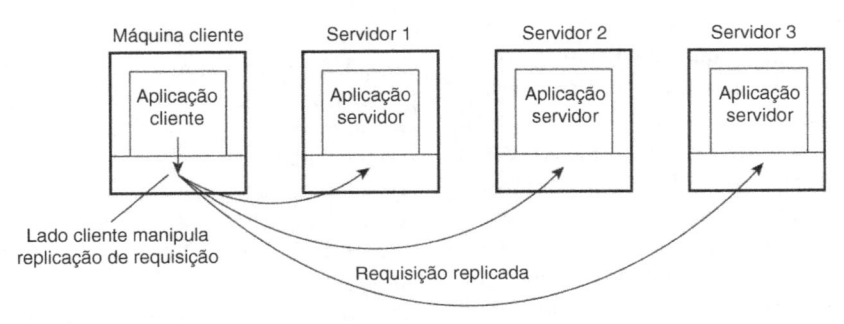

Figura 3.9 Replicação transparente de um servidor usando uma solução do lado cliente.

Uma outra questão é onde os clientes contatam um servidor. Em todos os casos, clientes enviam requisições a um **terminal**, também denominado **porta**, na máquina em que o servidor está executando. Cada servidor ouve uma porta específica. Como os clientes sabem qual é a porta de um serviço? Uma abordagem é designar globalmente portas para serviços bem conhecidos. Por exemplo, servidores que manipulam requisições FTP de Internet sempre ouvem a porta TCP 21. Da mesma maneira, um servidor HTTP para a World Wide Web sempre ouvirá a porta TCP 80.

Essas portas foram designadas pela Autoridade para Atribuição de Números na Internet (Internet Assigned Numbers Authority — Iana) e estão documentadas em Reynolds e Postel (1994). Com portas designadas, o cliente só precisa achar o endereço de rede da máquina em que o servidor está executando. Como explicaremos no próximo capítulo, serviços de nomes podem ser usados para essa finalidade.

Há muitos serviços que não requerem uma porta predeterminada. Por exemplo, um servidor que informa a hora pode usar uma porta que lhe é dinamicamente designada por seu sistema operacional local. Nesse caso, em primeiro lugar, um cliente tem de consultar a porta. Uma solução é ter um daemon especial que excute em cada máquina que rodar servidores. O daemon monitora a porta corrente de cada serviço implementado por um servidor co-localizado. O próprio daemon ouve uma porta bem conhecida. Um cliente primeiro contatará o daemon, requisitará a porta e então contatará o servidor específico, como mostra a Figura 3.10(a).

É comum associar uma porta com um serviço específico. Contudo, a implementação propriamente dita de cada serviço por meio de um servidor separado pode ser um desperdício de recursos. Por exemplo, em um sistema Unix típico, é comum ter uma grande quantidade de servidores que execute simultaneamente, com a maioria deles esperando passivamente até chegar uma requisição de cliente. Em vez de ter de monitorar uma número tão grande de processos passivos, muitas vezes é mais eficiente ter um único **superservidor** à escuta em cada porta associada com um serviço específico, como mostra a Figura 3.10(b). Essa é a abordagem adotada, por exemplo, para o daemon *inetd* em Unix. O *inetd* ouve uma quantidade de portas bem conhecidas para serviços de Internet. Quando chega uma requisição, o daemon bifurca um processo para continuar a cuidar da requisição. Esse processo sairá após ter concluído.

Uma outra questão que precisa ser levada em conta ao elaborar o projeto de um servidor é se, e como, um servidor pode ser interrompido. Por exemplo, considere um usuário que decidiu transferir um enorme arquivo para um servidor FTP. De repente, entretanto, ao perceber que é o arquivo errado, ele quer interromper o servidor para cancelar a continuação da transmissão de dados.

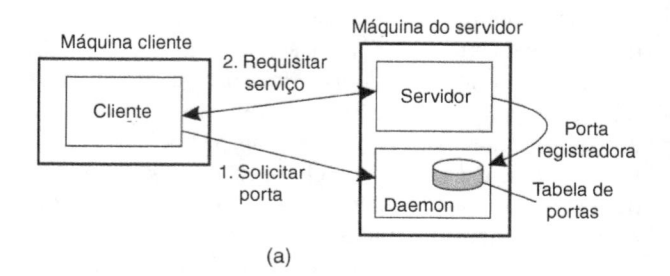

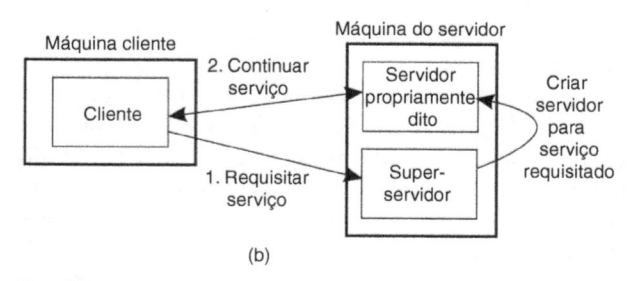

Figura 3.10 (a) Vinculação cliente–a–servidor usando um daemon. (b) Vinculação cliente–a–servidor usando um superservidor.

Há vários modos de fazer isso. Uma abordagem que funciona muitíssimo bem na Internet atual (e às vezes é a única alternativa) é o usuário sair abruptamente da aplicação cliente, o que automaticamente interromperá a conexão com o servidor, reiniciá-la imediatamente e fingir que nada aconteceu. A uma certa altura, o servidor encerrará a conexão antiga, entendendo que o cliente provavelmente falhou.

Uma alternativa muito melhor para manipular interrupções de comunicação é desenvolver o cliente e o servidor de modo tal que seja possível enviar dados **fora da banda**, ou seja, dados que venham a ser processados pelo servidor antes de quaisquer outros dados daquele cliente. Uma solução é deixar o servidor ouvir uma porta de controle separada para a qual o cliente envia dados fora da banda, enquanto, ao mesmo tempo, ouve (com menor prioridade) a porta pela qual passam os dados normais. Uma outra solução é enviar dados fora da banda pela mesma conexão através da qual o cliente está enviando a requisição original. Em TCP, por exemplo, é possível transmitir dados urgentes. Quando dados urgentes são recebidos no servidor, ele é interrompido — por exemplo, por meio de um sinal em sistemas Unix —, após o que pode inspecionar os dados e manipulá-los de acordo.

Uma última questão importante de projeto é se o servidor é sem estado ou não. Um **servidor sem estado** não mantém informações sobre o estado de seus clientes e pode mudar seu próprio estado sem ter de informar a nenhum cliente (Birman, 2005). Um servidor Web, por exemplo, é sem estado. Ele se limita a responder a requisições HTTP que entram, que podem ser para transferir um arquivo para o servidor ou, com mais freqüência, para buscar um arquivo. Após a requisição ser processada, o servidor Web esquece o cliente completamente. Da mesma maneira, um conjunto de arquivos que um servidor Web gerencia (possivelmente em cooperação com um servidor de arquivos) pode ser mudado sem que os clientes tenham de ser informados.

Observe que, em muitos projetos sem estado, na verdade o servidor mantém informações sobre seus clientes, mas o fato crucial é que, se essas informações forem perdidas, isso não resultará na disrupção do serviço oferecido pelo servidor. Por exemplo, um servidor Web geralmente registra todas as requisições de clientes. Essa informação é útil para decidir se certos documentos devem ser replicados e para onde. Fica claro que não há nenhuma penalidade, exceto, talvez, sob a forma de desempenho abaixo do ótimo, se o registro for perdido.

Um modo particular de um projeto sem estado é aquele em que o servidor mantém o que é conhecido como **estado flexível** (*soft state*). Nesse caso, o servidor promete manter estado em nome do cliente, mas apenas por tempo limitado. Após a expiração desse tempo, o servidor volta ao comportamento padrão (default) e, ao fazer isso, descarta quaisquer informações que guardava em nome do cliente associado. Um exemplo desse tipo de estado é um servidor que promete manter um cliente informado sobre atualizações, mas apenas por tempo limitado. Depois disso, o cliente deve selecionar o servidor se quiser atualizações. Abordagens de estado flexível se originam do projeto de protocolo em redes de computadores, mas podem ser igualmente aplicadas ao projeto de servidores (Clark, 1989; Lui et al., 2004).

Ao contrário, um **servidor com estado** em geral mantém informações persistentes sobre seus clientes. Isso significa que as informações precisam ser explicitamente removidas pelo servidor. Um exemplo típico é um servidor de arquivos que permite a um cliente manter cópia local de um arquivo, mesmo após ter realizado operações de atualização. Tal servidor manteria uma tabela que contivesse entradas (*cliente, arquivo*). Essa tabela permite que o servidor monitore qual cliente tem as permissões de atualização em qual arquivo no momento em questão, e assim, possivelmente, também a versão mais recente daquele arquivo.

Essa abordagem pode melhorar o desempenho percebido pelo cliente de operações de leitura e escrita. Melhorar desempenho em servidores sem estado costuma ser um benefício importante de projetos com estado. Contudo, o exemplo também ilustra a grande desvantagem de servidores com estado. Se falhar, o servidor tem de recuperar sua tabela de entradas (*cliente, arquivo*); caso contrário, não poderá garantir que processou as mais recentes atualizações em um arquivo.

Em geral, um servidor com estado precisa recuperar todo o estado, tal como era um pouco antes da falha. Como discutiremos no Capítulo 8, possibilitar recuperação pode apresentar considerável complexidade. Em um projeto sem estado, não é preciso tomar absolutamente nenhuma providência especial para que um servidor que falhou se recupere. Ele simplesmente começa a funcionar novamente e espera pela entrada de requisições de cliente.

Ling et al. (2004) argumentam que, na verdade, deveríamos fazer uma distinção entre **estado de sessão** (temporário) e estado permanente. O exemplo anterior é típico para estado de sessão: ele está associado com uma série de operações por um único usuário e deve ser mantido por algum tempo, mas não indefinidamente. Ocorre que o estado de sessão é freqüentemente mantido em arquiteturas cliente–servidor de três camadas, nas quais o servidor de aplicação realmente precisa acessar um servidor de banco de dados por meio de uma série de consultas antes de poder responder ao cliente requisitante. Aqui, a questão é que nenhum dano é causado se o estado de sessão for perdido, contanto que o cliente possa simplesmente emitir novamente a requisição original. Essa observação permite armazenamento de estado mais simples e menos confiável.

O que resta para estado permanente normalmente são informações mantidas em bancos de dados, como informações de clientes, chaves associadas com software comprado e assim por diante. Contudo, para a maioria dos sistemas distribuídos, manter estado de sessão já implica um projeto com estado que requer medidas especiais quando acontecerem falhas e adotar premissas explícitas sobre a durabilidade de estado armazenada no servidor. Voltaremos a esses assuntos de maneira mais abrangente ao discutirmos tolerância à falha.

Ao elaborar o projeto de um servidor, a opção por um projeto com estado ou sem estado não deve afetar os serviços oferecidos pelo servidor. Por exemplo, se arquivos têm de ser abertos antes de lidos, ou escritos, um servidor sem estado deve imitar esse procedimento, de um jeito ou de outro. Uma solução comum, que discutiremos com mais detalhes no Capítulo 11, é que o servidor responde a uma requisição de escrita ou leitura primeiro abrindo o arquivo referido e em seguida realizando a operação de leitura ou escrita propriamente dita, para depois fechar imediatamente o arquivo de novo.

Em outros casos, um servidor pode querer manter um registro do comportamento de um cliente, de modo que possa atender mais efetivamente às suas requisições. Por exemplo, servidores Web às vezes oferecem a possibilidade de dirigir um cliente imediatamente a suas páginas favoritas. Essa abordagem só é possível se o servidor tiver um histórico de informações sobre esse cliente. Quando o servidor não puder manter estado, uma solução comum é deixar o cliente enviar informações sobre seus acessos anteriores. No caso da Web, essas informações costumam ser armazenadas de modo transparente pelo browser do cliente no que é chamado **cookie**: pequena porção de dados que contém informações específicas do cliente que interessam ao servidor. Cookies nunca são executados por um browser; apenas são armazenados.

Na primeira vez que um cliente acessa um servidor, este manda um cookie junto com as páginas Web requisitadas de volta ao browser, após o que o browser guarda o cookie em segurança. Depois disso, cada vez que o cliente acessar o servidor, seu cookie para aquele servidor é enviado junto com a requisição. Embora em princípio essa abordagem funcione bem, o fato de que cookies são enviados do servidor para serem guardados em segurança pelo browser costuma ficar inteiramente oculto aos usuários. Lá se vai a privacidade! Diferente da maioria dos cookies (biscoitos) da vovó, esses cookies deveriam ficar onde foram produzidos.*

3.4.2 Clusters de servidores

No Capítulo 1 discutimos brevemente cluster de computadores como uma das muitas formas de apresentação de sistemas distribuídos. Agora vamos examinar mais de perto a organização de clusters de servidores com questões relevantes de projeto.

Organização geral

Em palavras simples, um cluster de servidores nada mais é do que um conjunto de máquinas conectadas por uma rede, no qual cada máquina executa um ou mais servidores. Os clusters de servidores que consideraremos aqui são aqueles nos quais as máquinas estão conectadas por uma rede local, que muitas vezes oferece alta largura de banda e baixa latência.

Na maioria dos casos, um cluster de servidores é organizado logicamente em três camadas, como mostra a Figura 3.11. A primeira camada consiste em um comutador (lógico) por meio do qual são roteadas as requisições de clientes. Esse comutador pode variar muito. Por exemplo, comutadores de camada de transporte aceitam requisições de conexão TCP e passam requisições para um dos servidores no cluster, como discutiremos a seguir. Um exemplo completamente diferente é um servidor Web que aceita requisições HTTP, mas passa parte dessas requisições a servidores de aplicação para posterior processamento somente para mais tarde colher os resultados e retornar uma resposta HTTP.

Como em qualquer arquitetura cliente–servidor multicamadas, muitos clusters de servidores também contêm servidores dedicados a processamento de aplicação. Em clusters de computadores, normalmente eles são servidores que executam em hardware de alto desempenho dedicado a aumentar a capacidade de computação. Todavia, no caso de clusters corporativos, pode ser que as aplicações só precisem rodar em máquinas de tecnologia relativamente baixa porque a capacidade de computação requerida não é o gargalo, mas o acesso ao armazenamento.

Isso nos leva à terceira camada, que consiste em servidores de processamento de dados, especialmente servidores de arquivo e bancos de dados. Mais uma vez, dependendo da utilização do cluster de servidores, esses servidores podem executar em máquinas especializadas, configuradas para acesso de alta velocidade a disco e que têm grandes caches de dados do lado servidor.

Claro que nem todos os clusters de servidores seguirão essa separação estrita. Invariavelmente ocorre que cada máquina está equipada com seu próprio armazenamento local, que muitas vezes integra processamento de aplicação e de dados em um único servidor, o que resulta em uma arquitetura de duas camadas. Por exemplo, quando se trata de fluxos de mídia por meio de um cluster de servidores, é comum disponibilizar uma arquitetura de sistema de duas camadas, na qual cada máquina age como um servidor de mídia dedicado (Steinmetz e Nahrstedt, 2004).

Quando um cluster de servidores oferece vários serviços, pode acontecer que máquinas diferentes executem diferentes servidores de aplicação. Por conseqüência, o comutador terá de ser capaz de distinguir serviços, senão não poderá repassar requisições para as máquinas adequadas. Acontece que muitas máquinas de segunda camada executam apenas uma única aplicação. Essa

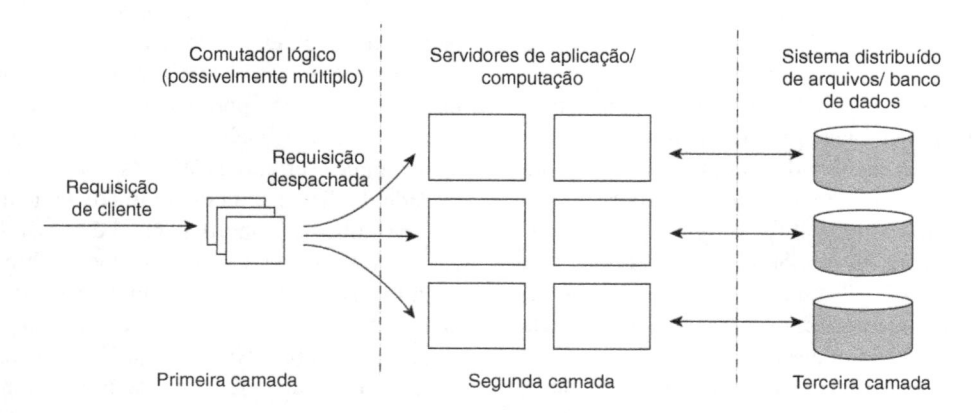

Figura 3.11 *Organização geral de um cluster de servidores de três camadas.*

---

* O autor se exprime aqui ironicamente, mas de modo altamente polêmico. A supressão dos cookies iria desabilitar a maioria dos serviços que a Web oferece hoje (N. do R.T.).

limitação vem da dependência de software e hardware disponíveis, mas também do fato de que aplicações diferentes muitas vezes são gerenciadas por administradores diferentes, e estes não gostam de interferir com as máquinas de outros.

Por conseqüência, podemos descobrir que certas máquinas estão temporariamente ociosas, enquanto outras estão recebendo uma sobrecarga de requisições. Algo útil seria migrar serviços temporariamente para máquinas ociosas. Uma solução proposta em Awadallah e Rosenblum (2004) é usar máquinas virtuais que permitam migração relativamente fácil de código para máquinas reais. Voltaremos à migração de código mais adiante neste capítulo.

Vamos examinar mais de perto a primeira camada, que consiste no comutador. Uma meta importante do projeto de clusters de servidores é ocultar o fato de que há vários servidores. Em outras palavras, aplicações clientes que executam em máquinas remotas nada precisariam saber sobre a organização interna do cluster. Essa transparência de acesso é invariavelmente oferecida por meio de um único ponto de acesso, por sua vez implementado por intermédio de algum tipo de comutador em hardware, tal como uma máquina dedicada.

O comutador forma o ponto de entrada para o cluster de servidores, oferecendo um único endereço de rede. Por questão de escalabilidade e disponibilidade, um cluster de servidores pode ter vários pontos de acesso e, portanto, cada ponto de acesso é realizado por uma máquina dedicada separada. Consideraremos apenas o caso de um único ponto de acesso.

Um modo padrão de acessar um cluster de servidores é estabelecer uma conexão TCP pela qual requisições de nível de aplicação sejam enviadas como parte de uma sessão. Uma sessão termina com o encerramento da conexão. No caso de **comutadores de camada de transporte**, o comutador aceita requisições de conexão TCP que entram e transfere tais conexões a um dos servidores (Hunt et al, 1997; Pai et al., 1998). O princípio de funcionamento do que é comumente conhecido como **transferência TCP** (**TCP** *handoff*) é mostrado na Figura 3.12.

Quando recebe uma requisição de conexão TCP, o comutador identifica o melhor servidor para manipular aquela requisição e repassa o pacote de requisição para aquele servidor. Por sua vez, o servidor enviará um reconhecimento de volta ao cliente requisitante, mas insere o endereço IP do comutador como o endereço de fonte no cabeçalho do pacote IP que está transportando o segmento TCP. Note que essa falsificação (*spoofing*) é necessária para que o cliente continue executando o protocolo TCP: ele está esperando uma mensagem de volta do comutador, e não de algum servidor arbitrário do qual nunca ouviu falar. É claro que a implementação da transferência TCP requer modificações no nível do sistema operacional.

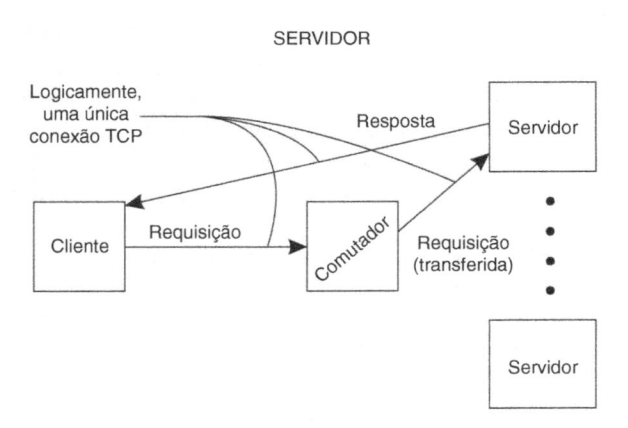

Figura 3.12 *Princípio da transferência TCP.*

Já podemos ver que o comutador pode desempenhar importante papel na distribuição da carga entre os vários servidores. Por decidir para onde repassar uma requisição, o comutador também decide qual servidor deve manipular o processamento ulterior da requisição. A política de balanceamento de carga mais simples que o comutador pode seguir é a alternância cíclica: cada vez ele escolhe o próximo servidor de sua lista para o qual repassará a requisição.

Critérios mais avançados para seleção de servidor também podem ser disponibilizados. Por exemplo, considere que vários serviços sejam oferecidos pelo cluster de servidores. Se o comutador puder distinguir entre esses serviços quando uma requisição entrar, então pode tomar decisões conscientes sobre para onde repassar a requisição. Essa seleção de servidor pode ainda ocorrer no nível de transporte, contanto que os serviços sejam distinguidos por meio de um número de porta. Um passo adiante é fazer com que o comutador realmente inspecione a carga útil da requisição que está entrando. Esse método pode ser aplicado só quando se sabe qual pode ser a aparência dessa carga útil. Por exemplo, no caso de servidores Web, suponha que o comutador esteja esperando uma requisição HTTP; com base nisso, ele pode decidir quem deve processá-la. Voltaremos a essa **distribuição de requisição dependente de contexto** quando discutirmos sistemas baseados na Web no Capítulo 12.

Servidores distribuídos

Os clusters de servidores que discutimos até aqui em geral são configurados estaticamente, mais do que de qualquer outro modo. Nesses clusters, muitas vezes há uma máquina de administração separada que monitora servidores disponíveis e passa essa informação para outras máquinas conforme adequado, tal como o comutador.

Como mencionamos, a maioria dos clusters de servidores oferece um único ponto de acesso. Quando esse ponto falha, o cluster fica indisponível. Para eliminar esse problema potencial, vários pontos de acesso podem ser fornecidos, cujos endereços são disponibilizados publicamente. Por exemplo, o **Sistema de Nomes de Domínio (Domain Name System — DNS)** pode retornar vários endereços, todos pertencentes ao mesmo nome de hospedeiro. Essa abordagem ainda requer que os clientes façam diversas tentativas se um dos endereços falhar. Além do mais, isso não resolve o problema de requerer pontos de acesso estáticos.

Ter estabilidade, como um ponto de acesso de longa permanência, é um aspecto desejável do ponto de vista de um cliente e de um servidor. Por outro lado, também é desejável ter um alto grau de flexibilidade na configuração de um cluster de servidores, incluindo o comutador. Essa observação resultou no projeto de um **servidor distribuído** que nada mais é do que um conjunto de máquinas que possivelmente muda dinamicamente, com vários pontos de acesso também possivelmente variáveis, mas que, quanto ao mais, se apresenta ao mundo externo como uma única e poderosa máquina. O projeto de tal servidor distribuído é dado em Szymaniak et al. (2005). Aqui, nós apenas o descrevemos brevemente.

A idéia básica por trás de um servidor distribuído é que os clientes se beneficiem de um servidor robusto, estável e de alto desempenho. Essas propriedades muitas vezes podem ser fornecidas por mainframes de alta tecnologia, entre os quais alguns alardeiam um tempo médio entre falhas de mais de 40 anos. Contudo, agrupando máquinas mais simples transparentemente em um cluster e sem confiar na disponibilidade de uma única máquina, pode ser possível alcançar um grau melhor de estabilidade do que com cada componente individualmente. Por exemplo, um cluster como esse poderia ser configurado dinamicamente por máquinas de usuário final, como no caso de um sistema distribuído colaborativo.

Vamos nos concentrar em como se pode conseguir um ponto de acesso estável em tal sistema. A idéia principal é fazer uso de serviços de rede disponíveis, em especial suporte de mobilidade para IP versão 6 (MIPv6). Em MIPv6, considera-se que um nó móvel tem uma **rede nativa** em que ele normalmente reside e na qual tem um endereço estável associado, conhecido como seu **endereço nativo (Home Adress — HoA)**. Essa rede nativa tem um repassador especial conectado a ela, conhecido como **agente nativo**, que tomará conta do tráfego para o nó móvel quando ele estiver fora.

Com essa finalidade, quando um nó móvel se liga a uma rede externa, ele receberá um **endereço externo (Care-of Address — COA)**, onde poderá ser alcançado. Esse endereço COA é informado ao agente nativo do nó, que então providencia para que todo o tráfego seja repassado para o nó móvel. Observe que aplicações que se comunicam com o nó móvel só verão o endereço associado com a rede nativa do nó. Elas nunca verão o endereço COA.

Esse princípio pode ser usado para oferecer um endereço estável de um servidor distribuído. Nesse caso, um único **endereço de contato** é inicialmente designado ao cluster de servidores. O endereço de contato será o endereço do servidor durante sua vida útil e será usado em todas as comunicações com o mundo externo. A qualquer instante, um nó no servidor distribuído funcionará como um ponto de acesso usando aquele endereço de contato, mas esse papel pode ser assumido com facilidade por um outro nó. Ocorre que o ponto de acesso registra seu próprio endereço como o endereço COA no agente nativo associado com o servidor distribuído. Nessa circunstância, todo o tráfego será dirigido ao ponto de acesso, que então cuidará da distribuição de requisições entre os nós que estão participando naquele instante. Se o ponto de acesso falhar, entra em cena um simples mecanismo de cobertura de falha, pelo qual um outro ponto de acesso informa um novo endereço COA.

Essa configuração simples transformaria o agente nativo, bem como o ponto de acesso, em potenciais gargalos, porque todo o tráfego fluiria por essas duas máquinas. Essa situação pode ser evitada usando uma característica do MIPv6 conhecida como *otimização de rota*. Otimização de rota funciona da seguinte maneira: sempre que um nó móvel com endereço nativo HA informar seu endereço COA corrente, digamos, CA, o agente nativo pode repassar CA para um cliente. Então, este armazenará o par (HA, CA) no local. Desse momento em diante, a comunicação será repassada diretamente a CA. Embora a aplicação no lado cliente ainda possa usar o endereço nativo, o software básico subjacente para MIPv6 traduzirá aquele endereço para CA e o usará no lugar do outro.

Otimização de rota pode ser usada para fazer com que clientes diferentes acreditem que estão se comunicando com um único servidor quando, na verdade, cada cliente está se comunicando com um diferente nó membro do servidor distribuído, como mostra a Figura 3.13. Com essa finalidade, quando um ponto de acesso de um servidor distribuído repassa uma requisição do cliente C_1 para, digamos, o nó S_1 (com endereço CA_1), ele passa informações suficientes para S_1 a fim de deixar que este inicie o procedimento de otimização de rota que faz o cliente acreditar que o COA é CA_1. Isso permitirá a C_1 armazenar o par (HA, CA_1). Durante esse procedimento, o ponto de acesso (bem como o agente nativo) envia grande parte do tráfego entre C_1 e S_1 por um túnel. Isso impedirá que o agente nativo acredite que o COA mudou, de modo que ele continuará a se comunicar com o ponto de acesso.

Claro que enquanto esse procedimento de otimização de rota estiver ocorrendo, requisições de outros clientes continuarão a chegar. Elas permanecerão em estado pendente no ponto de acesso até que possam ser repassadas. Portanto, a requisição de um outro cliente C_2 pode ser repassada ao nó membro S_2 (com endereço CA_2), permitindo que esse último deixe o cliente C_2 armazenar o par (HA, CA_2). O resultado é que diferentes clientes estarão se comunicando diretamente com membros diferentes do

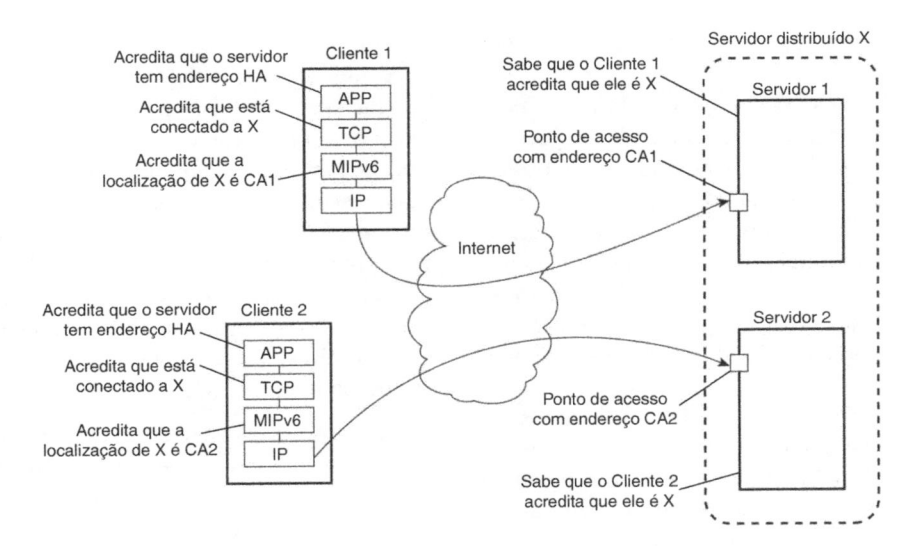

Figura 3.13 Otimização de rota em um servidor distribuído.

servidor distribuído, no qual cada aplicação cliente ainda tem a ilusão de que esse servidor tenha endereço *HA*. O agente nativo continua a se comunicar com o ponto de acesso conversando com o endereço de contato.

3.4.3 Gerenciamento de clusters de servidores

Um cluster de servidores deve se apresentar ao mundo exterior como um único computador, como muitas vezes é, de fato, o caso. Contudo, quando se trata de gerenciar um cluster, a situação muda drasticamente. Várias tentativas foram feitas para facilitar o gerenciamento de clusters de servidores, como discutiremos a seguir.

Abordagens comuns

De longe, a abordagem mais comum para o gerenciamento de um cluster de servidores é estender as tradicionais funções de gerenciamento de um único computador para um cluster. Em sua forma mais primitiva, isso significa que um administrador pode se registrar em um nó com base em um cliente remoto e executar comandos locais de gerenciamento para monitorar, instalar e trocar componentes.

Um pouco mais avançado é ocultar o fato de que você precisa se registrar (login) em um nó e, em vez disso, fornecer uma interface em uma máquina administradora que permita colher informações de um ou mais servidores, atualizar componentes, adicionar e remover nós etc. A principal vantagem da última abordagem é que operações coletivas, que operam sobre um grupo de servidores, podem ser fornecidas com mais facilidade. Esse tipo de gerenciamento de clusters de servidores tem ampla aplicação na prática, exemplificada por software de gerenciamento como o Cluster Systems Management da IBM (Hochstetler e Beringer, 2004).

Contudo, tão logo os clusters cresçam e passem de várias dezenas de nós, esse tipo de gerenciamento não serve mais. Muitas centrais de dados precisam gerenciar milhares de servidores organizados em muitos clusters, mas todos funcionando de modo colaborativo. Fazer isso por meio de servidores de administração centralizados está simplesmente fora de questão. Além do mais, é fácil de ver que clusters muito grandes precisam de gerenciamento contínuo de falhas (incluindo atualizações). Para simplificar as coisas, se p é a probabilidade de um servidor estar correntemente avariado e admitirmos que falhas são independentes, então, para que um cluster de N servidores opere sem que nenhum servidor esteja avariado, a probabilidade é $(1 - p)^N$. Portanto, com $p = 0,001$ e $N = 1.000$, há somente 36 por cento de probabilidade de que todos os servidores estejam funcionando corretamente.

Ocorre que suporte para clusters de servidores muito grandes é quase sempre ad hoc. Há várias regras práticas que devem ser consideradas (Brewer, 2001), mas não há nenhuma abordagem sistemática para lidar com o gerenciamento de sistemas maciços. O gerenciamento de cluster ainda está em sua infância, embora seja de esperar que chegará a hora em que soluções de autogerenciamento como as discutidas no capítulo anterior avançarão nessa área, após ganharmos mais experiência com elas.

Exemplo: PlanetLab

Agora vamos examinar mais de perto um comportamento de cluster um tanto fora do comum. PlanetLab é um sistema distribuído colaborativo no qual diferentes organizações doam um ou mais computadores, somando um total de até centenas de nós. Juntos, esses computadores formam um cluster de servidores de uma camada, no qual acesso, processamento e armazenamento podem ocorrer em cada nó individualmente. O gerenciamento do PlanetLab é, por necessidade, quase inteiramente distribuído. Antes de explicar seus princípios básicos, primeiro vamos descrever os principais aspectos arquitetônicos (Peterson et al., 2005).

Em PlanetLab, uma organização doa um ou mais nós, e nesse sistema é mais fácil imaginar cada nó como apenas um único computador, embora também ele possa ser um cluster de máquinas. Cada nó é organizado como mostra a Figura 3.14. Há dois componentes importantes (Bavier et al., 2004). O primeiro é o monitor de máquina virtual (VMM), que é um sistema operacional Linux aprimorado. Os aperfeiçoamentos compreendem principalmente ajustes para suportar o segundo componente, denominado **vservers**.

Um vserver (Linux) pode ser mais bem imaginado como um ambiente separado no qual executa um grupo de processos. Processos de diferentes vservers são *completamente* independentes. Eles não podem compartilhar diretamente nenhum recurso como arquivos, memória principal e conexões de rede, como normalmente acontece com processos que executam sobre sistemas operacionais. Em vez disso, um vserver proporciona um ambiente que consiste em seu próprio conjunto de pacotes de software, programas e facilidades de rede. Por exemplo, um vserver pode fornecer um ambiente no qual um processo notará que pode utilizar o Python 1.5.2 combinado com um servidor Web Apache mais antigo, digamos, *httpd 1.3.1*. Ao contrário, um outro vserver pode suportar as versões mais recentes de Python e *httpd*. Nesse sentido, chamar um vserver de 'servidor' é um pouco incongruente porque, na realidade, ele apenas isola grupos de processos um do outro. Mais adiante voltaremos brevemente aos vservers.

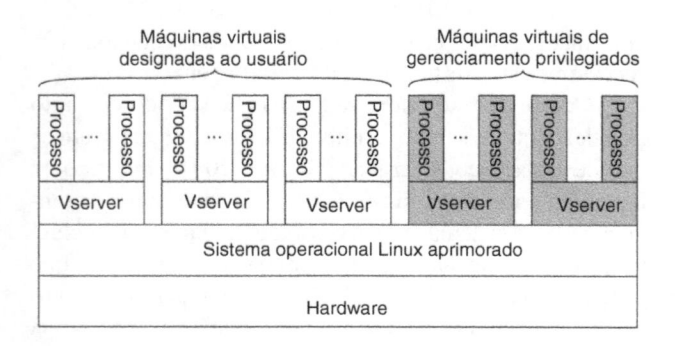

Figura 3.14 Organização básica de um nó PlanetLab.

O VMM Linux assegura que os vservers estão separados: processos em vservers diferentes são executados concorrente e independentemente, cada um utilizando somente os pacotes de software e programas disponíveis em seu próprio ambiente. O isolamento entre processos em vservers diferentes é estrito. Por exemplo, dois processos em vservers diferentes podem ter o mesmo ID de usuário, mas isso não implica que eles se originaram do mesmo usuário. Essa separação facilita consideravelmente o suporte de usuários de diferentes organizações que querem usar o PlanetLab: por exemplo, uma plataforma de teste para fazer experimentos com sistemas distribuídos e aplicações completamente diferentes.

Para suportar tais experimentos, o PlanetLab introduz a noção de **fatia**, que é um conjunto de vservers no qual cada vserver executa em um nó diferente. Assim, pode-se imaginar uma fatia como um cluster virtual de servidores, implementado por meio de um conjunto de máquinas virtuais. As máquinas virtuais em PlanetLab executam sobre o sistema operacional Linux, que foi estendido com uma quantidade adicional de módulos do núcleo.

Há várias questões que fazem do gerenciamento do PlanetLab um problema especial. Três evidentes são:

1. Nós pertencem a diferentes organizações. Cada nó deve ter capacidade de especificar quem pode ter permissão de executar aplicações em seus nós e restringir adequadamente a utilização de recursos.
2. Há várias ferramentas de monitoração disponíveis, mas todas elas admitem uma combinação muito específica de hardware e software. Além do mais, todas são projetadas para serem usadas dentro de uma única organização.
3. Programas de fatias diferentes, mas que executam no mesmo nó, não devem interferir um com o outro. Esse problema é similar à independência de processo em sistemas operacionais.

Vamos examinar cada uma dessas questões com mais detalhes.

Uma entidade central para o gerenciamento de recursos do PlanetLab é o **gerente de nó**. Cada nó tem um desses gerentes, implementado por meio de um vserver separado, cuja única tarefa é criar outros vservers no nó que gerencia e controlar a alocação de recursos. O gerente de nó não toma nenhuma decisão de regulação; ele é um mero mecanismo que provê os ingredientes essenciais para fazer com que um programa execute em determinado nó.

A monitoração de recursos é feita por meio de uma especificação de recurso ou, abreviadamente, *rspec*. Uma *rspec* especifica um intervalo de tempo durante o qual certos recursos foram alocados. Entre esses recursos estão espaço em disco, descritores de arquivo, largura de banda de entrada e saída de rede, terminais de nível de transporte, memória principal e utilização de CPU. Uma *rspec* é identificada por meio de um identificador de 128 bits globalmente exclusivo, conhecido como capacidade de recurso (*rcap*). Dada uma *rcap*, o gerente do nó pode consultar a *rspec* associada em uma tabela local.

Recursos são vinculados a fatias. Em outras palavras, para utilizar recursos, é necessário criar uma fatia. Cada fatia é associada a um **provedor de serviços**, que pode ser mais bem imaginado como uma entidade que tem uma conta corrente no PlanetLab. Sendo assim, toda fatia pode ser identificada por um par (*principal_id*, *slice_tag*), no qual *principal_id* identifica o provedor, e *slice_tag* é um identificador escolhido pelo provedor.

Para criar uma nova fatia, cada nó executará um **serviço de criação de fatia** (**Slice Creation Service — SCS**) que, por sua vez, pode contatar o gerente de nó e requisitar que ele crie um vserver e aloque recursos. O gerente de nó, em si, não pode ser contatado diretamente por uma rede, o que permite que ele se concentre somente no gerenciamento de recursos locais. Por sua vez, o SCS não aceitará requisições de criação de fatia de qualquer um. Somente **autoridades de fatia** específicas são qualificadas para requisitar a criação de uma fatia. Cada autoridade de fatia terá direitos de acesso a um conjunto de nós. O modelo mais simples é aquele em que há somente uma única autoridade de fatia com permissão para requisitar criação de fatia em todos os nós.

Para completar o quadro, um provedor de serviços contatará uma autoridade de fatia e requisitará que ela crie uma fatia que abranja um conjunto de nós. A autoridade de fatia saberá quem é o provedor de serviços porque ele já tinha sido anteriormente autenticado e subseqüentemente registrado como um usuário PlanetLab. Na prática, usuários do PlanetLab contatam uma autoridade de fatia por meio de um serviço baseado na Web. Mais detalhes podem ser encontrados em Chun e Spalink (2003).

Esse procedimento revela que o gerenciamento do PlanetLab é feito por meio de intermediários. Uma importante classe desses intermediários é formada por autoridades de fatia. Tais autoridades obtiveram credenciais em nós para criar fatias. A obtenção dessas credenciais foi realizada fora de banda, em essência, contatando administradores de sistemas em vários sites. É óbvio que esse é um processo demorado que não deve ser executado por usuários finais ou, na terminologia do PlanetLab, por provedores de serviços.

Além das autoridades de fatia, há também autoridades de gerenciamento. Enquanto uma autoridade de fatia se concentra somente no gerenciamento de fatias, uma autoridade de gerenciamento é responsável por vigiar os nós. Em particular, ela assegura que os nós sob seu regime executem o software básico do PlanetLab e obedeçam às regras estabelecidas pelo PlanetLab. Provedores de serviços confiam que uma autoridade de gerenciamento fornece nós que se comportarão adequadamente.

Essa organização resulta na estrutura de gerenciamento mostrada na Figura 3.15, descrita em termos de relações de confiança em Peterson et al. (2005). As relações são as seguintes:

1. Um proprietário de nó coloca seu nó sob o regime de uma autoridade de gerenciamento, possivelmente restringindo utilização quando adequado.
2. Uma autoridade de gerenciamento fornece o software necessário para adicionar um nó ao PlanetLab.
3. Um provedor de serviços se registra junto a uma autoridade de gerenciamento, confiando que ela forneça nós que se comportem bem.
4. Um provedor de serviços contata uma autoridade de fatia para criar uma fatia em um conjunto de nós.
5. A autoridade de fatia precisa autenticar o provedor de serviços.
6. Um proprietário de nó fornece um serviço de criação de fatia para uma autoridade de fatia criar fatias. Em essência, ele delega o gerenciamento de recursos à autoridade de fatia.
7. Uma autoridade de gerenciamento delega a criação de fatias a uma autoridade de fatia.

Esses relacionamentos abrangem o problema da delegação de nós de modo controlado, de maneira que um proprietário de nó possa confiar em um gerenciamento decente e seguro. A segunda questão que precisa ser tratada é a monitoração. É necessária uma abordagem unificada que permita aos usuários verem como seus programas estão se comportando dentro de uma fatia específica.

O PlanetLab segue uma abordagem simples. Todo nó é equipado com um conjunto de sensores, cada um capaz de dar informações como utilização de CPU, atividade de disco e assim por diante. Sensores podem ser arbitrariamente complexos, mas a questão importante é que eles sempre dão informações por nó. Essa informação é disponibilizada por meio de um servidor Web: todo sensor é acessível por meio de simples requisições HTTP (Bavier et al., 2004).

Considera-se que essa abordagem de monitoração ainda é bastante primitiva, mas é preciso vê-la como base para esquemas avançados de monitoração. Por exemplo, em princípio, não há nenhuma razão por que o Astrolabe, que discutimos no Capítulo 2, não possa ser usado para leituras agregadas de sensores em vários nós.

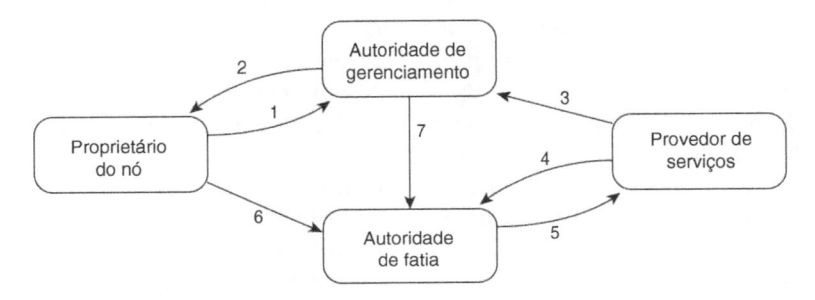

Figura 3.15 Relações de gerenciamento entre várias entidades PlanetLab.

Por fim, para chegar à última questão de gerenciamento, a proteção mútua de programas, o PlanetLab usa servidores virtuais Linux (denominados vservers) para isolar fatias. Como mencionado, a idéia principal de um vserver é executar aplicações em seus próprios ambientes, o que inclui todos os arquivos que são normalmente compartilhados em uma única máquina. Tal separação pode ser conseguida com relativa facilidade por meio de um comando Unix chroot, que efetivamente muda a raiz do sistema de arquivo em que as aplicações procurarão arquivos. Somente o superusuário pode executar chroot.

Claro que é preciso mais. Servidores virtuais Linux não somente separam o sistema de arquivo, mas normalmente também as informações compartilhadas sobre processos, endereços de rede, utilização de memória e assim por diante. Por conseqüência, uma máquina física é, na verdade, repartida em várias unidades, cada unidade correspondente a um ambiente Linux totalmente desenvolvido e isolado das outras partes. Uma visão geral de servidores virtuais Linux pode ser encontrada em Potzl et al. (2005).

3.5 Migração de Código

Até aqui, nossa principal preocupação foram sistemas distribuídos nos quais a comunicação é limitada à passagem de dados. Contudo, há situações em que passar programas, às vezes até mesmo enquanto estão sendo executados, simplifica o projeto de um sistema distribuído. Nesta seção, estudamos com detalhes o que é realmente migração de código. Começamos considerando diferentes abordagens da migração de código e em seguida discutimos como lidar com os recursos locais que um programa em migração usa. Um problema de particular dificuldade é migrar código em sistemas heterogêneos, o que também discutiremos.

3.5.1 Abordagens para migração de código

Antes de examinar as diferentes formas de migração de código, primeiro vamos considerar por que migrar código pode ser útil.

Razões para migrar código

A migração de código em sistemas distribuídos ocorria tradicionalmente na forma de **migração de processo**, na qual todo o processo era movido de uma máquina para outra (Milojicic et al., 2000). Mover um processo em execução para uma máquina diferente é uma tarefa custosa e complicada, e é bom que haja uma boa razão para fazer isso. Essa razão sempre foi o desempenho. A idéia básica é que o desempenho global do sistema pode ser melhorado se processos forem movidos de máquinas muito carregadas para máquinas com cargas mais leves. A carga costuma ser expressa em termos do comprimento da fila da CPU ou da utilização da CPU, mas outros indicadores de desempenho também são usados.

Algoritmos de distribuição de carga pelos quais são tomadas decisões concernentes à alocação e redistribuição de tarefas com relação a um conjunto de processadores desempenham importante papel em sistemas de computação intensiva. Todavia, em muitos sistemas distribuídos modernos, otimizar capacidade de computação é uma questão menor do que, por exemplo, tentar minimizar comunicação. Além do mais, devido à heterogeneidade das plataformas e redes de computadores subjacentes, a melhoria do desempenho por meio de migração de código costuma ser baseada em raciocínio qualitativo em vez de em modelos matemáticos.

Considere, como exemplo, o sistema cliente–servidor no qual o servidor gerencia um enorme banco de dados. Se uma aplicação cliente precisar realizar muitas operações de banco de dados que envolvam grandes quantidades de dados, talvez seja melhor despachar parte da aplicação cliente para o servidor e enviar somente os resultados pela rede. Caso contrário, a rede pode ficar sobrecarregada com a transferência de dados do servidor para o cliente. Nesse caso, a migração de código é baseada na premissa de que, em geral, tem sentido processar dados perto de onde esses dados residem.

Essa mesma razão pode ser usada para migrar partes do servidor para o cliente. Por exemplo, em muitas aplicações interativas de banco de dados, clientes precisam preencher formulários que, na seqüência, são traduzidos em uma série de operações de banco de dados. Processar o formulário no lado cliente e enviar somente o formulário completo para o servidor às vezes pode evitar que um número relativamente grande de pequenas mensagens tenha de atravessar a rede. O resultado é que o cliente percebe melhor desempenho, enquanto, ao mesmo tempo, o servidor gasta menos tempo no processamento do formulário e na comunicação.

Suporte para migração de código também pode ajudar a melhorar o desempenho pela exploração do paralelismo, mas sem as usuais complexidades relacionadas à programação paralela. Um exemplo típico é procurar informações na Web. É relativamente simples implementar uma consulta de pesquisa sob a forma de um pequeno programa móvel denominado **agente móvel**, que passa de site para site. Fazendo várias cópias desse programa e enviando cada uma para sites diferentes, talvez seja possível conseguir um aumento linear de velocidade em comparação com utilizar apenas uma instância de programa único.

Além de melhorar o desempenho, também há outras razões para suportar migração de código. A mais importante é a flexibilidade. A abordagem tradicional para construir aplicações distribuídas é repartir a aplicação em porções diferentes e decidir antecipadamente onde cada porção deve ser executada. Essa abordagem resultou, por exemplo, em diferentes aplicações cliente–servidor multicamadas discutidas no Capítulo 2.

Contudo, se pudermos mover código entre máquinas diferentes, torna-se possível configurar dinamicamente sistemas distribuídos. Suponha que um servidor implemente uma interface padronizada para um sistema de arquivo. Para permitir que clientes remotos acessem o sistema de arquivo, o servidor usa um protocolo proprietário. Normalmente, a implementação do lado cliente da interface de sistema de arquivo, que é baseada naquele protocolo, precisaria ser ligada com a aplicação cliente. Essa abordagem requer que o software esteja facilmente disponível para o cliente no momento em que a aplicação cliente for se desenvolvendo.

Uma alternativa é deixar que o servidor forneça a implementação do cliente só quando for estritamente necessário, isto é, quando o cliente se vincular ao servidor. Nesse ponto, o cliente descarrega a implementação dinamicamente, percorre as etapas de inicialização necessárias e, na seqüência, invoca o servidor. Esse princípio é mostrado na Figura 3.16. Esse modelo de movimentação dinâmica de código com base em um site remoto realmente requer que o protocolo para descarregar e inicializar código seja padronizado. Além disso, é necessário que o código descarregado possa ser executado na máquina cliente. Diferentes soluções são discutidas logo adiante e em capítulos posteriores.

Uma vantagem importante desse modelo de descarregar dinamicamente software do lado cliente é que os clientes não precisam ter todo o software instalado com antecedência para falar com servidores. Em vez disso, o software pode ser movido conforme necessário e, da mesma maneira, descartado quando não for mais necessário. Uma outra vantagem é que, contanto que as interfaces sejam padronizadas, podemos mudar o protocolo cliente–servidor e sua implementação quantas vezes quisermos. As mudanças não afetarão aplicações clientes existentes que dependam do servidor. É óbvio que também há desvantagens. A mais séria, que discutiremos no Capítulo 9, tem a ver com a segurança. Confiar cegamente que o código descarregado implementa somente a interface anunciada enquanto acessa seu disco rígido desprotegido, sem enviar as melhores partes para sabe-se lá quem, nem sempre é uma boa idéia.

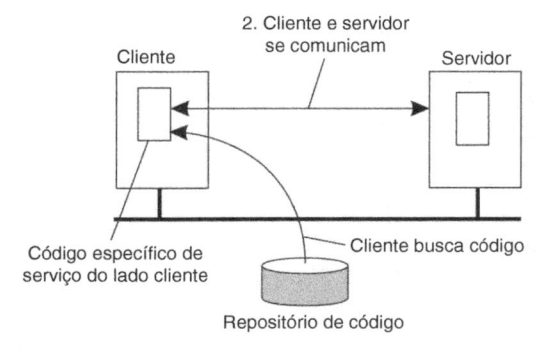

Figura 3.16 *Princípio de configuração dinâmica de um cliente para se comunicar com um servidor. Primeiro o cliente busca o software necessário e então invoca o servidor.*

Modelos para migração de código

Embora a migração de código sugira que movemos somente código entre máquinas, na verdade o termo abrange uma área muito mais rica. A comunicação em sistemas distribuídos se preocupa tradicionalmente com a troca de dados entre processos. No sentido mais amplo, migração de código trata da movimentação de programas entre máquinas com a intenção de executá-los na máquina-alvo. Em alguns casos, como em migração de processo, o status de execução de um programa, sinais pendentes e outras partes do ambiente também podem ser transferidos.

Para entender melhor os diferentes modelos para migração de código, usamos uma estrutura descrita em Fuggetta et al. (1998). Nessa estrutura, um processo consiste em três segmentos. O *segmento de código* é a parte que contém o conjunto de instruções que compõem o programa que está em execução. O *segmento de recursos* contém referências a recursos externos de que o processo necessita, tal como arquivos, impressoras, dispositivos, outros processos e assim por diante. Por fim, um *segmento de execução* é usado para armazenar o estado de execução de um processo no momento em questão, que consiste em dados privados, pilha e, é claro, o contador de programa.

O mínimo essencial para migração de código é fornecer **mobilidade fraca**. Nesse modelo, é possível transferir somente o segmento de código, talvez junto com alguns dados de inicialização. Um aspecto característico da mobilidade fraca é que um programa transferido é sempre iniciado de acordo com várias posições de partida predefinidas. Isso é o que acontece, por exemplo, com applets Java, que sempre iniciam execução do começo. O benefício dessa abordagem é sua simplicidade. Mobilidade fraca requer somente que a máquina-alvo possa executar aquele código, o que, em essência, se resume a tornar o código portável. Voltaremos a esses assuntos quando discutirmos migração em sistemas heterogêneos.

Ao contrário da mobilidade fraca, em sistemas que suportam **mobilidade forte** o segmento de execução também pode ser transferido. O aspecto característico da mobilidade forte é que um processo em execução pode ser parado e, na seqüência, movido para uma outra máquina e então retomar a execução no ponto em que ele a deixou. Claro que mobilidade forte é muito mais geral do que mobilidade fraca, mas também muito mais difícil de implementar.

Independentemente de a mobilidade ser fraca ou forte, há uma outra distinção que pode ser feita entre migração iniciada pelo remetente e iniciada pelo destinatário. Em migração **iniciada pelo remetente**, a migração é iniciada na máquina em que o código está em execução no momento em questão. A migração iniciada pelo remetente normalmente é executada para transferir programas para um servidor de computação. Um outro exemplo é enviar um programa de busca pela Internet a um servidor de banco de dados Web para realizar pesquisas naquele servidor. Em migração **iniciada pelo destinatário**, a iniciativa da migração de código é tomada pela máquina-alvo. Applets Java são um exemplo dessa abordagem.

Migração iniciada pelo destinatário é mais simples do que migração iniciada pelo remetente. Em muitos casos, a migração de código ocorre entre um cliente e um servidor, quando o cliente toma a iniciativa da migração. Transferir código com segurança para um servidor em migração iniciada pelo remetente muitas vezes requer que o cliente tenha sido previamente registrado e autenticado naquele servidor. Em outras palavras, o servidor tem de saber quem são todos os seus clientes e a razão para isso é que o cliente possivelmente requisitará acesso aos recursos do servidor, como seu disco. Proteger esses recursos é essencial.

Ao contrário, a transferência de código iniciada pelo destinatário muitas vezes pode ser feita no anonimato. Além do mais, em geral o servidor não está interessado nos recursos do cliente — a migração de código para o cliente é feita apenas para melhorar o desempenho do lado cliente. Com essa finalidade, só uma quantidade limitada de recursos precisa ser protegida, como memória e conexões de rede. Voltaremos à migração segura de código no Capítulo 9.

No caso de mobilidade fraca, também faz diferença se o código migrado é executado pelo processo-alvo ou se é iniciado um processo em separado. Por exemplo, applets Java são simplesmente descarregados por um browser Web e executados no espaço de endereço do browser. O benefício dessa abordagem é que não há nenhuma necessidade de iniciar um processo separado, evitando assim comunicação na máquina-alvo. A principal desvantagem é que o processo-alvo precisa ser protegido contra ataque malicioso ou execuções inadvertidas de código. Uma solução simples é deixar o sistema operacional cuidar disso criando um processo separado para executar o código migrado. Note que essa solução não resolve problemas de acesso a recursos já mencionados. Eles ainda terão de ser tratados.

Em vez de movimentar um processo em execução, operação também denominada *migração de processo*, a mobilidade forte também pode ser suportada por clonagem remota. Em contraste com a migração de processo, a clonagem produz uma cópia exata do processo original, mas agora executando em uma máquina diferente. O processo clonado é executado em paralelo com o processo original. Em sistemas Unix, a clonagem remota ocorre com a bifurcação do processo em um processo-filho e ao deixar que o filho continue em uma máquina remota. O benefício da clonagem é que o modelo é muito parecido com o que já é usado em muitas aplicações. A única diferença é que o processo clonado é executado em uma máquina diferente. Nesse sentido, a migração por clonagem é um modo simples de melhorar a transparência de distribuição.

As várias alternativas para migração de código são resumidas na Figura 3.17.

3.5.2 Migração e recursos locais

Até aqui, apenas a migração do código e do segmento de execução foi levada em conta. O segmento de recurso requer um pouco de atenção especial. O que muitas vezes torna a migração de código tão difícil é que o segmento de recurso nem sempre pode ser simplesmente transferido junto com outros segmentos sem ser trocado. Por exemplo, suponha que um processo detenha uma referência a uma porta TCP específica por meio da qual ele estava se comunicando com outros processos (remotos). Essa referência é mantida em seu segmento de recurso. Quando o processo passa para uma outra localização, terá de devolver a porta e requisitar uma nova no destino. Em outros casos, transferir uma referência não precisa ser um problema. Por exemplo, uma referência a um arquivo por meio de um URL absoluto permanecerá válida independentemente da máquina onde reside o processo que detém o URL.

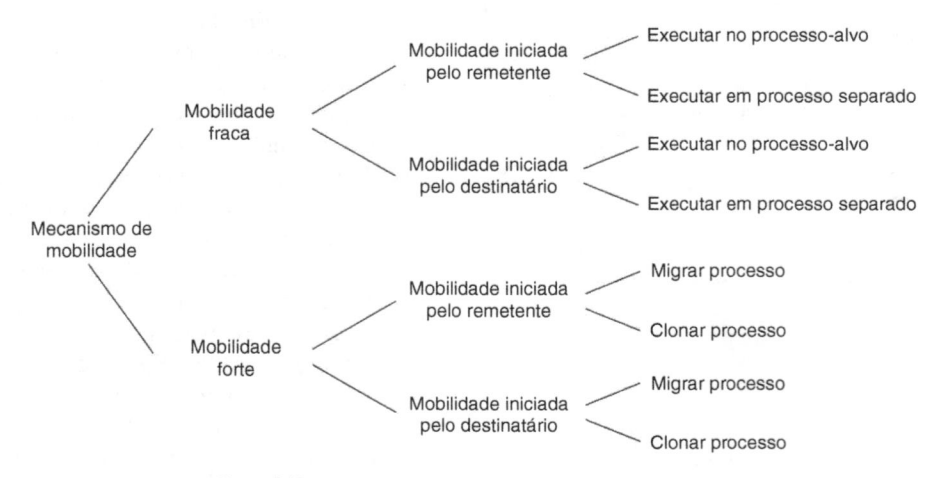

Figura 3.17 Alternativas para migração de código.

Para entender as implicações que a migração de código tem sobre o segmento de recurso, Fuggetta et al. (1998) distinguem três tipos de vinculações processo–recurso. A vinculação mais forte é quando um processo se refere a um recurso por seu identificador. Nesse caso, o processo requer exatamente o recurso referenciado e nada mais. Um exemplo dessa **vinculação por identificador** é o caso de um processo usar um URL para se referir a um site Web específico ou o caso de ele se referir a um servidor FTP por meio do seu endereço de Internet. Na mesma linha de raciocínio, referências a terminais locais de comunicação também resultam em uma vinculação por identificador.

Uma vinculação processo–recurso mais fraca ocorre quando só o valor de um recurso é necessário. Nesse caso, a execução do processo não seria afetada se um outro recurso fornecesse aquele mesmo valor. Um exemplo típico de **vinculação por valor** é o caso de um programa depender de bibliotecas padronizadas, como as de programação em C ou Java. Essas bibliotecas devem sempre estar disponíveis no local em questão, mas sua exata localização no sistema local de arquivo pode ser diferente entre sites. O importante para a adequada execução do processo não é o arquivo específico, é seu conteúdo.

Por fim, a forma de vinculação mais fraca de todas ocorre quando um processo indica que precisa de somente um recurso de um tipo específico. Essa **vinculação por tipo** é exemplificada por referências a dispositivos locais, como monitores, impressoras e assim por diante.

Quando migramos código, muitas vezes precisamos mudar as referências a recursos, mas não podemos afetar o tipo de vinculação processo–recurso. Se uma referência deve ser mudada, e exatamente como, depende de o recurso poder ser movido junto com o código para a máquina-alvo. Em termos mais específicos, precisamos considerar as vinculações recurso–máquina e distinguir os seguintes casos. **Recursos não ligados** podem ser movidos com facilidade entre máquinas diferentes e normalmente são arquivos (de dados) associados somente com o programa que deve ser migrado. Por comparação, mover ou copiar um **recurso amarrado** pode ser possível, mas só a custo relativamente alto. Exemplos típicos de recursos amarrados são bancos de dados locais e sites Web completos.

Embora, em teoria, esses recursos não sejam dependentes da máquina em que estão em determinado momento, muitas vezes é inviável movê-los para um outro ambiente. Por fim, **recursos fixos** estão intimamente vinculados a uma máquina ou ambiente específico, e não podem ser movidos. Recursos fixos freqüentemente são dispositivos locais. Um outro exemplo de um recurso fixo é uma porta de comunicação local.

A combinação desses três tipos de vinculação processo–recurso e três tipos de vinculação recurso–máquina resulta em nove combinações que precisamos considerar na migração de código. Essas nove combinações são mostradas na Tabela 3.2.

Em primeiro lugar vamos considerar as possibilidades quando um processo está vinculado a um recurso por identificador. Quando o recurso é não ligado, em geral é melhor movê-lo junto com o código que está migrando. Contudo, quando o recurso é compartilhado com outros processos, uma alternativa é estabelecer uma referência global, isto é, uma referência que possa atravessar as fronteiras das máquinas. Um exemplo de tal referência é um URL. Quando o recurso é amarrado ou fixo, a melhor solução é também criar uma referência global.

É importante perceber que estabelecer uma referência global pode ser mais do que apenas usar URLs e que o preço da utilização de tal referência às vezes é proibitivo. Considere, por exemplo, um programa que gera imagens de alta qualidade para uma estação de trabalho multimídia dedicada. Produzir imagens de alta qualidade em tempo real é uma tarefa que exige intensa computação, razão por que o programa talvez seja movido para um servidor de computação de alto desempenho. Estabelecer uma referência global à estação de trabalho multimídia significa estabelecer um caminho de comunicação entre o servidor de computação e a estação de trabalho. Ademais, há significativo processamento envolvido em ambos, servidor e estação de trabalho, para atender aos requisitos de largura de banda para a transferência de imagens. O resultado líquido talvez seja que mover o programa para o servidor de computação não é uma idéia tão boa assim, já que o custo da referência global é muito alto.

Um outro exemplo de que estabelecer uma referência global nem sempre é tão fácil ocorre no caso de se fazer

		Vinculação recurso–máquina		
		Não ligado	**Amarrado**	**Fixo**
Vinculação processo– recurso	Por identificador	MV (ou GR)	GR (ou MV)	GR
	Por valor	CP (ou MV,GR)	GR (ou CP)	GR
	Por tipo	RB (ou MV,CP)	RB (ou GR,CP)	RB (ou GR)

GR Estabelecer referência global no âmbito do sistema
MV Mover o recurso
CP Copiar o valor do recurso
RB Vincular novamente o processo ao recurso disponível no local

Tabela 3.2 Ações a executar no que se refere às referências a recursos locais quando da migração de código para uma outra máquina.

migração de um processo que está usando uma porta de comunicação local. Nessa circunstância, estamos lidando com um recurso fixo ao qual o processo está vinculado pelo identificador. Há basicamente duas soluções. Uma é deixar que o processo estabeleça uma conexão com a máquina-fonte após ter migrado e instalar um processo separado na máquina-fonte que simplesmente repasse todas as mensagens que chegam. A principal desvantagem dessa abordagem é que, sempre que a máquina-fonte funcionar mal, a comunicação com o processo migrado falhará. A solução alternativa é fazer com que todos os processos que se comunicam com o processo que está migrando mudem *suas* referências globais e enviem mensagens à nova porta de comunicação na máquina-alvo.

A situação é diferente quando se trata de vinculações de valor. Considere, em primeiro lugar, um recurso fixo. A combinação de um recurso fixo e uma vinculação por valor ocorre, por exemplo, quando um processo admite que a memória pode ser compartilhada entre processos. Estabelecer uma referência global nesse caso significaria que precisamos implementar uma forma distribuída de memória compartilhada. Em muitos casos, essa não é realmente uma solução viável ou eficiente.

Recursos amarrados típicos que são referenciados por seu valor são bibliotecas de tempo de execução. Cópias de tais recursos normalmente estão disponíveis de imediato na máquina-alvo e, se não estiverem, devem ser copiadas antes de ocorrer a migração de código. Estabelecer uma referência global é uma alternativa melhor quando enormes quantidades de dados devem ser copiadas, como pode ser o caso de dicionários e tesauros em sistemas de processamento de textos.

O caso mais fácil é lidar com recursos não ligados. A melhor solução é copiar (ou mover) o recurso para o novo destino, a menos que ele seja compartilhado por vários processos. Nesse último caso, estabelecer uma referência global é a única opção.

O último caso trata de vinculações por tipo. Independentemente da vinculação recurso–máquina, a solução óbvia é vincular novamente o processo a um recurso do mesmo tipo disponível no local. Só quando tal recurso não estiver disponível é que precisaremos copiar ou mover o original para o novo destino ou estabelecer uma referência global.

3.5.3 Migração em sistemas heterogêneos

Até aqui, ficou subentendido que o código migrado pode ser executado com facilidade da máquina-alvo. Essa premissa vale quando estamos tratando de sistemas homogêneos. Contudo, em geral, sistemas distribuídos são construídos sobre um conjunto heterogêneo de plataformas, cada um com seu próprio sistema operacional e arquitetura de máquina. Migração em tais sistemas requer que cada plataforma seja suportada, isto é, que o segmento de código possa ser executado em cada plataforma. Além disso, precisamos assegurar que o segmento de execução pode ser adequadamente representado em cada plataforma.

Os problemas que surgem da heterogeneidade são, sob muitos aspectos, os mesmos da portabilidade. Não é surpresa que as soluções também sejam muito similares. Por exemplo, no final da década de 1970, uma solução simples para amenizar muitos dos problemas para transportar Pascal para máquinas diferentes era gerar um código intermediário independente de máquina para uma máquina virtual abstrata (Barron, 1981). Claro que essa máquina precisaria ser implementada em muitas plataformas, mas então permitiria que programas em Pascal fossem executados em qualquer lugar. Embora essa idéia simples tenha sido muito usada por alguns anos, ela nunca se firmou realmente como solução geral para problemas de portabilidade para outras linguagens, em especial a C.

Aproximadamente 25 anos mais tarde, a migração de código em sistemas heterogêneos está sob ataque por linguagens de 'scripts' e linguagens de alta portabilidade como a Java. Em essência, essas soluções adotam a mesma abordagem adotada para transportar Pascal. Todas essas soluções têm em comum o fato de dependerem de uma máquina virtual (de processo) que ou interprete diretamente códigos-fonte (como é o caso de linguagens de 'script') ou interprete código intermediário gerado por um compilador (como em Java). Estar no lugar certo na hora certa também é importante para desenvolvedores de linguagem.

Desenvolvimentos recentes começaram a enfraquecer a dependência em relação a linguagens de programação. Em particular, foram propostas soluções não apenas para migrar processos, mas para migrar ambientes de computação inteiros. A idéia básica é compartimentalizar o ambiente global e fornecer a processos que estão na mesma parte sua própria visão de seu ambiente de computação.

Se a compartimentalização for feita adequadamente, torna-se possível desacoplar uma parte do sistema subjacente e realmente migrá-lo para uma outra máquina. Desse modo, a migração realmente proporcionaria uma forma de mobilidade forte para processos porque, então, eles poderiam ser movidos em qualquer ponto durante sua execução e continuar de onde saíram quando a migração estivesse concluída. Além do mais, muitas das complexidades relacionadas com migração de processos enquanto eles ainda têm vinculações com recursos locais podem ser resolvidas porque, em muitos casos, essas vinculações são simplesmente preservadas. Os recursos locais, especificamente, muitas vezes fazem parte do ambiente que está migrando.

Há várias razões para querer migrar ambientes inteiros, mas talvez a mais importante seja que esse tipo de migração permite continuação de operação enquanto uma máquina precisa ser desligada. Por exemplo, em um cluster de servidores, o administrador de sistemas pode decidir desligar ou substituir uma máquina, mas não terá de parar todos os seus processos em execução. Em vez disso, ele pode congelar temporariamente um ambiente, movê-lo para uma outra máquina (onde ele ficará ao lado de outros ambientes existentes) e simplesmente descongelá-lo novamente. É óbvio que esse é um modo extremamente poderoso de gerenciar ambientes de computação de longo tempo de execução e seus processos.

Vamos considerar um exemplo específico de migração de máquinas virtuais, como discutido em Clark et al. (2005). Nesse caso os autores se concentraram em migração em tempo real de um sistema operacional virtualizado, algo que normalmente seria conveniente em um cluster de servidores em que se consegue um forte acoplamento por meio de uma única rede local compartilhada. Sob essas circunstâncias, a migração envolve dois problemas principais: migrar toda a imagem da memória e migrar vinculações a recursos locais.

Quanto ao primeiro problema há, em princípio, três modos de tratar a migração (que podem ser combinados):

1. Empurrar páginas de memória para a nova máquina e reenviar as que forem modificadas mais tarde durante a migração do processo.
2. Parar a máquina virtual corrente; migrar memória e iniciar a nova máquina virtual.
3. Deixar que a nova máquina virtual puxe novas páginas conforme necessário, isto é, deixar que processos comecem imediatamente na nova máquina virtual e copiar páginas por demanda.

A segunda opção pode resultar em tempo ocioso inaceitável se a máquina virtual que está migrando estiver executando um serviço vivo, isto é, serviço contínuo. Por outro lado, uma abordagem por demanda pura, como representada pela terceira opção, pode prolongar por muito tempo o período de migração, mas também pode resultar em mau desempenho porque transcorre muito tempo antes de o conjunto de trabalho do processo migrado ser movido para a nova máquina.

Como alternativa, Clark et al. (2005) propõem usar uma abordagem de pré-cópia que combina a primeira opção com uma breve fase parar-e-copiar, como representada pela segunda opção. Essa combinação pode resultar em tempos de parada de serviço de 200 ms ou menos.

Em relação a recursos locais, as coisas são simplificadas quando lidamos somente com um cluster de servidores. Em primeiro lugar, como há só uma rede, a única coisa que precisa ser feita é anunciar a nova vinculação rede–endereço MAC, de modo que clientes possam contatar os processos migrados na interface de rede correta. Por fim, se for possível admitir que o armazenamento é fornecido como camada separada (como a que mostramos na Figura 3.11), migrar vinculação a arquivos também será simples.

O efeito global é que, em vez de migrar processos, agora vemos, realmente, que um sistema operacional inteiro pode ser movido entre máquinas.

3.6 Resumo

Processos desempenham um papel fundamental em sistemas distribuídos porque formam uma base para comunicação entre máquinas diferentes. Uma questão importante é como os processos são organizados internamente e, em particular, se suportam ou não vários threads de controle. Threads em sistemas distribuídos são particularmente úteis para continuar usando a CPU quando é realizada uma operação bloqueadora de E/S. Desse modo, torna-se possível construir servidores de alta eficiência que executam vários threads em paralelo, entre os quais diversos podem estar bloqueados à espera da conclusão de E/S de disco ou de comunicação de rede.

A organização de uma aplicação distribuída em termos de clientes e servidores se mostrou útil. Em geral, processos clientes implementam interfaces de usuário, que podem ser desde visores muito simples até interfaces avançadas que podem manipular documentos compostos. Ademais, o software cliente visa a conseguir transparência de distribuição ocultando detalhes referentes à comunicação com servidores, à localização desses servidores no momento em questão e a respeito de se os servidores são ou não replicados. Além disso, o software cliente é parcialmente responsável por ocultar falhas e recuperação de falhas.

Servidores costumam ser mais complicados do que clientes, porém, não obstante, estão sujeitos a um número relativamente pequeno de questões de projeto. Por exemplo, servidores podem ser iterativos ou concorrentes, implementar um ou mais serviços e podem ser sem estado ou com estado. Outras questões de projeto tratam de serviços de endereçamento e mecanismos para interromper um servidor após uma requisição de serviço ter sido emitida e, possivelmente, já estar sendo processada.

É preciso dar especial atenção quando da organização de servidores em um cluster. Um objetivo comum é ocultar do mundo exterior as partes internas de um cluster. Isso significa que a organização de um cluster deve ficar resguardada das aplicações. Com essa finalidade, a maioria dos clusters usa um único ponto de entrada que pode entregar mensagens a servidores no cluster. Um problema desafiador é substituir transparentemente esse único ponto de entrada por uma solução totalmente distribuída.

Um tópico importante para sistemas distribuídos é a migração de código entre máquinas diferentes. Duas razões importantes para implementar migração de código são aumentar desempenho e flexibilidade. Quando a comunicação é cara, às vezes podemos reduzi-la despachando computações do servidor para o cliente e deixando o cliente fazer o máximo possível de processamento local. A flexibilidade aumenta se um cliente puder descarregar dinamicamente software necessário para a comunicação com um servidor específico. O software descarregado pode ser dirigido especificamente àquele servidor, sem forçar o cliente à instalação prévia desse software.

Migração de código vem acompanhada de problemas relacionados à utilização de recursos locais quando essa utilização requer que ou os recursos também sejam migrados e sejam estabelecidas novas vinculações a recursos locais na máquina-alvo, ou quando são utilizadas referências de rede no âmbito do sistema. Um outro problema é que a migração de código requer que levemos a heterogeneidade em conta. A prática corrente indica que a melhor solução para lidar com a heterogeneidade é usar máquinas virtuais. Estas podem assumir a forma de máquinas virtuais de processo como no caso de Java, por exemplo, ou a utilização de monitores de máquina virtual que efetivamente permitam a migração de um conjunto de processos com seu sistema operacional subjacente.

Problemas

1. Nesse problema você deverá fazer uma comparação entre ler um arquivo usando um servidor de arquivos monothread ou um servidor multithread. Obter uma requisição para trabalho, despachá-la e fazer o resto do processamento necessário demora 15 ms, considerando que os dados necessários estejam em uma cache na memória principal. Se for preciso uma operação de disco, como acontece em um terço das vezes, serão necessários mais 75 ms, durante os quais o thread dorme. Quantas requisições por segundo o servidor pode manipular se for monothread? E se for multithread?

2. Teria sentido limitar a quantidade de threads em um processo servidor?

3. Descrevemos no texto um servidor de arquivo multithread mostrando por que ele é melhor do que um servidor monothread e um servidor com máquina de estado finito. Há alguma circunstância na qual um servidor monothread poderia ser melhor? Dê um exemplo.

4. Associar estaticamente somente um thread com um processo leve não é uma idéia assim tão boa. Por quê?

5. Ter só um processo leve por processo nem sempre é uma idéia assim tão boa. Por quê?

6. Descreva um esquema simples no qual há tantos processos leves quanto sejam os threads executáveis.

7. X designa um terminal de usuário como hospedeiro do servidor, enquanto uma aplicação é referida como cliente. Isso tem sentido?

8. O protocolo X sofre problemas de escalabilidade. Como esses problemas poderiam ser atacados?

9. Proxies podem suportar transparência de replicação invocando cada réplica, como explicado no texto. O lado servidor de uma aplicação pode estar sujeito a uma chamada replicada?

10. Construir um servidor concorrente por meio da multiplicação de um processo tem algumas vantagens e desvantagens em comparação com servidores multithread. Cite algumas.

11. Faça um desenho esquemático de um servidor multithread que suporta vários protocolos que usam Sockets como sua interface de nível de transporte para o sistema operacional subjacente.

12. Como podemos impedir que uma aplicação evite um gerenciador de janela e, assim, consiga bagunçar completamente uma tela?

13. Um servidor que mantém uma conexão TCP/IP com um cliente é com estado ou sem estado?

14. Imagine um servidor Web que mantenha uma tabela na qual endereços IP de clientes sejam mapeados para as páginas Web acessadas mais recentemente. Quando um cliente se conecta ao servidor, este consulta o cliente em sua tabela e, caso o encontre, retorna a página registrada. Esse servidor é com estado ou sem estado?

15. Mobilidade forte em sistemas Unix pode ser suportada com a permissão de bifurcação de um processo para um filho em uma máquina remota. Explique como isso funcionaria.

16. A Figura 3.17 sugere que mobilidade forte não pode ser combinada com execução de um código migrado em um processo-alvo. Dê um exemplo que contradiga isso.

17. Considere um processo P que requer acesso ao arquivo F, disponível na máquina em que P está executando no momento em questão. Quando P passa para outra máquina, ele ainda requer acesso a F. Se a vinculação arquivo-máquina for fixa, como poderia ser implementada a referência a F no âmbito do sistema?

18. Descreva com detalhes como pacotes TCP fluem no caso de transferência TCP junto com a informação sobre endereços de fonte e destino nos vários cabeçalhos.

4 Comunicação

Comunicação entre processos está no coração de todo sistema distribuído. Não tem sentido estudar sistemas distribuídos sem examinar cuidadosamente os modos pelos quais processos em máquinas diferentes podem trocar informações. A comunicação em sistemas distribuídos é sempre baseada em troca de mensagens de baixo nível como a oferecida pela rede subjacente. Expressar comunicação por meio de troca de mensagens é mais difícil do que usar primitivas baseadas em memória compartilhada, como a disponível para plataformas não distribuídas.

Sistemas distribuídos modernos freqüentemente consistem em milhares ou até milhões de processos espalhados por uma rede cuja comunicação não é confiável, como a Internet. A menos que os recursos de comunicação oferecidos pelas redes de computadores sejam substituídos por alguma outra coisa, o desenvolvimento de aplicações distribuídas em grande escala é extremamente difícil.

Neste capítulo, começaremos discutindo as regras às quais os processos comunicantes têm de obedecer, conhecidas como protocolos, e nos concentraremos na estruturação desses protocolos na forma de camadas. Em seguida, estudaremos três modelos de comunicação de ampla utilização: chamada de procedimento remoto (Remote Procedure Call — RPC), middleware orientado a mensagem (Message-Oriented Middleware — MOM) e fluxo de dados. Também discutiremos o problema geral do envio de dados a vários receptores, denominado multicasting.

Nosso primeiro modelo para comunicação em sistemas distribuídos é a chamada de procedimento remoto (RPC). Uma RPC visa a ocultar grande parte das complexidades da troca de mensagens e é ideal para aplicações cliente–servidor.

Em muitas aplicações distribuídas, a comunicação não segue o padrão bastante restrito da interação cliente–servidor. Nesses casos, verificamos que é mais adequado pensar em termos de mensagens. Contudo, em muitos aspectos, os recursos de comunicação de baixo nível das redes de computadores não são adequados devido à falta de transparência de distribuição. Uma alternativa é usar um modelo de alto nível de enfileiramento de mensagens no qual a comunicação ocorra praticamente do mesmo modo que em sistemas de correio eletrônico. Middleware orientado a mensagem (MOM) é um assunto importante o suficiente para justificar uma seção só para ele.

Com o advento de sistemas multimídia distribuídos, ficou evidente que muitos sistemas careciam de suporte para comunicação de mídia contínua, como áudio e vídeo. O que faltava era a noção de um fluxo que pudesse suportar a seqüência contínua de mensagens, sujeito a várias restrições de temporização. Fluxos serão discutidos em uma seção separada.

Por fim, como agora entendemos melhor o estabelecimento de recursos multicast, surgiram novas e agradáveis soluções para disseminação de dados. Daremos particular atenção a esse assunto na última seção deste capítulo.

4.1 Fundamentos

Antes de iniciar nossa discussão sobre comunicação em sistemas distribuídos, primeiro faremos uma recapitulação de algumas questões fundamentais relacionadas com comunicação. Na seção seguinte, faremos uma breve discussão sobre protocolos de comunicação em rede porque eles formam a base para qualquer sistema distribuído. Depois disso, adotaremos uma abordagem diferente por meio da classificação de diferentes tipos de comunicação que ocorrem em sistemas distribuídos.

4.1.1 Protocolos em camadas

Devido à ausência de memória compartilhada, toda comunicação em sistemas distribuídos é baseada no envio e recebimento de mensagens (de baixo nível). Quando o processo A quer se comunicar com o processo B, em primeiro lugar ele monta uma mensagem em seu próprio espaço de endereço. Depois, executa uma chamada de sistema que faz com que o sistema operacional envie a mensagem pela rede até B. Embora essa idéia básica pareça bem simples, para evitar o caos, A e B têm de concordar com o significado dos bits que são enviados. Se A enviar um novo e lindo romance escrito em francês e codificado segundo o código de caracteres EBCDIC da IBM e B estiver esperando o estoque de um supermercado escrito em inglês e codificado em ASCII, a comunicação não será ótima.

Vários acordos diferentes são necessários. Quantos volts devem ser usados para sinalizar um bit 0, e quantos volts para sinalizar um bit 1? Como o receptor sabe qual é o último bit da mensagem? Como ele pode detectar se uma mensagem foi danificada ou perdida e o que deve fazer se descobrir que isso aconteceu? Qual é o comprimento dos números, cadeias e outros itens de dados, e como eles são representados? Em resumo, são necessários acordos em uma variedade de níveis que vão de detalhes de baixo nível de transmissão de bits a detalhes de alto nível sobre como a informação deve ser expressa.

Para ficar mais fácil lidar com os vários níveis e questões envolvidos em comunicação, a International Organization for Standardization (ISO) desenvolveu um modelo de referência que identifica claramente os vários níveis envolvidos, dá-lhes nomes padronizados e indica qual nível deve fazer tal serviço. Esse modelo é denominado **modelo de referência para interconexão de sistemas abertos** (**Open Systems Interconnection Reference Model**) (Day e Zimmerman, 1983), usualmente abreviado para **ISO OSI** ou, às vezes, apenas para **modelo OSI**. Devemos salientar que os protocolos que foram desenvolvidos como parte do modelo OSI nunca foram amplamente utilizados e, hoje em dia, estão definitivamente mortos e enterrados. Contudo, o modelo subjacente em si mostrou ser bastante útil para entender redes de computadores. Embora nossa intenção não seja dar uma descrição completa desse modelo e de todas as suas implicações aqui, uma curta introdução será útil. Para mais detalhes, veja Tanenbaum (2003).

O modelo OSI é projetado para permitir que sistemas abertos se comuniquem. Um sistema aberto é o que está preparado para se comunicar com qualquer outro sistema aberto usando regras padronizadas que regem o formato, o conteúdo e o significado das mensagens recebidas. Essas regras estão formalizadas no que denominamos **protocolos**. Se um grupo de computadores quiser se comunicar por uma rede, todos eles têm de concordar com os protocolos que serão utilizados. É feita uma distinção entre dois tipos gerais de protocolos.

Com **protocolos orientados a conexão**, antes de trocar dados, o remetente e o receptor primeiro estabelecem explicitamente uma conexão e possivelmente negociam o protocolo que usarão. Após concluírem, devem liberar a conexão. O telefone é um sistema de comunicação orientado a conexão. Quando o protocolo é **sem conexão**, não é preciso estabelecer nada antecipadamente. O remetente apenas transmite a primeira mensagem quando estiver pronta. Um exemplo de comunicação sem conexão é colocar uma carta em uma caixa de correio. Em computadores, ambos os tipos de comunicação — orientada a conexão e sem conexão — são comuns.

No modelo OSI, a comunicação é dividida em até sete níveis ou camadas, como mostra a Figura 4.1. Cada camada lida com um aspecto específico da comunicação. Desse modo, o problema pode ser dividido em porções gerenciáveis, e cada uma delas pode ser resolvida independentemente das outras. Cada camada fornece uma interface para a camada que está acima dela. A interface consiste em um conjunto de operações que, juntas, definem o serviço que a camada está preparada para oferecer a seus usuários.

Quando o processo A na máquina 1 quer se comunicar com o processo B na máquina 2, ele constrói uma mensagem e passa essa mensagem para a camada de aplicação em sua própria máquina. Essa camada poderia ser um procedimento de biblioteca, por exemplo, mas também poderia ser implementada de algum outro modo (por exemplo, dentro do sistema operacional, em um processador de rede externo etc.). Em seguida, o software de camada de aplicação adiciona um **cabeçalho** à frente da mensagem e passa a mensagem resultante para a camada de apresentação por meio da interface entre as camadas 6 e 7. Por sua vez, a camada de apresentação adiciona seu próprio cabeçalho e passa o resultado para a camada de sessão, e assim por diante.

Algumas camadas não se limitam a adicionar um cabeçalho à frente da mensagem; adicionam também um

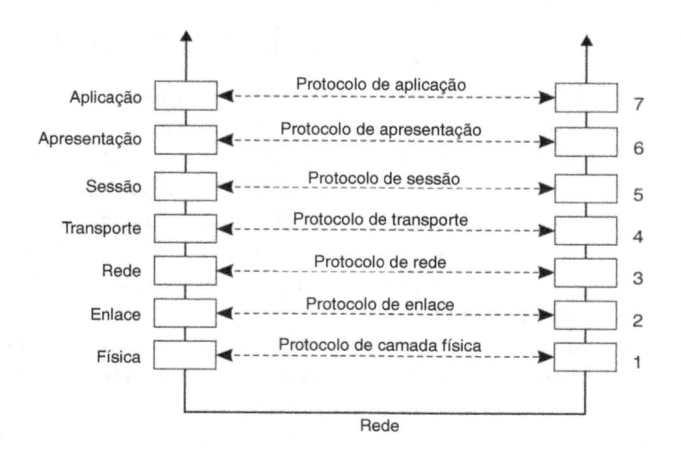

Figura 4.1 Camadas, interfaces e protocolos no modelo OSI.

trailer ao final. Quando a mensagem chega ao nível mais baixo, a camada física transmite a mensagem (cujo aspecto, a essa altura, poderia estar parecido com o que mostra a Figura 4.2) colocando-a no meio físico de transmissão.

Quando a mensagem chega à máquina 2, ela é passada para cima e cada camada retira e examina seu próprio cabeçalho. Por fim, a mensagem chega ao receptor, o processo B, que pode respondê-la usando o caminho inverso. A informação contida no cabeçalho da camada n é usada para o protocolo da camada n.

Para exemplificar por que protocolos em camadas são importantes, considere a comunicação entre duas empresas, Zippy Airlines e sua fornecedora de refeições de bordo, Mushy Meals, Inc. Todo mês, a chefe do serviço de bordo da Zippy pede à sua secretária que entre em contato com a secretária da gerente de vendas da Mushy para colocar um pedido de cem mil caixas de frango. Por tradição, os pedidos eram enviados pelo correio. Contudo, como o serviço postal piorou, a certa altura as duas secretárias decidiram abandoná-lo e se comunicar por e-mail. Elas podiam fazer isso sem incomodar a chefia, uma vez que o protocolo que usam trata da transmissão física de pedidos, e não de seu conteúdo.

De maneira semelhante, a chefe do serviço de bordo pode decidir abandonar o frango e experimentar o novo prato especial de costela de bode da Mushy, sem que essa decisão afete as secretárias. O que se deve notar é que temos duas camadas aqui, as chefes e as secretárias. Cada camada tem seu próprio protocolo — sujeito a discussão e condições de tecnologia —, que pode ser alterado independentemente do outro. É exatamente essa independência que torna atraentes os protocolos em camadas. Cada um pode ser alterado à medida que a tecnologia avança, sem que os outros sejam afetados.

No modelo OSI não há duas camadas, mas sete, como vimos na Figura 4.1. O conjunto de protocolos utilizado em determinado sistema é denominado **suíte de protocolos** ou **pilha de protocolos**. É importante distinguir um *modelo de referência* de seus *protocolos* propriamente ditos. Como mencionamos, os protocolos OSI nunca foram muito populares. Ao contrário, os protocolos desenvolvidos para a Internet, como TCP e IP, são os mais usados. Nas seções seguintes, examinaremos brevemente cada uma das camadas OSI por vez, começando pela que está mais embaixo. Entretanto, em vez de dar exemplos de protocolos OSI, onde for adequado, destacaremos alguns dos protocolos da Internet usados em cada camada.

Protocolos de níveis mais baixos

Começaremos discutindo as três camadas mais baixas da pilha de protocolos OSI. Juntas, essas camadas implementam as funções básicas que abrangem uma rede de computadores.

A camada física se ocupa de transmitir os bits. Quantos volts usar para 0 e 1, quantos bits por segundo podem ser enviados e se a transmissão pode ocorrer em ambas as direções simultaneamente são questões fundamentais na camada física. Ademais, o tamanho e a forma do conector de rede (plug), bem como o número de pinos e o significado de cada um, também entram aqui.

O protocolo da camada física trata da padronização das interfaces elétrica, mecânica e de sinalização, de modo que, quando uma máquina enviar um bit 0, este seja realmente recebido como um bit 0, e não como um bit 1. Foram desenvolvidos muitos padrões de camada física (para mídias diferentes): por exemplo, o padrão RS-232-C para linhas de comunicação seriais.

A camada física se limita a enviar bits. Contanto que não ocorra nenhum erro, tudo corre bem. Entretanto, redes de comunicação reais estão sujeitas a erros, por isso é necessário algum mecanismo para detectá-los e corrigi-los. Esse mecanismo é a tarefa principal da camada de enlace. O que ela faz é agrupar os bits em unidades, às vezes denominadas **quadros**, e providenciar para que cada quadro seja corretamente recebido.

A camada de enlace faz seu trabalho colocando um padrão especial de bits no início e no final de cada quadro para marcá-lo, bem como calcula uma **soma de verificação** somando todos os bits presentes no quadro de certa maneira. A camada de enlace anexa a soma de verificação ao quadro. Quando o quadro chega, o receptor calcula novamente a soma de verificação dos dados e a compara com a soma de verificação que acompanha o quadro. Se as duas combinarem, o quadro é considerado correto e

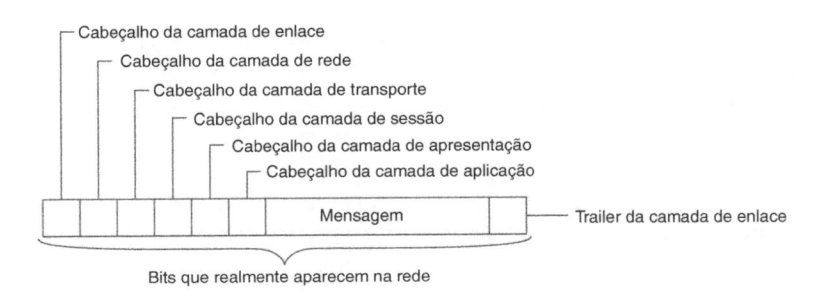

Figura 4.2 Mensagem típica tal como aparece na rede.

é aceito. Se as somas não combinarem, o receptor solicita ao remetente que retransmita o quadro. Os quadros recebem uma seqüência de números no cabeçalho de modo que todos possam reconhecer qual é qual.

Em uma LAN, em geral não há necessidade de o remetente localizar o receptor. Ele apenas coloca a mensagem na rede e o receptor a retira. Entretanto, uma rede de longa distância consiste em um grande número de máquinas, cada qual com algumas linhas para outras máquinas, mais ou menos como um mapa em grande escala que mostra as cidades principais e as rodovias que as conectam. Para ir do remetente até o receptor, uma mensagem talvez tenha de fazer alguns saltos escolhendo, em cada um, uma linha de saída para usar. A questão de como escolher o melhor caminho é denominada **roteamento** e é, em essência, a tarefa primária da camada de rede.

O problema é complicado pelo fato de que a rota mais curta nem sempre é a melhor. O que realmente importa é o atraso total em determinada rota o qual, por sua vez, está relacionado com a quantidade de tráfego e com o número de mensagens enfileiradas para transmissão nas várias linhas. Assim, o atraso pode mudar ao longo do tempo. Alguns algoritmos de roteamento tentam se adaptar a cargas variáveis, enquanto outros se contentam em tomar decisões com base em médias de longo prazo.

No momento, o protocolo de rede de mais ampla utilização é o **protocolo de Internet (Internet Protocol — IP)** sem conexão, que faz parte da pilha de protocolos da Internet. Um **pacote** — termo técnico para uma mensagem na camada de rede — IP pode ser enviado sem nenhuma preparação antecipada. Cada pacote IP é roteado até seu destinatário, independentemente de todos os outros. Nenhum caminho interno é selecionado, tampouco lembrado.

Protocolos de transporte

A camada de transporte forma a última parte do que poderia ser denominada pilha básica de protocolos de rede, no sentido de que ela implementa todos os serviços que não são fornecidos na interface da camada de rede, mas que são razoavelmente necessários para construir aplicações de rede. Em outras palavras, a camada de transporte transforma a rede subjacente em algo que um desenvolvedor de aplicação pode usar.

Pacotes podem ser perdidos no caminho entre o remetente e o receptor. Embora algumas aplicações possam manipular sua própria recuperação de erros, outras preferem uma conexão confiável. O trabalho da camada de transporte é fornecer esse serviço. A idéia é que a camada de aplicação deva ser capaz de entregar uma mensagem à camada de transporte com a expectativa de que ela será entregue sem se perder.

Ao receber uma mensagem da camada de aplicação, a camada de transporte a desmembra em porções pequenas o suficiente para transmissão, designa a cada uma um número de seqüência e então envia todas elas. A discussão no cabeçalho da camada de transporte refere-se a quais pacotes foram enviados, quais foram recebidos, quantos mais o receptor tem espaço para aceitar, quais devem ser retransmitidos e tópicos semelhantes.

Conexões de transporte confiáveis — que, por definição, são orientadas a conexão — podem ser construídas em cima de serviços de rede orientados a conexão e sem conexão. No primeiro caso, todos os pacotes chegarão na seqüência correta (se chegarem), mas no segundo caso é possível que um pacote siga uma rota diferente e chegue mais cedo do que o pacote enviado antes dele. Cabe ao software de camada de transporte colocar tudo em ordem novamente para manter a ilusão de que uma conexão de transporte é como um grande tubo — você coloca mensagens dentro dele e elas saem, sem danos, na mesma ordem em que entraram. Fornecer esse comportamento de comunicação fim-a-fim é um aspecto importante da camada de transporte.

O protocolo de transporte da Internet é denominado **protocolo de controle de transmissão (Transmission Control Protocol — TCP)** e é descrito com detalhes em Comer (2006). A combinação TCP/IP agora é usada como um padrão *de facto* para comunicação em rede. A pilha de protocolos da Internet também suporta um protocolo de transporte sem conexão denominado **protocolo universal de datagramas (Universal Datagram Protocol — UDP)**, que é, em essência, apenas o IP com algumas pequenas adições.[1] Programas de usuário que não precisam de um protocolo orientado a conexão normalmente usam UDP.

Protocolos de transporte adicionais são propostos de tempos em tempos. Por exemplo, para suportar transferência de dados em tempo real, foi definido o **protocolo de transporte em tempo real (Real-time Transport Protocol — RTP)**. O RTP é um ambiente operacional no sentido de que especifica formatos de pacote para dados em tempo real sem fornecer os mecanismos propriamente ditos para garantir a entrega de dados. Ademais, ele especifica um protocolo para monitorar e controlar transferência de dados de pacotes RTP (Schulzrinne et al., 2003).

Protocolos de níveis mais altos

Acima da camada de transporte, o OSI distinguiu três camadas adicionais. Na prática, somente a camada de aplicação é usada. Na verdade, na pilha de protocolos da Internet, tudo o que está acima da camada de transporte foi agrupado. Veremos nesta seção que, quando se trata de sistemas middleware, nem a abordagem do OSI nem a da Internet são realmente adequadas.

---

[1] Entenda-se neste trecho que o protocolo UDP acrescenta algumas poucas funções ao protocolo IP, e não que o UDP seja parecido com o IP (N. do RT).

A camada de sessão é, em essência, uma versão aprimorada da camada de transporte. Ela proporciona controle de diálogo para monitorar qual é a parte que está falando no momento considerado e fornece facilidades de sincronização. Essas últimas são úteis para permitir que usuários insiram pontos de verificação em transferências longas de modo que, na eventualidade de uma queda, basta voltar até o último ponto de verificação, em vez de até o início. Na prática, poucas aplicações estão interessadas na camada de sessão e é raro que ela seja suportada. Ela não está presente nem mesmo na pilha de protocolos da Internet. Entretanto, no contexto de desenvolvimento de soluções de middleware, o conceito de uma sessão e seus protocolos relacionados mostrou ser bastante relevante, em especial na definição de protocolos de comunicação de níveis mais altos.

Diferentemente das camadas mais baixas, que se preocupam em levar os bits do remetente ao receptor com confiabilidade e eficiência, a camada de apresentação se preocupa com o significado dos bits. A maioria das mensagens não consiste em correntes aleatórias de bits, mas em informações mais estruturadas como nomes de pessoas, endereços, quantias de dinheiro e assim por diante. Na camada de apresentação é possível definir registros que contêm campos como esses e então fazer com que o remetente avise o receptor que a mensagem contém determinado registro em certo formato. Isso facilita a comunicação entre máquinas que tenham representações internas diferentes.

A intenção original da camada de aplicação OSI era conter um conjunto de aplicações padronizadas de rede, como as de correio eletrônico, transferência de arquivos e emulação de terminal. Mas, agora, ela se tornou o repositório para todas as aplicações e protocolos que, de uma maneira ou de outra, não se ajustam a uma das camadas subjacentes. Da perspectiva do modelo de referência OSI, praticamente todos os sistemas distribuídos são apenas aplicações.[2]

O que falta nesse modelo é uma clara distinção entre aplicações, protocolos específicos de aplicação e protocolos de uso geral. Por exemplo, o **protocolo de transferência de arquivos (File Transfer Protocol — FTP)** da Internet (Postel e Reynolds, 1985; Horowitz e Lunt, 1997) define um protocolo para transferir arquivos entre uma máquina cliente e uma máquina servidora. O protocolo não deve ser confundido com o programa *ftp*, que é uma aplicação de usuário final para transferir arquivos e que também (não apenas por coincidência) implementa o FTP da Internet.

Um outro exemplo típico de protocolo específico de aplicação é o **protocolo de transferência de hipertexto (HyperText Transfer Protocol — HTTP)** (Fielding et al., 1999), que é projetado para gerenciar e manipular remotamente a transferência de páginas Web. O protocolo é implementado por aplicações como browsers Web e servidores Web. Contudo, hoje o HTTP também é usado por sistemas que não estão intrinsecamente vinculados à Web. Por exemplo, o mecanismo de invocação de objeto do Java usa HTTP para requisitar a invocação de objetos remotos que são protegidos por um firewall (Sun Microsystems, 2004b).

Também há muitos protocolos de uso geral que são úteis para muitas aplicações, mas que não podem ser qualificados como protocolos de transporte. Em muitos casos, esses protocolos entram na categoria de protocolos de middleware, que discutiremos a seguir.

Protocolos de middleware

Middleware é uma aplicação que reside logicamente, na maioria das vezes, na camada de aplicação, mas que contém muitos protocolos de uso geral que justificam suas próprias camadas, independentemente de outras aplicações mais específicas. Pode-se fazer uma distinção entre protocolos de comunicação de alto nível e protocolos para estabelecer vários serviços de middleware.

Há inúmeros protocolos para suportar uma variedade de serviços de middleware. Como discutiremos no Capítulo 9, há várias maneiras de estabelecer autenticação, isto é, fornecer prova de uma identidade declarada. Protocolos de autenticação não estão fortemente vinculados a nenhuma aplicação específica; em vez disso, podem ser integrados a um sistema middleware como um serviço geral. Da mesma maneira, protocolos de autorização que concedam a usuários e processos autenticados permissão de acesso somente a recursos para os quais tenham autorização tendem a ter uma natureza geral, independente de aplicação.

Como outro exemplo, consideraremos vários protocolos distribuídos de comprometimento no Capítulo 8. Protocolos de comprometimento estabelecem que, em um grupo de processos, ou todos os processos executam determinada operação ou a operação não é executada de jeito nenhum. Esse fenômeno é denominado **atomicidade** e tem ampla aplicação em transações. Como veremos, além de transações, outras aplicações, como as tolerantes à falha, também podem aproveitar as vantagens dos protocolos distribuídos de comprometimento.

Como último exemplo, considere um protocolo distribuído de bloqueio pelo qual um recurso pode ser protegido contra acesso simultâneo por um conjunto de processos que são distribuídos por várias máquinas. Encontraremos vários desses protocolos no Capítulo 6. Mais uma vez, esse é um exemplo de protocolo que pode ser usado para implementar um serviço geral de middleware, mas que, ao mesmo tempo, tem grande independência em relação a qualquer aplicação específica.

Protocolos de comunicação de middleware suportam serviços de comunicação de alto nível. Por exemplo, nas duas seções seguintes discutiremos protocolos que permi-

---

[2]. Naturalmente os autores não pretendem abordar aqui os enormes esforços de padronização da camada de aplicação ocorridos no ambiente OSI e na Internet (N. do R.T.).

tam a um processo chamar um procedimento ou invocar um objeto em uma máquina mantendo alta transparência. De maneira semelhante, há serviços de comunicação de alto nível para estabelecer e sincronizar fluxos para transferir dados em tempo real, como os necessários para aplicações multimídia. Como último exemplo, alguns sistemas de middleware oferecem serviços multicast confiáveis que podem ser ampliados para milhares de receptores espalhados por uma rede de longa distância.

Alguns dos protocolos de comunicação de middleware poderiam, com igual propriedade, pertencer à camada de transporte, mas talvez haja razões específicas para mantê-los em um nível mais alto. Por exemplo, serviços multicasting confiáveis que garantem escalabilidade podem ser implementados somente se os requisitos da aplicação forem levados em conta. Por conseqüência, um sistema de middleware pode oferecer diferentes protocolos (adaptáveis), cada um, por sua vez, usando diferentes protocolos de transporte, mas oferecendo uma única interface.

A adoção dessa abordagem de camadas resulta em um modelo de referência para comunicação ligeiramente adaptado, como mostra a Figura 4.3. Em comparação com o modelo OSI, as camadas de sessão e apresentação foram substituídas por uma única camada de middleware que contém protocolos independentes de aplicação. Esses protocolos não pertencem às camadas mais baixas que acabamos de discutir. Os serviços de transporte originais também podem ser oferecidos como um serviço de middleware, sem modificação. Essa abordagem é, de certo modo, análoga a oferecer UDP no nível de transporte. Da mesma maneira, serviços de comunicação de middleware podem incluir serviços de troca de mensagens comparáveis aos oferecidos pela camada de transporte.

No restante deste capítulo, vamos nos concentrar em quatro serviços de comunicação de middleware de alto nível: chamadas de procedimentos remotos, serviços de enfileiramento de mensagens, suporte para comunicação de mídia contínua por fluxos e multicasting. Antes de fazer isso, há outros critérios gerais para distinguir comunicação (de middleware) que discutiremos a seguir.

4.1.2 Tipos de comunicação

Para entender as várias alternativas de comunicação que o middleware pode oferecer a aplicações, vemos o middleware como um serviço adicional de computação cliente–servidor, como mostra a Figura 4.4. Considere, por exemplo, um sistema de correio eletrônico. Em princípio, o cerne do sistema de entrega de correio pode ser visto

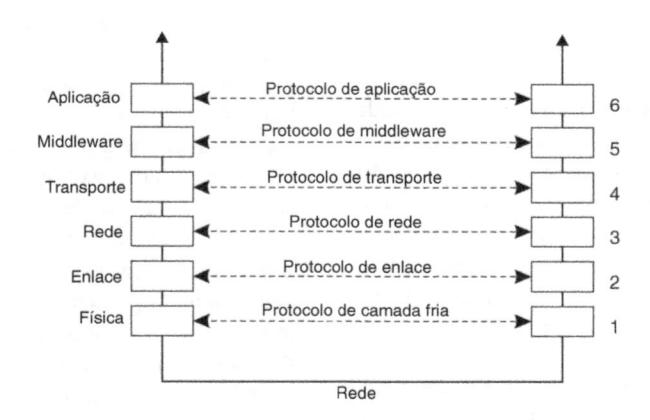

Figura 4.3 Modelo de referência adaptado para comunicação em rede.

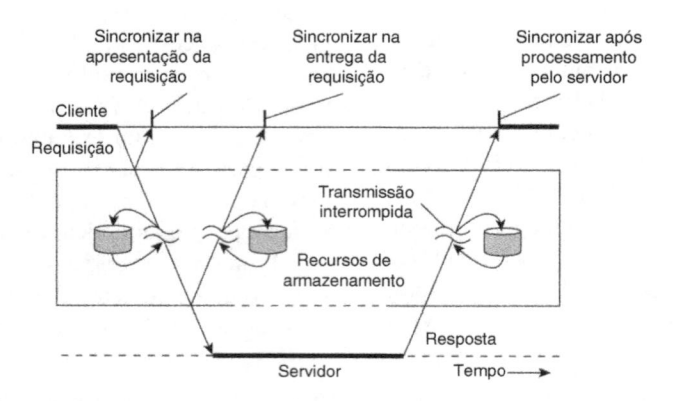

Figura 4.4 Middleware visto como serviço intermediário (distribuído) na comunicação de nível de aplicação.

como um serviço de comunicação de middleware. Cada hospedeiro executa um agente de usuário que permite aos usuários compor, enviar e receber e-mail. Um agente de usuário remetente passa o correio para o sistema de entrega de correio esperando que este, por sua vez, entregue, em algum momento, o correio ao receptor pretendido. Da mesma maneira, o agente de usuário no lado do receptor se conecta com o serviço de entrega de correio para ver se chegou alguma mensagem. Em caso positivo, as mensagens são transferidas para o agente de usuário, de modo que possam ser apresentadas e lidas pelo usuário.

Um sistema de correio eletrônico é um exemplo típico no qual a comunicação é persistente. Com **comunicação persistente**, uma mensagem que foi apresentada para transmissão é armazenada pelo middleware de comunicação durante o tempo que for necessário para entregá-la ao receptor. Nesse caso, o middleware armazenará a mensagem em um ou em vários recursos de armazenamento mostrados na Figura 4.4. Por conseqüência, não é necessário que a aplicação remetente continue em execução após apresentar a mensagem. Da mesma maneira, a aplicação receptora não precisa estar em execução no momento em que a mensagem é apresentada.

Em comparação, no caso da **comunicação transiente**, uma mensagem é armazenada pelo sistema de comunicação somente durante o tempo em que a aplicação remetente e a aplicação receptora estiverem executando. Mais exatamente: com referência à Figura 4.4, se o middleware não pode entregar uma mensagem devido a uma interrupção de transmissão, ou se o receptor não estiver ativo no momento considerado, a mensagem será simplesmente descartada. Normalmente, todos os serviços de comunicação de nível de transporte oferecem somente comunicação transiente. Nesse caso, o sistema de comunicação consiste em repassadores tradicionais do tipo armazena-e-reenvia. Se um repassador não puder entregar uma mensagem ao próximo repassador, ou ao hospedeiro de destino, ele apenas descarta a mensagem.

Além de persistente ou transiente, a comunicação também pode ser assíncrona ou síncrona. O aspecto característico da **comunicação assíncrona** é que um remetente continua sua execução imediatamente após ter apresentado sua mensagem para transmissão. Isso significa que a mensagem é imediatamente armazenada, temporariamente, pelo middleware assim que apresentada. Com **comunicação síncrona**, o remetente é bloqueado até saber que sua requisição foi aceita. Há, em essência, três pontos em que a sincronização pode ocorrer. Primeiro, o remetente pode ser bloqueado até que o middleware avise que se encarregará da transmissão da requisição. Segundo, o remetente pode sincronizar até que sua requisição seja entregue ao receptor pretendido. Terceiro, a sincronização pode ocorrer permitindo que o remetente espere até que sua requisição tenha sido totalmente processada, isto é, até o instante em que o receptor retornar uma resposta.

Na prática, ocorrem várias combinações de persistência e sincronização. As populares são persistência combinada com sincronização na apresentação da requisição, que é um esquema comum para muitos sistemas de enfileiramento de mensagens que discutiremos mais adiante neste capítulo. Da mesma maneira, a comunicação transiente com sincronização após a requisição ter sido totalmente processada também é amplamente usada. Esse esquema corresponde a chamadas de procedimento remoto, que também discutiremos mais adiante.

Além da persistência e da sincronização, ainda deveríamos fazer uma distinção entre comunicação discreta e por fluxos. Até aqui todos os exemplos caem na categoria de comunicação discreta: as partes se comunicam por mensagens e cada mensagem forma uma unidade de informação completa. Ao contrário, fluxo envolve enviar várias mensagens, uma atrás da outra, sendo que as mensagens estão relacionadas umas com as outras pela ordem em que são enviadas, ou porque há uma relação temporal. Mais adiante voltaremos à comunicação em fluxo com mais detalhes.

4.2 Chamada de procedimento remoto

Muitos sistemas distribuídos são baseados em troca explícita de mensagens entre processos. Contudo, os procedimentos *send* e *receive* não escondem absolutamente nada da comunicação, o que é importante para obter transparência de acesso em sistemas distribuídos. Esse problema é conhecido há muito tempo, mas pouco tinha sido feito para resolvê-lo até que um artigo de autoria de Birrell e Nelson (1984) propôs um modo completamente diferente de manipular comunicação. Embora a idéia seja bastante simples (depois que alguém a teve), as implicações freqüentemente são sutis. Nesta seção, examinaremos o conceito, sua implementação, suas forças e suas fraquezas.

Resumindo, a sugestão de Birrell e Nelson era permitir que programas chamassem procedimentos localizados em outras máquinas. Quando um processo na máquina *A* chama um procedimento na máquina *B*, o processo chamador em *A* é suspenso, e a execução do procedimento chamado ocorre em *B*. Informações podem ser transportadas do chamador para quem foi chamado nos parâmetros e podem voltar no resultado do procedimento. Absolutamente nada da troca de mensagens é visível para o programador. Esse método é conhecido como **chamada de procedimento remoto** ou, muitas vezes, apenas como **RPC**.

Embora a idéia básica pareça simples e elegante, existem problemas sutis. Para começar, como o procedimento chamador e o procedimento chamado rodam em máquinas diferentes, executam em espaços de endereço diferentes, o que causa complicações. Também é preciso passar parâmetros e resultados, o que pode ser complicado, em especial se as máquinas não forem idênticas. Por fim, qualquer uma das duas máquinas pode falhar e cada uma das possíveis falhas causa problemas diferentes. Ainda assim, é possível lidar com muitos desses problemas, e a RPC é uma técnica de ampla utilização subjacente a muitos sistemas distribuídos.

4.2.1 Operação básica de RPC

Começaremos discutindo chamadas de procedimento convencionais e em seguida explicaremos como a própria chamada pode ser subdividida em uma parte cliente e em outra servidora, que são executadas em máquinas diferentes.

Chamada de procedimento convencional

Para entender como uma RPC funciona, em primeiro lugar é importante entender completamente como funciona uma chamada de procedimento convencional, isto é, em uma única máquina. Considere uma chamada em C como

count = read(fd, buf, nbytes);

onde *fd* é um inteiro que indica um arquivo, *buf* é um vetor de caracteres no qual os dados são lidos, e *nbytes* é um outro inteiro que informa quantos bytes ler. Se a chamada for feita pelo programa principal, a pilha vai estar como mostra a Figura 4.5(a) antes da chamada. Para fazer a chamada, o chamador passa os parâmetros para a pilha em ordem, começando pelo último, como mostra a Figura 4.5(b). (A razão por que compiladores C passam os parâmetros na ordem inversa tem a ver com *printf* — fazendo isso, *printf* sempre pode localizar seu primeiro parâmetro, a cadeia de formato.)

Após a conclusão da execução do procedimento **read**, ele coloca o valor de retorno em um registrador, remove o endereço de retorno e devolve o controle ao chamador. Então, este retira os parâmetros da pilha, devolvendo-a ao estado original que tinha antes da chamada.

Há várias coisas que merecem ser observadas. Uma delas é que, em C, parâmetros podem ser **chamadas por valor** ou **chamadas por referência**. Um parâmetro de valor, como *fd* ou *nbytes*, é simplesmente copiado para a pilha, como mostra a Figura 4.5(b). Para o procedimento chamado, um parâmetro de valor é apenas uma variável local com valor definido. O procedimento chamado pode modificá-lo, mas tais alterações não afetam o valor original no lado chamador.

Um parâmetro de referência em C é um ponteiro para uma variável — isto é, o endereço da variável —, e não o valor da variável. Na chamada a **read**, o segundo parâmetro é um parâmetro de referência porque vetores são sempre passados por referência em C. O que é realmente passado para a pilha é o endereço do vetor de caracteres. Se o procedimento chamado usar esse parâmetro para armazenar algo no vetor de caracteres, ele realmente modifica o vetor no procedimento chamador. A diferença entre chamadas por valor e chamadas por referência é muito importante para RPC, como veremos.

Também existe um outro mecanismo de passagem de parâmetro, embora não seja usado em C, denominado **chamada por copiar/restaurar**. Ele consiste em fazer o chamador copiar a variável para a pilha, como em chamada por valor, e então copiá-la de volta após a chamada, sobrescrevendo o valor original do chamador. Sob a maioria das condições, isso tem exatamente o mesmo efeito que chamar por referência; porém, em algumas situações, tal como o mesmo parâmetro estar presente várias vezes na lista de parâmetros, a semântica é diferente. O mecanismo chamada por copiar/restaurar não é usado em muitas linguagens.

A decisão de qual mecanismo de passagem de parâmetro usar normalmente é tomada pelos projetistas de linguagem e é uma propriedade fixa da linguagem. Às vezes ela depende do tipo de dado que está sendo passado. Por exemplo, em C, inteiros e outros tipos escalares são sempre passados por valor, ao passo que vetores são sempre passados por referência, como vimos. Alguns compiladores Ada usam copiar/restaurar para parâmetros de entrada e saída (**in out**), mas outros usam chamada por referência. A definição da linguagem permite qualquer uma das opções, o que torna a semântica um pouco vaga.

Apêndices de cliente e de servidor

A idéia que fundamenta a RPC é fazer com que uma chamada de procedimento remoto pareça o mais possível uma chamada local. Em outras palavras, queremos que RPC seja transparente — o procedimento de chamada não deve estar ciente de que o procedimento chamado está executando em uma máquina diferente ou vice-versa. Suponha que um programa precise ler alguns dados de um arquivo. O programador coloca uma chamada para *read* no código para obter os dados. Em um sistema tradicional — monoprocessador —, a rotina *read* é extraída da biblioteca pelo ligador e inserida no programa objeto. É um pro-

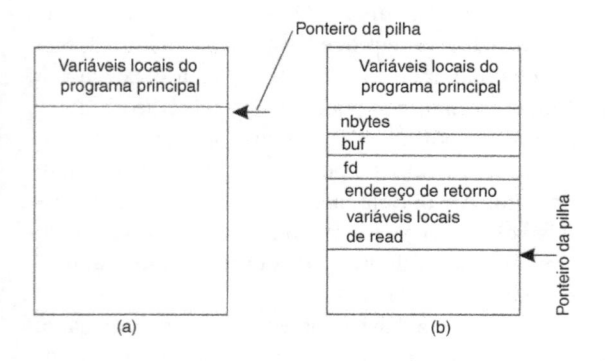

Figura 4.5 (a) Passagem de parâmetros em uma chamada de procedimento local: a pilha antes da chamada a **read**. (b) A pilha enquanto o procedimento chamado está ativo.

cedimento curto, que em geral é implementado chamando uma chamada de sistema read equivalente. Em outras palavras, o procedimento read é um tipo de interface entre o código de usuário e o sistema operacional local.

Ainda que read faça uma chamada de sistema, ela é chamada da maneira usual, passando os parâmetros para a pilha, como mostra a Figura 4.5(b). Assim, o programador não sabe que, na verdade, read está fazendo algo suspeito.

RPC consegue sua transparência de modo análogo. Quando read é, na verdade, um procedimento remoto — por exemplo, um procedimento que executará na máquina do servidor de arquivo —, uma versão diferente de read, denominada **apêndice de cliente**, é colocada na biblioteca. Como a original, ela é chamada usando a seqüência de chamada da Figura 4.5(b). Também como a original, ela faz uma chamada ao sistema operacional local. Só que, diferentemente da original, ela não pede ao sistema operacional que lhe dê dados. Em vez disso, empacota os parâmetros em uma mensagem e requisita que essa mensagem seja enviada para o servidor, como ilustrado na Figura 4.6. Em seguida à chamada para send, o apêndice de cliente chama receive, bloqueando a si mesmo até que a resposta volte.

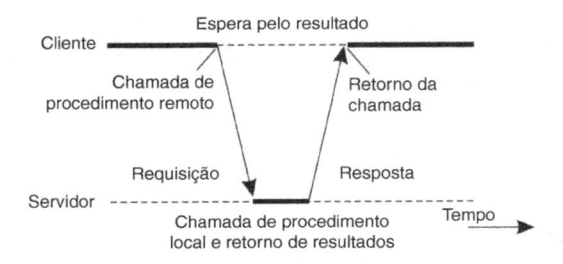

Figura 4.6 Princípio de RPC entre um programa cliente e um programa servidor.

Quando a mensagem chega ao servidor, o sistema operacional do servidor a passa para um **apêndice de servidor**. Um apêndice de servidor é o equivalente, no lado do servidor, a um apêndice de cliente: é um pedaço de código que transforma requisições que vêm pela rede em chamadas de procedimento locais. Normalmente o apêndice de servidor terá chamado receive e estará bloqueado esperando por mensagens que chegam. O apêndice de servidor desempacota os parâmetros da mensagem e então chama o procedimento do servidor da maneira usual, isto é, como na Figura 4.5.

Do ponto de vista do servidor, é como se ele fosse chamado diretamente pelo cliente — os parâmetros e endereço de retorno estão todos na pilha à qual pertencem e nada parece fora do normal. O servidor executa seu trabalho e então retorna o resultado ao chamador do modo usual. Por exemplo, no caso de read, o servidor encherá o buffer, apontado pelo segundo parâmetro, com os dados. Esse buffer será interno ao apêndice de servidor.

Quando o apêndice de servidor retoma o controle de volta após a conclusão da chamada, ele empacota o resultado (o buffer) em uma mensagem e chama send para retorná-lo ao cliente. Depois disso, o apêndice de servidor usualmente faz novamente uma chamada a receive, a fim de esperar pela próxima requisição que chegar.

Quando a mensagem volta à máquina cliente, o sistema operacional do cliente vê que ela está endereçada ao processo cliente (ou, na verdade, ao apêndice de cliente, mas o sistema operacional não pode ver a diferença). A mensagem é copiada para o buffer que está à espera e o processo cliente é desbloqueado. O apêndice de cliente inspeciona a mensagem, desempacota o resultado, o copia para seu chamador e retorna da maneira usual. Quando o chamador retoma o controle em seguida à chamada para read, tudo que ele sabe é que seus dados estão disponíveis. Ele não tem idéia de que o trabalho foi realizado remotamente em vez de pelo sistema operacional local.

Essa santa ignorância da parte do cliente é o bom de todo o esquema. No que lhe diz respeito, serviços remotos são acessados fazendo chamadas de procedimento comuns — isto é, locais —, e não chamando send e receive. Todos os detalhes da troca de mensagens ficam ocultos nos dois procedimentos de biblioteca, exatamente como os detalhes de fazer chamadas de sistema ficam ocultos em bibliotecas tradicionais.

Resumindo, uma chamada de procedimento remoto ocorre nas seguintes etapas:

1. O procedimento de cliente chama o apêndice de cliente do modo normal.
2. O apêndice de cliente constrói uma mensagem e chama o sistema operacional local.
3. O SO do cliente envia a mensagem para o SO remoto.
4. O SO remoto dá a mensagem ao apêndice de servidor.
5. O apêndice de servidor desempacota os parâmetros e chama o servidor.
6. O servidor faz o serviço e retorna o resultado para o apêndice.
7. O apêndice de servidor empacota o resultado em uma mensagem e chama seu SO local.
8. O SO do servidor envia a mensagem ao SO do cliente.
9. O SO do cliente dá a mensagem ao apêndice de cliente.
10. O apêndice desempacota o resultado e retorna ao cliente.

O efeito líquido de todas essas etapas é converter a chamada local pelo procedimento de cliente ao apêndice de cliente em uma chamada local para o procedimento de servidor sem que nem o cliente nem o servidor fiquem cientes das etapas intermediárias ou da existência da rede.

4.2.2 Passagem de parâmetros

A função do apêndice de cliente é pegar seus parâmetros, empacotá-los em uma mensagem e enviá-los ao apêndice de servidor. Embora essa operação pareça direta, não é tão simples como parece à primeira vista. Nesta seção, veremos algumas das questões referentes à passagem de parâmetros em sistemas RPC.

Passagem de parâmetros de valor

Empacotar parâmetros em uma mensagem é denominado **montagem de parâmetros**. Como um exemplo muito simples, considere um procedimento remoto, add(i, j), que pega dois parâmetros inteiros, *i* e *j*, e retorna sua soma aritmética como resultado. Na prática, normalmente ninguém faria um procedimento remoto desse procedimento tão simples, mas ele serve bem como exemplo.

A chamada para add é mostrada na parte esquerda (no processo cliente) da Figura 4.7. O apêndice de cliente toma seus dois parâmetros e os coloca em uma mensagem como indicado. Coloca também o nome ou o número do procedimento a ser chamado na mensagem porque o servidor poderia suportar várias chamadas diferentes e é preciso lhe dizer qual delas é requerida.

Quando a mensagem chega ao servidor, o apêndice a examina para ver qual procedimento é necessário e então faz a chamada apropriada. Se o servidor também suportar outros procedimentos remotos, o apêndice de servidor poderia conter um comando de chaveamento para selecionar o procedimento a ser chamado, dependendo do primeiro campo da mensagem. A chamada propriamente dita do apêndice para o servidor é parecida com a chamada original do cliente, exceto que os parâmetros são variáveis inicializadas com base na mensagem que entra.

Quando o servidor terminou, o apêndice de servidor retoma novamente o controle. Ele pega o resultado devolvido pelo servidor e o empacota em uma mensagem. Essa mensagem é enviada de volta ao apêndice de cliente, que a desempacota para extrair o resultado e retorna o valor para o procedimento de cliente à espera.

Contanto que as máquinas cliente e do servidor sejam idênticas e todos os parâmetros e resultados sejam tipos escalares, como inteiros, caracteres e booleanos, esse modelo funciona bem. Contudo, em um sistema distribuído de grande porte, é comum estarem presentes vários tipos de máquinas. Cada máquina costuma ter sua própria representação para números, caracteres e outros itens de dados. Por exemplo, mainframes IBM usam o código de caracteres EBCDIC, enquanto computadores pessoais IBM usam ASCII. Em decorrência, não é possível passar um parâmetro de caractere de um cliente IBM PC para um servidor mainframe IBM usando o esquema simples da Figura 4.7: o servidor interpretará o caractere incorretamente.

Problemas semelhantes podem ocorrer com a representação de inteiros (complemento de um *versus* complemento de dois) e de números de ponto flutuante. Além disso, existe um problema ainda mais irritante porque algumas máquinas, como Intel Pentium, numeram seus bytes da direita para a esquerda, enquanto outras, como a Sun SPARC, os numeram ao contrário. O formato Intel é denominado **little endian**, e o formato SPARC é denominado **big endian**, termos cunhados com base em *As viagens de Gulliver*: alguns políticos se desentenderam porque uns defendiam quebrar ovos pela extremidade menor (*little end*), e outros, pela extremidade maior (*big end*) (Cohen, 1981). Como exemplo, considere um procedimento com dois parâmetros, um inteiro e uma corrente de quatro caracteres. Cada parâmetro requer uma palavra de 32 bits. A Figura 4.8(a) mostra a possível aparência da porção de parâmetros de uma mensagem construída por um apêndice de cliente em uma máquina Intel Pentium. A primeira palavra contém o parâmetro inteiro, 5 nesse caso, e a segunda contém a corrente 'JILL'.

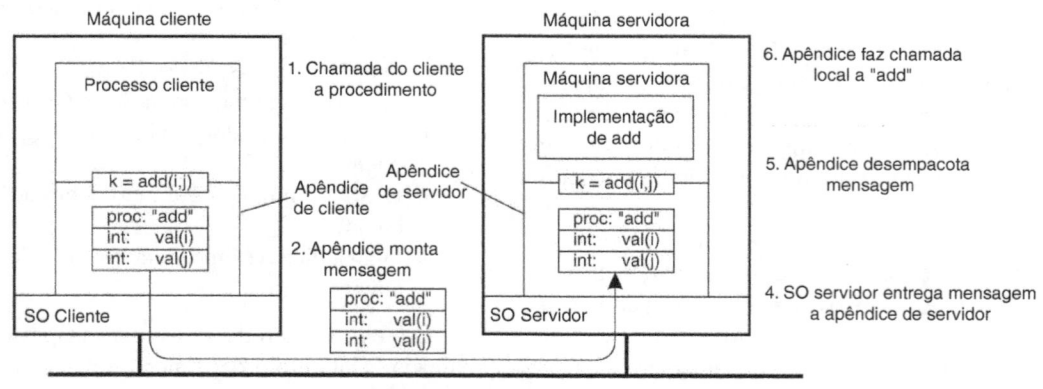

Figura 4.7 Etapas envolvidas para fazer um cálculo remoto por meio de RPC.

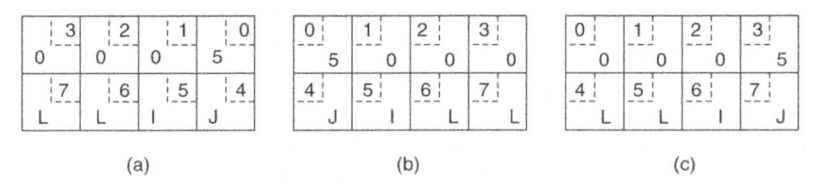

Figura 4.8 (a) Mensagem original no Pentium. (b) Mensagem após recebimento na SPARC. (c) Mensagem após ser invertida. Os pequenos números nos quadrados indicam o endereço de cada byte.

Uma vez que as mensagens são transferidas pela rede byte por byte (na verdade, bit por bit), o primeiro byte enviado é o primeiro byte a chegar. Na Figura 4.8(b) mostramos que aspecto teria a mensagem da Figura 4.8(a) se recebida por uma SPARC, que numera seus bytes com 0 à esquerda (byte de ordem alta) em vez de à direita (byte de ordem baixa), como fazem todos os chips Intel. Quando o apêndice de servidor ler os parâmetros nos endereços 0 e 4, respectivamente, encontrará um inteiro igual a 83.886.080 (5×2^{24}) e uma corrente 'JILL'.

Uma abordagem óbvia, embora infelizmente incorreta, é apenas inverter os bytes de cada palavra depois de recebidos, o que resulta na Figura 4.8(c). Desta vez, o inteiro é 5, e a corrente é 'LLIJ'. Nesse caso, o problema é que os inteiros são invertidos pela ordenação diferente de bytes, mas as correntes não. Sem informações adicionais sobre o que é uma corrente e o que é um inteiro, não há nenhum modo de reparar o dano.

Passagem de parâmetros por referência

Chegamos agora a um problema difícil: como são passados ponteiros ou, em geral, referências? A resposta é: somente com a maior das dificuldades, se é que se consegue. Lembre-se de que um ponteiro só é significativo dentro do espaço de endereço do processo no qual está sendo usado. Voltando ao nosso exemplo da chamada read já discutido, se acaso o segundo parâmetro — o endereço do buffer — for 1000 no cliente, não podemos fazer passar o número 1000 para o servidor e esperar que ele funcione. O endereço 1000 no servidor poderia estar no meio do texto do programa.

Uma solução é proibir ponteiros e parâmetros de referência em geral. Contudo, eles são tão importantes que essa solução é muitíssimo indesejável. Na verdade, também não é necessária. No exemplo de read, o apêndice de cliente sabe que o segundo parâmetro aponta para um conjunto de caracteres. Suponha, por enquanto, que ele também saiba qual é o tamanho do vetor. Então, uma estratégia se torna aparente: copiar o vetor para a mensagem e enviá-lo ao servidor. Assim, o apêndice de servidor pode chamar o servidor com um ponteiro para esse vetor, ainda que esse ponteiro tenha um valor numérico diferente do valor do segundo parâmetro de read.

As alterações que o servidor faz usando o ponteiro — por exemplo, armazenar dados nele — afetam diretamente o buffer de mensagem dentro do apêndice de servidor. Quando o servidor termina, a mensagem original pode ser enviada de volta ao apêndice de cliente, que então a copia de volta para o cliente. Na verdade, chamar por referência foi substituída por copiar/restaurar. Embora isso nem sempre seja idêntico, freqüentemente é bom o suficiente.

Uma otimização torna esse mecanismo duas vezes mais eficiente. Se os apêndices souberem se o buffer é um parâmetro de entrada ou um parâmetro de saída para o servidor, uma das cópias pode ser eliminada. Se o vetor for entrada para o servidor — por exemplo, em uma chamada para write —, ele não precisa ser copiado de volta. Se for saída, nem precisa ser enviado.

Como último comentário, vale a pena notar que, se bem que agora possamos manipular ponteiros para vetores e estruturas simples, ainda não podemos manipular o caso mais geral de um ponteiro para uma estrutura de dados arbitrária como um gráfico complexo. Alguns sistemas tentam lidar com esse caso realmente passando o ponteiro para o apêndice de servidor e gerando código especial no procedimento de servidor para usar ponteiros. Por exemplo, uma requisição pode ser enviada de volta para que o cliente forneça os dados referenciados.

Especificação de parâmetros e geração de apêndices

Pelo que explicamos até aqui, fica claro que ocultar uma chamada de procedimento remoto requer que o chamador e o chamado concordem com o formato das mensagens que trocam e sigam as mesmas etapas quando se tratar de, por exemplo, passar estruturas de dados complexas. Em outras palavras, ambos os lados de uma RPC devem seguir o mesmo protocolo, ou a RPC não funcionará corretamente.

Como um exemplo simples, considere o procedimento da Figura 4.9(a). Ele tem três parâmetros, um caractere, um número de ponto flutuante e um vetor de cinco inteiros. Considerando que uma palavra tem quatro bytes, o protocolo RPC poderia prescrever que deveríamos transmitir um caractere no byte da extrema direita de uma palavra (deixando os 3 bytes seguintes vazios), um flutuante como uma palavra inteira e um vetor como um grupo de palavras igual ao comprimento do vetor, precedido por uma palavra indicativa de seu comprimento, como mostra a Figura 4.9(b). Assim, dadas essas regras, o apêndice de cliente para foobar sabe que deve usar o formato da Figura 4.9(b), e o apêndice de servidor sabe que as mensagens que chegam para foobar terão o formato da Figura 4.9(b).

Definir o formato da mensagem é um aspecto de um protocolo RPC, mas não é suficiente. Também precisamos que o cliente e o servidor concordem com a representação de estruturas de dados simples, como inteiros, caracteres, booleanos e assim por diante. O protocolo poderia prescrever, por exemplo, que inteiros são representados em complementos de dois, caracteres em Unicode de 16 bits e flutuantes no formato padrão IEEE #754 com tudo armazenado em little endian. Com essa informação adicional, as mensagens podem ser interpretadas sem nenhuma ambigüidade.

Agora que as regras de codificação estão fixadas até o último bit, a única coisa que resta fazer é que o chamador e o chamado concordem com a troca de mensagens propriamente dita. Pode-se decidir usar um serviço de transporte orientado a conexão como TCP/IP, por exemplo. Uma alternativa é usar um serviço não confiável de datagramas e deixar que o cliente e o servidor implementem um esquema de controle de erro como parte do protocolo RPC. Na prática, existem diversas variantes.

Tão logo o protocolo RPC esteja totalmente definido, os apêndices de cliente e servidor precisam ser implementados. Felizmente, a única diferença entre apêndices para o mesmo protocolo, mas procedimentos diferentes, normalmente são suas interfaces com as aplicações. Uma interface consiste em um conjunto de procedimentos que podem ser chamados por um cliente e que são implementados por um servidor. Em geral, uma interface está disponível na mesma linguagem de programação em que o cliente ou servidor é escrito, embora, em termos estritos, isso não seja necessário. Para simplificar as coisas, interfaces costumam ser especificadas por meio de uma **linguagem de programação de interface** (Interface Definition Language — **IDL**). Portanto, uma interface especificada em tal IDL é, na seqüência, compilada para zerar um apêndice de cliente e um apêndice de servidor, junto com as interfaces adequadas em tempo de compilação e tempo de execução.

A prática mostra que usar uma linguagem de definição de interface simplifica consideravelmente aplicações cliente-servidor baseadas em RPCs. Como é fácil gerar completamente apêndices de cliente e de servidor, todos os sistemas de middleware baseados em RPC oferecem uma IDL para suportar desenvolvimento de aplicação. Em alguns casos, usar IDL é até obrigatório, como veremos mais adiante em outros capítulos.

4.2.3 RPC assíncrona

Como em chamadas de procedimento convencionais, quando um cliente chama um procedimento remoto, o cliente bloqueia até que uma resposta seja retornada. Esse comportamento estrito requisição/resposta é desnecessário quando não há nenhum resultado a retornar, e só leva ao bloqueio do cliente enquanto ele poderia ter continuado e realizado trabalho útil logo após requisitar o procedimento remoto a ser chamado. Entre os exemplos em que muitas vezes não há necessidade de esperar por uma resposta estão: transferir dinheiro de uma conta para outra, adicionar entradas em um banco de dados, iniciar serviços remotos, processamento em lote e assim por diante.

Para suportar essas situações, sistemas RPC podem fornecer facilidades para o que denominamos **RPCs assíncronas**, pelas quais um cliente continua imediatamente após emitir a requisição RPC. Com RPCs assíncronas, o servidor envia imediatamente uma resposta de volta ao cliente no momento em que a requisição RPC é recebida e, depois disso, chama o procedimento requisitado. A resposta age como um reconhecimento para o cliente de que o servidor vai processar a RPC. O cliente continuará sem mais bloqueio, tão logo tenha recebido o reconhecimento do servidor. A Figura 4.10(b) mostra como cliente e servidor interagem no caso de RPCs assíncronas. Por comparação, a Figura 4.10(a) mostra o comportamento requisição-resposta normal.

RPCs assíncronas também podem ser úteis quando uma resposta vai ser retornada mas o cliente não está pre-

```
foobar(char x; float y; int z[5] )
{
    ....
}
```
(a)

Variáveis locais de foobar
x
y
5
z[0]
z[1]
z[2]
z[3]
z[4]

(b)

Figura 4.9 (a) Procedimento. (b) Mensagem correspondente.

parado para esperar por ela e, enquanto espera, nada faz. Por exemplo, um cliente pode querer buscar antecipadamente os endereços de rede de um conjunto de hospedeiros que espera contatar dentro de pouco tempo. Enquanto um serviço de nomeação está colhendo esses endereços, o cliente pode querer fazer outras coisas. Nesses casos, tem sentido organizar a comunicação entre o cliente e o servidor por meio de duas RPCs assíncronas, como mostra a Figura 4.11. Na primeira, o cliente chama o servidor para lhe entregar uma lista de nomes de hospedeiros que devem ser consultados e continua quando o servidor reconhecer o recebimento dessa lista. A segunda chamada é feita pelo servidor, que chama o cliente para lhe entregar os endereços que encontrou. A combinação de duas RPCs assíncronas às vezes também é denominada **RPC assíncrona deferida**.

É preciso notar que existem variantes de RPCs assíncronas nas quais o cliente continua executando imediatamente após enviar a requisição ao servidor. Em outras palavras, o cliente não espera por um reconhecimento da aceitação da requisição pelo servidor. Denominamos essas chamadas **RPCs de uma via**. O problema com essa abordagem é que, quando a confiabilidade não é garantida, o cliente não pode saber, com certeza, se a requisição será ou não processada. Voltaremos a esses assuntos no Capítulo 8. Da mesma maneira, no caso de RPC síncrona deferida, o cliente pode sondar o servidor para ver se os resultados estão disponíveis, em vez de deixar que o servidor chame o cliente de volta.

4.2.4 Exemplo: DCE RPC

Chamadas de procedimento remoto foram amplamente adotadas como base de middleware e sistemas distribuídos em geral. Nesta seção, examinaremos mais de perto um sistema RPC específico: o **ambiente distribuído de computação** (**Distributed Computing Environment — DCE**), que foi desenvolvido pela Open Software Foundation (OSF), agora denominada Open Group. O DCE RPC não é tão popular como alguns outros sistemas RPC, em particular o Sun RPC. Contudo, ainda assim o DCE RPC é representativo de outros sistemas RPC e suas especificações foram adotadas no sistema básico da Microsoft para computação distribuída, DCOM (Eddon e Eddon, 1998). Começamos com uma breve introdução ao DCE e depois consideramos o principal modo de funcionamento do DCE RPC. Informações técnicas detalhadas sobre como desenvolver aplicações baseadas em RPC podem ser encontradas em Stevens (1999).

Introdução ao DCE

O DCE é um verdadeiro sistema middleware no sentido de que é projetado para executar como uma camada de abstração entre sistemas operacionais existentes (rede) e aplicações distribuídas. Inicialmente projetado para Unix, agora ele foi portado para todos os sistemas operacionais importantes, entre eles variantes de VMS e Windows, bem como para sistemas operacionais de computadores de mesa. A idéia é que o cliente possa pegar um

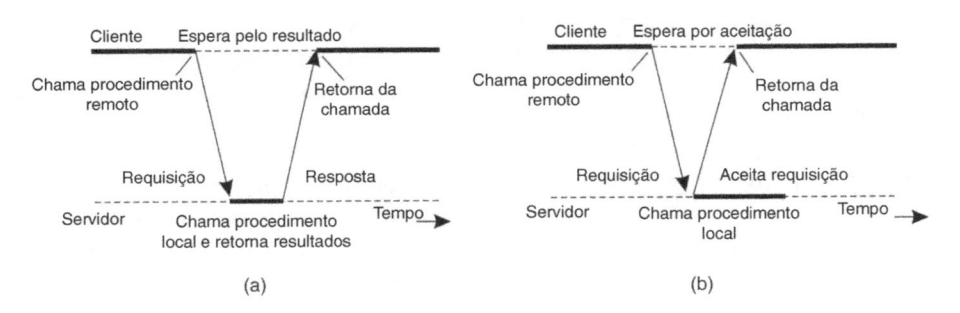

Figura 4.10 (a) Interação entre cliente e servidor em uma RPC tradicional. (b) Interação que usa RPC assíncrona.

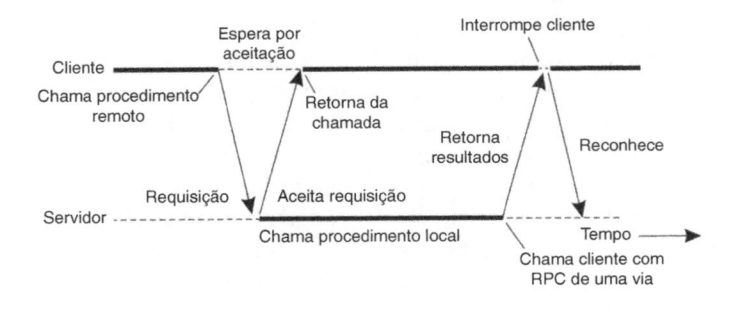

Figura 4.11 Cliente e servidor que interagem por meio de duas RPCs assíncronas.

conjunto de máquinas existentes, adicionar o software DCE e então possa executar aplicações distribuídas, tudo isso sem perturbar aplicações existentes (não distribuídas). Embora a maioria dos pacotes DCE execute em espaço de usuário, em algumas configurações é preciso adicionar um pedaço (parte do sistema de arquivo distribuído) ao núcleo. O próprio Open Group só vende código-fonte, que os fabricantes integram a seus sistemas.

O modelo de programação subjacente a todo o DCE é o modelo cliente-servidor, que discutimos extensivamente no capítulo anterior. Processos de usuários agem como clientes para acessar serviços remotos fornecidos por processos de servidor. Alguns desses serviços são parte do próprio DCE, mas outros pertencem às aplicações e são escritos pelos programadores de aplicações. Toda a comunicação entre clientes e servidores ocorre por meio de RPCs.

Há vários serviços que fazem parte do DCE em si. O **serviço de arquivo distribuído** é um sistema de arquivo de âmbito mundial que fornece um modo transparente de acessar qualquer arquivo no sistema do mesmo modo. Ele pode ser construído em cima dos sistemas nativos de arquivo do hospedeiro, ou usado no lugar desses sistemas.

O **serviço de diretório** é usado para monitorar a localização de todos os recursos no sistema. Entre esses recursos estão máquinas, impressoras, servidores, dados e muito mais, e eles podem ser distribuídos geograficamente no mundo inteiro. O serviço de diretório permite que um processo solicite um recurso e não tenha de se preocupar com o lugar em que ele está, a menos que o processo se importe.

O **serviço de segurança** permite que recursos de todos os tipos sejam protegidos, portanto o acesso pode ser restrito às pessoas autorizadas.

Por fim, o **serviço distribuído de horário** é um serviço que tenta manter sincronizados globalmente os relógios presentes nas diferentes máquinas. Como veremos em capítulos posteriores, ter alguma noção do horário global facilita muito na garantia da consistência em um sistema distribuído.

Objetivos do DCE RPC

Os objetivos do sistema DCE RPC são relativamente tradicionais. Antes de qualquer coisa, o sistema RPC permite a um cliente o acesso a um serviço remoto por meio de uma simples chamada a um procedimento local. Essa interface possibilita que programas clientes, isto é, aplicações, sejam escritos de modo simples, familiar à maioria dos programadores. Ele também facilita a execução de grandes volumes de código em um ambiente distribuído com poucas alterações, se tanto.

Cabe ao sistema RPC ocultar todos os detalhes dos clientes e, até certo ponto, também dos servidores. Para começar, o sistema RPC pode localizar automaticamente o servidor correto e, na seqüência, estabelecer a comunicação entre software cliente e software servidor (em geral denominada **vinculação**). Também pode manipular o transporte de mensagens em ambas as direções, fragmentando e montando novamente essas mensagens conforme necessário (por exemplo, se um dos parâmetros for um grande vetor). Por fim, o sistema RPC pode manusear automaticamente conversões de tipos de dados entre o cliente e o servidor, ainda que eles executem em arquiteturas diferentes e que tenham ordenação de bytes diferente.

Como conseqüência da capacidade de sistemas RPC para ocultar os detalhes, é alto o grau de independência entre clientes e servidores. Um cliente pode ser escrito em Java e um servidor em C, ou vice-versa. Um cliente e um servidor podem rodar em diferentes plataformas de hardware e usar sistemas operacionais diferentes. Também é suportada uma variedade de protocolos de rede e representações de dados, tudo sem nenhuma intervenção do cliente ou do servidor.

Como escrever um cliente e um servidor

O sistema DCE RPC consiste em vários componentes, entre eles linguagens, bibliotecas, daemons, programas de utilidades etc. Juntos, eles possibilitam escrever clientes e servidores. Nesta seção, descreveremos os pedaços e como eles se ajustam. O processo inteiro de escrever e usar um cliente e servidor RPC está resumido na Figura 4.12.

Em um sistema cliente-servidor, a cola que mantém tudo unido é a definição da interface, como especificada na **linguagem de definição de interface**, ou **IDL**. Ela permite declarações de procedimento em uma forma muito parecida com protótipos de função em ANSI C. Arquivos IDL também podem conter definições de tipos, declarações de constantes e outras informações necessárias para montar parâmetros e desmontar resultados corretamente. O ideal seria que a definição de interface também contivesse uma definição formal sobre o que os procedimentos fazem, mas tal definição não está ao alcance nem mesmo da tecnologia mais moderna existente hoje, portanto a definição de interface apenas define a sintaxe das chamadas, e não sua semântica. Na melhor das hipóteses, o escritor pode adicionar alguns comentários que descrevam o que os procedimentos fazem.

Um elemento crucial em todo arquivo IDL é um identificador global exclusivo para a interface especificada. O cliente envia esse identificador na primeira mensagem RPC, e o servidor verifica se ela está correta. Desse modo, se um cliente tentar se vincular inadvertidamente ao servidor errado, ou ainda a uma versão mais antiga do servidor correto, o servidor detectará o erro, e a vinculação não ocorrerá.

Definições de interface e identificadores exclusivos são intimamente relacionados em DCE. Como ilustrado na Figura 4.12, a primeira etapa para escrever uma aplicação cliente/servidor normalmente é chamar o programa *uuid-*

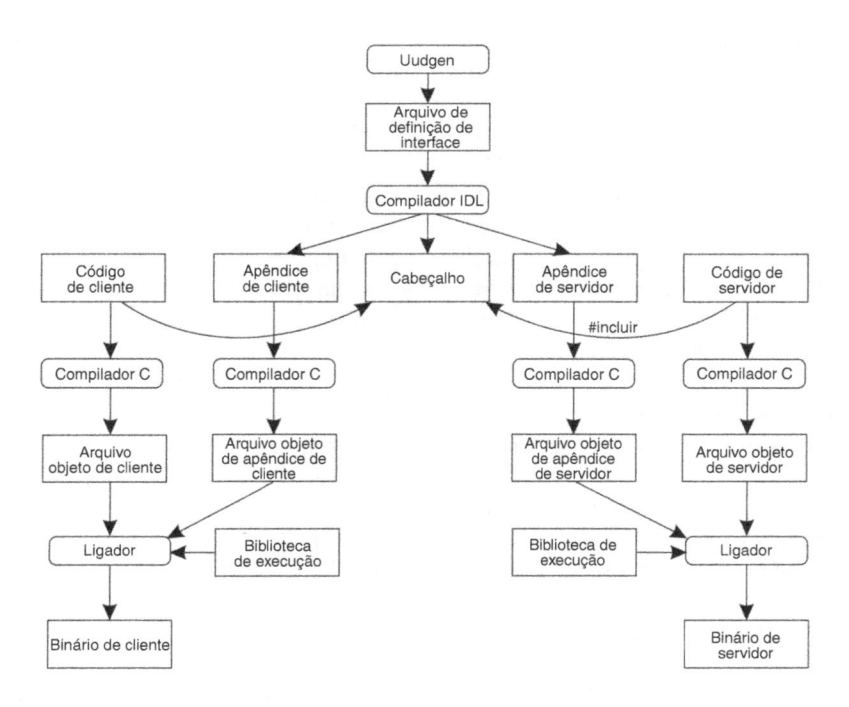

Figura 4.12 Etapas na escrita de um cliente e de um servidor em DCE RPC.

gen e solicitar que ele gere um protótipo de arquivo IDL que contenha um identificador de interface com a garantia de que esse identificador nunca mais será utilizado em nenhuma interface gerada em nenhum lugar por *uuidgen*. A exclusividade é assegurada com a codificação da localização e do horário da criação. O identificador consiste em um número binário de 128 bits representado no arquivo IDL como uma corrente ASCII em hexadecimal.

A próxima etapa é editar o arquivo IDL, preenchendo os nomes dos procedimentos remotos e seus parâmetros. Vale a pena observar que RPC não é totalmente transparente — por exemplo, o cliente e o servidor não podem compartilhar variáveis globais —, mas as regras IDL impossibilitam expressar construções que não sejam suportadas.

Quando o arquivo IDL estiver concluído, o compilador IDL é chamado para processá-lo. A saída do compilador IDL consiste em três arquivos:

1. Um arquivo de cabeçalho (por exemplo, *interface.h*, em termos C).
2. O apêndice de cliente.
3. O apêndice de servidor.

O arquivo de cabeçalho contém identificador exclusivo, definições de tipos, definições de constantes e protótipos de função. Deve ser incluído (using *#include*) em ambos os códigos, de cliente e de servidor. O apêndice de cliente contém os procedimentos propriamente ditos que o programa cliente chamará. Esses procedimentos são os responsáveis por colher e empacotar os parâmetros na mensagem de saída e depois chamar o sistema de execução para enviá-los. O apêndice de cliente também manipula o desempacotamento da resposta e o retorno de valores para o cliente. O apêndice de servidor contém os procedimentos chamados pelo sistema de execução na máquina do servidor quando chega uma mensagem de entrada. Esses, por sua vez, chamam os procedimentos de servidor propriamente ditos, que fazem o trabalho.

A próxima etapa é o autor da aplicação escrever o código de cliente e de servidor. Então, ambos são compilados, assim como os dois procedimentos de apêndice. Em seguida, o código do cliente e os arquivos-objeto de apêndice de cliente resultantes são ligados à biblioteca de execução para produzir o binário executável para o cliente. De maneira semelhante, o código do servidor e o apêndice de servidor são compilados e ligados para produzir o binário do servidor. O cliente e o servidor são iniciados em tempo de execução, de modo que a aplicação é executada por meio deles.

Vinculação de um cliente a um servidor

Para permitir que um cliente chame um servidor, é necessário que o servidor seja registrado e esteja preparado para aceitar chamadas que chegam. O registro de um servidor possibilita que um cliente localize e se vincule a um servidor. A localização é feita em duas etapas:

1. Localizar a máquina do servidor.
2. Localizar o servidor — isto é, o processo correto — naquela máquina.

A segunda etapa é um tanto sutil. Basicamente, ela se resume no fato de que, para se comunicar com um servidor, o cliente precisa conhecer uma **porta** na máquina do servidor para o qual ele possa enviar mensagens. Uma porta (também conhecida como **terminal**) é usada pelo sistema operacional do servidor para distinguir mensagens que chegam de diferentes processos. Em DCE, uma tabela de pares *(servidor, porta)* é mantida em cada máquina servidora por um processo denominado **daemon DCE**. Antes de ficar disponível para requisições que chegam, o servidor deve solicitar uma porta ao sistema operacional. Então, ele registra essa porta no daemon DCE. O daemon DCE registra essa informação (incluindo quais protocolos o servidor fala) na tabela de portas para utilização futura.

O servidor também se registra no serviço de diretório fornecendo-lhe o endereço de rede da máquina servidora e um nome sob o qual o servidor possa ser procurado. Portanto, a vinculação de um cliente a um servidor prossegue como mostra a Figura 4.13.

Vamos supor que o cliente queira se vincular a um servidor de vídeo que é conhecido no local sob o nome/ *local/multimedia/video/movies*. Ele passa esse nome para o servidor de diretório, que retorna o endereço de rede da máquina que está executando o servidor de vídeo. Portanto, o cliente vai até o daemon DCE naquela máquina (que tem uma porta bem conhecida) e solicita que ele consulte a porta do servidor de vídeo em sua tabela de portas. De posse dessa informação, agora a RPC pode ocorrer. Nas RPCs subseqüentes, essa consulta não é mais necessária. O DCE dá a clientes a capacidade de realizar buscas mais sofisticadas por um servidor adequado quando isso for necessário. RPC segura também é uma opção quando a confidencialidade ou a integridade dos dados for crucial.

Execução de uma RPC

A RPC propriamente dita é executada transparentemente e de maneira usual. O apêndice de cliente monta os parâmetros para a biblioteca de execução para transmissão usando o protocolo escolhido em tempo de vinculação. Quando uma mensagem chega no lado do servidor, ela é roteada para o servidor correto com base na porta contida na mensagem de entrada. A biblioteca de execução passa a mensagem ao apêndice de servidor, que desmonta os parâmetros e chama o servidor. A resposta volta pela rota inversa.

O DCE fornece várias opções de semântica. O padrão (default) é a **operação no máximo uma vez**, caso em que nenhuma chamada jamais é executada mais de uma vez, mesmo em face da queda do sistema. Na prática, isso significa que, se um servidor cair durante uma RPC e depois se recuperar rapidamente, o cliente não repete a operação, por temer que ela já tenha sido executada uma vez.

Como alternativa, é possível marcar um procedimento remoto como **idempotente** (no arquivo IDL), caso em que ele pode ser repetido várias vezes sem dano. Por exemplo, a leitura de um bloco especificado em um arquivo pode ser tentada uma vez atrás da outra até ser bem-sucedida. Quando uma RPC idempotente falha por causa da queda de um servidor, o cliente pode esperar até que o servidor reinicie e então tenta mais uma vez. Há também outras semânticas disponíveis, mas raramente usadas; entre elas fazer broadcast da RPC para todas as máquinas presentes na rede local. Voltaremos à semântica de RPC no Capítulo 8, quando discutirmos RPC na presença de falhas.

4.3 Comunicação orientada a mensagem

Chamadas de procedimento remoto e invocações de objeto remoto contribuem para ocultar comunicação em sistemas distribuídos, isto é, aprimoram a transparência de acesso. Infelizmente, nenhum dos dois mecanismos é sempre adequado. Em particular, quando não se pode adotar como premissa que o lado receptor está executando no momento em que uma requisição é emitida, são necessários serviços alternativos de comunicação. Da mesma maneira, a natureza síncrona inerente das RPCs, pela qual um cliente é bloqueado até que sua requisição

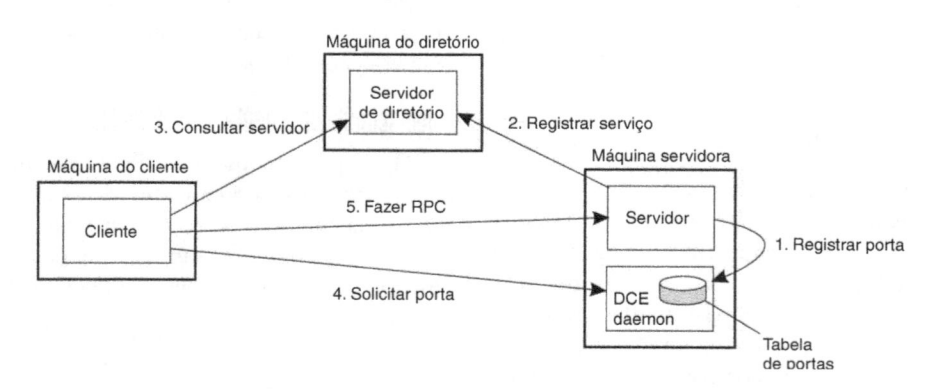

Figura 4.13 Vinculação cliente–servidor em DCE.

tenha sido processada, às vezes precisa ser substituída por alguma outra coisa.

Essa outra coisa é a troca de mensagens. Nesta seção vamos nos concentrar em comunicação orientada a mensagem em sistemas distribuídos, em primeiro lugar fazendo um exame mais minucioso do que é, exatamente, o comportamento síncrono e quais são suas implicações. Em seguida, discutiremos sistemas de troca de mensagens que adotam a premissa de que as partes estão executando no momento da comunicação. Por fim, estudaremos sistemas de enfileiramento de mensagens, que permitem aos processos trocar informações ainda que a outra parte não esteja executando no momento em que a comunicação é iniciada.

4.3.1 Comunicação transiente orientada a mensagem

Muitos sistemas distribuídos e aplicações são construídos diretamente em cima do modelo simples orientado a mensagem oferecido pela camada de transporte. Para melhor entender e apreciar sistemas orientados a mensagem como parte de soluções de middleware, em primeiro lugar discutiremos troca de mensagens por meio de portas de nível de transporte.

Interface Berkeley

A padronização da interface da camada de transporte foi alvo de especial atenção para permitir que programadores usem todo o seu conjunto de protocolos (de troca de mensagens) por meio de um conjunto simples de primitivas. Ademais, interfaces padronizadas facilitam portar uma aplicação para uma máquina diferente.

Como exemplo, faremos uma breve discussão da **interface Sockets** como proposta na década de 1970 para o Unix Berkeley. Uma outra interface importante é a **XTI** (**X/Open Transport Interface**), que quer dizer **interface de transporte X/Open**, anteriormente denominada interface de camada de transporte (Transport Layer Interface — TLI) e desenvolvida pela AT&T. Sockets e XTI são muito semelhantes no que se refere a seu modelo de programação de rede, mas seus conjuntos de primitivas são diferentes.

Em termos de conceito, um **soquete** é um terminal de comunicação para o qual uma aplicação pode escrever dados que devem ser enviados pela rede subjacente e do qual pode ler dados que chegam. Um soquete forma uma abstração sobre o terminal de comunicação propriamente dito que é usado pelo sistema operacional local para um protocolo de transporte específico. No texto a seguir, vamos nos concentrar nas primitivas de interface para TCP, que são mostradas na Tabela 4.1.

Em geral, servidores executam as quatro primeiras primitivas, normalmente na ordem dada. Ao chamar a primitiva socket, o chamador cria um novo terminal de comunicação para um protocolo de transporte específico. Internamente, a criação de um terminal de comunicação significa que o sistema operacional local reserva recursos para atender ao envio e ao recebimento de mensagens de e para o protocolo especificado.

A primitiva bind associa um endereço local com o soquete recém-criado. Por exemplo, um servidor deve vincular a um soquete o endereço IP de sua máquina, junto com um número de porta (possivelmente bem conhecido). A vinculação diz ao sistema operacional que o servidor quer receber mensagens somente no endereço e porta especificados.

Primitiva	Significado
Socket	Crie um novo terminal de comunicação
Bind	Anexe um endereço local a um soquete
Listen	Anuncie a disposição de aceitar conexões
Accept	Bloqueie o chamador até chegar uma requisição de comunicação
Connect	Tente estabelecer uma conexão ativamente
Send	Envie alguns dados pela conexão
Receive	Receba alguns dados pela conexão
Close	Tente estabelecer uma conexão

Tabela 4.1 Primitivas da interface Socket para TCP/IP.

A primitiva listen é chamada somente no caso de comunicação orientada a conexão. É uma chamada não bloqueadora que permite ao sistema operacional local reservar buffers suficientes para um número especificado de conexões que o chamador está disposto a aceitar.

A chamada accept bloqueia o chamador até chegar uma requisição de conexão. Quando chega uma requisição, o sistema operacional local cria um novo soquete com as mesmas propriedades do original e o retorna ao chamador. Essa abordagem permitirá que o servidor, por exemplo, bifurque um processo que, na seqüência, manipulará a comunicação propriamente dita por meio da nova conexão. Enquanto isso, o servidor pode voltar e esperar por uma outra requisição de conexão no soquete original.

Agora vamos examinar o lado cliente. Também aqui, em primeiro lugar é preciso criar um soquete usando a primitiva socket, mas não é necessário vincular o soquete explicitamente a um endereço local, visto que o sistema operacional pode alocar dinamicamente uma porta quando a conexão for estabelecida. A primitiva connect requer que o chamador especifique o endereço de nível de transporte para o qual uma requisição de conexão deve ser enviada. O cliente é bloqueado até que uma conexão seja estabelecida com sucesso e, depois disso, ambos os lados podem começar a trocar informações por meio das primitivas send e receive.

Por fim, o fechamento de uma conexão é simétrico quando se usa a interface Sockets, e é conseguido ao se fazer com que ambos, cliente e servidor, chamem a primitiva close. O padrão geral seguido por um cliente e servidor para comunicação orientada a conexão usando a interface Sockets é mostrado na Figura 4.14. Detalhes sobre programação de rede que usa Socket e outras interfaces em um ambiente Unix podem ser encontrados em Stevens (1998).

Interface de troca de mensagens (MPI)

Com o advento de multicomputadores de alto desempenho, desenvolvedores começaram a procurar primitivas orientadas a mensagem que lhes permitissem escrever com facilidade aplicações de alta eficiência. Isso significa que as primitivas devem estar em um nível conveniente de abstração (para facilitar o desenvolvimento da aplicação) e que sua implementação incorra em uma sobrecarga mínima. Soquetes foram considerados insuficientes por duas razões. A primeira é que eles estavam no nível errado de abstração porque suportavam somente primitivas simples send e receive. A segunda é que a interface Sockets foi projetada para comunicação por redes que usam pilhas de protocolos de uso geral, tal como TCP/IP. Eles não eram considerados adequados para os protocolos proprietários desenvolvidos para redes de interconexão de alta velocidade, como as usadas em clusters de servidores de alto desempenho. Esses protocolos requeriam uma interface que pudesse manipular características mais avançadas, como diferentes formas de buffer e sincronização.

O resultado foi que a maioria das redes de interconexão e multicomputadores de alto desempenho era despachada com bibliotecas de comunicação proprietárias. Essas bibliotecas ofereciam uma profusão de primitivas de comunicação de alto nível, em geral, eficientes. Claro que todas as bibliotecas eram mutuamente incompatíveis, de modo que, nessa circunstância, os desenvolvedores de aplicação tinham um problema de portabilidade.

A certa altura, a necessidade de ser independente de hardware e de plataforma resultou na definição de um padrão para troca de mensagens, denominado simplesmente **interface de passagem de mensagens** (**Message-Passing Interface**), ou **MPI**. A MPI é projetada para aplicações paralelas e, por isso, talhada para comunicação transiente. Ela faz uso direto da rede subjacente. Além disso, considera que falhas sérias, como quedas de processos ou partições de rede, sejam fatais e não requeiram recuperação automática.

A MPI adota a premissa de que a comunicação ocorre dentro de um grupo conhecido de processos. Cada grupo recebe um identificador. Cada processo dentro de um grupo também recebe um identificador (local). Por conseguinte, um par (*groupID*, *processID*) identifica exclusivamente a fonte ou o destinatário de uma mensagem e é usado no lugar de um endereço de nível de transporte. Vários grupos de processos, possivelmente sobrepostos, poderão estar envolvidos em um serviço de computação, e todos eles poderão estar em execução ao mesmo tempo.

No cerne da MPI estão primitivas de mensagem para implementar comunicação transiente; as mais intuitivas estão resumidas na Tabela 4.2.

Comunicação assíncrona transiente é suportada por meio da primitiva **MPI_bsend**. O remetente apresenta uma mensagem para transmissão que, em geral, primeiro é copiada para um buffer local no sistema de execução MPI. Quando a mensagem foi copiada, o remetente continua. O sistema de execução MPI local removerá a mensagem de seu buffer local e providenciará a transmissão assim que um receptor tenha chamado uma primitiva receive.

Primitiva	Significado
MPI_bsend	Anexa mensagem de saída a um buffer local de envio
MPI_send	Envia uma mensagem e espera até que seja copiada para buffer local ou remoto
MPI_ssend	Envia uma mensagem e espera até o recebimento começar
MPI_sendrecv	Envia uma mensagem e espera por resposta
MPI_isend	Passa referência para mensagem de saída e continua
MPI_issend	Passa referência para mensagem de saída e espera até o recebimento começar
MPI_recv	Recebe uma mensagem; bloqueia se não houver nenhuma
MPI_irecv	Verifica se há uma mensagem chegando, mas não bloqueia

Tabela 4.2 Algumas das primitivas de troca de mensagens mais intuitivas da MPI.

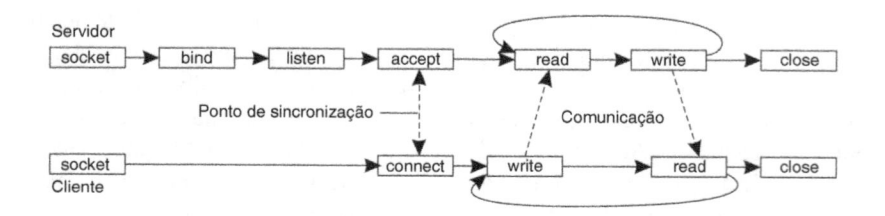

Figura 4.14 Padrão de comunicação orientada a conexão que usa interface Sockets.

Há também uma operação de envio bloqueadora, denominada MPI_send, cuja semântica é independente da implementação. A primitiva MPI_send pode bloquear o chamador até que a mensagem especificada tenha sido copiada para o sistema de execução MPI no lado do remetente ou até que o receptor tenha iniciado uma operação de recebimento. A comunicação síncrona, pela qual o remetente bloqueia até que sua requisição seja aceita para ulterior processamento, está disponível por meio da primitiva MPI_ssend. Por fim, a forma mais forte de comunicação síncrona também é suportada: quando um remetente chama MPI_sendrecv, ele envia uma requisição ao receptor e bloqueia até que esse último retorne uma resposta. Basicamente, essa primitiva corresponde a uma RPC normal.

Ambas, MPI_send e MPI_ssend, têm variantes que evitam a cópia de mensagens de buffers de usuários para buffers internos do sistema de execução MPI local. Essas variantes correspondem a uma forma de comunicação assíncrona. Com MPI_isend, um remetente passa um ponteiro para a mensagem; em seguida o sistema de execução MPI providencia a comunicação. O remetente continua imediatamente. Para evitar sobrescrever a mensagem antes da conclusão da comunicação, a MPI oferece primitivas para verificar conclusão, ou até bloquear, se for preciso. Assim como acontece com MPI_send, não é especificado se a mensagem foi realmente transferida para o receptor ou se ela foi simplesmente copiada pelo sistema de execução MPI local para um buffer interno.

Da maneira semelhante, com MPI_issend, um remetente também passa somente um ponteiro para o sistema de execução MPI. Quando o sistema de execução indicar que processou a mensagem, o remetente tem a garantia de que o receptor aceitou a mensagem e está trabalhando com ela naquele momento.

A operação MPI_recv é chamada para receber uma mensagem; ela bloqueia o chamador até chegar uma mensagem. Também há uma variante assíncrona, denominada MPI_irecv, pela qual um receptor indica que está preparado para aceitar uma mensagem. O receptor pode verificar se a mensagem realmente chegou ou não ou bloquear até que uma chegue.

A semântica das primitivas de comunicação MPI nem sempre é direta e, às vezes, primitivas diferentes podem ser trocadas sem afetar a correção de um programa. A razão oficial por que são suportadas tantas formas diferentes de comunicação é que isso dá aos implementadores de sistemas MPI possibilidades suficientes para otimizar desempenho. Os céticos talvez digam que o comitê não conseguiu chegar a uma decisão conjunta, portanto aceitou todas as propostas. A MPI foi projetada para aplicações paralelas de alto desempenho, o que facilita entender sua diversidade em diferentes primitivas de comunicação.

Se quiser saber mais sobre MPI, consulte Gropp et al. (1998b). A referência completa, na qual são explicadas detalhadamente as mais de cem funções da MPI, pode ser encontrada em Snir et al. (1998) e em Gropp et al. (1998a).

4.3.2 Comunicação persistente orientada a mensagem

Chegamos agora a uma classe importante de serviços de middleware orientados a mensagem, geralmente conhecidos como **sistemas de enfileiramento de mensagens**, ou apenas **middleware orientado a mensagem (MOM)**. Sistemas de enfileiramento de mensagens proporcionam suporte extensivo para comunicação assíncrona persistente. A essência desses sistemas é que eles oferecem capacidade de armazenamento de médio prazo para mensagens, sem exigir que o remetente ou o receptor estejam ativos durante a transmissão da mensagem.

Uma diferença importante entre a interface Sockets Berkeley e MPI e sistemas de enfileiramento de mensagens é que estes normalmente visam ao suporte de transferências de mensagens que têm permissão de durar minutos em vez de segundos ou milissegundos. Em primeiro lugar, explicamos uma abordagem geral para sistemas de enfileiramento de mensagens e concluímos esta seção comparando-os com sistemas mais tradicionais, em particular os sistemas de e-mail da Internet.

Modelo de enfileiramento de mensagens

A idéia básica que fundamenta um sistema de enfileiramento de mensagens é que aplicações se comunicam inserindo mensagens em filas específicas. Essas mensagens são repassadas por uma série de servidores de comunicação e, a certa altura, entregues ao destinatário, mesmo que ele não esteja em funcionamento quando a mensagem foi enviada. Na prática, a maioria dos servidores de comunicação estão diretamente conectados uns aos outros. Em outras palavras, em geral uma mensagem é transferida diretamente a um servidor destinatário. Em princípio, cada aplicação tem sua própria fila particular para a qual outras aplicações podem enviar mensagens. Uma fila só pode ser lida por sua aplicação associada, mas também é possível que várias aplicações compartilhem uma única fila.

Um aspecto importante de sistemas de enfileiramento de mensagens é que, em geral, um remetente só tem a garantia de que, a certa altura, sua mensagem será inserida na fila do receptor. Nenhuma garantia é dada sobre quando, nem ao menos se, a mensagem será realmente lida, o que é totalmente determinado pelo comportamento do receptor.

Essa semântica permite comunicação fracamente acoplada em relação ao tempo. Por isso, não há necessidade de o receptor estar em execução quando uma mensagem for enviada para sua fila. Da mesma maneira, não há nenhuma necessidade de o remetente estar em execução no momento em que sua mensagem é apanhada pelo receptor. O remetente e o receptor podem executar em completa independência um em relação ao outro. Na verdade, tão logo uma mensagem tenha sido depositada em uma fila, ali permanecerá até ser removida, independentemente de seu remetente ou receptor estar em execução.

Isso nos dá quatro combinações em relação ao modo de execução do remetente e receptor, como mostra a Figura 4.15.

Na Figura 4.15(a), ambos, remetente e receptor, executam durante toda a transmissão de uma mensagem. Na Figura 4.15(b), somente o remetente está em execução, enquanto o receptor está passivo, isto é, em um estado no qual a entrega da mensagem não é possível. Ainda assim, o remetente pode enviar mensagens. A combinação de um remetente passivo e um receptor em execução é mostrada na Figura 4.15(c). Nesse caso, o receptor pode ler mensagens que lhe foram enviadas, mas não é necessário que seus respectivos remetentes estejam também em execução. Por fim, na Figura 4.15(d), vemos a situação em que o sistema está armazenando — e possivelmente transmitindo — mensagens mesmo enquanto o remetente e o receptor estão passivos.

Em princípio, mensagens podem conter quaisquer dados. O único aspecto importante da perspectiva do middleware é que as mensagens sejam adequadamente endereçadas. Na prática, o endereçamento é feito com o fornecimento de um nome exclusivo no âmbito do sistema da fila destinatária. Em alguns casos, o tamanho da mensagem pode ser limitado, embora também seja possível que o sistema subjacente se encarregue de fragmentar e montar grandes mensagens de modo completamente transparente para aplicações. Um efeito dessa abordagem é que a interface básica oferecida às aplicações pode ser extremamente simples, como mostra a Tabela 4.3.

A primitiva put é chamada por um remetente para passar uma mensagem ao sistema subjacente, mensagem essa que é anexada à fila especificada. Como explicamos, essa é uma chamada não bloqueadora. A primitiva get é uma chamada bloqueadora pela qual um processo autorizado pode retirar a mensagem que está pendente há mais tempo na fila especificada. O processo é bloqueado somente se a fila estiver vazia. Variações dessa chamada permitem procurar uma mensagem específica na fila, por exemplo, usando uma prioridade ou um padrão de comparação. A variante não bloqueadora é dada pela primitiva poll. Se a fila estiver vazia, ou se uma mensagem específica não puder ser encontrada, o processo chamador simplesmente continua.

Primitiva	Significado
Put	Anexe uma mensagem a uma fila especificada
Get	Bloqueie até que a fila especificada esteja não vazia e retire a primeira mensagem
Poll	Verifique uma fila especificada em busca de mensagens e retire a primeira. Nunca bloqueie
Notify	Instale um manipulador a ser chamado quando uma mensagem for colocada em uma fila específica

Tabela 4.3 Interface básica para uma fila em um sistema de enfileiramento de mensagens.

Por fim, a maioria dos sistemas de enfileiramento também permite que um processo instale um manipulador como uma *função de chamada de retorno,* que é automaticamente invocada sempre que uma mensagem for colocada na fila. Chamadas de retorno também podem ser usadas para iniciar automaticamente um processo que buscará mensagens na fila se nenhum processo estiver em execução naquele instante. Essa abordagem costuma ser implementada por meio de um daemon no lado do receptor, que monitora continuamente a fila em busca de mensagens que chegam e as manipula de acordo.

Arquitetura geral de um sistema de enfileiramento de mensagens

Agora vamos examinar mais de perto o que é, em geral, um sistema de enfileiramento de mensagens. Uma das primeiras restrições que fazemos é que mensagens só podem ser colocadas em filas *locais* do remetente, isto é, filas na mesma máquina ou, no máximo, em uma máquina próxima, tal como na mesma LAN, e que possam ser

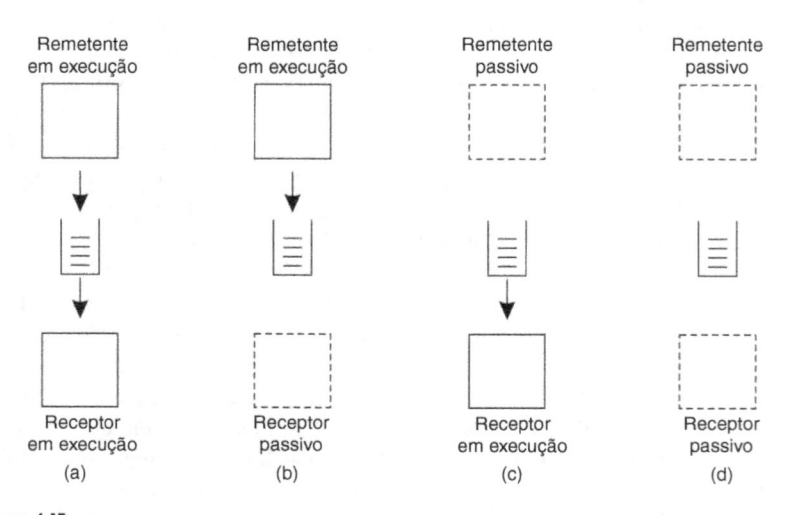

Figura 4.15 Quatro combinações para comunicações fracamente acopladas que utilizam filas.

alcançadas de modo eficiente por meio de uma RPC. Essas filas são denominadas **filas de fonte**. Da mesma maneira, mensagens só podem ser lidas em filas locais. Contudo, uma mensagem colocada em uma fila contém a especificação de uma **fila de destino** para a qual ela deve ser transferida. Cabe ao sistema de enfileiramento de mensagens a responsabilidade de fornecer filas para remetentes e receptores e providenciar para que as mensagens sejam transferidas da sua fila de fonte para a sua fila de destino.

É importante perceber que o conjunto de filas é distribuído por várias máquinas. Por conseqüência, para transferir mensagens, um sistema de enfileiramento de mensagens deve manter um mapeamento de filas para localizações de rede. Na prática, isso significa que ele tem de manter bancos de dados (possivelmente distribuídos) de **nomes de filas** para localizações de rede, como mostra a Figura 4.16. Note que tal mapeamento é completamente análogo à utilização do Sistema de Nomes de Domínio (DNS) para e-mail na Internet. Por exemplo, quando enviamos uma mensagem para o *endereço lógico* de correio *steen@cs.vu.nl*, o sistema de correio consultará o DNS para achar o *endereço de rede* (isto é, o endereço IP) do servidor de correio do receptor e o usará para a transferência da mensagem propriamente dita.

Filas são gerenciadas por **gerenciadores de fila**. Normalmente, um gerenciador de fila interage diretamente com a aplicação que está enviando ou recebendo uma mensagem. Contudo, também há gerenciadores especiais de fila que funcionam como roteadores, ou **repassadores**: repassam mensagens que chegam para outros gerenciadores de fila. Desse modo, um sistema de enfileiramento de mensagens pode crescer gradativamente até uma **rede de sobreposição** completa de nível de aplicação, por cima de uma rede de computadores existente. Essa abordagem é similar à construção do primeiro MBone sobre a Internet, no qual processos comuns de usuário eram configurados como repassadores multicast. Ocorre que multicasting por meio de redes de sobreposição ainda é importante, como discutiremos mais adiante neste capítulo.

Repassadores podem ser convenientes por várias razões. Por exemplo, em muitos sistemas de enfileiramento de mensagens não há um serviço geral de nomeação disponível que possa manter dinamicamente mapeamentos fila-localização. Ao contrário, a topologia da rede de enfileiramento é estática, e cada gerenciador de fila precisa de uma cópia do mapeamento fila-localização. Não é preciso dizer que, em sistemas de enfileiramento de grande escala, essa abordagem pode resultar facilmente em problemas de gerenciamento de rede.

Uma solução é usar alguns repassadores que conhecem a topologia da rede. Quando um remetente *A* coloca uma mensagem para o destinatário *B* em sua fila local, essa mensagem primeiro é transferida para o repassador mais próximo, digamos, *R1*, como mostra a Figura 4.17. Nesse ponto, o repassador sabe o que fazer com a mensagem e a repassa na direção de *B*. Por exemplo, *R1* pode entender, pelo nome de *B*, que a mensagem deve ser repassada para o repassador *R2*. Desse modo, só os repassadores precisam ser atualizados quando filas são adicionadas ou removidas, enquanto todos os outros gerenciadores de fila só têm de saber onde está o repassador mais próximo.

Portanto, de maneira geral, repassadores podem ajudar a construir sistemas escaláveis de gerenciamento de filas. Contudo, à medida que as redes de enfileiramento crescem, é claro que, em pouco tempo, a configuração manual de redes ficará completamente impossível de gerenciar. A única solução é adotar esquemas de roteamento dinâmico, como se faz em redes de computadores. Nesse particular, provoca certa surpresa que essas soluções ainda não estejam integradas em alguns dos populares sistemas de enfileiramento de mensagens.

Uma outra razão por que repassadores são usados é que eles permitem processamento secundário de mensagens. Por exemplo, às vezes há mensagens que precisam ser registradas por razões de segurança e tolerância à falha. Uma forma especial de repassador que discutiremos na próxima seção é a que funciona como um gateway, transformando mensagens para um formato que pode ser entendido pelo receptor.

Por fim, repassadores podem ser usados para finalidade de multicasting. Nesse caso, uma mensagem que chega é simplesmente colocada em cada fila de envio.

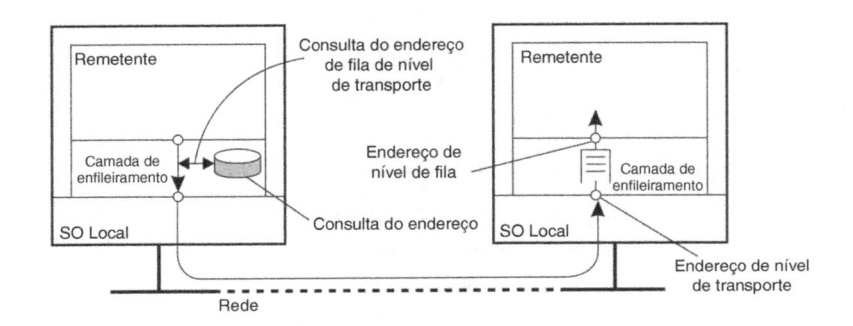

Figura 4.16 Relação entre endereçamento de nível de fila e endereçamento de nível de rede.

Brokers de mensagens

Uma importante área de aplicação de sistemas de enfileiramento de mensagens é a integração de novas aplicações em um único e coerente sistema distribuído de informações. Integração requer que aplicações possam entender as mensagens que recebem, o que, na prática, significa que as mensagens enviadas pelo remetente devam ter o mesmo formato das mensagens do receptor.

O problema com essa abordagem é que cada vez que uma aplicação é adicionada ao sistema que requer um formato diferente de mensagem, cada receptor potencial terá de ser ajustado de modo a produzir aquele formato.

Uma alternativa é concordar com um formato de mensagem comum a todos, como é feito nos protocolos tradicionais de rede. Infelizmente, de modo geral, essa abordagem não funcionará para sistemas de enfileiramento de mensagens. O problema é o nível de abstração no qual esses sistemas operam. Um formato de mensagem comum a todos só tem sentido se o conjunto de processos que usam esse formato realmente tiver muito em comum. Se o conjunto de aplicações que compõe um sistema distribuído de informações apresentar alta diversidade, o que freqüentemente acontece, então o melhor formato comum pode perfeitamente ser nada mais do que uma seqüência de bytes.

Embora alguns formatos de mensagem em comum tenham sido definidos para domínios de aplicação específicos, a abordagem geral é aprender a viver com diferentes formatos e tentar providenciar os meios para simplificar ao máximo as conversões. Em sistemas de enfileiramento de mensagens, conversões são manipuladas por nós especiais em uma rede de enfileiramento, conhecidos como **brokers de mensagens**. Um broker (intermediário) de mensagens age como um gateway de nível de aplicação em um sistema de enfileiramento de mensagens. Sua principal finalidade é converter mensagens que chegam de modo que elas sejam entendidas pela aplicação destinatária. Observe que, para um sistema de enfileiramento de mensagens, um broker de mensagens é apenas uma outra aplicação, como mostra a Figura 4.18. Em outras palavras, de modo geral,

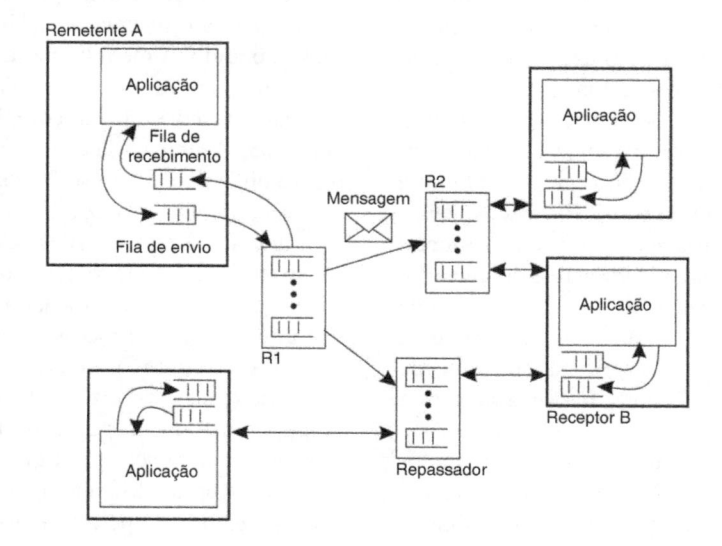

Figura 4.17 Organização geral de um sistema de enfileiramento de mensagens com repassadores.

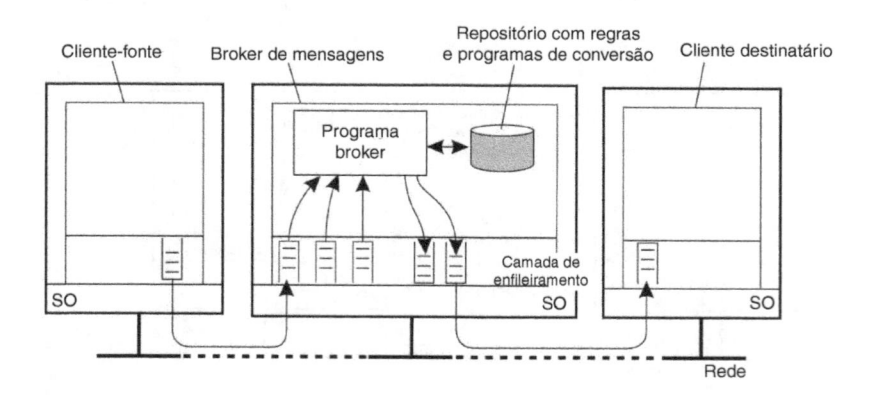

Figura 4.18 Organização geral de um broker de mensagens em um sistema de enfileiramento de mensagens.

um broker de mensagens não é considerado como uma parte integral do sistema de enfileiramento.

Um broker de mensagens pode ser tão simples como um reformatador para mensagens. Por exemplo, suponha que uma mensagem que chega contenha uma tabela de um banco de dados na qual os registros são separados por um delimitador especial de *final de registro* e que os campos dentro de um registro tenham um comprimento fixo conhecido. Se a aplicação destinatária esperar um delimitador diferente entre registros, e também esperar que os campos tenham comprimentos variáveis, um broker de mensagens pode ser usado para converter mensagens para o formato esperado pelo destinatário.

Em um ambiente mais avançado, um broker de mensagens pode agir como um gateway de nível de aplicação que, por exemplo, manipule a conversão entre duas aplicações diferentes de bancos de dados. Nesses casos, freqüentemente não se pode garantir que toda a informação contida na mensagem de entrada possa ser realmente transformada em algo apropriado para a mensagem de saída.

Contudo, o mais comum é utilizar um broker de mensagens para **integração** avançada **de aplicações empresariais (Enterprise Application Integration — EAI)**, como discutimos no Capítulo 1. Nesse caso, em vez de (apenas) converter mensagens, um broker é responsável por combinar aplicações com base nas mensagens que são trocadas. Nesse modelo, denominado **publicar/subescrever**, aplicações enviam mensagens na forma de *publicar*. Em particular, elas podem publicar uma mensagem sobre o tópico X, que depois é enviada ao broker. Então, aplicações que declararam seu interesse em mensagens sobre o tópico X, isto é, *subscreveram* a essas mensagens, as receberão do broker. Formas mais avançadas de intermediação também são possíveis, mas adiaremos discussões mais detalhadas até o Capítulo 13.

No centro de um broker de mensagens encontra-se um repositório de regras e programas que podem transformar uma mensagem do tipo *T1* em uma mensagem do tipo *T2*. O problema é definir as regras e desenvolver os programas. A maioria dos produtos de broker de mensagens vem acompanhada de sofisticadas ferramentas de desenvolvimento mas, na realidade, o repositório ainda precisa ser preenchido por especialistas. Este é um exemplo perfeito de produto comercial cuja propaganda enganosa declara que ele fornece 'inteligência' quando, na verdade, a única inteligência que se pode encontrar está na cabeça dos especialistas.

Observação sobre sistemas de enfileiramento de mensagens

Considerando o que dissemos sobre sistemas de enfileiramento de mensagens, poderíamos concluir que eles existem há longo tempo na forma de implementações para serviços de e-mail. Sistemas de e-mail geralmente são implementados por meio de um conjunto de servidores de correio que armazenam e repassam mensagens em nome dos usuários em hospedeiros diretamente conectados ao servidor. Em geral, o roteamento é excluído, porque sistemas de e-mail podem fazer uso direto dos serviços de transporte subjacentes. Por exemplo, no protocolo de correio para a Internet, SMTP (Postel, 1982), uma mensagem é transferida estabelecendo uma conexão TCP direta com o servidor de correio destinatário.

O que torna os sistemas de e-mail especiais em comparação com os sistemas de enfileiramento de mensagens é que eles visam primariamente a prover suporte direto a usuários finais. Isso explica, por exemplo, por que várias aplicações de groupware são baseadas diretamente em um sistema de e-mail (Khoshafian e Buckiewicz, 1995). Ademais, sistemas de e-mail podem ter requisitos muito específicos como filtragem automática de mensagens, suporte para bancos de dados avançados de mensagens (por exemplo, para recuperar com facilidade mensagens armazenadas anteriormente) e assim por diante.

Sistemas gerais de enfileiramento de mensagens não visam a suportar somente usuários finais. Uma questão importante é que eles são montados para possibilitar comunicação persistente entre processos, independentemente de um processo estar ou não executando uma aplicação de usuário, manipular acesso a um banco de dados, realizar cálculos e assim por diante. Essa abordagem resulta em um conjunto de requisitos para sistemas de enfileiramento de mensagens diferente do conjunto de requisitos para sistemas de e-mail puros. Por exemplo, em geral, sistemas de e-mail não precisam fornecer entrega garantida de mensagens, prioridades de mensagens, facilidades de registro, multicasting eficiente, balanceamento de carga, tolerância à falha e assim por diante, para uso geral.

Por conseguinte, sistemas de enfileiramento de mensagens de uso geral têm ampla faixa de aplicações, incluindo e-mail, fluxo de trabalho, groupware e processamento em lotes. Entretanto, como já afirmamos antes, a área de aplicação mais importante é a integração de um conjunto de bancos de dados e aplicações (possivelmente amplamente dispersos) em um sistema federativo de informações (Hohpe e Woolf, 2004). Por exemplo, uma consulta que abranja vários bancos de dados pode precisar ser repartida em subconsultas que são repassadas para bancos de dados individuais. Sistemas de enfileiramento de mensagens ajudam fornecendo meios básicos para empacotar cada subconsulta em uma mensagem e roteá-la até o banco de dados adequado. Outras facilidades de comunicação que discutimos neste capítulo são muito menos adequadas.

4.3.3 Exemplo: sistema de enfileiramento de mensagens WebSphere da IBM

Para ajudar a entender como sistemas de enfileiramento de mensagens funcionam na prática, vamos estudar um sistema específico, a saber, o sistema de enfileiramento de mensagens que faz parte do produto WebSphere da IBM. Conhecido anteriormente como MQSeries, agora seu nome é **WebSphere MQ**. Há uma profusão de documentação sobre o WebSphere MQ e, no que vamos expor a seguir, só podemos recorrer aos princípios básicos. Muitos detalhes arquitetônicos referentes às redes de enfileiramento de mensagens podem ser encontrados em IBM (2005b, 2005d). Programar redes de enfileiramento de mensagens não é algo que possa ser aprendido em uma tarde de domingo, e o guia de programação do MQ (IBM, 2005a) é um bom exemplo para mostrar que ir dos princípios à prática requer considerável esforço.

Visão geral

A arquitetura básica de uma rede de enfileiramento MQ é bastante direta, como mostrado na Figura 4.19. Todas as filas são gerenciadas por **gerenciadores de fila**. Um gerenciador de fila é responsável por retirar mensagens de suas filas e repassá-las a outros gerenciadores de fila. Da mesma maneira, um gerenciador de fila é responsável por manipular mensagens que chegam retirando-as da rede subjacente e, na seqüência, armazenando cada mensagem na fila de entrada adequada. Para dar uma idéia do que a troca de mensagens pode significar: uma mensagem tem um tamanho padrão máximo (default) de 4 MB, mas este pode ser aumentado até 100 MB. Normalmente uma fila é restringida a 2 GB de dados, porém, dependendo do sistema operacional subjacente, é fácil ajustar esse máximo para um valor mais alto.

Gerenciadores de fila são conectados aos pares por meio de **canais de mensagens**, que são uma abstração de conexões de nível de transporte. Um canal de mensagens é uma conexão unidirecional confiável entre um gerenciador de fila de envio e um gerenciador de fila de recebimento, pela qual as mensagens enfileiradas são transportadas. Por exemplo, um canal de mensagens baseado na Internet é implementado como uma conexão TCP. Cada uma das duas extremidades de um canal de mensagens é gerenciada por um **agente de canal de mensagens (Message Channel Agent — MCA)**.

Basicamente, um MCA de envio nada mais faz do que verificar filas de envio em busca de uma mensagem, embrulhar essa mensagem em um pacote de nível de transporte e enviá-la pela conexão a seu MCA de recebimento associado. Da mesma maneira, a tarefa básica de um MCA de recebimento é ficar à escuta de um pacote que chega, desempacotá-lo e, na seqüência, armazenar a mensagem desempacotada na fila apropriada.

Gerenciadores de fila podem ser ligados ao mesmo processo que a aplicação cujas filas eles gerenciam. Nesse caso, as filas ficam ocultas da aplicação por trás de uma interface padronizada mas, na verdade, podem ser manipuladas diretamente pela aplicação. Uma organização alternativa é aquela em que gerenciadores de fila e aplicações executam em máquinas diferentes. Nesse caso, é oferecida à aplicação a mesma interface oferecida quando o gerenciador de fila é colocado na mesma máquina. Contudo, a interface é implementada como um proxy que se comunica com o gerenciador de fila usando a tradicional comunicação síncrona baseada em RPC. Desse modo, o MQ conserva basicamente o modelo no qual só filas locais para uma aplicação podem ser acessadas.

Canais

Um componente importante do MQ é formado pelos canais de mensagens. Cada canal de mensagens tem exatamente uma fila de envio associada, na qual ele obtém as mensagens que deve transferir para a outra extremidade. A transferência ao longo do canal pode ocorrer se os seus MCAs, de envio e de recepção, estiverem ligados e em funcionamento. Exceto a iniciação manual de ambos os MCAs, há diversos modos alternativos de iniciar um canal, alguns dos quais discutiremos a seguir.

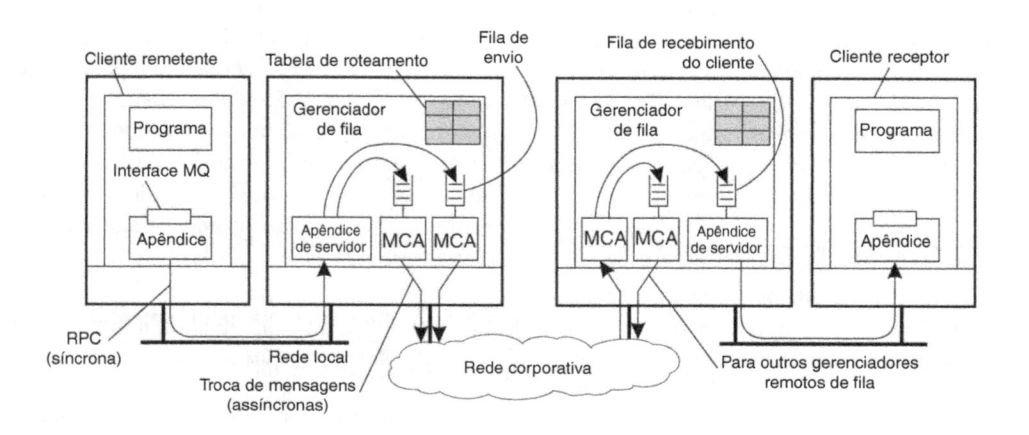

Figura 4.19 Organização geral do sistema de enfileiramento de mensagens da IBM.

Uma alternativa é fazer com que uma aplicação inicie diretamente sua extremidade de um canal ativando o MCA de envio ou de recebimento. Contudo, do ponto de vista de transparência, essa alternativa não é muito atraente. Uma abordagem mais apropriada para iniciar um MCA *de envio* é configurar a fila de envio do canal de modo a acionar um gatilho logo que uma mensagem for colocada na fila. Esse gatilho está associado com um manipulador para iniciar o MCA de envio de modo que ele possa remover mensagens da fila de envio.

Uma outra alternativa é iniciar um MCA pela rede. Em particular, se um lado de um canal já estiver ativo, ele pode enviar uma mensagem de controle requisitando que o outro MCA seja iniciado. Tal mensagem de controle é enviada a um daemon que está à escuta em um endereço bem-conhecido na mesma máquina em que o outro MCA deve ser iniciado.

Canais param automaticamente após a expiração de um tempo especificado durante o qual nenhuma mensagem foi colocada na fila de envio.

Cada MCA tem um conjunto de atributos associados que determinam o comportamento global de um canal. Alguns desses atributos são apresentados na Tabela 4.4. Os valores dos atributos do MCA de envio e recebimento devem ser compatíveis e talvez negociados antes de um canal poder ser estabelecido. Por exemplo, é óbvio que ambos os MCAs devem suportar o mesmo protocolo de transporte. Um exemplo de um atributo não negociável é se as mensagens devem ou não ser entregues na mesma ordem em que foram colocadas na fila de envio. Se um MCA quiser entrega em ordem Fifo, o outro deve aquiescer. Um exemplo de um valor de atributo negociável é o comprimento máximo da mensagem, que será escolhido apenas como o valor mínimo especificado por qualquer um dos MCAs.

Atributo	Descrição
Tipo de transporte	Determina o protocolo de transporte a ser usado
Entrega FIFO	Indica que as mensagens devem ser entregues na ordem em que foram enviadas
Comprimento de mensagem	Comprimento máximo de uma única mensagem
Ajuste de contagem de novas tentativas	Especifica o número máximo de novas tentativas de iniciar o MCA remoto
Novas tentativas de entrega	Número máximo de vezes que o MCA tentará colocar uma mensagem recebida na fila

Tabela 4.4 *Alguns atributos associados com agentes de canal de mensagens.*

Transferência de mensagens

Para transferir uma mensagem de um gerenciador de fila para outro gerenciador de fila (possivelmente remoto), é necessário que cada mensagem contenha o endereço de seu destinatário, para o que é usado um cabeçalho de transmissão. Um endereço em MQ é composto de duas partes. A primeira parte consiste no nome do gerenciador de fila para o qual a mensagem deve ser entregue. A segunda parte é o nome da fila destinatária que está sob os cuidados do gerenciador ao qual a mensagem deve ser anexada.

Além do endereço do destinatário, também é necessário especificar a rota que a mensagem deve seguir. A especificação da rota é feita com o fornecimento do nome da fila de envio local à qual a mensagem deve ser anexada. Portanto, não é necessário fornecer a rota completa em uma mensagem. Lembre-se de que cada canal de mensagens tem exatamente uma fila de envio. Quando determinamos à qual fila de envio uma mensagem deve ser anexada, na verdade estamos especificando para qual gerenciador de fila uma mensagem deve ser repassada.

Na maioria dos casos, as rotas estão armazenadas explicitamente dentro de um gerenciador de fila em uma tabela de roteamento. Uma entrada de uma tabela de roteamento é um par (*destQM*, *sendQ*), onde *destQM* é o nome do gerenciador da fila destinatária, e *sendQ* é o nome da fila de envio local à qual uma mensagem para aquele gerenciador de fila deve ser anexada. [Uma entrada de tabela de roteamento é denominada 'apelido' (*alias*) em MQ.]

É possível que uma mensagem precise ser transferida por vários gerenciadores de fila antes de chegar a seu destino. Sempre que um desses gerenciadores intermediários de fila recebe a mensagem, ele simplesmente extrai o nome do gerenciador da fila destinatária do cabeçalho da mensagem e faz uma consulta à tabela de roteamento local para descobrir à qual fila de envio local a mensagem deve ser anexada.

É importante perceber que cada gerenciador de fila tem um nome exclusivo no âmbito do sistema, e esse nome é efetivamente usado como identificador para esse gerenciador de fila. O problema de usar tais nomes é que substituir um gerenciador de fila ou mudar seu nome afetará todas as aplicações que lhe enviam mensagens. Os problemas podem ser amenizados utilizando um **apelido local** para nomes de gerenciadores de fila. Um apelido definido dentro de um gerenciador de fila *M1* é um outro nome para o gerenciador de fila *M2*, mas que só está disponível para aplicações que tenham interface para *M1*. Um apelido permite a utilização do mesmo nome (lógico) para uma fila, mesmo que o gerenciador dessa fila mude. Mudar o nome de um gerenciador de fila requer que mudemos seu apelido em todos os gerenciadores de fila. Contudo, as aplicações podem continuar sem ser afetadas.

O princípio da utilização de tabelas de roteamento e apelidos é mostrado na Figura 4.20. Por exemplo, uma aplicação ligada ao gerenciador de fila *QMA* pode se refe-

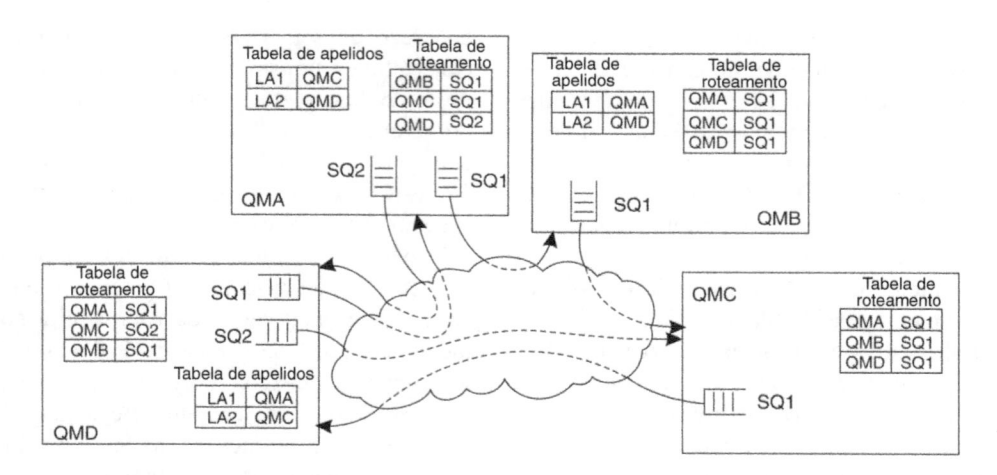

Figura 4.20 Organização geral de uma rede de enfileiramento MQ que usa tabelas de roteamento e apelidos.

rir a um gerenciador remoto de fila usando o apelido local *LA1*. Em primeiro lugar, o gerenciador de fila consultará o destinatário real na tabela de apelidos para descobrir que ele é o gerenciador de fila *QMC*. A rota para *QMC* é encontrada na tabela de roteamento, que determina que mensagens para *QMC* devem ser anexadas à fila de saída *SQ1*, usada para transferir mensagens para o gerenciador de fila *QMB*. Esse último usará sua tabela de roteamento para repassar a mensagem para *QMC*.

Seguir essa abordagem de roteamento e apelido resulta em uma interface de programação que, em essência, é relativamente simples, denominada **interface de fila de mensagens** (**Message Queue Interface — MQI**). As primitivas mais importantes da MQI estão resumidas na Tabela 4.5.

Atributo	Descrição
MQopen	Abra uma fila (possivelmente remota)
MQclose	Feche uma fila
MQput	Coloque uma mensagem em uma fila aberta
MQget	Obtenha uma mensagem de uma fila (local)

Tabela 4.5 Primitivas disponíveis na interface de enfileiramento de mensagens.

Para colocar mensagens em uma fila, uma aplicação chama a primitiva **MQopen**, especificando uma fila destinatária em um gerenciador de fila específico. O gerenciador de fila pode ser nomeado usando o apelido disponível no local. Se a fila destinatária é, na verdade, remota ou não é completamente transparente para a aplicação. **MQopen** também deve ser chamada se a aplicação quiser obter mensagens de sua fila local. Somente filas locais podem ser abertas para ler mensagens que chegam. Quando uma aplicação concluir o acesso a uma fila, deve fechar chamando **MQclose**.

Mensagens podem ser escritas para uma fila com o uso de **MQput** ou lidas de uma fila com o uso de **MQget**.

Em princípio, mensagens são retiradas de uma fila de acordo com uma prioridade. Mensagens com a mesma prioridade são retiradas com base no critério primeira a entrar, primeira a sair, isto é, a mensagem que está pendente há mais tempo é retirada em primeiro lugar. Também é possível requisitar mensagens específicas. Por fim, MQ fornece facilidades para sinalizar às aplicações quando chegaram mensagens, evitando assim que uma aplicação tenha de sondar continuamente uma fila de mensagens à procura de mensagens que entram.

Gerenciamento de redes de sobreposição

Pela descrição que fizemos até aqui, deve ter ficado claro que uma parte importante do gerenciamento de sistemas MQ é conectar os vários gerenciadores de fila por uma rede de sobreposição consistente. Além do mais, essa rede precisa ser mantida ao longo do tempo. Para redes pequenas, essa manutenção não exigirá mais do que um trabalho médio de administração, mas as coisas se complicam quando o enfileiramento de mensagens é usado para integrar e desintegrar grandes sistemas existentes.

Uma questão importante em MQ é que redes de sobreposição precisam ser administradas manualmente. Essa administração não envolve apenas criar canais entre gerenciadores de fila, mas também preencher as tabelas de roteamento. É óbvio que isso pode se transformar em um pesadelo. Infelizmente, o suporte de gerenciamento para sistemas MQ é avançado somente no sentido de que um administrador pode ajustar praticamente todos os atributos possíveis e retocar qualquer configuração imaginável. Todavia, a verdade nua e crua é que os canais e tabelas de roteamento precisam ser mantidos manualmente.

No centro do gerenciamento da rede de sobreposição está o componente **função de controle de canal** que logicamente está situado entre agentes de canais de mensagens. Esse componente permite que um operador monitore exatamente o que está acontecendo nas duas extremidades de um canal. Ademais, ele é usado para criar canais e tabelas de roteamento, mas também para gerenciar os gerenciadores de fila que hospedam os agentes de canais de mensagens. De certo modo, essa abordagem do gerenciamento da sobreposição é muito parecida com a do gerenciamento de um cluster de servidores no qual é usado um único servidor de administração. Nesse último caso, o servidor oferece, em essência, somente uma shell remota para cada máquina no cluster, junto com algumas operações coletivas, para manipular grupos de máquinas. A boa notícia sobre gerenciamento de sistemas distribuídos é que ele oferece várias oportunidades se você estiver procurando uma área na qual explorar novas soluções para problemas sérios.

4.4 Comunicação orientada a fluxo

A discussão sobre comunicação que fizemos até aqui se concentrou na troca de unidades de informação mais ou menos completas e independentes. Entre os exemplos estão uma requisição para invocar um procedimento, a resposta a essa requisição e mensagens trocadas entre aplicações, como em sistemas de enfileiramento de mensagens. O aspecto característico desse tipo de comunicação é que não importa em que ponto particular do tempo a comunicação ocorre. Embora o funcionamento de um sistema possa ser muito lento ou muito rápido, a temporização não tem efeito sobre a correção.

Também há formas de comunicação nas quais a temporização desempenha papel crucial. Considere, por exemplo, um fluxo de áudio construído como uma seqüência de amostras de 16 bits, cada uma representando a amplitude de uma onda sonora, como é feito na modulação por codificação de pulso (Pulse Code Modulation — PCM). Suponha também que o fluxo de áudio represente qualidade de CD, o que significa que a onda sonora original foi amostrada a uma freqüência de 44.100 Hz. Para reproduzir o som original, é essencial que as amostras no fluxo de áudio sejam tocadas na ordem em que aparecem no fluxo, mas também a intervalos de exatamente 1/44.100 segundos. Reproduzi-las a uma taxa diferente resultará em uma versão incorreta do som original.

A questão que abordamos nesta seção é quais são as facilidades que um sistema distribuído deve oferecer para trocar informações dependentes de tempo como fluxos de áudio e vídeo. Vários protocolos de rede que tratam de comunicação orientada a fluxo são discutidos em Halsall (2001). Steinmetz e Nahrstedt (2004) oferecem uma introdução global a questões de multimídia, das quais faz parte a comunicação orientada a fluxo. Processamento de consulta em fluxos de dados é discutido em Babcock et al. (2002).

4.4.1 Suporte para mídia contínua

O suporte para a troca de informações dependentes do tempo costuma ser denominado suporte para mídia contínua. Mídia se refere aos meios pelos quais a informação é transmitida, nos quais estão incluídos meios de armazenamento e transmissão, meios de apresentação como um monitor e assim por diante. Um tipo importante de meio é o modo como a informação é *representada*. Em outras palavras, como a informação é codificada em um sistema de computação? Diferentes representações são usadas para diferentes tipos de informação. Por exemplo, em geral, o texto é codificado como ASCII ou Unicode. Imagens podem ser representadas em diferentes formatos como GIF ou JPEG. Fluxos de áudio podem ser codificados em um sistema de computação, por exemplo, tomando amostras de 16 bits usando PCM.

Em **mídia contínua** (**de representação**), as relações temporais entre diferentes itens de dados são fundamentais para interpretar corretamente o que os dados realmente significam. Já demos um exemplo da reprodução de onda sonora correspondente a um fluxo de áudio. Como outro exemplo, considere o movimento. O movimento pode ser representado por uma série de imagens na qual imagens sucessivas devem ser apresentadas a espaços uniformes de tempo, T, sendo que um valor típico é 30–40 ms por imagem. A reprodução correta requer não somente mostrar cada quadro individual de imagem na ordem correta, mas também a uma freqüência constante de $1/T$ imagens por segundo.

Ao contrário da mídia contínua, a **mídia discreta** (**de representação**) é caracterizada pelo fato de que as relações temporais entre itens de dados *não* são fundamentais para interpretar corretamente os dados. Exemplos típicos de mídia discreta são representações de texto e imagens estáticas, mas também código-objeto ou arquivos executáveis.

Fluxo de dados

Para capturar troca de informações dependentes de tempo, em geral os sistemas distribuídos fornecem suporte para **fluxos de dados**. Um fluxo de dados nada mais é do que uma seqüência de unidades de dados. Fluxos de dados podem ser aplicados à mídia discreta, bem como à mídia contínua. Por exemplo, pipes Unix ou conexões TCP/IP são exemplos típicos de fluxos discretos de dados (orientados a bytes). Reproduzir um arquivo de áudio normalmente requer estabelecer um fluxo contínuo de dados entre o arquivo e o dispositivo de áudio.

A temporização é crucial para fluxos contínuos de dados. Para capturar aspectos da temporização, costuma-se fazer uma distinção entre diferentes modos de transmissão. No **modo de transmissão assíncrono** os itens de dados em um fluxo são transmitidos um após o outro, mas não há nenhuma restrição de temporização sobre quando a transmissão de itens deve ocorrer. Esse é o caso típico de fluxos discretos de dados. Por exemplo, um arquivo pode ser transferido como um fluxo de dados mas, na maioria das vezes, é irrelevante o momento exato em que a transferência de cada item é concluída.

No **modo de transmissão síncrono**, há um atraso fim-a-fim máximo definido para cada unidade em um fluxo de dados. Não importa se uma unidade de dados for transferida com muito mais rapidez do que o atraso máximo tolerado. Por exemplo, um sensor pode tomar uma amostra de temperatura a certa taxa e transmiti-la por uma rede até um operador. Nesse caso, pode ser importante garantir que o tempo de propagação fim-a-fim pela rede seja menor do que o intervalo de tempo entre tomadas de amostras, mas nenhum dano será causado se as amostras forem propagadas com maior rapidez do que a necessária.

Por fim, em **modo de transmissão isócrono** é necessário que as unidades de dados sejam transferidas no tempo certo. Isso significa que a transferência de dados está sujeita a um atraso fim-a-fim que tem um valor máximo *e* um valor mínimo, também denominados variações de atraso delimitado. O modo de transmissão isócrono é particularmente interessante para sistemas distribuídos de multimídia, porque ele desempenha papel crucial na representação de áudio e vídeo. Neste capítulo, consideramos fluxos de dados usando transmissão isócrona, aos quais vamos nos referir simplesmente como fluxos.

Fluxos podem ser simples ou complexos. Um **fluxo simples** consiste em uma única seqüência de dados, ao passo que um **fluxo complexo** consiste em vários fluxos simples relacionados denominados **subfluxos**. A relação entre os subfluxos em um fluxo complexo também costuma ser dependente de tempo. Por exemplo, áudio estéreo pode ser transmitido por meio de um fluxo complexo consistindo em dois subfluxos, cada um usado por um único canal de áudio. Contudo, é importante que esses dois subfluxos estejam continuamente sincronizados. Em outras palavras, unidades de dados de cada fluxo devem ser comunicadas aos pares para garantir o efeito estéreo.

Um outro exemplo de fluxo complexo é o que transmite um filme. Esse fluxo poderia consistir em um único fluxo de vídeo junto com dois fluxos para transmitir o som do filme em estéreo. Um quarto fluxo poderia conter legendas para surdos ou uma tradução para uma língua diferente da do áudio. Mais uma vez, a sincronização dos subfluxos é importante. Se a sincronização falhar, a reprodução do filme falhará. Voltaremos à sincronização de fluxos mais adiante.

Da perspectiva de sistemas distribuídos, podemos distinguir diversos elementos que são necessários para suportar fluxos. Para simplificar, vamos nos concentrar em fluxos de dados armazenados, ao contrário de fluxos de dados transmitidos ao vivo. Nesse último caso, dados capturados em tempo real são enviados a receptores pela rede. A principal diferença entre os dois é que a transmissão de fluxos de dados ao vivo oferece menos oportunidades de sintonizar um fluxo. Então, segundo Wu et al. (2001), podemos esquematizar uma arquitetura cliente-servidor geral para suportar fluxos contínuos de multimídia, como mostra a Figura 4.21.

Essa arquitetura geral revela várias questões importantes que precisam ser enfrentadas. Em primeiro lugar, os dados de multimídia, em particular de vídeo e, em menor proporção, de áudio, precisarão ser comprimidos substancialmente de modo a reduzir o armazenamento requerido e, em especial, a capacidade da rede. O mais importante da perspectiva de comunicação são o controle da qualidade da transmissão e as questões de sincronização. Nós os discutiremos em seguida.

4.4.2 Fluxos e qualidade de serviço

Requisitos de temporização (e outros não funcionais) geralmente são expressos como requisitos de **qualidade de serviço** (**Quality of Service — QoS**). Esses requisitos descrevem o que é necessário da parte do sistema distribuído subjacente e da rede para assegurar que, por exemplo, as relações temporais em um fluxo possam ser preservadas. QoS para fluxos contínuos de dados referem-se principalmente à pontualidade, ao volume e à confiabilidade. Nesta seção, examinaremos mais de perto a QoS e sua relação com o estabelecimento de um fluxo.

Muito já foi dito sobre como especificar QoS requerida (veja, por exemplo, Jin e Nahrstedt, 2004). Da perspec-

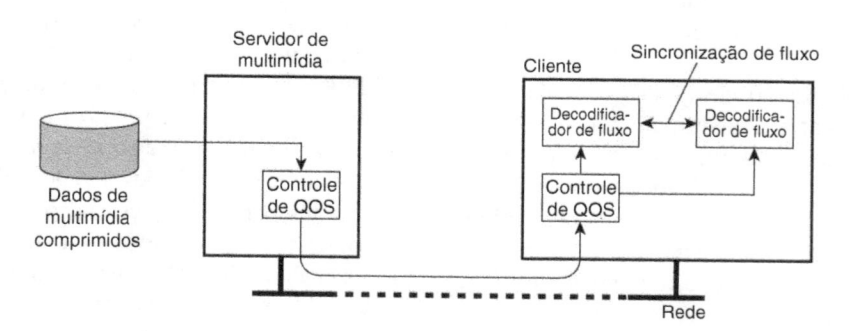

Figura 4.21 Arquitetura geral para transmissão de fluxos de dados de multimídia armazenados por uma rede.

tiva de aplicação, em muitos casos tudo se resume a especificar algumas propriedades importantes (Halsall, 2001):

1. A taxa de bits requerida à qual os dados devem ser transportados.
2. O máximo atraso até o estabelecimento de uma sessão, isto é, quando uma aplicação pode começar a enviar dados.
3. O máximo atraso fim-a-fim, isto é, quanto tempo levará até que uma unidade de dados chegue a um receptor.
4. A máxima variância de atraso, ou vibração.
5. O máximo atraso de viagem de ida e volta.

É preciso observar que há muitos refinamentos que podem ser feitos para essas especificações, como explicado, por exemplo, por Steinmetz e Nahrstadt (2004). Contudo, quando se trata de comunicação orientada a fluxo baseada na pilha de protocolos da Internet, temos apenas de aceitar viver com o fato de que a base de comunicação é formada por um serviço de datagramas de melhor esforço extremamente simples: o IP. Quando as coisas ficam pretas, como é fácil de acontecer na Internet, a especificação do IP permite que uma implementação do protocolo descarte pacotes sempre que achar necessário. Hoje em dia, muitos (se não todos) sistemas distribuídos que suportam comunicação orientada a fluxo são construídos em cima da pilha de protocolos da Internet. Lá se vão as especificações de QoS! (Na verdade, o IP fornece algum suporte de QoS, mas ele raramente é implementado.)

Imposição de QoS

Dado que o sistema subjacente oferece apenas um serviço de entrega de melhor esforço, um sistema distribuído pode tentar ocultar o máximo possível a *falta* de qualidade de serviço. Felizmente há vários mecanismos que ele pode disponibilizar.

Em primeiro lugar, a situação não é realmente tão ruim quanto a pintamos até agora. Por exemplo, a Internet proporciona meios para diferenciar classes de dados por meio dos seus **serviços diferenciados**. Em essência, um hospedeiro remetente pode marcar pacotes de saída como pertencentes a uma de várias classes, entre elas uma classe de **repasse acelerado** que, basicamente, especifica que um pacote deve ser repassado pelo repassador corrente com absoluta prioridade (Davie et al., 2002). Além disso, há também uma classe de **repasse garantido**, pela qual o tráfego é dividido em quatro subclasses, aliadas a três modos de descartar pacotes se a rede ficar congestionada. Por conseguinte, o repasse garantido define efetivamente uma faixa de prioridades que podem ser designadas a pacotes e, por isso, permite que as aplicações diferenciem pacotes sensíveis ao tempo de pacotes não críticos.

Além dessas soluções em nível de rede, um sistema distribuído também pode ajudar a levar dados até os receptores. Embora em geral não haja muitas ferramentas disponíveis, uma que é particularmente útil é usar buffers para reduzir variância de atraso. O princípio é simples, como mostra a Figura 4.22. Considerando certa variância no atraso da entrega de pacotes quando transmitidos pela rede, o receptor apenas os armazena em um buffer pelo tempo máximo. Isso permitirá que o receptor passe pacotes para a aplicação a uma taxa regular, porque sabe que sempre haverá número suficiente de pacotes entrando no buffer que garantirá a reprodução posterior àquela taxa.

Claro que as coisas podem dar errado, como ilustrado pelo pacote #8 na Figura 4.22. O tamanho do buffer do receptor corresponde a 9 segundos de pacotes para passar para a aplicação. Infelizmente, o pacote #8 levou 11 segundos para chegar ao receptor, quando então o buffer já estava completamente vazio. O resultado é uma lacuna na reprodução da aplicação. A única solução é aumentar o tamanho do buffer. A desvantagem óbvia é que o atraso com que a aplicação receptora pode começar a reproduzir os dados contidos nos pacotes também aumenta.

Outras técnicas também podem ser usadas. Perceber que estamos lidando com um serviço subjacente de melhor esforço também quer dizer que pacotes podem ser perdidos. Para compensar essa perda na qualidade de serviço, precisamos aplicar técnicas de correção de erros (Perkins et al., 1998; Wah et al., 2000). Requisitar que o remetente retransmita um pacote que está faltando em geral está fora de questão, portanto é preciso aplicar **correção de erro de envio (forward error correction — FEC)**. Uma técnica

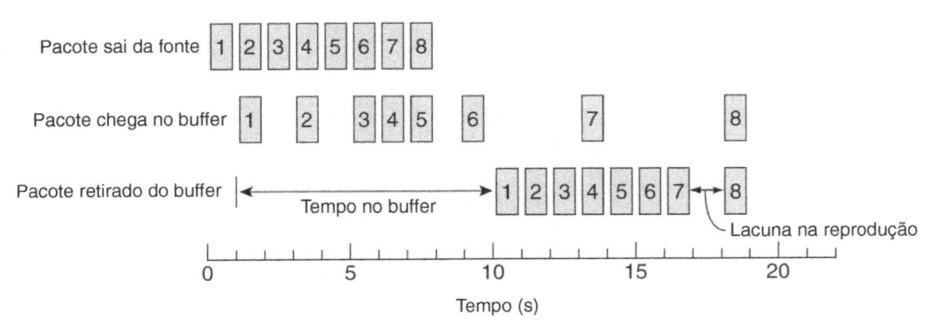

Figura 4.22 Utilização de um buffer para reduzir variância de atraso.

bem conhecida é codificar os pacotes de saída de modo tal que *k* de *n* pacotes recebidos seja o suficiente para reconstruir *k* pacotes corretos.

Um problema que pode ocorrer é que um único pacote contenha vários quadros de áudio e vídeo. Por conseqüência, quando um pacote é perdido, o receptor poderá realmente perceber uma grande lacuna durante a reprodução dos quadros. Esse efeito pode ser contornado, até certo ponto, intercalando quadros, como mostra a Figura 4.23. Desse modo, quando um pacote é perdido, a lacuna resultante em quadros sucessivos é distribuída ao longo do tempo. Todavia, observe que essa abordagem requer um buffer de recebimento maior em comparação com a não-intercalação e, por isso, impõe um atraso de partida mais alto para a aplicação receptora. Por exemplo, consideremos a Figura 4.23(b). Para reproduzir os primeiros quatro quadros, o receptor precisará ter quatro pacotes entregues, em vez de só um pacote, em comparação com a transmissão não intercalada.

4.4.3 Sincronização de fluxos

Uma questão importante em sistemas multimídia é que fluxos diferentes, possivelmente na forma de um fluxo complexo, são mutuamente sincronizados. A sincronização de fluxos trata de manter relações temporais entre fluxos. Ocorrem dois tipos de sincronização.

A forma mais simples é a sincronização entre um fluxo discreto de dados e um fluxo contínuo de dados. Considere, por exemplo, uma exibição de slides na Web que foi aprimorada com áudio. Cada slide é transferido do servidor para o cliente na forma de um fluxo discreto de dados. Ao mesmo tempo, o cliente deve reproduzir um fluxo (ou parte dele) de áudio específico que combina com o slide em apresentação e que também é buscado no servidor. Nesse caso, o fluxo de áudio tem de ser sincronizado com a apresentação dos slides.

Um tipo mais exigente de sincronização é entre fluxos contínuos de dados. Um exemplo diário é a reprodução de um filme na qual o fluxo de vídeo precisa estar sincronizado com o fluxo de áudio, algo mais conhecido como sincronização dos lábios (lipsync). Um outro exemplo de sincronização é a reprodução de um fluxo de áudio estéreo que consiste em dois subfluxos, um para cada canal. A reprodução adequada requer que a sincronização entre os dois subfluxos seja bem exata: uma diferença de mais de 20 μs pode distorcer o efeito estéreo.

A sincronização ocorre no nível das unidades de dados que compõem um fluxo. Em outras palavras, podemos sincronizar dois fluxos somente entre unidades de dados. A escolha do que é exatamente uma unidade de dados depende muito do nível de abstração no qual um fluxo de dados é visto. Para trazer as coisas para o terreno concreto, considere mais uma vez um fluxo de áudio de qualidade de CD (de um só canal). Em sua granularidade mais fina, esse fluxo aparece como uma seqüência de amostras de 16 bits. Com uma freqüência de amostragem de 44.100 Hz, a sincronização com os outros fluxos de áudio poderia, em teoria, ocorrer aproximadamente a cada 23 μs. Ocorre que, para efeitos de estéreo de alta qualidade, tal nível de sincronização é realmente necessário.

Contudo, quando consideramos sincronização entre um fluxo de áudio e um fluxo de vídeo para sincronização dos lábios (lipsync), podemos admitir uma granularidade muito mais grosseira. Como explicamos, quadros de vídeo precisam ser apresentados a uma taxa de 25 Hz ou mais. Considerando o popular padrão NTSC de 29,97 Hz, poderíamos agrupar amostras de áudio em unidades lógicas que durassem tanto quanto a apresentação de um quadro (33 ms). Assim, com uma freqüência de amostragem de 44.100 Hz, o tamanho de uma unidade de dados de áudio poderia ser de até 1.470 amostras, ou 11.760 bytes (considerando que cada amostra tenha 16 bits). Na práti-

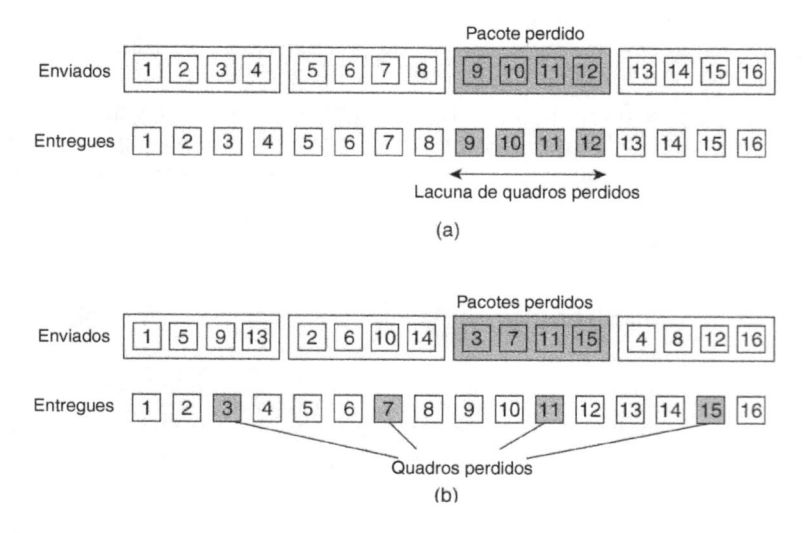

Figura 4.23 *Efeito da perda de pacotes em (a) transmissão não intercalada e em (b) transmissão intercalada.*

ca, unidades maiores, que duram 40, ou até 80 ms, podem ser toleradas (Steinmetz, 1996).

Mecanismos de sincronização

Agora vamos ver como a sincronização é realmente feita. É preciso distinguir duas questões: (1) os mecanismos básicos para sincronizar dois fluxos e (2) a distribuição desses mecanismos em um ambiente de rede.

Mecanismos de sincronização podem ser vistos em diferentes níveis de abstração. No nível mais baixo, a sincronização é feita explicitamente por operações sobre unidades de dados de fluxos simples. Esse princípio é mostrado na Figura 4.24. Em essência, há um processo que simplesmente executa operações de leitura e escrita em vários fluxos simples, assegurando que essas operações obedeçam às restrições específicas de temporização e sincronização.

Por exemplo, considere um filme que é apresentado como dois fluxos de entrada. O fluxo de vídeo contém imagens não comprimidas de baixa qualidade de 320×240 pixels, cada uma codificada por um único byte, o que resulta em unidades de dados de vídeo de 76.800 bytes cada. Suponha que as imagens sejam apresentadas a 30 Hz, ou uma imagem a cada 33 ms. Adotamos a premissa de que o fluxo de áudio contém amostras de áudio agrupadas em unidades de 11.760 bytes, cada uma correspondente a 33 ms de áudio, como acabamos de explicar. Se o processo de entrada puder manipular 2,5 MB/s, podemos conseguir sincronização entre imagem e som simplesmente alternando entre a leitura de uma imagem e a leitura de um bloco de amostras de áudio a cada 33 ms.

A desvantagem dessa abordagem é que a aplicação fica totalmente responsável por implementar a sincronização, embora só tenha à disposição facilidades de baixo nível. Uma abordagem mais apropriada é oferecer a uma aplicação uma interface que lhe permita um controle mais fácil de fluxos e dispositivos. Voltando ao nosso exemplo, suponha que a tela de vídeo tenha uma interface de controle que lhe permita especificar a taxa à qual as imagens devem ser apresentadas. Além disso, a interface oferece a facilidade para registrar um manipulador definido por usuário que é chamado toda vez que chegarem k novas imagens. Uma interface semelhante é oferecida pelo dispositivo de áudio. Com essas interfaces de controle, um desenvolvedor de aplicação pode escrever um programa monitor simples que consiste em dois manipuladores, um para cada fluxo, que, em conjunto, verificam se os fluxos de vídeo e áudio estão suficientemente sincronizados e, se necessário, ajustam a taxa com que são apresentadas as unidades de vídeo ou áudio.

Esse último exemplo está ilustrado na Figura 4.25 e é típico de muitos sistemas middleware de multimídia. Na verdade, middleware de multimídia oferece um conjunto de interfaces para controlar fluxos de áudio e vídeo, incluindo interfaces para controlar dispositivos como monitores, câmeras, microfones e assim por diante. Cada dispositivo tem suas próprias interfaces de alto nível, entre elas interfaces para avisar uma aplicação quando ocorre

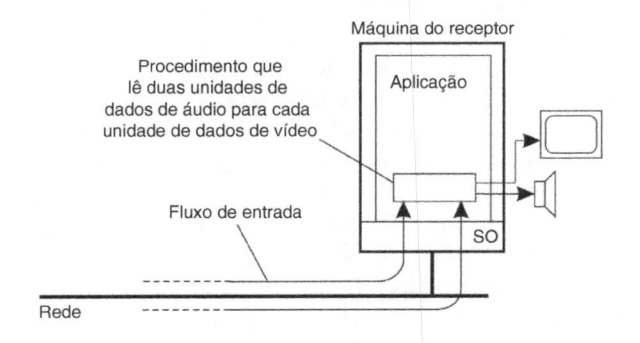

Figura 4.24 Princípio da sincronização explícita no nível de unidades de dados.

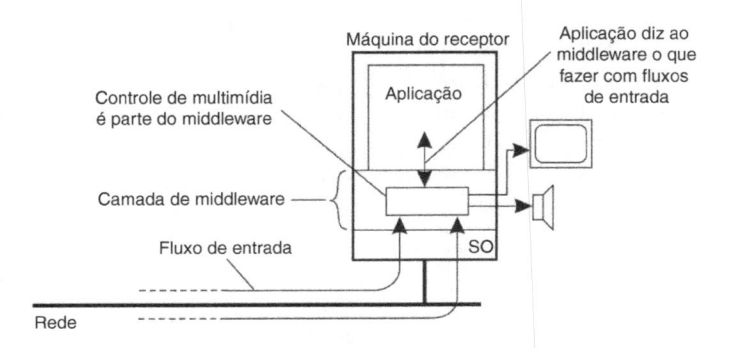

Figura 4.25 Princípio da sincronização suportada por interfaces de alto nível.

algum evento. Esses eventos são usados para escrever manipuladores para sincronizar fluxos. Exemplos dessas interfaces são dados em Blair e Stefani (1998).

A distribuição de mecanismos de sincronização é uma outra questão que precisa ser examinada. Em primeiro lugar, o lado receptor de um fluxo complexo, que consiste em subfluxos que requerem sincronização, precisa saber exatamente o que fazer. Em outras palavras, ele deve ter uma *especificação de sincronização* completa disponível no local. Uma prática comum é fornecer essa informação de modo implícito, pela multiplexação de diferentes fluxos em um único fluxo que contém todas as unidades de dados, incluindo as de sincronização.

Essa última abordagem para a sincronização é adotada por fluxos MPEG. Os padrões **MPEG (Motion Picture Experts Group — grupo de especialistas em cinema)** formam um conjunto de algoritmos para comprimir vídeo e áudio. Existem vários padrões MPEG. O MPEG-2, por exemplo, foi projetado originalmente para comprimir vídeo de qualidade para transmissão broadcast em 4 a 6 Mbps. Em MPEG-2, um número ilimitado de fluxos contínuos e discretos pode ser fundido em um único fluxo. Cada fluxo de entrada é primeiro transformado em um fluxo de pacotes que transporta uma marca de tempo baseada em um relógio de sistema de 90 kHz. Na seqüência, esses fluxos são multiplexados em um **fluxo de programa** que, então, consiste em pacotes de comprimentos variáveis, mas que têm algo em comum: todos eles têm a mesma base de tempo. O lado receptor demultiplexa o fluxo, usando as marcas de tempo de cada pacote como o mecanismo básico para sincronização entre fluxos.

Uma outra questão importante é se a sincronização deve ocorrer no lado remetente ou no lado receptor. Se o remetente manipular a sincronização, pode ser possível fundir fluxos em um único fluxo com um tipo diferente de unidade de dados. Considere mais uma vez um fluxo de áudio estéreo que consiste em dois subfluxos, um para cada canal. Uma possibilidade é transferir cada fluxo independentemente ao receptor e deixar que este sincronize as amostras par a par. Como cada subfluxo pode estar sujeito a atrasos diferentes, é óbvio que a sincronização pode ser extremamente difícil. Uma abordagem mais apropriada é fundir os dois subfluxos no remetente. O fluxo resultante consiste em unidades de dados compostas de pares de amostras, uma para cada canal. Agora, basta apenas o receptor ler uma unidade de dados e subdividí-la em uma amostra direita e outra esquerda. Nessa circunstância, os atrasos para ambos os canais são idênticos.

4.5 Comunicação multicast

Um tópico importante da comunicação em sistemas distribuídos é o suporte para enviar dados a vários receptores, também conhecido como comunicação multicast.

Durante muitos anos, esse tópico pertenceu ao domínio dos protocolos de rede, no qual foram implementadas e avaliadas várias propostas para soluções no nível de rede e no nível de transporte (Janic, 2005; Obraczka, 1998). Uma questão importante em todas as soluções era estabelecer caminhos de comunicação para a disseminação de informações. Na prática, isso envolvia um imenso esforço de gerenciamento que, em muitos casos, exigia intervenção humana. Ademais, como não havia nenhuma convergência de propostas, os ISPs se mostravam relutantes em suportar multicasting (Diot et al., 2000).

Com o advento da tecnologia peer-to-peer e, principalmente, do gerenciamento estruturado de sobreposição, ficou mais fácil estabelecer caminhos de comunicação. Como as soluções peer-to-peer costumam ser disponibilizadas na camada de aplicação, várias técnicas de multicasting de nível de aplicação foram apresentadas. Nesta seção, faremos um breve estudo dessas técnicas.

A comunicação multicast também pode ser conseguida de outros modos além de por meio do estabelecimento de caminhos explícitos de comunicação. Como veremos nesta seção, a disseminação de informações baseada em gossiping, termo explicado mais adiante, oferece modos simples (se bem que menos eficientes) para multicasting.

4.5.1 Multicasting de nível de aplicação

A idéia básica do multicasting no nível de aplicação é que os nós se organizem em uma rede de sobreposição que então é usada para disseminar informações para seus membros. Uma observação importante é que os repassadores da rede não estão envolvidos na associação ao grupo. Por conseqüência, as conexões entre nós na rede de sobreposição podem cruzar vários enlaces físicos e, por isso, o roteamento de mensagens dentro da rede de sobreposição pode não ser ótimo em comparação com o que poderia ser conseguido por roteamento no nível de rede.

Uma questão crucial de projeto é a construção da rede de sobreposição. Em essência, há duas abordagens (El-Sayed, 2003). Na primeira, os nós podem se organizar diretamente em uma árvore, o que significa que há um único caminho (de sobreposição) entre cada par de nós. Uma abordagem alternativa é os nós se organizarem em uma rede em malha na qual cada nó terá vários vizinhos e, em geral, existem vários caminhos entre cada par de nós. A principal diferença entre as duas é que, em geral, a última oferece mais robustez: se uma conexão for interrompida (por exemplo, porque um nó falhou), ainda assim haverá uma oportunidade para propagar informações sem ter de reorganizar imediatamente toda a rede de sobreposição.

Para ficar em terreno concreto, vamos considerar um esquema relativamente simples para construir uma árvore multicast em Chord, que descrevemos no Capítulo 2. Esse esquema foi proposto originalmente pelo Scribe (Castro et al., 2002), que é um esquema de multicasting no nível de aplicação construído em cima do Pastry (Rowstron e

Druschel, 2001).O último também é um sistema peer-to-peer baseado em DHT.

Suponha que um nó queira iniciar uma sessão multicast. Com essa finalidade, ele simplesmente gera um identificador multicast, digamos, *mid,* que é apenas uma chave de 160 bits escolhida aleatoriamente. Em seguida, ele consulta *succ(mid),* que é o nó responsável por aquela chave, e o promove, transformando-o em raiz da árvore multicast que será usada para enviar dados a nós interessados. Para se juntar à árvore, um nó *P* simplesmente executa a operação **LOOKUP**(mid). Após essa operação, uma mensagem de consulta munida da requisição para se juntar ao grupo multicast *mid* será roteada de *P* até *succ(mid).* Como mencionamos antes, o algoritmo de roteamento em si será explicado com detalhes no Capítulo 5.

Em seu caminho até a raiz, uma requisição de associação ao grupo passará por vários nós. Suponha que ela chegue primeiro ao nó *Q*. Se *Q* nunca tiver visto uma requisição de associação para *mid* antes, ele se tornará um **repassador** para aquele grupo. Nesse ponto, *P* se tornará um filho de *Q,* enquanto o último continuará a repassar a requisição de associação até a raiz. Se o nó seguinte no caminho da raiz, digamos, *R,* também não for ainda um repassador, ele se tornará um e registrará *Q* como seu filho, bem como continuará a enviar a requisição de associação.

Por outro lado, se *Q* (ou *R*) já for um repassador para *mid,* ele também registrará o remetente anterior como seu filho (isto é, *P* ou *Q,* respectivamente), porém não haverá mais necessidade de enviar uma requisição de associação para a raiz, porque *Q* (ou *R*) já será um membro da árvore de multicast.

Nós como *P,* que requisitaram explicitamente a associação à árvore multicast, são, por definição, também repassadores. O resultado desse esquema é que construímos uma árvore multicast de um lado a outro da rede de sobreposição com dois tipos de nós: repassadores puros que agem como ajudantes e nós que também são repassadores, mas requisitaram explicitamente a associação à árvore. Agora, o multicasting é simples: um nó envia uma mensagem multicast em direção à raiz da árvore simplesmente executando mais uma vez a operação **LOOKUP**(mid), após a qual a mensagem pode ser enviada ao longo da árvore.

Observamos que essa descrição de alto nível de multicasting em Scribe não faz justiça a seu projeto original. Portanto, incentivamos o leitor interessado a dar uma olhada nos detalhes, que podem ser encontrados em Castro et al. (2002).

Construção da sobreposição

Pela descrição de alto nível que acabamos de fazer, deve estar claro que, embora construir uma árvore não seja em si tão difícil, uma vez que tenhamos organizado os nós em sobreposição, construir uma árvore eficiente pode ser uma história bem diferente. Observe que, até esse ponto de nossa descrição, a seleção de nós que participam da árvore não leva em conta nenhuma métrica de desempenho: ela é puramente baseada no roteamento (lógico) de mensagens pela rede de sobreposição.

Para entender o problema que temos em mãos, observe a Figura 4.26, que mostra um pequeno conjunto de quatro nós organizados em uma rede de sobreposição simples, na qual o nó *A* forma a raiz de uma árvore multicast. Os custos para atravessar um enlace físico também são mostrados. Agora, sempre que *A* fizer multicast de uma mensagem para os outros nós, vemos que a mensagem atravessará cada um dos enlaces, <*B, Rb*>, <*Ra, Rb*>, <*Rc, Rd*> e <*D, Rd*>, duas vezes. A rede de sobreposição teria sido mais eficiente se não tivéssemos construído um enlace de sobreposição de *B* para *D,* mas sim de *A* para *C*. Tal configuração teria poupado a dupla travessia pelos enlaces <*Ra, Rb*> e <*Rc, Rd*>.

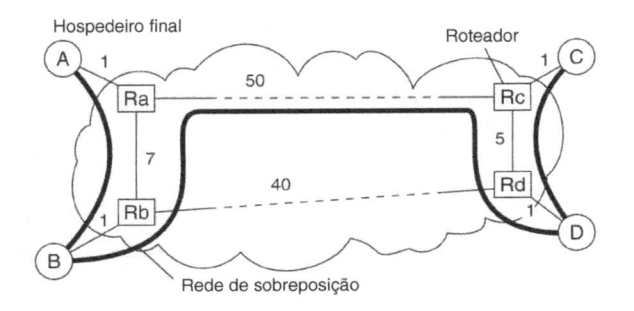

Figura 4.26 Relação entre enlaces em uma rede de sobreposição e as rotas reais no nível de rede.

A qualidade de uma árvore multicast de nível de aplicação em geral é medida por três parâmetros de medição diferentes: estresse de enlace, alongamento e custo da árvore. **Estresse de enlace** é definido por enlace e conta quantas vezes um pacote cruza o mesmo enlace (Chu et al., 2002). Um estresse de enlace maior do que 1 resulta do fato de que, embora em um nível lógico um pacote possa ser repassado ao longo de duas conexões diferentes, parte dessas conexões pode, na verdade, corresponder ao mesmo enlace físico, como mostramos na Figura 4.26.

O **alongamento** ou **penalidade de atraso relativo** (**Relative Delay Penalty — RDP**) mede a razão entre o atraso entre dois nós na sobreposição e o atraso que esses dois nós sofreriam na rede subjacente. Por exemplo, na rede de sobreposição, mensagens de *B* a *C* seguem a rota $B \rightarrow Rb \rightarrow Ra \rightarrow Rc \rightarrow C$, com um custo total de 59 unidades. Entretanto, na rede subjacente, as mensagens teriam sido roteadas ao longo do caminho $B \rightarrow Rb \rightarrow Rd \rightarrow Rc \rightarrow C$, com um custo total de 47 unidades, o que resulta em um alongamento de 1,255. É óbvio que, ao construir a rede de sobreposição, a meta é minimizar o alongamento agregado ou, de modo semelhante, a RDP média medida entre todos os pares de nós.

Por fim, o **custo da árvore** é um parâmetro de medição global, relacionado com a minimização dos custos agregados de enlaces. Por exemplo, se o custo de um enlace for considerado como o atraso entre dois nós finais, otimizar o custo da árvore se resume a achar a *spanning tree* mínima na qual o tempo total para disseminar informações para todos os nós é mínimo.

Para simplificar um pouco as coisas, suponha que um grupo multicast tenha um nó associado e bem conhecido que monitora os nós que se associaram à árvore. Quando um nó emite uma requisição de associação, ele contata esse **nó de encontro** para obter uma lista (potencialmente parcial) de membros. O objetivo é selecionar o melhor membro que pode funcionar como o pai do novo nó na árvore. Qual ele deve selecionar? Há muitas alternativas, e propostas diferentes freqüentemente seguem soluções muito diferentes.

Considere, por exemplo, um grupo multicast com uma única fonte. Nesse caso, a seleção do melhor nó é óbvia: ele deve ser a fonte porque, com isso, podemos estar seguros de que o alongamento será igual a 1. Contudo, se fizermos isso, introduziríamos uma topologia em estrela com a fonte no meio. Embora simples, não é difícil imaginar que seria fácil a fonte ficar sobrecarregada. Em outras palavras, a seleção de um nó geralmente será restringida de modo tal que somente poderão ser escolhidos os nós que tiverem k ou menos vizinhos, sendo k um parâmetro de projeto. Essa restrição complica seriamente o algoritmo de estabelecimento de árvore, porque uma boa solução pode exigir que parte da árvore existente seja reconfigurada.

Tan et al. (2003) apresentam uma visão geral e avaliação extensa de várias soluções para esse problema. Como ilustração, vamos examinar mais de perto uma família específica, conhecida como **árvores de troca** (Helder e Jamin, 2002). A idéia básica é simples. Suponha que já temos uma árvore multicast com uma única fonte como raiz. Nessa árvore, um nó P pode trocar de pais descartando o enlace com seu pai atual em favor de um enlace com um outro nó. As únicas restrições impostas à troca de enlaces é que o novo pai nunca pode ser um membro da subárvore com raiz em P — porque isso repartiria a árvore e criaria um laço isolado — e que o novo pai não terá muitos filhos imediatos. Essa última restrição é necessária para limitar a carga de repasse de mensagens de um único nó.

Há diferentes critérios para decidir a troca de pais. Um simples é otimizar a rota até a fonte, minimizando efetivamente o atraso quando uma mensagem deve ser propagada por multicast. Com essa finalidade, cada nó recebe informações periódicas sobre outros nós (logo adiante explicaremos um modo específico para fazer isso). Nesse ponto, o nó pode avaliar se um outro nó seria um pai melhor em termos do atraso ao longo da rota até a fonte e, caso seja, iniciar uma troca.

Um outro critério poderia ser se o atraso até outro pai potencial for menor do que o atraso até o pai atual. Se todo nó adotar esse critério, então os atrasos agregados da árvore resultante seriam idealmente mínimos. Em outras palavras, esse é um exemplo de otimização do custo da árvore como explicamos antes. Contudo, seria preciso mais informação para construir uma árvore dessas, mas a verdade é que esse esquema simples é uma heurística razoável que resulta em uma boa aproximação de uma *spanning tree* mínima.

Como exemplo, considere o caso em que um nó P recebe informações sobre os vizinhos de seu pai. Note que os vizinhos consistem no avô de P junto com os outros irmãos gerados pelo pai de P. Então, o nó P pode avaliar os atrasos para cada um desses nós e, na seqüência, escolher como seu novo pai aquele que tenha o menor atraso, digamos, Q. Com essa finalidade, ele envia uma requisição de troca a Q. Para evitar a formação de laços por causa de requisições de troca concorrentes, um nó que tenha uma requisição de troca em aberto simplesmente se recusará a processar quaisquer requisições que cheguem. Na verdade, isso resulta em uma situação em que só trocas completamente independentes podem ser executadas simultaneamente. Além do mais, P fornecerá a Q informações suficientes para permitir que o último conclua que ambos os nós têm o mesmo pai, ou que Q é o avô.

Um problema importante que ainda não atacamos é a falha do nó. No caso de árvores de troca, é proposta uma solução simples: sempre que um nó perceber que seu pai falhou, ele simplesmente se liga à raiz. Nesse ponto, o protocolo de otimização pode continuar como sempre e, a certa altura, colocará o nó em um bom ponto na árvore multicast. Experimentos descritos em Helder e Jamin (2002) mostram que a árvore resultante é, de fato, próxima a uma *spanning tree* mínima.

4.5.2 Disseminação de dados baseada em gossiping

Uma técnica cada vez mais importante para disseminar informações é confiar em um *comportamento epidêmico*. Observando como enfermidades se espalham entre as pessoas, há muito tempo pesquisadores investigam se seria possível desenvolver técnicas simples para espalhar informações em sistemas distribuídos de escala muito grande. O objetivo principal dos **protocolos epidêmicos** é propagar informações rapidamente entre um grande conjunto de nós usando somente informações locais. Em outras palavras, não há nenhum componente central que coordena a disseminação de informações.

Para explicar os princípios gerais desses algoritmos, adotamos como premissa que todas as atualizações para um item de dado específico são iniciadas em um único nó. Desse modo, simplesmente evitamos conflitos de escrita. A apresentação que fazemos a seguir é baseada no clássico artigo de Demers et al. (1987) sobre algoritmos epidêmicos. Uma visão geral recente de disseminação epidêmica de informações pode ser encontrada em Eugster et al. (2004).

Modelos de disseminação de informações

Como o nome sugere, algoritmos epidêmicos são baseados na teoria das epidemias, que estuda a propagação de doenças infecciosas. No caso de sistemas distribuídos de grande escala, em vez de propagar doenças, eles propagam informações. A pesquisa sobre epidemias para sistemas distribuídos também visa a um objetivo completamente diferente: enquanto as organizações de saúde farão o máximo possível para impedir que doenças infecciosas se propaguem por grandes grupos de pessoas, os projetistas de algoritmos epidêmicos para sistemas distribuídos tentarão 'infectar' todos os nós com as novas informações o mais rapidamente possível.

Usando a terminologia das epidemias, um nó que é parte de um sistema distribuído é denominado **infectado** se contiver dados que está disposto a espalhar para os outros nós. Um nó que ainda não tenha visto esses dados é denominado **suscetível**. Por fim, um nó atualizado que não está disposto ou capacitado para propagar os dados é denominado **removido**. Observe que consideramos que podemos distinguir dados novos de dados antigos, por exemplo, porque receberam uma marca de tempo ou estão em outra versão. Sob essa luz, diz-se também que nós propagam atualizações.

Um modelo popular de propagação é o da **antientropia**. Nesse modelo, um nó P escolhe aleatoriamente um outro nó Q e, na seqüência, troca atualizações com Q. Há três abordagens para a troca de atualizações:

1. P só envia suas próprias atualizações a Q
2. P só recebe novas atualizações de Q
3. P e Q enviam atualizações um ao outro, isto é, uma abordagem enviar-receber

Quando se trata de propagar atualizações rapidamente, apenas enviar atualizações se revela uma má idéia. Intuitivamente, isso pode ser entendido como segue. Em primeiro lugar, note que, em uma abordagem enviar pura, atualizações podem ser propagadas somente por nós infectados. Contudo, se muitos nós forem infectados, a probabilidade de cada um selecionar um nó suscetível é relativamente pequena. Por conseqüência, a probabilidade maior é que determinado nó permaneça suscetível por um longo período simplesmente porque não foi selecionado por um nó infectado.

Por comparação, a abordagem baseada no recebimento funciona muito melhor quando muitos nós são infectados. Nesse caso, a propagação de atualizações é, em essência, disparada por nós suscetíveis. São grandes as chances de que tal nó contatará um infectado para, na seqüência, buscar as atualizações e também tornar-se infectado.

Pode-se demonstrar que, se só um nó for infectado, as atualizações se propagarão rapidamente para todos os nós usando qualquer uma das formas de antientropia, embora enviar-receber continue sendo a melhor estratégia (Jelasity et al., 2005a). Definimos que uma **rodada** abrange um período no qual todo nó terá tomado, no mínimo uma vez, a iniciativa de trocar atualizações com um outro nó escolhido aleatoriamente. Portanto, pode-se mostrar que o número de rodadas para propagar uma única atualização para todos os nós leva $O(log(N))$ rodadas, onde N é o número de nós no sistema. Isso indica, de fato, que propagar atualizações é rápido; porém, acima de tudo, escalável.

Uma variante específica dessa abordagem é a **propagação de boato**, ou apenas **gossiping**. Funciona da seguinte maneira: se o nó P acabou de ser atualizado com o item de dado x, ele contata um outro nó arbitrário Q e tenta enviar a atualização a Q. Contudo, é possível que Q já tenha sido atualizado por um outro nó. Nesse caso, P pode perder o interesse em levar adiante a propagação da atualização, digamos, com a probabilidade $1/k$. Em outras palavras, ele se torna removido.

Gossiping é completamente análogo à vida real. Quando Bob tem alguma notícia quente que quer espalhar, ele pode telefonar para sua amiga Alice e lhe contar tudo. Alice, como Bob, ficará muito animada e também espalhará o boato para suas amigas. Contudo, ela ficará desapontada se telefonar para um amigo, digamos Chuck,

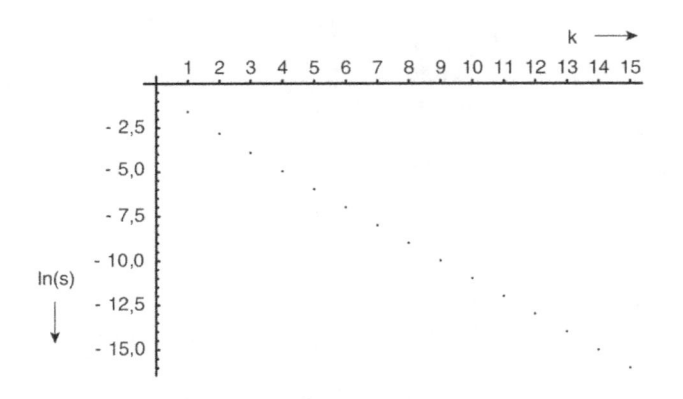

Figura 4.27 Relação entre a fração s de nós ignorantes das atualizações e o parâmetro k em gossiping puro. O gráfico mostra $ln(s)$ como uma função de k.

e este lhe disser que a notícia já chegou a ele. A probabilidade é que Alice não telefonará mais, porque de que adiantaria, se eles já sabem?

Gossiping mostrou ser um modo excelente de espalhar notícias rapidamente. Contudo, ele não pode garantir que todos os nós realmente serão atualizados (Demers et al., 1987). Pode-se mostrar que, quando há um grande número de nós que participam da epidemia, a fração s de nós que continuam ignorantes em relação a uma atualização, isto é, que permanecem suscetíveis, satisfaz a equação:

$$s = e^{-(k+1)(1-s)}$$

A Figura 4.27 mostra $ln(s)$ como uma função de k. Por exemplo, se $k = 4$, $ln(s) = -4,97$, de modo que s é menor do que 0,007, o que significa que menos de 0,7% dos nós permanece suscetível. Ainda assim, são necessárias medidas especiais para garantir que esses nós também serão atualizados. Combinar antientropia com gossiping resolverá o problema.

Uma das principais vantagens de algoritmos epidêmicos é sua escalabilidade devido ao fato de que o número de sincronizações entre processos é relativamente pequeno em comparação com outros métodos de propagação. Para sistemas de longa distância, Lin e Marzullo (1999) mostram que faz sentido levar em conta a topologia da rede propriamente dita para conseguir melhores resultados. Na abordagem desses autores, nós que estão conectados a apenas alguns outros nós são contatados com uma probabilidade relativamente alta. A premissa subjacente é que tais nós formam uma ponte com outras partes remotas da rede; por conseguinte, devem ser contatados tão logo seja possível. Essa abordagem é denominada **gossiping direcional** e tem diferentes variantes.

Esse problema refere-se a uma importante premissa adotada pela maioria das soluções epidêmicas, a saber, que um nó pode selecionar aleatoriamente qualquer outro nó com o qual fazer gossiping. Isso implica que, em princípio, o conjunto completo de nós deve ser conhecido por cada membro. Em um sistema de grande porte, essa premissa poderá nunca valer.

Felizmente, não há nenhuma necessidade de ter tal lista. Como explicamos no Capítulo 2, manter uma visão parcial que é atualizada mais ou menos continuamente organizará o conjunto de nós em um gráfico aleatório. Se a visão parcial de cada nó for atualizada periodicamente, a seleção aleatória deixará de ser um problema.

Remoção de dados

Algoritmos epidêmicos são extremamente bons para propagar atualizações. Contudo, eles têm um estranho efeito colateral: propagar a *remoção* de um item de dado é difícil. A essência do problema encontra-se no fato de que a remoção de um item de dado destrói todas as informações naquele item. Por conseqüência, quando um item de dado é simplesmente removido de um nó, a certa altura esse nó receberá cópias velhas do item de dado e as interpretará como atualizações de algo que ele não tinha antes.

O jeito é gravar a remoção de um item de dados como apenas mais uma atualização e manter um registro dessa remoção. Desse modo, cópias velhas não serão interpretadas como algo novo, mas tratadas como meras versões que foram atualizadas por uma operação de remoção. O registro de uma remoção é feito pela propagação de **certificados de óbito**.

Claro que o problema dos certificados de óbito é que, a certa altura, será preciso desfazer-se deles, senão cada nó acumulará gradativamente um enorme banco de dados local de informações históricas sobre itens de dados removidos que, quanto ao mais, não serão usados. Demers et al. (1987) propõem usar o que denominam certificados de óbito dormentes. Cada certificado recebe uma marca de tempo quando é criado. Se adotarmos como premissa que as atualizações se propagam para todos os nós dentro de um período finito de tempo conhecido, então certificados de óbito podem ser removidos após o término desse tempo máximo de propagação.

Contudo, para dar garantia certa de que as remoções serão realmente propagadas para todos os nós, alguns poucos nós mantêm certificados de óbito dormentes que nunca são jogados fora. Suponha que P tenha um certificado desses para o item de dado x. Se, por algum acaso, uma atualização obsoleta de x chegar a P, P reagirá apenas propagando novamente o certificado de óbito para x.

Aplicações

Para encerrar, vamos examinar algumas aplicações interessantes de protocolos epidêmicos. Já mencionamos a propagação de atualizações, que talvez seja a aplicação mais amplamente conhecida. No Capítulo 2 também discutimos como fornecer informações sobre o posicionamento de nós pode ajudar na construção de topologias específicas. Sob a mesma luz, o gossiping pode ser usado para descobrir nós que tenham alguns enlaces de saída para redes de longa distância para, na seqüência, aplicar gossiping direcional, como já mencionamos.

Uma outra área de aplicação interessante é simplesmente colher ou, na verdade, agregar informações (Jelasity et al., 2005b). Considere a seguinte troca de informações. Cada nó i escolhe inicialmente um número arbitrário, digamos, x_i. Quando o nó i contata o nó j, cada um deles atualiza seu valor como:

$$x_i, x_j \leftarrow (x_i + x_j)/2$$

É óbvio que, após essa troca, ambos, i e j, terão o mesmo valor. Na verdade, não é difícil perceber que, a certa altura, todos os nós terão o mesmo valor, ou seja, a média de todos os valores iniciais. Mais uma vez, a velocidade de propagação é exponencial.

Qual é a utilidade de calcular a média? Considere a situação em que todos os nós i ajustaram x_i para zero, exceto x_1, que o ajustou para 1:

$$x_i \leftarrow \begin{cases} 1 \text{ se } i = 1 \\ 1 \text{ se } i > 1 \end{cases}$$

Se houver N nós, então, a certa altura, cada nó calculará a média, que é $1/N$. Por conseqüência, todo nó i pode estimar o tamanho do sistema como se fosse $1/x_i$. Só essa informação já basta para ser usada a fim de ajustar dinamicamente vários parâmetros. Por exemplo, o tamanho da visão parcial — isto é, o número de vizinhos que cada nó monitora — deve ser dependente do número total de nós participantes. Conhecer esse número permitirá que um nó ajuste dinamicamente o tamanho de sua visão parcial. Na realidade, isso pode ser visto como uma propriedade de autogerenciamento.

Calcular a média pode ser difícil quando nós entram e saem do sistema periodicamente. Uma solução prática para esse problema é introduzir épocas. Considerando que o nó 1 seja estável, ele simplesmente inicia uma nova época de vez em quando. Quando um nó i vir uma nova época pela primeira vez, ele reajustará sua própria variável x_i para zero e começa a calcular a média novamente.

Claro que também podem ser calculados outros resultados. Por exemplo, em vez de um nó fixo (x_1) iniciar o cálculo da média, podemos facilmente escolher um nó aleatório como segue. Todo nó i ajusta x_i inicialmente para um número aleatório pertencente ao mesmo intervalo, digamos, [0,1], e também o armazena permanentemente como m_i. Quando ocorre uma troca entre os nós i e j, cada um muda seu valor para:

$$x_i, x_j \leftarrow máx(x_i, x_j)$$

Cada nó i para o qual $m_i < x_i$ perderá a competição para ser o iniciador do cálculo da média. No final, haverá só um vencedor. Claro que, embora seja fácil concluir que um nó perdeu, é muito mais difícil decidir que ele ganhou, porque continua incerto se todos os resultados entraram. A solução para esse problema é ser otimista: um nó sempre entende que ele é o vencedor até que se prove o contrário. Nesse ponto, ele apenas reajusta para zero a variável que está usando a fim de calcular a média. Observe que, a essa altura, vários cálculos diferentes (em nosso exemplo calcular um máximo e calcular uma média) podem estar em execução concorrentemente.

4.6 Resumo

Dispor de facilidades poderosas e flexíveis para comunicação entre processos é essencial para qualquer sistema distribuído. Em aplicações tradicionais de rede, a comunicação costuma ser baseada nas primitivas de troca de mensagens de baixo nível oferecidas pela camada de transporte. Uma questão importante em sistemas middleware é oferecer um nível mais alto de abstração que facilitará expressar comunicação entre processos mais do que o suporte oferecido pela interface com a camada de transporte.

Uma das abstrações mais amplamente utilizadas é a chamada de procedimento remoto (RPC). A essência de uma RPC é que um serviço é implementado por meio de um procedimento cujo corpo é executado em um servidor. O cliente recebe apenas a assinatura do procedimento, isto é, o nome do procedimento junto com seus parâmetros. Quando o cliente chama o procedimento, a implementação do lado do cliente, denominada apêndice, fica encarregada de embrulhar os valores dos parâmetros em uma mensagem e enviá-la ao servidor. Este chama o procedimento propriamente dito e retorna os resultados, mais uma vez em uma mensagem. O apêndice do cliente extrai os valores do resultado da mensagem de retorno e a passa de volta à aplicação cliente chamador.

RPCs oferecem facilidades de comunicação síncrona, pelas quais um cliente é bloqueado até que o servidor tenha enviado uma resposta. Embora existam variações de qualquer um dos mecanismos pelos quais esse modelo síncrono estrito é amenizado, ocorre que os modelos de uso geral de alto nível orientados a mensagens muitas vezes são mais convenientes.

Em modelos orientados a mensagem, as questões giram em torno de se uma comunicação é ou não persistente e se uma comunicação é ou não síncrona. A essência da comunicação persistente é que uma mensagem apresentada para transmissão é armazenada pelo sistema de comunicação pelo tempo que for necessário para entregá-la. Em outras palavras, nem o remetente nem o receptor precisam estar ligados e funcionando para que a transmissão da mensagem ocorra. Em comunicação transiente, nenhuma facilidade de armazenamento é oferecida, de modo que o receptor deve estar preparado para aceitar a mensagem quando ela for enviada.

Em comunicação assíncrona, o remetente tem permissão de continuar imediatamente após a mensagem ter sido apresentada para transmissão, possivelmente antes mesmo de ela ter sido enviada. Em comunicação síncrona, o remetente é bloqueado no mínimo até que uma mensagem seja recebida. Alternativamente, o remetente pode ser bloqueado até ocorrer a entrega da mensagem ou mesmo até que o receptor tenha respondido, como acontece com as RPCs.

Modelos de middleware orientado a mensagem em geral oferecem comunicação assíncrona persistente e são usados onde RPCs não são adequadas. Esses sistemas costumam ser utilizados para ajudar na integração de conjuntos de bancos de dados (amplamente dispersos) a sistemas de informações de grande escala. Entre outras aplicações estão e-mail e fluxo de trabalho.

Uma forma muito diferente de comunicação é a comunicação por fluxos, na qual a questão é se duas mensagens sucessivas têm ou não uma relação temporal. Em fluxos contínuos de dados, um atraso fim-a-fim máximo é especificado para cada mensagem. Além disso, também é requerido que as mensagens sejam enviadas sujeitas a um atraso fim-a-fim mínimo. Exemplos típicos desses fluxos contínuos de dados são fluxos de áudio e vídeo. Em geral, é difícil especificar e implementar quais são, exatamente, as relações temporais ou o que se espera do subsistema de comunicação subjacente em termos de qualidade de serviço. Um fator complicador é o papel da variância de atraso. Ainda que o desempenho médio seja aceitável, variações substanciais no tempo de entrega podem resultar em desempenho inaceitável.

Por fim, uma importante classe de protocolos de comunicação em sistemas distribuídos é o multicasting. A idéia básica é disseminar informações de um remetente para vários receptores. Discutimos duas abordagens diferentes. Na primeira, o multicasting pode ser conseguido com o estabelecimento de uma árvore entre o remetente e os receptores. Considerando que agora já entendemos bem como os nós se auto-organizam em sistemas peer-to-peer, também apareceram soluções para estabelecer árvores dinamicamente de modo descentralizado.

Uma outra classe importante de soluções de disseminação utiliza protocolos epidêmicos. Esses protocolos mostraram ser muito simples, porém extremamente robustos. Exceto a simples propagação de mensagens, protocolos epidêmicos também podem ser utilizados com eficiência para agregar informações por toda a extensão de um sistema distribuído de grande porte.

Problemas

1. Em muitos protocolos de camadas, cada camada tem seu próprio cabeçalho. Por certo seria mais eficiente ter um único cabeçalho à frente de cada mensagem que contivesse todos os controles do que ter todos esses cabeçalhos separados. Por que isso não é feito?

2. Por que serviços de comunicação de nível de transporte freqüentemente são inadequados para construir aplicações distribuídas?

3. Um serviço multicast confiável permite que um remetente passe mensagens confiáveis para um conjunto de receptores. O melhor lugar para esse serviço é uma camada de middleware, ou ele deveria ser parte de uma camada de nível mais baixo?

4. Considere um procedimento *incr* com dois parâmetros inteiros. O procedimento adiciona um a cada parâmetro. Agora suponha que ele seja chamado com a mesma variável duas vezes, por exemplo, como *incr* (*i*, *i*). Se *i* for inicialmente 0, qual valor ele terá depois se for utilizada chamada por referência? E se for utilizada chamada copiar/restaurar?

5. C tem uma construção denominada Union, na qual um campo de um registro, denominado Struct em C, pode conter qualquer uma de diversas alternativas. Em tempo de execução, não há nenhum modo garantido de dizer qual delas está naquele campo. Essa característica de C tem quaisquer implicações para a chamada de procedimento remoto? Explique sua resposta.

6. Um modo de manipular conversão de parâmetro em sistemas RPC é fazer com que cada máquina envie parâmetros em sua representação nativa, e a outra faça a tradução, se necessário. O sistema nativo poderia ser indicado por um código no primeiro byte. Contudo, uma vez que localizar o primeiro byte na primeira palavra é exatamente o problema, isso pode funcionar?

7. Considere que um cliente chama uma RPC assíncrona para um servidor e, na seqüência, espera até que o servidor retorne um resultado usando uma outra RPC assíncrona. Essa abordagem é o mesmo que deixar o cliente executar uma RPC normal?

8. Em vez de deixar que um servidor registre a si mesmo em um daemon como em DCE, poderíamos também preferir sempre designar a ele a mesma porta. Portanto, essa porta pode ser usada em referências a objetos no espaço de endereço do servidor. Qual é a principal desvantagem desse esquema?

9. Seria útil fazer também uma distinção entre RPCs dinâmicas e estáticas?

10. Descreva como ocorre a comunicação sem conexão entre um cliente e um servidor usando a interface Sockets.

11. Explique a diferença entre as primitivas MPI_bsend e MPI_isend em MPI.

12. Suponha que você só possa usar primitivas de comunicação assíncronas transientes, entre elas apenas uma primitiva assíncrona receive. Como você implementaria primitivas para comunicação transiente *síncrona*?

13. Suponha que você só possa utilizar primitivas de comunicação transiente síncrona. Como você implementaria primitivas para comunicação transiente *assíncrona*?

14. Faz sentido implementar comunicação persistente assíncrona por meio de RPCs?

15. No texto, afirmamos que, para iniciar automaticamente um processo a fim de buscar mensagens de uma fila de entrada, freqüentemente é usado um daemon que monitora a fila de entrada. Dê uma implementação alternativa que não utilize um daemon.

16. Tabelas de roteamento no WebSphere da IBM e em muitos outros sistemas de enfileiramento de mensagens são configuradas manualmente. Descreva um modo simples de fazer isso automaticamente.

17. Com comunicação persistente, um receptor geralmente tem seu próprio buffer local no qual mensagens podem ser armazenadas quando o receptor não estiver em execução. Para criar tal buffer, talvez seja preciso especificar seu tamanho. Cite um argumento a favor e outro contra a especificação do tamanho.

18. Explique por que a comunicação transiente síncrona tem problemas inerentes de escalabilidade e como eles podem ser resolvidos.

19. Dê um exemplo em que multicasting também é útil para fluxos discretos de dados.

20. Suponha que temperaturas medidas em uma rede de sensores não recebam marcas de tempo pelo sensor, mas sejam enviadas imediatamente ao operador. Isso seria suficiente para garantir apenas um atraso fim-a-fim máximo?

21. Como você poderia garantir um atraso máximo fim-a-fim quando um conjunto de computadores estiver organizado em um anel (lógico ou físico)?

22. Como você poderia garantir um atraso fim-a-fim mínimo quando um conjunto de computadores estiver organizado em um anel (lógico ou físico)?

23. Apesar de o multicasting ser tecnicamente viável, há pouquíssimo suporte para disponibilizá-lo na Internet. A resposta para esse problema deve ser buscada em puros e simples modelos de negócios: na realidade, ninguém sabe como ganhar dinheiro com o multicasting. Você pode inventar um sistema?

24. Normalmente, árvores multicast de nível de aplicação são otimizadas em relação ao alongamento, que é medido em termos de atraso ou contagens de saltos. Dê um exemplo em que essa métrica poderia resultar em árvores muito ruins.

25. Quando se trata de procurar arquivos em um sistema peer-to-peer não estruturado, pode ser útil restringir a busca a nós que tenham arquivos semelhantes aos seus. Explique como o gossiping pode ajudá-lo a achar esses nós.

5 Nomeação

Nomes desempenham um papel muito importante em todos os sistemas de computadores. Eles são usados para compartilhar recursos, identificar entidades de maneira única, fazer referência a localizações e outras funções. Uma questão importante na nomeação é que um nome pode ser resolvido para a entidade à qual se refere. Portanto, a resolução de nomes permite que um processo acesse a entidade nomeada. Para resolver nomes é necessário implementar um sistema de nomeação. As diferenças entre nomeação em sistemas distribuídos e sistemas não distribuídos se encontram no modo como são implantados os sistemas de nomeação.

Em um sistema distribuído, a implementação de um sistema de nomeação costuma ser, ela mesma, distribuída por várias máquinas. O modo como essa distribuição é feita desempenha um papel fundamental na eficiência e escalabilidade do sistema de nomeação. Neste capítulo, vamos nos concentrar em três modos diferentes e importantes pelos quais nomes são usados em sistemas distribuídos.

Em primeiro lugar, após discutirmos algumas questões gerais referentes à nomeação, vamos examinar mais de perto a organização e implementação de nomes amigáveis para seres humanos. Exemplos típicos desses nomes são os nomes de sistemas de arquivo e os utilizados na World Wide Web. Construir sistemas de nomeação de âmbito mundial e escaláveis é uma preocupação primária para esses tipos de nomes.

Em segundo lugar, nomes são usados para localizar entidades de um modo que independe de sua localização no instante em questão. Ocorre que sistemas de nomeação com nomes amigáveis a seres humanos não são particularmente adequados para suportar esse tipo de monitoração de entidades. A maioria dos nomes nem ao menos sugere a localização da entidade. São necessárias organizações alternativas, como as que são usadas para a telefonia móvel — na qual os nomes são identificadores independentes de localização — e as utilizadas para tabelas de hash distribuídas.

Por fim, os seres humanos muitas vezes preferem descrever entidades por meio de várias características, o que resulta em uma situação em que precisamos resolver uma descrição por intermédio de atributos para uma entidade que corresponda àquela descrição. Esse tipo de resolução de nomes é notoriamente difícil e daremos atenção especial a ele.

5.1 Nomes, Identificadores e Endereços

Vamos começar examinando mais de perto o que é realmente um nome. Um nome em um sistema distribuído é uma cadeia de bits ou caracteres usada para referenciar uma entidade. Uma entidade em um sistema distribuído pode ser praticamente qualquer coisa. Entre os exemplos típicos estão recursos como hospedeiros, impressoras, discos e arquivos. Outros exemplos bem conhecidos de entidades que costumam ser nomeadas explicitamente são processos, usuários, caixas postais, grupos de discussão, páginas Web, janelas gráficas, mensagens, conexões de rede e assim por diante.

Entidades são ativas. Por exemplo, um recurso como uma impressora oferece uma interface que contém operações para imprimir um documento, requisitar o estado de um serviço de impressão e coisas semelhantes. Além do mais, uma entidade como uma conexão de rede pode fornecer operações para enviar e receber dados, ajustar parâmetros de qualidade de serviço, requisitar estado e assim por diante.

Para agir sobre uma entidade, é necessário acessá-la e, para isso, precisamos de um **ponto de acesso**. Um ponto de acesso é mais um outro tipo de entidade, embora especial, em um sistema distribuído. O nome de um ponto de acesso é denominado **endereço**. O endereço de um ponto de acesso de uma entidade também é denominado simplesmente endereço daquela entidade.

Uma entidade pode oferecer mais de um ponto de acesso. Para exemplificar: um telefone pode ser visto como um ponto de acesso de uma pessoa, ao passo que o número do telefone corresponde a um endereço. Na verdade, hoje em dia muitas pessoas têm diversos números de telefone, e cada número corresponde a um ponto em que elas podem ser alcançadas. Em um sistema distribuído, um exemplo típico de um ponto de acesso é um hospedeiro que executa em um servidor específico, cujo endereço é formado pela combinação de, por exemplo, um endereço IP e um número de porta, isto é, o endereço de nível de transporte do servidor.

Uma entidade pode mudar seus pontos de acesso ao longo do tempo. Por exemplo, quando um computador móvel muda para uma outra localização, muitas vezes recebe um endereço IP diferente daquele que tinha antes. Da mesma maneira, quando uma pessoa se muda para uma outra cidade ou país, muitas vezes é preciso mudar também os números de seus telefones. De modo semelhante, mudar de emprego ou de provedor de serviços de Internet significa mudar seu endereço de e-mail.

Portanto, um endereço é apenas um tipo especial de nome: ele se refere a um ponto de acesso de uma entidade. Como um ponto de acesso está fortemente associado com uma entidade, pode parecer conveniente usar o endereço de um ponto de acesso como um nome comum para a entidade associada. No entanto, isso raramente é feito porque tal nomeação em geral é muito inflexível e freqüentemente não é amigável para seres humanos.

Por exemplo, não é incomum reorganizar periodicamente um sistema distribuído, de modo que, agora, um servidor específico está executando em um hospedeiro diferente daquele em que executava antes. A antiga máquina na qual o servidor costumava executar pode ser designada a um servidor completamente diferente. Em outras palavras, uma entidade pode mudar facilmente um ponto de acesso, ou um ponto de acesso pode ser designado a uma entidade diferente. Se for usado um endereço para referenciar uma entidade, teremos uma referência inválida no momento em que o ponto de acesso mudar ou for designado a uma outra entidade. Portanto, é muito melhor deixar que um serviço seja conhecido por um nome separado, independente do endereço do servidor associado.

Da mesma maneira, se uma entidade oferecer mais do que um ponto de acesso, não fica claro qual endereço usar como referência. Por exemplo, muitas organizações distribuem seus serviços Web por diversos servidores. Se usássemos os endereços desses servidores como uma referência para o serviço Web, não ficaria óbvio qual endereço deveria ser escolhido como o melhor. Mais uma vez, uma solução muito melhor é ter um único nome para o serviço Web, independente dos diferentes servidores Web.

Esses exemplos ilustram que um nome para uma entidade, que seja independente dos endereços dessa entidade, freqüentemente é muito mais fácil e flexível de usar. Tal nome é denominado **independente de localização**.

Além de endereços, há outros tipos de nomes que merecem tratamento especial, como nomes que são usados para identificar exclusivamente uma entidade. Um **identificador** verdadeiro é um nome que tem as seguintes propriedades (Wieringa e De Jonge, 1995):

1. Um identificador referencia, no máximo, uma entidade
2. Cada entidade é referenciada por, no máximo, um identificador
3. Um identificador sempre referencia a mesma entidade, isto é, nunca é reutilizado.

Usando identificadores, fica muito mais fácil referenciar uma entidade sem nenhuma ambigüidade. Por exemplo, suponha que cada um de dois processos referencie uma entidade por meio de um identificador. Para verificar se os processos estão referenciando a mesma entidade, basta testar se os dois identificadores são iguais. Esse teste não seria suficiente se os dois processos estivessem usando nomes normais, não exclusivos e não identificadores. O nome 'John Smith' não pode ser considerado como uma referência exclusiva a uma única pessoa.

Da mesma maneira, se um endereço puder ser designado novamente a uma entidade diferente, não podemos usar um endereço como identificador. Considere a utilização de números de telefone que sejam razoavelmente estáveis, no sentido de que um número de telefone referencia durante algum tempo a mesma pessoa ou organização. Contudo, usar um número de telefone como identificador não funcionará, porque ele pode ser designado novamente a outra pessoa ao longo do tempo. Em decorrência, a nova padaria de Bob pode receber telefonemas feitos para o antiquário de Alice por um longo tempo. Nesse caso, teria sido melhor usar um identificador verdadeiro para Alice em vez do número de seu telefone.

Endereços e identificadores são dois tipos importantes de nomes, e cada um deles é usado para finalidades muito diferentes. Em muitos sistemas de computadores, endereços e identificadores são representados sob uma forma que só pode ser lida por uma máquina, isto é, sob a forma de cadeias de bits. Por exemplo, um endereço de Ethernet é, em essência, uma cadeia aleatória de 48 bits. Do mesmo modo, endereços de memória costumam ser representados como cadeias de 32 bits ou 64 bits.

Um outro tipo importante de nome é aquele construído para ser utilizado por seres humanos, também denominado **nome amigável a seres humanos**. Ao contrário de endereços e identificadores, um nome amigável a seres humanos em geral é representado por uma cadeia de caracteres. Esses nomes aparecem sob variadas formas. Por exemplo, os nomes de arquivos em sistemas Unix são cadeias de caracteres cujo comprimento pode chegar a 255 caracteres, sendo definidos inteiramente pelo usuário. De modo semelhante, nomes DNS são representados como cadeias de caracteres relativamente simples, nas quais letras maiúsculas ou minúsculas são indistintas.

Ter nomes, identificadores e endereços nos conduz ao tema central deste capítulo: como resolvemos nomes e identificadores para endereços? Antes de analisar várias soluções, é importante entender que muitas vezes há uma estreita relação entre resolução de nomes em sistemas distribuídos e roteamento de mensagens. Em princípio, um sistema de nomeação mantém uma **vinculação nome–endereço** que, em sua forma mais simples, é apenas uma tabela de pares *(nome, endereço)*. Contudo, em sistemas distribuídos que abrangem redes de grande porte e para os quais há muitos recursos a nomear, uma tabela centralizada não vai funcionar.

Ao contrário, o que costuma acontecer é que um nome é decomposto em várias partes como *ftp.cs.vu.nl*, e a resolução do nome é realizada por meio de consulta recursiva dessas partes. Por exemplo, um cliente que precisa saber o endereço do servidor FTP cujo nome é *ftp.cs.vu.nl* em primeiro lugar resolveria *nl* para achar o servidor *NS(nl)* responsável por nomes que terminam com *nl*; em seguida, o resto do nome é passado para o servidor *NS(nl)*. Em seguida esse servidor pode resolver o nome *vu* indicando o servidor *NS(vu.nl)* responsável por nomes que terminam com *vu.nl* e que pode manipular a parte restante do nome, *ftp.cs*. A certa altura, isso resulta no roteamento da requisição de resolução de nome como:

NS(.) → *NS(nl)* → *NS(vu.nl)* → endereço de *ftp.cs.vu.nl*

onde *NS(.)* mostra o servidor que pode retornar o endereço de *NS(nl)*, também conhecido como **servidor-raiz**. *NS(vu.nl)* retornará o endereço real do servidor FTP. É interessante observar que as fronteiras entre resolução de nomes e roteamento de mensagens começam a ficar indistintas.

Nas próximas seções vamos considerar três classes diferentes de sistemas de nomeação. Em primeiro lugar, vamos estudar como identificadores podem ser resolvidos para endereços. Nesse caso, também veremos um exemplo em que a resolução de nomes é realmente indistinguível do roteamento de mensagens. Depois disso, consideraremos nomes amigáveis a seres humanos e nomes descritivos, ou seja, entidades que são descritas por um conjunto de nomes.

5.2 Nomeação Simples

Já explicamos que identificadores são convenientes para representar entidades com exclusividade. Em muitos casos, identificadores são simplesmente cadeias aleatórias de bits às quais nos referimos, por conveniência, como nomes não estruturados, ou simples. Uma propriedade importante de tal nome é que ele não contém sequer uma informação sobre como localizar o ponto de acesso de sua entidade associada. Na discussão a seguir, estudaremos como nomes simples podem ser resolvidos, ou, o que é equivalente, como podemos localizar uma entidade quando temos somente seu identificador.

5.2.1 Soluções simples

Em primeiro lugar, considere duas soluções simples para localizar uma entidade. Ambas são aplicáveis somente a redes locais. Apesar disso, elas costumam funcionar bem nesse ambiente, o que torna sua simplicidade particularmente atraente.

Broadcasting e multicasting

Considere um sistema distribuído construído em cima de uma rede de computadores que ofereça recursos eficientes de broadcasting. Normalmente esses recursos são oferecidos por redes locais nas quais todas as máquinas estão conectadas a um único cabo ou a seu equivalente lógico. Além disso, redes locais sem fio caem nessa categoria.

Localizar uma entidade nesse ambiente é simples: uma mensagem que contém o identificador da entidade é enviada por broadcast a cada máquina da rede e cada uma delas deve verificar se tem essa entidade. Somente as máquinas que podem oferecer um ponto de acesso para a entidade enviam uma mensagem de resposta que contém o endereço daquele ponto de acesso.

Esse princípio é utilizado no **protocolo de resolução de endereços** (**Address Resolution Protocol — ARP**) da Internet para achar o endereço de enlace de uma máquina quando é dado apenas um endereço IP (Plummer, 1982). Em essência, uma máquina faz uma transmissão broadcast de um pacote na rede local perguntando quem é o dono de determinado endereço IP. Quando a mensagem chega a uma máquina, o receptor verifica se deve ouvir o endereço IP requisitado. Caso positivo, envia um pacote de resposta que contém, por exemplo, seu endereço Ethernet.

Broadcasting se torna ineficiente quando a rede cresce. Não somente a largura de banda de rede é desperdiçada por mensagens de requisição, mas também, o que é mais sério, um número muito grande de hospedeiros pode ser interrompidos por requisições às quais não pode responder. Uma possível solução é passar para multicasting, pelo qual somente um grupo restrito de hospedeiros recebe a requisição. Por exemplo, redes Ethernet suportam multicasting de nível de enlace diretamente em hardware.

Multicasting também pode ser usado para localizar entidades em redes ponto-a-ponto. Por exemplo, a Internet suporta multicasting de nível de rede permitindo que hospedeiros se juntem a grupos multicast específicos. Esses grupos são identificados por um endereço multicast. Quando um hospedeiro envia uma mensagem a um endereço multicast, a camada de rede fornece um serviço de melhor esforço para entregar aquela mensagem a todos os membros do grupo. Implementações eficientes para multicasting na Internet são discutidas em Deering e Cheriton (1990) e em Deering et al. (1996).

Um endereço multicast pode ser usado como serviço geral de localização para várias entidades. Por exemplo, considere uma organização na qual cada empregado tenha seu próprio computador móvel. Quando um desses computadores se conecta com a rede disponível no local, recebe dinamicamente um endereço IP a ele designado. Além disso, ele se junta a um grupo multicast específico. Quando um processo quer localizar o computador A, envia uma requisição 'onde está A?' ao grupo multicast. Se A estiver conectado, ele responde com seu endereço IP corrente.

Um outro modo de usar um endereço multicast é associá-lo com uma entidade replicada e usar multicasting para localizar a réplica *mais próxima*. Quando é enviada uma requisição para o endereço multicast, cada réplica responde com seu endereço IP (normal) corrente. Um modo grosseiro de selecionar a réplica mais próxima é escolher aquela cuja resposta chegar antes. Discutiremos outros modos em capítulos posteriores. Ocorre que, em geral, selecionar a réplica mais próxima não é assim tão fácil.

Ponteiros repassadores

Uma outra abordagem popular para a localização de entidades móveis é utilizar ponteiros repassadores (Fowler, 1985). O princípio é simples: quando uma entidade se move de A para B, deixa para trás, em A, uma referência a sua nova localização em B. A principal vantagem dessa abordagem é sua simplicidade: tão logo uma entidade seja localizada, por exemplo, usando um serviço tradicional de nomeação, um cliente pode consultar o endereço corrente da entidade percorrendo uma cadeia de ponteiros repassadores.

Também há algumas desvantagens importantes. Em primeiro lugar, se não forem tomadas providências especiais, uma cadeia para uma entidade de alta mobilidade pode se tornar tão longa que localizar aquela entidade tenha um custo proibitivo. Em segundo lugar, todas as localizações intermediárias em uma cadeia terão de manter sua parte da cadeia de ponteiros repassadores pelo tempo que for necessário. Uma terceira e relacionada desvantagem é a vulnerabilidade de enlaces rompidos. Tão logo qualquer ponteiro repassador seja perdido (por qualquer razão), a entidade não pode mais ser alcançada. Portanto, uma questão importante é manter cadeias relativamente curtas e garantir que os ponteiros repassadores sejam robustos.

Para entender melhor como ponteiros repassadores funcionam, considere sua utilização em relação a objetos remotos: objetos que podem ser acessados por meio de uma chamada de procedimento remoto. Seguindo a abordagem em **cadeias SSP (Stub Scion Pairs)** (Shapiro et al., 1992), cada ponteiro repassador é implementado como um par *(apêndice (stub) de cliente, apêndice de servidor)*, conforme mostra a *Figura 5.1*. (Observamos que, na terminologia original de Shapiro, um apêndice de servidor era denominado *scion*; como lidava com pares *(stubscion)*, tal fato veio justificar o nome da técnica.) Um apêndice de servidor contém ou uma referência local ao objeto propriamente dito ou uma referência local a um apêndice de cliente remoto para aquele objeto.

Sempre que um objeto se move do espaço de endereço A para B, deixa para trás, em seu lugar, um apêndice de cliente em A e instala um apêndice de servidor que referencia aquele apêndice em B. Um aspecto interessante dessa abordagem é que a migração é completamente transparente para um cliente. A única coisa que o cliente vê de um objeto é um apêndice de cliente. O modo como esse apêndice de cliente repassa suas invocações, e para qual localização, ficam ocultos do cliente. Além disso, note que essa utilização de ponteiros repassadores não é como consultar um endereço. Em vez disso, uma requisição de cliente é repassada ao longo da cadeia até o objeto propriamente dito.

Para tomar um atalho em uma cadeia de pares *(apêndice de cliente, apêndice de servidor)*, uma invocação de objeto transporta a identificação do apêndice de cliente de onde essa invocação foi iniciada. Uma identificação do apêndice de cliente consiste no endereço de nível de transporte do cliente, combinado com um número gerado no local para identificar aquele apêndice. Quando a invocação chega ao objeto em sua localização corrente, uma resposta é enviada de volta ao apêndice de cliente onde a invocação foi iniciada (muitas vezes sem voltar pela cadeia). A localização corrente pega uma carona nessa

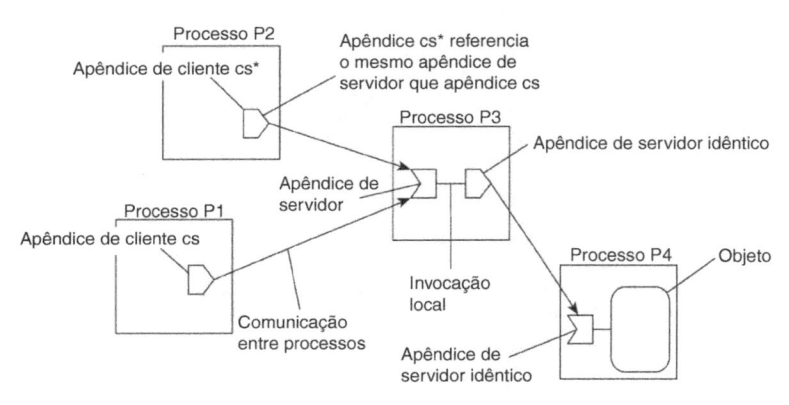

Figura 5.1 *Princípio de ponteiros repassadores que utilizam pares (apêndice de cliente, apêndice de servidor).*

resposta e o apêndice de cliente ajusta seu apêndice de servidor correspondente para a localização corrente do objeto. Esse princípio é mostrado na *Figura 5.2*.

Há um compromisso entre enviar a resposta diretamente ao apêndice de cliente iniciador ou ao longo do caminho inverso de ponteiros repassadores. No primeiro caso, a comunicação é mais rápida porque pode haver um número menor de processos pelos quais a resposta precisa passar. Por outro lado, somente o apêndice de cliente iniciador pode ser ajustado, ao passo que enviar a resposta ao longo do caminho inverso permite o ajuste de todos os apêndices intermediários.

Quando um apêndice de servidor não é mais referenciado por nenhum cliente, ele pode ser removido. Isso, por si só, está fortemente relacionado com coleta distribuída de lixo, um problema que, em geral, está longe de ser trivial e que não discutiremos aqui. O leitor interessado pode consultar Abdullahi e Ringwood (1998), Plainfosse e Shapiro (1995) e Veiga e Ferreira (2005).

Agora, suponha que o processo P_1 na Figura 5.1 passe sua referência para o objeto ao processo P_2. A passagem de referência é feita por meio da instalação de uma cópia p' do apêndice de cliente p no espaço de endereço do processo P_2. O apêndice de cliente p' referencia o mesmo apêndice de servidor que p, de modo que o mecanismo de repasse de invocação funciona do mesmo modo que antes.

Surgem problemas quando um processo em uma cadeia de pares *(apêndice de cliente, apêndice de servidor)* cai ou se torna inalcançável por qualquer outra razão. Há diversas soluções possíveis. Uma possibilidade, seguida por Emerald (Jul et al., 1988) e pelo sistema LII (Black e Artsy, 1990), é deixar que a máquina em que um objeto foi criado (denominada **localização nativa** do objeto) sempre mantenha uma referência a sua localização corrente. Essa referência é armazenada e mantida de modo tolerante a falha. Quando uma cadeia é rompida, pergunta-se à localização nativa do objeto onde ele está agora. Para permitir que a localização nativa de um objeto mude, pode ser usado um serviço tradicional de nomeação para registrar a localização nativa corrente. Essas abordagens baseadas na localização nativa serão discutidas a seguir.

5.2.2 Abordagens baseadas na localização nativa

A utilização de broadcasting e ponteiros repassadores impõe problemas de escalabilidade. É difícil implementar com eficiência broadcasting ou multicasting em redes de grande escala, ao passo que longas cadeias de ponteiros repassadores introduzem problemas de desempenho e são suscetíveis a enlaces interrompidos.

Uma abordagem popular para suportar entidades móveis em rede de grande escala é introduzir uma **localização nativa**, que monitora a localização corrente de uma entidade. Técnicas especiais podem ser aplicadas para proteção contra falhas de rede ou de processo. Na prática, a localização nativa costuma ser escolhida como o lugar em que a entidade foi criada.

A abordagem da localização nativa é usada como mecanismo de emergência para localização de serviços baseada em ponteiros repassadores, que já discutimos. Um outro exemplo em que a abordagem da localização nativa é seguida é em Mobile IP (Johnson et al., 2004), que examinamos brevemente no Capítulo 3. Cada hospedeiro móvel usa um endereço IP fixo. Toda a comunicação para aquele endereço IP é inicialmente dirigida ao **agente nativo** do hóspede móvel. Esse agente nativo está situado na rede local correspondente ao endereço de rede contido no endereço IP do hospedeiro móvel. No caso do IPv6, ele é realizado como um componente da camada de rede. Sempre que um hospedeiro móvel passar para uma outra rede, ele requisita um endereço temporário que possa usar para comunicação. Esse **endereço externo** (**care-of cdress — COA**) é registrado no agente nativo.

Quando o agente nativo recebe um pacote para o hospedeiro móvel, ele consulta a localização corrente do hospedeiro. Se este estiver na rede local corrente, o pacote é simplesmente repassado. Caso contrário, o pacote é enviado por um túnel até a localização corrente do hospedeiro, isto é, envelopado como dados em um pacote IP e enviado para o endereço COA. Ao mesmo tempo, o remetente do pacote é informado da localização corrente do hospedeiro. Esse princípio é mostrado na Figura 5.3. Note

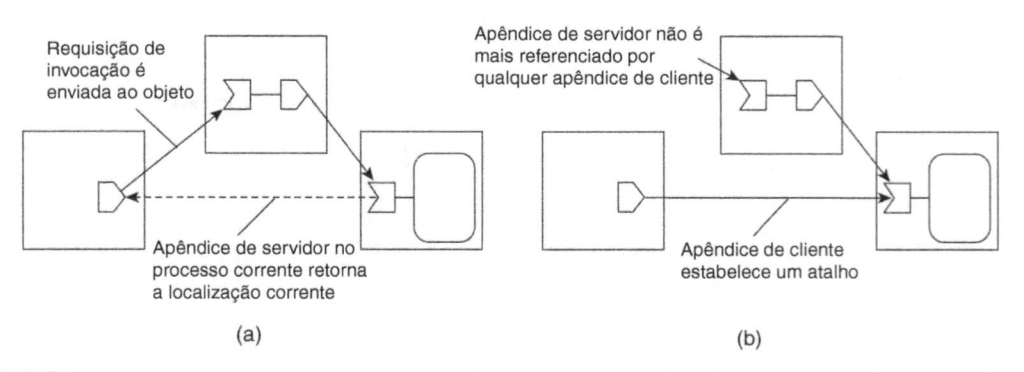

(a)   (b)

Figura 5.2 Redirecionamento de ponteiro repassador pelo armazenamento de um atalho no apêndice de cliente.

que o endereço IP é efetivamente utilizado como identificador pelo hospedeiro móvel.

A Figura 5.3 também ilustra uma outra desvantagem de abordagens baseadas em localização nativa para redes de grande escala. Para se comunicar com uma entidade móvel, em primeiro lugar um cliente tem de contatar a localização nativa, que pode estar em um lugar completamente diferente de onde está a própria entidade. O resultado é um aumento na latência de comunicação.

Uma desvantagem da abordagem baseada na localização nativa é a utilização de uma localização nativa fixa. Por um lado, é preciso assegurar que a localização nativa sempre exista. Caso contrário, será impossível contatar a entidade. Os problemas se agravam quando uma entidade que está em determinado lugar há muito tempo decide se mudar permanentemente para uma parte da rede completamente diferente de onde está sua localização nativa. Nesse caso, seria melhor se a localização nativa pudesse se mudar junto com o hospedeiro.

Uma solução para esse problema é registrar a localização nativa em um serviço tradicional de nomeação e deixar que um cliente consulte, em primeiro lugar, a localização nativa. Como podemos adotar a premissa de que a localização nativa é relativamente estável, essa localização pode ser efetivamente mantida em cache após ter sido consultada.

5.2.3 Tabelas de hash distribuídas (DHT)

Agora vamos examinar mais de perto recentes desenvolvimentos sobre como resolver um identificador para o endereço da entidade associada. Já mencionamos tabelas de hash distribuídas várias vezes, mas adiamos a discussão sobre o modo como elas realmente funcionam. Nesta seção, corrigimos essa situação considerando, em primeiro lugar, o sistema Chord como um sistema baseado em DHT fácil de explicar. Em sua forma mais simples, sistemas baseados em DHT não consideram proximidade de rede. Essa negligência pode resultar facilmente em problemas de desempenho. Discutimos também soluções para sistemas de equipamentos de rede.

Mecanismo geral

Existem vários sistemas baseados em DHT, e uma breve visão geral desses sistemas é dada em Balakrishnan et al. (2003). O sistema Chord (Stoica et al., 2003) é representativo de muitos deles, embora apresente importantes diferenças sutis que influenciam a complexidade de sua manutenção e de seus protocolos de consulta. Como explicamos brevemente no Capítulo 2, o Chord usa um espaço de identificadores de m bits para designar identificadores escolhidos aleatoriamente a nós, bem como chaves a entidades específicas. Estas podem ser praticamente qualquer coisa: arquivos, processos etc. O número m de bits é usualmente 128 ou 160, dependendo da função de hash utilizada. Uma entidade com chave k cai sob a jurisdição do nó que tenha o menor identificador $id \geq k$. Esse nó é denominado *sucessor* de k e denotado por *succ(k)*.

A questão principal em sistemas baseados em DHT é resolver com eficiência uma chave k para o endereço de *succ(k)*. Uma abordagem óbvia não escalável é deixar que cada nó p monitore o sucessor *succ(p+1)*, bem como seu predecessor, *pred(p)*. Nesse caso, sempre que um nó p recebe uma requisição para resolver a chave k, ele simplesmente repassará a requisição para um de seus dois vizinhos — qualquer um que seja adequado —, a menos que $pred(p) < k \leq p$, caso em que o nó p deve retornar seu próprio endereço para o processo que iniciou a resolução da chave k.

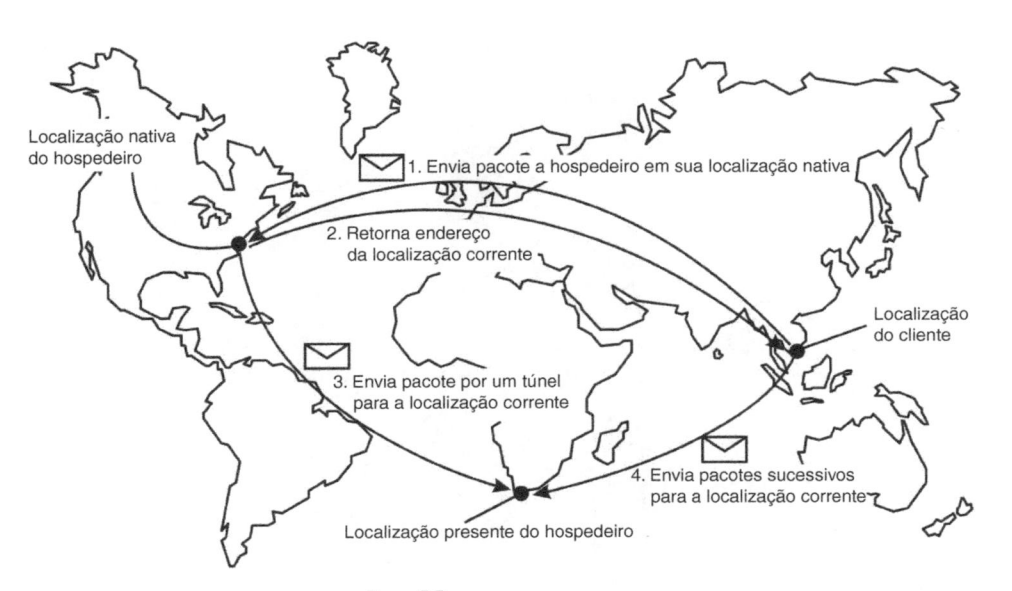

Figura 5.3 *Princípio do Mobile IP.*

Em vez dessa abordagem linear para a consulta de chaves, cada nó Chord mantém uma **tabela de derivação** (**finger table**) de, no máximo, m entradas. Denotando a tabela de derivação do nó p por FT_p, então:

$$FT_p[i] = succ(p+2^{i-1})$$

Em linguagem corrente, a i-ésima entrada aponta para o primeiro nó que sucede p por, no mínimo, 2^{i-1}. Note que essas referências são, na verdade, atalhos para nós existentes no espaço de identificadores, onde a distância do atalho em relação ao nó p aumenta exponencialmente à medida que o índice na tabela de derivação cresce. Portanto, para consultar uma chave k, o nó p repassará imediatamente a requisição ao nó q com índice j na tabela de derivação de p', onde:

$$q = FT_p[j] \leq k \leq FTp[j+1]$$

(Por clareza, ignoramos a aritmética modular.)

Para ilustrar essa consulta, considere a resolução de $k = 26$ a partir do nó 1, como mostra a *Figura 5.4*. Em primeiro lugar, o nó 1 consultará $k = 26$ em sua tabela de derivação para verificar se esse valor é maior do que $FT_1[5]$, o que significa que a requisição será repassada para o nó $18 = FT_1[5]$. Por sua vez, o nó 18 selecionará o nó 20, porque $FT_{18}[2] < k \leq FT_{18}[3]$.

Por fim, a requisição é repassada do nó 20 para o nó 21, e deste para o nó 28, que é responsável por $k = 26$. Nesse ponto, o endereço do nó 28 é retornado para o nó 1, e a chave foi resolvida. Por razões semelhantes, quando o nó 28 é requisitado a resolver a chave $k = 12$, uma requisição será retornada, como mostra a linha pontilhada da Figura 5.4. Pode-se mostrar que uma consulta geralmente exigirá $O(log(N))$ etapas, sendo N o número de nós no sistema.

Em grandes sistemas distribuídos, pode-se esperar que o conjunto de nós participantes mude o tempo todo. Não basta considerar apenas os nós que se juntam e saem voluntariamente; é preciso também levar em conta os nós que falham (e, assim, deixam efetivamente o sistema) e mais tarde se recuperam novamente (quando então se juntam à rede mais uma vez).

Juntar-se a um sistema baseado em DHT como o Chord é relativamente simples. Suponha que o nó p queira se juntar. Ele simplesmente contata um nó arbitrário no sistema existente e requisita uma consulta para $succ(p+1)$. Tão logo esse nó tenha sido identificado, o próprio p pode inserir a si próprio no anel. Da mesma maneira, sair também pode ser simples. Note que os nós ainda monitoram seu predecessor.

É óbvio que a complexidade vem da necessidade de manter as tabelas de derivação atualizadas. O mais importante é que, para todo nó q, $FT_q[1]$ esteja correta, porque essa entrada se refere ao próximo nó do anel, isto é, ao sucessor de $q+1$. Para atingir esse objetivo, cada nó q executa periodicamente um procedimento simples

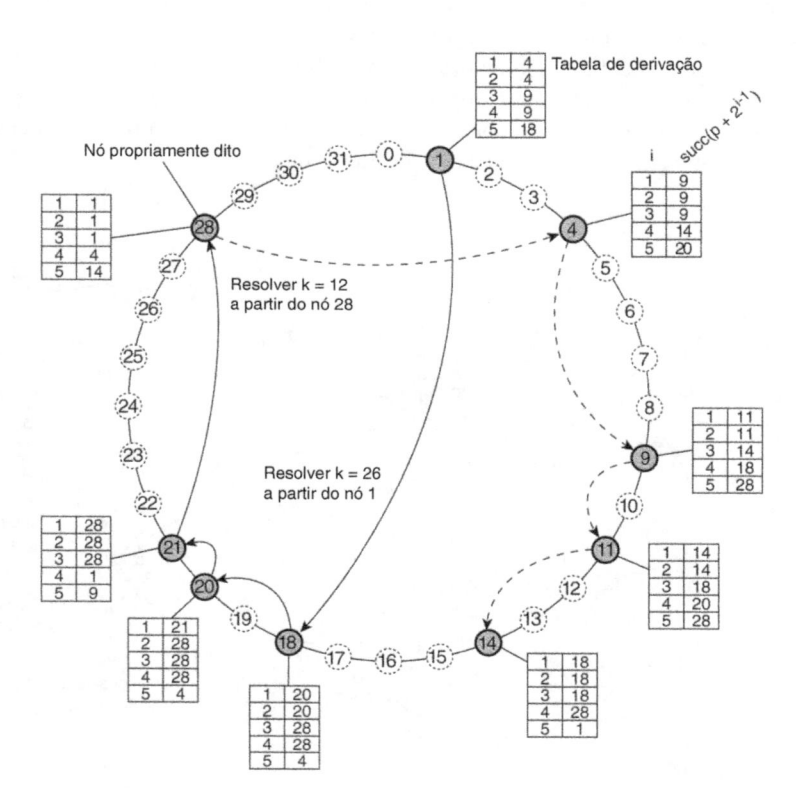

Figura 5.4 Resolução da chave 26 a partir do nó 1 e da chave 12 a partir do nó 28 em um sistema Chord.

que contata $succ(q+1)$ e requisita que ele retorne $pred(succ(q+1))$. Se $q = pred(succ(q+1))$, então q sabe que suas informações são consistentes com as de seu sucessor. Ao contrário, se o sucessor de q tiver atualizado seu predecessor, então, aparentemente, um novo nó p entrou no sistema, com $q < p \leq succ(q + 1)$, de modo que q ajustará $FT_q[1]$ para p. Nesse ponto, ele também verificará se p registrou q como seu predecessor. Caso não tenha registrado, é preciso um outro ajuste de $FT_q[1]$.

De modo semelhante, para atualizar uma tabela de derivação, o nó q precisa simplesmente achar o sucessor para $k = q + 2^{i-1}$ para cada entrada i. Mais uma vez, isso pode ser feito pela emissão de uma requisição para resolver $succ(k)$. Em Chord, tais requisições são emitidas periodicamente por meio de um processo residente.

Da mesma forma, cada nó q verificará periodicamente se seu predecessor está vivo. Se o predecessor tiver falhado, a única coisa que q pode fazer é registrar o fato ajustando $pred(q)$ para 'desconhecido'. Por outro lado, quando o nó q estiver atualizando seu enlace para o próximo nó no anel e descobrir que o predecessor de $succ(q+1)$ foi ajustado para 'desconhecido', ele simplesmente avisará $succ(q+1)$, que suspeita que ele é o predecessor. De modo geral, esses procedimentos simples garantem que um sistema Chord seja, normalmente, consistente, talvez com exceção de alguns nós. Os detalhes podem ser encontrados em Stoica et al. (2003).

Exploração de proximidade na rede

Um dos problemas potenciais de sistemas como o Chord é que as requisições podem ser roteadas erraticamente pela Internet. Por exemplo, suponha que o nó 1 da Figura 5.4 esteja localizado em Amsterdã, Holanda; o nó 18, em San Diego, Califórnia; o nó 20 novamente em Amsterdã; e o nó 21 em San Diego. O resultado da resolução da chave 26 incorrerá em três transferências de mensagens de longo alcance que, argumenta-se, poderiam ser reduzidas no máximo a uma. Para minimizar essas anomalias, o projeto de um sistema baseado em DHT requer que se leve em conta a rede subjacente.

Castro et al. (2002b) distinguem três modos diferentes de fazer com que um sistema baseado em DHT fique ciente da rede subjacente. No caso de **identificadores de nós designados com base na topologia**, a idéia é designar identificadores de modo tal que dois nós próximos tenham identificadores que também estejam próximos um do outro. Não é difícil imaginar que essa abordagem pode impor sérios problemas no caso de sistemas relativamente simples como o Chord. Sob circunstâncias em que identificadores de nós são amostrados com base em um espaço unidimensional, mapear um anel lógico para a Internet está longe de ser trivial. Além do mais, esse mapeamento pode expor, com facilidade, falhas correlacionadas: nós que estão na mesma rede corporativa terão identificadores dentro de um intervalo relativamente pequeno. Quando essa rede ficar inalcançável, de repente teremos uma lacuna no que, quanto ao mais, seria uma distribuição uniforme de identificadores.

Com **roteamento por proximidade**, os nós mantêm uma lista de alternativas para repassar uma requisição. Por exemplo, em vez de ter só um único sucessor, cada nó em Chord poderia perfeitamente bem monitorar r sucessores. Na verdade, essa redundância pode ser aplicada para toda entrada em uma tabela de derivações. Para o nó p, $FT_p[i]$ aponta para o primeiro nó na faixa $[p+2^{i-1}, p+2^i-1]$. Não há nenhuma razão por que p não possa monitorar r nós naquela faixa: se for necessário, cada um deles pode ser usado para rotear uma requisição de consulta para uma chave $k > p+2^i-1$. Nesse caso, quando um nó está escolhendo um outro nó para repassar uma requisição de consulta, ele pode optar por um dos r sucessores que estão mais próximos dele mesmo, mas também satisfaz a restrição de que o identificador do nó escolhido deva ser menor do que o da chave requisitada. Uma vantagem adicional de ter vários sucessores para cada entrada de tabela é que falhas de nós não precisam resultar imediatamente na falha de consultas porque várias rotas podem ser exploradas.

Por fim, na **seleção de vizinho por proximidade**, a idéia é otimizar tabelas de roteamento de maneira tal que o nó mais próximo seja selecionado como vizinho. Essa seleção só funciona quando há mais nós entre os quais escolher. Em Chord, isso normalmente não se aplica. Contudo, em outros protocolos, como Pastry (Rowstron e Druschel, 2001), quando um nó se junta ao grupo, recebe informações sobre a sobreposição corrente de vários outros nós. Essa informação é usada pelo novo nó para construir uma tabela de roteamento. É óbvio que, quando há nós alternativos entre os quais escolher, a seleção de vizinho por proximidade permitirá ao nó que está se juntando ao grupo escolher o melhor deles.

Note que pode não ser muito fácil separar roteamento por proximidade e seleção de vizinho por proximidade. Na verdade, quando o Chord é modificado para incluir r sucessores para cada entrada de tabela de derivações, a seleção de vizinho por proximidade recorre à identificação dos r vizinhos mais próximos, o que chega muito perto do roteamento por proximidade, como acabamos de explicar (Dabek et al., 2004b).

Por fim, observamos também que se pode fazer uma distinção entre **consultas iterativas** e **consultas recursivas**. No primeiro caso, um nó ao qual é requisitada uma consulta de chave retornará ao processo requisitante o endereço de rede do próximo nó encontrado. Portanto, o processo requisitará que o próximo nó avance uma etapa na resolução da chave. Uma alternativa, e, em essência, o modo como o explicamos até aqui, é deixar que um nó repasse uma requisição de consulta para o próximo nó. Ambas as abordagens têm suas vantagens e desvantagens, que estudaremos mais adiante neste capítulo.

5.2.4 Abordagens hierárquicas

Nesta seção, em primeiro lugar discutiremos uma abordagem geral de um esquema de localização hierárquica e depois apresentaremos várias otimizações. A abordagem que apresentaremos é baseada no serviço de localização Globe, descrito em detalhes em Ballintijn (2003). Uma visão geral pode ser encontrada em Van Steen et al. (1998). O Globe é um serviço de localização de uso geral representativo de muitos serviços de localização hierárquica propostos para o que denominamos Sistemas de Comunicação Pessoal, dos quais Pitoura e Samaras (2001) dão uma visão geral.

Em um esquema hierárquico, uma rede é dividida em um conjunto de **domínios**. Há um único domínio de nível mais alto que abrange toda a extensão da rede. Cada domínio pode ser subdividido em vários domínios menores. Um domínio de nível mais baixo é denominado **domínio-folha** e normalmente corresponde a uma rede local quando se trata de redes de computadores ou a uma célula em uma rede de telefonia móvel.

Cada domínio D tem um nó de diretório associado, $dir(D)$, que monitora as entidades nesse domínio. Isso resulta em uma árvore de nós de diretório. O nó de diretório do domínio de nível mais alto, denominado **nó (de diretório) raiz,** sabe quais são todas as entidades. Essa organização geral de uma rede em domínios e nós de diretório é ilustrada na Figura 5.5.

Para monitorar o paradeiro de uma entidade, cada entidade que está localizada em um domínio D no momento considerado é representada por um **registro de localização** no nó de diretório $dir(D)$. Um registro de localização para a entidade E no nó de diretório N para um domínio-folha D contém o endereço corrente dessa entidade naquele domínio. Em comparação, o nó de diretório N' para o próximo domínio de nível mais alto, D', que contém D, terá um registro de localização para E que contém somente um ponteiro para N. Da mesma maneira, o nó-pai de N' armazenará um registro de localização para E que contém somente um ponteiro para N'. Em decorrência, o nó-raiz terá um registro de localização para cada entidade, e cada registro de localização armazenará um ponteiro para o nó de diretório do próximo subdomínio de nível mais baixo onde a entidade associada àquele registro vai estar localizada no momento em questão.

Uma entidade pode ter vários endereços, por exemplo, se ela for replicada. Se uma entidade tem um endereço no domínio-folha D_1 e D_2, respectivamente, o nó de diretório do menor domínio que contém ambos, D_1 e D_2, terá dois ponteiros, um para cada subdomínio que contém um endereço. Isso resulta na organização geral da árvore, como mostra a Figura 5.6.

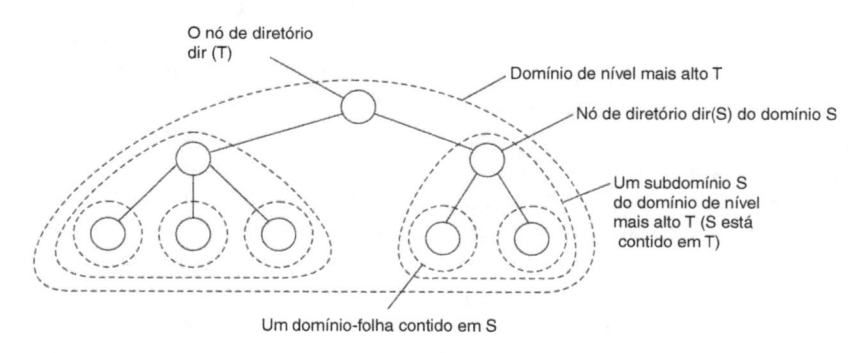

Figura 5.5 Organização hierárquica de um serviço de localização em domínios, cada um com um nó de diretório associado.

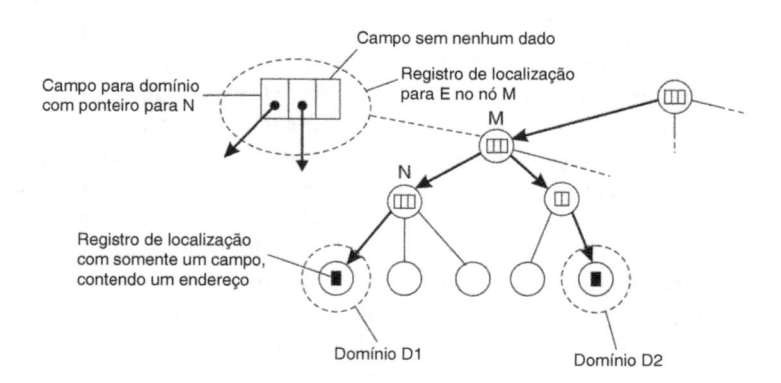

Figura 5.6 Exemplo de armazenamento de informação de uma entidade que tem dois endereços em domínios-folha diferentes.

Agora vamos considerar como ocorre uma operação de consulta em tal serviço de localização hierárquico. Como mostra a Figura 5.7, um cliente que deseja localizar uma entidade E emite uma requisição de consulta ao nó de diretório do domínio-folha D no qual o cliente reside. Se o nó de diretório não armazenar um registro de localização para a entidade, ela não está localizada em D naquele momento. Por conseqüência, o nó repassa a requisição para seu pai. Note que o nó-pai representa um domínio maior do que o de seu filho. Se o pai também não tiver nenhum registro de localização para E, a requisição de consulta é repassada para o próximo nível mais alto e assim por diante.

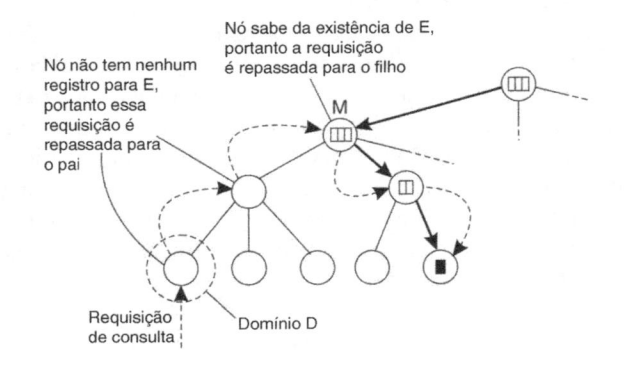

Figura 5.7 Consulta de uma localização em um serviço de localização organizado por hierarquia.

Tão logo a requisição chegue ao nó de diretório M, que armazena um registro de localização para a entidade E, sabemos que E está em algum lugar no domínio $dom(M)$ representado pelo nó M. Podemos ver, na Figura 5.7, que M armazena um registro de localização que contém um ponteiro para um de seus subdomínios. Então, a requisição de consulta é repassada para o nó de diretório daquele subdomínio que, por sua vez, a repassa para baixo pela árvore, até que a requisição finalmente alcance um nó-folha. O registro de localização armazenado no nó-folha conterá o endereço de E naquele domínio-folha.

Então, esse endereço pode ser retornado para o cliente que requisitou inicialmente a consulta.

Uma observação importante em relação a serviços de localização hierárquica é que a operação de consulta explora localidade. Em princípio, a entidade é procurada dentro de um anel que cresce gradativamente e está centrado no cliente requisitante. A área de busca é expandida toda vez que a requisição de consulta é repassada para o próximo diretório de nível mais alto. Na pior das hipóteses, a busca continua até a requisição chegar ao nó-raiz. Como o nó-raiz tem um registro de localização para cada entidade, a requisição pode ser simplesmente repassada para baixo, ao longo de um caminho de ponteiros, até um dos nós-folha.

Operações de atualização exploram localidade de modo semelhante, como mostra a Figura 5.8. Considere uma entidade E que criou uma réplica no domínio-folha D na qual ela precisa inserir seu endereço. A inserção é iniciada no nó-folha $dir(D)$ de D que imediatamente repassa a requisição de inserção a seu pai. O pai também repassará a requisição de inserção, até que ela chegue a um nó de diretório M que já armazena um registro de localização para E.

Portanto, o nó M armazenará um ponteiro no registro de localização para E, que referencia o nó-filho de onde a requisição de inserção foi repassada. Nesse ponto, o nó-filho cria um registro de localização para E, que contém um ponteiro para o próximo nó de nível mais baixo de onde veio a requisição. Esse processo continua até chegar ao nó-folha de onde foi iniciada a inserção. Por fim, o nó-folha cria um registro com o endereço da entidade no domínio-folha associado.

Inserir um endereço como acabamos de descrever resulta na instalação da cadeia de ponteiros de cima para baixo, começando no nó de diretório de nível mais alto que tem o registro de localização para a entidade E. Uma alternativa é criar um registro de localização antes de passar a requisição de inserção para o nó-pai. Em outras palavras, a cadeia de ponteiros é construída de baixo para

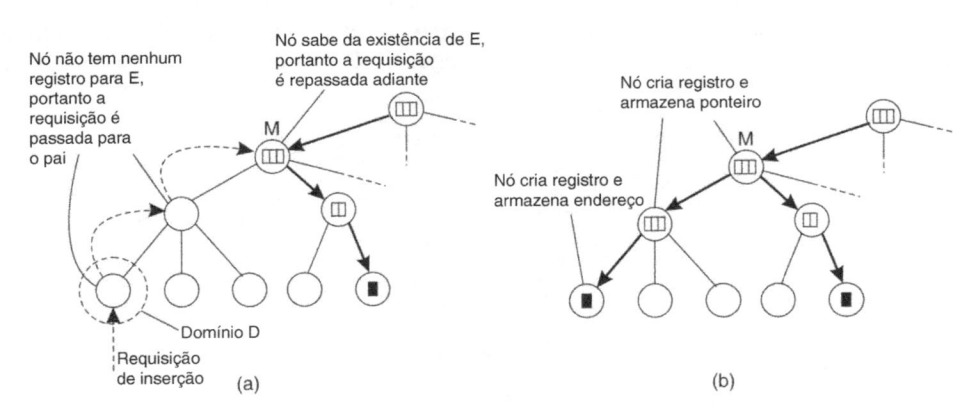

Figura 5.8 (a) Requisição de inserção é repassada para o primeiro nó, que sabe da existência da entidade E.
(b) É criada uma cadeia de ponteiros repassadores até o nó-folha.

cima. A vantagem dessa última é que um endereço se torna disponível para consultas logo que seja possível. Em conseqüência, se um nó-pai estiver temporariamente inalcançável, o endereço ainda pode ser consultado dentro do domínio representado pelo nó corrente.

Uma operação de remoção é análoga a uma operação de inserção. Quando um endereço para a entidade E no domínio-folha D precisa ser removido, requisita-se ao nó de diretório $dir(D)$ que remova aquele endereço de seu registro de localização para E. Se esse registro de localização ficar vazio, isto é, se não contiver nenhum outro endereço para E em D, ele pode ser removido. Nesse caso, o nó-pai do $dir(D)$ quer remover seu ponteiro para $dir(D)$. Se, no entanto, o registro de localização para E no pai também ficar vazio, esse registro deve ser removido também, e o próximo nó de diretório de nível mais alto deve ser informado. Novamente, esse processo continua até um ponteiro ser removido de um registro de localização que permanece não vazio dali em diante, ou até a raiz ser alcançada.

5.3 Nomeação Estruturada

Nomes simples são bons para máquinas mas, em geral, não são muito convenientes para a utilização de seres humanos. Como alternativa, sistemas de nomeação comumente suportam nomes estruturados, que são compostos por nomes simples, passíveis de leitura pelas pessoas. A nomeação de arquivos, bem como a nomeação de hospedeiros na Internet, segue essa abordagem. Nesta seção, vamos nos concentrar em nomes estruturados e no modo como esses nomes são resolvidos para endereços.

5.3.1 Espaços de nomes

Normalmente, nomes são organizados no que denominamos **espaço de nomes**. Espaços de nomes para nomes estruturados podem ser representados como um gráfico dirigido e rotulado com dois tipos de nós. Um **nó-folha** representa uma entidade nomeada e tem a propriedade de não ter ramos de saída. Um nó-folha geralmente armazena informações sobre a entidade que está representando — por exemplo, seu endereço — de modo que um cliente possa acessá-las. Como alternativa, ele pode armazenar o estado daquela entidade, como no caso de sistemas de arquivo no qual um nó-folha realmente contém o arquivo completo que está representando. Mais adiante voltaremos ao conteúdo de nós.

Ao contrário de um nó-folha, um **nó de diretório** tem vários ramos de saída, cada um rotulado com um nome, como mostra a Figura 5.9. Cada nó em um gráfico de nomeação é considerado como mais uma outra entidade em um sistema distribuído e, em particular, tem um identificador associado. Um nó de diretório armazena uma tabela na qual um ramo de saída é representado por um par *(rótulo do ramo, identificador do nó)*. Essa tabela é denominada **tabela de diretório**.

O gráfico de nomeação mostrado na Figura 5.9 tem um nó, a saber, n_0, que tem somente ramos de saída e nenhum ramo de entrada. Tal nó é denominado (**nó**) **raiz** do gráfico de nomeação. Embora seja possível que um gráfico de nomeação tenha vários nós-raiz, por simplicidade, muitos sistemas de nomeação têm somente um. Cada caminho em um gráfico de nomeação pode ser referenciado pela seqüência de rótulos correspondentes aos ramos naquele caminho, como

$$N:\text{<label-1, label-2, ..., label-n>}$$

onde N se refere ao primeiro nó no caminho. Tal seqüência é denominada **nome de caminho**. Se o primeiro nó no nome de caminho for a raiz do gráfico de nomeação, ele é denominado **nome de caminho absoluto**. Caso contrário, é chamado **nome de caminho relativo**.

É importante perceber que nomes são sempre organizados em um espaço de nomes. Por conseqüência, um nome é sempre definido em relação a apenas um nó de diretório. Nesse sentido, o termo 'nome absoluto' é um pouco enganador. Da mesma maneira, a diferença entre nomes globais e locais muitas vezes pode ser confusa. Um **nome global** é um nome que denota a mesma entidade, sem importar onde ele é usado em um sistema. Em outras palavras, um nome global é sempre interpretado em relação ao mesmo nó de diretório. Ao contrário, um **nome local** é um nome cuja interpretação depende de onde aquele nome está sendo usado. Em outras palavras,

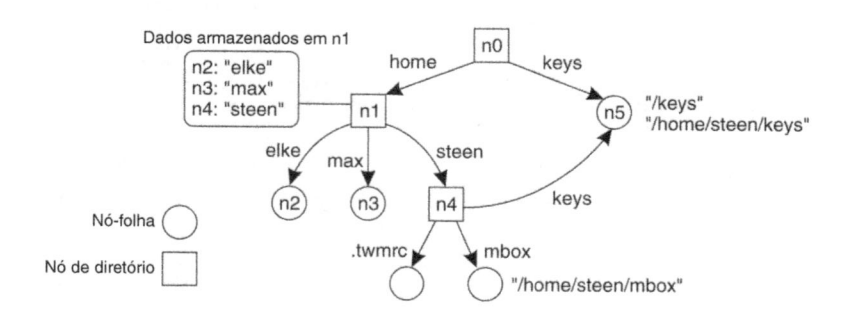

Figura 5.9 *Gráfico de nomeação geral com um único nó-raiz.*

um nome local é, em essência, um nome relativo cujo diretório no qual ele está contido é (implicitamente) conhecido. Voltaremos a essas questões mais adiante quando discutirmos resolução de nomes.

Essa descrição de um gráfico de nomeação se aproxima da que é implementada em muitos sistemas de arquivo. Contudo, em vez de escrever a seqüência de rótulos de ramos para representar um nome de caminho, os nomes de caminho em sistemas de arquivo em geral são representados como uma única cadeia na qual os rótulos são separados por um caractere separador especial, como uma barra ('/'). Esse caractere também é usado para indicar se um nome de caminho é absoluto. Por exemplo, na Figura 5.9, em vez de usar n_0:<home, steen, mbox>, isto é, o nome de caminho propriamente dito, na prática é comum usar sua representação em cadeia, /home/steen/mbox.

Observe também que, quando há diversos caminhos que levam ao mesmo nó, esse nó pode ser representado por diferentes nomes de caminho. Por exemplo, o nó n_5 na Figura 5.9 pode ser referenciado por /home/steen/keys, bem como por /keys. A representação em cadeia de nomes de caminho pode ser igualmente bem aplicada a outros gráficos de nomeação que não sejam os usados somente para sistemas de arquivo. Em Plan 9 (Pike et al., 1995), todos os recursos, como processos, hospedeiros, dispositivos de E/S e interfaces de rede, são nomeados do mesmo modo que arquivos tradicionais. Essa abordagem é análoga à implementação de um único gráfico de nomeação para todos os recursos em um sistema distribuído.

Há muitas maneiras diferentes de organizar um espaço de nomes. Como mencionamos, a maioria dos espaços de nomes tem apenas um único nó-raiz. Em muitos casos, um espaço de nomes também é estritamente hierárquico no sentido de que o gráfico de nomeação é organizado como uma árvore. Isso significa que cada nó, exceto a raiz, tem exatamente um ramo de entrada; a raiz não tem nenhuma. Em decorrência, cada nó também tem exatamente um nome de caminho (absoluto) associado.

O gráfico de nomeação mostrado na Figura 5.9 é um exemplo de *gráfico acíclico dirigido*. Nessa organização, um nó pode ter mais do que um ramo de entrada, mas não é permitido que o gráfico tenha um ciclo. Também há espaços de nomes que não têm essa restrição.

A fim de trazer esse assunto para um terreno mais concreto, considere o modo como são nomeados os arquivos em um sistema tradicional de arquivos Unix. Em um gráfico de nomeação para Unix, um nó de diretório representa um diretório de arquivos, ao passo que um nó-folha representa um arquivo. Há um único diretório-raiz, representado no gráfico de nomeação pelo nó-raiz. A implementação do gráfico de nomeação é uma parte integrante da implementação completa do sistema de arquivos. A implementação consiste em uma série de blocos contíguos de um disco lógico, geralmente divididos em um bloco de inicialização, um superbloco, uma série de nós de índice (denominados inodes) e blocos de dados de arquivo. Veja também Crowley (1997), Silberschatz et al. (2005) e Tanenbaum e Woodhull (2006). Essa organização é mostrada na Figura 5.10.

O bloco de inicialização é um bloco especial de dados e instruções que é carregado automaticamente na memória principal quando o sistema é inicializado. O bloco de inicialização é usado para carregar o sistema operacional na memória principal.

O superbloco contém informações sobre todo o sistema de arquivo, como seu tamanho, quais blocos de disco ainda não estão alocados, quais inodes ainda não foram usados e assim por diante. Inodes são referenciados por um número de índice, começando pelo número zero, que é reservado para o inode que representa o diretório-raiz.

Cada inode contém informações sobre o lugar no disco em que podem ser encontrados os dados de seu arquivo associado. Além disso, um inode contém informações sobre seu proprietário, quando foi criado e quando ocorreu a última modificação, proteção e coisas semelhantes. Em conseqüência, dado o número de índice de um inode, é possível acessar seu arquivo associado. Cada diretório também é implementado como um arquivo. Isso também acontece com o diretório-raiz, que contém um mapeamento entre nomes de arquivo e números de índices de inodes. Assim, podemos perceber que o número de índice de um inode corresponde a um identificador de nó no gráfico de nomeação.

5.3.2 Resolução de nomes

Espaços de nomes oferecem um mecanismo conveniente para armazenar e recuperar informações sobre entidades por meio de nomes. De modo mais geral, dado um nome de caminho, deve ser possível consultar qualquer informação armazenada no nó referenciado por aquele nome. O processo de busca de um nome é denominado **resolução de nomes**.

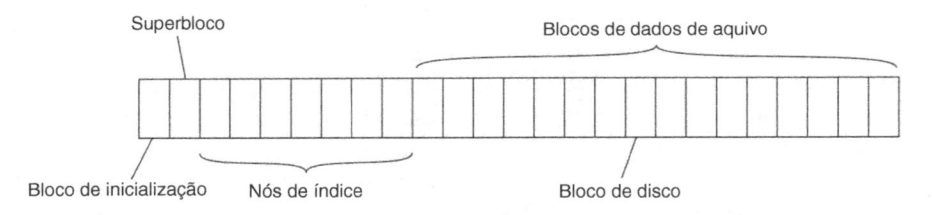

Figura 5.10 *Organização geral da implementação do sistema de arquivos Unix em um disco lógico de blocos contíguos de disco.*

Para explicar como funciona a resolução de nomes, vamos considerar um nome de caminho tal como $N:<label_1,label_2,...,label_n>$. A resolução desse nome começa no nó N do gráfico de nomeação, onde o nome $label_1$ é consultado na tabela de diretório e de onde retorna o identificador do nó ao qual $label_1$ se refere. Então a resolução continua no nó identificado, pela consulta ao nome $label_2$ em sua tabela de diretório e assim por diante. Tendo como premissa que o caminho nomeado realmente existe, a resolução pára no último nó referenciado por $label_n$, pelo retorno do conteúdo daquele nó.

Uma consulta de nome retorna o identificador de um nó do lugar em que o processo de resolução de nomes continua. Em particular, é necessário acessar a tabela de diretório do nó identificado. Considere novamente um gráfico de nomeação para um sistema de arquivos Unix. Como mencionamos, um identificador de nó é implementado como o número de índice de um inode. Acessar uma tabela de diretório significa que o primeiro inode tem de ser lido para descobrir em que lugar do disco os dados propriamente ditos estão armazenados e, então, na seqüência, ler os blocos de dados que contêm a tabela de diretório.

Mecanismo de fechamento

A resolução de nomes só pode ocorrer se soubermos como e onde começar. Em nosso exemplo, o nó de início foi dado e admitimos que tínhamos acesso a sua tabela de diretório. Saber como e onde iniciar uma resolução de nomes é geralmente denominado **mecanismo de fechamento**. Em essência, um mecanismo de fechamento trata da seleção do nó inicial em um espaço de nomes a partir do qual a resolução de nomes deve começar (Radia, 1989). O que faz com que às vezes seja difícil entender mecanismos de fechamento é que eles são, necessariamente, em parte implícitos e podem ser muito diferentes quando comparados uns com os outros.

Por exemplo, resolução de nomes no gráfico de nomeação para um sistema de arquivos Unix utiliza o fato de que o inode do diretório-raiz é o primeiro inode no disco lógico que representa o sistema de arquivos. Sua posição propriamente dita é calculada de acordo com os valores presentes em outros campos do superbloco, junto com informações sobre a organização interna do superbloco codificadas no próprio sistema operacional.

Para esclarecer esse ponto, considere a representação em cadeia de um nome como /home/steen/mbox. Para resolver esse nome, é necessário já ter acesso à tabela de diretório do nó-raiz do gráfico de nomeação adequado. Por ser um nó-raiz, o próprio nó não pode ter sido procurado, a menos que tenha sido implementado como um nó diferente em um outro gráfico de nomeação, digamos, G. Mas, nesse caso, teria sido necessário já ter acesso ao nó-raiz de G. Em conseqüência, resolver um nome de arquivo requer que já tenha sido implementado algum mecanismo pelo qual o processo de resolução possa começar.

Um exemplo completamente diferente é a utilização da cadeia '0031204430784'. Muitos não saberiam o que fazer com esses números, a menos que lhes digam que essa seqüência é um número de telefone. Essa informação é suficiente para iniciar o processo de resolução, em particular, para discar o número. Na seqüência, o sistema telefônico faz o resto.

Como último exemplo, considere a utilização de nomes globais e locais em sistemas distribuídos. Um exemplo típico de um nome local é uma variável de ambiente. Por exemplo, em sistemas Unix, a variável *HOME* é usada para se referenciar o diretório nativo de um usuário. Cada usuário tem sua própria cópia dessa variável, que é inicializada para o nome global, válido no âmbito do sistema, que corresponde ao diretório nativo do usuário. O mecanismo de fechamento associado com variáveis ambientais assegura que o nome da variável seja resolvido adequadamente, fazendo uma consulta em uma tabela específica do usuário.

Ligação e montagem

Estreitamente relacionada à resolução de nomes está a utilização de **apelidos** (**aliases**). Um apelido é um outro nome para a mesma entidade. Uma variável ambiental é um exemplo de um apelido. Em termos de gráficos de nomeação, há basicamente dois modos diferentes de implementar um apelido. A primeira abordagem é simplesmente permitir que vários nomes de caminhos absolutos referenciem o mesmo nó em um gráfico de nomeação. Essa abordagem está ilustrada na Figura 5.9, na qual o nó n_5 pode ser referenciado por dois nomes de caminho diferentes. Em terminologia Unix, ambos os nomes de caminho, */keys* e */home/steen/keys*, na Figura 5.9, são denominados **ponteiros estritos** para o nó n_5.

A segunda abordagem é representar uma entidade por um nó-folha, digamos, N, porém, em vez de armazenar o endereço ou estado daquela entidade, o nó armazena um nome de caminho absoluto. Ao resolver pela primeira vez um nome de caminho absoluto que leva a N, a resolução de nomes retornará o nome de caminho armazenado em N; nesse ponto ela pode continuar com a resolução do novo nome de caminho. Esse princípio corresponde à utilização de **ponteiros simbólicos** em sistemas de arquivos Unix e é ilustrado na Figura 5.11. Nesse exemplo, o nome de caminho */home/steen/keys*, que referencia um nó que contém o nome de caminho absoluto, */keys*, é uma ligação simbólica para o nó n_5.

A resolução de nomes, como a descrevemos até aqui, ocorre completamente dentro de um único espaço de nomes. Contudo, a resolução de nomes também pode ser usada para fundir diferentes espaços de nomes de maneira transparente. Em primeiro lugar, vamos considerar um sistema de arquivos montado. Em termos de nosso modelo de nomeação, um sistema de arquivos montado corresponde a deixar que um nó de diretório armazene o identificador

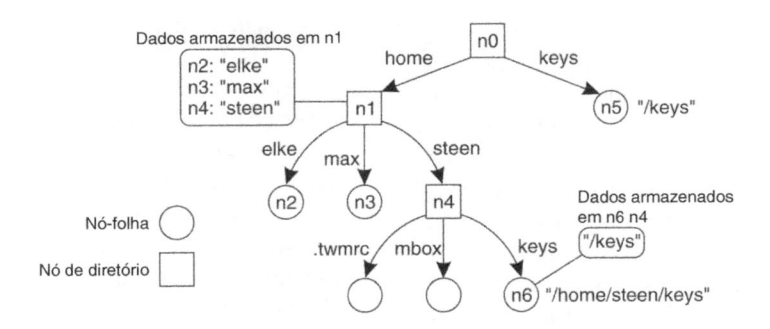

Figura 5.11 Conceito de um ponteiro simbólico explicado em um gráfico de nomeação.

de um nó de diretório de um espaço de nomes *diferente*, ao qual nos referimos como espaço de nomes externo. O nó de diretório que armazena o identificador de nó é denominado **ponto de montar**. De acordo com isso, o nó de diretório no espaço de nomes externo é denominado **ponto de montagem**. Normalmente, o ponto de montagem é a (o nó-) raiz de um espaço de nomes. Durante a resolução de nomes, o ponto de montagem é consultado e a resolução prossegue acessando sua tabela de diretório.

O princípio da montagem pode ser generalizado também para outros espaços de nomes. Em particular, o que precisamos é um nó de diretório que aja como um ponto de montar e armazene todas as informações necessárias para identificar e acessar o ponto de montagem no espaço de nomes externo. Essa abordagem é adotada em muitos sistemas distribuídos de arquivos.

Considere um conjunto de espaços de nomes que é distribuído por máquinas diferentes. Em particular, cada espaço de nomes é implementado por um servidor diferente, cada um possivelmente executando em uma máquina separada. Conseqüentemente, se quisermos montar um espaço de nomes externo NS_2 em um espaço de nomes NS_1, talvez seja necessária a comunicação por uma rede com o servidor de NS_2, porque esse servidor pode estar executando em uma máquina diferente da do servidor para NS_1. Montar um espaço de nomes externo em um sistema distribuído requer, no mínimo, as seguintes informações:

1. O nome de um protocolo de acesso
2. O nome do servidor
3. O nome do ponto de montagem no espaço de nomes externo

Note que cada um desses nomes precisa ser resolvido. O nome de um protocolo de acesso precisa ser resolvido na implementação de um protocolo pelo qual pode ocorrer a comunicação com o servidor do espaço de nomes externo. O nome do servidor precisa ser resolvido em um endereço no qual esse servidor possa ser alcançado. Como a última parte na resolução de nomes, o nome do ponto de montagem precisa ser resolvido em um identificador de nó no espaço de nomes externo.

Em sistemas não distribuídos, pode ser que nenhum dos três pontos seja realmente necessário. Por exemplo, em Unix, não há nenhum protocolo de acesso e nenhum servidor. Além disso, o nome do ponto de montagem não é necessário porque ele é, apenas, o diretório-raiz do espaço de nomes externo.

O nome do ponto de montagem deve ser resolvido pelo servidor do espaço de nomes externo. Contudo, precisamos também de espaços de nomes e implementações para o protocolo de acesso e o nome do servidor. Uma possibilidade é representar os três nomes apresentados antes como um URL.

Para exemplificar mais concretamente, considere uma situação em que um usuário que está usando um laptop quer acessar arquivos que estejam armazenados em um servidor remoto de arquivos. A máquina cliente e o servidor de arquivos são ambos configurados com o **Sistema de Arquivos de Rede (Network File System – NFS)** da Sun, que discutiremos com detalhes no Capítulo 11. O NFS é um sistema distribuído de arquivo que vem com um protocolo que descreve com precisão como um cliente pode acessar um arquivo em um servidor (remoto) de arquivos NFS. Em particular, para permitir que o NFS funcione em toda a extensão da Internet, um cliente pode especificar exatamente qual arquivo ele quer acessar por meio de um URL do NFS: por exemplo, *nfs://flits.cs.vu.nl//home/steen*. Esse URL nomeia um arquivo — que, por acaso, é um diretório — denominado */home/steen* em um servidor de arquivos NFS *flits.cs.vu.nl*, que pode ser acessado por um cliente por meio do protocolo NFS (Shepler et al., 2003).

O nome *nfs* é um nome bem conhecido no sentido de que existe um acordo de âmbito mundial sobre como interpretar esse nome. Dado que estamos lidando com um URL, o nome *nfs* será resolvido em uma implementação do protocolo NFS. O nome do servidor é resolvido no seu endereço usando DNS, que será discutido em uma seção mais adiante. Como dissemos, */home/steen* é resolvido pelo servidor do espaço de nomes externo.

A organização de um sistema de arquivos na máquina cliente é parcialmente mostrada na *Figura 5.12*. O diretório-raiz tem uma quantidade de entradas definida pelo usuário, incluindo um subdiretório denominado /remote. A tarefa desse subdiretório é incluir pontos de montagem para espaços de nomes externos, como o diretório nativo de um usuário na Universidade de Vrije. Com essa finalidade, um nó de diretório denominado /remote/vu é usado para armazenar o URL nfs://flits.cs.vu.nl//home/steen.

Agora, considere o nome /remote/vu/mbox. Esse nome é resolvido começando no diretório-raiz na máquina cliente e continua até que o nó /remote/vu seja alcançado. Então, o processo de resolução de nomes continua, retornando o URL nfs://flits.cs.vu.nl//home/steen, que, por sua, vez, leva a máquina cliente a contatar o servidor de arquivo flits.cs.vu.nl por meio do protocolo NFS e, na seqüência, a acessar o diretório /home/steen. Portanto, a resolução de nomes pode continuar pela leitura do arquivo denominado mbox naquele diretório; depois disso, o processo de resolução pára.

Sistemas distribuídos que permitem a montagem de sistemas de arquivo remoto, como acabamos de descrever, permitem que uma máquina cliente execute, por exemplo, os seguintes comandos:

cd /remote/vu
ls –l

que, na seqüência, apresenta a lista de arquivos no diretório /home/steen no servidor de arquivos remoto. O bom de tudo isso é que o usuário é poupado dos detalhes do acesso propriamente dito ao servidor remoto. O ideal é que seja notada apenas uma certa perda de desempenho em comparação com o acesso de arquivos disponíveis no local. Na verdade, para o cliente, parece que o espaço de nomes enraizado na máquina local e o enraizado em /home/steen na máquina remota formam um único espaço de nomes.

5.3.3 Implementação de um espaço de nomes

Um espaço de nomes é o centro de um serviço de nomeação, isto é, um serviço que permite que usuários e processos adicionem, removam e consultem nomes. Um serviço de nomeação é implementado por servidores de nomes. Se um sistema distribuído estiver restrito a uma rede local, muitas vezes é viável implementar um serviço de nomeação por meio de um único servidor de nomes. Contudo, em sistemas distribuídos de grande escala com muitas entidades possivelmente dispersas por uma grande área geográfica, é necessário distribuir a implementação de um espaço de nomes por vários servidores de nomes.

Distribuição de espaços de nomes

Espaços de nomes para um sistema distribuído de grande escala, possivelmente de âmbito mundial, costumam ser organizados em hierarquia. Como antes, considere que tal espaço de nomes tenha apenas um único nó-raiz. Para implementar efetivamente esse espaço de nomes, é conveniente reparti-lo em camadas lógicas. Cheriton e Mann (1989) distinguem as três camadas seguintes.

A **camada global** é formada por nós do nível mais alto, isto é, o nó-raiz e outros nós de diretório logicamente próximos ao raiz, ou seja, seus filhos. Os nós na camada global costumam ser caracterizados por sua estabilidade, no sentido de que as tabelas de diretório raramente mudam. Esses nós podem representar organizações, ou grupos de organizações, cujos nomes estão armazenados no espaço de nomes.

A **camada administrativa** é formada por nós de diretório que, juntos, são gerenciados por uma única organização. Um aspecto característico dos nós de diretório na camada administrativa é que eles representam grupos de entidades que pertencem à mesma organização ou unidade

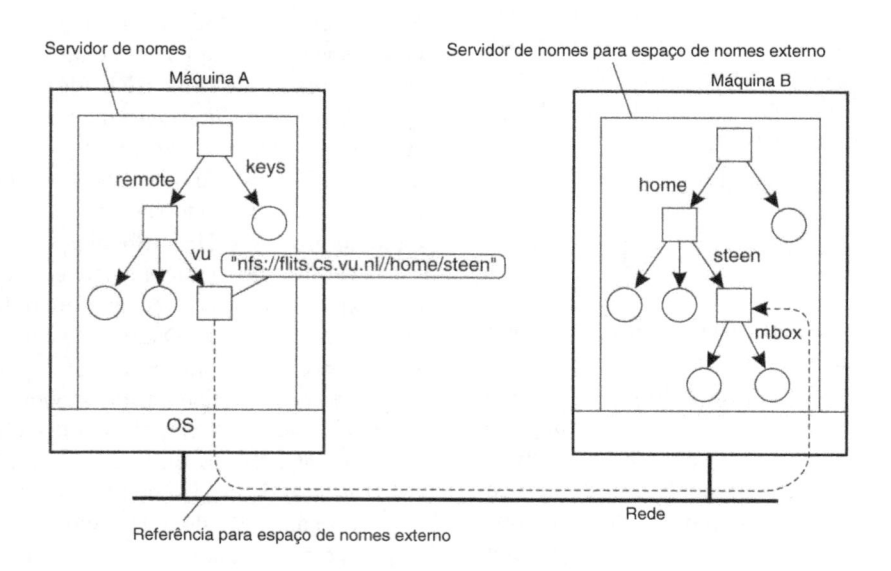

Figura 5.12 Montagem de espaços de nomes remotos por meio de um protocolo de acesso específico.

administrativa. Por exemplo, pode haver um nó de diretório para cada departamento em uma organização, ou um nó de diretório com base no qual todos os hospedeiros podem ser encontrados. Um outro nó de diretório pode ser usado como ponto de partida para nomear todos os usuários e assim por diante. Os nós na camada administrativa são relativamente estáveis, embora, de modo geral, as mudanças ocorram com maior freqüência do que nos nós da camada global.

Por fim, a **camada gerencial** consiste em nós cujo comportamento típico é a mudança periódica. Por exemplo, nós que representam hospedeiros na rede local pertencem a essa camada. Pela mesma razão, a camada inclui nós que representam arquivos compartilhados como os de bibliotecas ou binários. Uma outra classe importante de nós inclui os que representam diretórios e arquivos definidos por usuários. Ao contrário das camadas global e administrativa, os nós na camada gerencial são mantidos não somente por administradores de sistemas, mas também por usuários individuais de um sistema distribuído.

Exemplificando concretamente, a Figura 5.13 mostra um exemplo da repartição de parte do espaço de nomes DNS, incluindo os nomes de arquivos que estão dentro de uma organização e que podem ser acessados pela Internet, por exemplo, páginas Web e arquivos transferíveis. O espaço de nomes é dividido em partes que não se sobrepõem, denominadas **zonas** em DNS (Mockapetris, 1987). Uma zona é uma parte do espaço de nomes que é implementada por um servidor de nomes separado. Algumas dessas zonas são ilustradas na Figura 5.13.

No que se refere à disponibilidade e ao desempenho, os servidores de nomes em cada camada têm de cumprir requisitos diferentes. Alta disponibilidade é especialmente crítica para servidores de nomes na camada global. Se um servidor de nomes falhar, uma grande porção do espaço de nomes será inalcançável porque a resolução de nomes não pode passar do servidor que falhou.

O desempenho é um pouco mais sutil. Devido à baixa taxa de mudança de nós na camada global, os resultados de operações de consulta em geral permanecem válidos por um longo tempo. Como conseqüência, esses resultados podem ser efetivamente mantidos em cache — isto é, armazenados no local — pelos clientes. Da próxima vez que a mesma operação de consulta for executada, os resultados podem ser retirados da cache do cliente, em vez de deixar que o servidor de nomes retorne os resultados. O efeito disso é que os servidores de nomes na camada global não têm de responder rapidamente a uma requisição de consulta isolada. Por outro lado, a vazão pode ser importante, em especial em sistemas de grande escala com milhões de usuários.

Os requisitos de disponibilidade e desempenho para servidores de nomes na camada global podem ser cumpridos pela replicação de servidores, combinada com cache no lado do cliente. Como discutiremos no Capítulo 7, atualizações nessa camada em geral não têm de surtir efeito imediato, o que facilita muito a manutenção da consistência das réplicas.

A disponibilidade de um servidor de nomes na camada administrativa é de importância primordial para clientes na mesma organização que o servidor de nomes. Se o servidor de nomes falhar, muitos recursos dentro da organização tornam-se inalcançáveis porque não podem ser consultados. Por outro lado, para usuários de fora da organização, pode ser menos importante que os recursos de uma organização fiquem temporariamente inalcançáveis.

Quanto ao desempenho, servidores de nomes na camada administrativa têm características semelhantes aos da camada global. Como mudanças em nós não ocorrem com tanta freqüência, manter resultados de consulta

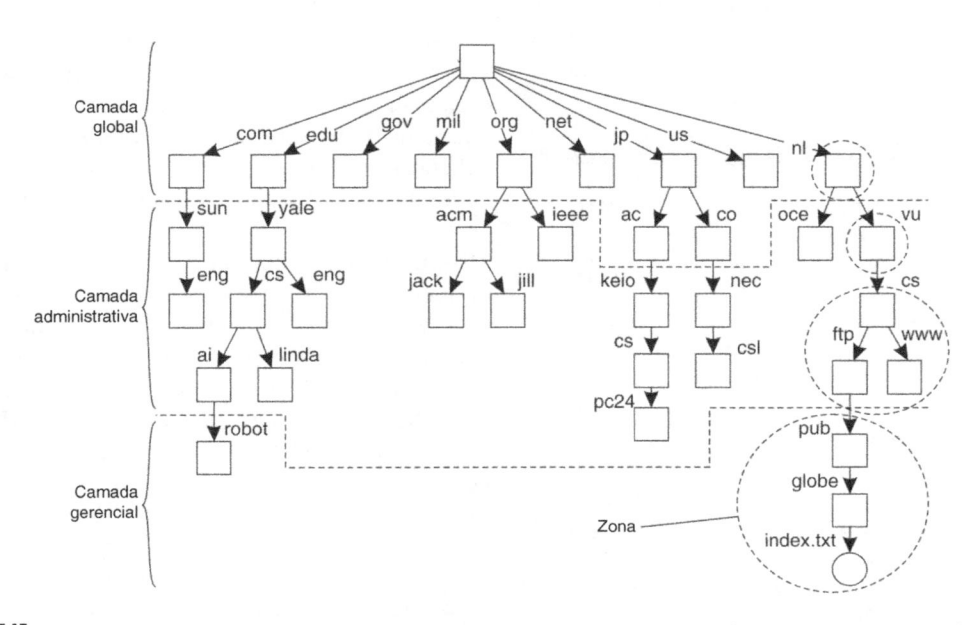

Figura 5.13 Exemplo de repartição do espaço de nomes DNS, incluindo arquivos acessíveis pela Internet, em três camadas.

em cache pode ser muito eficiente, o que torna o desempenho menos crítico. Contudo, ao contrário da camada global, a camada administrativa deve providenciar que os resultados de consultas sejam retornados dentro de alguns milissegundos, seja diretamente a partir do servidor, seja a partir da cache local do cliente. Da mesma maneira, as atualizações devem ser processadas, em geral, com mais rapidez do que as da camada global. Por exemplo, é inaceitável que uma conta de um novo usuário leve horas para se tornar efetiva.

Esses requisitos muitas vezes podem ser cumpridos usando máquinas de alto desempenho para rodar servidores de nomes. Além disso, deve ser aplicada cache do lado do cliente, combinada com replicação, para aprimorar a disponibilidade global.

Os requisitos de disponibilidade para servidores de nomes no nível gerencial são, de modo geral, menos exigentes. Em particular, muitas vezes é suficiente usar uma única máquina (dedicada) para rodar servidores de nomes, correndo o risco de indisponibilidade temporária. Todavia, o desempenho é crucial. Usuários esperam que as operações ocorram imediatamente. Como as atualizações ocorrem periodicamente, manter cache do lado do cliente costuma ser menos efetivo, a não ser que sejam tomadas providências especiais, que discutiremos no Capítulo 7.

Uma comparação entre servidores de nomes em diferentes camadas é mostrada na *Tabela 5.1*. Em sistemas distribuídos, servidores de nomes nas camadas global e administrativa são os mais difíceis de implementar. As dificuldades são causadas pela replicação e manutenção de cache necessárias para disponibilidade e desempenho, mas que também introduzem problemas de consistência. Alguns dos problemas são agravados pelo fato de que caches e réplicas são espalhadas por toda a extensão da rede de longa distância, o que introduz longos atrasos de comunicação e, por conseguinte, torna a sincronização ainda mais difícil. Replicação e manutenção de cache serão discutidas extensivamente no Capítulo 7.

Item	Global	Administrativa	Gerencial
Escala geográfica da rede	Mundial	Organização	Departamento
Número total de nós	Poucos	Muitos	Grandes quantidades
Capacidade de resposta a consultas	Segundos	Milissegundos	Imediata
Propagação de atualizações	Lerda	Imediata	Imediata
Quantidade de réplicas	Muitas	Nenhuma ou poucas	Nenhuma
É aplicada cache do lado do cliente?	Sim	Sim	Às vezes

Tabela 5.1 Comparação entre servidores de nomes para implementar nós de espaço de nomes de grande escala repartidos em uma camada global, uma camada administrativa e uma camada gerencial.

Implementação de resolução de nomes

A distribuição de um espaço de nomes por vários servidores de nomes afeta a implementação da resolução de nomes. Para explicar a implementação de resolução de nomes em serviços de nomeação de grande escala, consideraremos, por enquanto, que os servidores de nomes não são replicados e que não são usadas caches no lado do cliente. Cada cliente tem acesso a um **resolvedor de nomes** local, que é responsável por assegurar que o processo de resolução de nomes seja executado. Com referência à Figura 5.13, suponha que o nome de caminho (absoluto)

root:<nl, vu, cs, ftp, pub, globe, index.html>

deva ser resolvido. Usando uma notação URL, esse nome de caminho corresponderia a *ftp://ftp.cs.vu.nl/pub/globe/index.html*. Agora, há dois modos de implementar resolução de nomes.

Em **resolução iterativa de nomes**, um resolvedor de nomes entrega o nome completo ao servidor-raiz de nomes. Adotamos como premissa que o endereço em que o servidor-raiz pode ser contatado é bem conhecido. O servidor-raiz resolverá o nome de caminho até onde puder e retornará o resultado ao cliente. Em nosso exemplo, o servidor-raiz pode resolver somente o rótulo *nl*, para o qual ele retornará o endereço do servidor de nomes associado.

Nesse ponto, o cliente passa o restante do nome de caminho, isto é, *nl:<vu, cs, ftp, pub, globe, index.html>*, para esse servidor de nomes. Ele pode resolver somente o rótulo *vu* e retorna o endereço do servidor de nomes associado, junto com o restante do nome de caminho *vu:<cs, ftp, pub, globe, index.html>*.

Em seguida, o resolvedor de nomes do cliente entrará em contato com o próximo servidor de nomes, que responde resolvendo o rótulo *cs* e, na seqüência, também *ftp*, retornando o endereço do servidor FTP junto com o nome de caminho *ftp:<pub, globe, index.html>*. Sendo assim, o cliente contata o servidor FTP e requisita que ele resolva a última parte do nome de caminho original. Na seqüência, o servidor FTP resolverá os rótulos *pub*, *globe* e *index.html*, e transferirá o arquivo requisitado (nesse caso usando FTP). Esse processo de resolução iterativa de nomes é mostrado na *Figura 5.14*. (A notação #<cs> é usada para indicar o endereço do servidor responsável pela manipulação do nó referenciado por <cs>.)

Na prática, a última etapa, ou seja, contatar o servidor FTP e requisitar que ele transfira o arquivo cujo nome de caminho é *ftp:<pub, globe, index.html>*, é realizada em separado pelo processo cliente. Em outras palavras, o cliente normalmente entregaria somente o nome de caminho *root:<nl, vu, cs, ftp>* ao resolvedor de nomes, do qual esperaria o endereço de onde ele poderia contatar o servidor FTP, como também mostra a Figura 5.14.

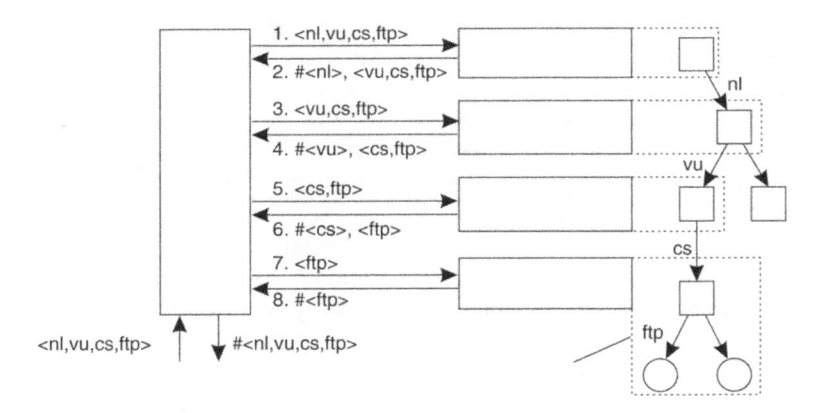

Figura 5.14 Princípio da resolução iterativa de nomes.

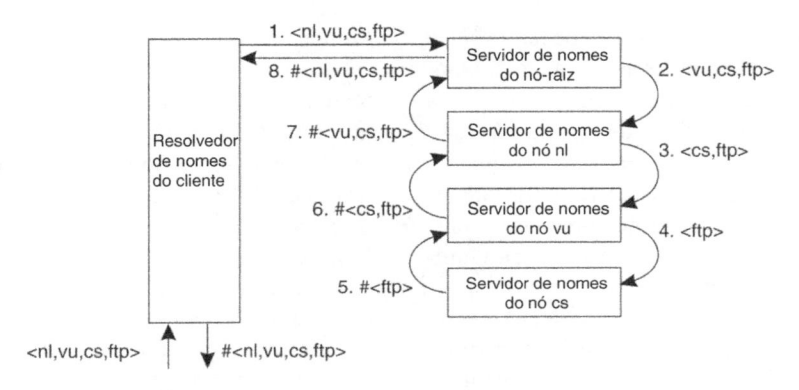

Figura 5.15 Princípio da resolução recursiva de nomes.

Uma alternativa para a resolução iterativa de nomes é usar recursão durante a resolução de nomes. Com **resolução recursiva de nomes**, em vez de retornar cada resultado intermediário de volta ao resolvedor de nomes do cliente, um servidor de nomes passa o resultado para o próximo servidor de nomes que encontrar. Portanto, por exemplo, quando o servidor-raiz de nomes encontrar o endereço do servidor de nomes que implementa o nó denominado *nl*, ele requisita que o servidor de nomes resolva o nome de caminho *nl:<vu, cs, ftp, pub, globe, index.html>*. Esse próximo servidor, que também utiliza resolução recursiva de nomes, resolverá o caminho completo e, a certa altura, retornará o arquivo *index.html* ao servidor-raiz que, por sua vez, passará esse arquivo para o resolvedor de nomes do cliente.

A Figura 5.15 mostra a resolução recursiva de nomes. Como na resolução iterativa de nomes, a última etapa da resolução — contatar o servidor FTP e solicitar que ele transfira o arquivo indicado — geralmente é realizada como um processo separado pelo cliente.

A principal desvantagem da resolução recursiva de nomes é que ela impõe uma exigência de desempenho mais alta a cada servidor de nomes. Basicamente, a tarefa de um servidor de nomes é manipular a resolução completa de um nome de caminho, embora possa fazer isso em cooperação com outros servidores de nomes. Essa carga adicional em geral é tão alta que os servidores de nomes na camada global de um espaço de nomes suportam somente resolução iterativa de nomes.

A resolução recursiva de nomes tem duas vantagens importantes. A primeira é que manter resultados em cache é mais efetivo em comparação com a resolução iterativa de nomes. A segunda é que os custos de comunicação podem ser reduzidos. Para explicar essas vantagens, suponha que o resolvedor de nomes de um cliente aceitará nomes de caminho que referenciem somente nós na camada global ou na camada administrativa do espaço de nomes. Para resolver a parte de um nome de caminho que corresponde a nós na camada gerencial, um cliente contatará separadamente o servidor de nomes retornado por seu resolvedor de nomes, como acabamos de discutir.

A resolução recursiva de nomes permite que cada servidor de nomes aprenda gradativamente o endereço de cada servidor de nomes responsável pela implementação de nós de nível mais baixo. O resultado é que a manutenção de cache pode ser usada efetivamente para aprimorar o desempenho. Por exemplo, quando o servidor-raiz é requisitado para resolver o nome de caminho *root*:<*nl, vu, cs, ftp*>, a certa altura ele obterá o endereço do servidor de nomes que implementa o nó referenciado por esse nome de caminho. Para chegar a esse ponto, o servidor de nomes para o nó *nl* tem de consultar o endereço do servidor de nomes para o nó *vu*, ao passo que este tem de consultar o endereço do servidor de nomes que manipula o nó *cs*.

Como mudanças em nós na camada global e na camada administrativa não ocorrem com freqüência, o servidor-raiz de nomes pode efetivamente manter em cache o endereço retornado. Além do mais, como o endereço também é retornado por recursão ao servidor de nomes responsável por implementar o nó *vu* e ao servidor de nomes que implementa o nó *nl*, ele também pode muito bem ser mantido em cache nesses servidores.

Da mesma maneira, os resultados de consultas intermediárias de nomes também podem ser retornados e mantidos em cache. Por exemplo, o servidor para o nó *nl* terá de consultar o endereço do servidor de nomes *vu*. Esse endereço pode ser retornado para o servidor-raiz quando o servidor *nl* retornar o resultado da consulta de nomes original. A *Tabela 5.2* mostra uma visão completa do processo de resolução e dos resultados que podem ser mantidos em cache por cada servidor de nomes.

O principal benefício dessa abordagem é que, a certa altura, as operações de consulta podem ser manipuladas com bastante eficiência. Por exemplo, suponha que, mais tarde, um outro cliente requisite a resolução do nome de caminho *root*:<*nl, vu, cs, flits*>. Esse nome é passado para o raiz, que imediatamente o repassa para o servidor de nomes do nó *cs*, e requisita que ele resolva o restante do nome de caminho *cs*:<*flits*>.

Com resolução iterativa de nomes, a manutenção de cache fica necessariamente restrita ao resolvedor de nomes do cliente. Como resultado, se um cliente *A* requisitar a resolução de um nome e, mais tarde, um outro cliente *B* requisitar que esse mesmo nome seja resolvido, a resolução de nomes terá de passar pelos mesmos servidores de nomes pelos quais passou a do cliente *A*. Como solução de compromisso, muitas organizações usam um servidor de nomes intermediário, local, que é compartilhado por todos os clientes. Esse servidor de nomes local manipula todas as requisições de nomeação e coloca os resultados em cache. O servidor intermediário também é conveniente do ponto de vista de gerenciamento. Por exemplo, somente ele precisa saber onde o servidor-raiz de nomes está localizado; outras máquinas não precisam dessa informação.

A segunda vantagem da resolução recursiva de nomes é que muitas vezes ela é mais barata no que diz respeito à comunicação. Considere, mais uma vez, a resolução do nome de caminho *root*:<*nl, vu, cs, ftp*> e suponha que o cliente esteja localizado em San Francisco. Adotando como premissa que o cliente conhece o endereço do servidor para o nó *nl*, com resolução recursiva de nomes a comunicação segue a rota desde o hospedeiro do cliente em San Francisco até o servidor *nl* na Holanda, representado por *R*1 na *Figura 5.16*. A partir desse ponto, é preciso comunicação subseqüente entre o servidor *nl* e o servidor de nomes da Universidade de Vrije no *campus* universitário em Amsterdã, Holanda. Essa comunicação é representada por *R*2. Por fim, é preciso comunicação entre o servidor *vu* e o servidor de nomes no Departamento de Ciência da Computação, representado por *R*3. A rota para a resposta é a mesma, mas na direção contrária. Claro que os custos de comunicação são ditados pela troca de mensagens entre o hospedeiro do cliente e o servidor *nl*.

Em comparação, com resolução iterativa de nomes, o hospedeiro do cliente tem de se comunicar em separado com o servidor *nl*, o servidor *vu* e o servidor *cs*; o total dessas operações pode ser aproximadamente três vezes o da resolução recursiva de nomes. As setas rotuladas *I*1, *I*2 e *I*3 na Figura 5.16 mostram o caminho da comunicação para resolução iterativa de nomes.

Servidor para o nó	Deve resolver	Consulta	Passa para filho	Recebe e mantém em cache	Retorna ao requisitante
cs	<ftp>	#<ftp>	—	—	#<ftp>
vu	<cs,ftp>	#<cs>	<ftp>	#<ftp>	#<cs> #<cs, ftp>
nl	<vu,cs,ftp>	#<vu>	<cs,ftp>	#<cs> #<cs,ftp>	#<vu> #<vu,cs> #<vu,cs,ftp>
root	<nl,vu,cs,ftp>	#<nl>	<vu,cs,ftp>	#<vu> #<vu,cs> #<vu,cs,ftp>	#<nl> #<nl,vu> #<nl,vu,cs> #<nl,vu,cs,ftp>

Tabela 5.2 Resolução recursiva de nomes de <nl, vu, cs, ftp>. Servidores de nomes mantêm resultados intermediários em cache para consultas subseqüentes.

5.3.4 Exemplo: Sistema de Nomes de Domínio

Um dos maiores serviços distribuídos de nomeação em uso hoje é o Sistema de Nomes de Domínio (Domain Name System — DNS) da Internet. O DNS é usado primordialmente para consultar endereços IP de hospedeiros e servidores de correio. Nas páginas seguintes, vamos nos concentrar na organização do espaço de nomes DNS e nas informações armazenadas em seus nós. Além disso, examinaremos mais de perto a implementação propriamente dita do DNS. Mais informações podem ser encontradas em Mockapetris (1987) e em Albitz e Liu (2001). Uma avaliação recente do DNS, em particular no que se refere à sua adequação às necessidades da Internet de hoje, pode ser encontrada em Levien (2005). Por esse relatório, podemos chegar à conclusão um tanto surpreendente de que, mesmo após mais de 30 anos, não há nenhuma indicação de que o DNS precise ser substituído. Poderíamos argumentar que a principal causa se encontra no profundo entendimento do projetista de como manter as coisas simples. A prática em outros campos de sistemas distribuídos indica que não há muitos que tenham esse mesmo dom.

Espaço de nomes DNS

O espaço de nomes DNS é organizado em hierarquia como uma árvore com raiz. Um rótulo é uma cadeia composta por caracteres alfanuméricos na qual a utilização de minúsculas ou maiúsculas é indiferente. Um rótulo tem um comprimento máximo de 63 caracteres; o comprimento de um nome de caminho completo está restrito a 255 caracteres. A representação em cadeia de um nome de caminho consiste em uma listagem de seus rótulos, começando com a da extrema direita e separando os rótulos por um ponto ('.'). A raiz é representada por um ponto. Assim, por exemplo, o nome de caminho *root:<nl, vu, cs, flits>* é representado pela cadeia *flits.cs.vu.nl.*, que inclui o ponto da extrema direita para indicar o nó-raiz. Em geral omitimos esse ponto por questão de facilidade de leitura.

Como cada nó no espaço de nomes DNS tem exatamente um ramo de entrada (com a exceção do nó-raiz, que não tem nenhum ramo de entrada), o rótulo anexado ao ramo de entrada de um nó também é usado como o nome para aquele nó. Uma subárvore é denominada **domínio**; um nome de caminho até seu nó-raiz é denominado **nome de domínio**. Note que, exatamente como um nome de caminho, um nome de domínio pode ser absoluto ou relativo.

O conteúdo de um nó é formado por um conjunto de **registros de recursos**. Há tipos diferentes de registros de recursos. Os principais são mostrados na *Tabela 5.3*.

Um nó no espaço de nomes DNS freqüentemente representará várias entidades ao mesmo tempo. Por exemplo, um nome de domínio como *vu.nl* é usado para representar um domínio e uma zona. Nesse caso, o domínio é implementado por meio de diversas zonas não sobrepostas.

Um registro de recurso de *início de autoridade* (Start of Authority — SOA) contém informações como o endereço de e-mail do administrador de sistemas responsável pela zona representada, o nome do hospedeiro em que os dados sobre a zona podem ser buscados e assim por diante.

Entidade associada	Descrição
Zona	Contém informações sobre a zona representada
Hospedeiro	Contém um endereço IP do hospedeiro que esse nó representa
Domínio	Refere-se a um servidor de correio para manipular o correio endereçado a esse nó
Domínio	Refere-se a um servidor que manipula um serviço específico
Zona	Refere-se a um servidor de nomes que implementa a zona representada
Nó	Ponteiro simbólico para o nome primário do nó representado
Hospedeiro	Contém o nome canônico de um hospedeiro
Hospedeiro	Mantém informações sobre o hospedeiro que esse nó representa
Qualquer tipo	Contém qualquer informação específica de entidade considerada útil

Tabela 5.3 Tipos mais importantes de registros de recursos que formam o conteúdo de nós no espaço de nomes DNS.

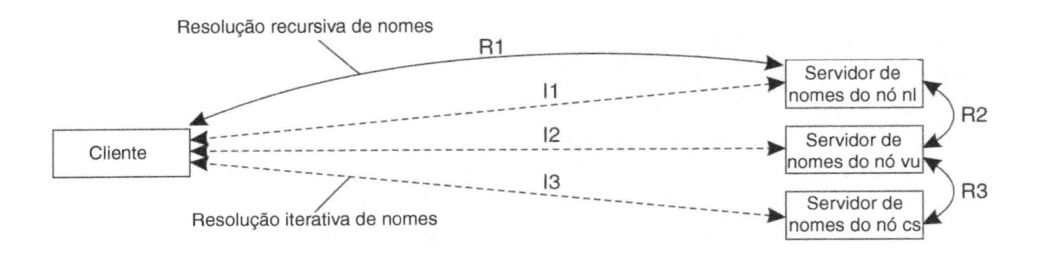

Figura 5.16 Comparação entre resolução recursiva e iterativa de nomes no que diz respeito aos custos de comunicação.

Um registro *A* (endereço) representa um hospedeiro particular na Internet. O registro *A* contém um endereço IP para esse hospedeiro para permitir a comunicação com ele. Se um hospedeiro tem vários endereços IP, como acontece com máquinas que se ligam a várias redes, o nó conterá um registro *A* para cada endereço.

Um outro tipo de registro é o *MX* (troca de correio), que é como um ponteiro simbólico para um nó que representa um servidor de correio. Por exemplo, o nó que representa o domínio *cs.vu.nl* tem um registro *MX* que contém o nome *zephyr.cs.vu.nl*, que se refere a um servidor de correio. Esse servidor manipulará todo o correio endereçado aos usuários no domínio *cs.vu.nl*. Pode haver vários registros *MX* armazenados em um nó.

Registros *SRV*, relacionados com registros *MX*, contêm o nome de um servidor para um serviço específico. Registros *SRV* são definidos em Gulbrandsen et al. (2000). O serviço em si é identificado por meio de um nome, junto ao nome de um protocolo. Por exemplo, o servidor Web no domínio *cs.vu.nl* poderia ser nomeado por meio de um registro *SRV* como *_http._tcp.cs.vu.nl*. Esse registro referenciaria portanto o nome propriamente dito do servidor (que é *soling.cs.vu.nl*). Uma vantagem importante dos registros SRV é que os clientes não precisam mais saber o nome DNS do hospedeiro que oferece um serviço específico. Em vez disso, somente nomes de serviços precisam ser padronizados; depois, o hospedeiro fornecedor pode ser consultado.

Nós que representam uma zona contêm um ou mais registros *NS* (servidores de nomes). Um registro *NS*, assim como os registros *MX*, contém o nome de um servidor de nomes que implementa a zona representada pelo nó. Em princípio, cada nó no espaço de nomes pode armazenar um registro *NS* que referencia o servidor de nomes que o implementa. Contudo, como discutiremos mais adiante, a implementação do espaço de nomes DNS é tal que somente nós que representam zonas precisam armazenar registros *NS*.

O DNS distingue apelidos daquilo que são denominados **nomes canônicos**. Cada hospedeiro deve ter um nome canônico, ou nome primário. Um apelido é implementado por meio do nó que armazena um registro *CNAME* que contém o nome canônico de um hospedeiro. Assim, o nome do nó que armazena tal registro é um ponteiro simbólico, como mostra a Figura 5.11.

O DNS mantém um mapeamento inverso de endereços IP para nomes de hospedeiros por meio de registros *PTR* (ponteiros). Para acomodar as consultas de nomes de hospedeiros quando é dado somente um endereço IP, o DNS mantém um domínio denominado *in-addr.arpa*, que contém nós que representam hospedeiros da Internet e que são nomeados pelo endereço IP do hospedeiro representado. Por exemplo, o hospedeiro *www.cs.vu.nl* tem endereço IP 130.37.20.20. O DNS cria um nó denominado *20.20.37.130.in-addr.arpa*, que é usado para armazenar o nome canônico daquele hospedeiro (que, por acaso, é *soling.cs.vu.nl*) em um registro *PTR*.

Os dois últimos tipos de registro são os registros *HINFO* e os registros *TXT*. Um registro *HINFO* (informações de hospedeiro) é usado para armazenar informações adicionais sobre um hospedeiro, como seu tipo de máquina e sistema operacional. De modo semelhante, registros *TXT* são usados para qualquer outro tipo de dados que um usuário achar útil armazenar sobre a entidade representada pelo nó.

Implementação do DNS

Em essência, o espaço de nomes DNS pode ser dividido em uma camada global e em uma camada administrativa, como mostra a Figura 5.13. A camada gerencial, que em geral é formada por sistemas locais de arquivo, não é parte formal do DNS e, portanto, também não é gerenciada por ele.

Cada zona é implementada por um servidor de nomes, que praticamente sempre é replicado por questão de disponibilidade. Atualizações para uma zona normalmente são manipuladas pelo servidor primário de nomes. As atualizações ocorrem pela modificação do banco de dados DNS local do servidor primário. Servidores secundários de nomes não acessam o banco de dados diretamente mas, em vez disso, requisitam ao servidor primário que transfira seu conteúdo. Essa operação é denominada **transferência de zona** na terminologia do DNS.

Um banco de dados DNS é implementado como um (pequeno) conjunto de arquivos, dos quais o mais importante contém todos os registros de recursos para *todos* os nós em determinada zona. Essa abordagem permite que os nós sejam simplesmente identificados por meio de seus nomes de domínio e, por isso, a noção de um identificador de nó se reduz a um índice (implícito) para um arquivo.

Para entender melhor essas questões de implementação, a *Tabela 5.4* mostra uma pequena parte do arquivo que contém a maioria das informações para o domínio *cs.vu.nl* (o arquivo foi editado, para simplificar). O arquivo mostra o conteúdo de vários nós que fazem parte do domínio *cs.vu.nl*, no qual cada nó é identificado por meio de seu nome de domínio.

O nó *cs.vu.nl* representa o domínio, bem como a zona. Seu registro de recurso *SOA* contém informações específicas sobre a validade desse arquivo, o que não tem grande importância para nós. Há quatro servidores de nomes para essa zona, referenciados por seus nomes canônicos de hospedeiros nos registros *NS*. O registro *TXT* é usado para dar algumas informações adicionais sobre essa zona, mas não pode ser processado automaticamente por qualquer servidor de nomes. Além do mais, há um único servidor de correio que pode manipular cor-

Nome	Tipo de registro	Valor do registro
cs.vu.nl.	SOA	star.cs.vu.nl. hostmaster.cs.vu.nl. 2005092900 7200 3600 2419200 3600
cs.vu.nl.	TXT	"Vrije Universiteit - Math. & Comp. Sc."
cs.vu.nl.	MX	1 mail.few.vu.nl.
cs.vu.nl.	NS	ns.vu.nl.
cs.vu.nl.	NS	top.cs.vu.nl.
cs.vu.nl.	NS	solo.cs.vu.nl.
cs.vu.nl.	NS	star.cs.vu.nl.
star.cs.vu.nl.	A	130.37.24.6
star.cs.vu.nl.	A	192.31.231.42
star.cs.vu.nl.	MX	1 star.cs.vu.nl.
star.cs.vu.nl.	MX	666 zephyr.cs.vu.nl.
star.cs.vu.nl.	HINFO	"Sun" "Unix"
zephyr.cs.vu.nl.	A	130.37.20.10
zephyr.cs.vu.nl.	MX	1 zephyr.cs.vu.nl.
zephyr.cs.vu.nl.	MX	2 tornado.cs.vu.nl.
zephyr.cs.vu.nl.	HINFO	"Sun" "Unix"
ftp.cs.vu.nl.	CNAME	soling.cs.vu.nl.
www.cs.vu.nl.	CNAME	soling.cs.vu.nl.
soling.cs.vu.nl.	A	130.37.20.20
soling.cs.vu.nl.	MX	1 soling.cs.vu.nl.
soling.cs.vu.nl.	MX	666 zephyr.cs.vu.nl.
soling.cs.vu.nl.	HINFO	"Sun" "Unix"
vucs-das1.cs.vu.nl.	PTR	0.198.37.130.in-addr.arpa.
vucs-das1.cs.vu.nl.	A	130.37.198.0
inkt.cs.vu.nl.	HINFO	"OCE" "Proprietary"
inkt.cs.vu.nl.	A	192.168.4.3
pen.cs.vu.nl.	HINFO	"OCE" "Proprietary"
pen.cs.vu.nl.	A	192.168.4.2
localhost.cs.vu.nl.	A	127.0.0.1

Tabela 5.4 Excerto do banco de dados DNS para a zona cs.vu.nl.

reio endereçado aos usuários nesse domínio. O número que precede o nome de um servidor de correio especifica uma prioridade de seleção. Um servidor que remete correio sempre deve tentar contatar em primeiro lugar o servidor de correio que tenha o número mais baixo.

O hospedeiro *star.cs.vu.nl* opera como um servidor de nomes para essa zona. Servidores de nomes são críticos para qualquer serviço de nomeação. O diferencial desse servidor de nomes é que ele possui duas interfaces de rede separadas, para robustez adicional, cada uma representada por um registro de recurso A separado. Desse modo, os efeitos da interrupção de uma ligação com a rede seriam, até certo ponto, amenizados, porque o servidor continuaria acessível.

As quatro linhas seguintes (para *zephyr.cs.vu.nl*) dão as informações necessárias sobre um dos servidores de correio do departamento. Note que esse servidor de correio é também apoiado por um outro servidor de correio, cujo caminho é *tornado.cs.vu.nl*.

As seis linhas seguintes mostram uma configuração típica na qual o servidor Web do departamento, bem como o servidor FTP do departamento, é implementado por uma única máquina, denominada *soling.cs.vu.nl*. Executar ambos os servidores na mesma máquina (e, em essência, usar essa máquina só para serviços de Internet e nada mais) facilita o gerenciamento do sistema. Por exemplo, ambos os servidores terão a mesma visão do sistema de arquivos e, por questão de eficiência, parte do sistema de arquivos pode ser implementada em *soling.cs.vu.nl*. Essa abordagem muitas vezes é aplicada no caso de serviços WWW e FTP.

As duas linhas seguintes mostram informações sobre um dos mais antigos clusters de servidores do departamento. Nesse caso, elas nos informam que o endereço *130.37.198.0* está associado com o nome de hospedeiro *vucs-das1.cs.vu.nl*.

As quatro linhas seguintes mostram informações sobre duas impressoras importantes conectadas à rede local. Note que os endereços na faixa *192.168.0.0* a *192.168.255.255* são privados: eles só podem ser acessados de dentro da rede local e não estão acessíveis a um hospedeiro arbitrário da Internet.

ne	Tipo de registro	Valor do registro
'u.nl.	NS	solo.cs.vu.nl.
'u.nl.	NS	star.cs.vu.nl.
'u.nl.	NS	ns.vu.nl.
'u.nl.	NS	top.cs.vu.nl.
'u.nl.	A	130.37.129.4
.cs.vu.nl.	A	130.37.20.4
).cs.vu.nl.	A	130.37.20.5
.cs.vu.nl.	A	130.37.24.6
.cs.vu.nl	A	192.31.231.42

Tabela 5.5 Parte da descrição para o domínio vu.nl que contém o domínio *cs.vu.nl*.

Como o domínio *cs.vu.nl* é implementado como uma única zona, a Tabela 5.4 não inclui referências a outras zonas. O modo de referenciar nós de um subdomínio implementados em uma zona diferente é mostrado na *Tabela 5.5*. Para fazer isso é preciso especificar um servidor de nomes para o subdomínio simplesmente dando seu nome de domínio e endereço IP. Ao resolver um nome para um nó que se encontra no domínio *cs.vu.nl*, a certa altura a resolução de nomes prosseguirá pela leitura do banco de dados DNS armazenado pelo servidor de nomes para o domínio *cs.vu.nl*.

Implementações de DNS descentralizadas

A implementação de DNS que descrevemos até aqui é a padrão. Ela segue uma hierarquia de servidores com 13 servidores-raiz bem conhecidos e termina em milhões de servidores nas folhas. Uma observação importante é que nós de níveis mais altos recebem quantidade muito maior de requisições do que os nós de nível mais baixo. O único modo de impedir que sejam enviadas requisições a esses nós e que, portanto, eles sejam afogados é manter caches de vinculações nome–endereço desses níveis mais altos.

Esses problemas de escalabilidade podem ser completamente evitados com soluções totalmente descentralizadas. Em particular, podemos calcular o hash de um nome DNS e, na seqüência, tomar esse hash como um valor de chave a ser consultado em uma tabela de hash distribuída ou em um serviço de localização hierárquica com um nó-raiz totalmente particionado. A desvantagem óbvia dessa abordagem é que perdemos a estrutura do nome original. Essa perda pode impedir implementações eficientes, por exemplo, para achar todos os filhos em um domínio específico.

Por outro lado, há muitas vantagens em mapear DNS para uma implementação baseada em DHT, em particular, sua escalabilidade. Como argumentaram Walfish et al. (2004), quando há necessidade de muitos nomes, usar identificadores como um modo livre de semântica de acessar dados permitirá que sistemas diferentes usem um único sistema de nomeação. A razão é simples: a essa altura já entendemos bem como um conjunto enorme de nomes (simples) pode ser suportado com eficiência. O que precisa ser feito é manter o mapeamento de informações identificador-nome, no qual, nesse caso, um nome pode vir do espaço DNS, pode ser um URL e assim por diante.

A utilização de identificadores pode se tornar mais fácil ao permitir que usuários ou organizações usem um espaço de nomes local e estrito. Esse espaço é completamente análogo a manter um conjunto privado de variáveis de ambiente em um computador.

O mapeamento de DNS para sistemas peer-to-peer baseados em DHT foi explorado em CoDoNS (Ramasubramanian e Sirer, 2004a). Eles utilizaram um sistema baseado em DHT no qual os prefixos de chaves são usados para rotear para um nó. Como explicação, considere o caso em que cada dígito de um identificador é retirado do conjunto { 0, ..., $b-1$ }, onde b é o número-base. Por exemplo, em Chord, $b = 2$. Supondo que $b = 4$, então considere um nó cujo identificador seja 3210. No sistema daqueles autores, adota-se como premissa que esse nó mantém uma tabela de roteamento de nós que tem os seguintes identificadores:

n_0: um nó cujo identificador tem prefixo 0
n_1: um nó cujo identificador tem prefixo 1
n_2: um nó cujo identificador tem prefixo 2
n_{30}: um nó cujo identificador tem prefixo 30
n_{31}: um nó cujo identificador tem prefixo 31
n_{33}: um nó cujo identificador tem prefixo 33
n_{320}: um nó cujo identificador tem prefixo 320
n_{322}: um nó cujo identificador tem prefixo 322
n_{323}: um nó cujo identificador tem prefixo 323

O nó 3210 é responsável por manipular chaves que tenham prefixo 321. Se esse nó receber uma requisição de consulta para a chave 3123, ele a repassará para o nó n_{31} que, por sua vez, verificará se precisa repassá-la para um nó cujo identificador tenha prefixo 312. (Devemos notar que cada nó mantém duas outras listas que ele pode usar para rotear, caso perca uma entrada em sua tabela de roteamento.) Detalhes dessa abordagem podem ser encontrados para Pastry em Rowstron e Druschel (2001) e para Tapestry em Zhao et al. (2004).

Voltando ao CoDoNS, um nó responsável pela chave k armazena os registros de recursos DNS associados com o nome de domínio cujo hash é k. A parte interessante, entretanto, é que o CoDoNS tenta minimizar o número de saltos ao rotear uma requisição, replicando os registros de recursos. A principal estratégia é simples: o nó 3210 replicará seu conteúdo para nós que tenham prefixo 321. Essa replicação reduzirá de um salto cada caminho de roteamento que termina no nó 3210. Claro que essa replicação pode ser aplicada novamente a todos os nós que tenham prefixo 32 e assim por diante.

Quando um registro DNS é replicado para todos os nós que tenham i prefixos idênticos, diz-se que foi replicado no nível i. Observe que um registro replicado no nível i (geralmente) requer *i* etapas de consulta para ser encontrado. Contudo, há um compromisso entre o nível de replicação e a utilização de recursos de rede e de nós. O que o CoDoNS faz é replicar até o ponto em que a latência agregada de consulta resultante seja menor do que uma dada constante *C*.

Mais especificamente, pense um pouco sobre a distribuição de freqüência das consultas. Imagine que as requisições de consulta sejam classificadas pelo número de vezes que uma chave específica é requisitada e que a chave mais requisitada ocupe a primeira posição. A distribuição das consultas é denominada **tipo Zipf** se a freqüência do *enésimo* item classificado for proporcional a $1/n^\alpha$, com α próximo de 1. George Zipf foi um especialista em lingüística de Harvard que descobriu essa distribuição enquanto estudava as freqüências de utilização de palavras em uma língua natural. Contudo, ocorre que ela também se aplica, entre muitas outras coisas, a população de cidades, dimensões de terremotos, distribuições de alta renda, receitas de empresas e, talvez, de modo não surpreendente, a requisições DNS (Jung et al., 2002).

Agora, se x_i é a fração dos registros mais populares que deverão ser replicados no nível i, Ramasubramanian e Sirer (2004b) mostram que x_i pode ser expresso pela seguinte fórmula (para nossa finalidade, só é importante saber que essa fórmula existe; em breve veremos como usá-la):

$$x_i = \left[\frac{d^i(logN-C)}{1+d+\ldots+d^{logN-1}} \right]^{\frac{1}{(1-\alpha)}} \text{ com } d=b^{(1-\alpha)/\alpha}$$

onde N é o número de nós na rede e α é o parâmetro na distribuição Zipf.

Essa fórmula permite tomar decisões conscientes sobre quais registros DNS devem ser replicados. Para exemplificar de maneira mais concreta, considere o caso em que $b = 32$ e $\alpha = 0,9$. Assim, em uma rede com 10.000 nós e 1.000.000 de registros DNS, e tentando conseguir uma média de $C=1$ salto somente quando estivermos fazendo uma consulta, teremos que $x_0 = 0,0000701674$, o que significa que somente os 70 registros DNS mais populares devem ser replicados em todos os lugares. Da mesma maneira, com $x_1 = 0,00330605$, os 3.306 registros mais populares seguintes devem ser replicados no nível 1. Claro que é obrigatório que $x_i < 1$. Nesse exemplo, $x_2 = 0,155769$ e $x_3 > 1$, portanto somente os 155.769 registros mais populares seguintes são replicados; os outros não. Não obstante, na média, um único salto é suficiente para achar um registro DNS requisitado.

5.4 Nomeação Baseada em Atributo

De modo geral, nomes simples e nomes estruturados proporcionam um modo exclusivo e independente de localização para referenciar entidades. Ademais, nomes estruturados foram projetados, em parte, para oferecer uma maneira de nomear entidades que fosse amigável aos seres humanos, de modo que possam ser convenientemente acessados. Na maioria dos casos, a premissa é de que o nome se refere a uma única entidade. Contudo, independência de localização e ser amigável a seres humanos não são os únicos critérios para nomeação de entidades. Em particular, à medida que há cada vez mais informações disponíveis, torna-se mais importante procurar entidades com certa eficiência. Essa abordagem requer que um usuário possa fornecer uma simples descrição do que ele está procurando.

Há muitos modos de fornecer descrições, mas um que é muito usado em sistemas distribuídos é descrever uma entidade em termos de pares (*atributo, valor*), em geral denominada **nomeação baseada em atributos**. Nessa abordagem, adota-se como premissa que uma entidade tem um conjunto associado de atributos. Cada atributo diz algo sobre essa entidade. Quando um usuário especifica quais valores um determinado atributo deve ter, em essência, ele restringe o conjunto de entidades nas quais está interessado. Cabe ao sistema de nomeação retornar uma ou mais entidades que atendam à descrição do usuário. Nesta seção, vamos examinar mais de perto um sistema de nomeação baseado em atributos.

5.4.1 Serviços de diretório

Sistemas de nomeação baseados em atributos também são conhecidos como **serviços de diretório**, ao passo que sistemas que suportam nomeação estruturada são geralmente denominados **sistemas de nomeação**. Com serviços de diretório, entidades têm um conjunto de atributos associados que podem ser usados para procurá-las. Em muitos casos, a escolha de atributos pode ser relativamente simples. Por exemplo, em um sistema de e-mail, mensagens podem ser rotuladas com atributos para o remetente, o receptor, o assunto e assim por diante. Contudo, mesmo no caso do e-mail, as coisas ficam difíceis quando são necessários outros tipos de descritores, como ilustrado pela dificuldade de desenvolver filtros que permitirão somente a passagem de certas mensagens (com base em seus descritores).

No fundo, isso quer dizer que projetar um conjunto apropriado de atributos não é algo trivial. Na maioria dos casos, o projeto de atributos tem de ser feito manualmente. Ainda que haja consenso quanto ao conjunto de atributos a usar, a prática mostra que o ajuste consistente de valores por um grupo variado de pessoas é um problema por si mesmo, como muitos podem ter percebido ao acessar bancos de dados de música e vídeo na Internet.

Para amenizar alguns desses problemas, foram realizadas pesquisas para unificar os modos como esses recursos podem ser descritos. No contexto de sistemas distribuídos, um desenvolvimento particularmente relevante é a estrutura de descrição de recurso (**resource description framework — RDF**). Fundamental para o modelo RDF é que os recursos são descritos como triplas que consistem em um sujeito, um predicado e um objeto. Por exemplo, (*Pessoa, nome, Alice*) descreve um recurso *Pessoa* cujo *nome* é *Alice*. Em RDF, cada sujeito, predicado ou objeto pode ser ele mesmo um recurso. Isso significa que *Alice* pode ser implementado como referência a um arquivo que, na seqüência, pode ser recuperado. No caso de um predicado, tal recurso poderia conter uma descrição textual desse predicado. É claro que recursos associados com sujeitos e objetos poderiam ser qualquer coisa. Referências em RDF são, em essência, URLs.

Se as descrições de recursos forem armazenadas, torna-se possível consultar aquele armazenamento de modo que seja comum para muitos sistemas de nomeação baseados em atributos. Por exemplo, uma aplicação poderia solicitar a informação associada com uma pessoa chamada Alice. Tal consulta retornaria uma referência ao recurso *pessoa* associado com Alice. Então, na seqüência, esse recurso pode ser buscado pela aplicação. Mais informações sobre RDF podem ser encontradas em Manola e Miller (2004).

Nesse exemplo, as descrições de recursos são armazenadas em uma localização central. Não há nenhuma razão por que os recursos também tenham de residir na mesma localização. Entretanto, não ter as descrições no mesmo lugar pode resultar em sérios problemas de desempenho. Diferentemente de sistemas estruturados de nomeação, consultar valores em um sistema de nomeação baseado em atributos requer, em essência, uma exaustiva busca em todos os descritores. Quando se considera desempenho, tal busca é menos problemática dentro de um único armazém de dados, mas é preciso aplicar técnicas especiais quando os dados estão distribuídos por muitos computadores, potencialmente dispersos. Na seção seguinte, vamos estudar diferentes abordagens para resolver esse problema em sistemas distribuídos.

5.4.2 Implementações hierárquicas: LDAP

Uma abordagem comum para tratar serviços distribuídos de diretório é combinar nomeação estruturada com nomeação baseada em atributos. Essa abordagem tem sido amplamente adotada, por exemplo, no serviço Active Directory da Microsoft e em outros sistemas. Muitos desses sistemas usam, ou dependem, do **protocolo leve de acesso a diretório**, referido simplesmente como **LDAP** (**lightweight directory access protocol**). O serviço de diretório LDAP foi derivado do serviço de diretório X.500 do modelo OSI. Como muitos serviços OSI, a qualidade de suas implementações associadas atrapalhou uma utilização mais ampla e, para torná-lo funcional, foi preciso fazer simplificações. Informações detalhadas sobre o LDAP podem ser encontradas em Arkills (2003).

Conceitualmente, um serviço de diretório LDAP consiste em vários registros, usualmente conhecidos como entradas de diretório. Uma entrada de diretório é comparável a um registro de recurso em DNS. Cada registro é composto de um conjunto de pares (*atributo, valor*), no qual cada atributo tem um tipo associado. É feita uma distinção entre atributos de valor único e atributos de valores múltiplos. Os últimos representam normalmente vetores e listas. Como exemplo, uma entrada de diretório simples que identifica endereços de rede de alguns servidores gerais da Tabela 5.4 é mostrada na *Tabela 5.6*.

Em nosso exemplo, usamos uma convenção de nomeação descrita nos padrões LDAP, que se aplica aos cinco primeiros atributos. Os atributos *Organization* e *OrganizationalUnit* descrevem, respectivamente, a organização e o departamento associados com os dados que estão armazenados no registro. Da mesma forma, os atributos *Locality* e *Country* fornecem informações adicionais sobre o lugar em que a entrada está armazenada. O atributo *CommonName* costuma ser usado como um nome (ambíguo) para identificar uma entrada dentro de uma parte limitada do diretório. Por exemplo, o nome 'Main server' pode ser suficiente para achar a entrada que usamos como exemplo, dados os valores específicos para os outros quatro atributos: *Country, Locality, Organization* e *OrganizationalUnit*. Em nosso exemplo, somente o atributo *Mail_Servers* tem múltiplos valores associados a ele. Todos os outros atributos têm apenas um único valor.

O conjunto de todas as entradas de diretório em um serviço de diretório LDAP é denominado **base de infor-**

Atributo	Abreviatura	Valor
Country	C	NL
Locality	L	Amsterdam
Organization	O	Vrije Universiteit
OrganizationalUnit	OU	Comp. Sc
CommonName	CN	Main server
Mail_Servers	—	137.37.20.3, 130.37.24.6, 137.37.20.10
FTP_Server	—	130.37.20.20
WWW_Server	—	130.37.20.20

Tabela 5.6 *Exemplo simples de uma entrada de diretório LDAP que utiliza convenções de nomeação LDAP.*

mações de diretório (**directory information base — DIB**). Um aspecto importante de uma DIB é que cada registro é nomeado exclusivamente, de modo que possa ser consultado. Tal nome globalmente exclusivo aparece como uma seqüência de atributos de nomeação em cada registro. Cada atributo de nomeação é denominado **nome relativo distinguido** ou, abreviadamente, **RDN** (**relative distinguished name**). Em nosso exemplo na Tabela 5.6, os cinco primeiros atributos são todos atributos de nomeação. Usando as abreviaturas convencionais para representar atributos de nomeação em LDAP, como mostra a Tabela 5.6, os atributos *Country, Organization* e *OrganizationalUnit* poderiam ser usados para formar o nome globalmente exclusivo análogo ao nome DNS *nl.vu.cs*.

/C=NL/O=Vrije Universiteit/OU=Comp. Sc.

Como em DNS, a utilização de nomes globalmente exclusivos pela listagem de RDNs em seqüência resulta em uma hierarquia da coleção de entradas de diretório, que é denominada **árvore de informações de diretório** (**directory information tree — DIT**). Em essência, uma DIT forma o gráfico de nomeação de um serviço de diretório LDAP no qual cada nó representa uma entrada de diretório. Além disso, um nó também pode agir como um diretório no sentido tradicional, já que podem existir vários filhos para os quais o nó age como pai. Para explicar, considere o gráfico de nomeação mostrado parcialmente na *Figura 5.17*(a). (Lembre-se de que rótulos são associados com ramos.)

O nó *N* corresponde à entrada de diretório mostrada na Tabela 5.6. Esse nó age, ao mesmo tempo, como um pai para várias outras entradas de diretório que têm atributo adicional de nomeação *Host_Name,* que é usado como um RDN. Por exemplo, tais entradas podem ser usadas para representar hospedeiros, conforme mostrado na Figura 5.17(b).

Portanto, um nó em um gráfico de nomeação LDAP pode representar simultaneamente um diretório no sentido tradicional, como já descrevemos antes, bem como um registro LDAP. Essa distinção é suportada por duas operações de consulta diferentes. A operação **read** é usada para ler um único registro, dado seu nome de caminho na DIT. Ao contrário, a operação **list** é usada para apresentar uma lista dos nomes de todos os ramos de saída de um dado nó na DIT. Cada nome corresponde a um nó-filho do nó dado. Note que a operação **list** não retorna nenhum registro; ela se limita a retornar nomes. Em outras palavras, chamar **read** tendo como entrada o nome

/C=NL/O=Vrije Universiteit/OU=Comp. Sc./CN=Main server

retornará o registro mostrado na Tabela 5.6, ao passo que chamar **list** retornará os nomes *star* e *zephyr* das entradas mostradas na Figura 5.17(b), bem como os nomes de outros hospedeiros que foram registrados de maneira semelhante.

A implementação de um serviço de diretório LDAP ocorre de modo muito parecido com a implementação de um serviço de nomeação como DNS, exceto que LDAP suporta mais operações de consulta, como discutiremos em

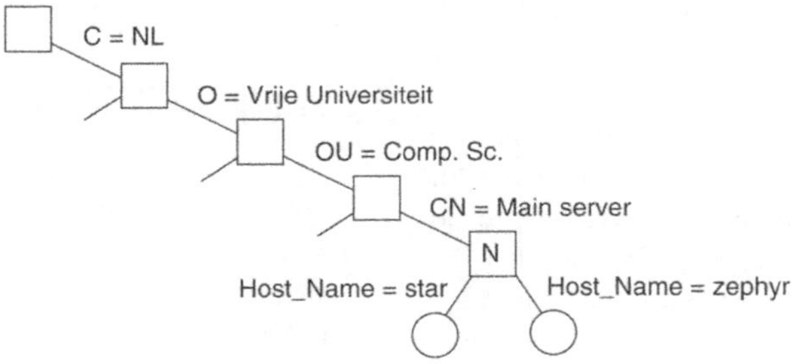

(a)

Atributo	Valor
Country	NL
Locality	Amsterdam
Organization	Vrije Universiteit
OrganizationalUnit	Comp. Sc.
CommonName	Main server
Host_Name	star
Host_Address	192.31.231.42

Atributo	Valor
Country	NL
Locality	Amsterdam
Organization	Vrije Universiteit
OrganizationalUnit	Comp. Sc.
CommonName	Main server
Host_Name	zephyr
Host_Address	137.37.20.10

(b)

Figura 5.17 (a) Parte de um árvore de informações de diretório.
(b) Duas entradas de diretório que têm Host_Name como RDN.

breve. Quando estamos lidando com um diretório de grande escala, a DIT normalmente é particionada e distribuída por vários servidores, conhecidos como **agentes de serviço de diretório (directory service agents — DSA)**. Portanto, cada porção de uma DIT particionada corresponde a uma zona em DNS. Da mesma maneira, cada DSA se comporta de modo muito parecido com o de um servidor de nomes normal, exceto que ele implementa vários serviços típicos de diretório, como operações avançadas de busca.

Clientes são representados pelo que denominamos **agentes de usuário de diretório (directory user agents)** ou, simplesmente, **DUA**. Um DUA é semelhante a um resolvedor de nomes em um serviço estruturado de nomeação. Um DUA troca informações com um DSA de acordo com um protocolo de acesso padronizado.

O que faz uma implementação LDAP diferente de uma implementação DNS são os recursos de busca por meio de uma DIB. Em particular, são fornecidos mecanismos para procurar uma entrada de diretório dado um conjunto de critérios que os atributos das entradas procuradas devem atender. Por exemplo, suponha que queiramos fazer uma lista de todos os servidores principais na Universidade de Vrije. Usando a notação definida em Howes (1997), essa lista pode ser retornada usando uma operação de busca tal como

answer = search("&(C=NL)(O=Vrije Universiteit)(OU=*) (CN=Main server)")

Nesse exemplo, especificamos que o lugar no qual procurar servidores principais é a organização denominada *Vrije Universiteit* no país *NL*, mas que não estamos interessados em determinada unidade organizacional. Contudo, cada resultado retornado deve ter o atributo *CN* igual a *Main server*.

Como já mencionamos, a busca em um serviço de diretório é, em geral, uma operação cara. Por exemplo, achar todos os servidores principais na Universidade de Vrije requer que façamos uma busca em todas as entradas de cada departamento e que combinemos os resultados em uma única resposta. Em outras palavras, em geral precisaremos acessar vários nós-folha de uma DIT para obter uma resposta. Na prática, isso também significa que é preciso acessar vários DSAs. Como exemplo, podemos citar serviços de nomeação que, muitas vezes, podem ser implementados de modo tal que uma operação de consulta requeira acessar somente um único nó-folha.

Toda essa instalação de LDAP pode ser levada um passo mais adiante, permitindo a coexistência de várias árvores, contanto que também estejam ligadas umas às outras. Essa abordagem é seguida no Active Directory da Microsoft, o que resulta em uma *floresta* de domínios LDAP (Allen e Lowe-Norris, 2003). É óbvio que a busca em tal organização pode ser extremamente complexa. Para contornar alguns dos problemas de escalabilidade, o Active Directory usualmente entende que há um servidor global de índices (denominado catálogo global) que pode ser procurado antes. O índice indicará quais domínios LDAP precisam ser pesquisados ainda mais.

Embora o próprio LDAP já explore a hierarquia por causa da escalabilidade, é comum combinar LDAP com DNS. Por exemplo, toda árvore em LDAP precisa ser acessível na raiz, conhecida no Active Directory como controlador de domínio. A raiz freqüentemente é conhecida sob um nome DNS que, por sua vez, pode ser encontrado por meio de um registro SRV adequado, como já explicamos.

O LDAP representa tipicamente um modo padrão de suportar nomeação baseada em atributos. Recentemente também foram desenvolvidos outros serviços de diretório que seguem essa abordagem mais tradicional, em particular no contexto de computação em grade e serviços Web. Um exemplo específico é a **integração universal de diretório e descoberta (universal directory and discovery integration)**, ou apenas **UDDI**.

Esses serviços consideram uma implementação em que um nó, ou tão-somente alguns nós, coopere para manter um banco de dados distribuído simples. Do ponto de vista tecnológico, isso não é, realmente, uma novidade. Da mesma maneira, também não há nada de realmente novo a dizer quando se trata de introduzir terminologia, como pode-se observar imediatamente ao folhear as centenas de páginas das especificações UDDI (Clement et al., 2004). O esquema fundamental é sempre o mesmo: consegue-se escalabilidade fazendo com que vários desses bancos de dados fiquem acessíveis para aplicações, que então são responsáveis por pesquisar cada banco de dados em separado e agregar os resultados. Não há nada mais a dizer sobre suporte de middleware.

5.4.3 Implementações descentralizadas

Com o advento de sistemas peer-to-peer, os pesquisadores têm procurado soluções para descentralizar sistemas de nomeação baseados em atributos. Nesse caso, a questão fundamental é que pares (*atributo, valor*) precisam ser mapeados com eficiência para que a busca também possa ser realizada com eficiência, isto é, para que se evite uma busca exaustiva por toda a extensão do espaço de atributos. A seguir examinaremos vários modos de estabelecer tal mapeamento.

Mapeamento para tabelas de hash distribuídas

Em primeiro lugar, vamos considerar o caso em que pares (*atributo, valor*) precisam ser suportados por um sistema baseado em DHT. Antes de mais nada, adote como premissa que consultas consistem em uma conjunção de pares, como acontece com LDAP, ou seja, um usuário especifica uma lista de atributos, junto com o valor único que ele quer ver para cada atributo respectivo. A principal vantagem desse tipo de consulta é que não é preciso suportar nenhuma faixa. Consultas por faixa podem aumentar significativamente a complexidade do mapeamento de pares para uma DHT.

Consultas de um único valor são suportadas no sistema INS/Twine (Balazinska et al., 2002). Considera-se que cada entidade (referida como um recurso) seja descrita por meio de atributos possivelmente organizados em hierarquia, como mostra a *Figura 5.18*.

Cada uma dessas descrições é traduzida para uma **árvore de valores de atributos (attribute-value tree — AVTree)**, que, então, é usada como a base para uma codificação que mapeia para um sistema baseado em DHT.

A questão principal é transformar as AVTrees em um conjunto de chaves que possa ser consultado em um sistema DHT. Nesse caso, a cada caminho que se origina na raiz é designado um único valor de hash, no qual uma descrição de caminho começa com uma ligação (que representa um atributo) e termina em um nó (valor) ou em uma outra ligação. Tomando a Figura 5.18(b) como nosso exemplo, os seguintes hashes de tais caminhos são considerados:

h_1: hash(tipo-livro)
h_2: hash(tipo-livro-autor)
h_3: hash(tipo-livro-autor-Tolkien)
h_4: hash(tipo-livro-título)
h_5: hash(tipo-livro-título-LOTR)
h_6: hash(gênero-fantasia)

Um nó responsável pelo valor de hash h_i manterá (uma referência para) o recurso propriamente dito. Em nosso exemplo, isso pode resultar em seis nós que armazenam o livro de Tolkien *O Senhor dos Anéis* (Lord of the Rings —

LOTR). Contudo, o benefício dessa redundância é que ela permitirá suportar consultas parciais. Por exemplo, considere uma consulta como 'Retornar livros escritos por Tolkien'. Essa consulta é traduzida na AVTree mostrada na *Figura 5.19* que resulta no cálculo dos seguintes três hashes:

h_1: hash(tipo-livro)
h_2: hash(tipo-livro-autor)
h_3: hash(tipo-livro-autor-Tolkien)

Esses valores serão enviados a nós que armazenam informações sobre livros de Tolkien e, no mínimo, retornarão '*O Senhor dos Anéis*'. Note que um hash como h_1 é bastante geral e será gerado com freqüência. Esses tipos de hashes podem ser filtrados para fora do sistema. Além do mais, não é difícil ver que somente os hashes mais específicos precisam ser avaliados. Mais detalhes podem ser encontrados em Balazinska et al. (2002).

Agora, vamos examinar um outro tipo de consulta, a saber, as que podem conter especificações de faixa para valores de atributos. Por exemplo, alguém que esteja procurando uma casa em geral quer especificar que o preço deve cair dentro de determinada faixa. Novamente, várias soluções foram propostas e nós veremos algumas delas quando discutirmos sistemas publicar/subscrever no Capítulo 13. Aqui, discutiremos uma solução adotada no sistema de descoberta de recurso SWORD (Oppenheimer et al., 2005).

Em SWORD, pares (*atributo, valor*) como fornecidos por uma descrição de recurso são primeiro transformados em uma chave para uma DHT. Note que esses pares sempre contêm um único valor; somente consultas podem conter faixas de valores para atributos. Ao calcu-

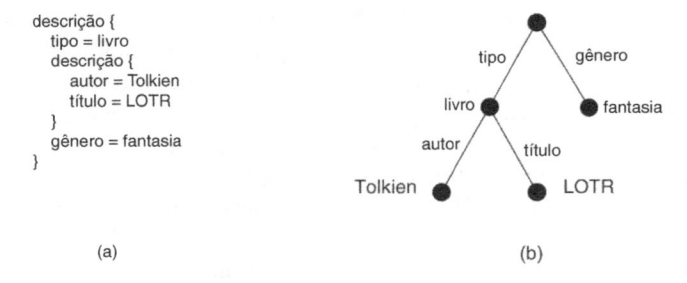

Figura 5.18 (a) Descrição geral de um recurso. (b) Sua representação como uma AVTree.

Figura 5.19 (a) Descrição de recurso de uma consulta. (b) Sua representação como uma AVTree.

lar o hash, o nome do atributo e seu valor são mantidos em separado. Em outras palavras, bits específicos na chave resultante identificarão o nome do atributo, enquanto outros identificarão seu valor. Além disso, a chave conterá alguns bits aleatórios para garantir a exclusividade entre todas as chaves que precisam ser geradas.

Desse modo, o espaço de atributos é convenientemente particionado: se n bits forem reservados para codificar nomes de atributos, 2^n grupos diferentes de servidores podem ser usados, um grupo para cada nome de atributo. Da mesma maneira, usando m bits para codificar valores, pode-se aplicar uma repartição adicional por grupo de servidores para armazenar pares específicos (atributo, valor). DHTs são usadas somente para distribuir nomes de atributos.

A faixa de valor possível para cada nome de atributo é particionada em subfaixas, e um único servidor é designado para cada subfaixa. Para explicar, considere uma descrição de recurso com dois atributos: a_1, que toma valores na faixa [1..10], e a_2, que toma valores na faixa [101...200]. Considere que há dois servidores para a_1: s_{11} cuida de registrar valores de a_1 em [1..5], e s_{12}, valores na faixa [6..10]. Do mesmo modo, o servidor s_{21} registra valores para a_2 na faixa [101..150], e o servidor s_{22}, valores na faixa [151..200]. Portanto, quando um recurso obtém valores ($a_1 = 7$, $a_2 = 175$), o servidor s_{12} e o servidor s_{22} terão de ser informados.

A vantagem desse esquema é que consultas por faixa podem ser suportadas com facilidade. Quando é emitida uma consulta para retornar recursos que têm a_2 entre 165 e 189, ela pode ser repassada para o servidor s_{22}, que então pode retornar os recursos que combinam com a faixa de consulta. A desvantagem, entretanto, é que é preciso enviar atualizações a vários servidores. Além do mais, não fica imediatamente clara a qualidade do balanceamento de carga entre os vários servidores.

Em particular, se certas consultas por faixa mostrarem ser muito populares, servidores específicos receberão alta fração de todas as consultas. Bharambe et al. (2004) discutem como esse problema do balanceamento de carga pode ser atacado para sistemas baseados em DHT.

Redes de sobreposição semântica

As implementações descentralizadas de nomeação baseada em atributos já mostraram crescente grau de autonomia dos vários nós. O sistema é menos sensível à entrada e saída de nós em comparação com, por exemplo, sistemas distribuídos baseados em LDAP. Esse grau de autonomia é aumentado quando nós têm descrições de recursos que lá estão para serem descobertos por outros. Em outras palavras, não há nenhum esquema determinístico *a priori* pelo qual os pares (atributo, valor) são espalhados por um conjunto de nós.

Não ter tal esquema força os nós a descobrir onde estão os recursos requisitados. Tal descoberta é típica para redes de sobreposição não estruturadas, que já discutimos no Capítulo 2. Para tornar a busca eficiente, é importante que um nó tenha referências a outros que muito provavelmente responderão a suas consultas.

Se adotarmos como premissa que as consultas originárias do nó P estão fortemente relacionadas com os recursos que ele tem, estamos procurando fornecer a P um conjunto de ligações com vizinhos que lhe são *semanticamente próximos*. Lembre-se de que tal lista também é conhecida como **visão parcial**. Proximidade semântica pode ser definida de modos diferentes mas, em essência, ela se resume em monitorar nós que tenham recursos semelhantes. Portanto, os nós e essas ligações formarão o que é conhecido como **rede de sobreposição semântica**.

Uma abordagem comum de redes de sobreposição semântica é considerar que existe algo em comum entre as metainformações mantidas em cada nó. Em outras palavras, os recursos armazenados em cada nó são descritos com a utilização do mesmo conjunto de atributos ou, mais exatamente, o mesmo esquema de dados (Crespo e Garcia-Molina, 2003). Ter tal esquema permitirá definir funções específicas de similaridade entre nós. Sendo assim, cada nó manterá ligações só com os K vizinhos mais semelhantes a ele e consultará esses nós em primeiro lugar quando estiver procurando dados específicos. Note que essa abordagem só faz sentido se pudermos considerar, de modo geral, que uma consulta iniciada em um nó esteja relacionada com o conteúdo armazenado nesse nó.

Infelizmente, considerar coisas em comum em esquemas de dados é, geralmente, errado. Na prática, as metainformações sobre recursos apresentam alto grau de inconsistência entre nós diferentes, e chegar a um consenso sobre como descrever recursos é quase impossível. Por essa razão, normalmente as redes de sobreposição semântica precisarão encontrar modos diferentes para definir similaridade.

Uma abordagem é esquecer totalmente os atributos e considerar somente descritores muito simples como nomes de arquivos. A construção passiva de uma sobreposição pode ser feita com a monitoração de quais nós respondem positivamente a buscas em arquivos. Por exemplo, Sripanidkulchai et al. (2003) primeiro enviam uma consulta aos vizinhos semânticos de um nó; porém, se o arquivo requisitado não estiver ali, é feito um broadcast (limitado). Claro que tal broadcast pode resultar em uma atualização da lista de vizinhos semânticos. Para fins de observação, é interessante perceber que, se um nó requisitar que seus vizinhos semânticos repassem uma consulta para os vizinhos semânticos *deles*, o efeito será mínimo (Handurukande et al., 2004). Esse fenômeno pode ser explicado pelo que é conhecido como **efeito do mundo pequeno**, que, em essência, afirma que os amigos de Alice também são amigos uns dos outros (Watts, 1999).

Uma abordagem mais ativa em relação à construção de uma lista de vizinhos semânticos é proposta por Voulgaris e Van Steen (2005), que usam uma **função pro-**

ximidade semântica definida nas listas de arquivos FL_P e FL_Q de dois nós P e Q, respectivamente. Essa função simplesmente conta o número de arquivos em comum em FL_P e FL_Q. Portanto, a meta é otimizar a função proximidade, permitindo que um nó mantenha uma lista só com os vizinhos que tenham a maioria dos arquivos em comum com ele.

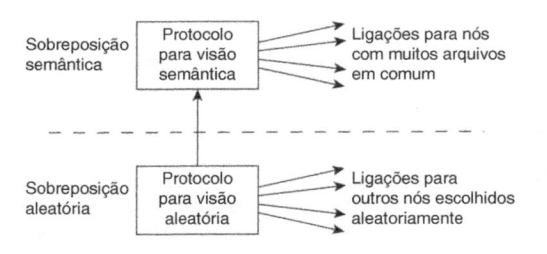

Figura 5.20 Manutenção de uma sobreposição semântica por meio de gossiping.

Com essa finalidade, um esquema de gossiping de duas camadas é oferecido, como mostra a *Figura 5.20*. A camada inferior consiste em um protocolo epidêmico que visa a manter uma visão parcial de nós uniformes selecionados aleatoriamente. Há maneiras diferentes de conseguir isso, como explicamos no Capítulo 2 [veja também Jelasity et al. (2005a)]. A camada superior mantém uma lista de vizinhos semanticamente próximos por meio de gossiping. Para iniciar uma troca, um nó P pode selecionar aleatoriamente um vizinho Q de sua lista corrente, mas o truque é deixar que P envie somente as entradas cuja semântica esteja mais próxima da semântica de Q. Por sua vez, quando P recebe entradas de Q, a certa altura ele manterá uma visão parcial que consiste somente nos nós cuja semântica esteja mais próxima da semântica de Q. Ocorre que as visões parciais mantidas pela camada superior convergirão rapidamente para um ponto ótimo.

Como já deve ter ficado claro a essa altura, redes de sobreposição semântica estão intimamente relacionadas com procura descentralizada. Uma visão geral extensiva da busca em todos os tipos de sistemas peer-to-peer é discutida em Risson e Moors (2006).

5.5 Resumo

Nomes são usados para referenciar entidades. Em essência, há três tipos de nomes. Um endereço é o nome de um ponto de acesso associado a uma entidade, também denominado simplesmente endereço de uma entidade. Um identificador é um outro tipo de nome. Ele tem três propriedades: cada entidade é referenciada por exatamente um identificador, um identificador referencia somente uma entidade e nunca é atribuído a uma outra entidade. Por fim, nomes amigáveis aos seres humanos visam à utilização por seres humanos e, como tal, são representados por cadeias de caracteres. Dados esses tipos, fazemos uma distinção entre nomeação simples, nomeação estruturada e nomeação baseada em atributos.

Sistemas para nomeação simples precisam, em essência, resolver um identificador para o endereço de sua entidade associada. Essa localização de uma entidade pode ser feita de maneiras diferentes. A primeira abordagem é usar broadcasting ou multicasting. O identificador da entidade é transmitido por broadcast para todo processo no sistema distribuído. O processo que oferece um ponto de acesso para a entidade responde fornecendo um endereço para aquele ponto de acesso. É óbvio que essa abordagem é de limitada escalabilidade.

Uma segunda abordagem é usar ponteiros repassadores. Cada vez que uma entidade mudar para uma outra localização, deixará para trás um ponteiro que informa onde ela estará em seguida. Localizar a entidade requer percorrer o caminho de ponteiros repassadores. Para evitar grandes cadeias de ponteiros, é importante reduzi-las periodicamente.

Uma terceira abordagem é designar uma localização nativa a uma entidade. Cada vez que uma entidade mudar para uma outra localização, ela informa onde está à sua localização nativa. Localizar uma entidade requer primeiro perguntar à localização nativa qual é a localização corrente da entidade.

Uma quarta abordagem é organizar todos os nós em um sistema peer-to-peer estruturado e designar nós sistematicamente a entidades, levando em conta seus respectivos identificadores. Se, na seqüência, planejarmos um algoritmo de roteamento pelo qual as requisições de consulta sejam transmitidas na direção do nó responsável por dada entidade, é possível ter uma resolução de nomes robusta e eficiente.

Uma quinta abordagem é construir uma árvore de busca hierárquica. A rede é dividida em domínios, sem sobreposição. Domínios podem ser agrupados em domínios de nível mais alto (não sobrepostos) e assim por diante. Há um único domínio de nível alto que abrange toda a extensão da rede. Cada domínio em cada nível tem um nó de diretório associado. Se uma entidade estiver localizada em um domínio D, o nó de diretório do próximo domínio de nível mais alto terá um ponteiro para D. Um nó de diretório do nível mais baixo armazena o endereço da entidade. O nó de diretório do nível mais alto conhece todas as entidades.

Nomes estruturados são facilmente organizados em um espaço de nomes. Um espaço de nomes pode ser representado por um gráfico de nomeação no qual um nó representa uma entidade nomeada e o rótulo em um ramo representa o nome pelo qual a entidade é conhecida. Um nó que tenha vários ramos de saída representa um conjunto de entidades e também é conhecido como nó de contexto ou diretório. Gráficos de nomeação de grande escala são freqüentemente organizados como gráficos dirigidos acíclicos com raiz.

Gráficos de nomeação são convenientes para organizar nomes amigáveis aos seres humanos de modo estruturado. Uma entidade pode ser referenciada por um nome de caminho. Resolução de nomes é o processo de percorrer o gráfico de nomeação consultando os componentes de um nome de caminho, um por vez. Um gráfico de nomeação de grande escala é implementado pela distribuição de seus nós por vários servidores de nomes. Ao resolver um nome de caminho percorrendo o gráfico de nomeação, a resolução de nomes continua no próximo servidor de nomes tão logo seja alcançado um nó implementado por aquele servidor.

Mais problemáticos são os esquemas de nomeação baseados em atributos nos quais entidades são descritas por um conjunto de pares (*atributo, valor*). As consultas também são formuladas como tais pares e requerem, em essência, uma busca exaustiva por todos os descritores. Essa busca só é viável quando os descritores são armazenados em um único banco de dados. Contudo, foram inventadas soluções alternativas pelas quais os pares são mapeados para sistemas baseados em DHT, o que, na verdade, resulta em uma distribuição do conjunto de descritores de entidades.

Relacionada com a nomeação baseada em atributos está a substituição gradual da resolução de nomes por técnicas distribuídas de busca. Essa abordagem é seguida em redes de sobreposição semântica nas quais os nós mantêm uma lista de outros nós cujos conteúdos têm semelhança semântica. As listas semânticas permitem que ocorra uma busca eficiente porque em primeiro lugar são consultados os vizinhos imediatos e só depois que essa busca não tiver sucesso será utilizado um broadcast (limitado).

Problemas

1. Dê um exemplo de onde um endereço de uma entidade *E* precisa ser resolvido para um outro endereço a fim de poder acessar *E*.

2. Você consideraria que um URL como *http://www.acme.org/index.html* é independente de localização? E o endereço *http://www.acme.nl/index.html*?

3. Dê alguns exemplos de identificadores verdadeiros.

4. Um identificador tem permissão de conter informações sobre a entidade que ele referencia?

5. Proponha um esquema para uma implementação eficiente de identificadores globalmente exclusivos.

6. Observe o sistema Chord como mostra a Figura 5.4 e considere que o nó 7 acabou de se juntar à rede. Qual seria sua tabela de derivação? Haveria quaisquer mudanças em outras tabelas de derivação?

7. Considere um sistema Chord baseado em DHT no qual k bits de um espaço de identificadores de m bits foram reservados para designar a superpares. Se os identificadores forem designados aleatoriamente, quantos superpares podemos esperar que um sistema de N nós tenha?

8. Se inserirmos um nó em um sistema Chord, precisaremos atualizar imediatamente todas as tabelas de derivação?

9. Qual é a maior desvantagem de consultas recursivas na resolução de uma chave em um sistema baseado em DHT?

10. Uma forma especial de localizar uma entidade é denominada anycasting, pela qual um serviço é identificado por meio de um endereço IP (veja, por exemplo, RFC 1546). O envio de uma requisição para um endereço anycast retorna uma resposta de um servidor que implementa o serviço identificado por aquele endereço anycast. Faça um esquema da implementação de um serviço anycast baseado no serviço de localização hierárquica descrito na Subseção 5.2.4.

11. Considerando que uma abordagem de duas camadas baseada em uma localização nativa seja uma especialização de um serviço hierárquico de localização, onde está a raiz?

12. Suponha que se saiba que uma entidade móvel específica quase nunca sairá de seu domínio *D* e, se sair, pode se esperar que logo volte. Como essa informação pode ser usada para aumentar a velocidade de operação em um serviço de localização hierárquica?

13. Em um serviço de localização hierárquica com uma profundidade de k, quantos registros de localização precisam ser atualizados, no máximo, quando uma entidade móvel mudar sua localização?

14. Considere uma entidade que muda da localização *A* para *B*, passando por várias localizações intermediárias onde residirá apenas por tempo relativamente curto. Quando chega a *B*, ela se acomoda por um tempo. A mudança de um endereço em um serviço de localização hierárquica ainda pode levar um tempo relativamente longo para ser concluída e, portanto, deve ser evitada quando a entidade estiver visitando uma localização intermediária. Como essa entidade pode ser localizada em uma localização intermediária?

15. O nó-raiz em serviços de localização hierárquica pode se tornar um potencial gargalo. Como esse problema pode ser efetivamente contornado?

16. Dê um exemplo de como poderia funcionar o mecanismo de fechamento para um URL.

17. Explique a diferença entre um ponteiro estrito e um ponteiro flexível em sistemas Unix. Há coisas que podem

ser feitas com um ponteiro estrito que não podem ser feitas com um ponteiro flexível, ou vice-versa?

18. Servidores de nomes de nível alto em DNS, isto é, servidores de nomes que implementam nós no espaço de nomes DNS que está próximo da raiz, em geral não suportam resolução recursiva de nomes. Poderíamos esperar grande aprimoramento de desempenho caso suportassem?

19. Explique como o DNS pode ser usado para implementar uma abordagem baseada em localização nativa para localizar hospedeiros móveis.

20. Como um ponto de montagem é consultado na maioria dos sistemas Unix?

21. Considere um sistema distribuído de arquivo que usa espaços de nomes por usuário. Em outras palavras, cada usuário tem seu próprio espaço privado de nomes. Os nomes desses espaços de nomes podem ser usados para compartilhar recursos entre dois usuários diferentes?

22. Considere o DNS. Para referenciar um nó *N* em um subdomínio implementado como uma zona diferente da do domínio corrente, é preciso especificar um servidor de nomes para essa zona. É sempre necessário incluir um registro de recurso para o endereço desse servidor ou às vezes é suficiente dar somente seu nome de domínio?

23. Contar arquivos em comum é um modo bastante ingênuo de definir proximidade semântica. Supondo que você queira construir redes de sobreposição semântica baseadas em documentos de texto, que outra função 'proximidade semântica' você poderia imaginar?

24. (**Tarefa de laboratório**) Estabeleça seu próprio servidor DNS. Instale BIND em uma máquina Windows ou Unix e a configure para alguns nomes simples. Teste sua configuração usando ferramentas como o Domain Information Groper (DIG). Certifique-se de que o banco de dados DNS inclui registros para servidores de nomes, servidores de correio e servidores padronizados. Note que, se você estiver executando BIND em uma máquina cujo nome de hospedeiro seja *HOSTNAME*, poderá resolver nomes da forma *RESOURCENAME.HOSTNAME*.

6 Sincronização

Nos capítulos anteriores, estudamos processos e comunicação entre processos. Embora a comunicação seja importante, não é tudo. Uma questão intimamente ligada a ela é o modo como processos cooperam e sincronizam uns com os outros. A cooperação é atingida, em parte, por meio de nomeação, que permite aos processos ao menos compartilhar recursos ou entidades em geral.

Neste capítulo, vamos nos concentrar principalmente no modo como os processos podem sincronizar. Por exemplo, é importante que vários processos não acessem simultaneamente um recurso compartilhado como uma impressora mas, ao contrário, cooperem para garantir um ao outro acesso temporário exclusivo. Um outro exemplo é que vários processos às vezes podem concordar com a ordenação de eventos, por exemplo, se a mensagem *m1* do processo *P* foi enviada antes ou depois da mensagem *m2* do processo *Q*.

Ocorre que a sincronização em sistemas distribuídos costuma ser muito mais difícil em comparação com a sincronização em sistemas monoprocessadores ou multiprocessadores. Os problemas e soluções discutidos neste capítulo são, por sua natureza, bastante gerais e ocorrem em variadas situações em sistemas distribuídos.

Começaremos com uma discussão sobre a questão da sincronização baseada em tempo real, seguida pela sincronização na qual o que importa são apenas questões de ordenação relativa, e não de ordenação em tempo absoluto.

Em muitos casos é importante que um grupo de processos possa designar um processo como coordenador, o que pode ser feito por meio de algoritmos de eleição. Discutiremos vários algoritmos de eleição em uma seção específica.

Há muitos tipos e espécies de algoritmos distribuídos que foram desenvolvidos para tipos variados de sistemas distribuídos. Muitos exemplos (e mais referências) podem ser encontrados em Andrews (2000) e Guerraoui e Rodrigues (2006). Abordagens mais formais para uma profusão de algoritmos podem ser encontradas em Attiya e Welch (2004), Lynch (1996) e Tel (2000).

6.1 Sincronização de Relógios

Em um sistema centralizado, o tempo não é ambíguo. Quando um processo quer saber a hora, faz uma chamada de sistema, e o núcleo responde. Se o processo *A* perguntar a hora e, um pouco mais tarde, o processo *B* também perguntar a hora, o valor que *B* obtém será mais alto (ou possivelmente igual ao valor que *A* obteve. Porém, por certo, não será mais baixo. Em um sistema distribuído, conseguir acordo nos horários não é trivial.

Imagine, por um instante, as implicações da falta de um horário global no programa *make* do Unix, só para dar um exemplo. Em Unix, programas grandes normalmente são divididos em vários arquivos-fonte, de modo que uma alteração em um arquivo-fonte requer que apenas um arquivo seja recompilado, e não todos os arquivos. Se um programa consistir em cem arquivos, não ter de recompilar tudo porque um arquivo foi alterado aumenta bastante a velocidade à qual os programadores podem trabalhar.

O modo de funcionamento normal do *make* é simples. Quando o programador terminou de alterar todos os arquivos-fonte, ele executa *make*, que examina os horários em que todos os arquivos-fonte e arquivos-objeto foram modificados da última vez. Se o horário do arquivo-fonte *input.c* for 2151 e o horário do arquivo-objeto *input.c* for 2150, *make* sabe que *input.c* foi alterado desde o momento em que *input.o* foi criado e, assim, que *input.c* deve ser recompilado. Por outro lado, se o horário de *output.c* for 2144 e o horário de *output.o* for 2145, nenhuma compilação será necessária. Por isso, *make* percorre todos os arquivos-fonte para descobrir quais deles precisam ser recompilados e chama o compilador para fazer isso.

Agora, imagine o que poderia acontecer em um sistema distribuído no qual não houvesse nenhum acordo global sobre horários. Suponha que o horário de *output.o* seja 2144 como citado antes e que, logo depois, *output.c* tenha sido modificado, mas recebeu o horário 2143 porque o relógio de sua máquina estava um pouco atrasado, como mostra a Figura 6.1. *Make* não chamará o compilador. Sendo assim, o programa binário executável resultante conterá uma mistura de arquivos-objeto dos fonte antigos e dos fonte novos.

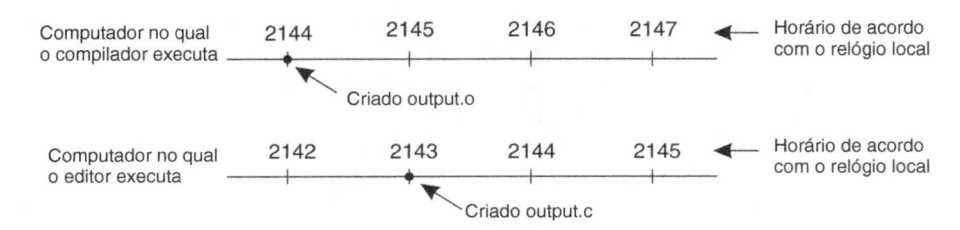

Figura 6.1 Quando cada máquina tem seu próprio relógio, um evento que ocorreu após outro evento pode, ainda assim, receber um horário anterior.

Ele provavelmente falhará, e o programador ficará confuso tentando entender o que está errado no código.

Há muitos outros exemplos em que é necessário um controle exatos de horários. O exemplo que demos pode ser facilmente reformulado para arquivar marcas de tempo em geral. Além disso, pense em domínios de aplicação como corretagem de ativos financeiros, auditoria de segurança e sensoriamento colaborativo, e ficará claro que a temporização exata é importante. Uma vez que a marcação do tempo é tão básica para o modo de pensar das pessoas, e o efeito de não ter todos os relógios sincronizados pode ser tão drástico, nada mais adequado do que começar nosso estudo da sincronização com a simples pergunta: é possível sincronizar todos os relógios em um sistema distribuído? A resposta é surpreendentemente complicada.

6.1.1 Relógios físicos

Quase todos os computadores têm um circuito para monitorar a passagem do tempo. Apesar do uso disseminado do termo 'relógio' para se referir a esses dispositivos, na verdade eles não são relógios no sentido usual da palavra. **Temporizador** talvez seja uma palavra melhor. Um temporizador de computador usualmente é um cristal de quartzo lapidado e usinado com precisão. Quando mantidos sob tensão, cristais de quartzo oscilam a uma freqüência bem definida que depende do tipo de cristal, de como ele foi lapidado e da magnitude da tensão. Associados com cada cristal há dois registradores, um **contador** e um **registrador de retenção**. Cada oscilação do cristal reduz uma unidade do contador. Quando o contador chega a zero é gerada uma interrupção e o contador é recarregado pelo registrador de retenção. Desse modo, é possível programar um temporizador para gerar uma interrupção 60 vezes por segundo ou a qualquer outra freqüência desejada. Cada interrupção é denominada **ciclo de relógio**.

Quando o sistema é inicializado, ele usualmente solicita ao usuário que digite a data e a hora, que então são convertidas para o número de ciclos de relógio após alguma data inicial conhecida e armazenada na memória. A maioria dos computadores tem uma RAM CMOS especial suportada por bateria, de modo que a data e a hora não precisam ser digitadas em ativações subseqüentes. A cada ciclo de relógio, o procedimento do serviço de interrupção soma uma unidade à hora armazenada na memória. Desse modo, o relógio (de software) é mantido atualizado.

Com um único computador e um único relógio, não há problema se esse relógio estiver um pouco defasado. Uma vez que todos os processos na máquina usam o mesmo relógio, eles ainda serão internamente consistentes. Por exemplo, se o horário do arquivo *input.c* for 2151 e o horário do arquivo *input.o* for 2150, *make* recompilará o arquivo-fonte ainda que o relógio esteja defasado por dois ciclos e os horários verdadeiros sejam 2153 e 2152, respectivamente. O que realmente importa são os horários relativos.

Logo que forem introduzidas CPUs múltiplas, cada uma com seu próprio relógio, a situação sofre uma mudança radical. Embora a freqüência à qual um oscilador de cristal funciona seja em geral razoavelmente estável, é impossível garantir que todos os cristais em diferentes computadores funcionem exatamente à mesma freqüência. Na prática, quando um sistema tem n computadores, todos os n cristais funcionarão a taxas ligeiramente diferentes, o que faz com que os relógios (de software) gradativamente saiam de sincronia e informem valores diferentes quando lidos. Essa diferença nos valores dos horários é denominada **defasagem de relógio**. Em conseqüência dessa defasagem entre relógios, programas que esperam que o horário associado com um arquivo, objeto, processo ou uma mensagem esteja correto e seja independente da máquina na qual foi gerado (isto é, de qual relógio é usado) podem falhar, como já vimos no exemplo do *make*.

Em alguns sistemas (por exemplo, sistemas de tempo real), a hora real marcada pelo relógio é importante. Sob essas circunstâncias, são necessários relógios físicos externos. Por razões de eficiência e redundância, em geral considera-se desejável ter vários relógios físicos, o que resulta em dois problemas: 1) como sincronizá-los com relógios do mundo real, e 2) como sincronizar os relógios um com o outro?

Antes de responder a essas perguntas, vamos fazer uma ligeira digressão e ver como o tempo é realmente medido. Na verdade, medir o tempo não é, nem de longe, tão fácil como poderíamos imaginar, em especial quando se requer alta precisão. Desde a invenção dos relógios mecânicos no século XVII, o tempo tem sido medido por meios astronômicos. Todo dia o sol nasce no horizonte leste, depois sobe até uma altura máxima no céu e, por fim, mergulha no oeste. O evento da passagem do sol pelo seu ponto aparente mais alto no céu é denominado **trânsito solar**. Esse evento ocorre aproximadamente ao meio-dia, todos os dias. O intervalo entre dois trânsitos consecutivos do sol é denominado **dia solar**. Visto que há 24 horas em um dia, cada hora com 3.600 segundos, o **segundo solar** é definido exatamente como 1/86.400 de um dia solar. A geometria do cálculo do dia solar médio é mostrada na Figura 6.2.

Na década de 1940, foi estabelecido que o período de rotação da Terra não é constante. A Terra está desacelerando devido ao atrito das marés e ao arraste atmosférico. Com base em estudos sobre os padrões de crescimento em corais antigos, agora os geólogos acreditam que há 300 milhões de anos havia aproximadamente 400 dias por ano. Não foi o comprimento do ano (o tempo de uma viagem ao redor do sol) que mudou; simplesmente, o dia é que ficou mais longo. Além dessa tendência de longo prazo, também ocorrem variações de curto prazo no comprimento do dia, provavelmente causadas por turbulências nas profundidades do núcleo da Terra, que é de ferro fundido. Essas revelações levaram os astrônomos a calcular o comprimento do dia medindo uma grande quantidade de dias e tomando a média antes de dividir por 86.400. A quantidade resultante foi denominada **segundo solar médio**.

Com a invenção do relógio atômico em 1948, tornou-se possível medir o tempo com muito mais exatidão, e independentemente dos movimentos erráticos da Terra, contando transições do átomo de césio 133. Os profissionais de física tomaram dos astrônomos a tarefa de contar o tempo e definiram o segundo como o tempo que o átomo de césio 133 leva para fazer exatamente 9.192.631.770 transições. Esse número foi escolhido de modo que o segundo atômico fosse igual ao segundo solar médio no ano em que foi lançado. Hoje, vários laboratórios ao redor do mundo têm relógios de césio 133 e cada um deles informa periodicamente ao Bureau International de l'Heure (BIH), em Paris, quantas vezes seu relógio pulsou. O BIH calcula a média desses valores e produz a **hora atômica internacional** (International Atomic Time) ou **TAI**. Assim, a TAI é apenas o número médio de ciclos dos relógios de césio 133 desde a meia-noite de 1º de janeiro de 1958 (o início da contagem do tempo) dividido por 9.192.631.770.

Embora seja muito estável e esteja disponível para quem quiser se dar ao trabalho de comprar um relógio de césio, a TAI apresenta um sério problema: hoje, 86.400 segundos TAI equivalem a aproximadamente 3 ms a menos do que um dia solar médio (porque o dia solar médio está ficando mais longo a cada dia). Usar a TAI para medir o tempo significaria que, no decorrer dos anos, o meio-dia seria cada vez mais cedo, até que, a certa altura, ocorreria de madrugada. Por certo todos perceberiam isso e poderíamos ter o mesmo tipo de situação que ocorreu em 1582 quando um decreto do papa Gregório XIII eliminou dez dias do calendário. Esse evento causou revoltas nas ruas porque os donos de terras exigiam um mês inteiro de aluguel e os banqueiros, um mês inteiro de juros, enquanto os empregadores se recusavam a pagar aos trabalhadores os dez dias em que não trabalharam, só para mencionar alguns dos conflitos. Por questão de princípio, os países protestantes se recusaram a obedecer a qualquer decreto papal e não aceitaram o calendário gregoriano por 170 anos.

O BIH resolve o problema ao introduzir **segundos extras** sempre que a discrepância entre a hora TAI e a hora solar alcança 800 ms. A utilização de segundos extras é ilustrada na Figura 6.3. Essa correção dá origem ao sistema de medição do tempo baseado em segundos TAI constantes, mas que fica em fase com o movimento aparente do sol. Ele é denominado **hora coordenada uni-**

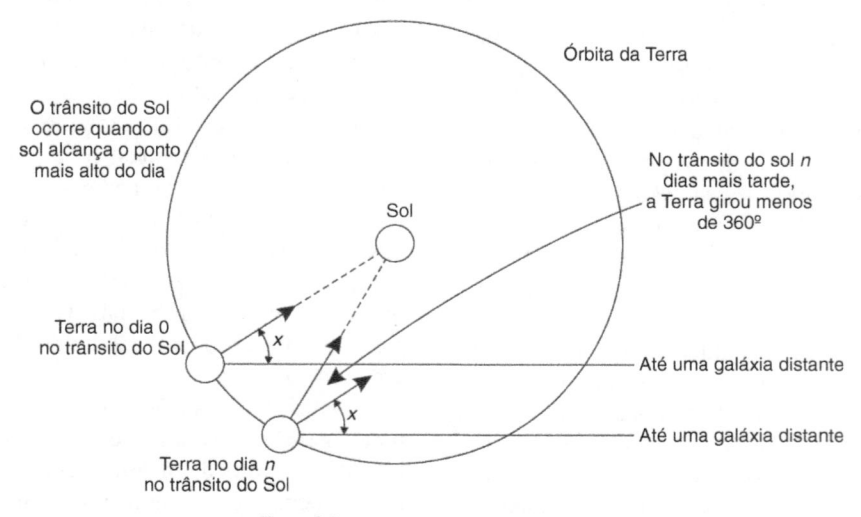

Figura 6.2 Cálculo do dia solar médio.

```
      0 1 2 3 4 5 6 7 8 9 10 11 12 13 14 15 16 17 18 19 20 21 22 23 24 25
TAI   |-|-|-|-|-|-|-|-|-|-|--|--|--|--|--|--|--|--|--|--|--|--|--|--|--|

           0 1 2  3 4 5 6 7 8 9  11 12 1314 15  16  17  18  19 2122 23 24 25
Segundos   |-|-|--|-|-|-|-|-|-|--|--|--|-|--|---|---|---|---|-|-|--|--|--|
solares
```

Segundos extras introduzidos em UTC
para entrar em sincronia com a TAI.

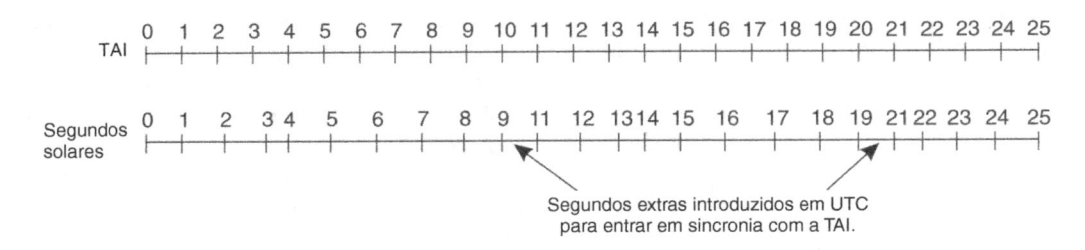

Figura 6.3 *Segundos TAI têm comprimento constante, diferentes dos segundos solares. Os segundos extras são introduzidos quando necessário para se manterem em fase com o sol.*

versal (Universal Coordinated Time), ou **UTC**. O sistema UTC é a base de toda a moderna medição civil do tempo. Em essência, ele substituiu o antigo padrão, o Greenwich Mean Time (tempo médio de Greenwich) que é a hora astronômica.

A maioria das empresas geradoras de energia elétrica sincroniza a temporização de seus relógios de 60 Hz ou 50 Hz com o UTC; portanto, quando o BIH anuncia um segundo extra, essas empresas elevam sua freqüência para 61 Hz ou 51 Hz durante 60 ou 50 segundos, a fim de adiantar todos os relógios em sua área de distribuição. Visto que 1 segundo é um intervalo perceptível para um computador, um sistema operacional que precisa manter horários exatos durante certo período de anos deve ter um software especial para lidar com segundos extras quando eles são anunciados (a menos que usem a linha de fornecimento de energia para medir tempo, o que, de modo geral, é um método muito grosseiro). O número total de segundos introduzidos no UTC até agora é aproximadamente 30.

Para fornecer UTC a quem precisa da hora exata, o National Institute of Standard Time (Nist) opera uma estação de rádio de ondas curtas cujo prefixo é WWV, em Fort Collins, Colorado. A WWV transmite um pulso curto no início de cada segundo UTC. A precisão da própria WWV é de ±1 ms, porém, devido a flutuações atmosféricas aleatórias que podem afetar o comprimento do caminho do sinal, na prática a precisão não é melhor do que ±10 ms. Na Inglaterra, a estação MSF, que transmite de Rugby, Warwickshire, oferece um serviço semelhante, assim como estações situadas em vários outros países.

Há vários satélites em órbita terrestre que também oferecem serviço UTC. O satélite operacional ambiental geoestacionário (Geostationary Environment Operational Satellite — Geos) pode oferecer UTC com exatidão de até 0,5 ms, e alguns outros satélites se saem ainda melhor.

Usar serviços de rádio de ondas curtas ou de satélites requer conhecer a exata posição relativa entre remetente e receptor, de modo a compensar o atraso de propagação do sinal. Radiorreceptores para WWV, Geos e outras fontes UTC estão disponíveis no comércio.

6.1.2 Sistema de posicionamento global

Como passo em direção aos problemas da sincronização de relógios propriamente dita, consideraremos, em primeiro lugar, um problema relacionado, ou seja, a determinação da posição geográfica de alguém em qualquer lugar da Terra. Esse problema de posicionamento é, em si, resolvido por meio de um sistema distribuído dedicado altamente específico denominado **GPS**, que é um acrônimo para *global positioning system* (**sistema de posicionamento global**). O GPS é um sistema distribuído baseado em satélite lançado em 1978. Embora tenha sido utilizado principalmente para aplicações militares, nos último anos ele foi adotado em muitas aplicações civis, em particular na área da navegação comercial. Contudo, existem muitos outros domínios de aplicações. Por exemplo, agora, telefones GPS permitem aos interlocutores monitorar suas respectivas posições, característica que pode mostrar ser extremamente útil quando você se perder ou estiver em dificuldades. Esse princípio também pode ser aplicado com facilidade ao monitoramento de outras coisas, entre elas animais de estimação, crianças, carros, barcos e assim por diante. Uma excelente visão geral do GPS é dada por Zogg (2002).

O GPS usa 29 satélites, cada um circulando em uma órbita a uma altura aproximada de 20.000 km. Cada satélite tem até quatro relógios atômicos que são calibrados periodicamente por estações especiais na Terra. Um satélite transmite continuamente sua posição em broadcast e anexa marcas de tempo a cada mensagem, informando sua hora local. Essa transmissão broadcast permite que todo receptor na Terra calcule com precisão sua própria posição usando, em princípio, somente três satélites. Para explicar, a princípio vamos considerar que todos os relógios, entre eles o do receptor, estejam sincronizados.

Para calcular uma posição considere, em primeiro lugar, o caso bidimensional, como mostra a Figura 6.4, na qual estão desenhados dois satélites, junto com os círculos, que representam pontos que estão a mesma distância de cada satélite respectivo. O eixo y representa a altura, enquanto o eixo x representa uma linha reta ao longo da superfície da Terra, no nível do mar. Ignorando o ponto mais elevado, vemos que a interseção dos dois círculos é um ponto único, nesse caso, talvez no alto de alguma montanha.

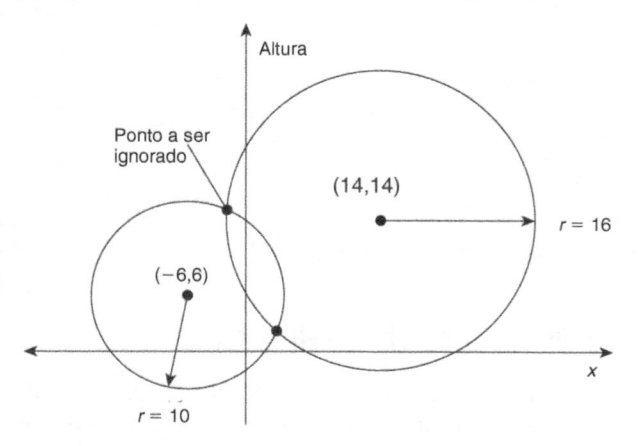

Figura 6.4 Cálculo de uma posição em um espaço bidimensional.

Esse princípio de interseção de círculos pode ser expandido para três dimensões, o que significa que precisamos de três satélites para determinar longitude, latitude e altitude de um receptor na Terra. Todo esse posicionamento é razoavelmente direto, mas as coisas tornam-se complicadas quando não podemos mais supor que todos os relógios estão perfeitamente sincronizados.

Há também dois fatos importantes do mundo real que precisamos levar em conta:

1. Leva um certo tempo para que os dados sobre a posição de um satélite cheguem ao receptor.
2. De modo geral, o relógio do receptor não está em sincronia com o de um satélite.

Suponha que a marca de tempo de um satélite seja totalmente exata. Seja Δ_r o desvio do relógio do receptor em relação à hora real. Quando o receptor recebe uma mensagem enviada pelo satélite i com a marca de tempo T_i, o atraso medido do receptor, Δ_i, consiste em dois componentes: o atraso propriamente dito, mais seu próprio desvio:

$$\Delta_i = (T_{agora} - T_i) + \Delta_r$$

Como os sinais viajam à velocidade da luz, c, a distância medida do satélite é, claramente, $c\Delta_i$. Sendo

$$d_i = c(T_{agora} - T_i)$$

a distância real entre o receptor e o satélite, a distância medida pode ser expressa por $d_i + c\Delta_r$. A distância real é calculada apenas por:

$$d_i = \sqrt{(x_i - x_r)^2 + (y_i - y_r)^2 + (z_i - z_r)^2}$$

onde x_i, y_i e z_i são as coordenadas do satélite i. O que vemos agora é que, se tivermos quatro satélites, teremos quatro equações com quatro incógnitas, o que nos permi-

te resolver as coordenadas x_r, y_r e z_r para o receptor, e também Δ_r. Em outras palavras, uma medição de GPS também dará uma indicação da hora real. Mais adiante neste capítulo, voltaremos à determinação de posições seguindo uma abordagem semelhante.

Até aqui, adotamos como premissa que as medidas são perfeitamente exatas. Claro que não são. Uma razão é que o GPS não leva em conta segundos extras. Em outras palavras, há um desvio sistemático em relação à hora UTC que, em 1º de janeiro de 2006, era de 14 segundos. Esse erro pode ser facilmente compensado por software. Contudo, há muitas outras fontes de erros, que começam pelo fato de que os relógios atômicos nos satélites nem sempre estão em perfeita sincronia, a posição de um satélite não é conhecida com exatidão, a precisão do relógio do receptor é finita, a velocidade de propagação do sinal não é constante (porque os sinais perdem velocidade, por exemplo, ao entrar na ionosfera) e assim por diante. Além do mais, todos sabemos que a Terra não é uma esfera perfeita, o que resulta em mais correções.

De modo geral, calcular uma posição exata está longe de ser uma tarefa trivial e requer noção de muitos detalhes assustadores. Não obstante, até mesmo com receptores GPS relativamente baratos, o posicionamento pode alcançar uma precisão dentro de uma faixa de 1 a 5 metros. Além do mais, receptores profissionais (que podem ser facilmente ligados a uma rede de computadores) têm um erro declarado de menos de 20 a 35 nanossegundos. Mais uma vez, referimo-nos à excelente visão geral de Zogg (2002) como uma primeira etapa para conhecer os detalhes.

6.1.3 Algoritmos de sincronização de relógios

Se uma máquina tiver um receptor WWV, a meta é manter todas as outras máquinas sincronizadas com ela. Se nenhuma máquina tiver receptores WWV, cada uma monitora seu próprio horário, e o objetivo é manter todas as máquinas o mais juntas possível. Muitos algoritmos foram propostos para fazer essa sincronização, e um levantamento deles pode ser encontrado em Ramanathan et al. (1990).

Todos os algoritmos têm o mesmo modelo subjacente do sistema. Cada máquina deve ter um temporizador que provoca uma interrupção H vezes por segundo. Quando o temporizador esgota o tempo fixado, o manipulador de interrupção soma 1 a um relógio de software que monitora o número de ciclos de relógio (interrupções) que ocorreram desde um instante determinado com o qual todos concordaram antes. Vamos denominar C o valor desse relógio. Mais especificamente, quando a hora UTC é t, o valor do relógio na máquina p é $C_p(t)$. Idealmente, teríamos $C_p(t) = t$ para todo p e todo t. Em outras palavras, seria perfeito que $C'_p(t)=dC/dt$ fosse 1. $C'_p(t)$ é denominado **freqüência** do relógio de p's no tempo t. A **defasagem** do relógio é definida como $C'_p(t) - 1$ e denota a magnitude da diferença entre a freqüência do relógio de p e a freqüência de um relógio perfeito. O **deslocamento** em relação a uma hora específica t é $C_p(t) - t$.

Temporizadores reais não interrompem exatamente H vezes por segundo. Teoricamente, um temporizador com $H = 60$ deve gerar 216.000 ciclos por hora. Na prática, o erro relativo que se obtém com modernos chips temporizadores é de aproximadamente 10^{-5}, o que significa que determinada máquina pode obter um valor na faixa de 215.998 a 216.002 ciclos por hora. Mais exatamente, se existir alguma constante ρ tal que

$$1 - \rho \leq \frac{dC}{dt} \leq 1 + \rho$$

pode-se dizer que o temporizador está funcionando dentro de sua especificação. A constante ρ é especificada pelo fabricante e é conhecida como **taxa máxima de deriva**. Note que a taxa máxima de deriva especifica até que ponto a defasagem de um relógio pode chegar. Relógios adiantados, perfeitos e atrasados são mostrados na Figura 6.5.

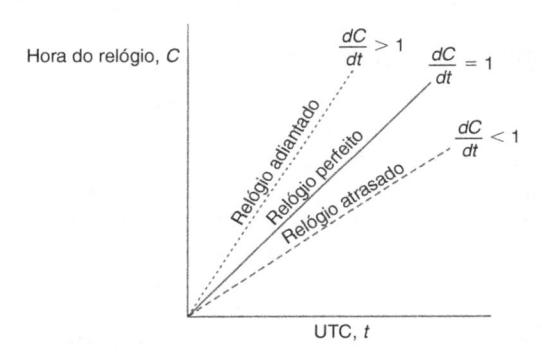

Figura 6.5 Relação entre a hora do relógio e a hora UTC quando as taxas de ciclos de relógios são diferentes.

Se dois relógios derivarem em direções opostas em relação à UTC, passado um tempo Δt após a sincronização entre os dois, eles podem apresentar uma defasagem de até $2\rho \Delta t$. Se os projetistas de sistemas operacionais quiserem garantir que a defasagem entre dois relógios nunca seja maior do que δ, eles devem ser sincronizados novamente (em software) no mínimo a cada $\delta/2\rho$ segundos. A diferença entre os vários algoritmos encontra-se exatamente na maneira como essa sincronização periódica é feita.

Protocolo de tempo de rede

Uma abordagem comum a muitos protocolos e proposta originalmente por Cristian (1989) é deixar que os clientes consultem um servidor de tempo. Este pode fornecer a hora corrente exata, por exemplo, porque está equipado com um receptor WWV ou um relógio de precisão. Claro que, então, o problema é que, quando se contata o servidor, os atrasos de mensagens farão com que a hora fornecida esteja desatualizada. A solução é achar uma boa estimativa para esses atrasos. Considere a situação delineada na Figura 6.6.

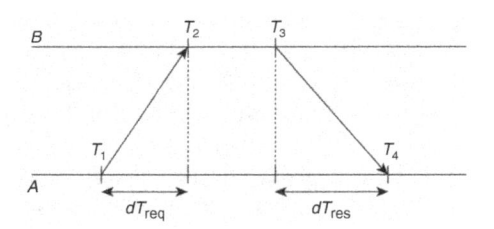

Figura 6.6 Obtenção da hora corrente por meio de um servidor de tempo.

Nesse caso, A enviará uma requisição a B, com uma marca de tempo cujo valor é T_1. B, por sua vez, registrará a hora em que recebeu T_2 (obtida de seu próprio relógio local) e retornará uma resposta com uma marca de tempo de valor T_3, enviando também o valor T_2 informado anteriormente. Por fim, A registra a hora da chegada da resposta, T_4. Vamos supor que os atrasos de propagação de A até B sejam aproximadamente os mesmos que de B até A, o que significa que $T_2 - T_1 \approx T_4 - T_3$. Nesse caso, A pode estimar seu deslocamento em relação a B como

$$\theta = T_3 - \frac{(T_2 - T_1) + (T_4 - T_3)}{2}$$
$$= \frac{(T_2 - T_1) + (T_3 - T_4)}{2}$$

Logicamente, o tempo não pode correr para trás. Se o relógio de A estiver adiantado, $\theta < 0$, significa que A deveria, em princípio, atrasar seu relógio. Isso não é permitido porque poderia causar sérios problemas, como um arquivo-objeto compilado logo após a alteração do relógio ter um horário anterior ao do arquivo-fonte que foi modificado um pouco antes da alteração do relógio.

Tal alteração deve ser introduzida gradativamente. Um modo de fazer isso é o seguinte: suponha que o temporizador esteja ajustado para gerar cem interrupções por segundo. Normalmente, cada interrupção somaria 10 m à hora. Para atrasar, a rotina de interrupção soma apenas 9 ms por vez, até que a correção tenha sido feita. De modo semelhante, o relógio pode ser adiantado gradativamente com a soma de 11 m a cada interrupção, em vez de adiantar tudo de uma vez só.

No caso do **protocolo de tempo de rede** (network time protocol — NTP), esse protocolo é ajustado entre pares de servidores. Em outras palavras, B também consultará A para saber qual é sua hora corrente. O deslocamento θ é calculado como mostrado antes, junto com a estimativa δ para o atraso:

$$\delta = \frac{(T_2 - T_1) + (T_4 - T_3)}{2}$$

Oito pares de valores (θ, δ) são armazenados em buffer, finalmente com a adoção do valor mínimo encontrado para δ como a melhor estimativa para o atraso entre os dois servidores e, na seqüência, o valor associado θ como a estimativa mais confiável do deslocamento.

A aplicação simétrica de NTP deveria, em princípio, também permitir que B ajustasse seu relógio com o de A. Contudo, se tivermos certeza de que a precisão do relógio de B é melhor, esse ajuste seria tolice. Para resolver esse problema, o NTP divide servidores em estratos. Um servidor que tenha um **relógio de referência** tal como um receptor WWV, ou um relógio atômico, é conhecido como **servidor do estrato 1** (diz-se que o relógio, em si, opera no estrato 0). Quando A contata B, só ajustará seu horário se seu próprio nível de estrato for mais alto do que o de B. Além do mais, após a sincronização, o nível de estrato de A se tornará uma unidade mais alto do que o de B. Em outras palavras, se B for um servidor de estrato k, então A se tornará um servidor de estrato $(k + 1)$ se seu nível de estrato original já era maior do que k. Devido à simetria do NTP, se o nível de estrato de A for *mais baixo* do que o de B, B se ajustará a A.

O NTP tem muitos aspectos importantes e muitos deles estão relacionados a identificar e mascarar erros, mas também a ataques contra a segurança. O NTP é descrito em Mills (1992) e sabe-se que alcança uma precisão, em âmbito mundial, na faixa de 1 a 50 ms. De início, sua mais nova versão (NTPv4) foi documentada somente por meio de sua implementação mas, agora, uma descrição detalhada pode ser encontrada em Mills (2006).

O algoritmo de Berkeley

Em muitos algoritmos como o NTP, o servidor de tempo é passivo. Outras máquinas lhe perguntam a hora periodicamente e ele se limita a responder a essas consultas. No Unix de Berkeley, é adotada a abordagem exatamente oposta (Gusella e Zatti, 1989). Nesse caso, o servidor de tempo (na verdade, um daemon de tempo) é ativo e consulta todas as máquinas de tempos em tempos para perguntar qual é a hora que cada uma está marcando. Com base nas respostas, ele calcula um horário médio e diz a todas as outras máquinas que adiantem seus relógios até o novo horário ou atrasem seus relógios até que tenham obtido alguma redução especificada. Esse método é adequado para um sistema no qual nenhuma máquina tenha receptor WWV. A hora do daemon de tempo tem de ser ajustada manualmente pelo operador de tempos em tempos. O método é ilustrado na Figura 6.7.

Na Figura 6.7(a), às 3:00, o daemon de tempo informa a hora que ele próprio está marcando e pergunta qual é a hora que cada uma das outras máquinas está marcando. Na Figura 6.7(b), elas respondem informando o quanto estão adiantadas ou atrasadas em relação ao daemon. De posse desses números, o daemon de tempo calcula a hora média e informa a cada máquina como deve ajustar seu relógio [veja a Figura 6.7(c)].

Note que, para muitas finalidades, é suficiente que todas as máquinas concordem com a mesma hora. Não é essencial que essa hora também esteja de acordo com a hora real anunciada por rádio a cada hora. Se, em nosso exemplo da Figura 6.7, a hora marcada pelo relógio do daemon nunca fosse calibrada manualmente, não haveria dano nenhum contanto que nenhum dos outros nós se comunique com computadores externos. Todos concordarão alegremente com uma hora corrente, ainda que seu valor não tenha nenhuma relação com a realidade.

Sincronização de relógios em redes sem fio

Uma importante vantagem dos sistemas distribuídos mais tradicionais é que podemos disponibilizar servidores de tempo com facilidade e eficiência. Além disso, a maioria das máquinas pode entrar em contato umas com as outras, o que permite uma disseminação de informações relativamente simples. Essas premissas deixam de ser válidas em redes sem fio, em particular, redes de sensores. Os nós são restritos em relação a recursos, e o roteamento por múltiplos saltos é caro. Além disso, muitas vezes é importante otimizar algoritmos para consumo de energia. Essas e outras observações resultaram no projeto de algoritmos de sincronização de relógios muito diferentes para redes sem fio. A seguir, consideraremos uma solução específica. Sivrikaya e Yener (2004) dão uma breve visão geral de outras soluções. Um levantamento extensivo pode ser encontrado em Sundararaman et al. (2005).

Sincronização em broadcast de referência (reference broadcast sincronization — **RBS**) é um protocolo de sincronização de relógios muito diferente de outras propos-

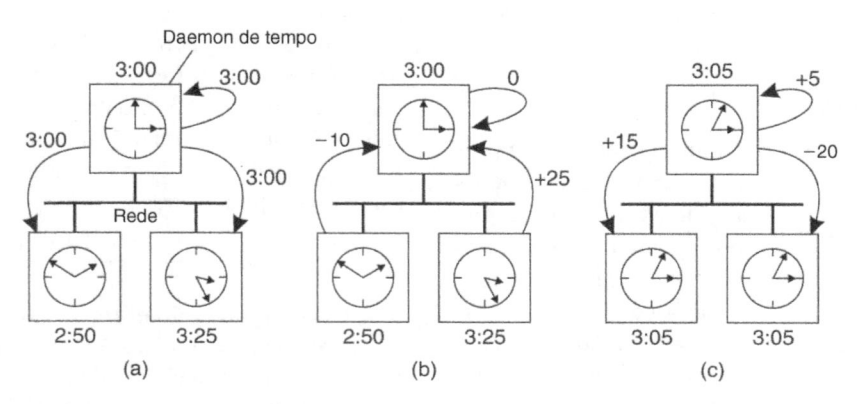

Figura 6.7 (a) O daemon de tempo pergunta a todas as outras máquinas os valores marcados por seus relógios.
(b) As máquinas respondem. (c) O daemon de tempo informa a todas como devem ajustar seus relógios.

tas (Elson et al., 2002). Em primeiro lugar, o protocolo não adota como premissa que há um único nó que tenha disponível um valor exato da hora real. Em vez de visar a dar a todos os nós a hora UTC, ele visa à mera sincronização dos relógios em âmbito interno, exatamente como o algoritmo de Berkeley. Em segundo lugar, as soluções que discutimos até agora são projetadas para colocar o remetente e o receptor em sincronia seguindo, em essência, um protocolo de duas vias. O RBS se desvia desse padrão permitindo que somente os receptores sincronizem, mantendo o remetente fora do laço.

Em RBS, um remetente transmite uma mensagem de referência em broadcast que permitirá a seus receptores ajustar os relógios. Uma observação fundamental é que, em uma rede de sensores, o tempo para propagar um sinal para outros nós é aproximadamente constante, contanto que não seja adotada nenhuma premissa de roteamento por múltiplos saltos. Nesse caso, o tempo de propagação é medido desde o momento em que a mensagem sai da interface de rede do remetente. Em decorrência, duas importantes fontes de variação presentes em transferência de mensagens deixam de desempenhar um papel na estimativa de atrasos: o tempo gasto para construir a mensagem e o tempo gasto para acessar a rede. Esse princípio é mostrado na Figura 6.8.

Note que, em protocolos como o NTP, uma marca de tempo é adicionada à mensagem antes de ela ser passada para a interface de rede. Além do mais, como redes sem fio são baseadas em um protocolo de contenção, de modo geral não há como dizer quanto tempo levará até que uma mensagem possa ser realmente transmitida. Esses fatores não determinísticos são eliminados em RBS. O que permanece é o tempo de entrega no receptor, mas esse tempo varia consideravelmente menos do que o tempo de acesso à rede.

A idéia subjacente ao RBS é simples: quando um nó transmite em broadcast uma mensagem de referência m, cada nó p simplesmente registra a hora $T_{p,m}$ em que recebeu m. Note que $T_{p,m}$ é lida no relógio local de p. Ignorando a defasagem de relógio, dois nós, p e q, podem trocar seus respectivos horários de entrega de modo a estimar o deslocamento relativo entre eles:

$$Deslocamento\ [p,q] = \frac{\sum_{k=1}^{M}(T_{p,k} - T_{q,k})}{M}$$

onde M é o número total de mensagens de referência enviadas. Essa informação é importante: o nó p saberá o valor do relógio de q em relação a seu próprio valor. Além do mais, se ele simplesmente armazenar esses deslocamentos, não há necessidade de ajustar seu próprio relógio, o que economiza energia.

Infelizmente, os relógios podem derivar um do outro. O efeito é que o simples cálculo do deslocamento médio como foi feito anteriormente não funcionará: os últimos valores enviados serão menos exatos do que os primeiros. Ademais, à medida que o tempo passa, o deslocamento presumivelmente aumenta. Elson et al. usam um algoritmo muito simples para compensar esse efeito: em vez de calcular a média, eles aplicam regressão linear padrão para calcular o deslocamento como uma função:

$$Deslocamento\ [p,q](t) = \alpha t + \beta$$

As constantes α e β são calculadas pelos pares $(T_{p,k}, T_{q,k})$. Essa nova forma permitirá um cálculo muito mais preciso do valor corrente do relógio de q pelo nó p e vice-versa.

6.2 Relógios Lógicos

Até aqui, consideramos que a sincronização de relógios está naturalmente relacionada com a hora real. Todavia, também vimos que pode ser suficiente que cada nó concorde com uma hora corrente, sem que essa hora seja a mesma que a hora real. Podemos avançar mais um passo. Para executar *make*, por exemplo, é adequado que dois nós concordem que *input.o* seja desatualizado por uma nova versão de *input.c*. Nesse caso, monitorar os eventos de cada um (tal como a produção

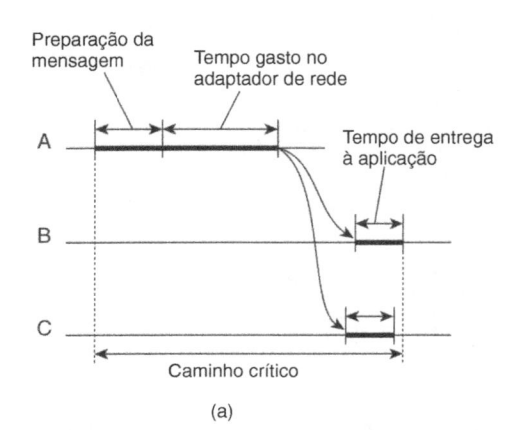

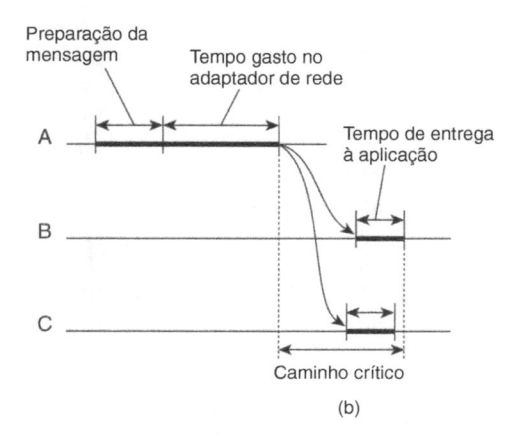

Figura 6.8 (a) Caminho crítico usual na determinação de atrasos de rede. (b) Caminho crítico no caso de RBS.

de uma nova versão de *input.c*) é o que importa. No caso desses algoritmos, o convencional é denominar esses relógios como **relógios lógicos**.

Em um artigo clássico, Lamport (1978) mostrou que, embora a sincronização entre relógios seja possível, ela não precisa ser absoluta. Se dois processos não interagirem, não é necessário que seus relógios sejam sincronizados porque a falta de sincronização não seria observável e, portanto, não poderia causar problemas. Além do mais, ele destacou que, de modo geral, o que importa não é que todos os processos concordem com a hora exata, mas com a ordem em que os eventos ocorrem. No exemplo do *make*, o que conta é se *input.c* é mais velho ou mais novo que *input.o*, e não a hora exata em que foram criados.

Nesta seção, discutiremos o algoritmo de Lamport, que sincroniza relógios lógicos. Ademais, discutiremos uma extensão da abordagem de Lamport, denominada marcas de tempo vetoriais.

6.2.1 Relógios lógicos de Lamport

Para sincronizar relógios lógicos, Lamport definiu uma relação denominada **acontece antes**. A expressão $a \rightarrow b$ é lida como '*a* acontece antes de *b*' e significa que todos os processos concordam que primeiro ocorre um evento *a* e, depois, um evento *b*. A relação 'acontece antes' pode ser observada diretamente em duas situações:

1. Se *a* e *b* são eventos do mesmo processo, e *a* ocorre antes de *b*, então $a \rightarrow b$ é verdadeira.
2. Se *a* é o evento de uma mensagem sendo enviada por um processo, e *b* é o evento da mensagem sendo recebida por um outro processo, então $a \rightarrow b$ também é verdadeira. Uma mensagem não pode ser recebida antes de ser enviada, ou até ao mesmo tempo que é enviada, visto que ela leva uma quantidade de tempo finita, diferente de zero, para chegar.

A relação 'acontece antes' é transitiva, portanto se $a \rightarrow b$ e $b \rightarrow c$, então $a \rightarrow c$. Se dois eventos, *x* e *y*, acontecem em processos diferentes que não trocam mensagens (nem mesmo indiretamente via terceiros), então $x \rightarrow y$ não é verdadeira, mas $y \rightarrow x$ também não é. Diz-se que esses eventos são **concorrentes**, o que significa, apenas, que nada pode ser dito (ou nem precisa ser dito) sobre quando os eventos aconteceram ou qual evento aconteceu em primeiro lugar.

O que precisamos é um modo de medir uma noção de tempo tal que, para cada evento *a*, possamos designar um valor de tempo $C(a)$ com o qual todos os processos concordam. Esses valores de tempo devem ter a propriedade de se $a \rightarrow b$, então $C(a) < C(b)$. Expressando em outras palavras as condições que declaramos antes, se *a* e *b* são dois eventos dentro de um mesmo processo, e *a* ocorre antes de *b*, então $C(a) < C(b)$. De modo semelhante, se *a* é o envio de uma mensagem por um processo e *b* é o recebimento dessa mensagem por um outro processo, então $C(a)$ e $C(b)$ devem ser atribuídos de tal maneira que todos concordem com os valores de $C(a)$ e $C(b)$ sendo $C(a) < C(b)$. Além disso, o tempo de relógio, C, deve sempre correr para a frente (aumentar), nunca para trás (diminuir). Os tempos podem ser corrigidos pela adição de um valor positivo, nunca por subtração.

Agora, vamos examinar o algoritmo de Lamport proposto para designar tempo a eventos. Considere os três processos representados na Figura 6.9(a). Os processos executam em máquinas diferentes, cada uma com seu próprio relógio, que funciona a sua própria velocidade. Como podemos ver na figura, quando o relógio pulsa 6 vezes no processo P_1, pulsou 8 vezes no processo P_2 e 10 vezes no processo P_3. Cada relógio funciona a uma taxa constante, mas as taxas são diferentes devido às diferenças nos cristais.

No tempo 6, o processo P_1 envia a mensagem m_1 ao processo P_2. O tempo que essa mensagem leva para chegar depende do relógio no qual você se baseia. Seja como for, o relógio no processo P_2 marca 16 quando a mensa-

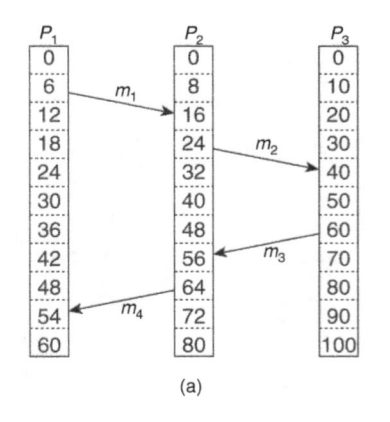

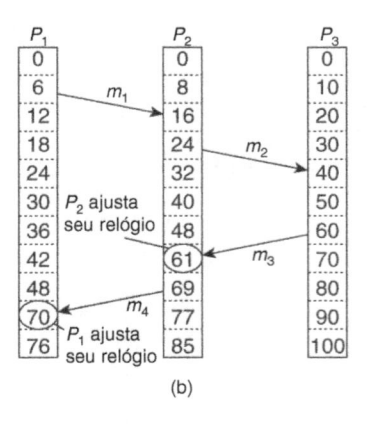

Figura 6.9 (a) Três processos, cada um com seu próprio relógio. Os relógios funcionam a taxas diferentes. (b) O algoritmo de Lamport corrige os relógios.

gem chega. Se a mensagem transportar com ela o tempo de início, 6, o processo P_2 concluirá que ela levou 10 pulsos para fazer sua jornada. Esse valor certamente é coerente. Segundo esse raciocínio, a mensagem m_2 de P_2 a P_3 leva 16 pulsos, novamente um valor plausível.

Agora considere a mensagem m_3. Ela sai do processo P_3 em 60 e chega em P_2 em 56. Da mesma maneira, a mensagem m_4 de P_2 a P_1 sai em 64 e chega em 54. Esses valores são claramente implausíveis. É essa situação que deve ser evitada.

A solução de Lamport resulta diretamente da relação 'acontece antes'. Visto que m_3 saiu em 60, ela deve chegar em 61 ou mais tarde. Portanto, cada mensagem transporta o tempo de envio conforme o relógio do remetente. Quando uma mensagem chega e o relógio do receptor mostra um valor anterior ao tempo em que a mensagem foi enviada, o receptor adianta seu relógio para ficar uma unidade a mais do tempo de envio. Na Figura 6.9(b) vemos que, agora, m_3 chega em 61. De modo semelhante, m_4 chega em 70.

Para preparar nossa discussão sobre relógios vetoriais, vamos formular esse procedimento com mais precisão. Nesse ponto, é importante distinguir três camadas diferentes de software, como já tínhamos encontrado no Capítulo 1: a rede, uma camada de middleware e uma camada de aplicação, como mostra a Figura 6.10. O que apresentamos a seguir é típico de uma camada de middleware.

Para implementar relógios lógicos de Lamport, cada processo P_i mantém um contador *local* C_i. Esses contadores são atualizados conforme as etapas apresentadas a seguir (Raynal e Singhal, 1996):

1. Antes de executar um evento (isto é, enviar uma mensagem pela rede, entregar uma mensagem a uma aplicação, ou qualquer outro evento interno), P_i executa $C_i \leftarrow C_i + 1$.
2. Quando o processo P_i envia uma mensagem m a P_j, ajusta a marca de tempo de m, $ts(m)$, para igual a C_i após ter executado a etapa anterior.
3. Ao receber uma mensagem m, o processo P_j ajusta seu próprio contador local para $C_j \leftarrow \max\{C_j, ts(m)\}$ e, depois disso, executa a primeira etapa e entrega a mensagem à aplicação.

Em algumas situações, é desejável um requisito adicional: dois eventos nunca, jamais, ocorrem exatamente ao mesmo tempo. Para atingir esse objetivo, podemos anexar o número do processo no qual o evento ocorre à extremidade menos significativa do tempo, separado por um ponto decimal. Por exemplo, um evento que ocorreu no tempo 40 no processo P_i receberá a marca de tempo 40.i.

Note que, designando ao evento o tempo $C(a) \leftarrow C_i(a)$ se a acontecer no processo P_i no tempo $C_i(a)$, temos uma implementação distribuída do valor do tempo global que procurávamos desde o início.

Exemplo: Multicast totalmente ordenado

Como uma aplicação de relógios lógicos de Lamport, considere a situação em que um banco de dados foi replicado em vários sites. Por exemplo, para melhorar o desempenho de consulta, um banco pode colocar cópias de um banco de dados de contas correntes em duas cidades diferentes, digamos, Nova York e San Francisco. Uma consulta é sempre repassada para a cópia mais próxima. O preço de uma resposta rápida a uma consulta é pago, em parte, por custos mais altos de atualização, porque cada operação de atualização deve ser executada em cada réplica.

Na verdade, há um requisito mais restritivo no que diz respeito a atualizações. Suponha que um cliente em San Francisco queira depositar $ 100 em sua conta que, no instante em questão, contém $ 1.000. Ao mesmo tempo, um funcionário do banco em Nova York inicia uma atualização pela qual a conta do cliente recebe o acréscimo de 1% de juros. Ambas as atualizações devem ser executadas em ambas as cópias do banco de dados. Contudo, devido a atrasos de comunicação na rede subjacente, as atualizações podem chegar na ordem em que mostra a Figura 6.11.

A atualização da operação do cliente é realizada em San Francisco antes da atualização do lançamento de juros. Ao contrário, a cópia da conta na réplica de Nova York é primeiro atualizada com o 1% de juros e depois com o depósito de $ 100. Por consequência, o banco de dados de San Francisco registrará uma quantia total de $ 1.111, ao passo que o banco de dados de Nova York registrará $ 1.110.

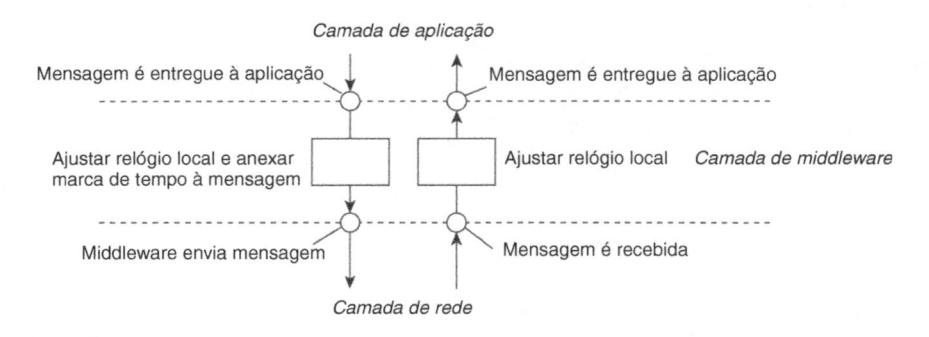

Figura 6.10 Posicionamento de relógios lógicos de Lamport em sistemas distribuídos.

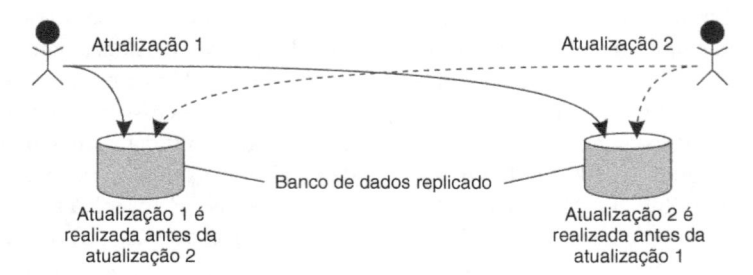

Figura 6.11 Atualização de banco de dados replicado que o deixa em estado inconsistente.

O problema que enfrentamos é que as duas operações de atualização deveriam ter sido executadas na mesma ordem em cada cópia. Embora faça diferença se o depósito é processado antes ou depois da atualização do depósito dos juros ou ao contrário, a ordem seguida não é importante do ponto de vista de consistência. A questão importante é que ambas as cópias devem ser exatamente as mesmas. Em geral, situações como essas requerem um **multicast totalmente ordenado**, isto é, uma operação multicast pela qual todas as mensagens são entregues na mesma ordem a cada receptor. Os relógios lógicos de Lamport podem ser usados para implementar multicast totalmente ordenado de modo completamente distribuído.

Considere um grupo de processos que enviam mensagens multicast uns aos outros. Cada mensagem sempre transportará a marca de tempo correspondente ao tempo (lógico) corrente de seu remetente. Quando uma mensagem é enviada em multicast, ela é conceitualmente também enviada ao remetente. Além disso, consideramos que mensagens do mesmo remetente são recebidas na ordem em que foram enviadas e que nenhuma mensagem foi perdida.

Quando um processo recebe uma mensagem, ela é colocada em uma fila de cache local, ordenada conforme sua marca de tempo. O receptor envia mensagens multicast de reconhecimento aos outros processos. Note que, se seguirmos o algoritmo de Lamport para ajustar relógios locais, a marca de tempo da mensagem recebida é mais baixa do que a marca de tempo da mensagem de reconhecimento. O aspecto interessante dessa abordagem é que, a certa altura, todos os processos terão a mesma cópia da fila local (contanto que nenhuma mensagem seja removida).

Um processo só pode entregar uma mensagem enfileirada à aplicação que ele estiver executando quando essa mensagem estiver no início da fila e tiver sido reconhecida por cada um dos outros processos. Nesse ponto, a mensagem é retirada da fila e entregue à aplicação; os reconhecimentos associados podem ser simplesmente removidos. Como cada processo tem a mesma cópia da fila, todas as mensagens são entregues na mesma ordem em todos os lugares. Em outras palavras, estabelecemos multicast totalmente ordenado.

Como veremos em capítulos posteriores, o multicast totalmente ordenado é um veículo importante para serviços replicados nos quais a consistência entre as réplicas é mantida permitindo que elas executem as mesmas operações na mesma ordem em todos os lugares. Como as réplicas seguem, em essência, as mesmas transições na mesma máquina de estado finito, essa operação também é conhecida como **replicação de estado de máquina** (Schneider, 1990).

6.2.2 Relógios vetoriais

Relógios lógicos de Lamport resultam em uma situação em que todos os eventos em um sistema distribuído são totalmente ordenados e têm a seguinte propriedade: se o evento a aconteceu antes do evento b, a também será posicionado nessa ordem antes de b, isto é, $C(a) < C(b)$.

Contudo, com relógios de Lamport, nada se pode dizer sobre a relação entre dois eventos, a e b, pela mera comparação entre seus valores de tempo, $C(a)$ e $C(b)$, respectivamente. Em outras palavras, se $C(a) < C(b)$, isso não implica necessariamente que a realmente ocorreu antes de b. É preciso algo mais para fazer isso.

Como explicação, considere as mensagens enviadas pelos três processos mostrados na Figura 6.12. Denote por $T_{snd}(m_i)$ o instante lógico em que a mensagem m_i foi enviada e, da mesma maneira, por $T_{rcv}(m_i)$ o instante em que ela foi recebida. Por dedução, sabemos que, para cada mensagem, $T_{snd}(m_i) < T_{rcv}(m_i)$. Mas, de modo geral, o que podemos concluir de $T_{rcv}(m_i) < T_{snd}(m_j)$?

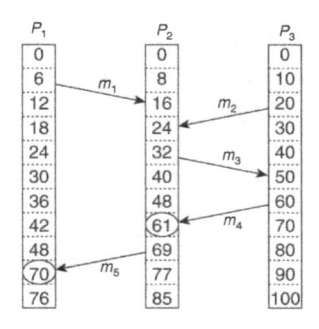

Figura 6.12 Transmissão de mensagens concorrentes com utilização de relógios lógicos.

No caso em que $m_i = m_1$ e $m_j = m_3$, sabemos que esses valores correspondem a eventos que ocorreram no processo P_2, o que significa que m_3 foi, de fato, enviada após o recebimento da mensagem m_1. Isso pode indicar que o envio da mensagem m_3 dependeu do que foi recebido por meio da mensagem m_1. Contudo, sabemos também que $T_{rcv}(m_1) < T_{snd}(m_2)$; entretanto, o envio de m_2 nada tem a ver com o recebimento de m_1.

O problema é que os relógios de Lamport não capturam **causalidade**. Causalidade pode ser capturada por meio de **relógios vetoriais**. Um relógio vetorial $VC(a)$ designado a um evento a tem a seguinte propriedade: se $VC(a) < VC(b)$ para algum evento b, sabe-se que o evento a precede por causalidade o evento b. Relógios vetoriais são construídos de modo que permitam a cada processo P_i manter um vetor VC_i com as duas propriedades seguintes:

1. $VC_i[i]$ é o número de eventos que ocorreram em P_i até o instante em questão. Em outras palavras, $VC_i[i]$ é o relógio lógico local no processo P_i.
2. Se $VC_i[j] = k$, então P_i sabe que k eventos ocorreram em P_j. Portanto, P_i conhece o tempo local em P_j.

A primeira propriedade é mantida incrementando $VC_i[i]$ na ocorrência de cada novo evento que ocorrer no processo P_i. A segunda propriedade é mantida por meio das caronas que os vetores pegam com as mensagens que são enviadas. Em particular, ocorrem as seguintes etapas:

1. Antes de executar um evento (isto é, enviar uma mensagem pela rede, entregar uma mensagem a uma aplicação ou qualquer outro evento interno), P_i executa $VC_i[i] \leftarrow VC_i[i] + 1$.
2. Quando o processo P_i envia uma mensagem m a P_j, ele iguala a marca de tempo (vetorial) de m, $ts(m)$, à marca de tempo de VC_i, após ter executado a etapa anterior.
3. Ao receber uma mensagem m, o processo P_j ajusta seu próprio vetor fixando $VC_j[k] \leftarrow \max\{VC_j[k], ts(m)[k]\}$ para cada k; em seguida, executa a primeira etapa e entrega a mensagem à aplicação.

Note que, se a marca de tempo de um evento a for $ts(a)$, então $ts(a)[i]-1$ é o número de eventos processados em P_i que precedem a por causalidade. Em conseqüência, quando P_j recebe uma mensagem de P_i com marca de tempo $ts(m)$, ele sabe o número de eventos que ocorreram em P_i e que precedem por causalidade o envio de m. Porém, o mais importante é que P_j também é informado de quantos eventos ocorreram em *outros* processos, antes de P_i enviar a mensagem m. Em outras palavras, a marca de tempo $ts(m)$ informa ao receptor quantos eventos ocorreram em outros processos antes do envio de m e dos quais m pode depender por causalidade.

Imposição de comunicação causal

Com o uso de relógios vetoriais, agora é possível garantir que uma mensagem seja entregue somente se todas as mensagens que a precederem por causalidade também tenham sido recebidas. Para habilitar tal esquema, consideraremos que as mensagens são transmitidas em multicast dentro de um grupo de processos. Note que esse **multicast ordenado por causalidade** é mais fraco do que o multicast totalmente ordenado que discutimos antes. Especificamente, se duas mensagens não estiverem relacionadas uma com a outra de modo nenhum, não nos importaremos com a ordem em que elas são entregues às aplicações. Elas podem até mesmo ser entregues em ordem diferente e em localizações diferentes.

Além do mais, consideraremos que os relógios só são ajustados quando enviam e recebem mensagens. Em particular, ao enviar uma mensagem, o processo P_i só incrementará $VC_i[i]$ de 1. Quando receber uma mensagem m com marca de tempo $ts(m)$, ele só ajustará $VC_i[k]$ para $\max\{VC_i[k], ts(m)[k]\}$ para cada k.

Agora, suponha que P_j recebe de P_i uma mensagem m com marca de tempo (vetorial) $ts(m)$. Sendo assim, a entrega da mensagem à camada de aplicação será atrasada até que as duas condições seguintes sejam cumpridas:

1. $ts(m)[i] = VC_j[i]+1$
2. $ts(m)[k] \leq VC_j[k]$ para todo $k \neq i$

A primeira condição afirma que m é a próxima mensagem que P_j estava esperando do processo P_i. A segunda condição afirma que P_j viu todas as mensagens que foram vistas por P_i quando este enviou a mensagem m. Note que o processo P_j não precisa atrasar a entrega de suas próprias mensagens.

Como exemplo, considere três processos, P_0, P_1 e P_2, como mostra a Figura 6.13. No tempo local (1,0,0), P_0 envia a mensagem m aos outros dois processos. Após o recebimento dessa mensagem por P_1, este decide enviar m^*, que chega a P_2 mais cedo do que m. Nesse ponto, a entrega de m^* é atrasada por P_2 até que m tenha sido recebida e entregue à camada de aplicação de P_2.

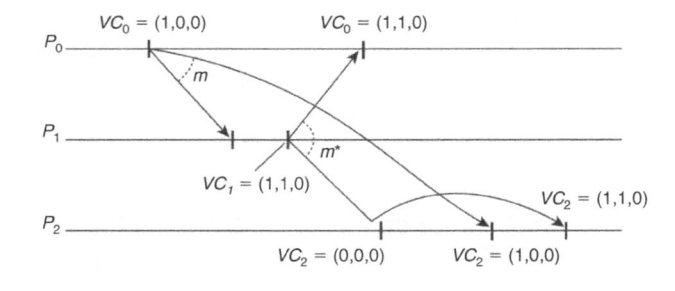

Figura 6.13 Imposição de comunicação causal.

Observação sobre entrega ordenada de mensagens

Alguns sistemas de middleware, em particular o Isis e seu sucessor, Horus (Birman e Van Renesse, 1994), fornecem suporte para multicast totalmente ordenado e multicast (confiável) ordenado por causalidade. Há certa controvérsia sobre se tal suporte deveria ser fornecido como parte da camada de comunicação de mensagens ou se as aplicações deveriam se encarregar da ordenação (veja, por exemplo, Cheriton e Skeen, 1993; Birman, 1994). A questão ainda não foi dirimida, porém o mais importante é que os argumentos são válidos ainda hoje.

Há dois problemas principais quando se permite que o middleware se encarregue da ordenação de mensagens. Em primeiro lugar, como o middleware não pode dizer o que uma mensagem realmente contém, só é possível capturar causalidade *potencial*. Por exemplo, duas mensagens completamente independentes enviadas pelo mesmo remetente sempre serão marcadas como relacionadas por causalidade pela camada de middleware. Essa abordagem é excessivamente restritiva e pode resultar em problemas de eficiência.

Um segundo problema é que nem toda causalidade pode ser capturada. Considere um painel eletrônico de mensagens e suponha que Alice apresente um texto. Se, em seguida, ela telefonar para Bob e contar o que acabou de escrever, Bob pode apresentar um outro texto como resposta sem ter visto o que Alice apresentou no painel. Em outras palavras, existe uma causalidade entre as apresentações de Bob e de Alice devida à comunicação *externa*. Essa causalidade não é capturada pelo sistema de painel eletrônico de mensagens.

Em essência, questões de ordenação, assim como muitas outras questões de comunicação específicas de aplicação, podem ser adequadamente resolvidas ao se examinar a aplicação com a qual está ocorrendo a comunicação de mensagens, o que também é conhecido como **argumento fim-a-fim** em projeto de sistemas (Saltzer et al., 1984). Uma desvantagem de ter somente soluções no nível de aplicação é que um desenvolvedor é forçado a se concentrar em questões que não estão relacionadas imediatamente com a funcionalidade central da aplicação. Por exemplo, a ordenação pode não ser o problema mais importante no desenvolvimento de um sistema de troca de mensagens em um painel eletrônico de mensagens. Nesse caso, pode ser conveniente ter uma camada de comunicação subjacente para tratar da ordenação. Vamos encontrar várias vezes o argumento fim-a-fim, em particular quando estivermos tratando de segurança em sistemas distribuídos.

6.3 Exclusão Mútua

Uma questão fundamental em sistemas distribuídos é a concorrência e a colaboração entre vários processos. Em muitos casos, isso também significa que processos vão precisar acessar simultaneamente os mesmos recursos. Para evitar que tais acessos concorrentes corrompam o recurso ou o tornem inconsistente, são necessárias soluções que garantam acesso mutuamente exclusivo pelos processos. Nesta seção, estudaremos alguns dos mais importantes algoritmos distribuídos propostos. Um levantamento de algoritmos distribuídos para exclusão mútua é dado por Saxena e Rai (2003). Mais antigo, porém ainda relevante, é o de Velazquez (1993).

6.3.1 Visão geral

Algoritmos distribuídos de exclusão mútua podem ser classificados em duas categorias diferentes. Em **soluções baseadas em ficha**, consegue-se a exclusão mútua com a passagem de uma mensagem especial entre os processos, conhecida como **ficha**. Há só uma ficha disponível, e quem quer que a tenha pode acessar o recurso compartilhado. Ao terminar, a ficha é passada adiante para o processo seguinte. Se um processo que tenha a ficha não estiver interessado em acessar o recurso, ele apenas a passa adiante.

Soluções baseadas em ficha têm algumas propriedades importantes. Em primeiro lugar, dependendo do modo como os processos são organizados, elas podem garantir, com razoável facilidade, que todo processo terá oportunidade de acessar o recurso. Em outras palavras, a ficha evita a **inanição**. Em segundo lugar, também fica fácil evitar **deadlocks**, isto é, que vários processos fiquem esperando uns pelos outros para prosseguir, o que contribui para a otimização do processo. Infelizmente, a principal desvantagem de soluções baseadas em fichas é bastante séria: quando a ficha se perde (por exemplo, porque o processo que a detém falhou), é preciso iniciar um complicado procedimento distribuído para assegurar a criação de uma nova ficha, porém, acima de tudo, essa deve ser a única ficha.

Como alternativa, muitos algoritmos distribuídos de exclusão mútua seguem uma **abordagem baseada em permissão**. Nesse caso, um processo que quiser acessar o recurso em primeiro lugar solicita a permissão de outros processos. Há diferentes modos de conceder tal permissão; a seguir, vamos considerar alguns deles.

6.3.2 Algoritmo centralizado

O modo mais direto de conseguir exclusão mútua em um sistema distribuído é simular como ela é feita em um sistema monoprocessador. Um processo é eleito como o coordenador. Sempre que um processo quiser acessar um recurso compartilhado, envia uma mensagem de requisição ao coordenador declarando qual recurso quer acessar e solicitando permissão. Se nenhum outro processo estiver acessando aquele recurso naquele momento, o coordenador devolve uma resposta concedendo a permissão, como mostra a Figura 6.14(a). Quando a resposta chega, o processo requisitante pode seguir adiante.

Agora, suponha que um outro processo, 2 na Figura 6.14(b), peça permissão para acessar o recurso. O coordenador sabe que um outro processo diferente já está utilizando o recurso, portanto ele não pode dar a permissão. O método exato usado para negar permissão é dependente do sistema. Na Figura 6.14(b), o coordenador apenas se

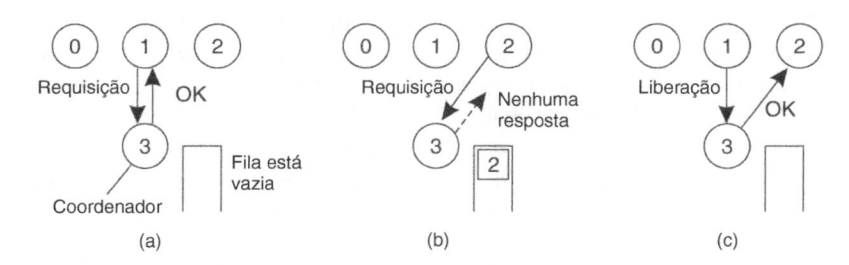

Figura 6.14 (a) O processo 1 solicita ao coordenador permissão para acessar um recurso compartilhado. A permissão é concedida. (b) Depois, o processo 2 solicita permissão para acessar o mesmo recurso. O coordenador não responde. (c) Quando o processo 1 libera o recurso, informa ao coordenador, que então responde a 2.

abstém de responder e, com isso, bloqueia o processo 2 que está esperando por uma resposta. Como alternativa, ele poderia enviar uma resposta dizendo "permissão negada". Seja como for, por enquanto ele coloca a requisição de 2 na fila e espera mais mensagens.

Quando o processo 1 conclui a utilização do recurso, envia uma mensagem ao coordenador a fim de liberar seu acesso exclusivo, como mostra a Figura 6.14(c). O coordenador retira o primeiro item da fila de requisições adiadas e envia ao processo requisitante uma mensagem de concessão de permissão. Se o processo ainda estiver bloqueado — isto é, se essa for a primeira mensagem para ele —, ele desbloqueia e acessa o recurso. Se uma mensagem explícita que negue a permissão já tiver sido enviada, o processo terá de sondar o tráfego de entrada ou bloquear mais tarde. Seja como for, quando ele vir a concessão de permissão, também pode continuar.

É fácil ver que o algoritmo garante exclusão mútua: o coordenador só permite o acesso de um processo por vez ao recurso. Além disso, ele também é justo, visto que as permissões são concedidas na ordem em que as requisições foram recebidas. Nenhum processo jamais esperará para sempre (não há inanição). O esquema também é fácil de implementar e requer somente três mensagens por utilização de recurso (requisição, concessão, liberação). Sua simplicidade o torna uma solução atraente para muitas situações práticas.

A abordagem centralizada também tem deficiências. O coordenador é um ponto de falha único, portanto, se ele falhar, todo o sistema pode cair. Se os processos normalmente bloquearem após emitir uma requisição, não podem distinguir um coordenador inativo de uma 'permissão negada', visto que, em ambos os casos, nenhuma mensagem volta. Além disso, em um sistema de grande porte, um coordenador único pode se tornar um gargalo de desempenho. Ainda assim, em muitos casos, os benefícios proporcionados por sua simplicidade compensam as desvantagens potenciais. Entretanto, soluções distribuídas não são necessariamente as melhores, como ilustra nosso exemplo seguinte.

6.3.3 Algoritmo descentralizado

Ter um único coordenador costuma ser uma abordagem ruim. Vamos estudar uma solução totalmente descentralizada. Lin et al. (2004) propõem usar um algoritmo de votação que pode ser executado usando um sistema baseado em DHT. Em essência, a solução desses algoritmos amplia o coordenador central da maneira que explicaremos a seguir. Adota-se como premissa que cada recurso é replicado n vezes. Toda réplica tem seu próprio coordenador para controlar o acesso por processos concorrentes.

Todavia, sempre que um processo quiser acessar o recurso, ele vai precisar apenas obter um voto majoritário de $m > n/2$ coordenadores. Diferente do esquema centralizado que acabamos de discutir, consideraremos que, quando um coordenador não der permissão para acessar um recurso (o que fará quando tiver concedido permissão a um outro processo), ele informará ao requisitante.

Em essência, esse esquema torna a solução centralizada original menos vulnerável a falhas de um único coordenador. A premissa é que, quando um coordenador falhar, ele se recuperará rapidamente, mas esquecerá qualquer voto que tenha dado antes de falhar. Um outro modo de entender isso é que o próprio coordenador reinicia a si mesmo em momentos arbitrários. O risco que estamos correndo é que um reinício fará o coordenador esquecer que, antes, já tinha concedido permissão para algum processo acessar o recurso. Em decorrência, após o reinício ele poderá conceder essa mesma permissão incorretamente, mais uma vez, a um outro processo.

Seja p a probabilidade de que um coordenador se reinicie durante um intervalo de tempo Δt. Então, a probabilidade $P[k]$ de que k entre m coordenadores se reiniciem durante o mesmo intervalo é

$$P[k] = \binom{m}{k} p^k (1-p)^{m-k}$$

Dado que no mínimo $2m - n$ coordenadores precisam se reiniciar para violar a correção do mecanismo de votação, a probabilidade de que tal violação ocorra é $\sum_{k=2m-n}^{n} P[k]$. Para termos uma idéia do que isso poderia significar, suponha que estejamos lidando com um sistema baseado em DHT do qual cada nó participa durante aproximadamente três horas seguidas. Seja Δt 10 segundos, o que é considerado um valor conservador para um único processo querer acessar um recurso compartilhado. (Para alocações muito longas são necessários mecanismos diferentes.) Com $n = 32$ e $m = 0,75n$, a probabilidade de violação da correção é menos do que 10^{-40}. Essa probabilidade com certeza é menor do que a disponibilidade de qualquer recurso.

Para implementar esse esquema, Lin et al. (2004) usam um sistema baseado em DHT no qual um recurso é replicado n vezes. Considere que o recurso é conhecido sob seu nome exclusivo *rname*. Por conseguinte, podemos supor que o nome da *i*-ésima réplica é *rname-i*, que então é usada para calcular uma única chave por meio de uma função de hash conhecida. Em decorrência, todo processo pode gerar as n chaves dado o nome de um recurso e, na seqüência, consultar cada nó responsável por uma réplica (e controlar o acesso a essa réplica).

Se a permissão para acessar o recurso for negada, isto é, um processo obtiver menos do que m votos, considera-se que ele desistirá durante um período de tempo escolhido aleatoriamente e fará nova tentativa mais tarde. O problema desse esquema é que, se muitos nós quiserem acessar o mesmo recurso, a utilização decresce rapidamente. Em outras palavras, haverá tantos nós competindo para obter acesso que, a certa altura, nenhum deles conseguirá votos suficientes, e o recurso deixará de ser utilizado. Uma solução para resolver esse problema pode ser encontrada em Lin et al. (2004).

6.3.4 Algoritmo distribuído

Para muitos, ter um algoritmo correto segundo as leis da probabilidade não é bom o bastante. Portanto, os pesquisadores procuraram algoritmos distribuídos determinísticos de exclusão mútua. O artigo sobre sincronização de relógios publicado por Lamport em 1978 apresentou o primeiro. Ricart e Agrawala (1981) o tornaram mais eficiente. Nesta seção, descreveremos o método desses autores.

O algoritmo de Ricart e Agrawala requer que haja uma ordenação total de todos os eventos no sistema. Isto é, para qualquer par de eventos, como mensagens, não pode haver ambigüidade sobre qual realmente aconteceu em primeiro lugar. O algoritmo de Lamport apresentado na Subseção 6.2.1 é um modo de conseguir essa ordenação e pode ser usado para fornecer marcas de tempo para exclusão mútua distribuída.

O algoritmo funciona como descreveremos a seguir. Quando um processo quer acessar um recurso compartilhado, monta uma mensagem que contém o nome do recurso, seu número de processo e a hora corrente (lógica). Depois, envia a mensagem a todos os outros processos, fato que, conceitualmente, inclui ele mesmo. Adota-se como premissa que o envio de mensagens é confiável; ou seja, nenhuma mensagem se perde.

Quando um processo recebe uma mensagem de requisição de um outro processo, a ação que ele executa depende de seu próprio estado em relação ao recurso nomeado na mensagem. Três casos têm de ser claramente distinguidos:

1. Se o receptor não estiver acessando o recurso e não quiser acessá-lo, devolve uma mensagem *OK* ao remetente.
2. Se o receptor já tiver acesso ao recurso, simplesmente não responde. Em vez disso, coloca a requisição em uma fila.
3. Se o receptor também quiser acessar o recurso, mas ainda não o fez, ele compara a marca de tempo da mensagem que chegou com a marca de tempo contida na mensagem que enviou para todos. A mais baixa vence. Se a marca de tempo da mensagem que acabou de chegar for mais baixa, o receptor devolve uma mensagem *OK*. Se a marca de tempo de sua própria mensagem for mais baixa, o receptor enfileira a requisição que está chegando e nada envia.

Após enviar requisições que peçam permissão, um processo se detém e espera até que todos tenham dado permissão. Logo que todas as permissões tenham entrado, ele pode seguir adiante. Quando conclui, envia mensagens *OK* para todos os processos que estão em sua fila e remove todos eles da fila.

Vamos tentar entender por que o algoritmo funciona. Se não houver conflito, é claro que ele funciona. Contudo, suponha que dois processos tentem acessar o recurso ao mesmo tempo, como mostra a Figura 6.15(a).

O processo 0 envia a todos uma requisição com marca de tempo 8, enquanto, simultaneamente, o processo 2 envia a todos uma requisição com a marca de tempo 12. O processo 1 não está interessado no recurso, portanto envia *OK* a ambos os remetentes. Ambos os processos, 0 e 2, vêem o conflito e comparam marcas de tempo. O processo 2 vê que perdeu, portanto dá permissão a 0 enviando *OK*. Agora, o processo 0 enfileira a requisição do processo 2 para mais tarde processá-la e acessa o recurso, como mostra a Figura 6.15(b). Quando conclui, remove de sua fila a requisição de 2 e envia uma mensagem *OK* ao processo 2, permitindo que este siga em frente, como mostra a Figura 6.15(c). O algoritmo funciona porque, em caso de conflito, a marca de tempo mais baixa vence, e todos concordam com a ordenação das marcas de tempo.

Note que a situação na Figura 6.15 teria sido, em essência, diferente se o processo 2 tivesse enviado sua mensagem antes, de modo que 0 a tivesse recebido e concedido permissão antes de emitir sua própria requisição. Nesse caso, 2 teria notado que ele próprio já tinha acesso

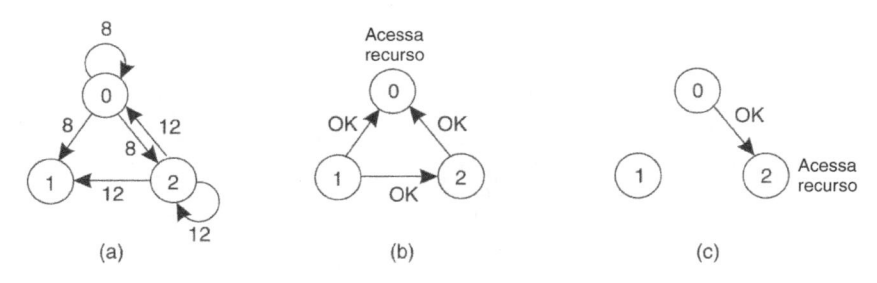

Figura 6.15 (a) Dois processos querem acessar um recurso compartilhado no mesmo momento. (b) O processo 0 tem a marca de tempo mais baixa, portanto vence. (c) Quando o processo 0 conclui, também envia uma mensagem OK, portanto, agora, 2 pode seguir adiante.

ao recurso na hora da requisição e a teria enfileirado em vez de enviar uma resposta.

Como acontece com o algoritmo centralizado que discutimos antes, a exclusão mútua é garantida sem deadlock nem inanição. O número de mensagens requeridas por entrada nessa circunstância é $2(n-1)$, onde o número total de processos no sistema é n. O melhor de tudo é que não existe nenhum ponto de falha único.

Infelizmente, o ponto de falha único foi substituído por n pontos de falha. Se qualquer processo falhar, não responderá às requisições. Esse silêncio será interpretado (incorretamente) como recusa de permissão e, por isso, bloqueará todas as tentativas subseqüentes feitas por todos os processos para entrar em todas as regiões críticas. Uma vez que a probabilidade de um dos n processos falhar é, no mínimo, n vezes maior do que a probabilidade de um único coordenador falhar, conseguimos substituir um algoritmo ruim por um que é mais do que n vezes pior e que, além disso, requer muito mais tráfego de rede.

O algoritmo pode ser consertado pelo mesmo estratagema que propusemos antes. Quando uma requisição chega, o receptor sempre envia uma resposta, seja concedendo ou recusando permissão. Sempre que uma requisição ou uma resposta se perder, o remetente esgota a temporização de espera e continua tentando até que uma resposta volte ou que o remetente conclua que o destinatário está morto. Após uma requisição ser negada, o remetente deve bloquear à espera de uma mensagem OK subseqüente.

Um outro problema desse algoritmo é que ou uma primitiva de comunicação multicast deve ser usada, ou cada processo deve manter, ele mesmo, a lista de associação ao grupo, incluindo processos que entram no grupo, saem do grupo e caem. O método funciona melhor com pequenos grupos de processos que nunca mudam seus grupos de associação.

Por fim, lembre-se de que um dos problemas do algoritmo centralizado é que fazer com que ele manipule todas as requisições pode resultar em um gargalo. No algoritmo distribuído, *todos* os processos estão envolvidos em *todas* as decisões referentes ao acesso ao recurso compartilhado. Se um processo for incapaz de manipular a carga, é improvável que forçar todos a fazer exatamente a mesma coisa em paralelo ajudará muito.

São possíveis várias pequenas melhorias nesse algoritmo. Por exemplo, obter permissão de todos é realmente excessivo. Basta haver um método para impedir que dois processos acessem o recurso ao mesmo tempo. O algoritmo pode ser modificado para dar permissão quando tiver obtido permissão de uma maioria simples dos outros processos, em vez de obtê-la de todos eles. Claro que, nessa variação, após um processo ter concedido permissão a um outro processo, não poderá dar a mesma permissão a um outro até que o primeiro tenha sido concluído.

Ainda assim, esse algoritmo é mais lento, mais complicado, mais caro e menos robusto do que o original centralizado. Por que se dar ao trabalho de estudá-lo nessas condições? Uma razão é que ele mostra que um algoritmo distribuído é, no mínimo, possível, algo que não era óbvio quando começamos. Além disso, destacando suas deficiências, podemos estimular futuros teóricos a tentar produzir algoritmos que sejam realmente úteis. Por fim, assim como comer espinafre e aprender latim na escola, por alguma razão um tanto misteriosa afirma-se que algumas coisas são boas para você. Pode-se levar algum tempo para descobrir exatamente quais.

6.3.5 Algoritmo Token Ring

Uma abordagem completamente diferente para conseguir exclusão mútua por esquemas determinísticos em um sistema distribuído é ilustrada na Figura 6.16. Nesse caso, temos uma rede de barramento, como mostra a Figura 6.16(a) (por exemplo, Ethernet), sem nenhuma ordenação inerente dos processos. Um anel lógico é construído em software e a cada processo é designada uma posição no anel, como mostra a Figura 6.16(b). As posições no anel podem ser alocadas em ordem numérica de endereços de rede ou por alguns outros meios. Não importa qual é a ordenação; o que importa é que cada processo saiba de quem é a vez depois dele mesmo.

Quando o anel é inicializado, o processo 0 recebe uma **ficha**. A ficha circula ao redor do anel. Ela é passada do processo k para o processo $k + 1$ (valor em módulo

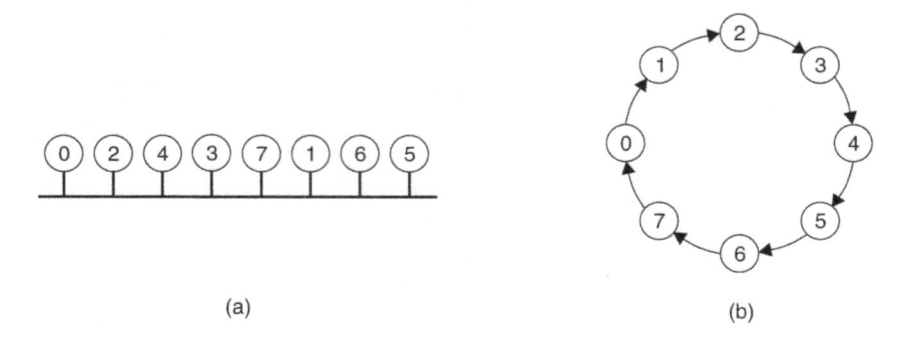

Figura 6.16 (a) Grupo de processos não ordenados em uma rede. (b) Um anel lógico é construído em software.

do tamanho do anel) em mensagens ponto-a-ponto. Quando um processo adquire a ficha de seu vizinho, verifica para confirmar se precisa acessar o recurso compartilhado. Caso necessite, o processo segue adiante, faz todo o trabalho que precisa fazer e libera o recurso. Após concluir, passa a ficha ao longo do anel. Não é permitido acessar o recurso novamente, de imediato, usando a mesma ficha.

Se um processo receber a ficha de seu vizinho e não estiver interessado no recurso, ele apenas passa a ficha adiante. Em conseqüência, quando nenhum processo precisar do recurso, a ficha apenas circula a grande velocidade pelo anel.

É fácil ver a correção desse algoritmo. Só um processo tem a ficha a qualquer instante, portanto só um processo pode realmente obter o recurso. Visto que a ficha circula entre os processos em uma ordem bem definida, não pode ocorrer inanição. Tão logo um processo decida que quer ter acesso ao recurso, na pior das hipóteses ele terá de esperar que cada um dos outros processos use o recurso.

Como sempre, esse algoritmo também tem problemas. Se a ficha se perder, precisa ser regenerada. Na verdade, detectar que ela se perdeu é difícil, visto que a quantidade de tempo entre aparições sucessivas da ficha na rede é ilimitada. O fato de a ficha não ser localizada durante uma hora não significa que ela se perdeu; talvez alguém ainda a esteja usando.

O algoritmo também encontra dificuldade se um processo cair, mas a recuperação é mais fácil do que nos outros casos. Se exigirmos que um processo que recebe a ficha reconheça o recebimento, um processo morto será detectado quando seu vizinho tentar lhe passar a ficha e não conseguir. Nesse ponto, o processo morto pode ser removido do grupo e o portador da ficha pode pular o processo morto e passar a ficha ao próximo membro a quem pertencer a vez, ou para o próximo depois deste, se necessário. Claro que isso requer que todos mantenham a configuração corrente do anel.

6.3.6 Comparação entre os quatro algoritmos

É instrutivo fazer uma breve comparação entre os quatro algoritmos de exclusão mútua que estudamos. Na Tabela 6.1 apresentamos uma lista dos algoritmos e três propriedades fundamentais: o número de mensagens requeridas para um processo acessar e liberar um recurso compartilhado, o atraso antes que um acesso possa ocorrer (considerando que as mensagens passam em seqüência por uma rede) e alguns problemas associados com cada algoritmo.

O algoritmo centralizado é mais simples e também o mais eficiente. Requer apenas três mensagens para entrar e sair de uma região crítica: uma requisição, uma permissão para entrar e uma liberação para sair. No caso descentralizado, vemos que essas mensagens precisam ser executadas para cada um dos m coordenadores, mas agora é

Algoritmo	Mensagens por entrada/saída	Atraso antes da entrada (em número de tempos de mensagens)	Problemas
Centralizado	3	2	Queda do coordenador
Descentralizado	$3mk$, $k = 1,2,...$	$2m$	Inanição, baixa eficiência
Distribuído	$2(n-1)$	$2(n-1)$	Queda de qualquer processo
Token Ring	1 a ∞	0 a $n-1$	Ficha perdida; processo cai

Tabela 6.1 Comparação entre quatro algoritmos de exclusão mútua.

possível que seja preciso fazer várias tentativas (para as quais introduzimos a variável k). O algoritmo distribuído requer $n - 1$ mensagens de requisição, uma para cada um dos outros processos, e $n - 1$ mensagens adicionais de permissão, para um total de $2(n - 1)$. (Supomos que somente canais de comunicação ponto-a-ponto sejam usados.) Com o algoritmo Token Ring, o número é variável. Se todo processo quiser entrar em uma região crítica constantemente, cada ficha resultará em uma entrada e saída para uma média de uma mensagem por entrada em região crítica. No outro extremo, às vezes a ficha pode circular durante horas sem que ninguém se interesse por ela. Nesse caso, o número de mensagens por entrada em uma região crítica é ilimitado.

O atraso desde o momento em que o processo precisa entrar em uma região crítica até sua real entrada também varia para os quatro algoritmos. Quando o tempo de utilização de um recurso for curto, o fator dominante no atraso é o próprio mecanismo de acesso a um recurso. Quando os recursos são usados durante um longo período, o fator dominante é a espera para que todos tenham a sua vez. Na Tabela 6.1 mostramos o primeiro caso. Leva somente dois tempos de mensagem para entrar em uma região crítica no caso centralizado, mas $3\ mk$ tempos para o caso descentralizado, onde k é o número de tentativas que precisam ser feitas. Adotando como premissa que as mensagens são enviadas uma após a outra, são necessários $2(n - 1)$ tempos de mensagem no caso distribuído. Para o Token Ring, o tempo varia de 0 (a ficha acabou de chegar) a $n - 1$ (a ficha acabou de sair).

Por fim, todos os algoritmos, exceto o descentralizado, são muito afetados por quedas. Providências especiais e complexidade adicional devem ser introduzidas para evitar que uma queda derrube o sistema inteiro. É irônico que os algoritmos distribuídos sejam ainda mais sensíveis a quedas do que os centralizados. Em um sistema projetado para ser tolerante a falha, nenhum deles seria adequado, mas, se as quedas não forem muito freqüentes, até poderiam servir. O algoritmo descentralizado é menos sensível a quedas, mas os processos podem sofrer de inanição e são necessárias providências especiais para garantir eficiência.

6.4 Posicionamento Global de Nós

Quando o número de nós em um sistema distribuído cresce, torna-se cada vez mais difícil para qualquer nó monitorar os outros. Saber onde cada nó está pode ser importante para executar algoritmos distribuídos como os de roteamento, multicast, colocação de dados, busca e assim por diante. Já vimos diferentes exemplos nos quais grandes conjuntos de nós são organizados em topologias específicas que facilitam a execução eficiente de tais algoritmos. Nesta seção, examinamos uma outra organização que está relacionada a questões de temporização.

Em **redes de sobreposição geométrica**, a cada nó é designada uma posição em um espaço geométrico dimensional m, tal que a distância entre dois nós nesse espaço reflita uma métrica de desempenho do mundo real. O exemplo mais simples e mais aplicado é aquele em que a distância corresponde a uma latência entre nós. Em outras palavras, dados dois nós, P e Q, a distância $d(P,Q)$ reflete o tempo que levaria para uma mensagem ir de P a Q e *vice-versa*.

Há muitas aplicações de redes de sobreposição geométrica. Considere a situação em que um site Web no servidor O foi replicado para vários servidores, $S_1,...,S_k$ na Internet. Quando um cliente C requisita uma página de O, este pode decidir redirecionar essa requisição para o servidor mais próximo de C, isto é, aquele que dará o melhor tempo de resposta. Se a localização geométrica de C for conhecida, bem como a de cada servidor de réplica, então O pode simplesmente escolher o servidor S_i para o qual $d(C,S_i)$ é mínima. Note que tal seleção requer somente processamento local em O. Em outras palavras, não há, por exemplo, nenhuma necessidade de amostrar todas as latências entre C e cada um dos servidores de réplica.

Um outro exemplo, cujos detalhes esmiuçaremos no próximo capítulo, é a colocação ótima da réplica. Considere, mais uma vez, um site Web que colheu as posições de seu clientes. Se o site fosse replicar seu conteúdo para K servidores, ele poderia calcular as K melhores posições em que colocar réplicas, de modo que o tempo médio de resposta cliente–réplica fosse mínimo. Executar esses cálculos é praticamente viável se clientes e servidores ocuparem posições geométricas que reflitam latências entre nós.

Como um último exemplo, considere o **roteamento baseado em posição** (Araujo e Rodrigues, 2005; Stojmenovic, 2002). Em tais esquemas, uma mensagem é repassada a seu destinatário usando somente informações de posicionamento; por exemplo, um algoritmo ingênuo de roteamento que permita a cada nó repassar uma mensagem ao vizinho mais próximo do destinatário. Embora seja fácil mostrar que esse algoritmo específico pode não convergir, ele ilustra que somente informações locais são usadas para tomar uma decisão. Não há nenhuma necessidade de propagar informações de enlaces ou semelhantes a todos os nós presentes na rede, como acontece com algoritmos de roteamento convencionais.

Em teoria, posicionar um nó em um espaço geométrico m-dimensional requer $m + 1$ medições de distância até nós que estejam em posições conhecidas. É fácil de ver isso considerando o caso $m = 2$, como mostra a Figura 6.17. Supondo que o nó P queira calcular sua própria posição, ele contata três outros nós cujas posições sejam conhecidas e mede sua distância até cada um deles. Contatar somente um nó informaria a *P* o círculo no qual ele está localizado; contatar somente dois nós lhe informaria a posição da interseção de dois círculos (que, em geral, consiste em dois pontos); na seqüência, um terceiro nó permitiria que *P* calculasse sua localização real.

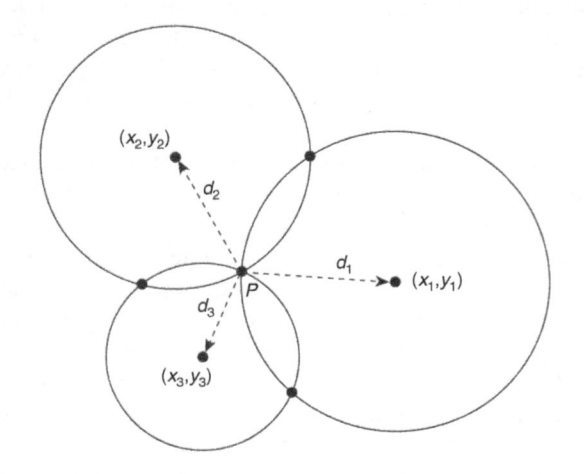

Figura 6.17 Cálculo da posição de um nó em um espaço bidimensional.

Exatamente como em GPS, o nó *P* pode calcular suas próprias coordenadas (x_P, y_P) resolvendo as três equações com as duas incógnitas x_P e y_P:

$$d_i = \sqrt{(x_i - x_P)^2 + (y_i - y_P)^2} \quad (i = 1, 2, 3)$$

Como dissemos, de modo geral, d_i corresponde a medir a latência entre *P* e o nó em (x_i, y_i). Essa latência pode ser estimada como a metade do atraso de viagem de ida e volta, mas é preciso ficar claro que seu valor será diferente ao longo do tempo. O efeito é um posicionamento diferente sempre que *P* quiser recalcular sua posição. Além do mais, se outros nós usassem a posição corrente de *P* para calcular suas próprias coordenadas, então deve ficar claro que o erro no posicionamento de *P* afetará a exatidão do posicionamento de outros nós.

Ademais, também deve ficar claro que, de modo geral, as distâncias medidas por nós diferentes não serão nem mesmo consistentes. Por exemplo, consideremos que estamos calculando distâncias em um espaço unidimensional, como mostra a Figura 6.18. Nesse exemplo, vemos que, embora *R* meça sua distância até *Q* como 2,0 e *d*(*P*,*Q*) foi medida como 1,0, quando *R* medir *d*(*P*,*R*) achará 3,2, que é claramente inconsistente com as outras duas medições.

A Figura 6.18 também sugere como essa situação pode ser melhorada. Em nosso exemplo simples, poderíamos resolver as inconsistências pelo mero cálculo de posições em um espaço bidimensional. Todavia, isso, por si só, não é uma solução geral quando estivermos tratando com muitas medições. Na realidade, considerando que as medições de latência da Internet podem violar a **desigualdade triangular**, em geral é impossível resolver completamente as inconsistências. A desigualdade triangular afirma que, em um espaço geométrico, para quaisquer três nós arbitrários *P*, *Q* e *R*, sempre deve ser verdade que $d(P,R) \leq d(P,Q) + d(Q,R)$.

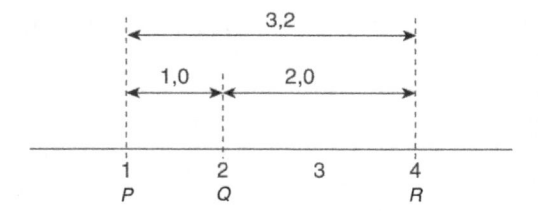

Figura 6.18 Medições inconsistentes de distâncias em um espaço unidimensional.

Há vários modos de abordar essas questões. Um deles, proposto por Ng e Zhang (2002), é usar *L* nós especiais $b_1, ..., b_L$, conhecidos como **marcos**. Marcos medem suas latências aos pares $d(b_i, b_j)$ e, na seqüência, deixam que um nó central calcule as coordenadas para cada marco. Com essa finalidade, o nó central procura minimizar a seguinte função erro agregado:

$$\sum_{i=1}^{L} \sum_{j=i+1}^{L} \left[\frac{d(b_i, b_j) - \hat{d}(b_i, b_j)}{d(b_i, b_j)} \right]^2$$

onde $\hat{d}(b_i, b_j)$ corresponde à *distância geométrica*, isto é, à distância após os nós b_i e b_j estarem posicionados.

O parâmetro oculto na minimização da função erro agregado é a dimensão *m*. É óbvio que $L > m$ sempre, mas nada nos impede de escolher um valor para *m* que seja muito menor do que *L*. Nesse caso, um nó *P* mede sua distância até cada um dos *L* marcos e calcula suas coordenadas minimizando

$$\sum_{i=1}^{L} \left[\frac{d(b_i, P) - \hat{d}(b_i, P)}{d(b_i, P)} \right]^2$$

Ocorre que, com marcos bem escolhidos, *m* pode ser um valor tão pequeno como 6 ou 7, sendo que $\hat{d}(P,Q)$ é diferente da real latência *d*(*P*,*Q*) por um fator não maior do que 2 para nós arbitrários *P* e *Q* (Szymaniak et al., 2004).

Um outro modo de atacar esse problema é considerar o conjunto de nós como um enorme sistema no qual os nós são ligados uns aos outros por molas. Nesse caso, $|d(P,Q) - \hat{d}(P,Q)|$ indica até que ponto os nós *P* e *Q* estão deslocados em relação à situação em que o sistema de molas estaria em descanso. Permitindo que cada nó altere, ligeiramente, sua posição, pode-se mostrar que, a certa altura, o sistema convergirá para uma organização ótima na qual o erro agregado é mínimo. Essa abordagem foi seguida em Vivaldi, cujos detalhes podem ser encontrados em Dabek et al. (2004a).

6.5 Algoritmos de Eleição

Muitos algoritmos distribuídos requerem que um processo aja como coordenador, iniciador ou, então, desempenhe algum papel especial. Em geral, não importa qual processo assume essa responsabilidade especial, mas um deles tem de fazê-lo. Nesta seção, estudaremos algoritmos para eleger um coordenador. Usaremos esse nome como genérico para o processo especial.

Se todos os processos forem exatamente iguais, sem nenhuma característica distintiva, não haveria nenhum modo de selecionar um deles para ser especial. Em decorrência, consideraremos que cada processo tem um número exclusivo, por exemplo, seu endereço de rede (para simplificar, consideraremos um processo por máquina). Em geral, algoritmos de eleição tentam localizar o processo que tenha o número de processo mais alto e designá-lo como coordenador. Os modos como os algoritmos fazem essa localização são diferentes.

Além do mais, vamos considerar também que todo processo sabe qual é o número de processo de todos os outros. O que os processos não sabem é quais estão funcionando e quais estão inativos no momento considerado. A meta de um algoritmo de eleição é garantir que, quando uma eleição começar, ela concluirá todos os processos concordando com o novo coordenador escolhido. Há muitos algoritmos e variações, e vários dos mais importantes são discutidos em livros técnicos por Lynch (1996) e Tel (2000), respectivamente.

6.5.1 Algoritmos de eleição tradicionais

Começamos estudando dois algoritmos de eleição tradicionais para dar uma idéia do que grandes grupos de pesquisadores vêm fazendo nas últimas décadas. Nas seções subseqüentes, damos atenção a novas aplicações do problema da eleição.

Algoritmo do valentão

Como primeiro exemplo, considere o **algoritmo do valentão** inventado por Garcia-Molina (1982). Quando qualquer processo nota que o coordenador não está mais respondendo às requisições, ele inicia uma eleição. Um processo, *P*, convoca uma eleição como segue:

1. *P* envia uma mensagem *ELEIÇÃO* a todos os processos de números mais altos.
2. Se nenhum responder, *P* vence a eleição e se torna coordenador.
3. Se um dos processos de número mais alto responder, ele toma o poder e o trabalho de *P* está concluído.

A qualquer momento, um processo pode receber uma mensagem *ELEIÇÃO* de um de seus colegas de números mais baixos. Quando tal mensagem chega, o receptor envia uma mensagem *OK* de volta ao remetente para indicar que está vivo e tomará o poder. Então, o receptor convoca uma eleição, a menos que já tenha convocado uma. A certa altura, todos os processos desistem, exceto um, e este é o novo coordenador. Ele anuncia sua vitória enviando a todos os processos uma mensagem informando que a partir daquele instante ele é o novo coordenador.

Se um processo que antes estava inativo voltar, convoca uma eleição. Se acaso ele for o processo de número mais alto que está executando naquele instante, ganhará a eleição e assumirá a tarefa de coordenador. Assim, o indivíduo mais poderoso da cidade sempre ganha, daí o nome 'algoritmo do valentão'.

Na Figura 6.19 podemos ver um exemplo do funcionamento do algoritmo do valentão. O grupo consiste em oito processos, numerados de 0 a 7. Antes, o processo 7 era o coordenador, mas ele acabou de cair. O processo 4 é o primeiro a notar isso, portanto envia mensagens *ELEIÇÃO* a todos os processos mais altos do que ele, ou seja, 5, 6 e 7, como mostra a Figura 6.19(a). Ambos os processos, 5 e 6, respondem com *OK*, como mostra a Figura 6.19(b). Ao receber a primeira dessas respostas, 4 sabe que sua tarefa está encerrada. Ele sabe que um daqueles figurões tomará o poder e se tornará coordenador e fica só esperando para ver quem será o vencedor (embora nesse ponto ele já possa fazer uma boa idéia).

Na Figura 6.19(c), ambos, 5 e 6, convocam eleições, cada um enviando somente mensagens aos processos mais altos do que ele. Na Figura 6.19(d), o processo 6 informa ao 5 que ele próprio tomará o poder. Nesse ponto, 6 sabe que 7 está morto e que ele próprio (6) é o vencedor. Se houver informações de estado a colher do disco ou de qualquer outro lugar que informe onde o antigo coordenador parou, agora 6 deve fazer o que for necessário. Quando estiver pronto para tomar o poder, 6 anuncia esse fato com o envio de uma mensagem *COORDENADOR* a todos os processos em execução. Quando 4 recebe essa mensagem, pode continuar com a operação que estava tentando executar quando descobriu que 7 estava morto, porém, desta vez, usando 6 como coordenador. Desse modo a falha de 7 é resolvida e o trabalho pode continuar.

Se acaso o processo 7 for reiniciado, ele apenas enviará a todos os outros uma mensagem *COORDENADOR* e os fará se submeter à força.

Algoritmo de anel

Um outro algoritmo de eleição é baseado na utilização de um anel. Diferente de alguns algoritmos de

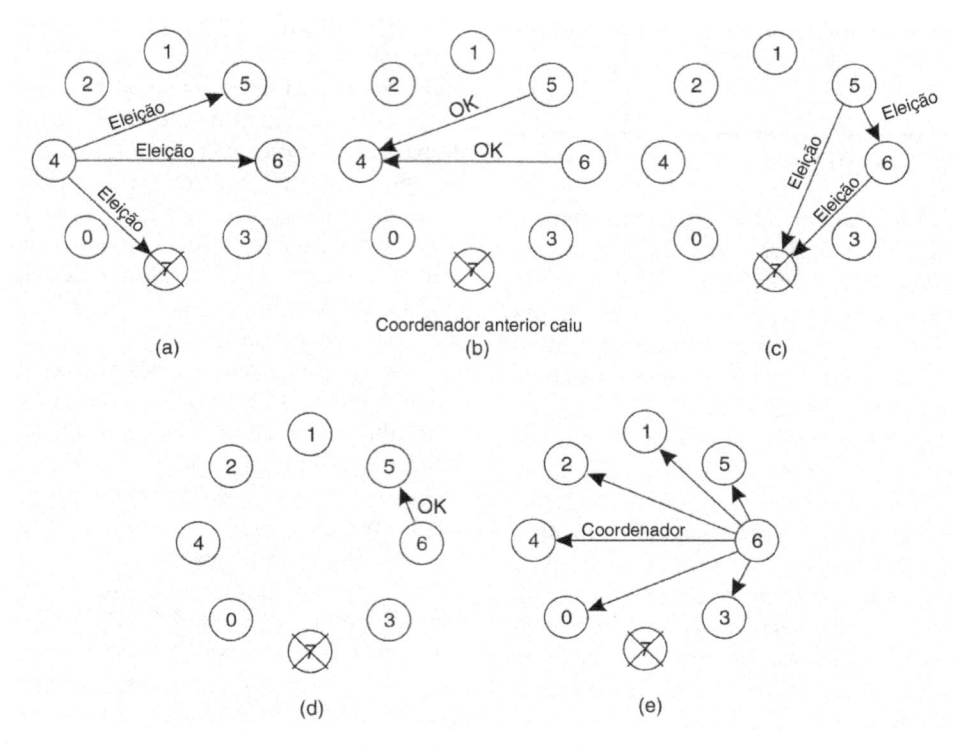

Figura 6.19 *Algoritmo de eleição do valentão. (a) O processo 4 convoca uma eleição. (b) Os processos 5 e 6 respondem e mandam 4 parar. (c) Agora, cada um, 5 e 6, convoca uma eleição. (d) O processo 6 manda 5 parar. (e) O processo 6 vence e informa a todos.*

anel, esse não usa uma ficha. Adotamos como premissa que os processos estão ordenados por ordem física ou por ordem lógica, de modo que cada processo sabe quem é seu sucessor. Quando qualquer processo nota que o coordenador não está funcionando, monta uma mensagem *ELEIÇÃO* que contém seu próprio número de processo e envia a mensagem a seu sucessor. Se o sucessor tiver caído, o remetente pula o sucessor e vai até o próximo membro ao longo do anel, ou até o próximo depois deste, até localizar um processo em funcionamento. A cada etapa ao longo do caminho, o remetente adiciona seu próprio número de processo à lista na mensagem, o que o torna efetivamente um candidato a ser eleito como coordenador.

A certa altura, a mensagem volta ao processo que começou tudo. Esse processo reconhece esse evento quando recebe uma mensagem de entrada que contém seu próprio número de processo. Nesse ponto, o tipo de mensagem é mudado para *COORDENADOR* e circulado novamente, desta vez para informar a todos quem é o coordenador (o membro da lista que tem o número mais alto) e quem são os membros do novo anel. Quando essa mensagem circulou uma vez, é removida e todos voltam a trabalhar.

Na Figura 6.20, vemos o que acontece se dois processos, 2 e 5, descobrem ao mesmo tempo que o coordenador anterior, o processo 7, caiu. Cada um deles monta uma mensagem *ELEIÇÃO* e cada um deles começa a cir-

cular sua mensagem, independentemente do outro. A certa altura, ambas as mensagens terão percorrido todo o caminho, e ambos, 2 e 5, as converterão em mensagens *COORDENADOR*, com exatamente os mesmos membros e na mesma ordem. Quando ambas tiverem percorrido o anel mais uma vez, ambas serão removidas. Não há problema nenhum em ter mensagens extras em circulação; na pior das hipóteses, elas consomem um pouco de largura de banda, mas isso não é considerado desperdício.

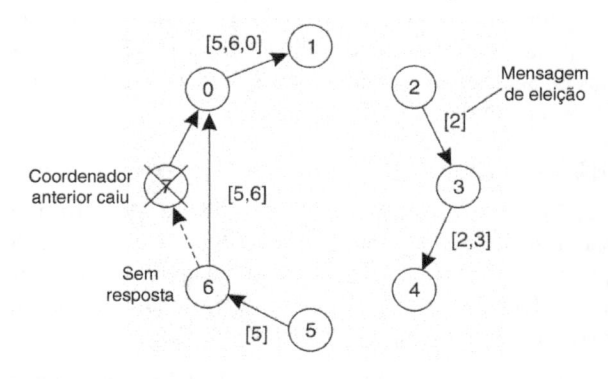

Figura 6.20 *Algoritmo de eleição que usa um anel.*

6.5.2 Eleições em ambientes sem fio

Algoritmos de eleição tradicionais em geral são baseados em premissas que não são realistas em ambientes sem fio. Por exemplo, eles consideram que a troca de mensagens é confiável e que a topologia da rede não muda. Essas premissas são falsas para a maioria dos ambientes sem fio, em especial para os de redes móveis *ad hoc*.

Foram desenvolvidos apenas alguns protocolos de eleição que funcionam em redes *ad hoc*. Vasudevan et al. (2004) propõem uma solução que pode manipular nós que falham e partição de redes. Uma propriedade importante da solução desses autores é que se pode eleger o *melhor* líder em vez de apenas um líder aleatório, como era mais ou menos o caso nas soluções que já discutimos. A seguir, descreveremos como funciona o protocolo proposto por eles. Para simplificar nossa discussão, vamos nos concentrar somente em redes *ad hoc* e ignoraremos que os nós podem se mover.

Considere uma rede *ad hoc* sem fio. Para eleger um líder, qualquer nó da rede, denominado fonte, pode iniciar uma eleição enviando uma mensagem *ELEIÇÃO* a seus vizinhos imediatos (isto é, os nós que estão no seu alcance). Quando um nó recebe uma mensagem *ELEIÇÃO* pela primeira vez, designa o remetente como seu pai e, na seqüência, envia uma mensagem *ELEIÇÃO* a todos os seus vizinhos imediatos, com exceção do pai. Quando um nó recebe uma mensagem *ELEIÇÃO* de um nó que não é seu pai, ele se limita a reconhecer o recebimento.

Quando o nó R designou o nó Q como seu pai, ele repassa a mensagem *ELEIÇÃO* a seus vizinhos imediatos (excluindo Q) e espera que os reconhecimentos cheguem antes de reconhecer a mensagem *ELEIÇÃO* de Q. Essa espera tem conseqüência importante. Em primeiro lugar, note que os vizinhos que já selecionaram um pai responderão imediatamente a R. Mais especificamente, se todos os vizinhos já têm pai, R é um nó-folha e poderá se reportar de volta a Q rapidamente. Ao fazer isso, ele também reportará informações tais como o tempo de vida útil de sua bateria e outras capacidades de recursos.

Essas informações permitirão que, mais tarde, Q compare as capacidades de R com as de outros nós abaixo dele e selecione o mais qualificado para a liderança. Claro que Q tinha enviado uma mensagem *ELEIÇÃO* só porque seu próprio pai, P, também o fizera. Por sua vez, quando, a certa altura, Q reconhece a mensagem *ELEIÇÃO* enviada anteriormente por P, ele passará o nó mais qualificado a P também. Desse modo, o fonte acabará sabendo qual nó é o melhor para ser selecionado como líder e, depois disso, transmitirá essa informação em broadcast a todos os outros nós.

Esse processo é ilustrado na Figura 6.21. Os nós foram rotulados a a j, com suas perspectivas capacidades. O nó a inicia uma eleição enviando uma mensagem *ELEIÇÃO* em broadcast aos nós b e j, como mostra a Figura 6.21(b). Após essa etapa, mensagens *ELEIÇÃO* são propagadas para todos os nós, terminando com a situação mostrada na Figura 6.21(e), na qual omitimos o último broadcast pelos nós f e i. Dali em diante, cada nó reporta a seu pai o nó que tem a melhor capacidade, como mostra a Figura 6.21(f). Por exemplo, quando o nó g recebe os reconhecimentos de seus filhos, e e h, ele perceberá que h é o melhor nó e propagará [h, 8] a seu próprio pai, o nó b. No final, o fonte notará que h é o melhor líder e transmitirá essa informação em broadcast a todos os outros nós.

Quando são iniciadas várias eleições, cada nó decidirá se juntar a uma só eleição. Com essa finalidade, cada fonte rotula sua mensagem *ELEIÇÃO* com um único identificador. Nós participarão somente na eleição que tiver o identificador mais alto, interrompendo qualquer participação em curso em outras eleições.

Com alguns pequenos ajustes, pode-se mostrar que esse protocolo funciona também quando há partições de rede e quando nós se juntam à rede ou saem dela. Os detalhes podem ser encontrados em Vasudevan et al. (2004).

6.5.3 Eleições em sistemas de grande escala

Os algoritmos que discutimos até aqui se aplicam, de modo geral, a sistemas distribuídos relativamente pequenos. Além disso, os algoritmos se concentram na seleção de um único nó. Há situações em que, na verdade, vários nós devem ser selecionados, como no caso de **superpares** em redes peer-to-peer, que discutimos no Capítulo 2. Nesta seção, vamos nos concentrar especificamente no problema de selecionar superpares.

Lo et al. (2005) identificaram os seguintes requisitos que precisam ser cumpridos para a seleção de superpar:

1. Nós normais devem ter baixa latência de acesso a superpares.
2. Superpares devem estar uniformemente distribuídos pela rede de sobreposição.
3. Deve haver uma porção predefinida de superpares em relação ao número total de nós na rede de sobreposição.
4. Cada superpar não deve precisar atender mais do que um número fixo de nós normais.

Felizmente, esses requisitos são relativamente fáceis de cumprir na maioria dos sistemas peer-to-peer, dado o fato de que a rede de sobreposição ou é estruturada (como em sistemas baseados em DHT) ou é aleatoriamente não-estruturada (como, por exemplo, pode ocorrer em soluções baseadas em gossiping). Vamos estudar soluções propostas por Lo et al. (2005).

No caso de sistemas baseados em DHT, a idéia básica é reservar uma fração do espaço de identificadores para superpares. Lembre-se de que, em sistemas baseados em DHT, cada nó recebe um identificador de m bits aleatório e uniformemente designado. Agora, suponha que reservemos os primeiros k bits (isto é, os da extrema

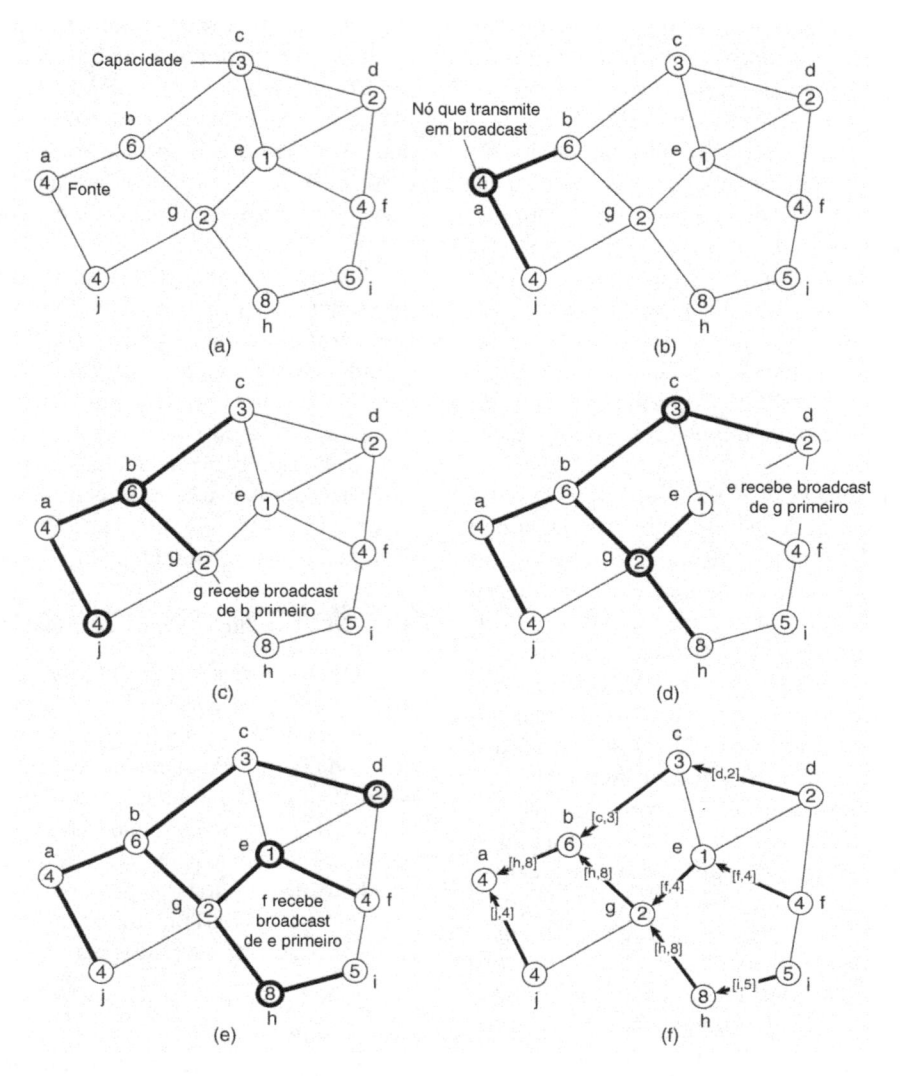

Figura 6.21 Algoritmo de eleição em uma rede sem fio, com o nó *a* como o fonte. (a) Rede inicial. (b)–(e) A fase de montagem da árvore (última etapa do broadcast pelos nós *f* e *i* não é mostrada). (f) Reportando o melhor nó ao fonte.

esquerda) para identificar superpares. Por exemplo, se precisarmos de N superpares, então os primeiros $\lceil \log_2(N) \rceil$* bits de qualquer *chave* podem ser usados para identificar esses nós.

Para explicar, vamos supor que temos um (pequeno) sistema Chord com $m = 8$ e $k = 3$. Quando consultamos o nó responsável por uma chave específica p, podemos decidir primeiro rotear a requisição de consulta até o nó responsável pelo padrão

p AND 11100000

que então é tratado como o superpar. Note que cada nó *id* pode verificar se ele é um superpar consultando

id AND 11100000

para ver se essa requisição é roteada para ele mesmo. Contanto que identificadores de nós sejam designados uniformemente a nós, pode-se ver que, com um total de N nós, o número de superpares é, na média, igual a $2^{k-m} N$.

Uma abordagem completamente diferente é baseada no posicionamento de nós em um espaço geométrico *m*-dimensional, como já discutimos. Nesse caso, suponha que precisemos colocar N superpares *uniformemente* por toda a extensão da sobreposição. A idéia básica é simples: um total de N fichas é distribuído por N nós escolhidos aleatoriamente. Nenhum nó pode ter mais do que uma ficha. Cada ficha representa uma força de repulsão da qual uma outra ficha está inclinada a se afastar. O efeito líquido é que, se todas as fichas exercerem a mesma força de repulsão, elas se afastarão umas das outras e se espalharão uniformemente no espaço geométrico.

---

* O símbolo '⌈ ⌉' é usado para representar o inteiro imediatamente superior a um número (N. do R.T.).

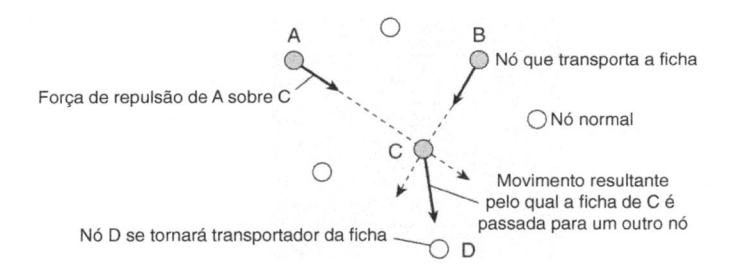

Figura 6.22 Movimentação de fichas em um espaço bidimensional que utiliza forças de repulsão.

Essa abordagem requer que nós que transportem uma ficha saibam da existência de outras fichas. Com essa finalidade, Lo et al. propõem utilizar um protocolo de gossiping pelo qual a força de uma ficha é disseminada por toda a extensão da rede. Se um nó descobrir que a força total que está agindo sobre ele excede um patamar, ele moverá a ficha na direção das forças combinadas, como mostra a Figura 6.22.

Quando uma ficha é transportada por um nó por dado período de tempo, esse nó se promoverá a superpar.

6.6 Resumo

Uma questão intimamente ligada com comunicação entre processos é como os processos em sistemas distribuídos sincronizam. Sincronização quer dizer fazer a coisa certa na hora certa. Um problema em sistemas distribuídos e redes de computadores em geral é que não há nenhuma idéia de um relógio globalmente compartilhado. Em outras palavras, processos em máquinas diferentes têm sua própria idéia do que é o tempo.

Há vários modos de sincronizar relógios em um sistema distribuído mas, em essência, todos os métodos são baseados em troca de valores de relógio considerando simultaneamente o tempo que leva para enviar e receber mensagens. Variações em atrasos de comunicação e o modo como essas variações são tratadas determinam, em grande parte, a precisão de algoritmos de sincronização de relógios.

Relacionado com esses problemas de sincronização está o posicionamento de nós em uma sobreposição geométrica. A idéia básica é designar a cada nó coordenadas de um espaço m-dimensional de modo tal que a distância geométrica possa ser utilizada como medida precisa para a latência entre dois nós. O método de atribuir coordenadas é muito parecido com o aplicado para determinar a localização e a hora em GPS.

Em muitos casos, não é necessário saber a hora absoluta. O que conta é que os eventos relacionados em processos diferentes aconteçam na ordem correta. Lamport mostrou que, ao introduzir uma noção de relógios lógicos, é possível que um conjunto de processos chegue a um acordo global sobre a ordenação correta de eventos. Em essência, a cada evento e, tal como enviar ou receber uma mensagem, é designada uma marca de tempo lógica globalmente exclusiva $C(e)$ tal que, quando o evento a aconteceu antes de b, $C(a) < C(b)$. As marcas de tempo de Lamport podem ser estendidas para marcas de tempo vetoriais: se $C(a) < C(b)$, sabemos até que o evento a precedeu b por causalidade.

Uma classe importante de algoritmos de sincronização é a da exclusão mútua distribuída. Esses algoritmos asseguram que, em um conjunto de processos distribuídos, pelo menos um processo por vez tem acesso a um recurso compartilhado. Pode se conseguir exclusão mútua distribuída com facilidade se utilizarmos um coordenador que monitora de quem é a vez. Também existem algoritmos totalmente distribuídos, mas eles têm a desvantagem de ser, de modo geral, mais suscetíveis a falhas de comunicação e de processo.

Sincronização entre processos muitas vezes requer que um processo aja como um coordenador. Nos casos em que o coordenador não é fixo, é necessário que os processos em um sistema distribuído de computação decidam quem será esse coordenador. Tal decisão é tomada por meio de algoritmos de eleição. Algoritmos de eleição são usados primordialmente em casos em que o coordenador pode cair. Contudo, eles também podem ser aplicados para a seleção de superpares em sistemas peer-to-peer.

Problemas

1. Cite no mínimo três fontes de atraso que podem ser introduzidas entre a transmissão da hora em broadcast WWV e o ajuste, pelos processadores, de seus relógios internos em um sistema distribuído.

2. Considere o comportamento de duas máquinas em um sistema distribuído. Ambas têm relógios que devem pulsar 1.000 vezes por milissegundo. Um deles realmente pulsa a essa taxa, mas o outro pulsa somente 990 vezes por milissegundo. Se as atualizações UTC chegam uma vez por minuto, qual será a máxima defasagem entre os relógios?

3. Um dos dispositivos modernos que se instalaram (silenciosamente) em sistemas distribuídos são os

receptores GPS. Dê exemplos de aplicações distribuídas que possam utilizar informações GPS.

4. Quando um nó sincroniza seu relógio com o de outro nó, em geral é uma boa idéia também levar em conta medições anteriores. Por quê? Dê um exemplo de como essas leituras anteriores podem ser levadas em conta.

5. Adicione uma nova mensagem à Figura 6.9 que seja concorrente com a mensagem *A*, isto é, que não acontece antes de *A* ou não acontece depois de *A*.

6. Para conseguir multicast totalmente ordenado com marcas de tempo Lamport, é estritamente necessário que cada mensagem seja reconhecida?

7. Considere uma camada de comunicação na qual as mensagens são entregues somente na ordem em que foram enviadas. Dê um exemplo no qual até mesmo essa ordenação é desnecessariamente restritiva.

8. Muitos algoritmos distribuídos requerem a utilização de um processo coordenador. Até que ponto esses algoritmos realmente são considerados distribuídos? Comente sua resposta.

9. Na abordagem centralizada da exclusão mútua (Figura 6.14), ao receber uma mensagem de um processo que está liberando seu acesso exclusivo aos recursos que estava usando, o coordenador normalmente concede permissão ao primeiro processo na fila. Cite um outro algoritmo possível para o coordenador.

10. Considere novamente a Figura 6.14. Suponha que o coordenador caia. Isso sempre derruba o sistema? Se não derrubar, sob quais circunstâncias isso acontece? Há algum modo de evitar o problema e fazer com que o sistema seja capaz de tolerar quedas de coordenador?

11. O algoritmo de Ricart e Agrawala apresenta o seguinte problema: se um processo falhou e não responde a uma requisição de um outro processo para acessar um recurso, a falta de resposta será interpretada como uma recusa de permissão. Sugerimos que todas as requisições sejam respondidas imediatamente para facilitar a detecção de processos que falharam. Há algumas circunstâncias em que até esse método é insuficiente? Discuta sua resposta.

12. Como as entradas na Tabela 6.1 mudariam se admitíssemos que os algoritmos podem ser implementados sobre uma LAN que suporta broadcast por hardware?

13. Um sistema distribuído pode ter vários recursos independentes. Imagine que o processo 0 quer acessar o recurso *A* e o processo 1 quer acessar o recurso *B*. O algoritmo de Ricart e Agrawala pode resultar em deadlocks? Explique sua resposta.

14. Suponha que dois processos detectem a morte do coordenador simultaneamente e ambos decidam convocar uma eleição que utilize o algoritmo do valentão. O que acontecerá?

15. Na Figura 6.20 temos duas mensagens *ELEIÇÃO* que circulam simultaneamente. Embora não haja problema em ter duas delas, seria mais elegante se uma fosse eliminada. Proponha um algoritmo para fazer isso sem afetar a operação do algoritmo de eleição básico.

16. (**Tarefa de laboratório**) Sistemas Unix oferecem muitas facilidades para manter computadores em sincronia; em particular, a combinação da ferramenta *crontab* (que permite o escalonamento automático das operações) e vários comandos de sincronização são poderosos. Configure um sistema Unix que mantém a precisão do horário local dentro da faixa de um único segundo. Da mesma maneira, configure uma facilidade automática de apoio pela qual uma quantidade de arquivos cruciais seja transferida automaticamente para uma máquina remota uma vez a cada 5 minutos. Sua solução deve ser eficiente no que se refere à utilização de largura de banda.

7 Consistência e replicação

Uma questão importante em sistemas distribuídos é a replicação de dados. De modo geral, dados são replicados para aprimorar a confiabilidade ou melhorar o desempenho. Um dos principais problemas é manter as réplicas consistentes. Informalmente, isso significa que, quando uma cópia é atualizada, precisamos assegurar que as outras também sejam atualizadas; caso contrário, as réplicas não serão mais iguais. Neste capítulo, examinamos detalhadamente o que realmente significa consistência de dados replicados e os vários modos de conseguir essa consistência.

Começamos com uma introdução geral que discute por que a replicação é útil e como ela está relacionada com a escalabilidade. Em seguida, continuamos focalizando o que realmente significa consistência. Uma classe importante daquilo que conhecemos como modelos de consistência tem como premissa que vários processos acessam dados compartilhados simultaneamente. Nessas situações, a consistência pode ser formulada em relação àquilo que processos podem esperar quando lêem e atualizam os dados compartilhados, sabendo que outros também estão acessando esses dados.

Modelos de consistência para dados compartilhados costumam ser difíceis de implementar com eficiência em sistemas distribuídos de grande escala. Além do mais, em muitos casos podem ser usados modelos mais simples, que também são mais fáceis de implementar. Uma classe específica é formada por modelos de consistência centrados no cliente, que se concentram na consistência sob a perspectiva de um único cliente (possivelmente móvel). Modelos de consistência centrados no cliente são discutidos em uma seção específica.

Consistência é apenas parte da história. Precisamos considerar também como ela é realmente implementada. Há, em essência, duas questões mais ou menos independentes que precisamos considerar. Antes de mais nada, começamos focalizando o gerenciamento de réplicas, que leva em conta não somente o posicionamento de servidores de réplicas, mas também como o conteúdo é distribuído a esses servidores.

A segunda questão é como as réplicas são mantidas consistentes. Na maioria dos casos, aplicações requerem um tipo de consistência estrita. Informalmente, isso significa

fica que atualizações devem ser propagadas mais ou menos imediatamente entre réplicas. Há várias alternativas para implementar consistência estrita, que serão discutidas em uma seção específica. Também damos atenção a protocolos de cache, que são um caso especial de protocolos de consistência.

7.1 Introdução

Nesta seção, começamos discutindo, antes de mais nada, as importantes razões para querer replicar dados. Focalizamos a replicação como uma técnica para conseguir escalabilidade e apresentamos os motivos que esclarecem por que pensar em consistência é tão importante.

7.1.1 Razões para replicação

Há duas razões primárias para replicar dados: confiabilidade e desempenho. Em primeiro lugar, dados são replicados para aumentar a confiabilidade de um sistema. Se um sistema de arquivos foi replicado, pode ser possível continuar trabalhando após a queda de uma réplica simplesmente com comutação para uma das outras réplicas. Além disso, manter várias cópias possibilita oferecer melhor proteção contra dados corrompidos. Por exemplo, imagine que há três cópias de um arquivo e que toda operação de leitura e escrita é executada em cada cópia. Podemos nos proteger contra uma única operação de escrita que falhou considerando como valor correto aquele que for retornado por, no mínimo, duas cópias.

A outra razão para replicar dados é o desempenho. Replicação para conseguir desempenho é importante quando um sistema distribuído precisa ser ampliado em quantidade e área geográfica. Ampliação em quantidade ocorre, por exemplo, quando um número cada vez maior de processos precisa acessar dados que são gerenciados por um único servidor. Nesse caso, o desempenho pode ser melhorado ao se replicar o servidor e, na seqüência, dividir o trabalho.

Ampliação em relação ao tamanho de uma área geográfica também pode exigir replicação. A idéia básica é que, colocando uma cópia dos dados próxima ao processo que os está usando, o tempo de acesso aos dados diminui. Por conseqüência, o desempenho percebido por aquele processo aumenta. Esse exemplo também ilustra que pode ser difícil avaliar os benefícios da replicação para obter desempenho. Embora um processo cliente possa perceber melhor desempenho, também pode ser que, agora, mais largura de banda de rede seja consumida para manter todas as réplicas atualizadas.

Se a replicação ajuda a melhorar confiabilidade e desempenho, quem poderia ser contra ela? Infelizmente, há um preço a pagar quando dados são replicados. O problema da replicação é que ter múltiplas cópias pode levar a problemas de consistência. Sempre que uma cópia é modificada, ela se torna diferente das restantes. Em decorrência, é preciso modificar todas as outras cópias para garantir consistência. O que determina o preço da replicação é exatamente quando e como essas modificações precisam ser executadas.

Para entender o problema, considere melhorar tempos de acesso a páginas Web. Se não forem tomadas providências especiais, a busca de uma página em um servidor Web remoto às vezes pode levar até mesmo segundos para ser concluída. Para melhorar o desempenho, browsers Web costumam armazenar no local uma cópia de uma página Web que já foi buscada anteriormente (isto é, eles colocam uma página Web em uma **cache**). Se um usuário requisitar aquela página mais uma vez, o browser automaticamente retorna a cópia local. O tempo de acesso percebido pelo usuário é excelente. Todavia, se o usuário sempre quiser ter a versão mais recente de uma página, pode não estar com sorte. O problema é que, se nesse meio-tempo a página foi modificada, as modificações não terão sido propagadas para as cópias em cache, o que as torna desatualizadas.

Uma solução para o problema de retornar uma cópia velha ao usuário é, antes de mais nada, proibir o browser de manter cópias locais e deixar para o servidor a total responsabilidade pela replicação. Contudo, essa solução ainda pode resultar em lentidão de tempo de acesso se nenhuma réplica for colocada próxima ao usuário. Uma outra solução é deixar que o servidor Web invalide ou atualize cada cópia em cache, mas isso requer que o servidor monitore todas as caches e lhes envie mensagens, o que, por sua vez, pode degradar o desempenho global do servidor. Logo em seguida voltaremos à questão de desempenho *versus* escalabilidade.

7.1.2 Replicação como técnica de crescimento

Replicação e cache para melhorar desempenho encontram ampla aplicação como técnicas de aumento do tamanho. De modo geral, questões de escalabilidade aparecem sob a forma de problemas de desempenho. Colocar cópias de dados próximas aos processos que as estão usando pode melhorar o desempenho pela redução do tempo de acesso e, por isso, resolve problemas de escalabilidade.

Um provável compromisso que vai precisar ser feito é que manter cópias atualizadas pode requerer mais largura de banda de rede. Considere um processo P que acessa uma réplica local N vezes por segundo, ao passo que a réplica em si é atualizada M vezes por segundo. Suponha que uma atualização renove completamente a versão anterior da réplica local. Se $N \ll M$, isto é, a razão acesso/atualização for muito baixa, temos a situação em que muitas versões atualizadas da réplica local nunca serão acessadas por P, o que torna inútil a comunicação da rede para essas versões. Nesse caso, talvez tivesse sido melhor não instalar uma réplica local próxima a P, ou aplicar uma estratégia diferente para atualizar a réplica. Voltaremos a essa questão mais adiante.

Um problema mais sério, entretanto, é que manter várias cópias consistentes pode, por si só, estar sujeito a sérios problemas de escalabilidade. A intuição nos diz que um conjunto de cópias é consistente quando as cópias são sempre iguais. Isso significa que uma operação de leitura realizada em qualquer cópia sempre retornará o mesmo resultado. Em conseqüência, quando uma operação de atualização é realizada sobre uma cópia, a atualização deve ser propagada para todas as cópias antes que ocorra uma operação subseqüente, sem importar em qual cópia essa operação for iniciada e realizada.

Esse tipo de consistência às vezes é denominado informalmente (e imprecisamente) consistência estrita, tal como a fornecida pela que é denominada replicação síncrona. (Na próxima seção daremos definições exatas de consistência e apresentaremos um conjunto de modelos de consistência.) A idéia fundamental é que uma atualização seja realizada em todas as cópias como uma única operação atômica, ou transação. Infelizmente, implementar atomicidade envolvendo um grande número de réplicas que podem estar amplamente dispersas por uma rede de grande escala é inerentemente difícil quando também é exigido que as operações sejam concluídas rapidamente.

As dificuldades surgem do fato de que precisamos sincronizar todas as réplicas. Em essência, isso significa que, em primeiro lugar, todas as réplicas precisam chegar a um acordo sobre quando, exatamente, uma atualização deve ser realizada localmente. Por exemplo, réplicas podem precisar decidir entre uma ordenação global de operações que use marcas de tempo de Lamport ou deixar que um coordenador designe tal ordem. Sincronização global simplesmente toma muito tempo de comunicação, em especial quando as réplicas estão espalhadas por uma rede de longa distância.

Agora estamos em face de um dilema. Por um lado, problemas de escalabilidade podem ser amenizados pela aplicação de replicação e cache, o que resulta em melhor desempenho. Por outro, manter todas as cópias consistentes em geral requer sincronização global, que é inerentemente cara em termos de desempenho. A cura pode ser pior do que a doença.

Em muitos casos, a única solução real é relaxar as restrições de consistência. Em outras palavras, se pudermos abrandar o requisito de que atualizações precisam ser executadas como operações atômicas, talvez possamos evitar sincronizações globais (instantâneas) e, assim, ganhar desempenho. O preço a pagar é que pode ser que as cópias nem sempre sejam iguais em todos os lugares. Na realidade, até que ponto a consistência pode ser abrandada depende muito dos padrões de acesso e atualização dos dados replicados, bem como da finalidade para a qual esse dados são utilizados.

Nas seções seguintes, em primeiro lugar consideraremos modelos de consistência dando definições precisas do que realmente significa consistência. Depois, continuaremos nossa discussão a respeito dos diferentes modos de implementar modelos de consistência por meio dos assim denominados protocolos de distribuição e de consistência. Diferentes abordagens para classificar consistência e replicação podem ser encontradas em Gray et al. (1996) e em Wiesmann et al. (2000).

7.2 Modelos de Consistência Centrados em Dados

Por tradição, a consistência tem sido discutida no contexto de operações de leitura e escrita em dados compartilhados disponíveis por meio de memória compartilhada (distribuída), de um banco de dados (distribuído) compartilhado ou de um sistema de arquivos (distribuído). Nesta seção usamos o termo mais amplo **depósito de dados**. Um depósito de dados pode ser distribuído fisicamente por várias máquinas. Em particular, a premissa é que cada processo que pode acessar dados do depósito tem uma cópia local (ou próxima) disponível do depósito inteiro. Operações de escrita são propagadas para outras cópias, como mostra a Figura 7.1. Uma operação de dados é classificada como uma operação de escrita quando altera os dados, caso contrário é classificada como uma operação de leitura.

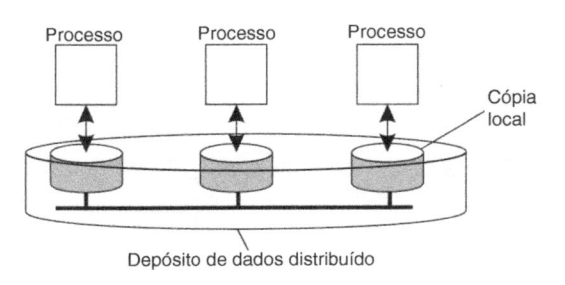

Figura 7.1 *Organização geral de um depósito de dados lógico, fisicamente distribuído e replicado por vários processos.*

Um **modelo de consistência** é, em essência, um contrato entre processos e o depósito de dados. Ele diz que, se os processos concordarem em obedecer a certas regras, o depósito promete funcionar de maneira correta. Normalmente, um processo que executa uma operação de leitura sobre um item de dados espera que a operação retorne um valor que mostre os resultados da última operação de escrita executada sobre aqueles dados.

Na ausência de um relógio global, é difícil definir com precisão qual operação de escrita é a última. Como alternativa, precisamos fornecer outras definições, o que resulta em um conjunto de modelos de consistência. Cada modelo restringe efetivamente os valores que uma operação de leitura sobre um item de dados pode retornar. Como seria de esperar, os que têm grandes restrições são fáceis de usar, por exemplo, no desenvolvimento de aplicações, ao passo que os que têm pequenas restrições às vezes são difíceis. Claro que o compromisso é que os modelos fáceis de usar não funcionam, nem de longe, tão bem quanto os difíceis. Mas a vida é assim mesmo!

7.2.1 Consistência contínua

Pelo que discutimos até aqui, já deve estar claro que não existe a melhor solução para replicar dados. A replicação de dados propõe problemas de consistência que não podem ser resolvidos com eficiência de modo geral. Somente se abrandarmos a consistência é que podemos ter esperança de conseguir soluções eficientes. Infelizmente, também não há regras gerais para abrandar a consistência: o que, exatamente, pode ser tolerado depende muito das aplicações.

Há modos diferentes para as aplicações especificarem quais inconsistências elas podem tolerar. Yu e Vahdat (2002) adotam a abordagem geral distinguindo três eixos independentes para definir inconsistências: desvio em valores numéricos entre réplicas, desvio em idade entre réplicas e desvio em relação à ordenação de operações de atualização. Eles se referem a esses desvios como se formassem faixas de **consistência contínua**.

A medição da inconsistência em termos de desvios numéricos pode ser utilizada por aplicações para as quais os dados têm semântica numérica. Um exemplo óbvio é a replicação de registros que contêm preços do mercado de ações. Nesse caso, uma aplicação pode especificar que duas cópias não devem se desviar por mais do que $ 0,02, o que seria um *desvio numérico absoluto*. Como alternativa, poderia ser especificado um *desvio numérico relativo*, que estipula que a diferença entre duas cópias não deve ser maior do que, por exemplo, 0,5%. Em ambos os casos, veríamos que, se o preço de uma ação subir (e uma das réplicas for imediatamente atualizada) sem violar os desvios numéricos especificados, as réplicas ainda seriam consideradas como mutuamente consistentes.

O desvio numérico também pode ser entendido em termos do número de atualizações que foram aplicadas a determinada réplica, mas que ainda não foram vistas pelas outras. Por exemplo, uma cache Web pode não ter visto um lote de operações executadas por um servidor Web. Nesse caso, o desvio associado no *valor* também é denominado como seu *peso*.

Os desvios de idade estão relacionados com a última vez que uma réplica foi atualizada. Há algumas aplicações que podem tolerar que uma réplica forneça dados antigos, contanto que não sejam *demasiadamente* antigos. Por exemplo, previsões do tempo em geral permanecem razoavelmente exatas durante algum tempo, digamos, algumas horas. Nesses casos, um servidor principal pode receber atualizações em tempos oportunos, mas pode decidir propagar atualizações para as réplicas só de vez em quando.

Por fim, há classes de aplicações nas quais é permitido que a ordenação das atualizações seja diferente nas várias réplicas, contanto que as diferenças fiquem dentro de um limite. Um modo de considerar essas atualizações é que elas são aplicadas provisoriamente a uma cópia local, à espera de um acordo global de todas as réplicas. Em decorrência, algumas atualizações podem precisar voltar atrás e ser aplicadas em uma ordem diferente antes de se tornarem permanentes. A intuição nos diz que os desvios de ordenação são muito mais difíceis de entender do que as outras duas métricas de consistência. A seguir, vamos dar exemplos para esclarecer as coisas.

Noção de uma conit

Para definir inconsistências, Yu e Vahdat propõem uma unidade de consistência, abreviada para **conit** [do inglês *consistency* (co) + *unit* (nit)]. Uma conit especifica a unidade segundo a qual a consistência deve ser medida. Por exemplo, em nosso exemplo da bolsa de valores, uma conit poderia ser definida como um registro que representa uma única ação. Um outro exemplo é um boletim individual de previsão de tempo.

Para dar um exemplo de uma conit e ao mesmo tempo ilustrar desvios numéricos e de ordenação, considere as duas réplicas mostradas na Figura 7.2. Cada réplica i mantém um relógio vetorial bidimensional VC_i, exatamente como os descritos no Capítulo 6. Usamos a notação t,i para expressar uma operação que foi executada pela réplica i em (seu) tempo lógico t.

Nesse exemplo, vemos duas réplicas que operam sobre uma conit que contém os itens de dados x e y. Considera-se que ambas as variáveis foram inicializadas com 0. A réplica A recebeu a operação

$$5,B : x \leftarrow x + 2$$

da réplica B e a tornou permanente (isto é, a operação que foi comprometida em A não pode ser revertida). A réplica A tem três operações de atualização provisórias: $8,A$, $12,A$ e $14,A$, que levam seu desvio de ordenação para 3. Note também que, devido à última operação, $14,A$, o relógio vetorial de A se torna $(15,5)$.

A única operação de B que A ainda não viu é $10,B$, que leva a 1 seu desvio numérico em relação às operações. Nesse exemplo, o peso desse desvio pode ser expresso como a máxima diferença entre os valores (comprometidos) de x e y em A e o resultado das operações em B não vistas por A. O valor comprometido em A é $(x,y) = (2,0)$, ao passo que a operação — não vista por A — em B dá uma diferença de $y = 5$.

Um raciocínio semelhante mostra que B tem duas operações de atualização provisórias: $5,B$ e $10,B$, o que significa que tem um desvio de ordenação de 2. Como B ainda não viu uma única operação de A, seu relógio vetorial se torna $(0,11)$. O desvio numérico é 3 com um peso total de 6. Esse último valor resulta do fato de que o valor comprometido de B é $(x,y) = (0,0)$, ao passo que as operações provisórias em A já terão levado x a 6.

Note que há um compromisso entre manter conits de granularidade fina e conits de granularidade grossa. Se uma conit representar uma grande quantidade de dados, tal como um banco de dados completo, as atualizações são agregadas para todos os dados na conit. Em decorrência, isso pode levar as réplicas a entrar mais cedo em um estado inconsistente. Por exemplo, suponha que na Figura 7.3 a diferença entre duas réplicas não possa ser mais

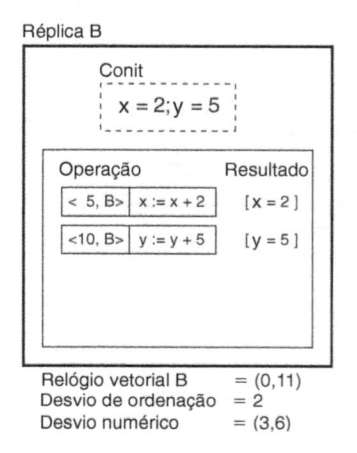

Réplica A		
Conit		
$x = 6; y = 3$		
Operação		Resultado
< 5, B>	x := x + 2	[x = 2]
< 8, A>	y := y + 2	[y = 2]
<12, A>	y := y + 1	[y = 3]
<14, A>	x := y * 2	[x = 6]
Relógio vetorial A		= (15,5)
Desvio de ordenação		= 3
Desvio numérico		= (1,5)

Réplica B		
Conit		
$x = 2; y = 5$		
Operação		Resultado
< 5, B>	x := x + 2	[x = 2]
<10, B>	y := y + 5	[y = 5]
Relógio vetorial B		= (0,11)
Desvio de ordenação		= 2
Desvio numérico		= (3,6)

Figura 7.2 Exemplo de monitoração de desvios de consistência (adaptado de Yu e Vahdat, 2002).

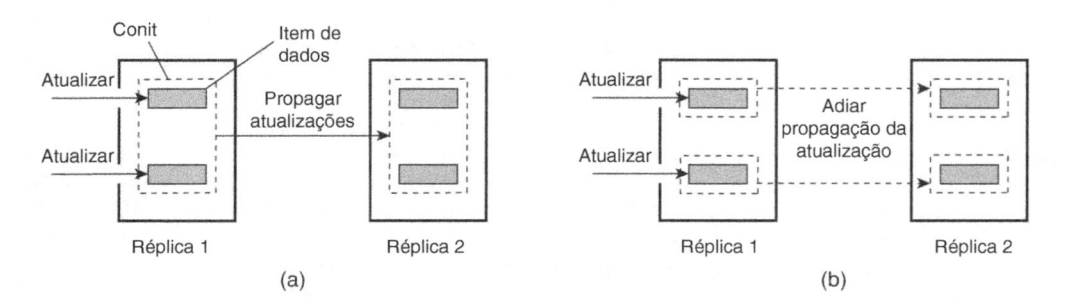

Figura 7.3 Escolha da granularidade adequada para uma conit. (a) Duas atualizações resultam em propagação da atualização. (b) Nenhuma propagação de atualização é necessária (ainda).

do que uma atualização pendente. Nesse caso, quando cada um dos itens de dados da Figura 7.3(a) tiver sido atualizado uma vez na primeira réplica, a segunda também precisará ser atualizada. Isso não acontece quando escolhemos uma conit menor, como mostra a Figura 7.3(b). Nesse caso, as réplicas ainda são consideradas como atualizadas. Esse problema é de particular importância quando os itens de dados contidos em uma conit são usados com total independência; então, diz-se que eles **compartilham falsamente** a conit.

Infelizmente, escolher conits muito pequenas não é uma boa idéia, pela simples razão de que o número total de conits que precisam ser gerenciadas também cresce. Em outras palavras, há um custo adicional relacionado com o gerenciamento de conits que precisa ser levado em conta. Esse custo adicional, por sua vez, pode ter efeito adverso sobre o desempenho, que tem de ser levado em conta.

Embora do ponto de vista de conceito as conits formem um modo atraente de capturar requisitos de consistência, há duas questões importantes que precisam ser tratadas antes que elas possam ser colocadas em uso na prática. A primeira questão é que, para impor consistência, precisamos ter protocolos. Protocolos para consistência contínua serão discutidos mais adiante neste capítulo.

A segunda questão é que os desenvolvedores de programas devem especificar os requisitos de consistência para suas aplicações. A prática indica que obter tais requisitos pode ser extremamente difícil. De modo geral, os programadores não estão acostumados a lidar com a replicação, muito menos a entender o que significa fornecer informações detalhadas sobre consistência. Portanto, é obrigatório que haja interfaces de programação simples e fáceis de entender.

Consistência contínua pode ser implementada como um conjunto de ferramentas que, para os programadores, parece apenas uma outra biblioteca que eles integram às suas aplicações. Uma conit é simplesmente declarada junto com uma atualização de um item de dados. Por exemplo, o fragmento de pseudocódigo

    AffectsConit(ConitQ, 1, 1);
    inclua mensagem m na fila Q;

declara que anexar uma mensagem à fila Q pertence a uma conit denominada 'ConitQ'. Da mesma maneira, agora operações podem ser declaradas como dependentes de conits:

    DependsOnConit(ConitQ, 4, 0, 60);
    leia mensagem m da frente da fila Q;

Nesse caso, a chamada **DependsOnConit()** especifica que o desvio numérico, o desvio de ordenação e a idade devem ser limitados aos valores 4, 0 e 60 (segundos), respectivamente. Isso pode ser interpretado como: tem de haver no mínimo quatro operações de atualização não vistas em outras réplicas, não pode haver nenhuma atualização provisória local e a idade da cópia local de Q deve ter sido verificada há não mais do que 60 segundos. Se esses requisitos não forem cumpridos, o middleware subjacente tentará trazer a cópia local de Q para um estado tal que a operação de leitura possa ser efetuada.

7.2.2 Ordenação consistente de operações

Além da consistência contínua, há um imenso acervo de trabalho sobre modelos de consistência centrados em dados acumulado em décadas passadas. Uma classe importante de modelos vem da área de programação concorrente. Confrontados com o fato de que em computação paralela e distribuída vários processos vão precisar compartilhar recursos simultaneamente, os pesquisadores procuraram expressar a semântica de acessos concorrentes quando os recursos compartilhados forem replicados. Isso resultou, no mínimo, em um importante modelo de consistência que é amplamente usado. A seguir, focalizaremos o que é conhecido como consistência seqüencial e também discutiremos uma variante mais fraca, ou seja, consistência causal.

Todos os modelos que discutiremos nesta seção tratam de ordenar operações consistentemente em dados compartilhados replicados. Em princípio, os modelos ampliam os de consistência contínua no sentido de que, quando for preciso comprometer atualizações provisórias em réplicas, estas terão de chegar a um acordo sobre uma ordenação global dessas atualizações. Em outras palavras, as réplicas precisam concordar com uma ordenação consistente dessas atualizações. Todos os modelos de consistência que discutiremos a seguir tratam de chegar a tais ordenações consistentes.

Consistência seqüencial

Na explicação que daremos a seguir, usaremos uma notação especial na qual representaremos as operações de um processo ao longo de um eixo de tempo. O eixo de tempo é sempre representado na horizontal; o tempo cresce da esquerda para a direita. Os símbolos

$$W_i(x)a \text{ e } R_i(x)b$$

significam que foram realizadas, respectivamente, uma escrita pelo processo P_i para o item de dados x com o valor a e uma leitura daquele item por P_i retornando b. Consideremos que cada item de dados seja, inicialmente, *NIL*. Quando não houver mais nenhuma confusão em relação a qual processo está acessando os dados, omitimos o índice dos símbolos *W* e *R*.

Como exemplo, na Figura 7.4 P_1 executa uma escrita para um item de dados x, modificando seu valor para a. Note que, em princípio, essa operação $W_1(x)a$ é executada, em primeiro lugar, em uma cópia do depósito de dados local de P_1 e, então, na seqüência, é propagada para as outras cópias locais. Em nosso exemplo, mais tarde P_2 lê o valor *NIL* e, pouco tempo depois disso, lê a (de sua cópia local do depósito). O que vemos aqui é que levou algum tempo para propagar a atualização de x para P_2, o que é perfeitamente aceitável.

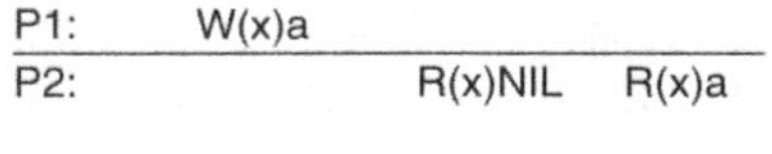

P1:	W(x)a		
P2:		R(x)NIL	R(x)a

Figura 7.4 Comportamento de dois processos que operam sobre o mesmo item de dados. O eixo horizontal representa o tempo.

A **consistência seqüencial** é um importante modelo de consistência centrado em dados que foi definido pela primeira vez por Lamport (1979) no contexto de memória compartilhada para sistemas multiprocessadores. Em geral, diz-se que um depósito de dados é seqüencialmente consistente quando satisfaz a seguinte condição:

> O resultado de qualquer execução é o mesmo que seria se as operações (de leitura e escrita) realizadas por todos os processos no depósito de dados fossem executadas na mesma ordem seqüencial e as operações de cada processo individual aparecessem nessa seqüência na ordem especificada por seu programa.

Essa definição significa que, quando processos executam concorrentemente em máquinas (possivelmente) diferentes, qualquer intercalação válida de operações de leitura e de escrita é um comportamento aceitável, mas *todos os processos vêem a mesma intercalação de operações*. Note que nada é dito sobre tempo; isto é, não há nenhuma referência à operação de escrita 'mais recente' sobre um item de dados. Observe que, nesse contexto, o processo 'vê' escritas de todos os processos, mas apenas suas próprias leituras.

O fato de o tempo não desempenhar papel nenhum pode ser visto na Figura 7.5. Considere quatro processos que operam sobre o mesmo item de dados x. Na Figura 7.5(a) o processo P_1 primeiro executa $W(x)a$ para x. Mais tarde (em tempo absoluto), o processo P_2 também executa uma operação de escrita, ajustando o valor de x para b. Contudo, ambos os processos, P_3 e P_4, *primeiro* lêem o valor b e, mais tarde, o valor a. Em outras palavras, a operação de escrita do processo P_2 parece ter ocorrido antes da de P_1.

Ao contrário, a Figura 7.5(b) viola a consistência seqüencial porque nem todos os processos vêem a mesma intercalação de operações de escrita. Em particular, para o processo P_3, parece que o item de dados foi primeiro alterado para b, e mais tarde para a. Por outro lado, P_4 concluirá que o valor final é b.

Para tornar a noção de consistência seqüencial mais concreta, considere três processos que estejam executando concorrentemente, P_1, P_2 e P_3, mostrados na Figura 7.6 (Dubois et al., 1988). Os itens de dados nesse exemplo são formados pelas três variáveis inteiras x, y e z, que são armazenadas em um depósito de dados compartilhado (possivelmente distribuído) seqüencialmente consistente.

Consideramos que cada variável é inicializada em 0. Nesse exemplo, uma designação corresponde a uma ope-

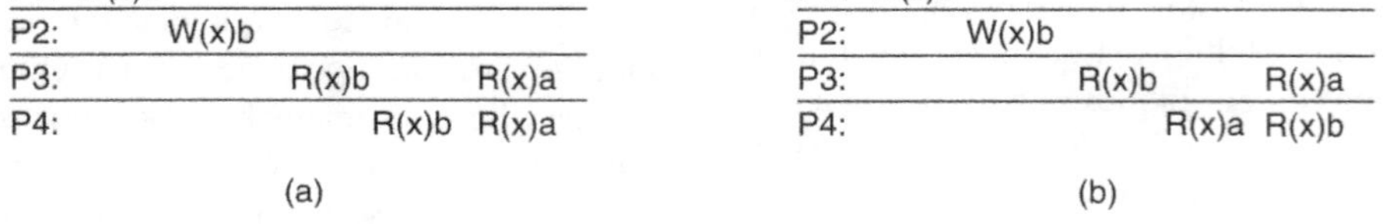

P1:	W(x)a		
P2:	W(x)b		
P3:		R(x)b	R(x)a
P4:		R(x)b	R(x)a

(a)

P1:	W(x)a		
P2:	W(x)b		
P3:		R(x)b	R(x)a
P4:		R(x)a	R(x)b

(b)

Figura 7.5 (a) Depósito de dados seqüencialmente consistente. (b) Depósito de dados que não é seqüencialmente consistente.

ração de escrita, ao passo que uma declaração *print* corresponde a uma operação simultânea de leitura de seus dois argumentos. Parte-se da premissa de que todas as declarações são indivisíveis.

Processo P1	Processo P2	Processo P3
x ← 1;	y ← 1;	z ← 1;
print(y, z);	print(x, z);	print(x, y);

Figura 7.6 Três processos que executam concorrentemente.

Várias seqüências intercaladas de execução são possíveis. Com seis declarações independentes há, potencialmente, 720 (6!) seqüências de execução possíveis, embora algumas delas violem a ordem do programa. Considere as 120 (5!) seqüências que começam com $x \leftarrow 1$. Metade delas tem *print (x,z)* antes de $y \leftarrow 1$, e isso viola a ordem do programa. Metade também tem *print(x,y)* antes de $z \leftarrow 1$, o que também viola a ordem do programa. Somente 1/4 das 120 seqüências, ou 30, é válido. Outras 30 seqüências válidas que começam com $y \leftarrow 1$ são possíveis e mais outras 30 podem começar com $z \leftarrow 1$, o que dá um total de 90 seqüências de execução válidas. Quatro delas são mostradas na Figura 7.7.

Na Figura 7.7(a), os três processos são executados em ordem, primeiro P_1, depois P_2, em seguida P_3. Os outros três exemplos demonstram intercalações diferentes, mas igualmente válidas, das declarações ao longo do tempo. Cada um dos três processos imprime duas variáveis. Visto que os únicos valores que cada variável pode assumir são o valor inicial (0), ou o valor designado (1), cada processo produz uma corrente de 2 bits. Os números após as *Impressões* são as saídas reais que aparecem no dispositivo de saída.

Se concatenarmos a saída de P_1, P_2 e P_3 nessa ordem, obteremos uma corrente de 6 bits que caracteriza uma intercalação particular das declarações. Essa é a corrente que aparece como *Assinatura* na Figura 7.7. Logo adiante vamos caracterizar cada ordenação por sua assinatura, em vez de por sua forma impressa.

Nem todos os 64 padrões de assinatura são permitidos. Como simples exemplo, 000000 não é permitido porque implicaria que as declarações *print* executariam antes das declarações de designação, o que viola o requisito de que as declarações sejam executadas na ordem do programa. Um exemplo mais sutil é 001001. Os dois primeiros bits, 00, significam que y e z eram ambos 0 quando P_1 executou sua impressão. Essa situação ocorre somente quando P_1 executa ambas as declarações antes de P_2 ou P_3 começarem. Os dois bits seguintes, 10, significam que P_2 deve executar depois que P_1 começou, mas antes de P_3 começar. Os dois últimos bits, 01, significam que P_3 deve concluir antes de P_1 começar, mas já vimos que P_1 deve ir primeiro. Portanto, 001001 não é permitido.

Resumindo, as 90 diferentes declarações de ordenação válidas produzem uma variedade de diferentes resultados de programa (porém, menos do que 64) que são válidos sob a premissa de consistência seqüencial. O contrato entre os processos e o depósito de dados compartilhado distribuído é que os processos devem aceitar todos esses resultados como válidos. Em outras palavras, os processos devem aceitar os quatro resultados mostrados na Figura 7.7 e todos os outros resultados válidos como respostas adequadas e devem trabalhar corretamente se qualquer um deles ocorrer. Um programa que funciona para alguns desses resultados, mas não para outros, viola o contrato com o depósito de dados e está incorreto.

Consistência causal

O modelo de **consistência causal** (Hutto e Ahamad, 1990) representa um enfraquecimento da consistência seqüencial no sentido de que faz uma distinção entre eventos que são potencialmente relacionados por causalidade e os que não são. Já vimos causalidade quando discutimos marcas de tempo vetoriais no capítulo anterior. Se o evento *b* é causado ou influenciado por um evento anterior *a*, a causalidade requer que todos vejam primeiro *a* e, depois, *b*.

(a)	(b)	(c)	(d)
x ← 1;	x ← 1;	y ← 1;	y ← 1;
print(y, z);	y ← 1;	z ← 1;	x ← 1;
y ← 1;	print(x, z);	print(x, y);	z ← 1;
print(x, z);	print(y, z);	print(x, z);	print(x, z);
z ← 1;	z ← 1;	x ← 1;	print(y, z);
print(x, y);	print(x, y);	print(y, z);	print(x, y);
Impressões: 001011	Impressões: 101011	Impressões: 010111	Impressões: 111111
Assinatura: 001011	Assinatura: 101011	Assinatura: 110101	Assinatura: 111111

Figura 7.7 Quatro seqüências de execução válidas para os processos da Figura 7.6. O eixo vertical é o tempo.

Considere uma interação simples por meio de um banco de dados compartilhado distribuído. Suponha que o processo P_1 escreva um item de dados x. Então, P_2 lê x e escreve y. Nesse caso, a leitura de x e a escrita de y são potencialmente relacionadas por causalidade porque o cálculo de y pode ter dependido do valor de x lido por P_2, isto é, o valor escrito por P_1.

Por outro lado, se dois processos executam uma escrita espontânea e simultânea de dois itens de dados diferentes, estes não estão relacionados por causalidade. Operações que não estão relacionadas por causalidade são denominadas **concorrentes**.

Para um depósito de dados ser considerado consistente por causalidade, é necessário que ele obedeça à seguinte condição:

> Escritas que são potencialmente relacionadas por causalidade devem ser vistas por todos os processos na mesma ordem. Escritas concorrentes podem ser vistas em ordem diferente em máquinas diferentes.

Como exemplo de consistência causal, considere a Figura 7.8. Nessa figura, temos uma seqüência de eventos permitida quando o depósito é consistente por causalidade, mas proibida quando o depósito é seqüencialmente consistente ou estritamente consistente. O que devemos notar é que as escritas $W_2(x)b$ e $W_1(x)c$ são concorrentes, portanto não é exigido que todos os processos as vejam na mesma ordem.

P1:	W(x)a		W(x)c	
P2:		R(x)a	W(x)b	
P3:		R(x)a		R(x)c	R(x)b
P4:		R(x)a		R(x)b	R(x)c

Figura 7.8 Essa seqüência é permitida quando o depósito é consistente por causalidade, mas não quando o depósito é seqüencialmente consistente.

Agora considere um segundo exemplo. Na Figura 7.9(a), temos $W_2(x)b$ potencialmente dependente de $W_1(x)a$ porque b pode ser o resultado de um cálculo que envolva o valor lido por $R_2(x)a$. As duas escritas são relacionadas por causalidade, portanto todos os processos devem vê-las na mesma ordem. Por conseguinte, a Figura 7.9(a) está incorreta. De outro lado, na Figura 7.9(b) a leitura foi removida, portanto $W_1(x)a$ e $W_2(x)b$ agora são escritas concorrentes. Um depósito consistente por causalidade não requer que escritas concorrentes sejam ordenadas globalmente, portanto a Figura 7.9(b) está correta. Note que a Figura 7.9(b) reflete uma situação que não seria aceitável para um depósito seqüencialmente consistente.

Implementar consistência causal requer monitorar quais processos viram quais escritas. Na verdade, significa que é preciso construir e manter um gráfico de dependência que mostre qual operação é dependente de quais outras operações. Uma maneira de fazer isso é por meio de marcas de tempo vetoriais que discutimos no capítulo anterior. Voltaremos às marcas de tempo vetoriais para capturar causalidade mais adiante neste capítulo.

Operações de agrupamento

Consistências seqüencial e causal são definidas no nível de operações de leitura e escrita. Esse nível de granularidade se deve a razões históricas: esses modelos foram desenvolvidos inicialmente para sistemas multiprocessadores de memória compartilhada e foram implementados no nível de hardware.

Em muitos casos, a granularidade fina desses modelos de consistência não combina com a granularidade fornecida pelas aplicações. O que vemos é que, de modo geral, a concorrência entre programas que compartilham dados é mantida sob controle por meio de mecanismos de sincronização para exclusão mútua e transações. Na verdade, ocorre é que, no nível do programa, operações de leitura e escrita são limitadas pelo par de operações ENTER_CS e LEAVE_CS onde 'CS' quer dizer 'seção crítica'. Como explicamos no Capítulo 6, a sincronização entre processos ocorre por meio dessas duas operações. No que diz respeito ao nosso depósito de dados distribuído, isso significa que um processo que executou ENTER_CS com sucesso tem a garantia de que seu depósito local esteja atualizado. Nesse ponto, ele pode executar com segurança uma série de operações de leitura e escrita naquele depósito e, na seqüência, encerrar tudo chamando LEAVE_CS.

Em essência, ocorre é que, dentro de um programa, os dados que passam por uma série de operações de leitura e escrita são protegidos contra acessos concorrentes que os deixariam vendo algo que não fosse o resultado da execução da série como um todo. Em outras palavras, aqueles limites transformam a série de operações de leitura e escrita em uma unidade executada atomicamente, o que eleva o nível de granularidade.

P1:	W(x)a			
P2:		R(x)a	W(x)b	
P3:				R(x)b	R(x)a
P4:				R(x)a	R(x)b

(a)

P1:	W(x)a		
P2:		W(x)b	
P3:		R(x)b	R(x)a
P4:		R(x)a	R(x)b

(b)

Figura 7.9 (a) Violação de um depósito consistente por causalidade. (b) Seqüência correta de eventos em um depósito consistente por causalidade.

Para chegar a esse ponto, precisamos ter semânticas exatas para as operações ENTER_CS e LEAVE_CS. Essa semântica pode ser formulada em termos de **variáveis de sincronização**. Há modos diferentes de usar essas variáveis. Nós adotamos a abordagem geral na qual cada variável tem algum dado associado, que poderia equivaler a um conjunto completo de dados compartilhados. Adotamos a seguinte convenção: quando um processo entra em sua seção crítica, deve *adquirir* as variáveis de sincronização relevantes e, da mesma maneira, quando sai da seção crítica, deve *liberar* essas variáveis. Note que os dados na seção crítica de um processo podem ser associados com diferentes variáveis de sincronização.

Cada variável de sincronização tem um proprietário corrente, ou seja, o processo que a adquiriu da última vez. O proprietário pode entrar e sair de seções críticas repetidas vezes sem ter de enviar quaisquer mensagens à rede. Um processo que não é o proprietário de nenhuma variável de sincronização no momento considerado, mas quer adquiri-la, tem de enviar uma mensagem ao proprietário corrente solicitando propriedade e os valores correntes dos dados associados com aquela variável de sincronização. Também é possível que vários processos tenham a propriedade de uma variável de sincronização simultaneamente, de um modo não exclusivo, o que significa que eles podem ler, mas não escrever, os dados associados.

Agora, exigimos que os seguintes critérios sejam cumpridos (Bershad et al., 1993):

1. *Um acesso para aquisição de uma variável de sincronização não tem permissão de operar em relação a um processo até que todas as atualizações para os dados compartilhados protegidos tenham sido realizadas em relação a esse processo.*
2. *Antes que um acesso de modo exclusivo a uma variável de sincronização por um processo tenha permissão de operar com relação àquele processo, nenhum outro processo pode ter a posse da variável de sincronização, nem mesmo em modo não exclusivo.*
3. *Depois de ter sido realizado um acesso de modo exclusivo a uma variável de sincronização, nenhum acesso seguinte de modo não exclusivo de qualquer processo àquela variável de sincronização pode ser realizado até que tenha sido realizado com relação ao proprietário daquela variável.*

A primeira condição afirma que, quando um processo executa uma aquisição, a aquisição não pode ser concluída — isto é, não pode devolver o controle à declaração seguinte — até que todos os dados compartilhados guardados tenham sido atualizados. Em outras palavras, em uma aquisição, todas as alterações remotas nos dados guardados devem se tornar visíveis.

A segunda condição afirma que, antes de atualizar um item de dados compartilhado, um processo deve entrar em uma seção crítica em modo exclusivo para ter certeza de que nenhum outro processo está tentando atualizar os dados compartilhados ao mesmo tempo.

A terceira condição declara que, se um processo quiser entrar em uma região crítica em modo não exclusivo, em primeiro lugar deve verificar com o proprietário da variável de sincronização que guarda a região crítica para buscar as cópias mais recentes dos dados compartilhados guardados.

A Figura 7.10 mostra um exemplo do que é conhecido como **consistência de entrada**. Em vez de operar sobre todos os dados compartilhados, nesse exemplo associamos travas com cada item de dados. Nesse caso, P_1 faz uma aquisição para x, altera x uma vez e, depois, também faz uma aquisição para y. O processo P_2 faz uma aquisição para x mas não para y, de modo que ele lerá o valor a para x, mas pode ler *NIL* para y. Como o processo P_3 faz primeiro uma aquisição para y, ele lerá o valor b quando y for liberado por P_1.

Um dos problemas de programação da consistência de entrada é a associação adequada de dados com variáveis de sincronização. Uma abordagem direta é informar explicitamente ao middleware quais dados serão acessados, como geralmente é feito com a declaração de quais tabelas de bancos de dados serão afetadas por uma transação. Em uma abordagem baseada em objeto, poderíamos associar implicitamente uma variável de sincronização exclusiva com cada objeto declarado, o que equivale a serializar todas as invocações a tais objetos.

Consistência *versus* coerência

Nesse ponto, é útil esclarecer a diferença entre dois conceitos intimamente relacionados. Todos os modelos que discutimos até agora lidam com o fato de que vários processos executam operações de leitura e escrita sobre um conjunto de itens de dados. Um **modelo de consistência** descreve o que pode ser esperado com relação àquele conjunto quando vários processos operam concorrentemente sobre aqueles dados. Então, diz-se que o conjunto é consistente se ele aderir às regras descritas pelo modelo.

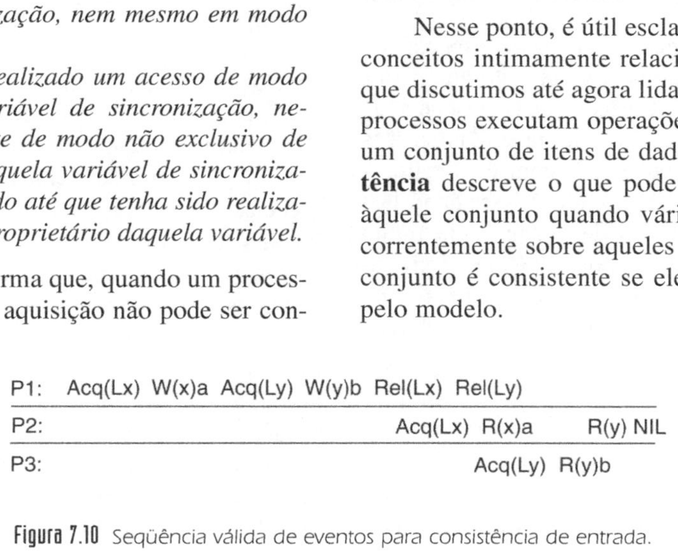

P1:	Acq(Lx) W(x)a Acq(Ly) W(y)b	Rel(Lx) Rel(Ly)			
P2:			Acq(Lx) R(x)a	R(y) NIL	
P3:		Acq(Ly) R(y)b			

Figura 7.10 *Seqüência válida de eventos para consistência de entrada.*

Onde a consistência de dados se refere a um conjunto de itens de dados, **modelos de coerência** descrevem o que pode ser esperado para só um item de dados (Cantin et al., 2005). Nesse caso, consideramos que um item de dados é replicado em diversos lugares; diz-se que ele é coerente quando as várias cópias aderem às regras como definidas por seu modelo de coerência associado. Um modelo popular é o de consistência seqüencial, mas agora aplicado a só um item de dados. Na verdade, isso significa que, no caso de escritas concorrentes, a certa altura todos os processos verão ocorrer a mesma ordem de atualizações.

7.3 Modelos de Consistência Centrados no Cliente

Os modelos de consistência descritos na seção anterior visam a fornecer uma visão consistente de um depósito de dados no âmbito de um sistema. Uma premissa importante é que processos concorrentes podem estar atualizando o depósito de dados simultaneamente e que é necessário prover consistência em face de tal concorrência. Por exemplo, no caso de consistência de entrada baseada em objeto, o depósito de dados garante que, quando um objeto é chamado, o processo chamador recebe uma cópia do objeto, que reflete todas as alterações que foram feitas no objeto até aquele instante, possivelmente por outros processos. Durante a chamada, também é garantido que nenhum outro processo pode interferir — isto é, o processo chamador recebe acesso mútuo exclusivo.

A capacidade de manipular operações concorrentes sobre dados compartilhados e, ao mesmo tempo, manter a consistência seqüencial é fundamental para sistemas distribuídos. Por razões de desempenho, a consistência seqüencial pode ser possivelmente garantida somente quando processos usam mecanismos de sincronização tais como transações ou travas.

Nesta seção, examinamos uma classe especial de depósitos de dados distribuídos. Os depósitos de dados que focalizaremos são caracterizados pela ausência de atualizações simultâneas ou, quando tais atualizações acontecem, elas podem ser resolvidas com facilidade. A maioria das operações envolve ler dados. Esses depósitos de dados oferecem um modelo de consistência muito fraca, denominado consistência eventual. Com a introdução de modelos de consistência especiais centrados no cliente, muitas inconsistências podem ser ocultadas de modo relativamente barato.

7.3.1 Consistência eventual

Até que ponto os processos realmente operam de maneira coerente e até que ponto a consistência precisa ser garantida são coisas que podem variar. Há muitos exemplos nos quais a concorrência aparece apenas de modo restrito. Por exemplo, em muitos sistemas de bancos de dados, a maioria dos processos dificilmente executa operações de atualização; o que mais fazem é ler dados do banco de dados. Somente um, ou alguns poucos processos, realizam operações de atualização. Portanto, a questão é a rapidez com que as atualizações devem ser disponibilizadas para processos que realizam somente leitura.

Como outro exemplo, considere um sistema de nomeação de âmbito mundial como o DNS. O espaço de nomes do DNS é particionado em domínios, e a cada domínio é designada uma autoridade de nomeação que age como proprietária daquele domínio. Somente essa autoridade tem permissão para atualizar sua porção do espaço de nomes. Em decorrência, conflitos resultantes de duas operações que querem executar uma atualização sobre os mesmos dados (isto é, **conflitos escrita–escrita**) nunca ocorrem. A única situação que precisa ser manipulada são **conflitos leitura–escrita**, nos quais um processo quer atualizar um item de dados e um outro está tentando ler aquele item simultaneamente. Ocorre que muitas vezes é aceitável propagar uma atualização de maneira lenta, o que significa que um processo que está lendo verá uma atualização só depois de passado algum tempo da atualização.

Um outro exemplo é a World Wide Web. Em praticamente todos os casos, páginas Web são atualizadas por uma única autoridade, tal como um webmaster ou o dono da página propriamente dito. Normalmente não há conflitos escrita–escrita a resolver. Por outro lado, para melhorar a eficiência, browsers e proxies Web muitas vezes são configurados para manter uma página buscada em uma cache local e retornar aquela página na próxima requisição.

Um aspecto importante de ambos os tipos de cache Web é que eles podem retornar páginas Web desatualizadas. Em outras palavras, a página em cache que é retornada ao cliente requisitante é uma versão mais velha em comparação com a que está disponível no servidor Web. Muitos usuários acham essa inconsistência aceitável (até certo grau).

Esses exemplos podem ser considerados como casos de bancos de dados (de grande escala) distribuídos e replicados que toleram um grau relativamente alto de inconsistência. O que eles têm em comum é que, se nenhuma atualização ocorrer por tempo bastante longo, todas as réplicas ficarão gradativamente consistentes. Essa forma de consistência é denominada **consistência eventual**.

Assim, depósitos de dados de consistência eventual têm a seguinte propriedade: na ausência de atualizações, todas as réplicas convergem em direção a cópias idênticas umas às outras. Em essência, consistência eventual exige apenas a garantia de que as atualizações serão propagadas para todas as réplicas. De modo geral, conflitos escrita–escrita são relativamente fáceis de resolver quando consideramos que somente um pequeno grupo de processos pode realizar atualizações. Por conseguinte, muitas vezes é barato implementar consistência eventual.

Depósitos de dados de consistência eventual funcionam bem, contanto que os clientes sempre acessem a mesma réplica. Contudo, surgem problemas quando são acessadas réplicas diferentes durante um curto período. Pode-se ilustrar melhor isso se considerarmos um usuário móvel que está acessando um banco de dados distribuído, como mostra a Figura 7.11.

O usuário móvel acessa o banco de dados conectando-se a uma das réplicas de modo transparente. Em outras palavras, a aplicação que executa no computador portátil do usuário não sabe qual é a réplica sobre a qual ela está realmente operando. Suponha que o usuário realize diversas operações de atualização e então se desconecte novamente. Mais tarde, ele acessa o banco de dados mais uma vez, possivelmente após mudar para uma localização diferente ou por utilizar um dispositivo de acesso diferente. Nesse ponto, o usuário pode estar conectado a uma réplica diferente da anterior, como mostra a Figura 7.11. Contudo, se as atualizações realizadas antes ainda não foram propagadas, o usuário notará comportamento inconsistente. Em particular, ele esperava ver todas as mudanças feitas antes mas, em vez disso, parece que nada aconteceu.

Esse exemplo é típico de depósitos de dados de consistência eventual e é causado pelo fato de que, às vezes, os usuários podem operar sobre réplicas diferentes. O problema pode ser amenizado com a introdução de **consistência centrada no cliente**. Em essência, consistência centrada no cliente dá a *um único cliente* uma garantia de consistência de acesso a um depósito de dados por esse cliente; não há nenhuma garantia para acessos concorrentes por clientes diferentes.

Modelos de consistência centrados no cliente se originam do trabalho com o Bayou (veja, por exemplo, Terry et al. 1994; 1998). O Bayou é um sistema de banco de dados desenvolvido para computação móvel, no qual a premissa é que a conectividade de rede é não confiável e sujeita a vários problemas de desempenho. Redes sem fio e redes que abrangem grandes áreas, como a Internet, caem nessa categoria.

Em essência, o Bayou distingue quatro modelos de consistência diferentes. Para explicar esses modelos, mais uma vez consideramos um depósito de dados fisicamente distribuído por múltiplas máquinas. Quando um processo acessa o depósito de dados, em geral ele se conecta à cópia disponível no local (ou à cópia mais próxima), embora, em princípio, qualquer cópia servisse do mesmo modo. Todas as operações de leitura e escrita são realizadas nessa cópia local. Atualizações são eventualmente propagadas para as outras cópias. Para simplificar a questão, consideramos que os itens de dados têm um proprietário associado, que é o único processo que tem permissão de modificar esse item. Desse modo, evitamos conflitos escrita–escrita.

Modelos de consistência centrados no cliente são descritos por meio das notações que apresentamos a seguir. Seja $x_i[t]$ a versão do item de dados x na cópia local L_i no tempo t. A versão $x_i[t]$ é o resultado de uma série de operações de escrita em L_i que ocorreram antes da inicialização. Seja esse conjunto $WS(x_i[t])$. Se as operações em $WS(x_i[t_1])$ também foram executadas na cópia local L_j em algum tempo posterior, t_2, escrevemos $WS(x_i[t_1];x_j[t_2])$. Se a ordenação de operações e a temporização ficarem claras pelo contexto, o índice de tempo será omitido.

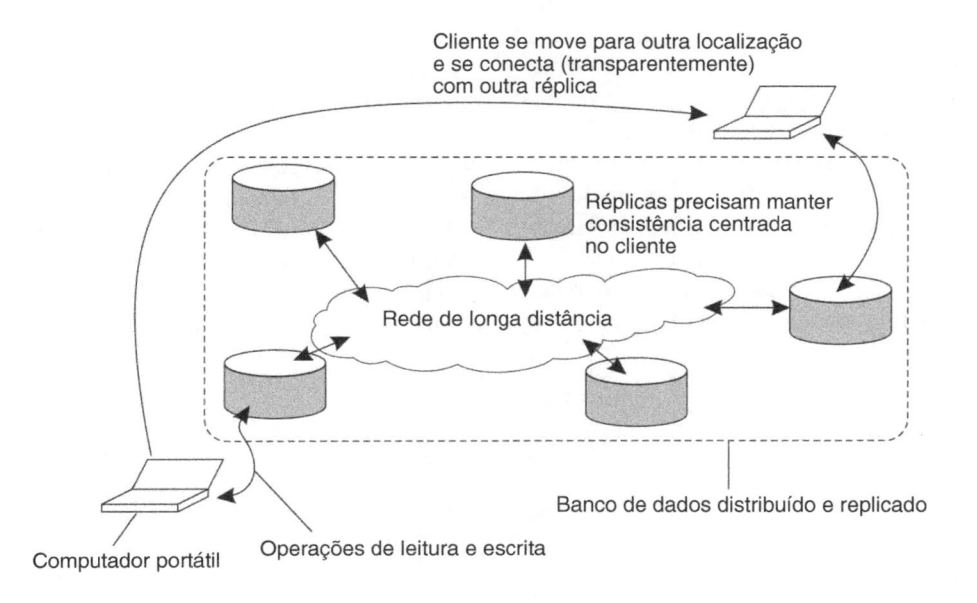

Figura 7.11 *O princípio de um usuário móvel que acessa réplicas diferentes de um banco de dados distribuído.*

7.3.2 Leituras monotônicas

O primeiro modelo de consistência centrado no cliente é o de leituras monotônicas. Diz-se que um depósito de dados oferece **consistência de leitura monotônica** se a seguinte condição for cumprida:

> Se um processo ler o valor de um item de dados x, qualquer operação de leitura sucessiva de x executada por esse processo sempre retornará o mesmo valor ou um valor mais recente.

Em outras palavras, a consistência de leitura monotônica garante que, se um processo viu um valor de x no tempo t, ele nunca verá uma versão mais velha de x em um tempo posterior.

Como exemplo da utilidade de leituras monotônicas, considere um banco de dados distribuído de e-mail. Nesse banco de dados, a caixa postal de cada usuário x pode ser distribuída e replicada por várias máquinas. A correspondência pode ser inserida em uma caixa postal em qualquer localização. Contudo, as atualizações são propagadas de modo lento (isto é, sob demanda). Somente quando uma cópia precisa de certos dados para consistência é que esses dados são propagados para aquela cópia. Suponha que um usuário queira ler sua correspondência em San Francisco. Considere que só ler a correspondência não afete a caixa postal, isto é, as mensagens não são removidas, armazenadas em subdiretórios ou nem mesmo rotuladas como lidas e assim por diante. Mais tarde, quando o usuário voar até Nova York e abrir novamente sua caixa postal, as mensagens que ali estavam em San Francisco também estarão quando ele a abrir em Nova York.

Usando uma notação semelhante às dos modelos de consistência centrados em dados, a consistência de leitura monotônica pode ser representada em gráfico como mostra a Figura 7.12. Duas cópias locais diferentes do depósito de dados, L_1 e L_2, são mostradas ao longo do eixo vertical. O tempo é representado ao longo do eixo horizontal, como antes. Em todos os casos, estamos interessados nas operações executadas por um único processo P. Essas operações específicas são mostradas em negrito e conectadas por uma linha tracejada que representa a ordem em que elas foram executadas por P.

Na Figura 7.12(a), o processo P primeiro realiza uma operação de leitura em x em L_1, retornando o valor de x_1 (naquele instante). Esse valor resulta das operações de escrita em $WS(x_1)$ realizadas em L_1. Mais tarde, P realiza uma operação de leitura em x em L_2, representada por $R(x_2)$. Para garantir consistência de leitura monotônica, todas as operações em $WS(x_1)$ deveriam ter sido propagadas para L_2 antes de ocorrer a segunda operação de leitura. Em outras palavras, precisamos saber, com certeza, que $WS(x_1)$ é parte de $WS(x_2)$, o que é expresso como $WS(x_1; x_2)$.

Ao contrário, a Figura 7.12(b) mostra uma situação na qual a consistência de leitura monotônica não é garantida. Depois de ler x_1 em L_1, o processo P realiza a operação $R(x_2)$ em L_2. Contudo, somente as operações de escrita em $WS(x_2)$ foram realizadas em L_2. Não há nenhuma garantia de que esse conjunto também contém todas as operações contidas em $WS(x_1)$.

7.3.3 Escritas monotônicas

Em muitas situações, é importante que operações de escrita sejam propagadas na ordem correta para todas as cópias do depósito de dados. Essa propriedade é expressa em consistência de escrita monotônica. Em um depósito **consistente por escrita monotônica**, vale a seguinte condição:

> Uma operação de escrita executada por um processo em um item de dados x é concluída antes de qualquer operação de escrita sucessiva em x pelo mesmo processo.

Assim, concluir uma operação de escrita significa que a cópia na qual uma operação sucessiva é executada reflete o efeito de uma operação de escrita anterior executada pelo mesmo processo, sem importar onde essa operação foi iniciada. Em outras palavras, uma operação de escrita sobre uma cópia do item x é realizada somente se essa cópia tiver sido atualizada por meio de qualquer operação de escrita anterior, que pode ter ocorrido em outras cópias de x. Se necessário, a nova escrita vai esperar que as velhas sejam concluídas.

Note que consistência de escrita monotônica é parecida com consistência Fifo centrada em dados. A essência da consistência Fifo é que as operações de escrita pelo mesmo processo são realizadas na ordem correta em todos os lugares. Essa restrição de ordenação também se aplica a escritas monotônicas, exceto que, agora, estamos

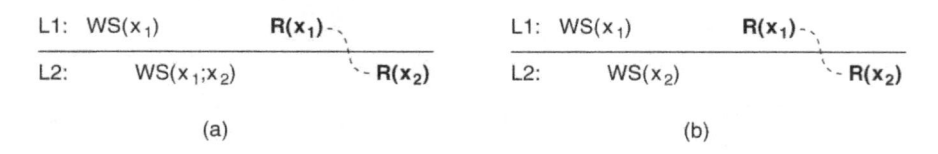

L1:	$WS(x_1)$	$R(x_1)$		L1:	$WS(x_1)$	$R(x_1)$	
L2:	$WS(x_1; x_2)$		$R(x_2)$	L2:	$WS(x_2)$		$R(x_2)$

(a) (b)

Figura 7.12 Operações de leitura executadas por um único processo P em duas cópias locais diferentes do mesmo depósito de dados. (a) Depósito de dados que oferece consistência de leitura monotônica. (b) Depósito de dados que não oferece consistência de leitura monotônica.

considerando consistência só para um único processo, em vez de para um conjunto de processos concorrentes.

A atualização de uma cópia de x não é obrigatoriamente necessária quando cada operação de escrita sobrescrever completamente o valor presente de x. Contudo, freqüentemente as operações de escrita são realizadas apenas sobre parte do estado de um item de dados. Considere, por exemplo, uma biblioteca de software. Em muitos casos, a atualização de tal biblioteca é feita pela substituição de uma ou mais funções, o que resulta na próxima versão. Com consistência de escrita monotônica, há garantias de que, se uma atualização for executada em uma cópia da biblioteca, todas as atualizações precedentes serão executadas antes. Portanto, a biblioteca resultante realmente se tornará a versão mais recente e incluirá todas as atualizações que resultaram nas versões anteriores da biblioteca.

A consistência de escrita monotônica é mostrada na Figura 7.13. Na Figura 7.13(a), o processo P realiza uma operação de escrita em x na cópia local L_1, representada como a operação $W(x_1)$. Mais tarde, P executa uma outra operação de escrita em x, mas, desta vez, em L_2, representada por $W(x_2)$. Para garantir consistência de escrita monotônica, é necessário que a operação de escrita anterior em L_1 já tenha sido propagada para L_2. Isso explica a operação $W(x_1)$ em L_2 e por que ela ocorre antes de $W(x_2)$.

Ao contrário, a Figura 7.13(b) mostra uma situação na qual a consistência de escrita monotônica não é garantida. Comparando-a com a Figura 7.13(a), o que está faltando é a propagação de $W(x_1)$ para a cópia L_2. Em outras palavras, não é possível dar nenhuma garantia de que a cópia de x na qual a segunda escrita está sendo realizada tem o mesmo valor ou o valor mais recente no tempo $W(x_1)$ concluído em L_1.

Note que, pela definição de consistência de escrita monotônica, operações de escrita pelo mesmo processo são realizadas na mesma ordem em que são iniciadas. Uma maneira um pouco mais fraca de escritas monotônicas é aquela em que os efeitos de uma operação de escrita são vistos somente se todas as escritas precedentes também tiverem sido executadas mas, talvez, não na ordem em que elas foram originalmente iniciadas. Essa consistência é aplicável nos casos em que operações de escrita são comutativas, de modo que a ordenação não é realmente necessária. Detalhes podem ser encontrados em Terry et al. (1994).

7.3.4 Leia-suas-escritas

A seguir, apresentamos um modelo de consistência centrado no cliente que está intimamente relacionado com leituras monotônicas. Diz-se que um depósito de dados fornece **consistência leia-suas-escritas**, se a seguinte condição for válida:

> O efeito de uma operação de escrita por um processo no item de dados x sempre será visto por uma operação de leitura sucessiva em x pelo mesmo processo.

Em outras palavras, uma operação de escrita é sempre concluída antes de uma operação de leitura sucessiva pelo mesmo processo, não importando onde essa operação de leitura ocorrerá.

Às vezes experimentamos a ausência de consistência leia-suas-escritas quando atualizamos documentos Web e, na seqüência, observamos os efeitos. Operações de atualização costumam ocorrer por meio de um editor ou processador de texto padronizado, que salva a nova versão em um sistema de arquivos que é compartilhado pelo servidor Web. O browser Web do usuário acessa aquele mesmo arquivo, possivelmente após requisitá-lo ao servidor Web local. Contudo, logo que o arquivo tenha sido buscado, muitas vezes o servidor ou o browser coloca uma cópia local em cache para acessos subseqüentes. Em decorrência, quando a página Web é atualizada, o usuário não verá os efeitos se o browser ou o servidor retornar a cópia em cache em vez do arquivo original. A consistência 'leia-suas-escritas' pode garantir que, se o editor e o browser forem integrados em um único programa, a cache será invalidada quando a página for atualizada, de modo que o arquivo atualizado será buscado e exibido.

Efeitos similares ocorrem na atualização de senhas. Por exemplo, para entrar em uma biblioteca digital na Web, muitas vezes é necessário ter uma conta acompanhada de uma senha. Todavia, a mudança de uma senha pode levar um certo tempo para entrar em vigor. O resultado é que a biblioteca pode ficar inacessível para o usuário durante alguns minutos. O atraso pode ser causado porque um servidor separado é usado para gerenciar senhas e pode precisar de algum tempo para, na seqüência, propagar senhas (criptografadas) para os vários servidores que constituem a biblioteca.

A Figura 7.14(a) mostra um depósito de dados que oferece consistência leia-suas-escritas. Note que a Figura

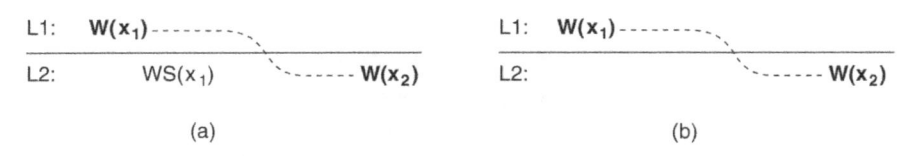

```
L1:    W(x₁)--------                    L1:    W(x₁)--------
L2:        WS(x₁)    ------ W(x₂)       L2:                 ------ W(x₂)
              (a)                                  (b)
```

Figura 7.13 Operações de escrita executadas por um único processo P em duas cópias locais diferentes do mesmo depósito de dados. (a) Depósito de dados consistente por escrita monotônica. (b) Depósito de dados que não oferece consistência por escrita monotônica.

```
L1:   W(x₁)--------╲              L1:   W(x₁)--------╲
──────────────────────────        ──────────────────────────
L2:        WS(x₁;x₂) ╲----- R(x₂) L2:        WS(x₂)    ╲----- R(x₂)
          (a)                               (b)
```

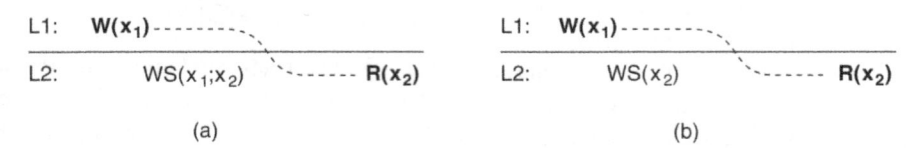

Figura 7.14 (a) Depósito de dados que oferece consistência leia-suas-escritas. (b) Depósito de dados que não fornece tal consistência.

7.14(a) é muito semelhante à Figura 7.12(a), exceto que, agora, a consistência é determinada pela última operação de escrita pelo processo P, em vez de sua última leitura.

Na Figura 7.14(a), o processo P realizou uma operação de escrita $W(x_1)$ e, mais tarde, uma operação de leitura em uma cópia local diferente. A consistência leia-suas-escritas garante que os efeitos da operação de escrita podem ser vistos pela operação de leitura subseqüente. Isso é expresso por $WS(x_1;x_2)$, que declara que $W(x_1)$ é parte de $WS(x_2)$. Ao contrário, na Figura 7.14(b), $W(x_1)$ foi deixada de fora de $WS(x_2)$, o que significa que os efeitos da operação de escrita pelo processo anterior P não foram propagados para L_2.

7.3.5 Escritas-seguem-leituras

O último modelo de consistência centrado no cliente é um modelo no qual as atualizações são propagadas como resultado de operações de leitura precedentes. Diz-se que um depósito de dados provê consistência de **escritas-seguem-leituras**, se a seguinte condição for válida:

> Garante-se que uma operação de escrita por um processo em um item de dados x em seguida a uma operação de leitura anterior em x pelo mesmo processo ocorre sobre o mesmo valor, ou sobre o valor mais recente de x que foi lido.

Em outras palavras, qualquer operação de escrita sucessiva executada por um processo em um item de dados x será realizada sobre uma cópia de x atualizada com o valor lido mais recentemente por esse processo.

Pode-se usar consistência escritas-seguem-leituras para garantir que usuários de um grupo de discussão em rede vejam a apresentação de uma reação a um artigo só depois de terem visto o artigo original (Terry et al., 1994). Para entender o problema, considere que um usuário primeiro lê um artigo A. Depois reage, apresentando uma resposta B. Pelos requisitos da consistência escritas-seguem-leituras, B será escrito para qualquer cópia do grupo de discussão somente depois de A também ter sido escrito.

Note que usuários que somente lêem artigos não precisam de nenhum modelo específico de consistência centrado no cliente. A consistência escritas-seguem-leituras garante que as reações a artigos sejam armazenadas em uma cópia local somente se o original também estiver armazenado ali.

Esse modelo de consistência é mostrado na Figura 7.15. Na Figura 7.15(a), um processo lê x na cópia local L_1. As operações de escrita que levaram ao valor que acabou de ser lido também aparecem no conjunto de escrita em L_2, onde o mesmo processo realiza, mais tarde, uma operação de escrita. (Note que outros processos em L_2 também vêem essas operações de escrita.) Ao contrário, não é dada nenhuma garantia de que a operação em L_2, como mostra a Figura 7.15(b), é realizada sobre uma cópia consistente com a que acabou de ser lida em L_1.

Voltaremos aos modelos de consistência centrados no cliente mais adiante neste capítulo, quando discutirmos implementações.

7.4 Gerenciamento de Réplicas

Uma questão fundamental para qualquer sistema distribuído que suporta replicação é decidir onde, quando e por quem as réplicas devem ser posicionadas e, na seqüência, quais mecanismos usar para manter as réplicas consistentes. O problema do posicionamento em si deve ser subdividido em dois subproblemas: o de posicionar *servidores de réplicas* e o de posicionar *conteúdo*. A diferença é sutil, mas importante, e as duas questões nem sempre são claramente separadas. Posicionamento de servidor de réplicas refere-se a achar as melhores localizações para colocar um servidor que pode hospedar um depósito de dados (ou parte dele). Posicionamento de conteúdo refere-se a achar os melhores servidores para colocar conteúdo. Note que isso muitas vezes significa que estamos procurando o posicionamento ótimo de um único item de dados. É óbvio que, antes de decidir o posicionamento de conteúdo, é preciso que os servidores de

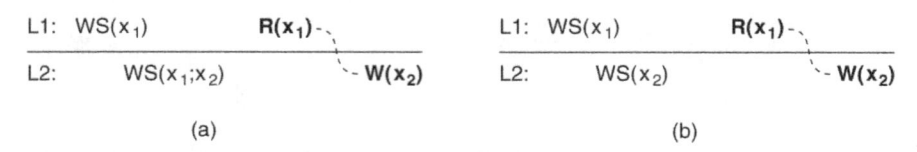

```
L1:   WS(x₁)         R(x₁)-╲         L1:   WS(x₁)         R(x₁)-╲
──────────────────────────────       ──────────────────────────────
L2:        WS(x₁;x₂)    ╲-- W(x₂)    L2:        WS(x₂)       ╲-- W(x₂)
          (a)                                 (b)
```

Figura 7.15 (a) Depósito de dados consistente por escritas-seguem-leituras. (b) Depósito de dados que não provê consistência escritas-seguem-leituras.

réplicas já tenham sido posicionados. A seguir, estudaremos esses dois problemas diferentes de posicionamento e discutiremos os mecanismos básicos para gerenciar o conteúdo replicado.

7.4.1 Posicionamento do servidor de réplicas

O posicionamento de servidores de réplicas não é um problema estudado intensivamente pela simples razão de ser mais uma questão gerencial e comercial do que um problema de otimização. Ainda assim, as análises das propriedades do cliente e da rede são úteis para tomar decisões conscientes.

Há vários modos de calcular o melhor posicionamento de servidores de réplicas, mas tudo se resume a um problema de otimização no qual as melhores K de N localizações precisam ser selecionadas ($K < N$). Sabe-se que esses problemas são complexos em termos de cálculo e só podem ser resolvidos por heurística. Qiu et al. (2001) tomam como seu ponto de partida a distância entre clientes e localizações. A distância pode ser medida em termos de latência ou largura de banda. A solução desses autores seleciona um servidor por vez, tal que a distância média entre esse servidor e seus clientes é mínima, dado que k servidores já foram posicionados (o que quer dizer que sobram $N - k$ localizações).

Como alternativa, Radoslavov et al. (2001) propõem ignorar a posição dos clientes e apenas considerar que a topologia da Internet é formada pelos sistemas autônomos. O melhor modo de ver um **sistema autônomo** (autonomous system — **AS**) é como uma rede na qual todos os nós executam o mesmo protocolo de roteamento e que é gerenciada por uma única organização. Em janeiro de 2006, havia um pouco mais de 20.000 AS. Radoslavov et al. consideram, em primeiro lugar, o maior AS e colocam um servidor no roteador que tenha o maior número de interfaces de rede — isto é, enlaces. Então, esse algoritmo é repetido com o segundo maior AS e assim por diante.

Ocorre que o posicionamento de servidor não percebido pelo cliente obtém resultados similares ao posicionamento percebido pelo cliente se adotarmos como premissa que os clientes estão distribuídos uniformemente pela Internet (em relação à topologia existente). Não está claro até que ponto essa premissa é verdadeira. Ainda não foi bem estudada.

Um problema desses algoritmos é que eles são caros em termos de cálculo. Por exemplo, ambos os algoritmos citados apresentam uma complexidade mais alta do que $O(N^2)$, onde N é o número de localizações a inspecionar. Na prática, isso significa que, mesmo para alguns poucos milhares de localizações, um cálculo pode demorar dezenas de minutos. Isso pode ser inaceitável quando há **multidões instantâneas** (flash crowds) uma rajada de requisições para um site específico, o que ocorre periodicamente na Internet. Nesse caso, é essencial determinar rapidamente onde os servidores de réplicas são necessários; depois disso, pode-se selecionar um servidor específico para posicionamento de conteúdo.

Szymaniak et al. (2006) desenvolveram um método pelo qual pode-se identificar rapidamente uma região para o posicionamento de réplicas. Uma região é identificada como um conjunto de nós que acessam o mesmo conteúdo, mas no qual a latência entre nós é baixa. A meta do algoritmo é selecionar, em primeiro lugar, as regiões mais exigentes — isto é, as regiões que têm mais nós — e, então, permitir que um dos nós de tal região aja como servidor de réplicas.

Para essa finalidade, adota-se como premissa que os nós estão posicionados em um espaço geométrico m-dimensional, como discutimos no capítulo anterior. A idéia básica é identificar os K maiores clusters de nós e designar um nó de cada cluster para hospedar o conteúdo replicado. Para identificar esses clusters, o espaço inteiro é particionado em células. Portanto, as K células mais densas são escolhidas para posicionar um servidor de réplicas. Uma célula nada mais é do que um hipercubo m-dimensional. Para um espaço bidimensional, isso corresponde a um retângulo.

É óbvio que o tamanho da célula é importante, como mostra a Figura 7.16. Se as células escolhidas forem muito grandes, vários clusters de nós podem ser contidos na mesma célula. Nesse caso, um número demasiadamente pequeno de servidores de réplicas seria escolhido para esses clusters. Por outro lado, escolher células pequenas pode resultar na situação em que um único cluster ficaria espalhado por várias células, o que resultaria na escolha de um número demasiadamente grande de servidores de réplicas.

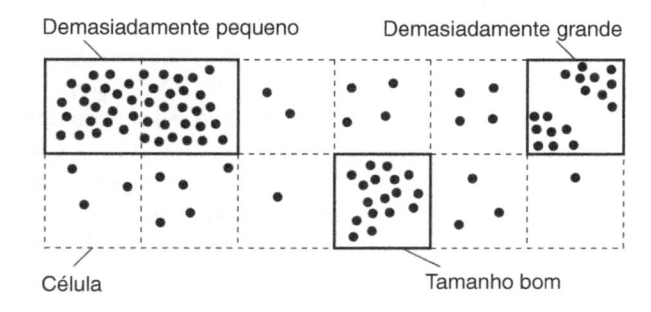

Figura 7.16 Escolha de um tamanho adequado de célula para posicionamento de servidor.

Ocorre que um tamanho adequado para a célula pode ser calculado como uma simples função da distância média entre dois nós e do número de réplicas requeridas. Com esse tamanho de célula, pode-se mostrar que o algoritmo funciona tão bem quanto o algoritmo quase-ótimo descrito em Qiu et al. (2001), mas com uma complexidade muito menor: $O(N \times \text{máx}\{log(N), K\})$. Para dar uma idéia do que esse resultado significa: experimentos mostram que calcular as 20 melhores localizações de réplicas para um conjunto de 64.000 nós é aproximadamente

50.000 vezes mais rápido. Em conseqüência, agora o posicionamento do servidor de réplicas pode ser feito em tempo real.

7.4.2 Replicação e posicionamento de conteúdo

Agora vamos abandonar o posicionamento de servidores e focalizar o posicionamento de conteúdo. Quando se trata de replicação e posicionamento de conteúdo, podem-se distinguir três tipos diferentes de réplicas organizadas logicamente, como mostra a Figura 7.17.

Réplicas permanentes

Réplicas permanentes podem ser consideradas como o conjunto inicial de réplicas que constituem um depósito de dados distribuído. Em muitos casos, o número de réplicas permanentes é pequeno. Considere, por exemplo, um site Web. De modo geral, usa-se um de dois tipos de distribuição para um site Web. O primeiro tipo de distribuição é aquele em que os arquivos que constituem um site são replicados para um número limitado de servidores que estão em uma única localização. Sempre que uma requisição chega, ela é repassada para um dos servidores, por exemplo, usando uma estratégia de varredura cíclica.

O segundo tipo de distribuição para um site Web é o denominado **espelhamento**. Nesse caso, um site Web é copiado para um número limitado de servidores, denominados **sites espelhados**, que estão geograficamente espalhados pela Internet. Na maioria dos casos, os clientes simplesmente escolhem um dos vários sites espelhados de uma lista que lhes é oferecida. A característica comum entre sites Web espelhados e sites Web baseados em clusters é que há apenas um pequeno número de réplicas, cuja configuração é mais ou menos estática.

Organizações estáticas semelhantes também aparecem em bancos de dados distribuídos (Oszu e Valduriez, 1999). Novamente, o banco de dados pode ser distribuído e replicado por uma quantidade de servidores que, juntos, formam um cluster de servidores que costuma ser denominado **arquitetura compartilha-nada**, ressaltando que nem discos nem memória principal são compartilhados por processadores. Como alternativa, um banco de dados é distribuído e possivelmente replicado por uma quantidade de sites dispersos geograficamente. Essa arquitetura é em geral disponibilizada em bancos de dados federados (Sheth e Larson, 1990).

Réplicas iniciadas por servidor

Ao contrário de réplicas permanentes, réplicas iniciadas por servidor são cópias de um depósito de dados que existem para aprimorar desempenho e que são criadas por iniciativa do (proprietário do) depósito de dados. Considere, por exemplo, um servidor Web posicionado em Nova York. Normalmente, esse servidor não tem muita dificuldade para manipular as requisições que chegam, mas pode acontecer que, durante alguns dias, chegue uma rajada repentina de requisições que vêm de uma localização inesperada, longe do servidor. Nesse caso, talvez valha a pena instalar uma quantidade de réplicas temporárias nas regiões de onde as requisições estão vindo.

O problema de posicionar réplicas dinamicamente também está sendo atacado em serviços de hospedagem na Web. Esses serviços oferecem um conjunto (relativamente estável) de servidores espalhados pela Internet e que podem manter e prover acesso a arquivos Web que pertencem a terceiros. Para oferecer recursos ótimos, tais serviços de hospedagem podem replicar arquivos dinamicamente para servidores nos quais esses arquivos são necessários para aprimorar desempenho, isto é, próximos a clientes (ou grupos de clientes) requisitantes. Sivasubramanian et al. (2004b) apresentam uma visão detalhada da replicação em serviços de hospedagem Web à qual retornaremos no Capítulo 12.

Dado que os servidores de réplicas já estão posicionados, decidir onde colocar conteúdo é mais fácil do que no caso de posicionamento de servidores. Uma abordagem da replicação dinâmica de arquivos no caso de um serviço de hospedagem Web é descrita em Rabinovich et al. (1999). O algoritmo é projetado para suportar páginas Web, razão por que ele considera que atualizações são relativamente raras em comparação com requisições de

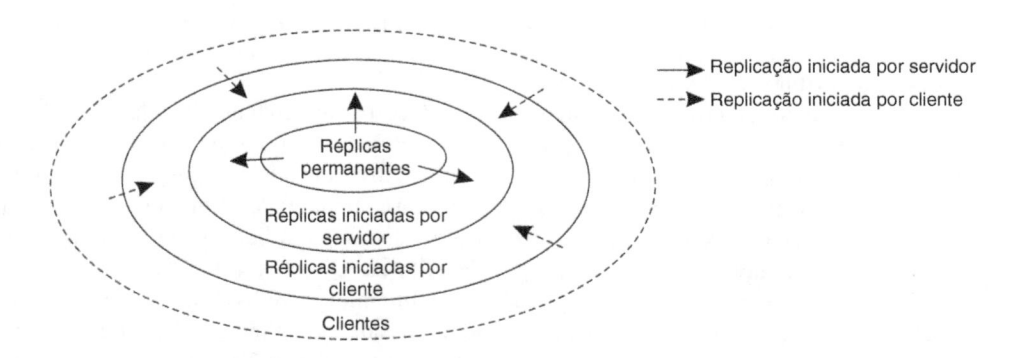

Figura 7.17 Organização lógica de diferentes tipos de cópias de um depósito de dados em três anéis concêntricos.

leitura. O algoritmo usa arquivos como unidades de dados e funciona como descrevemos a seguir.

O algoritmo para replicação dinâmica leva em conta duas questões. A primeira é que a replicação pode ocorrer para reduzir a carga de um servidor. A segunda é que arquivos específicos em um servidor podem ser migrados ou replicados para servidores posicionados na proximidade de clientes que emitem muitas requisições para esses arquivos. Nas páginas seguintes, vamos nos concentrar somente nessa segunda questão. Também deixamos de fora vários detalhes, que podem ser encontrados em Rabinovich et al. (1999).

Cada servidor monitora contagens de acessos por arquivo e de onde vêm as requisições de acesso. Em particular, considera-se que, dado um cliente C, cada servidor pode determinar qual dos servidores presentes no serviço de hospedagem Web está mais próximo de C. (Tal informação pode ser obtida, por exemplo, por bancos de dados de roteamento.) Se o cliente C_1 e o cliente C_2 compartilham o mesmo servidor 'mais próximo' P, todas as requisições de acesso para o arquivo F no servidor Q vindas de C_1 e C_2 são registradas em conjunto em Q como uma única contagem de acesso $cnt_Q(P,F)$. Essa situação é mostrada na Figura 7.18.

Quando a quantidade de requisições para um arquivo específico F no servidor S cair abaixo de um limiar de remoção $del(S,F)$, esse arquivo pode ser removido de S. Em conseqüência, o número de réplicas daquele arquivo é reduzido, o que possivelmente resulta em cargas de serviço mais altas em outros servidores. Providências especiais são tomadas para garantir que ao menos uma cópia de cada arquivo continue a existir.

Um limiar de replicação $rep(S,F)$, que sempre é mais alto do que o limiar de remoção, indica que o número de requisições para um arquivo específico é tão alto que talvez valha a pena replicá-lo em um outro servidor. Se a quantidade de requisições estiver em algum ponto entre os limiares de remoção e de replicação, o arquivo só tem permissão de migrar. Em outras palavras, nesse caso é importante manter, no mínimo, sempre o mesmo número de cópias para aquele arquivo.

Quando um servidor Q decide reavaliar o posicionamento dos arquivos que armazena, ele verifica a contagem de acesso para cada arquivo. Se o número total de requisições de acesso para F em Q cair abaixo do limiar de remoção $del(Q,F)$, ele removerá F a menos que seja a última cópia. Além disso, se, para algum servidor P, $cnt_Q(P,F)$ exceder em mais da metade o total de requisições para F em Q, o servidor P é requisitado a se encarregar da cópia de F. Em outras palavras, o servidor Q tentará migrar F para P.

A migração do arquivo F para o servidor P nem sempre é bem-sucedida, por exemplo, porque P já tem uma carga muito pesada ou não tem mais espaço de disco. Nesse caso, Q tentará replicar F em outros servidores. Claro que a replicação só pode ocorrer se o número total de requisições de acesso para F em Q exceder o limiar de replicação $rep(Q,F)$. O servidor Q verifica todos os outros servidores no serviço de hospedagem Web, começando pelo que está mais longe. Se, para algum servidor R, $cnt_Q(R,F)$ exceder certa fração de todas as requisições para F em Q, é feita tentativa de replicar F para R.

A popularidade da replicação iniciada por servidor continua a crescer ao longo do tempo, em especial no contexto de serviços de hospedagem Web, tal como o que acabamos de descrever. Note que, contanto que seja possível garantir que cada item de dados será hospedado por no mínimo um servidor, pode ser suficiente utilizar somente replicação iniciada por servidor e não ter nenhuma réplica permanente. Não obstante, réplicas permanentes ainda são freqüentemente úteis como recurso de backup ou para utilização como as únicas réplicas que podem ser alteradas para garantir consistência. Então, as réplicas iniciadas por servidor são utilizadas para posicionar cópias somente de leitura próximas a clientes.

Réplicas iniciadas por cliente

Um tipo importante de réplica é a iniciada por um cliente. Réplicas iniciadas por clientes são mais conhecidas como **caches (de cliente)**. Em essência, uma cache é um recurso de armazenamento local usado por um cliente para armazenar temporariamente uma cópia dos dados que ele

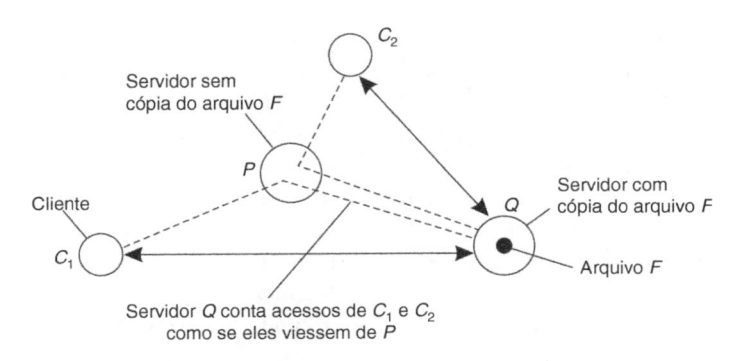

Figura 7.18 Contagem de requisições de acesso de clientes diferentes.

acabou de requisitar. Em princípio, o gerenciamento da cache cabe inteiramente ao cliente. O depósito de dados de onde os dados foram trazidos nada tem a ver com a manutenção da consistência dos dados em cache. Todavia, como veremos, há muitas ocasiões em que o cliente pode se valer da participação do depósito de dados para lhe informar quando os dados em cache estão antigos.

Caches de clientes são usadas somente para melhorar o tempo de acesso aos dados. Normalmente, quando um cliente quer acessar alguns dados, ele se conecta com a cópia do depósito de dados mais próxima, de onde ele traz os dados que quer ler ou onde armazena os dados que acabou de modificar. Quando a maioria das operações envolve somente ler dados, o desempenho pode ser melhorado com a permissão de que o cliente armazene dados requisitados em uma cache próxima. Tal cache poderia estar localizada na máquina cliente ou em uma máquina separada na mesma rede local do cliente. Da próxima vez que os mesmos dados precisarem ser lidos, o cliente pode simplesmente buscá-los nessa cache local. Esse esquema funciona bem contanto que, nesse ínterim, os dados buscados não tenham sido modificados.

De modo geral, os dados são mantidos em uma cache por um período limitado de tempo, por exemplo, para evitar que sejam utilizados dados extremamente antigos ou simplesmente para dar lugar para outros dados. Sempre que os dados requisitados puderem ser trazidos da cache local, diz-se que ocorreu uma **presença na cache**. Para melhorar a quantidade de presenças na cache, as caches podem ser compartilhadas entre clientes. A premissa subjacente é que a requisição de dados do cliente C_1 também pode ser útil para uma requisição de um outro cliente próximo, C_2.

Se essa premissa está correta ou não, depende muito do tipo de depósito de dados. Por exemplo, em sistemas de arquivos tradicionais, os arquivos de dados raramente são compartilhados (veja, por exemplo, Muntz e Honeyman, 1992; Blaze, 1993), o que torna uma cache compartilhada inútil. Da mesma maneira, usar caches Web para compartilhar dados é algo que está perdendo algum terreno, em parte por causa da melhoria no desempenho de redes e servidores. Ao contrário, esquemas de replicação iniciados por servidor estão ficando mais efetivos.

O posicionamento de caches de clientes é relativamente simples: uma cache é normalmente colocada na mesma máquina de seu cliente ou, então, em uma máquina compartilhada por clientes na mesma rede local. Contudo, em alguns casos, administradores de sistemas introduzem níveis extras de cache colocando uma cache compartilhada entre vários departamentos ou organizações ou até mesmo para uma região inteira, como uma província ou país.

Uma outra abordagem é colocar servidores (de cache) em pontos específicos em uma rede de longa distância e permitir que um cliente localize o servidor mais próximo. Quando o servidor é localizado, pode-se requisitar que ele mantenha cópias dos dados que, antes, o cliente estava buscando em algum outro lugar, como descrito em Noble et al. (1999). Voltaremos à cache mais adiante neste capítulo quando discutirmos protocolos de consistência.

7.4.3 Distribuição de conteúdo

O gerenciamento de réplicas também trata da propagação de conteúdo (atualizado) para os servidores de réplicas relevantes. Há vários compromissos a fazer, os quais discutiremos a seguir.

Estado versus operações

Uma importante questão de projeto refere-se àquilo que, na verdade, deve ser propagado. Basicamente, há três possibilidades:

1. Propagar somente uma notificação de uma atualização.
2. Transferir dados de uma cópia para outra.
3. Propagar a operação de atualização para outras cópias.

Propagar uma notificação é o que fazem os **protocolos de invalidação**. Em um protocolo de invalidação, outras cópias são informadas de que uma atualização ocorreu e que os dados que elas contêm não são mais válidos. A invalidação pode especificar que parte do depósito de dados foi atualizada, de modo que somente parte de uma cópia está realmente invalidada. A questão importante é que nada é propagado, além da notificação. Sempre que é requisitada uma operação em uma cópia invalidada, em geral essa cópia precisa ser atualizada antes, dependendo do modelo de consistência específico que deve ser suportado.

A principal vantagem dos protocolos de invalidação é que eles usam pouca largura de banda de rede. A única informação que precisa ser transferida é uma especificação de quais dados não são mais válidos. Tais protocolos geralmente funcionam melhor quando há muitas operações de atualização em comparação com operações de leitura, isto é, a razão leitura/escrita é relativamente pequena.

Considere, por exemplo, um depósito de dados no qual as atualizações são propagadas mediante o envio dos dados modificados a todas as réplicas. Se o tamanho dos dados modificados for grande e a ocorrência de atualizações for freqüente em comparação com operações de leitura, podemos ter a situação em que duas atualizações ocorrem uma após a outra sem que nenhuma operação de leitura seja realizada entre elas. Conseqüentemente, a propagação da primeira atualização para todas as réplicas é realmente inútil, porque terá de ser sobrescrita pela segunda atualização. Em vez disso, teria sido mais eficiente enviar uma notificação de que os dados foram modificados.

Transferir os dados modificados entre réplicas é a segunda alternativa e é útil quando a razão leitura/escrita é relativamente alta. Nesse caso, é alta a probabilidade de uma atualização ser efetiva no sentido de que os dados modificados serão lidos antes de ocorrer a atualização seguinte. Em vez de propagar dados modificados, também é possível registrar as alterações e transferir somente esses registros para poupar largura de banda. Ademais, transferências costumam ser agregadas no sentido de que várias modificações são empacotadas em uma única mensagem, o que poupa sobrecarga de comunicação.

A terceira abordagem é não transferir absolutamente nenhuma modificação de dados, mas informar a cada réplica qual operação de atualização ela deve realizar (e enviar somente os valores de parâmetros de que essas operações necessitam). Essa abordagem, também denominada **replicação ativa**, admite que cada réplica é representada por um processo capaz de manter 'ativamente' atualizados seus dados associados realizando operações (Schneider, 1990). O principal benefício da replicação ativa é que as atualizações muitas vezes podem ser propagadas com custos mínimos de largura de banda, desde que o tamanho dos parâmetros associados com uma operação seja relativamente pequeno. Além do mais, as operações podem ser de complexidade arbitrária, o que pode permitir mais melhorias na manutenção da consistência das réplicas. Por outro lado, talvez seja preciso mais capacidade de processamento por cada réplica, em especial nos casos em que as operações são relativamente complexas.

Protocolos de recuperação de atualizações *versus* protocolos de envio de atualizações

Uma outra questão de projeto é se as atualizações são recuperadas ou enviadas. Em uma **abordagem baseada em envio**, também denominada **protocolo baseado em servidor**, as atualizações são propagadas para outras réplicas sem que essas réplicas tenham solicitado essas atualizações. Abordagens baseadas em envio de atualizações costumam ser usadas entre réplicas permanentes e réplicas iniciadas por servidor, mas também podem ser usadas para enviar atualizações a caches de clientes. Protocolos baseados em servidor são aplicados quando, de modo geral, as réplicas precisam manter um grau de consistência relativamente alto. Em outras palavras, as réplicas precisam ser mantidas idênticas.

Essa necessidade de um alto grau de consistência está relacionada com o fato de que réplicas permanentes e iniciadas por servidor, bem como grandes caches compartilhadas, costumam ser compartilhadas por muitos clientes que, por sua vez, executam principalmente operações de leitura. Por isso, a razão leitura/atualização em cada réplica é relativamente alta. Nesses casos, protocolos baseados em envio de atualizações são eficientes no sentido de que se pode esperar que toda atualização enviada seja útil para um ou mais leitores. Ademais, esses protocolos conseguem que dados consistentes estejam disponíveis imediatamente quando solicitados.

Ao contrário, em uma **abordagem baseada em recuperação de atualizações**, um servidor ou cliente requisita que um outro servidor lhe envie quaisquer atualizações que ele tiver no momento em questão. Protocolos baseados em recuperação de atualizações, também denominados **protocolos baseados no cliente**, costumam ser usados por caches de clientes. Por exemplo, uma estratégia comum aplicada a caches Web é primeiro verificar se os itens de dados em cache ainda estão atualizados. Quando uma cache recebe uma requisição para itens que ainda estão disponíveis no local, a cache verifica com o servidor Web original se esses itens de dados foram modificados desde que entraram na cache. No caso de uma modificação, em primeiro lugar os dados modificados são transferidos para a cache e, em seguida, retornados para o cliente requisitante. Se não ocorreu nenhuma modificação, os dados em cache são retornados. Em outras palavras, o cliente sonda o servidor para ver se é necessária uma atualização.

Uma abordagem baseada em recuperação é eficiente quando a razão leitura/atualização é relativamente baixa. Isso é comum no caso de caches de clientes (não compartilhadas) que têm somente um cliente. Contudo, mesmo quando uma cache é compartilhada por muitos clientes, uma abordagem baseada em recuperação também pode ser eficiente quando os itens de dados em cache forem compartilhados raramente. A principal desvantagem de uma estratégia baseada em recuperação em comparação com uma abordagem baseada em envio é que o tempo de resposta aumenta no caso de uma ausência da cache.

Na comparação entre soluções baseadas em recuperação e em envio há vários compromissos a fazer, como mostra a Tabela 7.1. Para simplificar, consideramos um sistema cliente–servidor que consiste em um único servidor não distribuído e vários processos–cliente, cada qual com sua própria cache.

Assunto	Baseadas em envio	Baseadas em recuperação
Estado no servidor	Lista de réplicas e caches de clientes	Nenhum
Mensagens enviadas	Atualizar (e possivelmente buscar atualização mais tarde)	Sondar e atualizar
Tempo de resposta no cliente	Imediato (ou tempo de busca–atualização)	Tempo de busca–atualização

Tabela 7.1 Comparação entre protocolos baseados em recuperação de atualizações e envio de atualizações no caso de sistemas com múltiplos clientes e com um único servidor.

Uma questão importante é que, em protocolos baseados em envio de atualizações, o servidor precisa monitorar todas as caches de clientes. À parte o fato de que servidores com estado costumam ser menos tolerantes a falha, como discutimos no Capítulo 3, monitorar todas as caches de clientes pode introduzir considerável sobrecarga no servidor. Por exemplo, em uma abordagem baseada no envio de atualizações, não é difícil que um servidor Web tenha de monitorar dezenas de milhares de caches de clientes. Cada vez que uma página Web é atualizada, o servidor precisará percorrer sua lista de caches de clientes que mantêm uma cópia daquela página e, na seqüência, propagar a atualização. Pior ainda, se um cliente remover uma página devido à falta de espaço, ele terá de informar ao servidor, o que resulta em ainda mais comunicação.

As mensagens que precisam ser enviadas entre um cliente e o servidor também são diferentes. Em uma abordagem de envio de atualizações, a única comunicação é que o servidor envia atualizações a cada cliente. Quando, na verdade, as atualizações são apenas invalidações, o cliente precisará de comunicação adicional para buscar os dados modificados. Em uma abordagem de recuperação de atualizações, o cliente terá de sondar o servidor e, se necessário, buscar os dados modificados.

Por fim, o tempo de resposta no cliente também é diferente. Quando um servidor envia dados modificados para as caches de clientes, é claro que o tempo de resposta no lado do cliente é zero. Quando são enviadas invalidações, o tempo de resposta é o mesmo que o da abordagem baseada em recuperação de atualizações e é determinado pelo tempo que leva para buscar os dados modificados no servidor.

Esses compromissos muitas vezes resultam em uma forma híbrida de propagação de atualizações baseada em leasings. Um **leasing** é uma promessa feita pelo servidor de que ele enviará atualizações ao cliente por tempo especificado. Quando um leasing expira, o cliente é forçado a sondar o servidor em busca de atualizações e recuperar os dados modificados se necessário. Uma alternativa é um cliente requisitar um novo leasing para envio de atualizações quando o leasing anterior expirar.

Leasings foram introduzidos pela primeira vez por Gray e Cheriton (1989). Eles forneceram um mecanismo conveniente para comutação dinâmica entre uma estratégia baseada em envio e uma baseada em recuperação de atualizações. Duvvuri et al. (2003) descrevem um leasing flexível que permite que o tempo de expiração seja adaptado dinamicamente dependendo de diferentes critérios de leasing. Os autores distinguem os três tipos de leasing seguintes. (Note que, em todos os casos, as atualizações são enviadas pelo servidor contanto que os leasing não tenham expirado.)

Em primeiro lugar, leasings baseados em idade são conferidos a itens de dados dependendo da última vez que o item foi modificado. A premissa subjacente é que é de esperar que dados que não foram modificados por um longo tempo permaneçam inalterados ainda por algum tempo. Essa premissa mostrou ser razoável no caso de dados baseados na Web. Concedendo leasing de longo prazo a itens de dados que, espera-se, permaneçam inalterados, o número de mensagens de atualização pode ser muito reduzido em comparação com o caso em que todos os leasings têm o mesmo tempo de expiração.

Um outro critério de leasing é a freqüência com que um cliente específico requisita que sua cópia em cache seja atualizada. Com leasings baseados na freqüência de renovação, um servidor entregará um leasing de longo prazo a um cliente cuja cache precisa ser renovada com freqüência. Por outro lado, um cliente que solicita um item de dados apenas ocasionalmente receberá um leasing de curto prazo para aquele item. O efeito dessa estratégia é que, em essência, o servidor monitora somente os clientes nos quais seus dados são populares; além disso, esses clientes recebem alto grau de consistência.

O último critério é o de sobrecarga de estado de espaço no servidor. Quando o servidor percebe que está ficando gradativamente sobrecarregado, reduz o tempo de expiração dos novos leasings que entrega aos clientes. O efeito dessa estratégia é que o servidor precisa monitorar um número menor de clientes porque os leasings expiram com maior rapidez. Em outras palavras, o servidor comuta dinamicamente para um modo de operação com menos estado e, por isso, livra-se da carga de modo a poder manipular requisições com mais eficiência.

Unicast *versus* multicast

Relacionada com enviar ou recuperar atualizações está a decisão de usar unicast ou multicast. Em comunicação unicast, quando um servidor que é parte do depósito de dados envia sua atualização a N outros servidores, ele faz isso com o envio de N mensagens separadas, uma para cada servidor. Com multicast, a rede subjacente se encarrega de enviar uma mensagem com eficiência a múltiplos receptores.

Em muitos casos é mais barato utilizar facilidades de multicast disponíveis. Uma situação extrema é quando todas as réplicas estão localizadas na mesma rede local e há broadcast disponível em hardware. Nesse caso, enviar mensagens em broadcast ou multicast não é mais caro do que enviar uma única mensagem ponto-a-ponto. Portanto, atualizações unicast seriam menos eficientes.

Muitas vezes o multicast pode ser combinado com eficiência com uma abordagem baseada em envio para propagar atualizações. Quando as duas são cuidadosamente integradas, um servidor que decide enviar suas atualizações a uma quantidade de outros servidores simplesmente usa um único grupo multicast para enviar suas atualizações. Ao contrário, com uma abordagem baseada em recuperação, de modo geral é um único cliente ou servidor que requisita que sua cópia seja atualizada. Nesse caso o unicast pode ser a solução mais eficiente.

7.5 Protocolos de Consistência

Até aqui, nós nos concentramos principalmente em vários modelos de consistência e questões gerais de projeto para protocolos de consistência. Nesta seção, focalizaremos a implementação propriamente dita de modelos de consistência examinando vários protocolos de consistência. Um **protocolo de consistência** descreve uma implementação de um modelo de consistência específico. Seguimos a organização de nossa discussão sobre modelos de consistência examinando, em primeiro lugar, modelos centrados em dados e, em seguida, protocolos para modelos centrados no cliente.

7.5.1 Consistência contínua

Como parte de seu trabalho sobre consistência contínua, Yu e Vahdat desenvolveram vários protocolos para lidar com as três formas de consistência. Na discussão a seguir, consideramos várias soluções, omitindo detalhes por questão de clareza.

Limitação de desvio numérico

Em primeiro lugar, focalizaremos uma solução para manter o desvio numérico dentro de limites. Mais uma vez, nossa finalidade não é esmiuçar todos os detalhes para cada protocolo, mas dar uma idéia geral. Detalhes sobre limitação de desvio numérico podem ser encontrados em Yu e Vahdat (2000).

Vamos nos concentrar em escritas para um único item de dados x. Cada escrita $W(x)$ tem um peso associado que representa o valor numérico pelo qual x é atualizado, denominado *peso* $(W(x))$, ou simplesmente *peso* (W). Para simplificar consideramos que *peso* (W). 0. Cada escrita W é inicialmente apresentada a um de N servidores de réplicas disponíveis, caso em que esse servidor se torna a origem da escrita, denotada por *origem* (W). Se considerarmos o sistema em um instante específico do tempo, veremos várias escritas apresentadas que ainda precisam ser propagadas para todos os servidores. Com essa finalidade, cada servidor S_i monitorará um registro L_i de escritas que ele executou em sua própria cópia local de x.

Sejam $TW[i,j]$ as escritas executadas pelo servidor S_i que se originaram de S_j:

$$TW[i,j] = \Sigma \{peso(W) | origem(W) = S_j \text{ \& } W \in L_i\}$$

Note que $TW[i,i]$ representa as escritas agregadas apresentadas a S_i. Nossa meta é, para qualquer tempo t, permitir que o valor corrente v_i no servidor S_i se desvie dentro de limites em relação ao valor real de $v(t)$ de x. Esse valor real é completamente determinado para todas as escritas apresentadas. Isto é, se $v(0)$ é o valor inicial de x, então

$$v(t) = v(0) + \sum_{k=1}^{N} TW[k,k]$$

e

$$v_i = v(0) + \sum_{k=1}^{N} TW[i,k]$$

Note que $v_i \leq v(t)$. Vamos nos concentrar somente em desvios absolutos. Em particular, para cada servidor S_i, associamos um limite superior δ_i tal que precisamos impor:

$$v(t) - v_i \leq \delta_i$$

Escritas apresentadas a um servidor S_i precisarão ser propagadas para todos os outros servidores. Há modos diferentes de fazer isso, mas o típico é um protocolo epidêmico que permitirá rápida disseminação de atualizações. De qualquer modo, quando um servidor S_i propaga uma escrita que se origina de S_j para S_k, o último poderá tomar conhecimento do valor $TW[i,j]$ no instante em que a escrita foi enviada. Em outras palavras, S_k pode manter uma **visão** $TW_k[i, j]$ daquilo que ele acredita que S_i terá como valor para $TW[i,j]$. É óbvio que

$$0 \leq TW_k[i,j] \leq TW[i,j] \leq TW[j,j]$$

A idéia toda é que, quando o servidor S_k notar que S_i não está acompanhando o ritmo correto das atualizações que foram apresentadas a S_k, ele envie escritas de seu registro para S_i. Na realidade, esse envio *adianta* a visão $TW_k[i,k]$ que S_k tem de $TW[i,k]$, tornando menor o desvio $TW[i,k] - TW_k[i,k]$. Em particular, S_k adianta sua visão de $TW[i,k]$ quando uma aplicação apresenta uma nova escrita que aumentaria $TW[k,k] - TW_k[i,k]$ mais do que $\delta_i/(N - 1)$. Como exercício, sugerimos que o leitor mostre que o adiantamento sempre garante que $v(t) - v_i \leq \delta_i$.

Limitação de desvio de idade

Há muitos modos de manter a idade de réplicas dentro de limites especificados. Uma abordagem simples é permitir que o servidor S_k mantenha um relógio vetorial de tempo real RVC_k onde $RVC_k[i] = T(i)$ significa que S_k viu todas as escritas que foram apresentadas a S_i até o tempo $T(i)$. Nesse caso, consideramos que cada escrita apresentada transporta uma marca de tempo atribuída por seu servidor de origem e que $T(i)$ é a hora *local para* S_i.

Se os relógios entre os servidores de réplicas estiverem fracamente sincronizados, um protocolo aceitável para limitar idade seria o seguinte: sempre que o servidor S_k notar que $T(k) - RVC_k[i]$ está perto de exceder um limite especificado, ele simplesmente começa a recuperar escritas que se originaram de S_i que transportem uma marca de tempo mais tardia do que $RVC_k[i]$.

Note que, nesse caso, um servidor de réplicas é responsável por manter sua cópia de x atualizada em relação a escritas que foram emitidas em outros lugares. Ao contrário, quando mantínhamos limites numéricos, seguíamos uma abordagem de envio permitindo que um servidor de origem mantivesse réplicas atualizadas por meio do repasse de escritas. O problema de enviar escritas no caso de idade é que não se pode dar nenhuma garantia de consistência quando não se sabe de antemão qual será o tempo máximo de propagação. Essa situação melhora um pouco com a recuperação de atualizações, porque múltiplos servidores podem ajudar a manter renovada (atualizada) uma cópia de x de um servidor.

Limitação de desvio de ordenação

Lembre-se de que desvios de ordenação em consistência contínua são causados pelo fato de que um servidor de réplicas aplica provisoriamente atualizações que lhe foram apresentadas. O resultado é que cada servidor terá uma fila local de escritas provisórias cuja ordem real em que devem ser aplicadas à cópia local de x ainda precisa ser determinada. O desvio de ordenação é limitado pela especificação de um comprimento máximo da fila de escritas provisórias.

Em decorrência, é simples detectar quando é preciso impor consistência de ordenação: quando o comprimento dessa fila local exceder um comprimento máximo especificado. Nesse ponto, um servidor não aceitará mais nenhuma nova escrita apresentada, mas tentará comprometer escritas provisórias negociando com outros servidores a ordem em que suas escritas devem ser executadas. Em outras palavras, é preciso impor uma ordenação de escritas provisórias globalmente consistente. Há muitos modos de fazer isso, mas ocorre que, na prática, são utilizados os assim chamados protocolos baseados em primários ou em quórum. Discutiremos esses protocolos a seguir.

7.5.2 Protocolos baseados em primários

Na prática vemos que, de modo geral, aplicações distribuídas seguem modelos de consistência relativamente fáceis de entender. Entre esses modelos estão os de limitação de desvios de idade e, em menor medida, também os que limitam desvios numéricos. Quando se trata de modelos que manipulam ordenação consistente de operações, temos os modelos de consistência seqüencial. Em particular, são populares aqueles em que as operações podem ser agrupadas por travas ou transações.

Assim que os modelos de consistência ficam um pouco mais difíceis de entender pelos desenvolvedores de aplicações, vemos que são ignorados, ainda que o desempenho pudesse ser melhorado. O resultado líquido é que, se a semântica de um modelo de consistência não for intuitivamente clara, os desenvolvedores de aplicações terão grandes dificuldades para construir aplicações corretas. A simplicidade é apreciada (e talvez isso seja justificável).

No caso de consistência seqüencial prevalecem os protocolos baseados em primários. Nesses protocolos, cada item de dados x no depósito de dados tem um primário associado, que é responsável por coordenar operações de escrita em x. Pode-se fazer uma distinção conforme o primário seja fixo em um servidor remoto ou se as operações de escrita puderem ser realizadas no local depois de mover o primário para o processo em que a operação de escrita é iniciada. Vamos estudar essa classe de protocolos.

Protocolos de escrita remota

O protocolo mais simples baseado em primário e que suporta replicação é aquele em que as operações de escrita precisam ser enviadas para um único servidor fixo. Operações de leitura podem ser executadas no local. Esses esquemas também são conhecidos como **protocolos de primário e backup** (Budhiraja et al., 1993). Um protocolo de primário e backup funciona como mostra a Figura 7.19. Um processo que quer realizar uma operação de escrita, em um item de dados x, envia essa operação para o servidor de primários para x. O servidor primário executa a atualização em sua cópia local de x e, na seqüência, envia a atualização para os servidores de backup. Cada servidor de backup também efetua a atualização e envia um reconhecimento de volta ao servidor primário. Quando todos os servidores de backup tiverem atualizado sua cópia local, o servidor primário envia um reconhecimento de volta ao processo inicial.

Um problema potencial de desempenho desse esquema é que pode levar um tempo relativamente longo antes que o processo que iniciou a atualização tenha permissão para continuar. Na verdade, uma atualização é implementada como uma operação de bloqueio. Uma alternativa é usar uma abordagem não bloqueadora. Tão logo o servidor primário tenha atualizado sua cópia local de x, ele retorna um reconhecimento. Depois disso, diz ao servidor primário de backup que também efetue a atualização. Protocolos de primário-backup não bloqueadores são discutidos em Budhiraja e Marzullo (1992).

O principal problema de protocolos de primário-backup não bloqueadores tem a ver com tolerância a falha. Com um sistema bloqueador, o processo cliente sabe, com certeza, que a operação de atualização é apoiada por vários outros servidores. Isso não ocorre com uma solução não bloqueadora. A vantagem, é claro, é que operações de escrita podem ser consideravelmente aceleradas. Voltaremos às questões de tolerância a falha no próximo capítulo.

Protocolos de primário e backup proporcionam uma implementação direta de consistência seqüencial porque o servidor primário pode ordenar todas as escritas que entram em uma ordem temporal globalmente exclusiva. Evidentemente, todos os processos vêem todas as operações de escrita na mesma ordem, sem importar qual servidor de backup utilizem para efetuar operações de leitura. Além disso, com protocolos bloqueadores, os processos sempre verão os efeitos de sua operação de escrita mais recente (note que isso não pode ser garantido com um protocolo não bloqueador sem adotar medidas especiais).

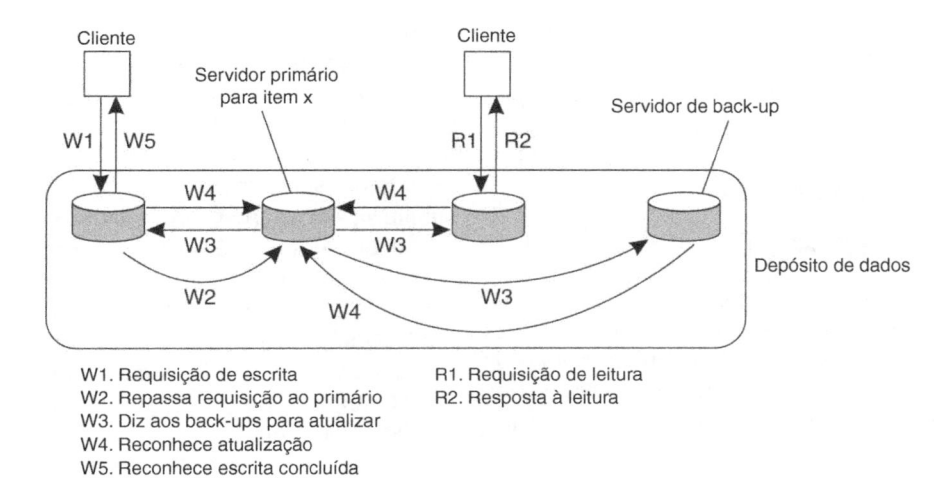

Figura 7.19 Princípio de um protocolo de primário e backup.

W1. Requisição de escrita
W2. Repassa requisição ao primário
W3. Diz aos back-ups para atualizar
W4. Reconhece atualização
W5. Reconhece escrita concluída

R1. Requisição de leitura
R2. Resposta à leitura

Protocolos de escrita local

Uma variante dos protocolos de primário e backup é aquela em que a cópia primária migra entre processos que desejam realizar uma operação de escrita. Como antes, sempre que um processo quer atualizar o item de dados x, ele localiza a cópia primária de x e, na seqüência, move essa cópia para sua própria localização, como mostra a Figura 7.20. A principal vantagem dessa abordagem é que múltiplas operações sucessivas de escrita podem ser executadas no local enquanto processos leitores ainda podem acessar sua cópia local. Contudo, só se pode conseguir tal melhoria se for seguido um protocolo não bloqueador pelo qual as atualizações são propagadas para as réplicas após o servidor primário ter concluído as atualizações realizadas localmente.

Esse protocolo de escrita local de primário e backup também pode ser aplicado a computadores móveis que são capazes de operar em modo desconectado. Antes de desconectar, o computador móvel torna-se o servidor primário para cada item de dados que ele espera atualizar. Enquanto está desconectado, todas as operações de atualização são executadas localmente, ao mesmo tempo que outros processos ainda podem realizar operações de leitura (mas não atualizações). Mais tarde, quando se conectar novamente, as atualizações são propagadas do primário para os backups, o que leva o depósito de dados novamente a um estado consistente. Voltaremos à operação em modo desconectado no Capítulo 11, quando discutirmos sistemas de arquivos distribuídos.

Como uma última variante desse esquema, protocolos não bloqueadores de escrita local baseados em primários também são usados para sistemas de arquivos distribuídos em geral. Nesse caso, pode haver um servidor central fixo por meio do qual normalmente ocorrem todas as operações de escrita, como no caso de escrita remota no esquema de primário e backup. Contudo, o servidor

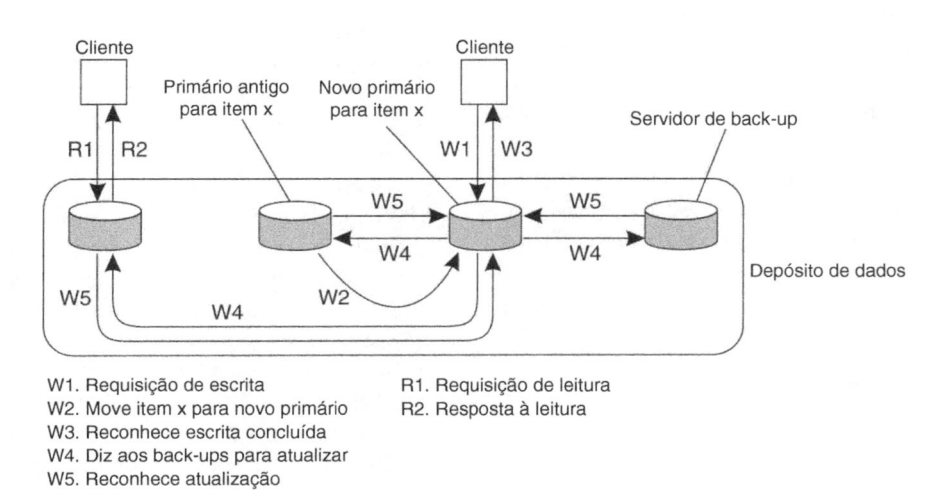

W1. Requisição de escrita
W2. Move item x para novo primário
W3. Reconhece escrita concluída
W4. Diz aos back-ups para atualizar
W5. Reconhece atualização

R1. Requisição de leitura
R2. Resposta à leitura

Figura 7.20 Protocolo de primário e backup no qual a cópia primária migra para o processo que quer realizar uma atualização.

permite, temporariamente, que uma das réplicas execute uma série de atualizações locais porque isso pode acelerar consideravelmente o desempenho. Quando o servidor de réplicas concluir, as atualizações são propagadas para o servidor central, a partir do qual elas são distribuídas para os outros servidores de réplicas.

7.5.3 Protocolos de escrita replicada

Em protocolos de escrita replicada, operações de escrita podem ser executadas em várias réplicas em vez de em só uma, como no caso de réplicas baseadas em primários. Pode-se fazer uma distinção entre replicação ativa, na qual uma operação é repassada para todas as réplicas, e protocolos de consistência baseados em voto majoritário.

Replicação ativa

Em replicação ativa, cada réplica tem um processo associado que realiza as operações de atualização. Ao contrário de outros protocolos, de modo geral, as atualizações são propagadas por meio da operação de escrita que causa a atualização. Em outras palavras, a operação é enviada a cada réplica. Contudo, também é possível enviar a atualização, como discutimos antes.

Um problema da replicação ativa é que as operações precisam ser executadas na mesma ordem em todos os lugares. Por isso, é preciso um mecanismo de multicast totalmente ordenado. Tal multicast pode ser implementado com o uso de relógios lógicos de Lamport, como discutimos no capítulo anterior. Infelizmente, essa implementação de multicast torna-se muito complexa em grandes sistemas distribuídos. Como alternativa, pode-se conseguir ordenação total usando um coordenador central, também denominado **seqüenciador**. Uma abordagem é primeiro repassar cada operação ao seqüenciador, que lhe designa um número de seqüência exclusivo, e, logo depois, enviar a operação para todas as réplicas. As operações são executadas na ordem de seu número de seqüência. Claro que essa implementação de multicast totalmente ordenado é muito parecida com protocolos de consistência baseados em primários.

Note que utilizar um seqüenciador não resolve o problema de escalabilidade. Na verdade, se for preciso multicast totalmente ordenado, talvez seja necessária uma combinação de multicast simétrico usando marcas de tempo de Lamport e seqüenciadores. Tal solução é descrita em Rodrigues et al. (1996).

Protocolos baseados em quórum

Uma abordagem diferente para suportar escritas replicadas é usar **votação** como proposto originalmente por Thomas (1979) e generalizado por Gifford (1979). A idéia básica é exigir que clientes requisitem e adquiram a permissão de vários servidores antes de ler ou escrever um item de dados replicado.

Como exemplo simples do modo de funcionamento do algoritmo, considere um sistema de arquivos distribuídos e suponha que um arquivo é replicado em N servidores. Poderíamos criar uma regra determinando que, para atualizar um arquivo, em primeiro lugar um cliente deve contatar no mínimo metade dos servidores mais um (maioria simples) e conseguir que eles concordem em fazer a atualização. Tão logo concordem, o arquivo é alterado e um novo número de versão é associado com o novo arquivo. O número de versão é usado para identificar a versão do arquivo e é o mesmo para todos os arquivos recém-atualizados.

Para ler um arquivo replicado, um cliente também deve contatar no mínimo metade dos servidores mais um e solicitar que eles enviem os números das versões associadas com o arquivo. Se todos os números de versão forem iguais, essa deve ser a versão mais recente, porque uma tentativa de atualizar somente os servidores restantes falharia, já que não há servidores suficientes.

Por exemplo, se houver cinco servidores e um cliente determina que três deles têm a versão 8, é impossível que os outros dois tenham a versão 9. Afinal, qualquer atualização bem-sucedida da versão 8 para a versão 9 requer conseguir que três servidores concordem com isso, e não apenas dois.

Na realidade, o esquema de Gifford é um pouco mais abrangente que isso. Segundo esse esquema, para ler um arquivo do qual existem N réplicas, um cliente precisa conseguir um **quórum de leitura**, um conjunto arbitrário de quaisquer N_R servidores, ou mais. De maneira semelhante, para modificar um arquivo, é exigido um **quórum de escrita** de, no mínimo, N_W servidores. Os valores de N_R e N_W estão sujeitos às duas restrições seguintes:

1. $N_R + N_W . N$
2. $N_W . N/2$

A primeira restrição é usada para evitar conflitos leitura–escrita, enquanto a segunda impede conflitos escrita–escrita. Somente após o número adequado de servidores ter concordado em participar é que um arquivo pode ser lido ou escrito.

Para ver como esse algoritmo funciona, considere a Figura 7.21(a), na qual $N_R = 3$ e $N_W = 10$. Imagine que o quórum de escrita mais recente consistiu em 10 servidores, C a L. Todos eles obtêm a nova versão e o novo número de versão. Qualquer quórum de leitura subseqüente de três servidores terá de conter, no mínimo, um membro desse conjunto. Quando o cliente vir os números de versão, saberá qual é a mais recente e a adotará.

Na Figura 7.21(b) e (c), vemos mais dois exemplos. Na Figura 7.21(b) pode ocorrer um conflito escrita–escrita porque $N_W \leq N/2$. Em particular, se um dos clientes escolher $\{A,B,C,E,F,G\}$ como seu conjunto de escrita e

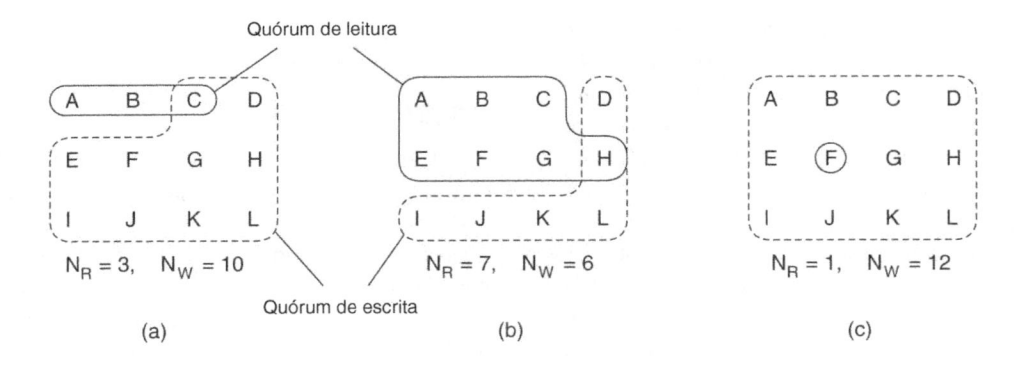

Figura 7.21 Três exemplos do algoritmo de votação. (a) Escolha correta de conjunto de leitura e de escrita. (b) Escolha que pode levar a conflitos escrita–escrita. (c) Escolha correta, conhecida como ROWA (lê uma, escreve todas).

um outro cliente escolher {D,H,I,J,K,L} como seu conjunto de escrita, então estaremos claramente em dificuldades porque ambas as atualizações serão aceitas sem detectar que, na verdade, estão em conflito.

A situação mostrada na Figura 7.21(c) é de especial interesse porque fixa N_R em um, o que possibilita ler um arquivo replicado descobrindo e usando qualquer cópia. O preço pago por esse bom desempenho de leitura, entretanto, é que as atualizações de escrita precisam adquirir todas as cópias. Esse esquema é geralmente denominado **lê uma, escreve todas (Read-One, Write-All — ROWA)**. Há diversas variações de protocolos de replicação baseados em quórum. Uma boa visão geral é apresentada em Jalote (1994).

7.5.4 Protocolos de coerência de cache

Caches são um caso especial de replicação, no sentido de que, em geral, são controladas por clientes, em vez de servidores. Contudo, protocolos de coerência de cache, que garantem que uma cache é consistente com as réplicas iniciadas por servidor, em princípio, não são muito diferentes dos protocolos de consistência discutidos até aqui.

Tem havido muita pesquisa nas áreas de projeto e implementação de caches, em especial no contexto de sistemas multiprocessadores de memória compartilhada. Muitas soluções são baseadas em suporte de hardware subjacente, por exemplo, considerando que podem ser feitos escuta ou broadcast eficiente. No contexto de sistemas distribuídos baseados em middleware que são construídos com base em sistemas operacionais de uso geral, soluções para caches baseadas em software são mais interessantes. Nesse caso, quase sempre usam-se dois critérios separados para classificar protocolos de cache (Min e Baer, 1992; Lilja, 1993; Tartalja e Milutinovic, 1997).

Em primeiro lugar, as soluções de cache podem ser diferentes quanto à **estratégia de detecção de coerência**, isto é, *quando* as inconsistências são realmente detectadas. Em soluções estáticas, a premissa adotada é que um compilador realize a análise necessária anterior à execução e determine quais dados podem realmente levar a inconsistências porque podem ser colocados em cache. O compilador simplesmente insere instruções que evitam inconsistências. Nos sistemas distribuídos que estudamos neste livro normalmente são aplicadas soluções dinâmicas. Nessas soluções, as inconsistências são detectadas em tempo de execução. Por exemplo, é feita uma verificação no servidor para ver se os dados em cache foram modificados desde que entraram na cache.

No caso de bancos de dados distribuídos, os protocolos baseados em detecção dinâmica ainda podem ser classificados considerando exatamente em que ponto de uma transação a detecção é feita. Franklin et al. (1997) distinguem os três casos seguintes. No primeiro, quando um item de dados em cache é acessado durante uma transação, o cliente precisa verificar se esse item de dados ainda é consistente com a versão armazenada no servidor (possivelmente replicado). A transação não pode prosseguir e usar a versão em cache até que sua consistência tenha sido definitivamente validada.

Na segunda abordagem, a otimista, a transação pode prosseguir enquanto ocorre a verificação. Nesse caso, a premissa adotada é que os dados em cache estavam atualizados quando a transação começou. Se, mais tarde, essa premissa mostrar ser falsa, a transação terá de ser abortada.

A terceira abordagem é verificar se os dados em cache estão atualizados somente quando a transação for comprometida. Essa abordagem é comparável ao esquema otimista de controle de concorrência discutido no capítulo anterior. Na verdade, a transação apenas inicia a operação nos dados em cache e espera que o melhor aconteça. Depois que todo o trabalho foi re-alizado, é verificada a consistência dos dados acessados. Quando forem usados dados antigos, a transação é abortada.

Uma outra questão de projeto para protocolos de coerência de cache é a **estratégia de imposição de coerência**, que determina *como* as caches são mantidas consistentes com as cópias armazenadas em servidores. A solução mais simples é não permitir que dados compartilhados sejam colocados em cache. Em vez disso, dados compartilhados são guardados somente nos servidores, que mantêm consistência usando um dos protocolos baseados em primários ou de replicação de escrita que já discutimos. Clientes só têm permissão de colocar em cache seus próprios dados privados. É óbvio que essa solução pode oferecer melhorias de desempenho apenas limitadas.

Quando dados compartilhados podem ser colocados em cache, há duas abordagens para impor coerência de cache. A primeira é permitir que um servidor envie uma invalidação a todas as caches sempre que um item de dados for modificado. A segunda é simplesmente propagar a atualização. A maioria dos sistemas de cache usa um desses dois esquemas. Escolha dinâmica entre enviar invalidações ou atualizações às vezes é utilizada em bancos de dados cliente–servidor (Franklin et al., 1997).

Por fim, precisamos considerar também o que acontece quando um processo modifica dados em cache. Quando são usadas caches somente de leitura, operações de atualização só podem ser realizadas por servidores que, na seqüência, sigam algum protocolo de distribuição para garantir que as atualizações sejam propagadas para as caches. Em muitos casos é seguida uma abordagem de recuperação de atualizações. Nesse caso, um cliente detecta que sua cache tem itens de dados antigos e requisita uma atualização a um servidor.

Uma abordagem alternativa é permitir que clientes modifiquem diretamente os dados em cache e enviem a atualização aos servidores. Essa abordagem é seguida em **caches de escrita direta**, que costumam ser usadas em sistemas de arquivos distribuídos. Na verdade, a cache de escrita direta é semelhante a um protocolo de escrita local baseado em primários no qual a cache do cliente se tornou um servidor primário temporário. Para garantir consistência (seqüencial) é necessário que o cliente tenha recebido permissões exclusivas de escrita, senão podem ocorrer conflitos escrita–escrita.

Caches de escrita direta oferecem, potencialmente, melhor desempenho em comparação com outros esquemas, porque todas as operações podem ser executadas no local. Podem-se conseguir mais melhorias se retardarmos a propagação de atualizações ao permitir que ocorram múltiplas escritas antes de informar aos servidores. Isso resulta no que é conhecido como **cache de escrita retroativa**, que, mais uma vez, é aplicada principalmente em sistemas de arquivos distribuídos.

7.5.5 Implementação de consistência centrada no cliente

Como último tópico sobre protocolos de consistência, vamos dirigir nossa atenção à implementação de consistência centrada no cliente. Implementar consistência centrada no cliente é algo relativamente direto se forem ignoradas questões de desempenho. Nas páginas seguintes, em primeiro lugar descrevemos tal implementação e, em seguida, descrevemos uma implementação mais realista.

Implementação ingênua

Em uma implementação ingênua de consistência centrada no cliente, a cada operação de escrita W é designado um identificador globalmente exclusivo. Tal identificador é designado pelo servidor ao qual a escrita foi apresentada. Como no caso da consistência contínua, referimo-nos a esse servidor como a origem de W. Então, monitoramos dois conjuntos de escritas para cada cliente. O conjunto de leitura para um cliente consiste nas escritas relevantes para as operações de leitura executadas por esse cliente. Da mesma maneira, o conjunto de escrita consiste nas escritas (identificadores das escritas) realizadas pelo cliente.

Consistência de leitura monotônica é implementada como descrevemos a seguir. Quando um cliente realiza uma operação de leitura em um servidor, esse servidor recebe o conjunto de leitura do cliente para verificar se todas as escritas identificadas ocorreram localmente. (O tamanho de tal conjunto pode introduzir um problema de desempenho, para o qual discutiremos uma solução mais adiante.) Se nem todas as leituras ocorreram localmente, ele contata os outros servidores para garantir que ele seja atualizado antes de realizar a operação de leitura. Como alternativa, a operação de leitura é repassada para um servidor no qual as operações de escrita já ocorreram. Após a realização da operação de leitura, as operações de escrita que ocorreram no servidor selecionado e que são relevantes para a operação de leitura são adicionadas ao conjunto de leitura do cliente.

Note que tem de ser possível determinar exatamente onde ocorreram as operações de escrita identificadas no conjunto de leitura. Por exemplo, o identificador de escrita poderia incluir o identificador do servidor ao qual as operações foram apresentadas. Esse servidor deve, por exemplo, registrar a operação de escrita de modo que ela possa ser reproduzida em um outro servidor. Além disso, operações de escrita devem ser executadas na ordem em que foram apresentadas. A ordenação pode ser conseguida ao permitir que o cliente gere um número de seqüência globalmente exclusivo que é incluído no identificador de escrita. Se cada item de dados puder ser modificado somente por seu proprietário, este pode fornecer o número de seqüência.

Consistência de escrita monotônica é implementada de modo análogo ao das leituras monotônicas. Sempre que um cliente inicia uma nova operação de escrita em um servidor, o servidor recebe o conjunto de escrita do cliente. (Mais uma vez, o tamanho do conjunto pode ser proibitivamente grande em face dos requisitos de desempenho. Uma solução alternativa será discutida mais adiante.) Portanto, ele assegura que as operações de escrita identificadas sejam realizadas antes e na ordem correta. Após executar a nova operação, o identificador de escrita daquela operação é adicionado ao conjunto de escrita. Note que atualizar o servidor corrente com o conjunto de escrita do cliente pode introduzir considerável aumento no tempo de resposta do cliente, uma vez que, nesse caso, o cliente tem de esperar que a operação seja totalmente concluída.

Da mesma maneira, consistência leia-suas-escritas requer que o servidor no qual a operação de leitura é executada tenha visto todas as operações de escrita no conjunto de escrita do cliente. As escritas podem ser simplesmente buscadas em outros servidores antes da execução da operação de leitura, embora isso possa resultar em um tempo de resposta pobre. Como alternativa, o software do lado do cliente pode procurar um servidor no qual as operações de escrita identificadas no conjunto de escrita do cliente já foram executadas.

Por fim, consistência escritas-seguem-leituras pode ser implementada primeiro com a atualização do servidor selecionado com as operações de escrita no conjunto de leitura do cliente e, então, mais tarde, com a adição do identificador da operação de escrita ao conjunto de escrita, junto com os identificadores no conjunto de leitura (que, agora, se tornam relevantes para a operação de escrita que acabou de ser executada).

Como melhorar a eficiência

É fácil observar que o conjunto de leitura e o conjunto de escrita associados com cada cliente podem se tornar muito grandes. Para manter a gerenciabilidade desses conjuntos, as operações de leitura e de escrita de um cliente são agrupadas em sessões. Uma **sessão** normalmente está associada com uma aplicação: ela é aberta quando a aplicação começa e fechada quando ela sai. Contudo, sessões também podem ser associadas com aplicações que saíram temporariamente, como agentes de usuários para e-mail. Sempre que um cliente fecha uma sessão, os conjuntos são simplesmente removidos. Claro que, se um cliente abrir uma sessão e nunca fechá-la, os conjuntos de leitura e escrita associados ainda podem se tornar muito grandes.

O problema principal da implementação ingênua se encontra na representação dos conjuntos de leitura e escrita. Cada conjunto consiste em uma quantidade de identificadores para operações de escrita. Sempre que um cliente envia uma requisição de leitura ou de escrita para um servidor, o servidor também recebe um conjunto de identificadores para que ele veja se todas as operações de escrita relevantes para a requisição foram executadas por esse servidor.

Essa informação pode ser representada com mais eficiência por meio de marcas de tempo vetoriais da maneira que descreveremos a seguir. Em primeiro lugar, sempre que um servidor aceita uma nova operação de escrita W, ele designa a essa operação um identificador globalmente exclusivo junto com uma marca de tempo $ts(W)$. Uma operação de escrita subseqüente apresentada àquele servidor recebe uma marca de tempo de valor mais alto. Cada servidor S_i mantém uma marca de tempo vetorial WVC_i, onde $WVC_i[j]$ é igual à marca de tempo da mais recente operação de escrita que se originou de S_j e que foi processada por S_i. Por questão de clareza, considere que, para cada servidor, escritas que vêm de S_j são processadas na ordem em que foram apresentadas.

Sempre que um cliente emite uma requisição para executar uma operação de leitura ou de escrita O em um servidor específico, esse servidor retorna sua marca de tempo corrente com os resultados de O. Na seqüência, conjuntos de leitura e de escrita são representados por marcas de tempo vetoriais. Mais especificamente, para cada sessão A, construímos uma marca de tempo vetorial SVC_A com $SVC_A[i]$ igual à máxima marca de tempo de todas as operações de escrita em A que se originam no servidor S_i:

$$SVC_A[j] = \max\{\ ts(W)\ |\ W \in A\ \&\ origem\ (W) = S_j\ \}$$

Em outras palavras, a marca de tempo de uma sessão sempre representa as últimas operações de escrita que foram vistas pelas aplicações em execução como parte dessa sessão. A compactação é obtida representando todas as operações de escrita observadas que se originaram do mesmo servidor por uma única marca de tempo.

Como exemplo, suponha que um cliente, como parte da sessão A, registre-se em um servidor S_i. Com essa finalidade, ele passa SVC_A para S_i. Considere que $SVC_A[j]$. $WVC_i[j]$. Isso significa que S_i ainda não viu todas as escritas que se originaram de S_j que o cliente viu. Dependendo da consistência requerida, agora o servidor S_i pode ter de buscar essas escritas antes de poder se reportar consistentemente ao cliente. Tão logo a operação seja realizada, o servidor S_i retornará sua marca de tempo corrente WVC_i. Nesse ponto, SVC_A é ajustada para:

$$SVC_A[j] \leftarrow \max\{\ SVC_A[j], WVC_i[j]\ \}$$

Mais uma vez, vemos como marcas de tempo vetoriais podem proporcionar um modo elegante e compacto de representar históricos em um sistema distribuído.

7.6 Resumo

Há duas razões primordiais para replicar dados: melhorar a confiabilidade de um sistema distribuído e melhorar desempenho. A replicação introduz um problema de consistência: sempre que uma réplica é atualizada, ela se torna diferente das outras. Para manter as réplicas consistentes, precisamos propagar atualizações de tal modo que inconsistências temporárias não sejam notadas. Infelizmente, fazer isso degrada seriamente o desempenho, em especial em sistemas distribuídos de grande porte.

A única solução para esse problema é relaxar um pouco a consistência. Existem diferentes modelos de consistência. Para consistência contínua, a meta é estabelecer limites para o desvio numérico entre réplicas, para o desvio entre idades e para desvios entre as ordenações de operações.

Desvio numérico refere-se ao valor da diferença entre réplicas que pode ser tolerado. Esse tipo de desvio é muito dependente de aplicação mas pode, por exemplo, ser usado na replicação de valores de ações. O desvio de idade se refere ao tempo durante o qual uma réplica ainda é considerada consistente, embora as atualizações possam ter ocorrido há algum tempo. O desvio de idade costuma ser usado para caches Web. Por fim, o desvio de ordenação se refere ao número máximo de escritas provisórias que podem ficar pendentes em qualquer servidor sem ter sido sincronizadas com os outros servidores de réplicas.

Há muito tempo que a ordenação consistente de operações forma a base de muitos modelos de consistência. Existem muitas variações, mas parece que apenas algumas predominam entre os desenvolvedores de aplicações. Em essência, a consistência seqüencial fornece a semântica que os programadores esperam em programação concorrente: todas as operações de escrita são vistas por todos na mesma ordem. Menos usada, mas ainda assim relevante, é a consistência causal, que reflete que as operações que são potencialmente dependentes umas das outras sejam executadas na ordem dessa dependência.

Modelos de consistência mais fraca consideram séries de operações de leitura e de escrita. Em particular, eles consideram que cada série é adequadamente 'limitada' por operações conjugadas executadas em variáveis de sincronização, como travas. Embora isso requeira esforço explícito dos programadores, de modo geral esses modelos são mais fáceis de implementar com eficiência do que, por exemplo, consistência seqüencial pura.

Ao contrário desses modelos centrados em dados, os pesquisadores da área de bancos de dados distribuídos para usuários móveis definiram vários modelos de consistência centrada no cliente. Esses modelos não consideram o fato de que os dados podem ser compartilhados por diversos usuários, mas se concentram na consistência que deve ser oferecida a um cliente individual. A premissa subjacente é que um cliente se conecte com réplicas diferentes ao longo do tempo, mas que essas diferenças sejam transparentes. Em essência, modelos de consistência centrados no cliente garantem que, sempre que um cliente se conectar com uma nova réplica, essa réplica seja atualizada com os dados que tinham sido manipulados por aquele cliente antes e que possivelmente residam em outros sites de réplicas.

Técnicas diferentes podem ser aplicadas para propagar atualizações. É preciso fazer uma distinção no que diz respeito a *o que* é exatamente propagado, *onde* as atualizações são propagadas e *por quem* a propagação é iniciada. Podemos decidir propagar notificações, operações ou estado. Da mesma maneira, não são todas as réplicas que sempre precisam ser atualizadas imediatamente. Qual das réplicas é atualizada, e quando, depende do protocolo de distribuição. Por fim, pode-se escolher entre enviar atualizações para outras réplicas ou recuperar atualizações de outras réplicas.

Protocolos de consistência descrevem implementações específicas de modelos de consistência. No que diz respeito à consistência seqüencial e suas variantes, pode-se fazer uma distinção entre protocolos baseados em primários e protocolos de escrita replicada. Em protocolos baseados em primários, todas as operações de atualização são repassadas para uma cópia primária que, na seqüência, garante que a atualização seja adequadamente ordenada e repassada. Em protocolos de escrita replicada, uma atualização é repassada a diversas réplicas ao mesmo tempo. Nesse caso, a ordenação correta das operações costuma ficar mais difícil.

Problemas

1. Acessos a objetos Java compartilhados podem ser serializados declarando seus métodos como sincronizados. Isso é suficiente para garantir serialização quando tal objeto é replicado?

2. Explique, com suas próprias palavras, qual é a principal razão para considerar modelos de consistência fraca.

3. Explique como ocorre a replicação em DNS e por que, na verdade, ela funciona tão bem.

4. Durante a discussão de modelos de consistência, referimo-nos freqüentemente ao contrato entre o software e o depósito de dados. Por que tal contrato é necessário?

5. Dadas as réplicas na Figura 7.2, o que precisaria ser feito para terminar os valores na conit de modo que ambos, A e B, vejam o mesmo resultado?

6. Na Figura 7.7, 001110 é uma saída legal para uma memória seqüencialmente consistente? Explique sua resposta.

7. Costuma-se argumentar que modelos de consistência fraca impõem uma carga extra aos programadores. Até que ponto essa declaração é verdadeira?

8. O multicast totalmente ordenado por meio de um seqüenciador e por questão de consistência em replicação ativa viola o argumento fim-a-fim no projeto de sistemas?

9. Que tipo de consistência você usaria para implementar um mercado eletrônico de ações? Explique sua resposta.

10. Considere uma caixa postal pessoal para um usuário móvel, implementada como parte de um banco de dados distribuído de longa distância. Que tipo de consistência centrada no cliente seria mais adequado?

11. Descreva uma implementação simples de consistência leia-suas-escritas para apresentar páginas Web que acabaram de ser atualizadas.

12. Para simplificar as coisas, consideramos que não havia conflitos escrita–escrita no Bayou. Claro que essa premissa não é realista. Explique como podem acontecer conflitos.

13. Quando se usa um leasing, é necessário que os relógios de um cliente e do servidor, respectivamente, estejam fortemente sincronizados?

14. Afirmamos que multicast totalmente ordenado que utiliza relógios lógicos de Lamport não é escalável. Explique por quê.

15. Mostre que, no caso de consistência contínua, fazer com que um servidor S_k adiante sua visão $TW_k(i,k)$ sempre que receber uma atualização renovada que aumentaria $TW(k,k) - TW_k(i,k)$ para além de $\delta_i/(N-1)$ garante que $v(t) - v_i \leq \delta_i$.

16. No caso da consistência contínua, consideramos que cada escrita só aumenta o valor do item de dados x. Elabore uma solução na qual também é possível reduzir o valor de x.

17. Considere um protocolo de primário e backup não bloqueador usado para garantir consistência seqüencial em um depósito de dados distribuído. Esse depósito de dados sempre fornece consistência leia-suas-escritas?

18. Para que a replicação ativa funcione de modo geral, é necessário que todas as operações sejam executadas na mesma ordem em cada réplica. Essa ordenação é sempre necessária?

19. Para implementar multicast totalmente ordenado por meio de um seqüenciador, uma abordagem seria primeiro repassar uma operação ao seqüenciador, que então lhe designaria um número exclusivo e, na seqüência, faria multicast da operação. Cite duas abordagens alternativas e compare as três soluções.

20. Um arquivo é replicado em dez servidores. Faça uma lista de todas as combinações de quórum de leitura e quórum de escrita que são permitidas pelo algoritmo de votação.

21. Leasings baseados em estado são usados para aliviar a carga de um servidor permitindo que ele concorde em monitorar o menor número possível de clientes. Essa abordagem resultará necessariamente em melhor desempenho?

22. **(Tarefa de laboratório)** Neste exercício, você deve implementar um sistema simples que suporte multicast RPC. Vimos que há vários servidores replicados e que cada cliente se comunica com um servidor por meio de uma RPC. Contudo, quando se tratar de replicação, um cliente precisará enviar uma requisição RPC a cada réplica. Programe o cliente de modo tal que, para a aplicação, pareça ser enviada uma única RPC. Considere que você está replicando por desempenho, mas que os servidores são suscetíveis a falhas.

8 Tolerância a falha

Um aspecto característico de sistemas distribuídos que os distingue de sistemas de uma única máquina é a noção de falha parcial. Uma falha parcial pode acontecer quando um componente em um sistema distribuído falha. Essa falha pode afetar a operação adequada de outros componentes e, ao mesmo tempo, deixar outros totalmente ilesos. Ao contrário, uma falha em sistemas não distribuídos quase sempre é total, no sentido de que afeta todos os componentes e pode facilmente fazer o sistema inteiro cair.

Um objetivo importante do projeto de sistemas distribuídos é construir o sistema de modo tal que ele possa se recuperar automaticamente de falhas parciais sem afetar seriamente o desempenho global. Em particular, sempre que ocorrer uma falha, o sistema distribuído deve continuar a funcionar de maneira aceitável enquanto o sistema estiver em conserto, isto é, deve tolerar falhas e continuar a funcionar, até certo ponto, mesmo na presença dessas falhas.

Neste capítulo, examinaremos mais de perto técnicas para tornar sistemas distribuídos tolerantes a falha. Após apresentarmos um resumo geral sobre tolerância a falha, estudaremos resiliência de processo e multicast confiável. Resiliência de processo incorpora técnicas que permitem que um ou mais processos falhem sem perturbar seriamente o resto do sistema. Relacionado a essa questão está o multicast confiável, que garante que a transmissão de mensagens para um conjunto de processos será bem-sucedida. Muitas vezes o multicast confiável é necessário para manter processos sincronizados.

Atomicidade é uma propriedade importante em muitas aplicações. Por exemplo, em transações distribuídas, é necessário garantir que toda operação em uma transação seja executada ou que nenhuma delas seja executada. Fundamental para a atomicidade em sistemas distribuídos é a noção de protocolos de validação, que serão discutidos em uma seção específica deste capítulo.

Por fim, estudaremos como o sistema se recupera de uma falha. Em particular, focalizaremos quando e como o estado de um sistema distribuído deve ser salvo para mais tarde permitir a recuperação para aquele estado.

8.1 Introdução à Tolerância a Falha

A tolerância a falha tem sido objeto de muita pesquisa na área da ciência de computadores. Nesta seção, começamos apresentando os conceitos básicos relacionados com o processamento de falhas e, em seguida, discutiremos modelos de falha. A técnica fundamental para manipular falhas é a redundância, que também será discutida. Se quiser mais informações gerais sobre tolerância a falha em sistemas distribuídos, veja, por exemplo, Jalote (1994) ou Shooman (2002).

8.1.1 Conceitos básicos

Para entender o papel da tolerância a falha em sistemas distribuídos, em primeiro lugar precisamos entender o que tolerar falhas realmente significa para um sistema distribuído. Há forte relação entre ser tolerante a falha e os denominados **sistemas confiáveis**. Confiabilidade é um termo que abrange uma série de requisitos úteis para sistemas distribuídos, entre eles os seguintes (Kopetz e Verissimo, 1993):

1. Disponibilidade
2. Confiabilidade
3. Segurança
4. Capacidade de manutenção

Disponibilidade é definida como a propriedade de um sistema estar pronto para ser usado imediatamente. Em geral, refere-se à probabilidade de o sistema estar funcionando corretamente em qualquer momento determinado e estar disponível para executar suas funções em nome de seus usuários. Em outras palavras, um sistema de alta disponibilidade é aquele que mais provavelmente estará funcionando em dado instante no tempo.

Confiabilidade refere-se à propriedade de um sistema poder funcionar continuamente sem falha. Ao contrário da disponibilidade, a confiabilidade é definida em termos de um intervalo de tempo em vez de um instante no tempo. Um sistema de alta confiabilidade é aquele que mais provavelmente continuará a funcionar sem interrupção durante um período de tempo relativamente longo.

Essa diferença é sutil, mas importante, quando comparada com a disponibilidade. Se um sistema ficar fora do ar por um milissegundo a cada hora, terá uma disponibilidade de mais de 99,9999%, mas sua confiabilidade ainda será muito baixa. De modo semelhante, um sistema que nunca cai mas é desligado por duas semanas, todo mês de agosto, tem alta confiabilidade, mas somente 96% de disponibilidade. As duas não são a mesma coisa.

Segurança refere-se à situação em que, se um sistema deixar de funcionar corretamente durante um certo tempo, nada de catastrófico acontecerá. Por exemplo, muitos sistemas de controle de processo, como os usados para controlar usinas de energia nuclear ou enviar pessoas ao espaço, devem ter alto grau de segurança. Se tais sistemas de controle falharem temporariamente, mesmo que por apenas um breve instante, os efeitos poderiam ser desastrosos. Muitos exemplos do passado (e provavelmente muitos mais ainda por vir) mostram como é difícil construir sistemas seguros.

Por fim, a **capacidade de manutenção** se refere à facilidade com que um sistema que falhou pode ser consertado. Um sistema de alta capacidade de manutenção também pode mostrar alto grau de disponibilidade, em especial se as falhas puderem ser detectadas e reparadas automaticamente. Contudo, como veremos mais adiante neste capítulo, quando se trata de recuperação automática de falhas, é mais fácil falar do que fazer.

Muitas vezes sistemas confiáveis também devem oferecer alto grau de segurança, especialmente quando se trata de questões como integridade. Discutiremos segurança no próximo capítulo.

Diz-se que uma sistema apresenta **defeito** quando não pode cumprir suas promessas. Em particular, se um sistema distribuído é projetado para oferecer a seus usuários uma série de serviços, o sistema falha quando um ou mais desses serviços não podem ser fornecidos (completamente). Um **erro** é uma parte do estado de um sistema que pode levar a uma falha. Por exemplo, na transmissão de pacotes por uma rede, espera-se que alguns pacotes estejam danificados quando chegam ao receptor. Nesse contexto, danificado significa que o receptor pode perceber incorretamente um valor de bit (por exemplo, ler um 1 em vez de um 0) ou pode até mesmo ser incapaz de detectar que algo chegou.

A causa de um erro é denominada **falha**. Claro que descobrir o que causou um erro é importante. Por exemplo, um meio de transmissão errado ou ruim pode facilmente danificar pacotes. Nesse caso, é relativamente fácil remover a falha. Contudo, erros de transmissão também podem ser causados por más condições atmosféricas, como ocorre com redes sem fio. Certamente seria difícil mudar essas condições atmosféricas.

A construção de sistemas confiáveis está intimamente relacionada com o controle de falhas. Pode-se fazer uma distinção entre evitar, remover e prever falhas (Avizienis et al., 2004). Para nossa finalidade, a questão mais importante é a **tolerância a falha**, o que significa que um sistema pode prover seus serviços mesmo na presença de falhas. Em outras palavras, o sistema pode tolerar falhas e continuar a funcionar normalmente.

De modo geral, as falhas são classificadas como transientes, intermitentes ou permanentes. **Falhas transientes** ocorrem uma vez e depois desaparecem. Se a operação for repetida, a falha não acontecerá novamente. Um pássaro que voa pelo feixe de um transmissor de microondas pode causar perda de bits em alguma rede (sem mencionar o fato de se tornar uma ave assada). Se a temporização de uma transmissão se esgotar e tentarmos executá-la novamente, ela provavelmente funcionará desta segunda vez.

Uma **falha intermitente** ocorre e desaparece por sua própria vontade, depois reaparece, e assim por diante. Um conector com um contato frouxo muitas vezes causará uma falha intermitente. Falhas intermitentes causam grande aborrecimento porque são difíceis de diagnosticar. Quase sempre, quando o doutor em falhas está presente, o sistema funciona muito bem.

Uma **falha permanente** é aquela que continua a existir até que o componente faltoso seja substituído. Chips queimados, bugs de software e quebra de cabeçotes de discos são exemplos de falhas permanentes.

8.1.2 Modelos de falha

Um sistema que falha não está fornecendo adequadamente os serviços para os quais foi projetado. Se considerarmos um sistema distribuído como um conjunto de servidores que se comunicam uns com os outros e com seus clientes, esse fornecimento inadequado de serviços significa que servidores, canais de comunicação, ou possivelmente ambos, não estão fazendo o que deveriam fazer. Contudo, nem sempre um servidor que está funcionando mal é a falha que estamos procurando. Se tal servidor depender de outros servidores para prestar seus serviços adequadamente, pode ser que a causa de um erro tenha de ser procurada em algum outro lugar.

Tais relações de dependência aparecem com abundância em sistemas distribuídos. Um disco que está falhando pode dificultar a vida de um servidor de arquivos que foi projetado para implementar um sistema de arquivos de alta disponibilidade. Se tal servidor de arquivos fizer parte de um banco de dados distribuído, o funcionamento adequado de todo o banco de dados pode estar em jogo, porque pode ser que apenas parte de seus dados esteja acessível.

Para dar uma idéia melhor da real seriedade de uma falha, foram desenvolvidos diversos esquemas de classificação. Um desses esquemas é mostrado na Tabela 8.1 e é baseado em esquemas descritos em Cristian (1991) e Hadzilacos e Toueg (1993).

Uma **falha por queda** ocorre quando um servidor pára prematuramente, mas estava funcionando corretamente até parar. Um aspecto importante das falhas por

Tipo de falha	Descrição
Falha por queda	O servidor pára de funcionar, mas estava funcionando corretamente até parar.
Falha por omissão	O servidor não consegue responder a requisições que chegam
Omissão de recebimento	O servidor não consegue receber mensagens que chegam
Omissão de envio	O servidor não consegue enviar mensagens
Falha de temporização	A resposta do servidor se encontra fora do intervalo de tempo
Falha de resposta	A resposta do servidor está incorreta
Falha de valor	O valor da resposta está errado
Falha de transição de estado	O servidor se desvia do fluxo de controle correto
Falha arbitrária	Um servidor pode produzir respostas arbitrárias em momentos arbitrários

Tabela 8.1 Diferentes tipos de falhas.

queda é que, uma vez que o servidor pare, nada mais se ouve dele. Um exemplo típico de uma falha por queda é um sistema operacional que pára de repente e para o qual só há uma única solução: reinicializá-lo. Muitos sistemas de computadores pessoais sofrem esse tipo de falha com tanta freqüência que as pessoas acabam achando que isso é normal. Por isso, a transferência do botão de reinicialização da parte traseira para a parte dianteira de uma torre teve uma boa razão. Talvez um dia ele possa voltar a seu antigo lugar novamente ou até ser removido de vez.

Uma **falha por omissão** ocorre quando um servidor deixa de responder a uma requisição. Várias coisas podem ter dado errado. No caso de uma falha por omissão de recebimento, é possível que o servidor nunca tenha recebido a requisição, antes de mais nada. Observe que esse pode ser perfeitamente o caso em que a conexão entre um cliente e um servidor foi estabelecida corretamente, mas não havia nenhum thread ouvindo as requisições que chegavam. Além disso, uma falha por omissão de recebimento em geral não afeta o estado corrente do servidor, porque o servidor não fica ciente de que qualquer mensagem foi enviada a ele.

Da mesma maneira, uma falha por omissão de envio ocorre quando o servidor fez seu trabalho mas, de algum modo, deixa de enviar uma resposta. Tal falha pode acontecer, por exemplo, quando um buffer de envio transborda e o servidor não estava preparado para tal situação. Observe que, ao contrário de uma falha por omissão de recebimento, agora o servidor pode estar em um estado que reflete que ele acabou de concluir um serviço para aquele cliente. Em conseqüência, se o envio de sua resposta falhar, o servidor tem de estar preparado para a reemissão pelo cliente da requisição que este tinha emitido anteriormente.

Outros tipos de falhas por omissão não relacionadas com comunicação podem ser causadas por erros de software tais como laços infinitos ou gerenciamento inadequado de memória, caso em que se diz que o servidor ficou 'pendurado'.

Uma outra classe de falhas está relacionada com a temporização. **Falhas de temporização** ocorrem quando a resposta se encontra fora de um intervalo de tempo real especificado. Como vimos no caso de fluxos de dados isócronos no Capítulo 4, fornecer dados muito cedo pode facilmente causar problemas para um receptor se não houver espaço de buffer suficiente para conter todos os dados que chegam. O mais comum, entretanto, é que um servidor responda tarde demais, quando então se diz que ocorreu uma falha de *desempenho*.

Um tipo sério de falha é a **falha de resposta**, na qual a resposta do servidor é simplesmente incorreta. Podem acontecer dois tipos de falhas de resposta. No caso de uma falha de valor, um servidor simplesmente fornece a resposta errada a uma requisição. Por exemplo, um mecanismo de busca que retorna sistematicamente páginas Web não relacionadas com qualquer uma das palavras de busca usadas falhou.

O outro tipo de falha de resposta é conhecido como **falha de transição de estado**. Esse tipo de falha ocorre quando o servidor reage inesperadamente a uma requisição que chega. Por exemplo, se um servidor recebe uma mensagem que não pode reconhecer, acontece uma falha de transição de estado se não for tomada nenhuma providência para manipular tal mensagem. Em particular, um servidor faltoso pode executar incorretamente ações que nunca deveria ter iniciado.

As falhas mais sérias são as **falhas arbitrárias**, também conhecidas como **falhas bizantinas**. Na verdade, quando ocorrem falhas arbitrárias, os clientes devem se preparar para o pior. Em particular, pode acontecer de um servidor estar produzindo saídas que nunca deveria ter produzido, mas que não podem ser detectadas como incorretas. Ainda pior, um servidor faltoso pode até estar trabalhando maliciosamente em conjunto com outros servidores para produzir respostas erradas intencionalmente. Essa situação ilustra por que a segurança também é considerada um requisito importante quando se trata de sistemas confiáveis. O termo 'bizantino' refere-se ao Império Bizantino, época (330–1453) e lugar

(Bálcãs e moderna Turquia) famosos por causa das infindáveis conspirações, intrigas e deslealdades que a história alega terem sido comuns nos círculos do poder. Falhas bizantinas foram analisadas pela primeira vez por Pease et al. (1980) e Lamport et al. (1982). Voltaremos a essas falhas mais adiante.

Falhas arbitrárias estão intimamente relacionadas com falhas por queda. A definição que demos para falhas por queda é o modo mais benigno de um servidor parar. Elas também são denominadas **falhas por parada**. Na verdade, um servidor que falha desse modo simplesmente pára de produzir saída de modo tal que sua parada pode ser detectada por outros processos. Na melhor das hipóteses, o servidor pode ter sido muito amigável e anunciado que estava prestes a cair; caso contrário, ele simplesmente pára.

Claro que na vida real os servidores param por exibirem falhas por omissão ou por queda e não são tão amigáveis a ponto de avisar com antecedência que vão parar. Cabe aos outros processos decidir que um servidor parou prematuramente. Contudo, em tais **sistemas à prova de silêncio**, os outros processos podem concluir incorretamente que um servidor parou. Em vez disso, pode ser que o servidor esteja inesperadamente lento, isto é, esteja exibindo falhas de desempenho.

Por fim, também há ocasiões em que o servidor está produzindo saída aleatória, mas essa saída pode ser reconhecida por outros processos como lixo puro e simples. Portanto, o servidor está exibindo falhas arbitrárias, mas de modo benigno. Essas falhas também são consideradas **falhas seguras**.

8.1.3 Mascaramento de falha por redundância

Se um sistema deve ser tolerante a falha, o melhor que ele pode fazer é tentar ocultar de outros processos a ocorrência de falhas. A técnica fundamental para mascarar falhas é usar redundância. Há três tipos possíveis: redundância de informação, redundância de tempo e redundância física [veja também Johnson (1995)]. Com redundância de informação, são adicionados bits extras para permitir recuperação de bits deteriorados. Por exemplo, um código de Hamming pode ser adicionado a dados transmitidos para recuperá-los de ruído na linha de transmissão.

Com redundância de tempo, uma ação é realizada e, então, se for preciso, ela é executada novamente. Transações (veja Capítulo 1) usam essa abordagem. Se uma transação for abortada, ela pode ser refeita sem causar nenhum dano. A redundância de tempo tem especial utilidade quando as falhas são transientes ou intermitentes.

Com redundância física, são adicionados equipamentos ou processos extras para possibilitar que o sistema como um todo tolere a perda ou o mau funcionamento de alguns componentes. Por conseguinte, a redundância física pode ser feita em hardware ou em software. Por exemplo, processos extras podem ser adicionados ao sistema de modo que, se uma pequena quantidade deles cair, o sistema ainda possa funcionar corretamente. Em outras palavras, replicando processos pode-se conseguir alto grau de tolerância a falha. Mais adiante voltaremos a esse tipo de redundância de software.

A redundância física é uma técnica bem conhecida para prover tolerância a falha. Ela é usada em biologia (mamíferos têm dois olhos, dois ouvidos, dois pulmões e assim por diante), em aeronaves (aviões 747 têm quatro motores mas podem voar com três) e em esportes (vários juízes, caso algum deles não perceba um evento). Ela também vem sendo usada há anos para tolerância a falha em circuitos eletrônicos; é ilustrativo ver como ela tem sido aplicada nessa área. Considere, por exemplo, o circuito da Figura 8.1(a). Nesse circuito, os sinais passam pelos dispositivos A, B e C, em seqüência. Se um deles estiver defeituoso, o resultado final provavelmente será incorreto.

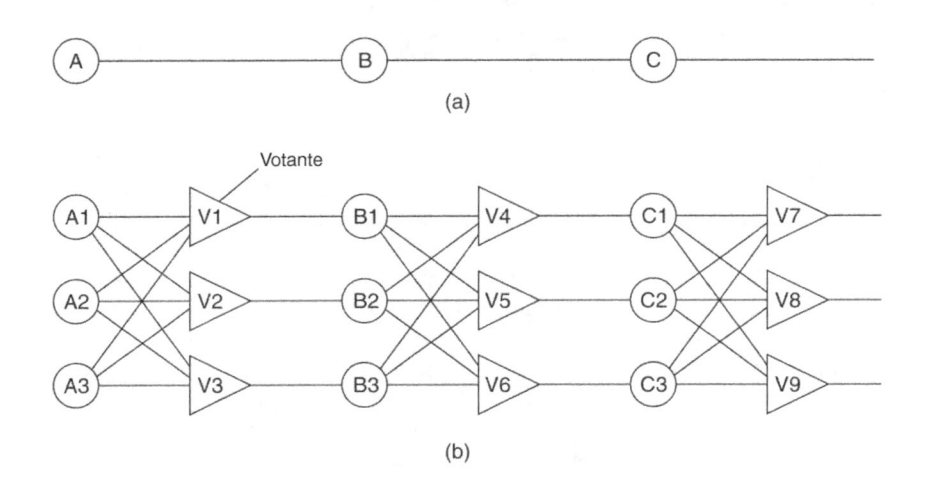

Figura 8.1 Redundância modular tripla.

Na Figura 8.1(b), cada dispositivo é replicado três vezes. Depois de cada estágio no circuito há um votante triplicado. Cada votante é um circuito que tem três entradas e uma saída. Se duas ou três dessas entradas forem iguais, a saída é igual àquela entrada. Se todas as três entradas forem diferentes, a saída é indefinida. Esse tipo de projeto é conhecido como **redundância modular tripla** (Triple Modular Redundancy — **TMR**).

Suponha que o elemento A_2 falhe. Cada um dos votantes, V_1, V_2 e V_3, 'obtém' duas entradas corretas e idênticas e uma entrada errada, e cada um deles produz como saída o valor correto para o segundo estágio. Em essência, o efeito da falha de A_2 é completamente mascarado, de modo que as entradas para B_1, B_2 e B_3 são exatamente as mesmas que deveriam ter sido caso não houvesse ocorrido uma falha.

Agora considere o que acontece se B_3 e C_1 também apresentarem falhas, além de A_2. Esses efeitos também são mascarados, portanto as três saídas finais ainda estão corretas.

De início, pode não ser óbvio por que são necessários três votantes em cada estágio. Afinal, um votante poderia detectar e passar a visão da maioria. Contudo, um votante também é um componente e também pode apresentar falha. Suponha, por exemplo, que o votante V_1 esteja funcionando mal. Então, a entrada para B_1 estará errada, porém, desde que todo o resto funcione, B_2 e B_3 produzirão a mesma saída, e V_4, V_5 e V_6 produzirão o resultado correto no estágio três. Na verdade, uma falha em V_1 não é diferente de uma falha em B_1. Em ambos os casos, B_1 produz saída incorreta, mas, em ambos os casos, mais adiante ele perde a votação e o resultado final ainda está correto.

Embora nem todos os sistemas distribuídos tolerantes a falha usem TMR, a técnica é muito geral e deve dar uma idéia clara do que é um sistema tolerante a falha, em comparação com um sistema cujos componentes individuais sejam de alta confiança mas cuja organização não possa tolerar falhas (isto é, funcionar corretamente mesmo na presença de componentes faltosos). Claro que a TMR pode ser aplicada recursivamente, por exemplo, para tornar um chip altamente confiável usando TMR interna e, sem que os projetistas que usam o chip saibam, possivelmente em seu próprio circuito e contendo várias cópias dos chips junto com votantes.

8.2 Resiliência de Processo

Agora que as questões básicas da tolerância a falha foram discutidas, vamos nos concentrar em como se pode realmente conseguir tolerância a falha em sistemas distribuídos. O primeiro tópico que discutiremos é a proteção contra falhas de processo, que é conseguida com a replicação de processos em grupos. Nas páginas seguintes focalizaremos as questões gerais de projeto de grupos de processos e discutiremos o que é realmente um grupo tolerante a falha. Além disso, veremos como chegar a um acordo dentro de um grupo de processos quando não se pode confiar que um ou mais de seus membros dêem respostas corretas.

8.2.1 Questões de projeto

A abordagem fundamental para tolerar um processo faltoso é organizar vários processos idênticos em um grupo. A propriedade fundamental que todos os grupos de processos têm é que, quando uma mensagem é enviada ao grupo em si, todos os membros do grupo a recebem. Desse modo, se um processo de um grupo falhar, espera-se que algum outro se encarregue da mensagem em seu lugar (Guerraoui e Schiper, 1997).

Grupos de processos podem ser dinâmicos. Novos grupos podem ser criados e grupos velhos podem ser eliminados. Um processo pode se juntar a um grupo ou sair dele durante a operação do sistema. Um processo pode ser membro de vários grupos ao mesmo tempo. Em conseqüência, são necessários mecanismos para gerenciar grupos e associação a grupos.

Grupos guardam certa semelhança com organizações sociais. Alice pode ser membro de um clube do livro, de um clube de tênis e de uma organização ambiental. Em determinado dia ela pode receber correspondência (mensagens) do clube do livro anunciando um novo livro de culinária sobre bolos de aniversário, do clube de tênis sobre o torneio anual de tênis do Dia das Mães e de sua organização ambiental anunciando o início de uma campanha para salvar a marmota nativa do Sul. A qualquer instante ela está livre para sair de qualquer um desses grupos e possivelmente se juntar a outros grupos.

A finalidade de introduzir grupos é permitir que processos tratem conjuntos de processos como uma única abstração. Assim, um processo pode enviar uma mensagem a um grupo de servidores sem precisar saber quem eles são ou quantos existem, ou onde estão, o que pode mudar de uma chamada para outra.

Grupos simples *versus* grupos hierárquicos

Uma importante distinção entre grupos diferentes tem a ver com sua estrutura interna. Em alguns grupos, todos os processos são iguais. Ninguém manda e todas as decisões são tomadas coletivamente. Em outros grupos, existe algum tipo de hierarquia. Por exemplo, um processo é o coordenador e todos os outros são operários. Nesse modelo, quando uma requisição de trabalho é gerada, seja por um cliente externo, seja por um dos operários, ela é enviada ao coordenador. Portanto, o coordenador decide qual operário é o mais adequado para executá-la e a remete para ele. É óbvio que também são possíveis hierarquias mais complexas. Esses padrões de comunicação estão ilustrados na Figura 8.2.

Cada uma dessas organizações tem suas próprias vantagens e desvantagens. O grupo simples é simétrico e não tem nenhum ponto de falha único. Se um dos processos cair, o grupo simplesmente fica menor, porém, quanto ao mais, pode continuar. Uma desvantagem é que a tomada de decisões é mais complicada. Por exemplo, para decidir qualquer coisa, muitas vezes é preciso fazer uma votação, o que resulta em certo atraso e custo adicional.

O grupo hierárquico tem propriedades opostas. A perda do coordenador provoca a parada repentina do grupo inteiro, entretanto, enquanto está em funcionamento, pode tomar decisões sem incomodar todo mundo.

Associação a um grupo

Quando a comunicação em grupo está presente, é preciso algum método para criar e eliminar grupos, bem como para permitir que processos se juntem a grupos e saiam deles. Uma abordagem possível é ter um **servidor de grupo** ao qual todas essas requisições possam ser enviadas. Então, o servidor de grupo pode manter um banco de dados completo de todos os grupos e de quem são, exatamente, seus associados. Esse método é direto, eficiente e razoavelmente fácil de implementar. Infelizmente, compartilha uma importante desvantagem com todas as técnicas centralizadas: um ponto de falha único. Se o servidor de grupo cair, o gerenciamento do grupo deixa de existir. É provável que a maioria dos grupos, ou todos eles, tenham de ser reconstruídos do zero, o que possivelmente apagaria qualquer trabalho que estivesse em curso.

A abordagem oposta é gerenciar a associação ao grupo de modo distribuído. Por exemplo, se houver multicast (confiável) disponível, um estranho pode enviar uma mensagem a todos os membros do grupo anunciando que deseja se juntar ao grupo.

Para sair de um grupo, o ideal seria que um membro apenas enviasse uma mensagem de adeus a todos. No contexto da tolerância a falha, de modo geral não é adequado adotar como premissa uma semântica à prova de parada. O problema é que não há nenhum modo educado de avisar que um processo caiu, como há quando um processo sai do grupo voluntariamente. Os outros membros têm de descobrir isso experimentalmente, percebendo que o membro que caiu já não responde mais a nada. Tão logo haja certeza de que um membro realmente caiu (e não está lento, apenas), ele pode ser removido do grupo.

Um outro assunto complexo é que as operações de sair do grupo e juntar-se a ele têm de ser síncronas com mensagens de dados que estão sendo enviadas. Em outras palavras, a partir do momento em que um processo se juntou a um grupo, ele deve receber todas as mensagens enviadas àquele grupo. De modo semelhante, tão logo um processo tenha saído de um grupo, não deve mais receber mensagens do grupo, e os outros membros não devem mais receber mensagens dele. Um modo de garantir que uma entrada ou uma saída seja integrada ao fluxo de mensagens no lugar correto é converter essa operação em uma seqüência de mensagens enviadas a todo o grupo.

Uma questão final relacionada com associação a um grupo é o que fazer se certo número de máquinas cair e, por isso, o grupo parar de funcionar de vez. É preciso algum protocolo para reconstruir o grupo. Invariavelmente, algum processo terá de tomar a iniciativa e dar o pontapé inicial, mas o que acontece se dois ou três tentarem fazer isso ao mesmo tempo? O protocolo deve ser capaz de resistir a isso.

8.2.2 Mascaramento de falha e replicação

Grupos de processos são parte da solução para construir sistemas tolerantes a falha. Em particular, ter um grupo de processos idênticos nos permite mascarar um ou mais processos faltosos naquele grupo. Em outras palavras, podemos replicar processos e organizá-los em um grupo para substituir um único processo (vulnerável) por um grupo (tolerante a falha). Como discutimos no capítulo anterior, há dois modos de abordar tal replicação: por meio de protocolos baseados em primários ou por meio de protocolos de escrita replicada.

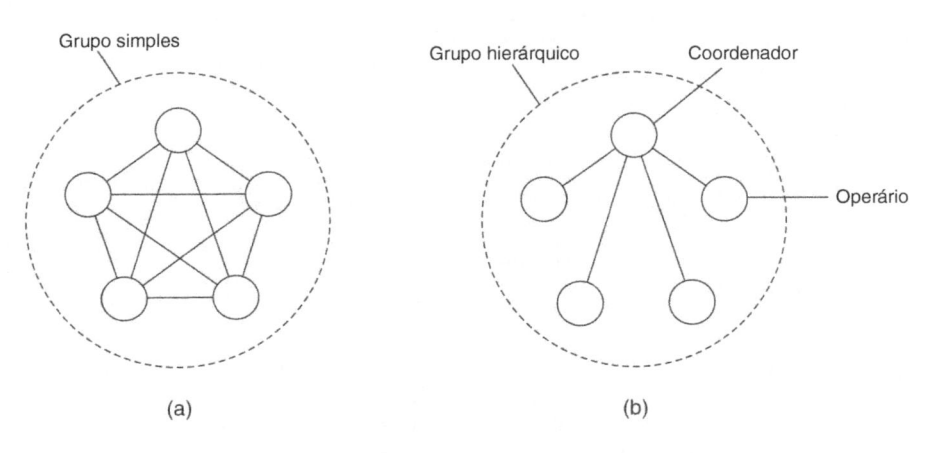

Figura 8.2 (a) Comunicação em um grupo simples. (b) Comunicação em um grupo hierárquico simples.

De modo geral, em casos de tolerância a falha a replicação baseada em primários aparece sob a forma de um protocolo de primário e backup. Nesse caso, um grupo de processos é organizado de modo hierárquico no qual um servidor primário coordena todas as operações de escrita. Na prática, o servidor primário é fixo, embora seu papel possa ser assumido por um dos backups, se for necessário. Na verdade, quando um servidor primário cai, os backups executam algum algoritmo de eleição para escolher um novo servidor primário.

Como explicamos no capítulo anterior, protocolos de escrita replicada são usados sob a forma de replicação ativa, bem como por meio de protocolos baseados em quórum. Essas soluções correspondem a organizar um conjunto de processos idênticos em um grupo simples. A principal vantagem é que tais grupos não têm um ponto de falha único, ao custo da coordenação distribuída.

Uma questão importante quando se usam grupos de processos para tolerar falhas é quanta replicação é necessária. Para simplificar nossa discussão, vamos considerar somente sistemas de escrita replicada. Diz-se que um sistema é **k-tolerante a falha** se puder sobreviver a falhas em k componentes e ainda assim cumprir suas especificações. Se os componentes, digamos, processos, falharem silenciosamente, então ter $k + 1$ deles é suficiente para prover k-tolerância a falha. Se k deles simplesmente pararem, a resposta do outro pode ser usada.

Por outro lado, se os processos exibirem falhas bizantinas e continuarem a rodar quando doentes e a enviar respostas erradas ou aleatórias, é preciso um mínimo de $2k + 1$ processadores para conseguir k-tolerância a falha. Na pior das hipóteses, os k processos faltosos poderiam gerar acidentalmente (ou até intencionalmente) a mesma resposta. Contudo, os restantes $k + 1$ também produzirão a mesma resposta, portanto o cliente, ou votante, pode apenas acreditar na maioria.

Certamente na teoria é fácil dizer que um sistema é k-tolerante a falha e apenas permitir que $k + 1$ respostas idênticas ganhem, na votação, de k respostas idênticas, mas, na prática, é difícil imaginar circunstâncias em que poderíamos dizer com certeza que k processos podem falhar embora $k + 1$ processos não possam falhar. Assim, mesmo em um sistema tolerante a falha, talvez seja preciso algum tipo de análise estatística.

Uma precondição implícita para esse modelo ser relevante é que todas as requisições cheguem a todos os servidores na mesma ordem, também denominada **problema do multicast atômico**. Na verdade, essa condição pode ser ligeiramente abrandada, uma vez que leituras não importam e algumas escritas podem comutar, mas o problema geral permanece. O multicast atômico será discutido em detalhes em seção posterior.

8.2.3 Acordo em sistemas com falha

Organizar processos replicados em um grupo ajuda a aumentar a tolerância a falha. Como mencionamos, se um cliente puder basear suas decisões por meio de algum mecanismo de votação, podemos tolerar até mesmo que k de $2k + 1$ processos estejam mentindo sobre seus resultados. Entretanto, a premissa que estamos adotando é que processos não se juntam para produzir um resultado errado.

Em geral, as coisas tornam-se mais complicadas se exigirmos que um grupo de processos chegue a um acordo, o que é necessário em muitos casos. Alguns exemplos são: eleger um coordenador, decidir a validação ou não de uma transação, repartir tarefas entre operários e sincronização, entre outras numerosas possibilidades. Quando a comunicação e os processos são todos perfeitos, chegar a tal acordo costuma ser direto mas, quando não são, surgem problemas.

O objetivo geral de algoritmos de acordo distribuídos é que todos os processos que não apresentam falha cheguem a um consenso sobre alguma questão e estabeleçam esse consenso dentro de um número finito de etapas. O problema é complicado pelo fato de que premissas diferentes sobre o sistema subjacente requerem soluções diferentes, considerando que existam soluções para elas. Turek e Shasha (1992) distinguem os seguintes casos:

1. Sistemas síncronos *versus* sistemas assíncronos. Um sistema é **síncrono** se, e somente se, sabe-se que os processos funcionam no mesmo passo. Formalmente, isso significa que deve haver alguma constante $c \geq 1$ tal que, se qualquer processador tiver efetuado $c + 1$ etapas, cada um dos outros processos terá efetuado no mínimo uma etapa. Um sistema que não é síncrono é denominado **assíncrono**.
2. O atraso de comunicação é limitado ou não. O atraso é limitado se, e somente se, soubermos que toda mensagem é entregue dentro de um tempo máximo global e predeterminado.
3. A entrega de mensagens é ordenada ou não. Em outras palavras, distinguimos a situação em que mensagens do mesmo remetente são entregues na ordem em que foram enviadas da situação em que não temos tais garantias.
4. A transmissão de mensagens é feita em unicast ou multicast.

Ocorre que chegar a um acordo só é possível para as situações mostradas na Figura 8.3. Em todos os outros casos, pode-se mostrar que não existe nenhuma solução. Observe que, na prática, a maioria dos sistemas distribuídos adota como premissa que os processos se comportam de modo assíncrono, que a transmissão é unicast e que os atrasos de comunicação não são limitados. Por isso, precisamos utilizar entrega ordenada (confiável) de mensagens, tal como a oferecida por TCP. A Figura 8.3 ilustra a natureza não trivial do acordo distribuído quando os processos podem falhar.

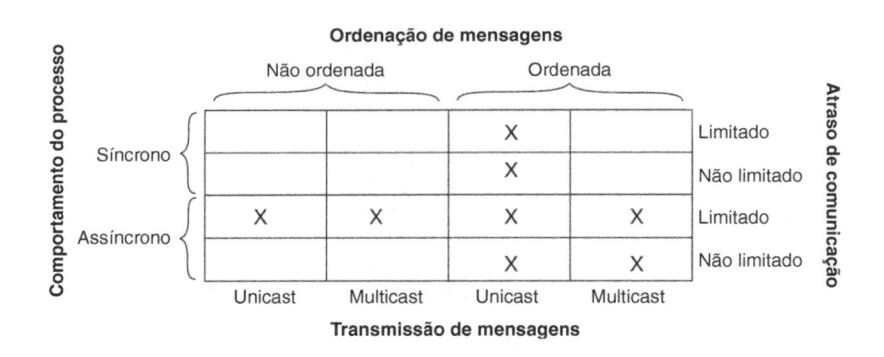

Figura 8.3 Circunstâncias sob as quais se pode chegar a um acordo distribuído.

O problema foi estudado pela primeira vez por Lamport et al. (1982) e é também conhecido como **problema do acordo bizantino**, referindo-se às numerosas guerras em que vários exércitos se envolveram para chegar a um acordo, por exemplo, sobre o contingente de tropas para enfrentar generais traidores, tenentes conspiradores e assim por diante. Considere a seguinte solução, descrita em Lamport et al. (1982). Nesse caso, consideramos que os processos são síncronos, as mensagens são unicast e, ainda, a ordenação é preservada e o atraso de comunicação é limitado. Suponhamos que haja N processos e que cada processo i forneça um valor v_i aos outros. O objetivo é permitir que cada processo construa um vetor V de comprimento N tal que, se o processo i não for faltoso, $V[i] = v_i$. Caso contrário, $V[i]$ é indefinido. Consideramos que há no máximo k processos faltosos.

Na Figura 8.4 ilustramos o funcionamento do algoritmo para o caso de $N = 4$ e $k = 1$. Para esses parâmetros, o algoritmo funciona em quatro etapas. Na etapa 1, todo processo sem falha i envia v_i a todos os outros processos usando unicast confiável. Processos faltosos podem enviar qualquer coisa. Além do mais, como estamos usando multicast, eles podem enviar valores diferentes a processos diferentes. Seja $v_i = i$. Na Figura 8.4(a) vemos que o processo 1 reporta 1, o processo 2 reporta 2, o processo 3 mente para todo mundo, dando x, y e z, respectivamente, e o processo 4 reporta um valor de 4. Na etapa 2, os resultados dos anúncios da etapa 1 são reunidos sob a forma dos vetores da Figura 8.4(b).

A etapa 3 consiste em cada processo transmitir seu vetor da Figura 8.4(b) para todos os outros processos. Desse modo, todo processo obtém três vetores, um para cada um dos outros processos. Também aqui o processo 3 mente, inventando 12 novos valores, a até l. Os resultados da etapa 3 são mostrados na Figura 8.4(c). Por fim, na etapa 4, cada processo examina o i-ésimo elemento de cada um dos vetores que acabou de receber. Se qualquer um dos valores tiver uma maioria, ele é colocado no vetor de resultados. Se nenhum valor tiver uma maioria, o elemento correspondente do vetor de resultados é marcado como UNKNOWN (*DESCONHECIDO*). Pela Figura 8.4(c) vemos que 1, 2 e 4 chegam a um acordo sobre os valores para v_1, v_2 e v_4, que é o resultado correto. O que esses processos concluem em relação a v_3 não pode ser decidido, mas também é irrelevante. O objetivo do acordo bizantino é chegar a um consenso apenas para o valor dos processos não faltosos.

Agora vamos rever esse problema para $N = 3$ e $k = 1$, isto é, somente dois processos não faltosos e um faltoso, como ilustrado na Figura 8.5. Nesse caso, vemos que, na

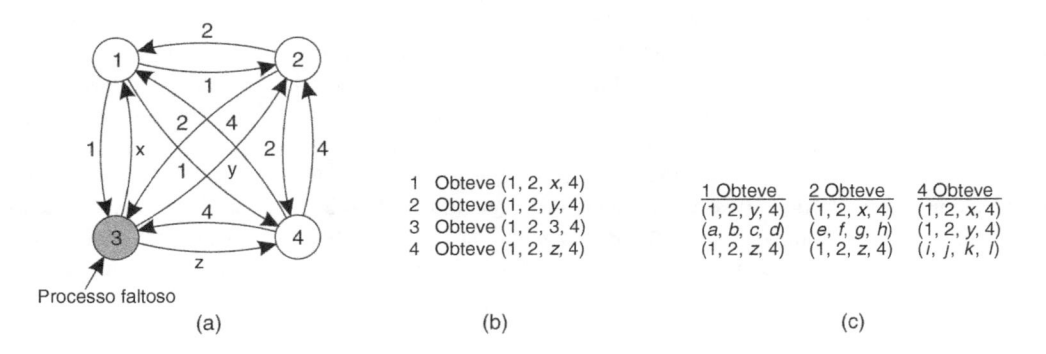

	1 Obteve (1, 2, *x*, 4)	1 Obteve	2 Obteve	4 Obteve
	2 Obteve (1, 2, *y*, 4)	(1, 2, *y*, 4)	(1, 2, *x*, 4)	(1, 2, *x*, 4)
	3 Obteve (1, 2, 3, 4)	(*a, b, c, d*)	(*e, f, g, h*)	(1, 2, *y*, 4)
	4 Obteve (1, 2, *z*, 4)	(1, 2, *z*, 4)	(1, 2, *z*, 4)	(*i, j, k, l*)
(a)	(b)			(c)

Figura 8.4 Problema do acordo bizantino para três processos não faltosos e um faltoso. (a) Cada processo envia seu valor aos outros. (b) Vetores que cada processo monta com base em (a). (c) Vetores que cada processo recebe na etapa 3.

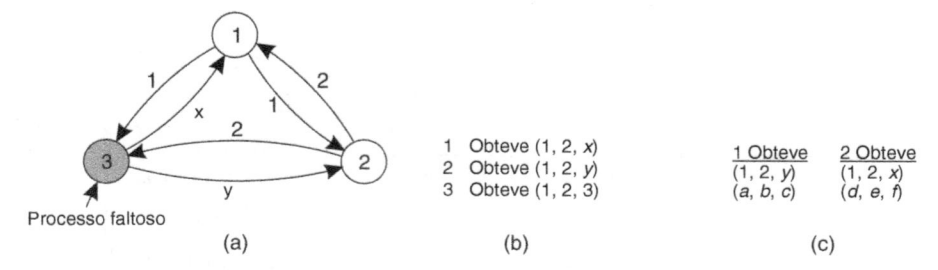

1 Obteve (1, 2, x)	1 Obteve	2 Obteve
2 Obteve (1, 2, y)	(1, 2, y)	(1, 2, x)
3 Obteve (1, 2, 3)	(a, b, c)	(d, e, f)
(a)	(b)	(c)

Figura 8.5 Igual à Figura 8.4, exceto que, agora, há dois processos corretos e um processo faltoso.

Figura 8.5(c), nenhum dos processos que se comporta corretamente vê uma maioria para o elemento 1, elemento 2 ou elemento 3, portanto todos são marcados como *UNKNOWN*. O algoritmo não conseguiu produzir um acordo.

Em seu artigo, Lamport et al. (1982) provaram que, em um sistema com k processos faltosos, pode-se conseguir um acordo somente se estiverem presentes $2k + 1$ processos funcionando corretamente, para um total de $3k + 1$. Expresso em termos ligeiramente diferentes, um acordo só é possível se *mais* do que dois terços dos processos estiverem funcionando adequadamente.

Um outro modo de considerar esse problema é o que descrevemos a seguir. Basicamente, o que precisamos conseguir é um voto majoritário entre um grupo de processos não faltosos, independentemente de haver também processos faltosos em seu meio. Se houver k processos faltosos, precisamos garantir que os votos deles, junto com o de qualquer processo correto que foi enganado pelos faltosos, ainda corresponda ao voto majoritário dos processos não faltosos. Com $2k + 1$ processos não faltosos, isso pode ser conseguido ao se exigir que, para se chegar a um acordo, é preciso mais do que dois terços de votos iguais. Em outras palavras, se mais do que dois terços dos processos concordarem com a mesma decisão, essa decisão corresponde ao mesmo voto majoritário do grupo de processos não faltosos.

Contudo, chegar a um acordo pode ser até pior. Fischer et al. (1985) provaram que, em um sistema distribuído no qual não se pode garantir que as mensagens sejam entregues dentro de um tempo conhecido e finito, nenhum acordo é possível mesmo que só um processo seja faltoso (ainda que ele falhe silenciosamente). O problema com tais sistemas é que não é possível distinguir processos arbitrariamente lentos de processos que caíram, isto é, é impossível distinguir vivos de mortos. Há muitos outros resultados teóricos conhecidos sobre quando um acordo é possível e quando não é. Levantamentos desses resultados são dados em Barborak et al. (1993) e Turek e Shasha (1992).

Também é preciso observar que os esquemas descritos até aqui têm como premissa que os nós são ou bizantinos ou colaborativos. Essa última condição nem sempre pode ser apenas considerada quando os processos forem de diferentes domínios administrativos. Nesse caso, o mais provável é que eles exibam comportamento *racional,* por exemplo, informando eventos de esgotamento de temporização quando isso for mais barato do que executar uma operação de atualização. Lidar com esses casos não é algo casual. Um primeiro passo em direção a uma solução é representado pela **tolerância a falha BAR**, sigla formada pelas iniciais dos termos bizantino, altruísmo e racionalidade. A tolerância a falha BAR é descrita em Aiyer et al. (2005).

8.2.4 Detecção de falha

Pelas nossas discussões até aqui, deve ter ficado claro que, para mascarar falhas adequadamente, em geral também precisamos detectá-las. A detecção de falhas é uma das pedras fundamentais da tolerância a falha em sistemas distribuídos. Podemos resumi-la assim: no caso de um grupo de processos, membros não faltosos devem ser capazes de decidir quem ainda é um membro e quem não é. Em outras palavras, precisamos ser capazes de detectar quando um membro falhou.

Quando se trata de detectar falhas de processos, há, em essência, somente dois mecanismos. Ou os processos enviam ativamente uns aos outros mensagens 'você está vivo?' (para as quais obviamente esperam respostas), ou esperam passivamente pela entrada de mensagens de processos diferentes. A última abordagem só faz sentido quando se pode garantir que há comunicação suficiente entre processos. Na prática, a abordagem usualmente seguida é enviar **pings**[*] ativamente a processos.

Há grande acervo de trabalho teórico sobre detectores de falha. Porém, tudo se resume à utilização de um mecanismo de esgotamento de temporização para verificar se um processo falhou. Em ambientes reais, essa abordagem tem dois problemas principais. O primeiro é

---

[*] Ping: tipo de mensagem enviada para verificar a presença de uma entidade remota. O nome é uma onomatopéia do sonar dos submarinos (N. do R.T.).

que, devido a redes não confiáveis, simplesmente declarar que um processo falhou porque não retornou uma resposta a uma mensagem ping pode ser incorreto. Em outras palavras, é bem fácil gerar falso-positivos. Se um falso-positivo tiver o efeito de remover um processo perfeitamente saudável de uma lista de associação ao grupo, então é claro que estamos fazendo algo errado.

Um outro problema sério é que esgotamentos de temporização são pura e simplesmente toscos. Como observou Birman (2005), quase não dá trabalho construir subsistemas adequados de detecção de falha que levem em conta mais do que apenas a falta de resposta a uma única mensagem. Essa declaração é ainda mais evidente quando examinamos os sistemas distribuídos desenvolvidos pelas indústrias.

Há várias questões que precisam ser levadas em conta no projeto de um subsistema de detecção de falha [veja também Zhuang et al. (2005)]. Por exemplo, a detecção de falha pode ocorrer por gossiping no qual cada nó anuncia periodicamente a seus vizinhos que ainda está vivo e funcionando. Como mencionamos, uma alternativa é permitir que esses nós sondem ativamente uns aos outros.

A detecção de falha também pode ser realizada como efeito colateral da troca regular de informações com vizinhos, como acontece na disseminação de informações baseada em gossip (que discutimos no Capítulo 4). Em essência, essa abordagem também é adotada em Obduro (Vogels, 2003): processos informam sua disponibilidade de serviço periodicamente por gossip. Essa informação é gradativamente disseminada pela rede por gossiping. A certa altura, todo processo saberá da existência de cada um dos outros processos, porém o mais importante é que terá informações disponíveis suficientes no local para decidir se um processo falhou ou não. Um membro cuja informação de disponibilidade é velha presumivelmente falhou.

Uma outra questão importante é que o ideal seria que um subsistema de detecção de falhas conseguisse distinguir entre falhas de rede e falhas de nós. Um modo de lidar com esse problema é não permitir que um único nó decida se um de seus vizinhos caiu. Em vez disso, ao perceber que a temporização de uma mensagem ping se esgotou, um nó requisita a outros vizinhos que verifiquem se podem alcançar o nó que presumivelmente falhou. Certamente informações positivas também podem ser compartilhadas: se um nó ainda estiver vivo, essa informação pode ser transmitida para outras partes interessadas (que podem estar detectando uma falha de enlace com o nó suspeito).

Isso nos leva a uma outra questão fundamental: quando é detectada a falha de um membro, como os outros processos não faltosos devem ser informados? Uma abordagem simples, e um tanto radical, é a seguida em Fuse (Dunagan et al., 2004). Em Fuse, processos podem ser reunidos em um grupo que abrange uma rede de longa distância. Os membros do grupo criam uma árvore que é usada para monitorar falhas de membros. Os membros enviam mensagens ping a seus vizinhos. Quando um vizinho não responde, o nó que está enviando a mensagem ping imediatamente comuta para um estado no qual ele também não mais responderá às mensagens ping de outros nós. Por recursão, verificamos que a falha de um único nó é rapidamente promovida a uma notificação de falha de grupo. O Fuse não sofre muitas falhas de enlaces pela simples razão de contar com conexões TCP ponto-a-ponto entre membros do grupo.

8.3 Comunicação Confiável Cliente-Servidor

Em muitos casos, a tolerância a falha em sistemas distribuídos se concentra em processos faltosos. Contudo, também precisamos considerar falhas de comunicação. A maioria dos modelos de falha discutidos antes se aplica igualmente bem a canais de comunicação. Em particular, um canal de comunicação pode exibir falhas por queda, por omissão, de temporização e arbitrárias. Na prática, quando se constroem canais de comunicação confiáveis, o foco está em mascarar falhas por queda e omissão. Falhas arbitrárias podem ocorrer sob a forma de mensagens duplicadas, resultantes do fato de que, em uma rede de computadores, as mensagens podem ser mantidas em buffer por um tempo relativamente longo e são injetadas novamente na rede após o remetente original já ter emitido uma retransmissão (veja, por exemplo, Tanenbaum, 2003).

8.3.1 Comunicação ponto-a-ponto

Em muitos sistemas distribuídos, comunicação confiável ponto-a-ponto é estabelecida pela utilização de um protocolo de transporte confiável, como o TCP. O TCP mascara falhas por omissão, que ocorrem sob a forma de mensagens perdidas, usando reconhecimentos e retransmissões. Tais falhas ficam completamente ocultas a um cliente TCP.

Contudo, falhas por queda de conexões não são mascaradas. Uma falha por queda pode ocorrer quando, por qualquer razão, uma conexão TCP for interrompida abruptamente de modo que nenhuma mensagem mais possa ser transmitida pelo canal. Na maioria dos casos, o cliente é informado de que o canal caiu pelo levantamento de uma exceção. O único modo de mascarar tais falhas é permitir que o sistema distribuído tente estabelecer automaticamente uma nova conexão, simplesmente com o reenvio de uma requisição de conexão. A premissa subjacente é que o outro lado ainda, ou novamente, será capaz de responder.

8.3.2 Semântica da RPC na presença de falhas

Agora vamos examinar mais de perto a comunicação cliente–servidor quando são usados recursos de comunicação de alto nível como chamadas de procedimento remoto (RPCs). O objetivo da RPC é ocultar comunicação fazendo com que chamadas de procedimentos remotos pareçam exatamente como as locais. Com algumas exceções, até aqui já chegamos bem perto. Realmente, contanto que ambos, cliente e servidor, estejam funcionando perfeitamente, a RPC faz bem seu trabalho. O problema surge quando ocorrem erros. É nesse caso que as diferenças entre chamadas locais e remotas nem sempre são fáceis de mascarar.

Para estruturar nossa discussão, vamos distinguir entre cinco classes diferentes de falhas que podem ocorrer em sistemas RPC, como segue:

1. O cliente não consegue localizar o servidor.
2. A mensagem de requisição do cliente para o servidor se perde.
3. O servidor cai após receber uma requisição.
4. A mensagem de resposta do servidor para o cliente se perde.
5. O cliente cai após enviar uma requisição.

Cada uma dessas categorias apresenta problemas diferentes e requer soluções diferentes.

Cliente não pode localizar o servidor

Para começar, pode acontecer de o cliente não poder localizar um servidor adequado. Todos os servidores podem ter caído, por exemplo. Como alternativa, suponha que o cliente tenha sido compilado usando determinada versão de apêndice de cliente, e o código binário não foi usado por um período considerável. No ínterim, o servidor evolui e uma nova versão da interface é instalada; novos apêndices são gerados e postos em uso. Quando o cliente é executado, o vinculador não conseguirá combiná-lo com um servidor e anunciará a falha. Embora esse mecanismo seja utilizado para proteger o cliente de tentar falar, por acidente, com um servidor que possa não concordar com ele em termos dos parâmetros requeridos e do que ele deve fazer, o problema a respeito de como essa falha deve ser tratada continua existindo.

Uma possível solução é fazer com que o erro ative uma **exceção**. Em algumas linguagens, por exemplo, Java, os programadores podem escrever procedimentos especiais que são invocados na ocorrência de erros específicos, como divisão por zero. Em C, manipuladores de sinal podem ser usados para essa finalidade. Em outras palavras, podemos definir um novo sinal do tipo *SIGNOSERVER* e permitir que ele seja manipulado do mesmo modo que os outros sinais.

Também essa abordagem tem suas desvantagens. Para começar, nem toda linguagem tem exceções ou sinais. Um outro ponto é que ter de escrever um manipulador de exceção ou sinal destrói a transparência que estávamos tentando conseguir. Suponha que você seja um programador e sua chefe lhe peça para escrever o procedimento sum. Você sorri e lhe diz que o procedimento será escrito, testado e documentado em cinco minutos. Então ela menciona que você também tem de escrever um manipulador de exceção, só para garantir caso o procedimento ainda não exista. Nessa circunstância é bem difícil manter a ilusão de que procedimentos remotos não são diferentes de procedimentos locais, visto que escrever um manipulador de exceção para 'Não pode localizar servidor' seria um requisito bastante incomum em um sistema monoprocessador. E adeus, transparência!

Mensagens de requisição perdidas

O segundo item da lista trata de mensagens de requisição perdidas. Esse é o mais fácil de tratar: basta fazer com que o sistema operacional ou o apêndice de cliente inicie um temporizador ao enviar a requisição. Se o temporizador expirar antes de receber de volta uma resposta ou um reconhecimento, a mensagem é enviada novamente. Se a mensagem foi realmente perdida, o servidor não conseguirá perceber a diferença entre a retransmissão e a mensagem original, e tudo funcionará bem. A menos, é claro, que certo número de mensagens de requisição sejam perdidas, a ponto de o cliente desistir e chegar à falsa conclusão de que o servidor está fora do ar, caso em que estaremos de volta a 'Não pode localizar servidor'. Se a requisição não foi perdida, a única coisa que precisamos fazer é permitir que o servidor consiga detectar que está lidando com uma retransmissão. Infelizmente, isso não é tão simples, como explicaremos quando discutirmos respostas perdidas.

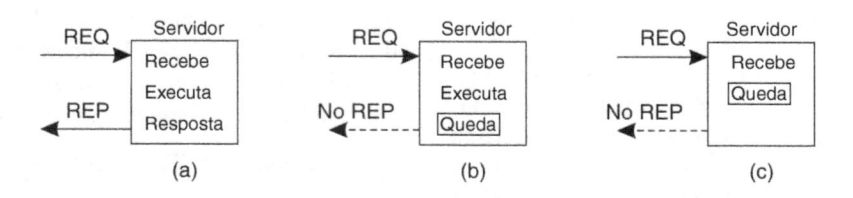

Figura 8.6 Servidor em comunicação cliente–servidor. (a) Caso normal. (b) Queda após a execução. (c) Queda antes da execução.

Quedas de servidor

A próxima falha na lista é uma queda de servidor. A seqüência normal de eventos em um servidor é mostrada na Figura 8.6(a). Uma requisição chega, é executada, e uma resposta é enviada. Agora considere a Figura 8.6(b). Uma requisição chega e é executada exatamente como antes, mas o servidor cai antes de poder enviar a resposta. Por fim, veja a Figura 8.6(c). Novamente uma requisição chega, mas desta vez o servidor cai antes mesmo de poder executar a requisição. Claro que nenhuma resposta é enviada de volta.

A parte perturbante da Figura 8.6 é que o tratamento correto é diferente para (b) e para (c). Em (b) o sistema tem de informar a falha ao cliente (por exemplo, provocar uma exceção), ao passo que em (c) ele pode apenas retransmitir a requisição. O problema é que o sistema operacional do cliente não sabe dizer qual é qual — a única coisa que ele sabe é que seu temporizador expirou.

Há três linhas de pensamento sobre o que fazer nesse caso (Spector, 1982). Uma filosofia é esperar até que o servidor reinicialize (ou se vincule a um outro servidor) e tente a operação novamente. A idéia é continuar tentando até receber uma resposta e então entregá-la ao cliente. Essa técnica é denominada **semântica ao menos uma vez** e garante que a RPC seja executada ao menos uma vez, mas possivelmente mais de uma.

A segunda filosofia desiste imediatamente e informa a falha. Esse modo é denominado **semântica no máximo uma vez** e garante que a RPC seja executada no máximo uma vez, mas possivelmente nenhuma.

A terceira filosofia é nada garantir. Quando um servidor cai, o cliente não recebe nenhuma ajuda e nenhuma promessa sobre o que aconteceu. A RPC pode ter sido executada desde zero até um grande número de vezes. A principal virtude desse esquema é que ele é fácil de implementar.

Nenhuma dessas opções é tentadoramente atraente. O que todos gostariam seria uma **semântica exatamente uma vez** mas, em geral, não há nenhum modo de fazer isso. Imagine que a operação remota consiste em imprimir certo texto e que o servidor envia uma mensagem de conclusão ao cliente quando o texto estiver impresso. Suponha também que, quando um cliente emite uma requisição, recebe um reconhecimento de que a requisição foi entregue ao servidor. Há duas estratégias que o servidor pode seguir. Ele pode enviar uma mensagem de conclusão um pouco antes de dizer à impressora que faça seu trabalho ou após o texto ter sido impresso.

Suponha que o servidor caia e, logo depois, se recupere. Ele anuncia a todos os clientes que caiu, mas que agora está funcionando novamente. O problema é que o cliente não sabe se sua requisição para imprimir o texto será realmente executada.

Há quatro estratégias que o cliente pode seguir. Na primeira, o cliente pode decidir *nunca* reemitir uma requisição, correndo o risco de o texto não ser impresso. Na segunda, ele pode decidir *sempre* reemitir uma requisição, mas isso pode resultar na impressão do texto duas vezes. Na terceira, ele pode decidir reemitir uma requisição *somente se ainda não recebeu* um reconhecimento de que sua requisição de impressão foi entregue ao servidor. Nesse caso, o cliente está contando com o fato de o servidor ter caído antes que a requisição de impressão pudesse ser entregue. A quarta e última estratégia é reemitir uma requisição *somente se tiver recebido* um reconhecimento para a requisição de impressão.

Com duas estratégias para o servidor e quatro para o cliente, há um total de oito combinações a considerar. Infelizmente, nenhuma combinação é satisfatória. Explicamos: observe que há três eventos que podem acontecer no servidor: enviar a mensagem de conclusão (*M*), imprimir o texto (*P*) e cair (*C*). Esses eventos podem ocorrer em seis ordenações diferentes:

1. $M \to P \to C$: ocorre uma queda após o envio da mensagem de conclusão e a impressão do texto.
2. $M \to C(\to P)$: ocorre uma queda após o envio da mensagem de conclusão, mas antes de o texto poder ser impresso.

Cliente	Servidor					
	Estratégia M→P			Estratégia P→M		
Estratégia de reemissão	MPC	MC(P)	C(MP)	PMC	PC(M)	C(PM)
Sempre	DUP	OK	OK	DUP	DUP	OK
Nunca	OK	ZERO	ZERO	OK	OK	ZERO
Somente quando recebe ACK	DUP	OK	ZERO	DUP	OK	ZERO
Somente quando não recebe ACK	OK	ZERO	OK	OK	DUP	OK

OK = Texto é impresso uma vez
DUP = Texto é impresso duas vezes
ZERO = Texto não é impresso

Figura 8.7 Diferentes combinações de estratégias de cliente e servidor na presença de quedas de servidor.

3. $P \to M \to C$: ocorre uma queda após a impressão do texto e o envio de uma mensagem de conclusão.
4. $P \to C(\to M)$: o texto é impresso e em seguida ocorre a queda, antes do envio da mensagem de conclusão.
5. $C(\to P \to M)$: ocorre uma queda antes que o servidor pudesse fazer qualquer coisa.
6. $C(\to M \to P)$: ocorre uma queda antes que o servidor pudesse fazer qualquer coisa.

Os parênteses indicam que um evento não pode mais acontecer porque o servidor caiu. A Figura 8.7 mostra todas as combinações possíveis. Como se pode verificar imediatamente, não há nenhuma combinação de estratégia de cliente e estratégia de servidor que funcionará corretamente sob todas as possíveis seqüências de eventos. O resultado líquido é que pode ser que o cliente nunca fique sabendo se o servidor caiu um pouco antes ou um pouco depois de imprimir o texto.

Resumindo, a possibilidade de o servidor cair muda radicalmente a natureza da RPC e distingue claramente sistemas monoprocessadores de sistemas distribuídos. No primeiro caso, uma queda de servidor implica também uma queda de cliente, portanto a recuperação não é possível, nem necessária. No último, é possível, e também necessário, tomar providências.

Mensagens de respostas perdidas

Respostas perdidas também podem ser difíceis de tratar. A solução óbvia é apenas recorrer novamente a um temporizador que foi ajustado pelo sistema operacional do cliente. Se nenhuma resposta chegar dentro de um período razoável, basta enviar a requisição mais uma vez. O problema dessa solução é que o cliente não sabe com certeza por que não houve resposta. Foi a requisição ou a resposta que se perdeu, ou é o servidor que está lento? Pode fazer diferença.

Em particular, algumas operações podem ser repetidas com segurança quantas vezes forem necessárias sem causar nenhum dano. Uma requisição tal como solicitar os 1.024 primeiros bytes de um arquivo não tem efeitos colaterais e pode ser executada tantas vezes quanto for necessário sem causar nenhum dano. Uma requisição que tem essa propriedade é denominada **idempotente**.

Agora, considere uma requisição a um servidor de banco que solicite a transferência de um milhão de dólares de uma conta para outra. Se a requisição chegar e for realizada, mas a resposta se perder, o cliente não ficará sabendo disso e retransmitirá a mensagem. O servidor do banco interpretará essa requisição como uma nova e a executará também. Dois milhões de dólares serão transferidos.

Imagine só se a resposta for perdida dez vezes! A transferência de dinheiro não é idempotente.

Um modo de resolver esse problema é tentar estruturar todas as requisições de modo idempotente. Na prática, contudo, muitas requisições (por exemplo, transferir dinheiro) são inerentemente não idempotentes, portanto é preciso alguma outra coisa. Um outro método é fazer com que o cliente designe um número de seqüência a cada requisição. Se o servidor monitorar o número de seqüência mais recentemente recebido de cada cliente que o está usando, poderá distinguir entre uma requisição original e uma retransmissão e poderá se recusar a executar qualquer requisição uma segunda vez. Contudo, o servidor ainda terá de enviar uma resposta ao cliente. Observe que essa abordagem requer que o servidor mantenha administração sobre cada cliente. Além do mais, não fica claro por quanto tempo ele deve manter essa administração. Uma salvaguarda adicional é usar um bit no cabeçalho da mensagem para distinguir requisições iniciais de retransmissões (a idéia é que sempre é seguro executar uma requisição original; retransmissões podem exigir mais cuidado).

Quedas de cliente

O item final da lista de falhas é a queda do cliente. O que acontece se um cliente enviar uma requisição a um servidor para executar algum trabalho e cair antes de o servidor responder? Nesse ponto, uma computação está ativa e nenhum pai está esperando o resultado. Tal computação indesejada é denominada **órfão**.

Órfãos podem causar uma variedade de problemas que podem interferir com a operação normal do sistema. O mínimo que fazem é desperdiçar ciclos de CPU. Também podem travar arquivos ou então amarrar recursos valiosos. Por fim, se o cliente reinicializar e executar novamente a RPC, mas a resposta do órfão voltar logo em seguida, pode haver confusão.

O que pode ser feito com órfãos? Nelson (1981) propôs quatro soluções. Na solução 1, antes de enviar uma mensagem RPC, um apêndice de cliente faz uma entrada de registro informando o que está prestes a fazer. O registro é mantido em disco ou em algum outro meio que sobreviva a quedas. Após uma reinicialização, o registro é verificado e o órfão é explicitamente exterminado. Essa solução é denominada **extermínio de órfão**.

A desvantagem desse esquema é a horrenda despesa de escrever um registro em disco para toda RPC. Além do mais, pode até nem funcionar, uma vez que os próprios órfãos podem gerar RPCs, o que cria **netos órfãos**, ou mais outros descendentes que são difíceis ou impossíveis de localizar. Por fim, a rede pode ser particionada devido a um gateway faltoso, o que impossibilita removê-los mesmo que possam ser localizados. Levando tudo em conta, essa não é uma abordagem promissora.

Na solução 2, denominada **reencarnação**, todos esses problemas podem ser resolvidos sem necessidade de escrever registros em discos. O modo de funcionamento dessa solução é dividir o tempo em épocas numeradas em seqüência. Quando um cliente reinicializa, envia mensagens broadcast a todas as máquinas, declarando o início de uma nova época. Quando tal broadcast chega, todas as computações remotas em nome daquele cliente são removidas. É óbvio que, se a rede for particionada, alguns órfãos podem sobreviver. Entretanto, felizmente, quando eles aparecem novamente, suas respostas conterão um número de época obsoleto, o que facilitará detectá-los.

A solução 3 é uma variante dessa idéia, mas um pouco menos draconiana. É denominada **reencarnação gentil**. Quando um broadcast de época chega, cada máquina verifica e observa se há quaisquer computações remotas executando no local e, se houver, faz o melhor que pode para localizar seus proprietários. Somente se os proprietários não puderem ser localizados em nenhum lugar é que a computação é removida.

Por fim, temos a solução 4, **expiração**, na qual cada RPC recebe uma quantidade de tempo padrão, T, para fazer o trabalho. Se ela não puder terminar, deve solicitar explicitamente um outro *quantum*, o que é um aborrecimento. Por outro lado, se após uma queda um cliente esperar por um tempo T antes de reinicializar, todos os órfãos desaparecerão com certeza. O problema a ser resolvido nesse caso é escolher um valor razoável de T em face de RPCs com requisitos muito variados.

Na prática, todos esses métodos são grosseiros e indesejáveis. Pior ainda, exterminar um órfão pode ter conseqüências imprevisíveis. Por exemplo, suponha que um órfão coloque travas em um ou mais arquivos ou registros de bancos de dados. Se o órfão for exterminado repentinamente, essas travas podem permanecer para sempre. Além disso, pode ser que um órfão já tenha feito entradas em várias filas remotas para iniciar outros processos em algum tempo futuro, portanto, ainda que o órfão seja eliminado, pode ser que ainda sobrem traços dele. É até mesmo concebível que ele tenha reiniciado novamente, com conseqüências imprevisíveis. A eliminação de órfãos é discutida com mais detalhes por Panzieri e Shrivastava (1988).

8.4 Comunicação Confiável de Grupo

Considerando a importância da resiliência do processo por replicação, não é surpresa que serviços multicast confiáveis também sejam importantes. Tais serviços garantem que mensagens sejam entregues a todos os membros em um grupo de processos. Infelizmente, ocorre que o multicast confiável é surpreendentemente complicado. Nesta seção, examinaremos mais de perto as questões envolvidas na entrega confiável de mensagens a um grupo de processos.

8.4.1 Esquemas básicos de multicast confiável

Embora a maioria das camadas de transporte ofereça canais ponto-a-ponto confiáveis, é raro que ofereça comunicação confiável a um conjunto de processos. O melhor que elas podem fazer é permitir que cada processo estabeleça uma conexão ponto-a-ponto com cada processo com o qual queira se comunicar. Certamente que tal organização não é muito eficiente e pode desperdiçar largura de banda de rede. Ainda assim, se o número de processos for pequeno, conseguir confiabilidade por meio de vários canais ponto-a-ponto confiáveis é uma solução simples e freqüentemente direta.

Para não ficarmos só nesse caso simples, precisamos definir exatamente o que é multicast confiável. Por intuição, significa que uma mensagem que é enviada a um grupo de processos deve ser entregue a cada membro daquele grupo. Todavia, o que ocorre se, durante a comunicação, um processo se juntar ao grupo? Esse processo também deve receber a mensagem? Da mesma maneira, deveríamos determinar também o que acontece se um processo (remetente) cair durante a comunicação.

Para abranger tais situações, deve-se fazer uma distinção entre comunicação confiável na presença de processos faltosos e comunicação confiável quando se considera que os processos estão funcionando corretamente. No primeiro caso, o multicast é considerado confiável quando se pode garantir que todos os membros não faltosos do grupo receberam a mensagem. A parte delicada é que se deve chegar a um acordo sobre a real composição do grupo antes de poder entregar uma mensagem, além de várias restrições de ordenação. Voltaremos a esses assuntos mais adiante, quando discutirmos multicasts atômicos.

A situação torna-se mais simples se considerarmos que existe um acordo sobre quem é um membro do grupo e quem não é. Em particular, se adotarmos como premissa que processos não falham e que não se juntam ao grupo nem saem dele enquanto a comunicação está em curso, multicast confiável significa apenas que toda mensagem deve ser entregue a cada membro do grupo no momento em questão. No caso mais simples, não há nenhum requisito de que todos os membros do grupo recebam mensagens na mesma ordem, porém, às vezes, essa característica é necessária.

Essa forma mais fraca de multicast confiável é relativamente fácil de implementar, mais uma vez sujeita à condição de que o número de receptores seja limitado. Considere o caso em que um único remetente queira enviar uma mensagem multicast a vários receptores. Considere que o sistema de comunicação subjacente ofereça somente multicast não confiável, o que significa que uma mensagem multicast pode se perder em algum ponto do caminho e ser entregue a alguns, mas não a todos os receptores pretendidos.

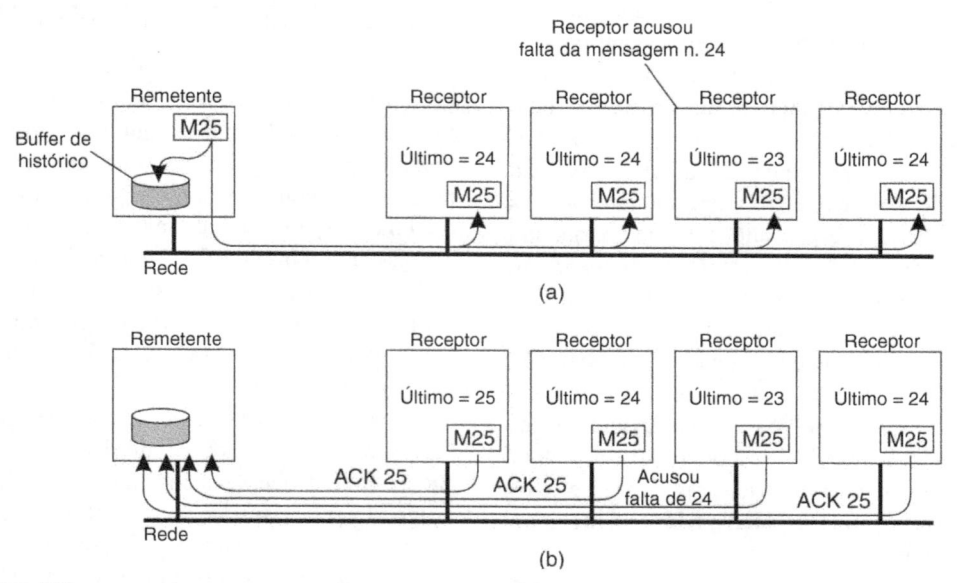

Figura 8.8 Uma solução simples para multicast confiável quando todos os receptores são conhecidos; a premissa é que nenhum falhe. (a) Transmissão de mensagem. (b) Realimentação de relatório.

Uma solução simples é mostrada na Figura 8.8. O processo remetente designa um número de seqüência a cada mensagem multicast. Consideramos que as mensagens são recebidas na ordem em que são enviadas. Desse modo, é fácil para um receptor detectar que uma mensagem esteja faltando. Cada mensagem multicast é armazenada no local, em um buffer de histórico do remetente. Considerando que os receptores são conhecidos pelo remetente, este simplesmente mantém a mensagem em seu buffer de histórico até que um receptor tenha retornado um reconhecimento. Se um receptor detectar que está faltando uma mensagem, pode retornar um reconhecimento negativo, requisitando uma retransmissão ao remetente. Como alternativa, o remetente pode retransmitir automaticamente a mensagem quando não recebeu todos os reconhecimentos dentro de certo tempo.

Há vários compromissos de projeto a fazer. Por exemplo, para reduzir o número de mensagens retornadas ao remetente, os reconhecimentos poderiam pegar carona com outras mensagens. Além disso, a retransmissão de uma mensagem pode ser feita com o uso de comunicação ponto-a-ponto para cada processo requisitante ou com o uso de uma única mensagem multicast enviada a todos os processos. Um levantamento extensivo e detalhado de broadcasts totalmente ordenados pode ser encontrado em Defago et al. (2004).

8.4.2 Escalabilidade em multicast confiável

O principal problema do esquema de multicast confiável que acabamos de descrever é que ele não pode suportar grandes números de receptores. Se houver N receptores, o remetente deve estar preparado para aceitar no mínimo N recebimentos. Com muitos receptores, o remetente pode ficar lotado com tais mensagens de retorno, o que também é denominado implosão de retorno. Ademais, talvez também tenhamos de levar em conta que os receptores estão espalhados por uma rede de longa distância.

Uma solução para esse problema não é fazer com que os receptores reconheçam o recebimento de uma mensagem, mas que um receptor devolva uma mensagem de retorno só para informar ao remetente que ele acusou a falta de uma mensagem. É possível demonstrar que, de modo geral, retornar somente tais reconhecimentos negativos melhora a escalabilidade [veja, por exemplo, Towsley et al. (1997)], mas não se pode dar nenhuma garantia concreta de que implosões de retornos nunca acontecerão.

Um outro problema em retornar somente reconhecimentos negativos é que, em teoria, o remetente será forçado a manter uma mensagem em seu buffer de histórico para sempre. Como o remetente nunca pode saber se uma mensagem foi entregue corretamente a todos os receptores, deve estar sempre preparado para que um receptor requisite a retransmissão de uma mensagem velha. Na prática, o remetente removerá uma mensagem de seu buffer de histórico após algum tempo para evitar que o buffer transborde. Todavia, quando uma mensagem for removida, corre-se o risco de uma requisição para retransmissão não ser honrada.

Existem várias propostas para multicast confiável escalável. Uma comparação entre diferentes esquemas pode ser encontrada em Levine e Garcia-Luna-Aceves (1998). Agora, discutiremos brevemente duas abordagens muito diferentes que são representativas de várias soluções existentes.

Controle de realimentação não hierárquico

A questão fundamental em soluções escaláveis para multicast confiável é reduzir o número de mensagens de retorno que são devolvidas ao remetente. Um modelo popular que tem sido utilizado em várias aplicações de longa distância é a **supressão de retorno**. Esse esquema é subjacente ao protocolo de **multicast confiável escalável** (Scalable Reliable Multicast — SRM) desenvolvido por Floyd et al. (1997) e funciona como descreveremos a seguir.

Em primeiro lugar, em SRM, receptores nunca reconhecem a entrega bem-sucedida de uma mensagem multicast; apenas informam quando percebem que está faltando uma mensagem. O modo como a perda da mensagem é detectada fica a cargo da aplicação. Somente reconhecimentos negativos são devolvidos como realimentação. Sempre que um receptor perceber que está faltando uma mensagem, ele envia sua realimentação em *multicast* ao resto do grupo.

Fazer multicast da realimentação permite que um outro membro do grupo suprima sua própria realimentação. Suponha que vários receptores tenham percebido a falta da mensagem *m*. Cada um deles precisará retornar um reconhecimento negativo ao remetente, *S*, de modo que *m* possa ser retransmitida. Contudo, se considerarmos que as retransmissões são sempre enviadas em multicast ao grupo inteiro, basta que uma única requisição para retransmissão chegue até *S*.

Por essa razão, um receptor *R* que não recebeu a mensagem *m* escalona uma mensagem de realimentação com certo atraso aleatório. Isto é, a requisição para retransmissão não é enviada até passar algum tempo aleatório. Se, nesse ínterim, uma outra requisição para retransmissão de *m* chegar a *R*, *R* suprimirá seu próprio retorno, sabendo que *m* será retransmitida em breve. Desse modo, de preferência, só uma única mensagem de retorno chegará a *S*, que, por sua vez, retransmitirá *m* na seqüência. Esse esquema é mostrado na Figura 8.9.

A supressão de retorno mostrou que pode ser ampliada razoavelmente bem e tem sido usada como mecanismo subjacente para várias aplicações colaborativas de Internet, como um quadro-negro compartilhado. Contudo, a abordagem também introduz vários problemas sérios. Em primeiro lugar, garantir que só uma requisição para retransmissão seja retornada ao remetente requer um escalonamento de mensagens de realimentação razoavelmente preciso em cada receptor. Senão, muitos receptores ainda enviarão suas realimentações ao mesmo tempo. Acertar temporizadores de acordo com esse esquema em um grupo de processos dispersos por uma rede de longa distância não é assim tão fácil.

Um outro problema é que o multicast de realimentações também interrompe os processos para os quais a mensagem já foi entregue com sucesso. Em outras palavras, outros receptores são forçados a receber e processar mensagens inúteis para eles. A única solução para esse problema é permitir a receptores que não receberam a mensagem *m* se juntar a um grupo multicast separado para *m*, como explicado em Kasera et al. (1997). Infelizmente, essa solução requer que grupos sejam gerenciados com grande eficiência, o que é difícil de conseguir em sistemas que abrangem grandes áreas. Por conseguinte, uma abordagem melhor é permitir aos receptores que tendem a perder as mesmas mensagens se reunir e compartilhar o mesmo canal de multicast para mensagens de realimentação e retransmissões. Detalhes dessa abordagem são encontrados em Liu et al. (1998).

Para aprimorar a escalabilidade de SRM, é útil permitir aos receptores ajudar na recuperação local. Em particular, se um receptor para o qual a mensagem *m* foi entregue com sucesso receber uma requisição para retransmissão, ele pode decidir transmitir *m* em multicast mesmo antes de a requisição de retransmissão chegar ao remetente original. Mais detalhes podem ser encontrados em Floyd et al. (1997) e em Liu et al. (1998).

Controle de realimentação hierárquico

A supressão de realimentação que acabamos de descrever é, basicamente, uma solução não hierárquica. Contudo, conseguir escalabilidade para grupos muito grandes

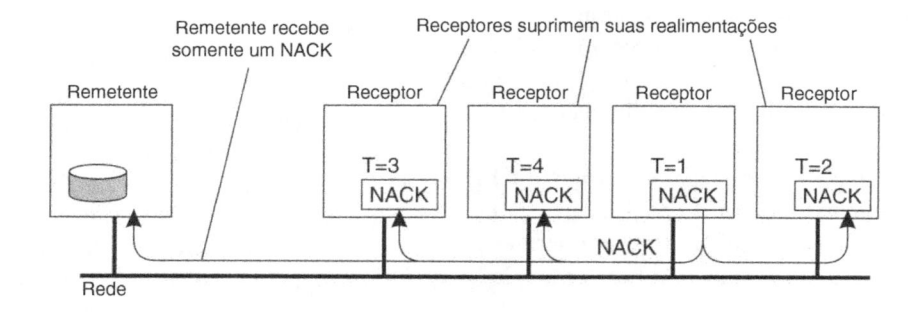

Figura 8.9 *Vários receptores escalonaram uma requisição para retransmissão, mas a primeira requisição de retransmissão resulta na supressão de outras.*

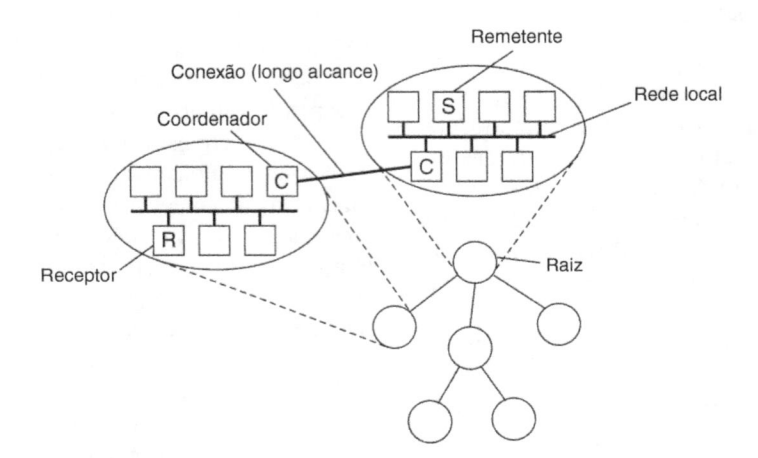

Figura 8.10 Essência do multicast confiável hierárquico. Cada coordenador local repassa a mensagem a seus filhos e mais tarde manipula requisições de retransmissão.

de receptores requer que sejam adotadas abordagens hierárquicas. Em essência, uma solução hierárquica para multicast confiável funciona como mostra a Figura 8.10.

Para simplificar as coisas, considere que há só um único remetente que precisa enviar mensagens multicast a um grupo muito grande de receptores. O grupo de receptores é particionado em vários subgrupos que, na seqüência, são organizados em uma árvore. O subgrupo que contém o remetente forma a raiz da árvore. Dentro de cada subgrupo pode ser usado qualquer esquema de multicast confiável que funcione para pequenos grupos.

Cada subgrupo indica um coordenador local, que é responsável por manipular requisições de retransmissão de receptores contidos em seu subgrupo. Assim, o coordenador local terá seu próprio buffer de histórico. Se o próprio coordenador percebeu a falta de uma mensagem *m*, ele solicita ao coordenador do subgrupo-pai que retransmita *m*. Em um esquema baseado em reconhecimentos, um coordenador local envia um reconhecimento a seu pai se tiver recebido a mensagem. Se um coordenador receber reconhecimentos para a mensagem *m* de todos os membros de seu subgrupo, bem como de seus filhos, ele pode remover *m* de seu buffer de histórico.

O principal problema das soluções hierárquicas é a construção da árvore. Em muitos casos, a árvore precisa ser construída dinamicamente. Uma abordagem é utilizar a árvore multicast da rede subjacente, se houver uma. Portanto, em princípio, a abordagem é aprimorar cada repassador multicast na camada de rede de um modo tal que ele possa agir como coordenador local da maneira que acabamos de descrever. Infelizmente, em termos práticos, não é fácil fazer tais adaptações em redes de computadores existentes. Por essas razões, soluções multicast no nível da aplicação como discutimos no Capítulo 4 vêm ganhando popularidade.

Para concluir, construir esquemas de multicast confiável que possam ser ampliados para um grande número de receptores espalhados por uma rede de longa distância é um problema difícil. Não existe uma solução única que seja a melhor, e cada solução introduz novos problemas.

8.4.3 Multicast atômico

Agora vamos voltar à situação na qual precisamos conseguir multicast confiável na presença de falhas de processo. Em particular, o que freqüentemente precisamos em um sistema distribuído é a garantia de que uma mensagem será entregue a todos os processos ou a nenhum deles. Ademais, de modo geral, é requerido que todas as mensagens sejam entregues na mesma ordem em todos os processos. Isso também é conhecido como **problema do multicast atômico**.

Para ver por que a atomicidade é tão importante, considere um banco de dados replicado construído como uma aplicação em cima de um sistema distribuído. O sistema distribuído oferece facilidades de multicast confiável. Em particular, permite a construção de grupos de processos para os quais as mensagens podem ser enviadas de modo confiável. Portanto, o banco de dados replicado é construído como um grupo de processos, um processo para cada réplica. Operações de atualização são sempre enviadas em multicast a todas as réplicas e, na seqüência, executadas no local. Em outras palavras, consideramos que é usado um protocolo de replicação ativa.

Suponha que, agora, deva ser efetuada uma série de atualizações, mas que, durante a execução de uma das atualizações, uma réplica caia. Em decorrência, essa atualização está perdida para aquela réplica mas, por outro lado, é realizada corretamente nas outras réplicas.

Quando a réplica que acabou de cair se recuperar, na melhor das hipóteses ela pode se recuperar para o mesmo estado que tinha antes da queda; contudo, ela pode ter perdido várias atualizações. Nesse ponto, é essencial que ela seja atualizada em relação às outras réplicas. Trazer a réplica para o mesmo estado das outras requer que saibamos exatamente quais operações estão faltando e em que ordem essas operações devem ser executadas.

Agora, suponha que o sistema distribuído subjacente suportava multicast atômico. Nesse caso, a operação de atualização que foi enviada a todas as réplicas um pouco antes de uma delas cair ou é executada em todas as réplicas não faltosas ou absolutamente em nenhuma. Em particular, com multicast atômico a operação pode ser realizada por todas as réplicas que estão funcionando corretamente somente se elas tiverem chegado a um acordo quanto à associação ao grupo. Em outras palavras, a atualização é realizada se as réplicas restantes concordarem que a réplica que caiu não pertence mais ao grupo.

Quando a réplica que caiu se recupera, é forçada a se juntar ao grupo mais uma vez. Nenhuma operação de atualização lhe será repassada até que ela seja novamente registrada como membro. Para que ela se junte ao grupo é preciso que seu estado seja atualizado em relação ao resto dos membros do grupo. Em conseqüência, o multicast atômico garante que processos não faltosos mantenham uma visão consistente do banco de dados e força a reconciliação quando uma réplica se recupera e se junta ao grupo novamente.

Sincronia virtual

Multicast confiável na presença de falhas de processo pode ser definido com precisão em termos de grupos de processos e mudanças na associação ao grupo. Como antes, fazemos uma distinção entre *receber* e *entregar* uma mensagem. Em particular, adotamos novamente um modelo no qual o sistema distribuído consiste em uma camada de comunicação, como mostra a Figura 8.11. Dentro dessa camada de comunicação, mensagens são enviadas e recebidas. Uma mensagem recebida é colocada em buffer local na camada de comunicação até que ela possa ser entregue à aplicação que está logicamente colocada em uma camada mais alta.

A idéia toda do multicast atômico é que uma mensagem multicast *m* está exclusivamente associada com uma lista de processos aos quais ela deve ser entregue. Essa lista de entrega corresponde a uma **visão do grupo**, ou seja, à visão que se tem de um conjunto de processos contidos no grupo que o remetente tinha no instante em que a mensagem *m* foi enviada em multicast. Uma observação importante é que cada processo contido nessa lista tem a mesma visão. Em outras palavras, todos eles têm de concordar que *m* deve ser entregue a cada um deles e a nenhum outro processo.

Agora suponha que a mensagem *m* é enviada em multicast no instante em que seu remetente tem visão de grupo *G*. Além disso, considere que, enquanto o multicast está em curso, um outro processo se junta ao grupo ou sai dele. Essa mudança na associação ao grupo é naturalmente anunciada a todos os processos em *G*. Dito de modo um pouco diferente, ocorre uma **mudança de visão** quando é enviada uma mensagem multicast *vc* que anuncia a entrada ou saída de um processo. Agora, temos duas mensagens multicast em trânsito ao mesmo tempo: *m* e *vc*. O que precisamos garantir é que *m* seja entregue a todos os processos em *G* antes que cada um deles receba a mensagem *vc*, ou então que *m* não seja entregue de jeito nenhum. Observe que esse requisito é mais ou menos parecido com o multicast totalmente ordenado, que discutimos no Capítulo 6.

Uma pergunta que rapidamente nos vem à mente é: se *m* não for entregue a nenhum processo, como podemos falar em protocolo de multicast *confiável*? Em princípio, há somente um caso no qual a entrega de *m* tem permissão de falhar: quando a mudança na associação ao grupo é resultado da queda do remetente de *m*. Nesse caso, ou todos os membros de *G* devem ficar sabendo do aborto do novo membro, ou nenhum deles. Como alternativa, *m* pode ser ignorada por cada membro, o que corresponde à situação em que o remetente caiu antes de *m* ser enviada.

Essa forma mais forte de multicast confiável garante que uma mensagem enviada em multicast para a visão de

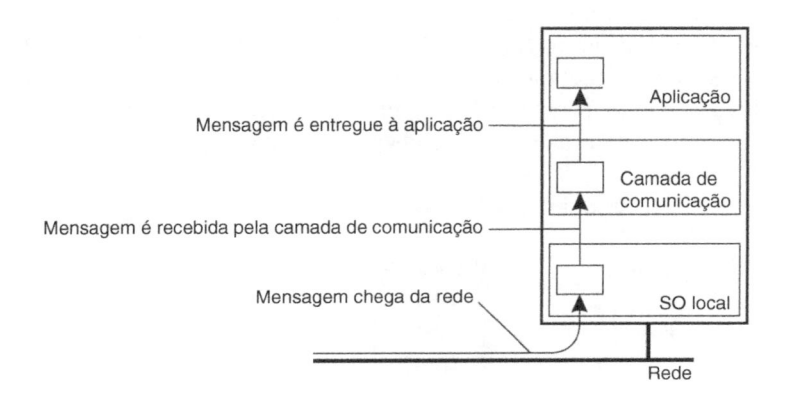

Figura 8.11 Organização lógica de um sistema distribuído para distinguir entre recebimento de mensagem e entrega de mensagem.

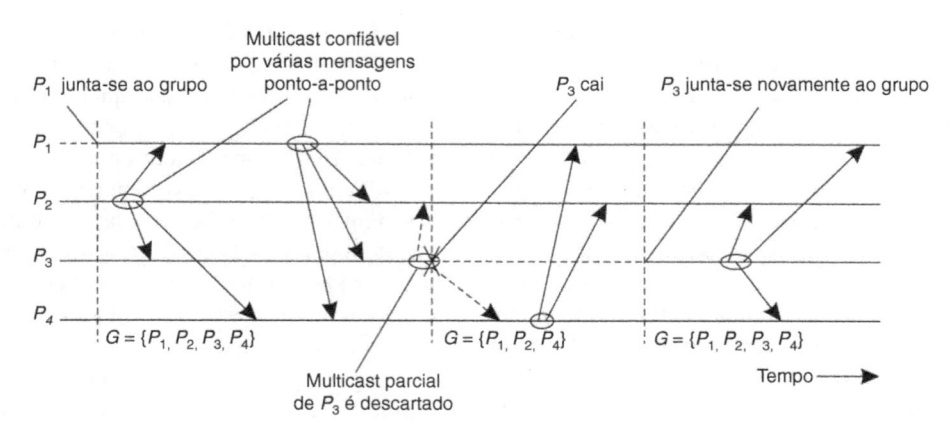

Figura 8.12 Princípio de multicast síncrono virtual.

grupo G seja entregue a cada processo não faltoso em G. Se o remetente da mensagem cair durante o multicast, a mensagem pode ou ser entregue a todos os processos restantes ou ser ignorada por cada um deles. Um multicast confiável com essa propriedade é denominado **virtualmente síncrono** (Birman e Joseph, 1987).

Considere os quatro processos mostrados na Figura 8.12. Em um certo instante, o processo P_1 se junta ao grupo, que então consiste em P_1, P_2, P_3 e P_4. Após o envio em multicast de algumas mensagens, P_3 cai. Contudo, antes de cair, ele conseguiu enviar uma mensagem multicast aos processos P_2 e P_4, mas não ao processo P_1. No entanto, a sincronia virtual garante que a mensagem não seja entregue de jeito nenhum, o que corresponde, efetivamente, à situação em que a mensagem nunca foi enviada antes de P_3 cair.

Depois de P_3 ter sido removido do grupo, a comunicação prossegue entre os membros remanescentes do grupo. Mais tarde, quando P_3 se recupera, ele pode se juntar ao grupo novamente, após seu estado ter sido atualizado.

O princípio da sincronia virtual resulta do fato de que todos os multicasts ocorrem entre mudanças de visão. Expresso de modo um pouco diferente, uma mudança de visão age como uma barreira pela qual nenhum multicast pode passar. Em certo sentido, é comparável à utilização de uma variável de sincronização em depósitos de dados distribuídos, como discutimos no capítulo anterior. Todos os multicasts que estão em trânsito enquanto uma mudança de visão ocorre são concluídos antes de a mudança de visão entrar em vigor. A implementação de sincronia virtual não é algo casual, como discutiremos com detalhes mais adiante.

Ordenação de mensagens

A sincronia virtual permite que um desenvolvedor de aplicações imagine que multicasts ocorram em épocas que são separadas por mudanças na associação aos grupos. Contudo, nada ainda foi dito em relação à ordenação de multicasts. Em geral, são distinguidas quatro ordenações diferentes:

1. Multicasts não ordenados
2. Multicasts ordenados em Fifo
3. Multicasts ordenados por causalidade
4. Multicasts totalmente ordenados

Um **multicast confiável não ordenado** é um multicast virtualmente síncrono a respeito do qual não é dada nenhuma garantia quanto à ordem na qual as mensagens recebidas são entregues aos diferentes processos. Para explicar, considere que multicast confiável é suportado por uma biblioteca que fornece uma primitiva de envio e uma primitiva de recebimento. A operação de recebimento bloqueia o processo chamador até que a mensagem seja entregue a ele.

Agora suponha que um remetente P_1 envie duas mensagens em multicast a um grupo enquanto dois outros processos daquele grupo estejam esperando a chegada de mensagens, como mostra a Figura 8.13.

Processo P_1	Processo P_2	Processo P_3
envia m_1	recebe m_1	recebe m_2
envia m_2	recebe m_2	recebe m_1

Figura 8.13 Três processos que se comunicam no mesmo grupo. A ordenação de eventos por processo é mostrada ao longo do eixo vertical.

Processo P₁	Processo P₂	Processo P₃	Processo P₄
envia m_1	recebe m_1	recebe m_3	envia m_3
envia m_2	recebe m_3	recebe m_1	envia m_4
	recebe m_2	recebe m_2	
	recebe m_4	recebe m_4	

Figura 8.14 Quatro processos no mesmo grupo com dois remetentes diferentes e uma possível ordem de entrega de mensagens em multicast ordenado em Fifo.

Adotando como premissa que os processos não caem nem saem do grupo durante esses multicasts, é possível que a camada de comunicação em P_2 receba primeiro a mensagem m_1 e então m_2. Como não há nenhuma restrição de ordenação de mensagens, as mensagens podem ser entregues a P_2 na ordem em que são recebidas. Ao contrário, a camada de comunicação em P_3 pode receber primeiro a mensagem m_2, seguida pela mensagem m_1, e entregar essas duas na mesma ordem a P_3.

No caso de **multicasts confiáveis ordenados em Fifo**, a camada de comunicação é forçada a entregar as mensagens que chegam do mesmo processo na mesma ordem em que elas foram enviadas. Considere a comunicação dentro de um grupo de quatro processos, como mostra a Figura 8.14. Com ordenação Fifo, a única coisa que importa é que a mensagem m_1 é sempre entregue antes de m_2 e, da mesma maneira, a mensagem m_3 é sempre entregue antes de m_4. Essa regra tem de ser obedecida por todos os processos no grupo. Em outras palavras, quando a camada de comunicação em P_3 receber m_2 em primeiro lugar, deixará a entrega de P_3 em espera até ter recebido e entregado m_1.

Contudo, não há nenhuma restrição em relação à entrega de mensagens enviadas por processos diferentes. Em outras palavras, se o processo P_2 receber m_1 antes de m_3, ele pode entregar as duas mensagens naquela ordem. Enquanto isso, o processo P_3 pode ter recebido m_3 antes de receber m_1. A ordenação Fifo determina que P_3 pode entregar m_3 antes de m_1, embora essa ordem de entrega seja diferente da de P_2.

Por fim, **multicast confiável ordenado por causalidade** entrega mensagens de modo que a potencial causalidade entre mensagens diferentes seja preservada. Em outras palavras, se uma mensagem m_1 preceder uma outra mensagem m_2 por causalidade, independentemente de elas terem sido enviadas em multicast pelo mesmo remetente, a camada de comunicação em cada receptor sempre entregará m_2 após ter recebido e entregado m_1. Observe que multicasts ordenados por causalidade podem ser implementados com utilização de marcas de tempo vetoriais, como discutimos no Capítulo 6.

Além dessas três ordenações, pode haver a restrição adicional que determina que a entrega de mensagens também deve ser totalmente ordenada. **Entrega totalmente ordenada** significa que, independentemente de a entrega da mensagem ser não ordenada, ordenada em Fifo ou ordenada por causalidade, exige-se adicionalmente que, quando as mensagens forem entregues, devam ser entregues na mesma ordem a todos os membros do grupo.

Por exemplo, com a combinação de multicast Fifo e multicast totalmente ordenado, ambos os processos, P_2 e P_3, na Figura 8.14 podem entregar primeiro a mensagem m_3 e, depois, a mensagem m_1. Contudo, se P_2 entregar m_1 antes de m_3, enquanto P_3 entrega m_3 antes de entregar m_1, eles violariam a restrição de ordenação total. Observe que a ordenação Fifo ainda deve ser respeitada. Em outras palavras, m_2 deve ser entregue depois de m_1 e, de acordo com isso, m_4 deve ser entregue depois de m_3.

Multicast confiável virtualmente síncrono que oferece entrega de mensagens totalmente ordenada é denominado **multicast atômico**. Com as três diferentes restrições de ordenação de mensagens que acabamos de discutir, temos seis formas de multicast confiável, como mostra a Tabela 8.2 (Hadzilacos e Toueg, 1993).

Multicast	Ordenação básica de mensagens	Entrega totalmente ordenada?
Multicast confiável	Nenhuma	Não
Multicast Fifo	Entrega ordenada em Fifo	Não
Multicast por causalidade	Entrega ordenada por causalidade	Não
Multicast atômico	Nenhuma	Sim
Multicast atômico em Fifo	Entrega ordenada em Fifo	Sim
Multicast atômico por causalidade	Entrega ordenada por causalidade	Sim

Tabela 8.2 Seis versões diferentes de multicast confiável virtualmente síncrono.

Implementação de sincronia virtual

Agora, vamos considerar uma possível implementação de um multicast confiável virtualmente síncrono. Um exemplo de tal implementação aparece no Isis, sistema distribuído tolerante a falha que é utilizado na prática há vários anos. Focalizaremos apenas algumas das questões de implementação dessa técnica como descritas em Birman et al. (1991).

Multicast confiável em Isis utiliza recursos de comunicação ponto-a-ponto confiável disponíveis na rede subjacente, em particular, TCP. O envio em multicast de uma mensagem m a um grupo de processos é implementado com o envio de m, por meios confiáveis, a cada membro do grupo. Em decorrência, embora o sucesso de cada transmissão seja garantido, não há nenhuma garantia de que *todos* os membros do grupo recebam m. Em particular, o remetente pode falhar antes de ter transmitido m para cada membro.

Além da comunicação ponto-a-ponto confiável, Isis também considera que mensagens vindas da mesma fonte sejam recebidas por uma camada de comunicação na ordem em que foram enviadas por aquela fonte. Na prática, esse requisito é resolvido com o uso de conexões TCP para comunicação ponto-a-ponto.

O principal problema que precisa ser resolvido é garantir que todas as mensagens enviadas à visão G sejam entregues a todos os processos não faltosos em G antes de ocorrer a próxima mudança na associação ao grupo. A primeira questão que precisa ser considerada é certificar-se de que cada processo em G recebeu todas as mensagens que foram enviadas a G. Observe que, como o remetente de uma mensagem m para G pode ter falhado antes de completar seu multicast, pode ser que, na verdade, existam processos em G que nunca receberão m. Como o remetente caiu, esses processos têm de obter m de algum outro lugar. A seguir, explicaremos como um processo detecta que lhe está faltando uma mensagem.

A solução para esse problema é deixar que todo processo em G mantenha m até saber, com certeza, que todos os membros em G a receberam. Se m foi recebida por todos os membros em G, diz-se que m é **estável**. Somente mensagens estáveis podem ser entregues. Para garantir estabilidade, basta selecionar um processo arbitrário (operacional) em G e requisitar que ele envie m a todos os outros processos.

Para sermos mais específicos, suponha que a visão corrente seja G_i, mas que seja necessário instalar a visão seguinte G_{i+1}. Sem perda de generalidade, podemos considerar que a diferença entre G_i e G_{i+1} é, no máximo, de um processo. Um processo P percebe a mudança de visão quando recebe uma mensagem de mudança de visão. Tal mensagem pode vir do processo que quer se juntar ao grupo ou sair dele ou de um processo que tenha detectado a falha de um processo em G_i que agora tem de ser removido, como mostra a Figura 8.15(a).

Quando um processo P recebe a mensagem de mudança de visão para G_{i+1}, em primeiro lugar repassa uma cópia de qualquer mensagem instável de G_i que ainda tenha para todos os processos em G_{i+1} e, na seqüência, marca essa mensagem como estável. Lembre-se de que Isis considera que a comunicação ponto-a-ponto é confiável, de modo que as mensagens repassadas nunca serão perdidas. Tal repasse garante que todas as mensagens em G_i que tenham sido recebidas por, no mínimo, um processo sejam recebidas por todos os processos não faltosos em G_i. Observe que também teria sido suficiente eleger um coordenador único para repassar mensagens instáveis.

Para indicar que P não tem mais nenhuma mensagem instável e está preparado para instalar G_{i+1} logo que os outros processos também possam fazer o mesmo, ele envia uma **mensagem de limpeza** em multicast para G_{i+1}, como mostra a Figura 8.15(b). Após P ter recebido uma mensagem de limpeza para G_{i+1} de cada um dos outros processos, ele pode instalar, com segurança, a nova visão [mostrada na Figura 8.15(c)].

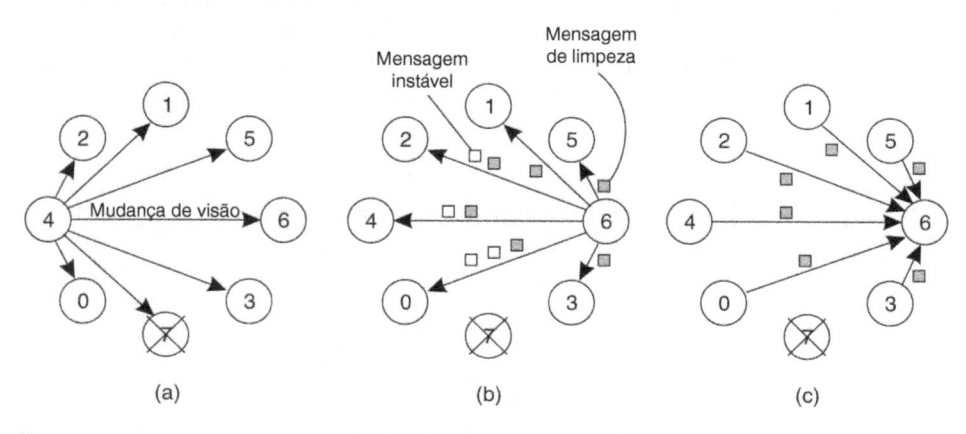

Figura 8.15 (a) O processo 4 percebe que o processo 7 caiu e envia uma mudança de visão.
(b) O processo 6 envia todas as suas mensagens instáveis, seguidas por uma mensagem de limpeza.
(c) O processo 6 instala a nova visão quando recebe uma mensagem de limpeza de todos os outros.

Quando um processo Q recebe uma mensagem m que foi enviada em G_i, e Q ainda acredita que a visão corrente é G_i, ele entrega m levando em conta quaisquer restrições adicionais de ordenação de mensagens. Se já tiver recebido m, ele considera a mensagem como uma duplicata e a descarta.

Como a certa altura o processo Q receberá a mensagem de mudança de visão para G_{i+1}, ele também repassará, em primeiro lugar, quaisquer de suas mensagens instáveis e, na seqüência, concluirá tudo enviando uma mensagem de limpeza para G_{i+1}. Observe que, devido à ordenação de mensagens subjacente à camada de comunicação, uma mensagem de limpeza de um processo é sempre recebida após o recebimento de uma mensagem instável pelo mesmo processo.

O principal defeito do protocolo que descrevemos até aqui é que ele não pode lidar com falhas de processo enquanto uma nova mudança de visão for anunciada. Em particular, ele adota a premissa de que, até que a nova visão G_{i+1} tenha sido instalada por cada membro em G_{i+1}, nenhum processo em G_{i+1} falhará (o que resultaria em uma nova visão G_{i+2}). Esse problema é resolvido ao anunciar mudanças de visão para qualquer visão G_{i+k} mesmo enquanto mudanças anteriores ainda não tenham sido instaladas por todos os processos. Deixaremos os detalhes como exercício para o leitor.

8.5 Comprometimento Distribuído

O problema do multicast atômico discutido na seção anterior é um exemplo de um problema mais geral, conhecido como **comprometimento distribuído**. O problema do comprometimento distribuído envolve a realização de uma operação por cada membro de um grupo de processos ou por absolutamente nenhum. No caso de multicast confiável, a operação é a entrega de uma mensagem. Com transações distribuídas, a operação pode ser o comprometimento de uma transação em um único site que toma parte na transação. Outros exemplos de comprometimento distribuído e como ele pode ser resolvido são discutidos em Tanisch (2000).

Comprometimento distribuído costuma ser estabelecido por meio de um coordenador. Em um esquema simples, esse coordenador informa a todos os outros processos que também estão envolvidos, denominados participantes, se devem ou não realizar (no local) a operação em questão. Esse esquema é conhecido como **protocolo de comprometimento de uma fase**. Ele tem a óbvia desvantagem de, se um dos participantes não puder executar a operação, não haver nenhum modo de avisar o coordenador. Por exemplo, no caso de transações distribuídas, um comprometimento local pode não ser possível porque isso violaria restrições de controle de concorrência.

Na prática, são necessários esquemas mais complicados; o mais comum deles é o protocolo de comprometimento de duas fases, que discutiremos detalhadamente mais adiante. A principal desvantagem desse protocolo é que ele não pode manipular com eficiência a falha do coordenador. Com essa finalidade foi desenvolvido um protocolo de três fases, que também discutiremos.

8.5.1 Comprometimento de duas fases

O **protocolo de comprometimento de duas fases** original (**2PC**) se deve a Gray (1978). Sem perda de generalidade, considere uma transação distribuída que envolva a participação de uma quantidade de processos, cada um executando em uma máquina diferente. Considerando que não ocorra nenhuma falha, o protocolo consiste nas duas fases a seguir, cada uma constituída de duas etapas [veja também Bernstein et al. (1987)]:

1. O coordenador envia uma mensagem *VOTE_REQUEST* a todos os participantes.
2. Quando um participante recebe uma mensagem *VOTE_REQUEST*, retorna uma mensagem *VOTE_COMMIT* ao coordenador informando que está preparado para comprometer localmente sua parte da transação ou, senão, retorna uma mensagem *VOTE_ABORT*.
3. O coordenador colhe todos os votos dos participantes. Se todos os participantes tiverem votado para comprometer a transação, o coordenador também a comprometerá. Nesse caso, ele envia uma mensagem *GLOBAL_COMMIT* a todos os

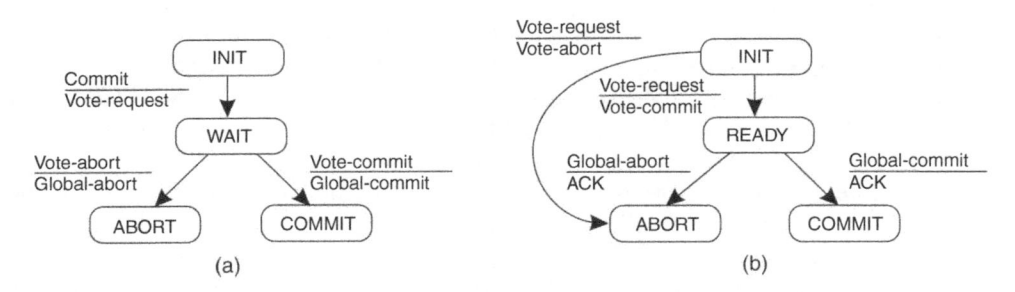

Figura 8.16 (a) Máquina de estado finito para o coordenador em 2PC. (b) Máquina de estado finito para um participante.

participantes. Contudo, se um participante tiver votado para abortar a transação, o coordenador também decidirá abortar a transação e envia uma mensagem multicast *GLOBAL_ABORT*.

4. Cada participante que votou por um comprometimento espera pela reação final do coordenador. Se um participante receber uma mensagem *GLOBAL_COMMIT*, ele compromete localmente a transação. Senão, quando receber uma mensagem *GLOBAL_ABORT*, a transação também é abortada localmente.

A primeira fase é a fase de votação e consiste nas etapas 1 e 2. A segunda fase é a fase de decisão e consiste nas etapas 3 e 4. Essas quatro etapas são mostradas nos diagramas de estado finito na Figura 8.16.

Surgem vários problemas quando esse protocolo 2PC básico é usado em um sistema em que ocorrem falhas. Em primeiro lugar, observe que o coordenador, bem como os participantes, têm estados nos quais eles bloqueiam à espera de mensagens que estão chegando. Em conseqüência, é fácil o protocolo falhar quando um processo cai, porque outros processos podem estar esperando indefinidamente por uma mensagem daquele processo. Por essa razão, são usados mecanismos de temporização. Esses mecanismos serão explicados nas páginas seguintes.

Quando observamos as máquinas de estado finito na Figura 8.16, podemos ver que há um total de três estados nos quais um coordenador ou um participante é bloqueado à espera de uma mensagem que está chegando. Em primeiro lugar, um participante pode estar esperando em seu estado *INIT* por uma mensagem *VOTE_REQUEST* do coordenador. Se essa mensagem não for recebida após algum tempo, o participante simplesmente decidirá abortar localmente a transação e, assim, envia uma mensagem *VOTE_ABORT* ao coordenador.

Da mesma maneira, o coordenador pode ser bloqueado em estado *WAIT*, à espera dos votos de cada participante. Se nem todos os votos tiverem sido colhidos após um certo período de tempo, o coordenador deve votar por um aborto também e, na seqüência, enviar *GLOBAL_ABORT* a todos os participantes.

Por fim, um participante pode estar bloqueado em seu estado *READY*, à espera do voto global enviado pelo coordenador. Se essa mensagem não for recebida dentro de tempo determinado, o participante não pode simplesmente decidir abortar a transação. Em vez disso, deve descobrir qual mensagem o coordenador realmente enviou. A solução mais simples para esse problema é deixar que cada participante bloqueie até que o coordenador se recupere novamente.

Uma solução melhor é deixar que um participante *P* contate um outro participante *Q* para ver se ele pode decidir, a partir do estado corrente de *Q*, o que deve fazer. Por exemplo, suponha que *Q* tenha alcançado o estado *COMMIT*. Isso só é possível se o coordenador tiver enviado uma mensagem *GLOBAL_COMMIT* a *Q* um pouco antes de cair. Aparentemente, essa mensagem ainda não tinha sido enviada a *P*. Em conseqüência, agora *P* também pode decidir pelo comprometimento local. Da mesma maneira, se *Q* estiver em estado *ABORT*, *P* também pode abortar com segurança.

Agora, suponha que *Q* ainda esteja no estado *INIT*. Essa situação pode ocorrer quando o coordenador enviou uma mensagem *VOTE_REQUEST* a todos os participantes, mas essa mensagem alcançou *P* (que, na seqüência, respondeu com uma mensagem *VOTE_COMMIT*), embora ainda não tenha alcançado *Q*. Em outras palavras, o coordenador tinha caído enquanto enviava *VOTE_REQUEST* em multicast. Nesse caso, é seguro abortar a transação: ambos, *P* e *Q*, podem fazer uma transição para o estado *ABORT*.

A situação mais difícil ocorre quando *Q* também está em estado *READY*, à espera de uma resposta do coordenador. Em particular, se acontecer de todos os participantes estarem em estado *READY*, nenhuma decisão pode ser tomada. O problema é que, embora todos os participantes estejam dispostos a comprometer, ainda precisam do voto do coordenador para chegar à decisão final. Por isso, o protocolo bloqueia até que o coordenador se recupere.

As várias opções estão resumidas na Tabela 8.3.

Estado de Q	Ação por P
COMMIT	Fazer transição para COMMIT
ABORT	Fazer transição para ABORT
INIT	Fazer transição para ABORT
READY	Contatar um outro participante

Tabela 8.3 Ações realizadas por um participante *P* enquanto no estado *READY* e após contatar um outro participante *Q*.

Para assegurar que um processo possa realmente se recuperar, é necessário que ele salve seu estado em armazenamento persistente. (Mais adiante neste capítulo discutiremos como salvar dados de modo tolerante a falha.) Por exemplo, se um participante estava em estado *INIT*, ele pode decidir, com segurança, abortar localmente a transação quando se recuperar e, em seguida, informar o coordenador. Da mesma maneira, quando ele já tinha tomado uma decisão, por exemplo, quando caiu enquanto estava em estado *COMMIT* ou *ABORT*, ele deve recuperar aquele estado novamente e retransmitir sua decisão ao coordenador.

Surgem problemas quando um participante caiu enquanto estava em estado *READY*. Nesse caso, ao se recuperar ele não pode decidir por si próprio o que deve fazer em seguida, isto é, comprometer ou abortar a transação. Em conseqüência, ele é forçado a contatar outros participantes

Ações pelo coordenador:

```
escreva START_2PC para registro local;
multicast VOTE_REQUEST para todos os participantes;
enquanto nem todos os votos foram colhidos {
    espere por qualquer voto que está chegando;
    se temporização esgotar {
        escreva GLOBAL_ABORT para registro local;
        multicast GLOBAL_ABORT para todos os participantes;
        termine;
    }
    registre voto;
}
se todos os participantes enviarem VOTE_COMMIT e o coordenador votar COMMIT{
    escreva GLOBAL_COMMIT para registro local;
    multicast GLOBAL_COMMIT para todos os participantes;
} senão {
    escreva GLOBAL_ABORT para registro local;
    multicast GLOBAL_ABORT para todos os participantes;
}
```

Figura 8.17 Esboço das etapas percorridas pelo coordenador em um protocolo de comprometimento de duas fases.

para descobrir o que deve fazer, situação análoga àquela em que o temporizador se esgota enquanto em estado *READY*, como descrevemos antes.

Há apenas dois estados críticos que o coordenador precisa monitorar. Quando ele inicia o protocolo 2PC, deve registrar que está entrando em estado *WAIT*, de modo que possa (possivelmente) retransmitir a mensagem *VOTE_REQUEST* a todos os participantes depois de se recuperar. Da mesma maneira, se ele tinha tomado uma decisão na segunda fase, é suficiente que essa decisão tenha sido registrada de modo a poder ser retransmitida quando da recuperação.

Um esboço das ações que são executadas pelo coordenador é dado na Figura 8.17. O coordenador inicia enviando uma mensagem multicast *VOTE_REQUEST* a todos os participantes, de modo a colher seus votos. Na seqüência, registra que está entrando no estado *WAIT* e depois espera pelos votos que chegam dos participantes.

Se nem todos os votos foram colhidos, porém nenhum voto a mais for recebido dentro de determinado intervalo de tempo prescrito com antecedência, o coordenador entende que um ou mais participantes falharam. Por isso, ele deve abortar a transação e enviar uma mensagem multicast *GLOBAL_ABORT* para os participantes (restantes).

Se não ocorrer nenhuma falha, a certa altura o coordenador terá colhido todos os votos. Se todos os participantes, bem como o coordenador, votarem para comprometer, em primeiro lugar *GLOBAL_COMMIT* é registrada e, na seqüência, enviada a todos os processos. Senão, o coordenador envia uma mensagem multicast *GLOBAL_ABORT* (após registrá-la em seu registro local).

A Figura 8.18(a) mostra as etapas percorridas por um participante. Em primeiro lugar, o processo espera por uma requisição de voto (*VOTE_REQUEST*) do coordenador. Observe que essa espera pode ser feita por um thread separado que executa no espaço de endereços do processo. Se nenhuma mensagem chegar, a transação é simplesmente abortada. Aparentemente, o coordenador falhou.

Após receber uma requisição de voto (*VOTE_REQUEST*), o participante pode decidir votar para comprometer a transação para a qual ele primeiro registra a sua decisão em um registro local e então informa o coordenador enviando uma mensagem *VOTE_COMMIT*. Depois disso, o participante deve esperar pela decisão global. Considerando que essa decisão (que, mais uma vez, deve vir do coordenador) chegue a tempo, ela é simplesmente escrita para o registro local e, depois disso, pode ser executada.

Contudo, se a temporização do participante se esgotar enquanto ele estiver esperando a chegada da decisão do coordenador, ele executa um protocolo de remoção enviando, em primeiro lugar, uma mensagem multicast *DECISION_REQUEST* aos outros processos e, depois, na seqüência, bloqueando enquanto espera por uma resposta. Quando chega uma resposta (possivelmente do coordenador, que, segundo supomos, a certa altura já tenha se recuperado), o participante escreve a decisão para seu registro local e a manipula como deve.

Cada participante deve estar preparado para aceitar requisições para uma decisão global vinda de outros participantes. Com essa finalidade, considere que cada participante inicia um thread separado, que executa concorrentemente com o thread principal do participante, como mostra a Figura 8.18(b). Esse thread bloqueia até receber uma requisição de decisão (*DECISION_REQUEST*). Ela só pode ser útil para um outro processo se seu participante associado já chegou a uma decisão final. Em outras palavras, se *GLOBAL_COMMIT* ou *GLOBAL_ABORT* tiverem sido escritas no registro local, é certeza que, no mínimo, o coordenador tinha enviado sua decisão a esse processo. Além disso, o thread também pode decidir enviar uma *GLOBAL_ABORT* quando seu participante associado ainda estiver em estado *INIT*, como discutimos antes. Em todos os outros casos, o thread receptor não pode ajudar, e o participante requisitante também não obterá resposta.

O que percebemos é que pode ser possível que um participante precise bloquear até que o coordenador se recupere. Essa situação ocorre quando todos os participantes receberam e processaram a *VOTE_REQUEST* do coordenador enquanto, nesse meio-tempo, ele caiu. Nesse caso, os participantes não podem decidir cooperativamente qual ação final executar. Por essa razão, o 2PC também é denominado **protocolo de comprometimento bloqueador**.

Há diversas soluções para evitar bloqueio. Uma solução, descrita por Babaoglu e Toueg (1993), é usar uma primitiva de multicast pela qual um receptor envia uma mensagem recebida imediatamente em multicast a

Ações pelo participante:
```
escreva INIT para registro local;
espere por VOTE_REQUEST do coordenador;
se temporização esgotar {
    escreva VOTE_ABORT para registro local;
    termine;
}
se participante votar COMMIT {
    escreva VOTE_COMMIT para registro local;
    envie VOTE_COMMIT ao coordenador;
    espere por DECISION do coordenador;
    se temporização esgotar {
        multicast DECISION_REQUEST para outros participantes;
        espere até que DECISION seja recebida; /* permaneça bloqueado */
        escreva DECISION para registro local;
    }
    se DECISION == GLOBAL_COMMIT
        escreva GLOBAL_COMMIT para registro local;
    senão, se DECISION == GLOBAL_ABORT
        escreva GLOBAL_ABORT para registro local;
} senão {
    escreva VOTE_ABORT para registro local;
    envie VOTE_ABORT ao coordenador;
}
```
(a)

Ações para manipular requisições de decisão /* executada por thread separado*/
```
enquanto verdadeiro {
    espere até que qualquer DECISION_REQUEST seja recebido; /* permaneça bloqueado */
    leia STATE mais recentemente registrado do registro local;
    se STATE == GLOBAL_COMMIT
        envie GLOBAL_COMMIT ao participante requisitante;
    senão, se STATE == INIT ou STATE == GLOBAL_ABORT
        envie GLOBAL_ABORT ao participante requisitante;
    senão
        continue; /* participante permanece bloqueado */
}
```
(b)

Figura 8.18 (a) Etapas percorridas por um processo participante em 2PC. (b) Etapas para manipular requisições de decisão que chegam.

todos os outros processos. Pode-se mostrar que essa abordagem permite que um participante chegue a uma decisão final, mesmo que o coordenador ainda não tenha se recuperado. Uma outra solução é o protocolo de comprometimento de três fases, que é o último tópico desta seção e que discutiremos em seguida.

8.5.2 Comprometimento de três fases

Um problema do protocolo de comprometimento de duas fases é que, quando o coordenador cair, pode ser que os participantes não consigam chegar a uma decisão final. Em virtude disso, pode ser que eles tenham de permanecer bloqueados até que o coordenador se recupere. Skeen (1981) desenvolveu uma variante do 2PC, denominada **protocolo de comprometimento de três fases** (**3PC**), que evita o bloqueio de processos na presença de quedas que provocam a parada de um processo. Embora haja muitas referências ao 3PC na literatura, ele não é aplicado com muita freqüência na prática porque as condições sob as quais o 2PC bloqueia raramente ocorrem. Discutiremos o protocolo porque ele proporciona uma visão melhor da solução de problemas de tolerância a falha em sistemas distribuídos.

O 3PC, assim como o 2PC, também é formulado em termos de um coordenador e de uma quantidade de participantes. Suas máquinas de estado finito são mostradas na Figura 8.19. A essência do protocolo é que os estados do coordenador e de cada participante satisfaçam às duas condições seguintes:

1. Não há nenhum estado único a partir do qual seja possível fazer uma transição diretamente para um estado COMMIT ou para um estado ABORT.
2. Não há nenhum estado no qual não seja possível tomar uma decisão final e a partir do qual possa ser feita uma transição para um estado COMMIT.

Pode-se mostrar que essas duas condições são necessárias e suficientes para que um protocolo de comprometimento seja não bloqueador (Skeen e Stonebraker, 1983).

Em 3PC, o coordenador começa enviando uma mensagem *VOTE_REQUEST* a todos os participantes e depois espera pelas respostas que chegam. Se qualquer participante votar para abortar a transação, a decisão final será abortar também, portanto o coordenador envia *GLOBAL_ABORT*. Contudo, quando a transação pode ser comprometida, é enviada a mensagem *PREPARE_COMMIT*. Só depois de cada participante ter reconhecido que agora está preparado para comprometer é que o coordenador enviará a mensagem final *GLOBAL_COMMIT* pela qual a transação é realmente comprometida.

Mais uma vez, há apenas algumas poucas situações nas quais um processo é bloqueado enquanto está esperando por mensagens que chegam. Em primeiro lugar, se um participante estiver esperando por uma requisição de voto (*VOTE_REQUEST*) do coordenador enquanto estiver no estado *INIT*, a certa altura ele fará uma transição para o estado *ABORT* e, portanto, considera que o coordenador falhou. Essa situação é idêntica àquela em 2PC. De modo análogo, o coordenador pode estar em estado *WAIT*, esperando pelos votos dos participantes. Se houver um esgotamento de temporização, o coordenador concluirá que um participante caiu e, por isso, abortará a transação enviando uma mensagem multicast *GLOBAL_ABORT*.

Agora suponha que o coordenador esteja bloqueado em estado *PRECOMMIT*. Quando ocorrer um esgotamento de temporização ele concluirá que um dos participantes caiu, porém sabe-se que esse participante tinha votado pelo comprometimento da transação. Em conseqüência, o coordenador pode passar com segurança uma instrução aos participantes operacionais para que eles comprometam usando uma mensagem *GLOBAL_COMMIT* em multicast. Além disso, ele conta com um protocolo de recuperação para que, a certa altura, o participante que caiu comprometa sua parte da transação ao se recuperar.

Um participante *P* pode bloquear no estado *READY* ou no estado *PRECOMMIT*. Quando ocorrer um esgotamento de temporização, *P* só pode concluir que o coordenador falhou, de modo que, agora, ele precisa descobrir o que fazer em seguida. Como em 2PC, se *P* contatar qual-

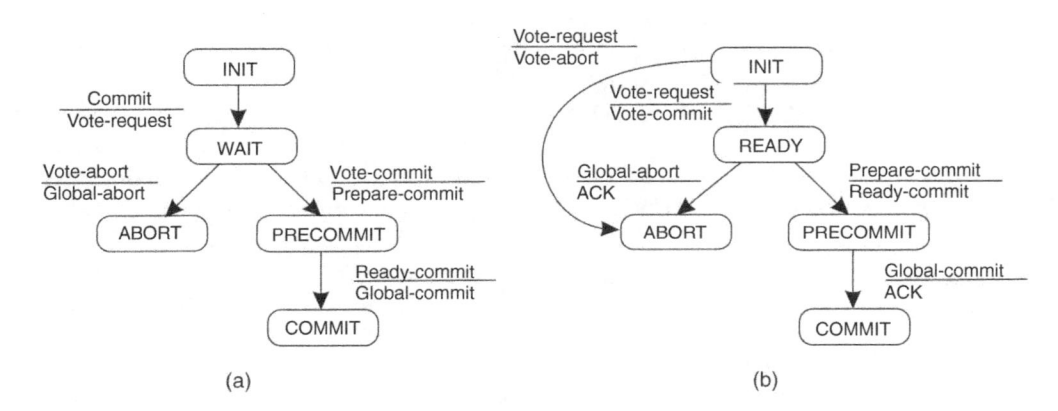

Figura 8.19 (a) Máquina de estado finito para o coordenador em 3PC. (b) Máquina de estado finito para um participante.

quer outro participante que esteja em estado *COMMIT* (ou *ABORT*), deve passar para aquele estado também. Além disso, se todos os participantes estiverem em estado *PRECOMMIT*, a transação pode ser comprometida com segurança.

Novamente, de modo análogo ao 2PC, se um outro participante *Q* ainda estiver no estado *INIT,* a transição pode ser abortada com segurança. É importante observar que *Q* pode estar em estado *INIT* só se nenhum outro participante estiver em estado *PRECOMMIT*. Um participante pode chegar a *PRECOMMIT* somente se o coordenador tiver chegado ao estado *PRECOMMIT* antes de cair e, assim, tiver recebido um voto para comprometer de cada um dos participantes. Em outras palavras, nenhum participante pode estar no estado *INIT* enquanto um outro participante está em estado *PRECOMMIT*.

Se cada um dos participantes que *P* puder contatar estiver em estado *READY* (e juntos formarem uma maioria), a transação deve ser abortada. O ponto a notar é que um outro participante pode ter caído e mais tarde se recuperará. Contudo, nem *P,* nem qualquer dos outros participantes operacionais, sabem qual será o estado do participante que caiu quando ele se recuperar. Se o processo se recuperar no estado *INIT*, então abortar a transação é a única decisão correta. Na pior das hipóteses, o processo pode se recuperar no estado *PRECOMMIT* mas, nesse caso, ainda assim abortar a transação não causará nenhum dano.

Essa situação é a principal diferença em relação ao 2PC, no qual um participante que caiu poderia se recuperar no estado *COMMIT* enquanto todos os outros ainda estariam no estado *READY*. Nesse caso, os processos operacionais remanescentes não poderiam chegar a uma decisão final e teriam de esperar até que o processo caído se recuperasse. Com 3PC, se qualquer processo operacional estiver no estado *READY,* nenhum processo que caiu se recuperará para um outro estado que não seja *INIT*, *ABORT* ou *PRECOMMIT*. Por essa razão, processos sobreviventes sempre podem chegar a uma decisão final.

Por fim, se os processos que *P* pode alcançar estiverem no estado *PRECOMMIT* (e formarem uma maioria), é seguro comprometer a transação. Novamente, pode-se mostrar que, nesse caso, todos os outros processos estarão em estado *READY* ou, no mínimo, se recuperarão para o estado *READY*, *PRECOMMIT* ou *COMMIT* quando tiverem caído.

Mais detalhes sobre o 3PC podem ser encontrados em Bernstein et al. (1987) e Chow e Johnson (1997).

8.6 Recuperação

Até aqui, focalizamos principalmente algoritmos que nos permitem tolerar falhas. Contudo, uma vez ocorrida a falha, é essencial que o processo em que a falha aconteceu possa se recuperar para um estado correto. Em nossa discussão a seguir, vamos nos concentrar no que realmente significa se recuperar para um estado correto e, na seqüência, em quando e como o estado de um sistema distribuído pode ser registrado, de modo que o sistema possa se recuperar nesse estado.

8.6.1 Introdução

A recuperação de um erro é fundamental para a tolerância a falha. Lembre-se de que um erro é aquela parte de um sistema que pode levar a uma falha. A idéia geral da recuperação de erro é substituir um estado errôneo por um estado livre de erro. Há, em essência, duas formas de recuperação de erro.

Em **recuperação retroativa**, a questão principal é trazer o sistema de seu estado errôneo presente para um estado que antes estava correto. Para fazer isso, será necessário registrar o estado do sistema de tempos em tempos e restaurar tal estado registrado quando as coisas dão errado. Toda vez que o estado presente de um sistema (parte dele) é registrado, diz-se que foi feito um **ponto de verificação**.

Uma outra forma de recuperação de erro é a **recuperação para a frente**. Nesse caso, quando o sistema entrou em um estado errôneo, em vez de retroagir para um estado anterior correspondente a um ponto de verificação, é feita uma tentativa para levar o sistema para um novo estado correto a partir do qual ele possa continuar a executar. O problema principal dos mecanismos de recuperação para a frente de erro é que é preciso saber de antemão quais erros podem ocorrer. Só assim é possível corrigir esses erros e passar para um novo estado.

É fácil explicar a distinção entre recuperação de erro retroativa e para a frente quando consideramos a implementação de comunicação confiável. A abordagem comum para se recuperar um pacote perdido é permitir que o remetente retransmita esse pacote. Na verdade, a retransmissão de pacotes determina que tentemos voltar a um estado anterior correto, ou seja, ao estado no qual o pacote que foi perdido está sendo enviado. Portanto, comunicação confiável por meio de retransmissão de pacote é um exemplo de aplicação de técnicas retroativas de recuperação de erro.

Uma abordagem alternativa é usar o método conhecido como **correção por rasura**. Nessa abordagem, um pacote que está faltando é construído com base em outros pacotes cuja entrega foi bem-sucedida. Por exemplo, em um código de rasura de bloco (n,k), um conjunto de k *pacotes de fonte* é codificado como um conjunto de n *pacotes codificados,* de modo tal que *qualquer* conjunto de k pacotes codificados é suficiente para reconstruir os k pacotes de fonte originais. Valores típicos são $k = 16$ ou $k = 32$ e $k < n \leq 2k$ [veja, por exemplo, Rizzo (1997)]. Se ainda não tiverem sido entregues pacotes suficientes, o remetente terá de continuar a transmitir pacotes até que um pacote perdido anteriormente possa ser construído. A correção por rasura é um exemplo típico de abordagem de recuperação para a frente de erros.

De modo geral, técnicas retroativas de recuperação de erro são amplamente aplicadas como um mecanismo geral para recuperação de falhas em sistemas distribuídos. O principal benefício da recuperação retroativa de erro é que esse método pode ser aplicado de modo geral, independentemente de qualquer sistema ou processo específico. Em outras palavras, ela pode ser integrada a um sistema distribuído (camada de middleware) como um serviço de uso geral.

Todavia, a recuperação retroativa de erro também introduz alguns problemas (Singhal e Shivaratri, 1994). O primeiro é que, de modo geral, restaurar um sistema ou processo para um estado anterior é uma operação relativamente cara em termos de desempenho. Como discutiremos nas seções seguintes, geralmente é preciso realizar muito trabalho para recuperar, por exemplo, uma queda de processo ou uma falha de site. Uma saída potencial para esse problema é projetar mecanismos muito baratos pelos quais os componentes são simplesmente reinicializados. Mais adiante voltaremos a essa abordagem.

O segundo é que, como os mecanismos de recuperação retroativa de erro são independentes da aplicação distribuída para a qual são usados, não é possível dar nenhuma garantia de que, uma vez efetuada a recuperação, essa mesma falha, ou falha semelhante, não acontecerá novamente. Se tais garantias forem necessárias, a manipulação de erros costuma exigir que a aplicação entre no laço de recuperação. Em outras palavras, de modo geral, mecanismos de recuperação retroativa de erros não podem oferecer transparência total a falha.

Por fim, embora a recuperação retroativa de erros exija pontos de verificação, há alguns estados para os quais simplesmente nunca é possível retroagir. Por exemplo, uma vez que uma pessoa (possivelmente mal-intencionada) tenha se apossado dos $ 1.000 que saíram de repente de um caixa automático que está funcionando incorretamente, a chance de devolver esse dinheiro à máquina é bem pequena. Da mesma maneira, na maioria dos sistemas Unix, a recuperação para um estado anterior depois de ter digitado alegremente

   rm − fr *

porém a partir do diretório de trabalho errado, pode dar um frio na barriga de alguns. Algumas coisas são simplesmente irreversíveis.

Pontos de verificação permitem a recuperação para um estado anterior correto, porém costumam ser uma operação cara e podem impor severa penalidade ao desempenho. Por isso, muitos sistemas distribuídos tolerantes a falha combinam pontos de verificação com **registro de mensagens**. Nesse caso, depois de estabelecer um ponto de verificação, um processo registra suas mensagens antes de enviá-las (denominado **registro baseado em remetente**). Uma solução alternativa é permitir que o processo receptor registre uma mensagem que chega antes de entregá-la para a aplicação que a está executando. Esse esquema é também denominado **registro baseado em receptor**. Quando um processo receptor cai, é necessário restaurar para o estado correspondente ao ponto de verificação mais recente e, a partir desse ponto, *reproduzir* as mensagens que foram enviadas. Em conseqüência, combinar pontos de verificação com registro de mensagens possibilita restaurar para um estado que se encontra mais adiante do ponto de verificação mais recente sem o custo de ponto de verificação propriamente dito.

Uma outra distinção importante entre pontos de verificação e esquemas que, além disso, usam registro de mensagens é dada a seguir. Em um sistema no qual são usados apenas pontos de verificação, os processos serão restaurados para o estado em que estavam quando o ponto de verificação for estabelecido. Desse ponto em diante, seu comportamento pode ser diferente do que era antes de ocorrer a falha. Por exemplo, como os tempos de comunicação não são determinísticos, agora as mensagens podem ser entregues em uma ordem diferente, o que, por sua vez, resulta em reações diferentes pelos receptores. Contudo, com registro de mensagens, serão reproduzidos os eventos que aconteceram desde o último ponto de verificação, o que facilita a interação com o mundo exterior.

Por exemplo, considere o caso em que ocorreu uma falha porque um usuário forneceu entrada errada. Se for usado somente o ponto de verificação, o sistema teria de estabelecer um ponto de verificação antes de aceitar a entrada do usuário, de modo a se recuperar exatamente no mesmo estado. Com o registro de mensagens pode ser usado um ponto de verificação mais antigo, depois do qual pode ocorrer uma reprodução dos eventos até o ponto em que o usuário deveria fornecer entrada. Na prática, a combinação de um número menor de pontos de verificação com registro de mensagens é mais eficiente do que ter muitos pontos de verificação.

Armazenamento estável

Para conseguir se recuperar em um estado anterior, é preciso que as informações necessárias para habilitar a recuperação sejam armazenadas com segurança. Nesse contexto, segurança significa que as informações de recuperação sobrevivam a quedas de processo e falhas de sites porém, possivelmente, também a várias falhas de meios de armazenamento. O armazenamento estável desempenha um importante papel quando se trata de recuperação em sistemas distribuídos. Nós o discutiremos brevemente aqui.

Há três categorias de armazenamento. Em primeiro lugar há uma memória RAM comum, que é apagada se houver falta de energia elétrica ou se uma máquina falhar.

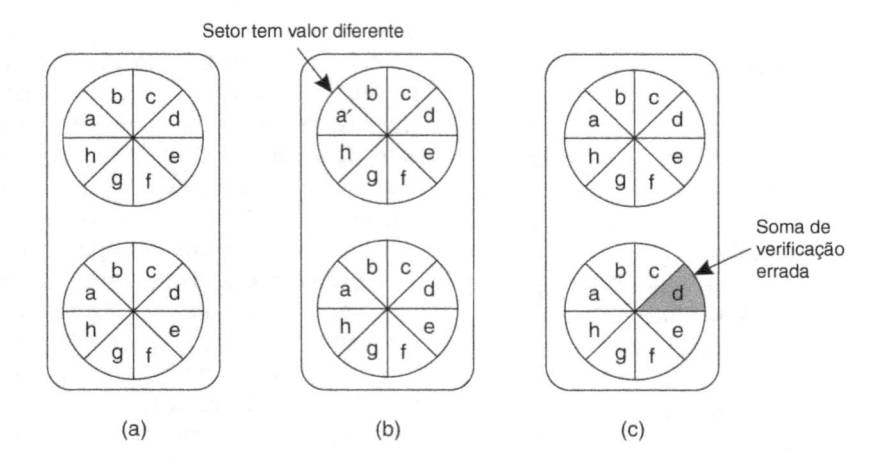

Figura 8.20 (a) Armazenamento estável. (b) Queda após a unidade 1 ter sido atualizada. (c) Local com erro.

Em seguida há o armazenamento em disco, que sobrevive a falhas de CPU mas que pode ser perdido por falha do cabeçote do disco.

Por fim, há também o **armazenamento estável**, projetado para sobreviver a qualquer coisa, exceto grandes calamidades como enchentes e terremotos. O armazenamento estável pode ser implementado com um par de discos comuns, como mostra a Figura 8.20(a). Cada bloco na unidade 2 é uma cópia exata do bloco correspondente na unidade 1. Quando um bloco é atualizado, em primeiro lugar o bloco da unidade 1 é atualizado e verificado e, em seguida, o mesmo é feito na unidade 2.

Suponha que o sistema caia após a unidade 1 ter sido atualizada, mas antes da atualização da unidade 2, como mostra a Figura 8.20(b). Na recuperação, o disco pode ser comparado bloco por bloco.

Sempre que dois blocos correspondentes estiverem diferentes, pode-se admitir que a unidade 1 é a correta (porque a unidade 1 é sempre atualizada antes da unidade 2), portanto o novo bloco é copiado da unidade 1 para a unidade 2. Quando o processo de recuperação estiver concluído, ambas as unidades serão idênticas novamente.

Um outro problema potencial é a deterioração espontânea de um bloco. Partículas de pó ou desgaste geral podem provocar um erro repentino na soma de verificação de um bloco que estava correto antes, sem nenhuma causa ou aviso, como mostra a Figura 8.20(c). Quando tal erro é detectado, o bloco defeituoso pode ser regenerado com base no bloco correspondente na outra unidade.

Como conseqüência de sua implementação, o armazenamento estável é bem indicado para aplicações que requeiram alto grau de tolerância a falha, como transações atômicas. Quando dados são escritos no armazenamento estável e então lidos novamente para verificar se foram escritos corretamente, a probabilidade de eles serem perdidos em seguida é extremamente pequena.

Nas duas seções seguintes, esmiuçaremos os detalhes relativos a pontos de verificação e registro de mensagens.

Elnozahy et al. (2002) fornecem um levantamento sobre pontos de verificação e registro de mensagens em sistemas distribuídos. Vários detalhes sobre algoritmos podem ser encontrados em Chow e Johnson (1997).

8.6.2 Pontos de verificação

Em um sistema distribuído tolerante a falha, a recuperação retroativa de erros requer que o sistema salve periodicamente seu estado em armazenamento estável. Em particular, precisamos registrar um estado global consistente, também denominado **fotografia distribuída**. Em uma fotografia distribuída, se um processo P tiver registrado o recebimento de uma mensagem, então também deve existir um processo Q que registrou o envio dessa mensagem. Afinal, ela deve ter vindo de algum lugar.

Em esquemas de recuperação retroativa de erros, cada processo salva seu estado periodicamente em um armazenamento estável disponível no local. A recuperação após uma falha de processo ou de sistema requer a construção de um estado global consistente com base nesses estados locais. Em particular, é melhor recuperar a fotografia distribuída *mais recente*, também denominada **linha de recuperação**. Em outras palavras, uma linha de recuperação corresponde ao mais recente conjunto consistente de pontos de verificação, como mostra a Figura 8.21.

Pontos de verificação independentes

Infelizmente, a natureza distribuída dos pontos de verificação (na qual cada processo simplesmente registra periodicamente seu estado local) pode fazer com que fique difícil achar uma linha de recuperação. Descobrir uma linha de recuperação requer que cada processo seja revertido a seu estado mais recentemente salvo. Se, em conjunto, esses estados locais não formarem uma fotografia distribuída, é preciso reverter ainda mais para trás. A seguir, descrevemos um modo de achar uma linha

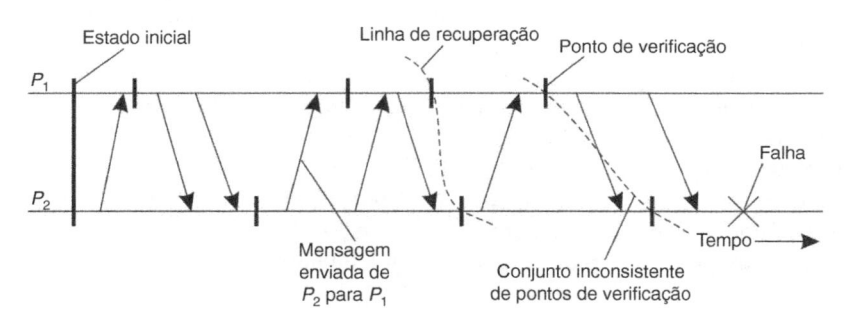

Figura 8.21 Linha de recuperação.

de recuperação. Esse processo de reversão em cascata pode resultar no denominado **efeito dominó** e é mostrado na Figura 8.22.

Quando o processo P_2 cai, precisamos restaurar seu estado para o ponto de verificação mais recentemente salvo. Por isso, o processo P_1 também precisará ser revertido. Infelizmente, os dois estados locais mais recentemente salvos não formam um estado global consistente: o estado salvo por P_2 indica o recebimento de uma mensagem m, mas nenhum outro processo pode ser identificado como seu remetente. Em conseqüência, P_2 precisa ser revertido a um estado mais antigo.

Contudo, o próximo estado para o qual P_2 é revertido também não pode ser usado como parte de uma fotografia distribuída. Nesse caso, P_1 terá registrado o recebimento da mensagem m', mas não há nenhum evento registrado indicando que essa mensagem foi enviada. Por conseguinte, é preciso também reverter P_1 até um estado anterior. Nesse exemplo, ocorre que a linha de recuperação é, na verdade, o estado inicial do sistema.

Como processos consideram pontos de verificação locais independentes uns dos outros, esse método também é denominado **pontos de verificação independentes**. Uma solução alternativa são os pontos de verificação globalmente coordenados, como discutiremos mais adiante, porém coordenação requer sincronização global, o que pode trazer problemas de desempenho. Uma outra desvantagem dos pontos de verificação independentes é que cada armazenamento local precisa ser limpo periodicamente, por exemplo, executando uma coleta de lixo distribuída especial. Contudo, a principal desvantagem está no cálculo da linha de recuperação.

Implementar pontos de verificação independentes requer que as dependências sejam registradas de modo tal que os processos possam ser revertidos em conjunto até um estado global consistente. Com essa finalidade, seja $CP_i(m)$ o m-ésimo ponto de verificação marcado pelo processo P_i. Além disso, seja $INT_i(m)$ o intervalo entre os pontos de verificação $CP_i(m-1)$ e $CP_i(m)$.

Quando o processo P_i envia uma mensagem no intervalo $INT_i(m)$, ela pega uma carona com o par (i,m) até o processo receptor. Quando o processo P_j recebe uma mensagem no intervalo $INT_j(n)$, junto com o par de índices (i,m), ele registra a dependência $INT_i(m) \rightarrow INT_j(n)$. Sempre que P_j marca o ponto de verificação $CP_j(n)$, ele escreve adicionalmente essa dependência para seu armazenamento estável local, junto com o resto das informações de recuperação que são parte de $CP_j(n)$.

Agora, suponha que, em certo momento, o processo P_i tenha de ser revertido até o ponto de verificação $CP_i(m-1)$. Para assegurar consistência global, precisamos garantir que todos os processos que receberam mensagens de P_i e foram enviados no intervalo $INT_i(m)$ sejam revertidos até um estado com ponto de verificação anterior ao recebimento de tais mensagens. Em particular, o processo P_j em nosso exemplo precisará ser revertido até, no mínimo, o ponto de verificação $CP_j(n-1)$. Se $CP_j(n-1)$ não levar a um estado globalmente consistente, pode ser necessário mais reversão.

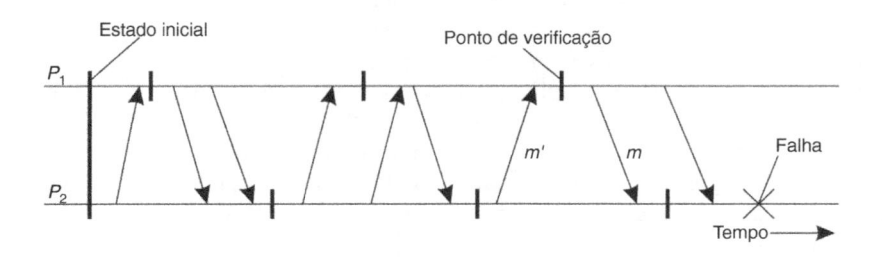

Figura 8.22 Efeito dominó.

Calcular a linha de recuperação requer uma análise das dependências entre os intervalos registrados por cada processo quando foi estabelecido um ponto de verificação. Sem entrar em mais detalhes, ocorre que tais cálculos são razoavelmente complexos e não justificam a necessidade de pontos de verificação independentes em comparação com pontos de verificação coordenados. Além disso, muitas vezes o fator predominante do desempenho não é a coordenação entre processos, mas a sobrecarga resultante de ter de salvar o estado para armazenamento estável. Portanto, os pontos de verificação coordenados, que são muito mais simples do que os pontos de verificação independentes, costumam ser mais populares, e é possível que continuem assim, mesmo que o tamanho dos sistemas aumente (Elnozahy e Planck, 2004).

Pontos de verificação coordenados

Como seu nome sugere, nos **pontos de verificação coordenados** todos os processos sincronizam para escrever, em conjunto, seu estado para o armazenamento estável local. A principal vantagem dos pontos de verificação coordenados é que o estado salvo é automaticamente globalmente consistente, portanto são evitadas as reversões em cascata que levam ao efeito dominó. O algoritmo da fotografia distribuída discutido no Capítulo 6 pode ser usado para coordenar os pontos de verificação. Esse algoritmo é um exemplo de pontos de verificação coordenados não bloqueadores.

Uma solução mais simples é usar um protocolo de bloqueio de duas fases. Em primeiro lugar, um coordenador envia uma mensagem multicast CHECKPOINT_REQUEST a todos os processos. Quando um processo recebe tal mensagem, estabelece um ponto de verificação local, enfileira qualquer mensagem subseqüente entregue a ele pela aplicação que está executando e envia uma mensagem de reconhecimento ao coordenador indicando que estabeleceu o ponto de verificação. Quando o coordenador recebeu um reconhecimento de todos os processos, envia uma mensagem multicast CHECKPOINT_DONE para permitir que os processos (bloqueados) continuem.

É fácil ver que essa abordagem também resultará em um estado globalmente consistente, porque nenhuma mensagem que está chegando jamais será registrada como parte de um ponto de verificação. A razão para isso é que qualquer mensagem que vier após uma requisição para estabelecer um ponto de verificação não é considerada como parte do ponto de verificação local. Ao mesmo tempo, mensagens que estão saindo (entregues ao processo que estabelece o ponto de verificação pela aplicação que ele está executando) são enfileiradas no local até a mensagem CHECKPOINT_DONE ser recebida.

Uma melhoria para esse algoritmo é enviar uma requisição de ponto de verificação em multicast somente aos processos que dependem da recuperação do coordenador e ignorar os outros processos. Um processo é dependente do coordenador se recebeu uma mensagem que está direta ou indiretamente relacionada por causalidade com uma mensagem que o coordenador enviou desde o último ponto de verificação. Isso leva à noção de uma **fotografia incremental**.

Para tomar uma fotografia incremental, o coordenador envia uma requisição de ponto de verificação em multicast somente aos processos para os quais ele tinha enviado uma mensagem desde a última vez que estabeleceu um ponto de verificação. Quando um processo P recebe uma requisição como essa, ele a retransmite para todos os processos para os quais o próprio P tinha enviado uma mensagem desde o último ponto de verificação e assim por diante. Um processo repassa a requisição só uma vez. Quando todos os processos tiverem sido identificados, uma segunda mensagem multicast é utilizada para disparar o ponto de verificação e permitir que os processos continuem de onde estavam.

8.6.3 Registro de mensagens

Considerando que o estabelecimento de um ponto de verificação é uma operação cara, em especial quando se trata de operações envolvidas em escrever o estado no armazenamento estável, foram pesquisadas técnicas para reduzir o número de pontos de verificação, mas ainda assim habilitar recuperação. Uma técnica importante em sistemas distribuídos é o registro de mensagens.

A idéia básica subjacente ao registro de mensagens é que, se a transmissão de mensagens puder ser *reproduzida*, ainda poderemos alcançar um estado globalmente consistente mas sem ter de restaurar aquele estado a partir do armazenamento estável. Em vez disso, um estado marcado por um ponto de verificação é considerado como um ponto de partida, e todas as mensagens que foram enviadas desde então são simplesmente retransmitidas e manipuladas de acordo.

Essa abordagem funciona bem sob a premissa denominada **modelo determinístico por trechos**. Nesse modelo, considera-se que a execução de cada processo ocorre como uma série de intervalos nos quais ocorrem eventos. Esses eventos são os mesmos discutidos no contexto da relação *aconteceu antes* de Lamport no Capítulo 6. Por exemplo, um evento pode ser a execução de uma instrução, o envio de uma mensagem e assim por diante. Considera-se que cada intervalo no modelo determinístico por trechos começa com um evento não determinístico, como o recebimento de uma mensagem. Contudo, daquele momento em diante, a execução do processo é completamente determinística. Um intervalo termina com o último evento antes de ocorrer um evento não determinístico.

Na verdade, um intervalo pode ser reproduzido com um resultado conhecido, isto é, de modo completamente determinístico, contanto que a reprodução comece com o mesmo evento não determinístico de antes. Por isso, se registrarmos todos os eventos não determinísticos em tal modelo, torna-se possível reproduzir completamente toda a execução de um processo de modo determinístico.

Considerando que registros de mensagens são necessários para se recuperar da queda de um processo de maneira a ser restaurado um estado globalmente consistente, torna-se importante saber exatamente quando as mensagens devem ser registradas. Seguindo a abordagem descrita por Alvisi e Marzullo (1998), vemos que é possível caracterizar com facilidade muitos esquemas existentes de registro de mensagens se nos concentrarmos no modo como eles lidam com processos órfãos.

Um **processo órfão** é um processo que sobrevive à queda de um outro processo, mas cujo estado é inconsistente com o processo que caiu, após a sua recuperação. Como exemplo, considere a situação mostrada na Figura 8.23. O processo Q recebe as mensagens m_1 e m_2 dos processos P e R, respectivamente, e, na seqüência, envia uma mensagem m_3 a R. Contudo, ao contrário de todas as outras mensagens, a mensagem m_2 não é registrada. Se o processo Q cair e mais tarde se recuperar novamente, apenas as mensagens registradas requeridas para a recuperação de Q são reproduzidas, em nosso exemplo, m_1. Como m_2 não foi registrada, sua transmissão não será reproduzida, o que significa que a transmissão de m_3 também não ocorrerá (veja Figura 8.23).

Contudo, a situação após a recuperação de Q é inconsistente com o que era antes de sua recuperação. Em particular, R contém uma mensagem (m_3) que foi enviada antes da queda, mas cujos recebimento e entrega não ocorrem quando da reprodução do que aconteceu antes da queda. É óbvio que essas inconsistências devem ser evitadas.

Caracterização de esquemas de registro de mensagens

Para caracterizar diferentes esquemas de registro de mensagens, seguimos a abordagem descrita em Alvisi e Marzullo (1998). Considera-se que cada mensagem m tem um cabeçalho que contém todas as informações necessárias para retransmitir m e para manipular essa mensagem adequadamente.

Por exemplo, cada cabeçalho identificará o remetente e o receptor, mas também um número de seqüência para reconhecer a mensagem como uma duplicata. Além disso, pode-se adicionar um número de entrega para decidir exatamente quando ela deve ser entregue à aplicação receptora.

Diz-se que uma mensagem é **estável** se não puder mais ser perdida, por exemplo, porque foi escrita no armazenamento estável. Assim, mensagens estáveis podem ser usadas para recuperação, reproduzindo sua transmissão.

Cada mensagem m leva a um conjunto $DEP(m)$ de processos que dependem da entrega de m. Em particular, $DEP(m)$ consiste nos processos para os quais m foi entregue. Além disso, se uma outra mensagem m' depender por causalidade da entrega de m, e m' tiver sido entregue ao processo Q, então Q também será contido em $DEP(m)$. Observe que m' depende por causalidade da entrega de m se fosse enviada pelo mesmo processo que tinha entregue m antes ou que tinha entregue uma outra mensagem que era dependente por causalidade da entrega de m.

O conjunto $COPY(m)$ consiste nesses processos que têm uma cópia de m, mas que (ainda) não está em seu armazenamento local estável. Quando um processo Q entrega a mensagem m, ele também se torna um membro de $COPY(m)$. Observe que $COPY(m)$ consiste nos processos que puderam entregar uma cópia de m que pode ser usada para reproduzir a transmissão de m. Se todos esses processos caírem, é claro que a reprodução da transmissão de m não é viável.

Usando essas notações, agora é fácil definir com precisão o que é um processo órfão. Suponha que alguns processos em um sistema distribuído tenham acabado de cair. Seja Q um dos processos sobreviventes. O processo Q é um processo órfão se houver uma mensagem m, tal que Q esteja contido em $DEP(m)$ enquanto, ao mesmo tempo, todos os processos em $COPY(m)$ caíram. Em outras palavras, um processo órfão aparece quando é dependente de m, mas não há nenhum modo de reproduzir a transmissão de m.

Portanto, para evitar processos órfãos, precisamos assegurar que, se cada processo em $COPY(m)$ cair, então não restará nenhum processo em $DEP(m)$. Em outras palavras, todos os processos em $DEP(m)$ também devem ter caído. Essa condição pode ser imposta se garantirmos que, sempre que um processo se tornar um membro de $DEP(m)$, também se torne um membro de $COPY(m)$. Em outras palavras, sempre que um processo se tornar dependente da entrega de m, sempre manterá uma cópia de m.

Há, em essência, duas abordagens que podem ser seguidas agora. A primeira abordagem é representada pelos denominados **protocolos de registro pessimistas**.

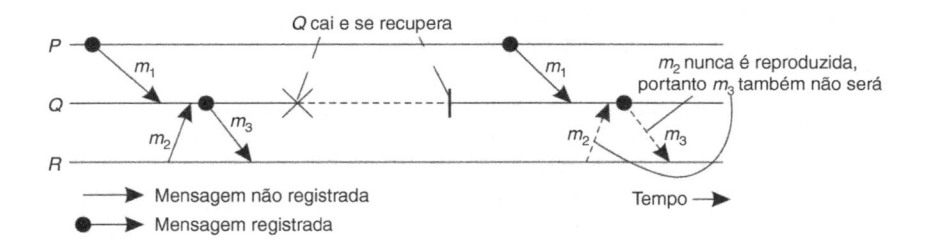

Figura 8.23 Reprodução incorreta de mensagens após recuperação, resultando em um processo órfão.

Esses protocolos providenciam que, para cada *mensagem m* não estável, haja no máximo um processo dependente de *m*. Em outras palavras, protocolos de registro pessimistas asseguram que cada mensagem *m* não estável seja entregue a, no máximo, um processo. Observe que, tão logo *m* seja entregue, digamos, ao processo *P*, *P* se torna um membro de *COPY(m)*.

O pior que pode acontecer é o processo *P* cair sem que *m* jamais tenha sido registrada. Com registro pessimista, *P* não tem permissão de enviar quaisquer mensagens após a entrega de *m* sem antes ter garantido que *m* foi escrita no armazenamento estável. Em virtude disso, nenhum outro processo jamais se tornará dependente da entrega de *m* a *P*, sem ter a possibilidade de reproduzir a transmissão de *m*. Desse modo, os processos órfãos são sempre evitados.

Ao contrário, com um **protocolo de registro otimista**, o trabalho propriamente dito é realizado *após* a ocorrência de uma queda. Em particular, considere que, para alguma mensagem *m*, cada processo em *COPY(m)* caiu. Por uma abordagem otimista, qualquer processo órfão em *DEP(m)* é revertido até um estado no qual já não pertença mais a *DEP(m)*. Claro que protocolos de registro otimistas precisam monitorar dependências, o que complica sua implementação. Como salientaram Elnozahy et al. (2002), o registro pessimista é tão mais simples do que as abordagens otimistas, que é o modo preferido de registro de mensagens na prática de projeto de sistemas distribuídos.

8.6.4 Computação orientada a recuperação

Um modo relacionado de lidar com recuperação é, em essência, começar de novo. O princípio subjacente a esse modo de mascarar falhas é que pode ser muito mais barato otimizar para recuperação do que visar a sistemas livres de falhas por um longo tempo. Essa abordagem também é denominada **computação orientada a recuperação** (Candea et al., 2004a).

Há diversos tipos de computação orientada a recuperação. Um deles é simplesmente reinicializar (parte de um sistema) e tem sido explorado para reinicializar servidores da Internet (Candea et al., 2004b; 2006). Para conseguir reinicializar somente uma parte do sistema, é crucial que a falha seja adequadamente localizada. Nesse ponto, reinicializar significa simplesmente apagar todas as instâncias dos componentes identificados, junto com os threads que operam sobre eles, e (muitas vezes) apenas reinicializar as requisições associadas. Observe que a localização da falta em si pode ser um exercício incomum (Steinder e Sethi, 2004).

Usar reinicialização como técnica prática de recuperação requer alto grau de desacoplamento de componentes no sentido de haver poucas, ou nenhuma, dependências entre componentes diferentes. Se houver fortes dependências, então a localização e a análise de falhas ainda podem requerer que um servidor completo precise ser reinicializado; nesse ponto, aplicar técnicas tradicionais de recuperação como as que acabamos de discutir pode ser mais eficiente.

Um outro tipo de computação orientada para recuperação é aplicar técnicas de pontos de verificação e recuperação, mas continuar a execução em um ambiente alterado. A idéia básica, nesse caso, é que muitas falhas podem simplesmente ser evitadas se os programas receberem um pouco mais de espaço de buffer, se a memória for zerada antes de ser alocada e se a ordenação da entrega de mensagens for alterada (contanto que isso não afete a semântica) e assim por diante (Qin et al., 2005). A idéia fundamental é atacar falhas de software (ao passo que muitas das técnicas discutidas até aqui visam a, ou são baseadas em, falhas de hardware). Como a execução de software tem alto grau de determinismo, mudar um ambiente de execução pode ser a grande salvação mas, claro, sem consertar nada.

8.7 Resumo

Tolerância a falha é uma questão importante no projeto de sistemas distribuídos. Tolerância a falha é definida como a característica pela qual um sistema pode mascarar a ocorrência e a recuperação de falhas. Em outras palavras, um sistema é tolerante a falha se puder continuar a funcionar na presença de falhas.

Existem vários tipos de falhas. Uma falha por queda ocorre quando um processo simplesmente pára. Uma falha por omissão ocorre quando um processo não responde a requisições que chegam. Quando um processo responde muito cedo ou muito tarde a uma requisição, diz-se que ele exibe uma falha de temporização. Responder a uma requisição que chega, mas do modo errado, é um exemplo de uma falha de resposta. As falhas mais difíceis de tratar são aquelas em que um processo exibe qualquer tipo de falha, denominadas falhas arbitrárias ou bizantinas.

Redundância é a técnica fundamental necessária para conseguir tolerância a falha. Quando aplicada a processos, a noção de grupos de processos se torna importante. Um grupo de processos consiste em uma quantidade de processos que cooperam para fornecer um serviço. Em grupos de processos tolerantes a falha, um ou mais processos podem falhar sem afetar a disponibilidade do serviço que o grupo implementa. Muitas vezes é necessário que a comunicação dentro do grupo tenha alto grau de confiabilidade e adote ordenação restrita e propriedades de atomicidade para conseguir tolerância a falha.

Há diferentes tipos de grupo de comunicação confiável, também denominado multicast confiável. Contanto que os grupos sejam relativamente pequenos, implementar confiabilidade é viável. Contudo, quando se trata de suportar grupos muito grandes, a escalabilidade do multicast confiável se torna problemática. A questão fundamental para conseguir escalabilidade é reduzir o número de mensagens de realimentação pelas quais os receptores informam o sucesso (ou insucesso) do recebimento de uma mensagem enviada em multicast.

As coisas pioram quando deve ser fornecida atomicidade. Em protocolos de multicast atômico é essencial que cada membro do grupo tenha a mesma visão em relação aos membros do grupo aos quais uma mensagem multicast foi entregue. Multicast atômico pode ser formulado com precisão em termos de um modelo de execução síncrona virtual. Em essência, esse modelo introduz limites em relação aos quais a associação ao grupo não muda e no qual mensagens são transmitidas com confiabilidade. Uma mensagem nunca pode cruzar uma fronteira.

Mudanças de associação ao grupo são um exemplo de questão na qual cada processo precisa concordar com a mesma lista de membros. Tal acordo pode ser alcançado por meio de protocolos de comprometimento, entre os quais o protocolo de comprometimento de duas fases é o mais amplamente aplicado. Em um protocolo de comprometimento de duas fases, em primeiro lugar um coordenador verifica se todos os processos concordam em efetuar a mesma operação (isto é, se todos eles concordam em comprometer) e, em uma segunda rodada, informa em multicast o resultado da consulta. Um protocolo de comprometimento de três fases é usado para manipular a queda do coordenador sem ter de bloquear todos os processos para chegar a um acordo até que o coordenador se recupere.

Recuperação em sistemas tolerantes a falha é invariavelmente alcançada por pontos de verificação periódicos do estado do sistema. A verificação por pontos é completamente distribuída. Infelizmente, é uma operação cara. Para melhorar o desempenho, muitos sistemas distribuídos combinam pontos de verificação com registro de mensagens. Registrando a comunicação entre processos, torna-se possível reproduzir a execução do sistema após a ocorrência de uma queda.

Problemas

1. Em geral os sistemas confiáveis devem oferecer alto grau de segurança. Por quê?

2. O que torna um modelo à prova de parada tão difícil de implementar no caso de falhas por queda?

3. Considere um browser Web que retorna uma página desatualizada que estava em cache em vez de uma mais recente que tinha sido atualizada no servidor. Isso é uma falha? Se for, qual é o tipo da falha?

4. O modelo de redundância modular tripla descrito no texto pode manipular falhas bizantinas?

5. Quantos elementos faltosos (dispositivos mais votantes) a Figura 8.1 pode manipular? Dê um exemplo do pior caso no qual as falhas podem ser mascaradas.

6. A TMR generaliza para cinco elementos por grupo em vez de três? Em caso afirmativo, quais propriedades ela tem?

7. Na sua opinião, qual é a melhor semântica para cada uma das seguintes aplicações: no mínimo uma vez ou no máximo uma vez? Discuta sua resposta.

    (a) Ler e escrever arquivos de um servidor de arquivos.
    (b) Compilar um programa.
    (c) Serviços bancários remotos.

8. Com RPCs assíncronas, um cliente é bloqueado até que sua requisição seja *aceita* pelo servidor. Até que ponto as falhas afetam a semântica de RPCs assíncronas?

9. Dê um exemplo no qual a comunicação de grupo não requer absolutamente nenhuma ordenação de mensagens.

10. Em multicast confiável é sempre necessário que a camada de comunicação mantenha uma cópia de uma mensagem para a finalidade de retransmissão?

11. Até que ponto a escalabilidade do multicast atômico é importante?

12. No texto, sugerimos que multicast atômico pode ser a salvação quando se trata de efetuar atualizações em um conjunto estabelecido de processos. Até que ponto podemos garantir que cada atualização seja realmente realizada?

13. Sincronia virtual é análoga à consistência fraca em depósitos de dados distribuídos, com mudanças de visão de grupo que agem como pontos de sincronização. Nesse contexto, qual seria a análoga da consistência forte?

14. Quais são as ordenações de entrega permissíveis para a combinação de Fifo e multicast totalmente ordenado na Figura 8.14?

15. Adapte o protocolo para instalar uma próxima visão G_{i+1} no caso de sincronia virtual, de modo que ele possa tolerar falhas de processo.

16. No protocolo de comprometimento de duas fases, por que o bloqueio nunca pode ser completamente eliminado, mesmo quando os participantes elegem um novo coordenador?

17. Em nossa explicação do comprometimento de três fases, parece que o comprometimento de uma transação é baseado em voto majoritário. Isso é verdade?

18. Em um modelo de execução determinístico por trechos é suficiente registrar somente mensagens ou precisamos registrar outros eventos também?

19. Explique como o registro de escrita antecipada em transações distribuídas pode ser usado para prover recuperação de falhas.

20. Um servidor sem estado precisa estabelecer pontos de verificação?

21. De modo geral, registro de mensagens baseado no receptor é considerado melhor do que registro baseado no remetente. Por quê?

9 Segurança

O último princípio de sistemas distribuídos que discutiremos é a segurança. Esse princípio não é, de modo nenhum, o menos importante, entretanto poderíamos argumentar que é um dos mais difíceis, porque a segurança precisa estar presente em todo o sistema. Uma única falha de projeto em relação à segurança pode inutilizar todas as outras medidas de segurança. Neste capítulo, focalizaremos os vários mecanismos que, de modo geral, são incorporados em sistemas distribuídos para suportar segurança.

Começaremos com a apresentação de questões básicas de segurança. Na realidade, não faz sentido construir todos os tipos de mecanismos de segurança em um sistema, a menos que se saiba como esses mecanismos devem ser usados e contra o quê. Isso requer que conheçamos a política de segurança que deve ser imposta. Em primeiro lugar, discutiremos a noção de uma política de segurança junto com algumas questões gerais de projeto para mecanismos que ajudam a impor tais políticas. Também comentaremos um pouco sobre a criptografia necessária.

A segurança em sistemas distribuídos pode ser dividida em duas partes. Uma parte trata da comunicação entre usuários ou processos, que possivelmente residem em máquinas diferentes. O principal mecanismo para garantir comunicação segura é o uso de um canal seguro. Canais seguros e, mais especificamente, autenticação, integridade de mensagens e confidencialidade serão discutidos em uma seção específica.

A outra parte diz respeito à autorização, que trata de assegurar que um processo receba somente os direitos de acesso a recursos de um sistema distribuído aos quais está habilitado. Autorização será discutida em uma seção específica que trata de controle de acesso. Além dos mecanismos de controle de acesso tradicionais, também focalizaremos o controle de acesso quando temos de lidar com código móvel tais como agentes.

Canais seguros e controle de acesso requerem mecanismos para distribuir chaves criptográficas, mas também mecanismos para adicionar e remover usuários de um sistema. Esses tópicos são abrangidos pelo que é conhecido como gerenciamento da segurança. Em uma seção específica, discutiremos questões que tratam do gerenciamento de chaves criptográficas, gerenciamento de grupo seguro e distribuição de certificados que provam que o proprietário está habilitado a acessar os recursos especificados.

9.1 Introdução à Segurança

Começaremos nossa descrição de segurança em sistemas distribuídos examinando algumas questões gerais de segurança. Em primeiro lugar, é necessário definir o que é um sistema seguro. Distinguiremos *políticas* de segurança de *mecanismos* de segurança e estudaremos o sistema Globus para redes de longa distância, para o qual foi explicitamente formulada uma política de segurança. Nossa segunda preocupação é considerar algumas questões gerais de projeto para sistemas seguros. Por fim, discutiremos brevemente alguns algoritmos criptográficos que desempenham papel fundamental no projeto de protocolos de segurança.

9.1.1 Ameaças a segurança, políticas e mecanismos

A segurança em um sistema de computação está fortemente relacionada com a noção de confiabilidade. Informalmente, um sistema de computação confiável é aquele que justifica nossa confiança de que entregará seus serviços (Laprie, 1995). Como mencionamos no Capítulo 7, confiabilidade inclui disponibilidade, fidedignidade, segurança e capacidade de manutenção. Contudo, se é para confiarmos em um sistema de computação, também precisamos levar em conta a confidencialidade e a integridade. **Confidencialidade** se refere à propriedade de um sistema de computação por meio da qual suas informações são reveladas apenas a partes autorizadas. **Integridade** é a característica pela qual alterações realizadas em ativos de um sistema só podem ser feitas com autorização. Em outras palavras, alterações impróprias em um sistema de computação seguro devem ser detectáveis e recuperáveis. Ativos importantes de qualquer sistema de computação são seu hardware, software e dados.

Uma outra maneira de ver a segurança em sistemas de computação é na situação em que tentamos proteger os serviços e dados que ele oferece contra **ameaças a segurança**. Há quatro tipos de ameaças a segurança a considerar (Pfleeger, 2003):

1. Interceptação
2. Interrupção
3. Modificação
4. Invenção

O conceito de *interceptação* refere-se à situação em que uma parte não autorizada conseguiu acesso a um serviço ou a dados. Um exemplo típico de interceptação é o caso em que a comunicação entre duas partes é ouvida por alguém mais. A interceptação também ocorre quando dados são copiados ilegalmente, por exemplo, após invadir o diretório privado de alguém em um sistema de arquivo.

Um exemplo de *interrupção* é o caso em que um arquivo é corrompido ou perdido. De modo mais geral, a interrupção se refere à situação na qual serviços ou dados ficam indisponíveis, são inutilizados, destruídos e assim por diante. Nesse sentido, ataques de recusa de serviço, pelos quais alguém mal-intencionado tenta fazer com que um serviço fique inacessível a outras partes, é uma ameaça a segurança classificada como interrupção.

Modificações envolvem alteração não autorizada de dados ou interferir com um serviço de modo que ele não siga mais suas especificações originais. Entre os exemplos de modificações estão interceptar e, na seqüência, alterar dados transmitidos, interferir com entradas de bancos de dados e alterar um programa de modo que ele registre secretamente as atividades de seu usuário.

Invenção refere-se à situação na qual são gerados dados ou atividades adicionais que normalmente não existiriam. Por exemplo, um intruso pode tentar adicionar uma entrada a um arquivo de senhas ou a um banco de dados. Da mesma maneira, às vezes é possível invadir um sistema com reprodução de mensagens enviadas antes. Veremos esses exemplos mais adiante neste capítulo.

Observe que interrupção, modificação e invenção podem ser vistas como modos de falsificação de dados.

Apenas declarar que um sistema deve ser capaz de se proteger contra todas as possíveis ameaças a segurança não basta para construir um sistema seguro. Antes de mais nada, precisamos de uma descrição de requisitos de segurança, isto é, de uma política de segurança. Uma **política de segurança** descreve com exatidão quais ações as entidades de um sistema têm permissão de realizar e quais são proibidas. Entidades incluem usuários, serviços, dados, máquinas etc. Uma vez estabelecida a política de segurança, torna-se possível focalizar os **mecanismos de segurança** pelos quais uma política pode ser imposta. Importantes mecanismos de segurança são:

1. Criptografia
2. Autenticação
3. Autorização
4. Auditoria

Criptografia é fundamental para a segurança de computadores. A criptografia transforma dados em algo que um atacante não possa entender. Em outras palavras, a criptografia proporciona um meio de implementar a confidencialidade de dados e, além disso, nos permite verificar se os dados foram modificados. Por isso, a criptografia também fornece suporte para verificações de integridade.

Autenticação é usada para verificar a identidade declarada de um usuário, cliente, servidor, hospedeiro ou outra entidade. No caso de clientes, a premissa básica é que, antes de começar a realizar qualquer trabalho em nome de um cliente, um serviço tem de conhecer a identidade desse cliente (a menos que o serviço esteja disponível para todos). Senhas são o modo típico de identificar usuários, mas há muitos outros modos de autenticar clientes.

Depois que um cliente foi autenticado, é necessário verificar se ele está *autorizado* a executar a ação requisitada. Acesso a registros em um banco de dados médicos é um exemplo típico. Dependendo de quem acessa o banco de dados, o sistema pode dar permissão para ler registros, modificar certos campos de um registro ou adicionar ou remover um registro.

Ferramentas de *auditoria* são utilizadas para rastrear quais clientes acessaram o que e de que modo. Embora na verdade a auditoria não proporcione nenhuma proteção contra ameaças a segurança, os registros de auditoria podem ser de extrema utilidade para a análise de uma falha de segurança e, na seqüência, para tomar providências contra invasores. Por essa razão, de modo geral, os atacantes tomam muito cuidado para não deixar nenhuma pista que possa eventualmente resultar na exposição de sua identidade. Nesse sentido, registrar acessos torna os ataques um negócio um pouco mais arriscado.

Exemplo: arquitetura de segurança Globus

Muitas vezes é melhor explicar a noção de política de segurança e o papel que mecanismos de segurança desempenham em sistemas distribuídos para impor políticas examinando um exemplo concreto. Considere a política de segurança definida para o sistema de longa distância Globus (Chervenak et al., 2000). O Globus é um sistema que suporta computação distribuída em grande escala na qual muitos hospedeiros, arquivos e outros recursos são usados simultaneamente para fazer cálculos. Tais ambientes também são denominados grades de computação (Foster e Kesselman, 2003). Nessas grades, muitas vezes os recursos estão localizados em domínios administrativos diferentes que podem estar localizados em partes diferentes do mundo.

Como o número de usuários e recursos é grande, e eles estão amplamente espalhados por diferentes domínios administrativos, a segurança é essencial. Para projetar e usar adequadamente mecanismos de segurança é necessário entender o que, exatamente, precisa ser protegido e quais são as premissas adotadas em relação à segurança. Simplificando um pouco, a política de segurança para o Globus implica oito declarações que explicaremos a seguir (Foster et al., 1998):

1. O ambiente consiste em vários domínios administrativos.
2. Operações locais (isto é, operações que são efetuadas somente dentro de um único domínio) estão sujeitas apenas a uma política local de segurança do domínio.
3. Operações globais (isto é, operações que envolvem vários domínios) exigem que o iniciador seja conhecido em cada domínio em que a operação for executada.
4. Operações entre entidades que se encontram em domínios diferentes requerem autenticação mútua.
5. Autenticação global substitui autenticação local.
6. O controle de acesso a recursos está sujeito somente a segurança local.
7. Usuários podem delegar direitos a processos.
8. Um grupo de processos no mesmo domínio pode compartilhar credenciais.

A premissa adotada pelo Globus é que o ambiente consiste em vários domínios administrativos e que cada domínio tem sua própria política de segurança local. Considera também que as políticas locais não podem ser alteradas só porque o domínio participa do Globus, e nem que a política geral do Globus desautorize decisões de segurança locais. Em conseqüência, a segurança em Globus se restringirá a operações que afetam múltiplos domínios.

Com relação a essa questão, o Globus considera que operações inteiramente locais a um domínio só estão sujeitas à política de segurança daquele domínio. Em outras palavras, se uma operação é iniciada e executada em um único domínio, todas as questões de segurança serão tratadas somente com a utilização de medidas de segurança locais. O Globus não imporá medidas adicionais.

A política de segurança do Globus determina que requisições para operações possam ser iniciadas globalmente ou no local. O iniciador, seja um usuário, seja um processo que age em nome de um usuário, deve ser conhecido localmente dentro de cada domínio em que aquela operação é realizada. Por exemplo, um usuário pode ter um nome global que é mapeado para nomes locais específicos do domínio. O exato modo como esse mapeamento ocorre fica sob responsabilidade de cada domínio.

Uma importante declaração da política é que operações entre entidades que estão em domínios diferentes requerem autenticação mútua. Isso significa, por exemplo, que, se um usuário que está em um domínio utilizar um serviço de um outro domínio, a identidade do usuário terá de ser verificada. Igualmente importante é que será preciso assegurar ao usuário que ele está usando um serviço que ele acredita estar usando. Mais adiante neste capítulo voltaremos a abordar a autenticação com mais detalhes.

As duas questões de política que citamos são combinadas no seguinte requisito de segurança: se a identidade de um usuário tiver de ser verificada, e se esse usuário também for conhecido localmente em um domínio, ele pode agir como autenticado para aquele domínio local. Isso significa que o Globus requer que suas medidas de autenticação no âmbito do sistema sejam suficientes para considerar que um usuário já foi autenticado para um domínio remoto (em que o usuário é conhecido) quando estiver acessando recursos nesse domínio. A autenticação adicional por aquele domínio não deve ser necessária.

Uma vez identificado um usuário — ou processo que age em nome de um usuário —, ainda é necessário verificar os exatos direitos de acesso em relação aos recursos. Por exemplo, um usuário que quer modificar um arquivo em primeiro lugar terá de ser autenticado e, depois, pode-se verificar se esse usuário tem ou não permissão para modificar o arquivo. A política de segurança do Globus declara que tais decisões de controle de acesso são tomadas inteiramente no local, dentro do domínio em que o recurso adequado está localizado.

Para explicar a sétima declaração, considere um agente móvel em Globus que execute uma tarefa iniciando diversas operações em domínios diferentes, uma após a outra. Tal agente pode levar um longo tempo para concluir sua tarefa. Para evitar ter de se comunicar com o usuário em nome de quem o agente está agindo, o Globus requer que aos processos possam ser delegados um subconjunto dos direitos do usuário. Em decorrência, autenticando um agente e, na seqüência, verificando seus direitos, o Globus deve permitir que um agente inicie uma operação sem ter de contatar o proprietário do agente.

Como última declaração da política, o Globus requer que grupos de processos que executam com um único domínio e agem em nome do mesmo usuário possam compartilhar um único conjunto de credenciais. Como explicaremos mais adiante, credenciais são necessárias para autenticação. Em essência, essa declaração abre caminho para soluções escaláveis para autenticação por não exigir que cada processo transporte com ele seu próprio e exclusivo conjunto de credenciais.

A política de segurança do Globus permite que seus projetistas se concentrem no desenvolvimento de uma solução geral para a segurança. Considerando que cada domínio impõe sua própria política de segurança, o Globus se concentra somente em ameaças a segurança que envolvam múltiplos domínios. Em particular, a política de segurança indica que as questões de projeto importantes são a representação de um usuário em um domínio remoto e a alocação de recursos de um domínio remoto a um usuário ou seu representante. Portanto, as necessidades primordiais do Globus são mecanismos para autenticação entre domínios e fazer com que um usuário fique conhecido em domínios remotos.

Para essa finalidade são introduzidos dois tipos de representantes. Um **proxy de usuário** é um processo que recebe permissão para agir em nome de um usuário por um período limitado. Recursos são representados por proxies de recurso. Um **proxy de recurso** é um processo que executa dentro de um domínio específico e que é usado para traduzir operações globais sobre um recurso para operações locais que obedecem à política de segurança daquele domínio em particular. Por exemplo, um proxy de usuário normalmente se comunica com um proxy de recurso quando é requerido acesso àquele recurso.

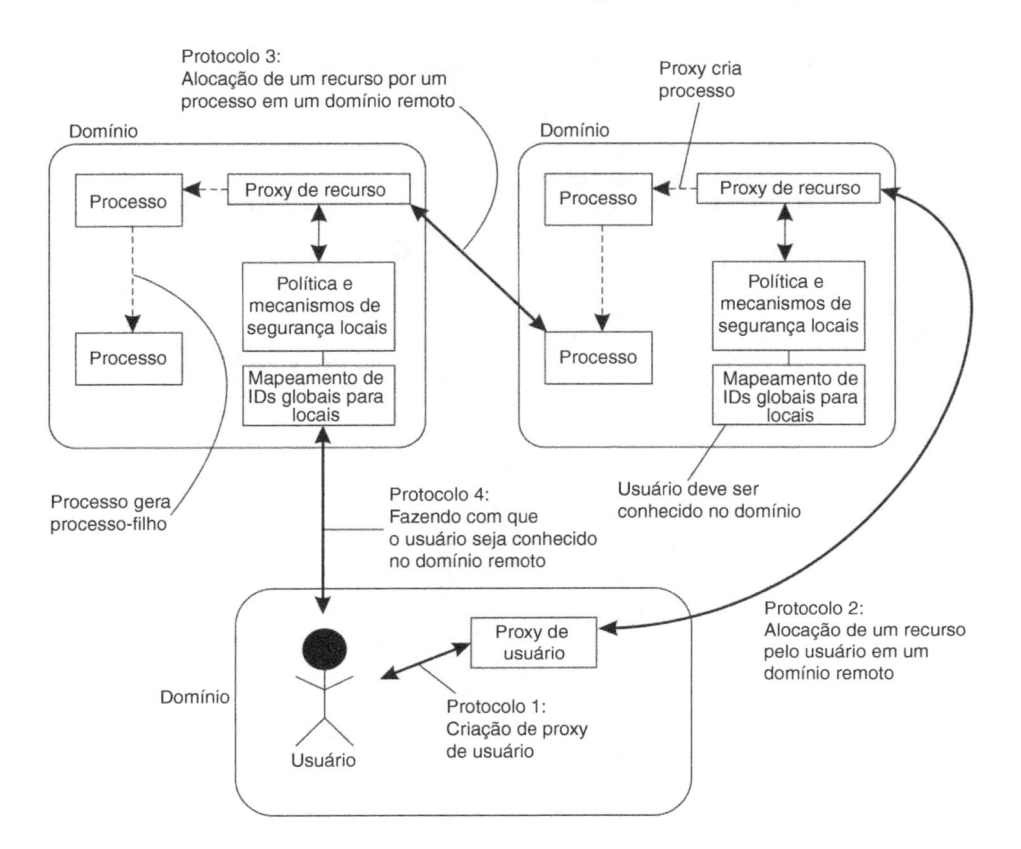

A arquitetura de segurança do Globus consiste, em essência, em entidades como usuários, proxies de usuário, proxies de recurso e processos gerais. Essas entidades estão localizadas em domínios e interagem umas com as outras. Em particular, a arquitetura de segurança define quatro protocolos diferentes, como ilustrado na Figura 9.1 [veja também Foster et al. (1998)].

O primeiro protocolo descreve exatamente como um usuário pode criar um proxy de usuário e delegar direitos àquele proxy. Em particular, para permitir que o proxy de usuário aja em nome de seu usuário, este dá ao proxy um conjunto adequado de credenciais.

O segundo protocolo especifica como um proxy de usuário pode requisitar a alocação de um recurso em um domínio remoto. Em essência, o protocolo diz ao proxy de recurso para criar um processo no domínio remoto após ter ocorrido a autenticação mútua. Esse processo representa o usuário (exatamente como o proxy de usuário o fazia), mas opera no mesmo domínio do recurso requisitado. O processo recebe acesso ao recurso sujeito às decisões do controle de acesso local daquele domínio.

Um processo criado em um domínio remoto pode iniciar computação adicional em outros domínios. Em virtude disso, é preciso um protocolo para alocar recursos em um domínio remoto conforme requisitado por um processo que não seja um proxy de usuário. No sistema Globus, esse tipo de alocação é feito por meio do proxy de usuário, permitindo que um processo faça com que seu proxy de usuário associado requisite a alocação de recursos, seguindo, em essência, o segundo protocolo.

O quarto e último protocolo na arquitetura de segurança Globus é o modo como um usuário pode ficar conhecido em um domínio. Considerando que um usuário tenha uma conta em um domínio, é preciso estabelecer que as credenciais no âmbito do sistema possuídas por um proxy de usuário sejam convertidas automaticamente para credenciais que são reconhecidas pelo domínio específico. O protocolo prescreve como o mapeamento entre as credenciais globais e locais pode ser registrado pelo usuário em uma tabela de mapeamento, local àquele domínio.

Detalhes específicos de cada protocolo são descritos em Foster et al. (1998). Para nós, a questão importante é que a arquitetura de segurança do Globus reflete sua política de

Figura 9.1 Arquitetura de segurança do Globus.

segurança como declarada antes. Os mecanismos usados para implementar essa arquitetura, em particular os protocolos que já mencionamos, são comuns a muitos sistemas distribuídos e discutidos extensivamente neste capítulo. A principal dificuldade de projetar sistemas distribuídos seguros não é tanto a causada por mecanismos de segurança, mas pela decisão de como esses mecanismos devem ser usados para impor uma política de segurança. Na seção seguinte, consideraremos algumas dessas decisões de projeto.

9.1.2 Questões de projeto

Um sistema distribuído, ou, a propósito, qualquer sistema de computação, deve fornecer serviços de segurança com os quais seja possível implementar uma vasta coleção de políticas de segurança. Há várias questões importantes de projeto que precisam ser levadas em conta na implementação de serviços de segurança de uso geral. Nas páginas seguintes discutiremos quatro dessas questões: foco de controle, mecanismos de segurança em camadas, distribuição de mecanismos de segurança e simplicidade [veja também Gollmann (2006)].

Foco de controle

Quando consideramos a proteção de uma aplicação (possivelmente distribuída) há, em essência, três abordagens diferentes que podem ser seguidas, como mostra a Figura 9.2. A primeira abordagem é focalizar diretamente a proteção dos dados que estão associados à aplicação. Nesse caso, proteção direta quer dizer que, independentemente das várias operações que poderiam ser executadas sobre um item de dados, a preocupação primordial é garantir a integridade dos dados. Esse tipo de proteção ocorre normalmente em sistemas de banco de dados nos quais podem ser formuladas várias restrições de integridade que são verificadas automaticamente toda vez que um item de dados é modificado [veja, por exemplo, Doorn e Rivero (2002)].

A segunda abordagem focaliza a proteção por meio da exata especificação de quais operações podem ser invocadas, e por quem, quando certos dados ou recursos estão para ser acessados. Nesse caso, o foco de controle está fortemente relacionado com mecanismos de controle de acesso, que discutiremos extensivamente mais adiante neste capítulo. Por exemplo, em um sistema baseado em objeto, pode-se decidir especificar para cada método que é oferecido para os clientes quais deles têm permissão de invocar esse método. Como alternativa, métodos de controle de acesso podem ser aplicados a toda uma interface oferecida por um objeto, ou a todo o objeto propriamente dito. Assim, essa abordagem permite várias granularidades de controle de acesso.

Uma terceira abordagem é focalizar diretamente os usuários impondo medidas que garantam somente a pessoas específicas ter acesso à aplicação, independentemente das operações que elas querem executar. Por exemplo, um banco de dados de um banco pode ser protegido negando acesso a todos, exceto ao primeiro escalão de gerência e às pessoas especificamente autorizadas a acessá-lo. Como outro exemplo, em muitas universidades a utilização de certos dados e aplicações está restrita a professores e ao pessoal de determinada faculdade, e os estudantes não têm permissão para usá-los. Na verdade, o controle é focalizado na definição de **papéis** que os usuários desempenham e, uma vez verificado o papel de um usuário, o acesso a um

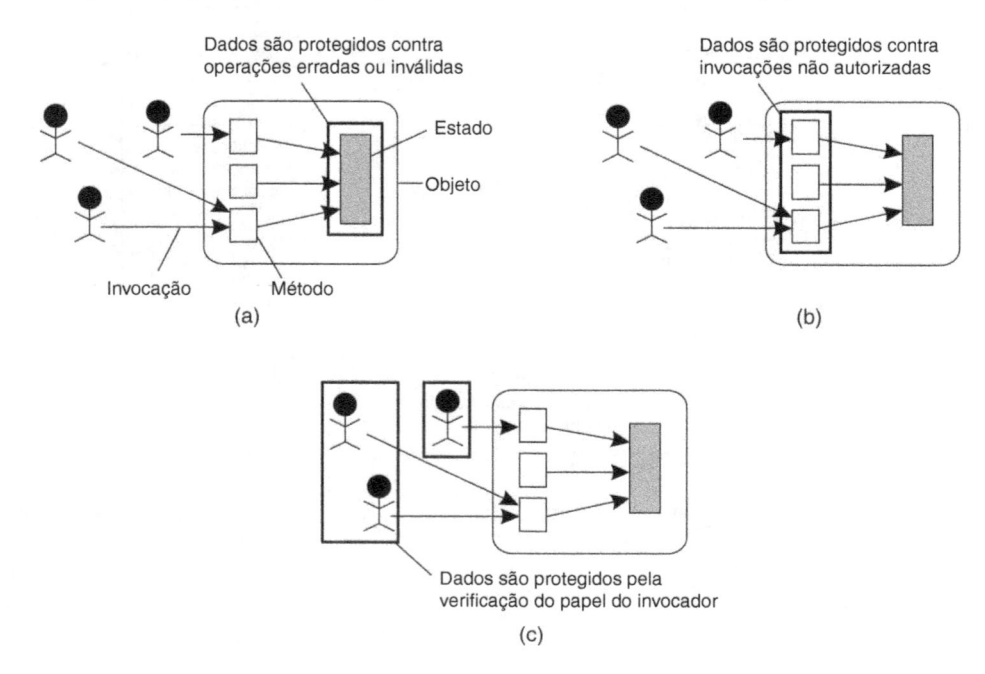

Figura 9.2 Três abordagens para proteção contra ameaças a segurança. (a) Proteção contra operações inválidas. (b) Proteção contra invocações não autorizadas. (c) Proteção contra usuários não autorizados.

recurso pode ser concedido ou negado. Por conseguinte, na elaboração do projeto de um sistema seguro é necessário definir papéis que as pessoas podem desempenhar e fornecer mecanismos para suportar controle de acesso baseado no desempenho desses papéis. Voltaremos a esse assunto mais adiante neste capítulo.

Mecanismos de segurança em camadas

Uma questão importante no projeto de sistemas seguros é decidir em qual nível os mecanismos de segurança devem ser colocados. Nesse contexto, um nível está relacionado com a organização lógica de um sistema em uma série de camadas. Por exemplo, redes de computadores costumam ser organizadas em camadas que seguem algum modelo de referência, como discutimos no Capítulo 4. No Capítulo 1 introduzimos a organização de sistemas distribuídos, que consistia em camadas separadas para aplicações, middleware, serviços de sistema operacional e núcleo do sistema operacional. A combinação da organização em camadas de redes de computadores e sistemas distribuídos resulta aproximadamente no que mostra a Figura 9.3.

Em essência, a Figura 9.3 separa serviços de uso geral de serviços de comunicação. Essa separação é importante para entender a disposição em camadas da segurança em sistemas distribuídos e, em particular, a noção de confiança. A diferença entre confiança e segurança é importante. Um sistema é seguro ou não (levando em conta várias medições probabilísticas), mas o fato de um cliente considerar um sistema seguro é uma questão de confiança (Bishop, 2003). Segurança é técnica; confiança é emocional. A camada na qual os mecanismos de segurança são colocados depende da confiança que um cliente tem na segurança dos serviços que estão em determinada camada.

Considere, como exemplo, uma organização localizada em diferentes sites que são conectados por um serviço de comunicação como o **Serviço de Dados Multimegabit Comutado** (Switched Multi-megabit Data Service — SMDS). Uma rede SMDS pode ser imaginada como um backbone de nível de enlace que conecta várias redes locais em sites que poderão estar geograficamente dispersos, como mostra a Figura 9.4.

Pode-se fornecer segurança ao se colocar dispositivos de criptografia em cada repassador SMDS, como também mostra a Figura 9.4. Esses dispositivos criptografam e decifram automaticamente pacotes que são enviados entre sites, porém, quanto ao mais, não oferecem comunicação segura entre hospedeiros que estão no mesmo site. Se Alice no site *A* enviar uma mensagem a Bob no site *B*, e estiver preocupada com a possibilidade de interceptação de sua mensagem, ela deve, no mínimo, confiar que a criptografia do tráfego entre sites funcione adequadamente. Isso significa, por exemplo, que ela deve confiar que os administradores de sistema de ambos os sites tomaram as providências necessárias contra a interferência indevida com os dispositivos.

Agora, suponha que Alice não confie na segurança do tráfego entre sites. Então, ela pode decidir tomar suas próprias providências usando um serviço de segurança de nível de transporte como o SSL. SSL quer dizer **camada de soquetes seguros** (Secure Sockets Layer) e pode ser usado para enviar mensagens com segurança por uma conexão TCP. Discutiremos os detalhes do SSL mais adiante no

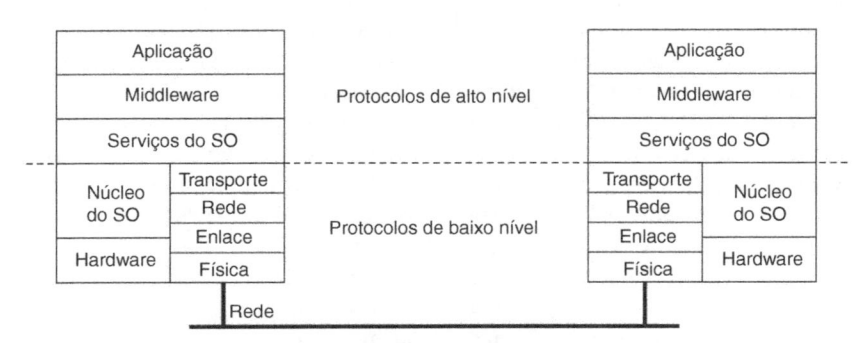

Figura 9.3 Organização lógica de um sistema distribuído em várias camadas.

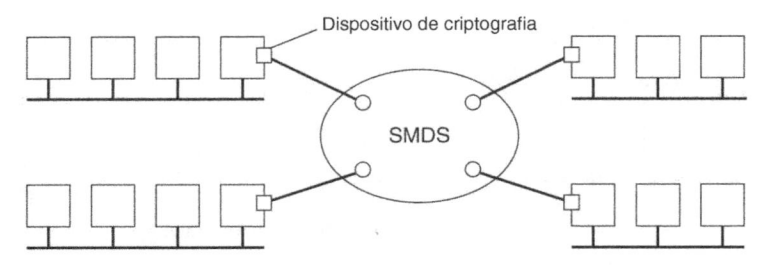

Figura 9.4 Diversos sites conectados por meio de um serviço de backbone de longa distância.

Capítulo 12, quando veremos sistemas baseados na Web. Nesse caso, o importante a observar é que o SSL permite que Alice estabeleça uma conexão segura com Bob. Todas as mensagens de nível de transporte serão criptografadas — e também as de nível SMDS, mas Alice não precisa saber disso. Nesse caso, ela terá de depositar sua confiança no SSL. Em outras palavras, ela acredita que o SSL é seguro.

Os mecanismos de segurança em sistemas distribuídos costumam ser colocados na camada de middleware. Se Alice não confiar no SSL, ela talvez queira usar um serviço local seguro de RPC. Novamente, ela terá de confiar que esse serviço de RPC faz o que promete, como não vazar informações ou autenticar clientes e servidores adequadamente.

Só se pode confiar em serviços de segurança que são colocados na camada de middleware de um sistema distribuído se os serviços aos quais eles recorrem para garantir sua própria segurança forem, de fato, seguros. Por exemplo, se um serviço seguro de RPC for parcialmente implementado por meio de SSL, a confiança no serviço de RPC depende da confiança depositada no SSL. Se o SSL não for de confiança, então não se pode ter confiança na segurança do serviço RPC.

Distribuição de mecanismos de segurança

As dependências entre serviços no que se refere à segurança resultam na noção de uma **base de computação confiável** (Trusted Computing Base — **TCB**). Uma TCB é o conjunto de todos os mecanismos de segurança presentes em um sistema de computação (distribuído) que são necessários para impor uma política de segurança e que, por isso, devem ser dignos de confiança. Quanto menor a TCB, melhor. Se um sistema distribuído for construído como middleware em cima de um sistema operacional de rede, sua segurança pode depender da segurança dos sistemas operacionais locais subjacentes existentes. Em outras palavras, a TCB em um sistema distribuído pode incluir os sistemas operacionais em vários hospedeiros.

Considere um servidor de arquivos em um sistema de arquivos distribuído. Tal servidor pode precisar recorrer aos vários mecanismos de proteção oferecidos por seu sistema operacional local. Entre esses mecanismos estão não somente os de proteção de arquivos contra acessos por processos que não sejam o servidor de arquivos, mas também os destinados a proteger o servidor de arquivos contra ataques maliciosos que possam causar sua queda.

Por isso, sistemas distribuídos baseados em middleware exigem confiança nos sistemas operacionais locais existentes dos quais eles dependem. Se essa confiança não existir, talvez seja preciso incorporar parte da funcionalidade dos sistemas operacionais locais ao próprio sistema distribuído. Considere um sistema operacional de micronúcleo no qual a maioria dos serviços do sistema operacional executa como processos normais de usuário. Nesse caso, o sistema de arquivos, por exemplo, pode ser inteiramente substituído por um sistema talhado para as necessidades específicas de um sistema moldado, incluídas suas várias medidas de segurança.

Coerente com essa abordagem é separar serviços de segurança dos outros tipos de serviços distribuindo serviços por máquinas diferentes conforme o nível de segurança requerido. Por exemplo, no caso de um sistema de arquivos distribuído seguro, pode ser possível isolar o servidor de arquivos dos clientes colocando o servidor em uma máquina que tenha um sistema operacional de confiança e que possivelmente executa um sistema de arquivos seguro dedicado. Clientes e suas aplicações são colocados em máquinas não confiáveis.

Na verdade, essa separação reduz a TCB a um número relativamente pequeno de máquinas e componentes de software. Se, na seqüência, essas máquinas forem protegidas contra ataques a segurança vindos do exterior, a confiança global na segurança do sistema distribuído pode ser aumentada. A abordagem seguida em **interfaces reduzidas para componentes de sistema seguro** (Reduced Interfaces for Secure System Components — **RISSC**), como descrita por Neumann (1995), impede que clientes e suas aplicações tenham acesso direto a serviços críticos. Na abordagem RISSC, qualquer servidor crítico em questão de segurança é colocado em uma máquina separada, isolada dos sistemas de usuários finais mediante a utilização de interfaces de rede seguras de baixo nível, como mostra a Figura 9.5. Clientes e suas aplicações executam em máquinas diferentes e só podem acessar o servidor seguro por meio dessas interfaces de rede.

Simplicidade

A simplicidade é uma outra importante questão de projeto relacionada à escolha da camada em que serão

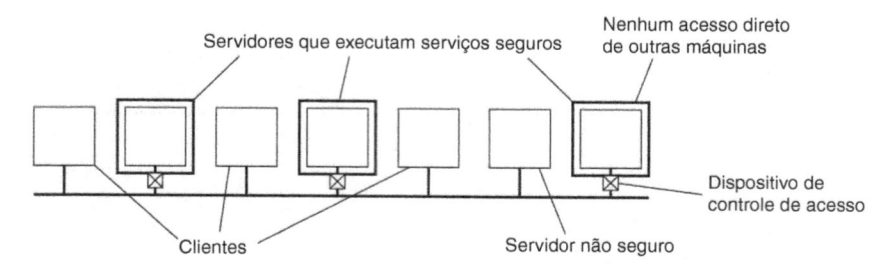

Figura 9.5 *Princípio da RISSC aplicado a sistemas distribuídos seguros.*

colocados os mecanismos de segurança. De modo geral, o projeto de um sistema de computação seguro é considerado uma tarefa difícil. Em decorrência, se um projetista de sistemas puder utilizar alguns poucos mecanismos simples que sejam fáceis de entender e em cujo funcionamento seja possível confiar, tanto melhor.

Infelizmente, mecanismos simples nem sempre são suficientes para implementar políticas de segurança. Considere, mais uma vez, a situação na qual Alice quer enviar uma mensagem a Bob, como já discutimos antes. A criptografia no nível de enlace é um mecanismo simples e fácil de entender para proteger contra interceptação do tráfego de mensagens entre sites. Entretanto, é preciso muito mais do que isso se Alice quiser ter certeza de que somente Bob receberá suas mensagens. Nesse caso são necessários serviços de autenticação no nível de usuário, e talvez Alice queira saber como esses serviços funcionam para poder depositar sua confiança neles. Portanto, a autenticação no nível de usuário pode exigir, no mínimo, uma noção de chaves criptográficas e o conhecimento de mecanismos como certificados, embora muitos serviços de segurança tenham alto grau de automatização e fiquem ocultos dos usuários.

Em outros casos, a aplicação já é inerentemente complexa, e introduzir segurança somente piora as coisas. Um exemplo de domínio de aplicação que envolve complexos protocolos de segurança (como discutiremos mais adiante neste capítulo) é o dos sistemas de pagamento digitais. A complexidade dos protocolos de pagamento digital muitas vezes é causada pelo fato de que várias partes precisam se comunicar para fazer um pagamento. Nesses casos, é importante que os mecanismos subjacentes que são usados para implementar os protocolos sejam relativamente simples e fáceis de entender. A simplicidade contribuirá para a confiança que os usuários finais depositarão na aplicação e, mais importante, contribuirá para convencer os projetistas de sistemas de que o sistema não tem falhas de segurança.

9.1.3 Criptografia

A utilização de técnicas criptográficas é fundamental para a segurança em sistemas distribuídos. A idéia básica da aplicação dessas técnicas é simples. Considere um remetente S que quer transmitir a mensagem m a um receptor R. Para proteger a mensagem contra ameaças a segurança, em primeiro lugar o remetente a **criptografa** em uma mensagem ininteligível m' e, na seqüência, envia m' a R. Por sua vez, R tem de **decifrar** a mensagem recebida para obter sua forma original m. Criptografia e decifração são realizadas com utilização de métodos criptográficos parametrizados por chaves, como mostra a Figura 9.6. A forma original da mensagem enviada é denominada **texto aberto**, representado por P na Figura 9.6; a forma cifrada é denominada **texto cifrado**, representado por C.

Para descrever os vários protocolos de segurança que são usados para construir serviços de segurança para sistemas distribuídos, é útil ter uma notação para relacionar texto aberto, texto cifrado e chaves. Conforme as convenções comuns de notação, usaremos $C = E_K(P)$ para denotar que o texto cifrado C é obtido pela criptografia do texto aberto P usando a chave K. Da mesma maneira, $P = D_K(C)$ é usada para expressar a decifração do texto cifrado C usando a chave K, resultando no texto aberto P.

Voltando ao nosso exemplo mostrado na Figura 9.6, durante a transferência de uma mensagem como texto cifrado C, há três ataques diferentes contra os quais precisamos nos proteger e, para tal, a criptografia ajuda. Em primeiro lugar, um **intruso passivo** pode interceptar a mensagem sem que o servidor nem o receptor percebam que estão sendo bisbilhotados. É claro que, se a mensagem transmitida foi criptografada de modo tal que não possa ser decifrada facilmente sem a chave adequada, a interceptação é inútil: o intruso só verá dados ininteligíveis. (A propósito, só o fato de uma mensagem estar em transmissão às vezes pode ser suficiente para um intruso tirar conclusões. Por exemplo, se durante uma crise mundial houver uma redução drástica e repentina do tráfego que chega à Casa Branca e, ao mesmo tempo, o tráfego que chega a uma certa montanha do Colorado aumentar na mesma proporção, saber isso já pode ser uma informação útil.)

O segundo tipo de ataque com o qual precisamos lidar é aquele que modifica a mensagem. Modificar texto

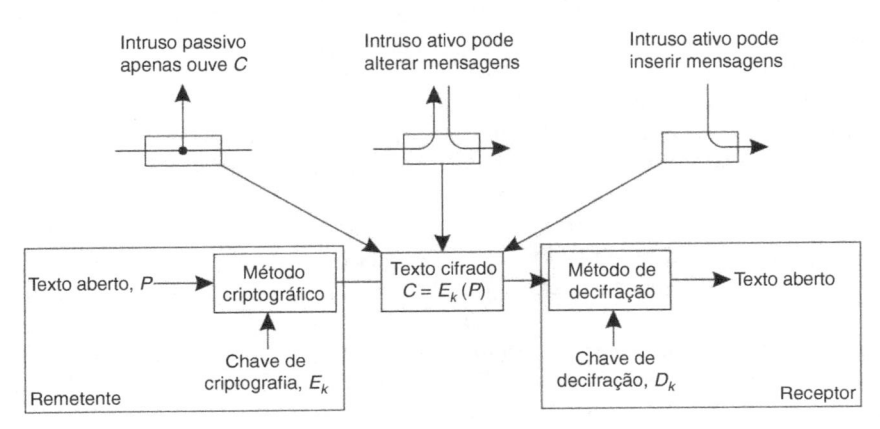

Figura 9.6 Intrusos ativos e passivos em comunicação.

comum é fácil; modificar texto cifrado que foi criptografado adequadamente é muito mais difícil porque, em primeiro lugar, o intruso terá de decifrar a mensagem antes de poder modificá-la de modo significativo. Além disso, ele também terá de criptografar novamente a mensagem adequadamente, senão o receptor poderá notar que a mensagem sofreu interferência.

O terceiro tipo de ataque se dá quando um intruso ativo insere mensagens cifradas no sistema de comunicação, na tentativa de fazer com que R acredite que essas mensagens vieram de S. Mais uma vez, como veremos mais adiante neste capítulo, a criptografia pode ajudar a proteger contra tais ataques. Observe que, se um intruso puder modificar mensagens, também poderá inserir mensagens.

Há uma distinção fundamental entre diferentes sistemas criptográficos que se baseia no fato de as chaves de criptografia e decifração serem as mesmas ou não. Em um **criptossistema simétrico**, a mesma chave é usada para cifrar e decifrar uma mensagem. Em outras palavras,

$$P = D_K(E_K(P))$$

Criptossistemas simétricos também são conhecidos como sistemas de chaves secretas ou chaves compartilhadas, porque o remetente e o receptor devem compartilhar a mesma chave e, para garantir que a proteção funcione, essa chave compartilhada deve ser mantida em sigilo; ninguém mais tem permissão de vê-la. Usaremos a notação $K_{A,B}$ para denotar uma chave compartilhada por A e B.

Em um **criptossistema assimétrico**, as chaves para criptografia e decifração são diferentes; porém, juntas, formam um par exclusivo. Em outras palavras, há uma chave separada K_E para criptografia e uma para decifração, K_D, tal que

$$P = D_{K_D}(E_{K_E}(P))$$

Uma das chaves de um criptossistema assimétrico é privada; a outra é pública. Por essa razão, criptossistemas assimétricos também são conhecidos como **sistemas de chave pública**. A seguir, usaremos a notação K_A^+ para denotar uma chave pública que pertence a A, e K_A^- para denotar sua chave privada correspondente.

Antes mesmo das discussões detalhadas sobre protocolos de segurança que faremos mais adiante neste capítulo, informamos que determinar qual das chaves de criptografia ou decifração será a pública, depende do modo como as chaves são usadas. Por exemplo, se Alice quiser enviar uma mensagem confidencial a Bob, ela deve usar a chave pública de Bob para criptografar a mensagem. Como Bob é o único que tem a chave privada de decifração, ele também é a única pessoa que pode decifrar a mensagem.

Por outro lado, suponha que Bob quer ter certeza de que a mensagem que acabou de receber veio realmente de Alice. Nesse caso, Alice pode usar uma chave criptográfica privada para criptografar as mensagens que envia. Se Bob conseguir decifrar uma mensagem usando a chave pública de Alice (e o texto aberto da mensagem tiver informações suficientes para significar algo para Bob), ele sabe que a mensagem deve ter vindo de Alice porque a chave de decifração está exclusivamente vinculada à chave de criptografia. Mais adiante voltaremos a esses algoritmos com mais detalhes.

Uma utilização final da criptografia em sistemas distribuídos é a utilização de **funções de hash**. Uma função de hash H toma uma mensagem m de comprimento arbitrário como entrada e produz uma seqüência de bits h de comprimento fixo como saída:

$$h = H(m)$$

Um hash h é mais ou menos comparável com os bits extras que são anexados a uma mensagem em sistemas de comunicação para permitir detecção de erros, como é feito na verificação por redundância cíclica (*cyclic redundancy check* — CRC).

Funções de hash que são usadas em sistemas criptográficos têm várias propriedades essenciais. A primeira é que elas são **funções não reversíveis**, o que significa que, por computação, é inviável achar a entrada m que corresponde a uma saída conhecida h. Por outro lado, é fácil calcular h com base em m. A segunda é que elas têm a propriedade de **fraca resistência à colisão**, o que significa que, dadas uma entrada m e sua saída associada, $h = H(m)$, é inviável, por computação, achar uma outra entrada diferente, $m' \neq m$, tal que $H(m) = H(m')$. Por fim, as funções criptográficas de hash também têm propriedade de **forte resistência a colisão**, o que significa que, quando é dada somente H, é inviável, por computação, achar quaisquer dois valores de entrada diferentes, m e m', tal que $H(m) = H(m')$.

Propriedades similares devem ser válidas para qualquer função de criptografia E e para as chaves que são usadas. Além do mais, para qualquer função de criptografia E, é preciso que seja inviável achar a chave K por computação quando é dado o texto aberto P e o texto cifrado associado, $C = E_K(P)$. Da mesma maneira, análogo à resistência a colisão, quando é dado um texto aberto P e uma chave K, deve ser efetivamente impossível achar uma outra chave K', tal que $E_K(P) = E_{K'}(P)$.

A arte e a ciência de inventar algoritmos para sistemas criptográficos tem uma história longa e fascinante (Kahn, 1967), e construir sistemas seguros muitas vezes é surpreendentemente difícil ou até impossível (Schneier, 2000). Está além do escopo deste livro discutir qualquer desses algoritmos em detalhes. Contudo, para dar uma idéia da criptografia em sistemas de computação, apresentaremos resumidamente três algoritmos representativos. Informações detalhadas sobre esses e outros algoritmos criptográficos podem ser encontradas em Ferguson e Schneier (2003), Menezes et al. (1996) e Schneier (1996).

Antes de entrarmos nos detalhes dos vários protocolos, a Tabela 9.1 resume a notação e as abreviações que usamos nas expressões matemáticas que virão em seguida.

Notação	Descrição
$K_{A,B}$	Chave secreta compartilhada por A e B
K_A^+	Chave pública de A
K_A^-	Chave privada de A

Tabela 9.1 Notação usada neste capítulo.

Criptossistemas simétricos: DES

Nosso primeiro exemplo de um algoritmo criptográfico é o **padrão de criptografia de dados** (Data Encryption Standard — **DES**), que é usado para criptossistemas simétricos. O DES foi projetado para operar sobre blocos de dados de 64 bits. Um bloco é transformado em um bloco criptografado (de 64 bits) de saída em 16 rodadas. Cada rodada usa uma chave diferente de 48 bits para criptografia. Cada uma dessas 16 chaves é derivada de uma chave mestra de 56 bits, como mostra a Figura 9.7(a). Antes de começar suas 16 rodadas de criptografia, um bloco de entrada passa por uma troca inicial, cujo inverso é mais tarde aplicado à saída cifrada que leva ao bloco de saída final.

Cada rodada de criptografia i toma o bloco de 64 bits produzido pela rodada anterior, $i - 1$, como sua entrada, como mostra a Figura 9.7(b). Os 64 bits são divididos em uma parte esquerda, L_{i-1}, e uma parte direita, R_{i-1}, cada uma com 32 bits. A parte direita é usada para a parte esquerda na próxima rodada, isto é, $L_i = R_{i-1}$.

O trabalho duro é realizado na função de embaralhamento f. Essa função pega um bloco de 32 bits, R_{i-1}, como entrada, junto com uma chave de 48 bits, K_i, e produz um bloco de 32 bits que passa por uma operação XOR com L_{i-1} para produzir R_i. (XOR é uma abreviatura da operação OU EXCLUSIVO.) Em primeiro lugar, a função de embaralhamento expande R_{i-1} para um bloco de 48 bits e aplica XOR entre esse bloco e K_i. O resultado é particionado em oito porções de seis bits cada. Então, cada porção alimenta uma **S-box** diferente, que é uma operação que substitui cada uma das 64 possíveis entradas de 6 bits em uma de 16 possíveis saídas de 4 bits. Portanto, as oito porções de saída de 4 bits cada são combinadas em um valor de 32 bits e trocadas mais uma vez.

A chave de 48 bits, K_i, para a rodada i é derivada de uma chave mestra de 56 bits como descreveremos a seguir. Em primeiro lugar, a chave mestra é trocada e dividida em duas metades de 28 bits. Em cada rodada, cada uma das metades é primeiro girada 1 ou 2 bits para a esquerda, depois do que são extraídos 24 bits. Juntando-se esses 24 bits com os 24 bits da outra metade girada, é construída uma chave de 48 bits. Os detalhes de uma rodada de criptografia são mostrados na Figura 9.8.

O princípio do DES é bastante simples, mas o algoritmo é difícil de quebrar usando métodos analíticos. Usar um ataque de força bruta para procurar uma chave que fará o trabalho ficou fácil, como já foi demonstrado inúmeras vezes. Contudo, usar DES três vezes em um modo especial criptografia-decifração-criptografia com chaves diferentes, também conhecido como **DES triplo**, é muito mais seguro e ainda bastante utilizado [veja também Barker (2004)].

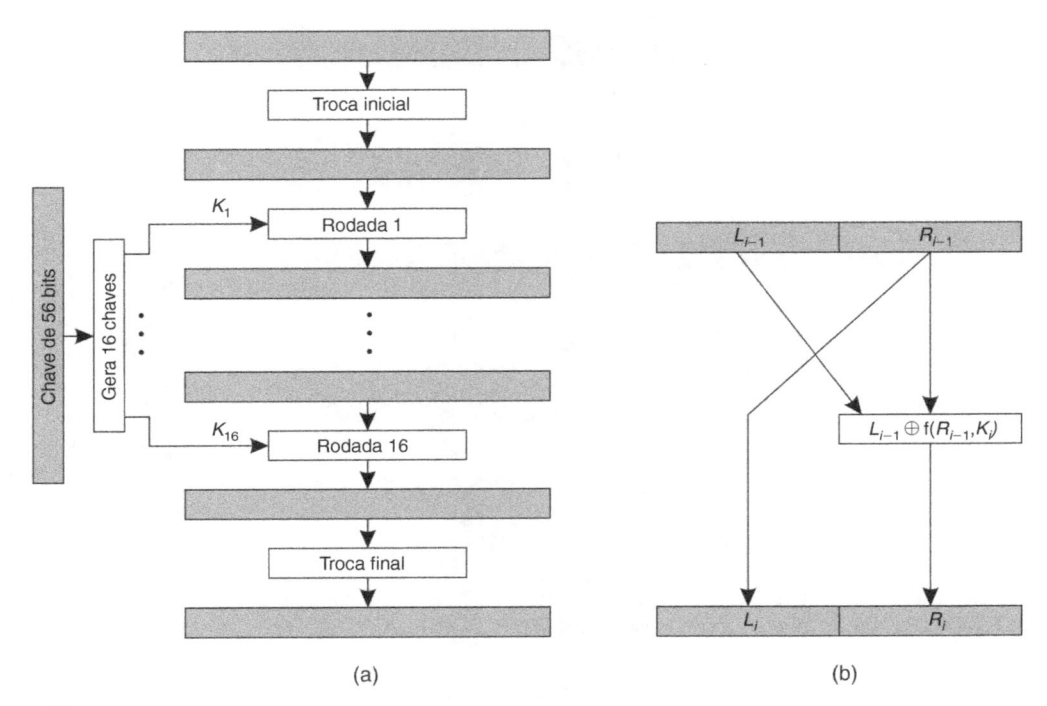

Figura 9.7 (a) Princípio do DES. (b) Esboço de uma rodada de criptografia.

O que torna o DES difícil de atacar por análise é que o princípio racional em que se baseia o projeto nunca foi explicado ao público.* Por exemplo, sabe-se que tomar outras S-boxes que não são as usadas correntemente no padrão faz com que o algoritmo fique substancialmente mais fácil de quebrar [veja Pfleeger (2003) para uma breve análise do DES]. Um princípio racional para o projeto e utilização das S-boxes foi publicado somente depois que 'novos' modelos de ataque foram inventados na década de 1990. O DES mostrou ser bastante resistente a esses ataques, e seus projetistas revelaram que eles já conheciam os modelos recém-projetados quando desenvolveram o DES em 1974 (Coppersmith, 1994).

O DES é usado como técnica padrão de criptografia há anos, mas está em processo de substituição pelo algoritmo de blocos de 128 bits de Rijndael. Também há variantes com chaves maiores e blocos de dados maiores. O algoritmo foi projetado para ser rápido o suficiente para poder ser implementado até mesmo em smart cards, que são uma área de crescente importância para a criptografia.

Criptossistemas de chave pública: RSA

Nosso segundo exemplo de algoritmo criptográfico é muito usado para sistemas de chave pública: o **RSA**, cujo nome se deve às iniciais de seus inventores: Rivest, Shamir e Adleman (1978). A segurança do RSA se deve ao fato de que não há nenhum método conhecido para achar com eficiência os **fatores primos** de grandes números. Pode-se demonstrar que cada inteiro pode ser escrito como o produto de números primos. Por exemplo, 2.100 pode ser escrito como

$$2.100 = 2 \times 2 \times 3 \times 5 \times 5 \times 7$$

tomando 2, 3, 5 e 7 como fatores primos de 2.100. Em RSA, as chaves pública e privada são construídas de acordo com números primos muito grandes (que consistem em centenas de dígitos decimais). Ocorre que quebrar o RSA equivale a achar esses dois números primos. Até agora, tal façanha mostrou ser inviável em termos de computação, se bem que os matemáticos estudem o problema há séculos.

A geração das chaves privada e pública requer quatro etapas:

1. Escolher dois números primos muito grandes, p e q.
2. Calcular $n = p \times q$ e $z = (p - 1) \times (q - 1)$.
3. Escolher um número d que seja primo em relação a z.
4. Calcular o número e tal que $e \times d = 1 \; mod \; z$.

Na seqüência, um dos números, digamos, d, pode ser usado para decifração, ao passo que e é usado para criptografia. Só um desses dois é público, dependendo do algoritmo para o qual está em uso.

Vamos considerar o caso em que Alice quer manter como confidenciais as mensagens que envia a Bob. Em outras palavras, ela quer garantir que ninguém, exceto Bob, possa interceptar e ler as mensagens que ela lhe envia. O RSA considera cada mensagem m apenas como uma seqüência de bits. Em primeiro lugar, cada mensagem é dividida em blocos de comprimento fixo, e cada bloco m_i, interpretado como um número binário, deve se encontrar no intervalo $0 \leq m_i < n$.

Para criptografar a mensagem m, o remetente calcula para cada bloco m_i o valor $c_i = m_i^e \; (mod \; n)$, que então é

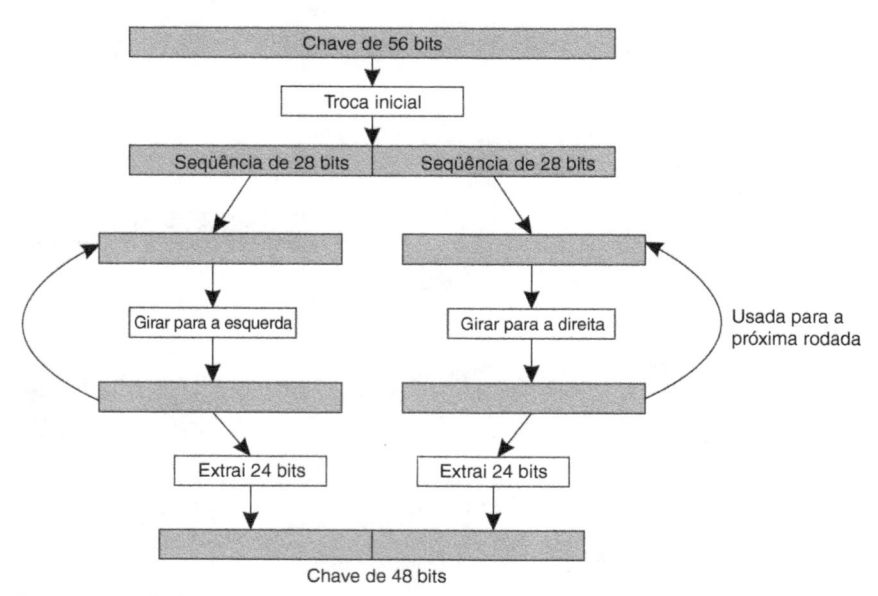

Figura 9.8 Detalhes da geração de chave por rodada em DES.

---

* O autor apresenta nesse trecho seu ponto de vista numa questão bastante polêmica. Tem-se a impressão de que os inventores do DES devem conhecer um modo simples de quebrá-lo (N. do R.T.).

enviado ao receptor. A decifração no lado do receptor ocorre com o cálculo $m_i = c_i^d \pmod{n}$. Observe que, para a criptografia, ambos, *e* e *n*, são necessários, ao passo que a decifração requer conhecer os valores de *d* e *n*.

Quando se compara o RSA com criptossistemas simétricos como o DES, o RSA tem a desvantagem de ser mais complexo em termos de computação. Ocorre que criptografar mensagens usando RSA é aproximadamente cem a mil vezes mais lento do que usando DES, dependendo da técnica de implementação utilizada. Em conseqüência, muitos sistemas criptográficos usam RSA para trocar somente chaves compartilhadas de modo seguro, porém muito menos para realmente criptografar dados 'normais'. Veremos exemplos da combinação dessas duas técnicas mais adiante em outras seções.

Funções de hash: MD5

Como último exemplo de algoritmo criptográfico de ampla utilização, examinaremos o MD5 (Rivest, 1992). O **MD5** é uma função de hash para calcular um **resumo de mensagem** de comprimento fixo de 128 bits com base em uma cadeia binária de entrada de comprimento arbitrário. Em primeiro lugar, a cadeia de entrada é preenchida até um comprimento total de 448 bits (módulo 512); depois disso, o comprimento da cadeia de bits original é adicionado como um inteiro de 64 bits. Na verdade, a entrada é convertida em uma série de blocos de 512 bits.

A estrutura do algoritmo é mostrada na Figura 9.9. Começando com certo valor constante de 128 bits, o algoritmo prossegue em *k* fases, onde *k* é a quantidade de número de blocos de 512 bits que abrange a mensagem preenchida. Durante cada fase é calculado um resumo de 128 bits de acordo com um bloco de dados de 512 bits que vem de uma mensagem preenchida e do resumo de 128 bits calculado na fase precedente.

Uma fase em MD5 consiste em quatro rodadas de cálculos, e cada rodada usa uma das quatro funções seguintes:

$F(x, y, z) = (x \text{ AND } y) \text{ OR } ((\text{NOT } x) \text{ AND } z)$
$G(x, y, z) = (x \text{ AND } z) \text{ OR } (y \text{ AND } (\text{ NOT } z))$
$H(x, y, z) = x \text{ XOR } y \text{ XOR } z$
$I(x, y, z) = y \text{ XOR } (x \text{ OR } (\text{NOT } z))$

Cada uma dessas funções opera sobre variáveis de 32 bits, *x*, *y* e *z*. Para ilustrar como essas funções são usadas, considere um bloco *b* de 512 bits da mensagem preenchida que está em processo durante a fase *k*. O bloco *b* é dividido em 16 sub-blocos de 32 bits, b_0, b_1,..., b_{15}. Durante a primeira rodada, a função *F* é usada para mudar quatro variáveis (denotadas por *p*, *q*, *r* e *s*, respectivamente) em 16 iterações, como mostra a Tabela 9.2. Essas variáveis são transportadas para cada rodada seguinte e, após o término de uma fase, passadas para a próxima fase. Há um total de 64 constantes C_i predefinidas. A notação $x \lll n$ é usada para denotar uma *rotação para a esquerda*: os bits em *x* são deslocados *n* posições para a esquerda, e o bit que, na rotação, ficar fora à esquerda é colocado na posição da extrema direita.

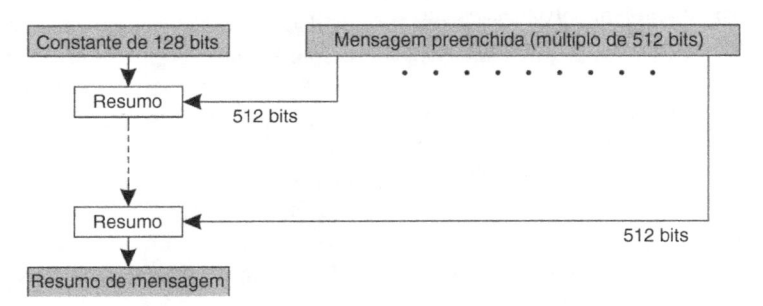

Figura 9.9 Estrutura do MD5.

Iterações 1–8	Iterações 9–16
$p \leftarrow (p + F(q,r,s) + b_0 + C_1) \lll 7$	$p \leftarrow (p + F(q,r,s) + b_8 + C_9) \lll 7$
$s \leftarrow (s + F(p,q,r) + b_1 + C_2) \lll 12$	$s \leftarrow (s + F(p,q,r) + b_9 + C_{10}) \lll 12$
$r \leftarrow (r + F(s,p,q) + b_2 + C_3) \lll 17$	$r \leftarrow (r + F(s,p,q) + b_{10} + C_{11}) \lll 17$
$q \leftarrow (q + F(r,s,p) + b_3 + C_4) \lll 22$	$q \leftarrow (q + F(r,s,p) + b_{11} + C_{12}) \lll 22$
$p \leftarrow (p + F(q,r,s) + b_4 + C_5) \lll 7$	$p \leftarrow (p + F(q,r,s) + b_{12} + C_{13}) \lll 7$
$s \leftarrow (s + F(p,q,r) + b_5 + C_6) \lll 12$	$s \leftarrow (s + F(p,q,r) + b_{13} + C_{14}) \lll 12$
$r \leftarrow (r + F(s,p,q) + b_6 + C_7) \lll 17$	$r \leftarrow (r + F(s,p,q) + b_{14} + C_{15}) \lll 17$
$q \leftarrow (q + F(r,s,p) + b_7 + C_8) \lll 22$	$q \leftarrow (q + F(r,s,p) + b_{15} + C_{16}) \lll 22$

Tabela 9.2 As 16 iterações durante a primeira rodada em uma fase em MD5.

A segunda rodada usa a função G de modo similar, ao passo que H e I são usadas na terceira e quarta rodadas, respectivamente. Assim, cada etapa consiste em 64 iterações, após as quais é iniciada a fase seguinte, mas agora com os valores que p, q, r e s têm nesse ponto.

9.2 Canais Seguros

Nos capítulos anteriores, usamos freqüentemente o modelo cliente–servidor como modo conveniente de organizar um sistema distribuído. Nesse modelo, os servidores podem ser possivelmente distribuídos e replicados, mas também agir como clientes em relação a outros servidores. Quando se considera a segurança em sistemas distribuídos, mais uma vez é útil pensar em termos de clientes e servidores. Em particular, tornar seguro um sistema distribuído se resume, em essência, a duas questões predominantes. A primeira é como tornar segura a comunicação entre clientes e servidores. Comunicação segura requer autenticação das partes comunicantes. Em muitos casos também requer garantir a integridade das mensagens e, possivelmente, ainda a confidencialidade. Como parte desse problema, precisamos considerar a proteção da comunicação dentro de um grupo de servidores.

A segunda questão é a da autorização: uma vez que um servidor tenha aceitado uma requisição de um cliente, como ele descobre se esse cliente está autorizado a ter essa requisição executada? A autorização está relacionada com o problema de controlar acesso a recursos, assunto que discutiremos extensivamente na próxima seção. Nesta seção, focalizaremos a proteção da comunicação dentro de um sistema distribuído.

A questão da proteção da comunicação entre clientes e servidores pode ser pensada em termos do estabelecimento de um **canal seguro** entre as partes comunicantes (Voydock e Kent, 1983). Um canal seguro protege remetentes e receptores contra interceptação, modificação e invenção de mensagens. Não protege necessariamente contra interrupção. A proteção de mensagens contra interceptação é feita com a garantia de confidencialidade: o canal seguro garante que suas mensagens não podem ser bisbilhotadas por intrusos. A proteção contra modificação e invenção por intrusos é feita por meio de protocolos para autenticação mútua e integridade de mensagem. Nas páginas seguintes, em primeiro lugar discutiremos vários protocolos que podem ser usados para autenticação, usando criptossistemas simétricos bem como criptossistemas de chave pública. Uma descrição detalhada da lógica subjacente à autenticação pode ser encontrada em Lampson et al. (1992). Discutiremos confidencialidade e integridade de mensagens separadamente.

9.2.1 Autenticação

Antes de entrarmos nos detalhes de vários protocolos de autenticação, vale a pena observar que não se pode ter autenticação sem ter integridade de mensagem e vice-versa. Considere, por exemplo, um sistema distribuído que suporta autenticação de duas partes comunicantes, mas não provê mecanismos para garantir a integridade da mensagem. Em tal sistema, Bob pode ter certeza de que Alice é a remetente de uma mensagem m. Contudo, se Bob não puder garantir que m não foi alterada durante a transmissão, de que vale ele saber que Alice enviou (a versão original de) m?

Da mesma maneira, suponha que apenas a integridade da mensagem seja suportada, mas que não exista nenhum mecanismo para autenticação. Quando Bob receber uma mensagem declarando que ele acabou de ganhar $ 1.000.000 na loteria, como ele vai comemorar se não puder verificar que a mensagem foi enviada pelos organizadores daquela loteria?

Em conseqüência, autenticação e integridade de mensagem devem andar juntas. Em muitos protocolos, a combinação funciona aproximadamente como descrevemos em seguida. Considere, mais uma vez, que Alice e Bob queiram se comunicar e que Alice tome a iniciativa de estabelecer um canal. Alice começa enviando uma mensagem a Bob ou a um terceiro de confiança que ajudará a estabelecer o canal. Uma vez estabelecido o canal, Alice tem certeza de que está falando com Bob, e Bob tem certeza de que está falando com Alice, e assim eles podem trocar mensagens.

Para garantir a subseqüente integridade das mensagens de dados que são trocadas depois da autenticação, a prática comum é usar criptografia de chave secreta por meio de chaves de sessão. Uma **chave de sessão** é uma chave (secreta) usada para criptografar mensagens visando à integridade e, possivelmente, também à confidencialidade. De modo geral, tal chave é usada somente enquanto o canal existir. Quando o canal é fechado, sua chave de sessão associada é descartada (ou, na verdade, destruída com segurança). Mais adiante voltaremos às chaves de sessão.

Autenticação baseada em uma chave secreta compartilhada

Vamos começar examinando um protocolo de autenticação baseado em uma chave secreta que já é compartilhada entre Alice e Bob. Mais adiante neste capítulo discutiremos como os dois conseguiram obter a chave compartilhada de modo seguro. Na descrição do protocolo, Alice e Bob são representados por A e B, respectivamente, e sua chave compartilhada é $K_{A,B}$. O protocolo adota uma abordagem comum pela qual uma parte desafia a outra a dar uma resposta que só pode estar correta se o outro conhecer a chave secreta compartilhada. Tais soluções são também conhecidas como **protocolos de desafio–resposta**.

No caso da autenticação baseada em uma chave secreta compartilhada, o protocolo funciona como mostra a Figura 9.10. Em primeiro lugar, Alice envia sua identidade a Bob (mensagem 1) indicando que quer estabelecer um canal de comunicação entre os dois. Na seqüência, Bob envia um desafio R_B a Alice, representado pela mensagem 2. Esse desafio poderia tomar a forma de um número aleatório. Alice tem de criptografar o desafio com a chave secreta $K_{A,B}$ que ela compartilha com Bob e devolvê-lo criptografado. Essa resposta é representada pela mensagem 3 da Figura 9.10, que contém $K_{A,B}(R_B)$.

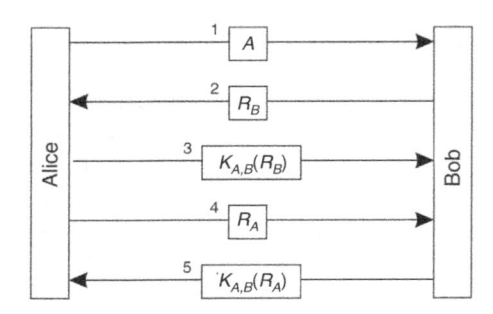

Figura 9.10 Autenticação baseada em uma chave secreta compartilhada.

Quando recebe a resposta $K_{A,B}(R_B)$ a seu desafio R_B, Bob pode decifrar a mensagem usando novamente a chave compartilhada para ver se ela contém R_B. Se contiver, então ele sabe que Alice está do outro lado porque, antes de mais nada, quem mais poderia ter criptografado R_B com $K_{A,B}$? Em outras palavras, agora Bob verificou que está de fato falando com Alice. Contudo, observe que Alice ainda não verificou se é de fato Bob quem está do outro lado do canal. Portanto, ela envia um desafio R_A (mensagem 4), ao qual Bob responde retornando $K_{A,B}(R_A)$, representada pela mensagem 5. Quando Alice decifra essa mensagem com $K_{A,B}$ e vê seu R_A, ela sabe que está falando com Bob.

Uma das questões mais difíceis em segurança é elaborar protocolos que realmente funcionem. Para ilustrar como é fácil as coisas darem errado, considere uma 'otimização' do protocolo de autenticação na qual o número de mensagens foi reduzido de cinco para três, como mostra a Figura 9.11. A idéia básica é que, se Alice quisesse mesmo desafiar Bob, ela poderia perfeitamente enviar um desafio junto com a identidade dela ao estabelecer o canal. Da mesma maneira, Bob retornaria sua resposta àquele desafio, junto com seu próprio desafio, em uma única mensagem.

Infelizmente, esse protocolo não funciona mais. Ele pode ser derrotado com facilidade pelo denominado **ataque de reflexão**. Para explicar como esse ataque funciona, considere um intruso chamado Chuck, que representaremos por C em nossos protocolos. O objetivo de Chuck é estabelecer um canal com Bob de modo que este acredite estar falando com Alice. Chuck pode estabelecer esse canal se responder corretamente ao desafio enviado por Bob, por exemplo, retornando a versão criptografada de um número que Bob enviou. Sem conhecer $K_{A,B}$, só Bob pode realizar tal criptografia e é exatamente isso que Chuck induz Bob a fazer.

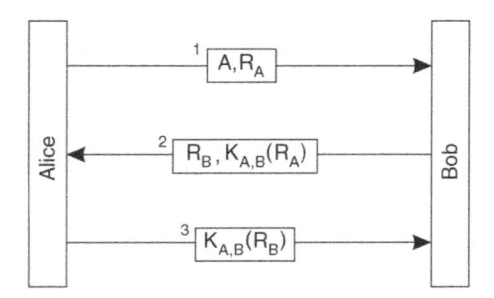

Figura 9.11 Autenticação baseada em uma chave secreta compartilhada, mas usando três mensagens em vez de cinco.

O ataque é ilustrado na Figura 9.12. Chuck começa enviando uma mensagem que contém a identidade A, de Alice, junto com um desafio R_C. Bob retorna seu desafio R_B e a resposta $K_{A,B}(R_C)$ em uma única mensagem. Nesse ponto, Chuck precisaria provar que conhece a chave secreta retornando $K_{A,B}(R_B)$ a Bob. Infelizmente, ele não tem $K_{A,B}$. Em vez disso, o que ele faz é tentar estabelecer um segundo canal para que Bob faça a criptografia por ele.

Portanto, Chuck envia A e R_B em uma única mensagem como antes, mas agora finge que quer um segundo canal. Isso é representado pela mensagem 3 da Figura 9.12. Bob, sem perceber que ele próprio tinha usado R_B antes como desafio, responde com $K_{A,B}(R_B)$ e um outro desafio, R_{B2}, representado pela mensagem 4. Nesse ponto, Chuck tem $K_{A,B}(R_B)$ e acaba por estabelecer a primeira sessão retornando a mensagem 5, que contém a resposta $K_{A,B}(R_B)$, originalmente requisitada pelo desafio enviado na mensagem 2.

Como explicam Kaufman et al. (2003), um dos erros cometidos durante a adaptação do protocolo original foi que as duas partes da nova versão do protocolo estavam usando o mesmo desafio em duas rodadas diferentes do protocolo. Um projeto melhor seria sempre usar desafios diferentes para o iniciador e para quem responde. Por exemplo, se Alice sempre usar um número ímpar e Bob, um número par, este teria percebido que estava acontecendo algo suspeito ao receber R_B na mensagem 3 da Figura 9.12. (Infelizmente, essa solução está sujeita a outros ataques, em particular àquele conhecido como 'ataque do homem do meio', que é explicado em Ferguson e Schneier, 2003.) De modo geral, permitir às duas partes que estão estabelecendo um canal seguro fazer várias coisas idênticas não é uma boa idéia.

Um outro princípio que foi violado no protocolo adaptado é que Bob deixou escapar informações valiosas sob a forma da resposta $K_{A,B}(R_C)$ sem saber ao certo para quem ele estava passando essas informações. Esse princípio não era violado no protocolo original no qual, antes de mais

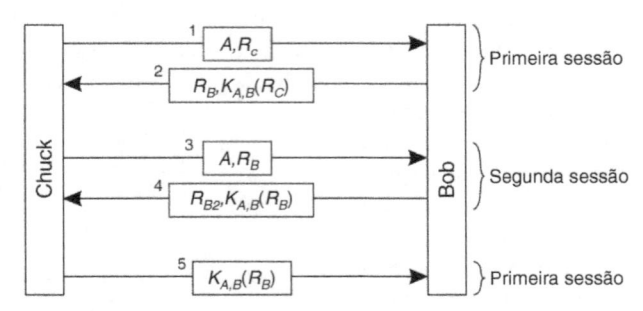

Figura 9.12 Ataque de reflexão.

nada, Alice precisava provar sua identidade e só depois Bob estaria disposto a lhe passar informações criptografadas.

Há outros princípios que os desenvolvedores de protocolos criptográficos aprenderam gradativamente ao longo dos anos, e nós apresentaremos alguns deles quando discutirmos outros protocolos mais adiante. Uma lição importante é que projetar protocolos de segurança que fazem o que devem fazer é, muitas vezes, mais difícil do que parece. Ademais, modificar um protocolo existente para melhorar seu desempenho pode facilmente afetar sua correção, como acabamos de demonstrar. Se quiser saber mais sobre princípios de projeto para protocolos, consulte Abadi e Needham (1996).

Autenticação que utiliza uma central de distribuição de chaves

Um dos problemas da utilização de uma chave secreta compartilhada para autenticação é a escalabilidade. Se um sistema distribuído contiver N hospedeiros e cada hospedeiro tiver de compartilhar uma chave secreta com cada um dos outros $N - 1$ hospedeiros, o sistema vai precisar gerenciar, no total, $N(N - 1)/2$ chaves, e cada hospedeiro terá de gerenciar $N - 1$ chaves. Para N grande, isso resultará em problemas. Uma alternativa é usar uma abordagem centralizada por meio de uma **central de distribuição de chaves** (Key Distribution Center — **KDC**). A KDC compartilha uma chave secreta com cada um dos hospedeiros, mas nenhum dos pares precisa ter também uma chave secreta compartilhada. Em outras palavras, usar uma KDC requer o gerenciamento de N chaves em vez de $N(N - 1)/2$, o que é uma evidente melhoria.

Se Alice quiser estabelecer um canal seguro com Bob, poderá fazer isso com a ajuda de uma KDC (de confiança). A idéia toda é que a KDC entregue uma chave a ambos, Alice e Bob, que eles possam usar para comunicação, conforme mostrado na Figura 9.13.

Em primeiro lugar, Alice envia uma mensagem a KDC informando que quer falar com Bob. A KDC retorna uma mensagem que contém uma chave secreta compartilhada $K_{A,B}$ que ela possa usar. A mensagem é criptografada com a chave secreta $K_{A,KDC}$ que Alice compartilha com a KDC. Além disso, a KDC envia $K_{A,B}$ também a Bob, mas agora criptografada com a chave secreta $K_{B,KDC}$ que compartilha com Bob.

A principal desvantagem dessa abordagem é que Alice pode querer começar a estabelecer um canal seguro com Bob antes mesmo de Bob ter recebido a chave compartilhada da KDC. Além disso, a KDC tem de inserir Bob no laço passando a chave para ele. Esses problemas podem ser contornados se a KDC apenas passar $K_{B,KDC}(K_{A,B})$ de volta para Alice e deixar que ela se encarregue de se conectar com Bob. Isso resulta no protocolo mostrado na Figura 9.14. A mensagem $K_{B,KDC}(K_{A,B})$ também é conhecida como **tíquete**. Cabe a Alice a tarefa de passar esse tíquete a Bob. Observe que Bob ainda é o único que pode fazer um uso sensato do tíquete, porque é o único, além da KDC, que sabe como decifrar a informação que ele contém.

O protocolo mostrado na Figura 9.14 é, na verdade, uma variante de um exemplo bem conhecido de um protocolo de autenticação que utiliza uma KDC, conhecido como **protocolo de autenticação Needham–Schroeder**, nome que se deve a seus inventores (Needham e Schroeder, 1978). Uma variante diferente do protocolo está em uso no sistema Kerberos, que descreveremos mais

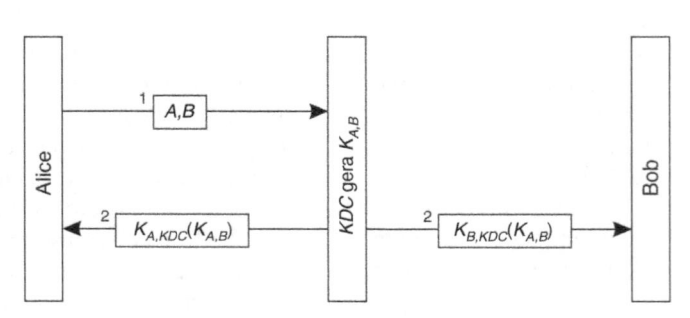

Figura 9.13 Princípio da utilização de uma KDC.

adiante. O protocolo Needham–Schroeder, mostrado na Figura 9.15, é um protocolo desafio–resposta multivias e funciona como descrevemos a seguir.

Quando Alice quer estabelecer um canal seguro com Bob, ela envia uma requisição a KDC que contém um desafio R_A, junto com sua identidade A e, é claro, a de Bob. A KDC responde dando a ela o tíquete $K_{B,KDC}(K_{A,B})$, junto com a chave secreta $K_{A,B}$, que, na seqüência, ela pode compartilhar com Bob.

O desafio R_{A1} que Alice envia a KDC com sua requisição para estabelecer um canal com Bob também é conhecido como nonce. Um **nonce** é um número aleatório usado somente uma vez, por exemplo, um número escolhido de um conjunto muito grande. O propósito principal de um nonce é relacionar duas mensagens exclusivamente uma com a outra, nesse caso a mensagem 1 com a mensagem 2. Em particular, incluindo R_{A1} novamente na mensagem 2, Alice saberá, com certeza, que a mensagem 2 é enviada como uma resposta à mensagem 1 e que não é, por exemplo, uma reprodução de uma mensagem mais velha.

Para entender o problema em mãos, considere que não usamos nonces e que Chuck roubou uma das chaves velhas de Bob, digamos, $K^{old}_{B,KDC}$. Ademais, Chuck interceptou uma resposta velha, $K_{A,KDC}(B, K_{A,B}, K^{old}_{B,KDC}(A, K_{A,B}))$ que a KDC tinha retornado para uma requisição que Alice enviara anteriormente para falar com Bob. Nesse meio-tempo, Bob terá negociado uma nova chave secreta compartilhada com a KDC. Contudo, Chuck é paciente e espera até que Alice solicite novamente o estabelecimento de um canal seguro com Bob. Nesse ponto, ele reproduz a resposta velha e engana Alice, que passa a acreditar que está falando com Bob porque ele pode decifrar o tíquete e provar que conhece a chave secreta compartilhada $K_{A,B}$. Claro que tal fato é inaceitável e devemos nos defender contra ele.

Com a inclusão de um nonce, tal ataque é impossível porque a reprodução de uma mensagem mais velha será descoberta imediatamente. Em particular, o nonce na mensagem de resposta não combinará com o nonce na requisição original.

A mensagem 2 também contém B, a identidade de Bob. Com a inclusão de B, a KDC protege Alice contra o ataque descrito a seguir. Suponha que B tenha ficado de fora da mensagem 2. Nesse caso, Chuck poderia modificar a mensagem 1 substituindo a identidade de Bob por sua própria identidade, digamos, C. Então, a KDC pensaria que Alice queria estabelecer um canal seguro com Chuck e responderia de acordo com isso. Tão logo Alice quisesse contatar Bob, Chuck interceptaria a mensagem e enganaria Alice, fazendo-a crer que estava falando com Bob. Ao copiar a identidade da outra parte da mensagem 1 para a mensagem 2, Alice perceberia imediatamente que sua requisição tinha sido modificada.

Depois que a KDC passou o tíquete a Alice, o canal seguro entre Alice e Bob pode ser estabelecido. Alice começa enviando a mensagem 3, que contém o tíquete para Bob e um desafio R_{A2} criptografado com a chave compartilhada $K_{A,B}$ que a KDC acabou de gerar. Então, Bob decifra o tíquete para achar a chave compartilhada e retorna a resposta $R_{A2} - 1$ com um desafio R_B para Alice.

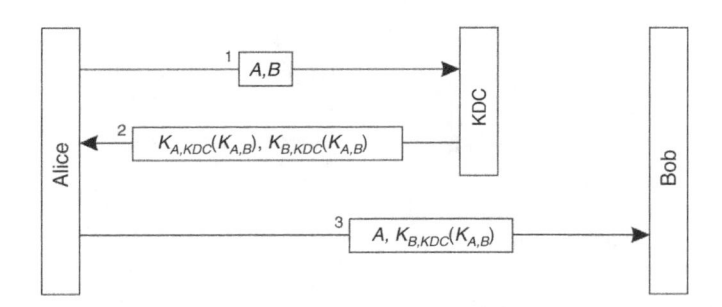

Figura 9.14 Utilização de um tíquete que permite a Alice estabelecer conexão com Bob.

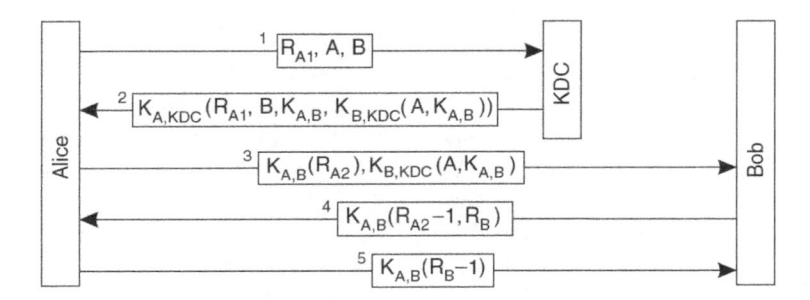

Figura 9.15 Protocolo de autenticação Needham–Schroeder.

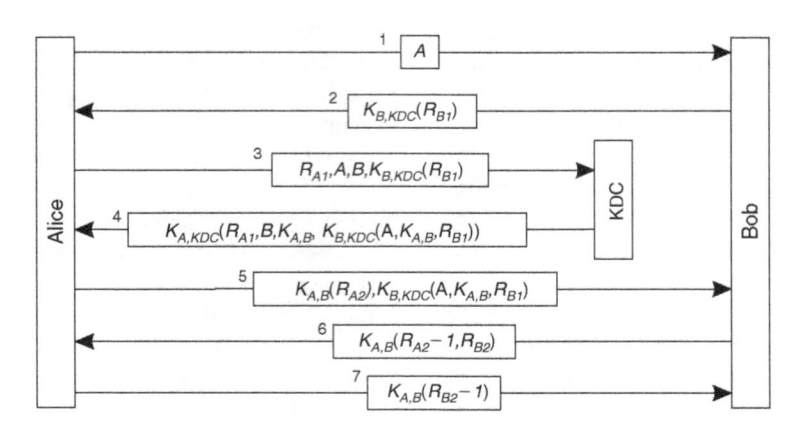

Figura 9.16 Proteção contra reutilização mal-intencionada de uma chave de sessão gerada anteriormente no protocolo Needham–Schroeder.

Mensagens do protocolo:
1. A
2. $K_{B,KDC}(R_{B1})$
3. $R_{A1}, A, B, K_{B,KDC}(R_{B1})$
4. $K_{A,KDC}(R_{A1}, B, K_{A,B}, K_{B,KDC}(A, K_{A,B}, R_{B1}))$
5. $K_{A,B}(R_{A2}), K_{B,KDC}(A, K_{A,B}, R_{B1})$
6. $K_{A,B}(R_{A2}-1, R_{B2})$
7. $K_{A,B}(R_{B2}-1)$

Há uma observação que é preciso fazer sobre a mensagem 4: em geral, retornando $R_{A2}-1$, e não apenas R_{A2}, Bob não somente prova que conhece a chave secreta compartilhada, mas também que decifrou o desafio propriamente dito. Mais uma vez, isso vincula a mensagem 4 à mensagem 3 do mesmo modo que o nonce R_A vinculou a mensagem 2 à mensagem 1. Portanto, o protocolo é mais protegido contra reproduções.

Contudo, nesse caso especial, teria sido suficiente apenas retornar $K_{A,B}(R_{A2}, R_B)$, pela simples razão de que essa mensagem ainda não foi usada em nenhum lugar do protocolo. $K_{A,B}(R_{A2}, R_B)$ já prova que Bob foi capaz de decifrar o desafio enviado na mensagem 3. A mensagem 4, como mostra a Figura 9.15, se deve a razões históricas.

O protocolo Needham–Schroeder apresentado aqui ainda tem um ponto fraco: se acontecer de Chuck se apossar de uma chave velha $K_{A,B}$, ele poderia reproduzir a mensagem 3 e fazer com que Bob estabeleça um canal. Então, Bob acreditará que está falando com Alice quando, na verdade, é Chuck quem está na outra extremidade. Nesse caso, precisamos relacionar a mensagem 3 com a mensagem 1, isto é, fazer com que a chave dependa da requisição inicial de Alice para estabelecer um canal com Bob. A solução é mostrada na Figura 9.16.

O truque é incorporar um nonce na requisição enviada por Alice a KDC. Contudo, o nonce tem de vir de Bob: isso garante a Bob que quem quiser estabelecer um canal seguro com ele terá obtido a informação apropriada com a KDC. Portanto, em primeiro lugar, Alice requisita que Bob lhe envie um nonce R_{B1}, criptografado com a chave compartilhada entre Bob e a KDC. Alice incorpora esse nonce a sua requisição à KDC, que depois, na seqüência, a decifra e coloca o resultado no tíquete gerado. Desse modo, Bob terá certeza de que a chave de sessão está vinculada à requisição original de Alice para falar com Bob.

Autenticação usando criptografia de chave pública

Agora vamos estudar a autenticação com um criptossistema de chave pública que não requer uma KDC.

Mais uma vez, considere a situação em que Alice queira estabelecer um canal seguro com Bob e que cada um possui a chave pública do outro. Um protocolo de autenticação típico baseado em criptografia de chave pública é mostrado na Figura 9.17, que explicaremos a seguir.

Mensagens do protocolo:
1. $K_B^+(A, R_A)$
2. $K_A^+(R_A, R_B, K_{A,B})$
3. $K_{A,B}(R_B)$

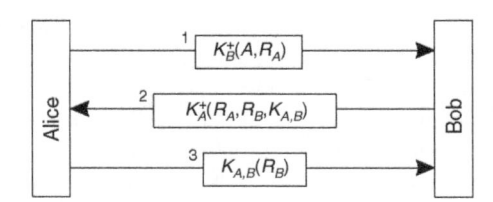

Figura 9.17 Autenticação mútua em um criptossistema de chave pública.

Alice começa enviando um desafio R_A a Bob criptografado com sua chave pública K_B^+. Cabe a Bob decifrar a mensagem e retornar o desafio a Alice. Como Bob é a única pessoa que pode decifrar a mensagem (usando a chave privada que está associada com a chave pública que Alice usou), Alice saberá que está falando com Bob. Observe que é importante que Alice tenha a garantia de que está usando a chave pública de Bob, e não a chave pública de alguém que está se fazendo passar por Bob. Mais adiante neste capítulo discutiremos como essas garantias podem ser dadas.

Quando Bob recebe a requisição de Alice para estabelecer um canal, ele retorna o desafio decifrado junto com seu próprio desafio R_B para autenticar Alice. Além disso, ele gera uma chave de sessão $K_{A,B}$ que pode ser usada para comunicação ulterior. A resposta de Bob ao desafio de Alice, seu próprio desafio e a chave de sessão são colocados em uma mensagem criptografada com a chave pública K_A^+ que pertence a Alice, representada pela mensagem 2 da Figura 9.17. Só Alice será capaz de decifrar essa mensagem usando a chave privada K_A^- associada com K_A^+.

Por fim, Alice retorna sua resposta ao desafio de Bob usando a chave de sessão $K_{A,B}$ gerada por Bob. Desse modo, ela terá provado que podia decifrar a mensagem 2 e, assim, que é com ela, Alice, que Bob realmente está falando.

9.2.2 Integridade e confidencialidade de mensagens

Além da autenticação, um canal seguro também deve fornecer garantias para a integridade e confidencialidade de mensagens. Integridade de mensagem significa que as mensagens são protegidas contra modificações sub-reptícias; confidencialidade garante que as mensagens não possam ser interceptadas e lidas por intrusos. A confidencialidade é estabelecida com facilidade tão-somente com a criptografia de uma mensagem antes de enviá-la. A criptografia pode ocorrer por meio de uma chave secreta compartilhada com o receptor ou, como alternativa, utilizando a chave pública do receptor. Todavia, proteger uma mensagem contra modificações é um pouco mais complicado, como discutiremos a seguir.

Assinaturas digitais

A integridade de mensagem quase sempre vai além da transferência propriamente dita por meio de um canal seguro. Considere a situação na qual Bob acabou de vender a Alice um item de colecionador, tal como um disco de fonógrafo, por $ 500. Toda a negociação foi feita por e-mail. No fim, Alice envia a Bob uma mensagem confirmando que ela comprará o disco por $ 500. Além da autenticação, há no mínimo duas questões que precisam ser consideradas em relação à integridade da mensagem.

1. Alice precisa ter certeza de que Bob não alterará maliciosamente os $ 500 mencionados em sua mensagem para uma quantia maior e afirmará que ela prometeu mais do que $ 500.
2. Bob precisa ter certeza de que Alice não poderá negar que tenha enviado a mensagem, por exemplo, porque ela pensou melhor no assunto.

Essas duas questões podem ser resolvidas se Alice assinar digitalmente a mensagem de modo tal que sua assinatura fique vinculada exclusivamente ao contexto da mensagem. A associação exclusiva entre uma mensagem e sua assinatura impede que modificações na mensagem passem despercebidas. Além disso, se a assinatura de Alice puder ser confirmada como genuína, mais tarde ela não vai poder negar o fato de que assinou a mensagem.

Há vários modos de colocar assinaturas digitais. Uma forma popular é usar um criptossistema de chave pública como o RSA, como mostra a Figura 9.18. Quando Alice envia uma mensagem m a Bob, ela a criptografa com sua chave *privada* K_A^- e a despacha para Bob. Se também quiser manter o conteúdo da mensagem em segredo, ela pode usar a chave pública de Bob e enviar $K_B^+(m, K_A^-(m))$, que combina m e a versão assinada por Alice.

Quando recebe a mensagem, Bob pode decifrá-la usando a chave pública de Alice. Se ele puder ter certeza de que a chave pública é, de fato, de propriedade de Alice, então decifrar a versão assinada de m e compará-la com sucesso a m só pode significar que ela veio de Alice. Alice está protegida contra quaisquer modificações maliciosas de m por Bob, porque Bob sempre terá de provar que a versão modificada de m também foi assinada por Alice. Em outras palavras, em essência, só a mensagem decifrada nunca conta como prova. Também é do próprio interesse de Bob manter a versão assinada de m para se proteger contra rejeição da parte de Alice.

Há vários problemas nesse esquema, embora o protocolo em si esteja correto. Em primeiro lugar, a validade da assinatura de Alice só estará em vigor enquanto a chave privada de Alice permanecer um segredo. Se Alice quiser se safar do negócio mesmo depois de ter enviado sua confirmação a Bob, ela poderia declarar que sua chave privada havia sido roubada antes de a mensagem ser enviada.

Ocorre um outro problema quando Alice decide mudar sua chave privada. Isso, em si, não é uma má idéia, porque trocar chaves de tempos em tempos em geral ajuda a impedir intrusão. Contudo, tão logo Alice tenha mudado sua chave, a declaração que ela enviou a Bob não tem mais valor. Nesses casos, talvez seja necessário uma autoridade central que monitore quando as chaves são trocadas, além de usar marcas de tempo na assinatura das mensagens.

Um outro problema com esse esquema é que Alice criptografa a mensagem inteira com sua chave privada. Tal criptografia pode ser cara em termos de requisitos de processamento (ou até matematicamente inviável porque consideramos que a mensagem interpretada como um número binário é limitada por um máximo predefinido) e, na verdade, é desnecessária. Lembre-se de que precisamos associar uma assinatura exclusivamente com uma única mensagem específica. Um esquema mais barato e indiscutivelmente mais elegante é usar um resumo de mensagem.

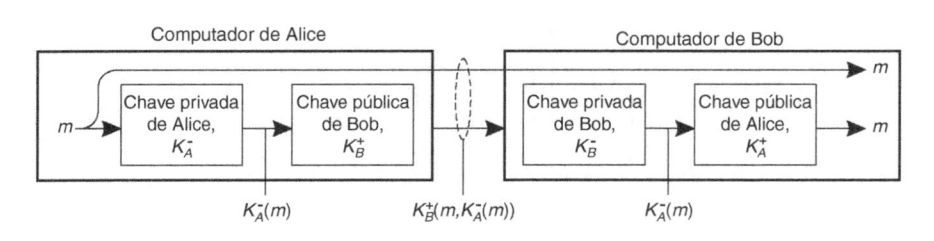

Figura 9.18 Assinatura digital de uma mensagem usando criptografia de chave pública.

Como explicamos, um resumo de mensagem é uma seqüência de bits de comprimento fixo h que foi calculada com base em uma mensagem de comprimento arbitrário m por meio de uma função criptográfica de hash H. Se m for mudada para m', seu hash $H(m')$ será diferente de $h = H(m)$, de modo que é fácil detectar que ocorreu uma modificação.

Para assinar digitalmente uma mensagem, em primeiro lugar, Alice pode calcular um resumo de mensagem e, na seqüência, criptografar o resumo com sua chave privada, como mostra a Figura 9.19. O resumo criptografado é enviado a Bob com a mensagem. Observe que a mensagem em si é enviada como texto aberto: todos a podem ler. Se for requerido confidencialidade, também a mensagem deve ser criptografada com a chave pública de Bob.

Quando recebe a mensagem e seu resumo criptografado, Bob só precisa decifrar o resumo com a chave pública de Alice e, em separado, calcular o resumo de mensagem. Se o resumo calculado de acordo com a mensagem recebida e o resumo decifrado combinarem, Bob sabe que a mensagem foi assinada por Alice.

Chaves de sessão

Durante o estabelecimento de um canal seguro, após a conclusão da fase de autenticação, de modo geral as partes comunicantes usam uma chave de sessão compartilhada exclusiva para garantir a confidencialidade. A chave de sessão é descartada com segurança se o canal não estiver mais em uso. Uma alternativa teria sido usar para confidencialidade as mesmas chaves que são usadas para estabelecer o canal seguro. Contudo, a utilização de chaves de sessão proporciona vários benefícios importantes (Kaufman et al., 2003).

O primeiro é que, quando uma chave é usada com freqüência, fica mais fácil de ela ser revelada. De certo modo, chaves criptográficas estão sujeitas a 'desgaste', exatamente como as chaves comuns. A idéia básica é que, se um intruso puder interceptar grande quantidade de dados que foram criptografados com a mesma chave, torna-se possível montar ataques para descobrir certas características das chaves usadas e possivelmente revelar o texto aberto ou até a própria chave. Por essa razão, é muito mais seguro usar as chaves de autenticação o mínimo possível. Além disso, essas chaves costumam ser trocadas por meio de algum mecanismo fora de banda relativamente caro, como correio normal ou telefone. A troca de chaves por esse modo deve ser mantida em um mínimo possível.

Uma outra razão importante para gerar uma chave exclusiva para cada canal seguro é garantir proteção contra ataques de reprodução, como já vimos inúmeras vezes. Com a utilização de uma chave de sessão exclusiva cada vez que um canal seguro for estabelecido, as partes comunicantes ao menos estarão protegidas contra a reprodução de uma sessão inteira. Para proteção contra a reprodução de mensagens individuais de uma sessão anterior, de modo geral são necessárias medidas adicionais, tal como incluir marcas de tempo ou números de seqüência como parte do conteúdo da mensagem. Suponha que a integridade e a confidencialidade de mensagem tenham sido obtidas usando a mesma chave que foi utilizada para estabelecer a sessão. Nesse caso, sempre que a chave for comprometida, pode ser que um intruso consiga decifrar mensagens transferidas durante uma conversação anterior, aspecto que é claramente indesejável. Em vez disso, é muito mais seguro usar chaves por sessão porque, se ela for comprometida, na pior das hipóteses só uma única sessão será afetada. Mensagens enviadas durante outras sessões continuarão confidenciais.

Com relação a essa última questão, pode ser que Alice queira trocar alguns dados confidenciais com Bob, mas não confie nele a ponto de lhe passar informações na forma de dados que foram criptografados com chaves de longa duração. Talvez ela queira reservar essas chaves para mensagens de alto grau de confidencialidade que troca com terceiros em quem realmente confia. Nesses casos, usar uma chave de sessão relativamente barata para falar com Bob é suficiente.

Em geral, dado o modo como as chaves de autenticação costumam ser estabelecidas, substituí-las é relativamente caro. Portanto, a combinação das chaves de longa duração com chaves de sessão mais temporárias, porém muito mais baratas, freqüentemente é uma boa opção para implementar canais seguros para troca de dados.

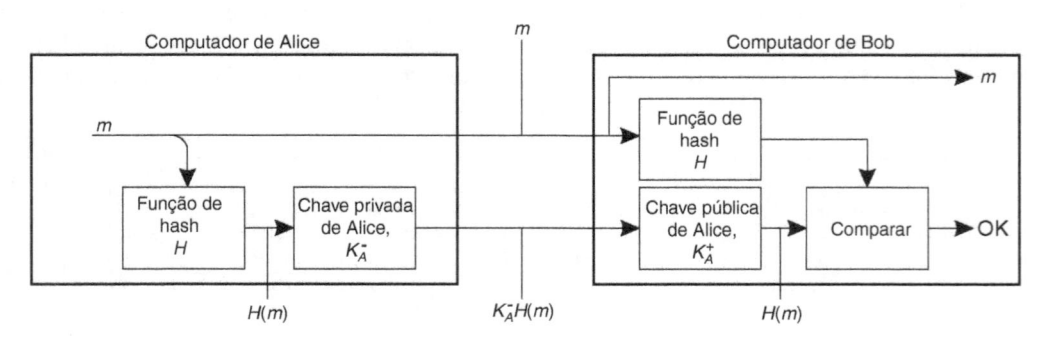

Figura 9.19 Assinatura digital de uma mensagem usando um resumo de mensagem.

9.2.3 Comunicação segura entre grupos

Até aqui, focalizamos o estabelecimento de um canal de comunicação seguro entre duas partes. Contudo, em sistemas distribuídos, muitas vezes é necessário implementar comunicação segura entre mais do que apenas duas partes. Um exemplo típico é o de um servidor replicado no qual toda a comunicação entre as réplicas deve ser protegida contra modificação, invenção e interceptação, exatamente como no caso de canais seguros entre duas partes. Nesta seção, examinaremos mais de perto a comunicação segura entre grupos.

Comunicação confidencial entre grupos

Em primeiro lugar, considere o problema de proteger a comunicação entre um grupo de N usuários contra intrusos. Um esquema simples para garantir confidencialidade é permitir que todos os membros do grupo compartilhem a mesma chave secreta, que é usada para criptografar e decifrar todas as mensagens transmitidas entre os membros do grupo. Como nesse esquema a chave secreta é compartilhada por todos os membros, é necessário que todos eles sejam de confiança e de fato mantenham a chave em sigilo. Só esse pré-requisito já faz com que a utilização de uma única chave secreta compartilhada para comunicação confidencial entre grupos seja mais vulnerável a ataques em comparação com canais seguros entre duas partes.

Uma solução alternativa é usar uma chave secreta compartilhada separada entre cada par de membros de um grupo. Tão logo fique evidente que um membro está vazando informações, os outros podem simplesmente parar de enviar mensagens para esse membro, mas ainda usar as chaves que estavam usando para se comunicar uns com os outros. Contudo, em vez de ter de manter uma só chave, agora é necessário manter $N(N - 1)/2$ chaves, o que, por si só, já pode ser um problema difícil.

Usar um criptossistema de chave pública pode melhorar as coisas. Nesse caso, cada membro tem seu próprio par (*chave pública, chave privada*), no qual a chave pública pode ser usada por todos os membros para enviar mensagens confidenciais. Sendo assim, é necessário um total de N pares de chaves. Se um dos membros deixar de ser digno de confiança, ele é apenas removido do grupo sem expor ao perigo as outras chaves.

Servidores replicados seguros

Agora considere um problema completamente diferente: um cliente emite uma requisição para um grupo de servidores replicados. Os servidores podem ter sido replicados por razões de tolerância a falha ou desempenho mas, seja qual for o caso, o cliente espera que a resposta seja digna de confiança. Em outras palavras, independentemente de um grupo de servidores estar sujeito a falhas bizantinas, como discutimos no capítulo anterior, um cliente espera que a resposta retornada não tenha sofrido um ataque contra a segurança. Tal ataque poderia acontecer se um intruso tivesse conseguido corromper um ou mais servidores.

Uma solução para proteger o cliente contra tais ataques é colher as respostas de todos os servidores e autenticar cada uma delas. Se houver uma maioria de respostas de servidores não corrompidos (isto é, autenticados), o cliente pode confiar que a resposta também está correta. Infelizmente, essa abordagem revela a replicação dos servidores, o que viola o princípio da transparência de replicação.

Reiter et al. (1994) propõem uma solução para um servidor replicado seguro, pela qual é mantida a transparência de replicação. A vantagem do esquema desses autores é que, como os clientes não percebem as réplicas propriamente ditas, fica muito mais fácil adicionar ou remover réplicas de modo seguro. Mais adiante voltaremos ao gerenciamento de grupos seguros quando discutirmos gerenciamento de chaves.

A essência de servidores replicados seguros e transparentes se encontra no assim denominado **compartilhamento secreto**. Quando vários usuários (ou processos) compartilham um segredo, nenhum deles conhece todo o segredo. Em vez disso, o segredo só pode ser revelado se todos eles se reunirem. Esses esquemas podem ser bem úteis. Considere, por exemplo, o lançamento de um míssil nuclear. Esse ato geralmente requer a autorização de, no mínimo, duas pessoas. Cada uma delas tem uma chave privada que deve ser usada em combinação com a outra para realmente lançar um míssil. Não adianta usar só uma chave.

No caso de servidores replicados seguros, estamos procurando uma solução pela qual no máximo k de N servidores podem produzir uma resposta incorreta e, desses k servidores, no máximo $c \leq k$ foram corrompidos por um intruso. Observe que esse requisito transforma o próprio serviço em k-tolerante a falha, como discutimos no capítulo anterior. A diferença se encontra no fato de que, nesse caso, classificamos como faltoso um servidor que foi corrompido maliciosamente.

Agora considere a situação na qual os servidores são replicados ativamente. Em outras palavras, uma requisição é enviada a todos os servidores simultaneamente e, na seqüência, manipulada por cada um deles. Cada servidor produz uma resposta que ele retorna para o cliente. Para um grupo de servidores replicados seguros, exigimos que cada servidor acompanhe sua resposta com uma assinatura digital. Se r_i é a resposta do servidor S_i, $md(r_i)$ denota o resumo de mensagem calculado pelo servidor S_i. Esse resumo é assinado com a chave privada de cada servidor S_i, K_i^-.

Suponha que queiramos proteger o cliente contra, no máximo, c servidores corrompidos. Em outras palavras, o grupo de servidores deve ser capaz de tolerar corrupção de, no máximo, c servidores e ainda ser capaz de produzir uma resposta na qual o cliente possa confiar. Se as assinaturas dos servidores individuais puderem ser combinadas de tal modo que sejam necessárias no mínimo $c + 1$ assinaturas para construir uma assinatura *válida* para a resposta, isso resolveria nosso problema. Ou seja, queremos permitir que os servidores replicados gerem uma assinatura secreta válida com a seguinte propriedade: c servidores corrompidos não são suficientes para produzir essa assinatura.

Como exemplo, considere um grupo de cinco servidores replicados que deveriam ser capazes de tolerar dois servidores corrompidos e ainda produzir uma resposta na qual um cliente pudesse confiar. Cada servidor S_i envia sua resposta r_i ao cliente, com sua assinatura $sig(S_i,r_i) = K_i^-(md(r_i))$. Em conseqüência, a certa altura o cliente terá recebido cinco triplets $<r_i, md(r_i), sig(S_i, r_i)>$ dos quais poderia derivar a resposta correta. Essa situação é mostrada na Figura 9.20.

O cliente também calcula cada resumo $md(r_i)$. Se r_i estiver incorreto, isso normalmente pode ser detectado calculando $K_i^+(K_i^-(md(r_i)))$. Contudo, esse método não pode mais ser aplicado porque não se pode confiar em nenhum servidor individual. Em vez disso, o cliente usa uma função especial de decifração, D, conhecida publicamente, que toma como entrada um conjunto $V = \{sig(S, r), sig(S',r'), sig(S'',r'')\}$ de *três* assinaturas e produz um único resumo como saída:

$$d_{out} = D(V) = D(sig(S,r),sig(S',r'),sig(S'',r''))$$

Se quiser detalhes, consulte Reiter (1994). Há $5! / (3!2!) = 10$ combinações possíveis de três assinaturas que o cliente pode usar como entrada para D. Se uma dessas combinações produzir um resumo correto $md(r_i)$ para alguma resposta r_i, então o cliente pode considerar r_i como correto. Em particular, ele pode confiar que a resposta foi produzida por, no mínimo, três servidores honestos.

Para melhorar a transparência de replicação, Reiter e Birman permitem que cada servidor S_i envie uma mensagem em broadcast que contenha sua resposta r_i aos outros servidores, junto com a assinatura associada $sig(S_i,r_i)$. Quando um servidor tiver recebido no mínimo $c + 1$ dessas mensagens, incluindo a sua própria, ele tenta calcular uma assinatura válida para uma das respostas. Se esse cálculo for bem-sucedido para, digamos, a resposta r e o conjunto V de $c + 1$ assinaturas, o servidor envia r e V como uma única mensagem ao cliente. Na seqüência, o cliente pode verificar se r está correta, conferindo sua assinatura, isto é, se $md(r) = D(V)$.

Isso que acabamos de descrever também é conhecido como **esquema de limiar (m,n)**, sendo que, em nosso exemplo, $m = c + 1$ e $n = N$, o número de servidores. Em um esquema de limiar (m, n), uma mensagem é dividida em n pedaços, conhecidos como **sombras**, uma vez que quaisquer m sombras podem ser usadas para reconstruir a mensagem original, mas se forem usadas $m - 1$ mensagens, ou um número menor de mensagens, isso não é possível. Há vários modos de construir esquemas de limiar (m, n). Detalhes podem ser encontrados em Schneier (1996).

9.2.4 Exemplo: Kerberos

A essa altura já deve ter ficado claro que incorporar segurança em sistemas distribuídos não é algo casual. Surgem problemas porque o sistema inteiro tem de ser seguro; se alguma parte for insegura, todo o sistema pode ser comprometido. Para auxiliar na construção de sistemas distribuídos que possam impor uma miríade de políticas de segurança, foram desenvolvidos vários sistemas de suporte que podem ser usados como base para desenvolvimento ulterior. Um sistema importante e de ampla utilização é o **Kerberos** (Steiner et al., 1988; Kohl e Neuman, 1994).

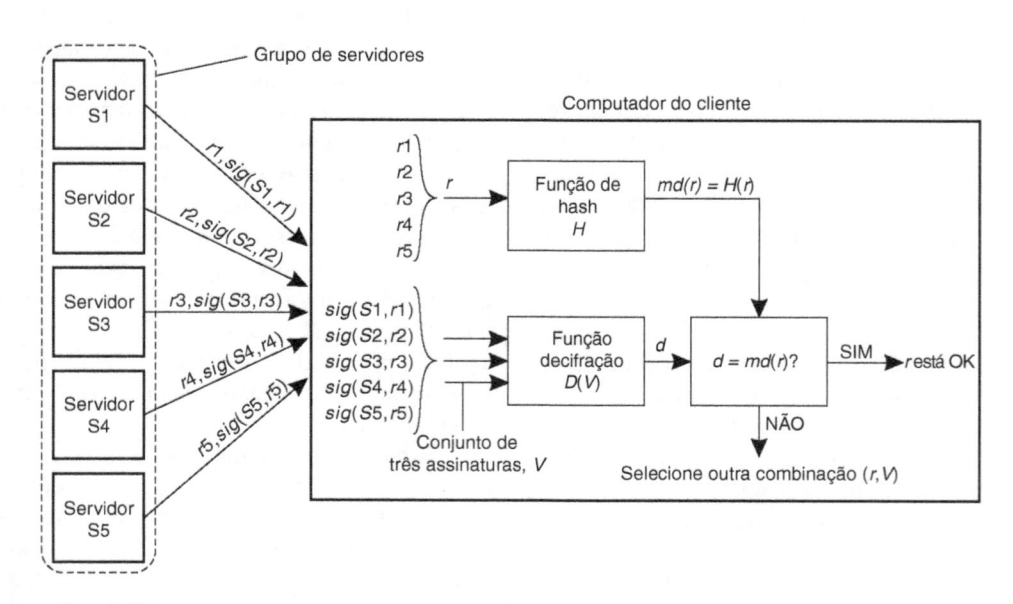

Figura 9.20 *Compartilhamento de uma assinatura secreta em um grupo de servidores replicados.*

O Kerberos foi desenvolvido no MIT e é baseado no protocolo de autenticação Needham–Schroeder que já descrevemos. Atualmente há duas versões diferentes do Kerberos em uso, a versão 4 (V4) e a versão 5 (V5). Ambas são conceitualmente similares, sendo que a V5 é muito mais flexível e escalável. Uma descrição detalhada da V5 pode ser encontrada em Neuman et al. (2005); Garman (2003) descreve muitas informações práticas sobre o funcionamento do Kerberos.

O Kerberos pode ser considerado um sistema de segurança que auxilia clientes a estabelecer um canal seguro com qualquer servidor que seja parte de um sistema distribuído. A segurança é baseada em chaves secretas compartilhadas. Há dois componentes diferentes. O **servidor de autenticação** (Authentication Server — **AS**) é responsável por manusear uma requisição de acesso (login) de um usuário. O AS autentica um usuário e fornece uma chave que pode ser usada para estabelecer canais seguros com servidores. O estabelecimento de canais seguros é manipulado por um **serviço de concessão de tíquetes** (Ticket Granting Service — **TGS**). O TGS entrega mensagens especiais, conhecidas como **tíquetes**, que são usadas para convencer um servidor de que um cliente é realmente quem ele ou ela diz ser. Mais adiante daremos exemplos concretos de tíquetes.

Vamos ver como Alice acessa um sistema distribuído que usa Kerberos e como ela pode estabelecer um canal seguro com o servidor Bob. Para acessar o sistema, Alice pode usar qualquer estação de trabalho disponível. A estação de trabalho envia o nome de Alice em texto aberto ao AS, que retorna uma chave de sessão $K_{A,TGS}$ e um tíquete que ela precisará para entregar ao TGS.

O tíquete que o AS retorna para Alice contém a identidade dela com uma chave secreta gerada que ela e o TGS podem usar para se comunicar um com o outro. O tíquete em si será entregue ao TGS por Alice. Por conseguinte, é importante que ninguém, exceto o TGS, possa ler esse tíquete. Por essa razão ele é criptografado com a chave secreta $K_{AS,TGS}$ compartilhada entre o AS e o TGS.

Essa parte do procedimento de acesso é representada pelas mensagens 1, 2 e 3 da Figura 9.21. A mensagem 1 não é realmente uma mensagem, mas corresponde a Alice digitar seu nome de acesso em uma estação de trabalho. A mensagem 2 contém esse nome e é enviada ao AS. A mensagem 3 contém a chave de sessão $K_{A,TGS}$ e o tíquete $K_{AS,TGS}(A,K_{A,TGS})$. Para garantir privacidade, a mensagem 3 é criptografada com a chave secreta $K_{A,AS}$ compartilhada entre Alice e o AS.

Quando a estação de trabalho recebe a resposta do AS, ela avisa Alice para que digite sua senha (representada pela mensagem 4), que, na seqüência, usa para gerar a chave compartilhada $K_{A,AS}$. (É relativamente simples pegar uma senha composta por uma seqüência de caracteres, aplicar um hash criptográfico e então tomar os primeiros 56 bits como a chave secreta.) Observe que essa abordagem tem duas vantagens: a senha de Alice nunca é enviada como texto aberto pela rede e a estação de trabalho não precisa armazená-la, nem mesmo temporariamente. Além do mais, tão logo tenha gerado a chave compartilhada $K_{A,AS}$, a estação de trabalho achará a chave de sessão $K_{A,TGS}$ e poderá esquecer a senha de Alice e usar somente a chave secreta compartilhada $K_{A,AS}$.

Depois de concluída essa parte da autenticação, Alice pode se considerar ligada ao sistema por meio da estação de trabalho que ela está utilizando. O tíquete recebido do AS é armazenado temporariamente (o período típico é de 8 a 24 horas) e será usado para acessar serviços remotos. É claro que, se Alice sair de sua estação de trabalho, deverá destruir qualquer tíquete em cache. Se ela quiser falar com Bob, solicita ao TGS que gere uma chave de sessão para Bob, representada pela mensagem 6 da Figura 9.21. O fato de Alice ter o tíquete $K_{AS,TGS}(A,K_{A,TGS})$ prova que ela é Alice. O TGS responde com uma chave de sessão $K_{A,B}$ que, mais uma vez, está encapsulada em um tíquete que Alice terá de passar para Bob mais tarde.

A mensagem 6 também contém uma marca de tempo, t, criptografada com a chave secreta compartilhada entre Alice e o TGS. Essa marca de tempo é usada para impedir que Chuck reproduza maliciosamente a mensagem 6 mais uma vez e tente estabelecer um canal até Bob. O TGS verificará a marca de tempo antes de retornar um tíquete para Alice. Se a diferença entre a marca de tempo e a hora corrente for mais do que alguns minutos, a requisição de um tíquete é rejeitada.

Esse esquema estabelece o que é conhecido como uma **assinatura única**. Contanto que Alice não mude de estações de trabalho, não há necessidade de ela se autenticar a qualquer outro servidor que seja parte do sistema distribuído. Esse aspecto é importante quando temos de

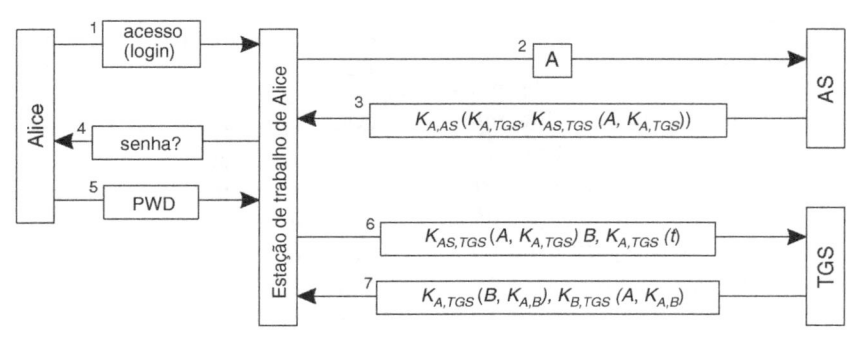

Figura 9.21 Autenticação em Kerberos.

lidar com muitos serviços diferentes espalhados por várias máquinas. Em princípio, de certo modo os servidores delegaram a autenticação de clientes ao AS e ao TGS e aceitarão requisições de qualquer cliente que tenha um tíquete válido. Certamente serviços como acesso remoto exigirão que o usuário associado tenha uma conta, mas isso independe da autenticação por meio do Kerberos.

Agora, o estabelecimento de um canal seguro com Bob é uma operação direta, mostrada na Figura 9.22. Primeiro, Alice envia a Bob uma mensagem que contém o tíquete que obteve do TGS, junto com uma marca de tempo criptografada. Quando Bob decifra o tíquete, percebe que Alice está falando com ele porque só o TGS poderia ter construído o tíquete. Ele também acha a chave secreta $K_{A,B}$, o que lhe permite verificar a marca de tempo. Nesse ponto, Bob sabe que está falando com Alice, e não com alguém que esteja reproduzindo a mensagem 1 maliciosamente. Respondendo com $K_{A,B}(t + 1)$, Bob prova a Alice que ele é, de fato, Bob.

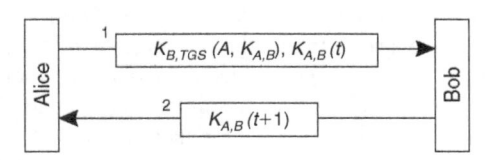

Figura 9.22 Estabelecimento de um canal seguro em Kerberos.

9.3 Controle de Acesso

No modelo cliente–servidor que usamos até aqui, uma vez que um cliente e um servidor tenham estabelecido um canal seguro, o cliente pode emitir requisições que devem ser executadas pelo servidor. Requisições envolvem executar operações sobre recursos que são controlados pelo servidor. Uma situação geral é a de um servidor de objeto que tem uma série de objetos sob seu controle. Uma requisição de um cliente geralmente envolve invocar um método de um objeto específico. Tal requisição pode ser executada somente se o cliente tiver **direitos de acesso** suficientes para aquela invocação.

A verificação de direitos de acesso é conhecida formalmente como **controle de acesso**, ao passo que **autorização** trata de conceder direitos de acesso. Os dois termos estão fortemente relacionados um com o outro e costumam ser utilizados de modo intercambiável. Há muitos modos de obter controle de acesso. Começamos discutindo algumas das questões gerais, focalizando diferentes modelos para manipular o controle de acesso. Um modo importante de controlar acesso a recursos é construir um firewall que proteja as aplicações ou até mesmo uma rede inteira. Firewalls serão discutidos em separado. Com o advento da mobilidade de código, o controle de acesso não podia mais ser feito apenas mediante os métodos tradicionais. Por isso, novas técnicas, que serão discutidas nesta seção, tinham de ser inventadas.

9.3.1 Questões gerais de controle de acesso

Para entender as várias questões envolvidas em controle de acesso, em geral é adotado o modelo simples mostrado na Figura 9.23. Ele consiste em **sujeitos** que emitem uma requisição para acessar um **objeto**. Um objeto, nesse caso, é muito parecido com os objetos que discutimos até aqui. Pode-se considerar que ele encapsula seu próprio estado e implementa as operações naquele estado. As operações de um objeto cuja execução os sujeitos podem requisitar são disponibilizadas por meio de interfaces. O melhor modo de ver sujeitos é como processos que agem em nome de usuários, mas também podem ser objetos que precisam dos serviços de outros objetos para executar seu próprio trabalho.

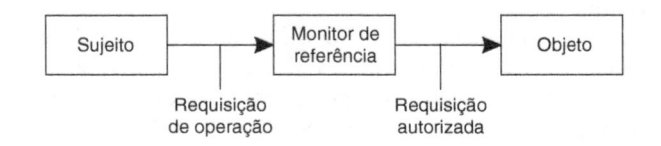

Figura 9.23 Modelo geral de controle de acesso a objetos.

Controlar o acesso a um objeto significa proteger o objeto contra invocações por sujeitos que não têm permissão de executar métodos específicos (ou até mesmo qualquer método). Além disso, a proteção pode incluir questões de gerenciamento de objeto como criar, renomear ou remover objetos. A proteção costuma ser imposta por um programa denominado **monitor de referência**. Um monitor de referência registra qual sujeito pode fazer o quê e decide se um sujeito tem permissão para solicitar a execução de uma operação específica. Esse monitor é chamado (por exemplo, pelo sistema operacional de confiança subjacente) cada vez que um objeto é invocado. Em decorrência, é extremamente importante que o monitor de referência seja, em si, à prova de interferência: um atacante não pode ser capaz de interferir com ele.

Matriz de controle de acesso

Uma abordagem comum para modelar os direitos de acesso de sujeitos em relação a objetos é construir uma **matriz de controle de acesso**. Cada sujeito é representado por uma linha nessa matriz; cada objeto é representado por uma coluna. Se a matriz for M, então uma entrada $M[s,o]$ apresenta uma lista com exatamente quais operações o sujeito pode requisitar que sejam executadas sobre o objeto o. Em outras palavras, sempre que um sujeito s requisita a invocação do método m do objeto o, o monitor de referência deve verificar se m aparece na lista em $M[s,o]$. Se m não aparecer na lista em $M[s,o]$, a invocação falha.

Considerando que não é difícil que um sistema tenha de suportar milhares de usuários e milhões de objetos que requerem proteção, implementar uma matriz de controle de acesso sob a forma de uma verdadeira matriz não é o melhor modo de fazer as coisas. Muitas entradas na matriz ficarão vazias: de modo geral, um único sujeito terá acesso a um número relativamente pequeno de objetos. Por conseguinte, adotam-se outros meios, mais eficientes, para implementar matrizes de controle de acesso.

Uma abordagem que encontra ampla utilização é fazer com que cada objeto mantenha uma lista dos direitos de acesso de sujeitos que querem acessar o objeto. Em essência, isso significa que a matriz é distribuída por coluna por todos os objetos e que entradas vazias são deixadas de fora. Esse tipo de implementação resulta no que denominamos **lista de controle de acesso** (Access Control List — ACL). Cada objeto deve ter sua própria ACL associada.

Uma outra abordagem é distribuir a matriz por linha dando a cada sujeito uma lista de **capacidades** que ele tem para cada objeto. Em outras palavras, uma capacidade corresponde a uma entrada na matriz de controle de acesso. Não ter uma capacidade para um objeto específico significa que o sujeito não tem direitos de acesso para esse objeto.

Uma capacidade pode ser comparada com um tíquete: seu portador recebe certos direitos associados com esse tíquete. Também fica claro que um tíquete deve ser protegido contra modificações por seu portador. Uma abordagem que é particularmente adequada em sistemas distribuídos e que foi aplicada extensivamente em Amoeba (Tanenbaum et al., 1990) é proteger (uma lista de) capacidades com uma assinatura. Voltaremos a esse e a outros assuntos quando discutirmos gerenciamento de segurança.

A diferença entre os modos como ACLs e capacidades são usadas para proteger o acesso a um objeto é mostrada na Figura 9.24. Usando ACLs, quando um cliente envia uma requisição a um servidor, o monitor de referência do servidor verificará se ele conhece o cliente e se esse cliente é conhecido e tem permissão de requisitar a execução da operação como mostra a Figura 9.24(a).

Contudo, quando usa capacidades, um cliente simplesmente envia sua requisição ao servidor. O servidor não está interessado em saber se conhece ou não o cliente; a capacidade lhe diz o suficiente. Por isso, o servidor só precisa verificar se a capacidade é válida e se a operação requisitada aparece na lista de capacidades. Essa abordagem da proteção de objetos por meio de capacidades é mostrada na Figura 9.24(b).

Domínios de proteção

ACLs e capacidades ajudam a implementar com eficiência uma matriz de controle de acesso ignorando todas as entradas vazias. Ainda assim, uma ACL ou uma lista de capacidades pode ficar bem grande se não for tomada nenhuma providência ulterior.

Um modo geral de reduzir ACLs é fazer uso de domínios de proteção. Formalmente, um **domínio de proteção** é um conjunto de pares (*objeto, direitos de acesso*). Cada par especifica, para dado objeto, exatamente quais operações têm permissão de ser executadas. (Saltzer e Schroeder, 1975). Requisições para executar uma operação são sempre emitidas dentro de um domínio. Em virtude disso, sempre que um sujeito requisita a execução de uma operação em um objeto, o monitor de referência primeiro consulta o domínio de proteção associado com aquela requisição. Após, dado o domínio, na seqüência o monitor de referência pode verificar se a requisição tem permissão de ser executada. Há diferentes modos de utilização para domínios de proteção.

Uma abordagem é construir **grupos** de usuários. Considere, por exemplo, uma página Web na intranet de uma empresa. Essa página deve estar disponível para todos os empregados, porém para ninguém mais. Em vez de adicionar uma entrada para cada empregado possível à ACL para aquela página Web, pode-se decidir ter um grupo separado *Empregado* que contenha todos os empregados existentes no momento considerado. Sempre que um usuário acessar a página Web, o monitor de referência só precisará verificar se aquele usuário é um empregado. Os usuários que pertencem ao grupo *Empregado* são mantidos em uma lista separada (que, é claro, está protegida contra acesso não autorizado).

As coisas podem ficar mais flexíveis com a introdução de grupos hierárquicos. Por exemplo, se uma organização tiver três filiais diferentes em, digamos, Amsterdã, Nova York e San Francisco, pode ser que ela queira subdividir seu grupo *Empregado* em subgrupos, um para cada cidade, o que resulta em uma organização como mostra a Figura 9.25.

O acesso às páginas Web da intranet de uma organização deve ser permitido a todos os empregados. Contudo, a alteração das páginas Web associadas com a filial de Amsterdã, por exemplo, só deve ser permitida a um subconjunto de empregados em Amsterdã. Se o usuário Dick de Amsterdã quiser ler uma página Web da intranet, primeiro o monitor de referência precisa consultar os subconjuntos *Empregado–AMS*, *Empregado–NYC* e *Empregado_SF* que, juntos, compreendem o conjunto *Empregado*. Em seguida, tem de verificar se um desses conjuntos contém Dick. A vantagem de ter grupos hierárquicos é que o gerenciamento da associação ao grupo é relativamente fácil e grupos muito grandes podem ser construídos com eficiência. Uma desvantagem óbvia é que consultar um membro pode ser bastante caro se o banco de dados de membros associados for distribuído.

Em vez de deixar que o monitor de referência faça todo o trabalho, uma alternativa é permitir que cada sujeito transporte um **certificado** que contém uma lista dos grupos aos quais ele pertence. Portanto, sempre que Dick quiser ler uma página Web da intranet da empresa, ele entrega seu certificado ao monitor de referência declarando que é um membro de *Empregado–AMS*. Para garantir que o certificado é genuíno e não foi alterado, ele deve ser protegido, por exemplo, por meio de uma assinatura digital. Percebemos que certificados são semelhantes a capacidades. Mais adiante voltaremos a essas questões.

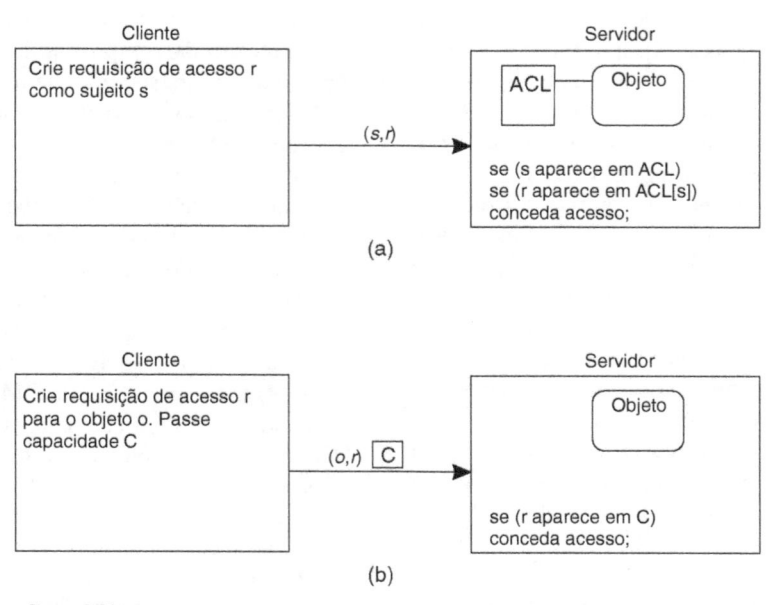

Figura 9.24 Comparação entre ACLs e capacidades para proteger objetos. (a) Utilização de uma ACL. (b) Utilização de capacidades.

Com relação a ter grupos como domínios de proteção, também é possível implementar domínios de proteção como **papéis** a desempenhar. Em controle de acesso baseado em papéis a desempenhar, um usuário sempre acessa o sistema com um papel específico a desempenhar, que costuma ser associado com a função que o usuário tem em uma organização (Sandhu et al., 1996). Um usuário pode ter diversas funções. Por exemplo, Dick poderia ser, ao mesmo tempo, chefe de um departamento, gerente de um projeto e membro de um comitê de pesquisa de pessoal. Dependendo do papel que assume quando acessa o sistema, ele pode receber diversos privilégios. Em outras palavras, o papel que ele desempenha determina o domínio de proteção (isto é, o grupo) no qual ele poderá operar.

Quando se designam papéis a usuários e se exige que eles assumam um papel específico quando acessam o sistema, também tem de ser possível que eles mudem seus papéis quando necessário. Por exemplo, talvez seja preciso permitir que Dick, como chefe de departamento, mude ocasionalmente seu papel para gerente de projeto.

Observe que tais alterações são difíceis de expressar quando são implementados domínios de proteção somente como grupos.

Além de usar domínios de proteção, a eficiência pode ser melhorada ainda mais agrupando objetos (hierarquicamente) com base nas operações que eles fornecem. Por exemplo, em vez de considerar objetos individuais, os objetos são agrupados de acordo com as interfaces que fornecem, possivelmente utilizando subtipos [também denominados herança de interface; veja Gamma et al. (1994)] para conseguir uma hierarquia. Nesse caso, quando um sujeito requisita que uma operação seja executada em um objeto, o monitor de referência consulta à qual interface pertence a operação para esse objeto. Depois verifica se o sujeito tem permissão para chamar uma operação que pertença àquela interface, em vez de verificar se ele pode chamar a operação para o objeto específico.

Também é possível combinar domínios de proteção e agrupamento de objetos. Usando ambas as técnicas, junto com estruturas específicas de dados e operações res-

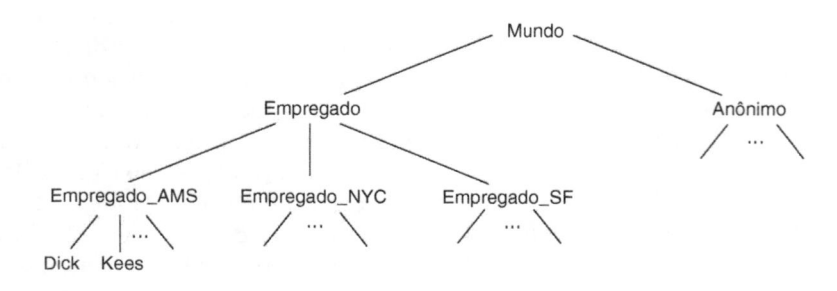

Figura 9.25 Organização hierárquica de domínios de proteção como grupos de usuários.

tritas em objetos, Gladney (1997) descreve como implementar ACLs para conjuntos muito grandes de objetos que são usados em bibliotecas digitais.

9.3.2 Firewalls

Até aqui, mostramos como a proteção pode ser estabelecida usando técnicas criptográficas combinadas com a implementação de alguma matriz de controle de acesso. Essas abordagens funcionam bem contanto que todas as partes comunicantes ajam de acordo com o mesmo conjunto de regras. Essas regras podem ser impostas quando se desenvolve um sistema distribuído isolado do resto do mundo. Contudo, as coisas ficam mais complicadas quando se permite o acesso de estranhos aos recursos controlados por um sistema distribuído. Alguns dos exemplos desses acessos são enviar correio, descarregar arquivos, enviar formulários de impostos de renda e assim por diante.

Para proteger recursos sob essas circunstâncias é preciso uma abordagem bem diferente. Na prática, o que acontece é que o acesso externo a qualquer parte de um sistema distribuído é controlado por uma espécie de monitor de referência conhecido como **firewall** (Cheswick e Bellovin, 2000; Zwicky et al., 2000). Em essência, um firewall desconecta qualquer parte de um sistema distribuído do mundo exterior, como mostra a Figura 9.26. Todos os pacotes que saem, mas especialmente todos os pacotes que entram, são roteados por meio de um computador especial e inspecionados antes de serem repassados. Tráfego não autorizado é descartado e não tem permissão de continuar. Uma questão importante é que o próprio firewall tem de ser fortemente protegido contra qualquer tipo de ameaça a segurança: ele nunca deve falhar.

Em essência, há dois tipos diferentes de firewall que costumam ser combinados. Um tipo importante de firewall é um **gateway de filtragem de pacotes**. Esse tipo de firewall funciona como um repassador e toma decisões sobre transmitir ou não um pacote de rede com base no endereço de fonte e de destino contido no cabeçalho do pacote. Normalmente, o gateway de filtragem de pacotes mostrado na LAN externa da Figura 9.26 protegeria contra pacotes que chegam, enquanto o que está na LAN interna filtraria pacotes que saem.

Por exemplo, para proteger um servidor Web interno contra requisições de hospedeiros que não estão na rede interna, um gateway de filtragem de pacotes poderia decidir descartar todos os pacotes que chegam e estão endereçados ao servidor Web.

Mais sutil é a situação em que a rede de uma empresa consiste em várias redes locais conectadas, por exemplo, por meio de uma rede SMDS, como discutimos antes. Cada LAN pode ser protegida por meio de um gateway de filtragem de pacotes que é configurado para passar tráfego de entrada somente se originado de um hospedeiro que esteja em uma das outras LANs. Desse modo, pode-se estabelecer uma rede virtual privada.

O outro tipo de firewall é um **gateway de nível de aplicação**. Ao contrário de um gateway de filtragem de pacotes, que inspeciona somente o cabeçalho de pacotes de rede, esse tipo de firewall realmente inspeciona o conteúdo de uma mensagem que está chegando ou saindo. Um exemplo típico é um gateway de correio que descarta a correspondência que chega ou que sai que ultrapasse determinado tamanho. Existem gateways de correio mais sofisticados que, por exemplo, são capazes de filtrar spam.

Um outro exemplo de gateway de nível de aplicação é o que permite acesso externo a um servidor de biblioteca digital, mas que fornecerá apenas resumos de documentos. Se um usuário externo quiser mais, é iniciado um protocolo de pagamento eletrônico. Usuários que estão dentro do firewall têm acesso direto ao serviço de biblioteca.

Um tipo especial de gateway de nível de aplicação é o conhecido como **proxy gateway**. Esse tipo de firewall funciona como um terminal frontal para um tipo especial de aplicação e garante que somente sejam passadas as mensagens que obedeçam a certos critérios. Considere, por exemplo, navegar na Web. Como discutiremos na próxima seção, muitas páginas Web contêm scripts ou applets que devem ser executados em um browser de usuário. Para evitar que tal código seja descarregado para a LAN interna, todo o tráfego da Web poderia ser dirigido por meio de um proxy gateway da Web. Esse gateway aceita requisições HTTP comuns, de dentro e de fora do firewall. Em outras palavras, para seus usuários ele parece um servidor Web normal. Entretanto, ele filtra todo o tráfego de entrada e de

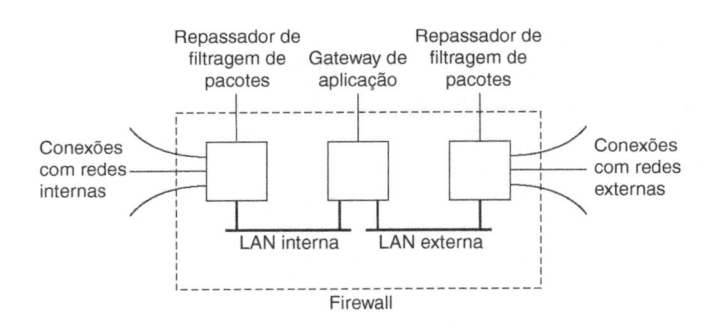

Figura 9.26 Implementação comum de um firewall.

saída, seja descartando certas requisições e páginas, seja modificando páginas que contêm código executável.

9.3.3 Código móvel seguro

Como discutimos no Capítulo 3, um importante desenvolvimento em sistemas distribuídos modernos é a capacidade de migrar código entre hospedeiros em vez de apenas migrar dados passivos. Todavia, o código móvel introduz várias ameaças sérias a segurança. Uma razão é que, ao enviar um agente pela Internet, seu proprietário vai querer protegê-lo contra hospedeiros mal-intencionados que tentam roubar ou modificar informações transportadas pelo agente.

Uma outra razão é que os hospedeiros precisam ser protegidos contra agentes mal-intencionados. A maioria dos usuários de sistemas distribuídos não será especialista em tecnologia de sistemas e não vai conseguir dizer se é possível confiar que um programa que está buscando em outro hospedeiro não corromperá seu computador. Em muitos casos, pode ser difícil até para um especialista detectar que um programa está sendo descarregado.

A menos que sejam tomadas medidas de segurança, tão logo um programa malicioso tenha se instalado em um computador, é fácil para ele corromper seu hospedeiro. Estamos em face de um problema de controle de acesso: o programa não deve conseguir acesso não autorizado aos recursos do hospedeiro. Como veremos, nem sempre é fácil proteger um hospedeiro contra programas maliciosos. O problema não é tanto evitar o descarregamento de programas. O que procuramos é suportar código móvel ao qual possamos permitir o acesso a recursos locais de modo flexível, porém totalmente controlado.

Como proteger um agente

Antes de examinarmos a proteção de um sistema de computação contra o descarregamento de código malicioso, vamos estudar a situação oposta. Considere um agente móvel que está pesquisando um sistema distribuído em nome de um usuário. Tal agente pode estar em busca da passagem aérea mais barata de Nairobi a Malindi e tem autorização de seu proprietário para fazer uma reserva tão logo encontre um vôo. Para cumprir essa finalidade, o agente pode transportar um cartão de crédito eletrônico.

É óbvio que precisamos de proteção nesse caso. Sempre que o agente passa para um hospedeiro, este não deve ter permissão de roubar as informações do cartão de crédito do agente. Além disso, o agente deve ser protegido contra modificações que façam o proprietário pagar muito mais do que o realmente necessário. Por exemplo, se o Cheaper Charters de Chuck puder ver que o agente ainda não visitou seu concorrente mais barato, a Alice Airlines, é preciso impedir que Chuck altere o agente para que este não consulte o hospedeiro de Alice Airlines. Entre outros exemplos que requerem a proteção de um agente contra ataques de um hospedeiro hostil citamos a destruição mal-intencionada de um agente ou interferir com o agente de modo tal que ele atacará seu proprietário ou o roubará quando retornar.

Infelizmente é impossível proteger totalmente um agente contra todos os tipos de ataque (Farmer et al., 1996). Essa impossibilidade é causada primordialmente pelo fato de que não se pode dar garantias reais de que um hospedeiro fará o que promete. Portanto, uma abordagem alternativa é organizar agentes de maneira tal que no mínimo seja possível notar as modificações. Essa abordagem foi seguida no sistema Ajanta (Karnik e Tripathi, 2001). O Ajanta fornece três mecanismos que permitem ao proprietário de um agente detectar que o agente sofreu interferência: estado somente de leitura, registros somente de anexação e revelação seletiva de estado para certos servidores.

O **estado somente de leitura** de um agente Ajanta consiste em um conjunto de itens de dados assinado pelo proprietário do agente. A assinatura ocorre quando o agente é construído e iniciado antes de ser enviado para outros hospedeiros. Primeiro o proprietário constrói um resumo de mensagem e, na seqüência, o criptografa com sua chave privada. Quando o agente chega a um hospedeiro, este pode detectar com facilidade se o estado somente de leitura sofreu interferência verificando o estado em relação ao resumo de mensagem assinado do estado original.

Para permitir que um agente colha informações enquanto se movimenta entre hospedeiros, o Ajanta fornece **registros somente de anexação**. Esses registros são caracterizados pelo fato de que os dados só podem ser anexados ao registro; não há nenhum modo de remover ou modificar esses dados sem que o proprietário consiga detectá-lo. A utilização de um registro somente de anexação funciona como descreveremos a seguir. No início, o registro está vazio e tem somente uma soma de verificação anexada, C_{init}, calculada como $C_{init} = K^+_{owner}(N)$, onde K^+_{owner} é a chave pública do proprietário do agente, e N é um nonce secreto que só o proprietário conhece.

Quando o agente passa para um servidor S que quer lhe entregar alguns dados X, S anexa X ao registro, então assina X com sua assinatura $sig(S,X)$ e calcula uma soma de verificação:

$$C_{new} = K^+_{owner}(C_{old}, sig(S,X), S)$$

onde C_{old} é a soma de verificação que foi usada anteriormente.

Quando o agente volta a seu proprietário, este pode verificar com facilidade se o registro sofreu interferência. O proprietário começa a ler o registro pelo final calculando sucessivamente $K^-_{owner}(C)$ na soma de verificação C. Cada iteração retorna uma soma de verificação C_{next} para a próxima iteração, com $sig(S,X)$ e S para algum servidor S. Então, o proprietário pode verificar se o que era o último elemento no registro combina ou não com $sig(S,X)$.

Se combinar, o elemento é removido e processado e, depois disso, é realizada a etapa de iteração seguinte. A iteração pára quando a soma de verificação inicial é atingida, ou quando o proprietário percebe que o registro sofreu interferência porque uma assinatura não combina.

Por fim, o Ajanta suporta **revelação seletiva** de estado fornecendo um arranjo de itens de dados no qual cada entrada corresponde a um servidor designado. Cada entrada é criptografada com a chave pública do servidor designado para garantir confidencialidade. O arranjo inteiro é assinado pelo proprietário do agente para garantir a integridade do arranjo como um todo. Em outras palavras, se *qualquer* entrada for modificada por um hospedeiro mal-intencionado, qualquer dos servidores designados perceberá e poderá tomar a providência adequada.

Além de proteger um agente contra hospedeiros mal-intencionados, o Ajanta também oferece vários mecanismos para proteger hospedeiros contra agentes mal-intencionados. Como discutiremos a seguir, muitos desses mecanismos também são fornecidos por outros sistemas que suportam código móvel. Mais informações sobre o Ajanta podem ser encontradas em Tripathi et al. (1999).

Proteção do alvo

Embora a proteção do código móvel contra um hospedeiro mal-intencionado seja importante, mais atenção tem sido dirigida a proteger hospedeiros contra código móvel malicioso. Se enviar um agente para o mundo exterior for considerado demasiadamente perigoso, um usuário geralmente terá alternativas para realizar o trabalho que era destinado ao agente. Todavia, muitas vezes não há nenhuma alternativa a permitir que um agente entre em seu sistema, exceto trancá-lo completamente. Portanto, caso seja decidido que o agente pode entrar, o usuário precisa ter controle total do que o agente pode fazer.

Como acabamos de discutir, embora talvez seja impossível proteger um agente contra modificação, ao menos é possível que o proprietário do agente perceba que foram feitas modificações. Na pior das hipóteses, o proprietário terá de descartar o agente quando ele voltar, porém, quanto ao mais, nenhum dano terá sido causado. Contudo, quando se trata de agentes mal-intencionados que chegam ao sistema, ao simplesmente se limitar a perceber que eles interferiram com os seus recursos já é tarde demais. Para que isso não aconteça, é essencial proteger todos os recursos contra acesso não autorizado por código descarregado.

Uma abordagem para a proteção é construir uma caixa de areia. Uma **caixa de areia** é uma técnica pela qual um programa descarregado é executado de modo tal que cada uma de suas instruções pode ser totalmente controlada. Se for feita uma tentativa de executar uma instrução que foi proibida pelo hospedeiro, a execução do programa será interrompida. Da mesma maneira, a execução é interrompida quando uma instrução acessa certos registros ou áreas na memória que o hospedeiro não permitiu.

Implementar uma caixa de areia não é fácil. Uma abordagem é verificar o código executável quando ele é descarregado e inserir instruções adicionais para situações que podem ser verificadas somente em tempo de execução (Wahbe et al., 1993). Felizmente, as coisas ficam muito mais simples quando se trata de código interpretado. Vamos considerar brevemente a abordagem adotada em Java [veja também MacGregor et al. (1998)]. Cada programa Java consiste em várias classes das quais são criados objetos. Não há variáveis nem funções globais; tudo tem de ser declarado como parte de uma classe. A execução do programa começa em um método denominado main. Um programa Java é compilado em um conjunto de instruções que são interpretadas pela denominada **máquina virtual Java** (Java Virtual Machine — **JVM**). Portanto, para um cliente descarregar e executar um programa compilado em Java, é necessário que o processo cliente esteja executando a JVM. Na seqüência, a JVM manipulará a execução propriamente dita do programa descarregado interpretando cada uma de suas instruções, começando naquelas que compreendem main.

Em uma caixa de areia Java, a proteção começa garantindo que se pode confiar no componente que manipula a transferência de um programa para a máquina cliente. Então, um conjunto de **carregadores de classe** se encarrega do descarregamento em Java. Cada carregador de classe é responsável por buscar uma classe especificada em um servidor e pela instalação dessa classe no espaço de endereços do cliente, de modo que a JVM possa criar objetos com base nela. Como um carregador de classe é apenas uma outra classe Java, é possível que um programa descarregado contenha seus próprios carregadores de classe. A primeira coisa que é manipulada por uma caixa de areia é que são utilizados carregadores de classe exclusivamente de confiança. Em particular, um programa Java não tem permissão de criar seu próprio carregador de classe com o qual poderia contornar o modo como o carregamento de classe é normalmente manipulado.

O segundo componente de uma caixa de areia Java consiste em um **verificador de código de byte**, que verifica se uma classe descarregada obedece às regras de segurança da caixa de areia. Em particular, o verificador investiga se a classe não contém instruções ilegais ou instruções que poderiam, de algum modo, corromper a pilha ou a memória. Nem todas as classes são investigadas, como mostra a Figura 9.27; somente as que são descarregadas de um servidor externo para o cliente. De modo geral, as classes localizadas na máquina cliente são de confiança, embora sua integridade também poderia ser verificada com facilidade.

Por fim, quando uma classe foi descarregada e verificada com segurança, a JVM pode instanciar objetos com base nela e executar os métodos desse objeto. Para reforçar ainda mais o impedimento ao acesso não autorizado de objetos aos recursos do cliente, é usado um **gerenciador de segurança** para executar várias verificações em tempo de execução. Programas Java destinados a ser descarregados são obrigados a usar o gerenciador de segurança; eles não podem contorná-lo de jeito nenhum. Isso significa, por exemplo, que a validade de qualquer operação de E/S é vetada e não será executada se o gerenciador de segurança disser 'não'. Portanto, o gerenciador de segurança desempenha o papel de um monitor de referência, que já discutimos.

Um gerenciador de segurança típico desautorizará a execução de muitas operações. Por exemplo, praticamente todos os gerenciadores de segurança negam acesso a arquivos locais e permitem que o programa apenas estabeleça uma conexão com o servidor de onde ele veio. É óbvio que a manipulação da JVM também não é permitida. Contudo, um programa tem permissão de acessar a biblioteca de gráficos para propósito de exibição e captar eventos como o movimento de um mouse ou o acionamento de suas teclas.

O gerenciador de segurança Java original implementava uma política de segurança bastante restritiva pela qual ele não fazia nenhuma distinção entre diferentes programas descarregados, ou mesmo entre programas de servidores diferentes. Em muitos casos, o modelo inicial da caixa de areia de Java era excessivamente restrito, e era exigida mais flexibilidade. Logo adiante discutiremos uma abordagem alternativa que é a seguida atualmente.

Uma abordagem alinhada com a caixa de areia, mas que oferece um pouco mais de flexibilidade, é criar um parque para o código móvel descarregado (Malkhi e Reiter, 2000). Um **parque** é uma máquina separada e designada, exclusivamente reservada para executar código móvel. Recursos locais para o parque, como arquivos ou conexões de rede para servidores externos, estão disponíveis para programas que executam no parque, sujeitos aos mecanismos normais de proteção. Contudo, recursos locais para outras máquinas estão fisicamente desconectados do parque e não podem ser acessados pelo código descarregado. Usuários nessas outras máquinas podem acessar o parque de modo tradicional, por exemplo, por meio de RPCs. Contudo, nunca código móvel nenhum é carregado para máquinas que não estão no parque. Essa distinção entre uma caixa de areia e um parque é mostrada na Figura 9.28.

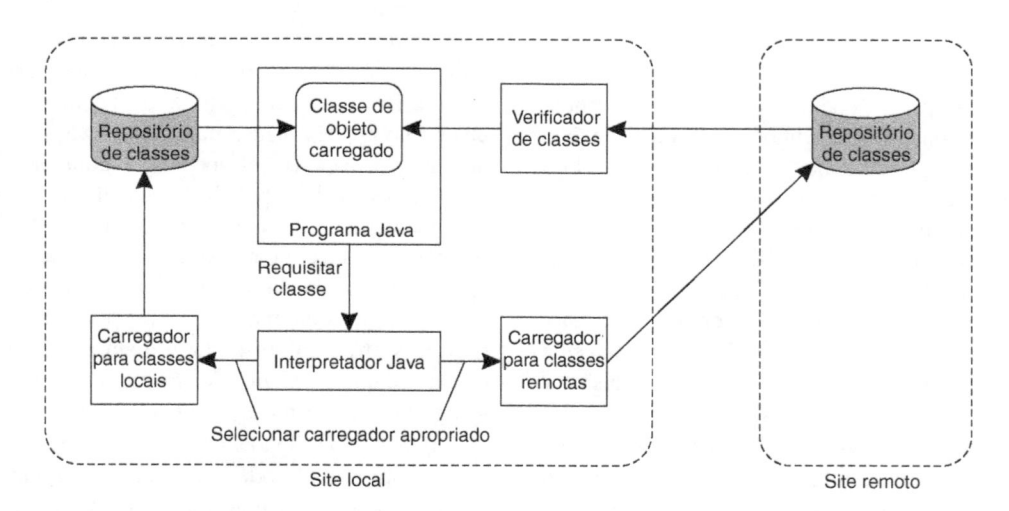

Figura 9.27 Organização de uma caixa de areia Java.

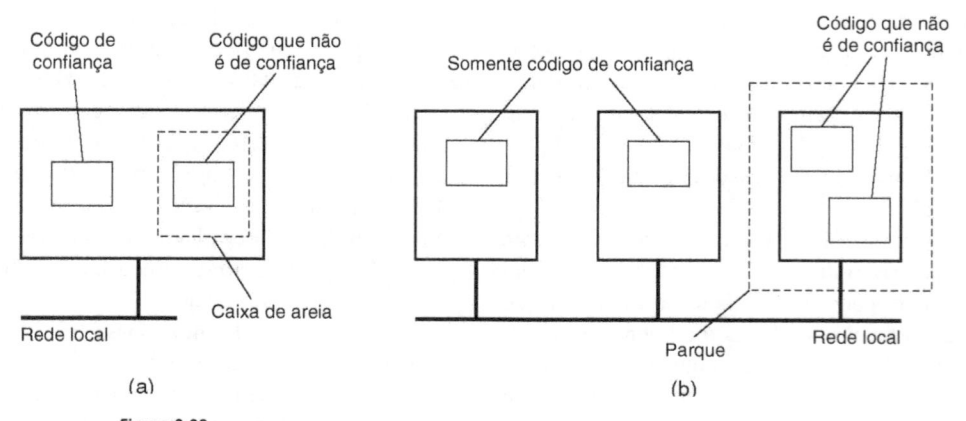

Figura 9.28 (a) Caixa de areia. (b) Parque.

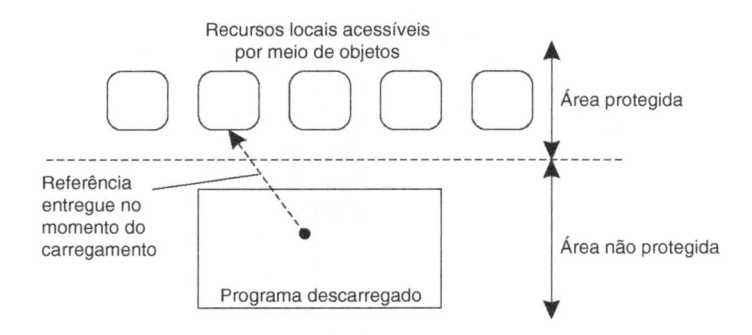

Figura 9.29 *Princípio da utilização de referências de objeto em Java como capacidades.*

Uma próxima etapa para conseguir maior flexibilidade é exigir que cada programa descarregado seja autenticado e, na seqüência, impor uma política de segurança específica baseada no lugar de onde o programa veio. Exigir a autenticação de programas é relativamente fácil: o código móvel pode ser assinado, exatamente como qualquer outro documento. Essa abordagem de **assinatura de código** também costuma ser aplicada como alternativa à caixa de areia. Na verdade, só o código de servidores de confiança é aceito.

Contudo, a parte difícil é impor uma política de segurança. Wallach et al. (1997) propõem três mecanismos no caso de programas Java. A primeira abordagem é baseada na utilização de referências de objeto como capacidades. Para acessar um recurso local como um arquivo, um programa deve receber uma referência a um objeto específico que manipula operações de arquivos quando foi descarregado. Se não for dada nenhuma referência, não há nenhum modo de acessar os arquivos. Esse princípio é mostrado na Figura 9.29.

Todas as interfaces com objetos que implementam o sistema de arquivos ficam inicialmente ocultas do programa tão-somente por não entregar nenhuma referência a essas interfaces. A forte verificação de tipo de Java garante que é impossível construir uma referência a uma dessas interfaces em tempo de execução. Ademais, podemos usar a propriedade do Java para manter certas variáveis e métodos completamente internos a uma classe. Em particular, um programa pode ser impedido de instanciar seus próprios objetos de manipulação de arquivo essencialmente ocultando a operação que cria novos objetos com base em dada classe. (Em terminologia Java, um construtor passa a ser privado para sua classe associada.)

O segundo mecanismo para impor uma política de segurança é a **introspecção de pilha** (estendida). Em essência, qualquer chamada a um método m de um recurso local é precedida por uma chamada a um procedimento especial enable–privilege que verifica se o chamador está autorizado a invocar m naquele recurso. Se a invocação for autorizada, o chamador recebe privilégios temporários durante o período da chamada. Antes de retornar o controle ao invocador em que m é concluída, o procedimento especial disable–privilege é invocado para invalidar esses privilégios.

Para impor chamadas a enable–privilege e disable–privilege, poderíamos exigir que um desenvolvedor de interfaces para recursos locais inserisse essas chamadas nos lugares apropriados. Contudo, é muito melhor deixar que o interpretador Java manipule as chamadas automaticamente. Essa é a abordagem padrão adotada, para lidar com applets Java, por exemplo, em browsers Web. Uma solução mais apropriada é descrita a seguir. Sempre que for feita uma invocação a um recurso local, o interpretador Java automaticamente chama enable–privilege que, na seqüência, verifica se a chamada é permitida. Se for, uma chamada para disable–privilege é passada para a pilha de modo a garantir que os privilégios sejam desativados quando a chamada do método retornar. Essa abordagem impede que programadores mal-intencionados driblem as regras.

Uma outra vantagem importante de utilizar a pilha é que ela possibilita um modo muito melhor de verificar privilégios. Suponha que um programa invoque um objeto local $O1$ que, por sua vez, invoca o objeto $O2$. Embora $O1$ possa ter permissão para invocar $O2$, se o invocador de $O1$ não for de confiança para invocar um método específico que pertence a $O2$, sua cadeia de invocações não deve ser permitida. A introspecção de pilha facilita a verificação dessas cadeias, porque o interpretador só precisa inspecionar cada quadro de pilha começando do topo para ver se há um quadro que tem os privilégios corretos habilitados (caso em que a chamada é permitida) ou se há um quadro que proíbe explicitamente o acesso ao recurso corrente (caso em que a chamada é imediatamente extinta). Essa abordagem é mostrada na Figura 9.30.

Em essência, a introspecção de pilha permite a anexação de privilégios a classes ou métodos e a verificação desses privilégios para cada chamador separadamente. Desse modo, é possível implementar domínios de proteção baseados em classe, como é explicado com detalhes em Gong e Schemers (1998).

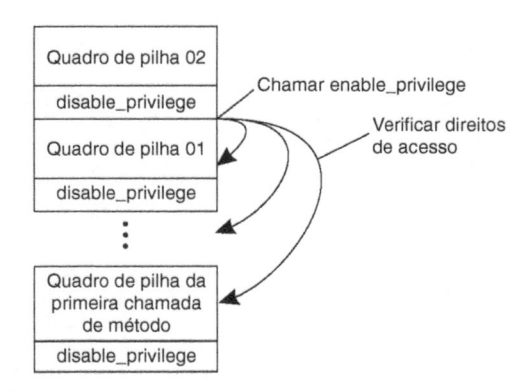

Figura 9.30 Princípio da introspecção de pilha.

A terceira abordagem para impor uma política de segurança é por meio do **gerenciamento de espaço de nomes**. A idéia é apresentada a seguir. Para que programas obtenham acesso a recursos locais, em primeiro lugar eles precisam conseguir acesso incluindo os arquivos adequados que contêm as classes que implementam esses recursos. A inclusão requer que seja dado um nome a um interpretador, que então o resolve para uma classe que, na seqüência, é carregada em tempo de execução. Para impor uma política de segurança para um programa específico descarregado, o mesmo nome pode ser resolvido para classes diferentes, dependendo de onde veio o programa descarregado. A resolução de nomes normalmente é manipulada por carregadores de classe que precisam ser adaptados para implementar essa abordagem. Detalhes sobre como isso pode ser feito podem ser encontrados em Wallach et al. (1997).

A abordagem descrita até aqui associa privilégios com classes ou métodos com base no lugar de onde o programa veio. Em virtude do interpretador Java, é possível impor políticas de segurança por meio dos mecanismos que já descrevemos. Nesse sentido, a arquitetura de segurança se torna altamente dependente de linguagem e precisará ser desenvolvida de novo para outras linguagens. Soluções independentes de linguagem como, por exemplo, as descritas em Jaeger et al. (1999) requerem uma abordagem mais geral para impor segurança e também são mais difíceis de implementar. Nesses casos é preciso suporte de um sistema operacional seguro que esteja ciente de código móvel descarregado e que obrigue todas as chamadas a recursos locais a passar pelo núcleo em que é efetuada uma verificação subseqüente.

9.3.4 Recusa de serviço

De modo geral, o controle de acesso trata de garantir cuidadosamente que recursos sejam acessados somente por processos autorizados. Um tipo particularmente irritante de ataque relacionado com o controle de acesso é impedir maliciosamente que processos autorizados acessem recursos. Defesas contra tais **ataques de recusa de serviço** (denial-of-service attacks — **DoS**) estão se tornando cada vez mais importantes à medida que sistemas distribuídos são abertos por meio da Internet. Embora muitas vezes os ataques DoS que vêm de uma ou de algumas fontes possam ser manipulados com bastante efetividade, as coisas ficam muito mais difíceis quando é preciso lidar com o ataque de **recusa de serviço distribuído** (distributed denial of service — **DDoS**).

Em ataques DDoS, uma enorme quantidade de processos tentam, juntos, derrubar um serviço de rede. Nesses casos, muitas vezes verificamos que os atacantes conseguiram seqüestrar um grande grupo de máquinas que, sem saber, participa do ataque. Specht e Lee (2004) distinguem dois tipos de ataques: os que visam ao esgotamento de largura de banda e os que visam ao esgotamento de recursos.

O esgotamento de largura de banda pode ser conseguido apenas com o envio de muitas mensagens para uma única máquina. O efeito disso é que as mensagens normais dificilmente conseguirão chegar ao receptor. Ataques de esgotamento de recursos se concentram em permitir que o receptor esgote os recursos com mensagens que, quanto ao mais, seriam inúteis. Um ataque de esgotamento de recursos muito conhecido é a inundação SYN do TCP (TCP SYN-*flooding*). Nesse caso, o atacante tenta iniciar uma quantidade enorme de conexões — isto é, enviar pacotes SYN como parte de uma apresentação de três vias —, porém nunca responde aos reconhecimentos enviados pelo receptor.

Não existe nenhum método único para proteção contra ataques DDoS. Um problema é que os atacantes utilizam vítimas inocentes instalando software secretamente em suas máquinas. Nesse caso, a única solução é fazer com que as máquinas monitorem continuamente seu estado verificando se seus arquivos não estão poluídos. Considerando a facilidade com que um vírus pode se espalhar pela Internet, não é viável confiar somente nessa contramedida.

Muito melhor é monitorar continuamente o tráfego de rede, por exemplo, começando na saída de repassadores em que os pacotes deixam a rede de uma organização. A experiência mostra que, descartando pacotes cujo endereço de fonte não pertence à rede da organização, podemos evitar uma grande devastação. Em geral, quanto mais pacotes puderem ser filtrados próximo às fontes, melhor.

Como alternativa, também é possível focalizar os repassadores de ingresso, isto é, onde o tráfego flui para dentro da rede de uma organização. O problema é que, quando se detecta um ataque em um repassador de ingresso, é muito tarde porque provavelmente a rede já estará inacessível para o tráfego normal. Melhor é fazer com que repassadores que estão mais longe na Internet, por exemplo, nas redes de ISPs, comecem a descartar pacotes quando suspeitarem que um ataque está em curso. Essa abordagem é seguida por Gil e Poletto (2001): um repassador descartará pacotes quando notar que a taxa entre o número de pacotes *dirigidos* a um nó específico é desproporcional ao número de pacotes que *saem* daquele nó.

Em geral, é preciso disponibilizar uma miríade de técnicas, ao mesmo tempo que novos ataques continuam a surgir. Uma visão geral prática do estado-da-arte atingido pelos ataques de recusa de serviço e soluções pode ser encontrada em Mirkovic et al. (2005); uma taxonomia detalhada é apresentada em Mirkovic e Reiher (2004).

9.4 Gerenciamento da Segurança

Até aqui, consideramos canais seguros e controle de acesso, porém mal tocamos, por exemplo, no assunto do modo como as chaves são obtidas. Nesta seção, examinaremos mais de perto o gerenciamento da segurança. Em particular, distinguimos três questões diferentes. A primeira é que precisamos considerar o gerenciamento geral de chaves criptográficas e, em especial, os meios pelos quais as chaves públicas são distribuídas. Nesse caso, verificamos que os certificados desempenham um importante papel.

A segunda é que discutimos o problema de gerenciar com segurança um grupo de servidores focalizando o problema de adicionar um novo membro ao grupo no qual os membros atuais tenham confiança. Em face de serviços distribuídos e replicados, é claro que é importante a segurança não ser exposta a riscos pela admissão de um processo malicioso ao grupo.

A terceira é que damos atenção ao gerenciamento de autorização examinando capacidades e os denominados certificados de atributo. Uma questão importante em sistemas distribuídos em relação ao gerenciamento de autorização é que um processo pode delegar alguns ou todos os seus direitos de acesso a um outro processo. Delegar direitos de maneira segura tem suas próprias sutilezas, que também serão discutidas nesta seção.

9.4.1 Gerenciamento de chaves

Até aqui, descrevemos vários protocolos criptográficos nos quais consideramos (implicitamente) que várias chaves estavam prontamente disponíveis. Por exemplo, no caso de criptossistemas de chave pública, adotamos a premissa de que um remetente de uma mensagem tinha a chave pública do receptor à sua disposição, de modo que poderia criptografar a mensagem para garantir confidencialidade. Da mesma maneira, no caso de autenticação usando uma central de distribuição de chaves (KDC), a premissa era que cada parte já compartilhava uma chave secreta com a KDC.

Contudo, estabelecer e distribuir chaves não é um assunto trivial. Por exemplo, distribuir chaves secretas por meio de um canal não seguro está fora de questão e, em muitos casos, precisamos recorrer a métodos fora da banda. Além disso, são necessários mecanismos para revogar chaves, isto é, evitar que uma chave seja utilizada depois de ter sido exposta a risco ou invalidada. Por exemplo, quando uma chave foi exposta a risco, é necessária uma revogação.

Estabelecimento de chaves

Vamos começar considerando como podem ser estabelecidas chaves de sessão. Quando Alice quer estabelecer um canal seguro com Bob, primeiro ela pode usar a chave pública de Bob para iniciar comunicação como mostra a Figura 9.17. Se Bob aceitar, ele pode, na seqüência, gerar a chave de sessão e retorná-la a Alice criptografada com a chave pública de Alice. Quando a chave de sessão compartilhada é criptografada antes de ser transmitida, ela pode passar pela rede com segurança.

Um esquema semelhante pode ser usado para gerar e distribuir uma chave de sessão quando Alice e Bob já compartilharem uma chave secreta. Todavia, ambos os métodos exigem que as partes comunicantes já tenham os meios disponíveis para estabelecer um canal seguro. Em outras palavras, é preciso que alguma maneira de estabelecimento e distribuição de chaves já tenha ocorrido. O mesmo argumento se aplica quando uma chave secreta compartilhada é estabelecida por meio de uma terceira parte de confiança, tal como uma KDC.

Um esquema mais apropriado e de ampla utilização para estabelecer uma chave compartilhada por um canal inseguro é a **troca de chaves Diffie–Hellman** (Diffie e Hellman, 1976). O protocolo funciona da seguinte maneira: suponha que Alice e Bob queiram estabelecer uma chave secreta compartilhada. O primeiro requisito é que eles concordem com dois números grandes, n e g, que estão sujeitos a uma série de propriedades matemáticas (que não discutiremos aqui). Ambos, n e g, podem ser públicos; não há nenhuma necessidade de ocultá-los de estranhos. Alice escolhe um número grande aleatório, digamos, x, que ela mantém em segredo. Da mesma maneira, Bob escolhe seu próprio número grande, digamos, y. Nesse ponto há informação suficiente para construir uma chave secreta, como mostra a Figura 9.31.

Alice começa enviando $g^x \bmod n$ a Bob, junto com n e g. É importante observar que essa informação pode ser enviada como texto aberto, porque é praticamente impossível calcular x dado $g^x \bmod n$. Quando Bob recebe a mensagem, na seqüência calcula $(g^x \bmod n)^y$, que é matematicamente igual a $g^{xy} \bmod n$. Além disso, ele envia $g^y \bmod n$ a Alice, que então pode calcular $(g^y \bmod n)^x = g^{xy} \bmod n$. Em conseqüência, ambos, Alice e Bob, e somente esses dois, terão agora a chave secreta compartilhada $g^{xy} \bmod n$. Observe que nenhum deles precisou informar ao outro seu número privado (x e y, respectivamente).

Diffie–Hellman pode ser considerado um criptossistema de chave pública. No caso de Alice, x é sua chave privada, enquanto $g^x \bmod n$ é sua chave pública. Como discutiremos a seguir, distribuir a chave pública com segurança é essencial para fazer o Diffie–Hellman funcionar na prática.

Distribuição de chaves

Uma das partes mais difíceis no gerenciamento de chaves é a distribuição propriamente dita das chaves iniciais. Em um criptossistema simétrico, a chave secreta compartilhada inicial deve ser comunicada por meio de um canal seguro que fornece autenticação bem como confidencialidade, como mostra a Figura 9.32(a). Se não houver nenhuma chave disponível para que Alice e Bob estabeleçam tal canal seguro, é necessário distribuir a chave fora da banda. Em outras palavras, Alice e Bob terão de entrar em contato um com o outro usando algum outro meio de comunicação que não seja a rede. Por exemplo, um deles pode telefonar para o outro ou enviar a chave em um disco flexível usando o correio comum.

No caso de um criptossistema de chave pública, precisamos distribuir a chave pública de modo tal que os receptores possam ter certeza de que a chave é, de fato, o par de uma chave privada declarada. Em outras palavras, como mostra a Figura 9.32(b), embora a chave pública, em si, possa ser enviada em texto aberto, é necessário que o canal pelo qual ela é enviada possa fornecer autenticação. É óbvio que a chave privada precisa ser enviada por um canal seguro que forneça autenticação, bem como confidencialidade.

Quando se trata de distribuição de chaves, a distribuição autenticada de chaves públicas é, talvez, a mais interessante. Na prática, a distribuição de chaves públicas ocorre por meio de **certificados de chave pública**. Tal certificado consiste em uma chave pública junto com uma seqüência de bits que identifica a entidade à qual essa chave está associada. A entidade poderia ser um usuário, mas também um hospedeiro ou algum dispositivo especial. A chave pública e o identificador, juntos, foram assinados por uma **autoridade de certificação** e essa assinatura também foi colocada no certificado. (A identidade da autoridade de certificação é naturalmente parte do certificado.) A assinatura ocorre por meio de uma chave privada K_{CA}^- que pertence à autoridade de certificação. Considera-se que a chave pública correspondente K_{CA}^+ é bem conhecida. Por exemplo, as chaves públicas de várias autoridades de certificação são inseridas na maioria dos browsers Web e despachadas com os binários.

A utilização de um certificado de chave pública funciona da seguinte maneira: suponha que um cliente deseje ter certeza de que a chave pública encontrada no certificado pertence de fato à entidade identificada. Ele usa a chave pública da autoridade de certificação associada para verificar a assinatura do certificado. Se a assinatura no certificado combinar com o par (*chave pública, identificador*), o cliente aceita que a chave pública de fato pertence à entidade identificada.

É importante observar que, tendo aceitado o certificado como correto, na verdade o cliente confia que o certificado não foi forjado. Em particular, ele deve considerar que a chave pública K_{CA}^+ realmente pertence à autoridade de certificação associada. Se tiver dúvida, será possível verificar a validade de K_{CA}^+ por meio de um outro certificado, emitido por uma autoridade de certificação diferente, talvez de maior confiança.

Tais **modelos de confiança** hierárquicos nos quais todos devem confiar na autoridade de certificação de nível mais alto não são incomuns. Por exemplo, o **correio de privacidade aprimorada** (Privacy Enhanced Mail — **PEM**) usa um modelo de confiança de três níveis no qual as autoridades de autenticação de nível mais baixo podem ser autenticadas pelas **autoridades de certificação de política** (Policy Certification Authorities — **PCA**), que, por sua vez, podem ser autenticadas pela **autoridade de registro de política da Internet** (Internet Policy Registration Authority — **Ipra**). Se um usuário não confiar na Ipra, ou achar que não pode falar com segurança com essa entidade, não há nenhuma esperança de que ele vá confiar que suas mensagens de e-mail serão enviadas de um modo seguro usando o PEM. Mais informações sobre esse modelo podem ser encontradas em Kent (1993). Outros modelos são discutidos em Menezes et al. (1996).

Vida útil de certificados

Uma questão importante relativa a certificados é sua longevidade. Em primeiro lugar, vamos considerar a situação na qual uma autoridade de certificação entrega certificados vitalícios. Portanto, em essência, o certificado declara que a chave pública será sempre válida para a entidade identificada pelo certificado. É claro que essa declaração não é o que queremos. Se a chave privada da entidade identificada for comprometida, nenhum cliente insuspeito deveria poder usar a chave pública (que dirá de clientes mal-intencionados). Nesse caso, precisamos de

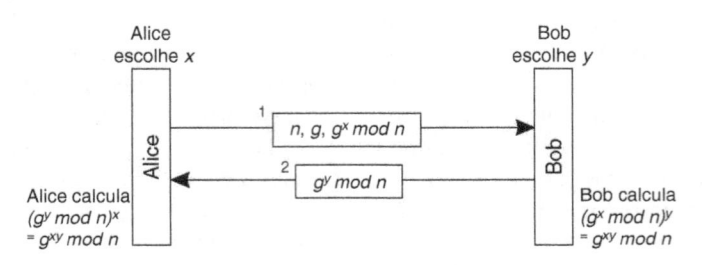

Figura 9.31 Princípio da troca de chaves de Diffie–Hellman.

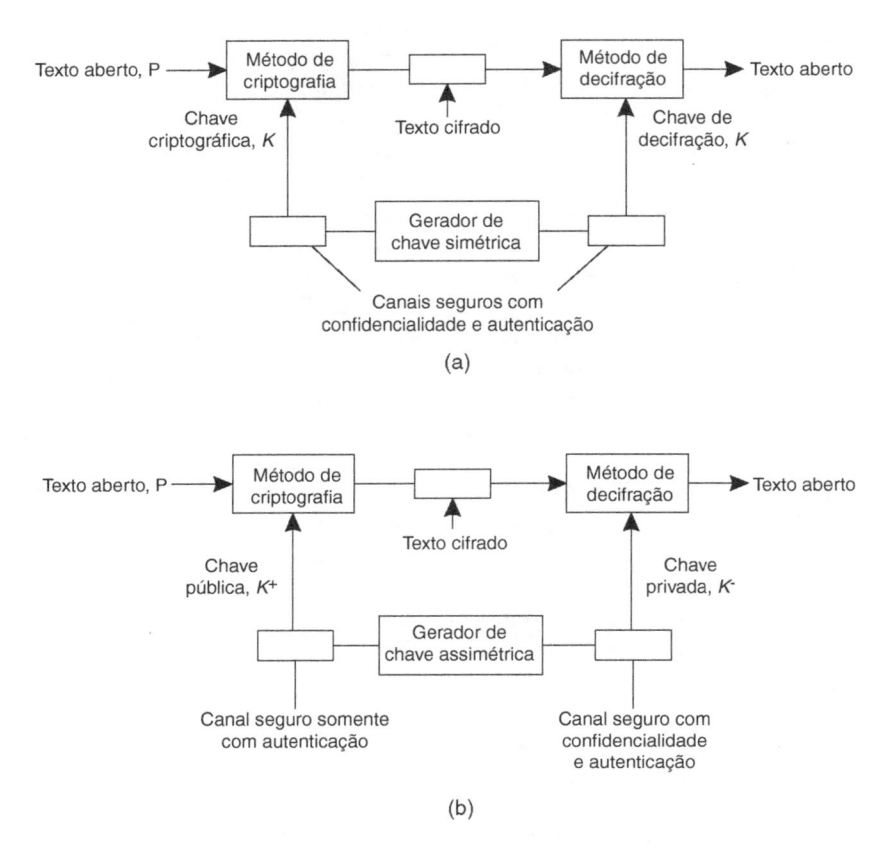

Figura 9.32 (a) Distribuição de chave secreta. (b) Distribuição de chave pública [veja também Menezes et al. (1996)].

um mecanismo para **revogar** o certificado avisando ao público em geral que esse certificado não é mais válido.

Há várias maneiras de revogar um certificado. Uma abordagem comum é com uma **lista de revogação de certificados** (Certificate Revocation List — **CRL**) publicada periodicamente pela autoridade de certificação. Sempre que um cliente verificar um certificado, terá de verificar a CRL para ver se o certificado foi revogado ou não. Isso significa que, no mínimo, o cliente terá de contatar a autoridade de certificação cada vez que for publicada uma nova CRL. Observe que, se uma CRL for publicada diariamente, também levará um dia para revogar um certificado. Nesse ínterim, um certificado suspeito poderá ser usado falsamente até ser publicado na próxima CRL. Em decorrência, o tempo entre publicações de CRLs não pode ser muito longo. Além disso, obter uma CRL implica certo custo adicional.

Uma abordagem alternativa é restringir a vida útil de cada certificado. Em essência, essa abordagem é análoga a fornecer leasings, como discutimos no Capítulo 6. A validade de um certificado expira automaticamente após algum tempo. Se, por qualquer razão, o certificado deve ser revogado antes de expirar, a autoridade de certificação ainda pode publicá-lo em uma CRL. Contudo, mesmo assim essa abordagem obrigará clientes a verificar a última CRL sempre que verificarem um certificado. Em outras palavras, eles vão precisar contatar a autoridade de certificação ou um banco de dados de confiança que contenha a última CRL.

Um caso extremo final é reduzir a vida útil de um certificado para próximo de zero. Na realidade, isso significa que os certificados não são mais usados; em vez disso, o cliente sempre terá de contatar a autoridade de certificação para verificar a validade de uma chave pública. Em virtude desse fato, a autoridade de certificação tem de estar continuamente on-line.

Na prática, os certificados já são publicados com vidas úteis restritas. No caso de aplicações de Internet, o tempo de expiração quase sempre chega a um ano (Stein, 1998). Tal abordagem requer que CRLs sejam publicadas periodicamente, mas que também sejam inspecionadas quando os certificados são verificados. A prática indica que aplicações clientes dificilmente consultam CRLs e tão-só consideram que um certificado é válido até que ele expire. Nesse sentido, quando se trata de segurança na Internet na prática, ainda há muito espaço para melhoria, infelizmente.

9.4.2 Gerenciamento de grupo seguro

Muitos sistemas de segurança utilizam serviços especiais como centrais de distribuição de chaves (Key Distribution Centers — KDCs) ou autoridades de certificação (Certification Authorities — CAs). Esses serviços demonstram um problema difícil em sistemas distribuídos. Em primeiro lugar, eles têm de ser confiáveis. Para aprimorar a confiança em serviços de segurança, é necessário prover alto grau de proteção contra todos os tipos de ameaças a segurança. Por exemplo, tão logo uma CA tenha sido comprometida, torna-se impossível verificar a validade de uma chave pública, o que torna todo o sistema de segurança completamente imprestável.

Por outro lado, também é necessário que muitos serviços de segurança ofereçam alta disponibilidade. Por exemplo, no caso de uma KDC, toda vez que dois processos querem estabelecer um canal seguro, pelo menos um deles terá de contatar a KDC para obter uma chave secreta compartilhada. Se a KDC não estiver disponível, a comunicação segura não pode ser estabelecida, a menos que esteja disponível uma técnica alternativa para estabelecer chaves, como a troca de chaves Diffie–Hellman.

A solução para a alta disponibilidade é a replicação. Por outro lado, a replicação torna um servidor mais vulnerável a ataques contra a segurança. Já discutimos como a comunicação entre grupos seguros pode ocorrer pelo compartilhamento de um segredo entre os membros do grupo. Na verdade, nenhum membro individual do grupo é capaz de comprometer certificados, o que torna o grupo, em si, altamente seguro. Portanto, resta considerar como gerenciar um grupo de servidores replicados. Reiter et al. (1994) propõem a seguinte solução.

O problema que precisa ser resolvido é garantir que, quando um processo pede para se juntar a um grupo G, a integridade do grupo não seja comprometida. Considera-se que um grupo G use uma chave secreta CK_G compartilhada por todos os membros do grupo para criptografar mensagens do grupo. Além disso, ele também usa um par chave pública/chave privada (K_G^+, K_G^-) para comunicação com membros que não pertencem ao grupo.

Sempre que um processo P quiser se juntar a um grupo G, ele envia uma requisição de associação ao grupo, JR, que identifica G e P; a hora local de P, T; um *bloco de resposta RP* e uma chave secreta gerada, $K_{P,G}$. RP e $K_{P,G}$ são criptografadas em conjunto usando a chave pública do grupo, K_G^+, representada pela mensagem 1 na Figura 9.33. A utilização de RP e $K_{P,G}$ será explicada com mais detalhes logo adiante. A requisição de associação ao grupo JR é assinada por P e enviada junto com um certificado que contém a chave pública de P. Usamos a notação de ampla utilização $[M]_A$ para denotar que a mensagem M foi assinada pelo sujeito A.

Quando um membro do grupo Q recebe tal requisição de associação, em primeiro lugar autentica P; depois disso, ocorre a comunicação com os outros membros de grupo para ver se P pode ser considerado como um membro do grupo. A autenticação de P ocorre do modo usual por meio do certificado. A marca de tempo T é usada para ter certeza de que o certificado ainda era válido no momento em que foi enviado. (Observe que também precisamos ter certeza de que a hora não sofreu interferência.) O membro do grupo Q verifica a assinatura da autoridade de certificação e, na seqüência, extrai a chave pública de P do certificado para verificar a validade de JR. Nesse ponto é seguido um protocolo específico de grupo para ver se todos os membros do grupo concordam com a admissão de P.

Se P obtiver permissão de se juntar ao grupo, Q retorna uma mensagem de admissão ao grupo GA, representada pela mensagem 2 da Figura 9.33, que identifica P e contém um nonce N. O bloco de resposta RP é usado para criptografar a chave de comunicação do grupo, CK_G. Além disso, P também precisará da chave privada do grupo, K_G^-, que é criptografada com CK_G. Na seqüência, a mensagem GA é assinada por Q com utilização da chave $K_{P,G}$.

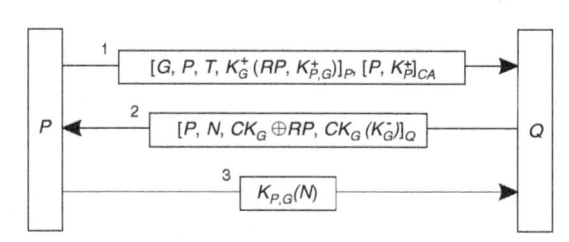

```
     1  [G, P, T, K_G^+ (RP, K_{P,G}^+)]_P, [P, K_P^+]_CA
P ◄─────────────────────────────────────────────── 
     2  [P, N, CK_G ⊕RP, CK_G (K_G^-)]_Q              Q
  ─────────────────────────────────────────────►
     3  K_{P,G}(N)
  ◄─────────────────────────────────────────────
```

Figura 9.33 Admissão, com segurança, de um novo membro do grupo.

Agora, o processo P pode autenticar Q, porque somente um verdadeiro membro do grupo poderia ter descoberto a chave secreta $K_{P,G}$. Nesse protocolo, o nonce N não é usado para segurança; em vez disso, quando P envia N de volta, criptografado com $K_{P,G}$ (mensagem 3), então Q sabe que P recebeu todas as chaves necessárias e, portanto, agora realmente se juntou ao grupo.

Observe que, em vez de usar o bloco de resposta RP, P e Q também poderiam ter criptografado CK_G usando a chave pública de P. Contudo, como RP é usado somente uma vez, ou seja, para a criptografia da chave de comunicação do grupo na mensagem GA, usar RP é mais seguro. Caso a chave privada de P fosse revelada, também seria possível revelar CK_G, o que comprometeria o sigilo de toda a comunicação do grupo.

9.4.3 Gerenciamento de autenticação

O gerenciamento de segurança em sistemas distribuídos também está relacionado com o gerenciamento de direitos de acesso. Até aqui, mal nos referimos ao modo como os direitos de acesso são inicialmente concedidos a usuários ou grupos de usuários e como, na seqüência, eles são mantidos de modo não falsificável.

Chegou a hora de corrigir essa omissão.

Em sistemas não distribuídos, gerenciar direitos de acesso é relativamente fácil. Quando um novo usuário é adicionado ao sistema, esse usuário recebe direitos iniciais, por exemplo, para criar arquivos e subdiretórios em um diretório específico, criar processos, usar tempo de CPU e assim por diante. Em outras palavras, uma máquina específica abre uma conta completa para o usuário, na qual todos os direitos foram especificados com antecedência pelos administradores do sistema.

Em um sistema distribuído, as coisas se complicam pelo fato de esses recursos estarem espalhados por diversas máquinas. Se fosse para seguir a abordagem direcionada a sistemas não distribuídos, seria necessário criar uma conta para cada usuário em cada máquina. Em essência, essa é a abordagem seguida em sistemas operacionais em rede. As coisas podem ser simplificadas com a criação de uma única conta em um servidor central. Esse servidor é consultado cada vez que um usuário acessar certos recursos ou máquinas.

Capacidades e certificados de atributo

Uma abordagem muito melhor, de ampla utilização em sistemas distribuídos, é o uso de capacidades. Como já explicamos brevemente, uma **capacidade** é uma estrutura de dados à prova de falsificação para um recurso específico, que especifica exatamente os direitos de acesso que o portador da capacidade tem em relação àquele recurso. Existem diferentes implementações de capacidades. Aqui, discutiremos brevemente a implementação utilizada no sistema operacional Amoeba (Tanenbaum et al., 1986).

O Amoeba foi um dos primeiros sistemas distribuídos baseado em objetos. Seu modelo de objetos distribuídos é o de objetos remotos. Em outras palavras, um objeto reside em um servidor enquanto clientes conseguem acesso transparente àquele objeto por meio de um proxy. Para invocar uma operação sobre um objeto, um cliente passa uma capacidade para seu sistema operacional local, que então localiza o servidor em que o objeto reside e, na seqüência, faz uma RPC para aquele servidor.

Sua capacidade é um identificador de 128 bits, organizado internamente, como mostra a Figura 9.34. Os primeiros 48 bits são inicializados pelo servidor do objeto quando este é criado e formam, efetivamente, um identificador do servidor de objeto independente de máquina denominado **porta de servidor**. O Amoeba usa broadcast para localizar a máquina em que o servidor está localizado no momento considerado.

Os 24 bits seguintes são usados para identificar o objeto no servidor dado. Observe que a porta do servidor, junto com o identificador de objeto, forma um identificador de 72 bits exclusivo no âmbito do sistema para cada objeto em Amoeba. Os 8 bits seguintes são usados para especificar os direitos de acesso do portador da capacidade. Por fim, o campo *verificação* (verificação) de 48 bits é usado para tornar a capacidade à prova de falsificação, como explicaremos nas páginas seguintes.

Quando um objeto é criado, seu servidor escolhe um campo *verificação* aleatório e o armazena tanto nas tabelas de capacidades, como internamente, em suas próprias tabelas. Em uma nova capacidade, todos os bits de direitos (*direitos*) estão inicialmente ligados e é essa **capacidade do proprietário** que é retornada ao cliente. Quando a capacidade retorna ao servidor em uma requisição para realizar uma operação, o campo *verificação* é verificado.

Para criar uma capacidade restrita, um cliente pode passar uma capacidade de volta para o servidor, junto com uma máscara de bits para os novos direitos. O servidor pega em suas tabelas o campo *verificação* original, executa uma operação XOR entre ele e os novos direitos (que devem ser um subconjunto dos direitos na capacidade) e, então, executa o resultado por meio de uma função não reversível.

Em seguida, o servidor cria uma nova capacidade, com o mesmo valor do campo *objeto*, mas com os novos bits de direitos no campo *direitos* e o resultado da função não reversível no campo *verificação*. Então, a nova capacidade é retornada ao chamador. O cliente pode enviar essa nova capacidade para um outro processo, se quiser.

O método de geração de capacidades restritas é ilustrado na Figura 9.35. Nesse exemplo, o proprietário desligou todos os direitos, exceto um. Por exemplo, a capacidade restrita poderia permitir que o objeto seja lido, porém nada mais. O significado do campo *direitos* é diferente para cada tipo de objeto, visto que as próprias operações legais também variam de um tipo de objeto para outro.

Quando a capacidade restrita volta ao servidor, este vê, pelo campo *direitos*, que ela não é uma *capacidade de proprietário* porque, no mínimo, um bit está desligado. Portanto, o servidor busca o número aleatório original em suas tabelas, executa uma operação XOR entre esse número e o campo *direitos* da capacidade e executa o resultado por meio da função não reversível. Se o resultado estiver de acordo com o campo *verificação*, a capacidade é aceita como válida.

Deve ficar óbvio, por esse algoritmo, que um usuário que tentar adicionar direitos que não tem apenas invalidará a capacidade. Inverter o campo *verificação* em uma capacidade restrita para obter o argumento (C XOR 00000001 na Figura 9.35) é impossível porque f é uma função não reversível. É por meio dessa técnica criptográfica que capacidades são protegidas contra interferência indevida. Observe que, em essência, f faz o mesmo que calcular um resumo de mensagem, como já discutimos. Qualquer alteração na mensagem original (como inverter um bit) será imediatamente detectada.

Uma generalização de capacidades que às vezes é usada em modernos sistemas distribuídos é o **certificado de atributo**. Diferentemente dos certificados que já discutimos e que são usados para verificar a validade de uma

48 bits	24 bits	8 bits	48 bits
Porta de servidor	Objeto	Direitos	Verificação

Figura 9.34 Capacidade em Amoeba.

chave pública, os certificados de atributo são utilizados para organizar listas de certos pares (*atributo, valor*) que se aplicam a uma entidade identificada. Em particular, certificados de atributo podem ser usados para organizar listas de direitos de acesso que o portador de um certificado tem em relação ao recurso identificado.

Como outros certificados, os certificados de atributo são entregues por autoridades de certificação especiais, usualmente denominadas **autoridades de certificação de atributo**. Em comparação com as capacidades do Amoeba, tal autoridade corresponde a um servidor de objeto. Contudo, em geral, a autoridade de certificação de atributo e o servidor que gerencia a entidade para a qual um certificado foi criado não precisam ser os mesmos. Os direitos de acesso apresentados nas listas de um certificado são assinados pela autoridade de certificação de atributo.

Delegação

Agora considere o seguinte problema: um usuário quer imprimir um grande arquivo impresso para o qual tem direitos de acesso somente de leitura. Para não causar muito incômodo aos outros, o usuário envia uma requisição ao servidor de impressão, solicitando que ele comece a imprimir o arquivo não antes das duas horas da madrugada. Em vez de enviar todo o arquivo para a impressora, o usuário passa somente o nome do arquivo, de modo que ela possa copiá-lo para seu diretório de spooling, se preciso, quando for realmente necessário.

Embora esse esquema pareça perfeitamente correto, há um problema: em geral, a impressora não terá as permissões de acesso apropriadas para o arquivo nomeado. Em outras palavras, se nenhuma providência especial for tomada, tão logo o servidor de impressão queira ler o arquivo para imprimi-lo, o sistema lhe negará acesso ao arquivo. Esse problema poderia ter sido resolvido se o usuário tivesse **delegado** temporariamente ao servidor de impressão seus direitos de acesso para o arquivo.

A delegação de direitos de acesso é uma técnica importante para implementar proteção em sistemas de computação e sistemas distribuídos, em particular. A idéia básica é simples: passando certos direitos de acesso de um processo para outro fica mais fácil distribuir trabalho entre vários processos sem provocar efeitos adversos para a proteção de recursos. No caso de sistemas distribuídos, processos podem executar em máquinas diferentes e até dentro de domínios administrativos diferentes, como discutimos no caso do Globus. A delegação pode evitar muito custo adicional, porque a proteção freqüentemente pode ser manipulada no local.

Há vários modos de implementar delegação. Uma abordagem geral descrita em Neuman (1993) é utilizar um proxy. Um **proxy** no contexto de segurança em sistemas de computação é uma ficha que permite a seu proprietário funcionar com os mesmos (ou restritos) direitos e privilégios que o sujeito que concedeu a ficha. (Observe que essa noção de proxy é diferente da de um proxy como sinônimo para um apêndice do lado do cliente. Embora tentemos evitar sobrecarregar termos com mais de um significado, nesse caso abrimos uma exceção porque a utilização do termo 'proxy' na acepção anterior é muito ampla para ser ignorada.) Na melhor das hipóteses, um processo pode criar um proxy com os mesmos direitos e privilégios que ele próprio tem. Se um processo criar um novo proxy com base naqueles que ele tem no momento considerado, o proxy derivado terá, no mínimo, as mesmas restrições que o original e possivelmente mais.

Antes de considerar um esquema geral para a delegação, considere as duas abordagens seguintes. Na primeira, a delegação é relativamente simples se Alice conhecer todo mundo. Se quiser delegar seus direitos a Bob, ela só

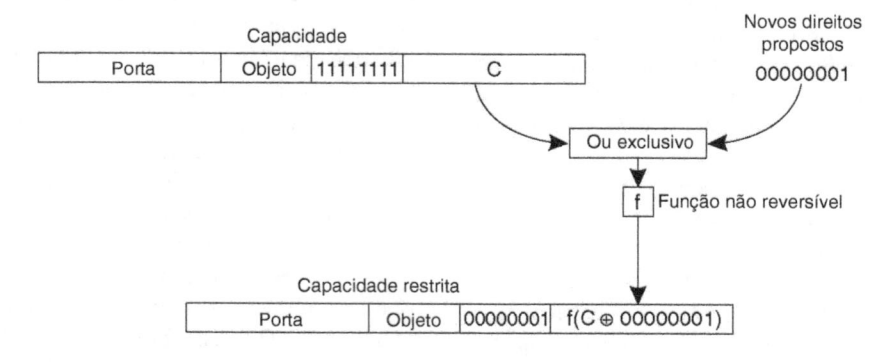

Figura 9.35 Geração de uma capacidade restrita com base na capacidade do proprietário.

precisa construir um certificado declarando 'Alice diz que Bob tem direitos R', como $[A,B,R]_A$. Se Bob quiser passar alguns de seus direitos para Charlie, ele pedirá a Charlie para contatar Alice e lhe solicitar um certificado apropriado.

Em um segundo caso simples, Alice pode simplesmente construir um certificado com a declaração 'O portador desse certificado tem direitos R'. Contudo, nesse caso, precisamos proteger o certificado contra cópia ilegal, como é feito para passar capacidades entre processos com segurança. O esquema de Neuman manipula esse caso, bem como evita a questão de Alice precisar conhecer todos a quem os direitos precisam ser delegados.

No esquema de Neuman, um proxy tem duas partes, como ilustrado na Figura 9.36. Seja A o processo que criou o proxy. A primeira parte do proxy é um conjunto $C = \{R, S^+_{proxy}\}$, que consiste em um conjunto R de direitos de acesso que foram delegados por A, junto com uma parte conhecida publicamente de um segredo que é usada para autenticar o portador do certificado. Mais adiante explicaremos a utilização de S^+_{proxy}. O certificado leva a assinatura $sig(A,C)$ de A para protegê-lo contra modificações. A segunda parte contém a outra parte do segredo, denotada como S^-_{proxy}. É essencial que S^-_{proxy} seja protegida contra revelação ao delegar direitos a um outro processo.

Um outro modo de considerar o proxy é o seguinte: se Alice quiser delegar alguns de seus direitos a Bob, ela faz uma lista de direitos (R) que Bob pode exercer. Assinando a lista, Alice impede que Bob a modifique. Contudo, muitas vezes não é suficiente ter somente uma lista de direitos assinada. Se Bob quiser exercer seus direitos, pode ser que ele tenha de provar que realmente recebeu a lista de Alice e, por exemplo, não a roubou de alguém. Por conseguinte, Alice propõe uma pergunta muito capciosa (S^+_{proxy}) cuja resposta só ela conhece (S^-_{proxy}). Qualquer um pode verificar com facilidade a correção da resposta quando é dada a pergunta. A pergunta é anexada à lista antes de Alice adicionar sua assinatura.

Ao delegar alguns de seus direitos, Alice passa a Bob a lista de direitos assinada, junto com a pergunta capciosa. Ela também dá a resposta a Bob, garantindo que ninguém possa interceptá-la. Agora, Bob tem uma lista de direitos assinada por Alice que ele pode entregar a, digamos, Charlie, quando necessário. Charlie lhe fará a pergunta capciosa que está no final da lista. Se Bob souber a resposta, Charlie terá certeza de que Alice realmente delegou a Bob os direitos que aparecem na lista.

Uma propriedade importante desse esquema é que Alice não precisa ser consultada. De fato, Bob pode decidir transferir a Dave os direitos (ou alguns dos direitos) apresentados na lista. Ao fazer isso, ele passará a Dave a resposta à pergunta, de modo que Dave possa provar que a lista lhe foi entregue por alguém habilitado. Alice nunca precisará saber absolutamente nada sobre Dave.

Um protocolo para delegar e exercer direitos é mostrado na Figura 9.37. Considere que Alice e Bob compartilhem uma chave secreta $K_{A,B}$ que pode ser usada para criptografar mensagens que um envia ao outro e vice-versa. Então, em primeiro lugar, Alice envia a Bob o certificado $C = \{R, S^+_{proxy}\}$, assinado com $sig(A,C)$ (e denotado novamente como $[R, S^+_{proxy}]_A$). Não há nenhuma necessidade de criptografar essa mensagem: ela pode ser enviada como texto aberto. A parte privada do segredo precisa ser criptografada, como mostra $K_{A,B}(S^-_{proxy})$ na mensagem 1.

Agora suponha que Bob queira que uma operação seja executada em um objeto que reside em um servidor específico. Além disso, considere que Alice esteja autorizada a mandar executar a operação e que ela delegou esses direitos a Bob. Portanto, Bob entrega suas credenciais ao servidor sob a forma do certificado assinado $[R, S^+_{proxy}]_A$.

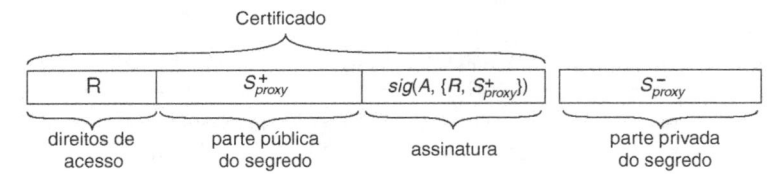

Figura 9.36 Estrutura geral de um proxy como usado para delegação.

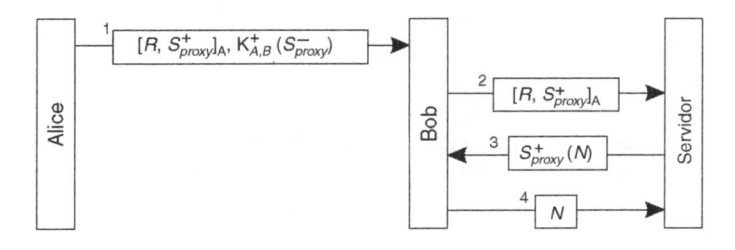

Figura 9.37 Utilização de um proxy para delegar e provar propriedade de direitos de acesso.

Nesse ponto, o servidor poderá verificar que C não sofreu nenhuma alteração: qualquer alteração na lista de direitos ou na pergunta capciosa será notada porque ambos foram assinados em conjunto por Alice. Contudo, o servidor ainda não sabe se Bob é o proprietário legítimo do certificado. Para verificar isso, o servidor deve usar o segredo que veio junto com C.

Há diversos modos de implementar S^+_{proxy} e S^-_{proxy}. Por exemplo, considere que S^+_{proxy} é uma chave pública e que S^-_{proxy} é a chave privada correspondente. Portanto, Z pode desafiar Bob enviando-lhe um nonce N criptografado com S^+_{proxy}. Ao decifrar $S^+_{proxy}(N)$ e retornar N, Bob prova que ele conhece o segredo e, por isso, é o portador legítimo do certificado. Também há outros modos de implementar delegação segura, mas a idéia básica é sempre a mesma: mostre que você conhece um segredo.

9.5 Resumo

A segurança desempenha um papel de extrema importância em sistemas distribuídos. Um sistema distribuído deve fornecer os mecanismos que permitam a imposição de uma variedade de políticas de segurança. De modo geral, desenvolver e aplicar adequadamente esses mecanismos torna a segurança um difícil exercício de engenharia.

Três questões importantes podem ser distinguidas. A primeira questão é que um sistema distribuído deve oferecer facilidades para estabelecer canais seguros entre processos. Em princípio, um canal seguro fornece os meios para autenticar mutuamente as partes comunicantes e proteger mensagens contra modificação durante sua transmissão. De modo geral, um canal seguro também oferece confidencialidade, de maneira que ninguém, exceto as partes comunicantes, pode ler as mensagens que passam pelo canal.

Uma importante questão de projeto é usar somente um criptossistema simétrico (que é baseado em chaves secretas compartilhadas) ou combiná-lo com um sistema de chave pública. A prática corrente recomenda a utilização de criptografia de chave pública para distribuir chaves secretas compartilhadas de curto prazo, conhecidas como chaves de sessão.

A segunda questão em sistemas distribuídos seguros é o controle de acesso, ou autorização. A autorização trata de proteger recursos de modo tal que somente processos que tenham os direitos de acesso adequados possam realmente acessar e usar esses recursos. O controle de acesso sempre ocorre depois que um processo foi autenticado. Relacionada com o controle de acesso está a prevenção contra o ataque de recusa de serviço, que é um problema difícil para sistemas que são acessíveis pela Internet.

Há duas maneiras de implementar controle de acesso. Na primeira, cada recurso pode manter uma lista de controle de acesso na qual estão exatamente declarados os direitos de acesso de cada usuário ou processo. Como alternativa, um processo pode portar um certificado que declara precisamente quais são seus direitos em relação a determinado conjunto de recursos. O principal benefício de usar certificados é que um processo pode passar com facilidade seu tíquete para um outro processo, isto é, delegar seus direitos de acesso. Contudo, certificados têm uma desvantagem: às vezes são muito difíceis de revogar.

É preciso especial atenção quando se trata de controle de acesso no caso de código móvel. Além de ser capaz de proteger código móvel contra um hospedeiro malicioso, em geral é mais importante proteger um hospedeiro contra código móvel malicioso. Foram apresentadas diversas propostas, das quais a caixa de areia é, até o momento, a mais utilizada. Todavia, as caixas de areia são bastante restritivas, e abordagens mais flexíveis, baseadas em domínios de proteção verdadeiros, também já foram inventadas.

A terceira questão em sistemas seguros distribuídos se refere ao gerenciamento. Há, em essência, dois subtópicos importantes: gerenciamento de chaves e gerenciamento de autorização. O gerenciamento de chaves inclui a distribuição de chaves criptográficas na qual os certificados emitidos por terceiros de confiança desempenham papel importante. Um aspecto relevante em relação ao gerenciamento de autorização são os certificados de atributo e delegação.

Problemas

1. Quais são os mecanismos que um sistema distribuído poderia fornecer como serviços de segurança a desenvolvedores de aplicação que acreditam somente no argumento fim-a-fim no projeto de sistemas, como discutido no Capítulo 6?

2. Na abordagem RISSC, toda a segurança pode ser concentrada em servidores seguros ou não?

3. Suponha que lhe pediram para desenvolver uma aplicação distribuída que permitiria aos professores estabelecer exames. Cite no mínimo três declarações que fariam parte da política de segurança para tal aplicação.

4. Seria seguro juntar a mensagem 3 e a mensagem 4 no protocolo de autenticação mostrado na Figura 9.10, em $K_{A,B}(R_B,R_A)$?

5. Considerando a Figura 9.13, por que não é necessário que a KDC tenha certeza de que estava falando com Alice quando recebe uma requisição para uma chave secreta que Alice pode compartilhar com Bob?

6. O que está errado em implementar um nonce como marca de tempo?

7. Na mensagem 2 do protocolo de autenticação Needham–Schroeder, o tíquete é criptografado com a

chave secreta compartilhada entre Alice e a KDC. Essa criptografia é necessária?

8. Podemos adaptar com segurança o protocolo de autenticação mostrado na Figura 9.17 de modo tal que a mensagem 3 consista somente em R_B?

9. Invente um protocolo de autenticação simples que use assinaturas em um criptossistema de chave pública.

10. Suponha que Alice queira enviar uma mensagem m a Bob. Em vez de criptografar m com a chave pública de Bob, K_B^+, ela gera uma chave de sessão $K_{A,B}$ e então envia $[K_{A,B}(m), K_B^+(K_{A,B})]$. Por que, de modo geral, esse esquema é melhor? (*Sugestão*: considere questões de desempenho.)

11. Qual é o papel da marca de tempo na mensagem 6 da Figura 9.21 e por que ela precisa ser criptografada?

12. Complete a Figura 9.21 com a adição da comunicação para autenticação entre Alice e Bob.

13. Como a mudança de papéis pode ser expressa em uma matriz de controle de acesso?

14. Como as ACLs são implantadas em um sistema de arquivos Unix?

15. Como uma organização pode impor a utilização de um servidor proxy Web e impedir que seus usuários acessem diretamente servidores Web externos?

16. Com referência à Figura 9.29, até que ponto a utilização de referências a objetos em Java como capacidades depende, na verdade, da linguagem Java?

17. Cite três problemas que serão encontrados quando desenvolvedores de interfaces para recursos locais tiverem de inserir chamadas para habilitar e desabilitar privilégios a fim de proteger contra acesso não autorizado por programas móveis, como explicado no texto.

18. Cite algumas vantagens e desvantagens de utilizar servidores centralizados para gerenciamento de chaves.

19. O protocolo de troca de chaves Diffie–Hellman também pode ser usado para estabelecer uma chave secreta compartilhada entre três partes. Explique como.

20. Não há nenhuma autenticação no protocolo de troca de chaves Diffie-Hellman. Explorando essa propriedade, Chuck, uma terceira parte mal-intencionada, pode interferir com facilidade na troca de chaves entre Alice e Bob e, na seqüência, acabar com a segurança. Explique como isso funcionaria.

21. Cite um modo direto de revogar capacidades em Amoeba.

22. Tem sentido restringir a vida útil de uma chave de sessão? Caso a resposta seja positiva, dê um exemplo de como isso poderia ser estabelecido.

23. (**Tarefa de laboratório**) Instale e configure um ambiente Kerberos V5 para um sistema distribuído composto de três máquinas diferentes. Uma dessas máquinas deve estar executando a KDC. Certifique-se de que você pode estabelecer uma conexão Telnet (Kerberos) entre qualquer uma das duas máquinas, porém utilizando somente uma única senha registrada na KDC. Muitos dos detalhes referentes à utilização do Kerberos são explicados em Garman (2003).

10 Sistemas distribuídos baseados em objetos

Com este capítulo, passamos de nossa discussão de princípios para um exame de vários paradigmas que são usados para organizar sistemas distribuídos. O primeiro paradigma consiste em objetos distribuídos. Em sistemas distribuídos baseados em objetos, a noção de um objeto desempenha papel fundamental no estabelecimento da transparência da distribuição. Em princípio, tudo é tratado como objeto, e serviços e recursos são oferecidos a clientes na forma de objetos que eles possam invocar.

Objetos distribuídos são um paradigma importante porque é relativamente fácil ocultar aspectos da distribuição sob a interface de um objeto. Além do mais, como um objeto pode ser praticamente qualquer coisa, ele também é um paradigma poderoso para construir sistemas. Neste capítulo, examinaremos como os princípios de sistemas distribuídos são aplicados a alguns sistemas baseados em objetos muito conhecidos. Em particular, abordaremos aspectos do Corba, sistemas baseados em Java e em Globe.

10.1 Arquitetura

A orientação para objetos é um paradigma importante em desenvolvimento de software e, desde que foi proposta, sempre gozou de enorme popularidade. Essa popularidade se origina da natural capacidade de embutir software em componentes bem definidos e mais ou menos independentes. Os desenvolvedores podiam se concentrar na implementação de funcionalidade específica independentemente de outros desenvolvedores.

A orientação para objetos começou a ser usada para desenvolver sistemas distribuídos na década de 1980. Mais uma vez, a noção de um objeto independente hospedado por um servidor remoto conseguia um alto grau de transparência de distribuição e, ao mesmo tempo, formava uma base sólida para o desenvolvimento de uma nova geração de sistemas distribuídos. Nesta seção, em primeiro lugar, examinaremos com mais profundidade a arquitetura geral de sistemas distribuídos baseados em objetos e, em seguida, veremos como foram desenvolvidos princípios específicos nesses sistemas.

10.1.1 Objetos distribuídos

A característica fundamental de um objeto é que ele encapsula dados, denominados **estado**, e as operações executadas nesses dados, denominadas **métodos**. Métodos são disponibilizados por meio de uma **interface**. É importante entender que não há nenhum modo 'legal' pelo qual um processo possa acessar ou manipular o estado de um objeto, exceto pela invocação dos métodos disponibilizados para ele por meio de uma interface de objeto. Um objeto pode implementar várias interfaces. Da mesma forma, dada uma definição de interface, pode haver vários objetos que oferecem uma implementação dela.

Essa separação entre interfaces e os objetos que implementam essas interfaces é crucial para sistemas distribuídos. Uma separação estrita nos permite colocar uma interface em uma máquina, enquanto o objeto em si reside em uma outra máquina. Essa organização, que é mostrada na Figura 10.1, é comumente denominada **objeto distribuído**.

Quando um cliente **se vincula** a um objeto distribuído, uma implementação da interface do objeto, denominada **proxy**, é carregada no espaço de endereços do cliente. Um proxy é análogo a um apêndice de cliente em sistemas RPC. A única coisa que ele faz é montar invocações a métodos em mensagens e desmontar mensagens de resposta para retornar o resultado da invocação do método para o cliente. O objeto propriamente dito reside em uma máquina do servidor, onde oferece a mesma interface que oferece na máquina cliente. Requisições de invocação que chegam são primeiro passadas para um apêndice servidor, que as desmonta para fazer invocações de método na interface de objeto que está no servidor. O apêndice servidor também é responsável por montar respostas e expedir mensagens de resposta para o proxy do lado do cliente.

O apêndice do lado do servidor costuma ser denominado **esqueleto** porque fornece o mínimo necessário de meios para permitir que o middleware do servidor acesse os objetos definidos pelo usuário. Na prática, muitas vezes ele contém código incompleto na forma de uma classe específica de linguagem que precisa ser ainda mais especializada pelo desenvolvedor.

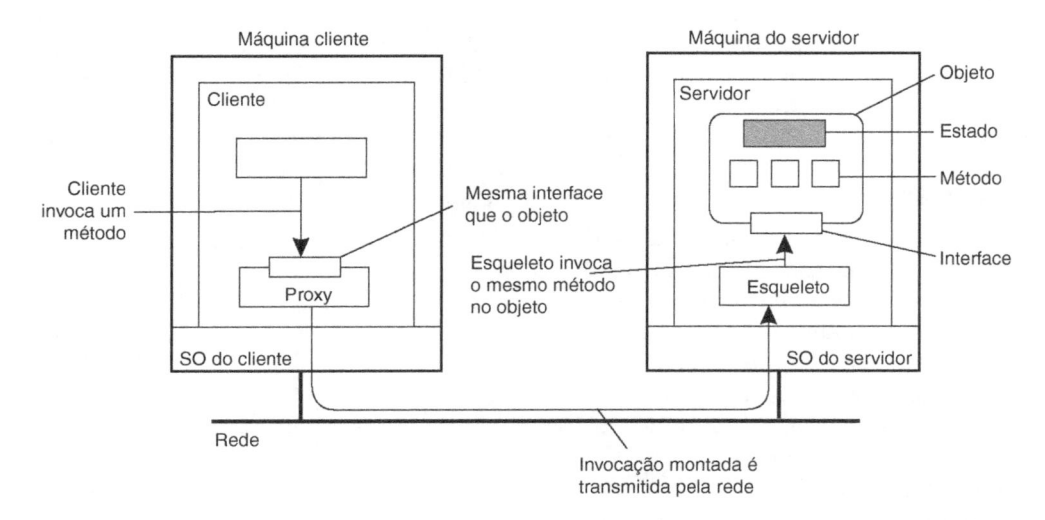

Figura 10.1 Organização comum de um objeto remoto com proxy do lado do cliente.

Um aspecto característico, mas que, de certa forma, não é intuitivo, da maioria dos objetos distribuídos é que seu estado *não* é distribuído: ele reside em uma única máquina. Somente as interfaces implementadas pelo objeto são disponibilizadas em outras máquinas. Esses objetos também são denominados **objetos remotos**. Em um objeto distribuído, em geral o estado em si pode ser distribuído fisicamente por várias máquinas, mas essa distribuição também fica oculta dos clientes sob as interfaces de objetos.

Objetos de tempo de compilação *versus* objetos de tempo de execução

Objetos em sistemas distribuídos aparecem em muitas formas. A mais óbvia é aquela que está diretamente relacionada com objetos de nível de linguagem, como os suportados por Java, C++ ou outras linguagens orientadas a objetos, que são denominados objetos de tempo de compilação. Nesse caso, um objeto é definido como a instância de uma classe. Uma **classe** é uma descrição de um tipo abstrato em termos de um módulo com elementos de dados e operações sobre esses dados (Meyer, 1997).

A utilização de objetos de tempo de compilação em sistemas distribuídos muitas vezes facilita bastante a construção de aplicações distribuídas. Por exemplo, em Java, um objeto pode ser completamente definido por meio de sua classe e das interfaces que a classe implementa. A compilação da definição de classe resulta em código que permite a ela instanciar objetos em Java. As interfaces podem ser compiladas em apêndices do lado do cliente e do lado do servidor, o que permite que os objetos em Java sejam invocados de uma máquina remota. Um desenvolvedor Java pode ficar totalmente alheio à distribuição de objetos: ele vê somente código de programação Java.

A desvantagem óbvia de objetos de tempo de compilação é a dependência de determinada linguagem de programação. Portanto, um modo alternativo de construir objetos distribuídos é fazê-lo explicitamente durante o tempo de execução. Essa abordagem é adotada em muitos sistemas distribuídos baseados em objetos, por ser independente da linguagem de programação na qual as aplicações distribuídas são escritas. Em particular, uma aplicação pode ser construída com base em objetos escritos em várias linguagens.

Quando se trata de objetos de tempo de execução, na verdade, o modo de implementação é basicamente deixado em aberto. Por exemplo, um desenvolvedor pode optar por escrever uma biblioteca C que contém uma série de funções que podem trabalhar sobre um arquivo de dados em comum. A essência é como deixar que tal implementação aparente ser um objeto cujos métodos possam ser invocados de uma máquina remota. Uma abordagem comum é usar um **adaptador de objeto**, que age como um *invólucro* ao redor da implementação com o único objetivo de lhe dar a aparência de um objeto. O termo 'adaptador' deriva de um padrão de projeto descrito em Gamma et al. (1994), que permite a uma interface ser convertida em algo que um cliente espera. Um exemplo de adaptador de objeto é o que se vincula dinamicamente à biblioteca C que já mencionamos e abre um arquivo de dados associado que representa o estado corrente de um objeto.

Adaptadores de objeto desempenham um papel importante em sistemas distribuídos baseados em objetos. Para facilitar o mais possível o invólucro, objetos são definidos exclusivamente em termos das interfaces que implementam. Portanto, uma implementação de uma interface pode ser registrada em um adaptador que, na seqüência, disponibiliza aquela interface para invocações (remotas). O adaptador se encarregará da execução das requisições de invocação e, desse modo, fornecerá a seus clientes uma imagem de objetos remotos. Mais adiante, neste capítulo, voltaremos à organização de servidores de objetos e adaptadores.

Objetos persistentes e transientes

Além da distinção entre objetos de nível de linguagem e objetos de tempo de execução, também há uma distinção entre objetos persistentes e objetos transientes. Um **objeto persistente** é o que continua a existir mesmo que, no momento em questão, ele não esteja contido no espaço de endereços de qualquer processo servidor. Em outras palavras, um objeto persistente não depende de seu servidor corrente. Na prática, isso significa que o servidor que está gerenciando o objeto persistente no momento considerado pode armazenar o estado do objeto em armazenamento secundário e então sair. Mais tarde, um servidor recém-inicializado pode ler o estado do objeto do armazenamento para seu próprio espaço de endereços e manipular requisições de invocação. Ao contrário, um **objeto transiente** é um objeto que existe somente enquanto existir o servidor que o está hospedando. Tão logo esse servidor saia, o objeto também deixa de existir. Houve muita controvérsia sobre a utilização de objetos persistentes; alguns acreditavam que objetos transientes eram suficientes. Para evitar que essa discussão interferisse nas questões de middleware, grande parte dos sistemas distribuídos baseados em objetos simplesmente suporta ambos os tipos.

10.1.2 Exemplo: Enterprise Java Beans

A linguagem de programação em Java e modelo associado formam a base para numerosos sistemas e aplicações distribuídos. Sua popularidade pode ser atribuída ao suporte direto à orientação a objetos, combinado com o suporte inerente para invocação de método remoto. Como discutiremos mais adiante neste capítulo, Java fornece um alto grau de transparência de acesso, o que facilita a utilização, por exemplo, da combinação de C com chamadas de procedimentos remotos.

Desde a sua introdução, sempre existiu forte incentivo para prover recursos que facilitariam o desenvolvimento de aplicações distribuídas. Esses recursos vão bem além da linguagem de suporte, exigindo um ambiente de tempo de execução que suporte arquiteturas cliente–servidor multicamadas tradicionais. Com essa finalidade, foram desenvolvidos os **Enterprise Java Beans** (**EJB**).

Um EJB é, em essência, um objeto em Java hospedado por um servidor especial que oferece aos clientes remotos modos diferentes para invocar aquele objeto. É crucial que esse servidor forneça suporte para separar funcionalidade de aplicação de funcionalidade orientada a sistemas. Essas últimas incluem funções para consultar objetos, armazenar objetos, permitir que objetos façam parte de uma transação e assim por diante. Mais à frente, quando focalizarmos servidores de objetos, discutiremos como essa separação pode ser efetuada. Monson-Hafael et al. (2004) descreveram detalhadamente como desenvolver EJBs. As especificações podem ser encontradas em Sun Microsystems (2005a).

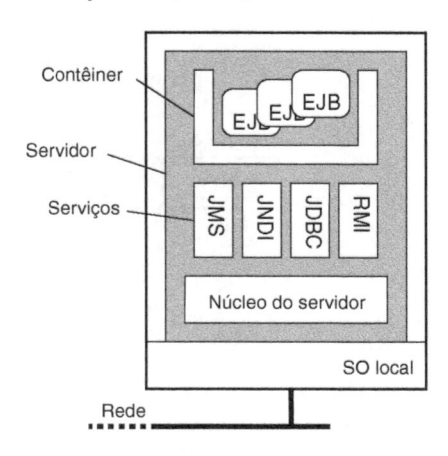

Figura 10.2 Arquitetura geral de um servidor EJB.

Tendo em mente essa separação, EJBs podem ser representados como mostra a Figura 10.2. A questão importante é que um EJB é embutido em um contêiner que efetivamente provê interfaces para serviços subjacentes que são implementados pelo servidor de aplicação. O contêiner pode vincular mais ou menos automaticamente o EJB com esses serviços, o que significa que referências corretas estão prontamente disponíveis para um programador. Entre os serviços típicos estão invocação de método remoto (RMI), acesso a banco de dados (JDBC), nomeação (JNDI) e troca de mensagens (JMS). A utilização desses serviços é mais ou menos automatizada, mas requer que o programador faça uma distinção entre quatro espécies de EJBs:

1. Beans de sessão sem estado
2. Beans de sessão com estado
3. Beans de entidade
4. Beans acionados por mensagem

Como seu nome sugere, um **bean de sessão sem estado** é um objeto transiente que é invocado uma vez, faz seu trabalho e depois descarta qualquer informação que precisou para executar o serviço que ofereceu a um cliente. Por exemplo, um bean de sessão sem estado poderia ser usado para implementar um serviço que apresentasse uma lista dos dez livros mais vendidos. Nesse caso, o bean consistiria normalmente em uma consulta SQL que seria apresentada a um banco de dados. Os resultados seriam colocados em um formato especial que o cliente pudesse manipular; depois disso seu trabalho estaria concluído e a lista de livros seria descartada.

Ao contrário, um **bean de sessão com estado** mantém estado relacionado ao cliente. Um exemplo canônico é um bean que implementa um carrinho de compras eletrônico como os que são amplamente empregados para comércio eletrônico. Nesse caso, um cliente normalmente poderia colocar mercadorias no carrinho, remover itens e usar o carrinho para ir até um caixa eletrônico para pagamento. Por sua vez, o bean normalmente acessaria bancos de dados para obter preços correntes e informações sobre o número de itens existentes em estoque. Contudo, ainda assim sua vida útil seria limitada, e é por isso que ele é denominado bean de sessão: quando o cliente termina (possivelmente após ter invocado o objeto diversas vezes), o bean será removido automaticamente.

Um **bean de entidade** pode ser considerado como um objeto persistente de longa vida. Sendo assim, de modo geral um bean de entidade será armazenado em um banco de dados e, da mesma maneira, freqüentemente também participará de transações distribuídas. Os beans de entidade normalmente armazenam informações que poderão ser necessárias da próxima vez que um cliente específico acessar o servidor. Em ambientes de comércio eletrônico, um bean de entidade pode ser usado para registrar informações de clientes como, por exemplo, endereço de entrega da mercadoria, endereço de cobrança, informações sobre cartão de crédito e assim por diante. Nesses casos, quando um cliente acessa novamente o serviço, seu bean de entidade associado será restaurado para processamento posterior.

Por fim, **beans acionados por mensagem** são usados para programar objetos que devem reagir a mensagens que chegam (e, da mesma maneira, devem poder enviar mensagens). Beans acionados por mensagem não podem ser invocados diretamente por um cliente, mas devem se ajustar a um modo de comunicação *publicar/ subescrever* que discutimos brevemente no Capítulo 4. O que importa é que um bean acionado por mensagem é chamado automaticamente pelo servidor quando uma mensagem específica *m* é recebida, à qual o servidor (ou melhor, a aplicação que ele está hospedando) já tinha concordado em receber anteriormente. O bean contém código de aplicação para manipular a mensagem; depois disso, o servidor simplesmente a descarta. Por isso, beans acionados por mensagem são considerados sem estado. No Capítulo 13 voltaremos a abordar esse tipo de comunicação com mais detalhes.

10.1.3 Exemplo: objetos em Globe compartilhados distribuídos

Agora vamos examinar um tipo completamente diferente de sistema distribuído baseado em objetos. O **Globe** é um sistema no qual a escalabilidade desempenha papel central. Todos os aspectos que tratam de construir um sistema de longa distância e de grande escala que pode suportar quantidades enormes de usuários e objetos orientam o projeto do Globe. Fundamental para essa abordagem é o modo como os objetos são considerados. Como em outros sistemas baseados em objetos, os objetos em Globe devem encapsular estado e operações sobre esse estado.

Uma importante diferença em relação a outros sistemas baseados em objetos é que os objetos em Globe também devem encapsular a implementação de políticas que prescrevem a distribuição do estado de um objeto por várias máquinas. Em outras palavras, cada objeto determina como seu estado será distribuído por suas réplicas e também controla suas próprias políticas em outras áreas.

De modo geral, objetos em Globe ficam no comando tanto quanto possível. Por exemplo, um objeto decide como, quando e para onde seu estado deve ser migrado. Também decide se seu estado deve ser replicado e, se tiver de ser replicado, como deve ocorrer a replicação. Ademais, um objeto ainda pode determinar sua política de segurança e implementação. Logo adiante descreveremos como tal encapsulamento é conseguido.

Modelo de objeto

Diferente da maioria dos outros sistemas distribuídos baseados em objetos, o Globe não adota o modelo de objeto remoto. Em vez disso, os objetos em Globe podem ser distribuídos fisicamente, o que significa que o estado de um objeto pode ser distribuído e replicado por vários processos. Essa organização é mostrada na Figura 10.3, que apresenta um objeto distribuído por quatro processos, cada um executando em uma máquina diferente. Em Globe, os objetos são denominados **objetos compartilhados distribuídos** para ilustrar que os objetos normalmente são compartilhados por diversos processos. O modelo de objeto se origina dos objetos distribuídos usados em Orca, como descritos em Bal (1989). Abordagens semelhantes foram seguidas para objetos fragmentados (Makpangou et al., 1994).

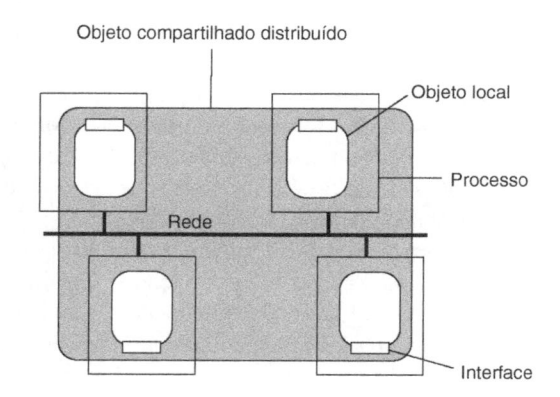

Figura 10.3 Organização de um objeto compartilhado distribuído em Globe.

Um processo que está vinculado a um objeto compartilhado distribuído recebe a oferta de uma implementação local das interfaces fornecidas por esse objeto. Tal implementação local é denominada **representante local** ou, simplesmente, **objeto local**. Em princípio, o fato de um objeto local ter ou não estado é completamente transparente para o processo vinculado. Todos os detalhes de implementação de um objeto ficam ocultos sob as interfaces oferecidas a um processo. A única coisa visível fora do objeto local são seus métodos.

Há dois tipos de objetos locais em Globe. Um **objeto local primitivo** é um objeto local que não contém nenhum outro objeto local. Ao contrário, um **objeto local composto** é um objeto composto de vários objetos locais (possivelmente compostos). A composição é usada para construir um objeto local que é necessário para implementar objetos compartilhados distribuídos. Esse objeto local é mostrado na Figura 10.4 e consiste, no mínimo, em quatro subobjetos.

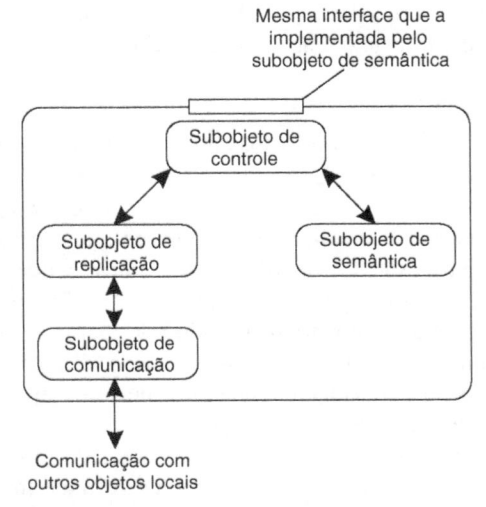

Figura 10.4 Organização geral de um objeto local para objetos compartilhados distribuídos em Globe.

O **subobjeto de semântica** implementa a funcionalidade fornecida por um objeto compartilhado distribuído. Em essência, ele corresponde a objetos remotos comuns, de tipos semelhantes aos EJBs.

O **subobjeto de comunicação** é usado para fornecer uma interface padrão com a rede subjacente. Esse subobjeto oferece uma série de primitivas de troca de mensagens para comunicação orientada a conexão, bem como para comunicação sem conexão. Também estão disponíveis subobjetos de comunicação mais avançados que implementam interfaces multicast. Subobjetos de comunicação podem ser usados para implementar comunicação confiável, enquanto outros oferecem somente comunicação não confiável.

Crucial para praticamente todos os objetos compartilhados distribuídos é o **subobjeto de replicação**. Esse subobjeto implementa a estratégia de distribuição propriamente dita para um objeto. Como ocorre com o subobjeto de comunicação, sua interface é padronizada.

Os subobjeto de replicação é responsável por decidir exatamente quando um método fornecido pelo subobjeto de semântica deve ser executado. Por exemplo, um subobjeto de replicação que implementa replicação ativa garantirá que todas as invocações de método sejam executadas na mesma ordem em cada réplica. Nesse caso, o subobjeto terá de se comunicar com os subobjetos de replicação em outros objetos locais que compreendem o objeto compartilhado distribuído.

O **subobjeto de controle** é usado como intermediário entre as interfaces definidas pelo usuário do subobjeto de semântica e as interfaces padronizadas do subobjeto de replicação. Além disso, ele é responsável por exportar as interfaces do subobjeto de semântica para o processo vinculado ao objeto compartilhado distribuído. Todas as invocações de método requisitadas por aquele processo são montadas pelo subobjeto de controle e passadas para o subobjeto de replicação.

A certa altura o subobjeto de replicação permitirá que o subobjeto de controle execute uma requisição de invocação e retorne os resultados para o processo. Da mesma maneira, a certa altura requisições de invocação de processos remotos também são passadas para o subobjeto de controle. Portanto, tal requisição é desmontada e depois a invocação é executada pelo subobjeto de controle, que devolve os resultados ao subobjeto de replicação.

10.2 Processos

Um papel fundamental em sistemas distribuídos baseados em objetos é representado por servidores de objetos, isto é, os servidores designados para hospedar objetos distribuídos. A seguir, focalizaremos, em primeiro lugar aspectos gerais de servidores de objetos e logo depois discutiremos o servidor de código-fonte aberto, JBoss.

10.2.1 Servidores de objetos

Um servidor de objetos é um servidor configurado para suportar objetos distribuídos. A diferença importante entre um servidor de objetos geral e outros servidores (mais tradicionais) é que um servidor de objetos, por si só, não fornece um serviço específico. Serviços específicos são implementados pelos objetos que residem no servidor. Em essência, o servidor fornece somente os meios de invocar objetos locais, com base em requisições de clientes remotos. Por isso, é relativamente fácil mudar serviços apenas com adição e remoção de objetos.

Assim, um servidor de objetos funciona como um lugar em que os objetos moram. Um objeto consiste em duas partes: dados que representam seu estado e o código para executar seus métodos. Se essas partes são separadas ou não, ou se as implementações de métodos são compartilhadas por vários objetos, depende do servidor de objetos. Além disso, há diferenças no modo como um servidor de objetos invoca seus objetos. Por exemplo, em um servidor multithread, cada objeto pode ter um thread separado designado a ele ou um thread separado pode ser usado para cada requisição de invocação. A seguir, discutiremos essas e outras questões.

Alternativas para invocar objetos

Para um objeto ser invocado, o servidor de objetos precisa saber qual código executar, sobre quais dados operar, se deve iniciar um thread separado para se encarregar da invocação e assim por diante. Uma abordagem simples é considerar que todos os objetos são parecidos e que há somente um modo de invocar um objeto. Infelizmente, de modo geral, tal abordagem é inflexível e muitas vezes restringe desnecessariamente os desenvolvedores de objetos distribuídos.

Uma abordagem muito melhor é um servidor suportar políticas diferentes. Considere, por exemplo, objetos transientes. Lembre-se de que um objeto transiente é um objeto que existe somente enquanto seu servidor existir, mas, possivelmente, por um período mais curto. Uma cópia de um arquivo somente de leitura, presente na memória, normalmente poderia ser implementada como um objeto transiente. Da mesma maneira, uma calculadora também poderia ser implementada como um objeto transiente. Uma política razoável é criar um objeto transiente na primeira requisição de invocação e destruí-lo tão logo não haja mais nenhum cliente ainda vinculado a ele.

A vantagem dessa abordagem é que um objeto transiente precisará de recursos de um servidor somente enquanto o objeto for realmente necessário. A desvantagem é que uma invocação pode demorar algum tempo para ser concluída, porque, em primeiro lugar, o objeto precisa ser criado. Em virtude disso, uma política alternativa é, às vezes, criar todos os objetos transientes no instante em que o servidor é inicializado, ao custo de consumir recursos mesmo quando nenhum cliente estiver utilizando o objeto.

De maneira semelhante, um servidor poderia seguir uma política segundo a qual cada um de seus objetos fosse colocado em um segmento de memória só dele. Em outras palavras, objetos não compartilham código nem dados. Tal política pode ser necessária quando a implementação de um objeto não separa código de dados ou quando objetos precisam ser separados por razões de segurança. No último caso, o servidor vai precisar fornecer providências especiais, ou requerer suporte do sistema operacional subjacente, para garantir que as fronteiras entre segmentos não sejam violadas.

A abordagem alternativa é deixar que os objetos compartilhem, no mínimo, seu código. Por exemplo, um banco de dados que contenha objetos que pertencem à mesma classe pode ser implementado com eficiência carregando a implementação de classe somente uma vez no servidor. Quando chega uma requisição para uma invocação de objeto, basta que o servidor busque o estado desse objeto no banco de dados e execute o método requisitado.

Da mesma maneira, há diversas políticas relativas a threads. A abordagem mais simples é implementar o servidor com um único thread de controle. Como alternativa, o servidor pode ter vários threads, um para cada um de seus objetos. Sempre que chegar uma requisição de invocação para um objeto, o servidor passa a requisição para o thread responsável por esse objeto. Se o thread estiver ocupado no momento em questão, a requisição é temporariamente enfileirada.

A vantagem dessa abordagem é que objetos são automaticamente protegidos contra acesso concorrente: todas as invocações são serializadas por meio do único thread associado com o objeto. Simples e funcional. É claro que também é possível usar um thread separado para cada requisição de invocação, o que requer que os objetos já devam ser protegidos contra acesso concorrente. A opção por criar threads sob demanda ou manter um repositório de threads no servidor independe de utilizar um thread por objeto ou thread por método. Em geral, não há uma única política que seja a melhor. Qual delas usar depende de os threads estarem disponíveis, da importância atribuída ao desempenho e de fatores semelhantes.

Adaptador de objeto

Decisões sobre como invocar um objeto são comumente denominadas **políticas de ativação** para enfatizar que, em muitos casos, em primeiro lugar o próprio objeto tem de ser trazido para dentro do espaço de endereços do servidor – isto é, ativado – e só depois pode ser invocado. Portanto, precisamos de um mecanismo para agrupar objetos por política. Tal mecanismo é denominado às vezes **adaptador de objeto** ou, como alternativa, **invólucro de objeto**. A melhor tradução para um adaptador de objeto é um software que implementa uma política de ativação específica. Entretanto, a questão principal é que os adaptadores de objeto venham como componentes genéricos para auxiliar desenvolvedores de objetos distribuídos e que só precisem ser configurados para uma política específica.

Um adaptador de objeto tem um ou mais objetos sob seu controle. Como um servidor deve ser capaz de suportar simultaneamente objetos que requeiram diferentes políticas de ativação, diversos adaptadores de objeto podem residir no mesmo servidor simultaneamente. Quando uma requisição de invocação é entregue ao servidor, em primeiro lugar ela é despachada para o adaptador de objeto adequado, como mostra a Figura 10.5.

Uma observação importante é que adaptadores de objeto não estão cientes das interfaces específicas dos objetos que controlam. Senão, não poderiam ser genéricos. A única questão importante para um adaptador de objeto é que ele possa extrair uma referência de objeto de uma requisição de invocação e, na seqüência, despachar a requisição para o objeto referenciado, mas agora seguindo uma política de ativação específica. Como também é ilustrado na Figura 10.5, em vez de passar a requisição diretamente para o objeto, um adaptador entrega uma requisição de invocação ao apêndice do lado do servidor daquele objeto. O apêndice, também denominado esqueleto, normalmente gerado de acordo com as definições de interface do objeto, desmonta a requisição e invoca o método adequado.

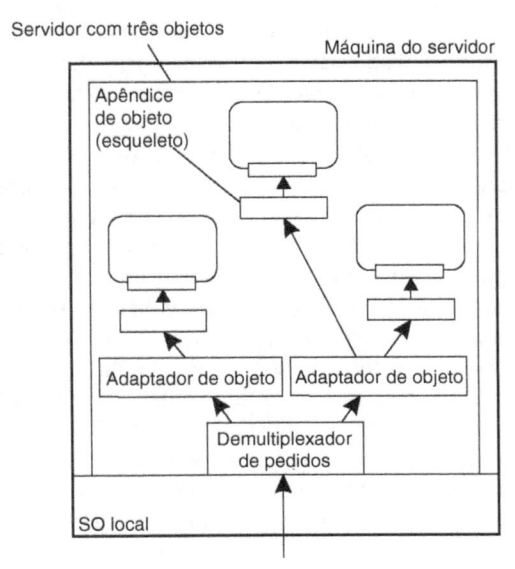

Figura 10.5 Organização de um servidor de objetos que suporta diferentes políticas de ativação.

Um adaptador de objeto pode suportar diferentes políticas de ativação tão-somente ao configurá-las em tempo de execução. Por exemplo, em sistemas compatíveis com o Corba (OMG, 2004a), é possível especificar se um objeto deve continuar a existir depois que seu adaptador associado parou. Da mesma maneira, um adaptador pode ser configurado para gerar identificadores de objeto ou permitir que as aplicações forneçam um desses identificadores. Como exemplo final, um adaptador pode ser configurado para operar em modo de thread único ou em modo multithread, como já explicamos.

Como comentário adicional, observe que, embora na Figura 10.5 tenhamos falado sobre objetos, nada dissemos sobre o que realmente esses objetos são. Em particular, devemos enfatizar que, como parte da implementação de tais objetos, o servidor pode acessar (indiretamente) bancos de dados ou chamar rotinas especiais de biblioteca. Os detalhes da implementação ficam ocultos para o adaptador de objeto, que se comunica somente com um esqueleto. Portanto, a implementação propriamente dita pode não ter nada a ver com o que vemos freqüentemente em relação a objetos de nível de linguagem – isto é, de tempo de compilação. Por essa razão, em geral é adotada uma terminologia diferente. **Servo** é o termo geral para um fragmento de código que forma a implementação de um objeto. Sob essa luz, um Java bean pode ser considerado como nada mais do que uma outra espécie de servo.

10.2.2 Exemplo: sistema de execução Ice

Vamos ver como objetos distribuídos são manipulados na prática. Consideraremos brevemente o sistema de objetos distribuído Ice, que foi desenvolvido em parte como resposta às complexidades de sistemas distribuídos comerciais baseados em objetos (Henning, 2004). Nesta seção, focalizaremos o núcleo de um servidor de objetos em Ice e adiaremos as outras partes do sistema para outras seções.

Um servidor de objetos em Ice nada mais é do que um processo comum que simplesmente começa com a inicialização do sistema de execução (Runtime System – RTS) Ice. A base do ambiente de execução é formada pelo que é chamado *comunicador*. Um comunicador é um componente que gerencia uma série de recursos básicos, dos quais o mais importante é formado por um reservatório de threads. Da mesma maneira, ele terá memória associada alocada dinamicamente e assim por diante. Ademais, um comunicador proporciona os meios para configurar o ambiente. Por exemplo, é possível especificar comprimentos máximos de respostas, número máximo de tentativas repetidas de invocação etc.

Normalmente, um servidor de objetos só teria um único comunicador. Contudo, quando é preciso separar totalmente aplicações diferentes e também protegê-las umas das outras, pode ser criado um comunicador separado (com uma configuração possivelmente diferente) dentro do mesmo processo. No mínimo, tal abordagem separaria os diferentes reservatórios de threads de modo que, se uma aplicação tiver consumido todos os seus threads, isso não afetaria a outra aplicação.

Um comunicador também pode ser usado para criar um adaptador de objeto, tal como mostra a Figura 10.6. Observamos que o código é simplificado e incompleto. Mais exemplos e informações detalhadas sobre o Ice podem ser encontrados em Henning e Spruiell (2005).

No exemplo da figura, começamos criando e inicializando o ambiente de execução. Concluída essa etapa, é criado um adaptador de objeto. Nesse caso, ele é instruído para ouvir conexões TCP que chegam à porta 10000. Observe que o adaptador é criado no contexto do comunicador recém-criado. Agora, estamos aptos a criar um objeto e, na seqüência, adicionar esse objeto ao adaptador. Por fim, o adaptador é *ativado*, o que significa que um thread, ativado às escondidas, começará a ouvir as requisições que chegam.

Esse código ainda não mostra muita diferenciação entre políticas de ativação. As políticas podem ser alteradas com a modificação das *propriedades* de um adaptador. Uma família de propriedades está relacionada com a manutenção de um conjunto de threads específicos de adaptador que é usado para manipular requisições que chegam. Por exemplo, podemos especificar que deve haver sempre somente um thread, que serializa todos os acessos a objetos que foram adicionados ao adaptador.

```
main(int argc, char* argv []) {
    Ice::Communicator       ic;
    Ice::ObjectAdapter      adapter;
    Ice::Object             object;

    ic = Ice::initialize(argc, argv);
    adapter =
        ic->createObjectAdapterWithEndPoints("MyAdapter". "tcp -p 10000");
    object = new MyObject;
    adapter->add(object, objectID);
    adapter->activate();
    ic->waitForShutdown();
}
```

Figura 10.6 Exemplo de criação de um servidor de objetos em Ice.

Mais uma vez, observe que não especificamos **MyObject**. Como antes, ele poderia ser um simples objeto em C++, mas também um objeto que acessa bancos de dados e outros serviços externos que, juntos, implementam um objeto. Registrando **MyObject** em um adaptador, tais detalhes de implementação ficam completamente ocultos dos clientes, que agora acreditam que estão invocando um objeto remoto.

No exemplo que acabamos de dar, um objeto é criado como parte da aplicação e, depois, adicionado a um adaptador. Na verdade, isso significa que um adaptador talvez precise suportar muitos objetos ao mesmo tempo, o que resulta em problemas potenciais de escalabilidade. Uma solução alternativa é carregar objetos dinamicamente na memória quando eles forem necessários. Para fazer isso, o Ice oferece suporte para objetos conhecidos como *localizadores*. Um localizador é chamado quando o adaptador recebe uma requisição destinada a um objeto que não foi adicionado explicitamente. Nesse caso, a requisição é repassada para o localizador, cuja tarefa é continuar a manipular a requisição.

Para situar as coisas em terreno mais concreto, suponha que um localizador receba uma requisição para um objeto cujo estado ele sabe que está armazenado em um sistema de bancos de dados relacionais. É claro que isso não é mágica: o localizador foi programado explicitamente para manipular tais requisições. Nesse caso, o identificador do objeto pode corresponder à chave de um registro no qual aquele estado foi armazenado. Portanto, o localizador apenas consulta aquela chave, busca o estado e, na seqüência, poderá continuar a processar a requisição.

Um adaptador pode ter mais do que um localizador adicionado a ele. Nesse caso, o adaptador monitoraria quais identificadores de objeto pertenceriam ao mesmo localizador. Usar múltiplos localizadores permite que um único adaptador suporte muitos objetos. Certamente os objetos (ou melhor, seu estado) precisariam ser carregados em tempo de execução, mas esse comportamento dinâmico possivelmente resultaria em um servidor relativamente simples.

10.3 Comunicação

Agora voltaremos nossa atenção ao modo como a comunicação é manipulada em sistemas distribuídos baseados em objetos. Não é surpresa que, de modo geral, esses sistemas oferecem os meios para um cliente remoto invocar um objeto. Esse mecanismo é baseado, em grande parte, em chamadas a procedimento remoto (remote procedure calls – RPCs), que discutimos minuciosamente no Capítulo 4. Contudo, antes que isso possa acontecer, há várias questões que precisam ser discutidas.

10.3.1 Vinculação de um cliente a um objeto

Uma diferença interessante entre sistemas tradicionais de RPC e sistemas que suportam objetos distribuídos é que, de modo geral, os últimos fornecem referências de objeto no âmbito do sistema. Tais referências de objeto podem ser transferidas livremente entre processos em máquinas diferentes, por exemplo, como parâmetros para invocações de método. Ocultando a implementação de uma referência de objeto, isto é, tornando-a opaca, e talvez até mesmo usando-a como o único modo de referenciar objetos, a transparência de distribuição é aprimorada em comparação com as RPCs tradicionais.

Quando um processo contém uma referência de objeto, em primeiro lugar ele deve se vincular ao objeto referenciado antes de invocar qualquer um de seus métodos. A vinculação resulta na colocação de um proxy no espaço de endereços do processo, o que implementa uma interface que contém os métodos que o processo pode invocar. Em muitos casos, a vinculação é feita automaticamente. Quando o sistema subjacente recebe uma referência de objeto, ele precisa de um meio para localizar o servidor que gerencia o objeto propriamente dito e colocar um proxy no espaço de endereços do cliente.

A **vinculação implícita** oferece ao cliente um mecanismo simples que lhe permite invocar métodos diretamente usando somente uma referência a um objeto. Por exemplo, C++ permite sobrecarregar o operador unário de seleção do membro ('→'), o que nos permite introduzir referência de objetos como se eles fossem ponteiros comuns, como mostra a Figura 10.7(a). Com vinculação implícita, o cliente é vinculado transparentemente ao objeto no momento em que a referência é resolvida para o objeto propriamente dito. Ao contrário, com **vinculação explícita**, em primeiro lugar o cliente tem de chamar uma função especial para se vincular ao objeto antes que ele possa realmente invocar seus métodos. A vinculação explícita em geral retorna um ponteiro para um proxy que então fica disponível no local, como mostra a Figura 10.7(b).

Implementação de referências de objeto

Está claro que uma referência de objeto deve conter informações suficientes para permitir que um cliente se vincule a um objeto. Uma referência de objeto simples incluiria o endereço de rede da máquina em que o objeto propriamente dito reside, junto com uma porta que identifica o servidor que gerencia o objeto e mais uma indicação de qual objeto. Observe que parte dessa informação será fornecida por um adaptador de objeto. Contudo, esse esquema tem algumas desvantagens.

A primeira é que, se a máquina do servidor cair e após a recuperação for designada uma porta diferente para o servidor, todas as referências de objeto se tornarão inválidas. Esse problema pode ser resolvido como feito em DCE: ter um daemon local por máquina para ouvir uma porta bem conhecida e monitorar as designações servidor/porta em uma tabela de portas. Quando vinculamos um cliente a um objeto, em primeiro lugar perguntamos ao daemon qual é a porta do servidor no momento em questão. Essa abordagem requer que codifiquemos um ID de servidor na referência de objeto que possa ser usado como índice para a tabela de portas. Por sua vez, o servidor é sempre obrigado a se registrar no daemon local.

Contudo, codificar o endereço de rede da máquina do servidor em uma referência de objeto nem sempre é uma boa idéia. O problema dessa abordagem é que o servidor nunca pode mudar para uma outra máquina sem invalidar todas as referências aos objetos que ele gerencia.

Uma solução óbvia é expandir a idéia de um daemon local que mantenha uma tabela de portas para um **servidor de localização** que monitore a máquina em que o servidor de um objeto está executando no momento considerado. Uma referência de objeto conteria o endereço de rede do servidor de localização, junto com um identificador para o servidor no âmbito do sistema. Observe que essa solução se aproxima da implementação de espaços de nomes simples, como discutimos no Capítulo 5.

Até aqui, consideramos tacitamente que, de alguma forma, o cliente e o servidor já foram configurados para usar a mesma pilha de protocolos. Isso não significa apenas que eles usam o mesmo protocolo de transporte, por exemplo, TCP; significa também que usam o mesmo protocolo para montar e desmontar parâmetros. Além disso, também devem usar o mesmo protocolo para estabelecer uma conexão inicial, manipular erros, controlar fluxo do mesmo modo e assim por diante.

Podemos com segurança descartar essa premissa, contanto que adicionemos mais informações à referência de objeto. Tais informações podem incluir a identificação do protocolo que é usado para vinculação a um objeto e a dos protocolos que são suportados pelo servidor do objeto. Por exemplo, um único servidor pode suportar simultaneamente dados que vêm por uma conexão TCP, bem como datagramas UDP. Portanto, cabe ao cliente a responsabilidade de obter uma implementação de proxy para ao menos um dos protocolos identificados na referência de objeto.

Podemos até mesmo expandir um pouco mais essa abordagem e incluir um **manipulador de implementação** na referência de objeto, que referencia uma implementação completa de um proxy que o cliente pode carregar dinamicamente quando estiver se vinculando ao objeto. Por exemplo, um manipulador de implementação poderia tomar a forma de um URL que aponta para um arquivo como *ftp://ftp.clientware.org/proxies/java/proxy-v1.1a.zip*. Então, bastaria que o protocolo de vinculação prescrevesse que tal arquivo deveria ser descarregado dinamicamente, desempacotado, instalado e, na seqüência, instanciado. O benefício dessa abordagem é que o cliente não precisa se preocupar se ele tem à disposição uma implementação de um protocolo específico. Além disso, ela dá ao desenvolvedor do objeto a liberdade de projetar proxies específicos para cada objeto.

```
Distr_object* obj_ref;              // Declare uma referência de objeto no âmbito do sistema
obj_ref = ...;                       // Inicialize a referência para um objeto distribuído
obj_ref→do_something( ):             // Vincule implicitamente e invoque um método
                        (a)

Distr_object obj_ref;                // Declare uma referência de objeto no âmbito do sistema
Local_object* obj_ptr;               // Declare um ponteiro para objetos locais
obj_ref = ...;                       // Inicialize a referência para um objeto distribuído
obj_ptr = bind(obj_ref);             // Vincule explicitamente e obtenha ptr para proxy local
obj_ptr→do_something( ):             // Invoque um método no proxy local
                        (b)
```

Figura 10.7 (a) Exemplo com vinculação implícita que usa somente referências globais. (b) Exemplo com vinculação explícita que usa referências globais e locais.

Contudo, precisamos adotar medidas especiais de segurança para garantir ao cliente que ele pode confiar no código que recebeu.

10.3.2 Invocações estáticas e dinâmicas de método remoto

Depois de vinculado a um objeto, um cliente pode invocar os métodos do objeto por meio do proxy. Tal **invocação de método remoto**, ou simplesmente **RMI** (remote method invocation), é muito semelhante a uma RPC quando se trata de questões como montar e transferir parâmetros. Uma diferença essencial entre uma RMI e uma RPC é que, de modo geral, as RMIs suportam referências de objeto no âmbito do sistema, como já explicamos. Além disso, não é necessário ter à disposição somente apêndices de uso geral do lado do cliente e do lado do servidor. Em vez disso, podemos acomodar com mais facilidade apêndices específicos de objeto, como também já explicamos.

O modo usual de prover suporte de RMI é especificar a interface de objetos em uma linguagem de definição de interface, semelhante à abordagem adotada para RPCs. Como alternativa, podemos utilizar uma linguagem baseada em objetos como Java, que manipulará a geração de apêndices automaticamente. Essa abordagem que utiliza definições de interfaces predefinidas é geralmente denominada **invocação estática**. Invocações estáticas requerem que as interfaces de um objeto sejam conhecidas quando a aplicação do cliente está em desenvolvimento. Também implicam que, se as interfaces mudarem, a aplicação do cliente deve ser recompilada antes de poder utilizar as novas interfaces.

Como alternativa, há ainda uma maneira mais dinâmica de fazer invocações de método. Em particular, às vezes é conveniente poder *compor* uma invocação de método em tempo de execução, também denominada **invocação dinâmica**. A diferença essencial entre essa invocação e a invocação estática é que uma aplicação seleciona qual método invocará em um objeto remoto em tempo de execução. A invocação dinâmica geralmente adota uma forma como

invoke(objeto, método, parâmetros-de-entrada, parâmetros-de-saída);

onde *objeto* identifica o objeto distribuído, *método* é um parâmetro que especifica exatamente qual método deve ser invocado, *parâmetros-de-entrada* é uma estrutura de dados que contém os valores dos parâmetros de entrada daquele método e *parâmetros-de-saída* se refere a uma estrutura de dados na qual valores de saída podem ser armazenados.

Como exemplo, considere a anexação de um inteiro *int* a um objeto de arquivo, *fobjeto*, para o qual o objeto fornece o método **append**. Nesse caso, a invocação estática tomaria a forma

fobject.append(int)

ao passo que a invocação dinâmica seria parecida com

invoke(fobject, id(append), int)

onde a operação *id(append)* retorna um identificador para o método **append**.

Para ilustrar a utilidade de invocações dinâmicas, considere um buscador de objetos que é usado para examinar conjuntos de objetos. Considere que o buscador suporte invocações de objetos remotos. Tal pesquisador é capaz de se vincular a um objeto distribuído e, na seqüência, apresentar a interface de objeto a seu usuário. Então, seria possível pedir ao usuário que escolhesse um método e fornecesse valores para seus parâmetros; depois disso, o buscador poderia fazer a invocação propriamente dita. Normalmente, tal buscador de objetos deveria ser desenvolvido para suportar qualquer interface possível. Essa abordagem requer que as interfaces possam ser inspecionadas em tempo de execução e que as invocações de método possam ser construídas dinamicamente.

Uma outra aplicação de invocações dinâmicas é um serviço de processamento em lote ao qual as requisições de invocação possam ser entregues junto com um horário no qual cada invocação deve ser feita. O serviço pode ser implementado por uma fila de requisições de invocação ordenadas pela hora em que as invocações devem ser feitas. O laço principal do serviço simplesmente esperaria até que a próxima invocação fosse escalonada, removeria a requisição da fila e chamaria **invoke** do modo como mostramos anteriormente.

10.3.3 Transferência de parâmetros

Como a maioria dos sistemas RMI suporta referências de objeto no âmbito do sistema, a transferência de parâmetros em invocações de método é, em geral, menos restrita do que no caso de RPCs. Contudo, há algumas sutilezas que podem fazer com que as RMIs fiquem mais complicadas do que seria de esperar inicialmente, como discutiremos brevemente nas páginas seguintes.

Em primeiro lugar, vamos considerar a situação em que há somente objetos distribuídos. Em outras palavras, todos os objetos no sistema podem ser acessados por máquinas remotas. Nesse caso, podemos usar consistentemente referências de objeto como parâmetros em invocações de método. Referências são passadas por valor e, por isso, copiadas de uma máquina para a outra. Quando um processo recebe uma referência de objeto como resultado de um método de invocação, ele pode simplesmente se vincular ao objeto referenciado quando for necessário mais tarde.

Infelizmente, usar somente objetos distribuídos pode ser muito ineficiente, em especial quando os objetos são pequenos, como números inteiros ou, pior ainda, booleanos. Cada invocação feita por um cliente que não é co-residente no mesmo servidor que o objeto gera uma requisição entre diferentes espaços de endereços ou, pior, entre máquinas diferentes. Portanto, referências a objetos remotos e referências a objetos locais costumam ser tratadas de modos diferentes.

Quando um método é invocado com uma referência de objeto como parâmetro, essa referência é copiada e transferida como parâmetro de valor somente quando referencia um objeto remoto. Nesse caso, o objeto é literalmente passado por referência. Contudo, quando a referência se refere a um objeto local, isto é, um objeto que está no mesmo espaço de endereços do cliente, o objeto referenciado é copiado como um todo e passado junto com a invocação. Em outras palavras, o objeto é passado por valor.

Essas duas situações são ilustradas na Figura 10.8, que mostra um programa cliente que executa na máquina A e um programa servidor na máquina C. O cliente tem uma referência a um objeto local O1 que usa como parâmetro quando chama o programa servidor na máquina C. Além disso, ele contém uma referência a um objeto remoto O2 que reside na máquina B, que também é usada como parâmetro. Ao chamar o servidor, uma cópia de O1 é passada para o servidor na máquina C, junto com apenas uma cópia da referência a O2.

Observe que o fato de estarmos tratando com uma referência a um objeto local ou com uma referência a um objeto remoto pode ser muito transparente, como em Java. Em Java, a distinção é visível só porque objetos locais são essencialmente de um tipo de dados diferente do dos objetos remotos. Quanto ao mais, ambos os tipos de referências são tratados praticamente do mesmo jeito [veja também Wollrath et al. (1996)]. Por outro lado, quando usamos linguagens de programação convencionais, como C, uma referência a um objeto local pode ser tão simples quanto um ponteiro, que nunca pode ser usado para referenciar um objeto remoto.

O efeito colateral de invocar um método usando uma referência de objeto como parâmetro é que podemos *copiar* um objeto. É óbvio que ocultar esse aspecto é inaceitável. Em conseqüência, somos obrigados a fazer uma distinção explícita entre objetos locais e objetos distribuídos. Por certo essa distinção não somente quebra a transparência de distribuição como também dificulta escrever aplicações distribuídas.

10.3.4 Exemplo: RMI Java

Em Java, objetos distribuídos foram integrados à linguagem. Uma meta importante era manter o máximo possível da semântica de objetos não distribuídos. Em outras palavras, os desenvolvedores da linguagem Java visaram a alto grau de transparência de distribuição. Contudo, como veremos, eles também decidiram tornar a distribuição aparente quando conseguir um alto grau de transparência era muito ineficiente, difícil ou impossível.

Modelo de objetos distribuídos em Java

Java também adota objetos remotos como a única forma de objetos distribuídos. Lembre-se de que um objeto remoto é um objeto distribuído cujo estado sempre reside em uma única máquina, mas cujas interfaces podem ser disponibilizadas para processos remotos. Interfaces são implementadas do modo usual por meio de um proxy, que oferece exatamente as mesmas interfaces que o objeto remoto. O proxy em si aparece como um objeto local no espaço de endereços do cliente.

Há apenas algumas diferenças, sutis mas importantes, entre objetos remotos e objetos locais. Em primeiro lugar, clonar objetos locais é diferente de clonar objetos remotos. A clonagem de um objeto local O resulta em um novo objeto do mesmo tipo de O com exatamente o mesmo estado. Assim, a clonagem retorna uma cópia exata do objeto que é clonado. Essa semântica é difícil de ser aplicada a um objeto remoto. Se quiséssemos fazer uma cópia exata de um objeto remoto, não somente teríamos de clonar o objeto propriamente dito em seu servidor, mas também o proxy em cada cliente que estivesse vinculado ao objeto remoto no momento considerado. Portanto, clonar um objeto remoto é uma operação que só pode ser executada pelo servidor e resulta em uma cópia exata do

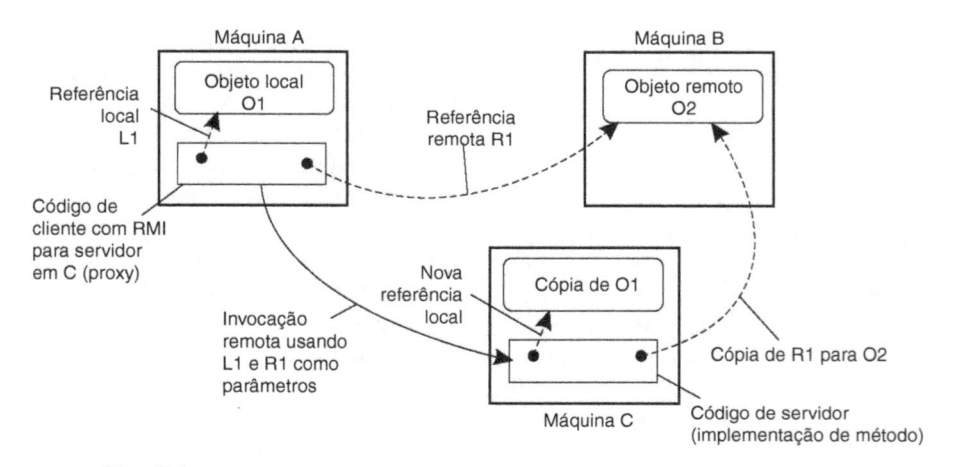

Figura 10.8 Situação em que um objeto é passado por referência ou por valor.

objeto propriamente dito no espaço de endereços do servidor. Desse modo, proxies do objeto propriamente dito não são clonados. Se um cliente em uma máquina remota quiser acessar o objeto clonado no servidor, em primeiro lugar terá de se vincular àquele objeto novamente.

Invocação de objeto remoto em Java

Como a distinção entre objetos locais e remotos dificilmente é visível no nível de linguagem, Java também pode ocultar a maioria das diferenças durante a invocação de um método remoto. Por exemplo, qualquer primitiva ou tipo de objeto pode ser transferido como um parâmetro para uma RMI, desde que o tipo possa ser montado. Em terminologia Java, isso significa que ele deve ser **serializável**. Se bem que, em princípio, a maioria dos objetos possa ser serializada, nem sempre a serialização é permitida ou possível. Normalmente, objetos dependentes de plataforma, como descritores e soquetes de arquivo, não podem ser serializados.

A única distinção feita entre objetos locais e objetos remotos durante uma RMI é que objetos locais são passados por valor (incluindo grandes objetos, como vetores), enquanto objetos remotos são passados por referência. Em outras palavras, um objeto local primeiro é copiado e depois a cópia é usada como valor de parâmetro. No caso de um objeto remoto, uma referência ao objeto é transferida como parâmetro em vez de uma cópia do objeto, como também mostra a Figura 10.8.

Em RMI Java, uma referência a um objeto remoto é essencialmente implementada, como explicamos na Subseção 10.3.3. Tal referência é composta pelo endereço de rede e pela porta do servidor, bem como por um identificador local para o objeto propriamente dito no espaço de endereços do servidor. Esse identificador local é usado somente pelo servidor. Como também já explicamos, uma referência a um objeto remoto precisa codificar a pilha de protocolos que é usada na comunicação entre um cliente e o servidor. Para entender como tal pilha é codificada no caso de RMI em Java, é importante perceber que cada objeto em Java é uma instância de uma classe. Por sua vez, uma classe contém uma implementação de uma ou mais interfaces.

Em essência, um objeto remoto é construído com base em duas classes diferentes. Uma classe contém uma implementação do código do lado do servidor, que denominamos *classe do servidor*. Essa classe contém uma implementação da parte do objeto remoto que executará em um servidor. Em outras palavras, ela contém a descrição do estado do objeto, bem como uma implementação dos métodos que operam sobre aquele estado. O apêndice do lado do servidor, isto é, o esqueleto, é gerado de acordo com especificações das interfaces do objeto.

A outra classe contém uma implementação do código do lado do cliente, que denominamos *classe do cliente*. Essa classe contém uma implementação de um proxy e, assim como o esqueleto, ela também é gerada de acordo com a especificação da interface de objeto. Em sua forma mais simples, a única coisa que um proxy faz é converter cada chamada de método em uma mensagem que é enviada à implementação do lado do servidor do objeto remoto, e converter uma mensagem de resposta no resultado, se for uma chamada de método. O proxy estabelece uma conexão com o servidor para cada chamada e, na seqüência, essa conexão é terminada quando a chamada for concluída. Para cumprir essa finalidade, o proxy precisa do endereço de rede e da porta do servidor, como já mencionamos. Essa informação, junto com o identificador local do objeto no servidor, é sempre armazenada como parte do estado de um proxy.

Em decorrência, um proxy tem todas as informações de que necessita para permitir que um cliente invoque métodos do objeto remoto. Em Java, proxies são serializáveis. Em outras palavras, é possível montar um proxy e enviá-lo como uma série de bytes para um outro processo em que ele pode ser desmontado e utilizado para invocar métodos no objeto remoto. Isso quer dizer que um proxy pode ser usado como referência para um objeto remoto.

Essa abordagem é consistente com o modo como Java integra objetos locais e distribuídos. Lembre-se de que, em uma RMI, um objeto local é transferido por meio de uma cópia dele mesmo, enquanto um objeto remoto é transferido por meio de uma referência de objeto no âmbito do sistema. Um proxy é tratado como nada mais do que um objeto local. Por isso, é possível passar um proxy serializável como parâmetro em uma RMI. O efeito colateral é que tal proxy pode ser usado como uma referência para o objeto remoto.

Em princípio, ao se montar um proxy, sua implementação completa (isto é, todo o seu estado e código) é convertida em uma série de bytes. Esse modo de montar o código não é muito eficiente e pode resultar em referências muito grandes. Em conseqüência, na montagem de um proxy em Java o que realmente ocorre é a geração de um manipulador de implementação que especifica com precisão quais classes são necessárias para construir o proxy. Possivelmente, algumas dessas classes primeiro precisam ser carregadas de um site remoto. O manipulador de implementação substitui o código montado como parte de uma referência a objeto remoto. Na verdade, referências a objetos remotos em Java são da ordem de algumas centenas de bytes.

Essa abordagem para referenciar objetos remotos é muito flexível e é um dos aspectos diferenciadores da RMI Java (Waldo, 1998). Em particular, ela permite soluções específicas de objeto. Por exemplo, considere um objeto remoto cujo estado só muda de vez em quando. Podemos transformar esse objeto em um objeto verdadeiramente distribuído ao copiar todo o estado para um cliente em tempo de vinculação. Cada vez que o cliente invocar um método, ele opera sobre a cópia local. Para garantir consistência, cada invocação também verifica se o estado no servidor mudou. Caso tenha mudado, a cópia local é renovada. Da mesma maneira, métodos que modificam o estado são repassados para o servidor. Agora, o desenvolvedor do objeto remoto terá de implementar somente o código necessário do lado do cliente e fazer com que ele seja carregado dinamicamente quando o cliente se vincular ao objeto.

A capacidade de transferir proxies como parâmetros só funciona porque cada processo está executando a mesma máquina virtual Java. Em outras palavras, cada processo está executando no mesmo ambiente de execução. Um proxy montado é tão-só desmontado no lado receptor e, depois disso, seu código pode ser executado. Ao contrário, em DCE, por exemplo, transferir apêndices está fora de questão, porque processos diferentes podem estar executando em ambientes de execução diferentes em relação a linguagem, sistema operacional e hardware. Em vez disso, um processo DCE precisa primeiro se ligar (dinamicamente) a um apêndice disponível no local que foi previamente compilado especificamente para o ambiente de execução do processo. Ao transferir uma referência a um apêndice como parâmetro em uma RPC, é possível referenciar objetos atravessando fronteiras de processo.

10.3.5 Troca de mensagens baseada em objetos

Embora a RMI seja o modo preferido de manipular comunicação em sistemas distribuídos baseados em objetos, a troca de mensagens também aparece como importante alternativa. Há vários sistemas de troca de mensagens baseados em objetos disponíveis e, como seria de esperar, oferecem praticamente a mesma funcionalidade. Nesta seção examinaremos mais detalhadamente o sistema de troca de mensagens Corba, em parte porque ele também oferece um modo interessante de combinar invocação de método com comunicação orientada a mensagem.

Corba é uma especificação bem conhecida para sistemas distribuídos. Ao longo dos anos surgiram diversas implementações, se bem que ainda teremos de esperar para ver até que ponto o Corba em si se tornará verdadeiramente popular. Contudo, independentemente da popularidade, as especificações do Corba são abrangentes (o que, para muitos, também significa que são muito complexas). Reconhecendo a popularidade de sistemas de troca de mensagens, o Corba não tardou a incluir uma especificação de um serviço de troca de mensagens.

O que faz a troca de mensagens em Corba diferente de outros sistemas é sua inerente abordagem da comunicação baseada em objetos. Em particular, os projetistas do serviço de troca de mensagens precisavam manter o modelo segundo o qual toda a comunicação ocorre por meio da invocação de um objeto. No caso da troca de mensagens, essa restrição de projeto resultou em duas formas de invocações assíncronas de métodos (além de outras formas que também eram fornecidas pelo Corba).

Uma **invocação assíncrona de método** é análoga a uma RPC assíncrona: o chamador continua após iniciar a invocação, sem esperar por um resultado. No **modelo de chamada de retorno** do Corba, um cliente fornece um objeto para implementar uma interface que contém métodos de chamada de retorno. Esses métodos podem ser chamados pelo sistema de comunicação subjacente para passar o resultado de uma invocação assíncrona. Uma importante questão de projeto é que invocações assíncronas de método não afetam a implementação original de um objeto. Em outras palavras, cabe ao cliente a responsabilidade de transformar a invocação síncrona original em uma assíncrona; ao servidor é apresentada uma requisição de invocação normal (síncrona).

A construção de uma invocação assíncrona é feita em duas etapas. Na primeira, a interface original, como implementada pelo objeto, é substituída por duas novas interfaces que devem ser implementadas somente por software do lado do cliente. Uma interface contém a especificação de métodos que o cliente pode chamar. Nenhum desses métodos retorna um valor ou tem qualquer parâmetro de saída. A segunda interface é a interface de chamada de retorno. Para cada operação na interface original, ela contém um método que será chamado pelo sistema de execução do cliente para passar os resultados do método associado como chamado pelo cliente.

Como exemplo, considere um objeto que implementa uma interface simples com apenas um método:

int add(in int i, in int j, out int k);

Considere que esse método toma dois inteiros não negativos, i e j, e retorna $i + j$ como parâmetro de saída k. A operação deve retornar -1 se não for concluída com sucesso. A transformação da invocação de método original (síncrona) em uma assíncrona com chamadas de retorno é realizada da maneira descrita a seguir. Em primeiro lugar é gerado o par de especificações de método apresentado a seguir [para nossa finalidade, escolhemos nomes convenientes em vez de seguir as regras restritas especificadas em OMG (2004a]:

void sendcb_add(in int i, in int j); // Chamado pelo cliente
void replycb_add(in int ret_val, in int k); // Chamado pelo sistema de execução do cliente

Na verdade, todos os parâmetros de saída da especificação do método original são removidos do método que deve ser chamado pelo cliente e retornados como parâmetros de entrada das operações de chamada de retorno. Da mesma maneira, se o método original especificou um valor de retorno, esse valor é transferido como parâmetro de entrada para a operação de chamada de retorno.

A segunda etapa consiste em compilar as interfaces geradas. Como resultado, é oferecido ao cliente um apêndice que lhe permita invocar assincronamente sendcb_add. Todavia, o cliente precisará fornecer uma implementação para a interface de chamada de retorno que, em nosso exemplo, contém o método replycb_add. Esse método é chamado pelo sistema de execução (RTS) local do cliente, o que resulta em uma chamada para a aplicação do cliente. Observe que essas alterações não afetam a implementação do objeto do lado do servidor. Usando esse exemplo, o modelo de chamada de retorno é resumido na Figura 10.9.

Como alternativa para chamadas de retorno, o Corba fornece um **modelo de consulta**. Nesse modelo, um conjunto de operações é oferecido ao cliente para consultar seu RTS local para resultados que chegam. Como no modelo de chamada de retorno, o cliente é responsável por transformar as invocações de método síncronas originais em invocações assíncronas. Mais uma vez, grande parte do trabalho pode ser feita derivando automaticamente as especificações de método adequadas da interface original como implementada pelo objeto.

Voltando ao nosso exemplo, o método add resultará nas duas especificações de método geradas apresentadas a seguir (novamente, adotamos, por conveniência, nossas próprias convenções de nomeação):

void sendpoll_add(in int i, in int j); // Chamada pelo cliente
void replypoll_add(out int ret_val, out int k); // Também chamada pelo cliente

A diferença mais importante entre os modelos de consulta e de chamada de retorno é que o método replypoll_add terá de ser implementado pelo RTS do cliente. Essa implementação pode ser gerada automaticamente com base em especificações de interface, exatamente como o apêndice do lado do cliente é gerado automaticamente como explicamos para as RPCs. O modelo de consulta é resumido na Figura 10.10. Mais uma vez, note que a implementação do objeto tal como aparece no lado do servidor não tem de ser alterada.

O que falta nos modelos descritos até aqui é que as mensagens enviadas entre um cliente e um servidor, incluindo a resposta a uma invocação assíncrona, sejam armazenadas pelo sistema subjacente caso o cliente ou o servidor ainda não esteja executando. Felizmente, a maioria das questões relativas a tal comunicação persistente não afeta o modelo de invocação assíncrona que discutimos até aqui. Precisamos ainda estabelecer um conjunto de servidores de mensagem que permitirá às mensagens (sejam elas requisições de invocação ou respostas) serem temporariamente armazenadas até que sua entrega possa ser efetuada.

Para cumprir essa finalidade, as especificações Corba também incluem definições de interface para o que denominamos **roteadores**, que são análogos aos roteadores de mensagens que discutimos no Capítulo 4 e que podem ser implementados, por exemplo, com o uso de gerenciadores de fila WebSphere da IBM.

Da mesma maneira, Java tem seu próprio **serviço de troca de mensagens Java** (Java Messaging Service — JMS) que, novamente, é muito semelhante ao que discutimos antes [veja Sun Microsystems (2004a)]. Voltaremos à troca de mensagens mais extensivamente no Capítulo 13 quando discutirmos o paradigma publicar/subscrever.

10.4 Nomeação

O aspecto interessante da nomeação em sistemas distribuídos baseados em objetos se desenvolve em torno do modo como as referências de objeto são suportadas. Já descrevemos essas referências de objeto no caso do Java, no qual elas efetivamente correspondem às implementações de proxies. Todavia, esse modo de referenciar objetos remotos é dependente de linguagem. Tomando mais uma vez o Corba como exemplo, vamos ver como é possível fornecer nomeação básica de modo independente de linguagem e de plataforma. Também discutiremos um esquema completamente diferente, que é usado no sistema distribuído Globe.

10.4.1 Referências de objeto em Corba

O modo como seus objetos são referenciados é fundamental para o Corba. Quando um cliente contém uma referência de objeto, ele pode invocar os métodos implementados pelo objeto referenciado. É importante distinguir entre a referência de objeto que um processo cliente usa para invocar um método e uma referência implementada pelo RTS subjacente.

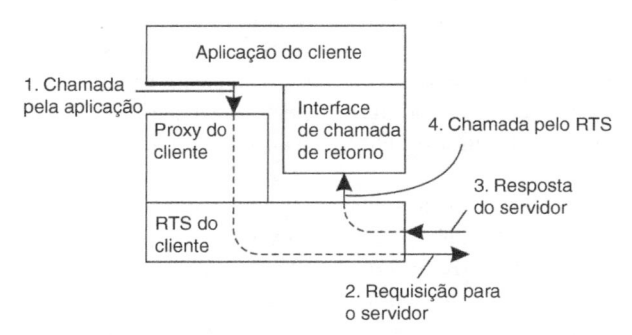

Figura 10.9 *Modelo de chamada de retorno do Corba para invocação assíncrona de método.*

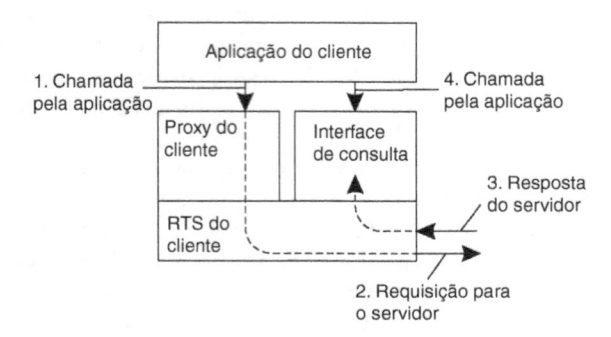

Figura 10.10   Modelo de consulta do Corba para invocação assíncrona de método.

Um processo (seja cliente ou servidor) pode usar somente uma implementação específica de linguagem para uma referência de objeto. Na maioria dos casos, isso toma a forma de um ponteiro para uma representação local do objeto. Essa referência não pode ser passada do processo A para o processo B porque ela só tem significado dentro do espaço de endereços do processo A. Em vez disso, em primeiro lugar o processo A terá de montar o ponteiro em uma representação independente de processo. A operação para fazer isso é fornecida por seu RTS. Uma vez montada, a referência pode ser passada para o processo B, que pode desmontá-la novamente. Observe que os processos A e B podem estar executando programas escritos em linguagens diferentes.

Em comparação, o RTS subjacente terá sua própria representação independente de linguagem de uma referência de objeto. Essa representação pode até ser diferente da versão montada que ele entrega a processos que querem trocar uma referência. O importante é que, quando um processo referencia um objeto, seu RTS subjacente recebe implicitamente informação suficiente para saber qual objeto está realmente sendo referenciado. Tal informação normalmente é passada pelos apêndices do lado do cliente e do lado do servidor que são gerados de acordo com as especificações de interface de um objeto.

Um dos problemas presentes nas versões anteriores do Corba era que cada implementação podia decidir como representava uma referência de objeto. Em decorrência, se o processo A quisesse passar uma referência para o processo B como descrevemos antes, de modo geral essa operação só seria bem-sucedida se ambos os processos estivessem usando a mesma implementação do Corba. Caso contrário, a versão montada da referência contida no processo A nada significaria para o RTS usado pelo processo B.

Todos os sistemas Corba atuais suportam a mesma representação independente de linguagem de uma referência de objeto, que é denominada **referência de objeto interoperável** (Interoperable Object Reference — IOR). Não importa se uma implementação do Corba usa ou não IORs internamente. Contudo, ao passar uma referência de objeto entre dois sistemas Corba diferentes, a transferência é feita como uma IOR. Uma IOR contém todas as informações necessárias para identificar um objeto. O layout geral de uma IOR é mostrado na Figura 10.11, junto com informações específicas para o protocolo de comunicação usado em Corba.

Cada IOR começa com um identificador de repositório. Esse identificador é designado a uma interface, de modo que pode ser armazenado e consultado em um repositório de interface. Ele é usado para recuperar informações em uma interface em tempo de execução e auxiliar, por exemplo, a verificação de tipo ou a construção dinâmica de uma invocação. Observe que, se quisermos que esse identificador seja útil, ambos, cliente e servidor, devem ter acesso ao mesmo repositório de interface ou ao menos usar o mesmo identificador para identificar interfaces.

A parte importante de cada IOR é formada pelo que denominamos **perfis rotulados**. Cada um desses perfis contém as informações completas para invocar um objeto. Se o servidor de objetos suportar vários protocolos, informações sobre cada protocolo podem ser incluídas em um perfil rotulado separado. O Corba usou o **protocolo de Internet inter-ORB** (Internet Inter-ORB Protocol — IIOP) para comunicação entre os nós. [**ORB**, ou **manipulador de requisição de objeto** (Object Request Broker], é o nome usado por Corba para seu sistema de execução baseado em objetos.] Em essência, o IIOP é um protocolo dedicado para invocações de métodos remotos suportados. Detalhes sobre o perfil usado para IIOP também são mostrados na Figura 10.11.

O perfil IIOP é identificado por um campo *ID de perfil* no perfil rotulado. Seu corpo consiste em cinco campos. O campo *Versão IIOP* identifica a versão do IIOP que é usada nesse perfil.

O campo *Hospedeiro* é uma cadeia que identifica exatamente em qual hospedeiro o objeto está localizado. O hospedeiro pode ser especificado por meio de um nome completo de domínio DNS (tal como *soling.cs.vu.nl*) ou usando a representação do endereço IP daquele hospedeiro, tal como *130.37.24.11*.

O campo *Porta* contém o número da porta na qual o servidor do objeto está ouvindo requisições que chegam.

O campo *Chave de objeto* contém informações específicas do servidor para demultiplexar requisições dirigidas ao objeto adequado. Por exemplo, de modo geral, um identificador de objeto gerado por um adaptador de objeto Corba fará parte dessa chave de objeto. Além disso, a chave identificará o adaptador específico.

Por fim, há um campo *Componentes* que contém opcionalmente mais informações necessárias para invocar adequadamente o objeto referenciado. Por exemplo, esse campo pode conter informações de segurança que indicam como a referência deve ser manipulada ou o que fazer caso o servidor referenciado esteja (temporariamente) indisponível.

10.4.2 Referências de objeto em Globe

Agora, vamos estudar um modo diferente de referenciar objetos. Em Globe, a cada objeto compartilhado distribuído é designado um identificador de objeto (*identifier object* — OID) globalmente exclusivo, que é uma seqüência de 256 bits. Um OID Globe é um identificador verdadeiro, como definido no Capítulo 5. Em outras palavras, um OID Globe referencia, no máximo, um objeto compartilhado distribuído; ele nunca é reutilizado para um outro objeto; e cada objeto tem, no máximo, um OID.

OIDs Globe só podem ser usados para comparar referências de objeto. Por exemplo, suponha que cada um dos processos, *A* e *B*, esteja vinculado a um objeto compartilhado distribuído. Cada processo pode requisitar o OID do objeto ao qual está vinculado. Se, e somente se, os dois OIDs forem iguais, então considera-se que *A* e *B* estão vinculados ao mesmo objeto.

Diferentemente de referências Corba, OIDs Globe não podem ser usados para contatar diretamente um objeto. Em vez disso, para localizar um objeto é necessário consultar um endereço de contato para esse objeto em um serviço de localização. Esse serviço retorna um **endereço de contato** que é comparável às referências de objeto dependentes de localização usadas em Corba e em outros sistemas distribuídos. Embora o Globe use seu próprio serviço de localização, em princípio qualquer um dos serviços de localização discutidos no Capítulo 5 serviriam.

Ignorando alguns detalhes menos importantes, um endereço de contato tem duas partes. A primeira é um **identificador de endereço** pelo qual o serviço de localização pode identificar o nó-folha adequado para o qual devem ser repassadas operações de inserção ou remoção para o endereço de contato associado. Lembre-se de que, como os endereços de contato são dependentes de localização, é importante inseri-los e removê-los começando no nó-folha apropriado.

A segunda parte consiste em informações de endereço propriamente ditas, mas essas informações são completamente opacas para o serviço de localização. Para esse serviço, um endereço é apenas um conjunto de bytes que pode representar tanto um endereço de rede quanto um ponteiro de interface ou até mesmo um proxy completo.

Atualmente, o Globe suporta duas espécies de endereços. Um **endereço empilhado** representa uma pilha de protocolos em camadas, na qual cada camada é representada pelo registro de três campos, como mostrado na Tabela 10.1.

O *Identificador de protocolo* é uma constante que representa um protocolo conhecido. Entre os identificadores de protocolo típicos estão *TCP*, *UDP* e *IP*. O campo *Endereço de protocolo* contém um endereço específico de protocolo, como um número de porta TCP ou um endereço de rede IPv4. Por fim, um *Manipulador de implementação* pode ser oferecido opcionalmente para indicar onde pode ser encontrada uma implementação para o protocolo. Um manipulador de implementação é normalmente representado como um URL.

O segundo tipo de endereço de contato é um **endereço de instância**, que consiste nos dois campos mostrados na Tabela 10.2. Novamente, o endereço contém um *Manipulador de implementação*, que nada mais é do que uma referência a um arquivo em um repositório de classe onde pode ser encontrada uma implementação de um obje-

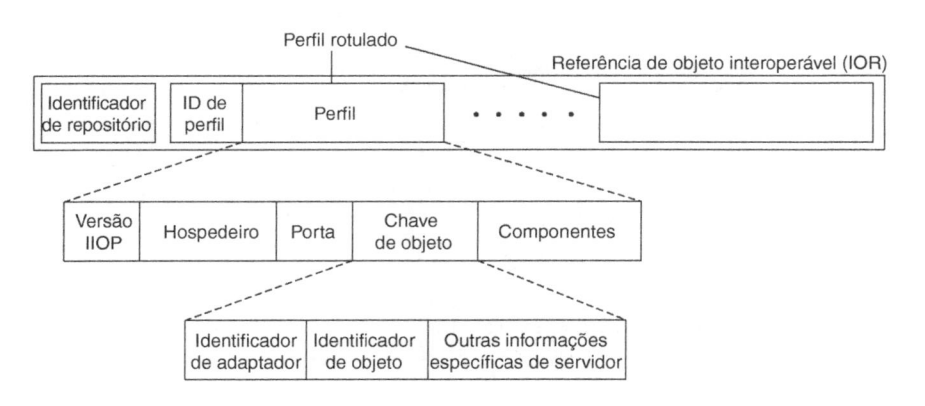

Figura 10.11 Organização de uma IOR com informações específicas para IIOP.

to local. Esse objeto local deve ser carregado pelo processo que está vinculado ao objeto no momento considerado.

O carregamento segue um protocolo padrão, semelhante à classe de carregamento em Java. Após a implementação ter sido carregada e o objeto local criado, a inicialização ocorre pela transferência da *Cadeia de inicialização* para o objeto. Nesse ponto, o identificador de objeto foi completamente resolvido.

Observe a diferença entre referenciar objetos em Corba e em Globe, uma diferença que ocorre freqüentemente em sistemas distribuídos baseados em objetos. Enquanto as referências Corba contêm informações exatas sobre onde contatar um objeto, as referências Globe requerem uma etapa adicional de consulta para recuperar essa informação. Essa distinção também aparece em sistemas como o Ice, no qual o equivalente em Corba é denominado referência *direta* e o equivalente em Globe é denominado referência *indireta* (Henning e Spruiell, 2005).

10.5 Sincronização

Há apenas umas poucas questões referentes à sincronização em sistemas distribuídos que são específicas da operação com objetos distribuídos. Em particular, o fato de os detalhes da implementação ficarem ocultos sob as interfaces pode causar problemas: quando um processo invoca um objeto (remoto), ele não sabe se essa invocação resultará na invocação de outros objetos. Em decorrência, se um objeto for protegido contra acessos concorrentes, podemos ter um conjunto de travas em cascata do qual o processo não tem conhecimento, como esboçado na Figura 10.12(a).

Ao contrário, quando estamos lidando com recursos de dados, como arquivos ou bancos de dados, que são protegidos por travas, o padrão para o fluxo de controle é realmente visível para o processo que está usando esses recursos, como mostra a Figura 10.12(b). Por isso, o processo também pode exercer mais controle em tempo de execução quando as coisas dão errado, como abandonando travas quando acredita que ocorreu um deadlock. Observe que, de modo geral, sistemas de processamento de transações seguem o padrão mostrado na Figura 10.12(b).

Por conseguinte, em sistemas distribuídos baseados em objetos é importante saber onde e quando a sincronização ocorre. Uma localização óbvia para sincronização é no servidor de objetos. Se chegarem várias requisições de invocação para o mesmo objeto, o servidor pode decidir serializar essas requisições (e possivelmente manter uma trava em um objeto quando ele próprio precisa fazer uma invocação remota).

Contudo, permitir que o servidor de objetos mantenha travas complica as coisas caso os clientes que estão invocando caiam. Por essa razão, o travamento também pode ser feito no lado do cliente, uma abordagem que foi adotada em Java. Infelizmente, esse esquema tem suas desvantagens.

Como mencionamos antes, muitas vezes é difícil perceber a diferença entre objetos locais e objetos remotos em Java. As coisas ficam mais complicadas quando objetos são protegidos porque declaram que seus métodos são **sincronizados**. Se dois processos chamarem um método sincronizado simultaneamente, somente um dos processos continuará, enquanto o outro será bloqueado. Desse modo, podemos garantir que o acesso aos dados internos de um objeto será completamente serializado. Um processo também pode ser bloqueado dentro de um objeto, à espera de que alguma condição se torne verdadeira.

Em termos de lógica, o bloqueio em um objeto remoto é simples. Suponha que o cliente A chame um método sincronizado de um objeto remoto. Para fazer com que o acesso a objetos remotos pareça sempre *exatamente* igual ao acesso a objetos locais, seria necessário bloquear A no apêndice do lado do cliente que implementa a interface de objeto e à qual A tem acesso direto. Da mesma maneira, um outro cliente em uma máquina diferente também precisaria ser bloqueado localmente, antes que sua requisição pudesse ser enviada para o servidor. A conseqüência é que precisamos sincronizar clientes diferentes em máquinas

Campo	Descrição
Identificador de protocolo	Constante que representa um protocolo (conhecido)
Endereço de protocolo	Endereço específico de protocolo
Manipulador de implementação	Referência a um arquivo em um repositório de classe

Tabela 10.1 Representação de uma camada de protocolo em um endereço de contato empilhado.

Campo	Descrição
Manipulador de implementação	Referência a um arquivo em um repositório de classe
Cadeia de inicialização	Cadeia que é usada para inicializar uma implementação

Tabela 10.2 Representação de um endereço de contato de instância.

diferentes. Como discutimos no Capítulo 6, a sincronização distribuída pode ser bastante complexa.

Uma abordagem alternativa seria permitir bloqueio somente no servidor. Em princípio, isso funciona bem, mas surgem problemas quando um cliente cai enquanto sua invocação estiver em manipulação pelo servidor. Como discutimos no Capítulo 8, talvez fosse preciso exigir protocolos relativamente sofisticados para lidar com essa situação e que afetariam significativamente o desempenho global das invocações de método remoto.

Portanto, os projetistas de RMI Java optaram por restringir o bloqueio sobre objetos apenas aos proxies (Wollrath et al., 1996). Isso significa que threads no mesmo processo serão impedidos de acessar concorrentemente o mesmo objeto remoto, mas fato semelhante não acontecerá com threads em processos diferentes. É óbvio que essas semânticas de sincronização são complexas: no nível sintático – isto é, quando se lê o código-fonte – podemos ver um projeto claro e bem-feito. Somente quando a aplicação distribuída for realmente executada é que podemos observar comportamento não previsto que deveria ter sido considerado durante o projeto. Esse é um claro exemplo no qual a busca pela transparência da distribuição *não* é a coisa certa.

10.6 Consistência e Replicação

Muitos sistemas distribuídos baseados em objetos seguem uma abordagem tradicional em relação a objetos replicados, tratando-os efetivamente como contêineres de dados com suas próprias operações específicas. O resultado é que, quando consideramos como a replicação é manipulada em sistemas que suportam Java beans, ou em sistemas distribuídos que obedecem ao Corba, na realidade não há muita novidade a não ser o que já discutimos no Capítulo 7.

Por essa razão, focalizamos alguns tópicos particulares referentes à consistência e replicação que são mais profundos em sistemas distribuídos baseados em objetos do que em outros sistemas. Em primeiro lugar, vamos considerar consistência e, em seguida, invocações replicadas.

10.6.1 Consistência de entrada

Como mencionamos no Capítulo 7, consistência centrada em dados para objetos distribuídos vem naturalmente na forma de consistência de entrada. Lembre-se de que, nesse caso, a meta é agrupar operações sobre dados compartilhados usando variáveis de sincronização (por exemplo, na forma de travas). Como objetos combinam naturalmente dados e as operações sobre esses dados, travar objetos durante uma invocação serializa o acesso e os mantém consistentes.

Embora associar uma trava a um objeto seja simples em termos de conceito, isso não resulta necessariamente em uma solução adequada quando um objeto for replicado. Há duas questões que precisam ser resolvidas para implementar consistência de entrada. A primeira é que precisamos de um meio para impedir execução concorrente de várias invocações do mesmo objeto. Em outras palavras, quando qualquer método de um objeto estiver em execução, nenhum outro método poderá ser executado. Esse requisito assegura que o acesso aos dados internos de um objeto seja, de fato, serializado. A simples utilização de mecanismos locais de travamento garantirá essa serialização.

A segunda questão é que, no caso de um objeto replicado, precisamos assegurar que todas as mudanças no estado replicado do objeto sejam iguais. Em outras palavras, precisamos assegurar que nunca duas invocações de método independentes ocorreram em réplicas diferentes ao mesmo tempo. Esse requisito implica que precisamos ordenar invocações de modo que cada réplica veja todas as invocações na mesma ordem. De modo geral, esse requisito pode ser cumprido de duas maneiras: 1) usando uma abordagem baseada em primários e 2) usando multicast totalmente ordenado para as réplicas.

Em muitos casos, a elaboração do projeto de objetos replicados começa pelo projeto de um único objeto, possivelmente considerando a proteção desse objeto contra acesso concorrente por meio de travamento local seguido de replicação. Se fôssemos usar um esquema baseado em primários, seria necessário um esforço adicional do desenvolvedor de aplicação para serializar invocações ao

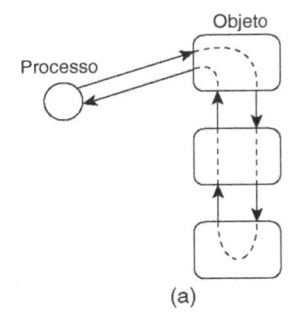

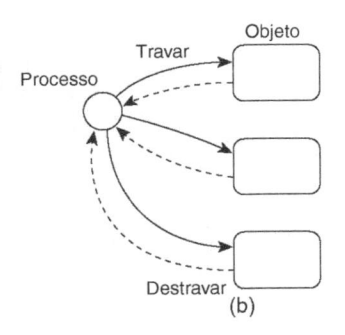

Figura 10.12 Diferenças em um fluxo de controle para travar objetos.

objeto. Portanto, muitas vezes é conveniente considerar que o middleware subjacente suporta multicast totalmente ordenado, porque isso não exigiria nenhuma mudança nos clientes, nem esforço adicional de programação da parte dos desenvolvedores de aplicação. Obviamente, o modo como o multicast totalmente ordenado é realizado pelo middleware deve ser transparente. Para a aplicação, tanto faz: sua implementação pode usar um esquema baseado em servidor primário, mas o resultado seria igualmente bom se baseado em relógios de Lamport.

Contudo, mesmo que o middleware subjacente forneça multicast totalmente ordenado, talvez seja preciso muito mais para garantir uma invocação de objeto ordenada. O problema é a granularidade: embora todas as réplicas de um servidor de objetos possam receber requisições de invocação na mesma ordem, precisamos assegurar que todos os threads nesses servidores processem essas requisições também na ordem correta. O problema está esquematizado na Figura 10.13.

Servidores multithread (de objetos) simplesmente pegam uma requisição que está chegando, passam essa requisição para um thread disponível e esperam pela entrada da próxima requisição. Na seqüência, o escalonador de threads do servidor aloca a CPU a threads executáveis. É certo que, se o middleware fez o melhor que pôde para oferecer uma ordenação total para a entrega de requisições, os escalonadores de threads deveriam operar de modo determinístico para não misturar essa ordenação com a ordenação de invocações de métodos sobre o mesmo objeto. Em outras palavras, se os threads T_1^1 e T_1^2 da Figura 10.13 manipularem a mesma requisição de invocação (replicada) que está chegando, ambos devem ser escalonados antes de T_2^1 e T_2^2, respectivamente.

É claro que o simples escalonamento determinístico de *todos* os threads não é necessário. Em princípio, se já existir entrega de requisições totalmente ordenada, basta assegurar que todas as requisições para o mesmo objeto replicado sejam manipuladas na ordem em que são entregues. Tal abordagem permitiria que invocações para objetos diferentes fossem processadas concorrentemente e sem nenhuma restrição ulterior da parte do escalonador de threads. Infelizmente, existem apenas alguns sistemas que suportam tal concorrência.

Uma abordagem, descrita em Basile et al. (2002), assegura que threads que compartilham a mesma trava (local) sejam escalonados na mesma ordem em todas as réplicas. O fundamento básico dessa abordagem é um esquema baseado em primários no qual um dos servidores de réplicas assume a liderança e determina, para uma trava específica, qual thread vem em primeiro lugar. Uma melhoria que evita comunicação freqüente entre servidores é descrita em Basile et al. (2003). Observe que, desse modo, threads que não compartilham uma trava operam concorrentemente em cada servidor.

Uma desvantagem desse esquema é que ele opera no nível do sistema operacional subjacente, o que significa que toda trava precisa ser gerenciada. Fornecendo informações do nível de aplicação pode-se conseguir enorme melhoria de desempenho identificando somente as travas que são necessárias para serializar acesso a objetos replicados (Taiani et al., 2005). Voltaremos a essas questões quando discutirmos tolerância a falha em Java.

Ambientes de replicação

Um aspecto interessante da maioria dos sistemas distribuídos baseados em objetos é que, pela natureza da tecnologia de objetos, muitas vezes é possível estabelecer uma clara separação entre projetar funcionalidade e manipular questões extrafuncionais como a replicação. Como explicamos no Capítulo 2, um poderoso mecanismo para conseguir essa separação é formado por interceptadores.

Babaoglu et al. (2005) descrevem um ambiente no qual usam interceptadores para replicar Java beans para servidores J2EE. A idéia é relativamente simples: invo-

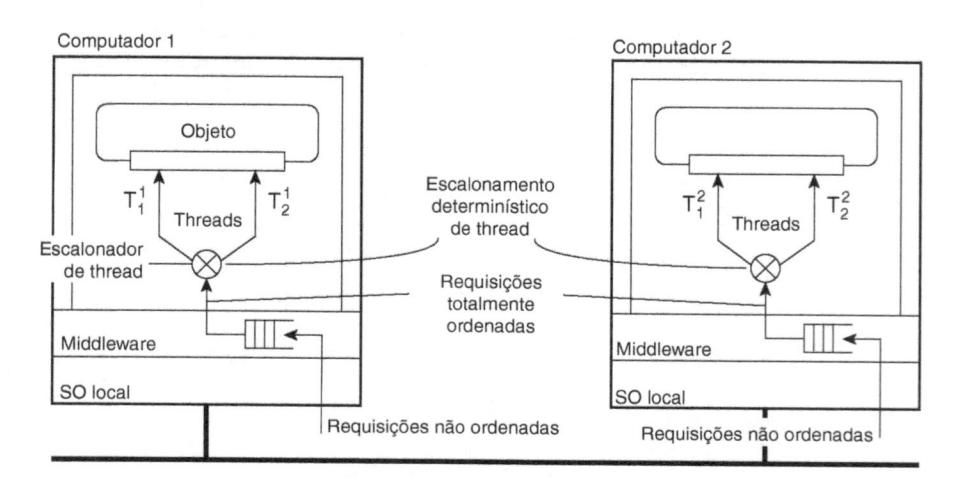

Figura 10.13 Escalonamento determinístico de thread para servidores de objetos replicados.

cações para objetos são interceptadas em três pontos diferentes, como mostra a Figura 10.14:

1. No lado do cliente, um pouco antes de a invocação ser passada para o apêndice.
2. Dentro do apêndice do cliente, onde a interceptação é parte do algoritmo de replicação.
3. No lado do servidor, um pouco antes de o objeto ser invocado.

A primeira interceptação é necessária quando acontece de o chamador ser replicado. Nesse caso, talvez seja necessária a sincronização com os outros chamadores, porque poderemos estar lidando com uma invocação replicada, como já discutimos.

Uma vez decidido que a invocação pode ser executada, o interceptador no apêndice do lado do cliente pode decidir para onde repassar a requisição ou onde possivelmente implementar um mecanismo à prova de falha quando uma réplica não puder ser alcançada.

Por fim, o interceptador do lado do servidor manipula a invocação. Na verdade, esse interceptador é dividido em dois. No primeiro ponto, logo após a requisição ter entrado e antes de ser entregue ao adaptador, o algoritmo de replicação assume o controle. Depois, ele pode analisar para quem a requisição é dirigida, permitindo que ela ative, se necessário, quaisquer objetos de replicação de que ela necessitar para executar a replicação. O segundo ponto se encontra um pouco antes da invocação, o que permite, por exemplo, que o algoritmo de replicação obtenha e estabeleça valores de atributos do objeto replicado.

Um aspecto interessante é que o ambiente pode ser estabelecido independentemente de qualquer algoritmo de replicação, o que resulta em uma completa separação entre funcionalidade do objeto e replicação de objetos.

10.6.2 Invocações replicadas

Um outro problema que precisa ser resolvido é o de invocações replicadas. Considere um objeto A que está chamando um outro objeto B, como mostra a Figura 10.15. Considera-se que o objeto B chamará ainda um outro objeto C. Se B for replicado, em princípio cada réplica de B chamará C independentemente. O problema é que, agora, C será chamado várias vezes, em vez de apenas uma. Se o método chamado em C resultar na transferência de $ 100.000, é claro que, mais cedo ou mais tarde, alguém vai reclamar.

Não há muitas soluções de uso geral para resolver o problema de invocações replicadas. Uma delas é simplesmente proibi-las (Maassen et al., 2001), o que faz sentido quando o desempenho está em jogo. Contudo, quando a replicação visa à tolerância a falha, pode-se recorrer à seguinte solução proposta por Mazouni et al. (1995). A solução desses autores é independente da política de replicação, isto é, dos detalhes exatos do modo como as réplicas são mantidas consistentes. A essência é fornecer uma camada de comunicação ciente da replicação em cima da qual os objetos (replicados) executam. Quando um objeto replicado B invoca um outro objeto replicado C em primeiro lugar, cada réplica de B designa o mesmo e exclusivo identificador à requisição de invocação. Nesse ponto, um coordenador das réplicas de B repassa sua requisição para todas as réplicas do objeto C, enquanto as outras réplicas de B retêm sua cópia da requisição de invocação, como mostra a Figura 10.16(a). O resultado é que uma única requisição é repassada a cada réplica de C.

O mesmo mecanismo é usado para assegurar que somente uma única mensagem de resposta seja retornada às réplicas de B. Essa situação é mostrada na Figura 10.16(b). Um coordenador das réplicas de C percebe que está lidando com uma mensagem de resposta replicada que foi gerada por cada réplica de C. Contudo, somente o coordenador repassa aquela resposta para as réplicas do objeto B, enquanto outras réplicas de C retêm sua cópia da mensagem de resposta.

Quando uma réplica de B recebe uma mensagem de resposta para uma requisição de invocação que ela tinha repassado para C ou retido porque ela não era o coordenador, então a resposta é entregue ao objeto propriamente dito.

Em essência, o esquema que acabamos de descrever é baseado na utilização de comunicação multicast, mas com o intuito de impedir que a mesma mensagem seja

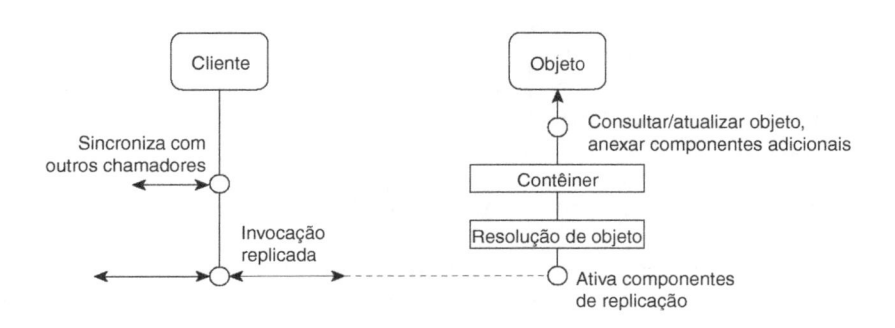

Figura 10.14 Ambiente geral para separar algoritmos de replicação e objetos em um ambiente EJB.

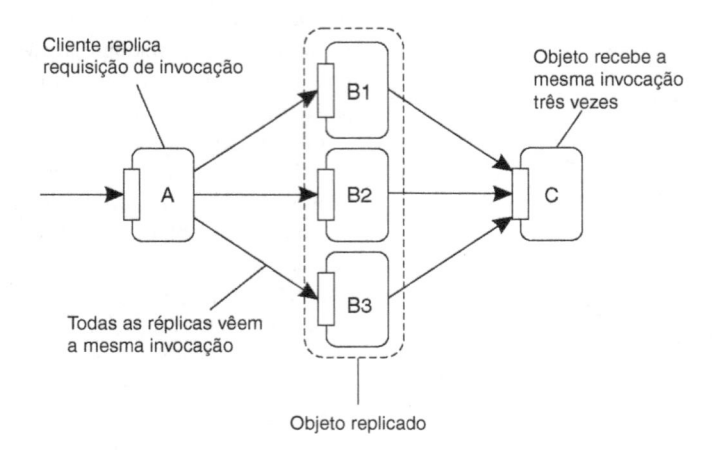

Figura 10.15 Problema de invocações de método replicadas.

enviada em multicast por réplicas diferentes. Por isso é, em essência, um esquema baseado no remetente. Uma solução alternativa é permitir que uma réplica receptora detecte várias cópias de mensagens que estão chegando e que pertencem à mesma invocação e repasse apenas uma cópia para seu objeto associado. Deixamos os detalhes desse esquema como exercício para o leitor.

10.7 Tolerância a Falha

Como a replicação, a tolerância a falha na maioria dos sistemas distribuídos baseados em objetos usa os mesmos mecanismos que outros sistemas distribuídos, seguindo os princípios que discutimos no Capítulo 8. Contudo, quando se trata de padronização, o Corba fornece, indiscutivelmente, a especificação mais abrangente.

10.7.1 Exemplo: Corba tolerante a falha

A abordagem básica para lidar com falhas em Corba é replicar objetos em **grupos de objetos**. Um grupo consiste em uma ou mais cópias idênticas do mesmo objeto. Contudo, um grupo de objetos pode ser referenciado como se fosse um único objeto. Um grupo oferece a mesma interface que as réplicas que ele contém. Em outras palavras, a replicação é transparente para os clientes. Diferentes estratégias de replicação são suportadas, incluindo replicação de backup de primários, replicação ativa e replicação baseada em quórum. Todas essas estratégias foram discutidas no Capítulo 7. Há várias outras propriedades associadas com grupos de objetos, cujos detalhes podem ser encontrados em OMG (2004a).

Para fornecer a máxima transparência possível a replicação e a falha, grupos de objetos não devem ser distinguíveis de objetos Corba normais, a menos que uma aplicação prefira outra coisa. Uma importante questão relacionada com esse aspecto é como os grupos de objetos são referenciados. A abordagem seguida é usar um tipo especial de IOR, denominada **referência interoperável de grupo de objetos** (Interoperable Object Group Reference — IOGR). A principal diferença entre uma IOR normal e uma IOGR é que a última contém múltiplas referências a objetos *diferentes*, em particular réplicas no mesmo grupo de objetos. Comparando, uma IOR também pode conter múltiplas referências, mas todas elas referenciarão o *mesmo* objeto, embora possivelmente usando um protocolo de acesso diferente.

Sempre que um cliente passar uma IOGR a seu sistema de execução, esse RTS tentará se vincular a uma das réplicas referenciadas. No caso do IIOP, o RTS talvez possa usar informações adicionais que ele encontrar em um dos perfis IIOP da IOGR. Tais informações podem ser armazenadas no campo *Componentes* que já discutimos. Por exemplo, um perfil IIOP específico pode referenciar um servidor primário ou um servidor backup de um grupo de objetos, como mostra a Figura 10.17, por meio de rótulos diferentes *TAG_PRIMARY* e *TAG_BACKUP*, respectivamente.

Se a vinculação com uma das réplicas falhar, o RTS do cliente pode continuar tentando se vincular a uma outra réplica e, para isso, seguir qualquer política para selecionar uma réplica ao qual ele se ajuste melhor. Para o cliente, o procedimento de vinculação é completamente transparente; parece que o cliente está se vinculando a um objeto Corba normal.

Exemplo de arquitetura

Para suportar grupos de objetos e manipular gerenciamento adicional de falhas, é necessário adicionar componentes ao Corba. Uma possível arquitetura de uma versão do Corba tolerante a falha é mostrada na Figura 10.18. Essa arquitetura é derivada do sistema Eternal

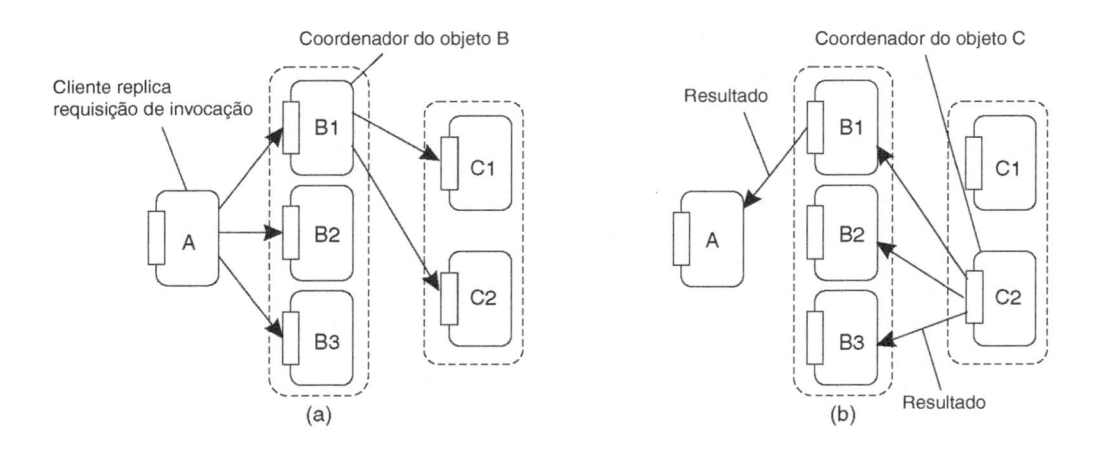

Figura 10.16 (a) Repasse de uma requisição de invocação de um objeto replicado para outro objeto replicado.
(b) Retorno de uma resposta de um objeto replicado para outro.

(Moser et al., 1998; Narasimhan et al., 2000), que proporciona uma infra-estrutura de tolerância a falha construída em cima do sistema de comunicação confiável entre grupos chamado Totem (Moser et al., 1996).

Há diversos componentes que desempenham importante papel nessa arquitetura. De longe, o mais importante é o **gerenciador de replicação**, que é responsável por criar e gerenciar um grupo de objetos replicados. Em princípio, há somente um gerenciador de replicação, embora ele possa ser replicado visando a tolerância a falha.

Como já afirmamos, para um cliente não há nenhuma diferença fundamental entre um grupo de objetos e qualquer outro tipo de objeto Corba. Para criar um grupo de objetos, um cliente apenas invoca a operação normal **create_object** como oferecida, nesse caso, pelo gerenciador de replicação, especificando o tipo de objeto a criar. O cliente continua alheio ao fato de estar criando, implicitamente, um grupo de objetos. O número de réplicas que é criado quando um novo grupo de objetos é iniciado normalmente é determinado pelo valor padrão dependente de sistema. O gerenciador de réplicas também é responsável pela substituição de uma réplica no caso de uma falha, assegurando, desse modo, que o número de réplicas não caia abaixo de um mínimo especificado.

A arquitetura ainda mostra a utilização de interceptadores de nível de mensagem. No caso do sistema Eternal, cada invocação é interceptada e passada para um componente de replicação separado que mantém a consistência requerida para um grupo de objetos e que assegura que as mensagens sejam registradas para possibilitar a recuperação.

Na seqüência, as invocações são enviadas aos outros membros do grupo usando multicast totalmente ordenado confiável. No caso de replicação ativa, uma requisição de invocação é passada para cada objeto de réplica entregando-a ao sistema de execução subjacente desse objeto. Todavia, no caso de replicação passiva, uma requisição de invocação é passada somente para o RTS do servidor primário, ao passo que os outros servidores apenas registram a requisição de invocação com a finalidade de recu-

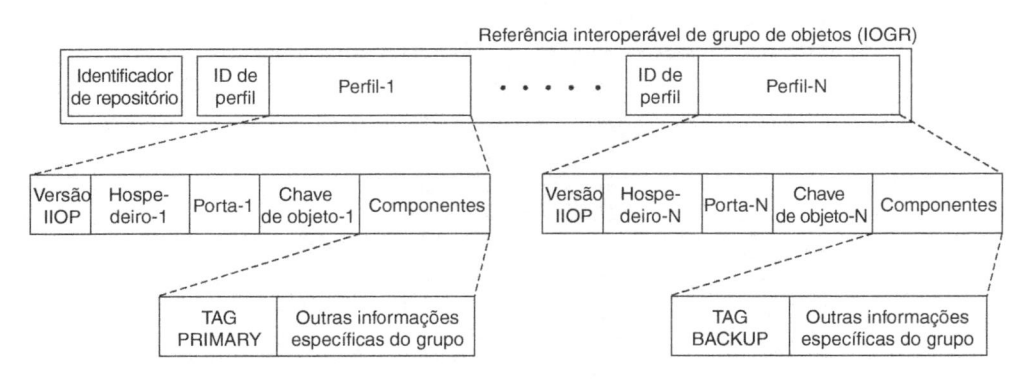

Figura 10-17 Possível organização de uma IOGR para um grupo de objetos que tem um primário e backups.

peração. Quando o servidor primário tiver concluído a invocação, seu estado é enviado aos backups em multicast.

Essa arquitetura é baseada na utilização de interceptadores. Também existem soluções alternativas, entre elas aquelas em que a tolerância a falha foi incorporada ao sistema de execução (o que potencialmente alterou a interoperabilidade) ou aquelas nas quais são utilizados serviços especiais em cima do RTS para proporcionar tolerância a falha. Além dessas diferenças, a prática mostra que há outros problemas que (ainda) não foram abrangidos pelo padrão Corba. Exemplo de um problema que ocorre na prática: se forem criadas réplicas em implementações diferentes, não há nenhuma garantia de que essa abordagem realmente funcionará. Uma revisão das diferentes abordagens e uma avaliação da tolerância a falha em Corba são discutidas em Felber e Narasimhan (2004).

10.7.2 Exemplo: Java tolerante a falha

Considerando a popularidade de Java como uma linguagem e plataforma para desenvolvimento de aplicações distribuídas, também foi dedicado algum esforço para adicionar tolerância a falha ao sistema de execução Java. Uma abordagem interessante é assegurar que a máquina virtual Java possa ser usada para replicação ativa.

Em essência, a replicação ativa impõe que os servidores de réplicas executem como máquinas de estado finito determinísticas (Schneider, 1990). Um excelente candidato em Java a assumir esse papel é a máquina virtual Java (Java Virtual Machine — JVM). Infelizmente, a JVM não é nada determinística. Há várias causas para o comportamento não determinístico, identificadas independentemente por Napper et al. (2003) e Friedman e Kama (2003):

1. JVM pode executar código nativo, isto é, código externo à JVM e que lhe é passado por meio de uma interface. A JVM trata códigos nativos como uma caixa-preta: ela só vê a interface, mas não tem nenhuma idéia do comportamento (potencialmente não determinístico) que uma chamada causa. Portanto, para usar a JVM para replicação ativa, é necessário assegurar que o código nativo se comporte de modo determinístico.

2. Dados de entrada podem estar sujeitos a não-determinismo. Por exemplo, uma variável compartilhada que pode ser manipulada por múltiplos threads pode mudar para diferentes instâncias de JVM, contanto que os threads tenham permissão de operar concorrentemente. Para controlar esse comportamento, os dados compartilhados deverão, no mínimo, ser protegidos por meio de travas. Porém, ocorre que o ambiente de execução de Java nem sempre obedece a essa regra, apesar de seu suporte para multithread.

3. Na presença de falhas, JVMs diferentes produzirão resultados diferentes, o que revela que as máquinas foram replicadas. Essa diferença pode causar problemas quando as JVMs precisam ser trazidas de volta ao mesmo estado. As coisas ficam mais simples se pudermos adotar a premissa de que toda saída é idempotente (isto é, pode ser simplesmente reproduzida) ou pode ser testada, de modo que seja possível verificar se a saída foi produzida ou não antes da queda. Observe que essa premissa é necessária para permitir que um servidor de réplicas decida se executa novamente uma operação ou não.

A prática mostra que transformar a JVM em uma máquina de estado finito determinística não é, de modo algum, trivial. Um problema que precisa ser resolvido é o fato de que os servidores de réplicas podem cair. Uma organização possível é deixar que os servidores executem de acordo com um esquema de backup primários. Nesse esquema, um servidor coordena todas as ações que pre-

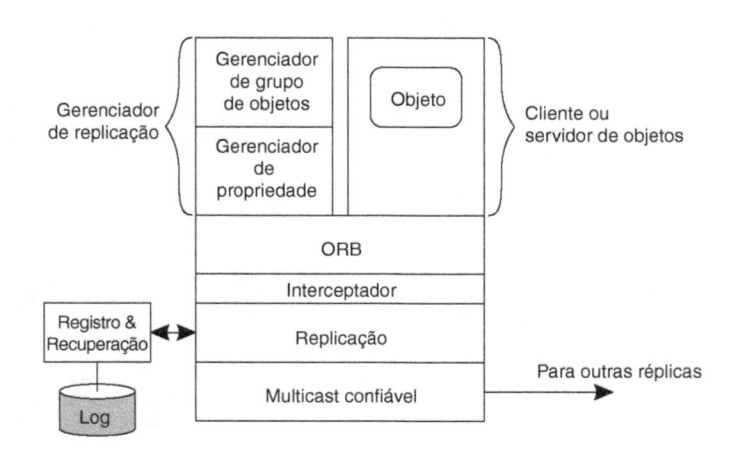

Figura 10.18 Exemplo de arquitetura de um sistema Corba tolerante a falha.

cisam ser executadas e instrui periodicamente o backup para fazer o mesmo. Claro que é preciso cuidadosa coordenação entre os servidores primário e backups.

Observe que, apesar do fato de os servidores de réplicas serem organizados segundo um esquema backup primários, ainda estamos lidando com replicação ativa: as réplicas são mantidas atualizadas permitindo que cada uma delas execute as mesmas operações na mesma ordem. Contudo, para assegurar o mesmo comportamento não determinístico por todos os servidores, o comportamento de um servidor é considerado de acordo com o que descrevemos a seguir.

Nesse esquema, a abordagem seguida por Friedman e Kama (2003) é deixar que o servidor primário execute primeiro as instruções do que denominamos **quadro**. Um quadro consiste na execução de vários chaveamentos de contexto e finaliza ou porque todos os threads estão bloqueando para conclusão de E/S ou após a ocorrência de um número predefinido de chaveamentos de contexto. Sempre que um thread emite uma operação E/S, ele é bloqueado pela JVM e fica em suspenso. Quando um quadro inicia, o primário permite que as requisições de E/S prossigam, uma após a outra, e os resultados são enviados às outras réplicas. Desse modo, o comportamento determinístico é imposto ao menos em relação às operações de E/S.

O problema desse esquema é fácil de perceber: o servidor primário está sempre à frente das outras réplicas. Há duas situações que precisamos considerar: na primeira, se qualquer um dos servidores de réplicas cair, que não seja o servidor primário, não há dano nenhum, exceto a redução do grau de tolerância a falha. Por outro lado, quando o primário cai, podemos nos encontrar em uma situação em que os dados (ou melhor, as operações) se perderão.

Para minimizar o dano, o servidor primário funciona por quadro, isto é, envia informações de atualização às outras réplicas só após a conclusão de seu quadro corrente. O efeito dessa abordagem é que, quando a primário está trabalhando no *k*-ésimo quadro, todos os outros servidores de réplicas têm todas as informações necessárias para processar o quadro anterior ao *k*-ésimo. O dano pode ser limitado pela adoção de quadros pequenos, ao preço de mais comunicação entre o servidor primário e os servidores backup.

10.8 Segurança

É óbvio que a segurança desempenha um importante papel em qualquer sistema distribuído, e os baseados em objetos não são exceção. Quando consideramos a maioria dos sistemas distribuídos baseados em objetos, o fato de que os objetos distribuídos são objetos remotos leva imediatamente a uma situação na qual as arquiteturas de segurança para sistemas distribuídos são muito semelhantes. Em essência, cada objeto é protegido por meio de mecanismos padronizados de autenticação e autorização, como os que discutimos no Capítulo 9.

Para esclarecer como a segurança pode se ajustar especificamente a uma sistema distribuído baseado em objetos, discutiremos a arquitetura de segurança para o sistema Globe. Como mencionamos antes, o Globe suporta objetos verdadeiramente distribuídos nos quais o estado de um único objeto pode ser espalhado e replicado por várias máquinas. Objetos remotos são apenas um caso especial de objetos em Globe. Portanto, considerando a arquitetura de segurança Globe, também poderemos ver como essa abordagem pode ser igualmente aplicada a sistemas distribuídos mais tradicionais baseados em objetos. Após discutirmos o Globe, vamos examinar brevemente a segurança em sistemas tradicionais baseados em objetos.

10.8.1 Exemplo: Globe

Como dissemos, o Globe é um dos poucos sistemas distribuídos baseados em objetos no qual o estado de um objeto pode ser fisicamente distribuído e replicado por várias máquinas. Essa abordagem também introduz problemas específicos de segurança, que levaram a uma arquitetura como descrita em Popescu et al. (2002).

Visão geral

Quando consideramos o caso geral da invocação de um método em um objeto remoto há, no mínimo, duas questões que são importantes do ponto de vista de segurança: 1) o chamador está invocando o objeto correto e 2) o chamador está autorizado a invocar aquele método? Denominamos essas duas questões **vinculação segura de objeto** e **invocação segura de método**, respectivamente. A primeira tem tudo a ver com autenticação, enquanto a última envolve autorização. Para o sistema Globe e outros sistemas que suportam replicação ou movimentação de objetos, temos um problema adicional, que é a **segurança de plataforma**. Esse tipo de segurança compreende duas questões. A primeira é como a plataforma para a qual o objeto (local) é copiado está protegida contra qualquer código mal-intencionado contido no objeto, e a segunda é como o objeto pode ser protegido contra um servidor de réplicas mal-intencionado.

A capacidade de copiar objetos para outros hospedeiros também dá origem a um outro problema. Como o servidor de objetos que está hospedando a cópia de um objeto nem sempre precisa ser de total confiança, tem de haver um mecanismo que impeça que todo servidor de réplicas que hospeda um objeto tenha permissão de também executar qualquer um dos métodos do objeto. Por exemplo, o proprietário de um objeto pode querer restringir a execução de métodos de atualização a um pequeno grupo de servidores de réplicas, ao passo que métodos que somente lêem o estado de um objeto podem ser executados por qualquer servidor autenticado. Pode-se impor tais políticas por meio de **controle reverso de acesso**, que discutiremos detalhadamente mais adiante.

Há diversos mecanismos para estabelecer segurança disponibilizados em Globe. O primeiro é que todo objeto em Globe tem um par associado de chaves pública/privada, denominado **chave de objeto**. A idéia básica é que qualquer um que conheça uma chave privada de um objeto possa estabelecer as políticas de acesso para usuários e servidores. Além disso, toda réplica tem uma **chave de réplica** associada, que também é construída como um par de chaves pública/privada. Esse par de chaves é gerado pelo servidor de objetos que está hospedando a réplica específica no momento considerado. Como veremos, a chave de réplica é usada para assegurar que uma réplica específica é parte de determinado objeto compartilhado distribuído. Por fim, também considera-se que cada usuário tem um par exclusivo de chaves pública/privada, conhecido como **chave de usuário**.

Essas chaves são usadas para estabelecer os vários direitos de acesso na forma de certificados. Certificados são entregues por objeto. Há três tipos deles, como mostra a Figura 10.19. Um **certificado de usuário** é associado com um usuário específico e especifica exatamente quais métodos esse usuário tem permissão de invocar. Para cumprir essa finalidade, o certificado contém uma seqüência de bits U cujo comprimento é igual ao número de métodos disponíveis para o objeto. $U[i] = 1$ se, e somente se, o usuário tiver permissão de invocar o método M_i. Da mesma maneira, também há um **certificado de réplica** que especifica, para determinado servidor de réplicas, quais métodos ele tem permissão de executar. Esse certificado tem uma seqüência de bits associada, R, na qual $R[i] = i$ se, e somente se, o servidor tiver permissão de executar o método M_i.

Por exemplo, o certificado de usuário na Figura 10.19(a) diz que Alice (que pode ser identificada por meio de sua chave pública, K^+_{Alice}) tem o direito de invocar os métodos M_2, M_5, M_6 e M_7 (observe que começamos indexando U em 0). Da mesma maneira, o certificado de réplica afirma que o servidor proprietário de K^+_{Repl} tem permissão de executar os métodos M_0, M_1, M_5, M_6 e M_7.

Um **certificado administrativo** pode ser usado por qualquer entidade autorizada para emitir certificados de usuário e de réplica. No caso, as seqüências de bits R e U especificam para quais métodos e para quais entidades um certificado pode ser criado. Além do mais, há um bit que indica se uma entidade administrativa pode delegar seus direitos (ou parte deles) a alguém mais. Observe que, quando Bob, em seu papel de administrador, cria um certificado de usuário para Alice, ele assinará esse certificado com sua própria assinatura, e não com a do objeto. Em conseqüência, o certificado de Alice precisará ser rastreado de volta ao certificado administrativo de Bob e, eventualmente, até um certificado administrativo assinado com a chave privada do objeto.

Certificados administrativos vêm a calhar quando consideramos que alguns objetos em Globe podem ser replicados em grandes quantidades. Por exemplo, pode ser que o proprietário de um objeto queira administrar somente um conjunto relativamente pequeno de réplicas permanentes, mas delegar a criação de réplicas iniciadas por servidor aos servidores que hospedam essas réplicas permanentes. Nesse caso, o proprietário pode decidir permitir que uma réplica permanente instale outras réplicas para acesso somente de leitura por todos os usuários. Sempre que Alice quiser invocar um método somente de leitura, ela será bem-sucedida (contanto que seja autorizada). Todavia, quando quiser invocar um método de atualização, ela terá de contatar uma das réplicas permanentes, porque nenhum dos outros servidores de réplicas tem permissão de executar tais métodos. Como explicamos, o processo de vinculação em Globe requer que um identificador de objeto (OID) seja resolvido em um endereço de contato. Em princípio, qualquer sistema que suporte nomes simples pode ser usado para essa finalidade. Para associar com segurança a chave pública de um objeto com seu OID, simplesmente calculamos o OID como um hash seguro de 160 bits da chave pública. Desse modo, qualquer um pode verificar se determinada chave pública pertence a determinado OID. Esses identificadores também são conhecidos como **nomes autocertificantes**, conceito pioneiro proposto no Sistema de Arquivo Seguro (Secure File System — SFS) (Mazieres et al., 1999), que discutiremos no Capítulo 11.

Certificado de usuário
K^+_{Alice}
$U: 0010011100$
$sig(O, \{U, K^+_{Alice}\})$

(a)

Certificado de réplica
K^+_{Repl}
$R: 1100011100$
$sig(O, \{R, K^+_{Repl}\})$

(b)

Certificado administrativo
K^+_{Adm}
$R: 1101111100$
$U: 0110011111$
$D: 1$
$sig(O, [R, U, D, K^+_{Adm}])$

(c)

Figura 10.19 Certificados em Globe: (a) certificado de usuário, (b) certificado de réplica, (c) certificado administrativo.

Também podemos verificar se uma réplica R pertence a um objeto O. Nesse caso, basta inspecionar o certificado de réplica de R e verificar quem o emitiu. O assinante pode ser uma entidade com direitos administrativos, caso em que precisamos inspecionar seu certificado administrativo. A idéia básica é que podemos construir uma cadeia de certificados na qual o último é assinado usando a chave privada do objeto. Nesse caso, sabemos que R é parte de O.

Para proteger objetos contra hospedeiros e hospedeiros contra objetos, há técnicas disponíveis para código móvel, como descrevemos no Capítulo 9. Para verificar se os objetos sofreram alguma interferência indevida, existem técnicas especiais de auditoria que descreveremos no Capítulo 12.

Invocação segura de método

Agora, vamos examinar os detalhes da invocação segura de um método de um objeto em Globe. O caminho completo para requisitar uma invocação para executar uma operação em uma réplica é esquematizado na Figura 10.20. É preciso executar um total de 13 etapas em seqüência, como mostra a figura e como descrevemos no texto a seguir.

1. Em primeiro lugar, uma aplicação emite uma requisição de invocação chamando localmente o método associado, semelhante a chamar um procedimento em uma RPC.
2. O subobjeto de controle verifica as permissões do usuário com as informações armazenadas no objeto de segurança local. Nesse caso, o objeto de segurança deve ter um certificado de usuário válido.
3. A requisição é montada e passada adiante.
4. O subobjeto de replicação requisita ao middleware que estabeleça um canal seguro para uma réplica adequada.
5. O objeto de segurança primeiro inicia uma consulta de réplica. Para cumprir esse objetivo, ele poderia usar qualquer serviço de nomeação que possa consultar réplicas que foram especificadas para ter a capacidade de executar certos métodos. O serviço de localização em Globe foi modificado para manipular essas consultas (Ballintijn, 2003).
6. Uma vez encontrada uma réplica adequada, o subobjeto de segurança pode estabelecer um canal seguro com seu par; depois disso, o controle é devolvido ao subobjeto de replicação. Observe que parte dessa operação requer que a réplica prove que tem permissão de executar a invocação requisitada.
7. Agora, a requisição é passada para o subobjeto de comunicação.
8. O subobjeto criptografa e assina a requisição, de modo a poder transmiti-la pelo canal.
9. Após ser recebida, a requisição é decifrada e autenticada.
10. Então, a requisição é simplesmente passada para o subobjeto de replicação do lado do servidor.
11. Ocorre a autorização: nesse caso o certificado de usuário do apêndice do lado do cliente foi passado para a réplica, de modo que a requisição pode, de fato, ser executada.
12. Em seguida, a requisição é desmontada.
13. Por fim, a operação pode ser executada.

Embora a quantidade de etapas possa parecer relativamente grande, o exemplo mostra como uma invocação segura de método pode ser subdividida em pequenas unidades, sendo que cada uma delas é necessária para assegurar que um cliente autenticado possa executar uma invocação autorizada em uma réplica autenticada. Praticamente todos os sistemas distribuídos baseados em objetos seguem essas etapas. A diferença em Globe é que é preciso localizar uma réplica adequada e essa réplica precisa provar que pode executar a chamada de método. Deixamos essa comprovação como exercício para o leitor.

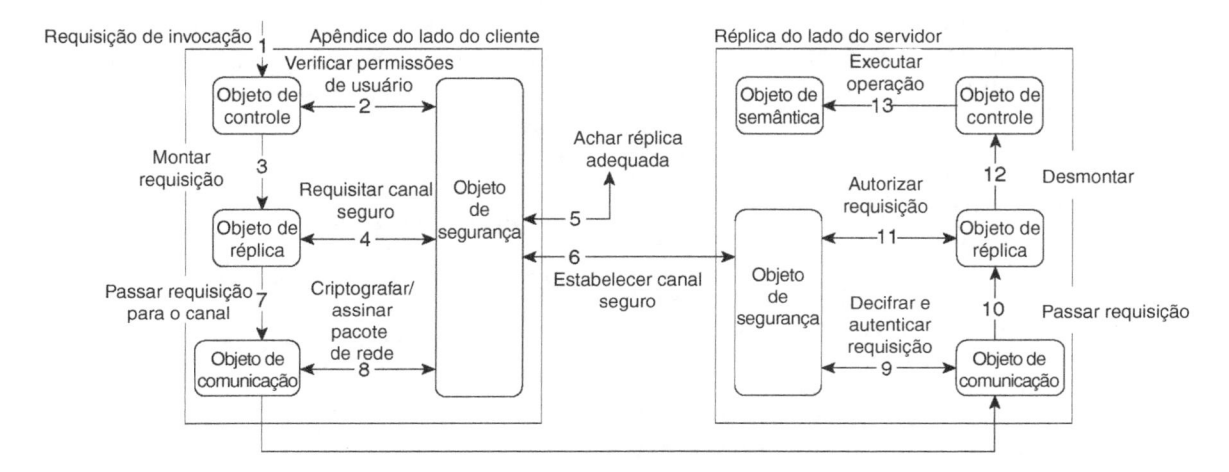

Figura 10.20 Invocação segura de método em Globe.

10.8.2 Segurança para objetos remotos

Quando se usam objetos remotos, muitas vezes vemos que a referência de objeto em si é implementada como um apêndice completo do lado do cliente, que contém todas as informações necessárias para acessar o objeto remoto. Em sua forma mais simples, a referência contém o endereço exato de contato para o objeto e usa um protocolo padrão de montagem e comunicação para despachar uma invocação para o objeto remoto.

Contudo, em sistemas como o Java, o apêndice do lado do cliente (denominado **proxy**) pode ser praticamente qualquer coisa. A idéia básica é que o desenvolvedor de um objeto remoto também desenvolva o proxy e, na seqüência, registre o proxy em um serviço de diretório. Quando um cliente está procurando o objeto, a certa altura contatará o serviço de diretório, extrairá o proxy e o instalará. É óbvio que essas abordagens têm problemas sérios.

Em primeiro lugar, se o serviço de diretório for adulterado, pode ser que um atacante consiga retornar um proxy falso ao cliente. Na verdade, esse proxy pode até comprometer toda a comunicação entre o cliente e o servidor que hospeda o objeto remoto, danificando ambos.

Em segundo lugar, o cliente não dispõe de nenhum meio para autenticar o servidor: ele só tem o proxy e toda a comunicação com o servidor passa necessariamente por esse proxy. Essa situação pode ser indesejável, especialmente porque, agora, o cliente precisa confiar que o proxy fará seu serviço corretamente.

Da mesma maneira, pode ser mais difícil para o servidor autenticar o cliente. A autenticação pode ser necessária quando são enviadas informações sensíveis ao cliente. Além disso, como agora a autenticação do cliente está vinculada ao proxy, também podemos enfrentar a situação em que um atacante está falsificando um cliente, o que causa danos ao objeto remoto.

Li et al. (2004b) descrevem uma arquitetura geral de segurança que pode ser usada para tornar as invocações de objeto remoto mais seguras. Em seu modelo, esses autores consideram que os proxies são, de fato, fornecidos pelo desenvolvedor de um objeto remoto e registrados no serviço de diretório. Essa abordagem é adotada em RMI Java, mas também em Jini (Sun Microsystems, 2005).

O primeiro problema a resolver é autenticar um objeto remoto. Em sua solução, Li e Mitchell propõem uma abordagem de duas etapas. Na primeira, o proxy, que é carregado de um serviço de diretório, é assinado pelo objeto remoto, o que permite que o cliente verifique sua origem. Por sua vez, o proxy autenticará o objeto usando TLS com autenticação de servidor, como discutimos no Capítulo 9. Observe que cabe ao desenvolvedor a tarefa de assegurar que o proxy de fato autentique o objeto adequadamente. O cliente terá de confiar nesse comportamento, porém, como ele é capaz de autenticar o proxy, confiar em autenticação de objeto equivale a confiar que o objeto remoto se comporte decentemente.

Para autenticar o cliente é usado um autenticador separado. Quando um cliente está procurando o objeto remoto, ele é encaminhado a esse autenticador, do qual obtém um **proxy de autenticação**. Esse é um proxy especial que oferece uma interface pela qual o próprio cliente também pode ser autenticado pelo objeto remoto. Se essa autenticação for bem-sucedida, então o objeto remoto (ou, na verdade, seu servidor de objetos) passará o proxy propriamente dito ao cliente. Observe que essa abordagem permite a autenticação independente do protocolo usado pelo proxy propriamente dito, o que é considerado uma vantagem importante.

Uma outra vantagem importante de separar a autenticação do cliente é que, agora, é possível passar proxies dedicados a clientes. Por exemplo, certos clientes podem ter permissão de requisitar apenas a execução de métodos somente de leitura. Nesse caso, após a autenticação, o cliente receberá um proxy que oferece somente tais métodos e mais nenhum outro. É fácil imaginar controles de acesso mais refinados.

10.9 Resumo

A maioria dos sistemas distribuídos baseados em objetos usa um modelo de objeto remoto no qual um objeto é hospedado por um servidor que permite aos clientes remotos fazerem invocações de método. Em muitos casos, esses objetos serão construídos em tempo de execução, o que significa que seu estado – e, possivelmente, também seu código – é carregado em um servidor de objetos quando um cliente faz uma invocação remota. Globe é um sistema no qual são suportados objetos compartilhados verdadeiramente distribuídos. Nesse caso, o estado de um objeto pode ser fisicamente distribuído e replicado em várias máquinas.

Para suportar objetos distribuídos, é importante separar funcionalidade de propriedades extrafuncionais, como tolerância a falha ou escalabilidade. Para cumprir essa finalidade, foram desenvolvidos servidores de objetos avançados para hospedar objetos. Um servidor de objetos fornece muitos serviços a objetos básicos, entre eles recursos para armazenar objetos ou assegurar serialização de requisições que chegam. Um outro papel importante é proporcionar ao mundo exterior a ilusão de que um conjunto de dados e procedimentos que operam sobre os dados corresponde ao conceito de um objeto. Esse papel é implementado por meio de adaptadores de objeto.

Quando se trata de comunicação, o modo preponderante de invocar um objeto é por meio de uma invocação de método remoto (RMI), que é muito semelhante a uma RPC. Uma diferença importante é que, de modo geral, objetos distribuídos fornecem uma referência de objeto no âmbito do sistema, o que permite a um processo acessar um objeto de qualquer máquina. Referência global de objetos resolve muitos dos problemas de transferência de parâmetros que prejudicam a transparência de RPCs.

Há vários modos para implementar essas referências de objeto, que vão de simples estruturas de dados passivas, que descrevem exatamente onde um objeto remoto pode ser contatado, até código portável, que precisa apenas ser invocado por um cliente. Essa última abordagem é agora comumente adotada para RMI Java.

Não há, na maioria dos sistemas, nenhuma providência especial para manipular sincronização de objetos. Uma exceção importante é o modo como são tratados os métodos sincronizados em Java: a sincronização ocorre somente entre clientes que executam na mesma máquina. Clientes que executam em máquinas diferentes precisam adotar medidas especiais de sincronização, que não fazem parte da linguagem Java.

Consistência de entrada é um modelo de consistência óbvio para objetos distribuídos e é suportada (muitas vezes implicitamente) em muitos sistemas. É um modelo óbvio na medida em que podemos associar naturalmente uma trava separada para cada objeto. Um dos problemas que resultam da replicação de objetos são as invocações replicadas. Esse problema é mais evidente porque os objetos tendem a ser tratados como caixas fechadas.

A tolerância a falha em sistemas distribuídos baseados em objetos segue muito de perto as abordagens usadas para outros sistemas distribuídos. Uma exceção é a tentativa de transformar a máquina virtual Java em tolerante a falha permitindo que ela funcione como uma máquina de estado finito determinística. Assim, replicando uma quantidade dessas máquinas, obtemos um modo natural de oferecer tolerância a falha.

A segurança para objetos distribuídos evolui em torno da idéia de suportar invocação segura de método. Um exemplo abrangente que generaliza essas invocações a objetos replicados é o Globe. Ocorre que é possível separar claramente políticas de mecanismos. Isso vale tanto para autenticação quanto para autorização. É preciso dar especial atenção a sistemas nos quais o cliente tem de obter um proxy de um serviço de diretório como é, comumente, o caso do Java.

Problemas

1. Fazemos uma distinção entre objetos remotos e objetos distribuídos. Qual é a diferença?

2. Por que é útil definir as interfaces de um objeto em uma linguagem de definição de interface?

3. Algumas implementações de sistemas de middleware de objetos distribuídos são inteiramente baseadas em invocações dinâmicas de método. Até mesmo as invocações estáticas são compiladas para dinâmicas. Qual é o benefício dessa abordagem?

4. Esboce um protocolo simples que implemente semântica 'no máximo uma vez' para uma invocação de objeto.

5. Os objetos para invocação assíncrona de método do lado do cliente e do lado do servidor devem ser persistentes?

6. No texto, mencionamos que uma implementação de invocação assíncrona de método do Corba não afeta a implementação de um objeto do lado do servidor. Explique por quê.

7. Dê um exemplo no qual a utilização (inadvertida) de mecanismos de chamada de retorno pode facilmente levar a uma situação indesejada.

8. É possível que um objeto tenha mais de um servo?

9. É possível ter implementações específicas de sistema de referências de objeto Corba e ainda assim poder trocar referências com outros sistemas baseados em Corba?

10. Como podemos autenticar os endereços de contato retornados por um serviço de consulta para objetos seguros em Globe?

11. Qual é a diferença fundamental entre referências de objeto em Corba e referências de objeto em Globe?

12. Analise o Globe. Esboce um protocolo simples pelo qual é estabelecido um canal seguro entre um proxy de usuário (que tem acesso à chave privada de Alice) e uma réplica que temos certeza que pode executar determinado método.

13. Dê um exemplo de implementação de uma referência de objeto que permita a um cliente se vincular a um objeto remoto transiente.

14. A linguagem Java e outras linguagens suportam exceções que são executadas quando ocorrem erros. Como você implementaria exceções em RPCs e em RMIs?

15. Como você incorporaria comunicação assíncrona persistente em um modelo baseado em RMIs de objetos remotos?

16. Considere um sistema distribuído baseado em objetos que suporte replicação de objeto, no qual *todas* as invocações de método sejam totalmente ordenadas. Além disso, considere que uma invocação de objeto é atômica (por exemplo, porque cada objeto é automaticamente travado quando invocado). Tal sistema provê consistência de entrada? E consistência seqüencial?

17. Descreva um esquema baseado em receptor para lidar com invocações replicadas, como mencionadas no texto.

11 Sistemas de arquivos distribuídos

Considerando que compartilhar dados é fundamental para sistemas distribuídos, não é surpresa que sistemas de arquivos distribuídos sejam a base para muitas aplicações distribuídas. Sistemas de arquivos distribuídos permitem que vários processos compartilhem dados por longos períodos, de modo seguro e confiável. Por isso, eles têm sido usados como a camada básica para sistemas e aplicações distribuídos. Neste capítulo, consideraremos sistemas de arquivos distribuídos como paradigma para sistemas distribuídos de uso geral.

11.1 Arquitetura

Começamos nossa discussão sobre sistemas de arquivos distribuídos examinando como eles são geralmente organizados. A maioria dos sistemas é construída seguindo uma arquitetura tradicional cliente–servidor, mas também existem soluções totalmente descentralizadas. Nas páginas seguintes estudaremos ambos os tipos de organizações.

11.1.1 Arquiteturas cliente-servidor

Muitos sistemas de arquivos distribuídos são organizados segundo as linhas da arquitetura cliente–servidor, sendo que o **Sistema de Arquivo de Rede** (Network File System — **NFS**) da Sun Microsystem é um dos mais amplamente utilizados para sistemas baseados em Unix. Em todo este capítulo, tomaremos o NFS como exemplo canônico para sistemas de arquivos distribuídos baseados em servidor. Em particular, focalizaremos o NFSv3, a terceira versão amplamente utilizada do NFS (Callaghan, 2000), e o NFSv4, a quarta versão, mais recente (Shepler et al., 2003). Também discutiremos as diferenças entre eles.

A idéia básica que fundamenta o NFS é que cada servidor de arquivos fornece uma visão padronizada de seu sistema local de arquivos. Em outras palavras, não importa como o sistema local de arquivos é implementado; cada servidor NFS suporta o mesmo modelo. Essa abordagem também foi adotada para outros sistemas de arquivos distribuídos. O NFS vem com um protocolo de comunicação que possibilita aos clientes acessar os arquivos armazenados em um servidor, o que permite a um conjunto heterogêneo de processos, que possivelmente executa em máquinas e sistemas operacionais diferentes, compartilhar um sistema de arquivos em comum.

O modelo subjacente ao NFS e a sistemas similares é o de um **serviço de arquivo remoto**. Nesse modelo é oferecido aos clientes acesso transparente a um sistema de arquivos que é gerenciado por um servidor remoto. Contudo, normalmente os clientes estão alheios à real localização dos arquivos. Em vez disso, lhes é oferecida uma interface para um sistema de arquivos que é semelhante à interface oferecida por um sistema local de arquivos convencional. Em particular, é oferecida ao cliente somente uma interface que contém várias operações sobre arquivos, mas o servidor é responsável por implementar essas operações. Por conseguinte, esse modelo também é denominado **modelo de acesso remoto**. Ele é mostrado na Figura 11.1(a).

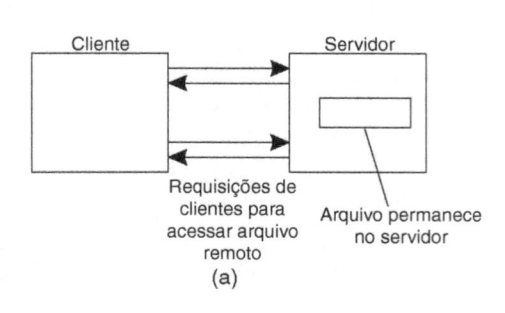

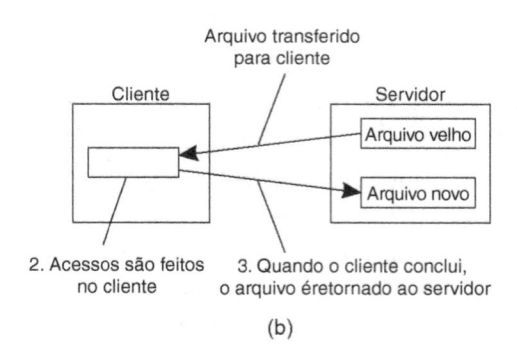

Figura 11.1 (a) Modelo de acesso remoto. (b) Modelo de carga/atualização.

Ao contrário, no **modelo de carga/atualização**, um cliente acessa um arquivo localmente, após tê-lo descarregado do servidor, como mostra a Figura 11.1(b). Quando o cliente conclui a utilização do arquivo, este é carregado de volta para o servidor novamente, de modo que pode ser usado por um outro cliente. O serviço FTP da Internet pode ser usado desse modo quando um cliente descarrega um arquivo completo, modifica o arquivo e o devolve.

Um cliente acessa o sistema de arquivos usando as chamadas de sistema fornecidas por seu sistema operacional local. Contudo, a interface do sistema de arquivos local Unix é substituída por uma interface para o **Sistema de Arquivo Virtual** (Virtual File System — **VFS**) que, a essa altura, já é um padrão *de facto* de interface com diferentes sistemas de arquivos (distribuídos) (Kleiman, 1986). Praticamente todos os sistemas operacionais modernos oferecem VFS e, se não oferecessem, os desenvolvedores seriam mais ou menos obrigados a reimplementar enormes porções de um sistema operacional quando adotassem uma nova estrutura de sistema de arquivos. Com NFS, as operações na interface VFS são passadas para um sistema local de arquivos ou para um componente separado conhecido como **cliente NFS**, que se encarrega de manipular acesso a arquivos armazenados em um servidor remoto. Em NFS, toda comunicação cliente–servidor é feita por meio de RPCs. O cliente NFS implementa as operações do sistema de arquivos NFS como RPCs para o servidor. Observe que as operações oferecidas pela interface VFS podem ser diferentes das oferecidas pelo cliente NFS. A idéia do VFS se resume em ocultar as diferenças entre vários sistemas de arquivos.

No lado do servidor, vemos uma organização semelhante. O **servidor NFS** é responsável por manipular as requisições que chegam do cliente. O apêndice RPC desmonta requisições e o servidor NFS as converte em operações comuns de arquivo VFS que, na seqüência, são passadas para a camada VFS. Mais uma vez, o VFS é responsável pela implementação de um sistema de arquivos local no qual são armazenados os arquivos propriamente ditos.

Uma vantagem importante desse esquema é que o NFS é, em grande parte, independente de sistemas locais de arquivos. Em princípio, na verdade não importa se o sistema operacional no cliente ou no servidor implementa um sistema de arquivos Unix, um sistema de arquivos Windows 2000 ou até mesmo um velho sistema de arquivos MS-DOS. A única questão importante é que esses sistemas de arquivos sejam compatíveis com o modelo de sistema de arquivos oferecido pelo NFS. Por exemplo, o MS-DOS, com seus nomes de arquivo curtos, não pode ser usado para implementar um servidor NFS de modo totalmente transparente.

Modelo de sistema de arquivos

O modelo de sistema de arquivos oferecido pelo NFS é quase igual ao oferecido por sistemas baseados em Unix. Arquivos são tratados como seqüências de bytes não interpretadas e são organizados hierarquicamente em um gráfico de nomeação no qual os nós representam diretórios e arquivos. O NFS também suporta ligações estritas, além de ligações simbólicas, como qualquer sistema de arquivos Unix. Arquivos têm nome; porém, quanto ao mais, são acessados por meio de um **manipulador de arquivo** semelhante ao Unix, que discutiremos detalhadamente mais adiante. Em outras palavras, para acessar um arquivo, em primeiro lugar um cliente deve consultar seu nome em um serviço de nomeação e obter o manipulador de arquivo associado. Além do mais, cada arquivo tem uma série de atributos cujos valores podem ser consultados e alterados. Voltaremos à nomeação de arquivos

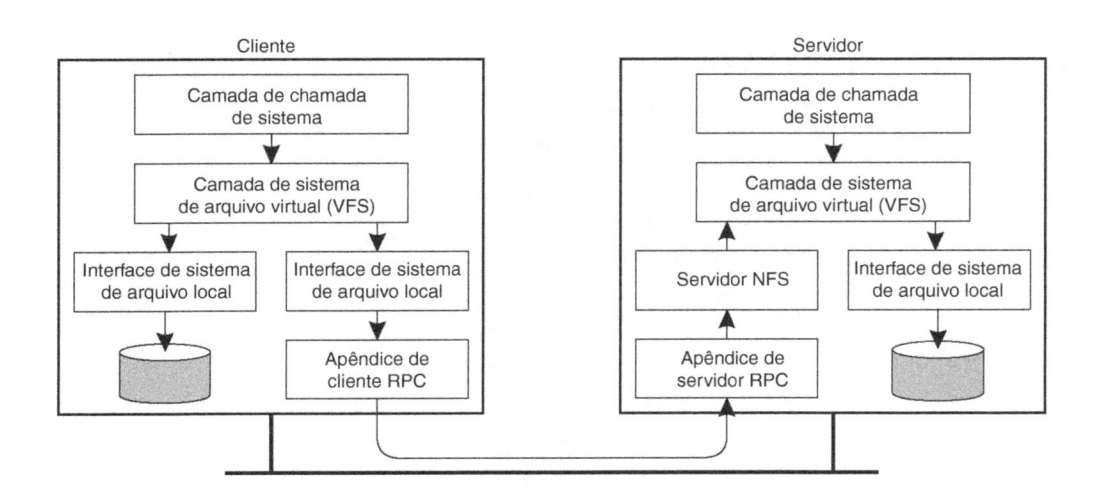

Figura 11.2 Arquitetura NFS básica para sistemas Unix.

com mais detalhes posteriormente neste capítulo.

A Tabela 11.1 mostra as operações gerais de arquivo suportadas pelas versões 3 e 4 do NFS, respectivamente. A operação create é usada para criar um arquivo, mas tem significados um pouco diferentes em NFSv3 e NFSv4. Na versão 3, a operação é usada para criar arquivos comuns. Arquivos especiais são criados com a utilização de operações separadas. A operação link é usada para criar ligações estritas. Symlink é usada para criar ligações simbólicas. Mkdir é usada para criar subdiretórios. Arquivos especiais, como arquivos de dispositivos, soquetes e pipes nomeados, são criados por meio da operação mknod.

Essa situação é completamente outra em NFSv4. Nessa versão, create é usada para criar arquivos que *não são comuns*, entre eles ligações simbólicas, diretórios e arquivos especiais. Ligações estritas ainda são criadas por uma operação link separada, mas arquivos comuns são criados por meio da operação open, que é uma novidade no NFS e é um importante desvio em relação à abordagem de manipulação de arquivo em versões mais antigas. Até a versão 4, o projeto do NFS permitia que seu servidor de arquivos fosse sem estado. Por razões que discutiremos mais adiante neste capítulo, esse critério de projeto foi abandonado em NFSv4. Nessa versão, considera-se que, de modo geral, os servidores manterão estado entre operações no mesmo arquivo.

A operação rename é usada para trocar o nome de um arquivo existente, igual ao que ocorre em Unix.

Arquivos são apagados por meio da operação remove. Na versão 4, essa operação é usada para remover qualquer tipo de arquivo. Em versões anteriores era necessária uma operação separada rmdir para remover um subdiretório. Um arquivo é removido por seu nome, e o efeito resultante é que o número de ligações estritas é reduzido em uma unidade. Se o número de ligações cair a zero, o arquivo pode ser apagado.

A versão 4 permite que clientes abram e fechem arquivos (comuns). Abrir um arquivo não existente provoca o efeito colateral da criação de um novo arquivo. Para abrir um arquivo, um cliente fornece um nome, junto com vários valores para atributos. Por exemplo, um cliente pode especificar que um arquivo deve ser aberto para acesso de escrita. Depois de aberto, um cliente pode acessar esse arquivo por meio de seu manipulador de arquivo, que também é utilizado para fechá-lo (close). Com a operação close, o cliente informa ao servidor que não precisa mais ter acesso ao arquivo. Por sua vez, o servidor pode liberar qualquer estado que mantinha para fornecer àquele cliente acesso ao arquivo.

A operação lookup é usada para buscar um manipulador de arquivo para um nome de arquivo dado. Em NFSv3, a operação lookup não resolverá um nome além de um ponto de montagem. (Lembre-se, do Capítulo 5, de que um ponto de montagem é um diretório que, em essência, representa uma ligação para um diretório em um espaço de nomes *externo*.) Por exemplo, suponha que o nome */remote/vu* se refira a um ponto de montagem em um gráfico de nomeação. Ao resolver o nome */remote/vu/mbox*,

Operação	v3	v4	Descrição
Create	Sim	Não	Criar um arquivo comum
Create	Não	Sim	Criar um arquivo não comum
Link	Sim	Sim	Criar uma ligação estrita com um arquivo
Symlink	Sim	Não	Criar uma ligação simbólica com um arquivo
Mkdir	Sim	Não	Criar um subdiretório em um diretório dado
Mknod	Sim	Não	Criar um arquivo especial
Rename	Sim	Sim	Mudar o nome de um arquivo
Remove	Sim	Sim	Remover um arquivo de um sistema de arquivo
Rmdir	Sim	Não	Remover um subdiretório vazio de um diretório
Open	Não	Sim	Abrir um arquivo
Close	Não	Sim	Fechar um arquivo
Lockup	Sim	Sim	Consultar um arquivo por meio de um nome de arquivo
Readdir	Sim	Sim	Ler as entradas em um diretório
Readlink	Sim	Sim	Ler o nome de caminho armazenado em uma ligação simbólica
Getaltr	Sim	Sim	Obter os valores de atributo para um arquivo
Setaltr	Sim	Sim	Estabelecer um ou mais valores de atributo para um arquivo
Read	Sim	Sim	Ler os dados contidos em um arquivo
Write	Sim	Sim	Escrever dados para um arquivo

Tabela 11.1 Lista incompleta de operações de sistema de arquivos suportadas por NFS.

a operação **lookup** em NFSv3 retornará o manipulador de arquivo para o ponto de montagem /remote/vu junto com o restante do nome de caminho (isto é, *mbox*). Então, o cliente é solicitado a montar explicitamente o sistema de arquivos necessário para concluir a consulta do nome. Nesse contexto, um sistema de arquivos é o conjunto de arquivos, atributos, diretórios e blocos de dados que são implementados juntos como um dispositivo de bloco lógico (Tanenbaum e Woodhull, 2006).

Na versão 4, as coisas foram simplificadas. Nesse caso, **lookup** tentará resolver o nome inteiro, ainda que isso signifique atravessar pontos de montagem. Observe que essa abordagem só é possível se um sistema de arquivos já tiver sido montado em pontos de montagem. O cliente é capaz de detectar que um ponto de montagem foi atravessado inspecionando o identificador de sistema de arquivos, que é retornado mais tarde, quando a operação de consulta for concluída.

Há uma operação separada, **readdir**, para ler as entradas em um diretório. Essa operação retorna uma lista de pares (*nome, manipulador de arquivo*) junto com valores de atributos que o cliente requisitou. O cliente também pode especificar quantas entradas devem ser retornadas. A operação retorna um deslocamento, que pode ser usado em uma chamada subseqüente a **readdir**, para ler a próxima série de entradas.

A operação **readlink** é usada para ler os dados associados com uma ligação simbólica. Normalmente, esses dados correspondem a um nome de caminho que pode ser consultado na seqüência. Observe que a operação **lookup** não pode manipular ligações simbólicas. Em vez disso, quando uma ligação simbólica é alcançada, a resolução de nomes pára e o cliente é solicitado a primeiro chamar **readlink** para descobrir onde a resolução de nomes deve continuar.

Há vários atributos associados com arquivos. Mais uma vez, há diferenças importantes entre as versões 3 e 4 do NFS, que discutiremos detalhadamente mais adiante. Entre os atributos típicos citamos o tipo do arquivo (que diz se estamos lidando com um diretório, uma ligação simbólica, um arquivo especial etc.), o comprimento do arquivo, o identificador do sistema de arquivos que contém o arquivo e a última vez que o arquivo foi modificado. Atributos de arquivo podem ser lidos e alterados com a utilização das operações **getattr** e **setattr**, respectivamente.

Por fim, há operações para ler dados de um arquivo e para escrever dados para um arquivo. A leitura de dados por meio da operação **read** é direta. O cliente especifica o deslocamento e o número de bytes a ser lido. O número real de bytes que foi lido é retornado ao cliente, com informações adicionais de status (por exemplo, se o final do arquivo foi alcançado).

A operação **write** é usada para escrever dados em um arquivo. Mais uma vez, o cliente especifica a posição no arquivo em que a escrita deve começar, o número de bytes que deve ser escrito e os dados. Além disso, ele pode instruir o servidor para assegurar que todos os dados sejam escritos em armazenamento estável (discutimos armazenamento estável no Capítulo 8). Servidores NFS devem suportar dispositivos de armazenamento que possam sobreviver a falhas de fornecimento de energia, falhas de sistema operacional e falhas de hardware.

11.1.2 Sistemas de arquivos distribuídos baseados em clusters

O NFS é um exemplo típico para muitos sistemas de arquivos distribuídos que, de modo geral, são organizados de acordo com uma arquitetura cliente–servidor tradicional. Muitas vezes essa arquitetura é estendida para clusters de servidores, com algumas diferenças.

Considerando que clusters de servidores costumam ser usados por aplicações paralelas, não é surpresa que seus sistemas de arquivos associados sejam ajustados de acordo com isso. Uma técnica muito conhecida é **desmembrar arquivos em tiras**, pela qual um único arquivo é distribuído por vários servidores. A idéia básica é simples: distribuindo um grande arquivo por vários servidores é possível buscar partes diferentes em paralelo. Naturalmente tal organização só funciona bem se a aplicação for organizada de modo tal que o acesso paralelo aos dados tenha sentido. De modo geral, isso requer que os dados armazenados no arquivo tenham uma estrutura muito regular, por exemplo, uma matriz (densa).

Para aplicações de uso geral, ou para as que têm estruturas irregulares de dados ou muitos tipos de estruturas de dados, o desmembramento de arquivos em tiras pode não ser uma ferramenta efetiva. Nesses casos, muitas vezes é mais conveniente particionar o sistema de arquivos como um todo e simplesmente armazenar arquivos diferentes em servidores diferentes, mas não particionar um único arquivo por vários servidores. A diferença entre essas duas abordagens é mostrada na Figura 11.3.

Mais interessantes são os casos de organização de um sistema de arquivos distribuído para centrais de dados muito grandes como as usadas por empresas como Amazon e Google. Essas empresas oferecem serviços a clientes Web que resultam em leituras e atualizações para uma enorme quantidade de arquivos distribuídos literalmente por dezenas de milhares de computadores [veja também Barroso et al. (2003)]. Nesses ambientes, as premissas tradicionais referentes a sistemas de arquivos distribuídos não são mais válidas. Por exemplo, podemos esperar que a qualquer dado instante haverá um computador que vai funcionar mal.

Para enfrentar esses problemas, o Google, por exemplo, desenvolveu seu próprio **Sistema de Arquivos Google** (Google file system — **GFS**), cujo projeto é descrito em Ghemawat et al. (2003). Arquivos Google tendem a ser muito grandes e costumam alcançar vários gigabytes. Cada um desses arquivos contém grandes quantidades de objetos menores. Além do mais, em geral eles são atualizados mais

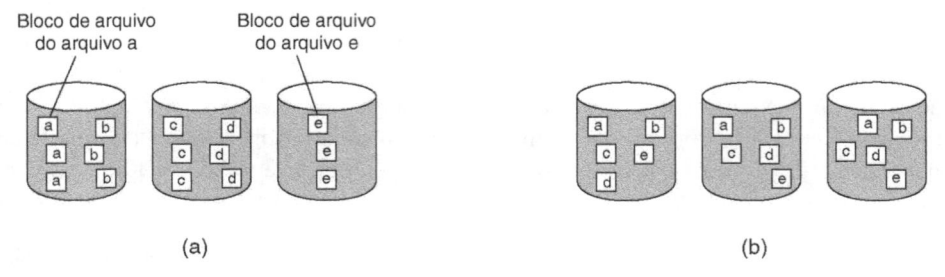

Figura 11.3 Diferença entre (a) distribuir arquivos inteiros por vários servidores e (b) desmembrar arquivos em tiras para acesso paralelo.

por anexação de dados a um arquivo do que sobrescrevendo partes de um arquivo. Essas observações, junto com o fato de que falhas de servidor são a norma, e não a exceção, resultaram na construção de clusters de servidores, como mostra a Figura 11.4.

Cada cluster GFS consiste em um único mestre com vários **servidores de porção**. Cada arquivo GFS é dividido em porções de 64 Mbytes cada; em seguida, essas porções são distribuídas pelos denominados servidores de porção. Uma observação importante é que um mestre de GFS é contatado apenas para obter informações de metadados. Em particular, um cliente GFS passa ao mestre um nome de arquivo e um índice de porção, esperando um endereço de contato para a porção. O endereço de contato contém todas as informações para acessar o servidor de porção correto para obter o arquivo de porção requisitado.

Para cumprir essa finalidade, o mestre GFS mantém, em essência, um espaço de nomes junto com um mapeamento de nomes de arquivo para porções. Cada porção tem um identificador associado que permitirá a um servidor de porção consultá-lo. Ademais, o mestre monitora onde a porção está localizada. Porções são replicadas para manipular falhas, mas nada mais do que isso. Um aspecto interessante é que o mestre GFS não tenta manter uma contabilidade exata das localizações de porções. Em vez disso, contata ocasionalmente os servidores de porção para verificar quais porções eles armazenaram.

A vantagem desse esquema é a simplicidade. Observe que o mestre controla a alocação de porções a servidores de porção. Além disso, os servidores de porção mantêm uma contabilidade do que têm armazenado. Em virtude disso, tão logo o mestre tenha obtido localizações de porções, terá um quadro exato de onde os dados estão armazenados. Contudo, as coisas ficariam complicadas se essa visão tivesse de ser consistente o tempo todo. Por exemplo, toda vez que um servidor de porção caísse, ou quando um servidor fosse adicionado, o mestre teria de ser informado. Em vez disso, é muito mais simples renovar suas informações pelo conjunto corrente de servidores de porção por meio de consulta. Clientes GFS ficam sabendo apenas quais servidores de porção o mestre acredita que estão armazenando os dados requisitados. Como, de qualquer modo, as porções são replicadas, há alta probabilidade de uma porção estar disponível em pelo menos um dos servidores de porção.

Por que esse esquema pode ser ampliado? Uma importante questão de projeto é que o mestre está, em grande parte, no controle, porém não constitui um gargalo por causa de todo o serviço que precisa realizar. Dois tipos importantes de medidas foram adotados para adaptação ao problema da escalabilidade.

A primeira e, de longe, a mais importante é que o trabalho árduo propriamente dito é executado por servidores de porção. Quando um cliente precisa acessar dados, ele contata o mestre para descobrir quais são os servidores de porção que contêm esses dados. Depois disso, ele se comunica só com os servidores de porção. Porções são replicadas de acordo com um esquema de servidores

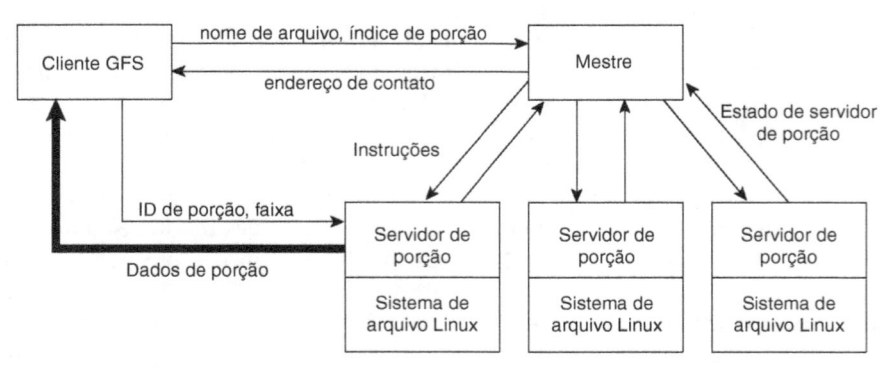

Figura 11.4 Organização de um cluster de servidores Google.

primário e de backup. Quando o cliente está executando uma operação de atualização, ele contata o servidor de porção mais próximo que contém os dados e envia suas atualizações para esse servidor. Este enviará a atualização para o seguinte servidor mais próximo que contém os dados e assim por diante. Tão logo todas as atualizações tenham sido propagadas, o cliente contatará o servidor de porção primário que, então, designará um número de seqüência à operação de atualização e a passará aos backups. Enquanto isso, o mestre é mantido fora do laço.

A segunda medida adotada é que o espaço (hierárquico) de nomes para arquivos é implementado com a utilização de uma tabela simples, de um só nível, na qual nomes de caminhos são mapeados para metadados (como o equivalente de inodes em sistemas tradicionais de arquivos). Além do mais, essa tabela inteira é mantida na memória principal, junto com o mapeamento de arquivos para porções. Atualizações desses dados são registradas em armazenamento persistente. Quando o registro fica muito grande, é realizada uma verificação pontual pela qual os dados da memória principal são armazenados de tal modo que possam ser mapeados imediatamente de volta para a memória principal. Em decorrência, há forte redução na intensidade de E/S em um mestre GFS.

Essa organização permite que um único mestre controle algumas centenas de servidores de porção, o que é um tamanho considerável para um único cluster. Pela subseqüente organização de um serviço como o Google em serviços menores que são mapeados para clusters, não é difícil imaginar que seja possível fazer com que um enorme grupo de clusters funcione em conjunto.

11.1.3 Arquiteturas simétricas

Por certo também existem organizações totalmente simétricas baseadas em tecnologia peer-to-peer. Todas as propostas correntes usam um sistema baseado em DHT para distribuir dados, combinado com um mecanismo de consulta baseado em chaves. Uma diferença importante é se construímos um sistema de arquivos em cima de uma camada de armazenamento distribuída ou se arquivos inteiros são armazenados nos nós participantes.

Um exemplo do primeiro tipo de sistema de arquivo é o Ivy, sistema de arquivos distribuído que é construído com o uso de um sistema Chord baseado em DHT. O Ivy é descrito em Muthitacharoen et al. (2002). O sistema proposto por esses autores consiste, em essência, em três camadas separadas, como mostra a Figura 11.5. A camada inferior é formada por um sistema Chord que fornece facilidades básicas de consulta descentralizada. No meio está uma camada de armazenamento totalmente distribuída, orientada a blocos. Por fim, no topo há uma camada que implementa um sistema de arquivos semelhante ao NFS.

O armazenamento de dados em Ivy é realizado por um sistema de armazenamento distribuído baseado em Chord e orientado a blocos denominado **DHash** (Dabek et al., 2001). Em essência, o DHash é bastante simples. A única coisa que ele conhece são blocos de dados cujo tamanho típico é 8 KB. O Ivy usa duas espécies de blocos de dados. Um **bloco de hash de conteúdo** tem uma chave associada que é calculada como o hash seguro do conteúdo do bloco. Desse modo, sempre que um bloco for consultado, um cliente pode verificar imediatamente se foi consultado o bloco correto ou se foi retornada uma outra versão ou uma versão corrompida.

Além do mais, o Ivy também utiliza **blocos de chaves públicas**, que são blocos cuja chave de consulta é uma chave pública e cujo conteúdo foi assinado com uma chave privada associada.

Para aumentar a disponibilidade, o DHash replica todos os blocos B para os k sucessores imediatos do servidor responsável pelo armazenamento de B. Além disso, blocos consultados também são guardados em cache ao longo da rota seguida pela requisição de consulta.

Arquivos são implementados como uma estrutura de dados separada em cima do DHash. Para cumprir esse objetivo, cada usuário mantém um registro das operações que executa em arquivos. Para simplificar, consideramos que há somente um único usuário por nó, de modo que cada nó terá seu próprio registro. Um registro é uma lista vinculada de linhas imutáveis na qual cada linha contém todas as informações relacionadas com uma operação no sistema de arquivos Ivy. Cada nó anexa linhas somente a seu próprio registro local. Só o início de um registro é

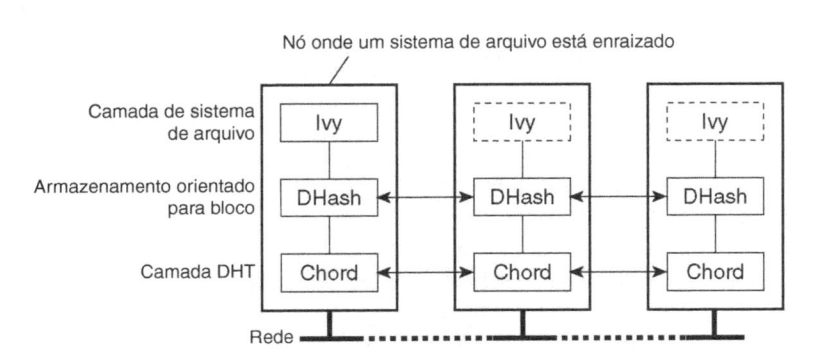

Figura 11.5 *Organização do sistema de arquivos distribuído Ivy.*

mutável e aponta para a linha mais recentemente anexada. Cada linha é armazenada em um bloco de hash de conteúdo separado, ao passo que o início de um registro é mantido em um bloco de chaves públicas.

Há tipos diferentes de linhas que correspondem aproximadamente às diferentes operações suportadas pelo NFS. Por exemplo, ao executar uma operação de atualização em um arquivo é criada uma linha *de escrita* que contém o identificador de arquivo junto com o deslocamento para a escrita e os dados que estão sendo escritos. Da mesma maneira, há linhas para criar arquivos (isto é, adicionar um novo inode), manipular diretórios e assim por diante.

Para criar um novo sistema de arquivos, um nó simplesmente cria um novo registro junto com um novo inode, que servirá como a raiz. O Ivy disponibiliza o que é denominado **servidor de retorno NFS** que é apenas um servidor local de nível de usuário que aceita requisições NFS de clientes locais. No caso do Ivy, esse servidor NFS suporta montagem do sistema de arquivos recém-criado, o que permite que aplicações o acessem como acessam qualquer outro sistema de arquivos NFS.

Quando executa uma operação read, o servidor NFS Ivy local pesquisa o registro e colhe dados das linhas que representam operações write no mesmo bloco de dados, o que lhe permite recuperar os valores mais recentemente armazenados. Observe que, como cada linha é armazenada como um bloco DHash, talvez sejam necessárias várias pesquisas na rede de sobreposição para recuperar os valores relevantes.

Em vez de usar uma camada separada de armazenamento orientada a blocos, projetos alternativos propõem distribuir arquivos inteiros, em vez de blocos de dados. Os desenvolvedores do Kosha (Butt et al., 2004) propõem distribuir arquivos em um nível de diretório específico. Na abordagem que adotaram, cada nó tem um ponto de montagem denominado /kosha que contém os arquivos que devem ser distribuídos usando um sistema baseado em DHT. Distribuir arquivos no nível de diretório 1 significa que todos os arquivos presentes em um subdiretório /kosha/a serão armazenados no mesmo nó. Da mesma maneira, distribuição no nível 2 implica que todos os arquivos armazenados no subdiretório /kosha/a/aa sejam armazenados no mesmo nó. Tomando uma distribuição de nível 1 como exemplo, o nó responsável por armazenar arquivos sob /kosha/a é encontrado pelo cálculo do hash de *a* e ao se tomar esse valor como a chave em uma consulta.

A desvantagem potencial dessa abordagem é que um nó pode ficar sem espaço em disco para armazenar todos os arquivos contidos no subdiretório pelo qual ele é responsável. Mais uma vez, foi encontrada uma solução simples — colocar um ramo daquele subdiretório em um outro nó e criar uma ligação simbólica para o lugar em que o ramo está armazenado agora.

11.2 Processos

Quando se trata de processos, sistemas de arquivos distribuídos têm propriedades que não são estranhas. Em muitos casos haverá tipos diferentes de processos cooperadores: servidores de armazenamento e gerenciadores de arquivos, exatamente como já descrevemos para várias organizações.

O aspecto mais interessante referente a processos de sistemas de arquivos é se eles devem ou não ter estado. O NFS é um bom exemplo que ilustra os compromissos. Um de seus aspectos distintos de maior impacto (em comparação com outros sistemas de arquivos distribuídos) era o fato de que seus servidores eram sem estado. Em outras palavras, o protocolo NFS não exigia que os servidores mantivessem nenhum estado do cliente. Essa abordagem foi seguida nas versões 2 e 3, mas abandonada na versão 4.

A vantagem primordial da abordagem sem estado é a simplicidade. Por exemplo, quando um servidor sem estado cai, não há, em essência, nenhuma necessidade de se entrar em uma fase de recuperação para trazer o servidor de volta a um estado anterior. Todavia, como explicamos no Capítulo 8, ainda assim precisamos levar em conta que não é possível dar ao cliente nenhuma garantia de que uma requisição foi executada ou não.

A abordagem sem estado no protocolo NFS nem sempre podia ser seguida totalmente em implementações práticas. Por exemplo, travar um arquivo não é fácil para um servidor sem estado. No caso do NFS é utilizado um gerenciador de travas separado para manipular essa situação. Da mesma maneira, certos protocolos de autenticação requerem que o servidor mantenha estado dos seus clientes. Ainda assim, em geral era possível projetar servidores NFS de modo tal que fosse preciso manter apenas uma quantidade muito pequena de informações sobre clientes. Na maioria dos casos, o esquema funcionava adequadamente.

A partir da versão 4, a abordagem sem estado foi abandonada, embora o novo protocolo seja projetado de maneira que um servidor não precise manter muitas informações sobre seus clientes. Além do que acabamos de mencionar, há outras razões para escolher uma abordagem com estado. Uma delas, importante, é que a versão 4 do NFS deve funcionar também em redes de longa distância. Isso requer que os clientes possam fazer uso efetivo de caches, o que, por sua vez, requer um protocolo de consistência de cache eficiente. Esses protocolos costumam funcionar melhor em colaboração com um servidor que mantenha certa informação sobre arquivos usados por seus clientes. Por exemplo, um servidor poderia associar um leasing com cada arquivo que entregar a um cliente, prometendo dar ao cliente acesso exclusivo de leitura e escrita até que o leasing expire ou seja renovado. Voltaremos a essas questões mais adiante neste capítulo.

A diferença mais aparente em relação às versões anteriores é o suporte para a operação open. Além disso, o NFS suporta procedimentos de chamada de retorno pelos quais um servidor pode fazer uma RPC a um cliente. Obviamente, chamadas de retorno também exigem que um servidor monitore seus clientes.

Raciocínio semelhante afetou o projeto de outros sistemas de arquivos distribuídos. De modo geral, ocorre que manter um projeto totalmente sem estado pode ser bem difícil, o que muitas vezes resultou na construção de soluções com estado como um aprimoramento, como é o caso de travamento de arquivos em NFS.

11.3 Comunicação

Assim como para processos, não há nada de particularmente especial ou fora do comum na comunicação em sistemas de arquivos distribuídos. Grande parte dela é baseada em chamadas de procedimento remoto (RPCs), embora tenham sido feitas algumas extensões interessantes para suportar casos especiais. A principal razão para escolher um mecanismo de RPC é tornar o sistema independente dos sistemas operacionais, redes e protocolos de transporte subjacentes.

11.3.1 RPCs em NFS

Por exemplo, em NFS, toda comunicação entre um cliente e um servidor segue as regras do protocolo **Open Network Computing RPC** (**ONC RPC**), que é definido formalmente em Srinivasan (1995a) junto com um padrão para representar dados montados (Srinivasan, 1995b). A ONC RPC é semelhante a outros sistemas RPC, como discutimos no Capítulo 4.

Toda operação em NFS pode ser implementada como uma única chamada de procedimento remoto a um servidor de arquivos. Na verdade, até o NFSv4, cabia ao cliente a responsabilidade de facilitar o máximo possível a vida do servidor mantendo as requisições relativamente simples. Por exemplo, para ler dados de um arquivo pela primeira vez, normalmente um cliente tinha de consultar o manipulador de arquivo antes, usando a operação lookup, e, depois disso, podia emitir uma requisição de leitura, como mostra a Figura 11.6(a).

Essa abordagem requeria duas RPCs sucessivas. A desvantagem ficava aparente quando se considerava a utilização de NFS em um sistema de longa distância. Nesse caso, a latência extra de uma segunda RPC levava à degradação do desempenho. Para contornar esses problemas, o NFSv4 suporta **procedimentos compostos** pelos quais várias RPCs podem ser agrupadas em uma única requisição, como mostra a Figura 11.6(b).

Em nosso exemplo, o cliente combina as requisições de consulta e de leitura em uma única RPC. No caso da versão 4, também é necessário abrir o arquivo antes de poder fazer a leitura. Após o manipulador de arquivo ter sido consultado, ele é passado para a operação open, depois da qual o servidor prossegue com a operação read. Nesse exemplo, o efeito global é que somente duas mensagens precisam ser trocadas entre o cliente e o servidor.

Não há nenhuma semântica transacional associada com procedimentos compostos. As operações reunidas em um procedimento composto são tão-somente manipuladas na ordem em que são requisitadas. Se houver operações concorrentes de outros clientes, então nenhuma providência é tomada para evitar conflitos. Se uma operação falhar por qualquer que seja a razão, nenhuma outra operação será executada no procedimento composto e os resultados encontrados até o momento em questão serão retornados para o cliente. Por exemplo, se lookup falhar, nem ao menos será tentada uma open subseqüente.

11.3.2 Subsistema RPC2

Um outro aprimoramento interessante das RPCs foi desenvolvido como parte do sistema de arquivo Coda (Kistler e Satyanarayanan, 1992). **RPC2** é um pacote que oferece RPCs confiáveis em cima do protocolo UDP (não confiável). Cada vez que um procedimento remoto é chamado, o código de cliente do RPC2 inicia um novo

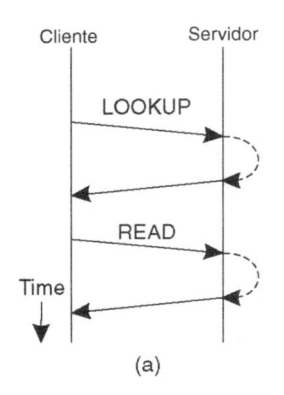

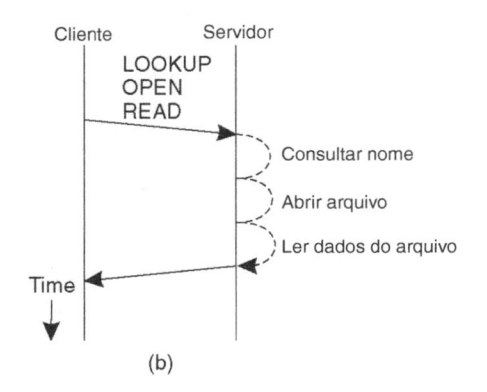

Figura 11.6 (a) Leitura de dados de um arquivo em NFS versão 3. (b) Leitura de dados que utiliza um procedimento composto na versão 4.

thread que envia uma requisição de invocação e em seguida bloqueia até receber uma resposta. Como o processamento de uma requisição pode levar um tempo arbitrário para ser concluído, o servidor envia mensagens periódicas de volta para o cliente para que este saiba que ele ainda está trabalhando na requisição. Se o servidor morrer, mais cedo ou mais tarde esse thread perceberá que as mensagens cessaram e anunciará uma falha à aplicação chamadora.

Um aspecto interessante do RPC2 é o suporte que dá a efeitos colaterais. Um **efeito colateral** é um mecanismo pelo qual o cliente e o servidor podem se comunicar usando um protocolo específico de aplicação. Considere, por exemplo, um cliente que está abrindo um arquivo em um servidor de vídeo. Nesse caso, é preciso que o cliente e o servidor estabeleçam um fluxo contínuo de dados com um modo de transmissão isócrono. Em outras palavras, garante-se que o atraso fim-a-fim na transferência de dados do servidor para o cliente estará entre um máximo e um mínimo.

RPC2 permite que o cliente e o servidor estabeleçam uma conexão separada para transferir a tempo os dados de vídeo para o cliente. O estabelecimento da conexão é realizado como efeito colateral de uma chamada RPC ao servidor. Para cumprir essa finalidade, o sistema de execução do RPC2 oferece uma interface de rotinas de efeitos colaterais que deverá ser implementada pelo desenvolvedor da aplicação. Por exemplo, há rotinas para estabelecer uma conexão e rotinas para transferir dados. Essas rotinas são chamadas automaticamente pelo sistema de execução do RPC2 no cliente e no servidor respectivamente; porém, quanto ao mais, sua implementação é completamente independente do RPC2. Esse princípio de efeitos colaterais é mostrado na Figura 11.7.

Um outro aspecto do RPC2 que o torna diferente de outros sistemas de RPC é o suporte que dá para multicast. Uma importante questão de projeto do Coda é que os servidores monitorem quais clientes têm uma cópia local de um arquivo. Quando um arquivo é modificado, um servidor invalida cópias locais notificando os clientes apropriados por meio de uma RPC. Certamente, se um servidor só puder notificar um cliente por vez, pode levar algum tempo para invalidar todos os clientes, como ilustra a Figura 11.8(a).

O problema é causado pelo fato de que uma RPC pode falhar ocasionalmente. A invalidação de arquivos em uma ordem estritamente seqüencial pode sofrer considerável atraso porque o servidor não pode alcançar um cliente que possivelmente caiu, mas só desistirá desse cliente após um tempo de expiração relativamente longo. Enquanto isso, outros clientes ainda vão estar lendo de suas cópias locais.

Uma solução alternativa (e melhor) é mostrada na Figura 11.8(b). Nesse caso, em vez de invalidar cada cópia, uma por uma, o servidor envia uma mensagem de invalidação a todos os clientes ao mesmo tempo. Em conse-

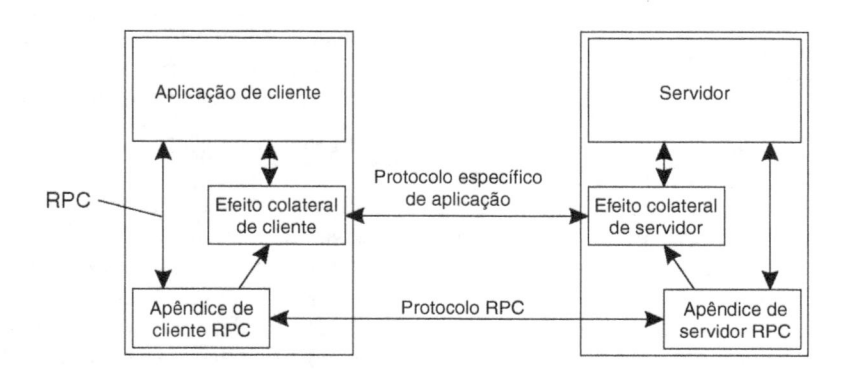

Figura 11.7 Efeitos colaterais no sistema RPC2 do Coda.

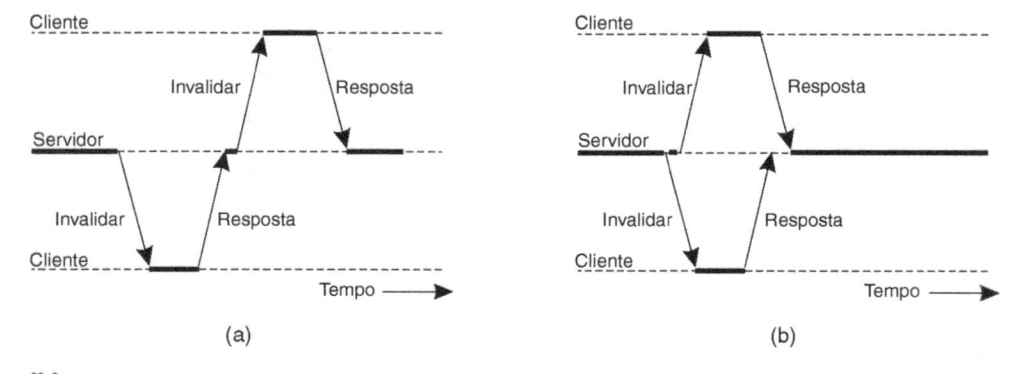

Figura 11.8 (a) Envio de mensagens de invalidação uma por vez. (b) Envio de mensagens de invalidação em paralelo.

qüência, todos os clientes que não falharam são notificados no mesmo tempo que levaria para executar uma RPC imediata. Além disso, o servidor percebe, dentro do tempo de expiração usual, que certos clientes não estão conseguindo responder à RPC e pode declarar que esses clientes caíram.

RPCs paralelas são implementadas por meio do sistema **MultiRPC**, que faz parte do pacote RPC2 (Satyanarayanan e Siegel, 1990). Um aspecto importante do MultiRPC é que a invocação paralela de RPCs é totalmente transparente para quem é chamado. Em outras palavras, o receptor de uma chamada MultiRPC não pode distingui-la de uma RPC normal. Do lado do chamador, a execução paralela também é, em grande parte, transparente. Por exemplo, a semântica do MultiRPC na presença de falhas é muito parecida com a de uma RPC normal. Da mesma maneira, os mecanismos de efeitos colaterais podem ser usados do mesmo modo que antes.

Em essência, o MultiRPC é implementado pela execução de várias RPCs em paralelo. Isso significa que o chamador envia explicitamente uma requisição de RPC a cada receptor. Contudo, em vez de esperar imediatamente por uma resposta, ele adia o bloqueio até que todas as requisições tenham sido enviadas. Em outras palavras, o chamador invoca várias RPCs de uma via e depois bloqueia até que todas as respostas tenham sido recebidas pelos receptores que não falharam. Uma abordagem alternativa para a execução paralela de RPCs em MultiRPC é dada pelo estabelecimento de um grupo multicast e envio de uma RPC a todos os membros do grupo mediante a utilização de multicast IP.

11.3.3 Comunicação orientada a arquivos em Plan 9

Por fim, vale a pena mencionar uma abordagem completamente diferente para a manipulação da comunicação em sistemas de arquivos distribuídos. O **Plan 9** (Pike et al., 1995) não chega a ser um sistema de arquivos distribuído, mas um *sistema distribuído baseado em arquivos*. Todos os recursos são acessados do mesmo modo, ou seja, com sintaxe e operações semelhantes a arquivo, incluindo até mesmo recursos como processos e interfaces de rede. Essa idéia foi herdada do Unix, que também tenta oferecer interfaces para recursos parecidas com arquivos, porém foi mais explorada e com mais con-

sistência no Plan 9. Para ilustrar, interfaces de rede são representadas por um sistema de arquivos que, nesse caso, consiste em um conjunto de arquivos especiais. Essa abordagem é semelhante ao Unix, embora interfaces de rede em Unix sejam representadas por arquivos, e não por sistemas de arquivos. (Note que, nesse contexto, um sistema de arquivos é, novamente, o dispositivo de bloco lógico que contém todos os dados e metadados que abrangem um conjunto de arquivos.) Em Plan 9, por exemplo, uma conexão TCP individual é representada por um subdiretório que consiste nos arquivos mostrados na Tabela 11.2.

O arquivo *ctl* é usado para enviar comandos de controle à conexão. Por exemplo, abrir uma sessão telnet para uma máquina cujo endereço IP é 192.31.231.42 usando a porta 23 requer que o remetente escreva a corrente de texto 'connect 192.31.231.42!23' no arquivo *ctl*. O receptor teria escrito previamente a corrente 'announce 23' para seu próprio arquivo *ctl*, indicando que ele pode aceitar requisições de sessão.

O arquivo *data* é usado para trocar dados pela simples execução das operações **read** e **write**. Essas operações seguem a semântica usual do Unix para operações de arquivo.

Por exemplo, para escrever dados em uma conexão, um processo simplesmente invoca a operação

res = write(fd, buf, nbytes);

onde *fd* é o descritor de arquivo retornado após a abertura do arquivo de dados, *buf* é um ponteiro para um buffer que contém os dados que devem ser escritos e *nbytes* é a quantidade de bytes que deve ser extraída do buffer. A quantidade de bytes realmente escrita é retornada e armazenada na variável *res*.

O arquivo *listen* é usado para esperar por requisições de estabelecimento de conexão. Após ter anunciado sua disposição de aceitar novas conexões, um processo pode executar uma **read** bloqueadora no arquivo *listen*. Se uma requisição chegar, a chamada retorna um descritor de arquivo para um novo arquivo *ctl* correspondente a um diretório de conexão recém-criado. Desse modo, vemos como pode ser realizada uma abordagem de comunicação completamente orientada a arquivos.

Cliente	Descrição
ctl	Usado para escrever comandos de controle específicos de protocolo
data	Usado para ler e escrever dados
listen	Usado para aceitar requisições de estabelecimento de conexão
local	Fornecer informações sobre o lado do chamador da conexão
remote	Fornecer informações sobre o outro lado da conexão
status	Fornecer informações de diagnóstico sobre o status corrente da conexão

Tabela 11.2. Arquivos associados com uma única conexão TCP em Plan 9.

11.4 Nomeação

Considera-se que a nomeação desempenha papel importante em sistemas de arquivos distribuídos. Em praticamente todos os casos, nomes são organizados em um espaço hierárquico de nomes como os que discutimos no Capítulo 5. A seguir consideraremos novamente o NFS como representativo do modo como a nomeação costuma ser manipulada em sistemas de arquivos distribuídos.

11.4.1 Nomeação em NFS

A idéia fundamental subjacente ao modelo de nomeação do NFS é fornecer aos clientes acesso completamente transparente a um sistema de arquivos remoto mantido por um servidor. Essa transparência é conseguida ao se permitir que um cliente possa montar um sistema de arquivos remoto em seu próprio sistema de arquivos local, como mostra a Figura 11.9.

Em vez de montar um sistema de arquivos inteiro, o NFS permite que clientes montem somente parte de um sistema de arquivos, como também mostra a Figura 11.9. Diz-se que um servidor **exporta** um diretório quando disponibiliza esse diretório e suas entradas para clientes. Um diretório exportado pode ser montado em um espaço de local de nomes de um cliente.

Essa abordagem de projeto tem uma séria implicação: em princípio, os usuários não compartilham espaços de nomes. Como mostra a Figura 11.9, o arquivo nomeado */remote/vu/mbox* no cliente *A* é nomeado */work/me/mbox* no cliente *B*. Por isso, o nome de um arquivo depende do modo como os clientes organizam seu próprio espaço local de nomes e de onde são montados os diretórios exportados. A desvantagem dessa abordagem em um sistema de arquivos distribuído é que fica muito mais difícil compartilhar arquivos. Por exemplo, Alice não pode falar com Bob sobre um arquivo que usa o nome que ela designou para esse arquivo porque esse nome pode ter um significado completamente diferente no espaço de nomes de arquivos de Bob.

Há várias maneiras de resolver esse problema, porém a mais comum é fornecer a cada cliente um espaço de nomes parcialmente padronizado. Por exemplo, pode ser que cada cliente esteja usando o diretório local */usr/bin* para montar um sistema de arquivos que contém um conjunto padronizado de programas que estão disponíveis para todos. Da mesma maneira, o diretório */local* pode ser usado como padrão para montar um sistema local de arquivos que está localizado no hospedeiro do cliente.

Um servidor NFS pode montar diretórios que são exportados por outros servidores. Entretanto, não tem permissão de exportar esses diretórios para seus próprios clientes. Em vez disso, um cliente terá de montar explicitamente tal diretório com base no servidor que o mantém, como mostra a Figura 11.10. Essa restrição se origina, em parte, da simplicidade. Se um servidor pudesse exportar um diretório que ele montou com base em um outro servidor, ele teria de retornar manipuladores especiais de arquivos que incluíssem um identificador para um servidor. O NFS não suporta tais manipuladores de arquivo.

Para explicar esse ponto com mais detalhes, considere que o servidor *A* hospede um sistema de arquivos FS_A do qual ele exporta o diretório */packages*. Esse diretório contém um subdiretório */draw* que age como um ponto de montagem para um sistema de arquivos FS_B, que é exportado pelo servidor *B* e montado por *A*. Digamos que *A* também exporta */packages/draw* para seus próprios clientes e vamos considerar que um cliente montou */packages* em seu diretório local */bin*, como mostra a Figura 11.10.

Se a resolução de nomes for iterativa (como é o caso em NFSv3), então, para resolver o nome */bin/draw/install*, o cliente contata o servidor *A* quando tiver resolvido localmente */bin* e requisita que *A* retorne um manipulador de

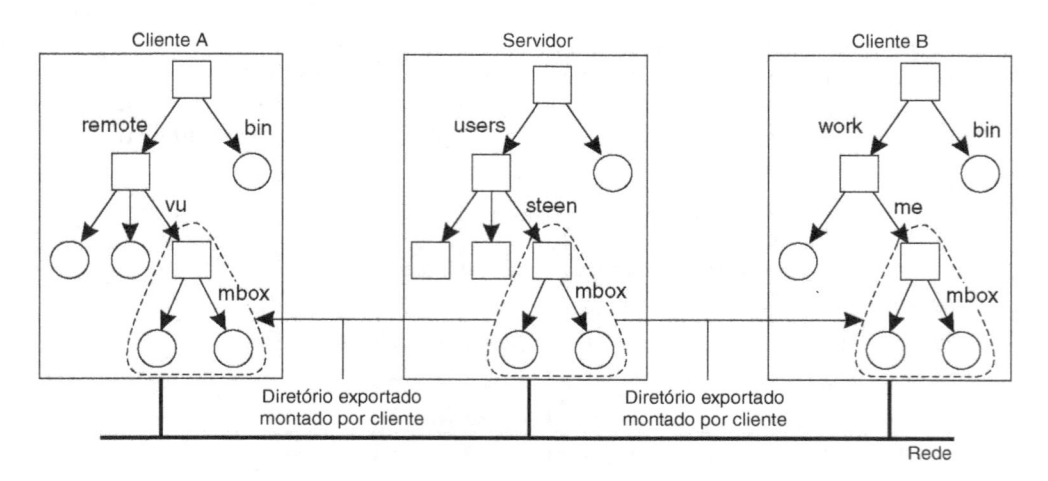

Figura 11.9 Montagem de (parte de) um sistema de arquivos remoto em NFS.

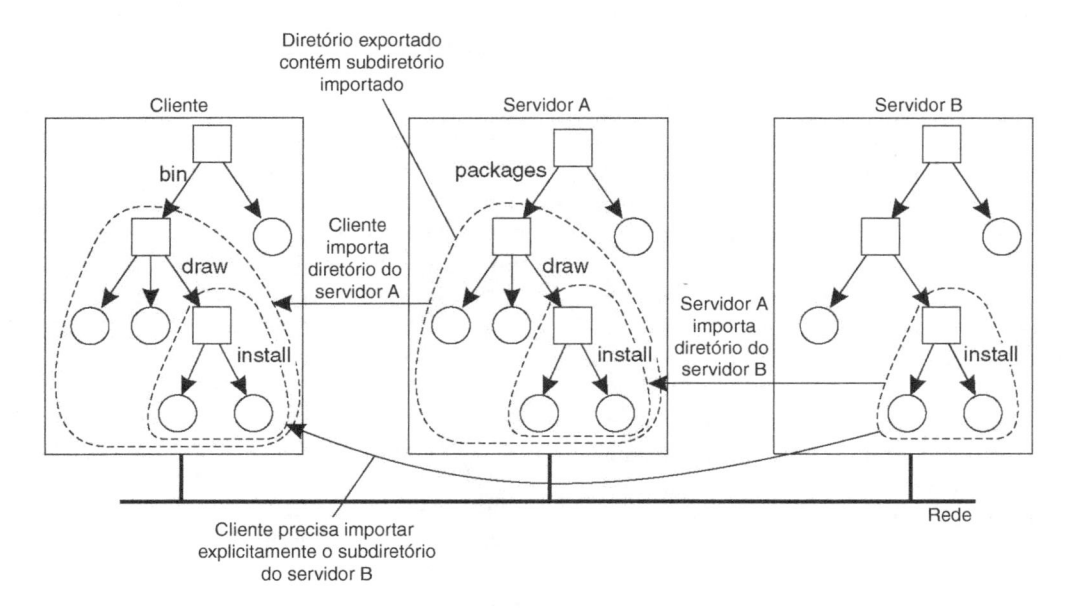

Figura 11.10 Montagem de diretórios aninhados com base em vários servidores em NFS.

arquivo para o diretório /draw. Nesse caso, o servidor A deve retornar um manipulador de arquivo que inclui um identificador para o servidor B, porque somente B pode resolver o resto do nome de caminho, nesse caso, /install. Como dissemos, esse tipo de resolução de nomes não é suportado pelo NFS.

A resolução de nomes em NFSv3 (e em versões mais antigas) é estritamente iterativa no sentido de que só é possível consultar um único nome de arquivo por vez. Em outras palavras, resolver um nome como /bin/draw/install requer três chamadas separadas ao servidor NFS. Além do mais, o cliente é totalmente responsável por implementar a resolução de um nome de caminho. O NFSv4 também suporta consultas recursivas de nomes. Nesse caso, um cliente pode passar um nome de caminho completo para um servidor e requisitar que ele o resolva.

Há uma outra peculiaridade das consultas de nomes em NFS que foi resolvida na versão 4. Considere um servidor de arquivos que hospede diversos sistemas de arquivos. Com a resolução de nomes estritamente iterativa da versão 3, sempre que era feita uma consulta em busca de um diretório no qual estava montado um outro sistema de arquivos, a consulta retornaria o manipulador de arquivo do diretório. Uma leitura subseqüente nesse diretório retornaria seu conteúdo *original*, e não o do diretório-raiz do sistema de arquivos montado.

Para explicar, considere que em nosso exemplo anterior ambos os sistemas de arquivos, FS_A e FS_B, são hospedados por um único servidor. Se o cliente tiver montado /packages em seu diretório local, /bin, uma consulta ao nome de arquivo *draw* no servidor retornaria o manipulador de arquivo para *draw*. Portanto, uma chamada subseqüente ao servidor para apresentar a lista de entradas de *draw* por meio de **readdir** retornaria a lista de entradas de diretório que estava *originalmente* armazenada em FS_A no subdiretório /packages/draw. Só se o cliente também tivesse montado o sistema de arquivos FS_B seria possível resolver adequadamente o nome de caminho *draw/install* relativo a /bin.

O NFSv4 resolve esse problema permitindo que consultas atravessem pontos de montagem em um servidor. Em particular, **lookup** retorna o manipulador de arquivo do diretório *montado,* em vez do manipulador do diretório original. O cliente pode detectar que a consulta atravessou um ponto de montagem inspecionando o identificador de sistema de arquivos do arquivo consultado. Se exigido, o cliente também pode montar esse sistema de arquivos localmente.

Manipuladores de arquivo

Um manipulador de arquivo é uma referência a um arquivo dentro de um sistema de arquivos. Ele é independente do nome do arquivo ao qual se refere. Um manipulador de arquivo é criado pelo servidor que está hospedando o sistema de arquivos e é exclusivo no que diz respeito a todos os sistemas de arquivos exportados pelo servidor. Ele é criado quando o arquivo é criado. O cliente nunca sabe qual é o real conteúdo de um manipulador de arquivo; ele é completamente opaco. Manipuladores de arquivo tinham 32 bytes no NFS versão 2, mas podiam variar até 64 bytes na versão 3 e até 128 bytes na versão 4. Certamente o comprimento de um manipulador de arquivo não é opaco.

O ideal é que um manipulador de arquivo seja implementado como identificador verdadeiro para um arquivo em relação a um sistema de arquivos. Uma das razões é que, enquanto existir, o arquivo deverá ter um só — e mesmo — manipulador de arquivo. Esse requisito de persistência permite que um cliente armazene um manipulador de arquivo localmente tão logo o arquivo associado tenha sido consultado por meio de seu nome. Um dos benefícios é o desempenho: como grande parte das operações de arquivo requer um manipulador de arquivo em vez de um nome, o cliente pode evitar ter de consultar um nome repetidas vezes antes de cada operação. Um dos benefícios dessa abordagem é que, agora, o cliente pode acessar o arquivo independentemente de seus nomes (correntes).

Como um manipulador de arquivo pode ser armazenado localmente por um cliente, também é importante que um servidor não reutilize um manipulador de arquivo após ter apagado o arquivo. Se o fizer, quando um cliente usar seu manipulador de arquivo pode, por engano, acessar o arquivo errado.

Observe que a combinação de consultas iterativas de nomes e de não deixar uma consulta atravessar um ponto de montagem introduz um problema para obter um manipulador de arquivo inicial. Para acessar arquivos em um sistema de arquivos remoto, um cliente precisará fornecer ao servidor um manipulador de arquivo do diretório em que deve ocorrer a consulta, junto com o nome do arquivo ou diretório que deve ser resolvido. O NFSv3 resolve esse problema por meio de um protocolo de montagem separado pelo qual, na realidade, um cliente monta um sistema de arquivos remoto. Após a montagem, o cliente recebe de volta o **manipulador de arquivo-raiz** do sistema de arquivos montado que ele, na seqüência, pode usar como ponto de partida para consultar nomes.

Em NFSv4, esse problema é resolvido com o fornecimento de uma operação separada putrootfh que diz ao servidor para resolver todos os nomes de arquivo em relação ao manipulador de arquivo-raiz do sistema de arquivos que ele gerencia. O manipulador de arquivo-raiz pode ser usado para consultar qualquer outro manipulador de arquivo no sistema de arquivos do servidor. Essa abordagem tem o benefício adicional de não haver nenhuma necessidade de um protocolo de montagem separado. Em vez disso, a montagem pode ser integrada ao protocolo comum de consulta de arquivos. Um cliente pode montar um sistema de arquivos remoto requisitando que o servidor resolva nomes em relação ao manipulador de arquivo-raiz do sistema de arquivos usando putrootfh.

Automontagem

Como mencionamos, em essência, o modelo de nomeação do NFS fornece aos usuários seus próprios espaços de nomes. O compartilhamento nesse modelo pode se tornar difícil se os usuários derem um nome diferente a um mesmo arquivo. Uma solução para esse problema é dar a cada usuário um espaço de nomes local parcialmente padronizado e, na seqüência, montar sistemas de arquivos remotos iguais para cada usuário.

Um outro problema do modelo de nomeação do NFS tem a ver com decidir *quando* um sistema de arquivos remoto deve ser montado. Suponha um sistema de grande porte com milhares de usuários. Suponha que cada usuário tem um diretório nativo /home que é usado para montar os diretórios nativos de outros usuários. Por exemplo, o diretório nativo de Alice pode ser localmente disponível para ela como /home/alice, embora os arquivos propriamente ditos estejam armazenados em um servidor remoto. Esse diretório pode ser montado automaticamente quando Alice acessa sua estação de trabalho. Além disso, ela pode ter acesso aos arquivos públicos de Bob acessando o diretório de Bob por meio de /home/bob.

Entretanto, a questão é se o diretório nativo de Bob também deve ser montado automaticamente quando Alice acessa sua estação de trabalho. O benefício dessa abordagem seria que todo o negócio de montar sistemas de arquivos seria transparente para Alice. Contudo, se essa política fosse seguida para cada usuário, o acesso ao sistema poderia incorrer em grande quantidade de comunicação e custo administrativo adicional. Também exigiria que todos os usuários fossem conhecidos antecipadamente. Uma abordagem muito melhor é montar transparentemente um outro diretório nativo de usuário sob demanda, isto é, quando for necessário pela primeira vez.

A montagem sob demanda de um sistema de arquivos remoto (ou, na verdade, um diretório exportado) em NFS é manipulada por um **automontador** que executa como um processo separado na máquina cliente. O princípio subjacente a um automontador é relativamente simples. Considere um automontador simples implementado como servidor NFS de nível de usuário em um sistema operacional Unix. Se quiser conhecer implementações alternativas, veja Callaghan (2000).

Considere que, para cada usuário, os diretórios nativos de todos os usuários estão disponíveis por meio do diretório local /home, como já descrevemos. Quando a máquina de um cliente é inicializada, o automontador começa com a montagem desse diretório. O efeito dessa montagem local é que, sempre que um programa tentar acessar /home, o núcleo Unix expedirá uma operação lookup para o cliente NFS que, nesse caso, repassará a requisição para o automontador em seu papel como servidor NFS, como mostra a Figura 11.11.

Por exemplo, suponha que Alice acessa sua estação de trabalho. O programa de acesso tentará ler o diretório /home/alice para achar informações como scripts de acesso. Desse modo, o automontador recebe a requisição para consultar o subdiretório /home/alice, razão pela qual, em primeiro lugar, cria um subdiretório /alice em /home. Depois, ele consulta o servidor NFS que exporta o diretório nativo de Alice para, na seqüência, montar aquele diretório em /home/alice. Nesse ponto, o programa de acesso pode prosseguir.

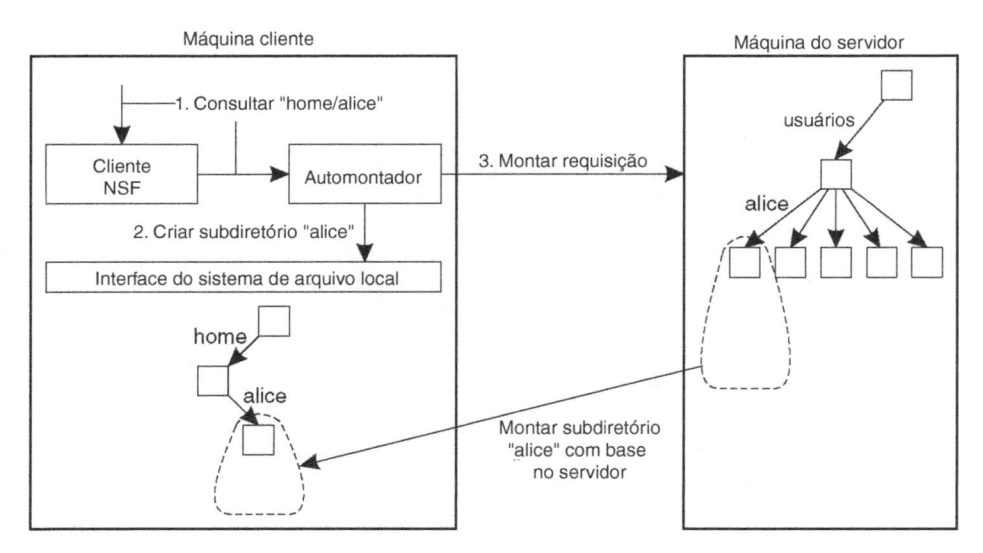

Figura 11.11 Automontador simples para NFS.

O problema dessa abordagem é que o automontador terá de se envolver em todas as operações de arquivo para garantir transparência. Se um arquivo referenciado não estiver disponível localmente porque o sistema de arquivos correspondente ainda não foi montado, o automontador terá de saber. Em particular, ele precisará manipular todas as requisições de leitura e escrita, mesmo para sistemas de arquivos que já foram montados. Essa abordagem pode incorrer em um grande problema de desempenho. Seria melhor que o montador se limitasse a somente montar/desmontar; diretórios porém, quanto ao mais, ficasse fora do laço.

Uma solução simples é permitir que o automontador monte diretórios em um subdiretório especial e instale uma ligação simbólica para cada diretório montado. Essa abordagem é mostrada na Figura 11.12.

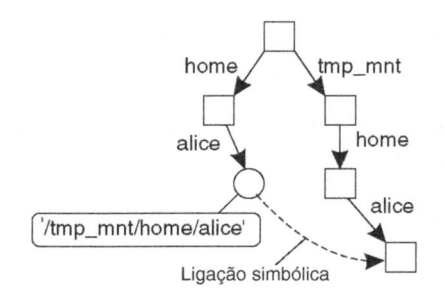

Figura 11.12 Utilização de ligações simbólicas com automontagem.

Em nosso exemplo, os diretórios nativos do usuário são montados como subdiretórios de */tmp_mnt*. Quando Alice se conecta, o automontador monta seu diretório nativo em */tmp_mnt/home/alice* e cria uma ligação simbólica */home/alice* que referencia aquele subdiretório. Nesse caso, sempre que Alice executar um comando como

ls –l /home/alice

o servidor NFS que exporta o diretório nativo de Alice é contatado diretamente sem envolvimento ulterior do automontador.

11.4.2 Construindo um espaço global de nomes

Grandes sistemas distribuídos costumam ser construídos pela reunião de vários sistemas herdados em um só sistema geral. Quando se trata de oferecer acesso compartilhado a arquivos, um espaço global de nomes é praticamente o adesivo mínimo que gostaríamos de ter. Atualmente, grande parte dos sistemas de arquivos é aberta para compartilhamento por meios primitivos como acesso por FTP. Essa abordagem, por exemplo, é geralmente utilizada em computação em grade.

Abordagens mais sofisticadas são adotadas por sistemas de arquivos distribuídos verdadeiramente de longa distância, mas elas quase sempre exigem modificações nos núcleos do sistema operacional. Por isso, pesquisadores continuam à procura de abordagens para integrar sistemas de arquivos existentes com um espaço de nomes único e global, porém utilizando somente soluções de nível de usuário. Um desses sistemas, denominado **serviço de espaço global de nomes** (Global Name Space Service — **GNS**), é proposto por Anderson et al. (2004).

O GNS não fornece interfaces para acessar arquivos. Em vez disso, limita-se a propor os meios para estabelecer um espaço global de nomes no qual foram fundidos diversos espaços de nomes existentes. Para cumprir essa finalidade, um cliente GNS mantém uma árvore virtual na qual cada nó ou é um diretório ou é uma **junção**. Uma junção é um nó especial que indica que a resolução de nomes deve ficar a cargo de um outro processo e, por isso, guarda alguma semelhança com um ponto de montagem em sistemas de arquivos tradicionais. Há cinco tipos diferentes de junções, como mostra a Tabela 11.3.

Uma junção GNS apenas referencia uma outra instância de GNS, que é somente uma outra árvore virtual possivelmente hospedada em um outro processo. As duas junções lógicas contêm informações necessárias para contatar um serviço de localização que fornecerá o endereço de contato para acessar um sistema de arquivos e um arquivo, respectivamente. Um nome de sistema de arquivos físico referencia um sistema de arquivos em um outro servidor e corresponde, em grande parte, a um endereço de contato de que uma junção lógica necessitaria. Por exemplo, um URL como *ftp://ftp.cs.vu.nl/pub* conteria todas as informações para acessar arquivos no servidor FTP indicado. Por analogia, um URL como *http//www.cs.vu.nl/index.htm* é um exemplo típico de um nome de arquivo físico.

É óbvio que uma junção deve conter todas as informações para continuar a resolução de nomes. Há muitas maneiras de fazer isso; entretanto, considerando que há tantos sistemas de arquivos diferentes, cada junção específica exigirá sua própria implementação. Felizmente, também existem muitos modos comuns para acessar arquivos remotos, entre eles protocolos para comunicação com servidores NFS, servidores FTP e máquinas baseadas em Windows (em particular CIFS).

O GNS tem a vantagem de desacoplar a nomeação de arquivos de sua localização propriamente dita. Não existe absolutamente nenhuma relação entre uma árvore virtual e o lugar físico em que arquivos e diretórios são colocados. Além disso, a utilização de um serviço de localização também possibilita a movimentação de arquivos de um lado para outro sem inviabilizar a resolução de seus nomes. Nesse caso, as novas localizações físicas precisam ser registradas no serviço de localização. Observe que isso é exatamente igual ao que discutimos no Capítulo 5.

11.5 Sincronização

Agora, vamos continuar nossa discussão focalizando questões de sincronização em sistemas de arquivos distribuídos. Há várias questões que demandam nossa atenção. Em primeiro lugar, a sincronização para sistemas de arquivos não seria um item a ser comentado se os arquivos não fossem compartilhados. Contudo, em um sistema distribuído, a semântica de compartilhamento de arquivos se torna um pouco complicada quando estão em jogo questões de desempenho. Diferentes soluções foram propostas para cumprir essa finalidade e, a seguir, discutiremos as mais importantes.

11.5.1 Semânticas de compartilhamento de arquivos

Quando dois ou mais usuários compartilham o mesmo arquivo ao mesmo tempo, é necessário definir com exatidão a semântica de leitura e de escrita para evitar problemas. Em sistemas de processador único que permitem a processos compartilharem arquivos, como o Unix, normalmente a semântica declara que, quando uma operação **read** vem depois de uma operação **write**, a **read** retorna o valor que acabou de ser escrito, como mostra a Figura 11.13(a). De maneira semelhante, quando duas operações **write** ocorrem em rápida sucessão, seguidas por uma **read**, o valor lido é o valor armazenado pela última **write**. Na verdade, o sistema impõe uma ordenação de tempo absoluto a todas as operações e sempre retorna o valor mais recente. Vamos denominar esse modelo **semântica Unix**. Ele é fácil de entender, e sua implementação é direta.

Em um sistema distribuído, a semântica Unix pode ser conseguida com facilidade, contanto que haja somente um servidor de arquivos e os clientes não armazenem arquivos. Todas as operações **read** e **write** vão diretamente para o servidor de arquivos, que as processa estritamente em seqüência. Essa abordagem dá semântica Unix (exceto pelo pequeno problema de que atrasos de rede podem fazer com que uma **read** que ocorreu um microssegundo após uma **write** chegue ao servidor antes e, por isso, obtenha o valor velho).

Entretanto, na prática, o desempenho de um sistema distribuído no qual todas as requisições de arquivos devem ir para um único servidor costuma ser fraco. Muitas vezes esse problema é resolvido com a permissão de que clientes mantenham cópias locais de arquivos muito utilizados em

Junção	Descrição
Junção GNS	Referencia uma outra instância GNS
Nome lógico de sistema de arquivo	Referencia uma subárvore a ser consultada em um serviço de localização
Nome lógico de arquivo	Referencia um arquivo a ser consultado em um serviço de localização
Nome de sistema de arquivo físico	Referencia subárvore diretamente acessível por acesso remoto
Nome de arquivo físico	Referencia arquivo diretamente acessível por acesso remoto

Tabela 11.3 Junções em GNS.

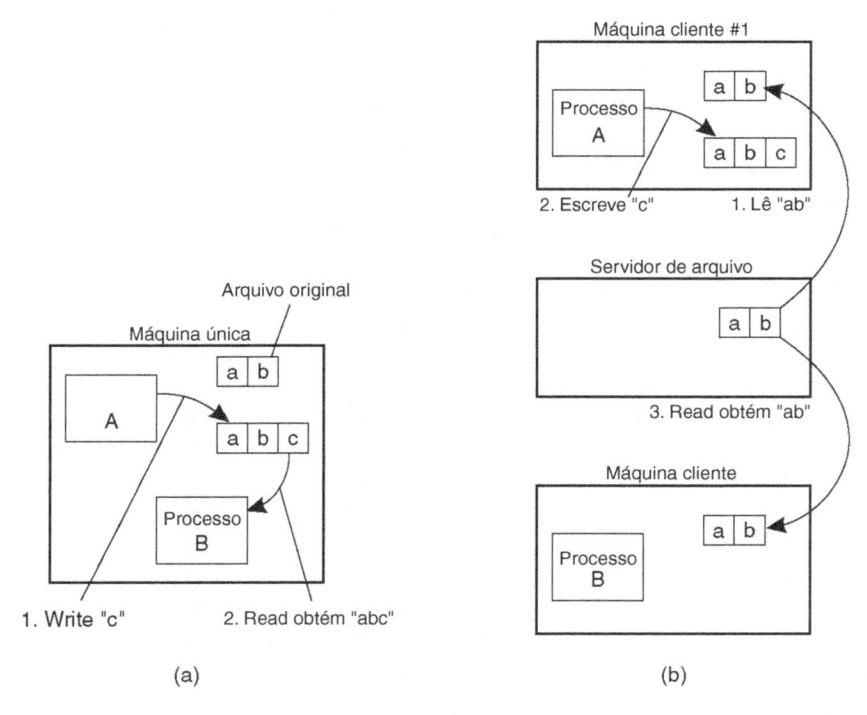

Figura 11.13 (a) Em um processador único, quando uma operação de leitura vem depois de uma operação de escrita, o valor retornado pela leitura é o valor que acabou de ser escrito. (b) Em um sistema distribuído em cache, podem ser retornados valores obsoletos.

suas caches (locais) privadas. Uma vez que discutiremos os detalhes de cache de arquivos logo adiante, por enquanto basta destacar que, se um cliente modifica localmente um arquivo em cache e logo depois um outro cliente lê o arquivo no servidor, o segundo obterá um arquivo obsoleto, como ilustrado na Figura 11.13(b).

Um modo de escapar dessa dificuldade é propagar todas as alterações realizadas em arquivos em cache de volta para o servidor imediatamente. Embora conceitualmente simples, essa abordagem é ineficiente. Uma solução alternativa é relaxar a semântica de compartilhamento de arquivos. Em vez de requerer que uma read veja os efeitos de todas as operações write anteriores, podemos estabelecer uma nova regra que diz: 'Alterações em um arquivo aberto são inicialmente visíveis apenas para o processo (ou, possivelmente, máquina) que modificou o arquivo. Somente quando o arquivo for fechado as alterações devem ficar visíveis para outros processos (ou máquinas)'. A adoção dessa regra não muda o que ocorre na Figura 11.13(b), mas redefine o comportamento propriamente dito (B obtém o valor original do arquivo) como correto. Quando A fecha o arquivo, envia uma cópia ao servidor, de modo que as operações read subseqüentes obtenham o novo valor como requerido.

Essa regra é amplamente implementada e é conhecida como **semântica de sessão**. Grande parte dos sistemas de arquivos distribuídos implementa semântica de sessão. Isso quer dizer que, embora em teoria sigam o modelo de acesso remoto da Figura 11.1(a), a maioria das implementações utiliza caches locais, implementando efetivamente o modelo de carga e atualização da Figura 11.1(b).

A utilização de semântica de sessão levanta a questão do que ocorre se dois ou mais clientes estiverem armazenando e modificando o mesmo arquivo simultaneamente. Uma solução é dizer que, à medida que cada arquivo for fechado por vez, seu valor será enviado de volta ao servidor, de modo que o resultado final depende de qual requisição de fechamento é a mais recentemente processada pelo servidor. Uma alternativa menos agradável, porém mais fácil de implementar, é dizer que o resultado final é um dos candidatos, mas não especificar qual deles será o escolhido.

Uma abordagem completamente diferente da semântica de compartilhamento de arquivos em um sistema distribuído é tornar imutáveis todos os arquivos. Assim, não existe nenhum modo de abrir um arquivo para escrita. Na verdade, as únicas operações em arquivos são **create** e **read**.

O que se permite é criar um arquivo inteiramente novo e passar esse arquivo para o sistema de diretório sob o nome de um arquivo previamente existente, que agora se torna inacessível (ao menos sob esse nome). Por isso, embora fique impossível modificar o arquivo x, continua possível substituir x por um novo arquivo atomicamente. Em outras palavras, embora *arquivos* não possa ser atualizado, *diretórios* pode. Uma vez decidido que os arquivos não podem ser alterados de jeito nenhum, o problema de como lidar com dois processos, um dos quais está escrevendo em um arquivo e o outro lendo o arquivo, simplesmente desaparece, o que simplifica consideravelmente o projeto.

Resta então o problema do que acontece quando dois processos tentam substituir o mesmo arquivo ao mesmo tempo. Como acontece com a semântica de sessão, a melhor solução nesse caso seria permitir que um dos novos arquivos substitua o velho, seja este o último ou seja a substituição não determinística.

Um problema um pouco mais importuno é o que fazer se um arquivo for substituído enquanto um outro processo estiver ocupado lendo esse mesmo arquivo. Uma solução é dar um jeito de o processo leitor continuar usando o arquivo antigo, mesmo que este não esteja mais em nenhum diretório, análogo ao modo como o Unix permite a um processo que tenha um arquivo aberto continuar a usá-lo, mesmo depois de ele ter sido apagado de todos os diretórios. Uma outra solução é detectar se o arquivo foi alterado e fazer com que falhem as tentativas subseqüentes de ler esse arquivo.

Uma quarta maneira de lidar com arquivos compartilhados em um sistema distribuído é usar transações atômicas. Resumindo, para acessar um arquivo ou um grupo de arquivos, em primeiro lugar um processo executa algum tipo de primitiva BEGIN_TRANSACTION para sinalizar que a execução do que vem a seguir deve ser indivisível. Então, vêm chamadas de sistema para ler e escrevem um ou mais arquivos. Quando o trabalho requisitado estiver concluído, é executada uma primitiva END_TRANSACTION. A propriedade fundamental desse método é que o sistema garante que todas as chamadas contidas na transação serão executadas em ordem, sem nenhuma interferência de outras transações concorrentes. Se duas ou mais transações iniciarem ao mesmo tempo, o sistema assegura que o resultado final é o mesmo que se elas tivessem sido executadas em alguma ordem seqüencial (não definida).

Na Tabela 11.4 resumimos as quatro abordagens que acabamos de discutir para lidar com arquivos compartilhados em um sistema distribuído.

11.5.2 Travamento de arquivo

Em particular, quando se trata de arquiteturas cliente–servidor com servidores sem estado, precisamos de facilidades adicionais para sincronizar acesso a arquivos compartilhados. O modo tradicional de fazer isso é utilizar um gerenciador de travas. Sem exceção, um gerenciador de travas segue o esquema centralizado de travamento discutido no Capítulo 6.

Contudo, o quadro não é tão simples como o que acabamos de pintar. Embora, de modo geral, um gerenciador de travas central seja disponibilizado, a complexidade do travamento vem da necessidade de permitir acesso concorrente ao mesmo arquivo. Por essa razão, existe grande quantidade de travas diferentes e, além do mais, a granularidade das travas também pode ser diferente. Mais uma vez, vamos considerar o NFSv4.

Como conceito, o travamento de arquivo em NFSv4 é simples. Há, em essência, somente quatro operações relacionadas com travamento, como mostra a Tabela 11.5. O NFSv4 distingue travas de leitura de travas de escrita. Vários clientes podem acessar simultaneamente a mesma parte de um arquivo, contanto que apenas leiam dados. Para obter acesso exclusivo para modificar parte de um arquivo é necessária uma trava de escrita.

A operação lock é usada para requisitar uma trava de leitura ou uma trava de escrita em uma faixa consecutiva de bytes em um arquivo. É uma operação não bloqueadora; se a trava não puder ser concedida devido a uma outra trava conflitante, o cliente recebe uma mensagem de erro e tem de selecionar o servidor um pouco mais tarde. Não há nova tentativa automática. Como alternativa, o cliente pode solicitar que seja colocado em uma fila com disciplina por Fifo mantida pelo servidor. Tão logo a trava conflitante tenha sido removida, o servidor concederá a próxima trava ao cliente que está no topo da lista, desde que ele selecione o servidor antes da expiração de certo tempo. Essa abordagem evita que o servidor tenha de notificar clientes e, ao mesmo tempo, ainda permite que ele seja justo com os clientes cuja requisição de trava não pôde ser concedida porque essas concessões são dadas em ordem Fifo.

Método	Comentário
Semântica Unix	Toda operação sobre um arquivo é instantaneamente visível para todos os processos
Semântica de sessão	Nenhuma mudança é visível para outros processos até que o arquivo seja fechado
Arquivos imutáveis	Nenhuma atualização é possível; simplifica compartilhamento e replicação
Transações	Todas as alterações são atômicas

Tabela 11.4 Quatro maneiras de lidar com os arquivos compartilhados em um sistema distribuído.

Operação	Descrição
Lock	Cria uma trava para uma faixa de bytes
Lockt	Testa para verificar se foi concedida uma trava conflitante
Locku	Remove uma trava de uma faixa de bytes
Renew	Renova o arrendamento em uma trava específica

Tabela 11.5 Operações NFSv4 relacionadas com travamento de arquivo.

A operação lockt é usada para testar se existe uma trava conflitante. Por exemplo, um cliente pode testar para verificar se foram concedidas quaisquer travas de leitura dentro de uma faixa específica de bytes em um arquivo antes de requisitar uma trava de escrita para esses bytes. No caso de um conflito, é informado ao cliente requisitante exatamente quem está causando o conflito em qual faixa de bytes. Essa operação pode ser implantada com mais eficiência do que uma lock porque não há necessidade de tentar abrir um arquivo.

A remoção de uma trava de um arquivo é feita por meio da operação locku.

Travas são concedidas por um tempo específico (determinado pelo servidor). Em outras palavras, elas têm leasing associado. A menos que um cliente renove o leasing que lhe foi concedido para uma trava, o servidor a removerá automaticamente. Essa abordagem é seguida para outros recursos fornecidos pelo servidor e também ajuda na recuperação após falhas. Usando a operação renew, um cliente requisita ao servidor que renove o leasing de sua trava (e, na verdade, de outros recursos).

Além dessas operações, também há um modo implícito de travar um arquivo denominado **reserva de compartilhamento**. A reserva de compartilhamento é completamente independente do travamento e pode ser usada para implementar NFS por sistemas baseados em Windows. Ao abrir um arquivo, um cliente especifica o tipo de acesso que ele requer (ou seja, *LEITURA*, *ESCRITA* ou *AMBAS*) e que tipo de acesso o servidor deve negar a outros clientes (*NENHUMA*, *LEITURA*, *ESCRITA* ou *AMBAS*). Se o servidor não puder cumprir os requisitos do cliente, a operação open falhará para aquele cliente. Na Tabela 11.6 mostramos exatamente o que ocorre quando um novo cliente abre um arquivo que já foi aberto com sucesso por um outro cliente. Distinguimos duas variáveis de estado diferentes para um arquivo já aberto. O estado de acesso especifica como o arquivo está sendo acessado pelo cliente atual no momento em questão. O estado de negação especifica quais acessos não são permitidos para novos clientes.

Na Tabela 11.6(a) mostramos o que acontece quando um cliente tenta abrir um arquivo requisitando um tipo específico de acesso, dado o estado de negação corrente daquele arquivo.

Da mesma maneira, a Tabela 11.6(b) mostra o resultado da abertura de um arquivo que está em acesso por um outro cliente no momento em questão, mas agora está requisitando que certos tipos de acesso sejam desabilitados.

		Estado de negação corrente do arquivo			
		NONE	READ	WRITE	BOTH
Acesso requerido	READ	Bem-sucedido	Falha	Bem-sucedido	Falha
	WRITE	Bem-sucedido	Bem-sucedido	Falha	Falha
	BOTH	Bem-sucedido	Falha	Falha	Falha

(a)

		Estado de negação de arquivo requisitado			
		NONE	READ	WRITE	BOTH
Estado de acesso corrente	READ	Bem-sucedido	Falha	Bem-sucedido	Falha
	WRITE	Bem-sucedido	Bem-sucedido	Falha	Falha
	BOTH	Bem-sucedido	Falha	Falha	Falha

(b)

Tabela 11.6 Resultado de uma operação open com reservas de compartilhamento em NFS.
(a) Quando o cliente requisita acesso compartilhado dado o estado de negação corrente.
(b) Quando o cliente requisita um estado de negação dado o estado de acesso a arquivo

O NFSv4 não é, de modo nenhum, uma exceção quando se trata de oferecer mecanismos de sincronização para arquivos compartilhados. Na verdade, agora já se aceita que qualquer conjunto simples de primitivas, como travamento somente de arquivos completos, reflita um mau projeto. Grande parte da complexidade de esquemas de travamento se origina do fato de ser requerida uma granularidade fina de travamento para permitir acesso concorrente a arquivos compartilhados. Foram feitas algumas tentativas para reduzir a complexidade e, ao mesmo tempo, manter o desempenho [veja, por exemplo, Burns et al. (2001)], mas a situação continua, de certa maneira, insatisfatória. Afinal, pode ser que o que tenhamos de fazer é reelaborar completamente o projeto de nossas aplicações tendo em vista a escalabilidade, em vez de tentarmos consertar situações que surgem porque queremos compartilhar dados, como fazíamos em sistemas não distribuídos.

11.5.3 Compartilhamento de arquivos em Coda

A semântica de sessão em NFS impõe que as alterações no último processo que fechar um arquivo serão propagadas para o servidor; quaisquer atualizações em sessões concorrentes, porém anteriores, serão perdidas. Também podemos adotar uma abordagem um pouco mais sutil. Para acomodar compartilhamento de arquivos, o sistema de arquivos Coda (Kistler e Satyanarayanan, 1992) usa um esquema de alocação especial que guarda alguma semelhança com reservas de compartilhamento em NFS. Para entender como o esquema funciona, o que descreveremos a seguir é importante. Quando um cliente abre um arquivo f, uma cópia inteira de f é transferida para a máquina cliente. O servidor registra que o cliente tem uma cópia de f. Até aqui, essa abordagem é semelhante à delegação aberta em NFS.

Agora, suponha que um cliente A tenha aberto o arquivo f para escrita. Quando um outro cliente B também quiser abrir f, falhará. Essa falha é causada pelo fato de o servidor ter registrado que o cliente A poderia já ter modificado f. Por outro lado, se o cliente A tivesse aberto f para leitura, uma tentativa do cliente B de obter uma cópia do servidor para leitura seria bem-sucedida. Uma tentativa de B para abrir para escrita também seria bem-sucedida.

Agora, considere o que ocorre quando várias cópias de f foram armazenadas localmente em vários clientes. Levando em consideração o que acabamos de dizer, somente um cliente conseguirá modificar f. Se esse cliente modificar f e, na seqüência, fechar o arquivo, este será transferido de volta para o servidor. Contudo, qualquer outro cliente pode continuar a ler sua cópia local apesar do fato de a cópia estar desatualizada.

A razão para esse comportamento aparentemente inconsistente é que, em Coda, uma sessão é tratada como uma transação. Considere a Figura 11.14, que mostra a linha temporal para dois processos, A e B. Suponha que A abriu f para leitura, o que resulta na sessão S_A. O cliente B abriu f para escrita, representada pela sessão S_B.

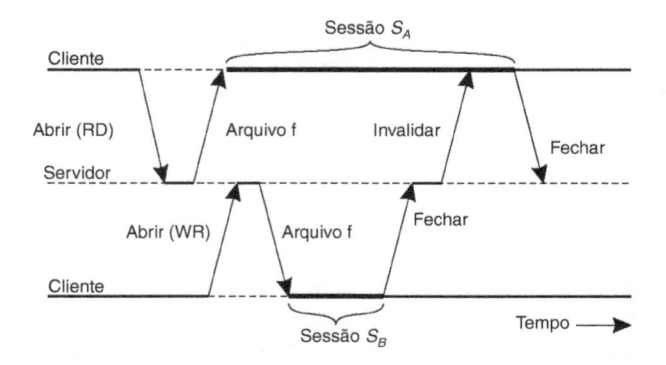

Figura 11.14 Comportamento transacional no compartilhamento de arquivos em Coda.

Quando B fecha a sessão S_B, transfere a versão atualizada de f para o servidor, que então enviará uma mensagem de invalidação para A. Agora, A saberá que está lendo uma versão antiga de f. Contudo, do ponto de vista de transação, na realidade isso não importa porque poderíamos considerar que a sessão S_A tivesse sido escalonada antes da sessão S_B.

11.6 Consistência e Replicação

Cache e replicação desempenham importante papel em sistemas de arquivos distribuídos, em particular quando são projetadas para funcionar em redes de longa distância. A seguir, examinaremos vários aspectos relacionados com cache de dados de arquivso do lado do cliente, bem como a replicação de servidores de arquivos. Além disso, consideraremos o papel da replicação em sistemas peer-to-peer de compartilhamento de arquivos.

11.6.1 Cache do lado do cliente

Para ver como a cache do lado do cliente é disponibilizada na prática, voltaremos a nossos exemplos de sistemas, NFS e Coda.

Cache em NFS

Grande parte da cache em NFSv3 foi deixada fora do protocolo. Essa abordagem levou à implementação de diferentes políticas de cache, a maioria das quais nunca garantiu consistência. Na melhor das hipóteses, os dados em cache poderiam estar desatualizados por alguns segundos em comparação com os dados armazenados em um servidor. Contudo, também existem implementações que permitiam a dados em cache ficar desatualizados durante 30 segundos sem o cliente saber. Esse estado de coisas é menos do que desejável.

O NFSv4 resolve alguns desses problemas de consistência mas, em essência, ainda deixa que a consistência de cache seja manipulada de modo dependente de implementação. O modelo geral de cache considerado para o NFS é mostrado na Figura 11.15. Cada cliente pode ter uma cache de memória que contém dados lidos anteriormente de um servidor. Além disso, também pode haver uma cache em disco que é adicionada como uma extensão à cache de memória, usando os mesmos parâmetros de consistência.

Normalmente, clientes armazenam dados de arquivos, atributos, manipuladores de arquivo e diretórios. Existem estratégias diferentes para manipular consistência de dados em cache, atributos em cache e assim por diante. Em primeiro lugar, vamos examinar cache de dados de arquivos.

O NFSv4 suporta duas abordagens diferentes para cache de dados de arquivos. A abordagem mais simples é quando um cliente abre um arquivo e faz cache dos dados que obtém do servidor como resultado de várias operações read. Além disso, operações write também podem ser executadas na cache. Quando o cliente fecha o arquivo, o NFS requer que, se ocorreram modificações, os dados sejam descarregados de volta para o servidor. Essa abordagem corresponde a implementar semântica de sessão, como já discutimos antes.

Tão logo um arquivo (ou parte dele) esteja em cache, um cliente pode manter seus dados na cache mesmo após fechar o arquivo. Além disso, vários clientes na mesma máquina podem compartilhar uma única cache. O NFS requer que, sempre que um cliente abrir um arquivo previamente fechado, que foi mantido (parcialmente) em cache, revalidem-se imediatamente os dados em cache. A revalidação ocorre com a verificação de quando o arquivo foi modificado pela última vez e com a invalidação da cache, caso ela contenha dados velhos.

Em NFSv4, um servidor pode delegar alguns de seus direitos a um cliente quando um arquivo for aberto. Ocorre uma **delegação aberta** quando a máquina cliente tem permissão de manipular localmente operações open e close de outros clientes na mesma máquina. Normalmente, o servidor está encarregado de verificar se a abertura de um arquivo deve acontecer ou não, por exemplo, porque as reservas de compartilhamento precisam ser levadas em conta. Com delegação aberta, às vezes a máquina cliente tem permissão de tomar tais decisões, evitando a necessidade de contatar o servidor.

Por exemplo, se um servidor delegou a abertura de um arquivo a um cliente que requisitou permissões de escrita, requisições de travamento de arquivo de outros clientes na mesma máquina também podem ser manipuladas localmente. O servidor ainda manipulará requisições de travamento de outros clientes em outras máquinas apenas negando a esses clientes acesso ao arquivo. Observe que esse esquema não funciona no caso de delegar um arquivo a um cliente que requisitou somente permissões de leitura. Nesse caso, sempre que um outro cliente local quiser obter permissões de leitura, ele terá de contatar o servidor; não é possível manipular a requisição localmente.

Uma consequência importante da delegação de um arquivo a um cliente é que o servidor precisa ser capaz de revogar a delegação, por exemplo, quando um outro cliente em uma máquina diferente precisar obter direitos de acesso ao arquivo. Revogar uma delegação requer que o servidor possa fazer uma chamada de retorno ao cliente, como ilustrado na Figura 11.16.

Uma chamada de retorno é implementada em NFS usando seus mecanismos subjacentes de RPC. Observe, entretanto, que chamadas de retorno requerem que o servidor monitore clientes para os quais delegou um arquivo. Nesse caso, vemos um outro exemplo no qual um servidor NFS não pode mais ser implementado de modo sem estado. Porém, observe que a combinação de delegação e servidores com estado pode resultar em vários problemas na presença de falhas de cliente e servidores. Por exemplo, o que um servidor deveria fazer quando delegou um arquivo a um cliente que não responde mais? Como discutiremos em breve, de modo geral leasings são uma solução prática adequada.

Clientes também podem armazenar valores de atributo mas quase sempre ficam por conta própria quando se trata de manter consistentes os valores em cache. Em particular, valores de atributos do mesmo arquivo mantidos em cache por dois clientes diferentes podem ser diferentes,

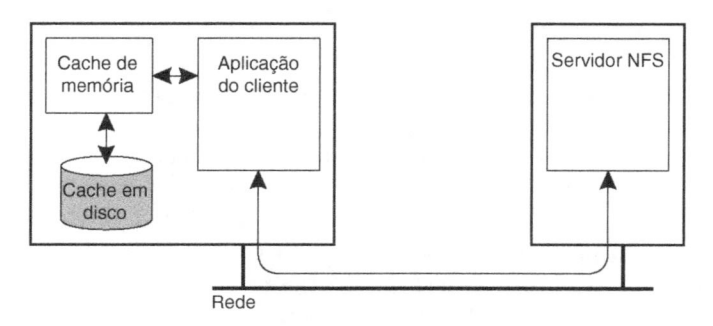

Figura 11.15 Cache do lado do cliente em NFS.

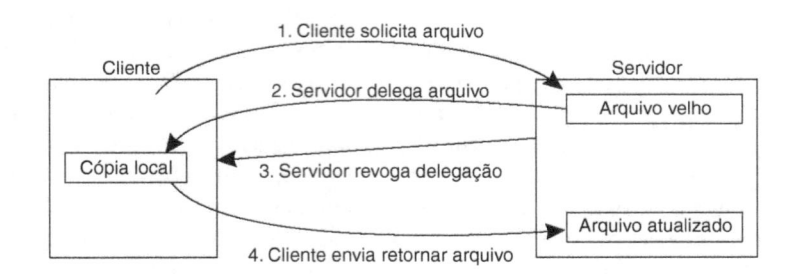

Figura 11.16 Utilização de mecanismo de chamada de retorno em NFSv4 para revogar delegação de arquivo.

a menos que os clientes mantenham esses atributos mutuamente consistentes. Modificações em um valor de atributo devem ser repassadas imediatamente para o servidor, o que equivale a seguir uma política de coerência de cache de escrita direta.

Uma abordagem semelhante é seguida para armazenar manipuladores de arquivo (ou melhor, de mapeamento de nomes para manipuladores de arquivo) e diretórios. Para atenuar os efeitos de inconsistências, o NFS usa leasings em atributos, manipuladores de arquivo e diretórios em cache. Assim, passado algum tempo, as entradas de cache são automaticamente invalidadas e será preciso uma revalidação antes de usá-las novamente.

Cache do lado do cliente em Coda

Cache do lado do cliente é crucial para a operação do Coda por duas razões. A primeira é que a cache é utilizada para conseguir escalabilidade. A segunda é que armazenar proporciona um grau mais alto de tolerância a falha porque o cliente fica menos dependente da disponibilidade do servidor. Por essas duas razões, em Coda, os clientes sempre armazenam arquivos inteiros. Em outras palavras, quando um arquivo é aberto para leitura ou escrita, uma cópia inteira do arquivo é transferida para o cliente, onde, na seqüência, é colocada em cache.

Diferentemente de muitos outros sistemas de arquivos distribuídos, a coerência de cache em Coda é mantida por meio de chamadas de retorno. Já encontramos esse fenômeno quando discutimos semântica de compartilhamento de arquivos. Para cada arquivo, o servidor no qual um cliente buscou o arquivo monitora quais clientes têm uma cópia daquele arquivo em cache local. Diz-se que um servidor registra uma **promessa de chamada de retorno** para um cliente. Quando um cliente atualiza sua cópia local do arquivo pela primeira vez, ele notifica o servidor que, por sua vez, envia uma mensagem de invalidação aos outros clientes. Essa mensagem de invalidação é denominada **quebra de chamada de retorno** porque, então, o servidor descartará a promessa de chamada de retorno que tinha firmado com o cliente para o qual acabou de enviar uma invalidação.

O aspecto interessante desse esquema é que, desde que um cliente saiba que tem uma promessa de chamada de retorno pendente no servidor, ele pode acessar com segurança os arquivos locais. Em particular, suponha que um cliente abra um arquivo e descubra que ele ainda está em sua cache. Sendo assim, ele pode usar esse arquivo contanto que o servidor ainda tenha uma promessa de chamada de retorno ao arquivo para esse cliente. O cliente terá de verificar com o servidor se essa promessa ainda é válida. Se for, não há necessidade de transferir novamente o arquivo do servidor para o cliente.

Essa abordagem está ilustrada na Figura 11.17, que é uma extensão da Figura 11.14. Quando o cliente A inicia a sessão S_A, o servidor registra uma promessa de chamada de retorno. O mesmo acontece quando B inicia a sessão S_B. Contudo, quando B fecha S_B, o servidor quebra sua promessa de chamada de retorno para o cliente A enviando a A uma quebra de chamada de retorno. Observe que, devido à semântica transacional do Coda, quando o cliente A fecha a sessão S_A, nada de especial ocorre; o fechamento é aceito, como seria de esperar.

A conseqüência é que, mais tarde, quando A quiser abrir a sessão S'_A, verá que sua cópia local de f é inválida, de modo que terá de buscar a última versão no servidor. Por outro lado, quando B abrir a sessão S'_B, perceberá que o servidor ainda tem uma promessa de chamada de retorno pendente, o que implica que B pode simplesmente reutilizar a cópia local que ainda tem da sessão S_B.

Cache do lado do cliente para dispositivos portáteis

Um importante desenvolvimento para muitos sistemas distribuídos é que não se pode mais adotar como premissa que muitos dispositivos de armazenamento estão permanentemente conectados ao sistema por meio de uma rede. Em vez disso, usuários têm vários tipos de dispositivos de armazenamento que estão conectados parte do tempo por meio de pontos de conexão (consoles) ou estações de encaixe. Citamos como exemplos típicos PDAs, dispositivos de laptops, mas também dispositivos portáteis de mídia, como reprodutores de filmes ou de áudio.

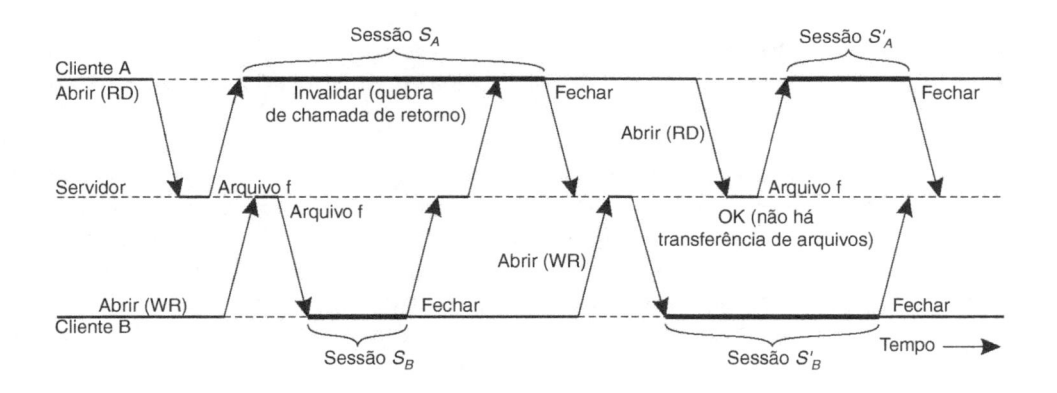

Figura 11.17 Utilização de cópias locais ao abrir uma sessão em Coda.

Na maioria dos casos é usado um modelo de carga/atualização para manter arquivos em dispositivos portáteis de armazenamento. As coisas podem ser simplificadas se o dispositivo de armazenamento for considerado como parte de um sistema de arquivos distribuído. Nesse caso, sempre que for preciso acessar um arquivo, ele pode ser buscado no dispositivo local ou pela conexão com o resto do sistema. Esses dois casos precisam ser diferenciados.

Tolia et al. (2004) propõem adotar uma abordagem muito simples, armazenando localmente um hash criptográfico dos dados contidos em arquivos. Esses hashes são armazenados no dispositivo portátil e usados para redirecionar requisições para conteúdo associado. Por exemplo, quando uma listagem de diretório é armazenada localmente, em vez de armazenar os dados de cada arquivo presente na lista, só o hash calculado é armazenado. Portanto, quando um arquivo é buscado, em primeiro lugar o sistema verificará se o arquivo está disponível no local e se está atualizado. Observe que um arquivo velho terá um hash diferente do armazenado na listagem de diretório. Se o arquivo estiver disponível no local, ele pode ser retornado para o cliente; caso contrário, será preciso ocorrer uma transferência de dados.

É óbvio que, quando um dispositivo é desconectado, será impossível transferir quaisquer dados. Existem várias técnicas para garantir, com alta probabilidade, que arquivos que provavelmente serão usados sejam, de fato, armazenados localmente no dispositivo. Em comparação com a abordagem de transferência de dados por demanda inerente à grande parte dos esquemas de cache, nesses casos seria preciso disponibilizar técnicas de busca antecipada de arquivos. Contudo, para muitos dispositivos portáteis de armazenamento, podemos esperar que o usuário utilize programas especiais para instalar arquivos previamente no dispositivo.

11.6.2 Replicação do lado do servidor

Ao contrário da cache do lado do cliente, a replicação do lado do servidor em sistemas de arquivos distribuídos é menos comum. Certamente a replicação é aplicada quando a disponibilidade estiver em jogo; porém, da perspectiva de desempenho, faz mais sentido disponibilizar caches nas quais o arquivo inteiro — ou grandes partes dele — é disponibilizado localmente para um cliente. Uma razão importante por que a cache do lado do cliente é tão popular é que a prática mostra que o compartilhamento de arquivos é relativamente raro. Quando ocorre o compartilhamento, muitas vezes é só para ler dados, caso em que a cache é uma excelente solução.

Um outro problema da replicação do lado do servidor para conseguir desempenho é que, na verdade, a combinação de alto grau de replicação com uma baixa razão leitura/escrita pode degradar o desempenho. Isso é fácil de entender quando percebemos que toda operação de atualização precisa ser realizada em todas as réplicas. Em outras palavras, para um arquivo replicado N vezes, uma única requisição de atualização resultará em um aumento de N vezes em operações de atualização. Além do mais, atualizações concorrentes precisam ser sincronizadas, o que resulta em mais comunicação e maior redução de desempenho.

Por essas razões, de modo geral servidores de arquivos são replicados somente para tolerância a falha. A seguir, ilustraremos esse tipo de replicação para o sistema de arquivos Coda.

Replicação de servidores em Coda

Coda permite que servidores de arquivos sejam replicados. Como mencionamos, a unidade de replicação é um conjunto de arquivos denominado **volume**. Em essência, um volume corresponde a uma partição de disco Unix, isto é, um sistema de arquivos tradicional como os que são suportados diretamente por sistemas operacionais, embora, de modo geral, os volumes sejam muito menores. O conjunto de servidores Coda que tem uma cópia de um volume é conhecido como **grupo de armazenamento de volume** (Volume Storage Group) daquele volume ou, simplesmente, como **VSG**. Na presença de falhas, pode ser que um cliente não tenha acesso a todos os servidores no VSG de um volume. O **grupo de armazenamento de volume acessível** (Accessible Volume Storage Group — **AVSG**) de um cliente para um volume consiste nos servidores do VSG desse volume que o cliente pode contatar no momento considerado. Se o AVSG estiver vazio, diz-se que o cliente está **desconectado**.

Coda usa um protocolo de escrita replicada para manter consistência de um volume replicado. Em particular, usa uma variante do lê – uma, escreve – todas (Rowa), que foi explicado no Capítulo 7. Quando um cliente precisa ler um arquivo, ele contata um dos membros em seu AVSG do volume ao qual esse arquivo pertence. Contudo, quando fechar uma sessão com um arquivo atualizado, o cliente o transfere em paralelo para cada membro do AVSG. Essa transferência paralela é conseguida por meio de MultiRPC, como explicamos antes.

Esse esquema funciona bem desde que não haja falhas, isto é, para cada cliente, o AVSG de um volume desse cliente é igual a seu VSG. Contudo, na presença de falhas, as coisas podem dar errado. Considere um volume replicado em três servidores, S_1, S_2 e S_3. Considere, para o cliente A, que seu AVSG abranja os servidores S_1 e S_2, ao passo que o cliente B tem acesso apenas ao servidor S_3, como mostra a Figura 11.18.

Coda usa uma estratégia otimista para replicação de arquivo. Em particular, ambos, A e B, terão permissão para abrir um arquivo, f, a fim de escrever, atualizar suas respectivas cópias e transferir sua cópia de volta aos membros em seus AVSGs. É óbvio que haverá versões diferentes de f armazenadas no VSG. A questão é como essa inconsistência pode ser detectada e resolvida.

A solução adotada pelo Coda é disponibilizar um esquema de versões. Em particular, um servidor S_i em um VSG mantém um **vetor de versões Coda**, $CVV_i(f)$, para cada arquivo f contido naquele VSG. Se $CVV_i(f)[j] = k$, então o servidor S_i sabe que o servidor S_j viu, no mínimo, a versão k do arquivo f. $CVV_i(f)[i]$ é o número da versão corrente de f armazenada no servidor S_i. Uma atualização de f no servidor S_i resultará em um incremento de $CVV_i(f)[i]$. Observe que vetores de versões são completamente análogos às marcas de tempo vetoriais discutidas no Capítulo 6.

Voltando ao nosso exemplo de três servidores, $CVV_i(f)$ é inicialmente igual a [1,1,1] para cada servidor S_i. Quando o cliente A lê f de um dos servidores em seu AVSG, digamos S_1, ele também recebe $CVV_1(f)$. Após atualizar f, o cliente A envia f em multicast para cada servidor presente em seu AVSG, isto é, S_1 e S_2. Então, ambos os servidores registrarão que sua cópia respectiva foi atualizada, mas a de S_3, não. Em outras palavras,

$$CVV_1(f) = CVV_2(f) = [2,2,1]$$

Enquanto isso, o cliente B terá permissão de abrir uma sessão na qual recebe uma cópia de f do servidor S_3 e, na seqüência, também atualiza f. Ao fechar sua sessão e transferir a atualização para S_3, o servidor S_3 atualizará seu vetor de versões para $CVV_3(f)=[1,1,2]$.

Quando a separação for restaurada, os três servidores vão precisar reintegrar suas cópias de f. Comparando seus vetores de versões, eles perceberão que ocorreu um conflito que precisa ser acertado. Em muitos casos, a resolução de conflitos pode ser automatizada de modo independente de aplicação, como discutido em Kumar e Satyanarayanan (1995). Contudo, também há muitos casos em que os usuários vão ter de auxiliar manualmente a resolução de um conflito, em especial quando diferentes usuários alteraram a mesma parte do mesmo arquivo de modos diferentes.

11.6.3 Replicação em sistemas de arquivos peer-to-peer

Agora, vamos examinar replicação em sistemas peer-to-peer de compartilhamento de arquivos. Nesse caso, a replicação também desempenha papel importante, em especial na aceleração de requisições de busca e consulta, mas também no balanceamento de carga entre os nós. Uma propriedade importante nesses sistemas é que prati-

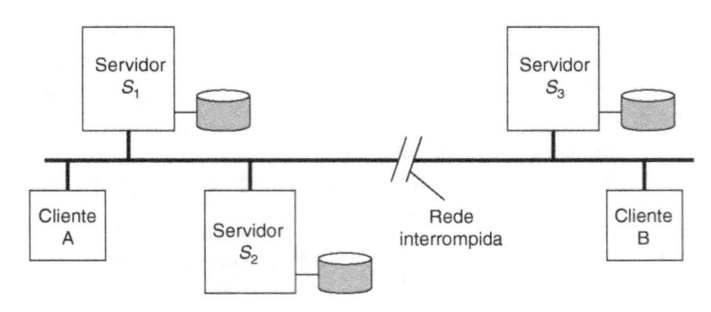

Figura 11.18 Dois clientes com um AVSG diferente para o mesmo arquivo replicado.

camente todos os arquivos são somente de leitura. Atualizações consistem apenas na forma de adicionar arquivos ao sistema. É preciso fazer uma distinção entre sistemas peer-to-peer não estruturados e estruturados.

Sistemas peer-to-peer não estruturados

Fundamental para sistemas peer-to-peer não estruturados é que consultar dados se resume a *procurar* esses dados na rede. Na verdade, isso significa, por exemplo, que um nó terá de simplesmente enviar uma consulta de busca em broadcast a seus vizinhos, de onde a consulta pode ser transmitida, e assim por diante. É certo que, de modo geral, conduzir uma busca em broadcast não é uma boa idéia, e é preciso adotar medidas especiais para evitar problemas de desempenho. Busca em sistemas peer-to-peer é discutida extensivamente em Risson e Moors (2006).

Independentemente do modo como o broadcast é limitado, deve ficar claro que, se os arquivos forem replicados, a busca fica mais fácil e mais rápida. Um extremo é replicar um arquivo em todos os nós, o que implicaria que a busca de qualquer arquivo pudesse ser feita inteiramente no local. Todavia, dado que os nós têm capacidade limitada, a replicação total está fora de questão. Portanto, o problema é achar uma estratégia de replicação ótima na qual o grau de otimização é definido pela quantidade de nós diferentes necessários para processar uma consulta específica antes de encontrar um arquivo.

Cohen e Shenker (2002) estudaram esse problema considerando que a replicação de arquivo pode ser controlada. Em outras palavras, considerando que os nós em um sistema peer-to-peer não estruturado podem ser instruídos para manter cópias de arquivos, qual é a melhor alocação de cópias de arquivos aos nós?

Vamos considerar dois extremos. Uma política é a distribuição uniforme de *n* cópias de cada arquivo por toda a rede. Essa política ignora que arquivos diferentes podem ter taxas de requisição diferentes, isto é, que alguns arquivos são mais populares do que outros. Como alternativa, uma outra política é replicar arquivos conforme a freqüência com que são buscados: quanto maior a popularidade de um arquivo, mais réplicas criamos e distribuímos pela rede de sobreposição.

Como um comentário à parte, observe que essa última política pode encarecer muito a localização de arquivos que não são populares. Por estranho que possa parecer, tais buscas podem se mostrar cada vez mais importantes do ponto de vista econômico. O raciocínio é simples: como a Internet permite acesso rápido e fácil a toneladas de informação, explorar nichos de mercado de repente fica atraente. Portanto, se você estiver interessado em conseguir o equipamento certo para, digamos, sua bicicleta de competição, a Internet é o lugar certo, contanto que as facilidades de busca que lhe permitam descobrir o vendedor apropriado sejam eficientes.

Para nossa grande surpresa, ocorre que a política da busca uniforme e a política da busca do nó mais popular funcionam igualmente bem se considerarmos o número médio de nós que precisam ser consultados. A distribuição estatística das consultas é a mesma em ambos os casos e é tal que a distribuição de documentos na política do nó popular segue a distribuição de consultas. Além do mais, ocorre que qualquer alocação 'entre' essas duas é melhor. Obter tal alocação é viável, porém não é trivial.

Replicação em sistemas peer-to-peer não estruturados se dá naturalmente quando usuários descarregam arquivos de outros usuários e, na seqüência, os disponibilizam para a comunidade. É muito difícil controlar essas redes na prática, exceto quando partes delas são controladas por uma única organização. Além disso, como indicado por estudos realizados com o BitTorrent, também há um importante fator social quando se trata de replicar arquivos e disponibilizá-los (Pouwelse et al., 2005). Por exemplo, há quem demonstre um comportamento altruísta, ou apenas continue a disponibilizar os arquivos pelo tempo estritamente necessário depois de concluído seu descarregamento. O que nos vem à mente é a questão de os sistemas poderem ou não ser projetados para explorar esse comportamento.

Sistemas peer-to-peer estruturados

Considerando a eficiência de operações de consulta em sistemas peer-to-peer estruturados, a replicação é disponibilizada primordialmente para balancear a carga entre os nós. No Capítulo 5 já vimos como uma forma 'estruturada' de replicação, como explorada por Ramasubramanian e Sirer (2004b), poderia chegar a reduzir a média de etapas de consulta a $O(1)$. Contudo, quando se trata de balanceamento de carga, é preciso explorar várias abordagens.

Um método comumente aplicado é replicar um arquivo ao longo do caminho que uma consulta seguiu desde a fonte até o destino. O efeito dessa política de replicação é que a maioria das réplicas será colocada próxima do nó responsável por armazenar o arquivo e, por isso, realmente aliviará a carga desse nó quando a taxa de requisição for alta. Todavia, tal política de replicação não leva em conta a carga dos outros nós e, assim, pode resultar facilmente em um sistema desequilibrado.

Para atacar esses problemas, Gopalakrishnan et al. (2004) propõem um esquema diferente que leva em conta a carga corrente dos nós ao longo da rota de consulta. A idéia principal é armazenar réplicas no nó-fonte de uma consulta e colocar ponteiros para essas réplicas em cache em nós ao longo da rota de consulta entre a fonte e o destino. Mais especificamente, quando uma consulta do nó P ao Q é roteada passando pelo nó R, R verificará se qualquer de *seus* arquivos deve ser descarregado para P. Ele faz isso tão-somente com a verificação de sua própria carga de consultas. Se R estiver atendendo a um número demasiadamente grande de requisições de consulta para arquivos que está armazenando no momento considerado em comparação com a carga imposta a P, ele pode pedir que P instale cópias dos arquivos de R mais requisitados. Esse princípio é delineado na Figura 11.19.

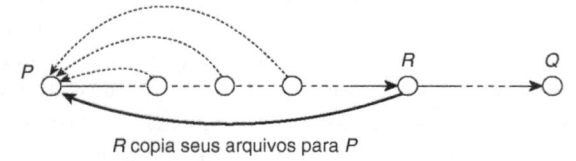

Figura 11.19 Balanceamento de carga por replicação em um sistema peer-to-peer.

Se P puder aceitar o arquivo f de R, cada nó visitado na rota de P a R instalará um ponteiro para f, indicando que uma réplica de f pode ser encontrada em P.

Certamente, propagar informações sobre onde as réplicas estão armazenadas é importante para esse esquema de trabalho. Por conseguinte, ao rotear uma consulta pela rede de sobreposição, um nó também pode repassar informações referentes às réplicas que está hospedando. Portanto, essas informações podem resultar em mais instalações de ponteiros, o que permite aos nós tomar decisões informadas sobre o redirecionamento de requisições para nós que transportam uma réplica de um arquivo requisitado. Esses ponteiros são colocados em uma cache de tamanho limitado e substituídos conforme uma política simples do menos recentemente usado (isto é, ponteiros em cache que se referem a arquivos que nunca são consultados serão removidos rapidamente).

11.6.4 Replicação de arquivos em sistemas de grade

Como nosso último assunto referente à replicação de arquivos, vamos considerar o que ocorre na computação em grade. Nessa área o desempenho tem, naturalmente, papel crucial porque muitas aplicações de grade exigem alta capacidade de computação. Também observamos que freqüentemente as aplicações precisam processar enormes quantidades de dados. O resultado é que houve muito empenho na replicação de arquivos para onde as aplicações estão em execução. Todavia, os meios utilizados para fazer isso surpreendem (de certo modo) pela simplicidade.

Uma observação fundamental é que, em muitas aplicações de computação em grade, os dados são somente de leitura. Eles costumam ser produzidos por sensores ou por outras aplicações, mas raramente são atualizados ou modificados depois de produzidos e armazenados. O resultado é que a replicação de dados pode ser aplicada com abundância, e é exatamente isso que se dá.

Infelizmente, o tamanho dos conjuntos de dados às vezes é tão enorme que é preciso tomar providências especiais para evitar que provedores de dados (isto é, as máquinas que armazenam conjuntos de dados) fiquem sobrecarregados devido à quantidade de dados que precisam transferir pela rede. Por outro lado, como grande parte dos dados é muito replicada, o balanceamento de carga para recuperação de cópias não é uma questão muito importante.

A replicação em sistemas de grade se desenvolve principalmente ao redor do problema de localizar as melhores fontes das quais copiar dados. Esse problema pode ser resolvido por **serviços especiais de localização de réplicas**, muito semelhantes aos serviços de localização que discutimos para sistemas de nomeação. Uma abordagem óbvia que foi desenvolvida para a caixa de ferramentas do Globus é usar um sistema baseado em DHT, tal como Chord, para consulta descentralizada de réplicas (Cai et al., 2004). Nesse caso, um cliente passa um nome de arquivo para qualquer nó do serviço, onde é convertido em uma chave e, na seqüência, consultado. A informação retornada ao cliente contém endereços de contato para os arquivos requisitados.

Para manter a simplicidade, arquivos localizados são subseqüentemente descarregados de vários sites usando um protocolo semelhante ao FTP. Depois disso, o cliente pode registrar suas próprias réplicas no serviço de localização de réplicas. Essa arquitetura é descrita com mais detalhes em Chervenak et al. (2005), mas a abordagem é razoavelmente direta.

11.7 Tolerância a Falha

Tolerância a falha em sistemas de arquivos distribuídos é manipulada de acordo com os princípios que discutimos no Capítulo 8. Como já mencionamos, em muitos casos a replicação é utilizada para criar grupos de servidores tolerantes a falhas. Portanto, nesta seção focalizaremos algumas questões especiais de tolerância para sistemas de arquivos distribuídos.

11.7.1 Manipulação de falhas bizantinas

Um dos problemas que costumam ser ignorados quando se trata de tolerância a falha é que os servidores podem exibir falhas arbitrárias. Em outras palavras, grande parte dos sistemas não considera as falhas bizantinas que discutimos no Capítulo 8. A razão para ignorar esse tipo de falhas, além da complexidade, tem a ver com as fortes premissas que precisam ser adotadas em relação ao ambiente de execução. Em particular, é preciso considerar que os atrasos de comunicação são limitados.

Em ambientes encontrados na prática, tal premissa não é realista. Por essa razão, Castro e Liskov (2002) imaginaram uma solução para manipular falhas bizantinas que também pode funcionar em redes como a Internet. Discutiremos esse protocolo aqui porque ele pode ser (e tem sido) aplicado diretamente em sistemas de arquivos distribuídos, em particular um sistema baseado em NFS. É claro que também há outras aplicações. A idéia básica é implementar replicação ativa construindo um conjunto de máquinas de estado finito e fazer com que processos sem falhas pertencentes a esse conjunto executem operações na mesma ordem. Considerando que, no máximo, k processos falhem por vez, um cliente envia uma operação ao grupo inteiro e aceita que uma resposta seja retornada por, no mínimo, $k + 1$ processos diferentes.

Para conseguir proteção contra falhas bizantinas, o grupo de servidores deve consistir em, no mínimo, $3k + 1$ processos. A parte difícil de conseguir essa proteção é assegurar que processos sem falhas executem todas as operações na mesma ordem. Um meio simples de atingir essa meta é designar um coordenador que simplesmente serializa todas as operações anexando um número de seqüência a cada requisição. O problema, é óbvio, é que o coordenador pode falhar.

E é com esses coordenadores que falham que os problemas começam. De modo muito parecido com sincronia virtual, os processos passam por uma série de visões e, em cada uma delas, os membros chegam a um acordo quanto aos processos com falha e iniciam uma mudança de visão quando o mestre corrente parece estar falhando. Pode-se detectar falha no mestre se considerarmos que os números de seqüência são entregues um após o outro, de modo que uma lacuna, ou um esgotamento de temporização, pode indicar que algo está errado. Observe que processos podem chegar a uma conclusão falsa de que é preciso instalar uma nova visão. Contudo, isso não afetará a correção do sistema.

Uma parte importante do protocolo se baseia no fato de que as requisições podem ser ordenadas corretamente. Para cumprir essa finalidade é usado um mecanismo de quórum: sempre que um processo recebe uma requisição para executar a operação o com número n na visão v, ele a envia a todos os outros processos e espera até receber uma confirmação de, no mínimo, $2k$ outros que viram a mesma requisição. Desse modo, obtemos um quórum de tamanho $2k + 1$ para a requisição. Tal confirmação é denominada **certificado de quórum**. Em essência, ele nos diz que um número suficientemente grande de processos armazenou a mesma requisição e que, portanto, é seguro prosseguir.

O protocolo inteiro consiste em cinco fases, mostradas na Figura 11.20.

Durante a primeira fase, um cliente envia uma requisição a todos os membros do grupo de servidores. Tão logo tenha recebido a requisição, o mestre envia um número de seqüência em multicast em uma *fase de pré-preparação*, de modo que a operação associada será ordenada adequadamente. Nesse ponto, as réplicas escravas precisam assegurar que o número de seqüência do mestre seja aceito por um quórum, contanto que cada uma delas aceite a proposta do mestre. Por conseguinte, se uma escrava aceitar o número de seqüência proposto, transmite essa aceitação em multicast às outras. Durante a fase de *validação*, já se chegou a um acordo e todos os processos informam uns aos outros e executam a operação, após a qual o cliente pode, por fim, ver o resultado.

Ao considerar as várias fases, pode parecer que, após a fase de *preparação*, todos os processos deveriam ter concordado com a mesma ordenação de requisições. Contudo, isso só vale dentro da mesma visão: se houve uma necessidade de mudança para uma nova visão, processos diferentes podem ter o mesmo número de seqüência para operações diferentes, mas que foram designados em visões diferentes. Por essa razão, precisamos também da fase de *validação*, na qual cada processo agora diz aos outros que armazenou a requisição em seu registro local, e para a visão corrente. Em conseqüência, ainda que haja uma necessidade de recuperação de uma queda, um processo saberá exatamente qual número de seqüência foi designado e durante qual visão.

Novamente, uma operação validada pode ser executada tão logo um processo sem falha tenha visto as mesmas $2k$ mensagens de validação (e elas têm de combinar com suas próprias intenções). Mais uma vez, agora temos um quórum de $2k + 1$ para executar a operação. É certo que operações pendentes com números de seqüência mais baixos devem ser executadas em primeiro lugar.

Em essência, a mudança para uma nova visão ocorre do mesmo modo que as mudanças de visão na sincronia virtual descrita no Capítulo 8. Nesse caso, um processo precisa enviar informação sobre as mensagens pré-

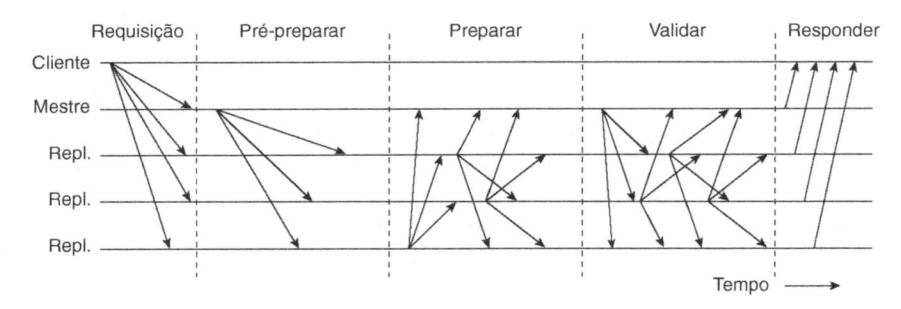

Figura 11.20 Diferentes fases na tolerância a falha bizantina.

preparadas das quais tem conhecimento, bem como as mensagens preparadas recebidas da visão anterior. Aqui, vamos dispensar mais detalhes.

O protocolo foi implementado em um sistema de arquivos baseado em NFS, junto com várias otimizações importantes e estruturas de dados cuidadosamente montadas, cujos detalhes podem ser encontrados em Castro e Liskov (2002). Uma descrição de um invólucro que permitirá a incorporação de tolerância a falha bizantina com aplicações herdadas pode ser encontrada em Castro et al. (2003).

11.7.2 Alta disponibilidade em sistemas peer-to-peer

Uma questão que recebeu atenção especial é assegurar disponibilidade em sistemas peer-to-peer. Por um lado, se bem que à primeira vista parece fácil garantir disponibilidade com a simples replicação de arquivos, o problema é que a indisponibilidade de nós é tão alta que esse raciocínio simples deixa de ser válido. Como explicamos no Capítulo 8, a principal solução para a alta disponibilidade é a redundância. Quando se trata de arquivos há, em essência, dois métodos diferentes para realizar redundância: replicação e codificação de rasura.

Codificação de rasura é uma técnica bem conhecida pela qual um arquivo é particionado em m fragmentos que, na seqüência, são registrados em $n > m$ fragmentos. A questão crucial desse esquema de codificação é que qualquer conjunto de m fragmentos codificados é suficiente para reconstruir o arquivo original. Nesse caso, o fator de redundância é igual a $r_{ec}=n/m$. Considerando uma disponibilidade média de nó, a, e uma indisponibilidade de arquivo requerida, ε, precisamos garantir que, no mínimo, m fragmentos estejam disponíveis, isto é:

$$1 - e = \sum_{i=m}^{n} \binom{n}{i} a^i (1-a)^{n-i}$$

Se compararmos isso com replicação de arquivos, veremos que a indisponibilidade de arquivo é completamente imposta pela probabilidade de que todas as suas r_{rep} réplicas estejam indisponíveis. Se considerarmos que as partidas de um nó são independentes e identicamente distribuídas, teremos

$$1 - \varepsilon = 1 - (1-a)^{r_{rep}}$$

Aplicando algumas manipulações algébricas e aproximações, podemos expressar a diferença entre replicação e codificação de rasura considerando a razão r_{rep}/r_{ec} em sua relação com a disponibilidade a de nós. Essa relação é mostrada na Figura 11.21, para a qual estabelecemos $m = 5$ [veja também Bhagwan et al. (2004) e Rodrigues e Liskov (2005)].

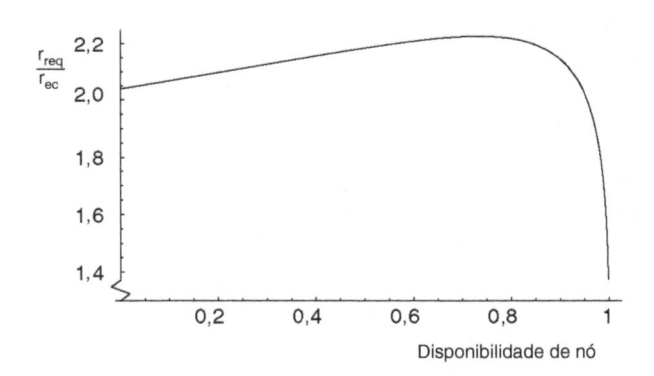

Figura 11.21 Razão r_{rep}/r_{ec} como função da disponibilidade de nó a.

Essa figura nos mostra que, sob todas as circunstâncias, a codificação de rasura requer menos redundância do que a simples replicação de arquivos. Em outras palavras, replicar arquivos para aumentar disponibilidade em redes peer-to-peer nas quais os nós vêm e vão com regularidade é menos eficiente da perspectiva de armazenamento do que a utilização de técnicas de codificação de rasura.

Poderíamos argumentar que, na realidade, essas economias em armazenamento deixaram de ser uma questão polêmica porque a capacidade do disco costuma ser enorme. Contudo, quando percebemos que manter redundância imporá comunicação, então uma redundância mais baixa poupará utilização de largura de banda. Esse ganho de desempenho é importante, em particular quando os nós correspondem a máquinas conectadas com a Internet por meio de DSL assimétrica ou cabos coaxiais cujos enlaces de saída costumam ter capacidade de apenas algumas centenas de Kbits/s.

11.8 Segurança

Muitos dos princípios de segurança que discutimos no Capítulo 9 são aplicados diretamente a sistemas de arquivos distribuídos. Segurança em sistemas de arquivos distribuídos organizados segundo uma arquitetura cliente–servidor significa que todos os servidores devem manipular autenticação e controle de acesso. Esse é um modo direto de lidar com segurança, uma abordagem que foi adotada, por exemplo, em sistemas como o NFS.

Nesses casos, é comum ter um serviço de autenticação separado, como o Kerberos, enquanto o servidor de arquivos apenas manipula autorização. Uma desvantagem importante desse esquema é que ele requer administração centralizada de usuários, o que pode causar um sério problema de escalabilidade. A seguir, discutiremos brevemente segurança em NFS como exemplo da abordagem tradicional e, depois, apresentaremos abordagens alternativas.

11.8.1 Segurança em NFS

Como mencionamos antes, a idéia básica subentendida no NFS é que um sistema de arquivos remoto deve ser apresentado aos clientes como se fosse um sistema local de arquivos. Sob essa luz, não deve ser surpresa que a segurança em NFS focaliza principalmente a comunicação entre um cliente e um servidor. Comunicação segura significa que deve ser estabelecido um canal seguro entre os dois, como discutimos no Capítulo 9.

Além de RPCs seguras, é necessário controlar acessos a arquivos que, em NFS, são manipulados por meio de atributos de arquivos de controle de acesso. Um servidor de arquivos é encarregado de verificar os direitos de acesso de seus clientes, como explicaremos a seguir. A arquitetura de segurança do NFS, combinada com RPCs seguras, é mostrada na Figura 11.22.

RPCs seguras

Como o NFS é uma camada em cima de um sistema RPC, estabelecer um canal seguro em NFS se resume a estabelecer RPCs seguras. Até o NFSv4, uma RPC segura significava que apenas a autenticação era tratada. Havia três modos de fazer a autenticação. A seguir, veremos cada um deles.

O método de mais ampla utilização, aquele que, na verdade, dificilmente faz qualquer autenticação, é conhecido como autenticação de sistema. Nesse método baseado em Unix, um cliente simplesmente passa ao servidor seu ID efetivo de usuário e o ID de grupo, junto com uma lista de grupos dos quais declara ser membro. Essa informação é enviada ao servidor como texto aberto, sem assinatura. Em outras palavras, o servidor não dispõe de absolutamente nenhum meio para verificar se os identificadores de usuário e de grupo declarados estão realmente associados ao remetente. Em essência, o servidor considera que o cliente lhe passou um procedimento de acesso adequado e que ele pode confiar na máquina cliente.

O segundo método de autenticação em versões mais antigas do NFS usa troca de chaves Diffie–Hellman para estabelecer uma chave de sessão, o que resulta no denominado **NFS seguro**. Explicamos como funciona a troca de chaves Diffie–Hellman no Capítulo 9. Essa abordagem é muito melhor do que autenticação de sistema, mas é muito mais complexa, razão por que ela é implementada com menor freqüência. A troca de chaves Diffie–Hellman pode ser vista como um criptossistema de chave pública. De início, não havia nenhum meio de distribuir com segurança uma chave pública de servidor; porém, mais tarde, isso foi corrigido com a introdução de um sistema seguro de nomes. Um ponto sempre criticado é a utilização de chaves públicas relativamente pequenas, de apenas 192 bits, em NFS. Demonstrou-se que quebrar um sistema Diffie–Hellman com tais chaves tão curtas era quase trivial (Lamacchia e Odlyzko, 1991).

O terceiro protocolo de autenticação é o Kerberos, também descrito no Capítulo 9.

Com a introdução do NFSv4, a segurança foi aprimorada pelo suporte para RPCSEC_GSS. **RPCSEC_GSS** é um ambiente de segurança geral que pode suportar uma miríade de mecanismos de segurança para estabelecer canais seguros (Eisler et al., 1997). Em particular, ela não apenas fornece os ganchos para diferentes sistemas de autenticação como também suporta integridade e confidencialidade de mensagens, duas características que não eram suportadas em versões mais antigas do NFS.

RPCSEC_GSS é baseada em uma interface padronizada para serviços de segurança denominada **GSS-API**, que é totalmente descrita em Linn (1997). A RPCSEC_GSS é uma camada em cima dessa interface, que resulta na organização mostrada na Figura 11.23.

Para o NFSv4, a RPCSEC_GSS deve ser configurada com suporte a Kerberos V5. Além disso, o sistema também deve suportar um método conhecido como **Lipkey**, descrito em Eisler (2000). Lipkey é um sistema de chave pública que permite aos clientes serem autenticados usando uma senha, enquanto os servidores podem ser autenticados por meio de uma chave pública.

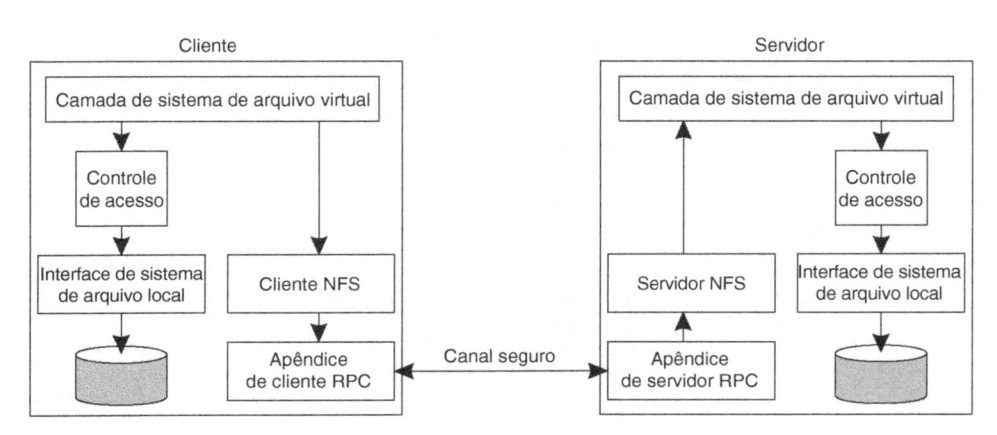

Figura 11.22 A arquitetura de segurança do NFS.

O aspecto importante da RPC segura em NFS é que os projetistas optaram por não fornecer seus próprios mecanismos de segurança, mas apenas um modo padronizado para manipular segurança. Em decorrência, mecanismos de segurança comprovados, como o Kerberos, podem ser incorporados a uma implementação NFS sem afetar outras partes do sistema. Além disso, caso os mecanismos de segurança existentes sejam falhos (como é o caso do Diffie–Hellman quando utiliza chaves pequenas), eles podem ser substituídos com facilidade.

Deve-se notar que, como a RPCSEC_GSS é implementada como parte da camada RPC subjacente aos protocolos NFS, ela também pode ser usada em versões mais antigas do NFS.

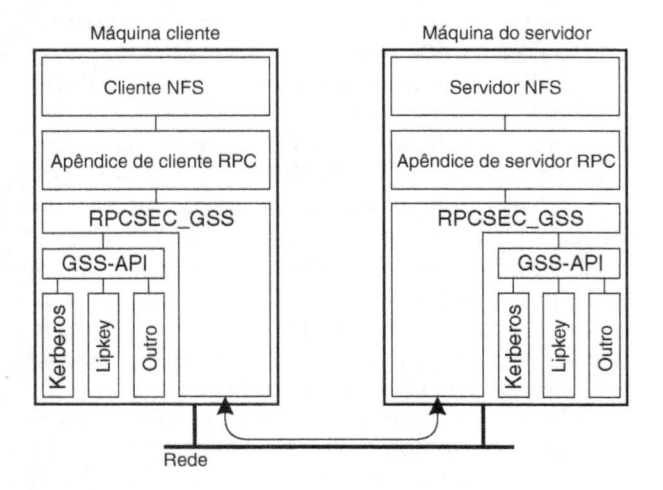

Figura 11.23 RPC segura em NFSv4.

Contudo, essa adaptação da camada RPC só ficou disponível com a introdução do NFSv4.

Controle de acesso

Autorização em NFS é análoga à RPC segura: proporciona os mecanismos mas não especifica qualquer política particular. Controle de acesso é suportado por meio do atributo de arquivo *ACL*. Esse atributo é uma lista de entradas de controle de acesso, na qual cada entrada especifica os direitos de acesso para um usuário ou grupo específico. Muitas das operações que o NFS distingue em relação ao controle de acesso são relativamente diretas e incluem as de leitura, escrita e execução de arquivos, manipulação de atributos de arquivo, listagens de diretórios e assim por diante.

Também é digna de nota a operação **syncronize** que, em essência, diz se um processo que é colocado com um servidor pode acessar diretamente um arquivo, evitando o protocolo NFS para melhor desempenho. O modelo NFS para controle de acesso tem uma semântica muito mais rica do que a maioria dos modelos Unix. Essa diferença surge dos requisitos de que o NFS deve ser capaz de interoperar com sistemas Windows. O raciocínio subjacente é que é muito mais fácil encaixar o modelo Unix de controle de acesso no do Windows, do que o contrário.

Um outro aspecto que torna o controle de acesso diferente de sistemas de arquivos como o Unix é que o acesso pode ser especificado para usuários diferentes e grupos diferentes. Por tradição, o acesso a um arquivo é especificado para um único usuário (o proprietário do arquivo), um único grupo de usuários (por exemplo, membros de uma equipe de projeto) e para todos os outros. O NFS tem vários tipos de usuários e processos, como mostra a Tabela 11.7.

11.8.2 Autenticação descentralizada

Um dos principais problemas de sistemas como o NFS é que, para manipular adequadamente a autenticação, é necessário que os usuários sejam registrados por meio de uma administração de sistema centralizada. Uma solução para esse problema é dada pela utilização de **sistemas de arquivos seguros** (Secure File Systems — SFS) combinados com servidores de autenticação descentralizados. A idéia básica, descrita com todos os detalhes em Kaminsky et al., é bastante simples. O que falta em outros sistemas é a possibilidade de um usuário

Tipo de usuário	Descrição
Proprietário	O proprietário de um arquivo
Grupo	Grupo de usuários associado com um arquivo
Todos	Qualquer usuário ou processo
Interativo	Qualquer processo que acesse o arquivo com base em um terminal interativo
Rede	Qualquer processo que acesse o arquivo por meio da rede
Discagem	Qualquer processo que acesse o arquivo por meio de uma conexão discada com o servidor
Lote	Qualquer processo que acesse o arquivo como parte de um job em lote
Anônimo	Qualquer um que acesse o arquivo sem autenticação
Autenticado	Qualquer usuário ou processo autenticado
Serviço	Qualquer processo de serviço definido

Tabela 11.7 Os vários tipos de usuários e processos diferenciados pelo NFS em relação ao controle de acesso.

especificar que um usuário *remoto* tem certos privilégios sobre seus arquivos. Em praticamente todos os casos, os usuários devem ser conhecidos globalmente por todos os servidores de autenticação. Uma abordagem mais simples seria permitir que Alice especifique que 'Bob, cujos detalhes podem ser encontrados em *X*', tem certos privilégios. Então, o servidor de autenticação que manipula as credenciais de Alice poderia contatar o servidor *X* para obter informações sobre Bob.

Um problema importante a resolver é fazer com que o servidor de Alice tenha certeza de que está lidando com o servidor de autenticação de Bob. Esse problema pode ser resolvido usando nomes autocertificadores, conceito introduzido em SFS (Mazières et al., 1999) que visa a separar gerenciamento de chaves de segurança de sistemas de arquivos. A organização global do SFS é mostrada na Figura 11.24. Para assegurar portabilidade para uma ampla faixa de máquinas, o SFS foi integrado a vários componentes NFSv3. Na máquina cliente há três componentes diferentes, sem contar o programa do usuário. O cliente NFS é usado como uma interface para programas de usuário e troca de informações com um **cliente SFS**. Este aparece para o cliente NFS como apenas um outro servidor NFS.

O cliente SFS é responsável por estabelecer um canal seguro com um servidor SFS. Também é responsável por se comunicar com um **agente de usuário SFS**, que é um programa que manipula automaticamente autenticação de usuário. O SFS não prescreve como deve ocorrer a autenticação de usuário. Em correspondência com suas metas de projeto, o SFS separa essas questões e usa agentes diferentes para diferentes protocolos de autenticação de usuário.

Do lado do servidor também há três componentes. Mais uma vez, o servidor NFS é usado por razões de portabilidade. Esse servidor se comunica com o **servidor SFS** que opera como um cliente NFS para o servidor NFS. O servidor SFS forma o processo de núcleo do SFS. Esse processo é responsável por manipular requisições de arquivos de clientes SFS. Assim como o agente SFS, um servidor SFS se comunica com um servidor de autenticação separado para manipular autenticação de usuário.

O que torna o SFS único em comparação com outros sistemas de arquivos distribuídos é a organização de seu espaço de nomes. O SFS fornece um espaço global de nomes com raiz em um diretório denominado */sfs*. Um cliente SFS permite que seus usuários criem ligações simbólicas dentro desse espaço de nomes. O mais importante é que o SFS usa **nomes de caminhos autocertificadores** para nomear seus arquivos. Em essência, esse nome de caminho contém todas as informações para autenticar o servidor SFS que está fornecendo o arquivo nomeado pelo nome de caminho. Um nome de caminho autocertificador consiste em três partes, como mostra a Figura 11.25.

A primeira parte do nome consiste em uma localização LOC, que é um nome de domínio DNS que identifica o servidor SFS, ou é seu endereço IP correspondente. O SFS considera que cada servidor S tem uma chave pública K_S^+. A segunda parte de um nome de caminho autocertificador é um identificador de hospedeiro HID que é calculado tomando um hash criptográfico H sobre a localização do servidor e sua chave pública:

$$HID = H(LOC, K_S^+)$$

HID é representado por um número de 32 dígitos em base 32. A terceira parte é formada pelo nome de caminho

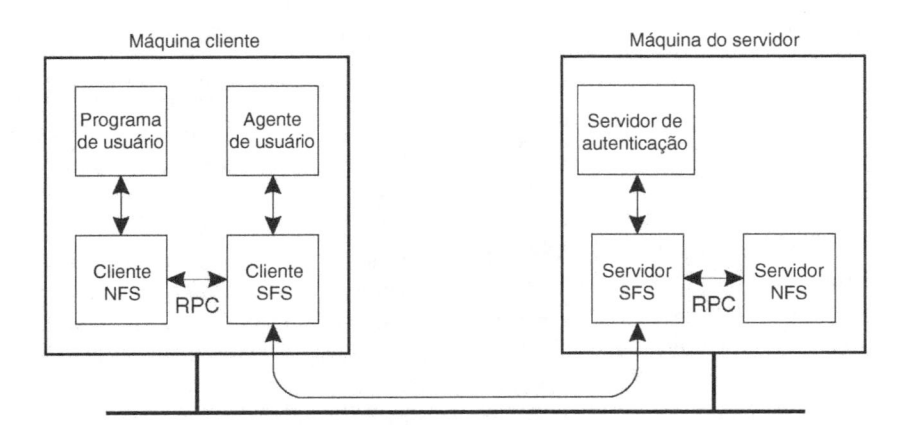

Figura 11.24 Organização do SFS.

/sfs/sfs.vu.cs.nl:ag62hty4wior450hdh63u62i4f0kqere/home/steen/mbox

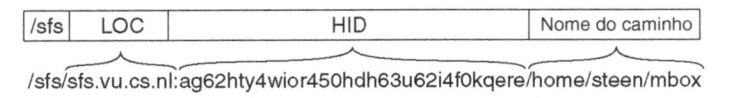

Figura 11.25 Nome de caminho autocertificador em SFS.

local no servidor SFS sob o qual o arquivo está realmente armazenado.

Sempre que um cliente acessa um servidor SFS, ele pode identificar esse servidor apenas com a solicitação de sua chave pública. Então, usando a bem conhecida função de hash *H*, o cliente pode calcular *HID* e compará-lo com o valor encontrado no nome de caminho. Se os dois combinarem, o cliente sabe que está falando com o servidor que contém o nome como encontrado na localização.

Como essa abordagem separa gerenciamento de chaves de segurança de sistemas de arquivos? O problema que o SFS resolve é que a obtenção da chave pública de um servidor pode ser completamente separada de questões de segurança de sistemas de arquivos. Uma abordagem para obter a chave do servidor é permitir que um cliente contate o servidor e requisite a chave, como descrevemos antes. Todavia, também é possível armazenar localmente um conjunto de chaves, por exemplo, por administradores de sistema. Nesse caso, não há necessidade de contatar um servidor. Em vez disso, ao resolver um nome de caminho, a chave do servidor é consultada localmente e, depois disso, o ID do hospedeiro pode ser verificado usando a parte de localização do nome de caminho.

Para simplificar as coisas, transparência de nomeação pode ser conseguida com o uso de ligações simbólicas. Por exemplo, considere que um cliente quer acessar um arquivo chamado

/sfs/sfs.cs.vu.nl:ag62hty4wior450hdh63u62i4f0qere/home/steen/mbox

Para ocultar o ID do hospedeiro, um usuário pode criar uma ligação simbólica

/sfs/vucs → */sfs/sfs.cs.vu.nl:ag62hty4wior450hdh63u62i4f 0kqere*

e, na seqüência, usar somente o nome de caminho *sfs/vucs/home/steen/mbox*. A resolução desse nome se expandirá automaticamente para o nome de caminho SFS completo e, usando a chave pública encontrada localmente, autenticará o servidor SFS nomeado *sfs.vu.cs.nl*.

De maneira semelhante, o SFS pode ser suportado por autoridades de certificação. Normalmente essa autoridade manteria ligações com os servidores SFS para os quais está trabalhando. Como exemplo, considere uma autoridade de certificação *CA* em SFS, que executa o servidor SFS nomeado

/sfs/sfs.certsfs.com:kty83pad72qmbna9uefdppioq7053jux

Considerando que o cliente já instalou uma ligação simbólica

/certsfs → */sfs/sfs.certsfs.com:kty83pad72qmbna9uefdppioq7053jux*,

a autoridade de certificação poderia usar uma outra ligação simbólica

/vucs → */sfs/sfs.vu.cs.nl:ag62hty4wior450hdh63u6 2i4f0kqere*

que aponta para o servidor SFS *sfs.vu.cs.nl*. Nesse caso, um cliente pode simplesmente referenciar */certsfs/vucs/home/steen/mbox* sabendo que está acessando um servidor de arquivos cuja chave pública foi certificada pela autoridade de certificação *CA*.

Voltando ao nosso problema de autenticação descentralizada, agora já deve estar claro que temos todos os mecanismos a postos para evitar exigir que Bob seja registrado no servidor de autenticação de Alice. Em vez disso, esse servidor de autenticação pode apenas contatar o servidor de Bob, desde que lhe seja dado um nome. Esse nome já contém uma chave pública, de modo que o servidor de Alice pode verificar a identidade do servidor de Bob. Depois disso, o servidor de Alice pode aceitar os privilégios de Bob como indicados por Alice. Como dissemos, os detalhes desse esquema podem ser encontrados em Kaminsky et al. (2003).

11.8.3 Sistemas peer-to-peer seguros de compartilhamento de arquivos

Até aqui, discutimos sistemas de arquivos distribuídos cuja segurança era relativamente fácil de garantir. Sistemas tradicionais usam autenticação direta e mecanismos de controle de acesso estendidos com comunicação segura, ou podemos aprimorar a autenticação tradicional passando-a para um esquema completamente descentralizado. Contudo, as coisas se complicam quando lidamos com sistemas completamente descentralizados que dependem de colaboração, como sistemas peer-to-peer de compartilhamento de arquivos.

Consultas seguras em sistemas baseados em DHT

Há várias questões a tratar (Castro et al., 2002a; Wallach, 2002). Vamos considerar sistemas baseados em DHT. Nesse caso, precisamos confiar em operações de consulta seguras que, em essência, resumem-se a uma necessidade de roteamento seguro. Isso significa que, quando um nó sem falhas consulta uma chave k, sua requisição é de fato repassada para o nó responsável pelos dados associados com k, ou para um nó que armazena uma cópia desses dados. Roteamento seguro requer que sejam tratadas três questões:

1. A designação de identificadores a nós deve ser segura.
2. É preciso manter a segurança das tabelas de roteamento.
3. A transferência de requisições de consulta entre nós deve ser segura.

Quando a designação de identificadores a nós não é segura, podemos enfrentar o problema de um nó mal-intencionado poder designar a si mesmo um ID de modo que todas as consultas para chaves específicas sejam dirigidas a ele ou repassadas ao longo da rota da qual ele faz parte. Essa situação fica mais séria quando os nós podem se juntar, o que, na verdade, permite que um grupo forme um imenso 'sorvedouro' para muitas requisições de consulta. Da mesma maneira, sem designação segura de identificadores, um único nó também pode designar a si mesmo *muitos* identificadores, algo também conhecido como **ataque Sybil**, que cria o mesmo efeito (Douceur, 2002).

Mais geral do que o ataque Sybil é um ataque pelo qual um nó mal-intencionado controla um número tão grande de vizinhos de um nó sem falhas que se torna praticamente impossível que nós corretos funcionem adequadamente. Esse fenômeno também é conhecido como **ataque eclipse** e é analisado em Singh et al. (2006). Defender-se contra tal ataque é difícil. Uma solução razoável é restringir o número de bordas de entrada para cada nó. Desse modo, um atacante só pode ter um número limitado de nós corretos que apontam para ele. Para evitar ainda que um atacante domine todas as ligações de entrada para nós corretos, o número de ligações de saída também deve ser restringido [veja também Singh et al. (2004)]. Problemática, em todos esses casos, é a necessidade de uma autoridade centralizada para entregar identificadores de nós. É óbvio que tal autoridade é contra a natureza descentralizada de sistemas peer-to-peer.

Quando tabelas de roteamento podem ser preenchidas com nós alternativos, como costuma ser o caso em otimização para proximidade na rede, é fácil um atacante convencer um nó a apontar para nós mal-intencionados. Observe que esse problema não ocorre quando há fortes restrições no preenchimento de entradas de tabelas de roteamento, tal como acontece em Chord. Por isso, a solução é combinar a escolha de nós alternativos com um preenchimento de tabelas mais restrito [cujos detalhes são descritos em Castro et al. (2002a)].

Por fim, para se defender contra ataques de transmissão de mensagens, um nó pode simplesmente repassar mensagens ao longo de várias rotas. Um modo de fazer isso é iniciar uma consulta com base em diferentes nós de fonte.

Armazenamento colaborativo seguro

Contudo, o mero fato de exigir colaboração entre os nós introduz mais problemas. Por exemplo, a colaboração pode impor que os nós devem oferecer aproximadamente a mesma quantidade de armazenamento que usam de outros nós. Impor essa política pode ser bem complicado. Uma solução é aplicar uma negociação de armazenamento segura, como é o caso do Samsara, como descrito em Cox e Noble (2003).

A idéia é bastante simples: quando um servidor P quer armazenar um de seus arquivos f em um outro servidor Q, ele disponibiliza armazenagem de tamanho igual ao de f e reserva esse espaço exclusivamente para Q. Em outras palavras, agora Q tem uma **reivindicação** pendente em A, como mostra a Figura 11.26.

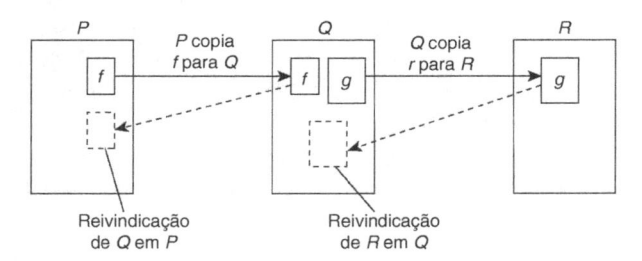

Figura 11.26 Princípio de reivindicações de armazenamento no sistema peer-to-peer Samsara.

Para fazer esse esquema funcionar, cada participante reserva uma quantidade de armazenamento e a divide em porções de igual tamanho. Cada porção consiste em dados não comprimíveis. Em Samsara, a porção c_i consiste em um valor de hash de 160 bits, h_i, calculado sobre uma frase secreta W, concatenado com o número i. Agora, considere que as reivindicações são entregues em unidades de 256 bytes. Nesse caso, a primeira reivindicação é calculada tomando as primeiras 12 porções junto com os primeiros 16 bytes da porção seguinte. Essas porções são concatenadas e criptografadas com a utilização de uma chave privada K. Em geral, a reivindicação C_j é calculada como

$$C_j = K(h_k, h_{k+1}, \ldots, h_{k+11}, h_{k+12}[0], \ldots, h_{k+12}[15])$$

onde $k = j \times 13$. Sempre que P quiser utilizar armazenamento em Q, Q retorna um conjunto de reivindicações que, agora, P é forçado a armazenar. Por certo Q nunca vai precisar armazenar suas próprias reivindicações. Em vez disso, ele pode calculá-las quando necessário.

Agora, o problema é que, de vez em quando, Q pode querer verificar se P ainda está armazenando suas reivindicações. Se P não puder provar que está fazendo isso, Q pode simplesmente descartar os dados de P. Um modo rude de permitir que P prove que ainda tem as reivindicações é retornar cópias a Q. É óbvio que isso desperdiçará muita largura de banda. Considere que Q entregou as reivindicações $C_{j_1}, \ldots, C_{j_k}$ a P. Nesse caso, Q passa uma cadeia de 160 bits, d, para P e solicita que ele calcule o hash de 160 bits d_1 de d concatenado com C_{j_1}. Portanto, esse hash deve ser concatenado com C_{j_2}, produzindo um valor de hash d_2 e assim por diante. No final, basta que P retorne d_n para provar que ainda retém todas as reivindicações.

Certamente Q também pode querer replicar seus arquivos para um outro nó, digamos, R. Ao fazer isso, terá de manter reivindicações para R. Contudo, se o armazenamento em Q estiver prestes a se esgotar, mas Q reivindicou armazenagem em P, ele pode perfeitamente decidir passar essas reivindicações a R. Esse princípio funciona como descreveremos a seguir.

Considere que P retém uma reivindicação C_Q para Q e suponha que Q retém uma reivindicação C_R para R. Como não há nenhuma restrição sobre o que Q pode armazenar em P, Q poderia perfeitamente decidir armazenar C_R em P. Portanto, sempre que R quiser verificar se Q ainda está retendo sua reivindicação, R passará um valor d a Q e requisitará que ele calcule o hash de d concatenado com C_R. Para fazer isso, Q simplesmente passa d para P, requisita que P calcule o hash e retorna o resultado para R. Caso P não esteja mais retendo a reivindicação, Q será punido por R, e Q, por sua vez, pode punir P removendo dados armazenados.

11.9 Resumo

Sistemas de arquivos distribuídos são um importante paradigma para construir sistemas distribuídos. De modo geral, eles são organizados de acordo com o modelo cliente–servidor, com cache do lado do cliente e suporte para replicação de servidores, de maneira a cumprir requisitos de escalabilidade. Além disso, cache e replicação são necessárias para alcançar alta disponibilidade. Mais recentemente surgiram arquiteturas simétricas como as dos sistemas peer-to-peer de compartilhamento de arquivos. Nesses casos, uma questão importante é se são distribuídos arquivos inteiros ou blocos de dados.

Em vez de construir um sistema de arquivos distribuído diretamente em cima da camada de transporte, é prática comum considerar a existência de uma camada de RPC, de modo que todas as operações podem ser expressas simplesmente como RPCs para um servidor de arquivos, em vez de ter de usar operações primitivas de troca de mensagens. Foram desenvolvidas algumas variantes de RPC, como MultiRPC em Coda, que permitem a vários servidores serem chamados em paralelo.

O que torna sistemas de arquivos distribuídos diferentes de sistemas de arquivos não distribuídos é a semântica de compartilhamento de arquivos. O ideal seria um sistema permitir que um cliente sempre lesse os dados que tivessem sido escritos mais recentemente para um arquivo. Essas semânticas de compartilhamento Unix são muito difíceis de implementar com eficiência em um sistema distribuído. NFS suporta uma forma mais fraca, conhecida como semântica de sessão, pela qual a versão final de um arquivo é determinada pelo último cliente que fecha um arquivo que ele tinha aberto antes para escrita. Em Coda, o compartilhamento de arquivos obedece à semântica transacional no sentido de que clientes leitores só conseguirão ver as atualizações mais recentes se reabrirem um arquivo. A semântica transacional em Coda não abrange todas as propriedades Acid das transações comuns. No caso em que um servidor de arquivos fica no controle de todas as operações, é possível fornecer semântica Unix propriamente dita, se bem que, então, a escalabilidade se torna uma preocupação.

Em todos os casos é necessário permitir atualizações concorrentes em arquivos, o que coloca em cena esquemas de travamento e reserva relativamente complexos.

Para conseguir desempenho aceitável, sistemas de arquivos distribuídos geralmente permitem que clientes armazenem um arquivo inteiro. Essa abordagem de cache do arquivo inteiro é suportada, por exemplo, em NFS, embora também seja possível armazenar apenas porções muito grandes de um arquivo. Tão logo um arquivo seja aberto e (parcialmente) transferido para o cliente, todas as operações são realizadas localmente. Atualizações são descarregadas para o servidor quando o arquivo é novamente fechado.

Replicação também desempenha papel importante em sistemas peer-to-peer, embora a questão seja muito simplificada porque, em geral, os arquivos são somente de leitura. Mais importante nesses sistemas é tentar chegar a um equilíbrio de carga aceitável, porque esquemas ingênuos de replicação podem resultar facilmente em lugares muito concorridos que contenham muitos arquivos e, por isso, se tornam gargalos potenciais.

Tolerância a falha costuma ser tratada com utilização de métodos tradicionais. Contudo, também é possível construir sistemas de arquivos que possam lidar com falhas bizantinas, mesmo quando o sistema como um todo estiver executando na Internet. Nesse caso, é possível construir soluções práticas considerando esgotamentos de temporizações razoáveis e inicializando novos grupos de servidores (possivelmente baseados em detecção de falha). Para sistemas de arquivos distribuídos em particular, devemos considerar a aplicação de técnicas de codificação de rasura para reduzir o fator global de replicação quando estivermos visando somente à alta disponibilidade.

Segurança é de extrema importância para qualquer sistema distribuído, incluindo sistemas de arquivos. O NFS em si praticamente não fornece quase nenhum mecanismo de segurança, porém implementa interfaces padronizadas que permitem a utilização de diferentes sistemas de segurança existentes como, por exemplo, o Kerberos. O SFS é diferente no sentido de que permite que nomes de arquivo incluam informações sobre a chave pública do servidor de arquivos. Essa abordagem simplifica o gerenciamento de chaves em sistemas de grande escala. Na verdade, o SFS distribui uma chave incluindo-a no nome de um arquivo. O SFS pode ser usado para implementar um sistema de autenticação descentralizado. Conseguir segurança em sistemas peer-to-peer de compartilhamento de arquivos é difícil, em parte por causa da natureza colaborativa considerada nesses sistemas, nos quais os nós sempre tenderão a agir de modo egoísta. Além do mais, ocorre que garantir que as consultas sejam seguras é um problema difícil que, na verdade, requer uma autoridade central para manipular identificadores de nós.

Problemas

1. Um servidor de arquivos que implementa o NFS versão 3 tem de ser sem estado?

2. Explique se o NFS deve ou não ser considerado um sistema de arquivos distribuído.

3. Embora o GFS seja bom em questão de escalabilidade, poderíamos argumentar que o mestre ainda é um gargalo potencial. Qual seria uma alternativa razoável para substituí-lo?

4. Usar efeitos colaterais de RPC2 é conveniente para fluxo contínuo de dados. Dê um outro exemplo em que faz sentido usar um protocolo específico de aplicação junto com uma RPC.

5. NFS não fornece um espaço de nomes global e compartilhado. Há um modo de emular tal espaço de nomes?

6. Dê uma extensão simples para a operação lookup em NFS que permitiria consulta iterativa de nomes em combinação com um servidor que exporta diretórios que montou com base em outro servidor.

7. Em sistemas operacionais baseados em Unix, a abertura de um arquivo usando um manipulador de arquivo só pode ser feita no núcleo. Dê uma possível implementação de manipulador de arquivo NFS para um servidor NFS de nível de usuário para um sistema Unix.

8. Usar um automontador que instala ligações simbólicas como descrito no texto dificulta ocultar o fato de que a montagem é transparente. Por quê?

9. Suponha que o estado corrente de negação de um arquivo em NFS seja *WRITE*. É possível que um outro cliente possa primeiro abrir esse arquivo e depois requisitar uma trava de escrita?

10. Levando em conta coerência de cache como discutida no Capítulo 7, que tipo de protocolo de coerência de cache o NFS implementa?

11. O NFS implementa consistência de entrada?

12. Afirmamos que o NFS implementa o modelo de acesso remoto para manipulação de arquivos. Pode-se argumentar que ele também suporta o modelo de carga/atualização. Explique por quê.

13. Em NFS, a cache de atributos segue uma política de coerência de cache de escrita direta. É necessário repassar imediatamente todas as mudanças de atributos?

14. Qual é a semântica de chamada fornecida por RPC2 na presença de falhas?

15. Explique como o Coda resolve conflitos leitura–escrita em um arquivo que é compartilhado entre vários leitores e somente um escritor.

16. Usando nomes de caminho autocertificadores, um cliente sempre tem certeza de que está se comunicando com um servidor que não é *mal-intencionado*?

17. **(Tarefa de laboratório)** Um dos modos mais fáceis de construir um sistema distribuído baseado em Unix é acoplar uma quantidade de máquinas por meio de NFS. Nesta tarefa, você deve conectar dois sistemas de arquivos em computadores diferentes por meio do NFS. Em particular, instale um servidor NFS em uma das máquinas de modo que várias partes de seu sistema de arquivos sejam montadas automaticamente quando a primeira máquina for inicializada.

18. **(Tarefa de laboratório)** Para integrar máquinas baseadas em Unix com clientes Windows, podemos utilizar servidores Samba. Amplie a tarefa anterior disponibilizando um sistema baseado em Unix para um cliente Windows por meio da instalação e configuração de um servidor Samba. Ao mesmo tempo, o sistema de arquivos deve permanecer acessível por meio do NFS.

12 Sistemas distribuídos baseados na Web

A World Wide Web (**WWW**) pode ser considerada um enorme sistema para acessar documentos ligados, que consiste em milhões de clientes e servidores. Servidores mantêm conjuntos de documentos, enquanto clientes fornecem a usuários uma interface de fácil utilização para apresentar e acessar esses documentos.

O padrão Web teve início no Laboratório Europeu de Física Nuclear (European Particle Physics Laboratory — CERN), em Genebra, como um projeto que permitiria a seu grupo de pesquisadores, numeroso e geograficamente disperso, acessar documentos compartilhados por meio de um sistema simples de hipertexto. Um documento podia ser qualquer coisa que pudesse ser apresentada no terminal do computador de um usuário, tal como anotações pessoais, relatórios, figuras, cópias, desenhos e assim por diante. Ligando esses documentos uns aos outros ficou fácil integrar documentos de projetos diferentes em um novo documento sem a necessidade de mudanças centralizadas. Era apenas necessário construir um documento que fornecesse ligações com outros documentos relevantes [veja também Berners-Lee et al. (1994)].

Devagar e gradativamente, a Web cresceu e se expandiu para outros setores além da física de partículas de alta energia, mas sua popularidade aumentou bruscamente quando foram oferecidas interfaces gráficas para usuários, em particular a Mosaic (Vetter et al., 1994). A Mosaic forneceu uma interface fácil de utilizar para apresentar e acessar documentos com um mero clique no botão de um mouse. Um documento era buscado em um servidor, transferido para um cliente e apresentado na tela. Em termos de conceito, para um usuário não havia nenhuma diferença entre um documento armazenado localmente ou em qualquer outra parte do mundo. Nesse sentido, a distribuição era transparente.

Desde 1994, o World Wide Web Consortium, uma colaboração entre o CERN e o MIT, vem trabalhando no desenvolvimento da Web. Esse consórcio é responsável por padronizar protocolos, melhorar a interoperabilidade e aprimorar as capacidades da Web. Ademais, vemos que muitos novos desenvolvimentos ocorrem fora desse consórcio, que nem sempre levam à compatibilidade que esperamos. A esta altura, a Web é mais do que apenas um sistema simples baseado em documentos. Em particular, desde a introdução de serviços Web, temos observado que está surgindo um imenso sistema distribuído no qual, mais do que documentos, estão sendo usados **serviços**, compostos e oferecidos a qualquer usuário ou máquina que tenha alguma utilização para eles.

Neste capítulo, examinaremos mais de perto esse sistema que está crescendo e se infiltrando em todos os lugares. Considerando que a Web em si é muito jovem e já mudou muito em curto período, nossa descrição só pode ser um instantâneo de seu estado atual. Contudo, como veremos, muitos conceitos subjacentes à tecnologia da Web são baseados nos princípios discutidos na primeira parte deste livro. Além disso, veremos que, para muitos conceitos, ainda há muito espaço para aprimoramento.

12.1 Arquitetura

A arquitetura de sistemas distribuídos baseados na Web não apresenta diferenças fundamentais em relação à de outros sistemas distribuídos. Todavia, é interessante ver como a idéia inicial de suportar documentos distribuídos evoluiu desde seu início, na década de 1990. Documentos passaram de puramente estáticos e passivos para dinamicamente gerados, que contêm todos os tipos de elementos ativos. Além do mais, nos últimos anos, muitas organizações começaram a suportar serviços em vez de apenas documentos. Nas páginas a seguir, discutiremos os impactos dessas mudanças sobre a arquitetura.

12.1.1 Sistemas tradicionais baseados na Web

Diferentemente de muitos dos sistemas distribuídos que discutimos até aqui, sistemas distribuídos baseados na Web são relativamente novos. Nesse sentido, é um pouco difícil falar sobre sistemas tradicionais baseados na Web, embora exista uma clara distinção entre os sistemas que estavam disponíveis no início e os que são utilizados hoje.

Muitos sistemas baseados na Web ainda são organizados como arquiteturas cliente–servidor relativamente simples. O núcleo de um site Web é formado por um processo que tem acesso a um sistema de arquivos local que armazena documentos. O modo mais simples de referenciar um documento é por meio de uma referência denominada **localizador uniforme de recurso** (Uniform Resource Locator — **URL**). Ele especifica onde um documento está localizado, muitas vezes por embutir o nome DNS de seu servidor associado junto com um nome de arquivo pelo qual o servidor pode consultar o documento em seu sistema de arquivos local. Além do mais, um URL especifica o protocolo de camada de aplicação para transferir o documento pela rede. Há vários protocolos disponíveis, como explicaremos a seguir.

Um cliente interage com servidores Web por meio de uma aplicação especial denominada **browser**. Um browser é responsável pela apresentação adequada de um documento. Além disso, aceita entrada de um usuário, na maioria das vezes permitindo que esse usuário selecione uma referência a um outro documento que, então, ele busca e apresenta. A comunicação entre um browser e um servidor Web é padronizada: ambos obedecem ao **protocolo de transferência de hipertexto** (Hypertext Transfer Protocol — **HTTP**), que discutiremos mais adiante. Isso resulta na organização global mostrada na Figura 12.1.

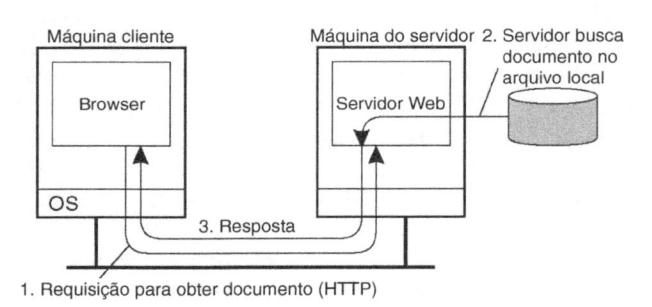

Figura 12.1 Organização global de um site Web tradicional.

A Web teve um considerável desenvolvimento desde sua introdução. A esta altura há uma profusão de métodos e ferramentas para produzir informações que podem ser processadas por clientes Web e servidores Web. A seguir, explicaremos com detalhes como a Web age como um sistema distribuído. Entretanto, ignoramos a maioria dos métodos e ferramentas usados para construir documentos Web porque muitas vezes eles não têm nenhuma relação direta com a natureza distribuída da Web. Uma boa introdução sobre como construir aplicações baseadas na Web pode ser encontrada em Sebesta (2006).

Documentos Web

Fundamental para a Web é que praticamente todas as informações vêm na forma de um documento. O conceito de documento deve ser tomado em seu sentido mais amplo: ele não somente pode conter texto aberto, mas também incluir todos os tipos de características dinâmicas como áudio, vídeo, animações e assim por diante. Em muitos casos são necessárias aplicações auxiliares para fazer com que um documento 'ganhe vida'. Normalmente esses interpretadores serão integrados com o browser de um usuário.

A maioria dos documentos pode ser dividida aproximadamente em duas partes: uma parte principal, que, no mínimo, age como um gabarito para a segunda parte, que consiste em muitos pedacinhos diferentes que, juntos, constituem o documento apresentado em um browser. De modo geral, a parte principal é escrita em uma **linguagem de marcação**, muito semelhante aos tipos de linguagens utilizados em sistemas de processamento de textos. A linguagem de marcação mais utilizada na Web é a **HTML**, acrônimo de Hypertext Markup Language (**linguagem de marcação de hipertexto**). Como seu nome sugere, a HTML permite embutir ligações com outros documentos. Quando essas ligações são ativadas em um browser, o documento referenciado será buscado em seu servidor associado.

Uma outra linguagem de importância crescente é a **linguagem extensível de marcação** (Extensible Markup Language — **XML**), que, como seu nome sugere, proporciona muito mais flexibilidade para definir qual deve ser a aparência de um documento. A principal diferença entre HTML e XML é que a última inclui as definições dos elementos que marcam um documento. Em outras palavras, é uma linguagem de metamarcação (*metamarkup*). Essa abordagem proporciona muita flexibilidade quando se trata de especificar exatamente qual deverá ser a aparência de um documento: não há necessidade de se ater a um único modelo como imposto por uma linguagem de marcação fixa como a HTML.

HTML e XML também podem incluir todos os tipos de rótulos que referenciam **documentos embutidos,** isto é, referências a arquivos que devem ser incluídos para tornar um documento completo. Pode-se argumentar que os documentos embutidos transformam um documento Web em algo ativo. Especialmente quando consideramos que um documento embutido pode ser um programa completo que é executado durante a operação como parte da apresentação da informação, não é difícil imaginar os tipos de coisas que podem ser feitas.

Há todos as espécies e formas de documentos embutidos, o que imediatamente levanta a questão de como os browsers podem ser equipados para manipular os diferentes formatos de arquivos e modos de interpretar documentos embutidos. Em essência, só precisamos de duas coisas: um modo de especificar o tipo de um documento embutido e um modo de permitir que um browser manipule dados de um tipo específico.

Cada documento (embutido) tem um **tipo Mime** associado. Mime representa Multipurpose Internet Mail Exchange (**trocas multiuso do correio da Internet**). Como seu nome sugere, foi originalmente desenvolvido para fornecer informações sobre o conteúdo do corpo de uma mensagem que era enviada como parte do correio eletrônico. O Mime distingue vários tipos de conteúdos de mensagens. Esses tipos também são usados na WWW, mas percebemos que a padronização é difícil com os novos formatos de dados que vêm surgindo quase diariamente.

O Mime faz uma distinção entre tipos de alto nível e subtipos. Alguns tipos de alto nível comuns são mostrados na Tabela 12.1 e incluem tipos para texto, imagem, áudio e vídeo. Há um tipo especial, *aplicação (application)*, que indica que o documento contém dados relacionados com uma aplicação específica. Na prática, somente essa aplicação poderá transformar o documento em algo que pode ser entendido por um ser humano.

O tipo *multipartes (multipart)* é usado para documentos compostos, isto é, documentos que consistem em diversas partes, e cada parte, por sua vez, terá seu próprio tipo de alto nível associado.

Para cada tipo de alto nível podem existir diversos subtipos disponíveis, dos quais alguns são mostrados na Tabela 12.1. Portanto, o tipo de um documento é representado como uma combinação de tipo de alto nível e subtipo como *aplicação/PDF*. Nesse caso, espera-se que uma aplicação separada seja necessária para processar o documento, que é representado em PDF. Muitos subtipos são experimentais, o que significa que é usado um formato especial que requer sua própria aplicação do lado do usuário. Na prática, é o servidor Web que fornecerá essa aplicação, seja como um programa separado que executará à parte de um browser, seja como um **plug-in**, que pode ser instalado como parte do browser.

Essa variedade (que está sempre mudando) de documentos obriga os browsers a serem extensíveis. Para cumprir essa finalidade houve certa padronização, de modo a permitir que plug-ins que aderem a determinadas interfaces sejam facilmente integrados em um browser.

Quando certos tipos alcançam suficiente popularidade, em geral são despachados junto com os browsers ou suas atualizações. Voltaremos a essas questões mais adiante, quando discutirmos software do lado do cliente.

Arquiteturas multicamadas

A combinação de HTML (ou de qualquer outra linguagem de marcação como a XML) com scripting proporciona um poderoso meio para expressar documentos. Contudo, mal discutimos onde os documentos são realmente processados e que tipo de processamento ocorre. A WWW começou como um sistema cliente–servidor de duas camadas relativamente simples, já mostrado na Figura 12.1. Agora, essa arquitetura simples foi ampliada com numerosos componentes para suportar o tipo de documentos avançados que acabamos de descrever.

Um dos primeiros aprimoramentos da arquitetura básica foi o suporte para interação simples do usuário por meio da Common Gateway Interface (**interface comum de gateway**), ou simplesmente **CGI**. A CGI define um modo padrão pelo qual um servidor Web pode executar um programa tomando os dados do usuário como entrada. Normalmente, os dados do usuário vêm de um formulário HTML; ele especifica o programa que deve ser executado do lado do servidor, junto com os valores de parâmetros que são preenchidos pelo usuário. Tão logo concluído o formulário, o nome do programa e os valores de parâmetros colhidos são enviados ao servidor, como mostra a Figura 12.2.

Quando vê a requisição, o servidor inicia o programa nomeado na requisição e transfere os valores de parâmetros para o programa. Nesse ponto, o programa apenas faz seu trabalho e, em geral, retorna os resultados na forma de

Tipo	Subtipo	Descrição
Texto	aberto	Texto sem formatação
	HTML	Texto que inclui comandos de marcação HTML
	XML	Texto que inclui comandos de marcação XML
Imagem	GIF	Imagem imóvel em formato GIF
	JPEG	Imagem imóvel em formato JPEG
Áudio	básico	Áudio, PCM de 8 bits amostrado em 8000 Hz
	tom	Tom específico audível
Vídeo	MPEG	Filme em formato MPEG
	ponteiro	Representação de um dispositivo de ponteiro para apresentações
Aplicação	sequência de octetos	Seqüência de bytes não interpretada
	Postscript	Documento em Postscript que pode ser impresso
	PDF	Documento em PDF que pode ser impresso
Multipartes	misto	Partes mistas independentes na ordem especificada
	paralelo	Partes devem ser vistas simultaneamente

Tabela 12.1 Seis tipos Mime de alto nível e alguns subtipos comuns.

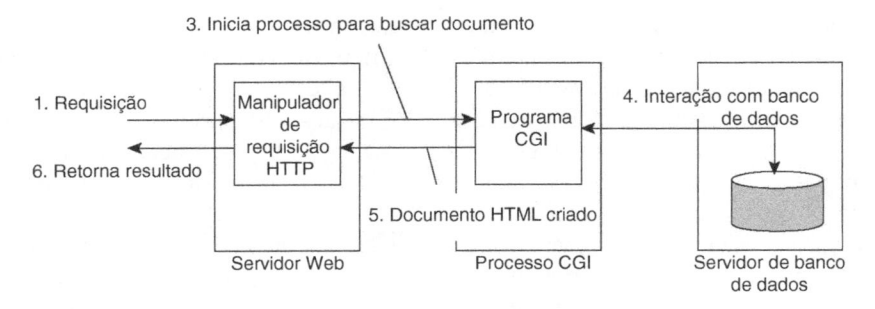

Figura 12.2 *Princípio da utilização de programas CGI do lado do servidor.*

um documento que é devolvido ao browser do usuário para ser apresentado.

Programas CGI podem ser tão sofisticados quanto um desenvolvedor quiser. Por exemplo, como mostra a Figura 12.2, muitos programas operam sobre um banco de dados local do servidor Web. Após processar os dados, o programa gera um documento HTML e retorna esse documento para o servidor. Então, o servidor passará o documento para o cliente. Uma observação interessante é que, para o servidor, parece-lhe estar solicitando ao programa CGI que busque um documento. Em outras palavras, o servidor nada mais faz do que delegar a busca de um documento a um programa externo.

A principal tarefa de um servidor costumava ser manipular requisições do cliente apenas com a busca de documentos. Com programas CGI, a busca de um documento podia ser delegada de um modo tal que o servidor permaneceria alheio ao fato de um documento ter sido gerado durante a operação ou, na verdade, lido do sistema de arquivos local. Observe que acabamos de descrever uma organização de duas camadas de software do lado do servidor.

Entretanto, hoje em dia os servidores fazem muito mais do que apenas buscar documentos. Um dos mais importantes aprimoramentos é que servidores também podem processar um documento antes de passá-lo para o cliente. Em particular, um documento pode conter um **script do lado do servidor**, que é executado pelo servidor quando o documento foi buscado localmente. O resultado da execução de um script é enviado ao cliente junto com o restante do documento. O script em si não é enviado. Em outras palavras, usar um script do lado do servidor altera um documento, em essência porque substitui o script pelos resultados de sua execução.

Como o processamento de documentos Web do lado do servidor requer cada vez mais flexibilidade, não deve ser nada surpreendente que, agora, muitos sites Web sejam organizados conforme uma arquitetura de três camadas, que consiste em um servidor Web, um servidor de aplicação e um banco de dados. O servidor Web é o tradicional servidor Web que tínhamos antes; o servidor de aplicação executa todos os tipos de programas que podem ou não acessar a terceira camada, que consiste em um banco de dados. Por exemplo, um servidor pode aceitar uma consulta de cliente, pesquisar seu banco de dados de produtos compatíveis e então construir uma página Web que apresente uma lista dos produtos encontrados que pode ser acessada com um clique de mouse. Em muitos casos o servidor é responsável por executar programas Java, denominados **servlets**, que mantêm carrinhos de compras, implementam recomendações, mantêm listas de itens favoritos e assim por diante.

Porém essa organização de três camadas introduz um problema: uma redução no desempenho. Embora do ponto de vista de arquitetura tenha sentido diferenciar três camadas, a prática mostra que o servidor de aplicação e o banco de dados são gargalos potenciais. Em particular, melhorar o desempenho do banco de dados pode se revelar um problema incômodo. Voltaremos a essa questão mais adiante, quando discutirmos cache e replicação como soluções de problemas de desempenho.

12.1.2 Serviços Web

Até aqui, consideramos implicitamente que o software do lado do cliente de um sistema baseado na Web consiste em um browser que age como interface para um usuário. Essa premissa deixou de ser universalmente válida. Há um grupo de sistemas baseados na Web que está crescendo rapidamente e oferece serviços gerais para aplicações remotas sem interações imediatas de usuários finais. Essa organização leva ao conceito de **serviços Web** (Alonso et al., 2004).

Fundamentos dos serviços Web

Em palavras simples, um serviço Web nada mais é do que um serviço tradicional (por exemplo, um serviço de nomeação, um serviço de previsão do tempo, um fornecedor eletrônico e assim por diante) que é oferecido pela Internet. O que torna um serviço Web especial é que ele obedece a um conjunto de padrões que lhe permitirão ser *descoberto* e acessado pela Internet por aplicações de cliente que também adotam esses padrões. Portanto, não surpreende que esses padrões formem o núcleo da arquitetura de serviços Web [veja também Booth et al. (2004)].

O princípio do fornecimento e da utilização de um serviço Web é bastante simples e é mostrado na Figura 12.3. A idéia básica é que alguma aplicação cliente possa convocar os serviços como fornecidos por uma aplicação de servidor. A padronização se refere a como esses serviços são descritos de modo que possam ser consultados por uma aplicação cliente. Ademais, precisamos garantir que a chamada do serviço ocorra segundo as regras estabelecidas pela aplicação de servidor. Observe que esse princípio não é diferente do que é necessário para executar uma chamada de procedimento remoto.

Um componente importante da arquitetura de serviços Web é formado por um serviço de diretório que armazena descrições de serviços. Esse serviço obedece ao padrão **integração, descoberta e descrição universal** (Universal Description, Discovery and Integration — **UDDI**). Como seu nome sugere, o UDDI prescreve o layout de um banco de dados que contém descrições de serviços. Estas permitirão a clientes de serviços Web procurar serviços relevantes.

Serviços são descritos por meio da **linguagem de definição de serviços Web** (**Web Services Definition Language — WSDL**), linguagem formal muito parecida com as linguagens de definição de interface usadas para suportar comunicação baseada em RPC. Uma descrição WSDL contém as definições exatas das interfaces fornecidas por um serviço, isto é, especificação de procedimento, tipos de dados, a localização (lógica) de serviços e assim por diante. Uma questão importante de uma descrição WSDL é que ela pode ser traduzida automaticamente para apêndices do lado do cliente e do lado do servidor, mais uma vez, de modo análogo à geração de apêndices em sistemas comuns baseados em RPC.

Por fim, um elemento central de um serviço Web é a especificação do modo como ocorre a comunicação. Para cumprir essa finalidade é usado o **protocolo simples de acesso a objeto** (Simple Object Access Protocol — **Soap**), que é, em essência, uma estrutura na qual grande parte da comunicação entre dois processos pode ser padronizada. Discutiremos os detalhes do Soap mais adiante, quando também ficará claro que, na realidade, não se justifica chamar o ambiente de simples.

Composição e coordenação de serviços Web

A arquitetura descrita até aqui é relativamente direta: um serviço é implementado por meio de uma aplicação e sua invocação ocorre conforme um padrão específico. Por certo a aplicação em si pode ser complexa e, na verdade, seus componentes podem estar completamente distribuídos por uma rede local. Nesses casos, é muito provável que o serviço Web seja implementado por meio de um proxy ou daemon interno que interage com os vários componentes que constituem a aplicação distribuída. Portanto, todos os princípios que discutimos até aqui podem ser imediatamente aplicados.

Segundo o modelo até aqui, um serviço Web é oferecido na forma de uma única invocação. Na prática, é preciso que ocorram estruturas de invocação muito mais complexas antes que um serviço possa ser considerado concluído. Considere, como exemplo, uma livraria eletrônica. Fazer o pedido de compra de um livro requer selecionar o livro, pagar e garantir sua entrega. Da perspectiva de serviço, o serviço propriamente dito deveria ser modelado como uma transação que consiste em várias etapas que precisam ser executadas em uma ordem específica. Em outras palavras, trata-se de um **serviço complexo** que é construído com base em vários serviços básicos.

A complexidade aumenta quando consideramos serviços Web oferecidos que combinam serviços Web de diferentes provedores. Um exemplo típico é organizar uma loja baseada na Web. A maioria das lojas consiste

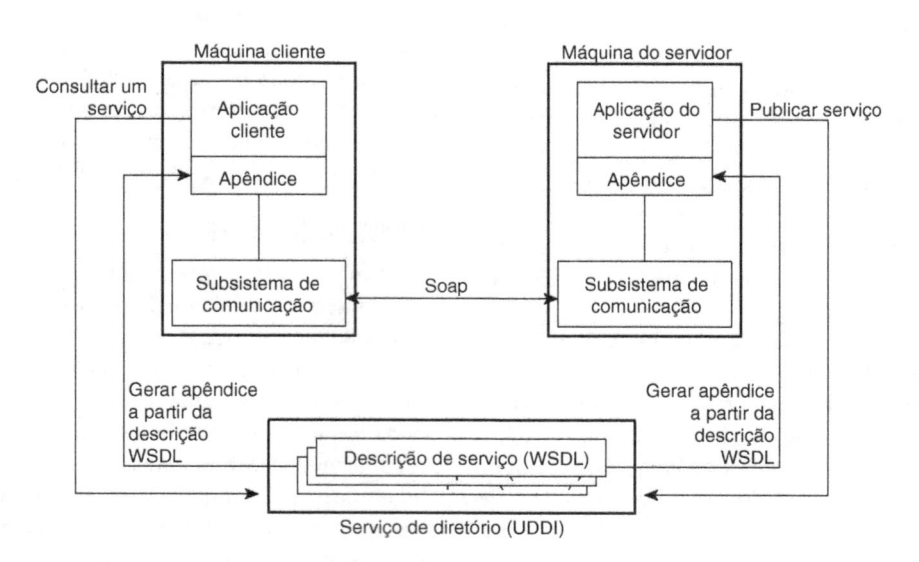

Figura 12.3 Princípio de um serviço Web.

aproximadamente em três partes: a primeira parte, na qual um cliente seleciona as mercadorias que quer; uma segunda, que manipula o pagamento dessas mercadorias; e uma terceira, que se encarrega da expedição e do subseqüente acompanhamento das mercadorias. Para estabelecer tal loja, é possível que um fornecedor queira utilizar o serviço de um banco eletrônico que possa manipular o pagamento, mas também um serviço especial de entrega que se encarregue da expedição das mercadorias. Portanto, esse fornecedor pode se concentrar em seu negócio central, ou seja, a oferta de mercadorias.

Em cenários como esse é importante que um cliente veja um serviço coerente – uma loja em que ele possa selecionar a mercadoria, pagar e confiar na entrega adequada. Contudo, internamente, precisamos lidar com uma situação sobre a qual possivelmente três organizações diferentes precisam agir de modo coordenado. Dar suporte adequado para tais **serviços compostos** é parte essencial dos serviços Web. Há, no mínimo, duas classes de problemas que precisam ser resolvidas. A primeira é de que modo pode ocorrer a coordenação entre serviços Web possivelmente prestados por organizações diferentes. A segunda é como compor os serviços com facilidade.

A coordenação entre serviços Web é tratada por meio de **protocolos de coordenação**. Um protocolo de coordenação prescreve as várias etapas que precisam ocorrer para que o serviço (composto) possa ser bem-sucedido. Claro que a dificuldade está em *obrigar* os participantes desse protocolo a realizar as etapas corretas no momento certo. Há vários modos de conseguir isso; o mais simples é ter um coordenador único que controle as mensagens trocadas entre os participantes.

Todavia, embora existam várias soluções, da perspectiva de serviços Web é importante padronizar em protocolos de coordenação tudo aquilo que é comum. Uma razão é que, quando um participante quiser compartilhar um protocolo específico, é importante que ele saiba com qual(is) outro(s) processo(s) deve se comunicar. Ademais, pode perfeitamente ocorrer de um processo estar envolvido em vários protocolos de coordenação ao mesmo tempo. Por isso, identificar a instância de um protocolo também é importante. Por fim, um processo deve saber qual é o papel que tem de cumprir.

Essas questões são padronizadas na denominada **coordenação de serviços Web** (Frend et al., 2005). Do ponto de vista da arquitetura, ela define um serviço separado para manipular protocolos de coordenação. A coordenação de um protocolo é parte desse serviço. Processos podem se registrar como participantes da coordenação, de modo que seus pares tomem conhecimento deles.

Para que as coisas fiquem mais concretas, considere um serviço de coordenação para variantes do protocolo de duas fases (2PC) que discutimos no Capítulo 8. O propósito dessa idéia é que tal serviço implementaria o coordenador para várias instâncias de protocolo. Uma implementação óbvia é ter um único processo que desempenhe o papel de coordenador para várias instâncias do protocolo. Uma alternativa é implementar cada coordenador em um thread separado.

Um processo pode requisitar a ativação de um protocolo específico. Em essência, nesse ponto ele receberá como retorno um identificador que poderá repassar para outros processos para que se registrem como participantes na instância do protocolo recém-criada. Certamente todos os processos participantes terão de implementar as interfaces específicas do protocolo que o serviço de coordenação está suportando. Tão logo todos os participantes tenham se registrado, o coordenador pode lhes enviar, quando necessário, as mensagens *VOTE_REQUEST*, *COMMIT* e outras que fazem parte do protocolo 2PC.

Não é difícil perceber que, devido aos aspectos comuns existentes em, por exemplo, protocolos 2PC, a padronização de interfaces e mensagens a trocar facilitarão muito a composição e a coordenação de serviços Web. O trabalho propriamente dito que precisa ser feito não é muito difícil. A esse respeito, o valor agregado de um serviço de coordenação deve ser procurado inteiramente na padronização.

É claro que um serviço de coordenação já oferece facilidades para compor um serviço Web com base em outros serviços. Só há um problema potencial: o modo como o serviço é composto é público. Em muitos casos, essa não é uma propriedade desejável, porque permitiria a qualquer concorrente estabelecer exatamente o mesmo serviço composto. Sendo assim, é preciso que existam facilidades para estabelecer coordenadores privados. Não entraremos em detalhes aqui porque isso não diz respeito aos princípios da composição de serviços em sistemas baseados na Web. Além disso, esse tipo de composição ainda está em andamento (e pode continuar assim por longo tempo). O leitor interessado pode consultar Alonso et al., 2004.

12.2 Processos

Agora, voltaremos nossa atenção aos processos mais importantes usados em sistemas baseados na Web e à sua organização interna.

12.2.1 Clientes

O cliente Web mais importante é um software denominado **browser Web** que capacita um usuário a navegar pelas páginas Web buscando essas páginas em servidores e, na seqüência, apresentando-as na tela do usuário. Um browser normalmente fornece uma interface por meio da qual os hiperlinks são apresentados de modo que fique fácil para o usuário selecioná-los com um único clique no mouse.

Browsers Web costumavam ser programas simples, mas isso foi há muito tempo. Em termos lógicos, eles consistem em diversos componentes, mostrados na Figura 12.4 [veja também Grosskurth e Godfrey (2005)].

Um aspecto importante a respeito dos browsers Web é que o ideal é eles serem independentes de plataforma. Esse objetivo costuma ser atingido com a utilização de bibliotecas gráficas padronizadas, mostradas como apresentação gráfica de terminal, junto com bibliotecas padronizadas de rede.

O núcleo de um browser é formado pela lógica do browser e pelas rotinas de apresentação. Estas contêm todo o código para apresentar documentos de maneira adequada, como já explicamos. Essa apresentação exige, no mínimo, analisar HTML ou XML, mas também pode exigir interpretação de script. Em grande parte dos casos é incluído apenas um interpretador para Javascript, embora, em teoria, outros interpretadores também possam ser incluídos. A lógica do browser fornece os mecanismos para um usuário final examinar um documento, selecionar partes dele, ativar hiperlinks e assim por diante.

Um dos problemas que os projetistas de browsers Web têm de enfrentar é que um browser deve ser fácil de ampliar de modo que, em princípio, possa suportar qualquer tipo de documento que seja retornado por um servidor. A abordagem adotada na maioria dos casos é oferecer facilidades para os plug-ins. Como mencionamos antes, um plug-in é um pequeno programa que pode ser carregado dinamicamente em um browser para manipular um tipo específico de documento que, de modo geral, corresponde a como um tipo Mime. Um plug-in deve estar disponível localmente e, antes de ser utilizado, é provável que o usuário tenha de transferi-lo especificamente de um servidor remoto. Os plug-ins costumam oferecer ao browser uma interface padronizada e, da mesma maneira, esperam do browser uma interface padronizada. Em termos lógicos, eles formam uma extensão do motor das rotinas de apresentação mostradas na Figura 12.4.

Um outro processo do lado do cliente que costuma ser utilizado é um **proxy Web** (Luotonen e Altis, 1994). Originalmente, tal processo era usado para permitir a um browser manipular protocolos de camada de aplicação que não fossem o HTTP, como mostra a Figura 12.5. Por exemplo, para transferir um arquivo de um servidor FTP, o browser pode emitir uma requisição HTTP para um proxy FTP local, que então buscará o arquivo e o retornará embutido como HTTP.

Hoje em dia, muitos browsers Web são capazes de suportar uma variedade de protocolos ou, então, podem ser ampliados dinamicamente para fazer isso; por essa razão, não precisam de proxies. Todavia, proxies ainda são utilizados por outras razões. Por exemplo, um proxy pode ser configurado para filtrar requisições e respostas (o que o aproxima de um firewall de camada de aplicação), entrar em sistemas, comprimir arquivos, porém, acima de tudo, armazenar. Voltaremos à cache realizada pelo proxy mais adiante. Um proxy Web muito usado é o **Squid**, que foi desenvolvido como projeto de código-fonte aberto. Informações detalhadas sobre o Squid podem ser encontradas em Wessels (2004).

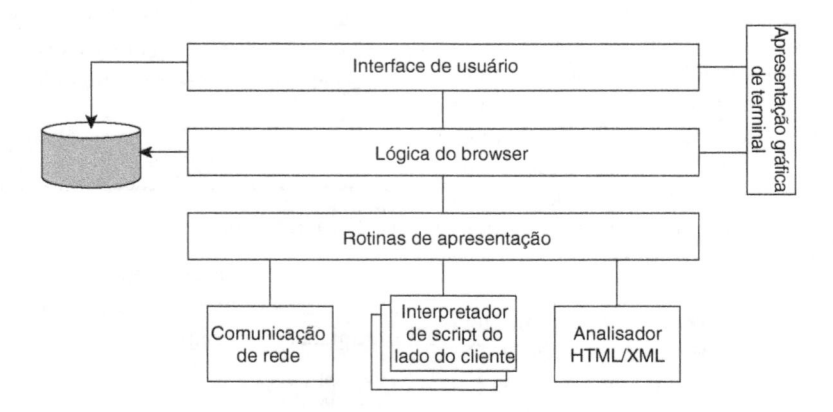

Figura 12.4. Componentes lógicos de um browser Web.

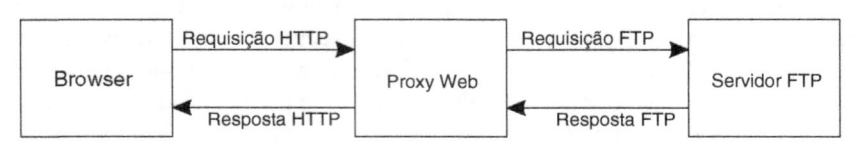

Figura 12.5. Utilização de um proxy Web quando o browser não usa linguagem FTP.

12.2.2 Servidor Web Apache

O servidor Web mais popular é de longe o Apache, o qual estima-se que seja utilizado para hospedar aproximadamente 70% de todos os sites Web. O Apache é uma peça complexa de software e, com os inúmeros aprimoramentos para os tipos de documentos que são oferecidos agora na Web, é importante que o servidor tenha alta capacidade de configuração e extensibilidade e que, ao mesmo tempo, em grande parte, seja independente de plataformas específicas.

Em essência, tornar o servidor independente de plataforma significa ele fornecer seu próprio ambiente de execução básico, que, na seqüência, é implementado para diferentes sistemas operacionais. Esse ambiente de execução, conhecido como **Apache Portable Runtime (APR)**, é uma biblioteca que fornece interface independente de plataforma para manipulação de arquivos, trabalhos em rede, travamento, threads e assim por diante. Na ocasião de extensão do Apache (o que discutiremos em breve), a portabilidade é, em grande parte, garantida, contanto que sejam feitas apenas chamadas ao APR e evitadas chamadas de bibliotecas específicas de plataforma.

Como dissemos, o Apache não somente é configurado para proporcionar flexibilidade (no sentido de poder ser configurado até níveis consideráveis de detalhes), mas também é relativamente fácil estender sua funcionalidade. Por exemplo, mais adiante neste capítulo discutiremos replicação adaptativa em Globule, uma rede de entrega de conteúdo caseira, desenvolvida no grupo de que o autor fez parte na Universidade de Vrije em Amsterdã. A Globule é implementada como extensão para o Apache, baseada no APR, mas também independente, na maior parte, de outras extensões desenvolvidas para o Apache.

De certa perspectiva, o Apache pode ser considerado como um servidor completamente geral, configurado para produzir uma resposta a uma requisição que chega. É claro que há todos os tipos de dependências e premissas ocultas pelas quais o Apache se revela primordialmente adequado para manipular requisições para documentos Web. Por exemplo, como mencionamos, browsers e servidores Web usam HTTP como seu protocolo de comunicação. O HTTP é quase sempre implementado em cima do TCP e, por essa razão, o núcleo do Apache entende que todas as requisições que chegam obedecem a um modo de comunicação orientado a conexão baseado em TCP. Requisições baseadas em UDP, por exemplo, não podem ser manipuladas adequadamente sem modificar o núcleo do Apache.

Contudo, o núcleo do Apache faz algumas premissas em relação ao modo como as requisições devem ser manipuladas. Sua organização global é mostrada na Figura 12.6. Fundamental para essa organização é o conceito de **gancho**, que nada mais é do que um reservador de lugar para um grupo específico de funções. O núcleo do Apache considera que requisições sejam processadas em várias fases, cada uma delas consistindo em alguns ganchos. Portanto, cada gancho representa um grupo de ações semelhantes que precisam ser processadas como parte do processamento de uma requisição.

Por exemplo, há um gancho para traduzir um URL para um nome de arquivo local. É quase certo que essa tradução vai precisar ser feita no processamento de uma requisição. Da mesma maneira, há um gancho para escrever informações para um registro, um gancho para verificar a identificação de um cliente, um gancho para verificar direitos de acesso e um gancho para verificar qual é o tipo Mime ao qual a requisição está relacionada (por exemplo, para ter certeza de que a requisição pode ser manipulada adequadamente). Como mostra a Figura 12.6, os ganchos são processados em ordem predeterminada. É aqui que vemos explici-

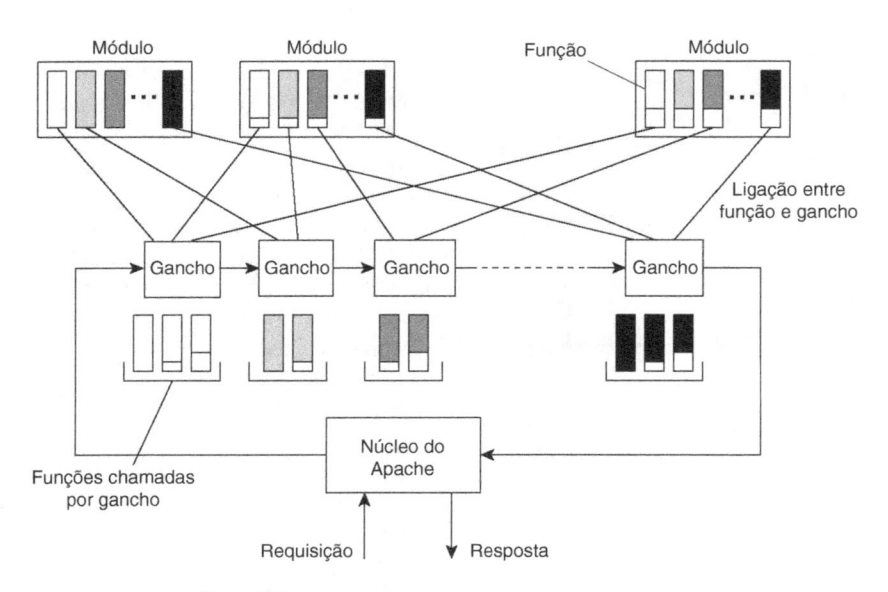

Figura 12.6 *Organização geral do servidor Web Apache.*

tamente que o Apache impõe um fluxo de controle específico referente ao processamento de requisições.

As funções associadas com um gancho são todas fornecidas por **módulos** separados. Embora em princípio um desenvolvedor possa mudar o conjunto de ganchos que será processado pelo Apache, é bem mais comum escrever módulos que contêm as funções que precisam ser chamadas como parte do processamento dos ganchos padronizados, fornecidos pelo Apache não modificado. O princípio subjacente é razoavelmente direto. Todo gancho pode conter um conjunto de funções e cada uma delas deve combinar com um protótipo específico de função (isto é, lista de parâmetros e tipo de retorno). Um desenvolvedor de módulos escreverá funções para ganchos específicos. Ao compilar o Apache, o desenvolvedor especifica qual é a função que deve ser anexada a qual gancho, o que é representado na Figura 12.6 pelas várias ligações entre funções e ganchos.

Como pode haver dezenas de módulos, de modo geral, cada gancho conterá diversas funções. Normalmente, considera-se que os módulos são mutuamente independentes, de maneira que as funções que estão no mesmo gancho serão executadas em certa ordem arbitrária. Todavia, o Apache também pode manipular dependências de módulos permitindo que um desenvolvedor especifique uma ordenação na qual as funções de diferentes módulos devam ser processadas. No final, o resultado é um servidor Web de extrema versatilidade. Informações detalhadas sobre a configuração do Apache bem como uma boa introdução ao modo como ele pode ser estendido podem ser encontradas em Laurie e Laurie (2002).

12.2.3 Clusters de servidores Web

Um problema importante relacionado com a natureza cliente–servidor da Web é que é fácil um servidor Web ficar sobrecarregado. Uma solução prática empregada em muitos projetos é simplesmente replicar um servidor em um cluster de servidores e usar um mecanismo separado, tal como um front end, para redirecionar requisições de clientes a uma das réplicas. Esse princípio é mostrado na Figura 12.7 e é um exemplo de distribuição horizontal, como discutimos no Capítulo 2.

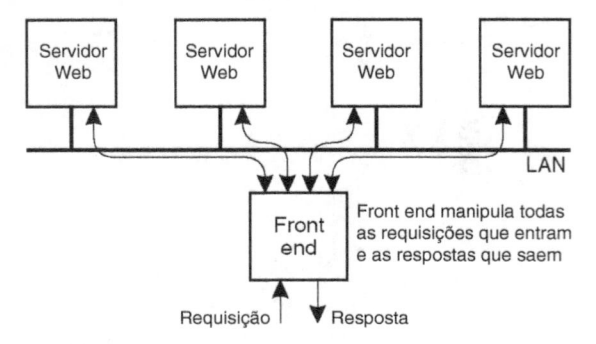

Figura 12.7 Princípio da utilização de um cluster de servidores combinado com um front end para implementar um serviço Web.

Um aspecto crucial dessa organização é o projeto do front end, porque ele pode se tornar um sério gargalo de desempenho por causa de todo o tráfego que passa por ele. Em geral é feita uma distinção entre front ends que funcionam como comutadores de camada de transporte e os que funcionam no nível da camada de aplicação.

Sempre que um cliente emite uma requisição HTTP, ele estabelece uma conexão TCP com o servidor. Um comutador de camada de transporte simplesmente repassa os dados enviados ao longo da conexão TCP para um dos servidores, dependendo de certa medição da carga do servidor. A resposta desse servidor é retornada ao comutador, que então a repassará ao cliente requisitante. Como otimização, o comutador e os servidores podem colaborar na implementação de uma **transferência TCP**, como discutimos no Capítulo 3. A principal desvantagem de um comutador de camada de transporte é que ele não pode levar em conta o conteúdo da requisição HTTP que é enviada ao longo da conexão TCP. Na melhor das hipóteses, ele só pode basear suas decisões de redirecionamento nas cargas dos servidores.

Como regra geral, uma abordagem mais apropriada é oferecer **distribuição de requisição em função de conteúdo**, pela qual o front end primeiro inspeciona uma requisição HTTP que chega e depois decide para qual servidor ele deve repassar essa requisição. Distribuição em função de conteúdo tem diversas vantagens. Por exemplo, se o front end sempre repassa requisições para o mesmo documento do mesmo servidor, esse servidor pode armazenar o documento, o que resulta em tempos de resposta melhores. Ademais, na verdade é possível distribuir o conjunto de documentos entre os servidores em vez de ter de replicar cada documento para cada servidor. Essa abordagem faz uso mais eficiente da capacidade de armazenamento disponível e permite a utilização de servidores dedicados para manipular documentos especiais como áudio ou vídeo.

Um problema da distribuição em função de conteúdo é que o front end precisa realizar muito trabalho. De preferência, gostaríamos de ter a eficiência da transferência TCP e a funcionalidade da distribuição em função de conteúdo. O que precisamos fazer é distribuir o trabalho do front end e combinar essa distribuição com um comutador de camada de transporte, como proposto em Aron et al. (2000). Combinado com a transferência TCP, o front end tem duas tarefas. A primeira é que, quando a requisição entra, ele deve decidir qual servidor manipulará o restante da comunicação com o cliente. A segunda é que o front end deve repassar as mensagens TCP do cliente associadas com a conexão TCP transferida.

Essas duas tarefas podem ser distribuídas como mostra a Figura 12.8. O despachante é responsável por decidir para qual servidor uma conexão TCP deve ser transferida; o distribuidor monitora o tráfego TCP de entrada para uma conexão transferida. O comutador é usado para repassar mensagens TCP a um distribuidor.

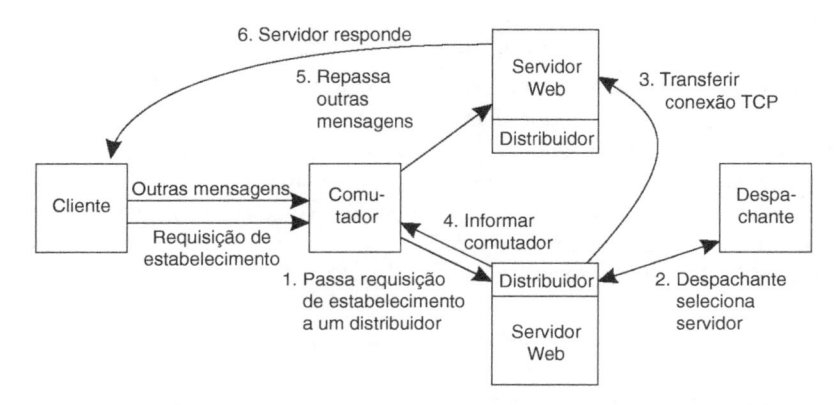

Figura 12.8 Cluster escalável de servidores Web com distribuição em função de conteúdo.

Quando um cliente contata pela primeira vez o serviço Web, sua mensagem de estabelecimento de conexão TCP é repassada para um distribuidor que, por sua vez, contata o despachante para deixar que este decida para qual servidor a conexão deve ser transferida. Nesse ponto, o comutador é notificado de que deve enviar ao servidor selecionado todas as mensagens TCP posteriores para aquela conexão.

Há várias outras alternativas e outras especificidades para estabelecer clusters de servidores Web. Por exemplo, em vez de usar qualquer tipo de front end, também é possível usar **DNS de varredura cíclica** pelo qual um único nome de domínio é associado com vários endereços IP. Nesse caso, ao resolver o nome do hospedeiro de um site Web, um browser cliente receberia uma lista de vários endereços, e cada endereço corresponderia a um dos servidores Web. Normalmente, os browsers escolhem o primeiro endereço da lista. Contudo, o que um servidor DNS popular como o **Bind** faz é mover em círculo as entradas das listas que ele retorna (Albitz e Liu, 2001). Em conseqüência, obtemos uma distribuição simples de requisições pelos servidores presentes no cluster.

Por fim, também é possível não usar qualquer tipo de intermediário, mas simplesmente dar a cada servidor Web o mesmo endereço IP. Nesse caso, precisamos considerar que os servidores estejam todos conectados por meio de uma única LAN em broadcast. Ocorrerá que, quando uma requisição HTTP chegar, o repassador IP conectado àquela LAN simplesmente a repassará a todos os servidores, que então executam o mesmo algoritmo distribuído para decidir, de modo determinístico, qual deles manipulará a requisição.

Os diferentes modos de organizar clusters Web e alternativas como as que acabamos de discutir são descritos em um excelente levantamento feito por Cardellini et al. (2002). Se quiser mais detalhes e referências, o leitor interessado pode consultar o artigo escrito por esses autores.

12.3 Comunicação

Quando se trata de sistemas distribuídos baseados na Web, há apenas alguns protocolos de comunicação que são usados. Primeiro, para sistemas Web tradicionais, o HTTP é o protocolo padrão para troca de mensagens. Segundo, quando se consideram serviços Web, o Soap é o modo padrão para troca de mensagens. Ambos serão discutidos com uma quantidade razoável de detalhes nesta seção.

12.3.1 Protocolo de transferência de hipertexto

Toda comunicação entre clientes e servidores na Web é baseada no **protocolo de transferência de hipertexto** (Hypertext Transfer Protocol — **HTTP**). O HTTP é um protocolo cliente–servidor relativamente simples; um cliente envia uma mensagem de requisição a um servidor e espera por uma mensagem de resposta. Uma propriedade importante do HTTP é que ele é sem estado. Em outras palavras, não tem nenhum conceito de conexão aberta e não requer que um servidor mantenha informações sobre seus clientes. O HTTP é descrito em Fielding et al. (1999).

Conexões HTTP

O HTTP é baseado em TCP. Sempre que um cliente emite uma requisição para um servidor, em primeiro lugar ele estabelece uma conexão TCP com o servidor e então envia sua mensagem de requisição por essa conexão. A mesma conexão é usada para receber a resposta. Por usar o TCP como seu protocolo subjacente, o HTTP não precisa se preocupar com requisições e respostas perdidas. Um cliente e um servidor podem simplesmente considerar que suas mensagens conseguiram chegar ao outro lado. Se as coisas derem errado, por exemplo, se a conexão for interrompida ou ocorrer um esgotamento de temporização, um erro é relatado. Contudo, em geral, não é feita nenhuma tentativa de recuperação da falha.

Um dos problemas das primeiras versões do HTTP era a utilização ineficiente que faziam das conexões TCP. Cada documento Web é construído com base em um conjunto de arquivos diferentes do mesmo servidor. Para apresentar um documento de maneira adequada, é necessário que esses arquivos também sejam transferidos para o cliente. Cada um desses arquivos é, em princípio, apenas um outro documento para o qual o cliente pode emitir uma requisição separada dirigida ao servidor em que eles estão armazenados.

Na versão HTTP 1.0 e anteriores, cada requisição dirigida a um servidor requeria o estabelecimento de uma conexão separada, como mostra a Figura 12.9(a). Após o servidor ter respondido, a conexão era novamente encerrada. Essas conexões são denominadas **não persistentes**. Uma grande desvantagem de conexões não persistentes é o fato de ser relativamente caro estabelecer uma conexão TCP. Em decorrência, o tempo que ela pode levar para transferir para um cliente um documento inteiro com todos os seus elementos pode ser considerável.

Observe que o HTTP não impede que um cliente estabeleça várias conexões simultaneamente com o mesmo servidor. Essa abordagem costuma ser utilizada para ocultar a latência causada pelo tempo de estabelecimento da conexão e para transferir dados em paralelo do servidor para o cliente. Muitos browsers usam essa abordagem para melhorar o desempenho.

Uma outra abordagem seguida no HTTP versão 1.1 é utilizar uma **conexão persistente**, que pode ser usada para emitir várias requisições (e suas respectivas respostas) sem a necessidade de uma conexão separada para cada par (*requisição,resposta*). Para melhorar ainda mais o desempenho, um cliente pode emitir várias requisições, uma atrás da outra, sem ter de esperar pela resposta à primeira requisição (essa abordagem é denominada **pipeline***). A utilização de conexões persistentes é ilustrada na Figura 12.9(b).

Métodos HTTP

O HTTP foi projetado como um protocolo cliente–servidor de uso geral orientado a transferência de documentos em ambas as direções. Um cliente pode requisitar que cada uma dessas operações seja executada enviando ao servidor uma mensagem de requisição que contenha a operação desejada. Uma lista das mensagens de requisição mais comumente utilizadas é dada na Tabela 12.2.

O HTTP considera que cada documento pode ter metadados associados, que são armazenados em um cabeçalho separado que é enviado junto com uma requisição ou resposta. A operação head é apresentada ao servidor quando um cliente não quer o documento propriamente dito, mas apenas seus metadados associados. Por exemplo, uma operação head retornará a hora em que o documento referido foi modificado. Essa operação pode ser usada para verificar a validade do documento que o cliente colocou em cache. Ela também pode ser usada para verificar se um documento existe, sem ter de realmente transferir o documento.

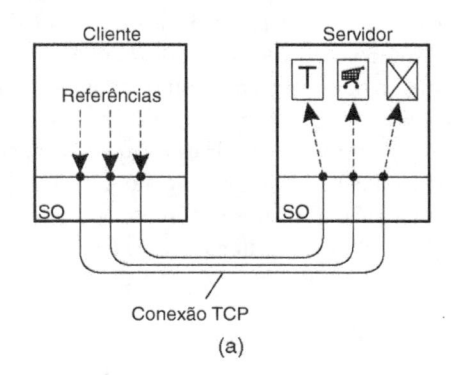

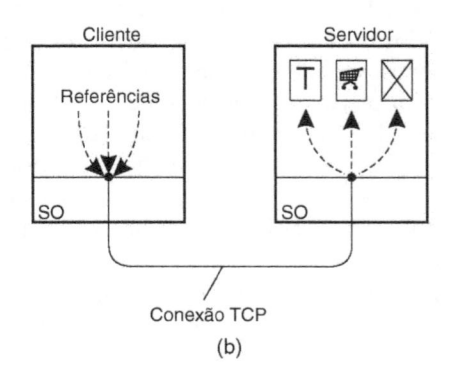

Figura 12.9 (a) Utilização de conexões não persistentes. (b) Utilização de conexões persistentes.

Operação	Descrição
Head	Requisição para retornar o cabeçalho de um documento
Get	Requisição para retornar um documento para o cliente
Put	Requisição para armazenar um documento
Post	Fornecer dados que devem ser anexados a um documento ou conjunto de documentos
Delete	Requisição para apagar um documento

Tabela 12.2 Operações suportadas por HTTP.

---

* O autor se refere aqui à possibilidade de enviar pedidos em conexões paralelas.

A operação mais importante é get. Essa operação é usada para obter um documento do servidor e retorná-lo ao cliente requisitante. Também é possível especificar que um documento só deve ser retornado se tiver sido modificado após determinada hora. Além disso, o HTTP permite que documentos tenham **rótulos** (**tags**) associados (cadeias de caracteres) e só busca um documento se este estiver de acordo com certos rótulos.

A operação put é o oposto da operação get. Um cliente pode requisitar que um servidor armazene um documento sob determinado nome (que é enviado com a requisição). Claro que, de modo geral, um servidor não executa operações put às cegas; só aceitará tais requisições de clientes autorizados. Mais adiante discutiremos como são tratadas essas questões de segurança.

A operação post é, de certa maneira, semelhante a armazenar um documento, exceto que um cliente requisitará que sejam anexados dados a um documento ou conjunto de documentos. Um exemplo típico é enviar um artigo para um grupo de discussão. A característica distintiva de uma operação post em comparação com uma operação put é que ela informa a qual grupo de documentos um artigo deve ser 'anexado'. O artigo é enviado com a requisição. Ao contrário, uma operação put transporta um documento e o nome sob o qual o servidor deve armazenar esse documento.

Por fim, a operação delete é usada para requisitar que um servidor remova o documento nomeado na mensagem que lhe foi enviada. Novamente, se essa operação é ou não realmente executada depende de várias medidas de segurança. Pode até ser o caso de o próprio servidor não ter as permissões adequadas para apagar o documento referido. Afinal, o servidor é apenas um processo de usuário.

Mensagens HTTP

Toda comunicação entre um cliente e um servidor ocorre por meio de mensagens. O HTTP reconhece somente mensagens de requisição e resposta. Uma mensagem de requisição consiste em três partes, como mostra a Figura 12.10(a). A **linha de requisição** é obrigatória e identifica a operação que o cliente quer que o servidor execute, junto com uma referência ao documento associado com essa requisição. Um campo separado é usado para identificar a versão do HTTP que o cliente está esperando. Mais adiante explicaremos os cabeçalhos adicionais de mensagens.

Uma mensagem de resposta começa com uma **linha de status** que contém um número de versão e também um código de status de três dígitos, como mostra a Figura 12.10(b). O código é acompanhado por uma explicação resumida, uma frase em texto que é enviada como parte da linha de status. Por exemplo, o código de status 200 indi-

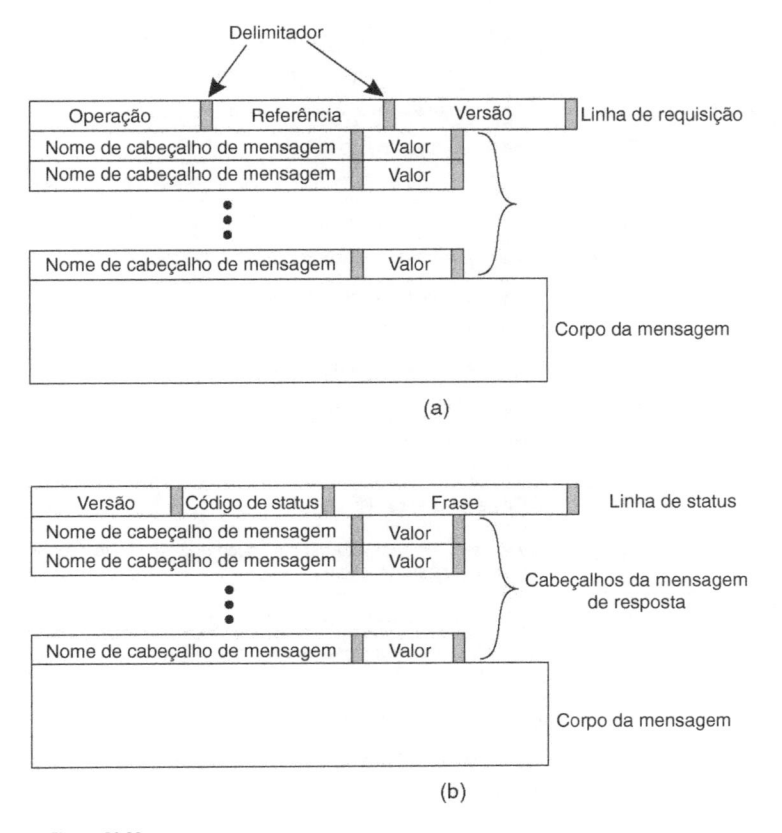

Figura 12.10 (a) Mensagem de requisição HTTP. (b) Mensagem de resposta HTTP.

ca que uma requisição pôde ser honrada e tem a frase associada 'OK'. Outros códigos de utilização freqüentes são:

400 (Bad request [Má requisição])
403 (Forbidden [Proibido])
404 (Not Found [Não encontrado])

Uma mensagem de requisição ou de resposta pode conter cabeçalhos adicionais. Por exemplo, se um cliente requisitou uma operação post para um documento somente de leitura, o servidor responderá com uma mensagem que transporta o código de status 405 ('Method Not Allowed' ['Método não permitido']) junto com um cabeçalho de mensagem *Allow* (*Permitir*) que especifica as operações permitidas (por exemplo, head e get). Como outro exemplo, pode ser que um cliente só esteja interessado em um documento se este não tiver sido modificado desde um certo instante *T*. Nesse caso, a requisição get do cliente é aumentada com um cabeçalho de mensagem *If-Modified-Since* (*Se modificado desde*) que especifica o valor de *T*.

A Tabela 12.3 mostra alguns cabeçalhos de mensagens válidos que podem ser enviados com uma requisição ou resposta. Muitos dos cabeçalhos são auto-explicativos, portanto não discutiremos cada um deles.

Há vários cabeçalhos de mensagens que o cliente pode enviar ao servidor para explicar o que ele é capaz de aceitar como resposta. Por exemplo, um cliente pode ser capaz de aceitar respostas que foram comprimidas usando o programa de compressão *gzip* disponível na maioria das máquinas Windows e Unix. Nesse caso, o cliente enviará um cabeçalho de mensagem *Accept-Encoding* (*Aceita codificação*) com sua requisição, com o seguinte conteúdo: 'Accept-Encoding:gzip'. Da mesma maneira, um cabeçalho de mensagem *Accept* pode ser usado para especificar, por exemplo, que só páginas Web HTML podem ser retornadas.

Há dois cabeçalhos de mensagens para segurança, mas, como discutiremos mais adiante nesta seção, a segurança na Web costuma ser manipulada com um protocolo de camada de transporte separado.

Os cabeçalhos de mensagem *Location* (*Localização*) e *Referer* (*Referir*) são utilizados para **redirecionar** um cliente para um outro documento (observe que a grafia de 'Referer', tal como aparece na especificação em inglês, não está correta). Redirecionar corresponde à utilização de ponteiros para localizar um documento, como explicado no Capítulo 5. Quando um cliente emite uma requisição para o documento D', é possível que o servidor

Cabeçalho	Fonte	Conteúdo
Accept	Cliente	Tipos de documentos que o cliente pode manipular
Accept-Charset	Cliente	Conjuntos de caracteres que são aceitáveis pelo cliente
Accept-Encoding	Cliente	Codificações de documentos que o cliente pode manipular
Accept-Language	Cliente	Linguagem natural que o cliente pode manipular
Authorization	Cliente	Lista das credenciais do cliente
WWW-Authenticate	Servidor	Desafio de segurança ao qual o cliente deve responder
Date	Ambos	Data e hora em que a mensagem foi enviada
ETag	Servidor	Rótulos associados com o documento retornado
Expires	Servidor	Tempo durante o qual a resposta permanece inválida
From	Cliente	Endereço de e-mail do cliente
Host	Cliente	Nome DNS do servidor do documento
If-Match	Cliente	Rótulos que o documento deve ter
If-None-Match	Cliente	Rótulos que o documento não deve ter
If-Modified-Since	Cliente	Diz ao servidor para retornar um documento só se ele foi modificado desde a hora especificada
If-Unmodified-Since	Cliente	Diz ao servidor para retornar um documento só se ele não foi modificado desde a hora especificada
Last-Modified	Servidor	Hora em que o documento retornado foi modificado pela última vez
Location	Servidor	Referência de documento para o qual o cliente deve redirecionar sua requisição
Referer	Cliente	Refere-se ao documento requisitado mais recentemente pelo cliente
Upgrade	Ambos	Protocolo de aplicação para o qual o remetente quer comutar
Warning	Ambos	Informações sobre o status dos dados na mensagem

Tabela 12.3 Alguns cabeçalhos de mensagens HTTP.

responda com um cabeçalho de mensagem *Location*, especificando que o cliente deve emitir novamente a requisição, mas agora para o documento D'. Ao usar a referência a D', o cliente pode adicionar um cabeçalho de mensagem *Referer* que contenha a referência a D para indicar o que causou o redirecionamento. Em geral, esse cabeçalho de mensagem é usado para indicar o documento do cliente mais recentemente requisitado.

O cabeçalho de mensagem *Upgrade* é usado para comutar para um outro protocolo. Por exemplo, o cliente e o servidor podem usar HTTP/1.1 inicialmente, só para ter um modo genérico de estabelecer uma conexão. O servidor pode responder imediatamente dizendo ao cliente que quer continuar a comunicação com uma versão segura do HTTP, tal como SHTTP (Rescorla e Schiffman, 1999). Nesse caso, o servidor enviará um cabeçalho de mensagem *Upgrade* com conteúdo 'Upgrade:SHTTP'.

12.3.2 Protocolo simples de acesso a objeto

Enquanto o HTTP é o protocolo padrão de comunicação para sistemas distribuídos tradicionais baseados na Web, o **protocolo simples de acesso a objeto** (Simple Object Access Protocol — **Soap**) é o padrão para comunicação com serviços Web (Gudgin et al., 2003). O Soap tornou o HTTP ainda mais importante do que já era: a maioria das comunicações Soap é implementada por meio do HTTP. Em si, o Soap não é um protocolo difícil. Sua principal finalidade é fornecer um meio relativamente simples de permitir que partes diferentes, que talvez saibam muito pouco uma da outra, consigam se comunicar. Em outras palavras, o protocolo foi projetado tendo como premissa que duas partes que se comunicam têm muito pouco conhecimento em comum.

Com base nessa premissa, não surpreende que as mensagens Soap sejam, em grande parte, baseadas em XML. Lembre-se de que XML é um linguagem de metamarcação, o que significa que uma descrição XML inclui a definição dos elementos que são usados para descrever um documento. Na prática, isso significa que a definição da sintaxe usada para uma mensagem é parte dessa mensagem, desde que essa sintaxe permita que um receptor analise tipos de mensagens muito diferentes. Claro que o *significado* de uma mensagem ainda fica indefinido e, por isso, também ficam indefinidas as ações que devem ser realizadas quando uma mensagem chegar. Se o receptor não conseguir perceber nenhum sentido no conteúdo de uma mensagem, nenhum progresso pode ser feito.

De modo geral, uma mensagem Soap consiste em duas partes que são colocadas juntas dentro do que é denominado **envelope Soap**. O corpo contém a mensagem propriamente dita, ao passo que o cabeçalho é opcional e contém informações relevantes para os nós ao longo do caminho entre o remetente e o receptor. Normalmente, esses nós consistem nos vários processos em uma implementação multicamadas de um serviço Web.

Tudo que está dentro do envelope é expresso em XML, isto é, o cabeçalho e o corpo.

Por estranho que pareça, um envelope Soap não contém o endereço do receptor. Em vez disso, o Soap considera explicitamente que o receptor é especificado pelo protocolo que é usado para transferir mensagens. Para cumprir essa finalidade, o Soap especifica **vinculações** com protocolos de transferência subjacentes. Atualmente existem duas dessas vinculações: uma para HTTP e uma para SMTP, o protocolo de transferência de correio da Internet. Assim, por exemplo, quando uma mensagem Soap está vinculada ao HTTP, o receptor será especificado na forma de um URL, ao passo que uma vinculação ao SMTP especificará o receptor na forma de um endereço de e-mail.

Esses dois tipos diferentes de vinculações também indicam dois estilos diferentes de interação. O primeiro, e mais comum, é a **troca em estilo coloquial**. Nesse estilo, em essência, duas partes trocam documentos estruturados. Por exemplo, tal documento pode conter um pedido de compra completo como os que preenchemos quando reservamos uma passagem aérea por meios eletrônicos. A resposta a um pedido de compra como esse pode ser um documento de confirmação que agora contém um número de pedido de compra, informações sobre o vôo reservado, reserva de um lugar e, talvez, também um código de barras que precisará ser lido na ocasião do embarque.

Ao contrário, uma **troca em estilo RPC** segue mais de perto o comportamento requisição–resposta tradicional quando invoca um serviço Web. Nesse caso, a mensagem Soap identificará explicitamente o procedimento a ser chamado e também fornecerá uma lista de valores de parâmetros como entradas para essa chamada. Da mesma maneira, a resposta será uma mensagem formal que contém a resposta à chamada.

Uma troca em estilo RPC normalmente é suportada por uma vinculação ao HTTP, ao passo que uma mensagem em estilo coloquial será vinculada ao SMTP ou ao HTTP. Contudo, na prática, grande parte das mensagens Soap é enviada por HTTP.

Uma observação importante é que, embora XML facilite muito a utilização de um interpretador geral porque as definições de sintaxe agora são parte de uma mensagem, a sintaxe de XML em si é caracterizada pelo excesso de palavras. O resultado é que, na prática, interpretar mensagens XML costuma produzir um sério gargalo de desempenho (Allman, 2003). Por falar nisso, de certa maneira é surpreendente que o aprimoramento do desempenho de XML receba relativamente pouca atenção, embora haja soluções em andamento (veja, por exemplo, Kostoulas et al., 2006).

Algo igualmente surpreendente é que há muita gente que acredita que especificações XML podem ser lidas convenientemente por seres humanos. O exemplo mostrado na Figura 12.11 foi tirado da especificação oficial do Soap (Gudgin et al., 2003). Descobrir o que essa mensagem Soap transmite requer certa pesquisa e não é difí-

```xml
<env:Envelope xmlns:env="http://www.w3.org/2003/05/soap-envelope">
  <env:Header>
    <n:alertcontrol xmlns:n="http://example.org/alertcontrol">
      <n:priority>1</n:priority>
      <n:expires>2001-06-22T14:00:00-05:00</n:expires>
    </n:alertcontrol>
  </env:Header>
  <env:Body>
    <m:alert xmlns:m="http://example.org/alert">
      <m:msg>Pick up Mary at school at 2pm</m:msg>
    </m:alert>
  </env:Body>
</env:Envelope>
```

Figura 12.11 Exemplo de mensagem Soap baseada em XML.

cil imaginar que a obscuridade em geral pode ser um subproduto natural da utilização de XML. Então, o que vem à mente quando se trata de afirmar se a abordagem baseada em texto seguida pela XML foi correta ou não é: ninguém consegue ler bem documentos em XML, e a velocidade dos interpretadores é seriamente reduzida.

12.4 Nomeação

A Web usa um sistema único de nomeação para referenciar documentos. Os nomes usados são denominados **identificadores uniformes de recurso** (Uniform Resource Identifiers), ou simplesmente **URIs** (Berners-Lee et al., 2005). Há duas formas de URIs. Um **localizador uniforme de recurso** (Uniform Resource Locator — **URL**) é um URI que identifica um documento pela inclusão de informações sobre como e onde acessá-lo. Em outras palavras, um URL é uma referência a um documento que depende de localização. Ao contrário, um **nome uniforme de recurso** (Uniform Resource Name — URN) age como um verdadeiro identificador, como discutimos no Capítulo 5. Um URN é usado como uma referência a um documento globalmente única, independente de localização e persistente.

A sintaxe propriamente dita de um URI é determinada por seu **esquema** associado. O nome de um esquema é parte do URI. Foram definidos esquemas variados e, a seguir, mencionaremos alguns deles, com exemplos de seus URIs associados. O esquema *http* é o mais conhecido, mas não é o único. Precisamos observar também que a diferença entre URL e URN está diminuindo gradativamente. Por exemplo, agora é comum simplesmente definir espaços de nomes URI [veja também Daigle et al. (2002)].

No caso de URLs, vemos que eles costumam conter informações sobre como e onde acessar um documento. De maneira geral, o modo de acessar um documento é representado pelo nome do esquema que é parte do URL, tal como *http*, *ftp* ou *telnet*. A localização de um documento está embutida em um URL por meio do nome DNS do servidor ao qual pode ser enviada uma requisição de acesso, embora também possa ser usado um endereço IP. O número da porta na qual o servidor estará à escuta por tais requisições também é parte do URL; se esse número não constar no URL, é usada uma porta padrão. Por fim, um URL também contém o nome do documento a ser consultado por aquele servidor, o que leva às estruturas gerais mostradas na Figura 12.12.

Esquema	Nome do hospedeiro	Nome do caminho
http	:// www.cs.vu.nl	/home/steen/mbox

(a)

Esquema	Nome do hospedeiro	Porta	Nome do caminho
http	:// www.cs.vu.nl	: 80	/home/steen/mbox

(b)

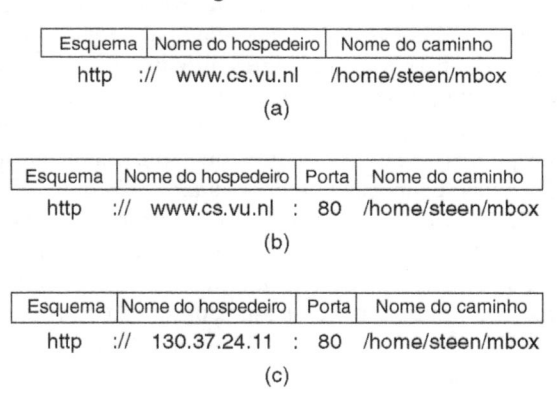

Esquema	Nome do hospedeiro	Porta	Nome do caminho
http	:// 130.37.24.11	: 80	/home/steen/mbox

(c)

Figura 12.12. Estruturas muito usadas para URLs. (a) Utilização apenas de um nome DNS. (b) Combinação de um nome DNS com um número de porta. (c) Combinação de um endereço IP com um número de porta.

A resolução de um URL como os mostrados na Figura 12.12 é direta. Se o servidor for referenciado por seu nome DNS, esse nome vai precisar ser resolvido para o endereço IP do servidor. Portanto, ao usar o número da porta contido no URL, o cliente pode contatar o servidor usando o protocolo nomeado pelo esquema e lhe passar o nome do documento que forma a última parte do URL.

Embora URLs ainda sejam comuns na Web, vários espaços de nomes URI separados foram propostos para outros tipos de recursos Web. A Tabela 12.4 mostra vários exemplos de URIs. O URI *http* é usado para transferir do-

Nome	Usado por	Exemplo
http	HTTP	http://www.cs.vu.nl:80/globe
mailto	E-mail	mailto:steen@cs.vu.nl
ftp	FTP	ftp://ftp.cs.vu.nl/pub/minix/README
file	Arquivo local	file:/edu/book/work/chp/11/11
data	Dados em linha	data:text/plain;charset=iso-8859-7,%e1%e2%e3
telnet	Acesso remoto	telnet://flits.cs.vu.nl
tel	Telefone	tel: + 31201234567
modem	Modem	modem:+31201234567;type=v32

Tabela 12.4 Exemplos de URLs.

cumentos usando HTTP, como já explicamos. Da mesma maneira, há um URI *ftp* para transferir arquivos usando FTP.

Uma forma imediata de documentos é suportada por URIs *data* (de dados) (Masinter, 1998). Com esse URI, o próprio documento fica embutido no URI, semelhante a embutir os dados de um arquivo em um inode (Mullender e Tanenbaum, 1984). O exemplo mostra um URI que contém texto aberto para a cadeia de caracteres gregos αβγ.

URIs também costumam ser usados para outras finalidades que não sejam referência a um documento. Por exemplo, um URI *telnet* é usado para estabelecer uma sessão telnet com um servidor. Há também URIs para comunicação baseada em telefone, como descrito em Schulzrinne (2005). Em essência, o URI *tel*, como mostra a Tabela 12.4, embute somente um número de telefone e apenas deixa a cargo do cliente estabelecer uma chamada pela rede telefônica. Nesse caso, o cliente será normalmente um telefone. O URI *modem* pode ser usado para estabelecer uma conexão baseada em modem com um outro computador. No exemplo, o URI declara que o modem remoto deve obedecer ao padrão ITU-T V32.

12.5 Sincronização

A sincronização não tem sido uma questão levada muito a sério por muitos dos sistemas tradicionais baseados na Web por duas razões. A primeira é que a organização estrita cliente–servidor da Web, na qual servidores nunca trocam informações com outros servidores (ou clientes com outros clientes), significa que não há muita coisa para sincronizar. A segunda é que a Web pode ser considerada como um sistema que, na maioria das vezes, é somente de leitura. De modo geral, as atualizações são feitas por uma única pessoa ou entidade e dificilmente introduzem conflitos escrita–escrita.

Todavia, as coisas estão mudando. Por exemplo, há uma demanda crescente para fornecer suporte para autoria colaborativa de documentos Web. Em outras palavras, a Web deveria dar suporte para atualizações concorrentes por um grupo de usuários ou processos colaboradores. Da mesma maneira, com a introdução de serviços Web passamos a perceber uma necessidade de sincronização entre servidores, bem como de coordenação entre as ações que eles executam. Já discutimos coordenação em serviços Web, portanto daremos um pouco de atenção à sincronização para manutenção colaborativa de documentos Web.

A autoria distribuída de documentos Web é manipulada por meio de um protocolo separado, denominado **WebDAV** (Goland et al., 1999). WebDAV quer dizer **Web Distributed Authoring and Versioning (autoria e versões distribuídas na Web)** e proporciona um meio simples de travar um documento compartilhado e criar, apagar, copiar e mover documentos de servidores Web remotos. Daremos uma breve descrição da sincronização como suportada em WebDAV. Uma visão geral dos modos de utilização do WebDAV em um ambiente prático é dada em Kim et al. (2004).

Para sincronizar acesso concorrente a um documento compartilhado, o WebDAV suporta um mecanismo simples de travamento. Há dois tipos de travas de escrita. Uma trava de escrita exclusiva pode ser designada a um único cliente e impedirá que qualquer outro modifique o documento compartilhado enquanto ele estiver travado. Há também uma trava de escrita compartilhada que permite a vários clientes atualizarem o documento simultaneamente. Como o travamento ocorre em unidades de um documento inteiro, travas de escrita compartilhadas são convenientes quando clientes modificam partes diferentes do mesmo documento. Todavia, ficará a cargo dos próprios clientes cuidar para que não ocorra nenhum conflito escrita–escrita.

A atribuição de uma trava é feita passando uma ficha de trava ao cliente requisitante. O servidor registra qual é o cliente que contém a ficha de travamento no momento considerado. Sempre que o cliente quiser modificar o documento, envia ao servidor uma requisição HTTP post com a ficha de travamento. A ficha mostra que o cliente tem acesso de escrita ao documento, razão pela qual o servidor executará a requisição.

Uma importante questão de projeto é que não há necessidade de manter uma conexão entre o cliente e o servidor enquanto a trava estiver valendo. O cliente pode se desconectar do servidor após adquirir a trava e se conectar novamente com ele quando enviar uma requisição HTTP.

Observe que, quando um cliente que contém uma ficha de trava cair, de um modo ou de outro, o servidor terá de retomar a trava. O WebDAV não especifica como os servidores devem tratar essas situações e outras semelhantes, mas deixa essa questão em aberto para implementações específicas. O raciocínio é que a melhor solução dependerá dos tipos de documentos para os quais o WebDAV está em uso. A razão para essa abordagem é que não há nenhum modo geral de resolver o problema de travas órfãs de maneira satisfatória.

12.6 Consistência e Replicação

Um dos desenvolvimentos mais importantes orientados a sistemas em sistemas distribuídos baseados na Web talvez seja assegurar que o acesso a documentos Web cumpra rigorosos requisitos de desempenho e disponibilidade. Esses requisitos resultaram em inúmeras propostas para cache e replicação de conteúdo da Web, várias das quais serão discutidas nesta seção. Enquanto os esquemas originais (que ainda são amplamente oferecidos) foram dirigidos ao suporte de conteúdo estático, há também um esforço muito grande dirigido ao suporte de conteúdo dinâmico, isto é, ao suporte de documentos gerados como resultado de uma requisição, bem como dos que contêm scripts e coisas semelhantes. Um excelente e completo quadro sobre cache e replicação na Web é dado por Rabinovich e Spatscheck (2002).

12.6.1 Proxy de cache da Web

De modo geral, a cache do lado do cliente ocorre em dois lugares. No primeiro, grande parte dos browsers é equipada com um simples recurso de cache. Sempre que um documento for buscado, ele é armazenado na cache do browser, de onde será carregado na próxima vez. Em geral, os clientes podem configurar a cache indicando quando deve ocorrer verificação de consistência, como explicaremos mais adiante para o caso geral.

No segundo, um site de cliente implementa um proxy Web. Como explicamos, um proxy Web aceita requisições de clientes locais e as repassa para servidores Web. Quando uma resposta volta, o resultado é passado para o cliente. A vantagem dessa abordagem é que o proxy pode guardar o resultado em cache e retorná-lo para um outro cliente, se necessário. Em outras palavras, um proxy Web pode implementar uma cache compartilhada.

Além das caches em browsers e proxies, também é possível colocar caches que abranjam uma região ou até mesmo um país, o que resulta em **caches hierárquicas**. Tais esquemas são utilizados principalmente para reduzir o tráfego na rede, mas têm a desvantagem potencial de incorrer em latência mais alta em comparação com a utilização de esquemas não hierárquicos. Essa latência mais alta é causada pela necessidade de o cliente verificar várias caches em vez de apenas uma, como ocorre no esquema não hierárquico. Todavia, essa latência mais alta está fortemente relacionada com a popularidade de um documento: a probabilidade de encontrar uma cópia de documentos populares em uma cache mais próxima do cliente é mais alta do que a de encontrar uma cópia de um documento que não seja popular.

Como alternativa à construção de caches hierárquicas, também podemos organizar caches para atendimento cooperativo, como mostra a Figura 12.13. Com

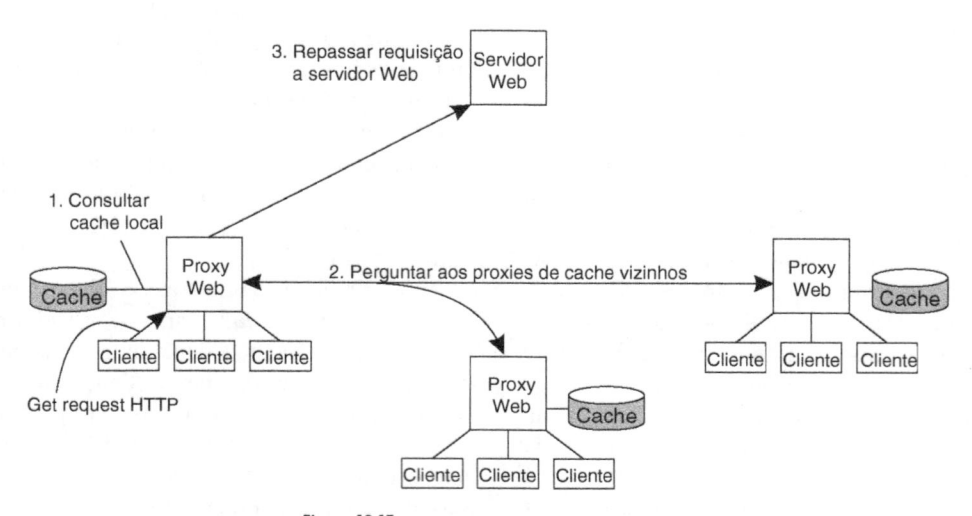

Figura 12.13 Princípio da cache cooperativa.

cache cooperativa ou **cache distribuída**, sempre que ocorrer uma ausência da cache em um proxy Web, este primeiro verifica alguns proxies vizinhos para ver se um deles contém o documento requisitado. Se essa verificação falhar, o proxy repassa a requisição para o servidor Web responsável pelo documento. Esse esquema é oferecido primordialmente com caches Web que pertencem à mesma organização ou instituição e que estão localizadas na mesma LAN. É interessante observar que um estudo realizado por Wolman et al. (1999) mostra que a cache cooperativa poderia ser efetiva apenas para grupos relativamente pequenos de clientes (na ordem de dezenas de milhares de usuários). Contudo, esses grupos também podem ser atendidos com a utilização de um único proxy de cache, o que é muito mais barato em termos de comunicação e utilização de recursos.

Uma comparação entre cache hierárquica e cooperativa por Rodriguez et al. (2001) esclarece que há vários compromissos envolvidos. Por exemplo, como de modo geral as caches cooperativas são conectadas por meio de ligações de alta velocidade, o tempo de transmissão necessário para buscar um documento é muito menor que para uma cache hierárquica. Além disso, como seria de esperar, os requisitos de armazenamento são menos rigorosos para caches cooperativas do que para caches hierárquicas. Ademais, eles descobriram que as latências esperadas para caches hierárquicas são mais baixas do que para caches distribuídas.

Há vários protocolos de consistência de cache que são utilizados na Web. Para garantir que um documento retornado da cache seja consistente, alguns proxies Web primeiro enviam ao servidor uma requisição HTTP **get** condicional com um cabeçalho de requisição adicional *If-Modified-Since*, que especifica o último horário de modificação associado com o documento em cache. O servidor só retornará o documento inteiro se ele foi modificado desde aquela hora especificada. Senão, o proxy Web pode simplesmente retornar ao cliente requisitante local a versão do documento que estiver em sua cache. Seguindo a terminologia apresentada no Capítulo 7, isso corresponde a um protocolo baseado em recuperação de atualizações.

Infelizmente, essa estratégia requer que o proxy contate um servidor para cada requisição. Para melhorar o desempenho à custa de uma consistência mais fraca, o amplamente utilizado proxy Web Squid (Wessels, 2004) designa uma temporização de obsolescência T_{expire}, que depende do tempo transcorrido desde que o documento armazenado sofreu a última modificação. Em particular, se $T_{last\_modified}$ for o último horário (registrado por seu proprietário) em que um documento foi modificado, e T_{cached} for o horário em que ele foi colocado em cache, então

$$T_{expire} = \alpha(T_{cached} - T_{last\_modified}) + T_{cached}$$

com $\alpha = 0,2$ (esse valor foi derivado da experiência prática). Até T_{expire}, o documento é considerado válido e o proxy não contatará o servidor. Após T_{expire}, o proxy requisita que o servidor envie uma cópia renovada, a menos que ela não tenha sido modificada. Em outras palavras, quando $\alpha = 0$, a estratégia é a mesma que a anterior, já discutida.

Observe que documentos que não foram modificados por um longo tempo não serão verificados tão cedo quanto documentos recentemente modificados. A desvantagem óbvia é que um proxy pode retornar um documento inválido, isto é, um documento que é mais antigo do que a versão atual armazenada no servidor. Pior ainda, não há nenhum modo pelo qual o cliente possa detectar o fato de que acabou de receber um documento obsoleto.

Uma alternativa ao protocolo de recuperação de atualizações é o servidor notificar aos proxies que um documento foi modificado enviando uma invalidação. O problema dessa abordagem para proxies Web é que pode ser que o servidor tenha de monitorar grande quantidade de proxies, o que resulta, inevitavelmente, em um problema de escalabilidade. Entretanto, combinando leasings e invalidações, Cao e Liu (1998) mostram que o estado a ser mantido no servidor pode ser sustentado dentro de limites aceitáveis. Observe que esse estado é ditado, em grande parte, pelos esgotamentos de temporização estabelecidos para leasings: quanto menor for, menor será a quantidade de caches que um servidor precisa monitorar. Ainda assim, dificilmente são aplicados protocolos de invalidação para caches de proxies Web.

Uma comparação entre políticas de consistência para caches Web pode ser encontrada em Cao e Oszu (2002). Esses autores concluíram que permitir que o servidor envie invalidações pode resultar em melhor desempenho do que qualquer outro método em termos de largura de banda e latência percebida pelo cliente, e, ao mesmo tempo, mantém documentos em cache consistentes com os que estão no servidor de origem. Essas constatações são válidas para padrões de acesso como os observados freqüentemente em aplicações de comércio eletrônico.

Um outro problema com caches em proxies Web é que elas só podem ser usadas para documentos estáticos, isto é, que não são gerados durante a operação por servidores Web como resposta à requisição de um cliente. Esses documentos gerados dinamicamente costumam ser únicos no sentido de que, por suposição, a mesma requisição de um cliente levará a uma resposta diferente na próxima vez. Por exemplo, muitos documentos contêm anúncios de propaganda (denominados **banners**) que mudam para toda requisição feita. Voltaremos a essa situação mais adiante quando discutirmos cache e replicação para aplicações Web.

Por fim, devemos mencionar também que há muita pesquisa em curso para descobrir quais são as melhores estratégias de substituição de cache. Existem inúmeras propostas, porém, no final, as estratégias simples de substituição, como eliminar o objeto menos recentemente usado, funcionam muito bem. Um levantamento a fundo de estratégias de substituição é apresentado em Podling e Boszormenyi (2003).

12.6.2 Replicação para sistemas de hospedagem Web

À medida que a importância da Web continua a crescer como veículo para as organizações se apresentarem aos usuários finais e interagir diretamente com eles, percebemos uma mudança de importância entre manter o conteúdo de um site Web e garantir que ele seja fácil de acessar e esteja sempre disponível. Essa distinção preparou o caminho para as **redes de entrega de conteúdo** (content delivery networks — **CDNs**). A idéia principal subjacente a essas CDNs é que elas funcionem como um serviço de hospedagem Web, fornecendo infra-estrutura para distribuição e replicação de documentos Web de vários sites por toda a Internet. O tamanho da infra-estrutura pode ser impressionante. Por exemplo, até 2006, a informação era de que a Akamai tinha mais do que 18 mil servidores distribuídos por 70 países.

O simples tamanho de uma CDN requer que os documentos hospedados sejam automaticamente distribuídos e replicados, o que leva à arquitetura de um sistema autogerenciador, como discutimos no Capítulo 2. Em grande parte dos casos, uma CDN de grande escala é organizada conforme as linhas de um laço de realimentação como mostra a Figura 12.14, descrito a fundo em Sivasubramanian et al. (2004b).

Há, em essência, três tipos diferentes de aspectos relacionados com replicação em sistemas de hospedagem Web: estimação de métricas, ajuste de adaptação e tomar providências adequadas. Este último pode ser subdividido em decisões de posicionamento de réplica, imposição de consistência e roteamento de requisição de cliente. A seguir, falaremos um pouco sobre cada um deles.

Estimação de métricas

Um aspecto interessante de CDNs é que elas precisam considerar muitos aspectos quando se trata de hospedar conteúdo replicado. Por exemplo, os tempos de acesso a um documento podem ser ótimos se ele for replicado em grandes quantidades, porém, ao mesmo tempo, esse tipo de replicação resulta em certo custo financeiro, bem como um custo em termos de utilização de largura de banda para distribuir atualizações. De modo geral, há muitas propostas para estimar o grau de desempenho de uma CDN. Essas propostas podem ser agrupadas em várias classes.

Em primeiro lugar há a *métrica de latência*, pela qual mede-se o tempo gasto para realizar uma ação, por exemplo, buscar um documento. Por mais que pareça trivial, estimar latências torna-se difícil quando, por exemplo, um processo que está decidindo o posicionamento de réplicas precisa saber qual é o atraso entre um cliente e algum servidor remoto. Normalmente será preciso dispor de um algoritmo de posicionamento global de nós, como discutimos no Capítulo 6.

Em vez de estimar latência, pode ser mais importante medir a largura de banda disponível entre dois nós. Essa informação é particularmente importante quando é preciso transferir grandes documentos porque, nesse caso, a responsividade do sistema é imposta, em grande parte, pelo tempo em que um documento pode ser transferido. Há várias ferramentas para medir largura de banda disponíveis mas, em todos os casos, pode ser difícil obter medidas precisas. Mais informações podem ser encontradas em Strauss et al. (2003).

Uma outra classe consiste em *métricas espaciais*, que tratam principalmente de medir a distância entre nós em termos do número de saltos de roteamento na camada de rede ou saltos entre sistemas autônomos. Mais uma vez, determinar o número de saltos entre dois nós arbitrários pode ser muito difícil, e esse número talvez nem esteja correlacionado à latência (Huffaker et al., 2002). Além do mais, uma simples consulta de tabelas de roteamento não funcionará quando forem utilizadass técnicas de baixo nível como **comutação de rótulos multiprotocolo** (multi-protocol label switching — **MPLS**). MPLS contorna o roteamento de camada de rede utilizando técnicas de circuito virtual para transmissão imediata e eficiente de pacotes até seus destinos [veja também

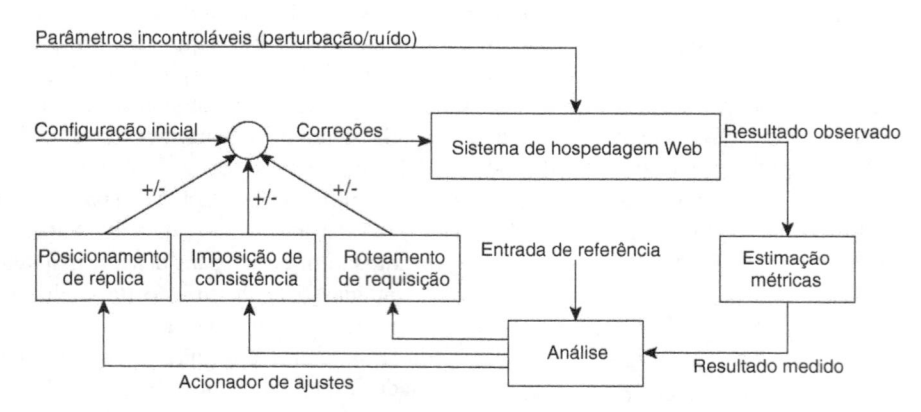

Figura 12.14 Organização geral de uma CDN como sistema de realimentação (adaptada de Sivasubramanian et al., 2004b).

Guichard et al. (2005)]. Desse modo, pacotes podem seguir rotas completamente diferentes das anunciadas nas tabelas de roteadores de camada de rede.

Uma terceira classe é formada pelas *métricas de utilização da rede*, que, na maioria das vezes, implicam largura de banda consumida. De modo geral, calcular largura de banda consumida em termos do número de bytes a transferir é fácil. Contudo, para fazer isso corretamente precisamos levar em conta a freqüência com que o documento é lido, a freqüência com que ele é atualizado, a freqüência com que é replicado. Deixamos isso como sugestão de exercício ao leitor.

As *métricas de consistência* nos dizem até que ponto uma réplica se desviou de sua cópia mestra. No Capítulo 7 já discutimos bastante como se pode medir consistência no contexto da consistência contínua (Yu e Vahdat, 2002).

Por fim, as *métricas financeiras* são uma outra classe de medida do desempenho de uma CDN. Embora não seja uma medida técnica, uma vez que a maioria das CDNs funciona em bases comerciais, é claro que, em muitos casos, essa métrica será decisiva. Além do mais, as métricas financeiras estão intimamente relacionadas com a própria infra-estrutura da Internet. Por exemplo, muitas CDNs comerciais posicionam seus servidores na borda da Internet, o que significa que alugam capacidade de ISPs que atendem diretamente aos usuários finais. Nesse ponto, modelos de negócios se entrelaçam com questões técnicas, uma área que ainda não está bem entendida. O material disponível sobre a relação entre desempenho financeiro e questões técnicas ainda é muito reduzido (Janiga et al., 2001).

Por esses exemplos deve ter ficado claro que a simples medição do desempenho de uma CDN, ou até mesmo a estimativa de seu desempenho, pode ser, por si só, uma tarefa de grande complexidade. Na prática, quando se trata de CDNs comerciais, a questão que realmente conta é se elas podem cumprir os contratos de níveis de serviço que firmaram com os clientes. Esses contratos costumam ser formulados em termos simples, que se referem à rapidez com que os clientes devem ser atendidos. Portanto, cabe à CDN garantir que esses contratos sejam cumpridos.

Ajustes de adaptação

Uma outra questão que precisa ser abordada é quando e como ajustar adaptações. Um modelo simples é estimar métricas periodicamente e, na seqüência, tomar as providências necessárias. Essa abordagem é muito encontrada na prática. Processos especiais localizados nos servidores colhem informações e verificam mudanças periodicamente.

Uma grande desvantagem da avaliação periódica é que ela pode deixar escapar mudanças repentinas. Um tipo de mudança repentina que está recebendo considerável atenção é o que diz respeito às multidões instantâneas. Uma **multidão instantânea** é uma rajada súbita de requisições dirigidas a um documento Web específico. Em muitos casos, esses tipos de rajadas podem tirar do ar um serviço inteiro, o que, por sua vez, provoca uma cascata de interrupção de serviços como testemunhamos em vários eventos na história recente da Internet.

Manipular multidões instantâneas é difícil. Uma solução muito custosa é replicar um site Web em grandes quantidades e, assim que as taxas de requisição começarem a crescer rapidamente, as requisições serem redirecionadas para as réplicas de modo a aliviar a carga da cópia mestra. É óbvio que esse tipo de replicação excessiva não é a melhor solução. Em vez disso, precisamos ter um **previsor de multidão instantânea** que dará a um servidor tempo suficiente para instalar dinamicamente réplicas de documentos Web e, depois disso, redirecionar requisições quando a coisa esquentar. Um dos problemas de tentar prever multidões instantâneas é que elas podem ser muito diferentes. A Figura 12.15 mostra gráficos de acesso para quatro sites Web diferentes que sofreram o problema de multidão instantânea. Como ponto de referência, a Figura 12.15(a) mostra gráficos de acesso regular que abrangem dois dias. O gráfico também apresenta alguns picos bem pronunciados, porém, quanto ao mais, nada surpreendente está acontecendo. Ao contrário, a Figura 12.15(b) mostra um gráfico de dois dias com quatro multidões instantâneas repentinas. Ainda há certa regularidade, o que pode ser constatado em pouco tempo e permite tomar providências. Contudo, pode ser que o dano já tenha sido causado antes de alcançar esse ponto.

A Figura 12.15(c) mostra um gráfico que abrange seis dias com, no mínimo, duas multidões instantâneas. Nesse caso, qualquer previsor terá um sério problema, porque ambos os aumentos nas taxas de requisição são quase instantâneos. Por fim, a Figura 12.15(d) mostra uma situação na qual é provável que o primeiro pico não cause adaptações, mas é óbvio que o segundo deveria. Ocorre que essa situação é o tipo de comportamento com o qual se pode lidar muito bem por meio de análise em tempo de execução.

Um método promissor para prever multidões instantâneas é usar uma técnica simples de extrapolação linear. Baryshnikov et al. (2005) propõem medir continuamente o número de requisições para um documento durante um intervalo de tempo específico $[t - W, t)$, onde W é o **tamanho da janela**. O intervalo em si é dividido em pequenos compartimentos, e o número de requisições é contado para cada um desses compartimentos. Portanto, aplicando uma regressão linear simples podemos ajustar uma curva f_t que expressa o número de acessos como função do tempo. Extrapolando a curva para instâncias de tempo que ultrapassam t, obtemos uma previsão para o número de requisições. Se for previsto que o número de requisições ultrapassará determinado patamar, é acionado um alarme.

Esse método funciona muitíssimo bem para vários padrões de acesso. Infelizmente, determinar o tamanho da janela, bem como o patamar de alarme, depende muito do tráfego no servidor Web. Na prática, isso significa que é preciso muita sintonia fina manual para configurar um previsor ideal para um site específico. Até agora não se sabe como previsores de multidões instantâneas podem ser configurados automaticamente.

Providências de ajustamento

Como já mencionamos, há, em essência, somente três providências (relacionadas) que podem ser tomadas para alterar o comportamento de um serviço de hospedagem Web: mudar o posicionamento de réplicas, mudar a imposição de consistência e decidir como e quando redirecionar requisições de clientes. Já discutimos muito bem as duas primeiras providências no Capítulo 7. O redirecionamento de requisições de clientes merece um pouco mais de atenção. Antes de discutirmos a questão, em primeiro lugar vamos considerar como lidamos com consistência e replicação na prática, levando em conta a situação da Akamai (Leighton e Lewin, 2000; Dilley et al., 2002).

A idéia básica é que cada documento Web consiste em uma página principal HTML (ou XML) na qual foram embutidos diversos outros documentos como imagens, vídeo e áudio. Para apresentar o documento inteiro, é necessário que os documentos embutidos também sejam buscados pelo browser do usuário. A premissa adotada é que esses documentos embutidos mudam raramente, razão pela qual tem sentido mantê-los em cache ou fazer réplicas.

Cada documento embutido é normalmente referenciado por meio de um URL. Todavia, na CDN da Akamai, tal URL é modificado de modo a referenciar um **fantasma virtual**, que é uma referência a um servidor real na CDN. O URL também contém o nome de hospedeiro do servidor de origem por razões que explicaremos logo adiante. O URL modificado é resolvido como apresentamos a seguir e também é mostrado na Figura 12.16.

O nome do fantasma virtual inclui um nome DNS tal como *ghosting.com*, que é resolvido pelo sistema de nomeação DNS normal para um servidor DNS da CDN (resultado da etapa 3). Cada um desses servidores DNS monitora servidores próximos do cliente. Para cumprir essa finalidade, qualquer uma das métricas de proximidade que discutimos poderia ser usada. Na verdade, os servidores DNS da CDN redirecionam o cliente para um servidor de réplica que é o melhor para esse cliente (etapa 4), o que poderia significar o mais próximo, o menos carregado ou uma combinação de muitas dessas métricas (a política de redirecionamento propriamente dita é proprietária).

Por fim, o cliente repassa a requisição para o documento embutido ao servidor CDN selecionado. Se esse servidor ainda não tiver o documento, ele vai buscá-lo no servidor Web original (mostrado como etapa 6), coloca-o na cache local e, na seqüência, repassa o documento para o cliente. Se o documento já estiver na cache do servidor CDN, ele pode ser retornado no ato. Observe que, para buscar o documento embutido, o servidor de réplica tem de ser capaz de enviar uma requisição ao servidor de origem, razão por que seu nome de hospedeiro também está contido no URL do documento embutido.

Um aspecto interessante desse esquema é a simplicidade pela qual a consistência de documentos pode ser imposta. Por certo, sempre que um documento principal é alterado, um cliente sempre poderá buscá-lo no servidor de origem. No caso de documentos embutidos é preciso seguir uma abordagem diferente porque esses documentos são, em princípio, buscados em um servidor de répli-

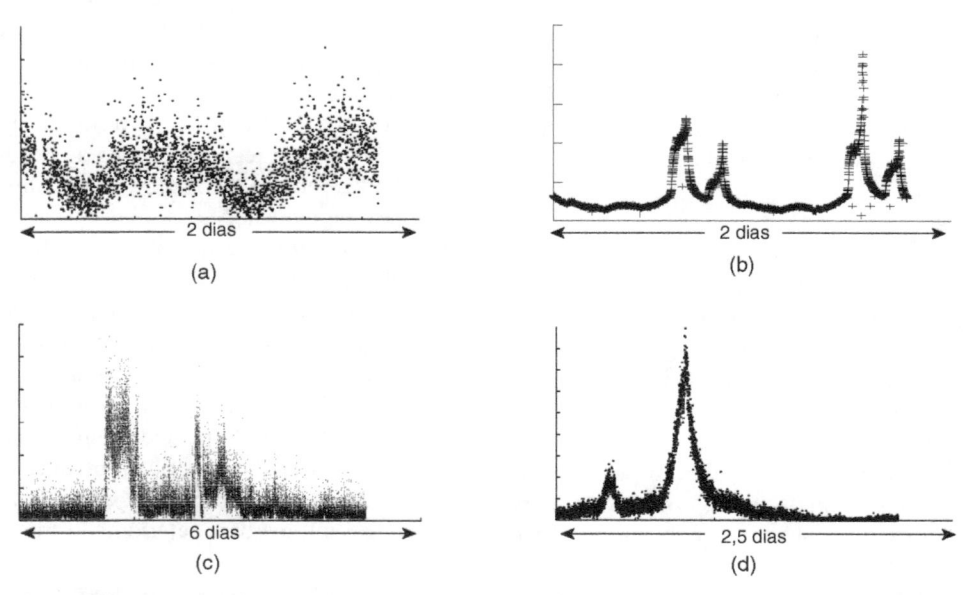

Figura 12.15 Um padrão de acesso normal e três diferentes que refletem comportamento de multidão instantânea (adaptada de Baryshnikov et al., 2005).

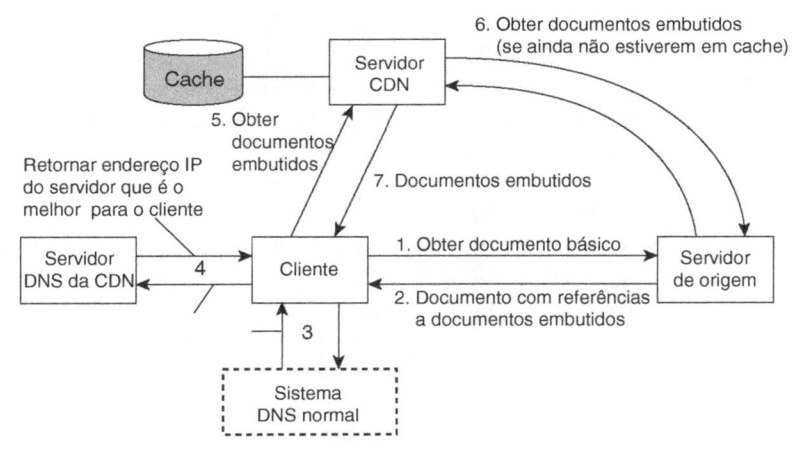

Figura 12.16 Funcionamento principal da CDN Akamai.

ca próximo. Para cumprir essa finalidade, um URL para um documento embutido não somente referencia um nome de hospedeiro especial que a certa altura leva a um servidor DNS da CDN, mas também contém um identificador único que é alterado toda vez que um documento embutido mudar. Na verdade, esse identificador muda o nome do documento embutido. Por isso, quando o cliente é redirecionado a um servidor CDN específico, esse servidor não encontrará o documento nomeado em sua cache e, assim, o buscará no servidor de origem. A certa altura o documento antigo será removido da cache do servidor porque já não é mais referenciado.

Esse exemplo já mostra a importância do redirecionamento de requisições de clientes. Em princípio, redirecionando clientes de modo adequado, uma CDN pode permanecer no controle quando se tratar de desempenho percebido pelo cliente, mas também precisará levar em conta o desempenho global do sistema, por exemplo, evitando o envio de requisições a servidores cuja carga está excessivamente pesada. Essas assim denominadas **políticas de redirecionamento adaptativo** podem ser aplicadas quando os processos que tomam decisões de redirecionamento recebem informações sobre o comportamento do cliente no momento considerado. Isso nos reconduz, em parte, às técnicas de estimação de métricas que já discutimos.

Além das diferentes políticas, uma questão importante é se o redirecionamento de requisições é ou não transparente para o cliente. Em essência, há apenas três técnicas de redirecionamento: transferência TCP, redirecionamento DNS e redirecionamento HTTP. Já discutimos a transferência TCP. Essa técnica é aplicável somente para clusters de servidores e não pode ser ampliada para redes remotas.

Redirecionamento DNS é um mecanismo transparente pelo qual o cliente pode ser mantido completamente alheio à localização dos documentos. O redirecionamento de dois níveis da Akamai é um exemplo dessa técnica. Também podemos organizar o DNS diretamente para retornar um dos vários endereços, como discutimos antes.

Todavia, observe que o redirecionamento DNS só pode ser aplicado a um site inteiro: os nomes de documentos individuais não cabem no espaço de nomes DNS.

Por fim, o redirecionamento HTTP é um mecanismo não transparente. Quando um cliente requisita um documento específico, ele pode receber um URL alternativo como parte de uma mensagem de resposta HTTP ao qual ele é, portanto, redirecionado. Uma observação importante é que o URL é visível para o browser do cliente. Na verdade, o usuário pode decidir registrar o URL de referência, o que, potencialmente, inutiliza a política de redirecionamento.

12.6.3 Replicação de aplicações Web

Até este ponto, focalizamos principalmente cache e replicação de conteúdo estático da Web. Na prática, vemos que a oferta de conteúdo gerado dinamicamente na Web está crescendo, mas que também está se expandindo na direção de serviços que podem ser chamados por aplicações remotas. Também nessas situações percebemos que cache e replicação podem dar uma considerável ajuda para a melhoria do desempenho global, embora os métodos para conseguir tais melhorias sejam mais sutis do que os que discutimos até aqui [veja também Conti et al. (2005)].

Quando consideramos melhorar o desempenho de aplicações Web por meio de cache e replicação, as coisas se complicam pelo fato de haver várias soluções que podem ser utilizadas, sem que nenhuma se destaque como a melhor. Vamos considerar a situação do servidor de borda esquematizada na Figura 12.17. Nesse caso, consideramos uma CDN na qual cada site hospedado tem um servidor de origem que age como um site autorizado para todas as operações de leitura e atualização. Um servidor de borda é usado para manipular requisições de clientes e tem a capacidade de armazenar informações (parciais) iguais às mantidas em um servidor de origem.

Lembre-se de que, em uma arquitetura com servidor de borda, clientes Web requisitam dados por meio de um servidor de borda, que, por sua vez, obtém suas informações do servidor de origem associado com o site Web específico referenciado pelo cliente. Como também mostra a Figura 12.17, consideramos que o servidor de origem consiste em um banco de dados do qual são criadas respostas dinamicamente. Embora tenhamos mostrado somente um único servidor Web, é comum organizar cada servidor de acordo com uma arquitetura multicamadas, como já discutimos antes. Um servidor de borda pode ser organizado aproximadamente segundo as linhas descritas a seguir.

Primeiro, para melhorar o desempenho podemos decidir aplicar replicação total dos dados armazenados no servidor de origem. Esse esquema funciona bem sempre que a taxa de atualizações for baixa e quando as consultas requererem uma busca extensa no banco de dados. Como acabamos de mencionar, todas as atualizações são realizadas no servidor de origem, que assume a responsabilidade de manter as réplicas e os servidores de borda em um estado consistente. Desse modo, operações de leitura podem ocorrer nos servidores de borda. Aqui, vemos que a replicação para obter desempenho falhará quando a taxa de atualizações for alta, porque cada atualização incorrerá em comunicação por uma rede remota para levar as réplicas até um estado consistente. Como mostrado em Sivasubramanian et al. (2004a), a razão leitura/atualização é o fator que determina até que ponto um banco de dados de origem deve ser replicado em um ambiente de rede remota.

Um outro caso de replicação total ocorre quando, de modo geral, as consultas são complexas. No caso de um banco de dados relacional, isso significa que uma consulta requer que várias tabelas sejam pesquisadas e processadas, como é, em geral, o caso de um operação de junção. Ao contrário de consultas complexas, há as consultas simples que, de maneira abrangente, requerem acesso a apenas uma tabela para produzir uma resposta. Neste caso, pode ser suficiente a **replicação parcial**, pela qual só um subconjunto dos dados é armazenado no servidor de borda.

O problema da replicação parcial é que pode ser muito difícil decidir por meios manuais quais dados são necessários no servidor de borda. Sivasubramanian et al. (2005) propõem manipular isso automaticamente com a replicação de registros de acordo com o mesmo princípio pelo qual a Globule replica suas páginas Web. Como discutimos no Capítulo 2, isso significa que um servidor de origem analisa traços de acesso para registros de dados e, na seqüência, baseia-se nesses dados para decidir onde colocar registros. Lembre-se de que, em Globule, as decisões eram tomadas levando em conta o custo da execução de operações de leitura e atualização tão logo os dados estivessem disponíveis (e possivelmente replicados). Os custos são expressos por uma função linear simples:

$$custo = (w_1 \times m_1) + (w_2 \times m_2) + ... + (w_n \times m_n)$$

sendo m_k uma métrica de desempenho (tal como largura de banda consumida) e $w_k > 0$, o peso relativo que indica a importância da métrica.

Uma alternativa à replicação parcial é utilizar **caches cientes de conteúdo**. Nesse caso, a idéia básica é que um servidor de borda mantenha um banco de dados local que, agora, é configurado para o tipo de consultas que podem ser manipuladas no servidor de origem. Explicando: em um sistema de banco de dados totalmente configurado, uma consulta utilizará um banco de dados no qual os dados foram organizados em tabelas de modo tal que, por exemplo, a redundância seja minimizada. Esses bancos de dados também são denominados **normalizados**.

Nesses bancos de dados, qualquer consulta que obedeça ao esquema de dados pode, em princípio, ser processada, se bem que o custo talvez seja considerável. Com caches cientes de conteúdo, um servidor de borda mantém um banco de dados que é organizado de acordo com a estrutura de consultas. Isso significa adotar a premissa de que as consultas obedecem a um número limitado de gabaritos, o que, na verdade, quer dizer que os diferentes

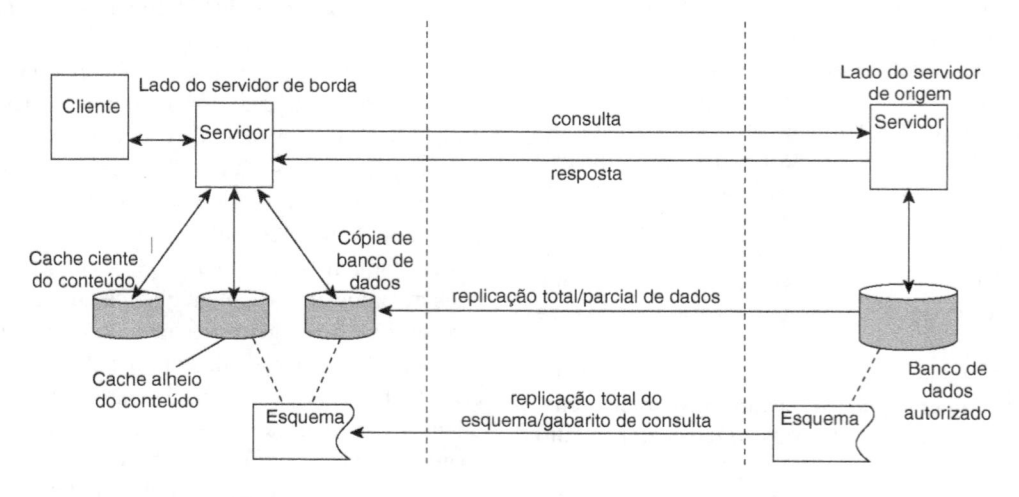

Figura 12.17 Alternativas para cache e replicação com aplicações Web.

tipos de consultas que podem ser processados são restritos. Nesses casos, sempre que uma consulta for recebida, o servidor de borda a compara com os gabaritos disponíveis e, na seqüência, consulta seu banco de dados local para compor a resposta, se possível. Se os dados requisitados não estiverem disponíveis, a consulta é repassada para o servidor de origem e, depois disso, a resposta é armazenada antes de ser retornada para o cliente.

Na realidade, o que o servidor de borda está fazendo é verificar se uma consulta pode ser respondida com os dados que estão armazenados localmente, o que também é denominado **verificação de inclusão de consulta**. Observe que tais dados foram armazenados localmente como respostas a consultas emitidas anteriormente. Essa abordagem funciona melhor quando as consultas tendem a ser repetidas.

Parte da complexidade da cache ciente de conteúdo vem do fato de ser preciso manter a consistência dos dados no servidor de borda. Para cumprir essa finalidade, o servidor de origem precisa saber quais registros estão associados com quais gabaritos, de modo que qualquer atualização de um registro, ou qualquer atualização de uma tabela, possa ser tratada adequadamente, por exemplo, com o envio de uma mensagem de invalidação aos servidores de borda adequados. Uma outra fonte de complexidade vem do fato de que as consultas ainda precisam ser processadas nos servidores de borda. Em outras palavras, é necessária uma capacidade de computação nada desprezível para manipular consultas. Considerando que bancos de dados costumam ser um gargalo no desempenho de servidores Web, pode ser que sejam necessárias outras alternativas. Por fim, armazenar resultados provenientes de consultas que abrangem várias tabelas (isto é, quando as consultas são complexas) de modo que seja possível efetuar uma verificação eficiente de inclusão de consultas não é trivial. A razão é que a organização dos resultados pode ser muito diferente da organização das tabelas nas quais a consulta foi efetuada.

Essas observações resultaram em uma terceira solução, denominada **cache alheia ao conteúdo**, descrita detalhadamente por Sivasubramanian et al. (2006). A idéia da cache alheia ao conteúdo é muito simples: quando um cliente apresenta uma consulta a um servidor de borda, em primeiro lugar o servidor calcula um único valor de hash para essa consulta. Usando esse valor de hash, o servidor examina em seguida sua cache para saber se já processou essa consulta antes. Caso não a tenha processado, ela é repassada para a origem e o resultado é armazenado antes de ser retornado ao cliente. Se a consulta já foi processada antes, o resultado previamente armazenado é retornado ao cliente.

A principal vantagem desse esquema é a redução do esforço de cálculo que é exigido de um servidor de borda em comparação com as abordagens de banco de dados que já descrevemos. Contudo, caches alheias ao conteúdo podem ser perdulárias em termos de armazenamento, porque podem conter uma quantidade muito maior de dados redundantes em comparação com cache ciente de conteúdo ou replicação de banco de dados. Observe que tal redundância também complica o processo de manter a cache atualizada porque pode ser que o servidor de origem tenha de manter uma contabilidade exata das atualizações que poderiam afetar os resultados de consultas guardados em cache. Esses problemas podem ser atenuados se considerarmos que as consultas só podem ser compatíveis com um conjunto limitado de gabaritos predefinidos, como já discutimos.

É óbvio que essas técnicas podem ser oferecidas igualmente bem para a próxima geração de serviços Web, mas ainda será necessário muita pesquisa antes de se poder identificar soluções estáveis.

12.7 Tolerância a Falha

Consegue-se tolerância a falha em sistemas distribuídos baseados na Web principalmente por meio de cache do lado do cliente e replicação de servidores. Por exemplo, não há nenhum método incorporado ao HTTP para auxiliar a tolerância ou na recuperação de falhas. Todavia, observe que a alta disponibilidade na Web é obtida por meio de redundância, que faz uso de técnicas geralmente disponíveis em serviços cruciais como o DNS. Como um exemplo que já mencionamos antes, o DNS permite que vários endereços sejam retornados como resultado de uma consulta de nome. Em sistemas tradicionais baseados na Web pode ser relativamente fácil obter tolerância a falha considerando o projeto sem estado dos servidores, aliado à natureza freqüentemente estática do conteúdo fornecido.

Quando se trata de serviços Web, valem observações semelhantes: praticamente nenhuma técnica nova ou especial é introduzida para lidar com falhas (Birman, 2005). Contudo, é preciso que fique claro que problemas de mascaramento de falhas e recuperações podem ser mais graves. Por exemplo, serviços Web suportam transações distribuídas em redes remotas, e é certo que as soluções terão de lidar com serviços participantes que falham ou com comunicação não confiável.

Ainda mais importante é que, no caso de serviços Web, não é difícil que tenhamos de lidar com gráficos complexos de chamada. Observe que em muitos sistemas baseados na Web a computação segue uma convenção de chamada cliente–servidor simples, de duas camadas. Isso significa que um cliente chama um servidor, que então calcula uma resposta sem a necessidade de serviços externos adicionais. Como já dissemos, tolerância a falha costuma ser obtida pela simples replicação do servidor ou recorrendo parcialmente a resultados em cache.

Essa situação não vale mais para serviços Web. Em muitos casos, estaremos lidando com soluções multicamadas nas quais servidores também agem como clientes. Aplicar replicação a servidores significa que chamadores e chamados precisam manipular invocações replicadas, exatamente como no caso de objetos replicados, que discutimos no Capítulo 10.

Os problemas se agravam no caso de serviços que foram projetados para manipular falhas bizantinas. Neles, a replicação de componentes desempenha papel crítico, assim como o protocolo que os clientes executam. Além disso, agora temos de enfrentar a situação na qual um **serviço tolerante a falhas bizantinas** (Byzantyne fault-tolerant service – **BFT**) pode precisar agir como um cliente de um outro serviço não replicado. Uma solução para esse problema é proposta em Merideth et al. (2005), baseada no sistema BFT proposto por Castro e Liskov (2002), que discutimos no Capítulo 11.

Há três questões que precisam ser enfrentadas. A primeira é que clientes de um serviço BFT devem considerar esse serviço exatamente como um outro serviço Web. Em particular, isso significa que a replicação interna desse serviço deve ficar oculta do cliente, junto com um processamento adequado de respostas. Por exemplo, um cliente precisa recolher $k + 1$ respostas idênticas de até $2k + 1$ respostas, considerando que o serviço BFT foi projetado para manipular no máximo k processos que falham. Esse tipo de processamento de resposta normalmente pode ser ocultado em apêndices do lado do cliente, que podem ser gerados automaticamente a partir de especificações WSDL.

A segunda é que um serviço BFT deve garantir consistência interna quando age como cliente. Em particular, ele precisa manipular o caso em que o serviço externo que está sendo chamado retorna respostas diferentes para réplicas diferentes. Isso poderia acontecer, por exemplo, quando o próprio serviço externo estiver falhando por qualquer razão. O resultado é que as réplicas talvez tenham de implementar um protocolo de concordância adicional como uma extensão dos protocolos que já executam para fornecer tolerância a falhas bizantinas. Após executar esse protocolo, elas podem enviar suas respostas de volta ao cliente.

Por fim, serviços externos também devem tratar um serviço BFT que age como cliente como uma entidade única. Em particular, um serviço não pode apenas aceitar uma requisição que vem de uma única réplica, mas só pode prosseguir quando tiver recebido no mínimo $k + 1$ requisições idênticas de réplicas diferentes.

Essas três situações resultam em três softwares diferentes que precisam ser integrados às caixas de ferramentas de desenvolvimento de serviços Web. Detalhes e avaliações de desempenho podem ser encontrados em Merideth et al. (2005).

12.8 Segurança

Considerando a natureza aberta da Internet, projetar uma arquitetura de segurança que proteja clientes e servidores contra vários ataques é de crucial importância. Grande parte das questões de segurança na Web trata do estabelecimento de um canal seguro entre um cliente e um servidor. A abordagem predominante para estabelecer um canal seguro na Web é usar a **camada de soquetes seguros** (Secure Socket Layer — SSL), implementada originalmente pelo Netscape. Embora a SSL nunca tenha sido padronizada formalmente, grande parte dos clientes Web a suporta. Uma atualização da SSL foi apresentada formalmente nas RFC 2246 e RFC 3546 e agora é denominada protocolo de **segurança na camada de transporte** (Transport Layer Security — **TLS**) (Dierks e Allen, 1996; Blake-Wilson et al., 2003).

Como mostra a Figura 12.18, TLS é um protocolo de segurança independente de aplicação que, em termos lógicos, é uma camada em cima de um protocolo de transporte. Para simplificar, implementações de TLS (e SSL) costumam ser baseadas em TCP. TLS pode suportar uma variedade de protocolos de camadas mais elevadas, entre eles o HTTP, como discutiremos logo adiante. Por exemplo, é possível implementar versões seguras de FTP ou Telnet usando TLS.

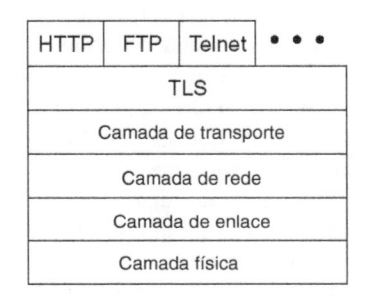

HTTP	FTP	Telnet	• • •
TLS			
Camada de transporte			
Camada de rede			
Camada de enlace			
Camada física			

Figura 12.18 Posição da TLS na pilha de protocolo da Internet.

A TLS em si é organizada em duas camadas. O núcleo do protocolo é formado pela **camada de protocolo de registro TLS**, que implementa um canal seguro entre um cliente e um servidor. As características exatas do canal são determinadas durante seu estabelecimento, mas podem incluir fragmentação e compressão de mensagens, que são aplicadas em conjunto com autenticação, integridade e confidencialidade de mensagens.

O estabelecimento de um canal seguro tem duas fases, como mostra a Figura 12.19. Na primeira, o cliente informa ao servidor quais são os algoritmos criptográficos que ele pode manipular, bem como quaisquer métodos de compressão que implementa. A escolha propriamente dita é sempre feita pelo servidor, que informa a escolha ao cliente. Essas duas primeiras mensagens são mostradas na Figura 12.19.

Na segunda fase, ocorre a autenticação. O servidor é sempre obrigado a autenticar a si próprio, razão por que ele passa para o cliente um certificado que contém sua chave pública assinada por uma autoridade de certificação *CA*. Se o servidor exigir que o cliente seja autenticado, este também terá de enviar um certificado ao servidor, representado pela mensagem 4 da Figura 12.19.

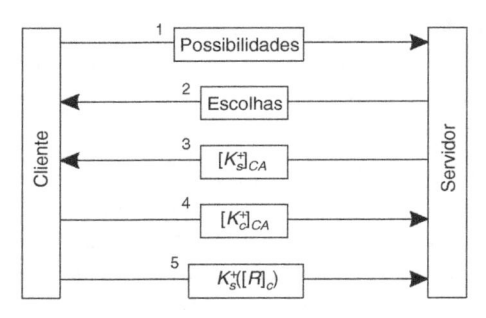

Figura 12.19 TLS com autenticação mútua.

O cliente gera um número aleatório que será usado por ambos os lados para construir uma chave de sessão e envia esse número ao servidor, criptografado com a chave pública do servidor. Além disso, se for exigida a autenticação do cliente, este assina o número com sua chave privada, o que resulta na mensagem 5 da Figura 12.19. (Na realidade, é enviada uma mensagem separada com uma versão embaralhada e assinada do número aleatório, que produz o mesmo efeito.) Nesse ponto, o servidor pode verificar a identidade do cliente e, depois disso, o canal seguro está estabelecido.

12.9 Resumo

Pode-se argumentar que foram os sistemas distribuídos baseados na Web que tornaram as aplicações de rede populares entre usuários finais. Usar a noção de um documento Web como meio para trocar informações se aproxima do modo como as pessoas costumam se comunicar em ambientes de escritório e outros. Todos entendem o que é um documento em papel, portanto estender esse conceito para documentos eletrônicos é algo bem lógico para a maioria das pessoas.

O suporte de hipertexto dado pela Web a usuários finais tem sido de extrema importância para sua popularidade. Além disso, de modo geral, os usuários finais vêem uma arquitetura cliente–servidor simples na qual documentos são simplesmente buscados em um site específico. Todavia, sites Web modernos são organizados conforme arquiteturas multicamadas nas quais um componente final é apenas responsável por gerar páginas HTML ou XML como respostas que podem ser apresentadas ao cliente.

A substituição do usuário final por uma aplicação nos trouxe os serviços Web. Do ponto de vista tecnológico, de modo geral os serviços Web não são, por si sós, espetaculares, embora ainda estejam na infância. O importante, entretanto, é que é preciso descobrir serviços muito diferentes e oferecê-los a clientes autorizados. O resultado é que há grande empenho dirigido à padronização de descrições de serviços, comunicações, diretórios e várias interações. Mais uma vez, por si só, cada padrão não representa percepções particularmente novas, mas, por ser um padrão, contribui para a expansão de serviços Web.

Processos na Web são configurados para manipular requisições HTTP, dos quais o servidor Web Apache é um exemplo canônico. O Apache mostrou ser um veículo versátil para manipular sistemas baseados em HTTP, mas também pode ser estendido com facilidade para atender a necessidades específicas, como replicação.

Como a Web funciona na Internet, muita atenção tem sido dada à melhoria do desempenho por meio de cache e replicação. Técnicas mais ou menos padronizadas foram desenvolvidas para cache do lado do cliente, porém, quando se trata de replicação, vários avanços consideráveis já foram realizados. Em particular, quando a replicação de aplicações Web está em jogo, observamos que será necessária a coexistência de várias soluções para obter desempenho ótimo.

De modo geral, tolerância a falha e segurança são manipuladas pela utilização de técnicas padronizadas que há muito tempo são aplicadas a muitos outros tipos de sistemas.

Problemas

1. Até que ponto o e-mail é parte de um modelo de documento Web?

2. Em muitos casos, sites Web são projetados para serem acessados por usuários. Contudo, quando se trata de serviços Web, vemos que sites Web tornam-se dependentes uns dos outros. Considerando a arquitetura em três camadas da Figura 12.2, na sua opinião onde a dependência ocorreria?

3. A Web usa uma abordagem de documentos baseada em arquivos pela qual primeiro um cliente busca um arquivo antes de ele ser aberto e apresentado. Qual é a conseqüência dessa abordagem para arquivos multimídia?

4. Poderíamos argumentar que, do ponto de vista tecnológico, serviços Web não abordam nenhuma questão nova. Qual é o argumento irrefutável para considerar serviços Web importantes?

5. Qual seria a principal vantagem de usar o servidor distribuído discutido no Capítulo 3 para implementar um cluster de servidores Web, em comparação com o modo como esses clusters são organizados, conforme mostrado na Figura 12.8? Cite uma desvantagem óbvia.

6. Por que conexões persistentes em geral melhoram o desempenho em comparação com conexões não persistentes?

7. Costuma-se afirmar que o Soap obedece à semântica RPC. Isso é realmente verdadeiro?

8. Explique as diferenças entre um plug-in, um applet, um servlet e um programa CGI.

9. Em WebDAV, é suficiente que um cliente mostre somente a ficha de trava ao servidor para obter permissões de escrita?

10. Em vez de permitir que um proxy Web calcule uma temporização para um documento, um servidor poderia fazer isso. Qual seria o benefício de tal abordagem?

11. Como o grau de personalização das páginas Web está cada vez maior (porque elas podem ser geradas dinamicamente para clientes, sob demanda), poderíamos argumentar que logo todas as caches Web serão obsoletas. Ainda assim, é muito provável que isso não aconteça no futuro imediato. Explique por quê.

12. A CDN Akamai segue um protocolo de distribuição baseado em envio ou em recuperação de atualizações?

13. Esboce um esquema simples pelo qual um servidor CDN Akamai possa descobrir que um documento embutido armazenado é antigo sem verificar sua validade no servidor original.

14. Teria sentido associar uma estratégia de replicação a cada documento Web em separado, ao contrário de usar uma ou apenas algumas estratégias globais?

15. Considere que um documento não replicado de s bytes de tamanho é requisitado r vezes por segundo. Se o documento for replicado para k servidores diferentes, e considerando que as atualizações são propagadas em separado para cada réplica, quando replicar o documento será mais barato do que não replicá-lo?

16. Considere um site Web passando por uma multidão instantânea. Qual seria uma providência adequada a tomar para garantir que os clientes ainda sejam bem atendidos?

17. Em princípio, há três técnicas diferentes para redirecionar clientes a servidores: transferência TCP, redirecionamento baseado em DNS e redirecionamento baseado em HTTP. Quais são as principais vantagens e desvantagens de cada técnica?

18. Dê um exemplo no qual uma verificação de inclusão de consulta, como executada por um servidor de borda que implementa cache ciente de conteúdo, terá um retorno bem-sucedido.

19. (**Tarefa de laboratório**) Monte um sistema simples baseado na Web instalando e configurando o servidor Web Apache para sua máquina local, de modo tal que ela possa ser acessada de um browser local. Se você tiver vários computadores em uma rede local, assegure que o servidor possa ser acessado de qualquer browser nessa rede.

20. (**Tarefa de laboratório**) WebDAV é implementado pelo servidor Web Apache e permite que vários usuários compartilhem arquivos para leitura e escrita pela Internet. Instale e configure Apache para um diretório habilitado para WebDAV em uma rede local. Teste a configuração usando um cliente WebDAV.

13 Sistemas distribuídos baseados em coordenação

Nos capítulos anteriores examinamos diferentes abordagens para sistemas distribuídos e em cada capítulo focalizamos um único tipo de dado como a base para a distribuição. O tipo de dado, seja um objeto, um arquivo ou um documento (Web), tem sua origem em sistemas não distribuídos e foi adaptado para sistemas distribuídos de modo que muitas questões de distribuição possam ficar transparentes para usuários e desenvolvedores.

Neste capítulo, consideraremos a geração de sistemas distribuídos que levam em conta que os vários componentes de um sistema são inerentemente distribuídos e que o problema real do desenvolvimento de tais sistemas se encontra na coordenação das atividades dos diferentes componentes. Em outras palavras, em vez de se concentrar na distribuição transparente de componentes, a ênfase se encontra na coordenação de atividades entre esses componentes.

Veremos que alguns aspectos da coordenação já foram comentados nos capítulos anteriores, em especial quando consideramos sistemas baseados em eventos. Ocorre que muitos sistemas distribuídos convencionais estão gradativamente incorporando mecanismos que desempenham papel fundamental em sistemas baseados em coordenação.

Antes de examinarmos exemplos práticos de sistemas, daremos uma breve introdução à noção de coordenação em sistemas distribuídos.

13.1 Introdução a modelos de coordenação

Fundamental para a abordagem seguida em sistemas baseados em coordenação é a clara separação entre computação e coordenação. Se considerarmos um sistema distribuído como um conjunto de processos (possivelmente usando multithreads), então a parte de computação de um sistema distribuído é formada pelos processos, cada um preocupado com uma atividade computacional específica que, em princípio, é executada independentemente das atividades de outros processos.

Nesse modelo, a parte da coordenação de um sistema distribuído manipula a comunicação e a cooperação entre processos. Ela é 'a cola' que une em um todas as atividades executadas por processos (Gelernter e Carriero, 1992). Em sistemas distribuídos baseados em coordenação, o foco está no modo como ocorre a coordenação entre os processos.

Cabri et al. (2000) fornecem uma taxonomia de modelos de coordenação para agentes móveis, que também pode ser aplicada a muitos outros tipos de sistemas distribuídos. Adaptando essa terminologia a sistemas distribuídos em geral, fazemos uma distinção entre modelos conforme duas dimensões diferentes, temporal e referencial, como mostra a Figura 13.1.

	Temporal	
	Acoplado	Desacoplado
Referencial Acoplado	Direto	Caixa postal
Referencial Desacoplado	Orientado a reunião	Comunicação geradora

Figura 13.1 Taxonomia de modelos de coordenação (adaptada de Cabri et al., 2000).

Quando o acoplamento de processos é temporal e referencial, a coordenação ocorre de modo direto, denominado **coordenação direta**. De maneira geral, o acoplamento referencial aparece na forma de referenciamento explícito em comunicação. Por exemplo, um processo só pode se comunicar se souber os nomes ou identificadores dos outros processos com os quais quer trocar informações. Acoplamento temporal significa que ambos os processos em comunicação têm de estar ligados e em funcionamento. Esse acoplamento é análogo à comunicação transiente orientada a mensagem que discutimos no Capítulo 4.

Um tipo diferente de coordenação ocorre quando os processos são desacoplados temporalmente, o que denominamos **coordenação de caixa postal**. Nesse caso, não é necessário que os dois processos comunicantes estejam executando ao mesmo tempo para que a comunicação ocorra. Em vez disso, a comunicação é efetuada por meio da colocação de mensagens em uma caixa postal (possivelmente compartilhada). Essa situação é análoga à comunicação persistente orientada a mensagem que descrevemos no Capítulo 4. É necessário endereçar explicitamente a caixa postal que conterá as mensagens que deverão ser trocadas. Em conseqüência, há um acoplamento referencial.

A combinação de sistemas de desacoplamento referencial e sistemas de acoplamento temporal forma o grupo de modelos para **coordenação orientada a reunião**. Em sistemas de desacoplamento referencial, os processos não conhecem uns aos outros explicitamente. Em outras palavras, quando um processo quer coordenar suas atividades com outros processos, ele não pode referenciar explicitamente um outro processo. Em vez disso, há o conceito de uma reunião na qual os processos se agrupam temporariamente para coordenar suas atividades. O modelo prescreve que os processos que se reúnem sejam executados simultaneamente.

Sistemas baseados em reunião costumam ser implementados por meio de eventos, como os suportados por sistemas distribuídos baseados em objetos. Neste capítulo, discutiremos um outro mecanismo para implementar reuniões denominado **sistemas publicar/subscrever**. Nesses sistemas, os processos podem subscrever mensagens — isto é, concordar em receber mensagens — que contêm informações sobre objetos específicos, enquanto outros processos produzem — isto é, publicam — tais mensagens. A maioria dos sistemas publicar/subscrever exige que os processos comunicantes estejam ativos ao mesmo tempo; por isso, há um acoplamento temporal. Todavia, quanto ao mais, os processos comunicantes podem permanecer anônimos.

O modelo de coordenação mais conhecido é a combinação de processos desacoplados tanto referencial quanto temporalmente, exemplificado por **comunicação geradora** como apresentada no sistema de programação Linda por Gelernter (1985). A idéia fundamental na comunicação geradora é que um conjunto de processos independentes utilize um espaço persistente e independente de dados de tuplas. **Tuplas** são dados rotulados que consistem em uma quantidade (que também pode ser zero) de campos tipados. Os processos podem colocar qualquer tipo de registro no espaço de dados compartilhado — isto é, eles geram registros de comunicação. Diferentemente do caso dos quadros-negros, não há necessidade de um acordo antecipado sobre a estrutura das tuplas. Só o rótulo é usado para distinguir entre tuplas que representam tipos de informações diferentes.

Um aspecto interessante desses espaços de dados compartilhados é que eles implementam um mecanismo de busca associativa para tuplas. Em outras palavras, um processo que quer extrair uma tupla do espaço de dados, em essência, especifica os (alguns dos) valores dos campos em que está interessado. Então, qualquer tupla que combinar com essa especificação é removida do espaço de dados e passada para o processo. Se não foi possível achar nenhuma combinação, o processo pode optar por bloquear até que haja uma tupla que combine. Adiaremos os detalhes desse modelo de coordenação para mais adiante, quando discutirmos sistemas concretos.

Observamos que comunicação geradora e espaços de dados compartilhados também costumam ser considerados formas de sistemas publicar/subscrever. No que vem a seguir, adotaremos também esse aspecto em comum. Uma boa visão geral de sistemas publicar/subscrever (que adota uma perspectiva bastante ampla) pode ser encontrada em Eugster et al. (2003). Neste capítulo, adotaremos a abordagem de que nesses sistemas há, no mínimo, desacoplamento referencial entre processos, porém, de preferência, também desacoplamento temporal.

13.2 Arquiteturas

Um aspecto importante de sistemas baseados em coordenação é que a comunicação ocorre pela descrição das características de itens de dados que devem ser trocados. Em decorrência, a nomeação desempenha um papel crucial. Voltaremos a ela mais adiante neste capítulo, porém, por enquanto, a questão importante é que, em muitos casos, os itens de dados não são identificados explicitamente por remetentes e receptores.

13.2.1 Abordagem global

Em primeiro lugar, vamos considerar que itens de dados são descritos por uma série de **atributos**. Diz-se que um item de dados é **publicado** quando é oferecido para outros processos para leitura. Para isso, é preciso passar para o middleware uma **subscrição** que contenha uma descrição dos itens de dados nos quais o subscritor está interessado. Essa descrição normalmente é composta por alguns pares (*atributo, valor*), possivelmente combinados com pares (*atributo, faixa*). No último caso, espera-se que o atributo especificado adote valores dentro de uma faixa especificada. Às vezes é possível dar descrições usando todos os tipos de predicados formulados sobre os atributos, algo cuja natureza é muito semelhante a consultas do tipo SQL, no caso de bancos de dados relacionais. Encontraremos esses tipos de descritores mais adiante neste capítulo.

Agora, enfrentamos uma situação na qual é preciso **associar** subscrições com itens de dados, como mostra a Figura 13.2. Quando a associação for bem-sucedida, há dois cenários possíveis. No primeiro caso, o middleware pode decidir repassar os dados publicados para seu conjunto de subscritores existente no momento em questão, isto é, processos que possuem uma subscrição compatível. Como alternativa, o middleware também pode repassar uma **notificação**, quando então os subscritores podem executar uma operação read para recuperar o item de dados publicado.

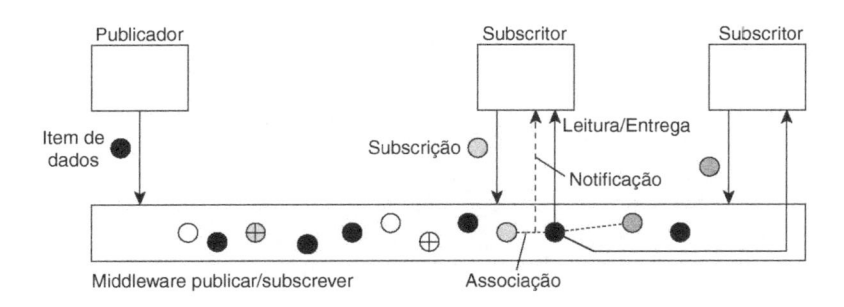

Figura 13.2 Princípio da troca de itens de dados entre publicadores e subscritores.

Nos casos em que os itens de dados são imediatamente repassados para os subscritores, de modo geral, o middleware não oferecerá armazenamento de dados. O armazenamento ou é manipulado explicitamente por um serviço separado ou fica a cargo dos subscritores. Em outras palavras, temos um sistema de desacoplamento referencial, porém de acoplamento temporal.

Essa situação é diferente quando são enviadas notificações e, portanto, os subscritores precisam ler explicitamente os dados publicados. O middleware necessariamente terá de armazenar itens de dados. Nessas situações há operações adicionais para gerenciamento de dados. Também é possível anexar um leasing a um item de dados tal que, quando o leasing expirar, o item de dados seja automaticamente apagado.

No modelo que descrevemos até aqui, consideramos que há um conjunto fixo de n atributos $a_1, ..., a_n$ que é usado para descrever itens de dados. Em particular, considera-se que cada item de dados tem um vetor associado $<(a_1, v_1), ..., (a_n, v_n)>$ de pares (*atributo, valor*). Essa premissa é falsa em muitos sistemas baseados em coordenação. Em vez disso, o que acontece é que são publicados **eventos** que podem ser considerados como um item de dados que tem somente um único atributo especificado.

Eventos complicam o processamento de subscrições. Como exemplo, considere uma subscrição como 'notifique quando a sala R4.20 estiver desocupada e a porta estiver destrancada'. Um sistema distribuído que suporta subscrições como essa normalmente pode ser implementado com a colocação de sensores independentes para monitorar a ocupação da sala (por exemplo, sensores de movimento) e sensores para registrar o estado da fechadura de uma porta. Segundo a abordagem que esquematizamos até aqui, precisaríamos *compor* esses eventos primitivos em um item de dados publicável ao qual os processos pudessem subscrever. Ocorre que compor eventos é uma tarefa difícil, em particular quando os eventos primitivos são gerados por fontes dispersas pelo sistema distribuído.

Por certo em sistemas baseados em coordenação como esses, a questão crucial é a implementação eficiente — e escalável — de subscrições que combinem com itens de dados, aliada à construção de itens de dados relevantes. Vista de fora, uma abordagem de coordenação oferece grande potencial para construir sistemas distribuídos de grande escalabilidade devido ao forte desacoplamento de processos. Por outro lado, como veremos a seguir, projetar implementações escaláveis sem perder essa independência não é um exercício trivial.

13.2.2 Arquiteturas tradicionais

A solução mais simples para comparar itens de dados com subscrições é ter uma arquitetura cliente–servidor centralizada. Essa é uma solução típica adotada atualmente por muitos sistemas publicar/subscrever, incluindo o WebSphere da IBM (IBM, 2005c) e as implementações populares para o JMS da Sun (Sun Microsystems, 2004a). Da mesma maneira, implementações para os modelos mais elaborados de comunicação geradora como Jini (Sun Microsystems, 2005b) e JavaSpaces (Freeman et al., 1999) são, em grande parte, baseadas em servidores centrais. Vamos examinar dois exemplos típicos.

Exemplo: Jini e JavaSpaces

Jini é um sistema distribuído que consiste em uma mistura de elementos diferentes, embora relacionados. Ele guarda uma forte relação com a linguagem de programação Java, embora muitos de seus princípios possam ser implementados igualmente bem em outras linguagens. Uma parte importante do sistema é formada por um modelo de coordenação para comunicação geradora. Jini oferece desacoplamento temporal e referencial de processos por meio de um sistema de coordenação denominado **JavaSpaces** (Freeman et al., 1999), derivado do Linda. Um JavaSpace é um espaço de dados compartilhado que armazena tuplas representantes de um conjunto tipado de referências a objetos Java. Vários JavaSpaces podem coexistir em um único sistema Jini.

Tuplas são armazenadas em forma serializada. Em outras palavras, sempre que um processo quiser armazenar uma tupla, em primeiro lugar essa tupla é construída, o que implica que todos os seus campos também sejam construídos. Em decorrência, se uma tupla contiver dois

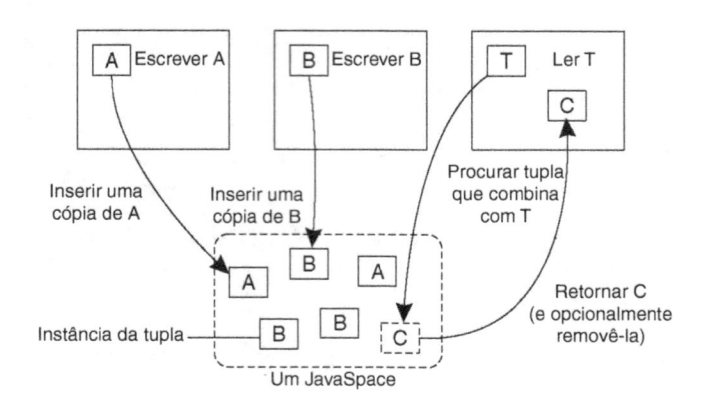

Figura 13.3 Organização geral de um JavaSpace em Jini.

campos diferentes que se referem ao mesmo objeto, quando armazenada em uma implementação de JavaSpace, conterá duas cópias embutidas daquele objeto.

Uma tupla é colocada em um JavaSpace por meio de uma operação write, que primeiro constrói a tupla e só depois a armazena. Toda vez que a operação write é chamada em uma tupla, uma outra cópia construída dessa tupla é armazenada no JavaSpace, como mostra a Figura 13.3. Denominamos cada cópia construída **instância da tupla**.

O aspecto interessante da comunicação geradora em Jini é o modo como as instâncias de tupla são lidas de um JavaSpace. Para ler uma instância da tupla, um processo fornece uma outra tupla que ele usa como um **gabarito** para comparar instâncias de tupla armazenadas em um JavaSpace. Como qualquer outra tupla, uma tupla de gabarito é um conjunto tipado de referências a objetos. Somente instâncias de tupla do mesmo tipo que o gabarito podem ser lidas de um JavaSpace. Um campo na tupla de gabarito ou contém uma referência a um objeto propriamente dito ou contém o valor *NULL*. Por exemplo, considere a classe

```
class public Tuple implements Entry {
    public Integer id, value;
    public TupleInteger id, Integer value){this.id = id; this.value = value}
}
```

Depois, um gabarito declarado como

```
Tuple template = new Tuple(null, new Integer(42))
```

combinará com a tupla

```
Tuple item = new Tuple("MyName", new Integer(42))
```

Para associar uma instância da tupla em um JavaSpace com uma tupla de gabarito, esta última é construída como sempre, incluindo seus campos *NULL*. Para cada instância da tupla do mesmo tipo que a tupla de gabarito é feita uma comparação campo por campo com a tupla de gabarito. Dois campos combinam se ambos tiverem uma cópia da mesma referência ou se o campo na tupla de gabarito for *NULL*. Uma instância da tupla combina com uma tupla de gabarito se houver uma combinação dos seus respectivos campos dois a dois.

Quando se verifica que uma instância da tupla combina com a tupla de gabarito fornecida como parte de uma operação read, essa instância da tupla é desmontada e retornada ao processo leitor. Também há uma operação take que adicionalmente remove a instância da tupla do JavaSpace. Ambas as operações bloqueiam o chamador até que seja encontrada uma tupla que combine. É possível especificar um tempo máximo de bloqueio. Além do mais, há variantes que simplesmente retornam imediatamente se não existir nenhuma tupla que combine.

Processos que utilizam JavaSpaces não precisam coexistir. Na verdade, se um JavaSpace for implementado usando armazenamento persistente, um sistema Jini completo pode sair totalmente do ar e depois ser reiniciado sem perder quaisquer tuplas.

Embora Jini não o suporte, deve ficar claro que ter um servidor central permite que as subscrições sejam razoavelmente elaboradas. Por exemplo, nessa circunstância, dois campos de tuplas não nulos combinam se forem idênticos. Todavia, percebendo que cada campo representa um objeto, a associação também poderia ser avaliada com a execução de um operador de comparação específico de objeto [veja também Picco et al. (2005)]. Na verdade, se tal operador puder ser sobrescrito por uma aplicação, pode-se implementar semântica de comparação mais ou menos arbitrária. É importante observar que tais comparações podem exigir extensa investigação de itens de dados armazenados no momento considerado. Não é fácil implementar essas investigações com eficiência em um modo distribuído. É exatamente por essa razão que, quando são suportadas regras elaboradas de comparação, em geral veremos apenas implementações centralizadas.

Uma outra vantagem de ter uma implementação centralizada é que fica mais fácil implementar primitivas de sincronização. Por exemplo, o fato de um processo poder bloquear até que seja publicado um item de dados adequado e após, na seqüência, executar uma leitura destrutiva pela qual a tupla que combina é removida oferece recursos para sincronização de processos sem que estes precisem se conhecer. Novamente, a sincronização em sistemas descentralizados é inerentemente difícil, como discutimos no Capítulo 6. Mais adiante voltaremos a ela.

Exemplo: TIB/Rendezvous

Uma solução alternativa à utilização de servidores centrais é propagar imediatamente itens de dados publicados para os subscritores adequados usando multicast. Esse princípio é usado em **TIB/Rendezvous**, cuja arquitetura básica é mostrada na Figura 13.4 (TIBCO, 2005). Nessa abordagem, um item de dados é uma mensagem rotulada com uma palavra-chave composta que descreve seu conteúdo tal como *news.comp.os.books*. Um subscritor fornece (partes de) uma palavra-chave ou indica as mensagens que quer receber, tal como *news.comp.*.books*. Diz-se que essas palavras-chave indicam o **assunto** de uma mensagem.

Fundamental para sua implementação é a utilização de broadcast comum em redes locais, embora ela também use recursos de comunicação mais eficientes quando possível. Por exemplo, caso se saiba exatamente onde reside um subscritor, em geral serão usadas mensagens ponto-a-ponto. Cada hospedeiro em tal rede executará um **daemon de encontro** (rendezvous), que cuida para que as mensagens sejam enviadas e entregues de acordo com seu assunto. Sempre que uma mensagem é publicada, ela é enviada em multicast a cada hospedeiro na rede que esteja executando daemon de encontro. Normalmente o multicast é implementado com utilização de recursos oferecidos pela rede subjacente, como multicast IP ou broadcast por hardware.

Processos que subscrevem para um assunto passam sua subscrição para seu daemon local. O daemon cons-trói uma tabela de entradas (*processo, assunto*) e, sempre que chegar uma mensagem sobre o assunto *S*, ele simplesmente examina sua tabela em busca de subscritores locais, repassando a mensagem para cada um deles. Se não houver nenhum subscritor para *S*, a mensagem é descartada imediatamente.

Quando se usa multicast como em TIB/Rendezvous, não há nenhuma razão por que as subscrições não possam ser elaboradas e não possam ser mais do que uma comparação de cadeias, como se dá atualmente. Aqui, a observação crucial é que, como de qualquer maneira as mensagens são repassadas para todos os nós, a comparação potencialmente complexa de dados publicados com subscrições pode ser feita inteiramente no local sem mais comunicação de rede. Contudo, como discutiremos mais adiante, é preciso que as regras de comparação sejam simples sempre que forem necessárias associações em redes de longa distância.

13.2.3 Arquiteturas peer-to-peer

As arquiteturas tradicionais adotadas por grande parte dos sistemas baseados em coordenação sofrem de problemas de escalabilidade (embora seus fornecedores comerciais afirmem que não). É óbvio que uma arquitetura que tenha um servidor central para comparar subscrições com dados publicados não pode ser ampliada para muito além de algumas centenas de clientes. Da mesma maneira, usar multicast requer providências especiais para ser estendido para além do universo das redes locais. Além do mais, se quisermos garantir escalabilidade, pode ser que sejam necessárias mais restrições para a descrição de subscrições e itens de dados.

Muita pesquisa já foi dedicada à construção de sistemas baseados em coordenação usando tecnologia peer-to-peer. Existem implementações diretas para os casos em que são usadas palavras-chave porque elas podem gerar hashes que funcionam como identificadores exclusivos para dados publicados. Essa abordagem também tem sido usada para mapear pares (*atributo, valor*) para identificadores. Nesses casos, a comparação se reduz a uma consulta direta de um identificador, que pode ser implementada com eficiência em um sistema baseado em DHT. Essa abordagem funciona bem para os sistemas publicar/subs-

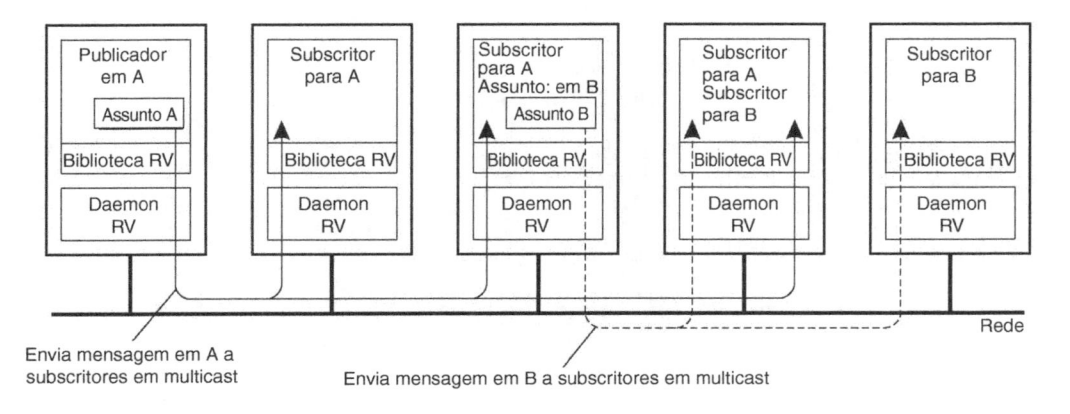

Figura 13.4 *Princípio de um sistema publicar/subscrever como implementado em TIB/Rendezvous.*

crever mais convencionais, como ilustrado por Tam e Jacobsen (2003), mas também para comunicação geradora (Busi et al., 2004).

As coisas se complicam para esquemas de comparação mais elaborados. Notoriamente difíceis são os casos em que é preciso suportar faixas e existem apenas algumas poucas propostas para isso. A seguir, discutiremos uma dessas propostas, planejada por um dos autores deste livro e seus colegas (Voulgaris et al., 2006).

Exemplo: Sistema publicar/subscrever baseado em gossip

Considere um sistema publicar/subscrever no qual itens de dados podem ser descritos por meio de N atributos $a_1,..., a_N$ cujos valores possam ser mapeados diretamente para um número de ponto flutuante. Tais valores incluem, por exemplo, números reais, inteiros, enumerações, booleanos e cadeias. Uma subscrição s toma a forma de uma tupla de pares (*atributo, valor/faixa*), tal como

$$s = <a_1 \to 3{,}0, a_4 \to [0{,}0, 0{,}5)>$$

Nesse exemplo, s especifica que a_1 deve ser igual a 3,0, e a_4 deve estar no intervalo [0,0; 0,5). Outros atributos podem assumir qualquer valor. Por questão de clareza, considere que todo nó i apresenta só uma subscrição s_i.

Observe que, na verdade, cada subscrição s_i especifica um subconjunto S_i no espaço N-dimensional de números de ponto flutuante. Tal subconjunto também é denominado hiperespaço. Para o sistema como um todo, só interessam dados publicados cuja descrição caia dentro da união $\mathbf{S} = \cup S_i$ desses hiperespaços. A idéia é particionar $\mathbf{S}$ automaticamente em M hiperespaços disjuntos $\mathbf{S}_1,..., \mathbf{S}_M$ de modo tal que cada um caia completamente dentro de um dos hiperespaços de subscrição S_i e, juntos, abranjam todas as subscrições. De maneira mais formal temos que:

$$(\mathbf{S}_m \cap S_i \neq \emptyset) \Rightarrow (\mathbf{S}_m \subseteq S_i)$$

Além do mais, o sistema mantém M mínimo no sentido de que não há nenhuma partição com um número menor de partes $\mathbf{S}_m$. A idéia é registrar, para cada hiperespaço $\mathbf{S}_m$, exatamente os nós i para os quais $\mathbf{S}_m \subseteq S_i$. Nesse caso, quando um item de dados é publicado, basta que o sistema ache o $\mathbf{S}_m$ ao qual esse item pertence e, desse ponto em diante, possa repassar o item para os nós associados.

Para fazer isso, os nós trocam subscrições periodicamente usando um protocolo epidêmico. Se dois nós, i e j, perceberem que suas respectivas subscrições tem interseção, isto é, $S_{ij} \equiv S_i \cap S_j \neq \emptyset$, eles registrarão esse fato e manterão referências um para o outro. Se eles descobrirem um terceiro nó k com $S_{ijk} \equiv S_{ij} \cap S_k \neq \emptyset$, os três se conectarão uns aos outros de modo que um item de dados d de S_{ijk} possa ser divulgado com eficiência. Observe que, se $S_{ij} - S_{ijk} \neq \emptyset$, os nós i e j manterão suas referências mútuas, mas agora a associarão estritamente com $S_{ij} - S_{ijk}$.

Em essência, o que estamos procurando é um meio de aglomerar nós em M grupos diferentes, de modo tal que os nós i e j pertençam ao mesmo grupo se, e somente se, suas subscrições S_i e S_j tiverem interseção não nulas. Além disso, nós no mesmo grupo devem ser organizados em uma rede de sobreposição que permitirá a divulgação eficiente de um item de dados no hiperespaço associado a esse grupo. Essa situação é esquematizada para um único atributo na Figura 13.5.

Nela, vemos um total de sete nós no qual a linha horizontal para o nó i indica sua faixa de interesse para o valor do atributo único. Também é mostrado o agrupamento de nós em faixas de interesse disjuntas para valores do atributos. Por exemplo, os nós 3, 4, 7 e 10 serão agrupados para representar o intervalo [16,5; 21,0]. Qualquer item de dados que tenha um valor nessa faixa deve ser divulgado apenas para esses quatro nós.

Para construir esses grupos, os nós são organizados em uma rede não estruturada baseada em gossip. Cada nó mantém uma lista de referências para outros vizinhos – isto é, uma **visão parcial** –, que troca periodicamente com um de seus vizinhos, como descrevemos no Capítulo 2.

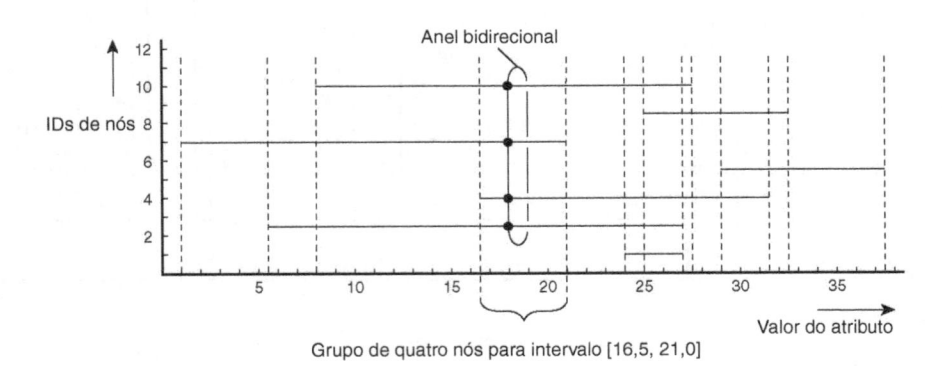

Figura 13.5 Agrupamento de nós para suportar consultas em faixas em um sistema publicar/subscrever peer-to-peer.

Essa troca permitirá que um nó tome conhecimento de outros nós aleatórios no sistema. Todo nó monitora os nós que descobre cujos interesses se sobrepõem aos seus, ou seja, cujas subscrições possuem interseção).

Em certo momento, de modo geral todo nó i terá referências para outros nós com interesses que se sobrepõem aos seus. Como parte da troca de informações com um nó j, o nó i ordena esses nós por seus identificadores e seleciona o que tiver o identificador mais baixo $i_1 > j$, de modo que sua subscrição se sobreponha à do nó j, isto é, $S_{j,i_1} \equiv S_{i_1} \cap S_j \neq \emptyset$.

O próximo nó a ser selecionado é $i_2 > i_1$ de tal modo que sua subscrição também se sobreponha à de j, mas somente se contiver elementos ainda não abrangidos pelo nó i_1. Em outras palavras, devemos ter $S_{j,i_1,i_2} \equiv (S_{i_2} - S_{j,i_1}) \cap S_j \neq \emptyset$. Esse processo é repetido até que todos os nós que têm um interesse sobreposto ao do nó i tenham sido inspecionados, o que resulta em uma lista ordenada $i_1 < i_2 < ... < i_n$. Observe que um nó i_k está na lista porque abrange uma região R de interesse comum aos nós i e j, que ainda não foram abrangidos em conjunto por nós que tenham um identificador mais baixo do que i_k. Na verdade, o nó i_k é o *primeiro* nó para o qual o nó j deve repassar um item de dados que caia dentro dessa região exclusiva R. Esse procedimento pode ser expandido para permitir que o nó i construa um anel bidirecional. Tal anel é mostrado na Figura 13.5.

Sempre que um item de dados d é publicado, ele é divulgado o mais rapidamente possível para *qualquer* nó que esteja interessado nele. Ocorre que, com a informação disponível em cada nó, é simples achar um nó i interessado em d. Daí em diante, o nó i precisa apenas repassar d ao redor do anel de subscritores para a faixa particular na qual d está contido. Para acelerar a divulgação, também são mantidos atalhos para cada anel. Detalhes podem ser encontrados em Voulgaris et al. (2006).

Discussão

Uma abordagem de certa maneira semelhante a essa solução baseada em gossip no sentido de que tenta achar uma partição do espaço abrangida pelos valores de atributos, mas que usa um sistema baseado em DHT, é descrita em Gupta et al. (2004). Em uma outra proposta descrita em Bharambe (2004), cada atributo a_i é manipulado por um processo separado P_i que, por sua vez, particiona a faixa de seu atributo por vários processos. Quando um item de dados d é publicado, ele é repassado para cada P_i, onde, na seqüência, é armazenado no processo responsável pelo valor de a_i de d.

Todas essas abordagens ilustram a complexidade de mapear um sistema publicar/subscrever não trivial em uma rede peer-to-peer. Em essência, essa complexidade vem do fato de ser inerentemente difícil realizar buscas de modo descentralizado em sistemas de nomeação baseados em atributos. Encontraremos novamente essas dificuldades quando discutirmos replicação.

13.2.4 Mobilidade e coordenação

Um tópico que tem recebido considerável atenção na literatura é como combinar soluções publicar/subscrever com mobilidade de nó. Em muitos casos, considera-se que há uma infra-estrutura básica fixa com pontos de acesso para nós móveis. Adotando-se essa premissa, a questão é como garantir que mensagens publicadas não sejam entregues mais de uma vez a um subscritor que muda de pontos de acesso. Uma solução prática para esse problema é permitir que subscritores monitorem as mensagens que já receberam e simplesmente descartem duplicatas. Soluções alternativas, porém mais intricadas, compreendem repassadores que monitoram quais mensagens foram enviadas a quais subscritores (veja, por exemplo, Caporuscio et al., 2003).

Exemplo: Lime

No caso de comunicação geradora, várias soluções foram propostas para operar um espaço de dados compartilhado no qual os nós (ou alguns dos nós) são móveis. Um exemplo canônico nesse caso é o Lime (Murphy et al., 2001), que é muito parecido com o modelo JavaSpace que já discutimos.

Em Lime, cada processo tem seu próprio espaço de dados associado, mas quando os processos estão perto uns dos outros, tal como quando estão conectados, seus espaços de dados se tornam compartilhados. Teoricamente, estar conectado pode significar que há uma rota em uma rede subjacente conjunta que permite a dois processos trocarem dados. Todavia, na prática, significa que dois processos estão localizados temporariamente no mesmo hospedeiro físico ou que seus respectivos hospedeiros podem se comunicar uns com os outros por um enlace sem fio (de um único salto). Formalmente, os processos devem ser membros do mesmo grupo e usar o mesmo protocolo de comunicação de grupo.

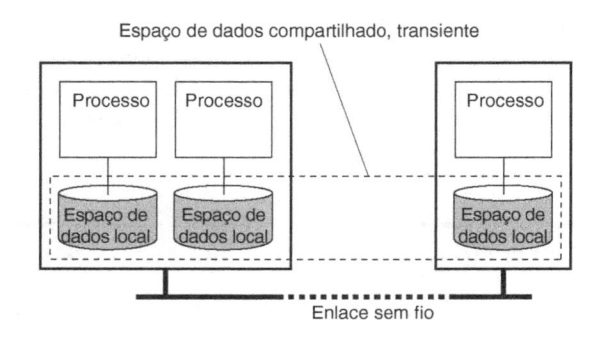

Figura 13.6 Compartilhamento transiente de espaços de dados locais em Lime.

Os espaços de dados locais de processos conectados formam um espaço de dados compartilhado transiente que permitirá aos processos trocarem tuplas, como mostra a Figura 13.6. Por exemplo, quando um processo *P* executa uma operação write, a tupla associada é armazenada no espaço de dados local do processo. Em princípio, ela permanece ali até ocorrer uma operação take associada, possivelmente executada por um outro processo que está agora no mesmo grupo de *P*. Desse modo, o fato de estarmos, na verdade, lidando com um espaço de dados compartilhado completamente distribuído é transparente para os processos participantes. Contudo, o Lime também permite romper essa transparência especificando exatamente para quem uma tupla é dirigida. Da mesma maneira, operações read e take podem ter um parâmetro adicional que especifica de qual processo uma tupla é esperada.

Para controlar melhor o modo como as tuplas são distribuídas, os espaços de dados podem realizar algo conhecido como **reações**. Uma reação especifica uma ação a ser executada quando uma tupla que combina com um determinado gabarito é encontrada no espaço de dados local. Toda vez que um espaço de dados mudar, uma reação executável é selecionada aleatoriamente, o que costuma resultar em mais modificação do espaço de dados. Reações abrangem o espaço de dados compartilhado no momento considerado, mas há diversas restrições para assegurar que elas podem ser executadas com eficiência. Por exemplo, no caso de reações fracas, só é garantido que as ações associadas serão executadas em algum momento, contanto que os dados combinados ainda estejam acessíveis.

A idéia de reações foi levada um passo adiante em TOTA, onde cada tupla tem um fragmento de código associado que diz exatamente como essa tupla deve ser movida entre espaços de dados, possivelmente incluindo também transformações (Mamei e Zambonelli, 2004).

13.3 Processos

Não há nada de realmente especial sobre processos usados em sistemas publicar/subscrever. Na maioria dos casos é preciso oferecer mecanismos eficientes para fazer buscas em conjuntos de dados potencialmente grandes. O problema principal é projetar esquemas que funcionem bem em ambientes distribuídos. Voltaremos a essa questão mais adiante quando discutirmos consistência e replicação.

13.4 Comunicação

Em muitos sistemas publicar/subscrever, a comunicação é relativamente simples. Por exemplo, em praticamente todo sistema baseado em Java, toda a comunicação ocorre por meio de invocações de métodos remotos. Um problema importante que precisa ser tratado quando sistemas publicar/subscrever estão dispersos por um sistema de longa distância é que os dados publicados devem chegar somente aos subscritores relevantes. Como já descrevemos, uma solução é usar um método auto-organizador pelo qual os nós em um sistema peer-to-peer são reunidos automaticamente em clusters e, depois disso, a divulgação ocorre por cluster. Uma solução alternativa é oferecer roteamento baseado em conteúdo.

13.4.1 Roteamento baseado em conteúdo

Em **roteamento baseado em conteúdo**, considera-se que o sistema é construído em cima de uma rede ponto-a-ponto na qual as mensagens são roteadas explicitamente entre nós. Crucial para esse arranjo é que os repassadores possam tomar decisões de roteamento conforme o conteúdo de uma mensagem. Em termos mais exatos, considera-se que cada mensagem transporta uma descrição de seu conteúdo e que essa descrição pode ser usada para descartar rotas que sabe-se que não levam a receptores interessados nessa mensagem.

Uma abordagem prática em relação ao roteamento baseado em conteúdo é proposta em Carzaniga et al. (2004). Considere um sistema publicar/subscrever que consista em *N* servidores para os quais clientes — isto é, aplicações — podem enviar mensagens ou dos quais podem ler mensagens que chegam. Consideramos que, para ler mensagens, uma aplicação terá fornecido antecipadamente ao servidor uma descrição dos tipos de dados nos quais está interessada. Por sua vez, o servidor notificará a aplicação quando chegarem dados relevantes.

Carzaniga et al. propõem um esquema de roteamento de duas camadas no qual a camada inferior consiste em uma árvore broadcast compartilhada que conecta os *N* servidores. Há várias maneiras de estabelecer essa árvore, desde suporte em multicast na camada de rede até árvores multicast na camada de aplicação, como discutimos no Capítulo 4. Aqui também adotamos como premissa que tal árvore foi montada levando em conta os *N* servidores como nós terminais, junto com um conjunto de nós intermediários considerados como repassadores. Observe que a distinção entre um servidor e um repassador é apenas lógica: uma única máquina pode hospedar ambos os tipos de processos.

Em primeiro lugar, considere dois extremos para roteamento baseado em conteúdo, levando em conta que precisamos suportar apenas publicação/subscrição simples, baseada em objeto, na qual cada mensagem é rotulada como uma palavra-chave exclusiva (não composta). Uma solução extrema é enviar cada mensagem publicada para todo servidor e, na seqüência, deixar que o servidor verifique se algum de seus clientes tinha subscrito o assunto daquela mensagem. Em essência, essa é a abordagem seguida em TIB/Rendezvous.

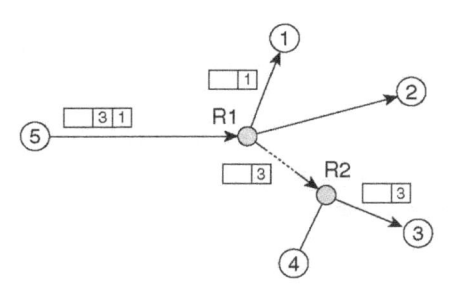

Figura 13.7 Roteamento ingênuo baseado em conteúdo.

A outra solução extrema é deixar que cada servidor envie suas subscrições em broadcast a todos os outros servidores. O resultado é que cada servidor poderá compilar uma lista de pares (*assunto, destino*). Portanto, sempre que uma aplicação apresentar uma mensagem sobre o assunto *s,* seu servidor associado seleciona e inclui os servidores destinatários para essa mensagem. Quando a mensagem chega a um repassador, este pode usar a lista para decidir os caminhos que a mensagem deve seguir, como mostra a Figura 13.7.

Adotando essa última abordagem como nosso ponto de partida, podemos refinar as capacidades de repassadores para decidir a quem repassar mensagens. Para cumprir essa finalidade, cada servidor transmite sua subscrição em broadcast pela rede, de modo que os repassadores possam compor **filtros de roteamento**. Por exemplo, suponha que o nó 3 da Figura 13.7 subscreva mensagens para as quais um atributo *a* se encontra na faixa [0,3], mas o nó 4 quer mensagens com $a \in [2,5]$. Nesse caso, o repassador R_2 criará um filtro de roteamento, como uma tabela, com uma entrada para cada um de seus enlaces de saída (nesse caso, três: um para o nó 3, um para o nó 4 e um na direção do repassador R_1), como mostra a Tabela 13.1.

Interface	Filtro
Para o nó 3	$a \in [0,3]$
Para o nó 4	$a \in [2,5]$
Em direção ao repassador R_1	(não especificado)

Tabela 13.1 Tabela de roteamento parcialmente preenchida.

Mais interessante é o que acontece no repassador R_1. Nesse exemplo, as subscrições que vêm dos nós 3 e 4 impõem que qualquer mensagem na qual *a* se encontre no intervalo $[0,3] \cup [2,5] = [0,5]$ deva ser enviada ao longo do caminho para o roteador R_2, e é essa, exatamente, a informação que R_1 armazenará em sua tabela. Não é difícil imaginar que possam ser suportadas composições de subscrição mais intricadas.

Esse simples exemplo também ilustra que, sempre que um nó deixar o sistema, ou quando não estiver mais interessado em mensagens específicas, deve cancelar sua subscrição e, em essência, enviar essa informação em broadcast a todos os repassadores. Por sua vez, esse cancelamento pode levar ao ajuste de vários filtros de roteamento. Na pior das hipóteses, ajustes tardios podem resultar em tráfego desnecessário porque mensagens podem ser enviadas ao longo de caminhos para os quais não há mais subscritores. Ainda assim, ajustes no tempo devido são necessários para manter o desempenho em nível aceitável.

Um dos problemas do roteamento baseado em conteúdo é que, embora o princípio da composição de filtros de roteamento seja simples, identificar os enlaces ao longo dos quais uma mensagem que está chegando deve ser enviada pode demandar intensa capacidade de computação. A complexidade computacional vem da implementação da comparação de valores de atributos com subscrições que, em essência, se resume a uma comparação entrada por entrada. Um modo eficiente para efetuar essa comparação é descrito em Carzaniga et al. (2003).

13.4.2 Suporte para subscrições compostas

Até aqui, os exemplos são extensões relativamente simples de tabelas de roteamento. Essas extensões são suficientes quando as subscrições tomam a forma de vetores de pares (*atributo, valor/faixa*). Entretanto, muitas vezes há uma necessidade de expressões de subscrições mais sofisticadas. Por exemplo, pode ser conveniente expressar **composições** de subscrições nas quais um processo especifica em uma única subscrição que está interessado em tipos muito diferentes de itens de dados. Como ilustração, pode ser que um processo queira ver itens de dados sobre os valores das ações da IBM *e* dados sobre seus rendimentos, mas enviar itens de dados de um único tipo não é útil.

Para manipular composições de subscrição, Li e Jacobsen (2005) propuseram projetar repassadores análogos a bancos de dados de regras. Na verdade, as subscrições são transformadas em regras que determinam sob quais condições os dados publicados devem ser enviados e ao longo de quais enlaces de saída. Não é difícil imaginar que isso pode resultar em esquemas de roteamento baseado em conteúdo muito mais avançados do que os filtros de roteamento que acabamos de descrever. O suporte de composição de subscrição guarda forte relação com questões de nomeação em sistemas baseados em coordenação, que discutiremos a seguir.

13.5 Nomeação

Agora, vamos dar mais atenção à nomeação em sistemas baseados em coordenação. Até aqui, consideramos, em geral, que todo item de dados publicado tem um vetor associado de *n* pares (*atributo, valor*) e que processos podem subscrever itens de dados especificando predica-

Ex.	Descrição
S_1	Notificar quando a sala R4.20 estiver desocupada
S_2	Notificar quando a sala R4.20 estiver desocupada e a porta estiver destrancada
S_3	Notificar quando a sala R4.20 estiver desocupada por 10 segundos com a porta destrancada
S_4	Notificar quando a temperatura em R4.20 subir mais do que 1 grau por 30 minutos
S_5	Notificar quando a temperatura em R4.20 for mais do que 20 graus nos 30 minutos anteriores

Tabela 13.2 Exemplos de eventos em um sistema distribuído.

dos sobre esses valores de atributos. Em geral, esse esquema de nomeação pode ser aplicado de imediato, embora os tipos, valores e predicados de atributos que podem ser usados possam ser diferentes para cada sistema.

Por exemplo, com JavaSpaces vimos que, em essência, só é permitida comparação por igualdade, embora seja relativamente fácil estendê-la de modos específicos às aplicações. Da mesma maneira, muitos sistemas publicar/subscrever comerciais suportam apenas operadores bastante primitivos de comparação de cadeias.

Um dos problemas que já mencionamos é que, em muitos casos, não podemos apenas considerar que todo item de dados é rotulado com valores para todos os atributos. Em particular, veremos que um item de dados tem só um par (*atributo, valor*) associado, quando então também é denominado **evento**. O suporte para subscrição de eventos e, em particular, para eventos compostos domina, em grande parte, a discussão sobre questões de nomeação em sistemas publicar/subscrever. O que discutimos até agora deve ser considerado o meio mais primitivo de suportar coordenação em sistemas distribuídos. Agora, atacaremos mais a fundo eventos e composição de eventos.

Quando se trata de eventos compostos, precisamos levar em conta duas questões diferentes. A primeira é descrever composições. Tais descrições formam a base para subscrições. A segunda questão é como colher eventos (primitivos) e, na seqüência, combiná-los com subscrições. Pietzuch et al. (2003) propuseram uma estrutura geral para composição de eventos em sistemas distribuídos. Adotaremos essa estrutura como base para nossa discussão.

13.5.1 Descrição de eventos compostos

Em primeiro lugar, vamos considerar alguns exemplos de eventos compostos para termos uma idéia melhor da complexidade que talvez tenhamos de enfrentar. A Tabela 13.2 mostra exemplos de eventos compostos de complexidade crescente. Nesse exemplo, R4.20 poderia ser uma sala de computador segura, com ar-condicionado.

As duas primeiras subscrições são relativamente fáceis. S_1 é um exemplo que pode ser manipulado por um evento discreto primitivo, ao passo que S_2 é uma composição simples de dois eventos discretos. A subscrição S_3 é mais complexa porque requer que o sistema também possa relatar eventos relacionados com o tempo. E as coisas se complicam ainda mais se as subscrições envolverem valores agregados exigidos para calcular gradientes (S_4) ou médias (S_5). Observe que, no caso de S_5, estamos exigindo um monitoramento contínuo do sistema de modo a enviar avisos a tempo.

A idéia básica que fundamenta a linguagem de composição de eventos para sistemas distribuídos é possibilitar a formulação de subscrições em termos de eventos primitivos. Em sua estrutura, Pietzuch et al. fornecem uma linguagem relativamente simples para um tipo estendido de máquina de estado finito (FSM). As extensões permitem a especificação de tempos de permanência em estados, bem como a geração de novos eventos (compostos). Os exatos detalhes da linguagem dessas extensões não são importantes para o que discutiremos aqui. O importante é que essas subscrições possam ser traduzidas para FSMs.

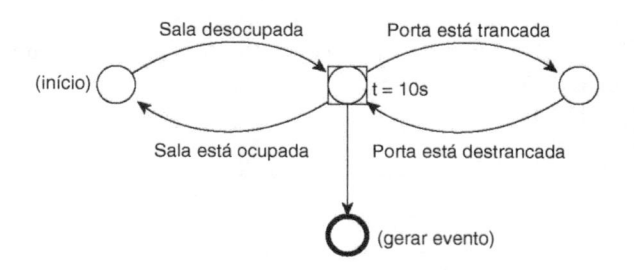

Figura 13.8 Máquina de estado finito para a subscrição S_3 da Tabela 13.2.

Como exemplo, a Figura 13.8 mostra a FSM para a subscrição S_3 da Tabela 13.2. O caso especial é dado pelo estado com tempo, indicado pela etiqueta '$t = 10s$', que especifica que é feita uma transição para o estado final se a porta não estiver trancada dentro de 10 segundos.

Subscrições muito mais complexas podem ser descritas. Um aspecto importante é que essas FSMs muitas vezes podem ser decompostas em FSMs menores que se comunicam passando eventos umas para as outras. Observe que tal comunicação de eventos normalmente acionaria uma transição de estado na FSM para a qual esse evento é pretendido. Por exemplo, considere que queremos desligar automaticamente as luzes na sala R4.20 2 segundos após termos certeza de que não há mais ninguém na sala (e que a porta está trancada). Nesse caso, podemos utilizar novamente a FSM da Figura 13.8 se permitirmos que ela gere um evento para uma segunda FSM, que acionará a iluminação, como mostra a Figura 13.9.

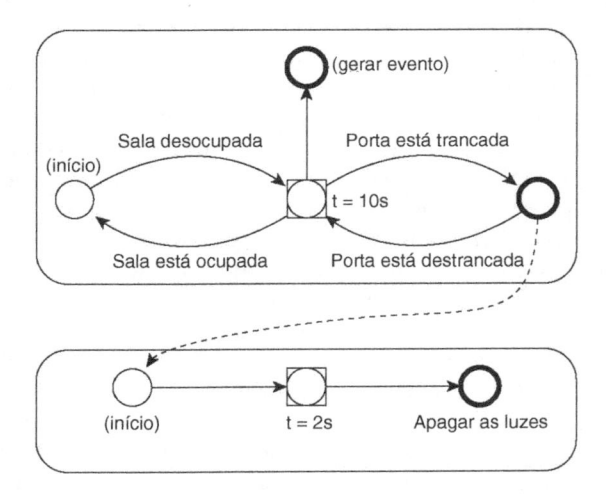

Figura 13.9 Duas FSMs acopladas.

Nesse caso, a observação importante é que essas duas FSMs podem ser implementadas como dois processos separados nos sistemas distribuídos. Sendo assim, a FSM para controlar a iluminação subscreverá o evento composto que é acionado quando R4.20 estiver desocupada e a porta estiver trancada. Isso resulta em detectores distribuídos que discutiremos a seguir.

13.5.2 Associação de eventos com subscrições

Agora, considere um sistema publicar/subscrever que permite eventos compostos. Toda subscrição é fornecida na forma de uma expressão que pode ser traduzida para uma máquina de estado finito (FSM). Em essência, transições de estado são acionadas por eventos primitivos que ocorrem, tal como sair de uma sala ou trancar uma porta.

Para associar eventos e subscrições, podemos seguir uma implementação ingênua e simples, na qual todo subscritor executa um processo que implementa a máquina de estado finito associada com sua subscrição. Nesse caso, todos os eventos primitivos que são relevantes para uma subscrição específica terão de ser enviados para o subscritor. É óbvio que, de modo geral, isso não será muito eficiente.

Uma abordagem muito melhor é considerar o conjunto completo de subscrições e as decompor em máquinas de estado finito comunicantes, de modo tal que algumas delas sejam compartilhadas entre subscrições diferentes. Um exemplo desse compartilhamento foi mostrado na Figura 13.9. Essa abordagem da manipulação de subscrições leva a algo conhecido como **detectores distribuídos de eventos**. Observe que uma distribuição de detectores de eventos é de natureza semelhante à resolução distribuída de nomes em vários sistemas de nomeação. Eventos primitivos levam a transições de estado em máquinas de estado finito simples que, por sua vez, acionam a geração de eventos compostos. Estes podem levar a transições de estado em outras FSMs, o que, mais uma vez, possivelmente resultará em mais geração de eventos. É claro que eventos são traduzidos para mensagens que são enviadas pela rede para processos que as subscreveram.

Além da otimização por meio de compartilhamento, desmembrar subscrições em FSMs comunicantes também tem a vantagem potencial de otimizar a utilização da rede. Considere novamente os eventos relacionados com a monitoração da sala do computador que já descrevemos. Considerando que há apenas processos interessados nos eventos compostos, faz sentido compor esses eventos perto da sala do computador. Tal posicionamento evitará ter de enviar eventos primitivos pela rede. Além do mais, quando consideramos a Tabela 13.2, vemos que talvez seja preciso enviar o alarme só quando percebermos que a sala está desocupada há 10 segundos, com a porta destrancada. Portanto, tal evento ocorrerá raramente em comparação com, por exemplo, trancar (ou destrancar) a porta.

Decompor subscrições em detectores distribuídos de eventos e, na seqüência, posicioná-los de modo ótimo em um sistema distribuído ainda é objeto de muita pesquisa. Por exemplo, ainda não foi dita a última palavra em linguagens de subscrição, e, em especial, o compromisso entre expressividade e eficiência de implementações atrairá muita atenção. Na maioria dos casos, quanto mais expressiva uma linguagem, menos provável que haverá uma implementação distribuída eficiente. Propostas recentes como as de Demers et al. (2006) e Liu e Jacobsen (2004) confirmam isso. Ainda levará alguns anos para que essas técnicas sejam aplicadas a sistemas publicar/subscrever comerciais.

13.6 Sincronização

De modo geral, a sincronização em sistemas baseados em coordenação é restrita a sistemas que suportam comunicação geradora. As coisas são relativamente diretas quando é usado só um único servidor. Nesse caso, processos podem ser apenas bloqueados até que as tuplas fiquem disponíveis, mas também é mais simples removê-las. As coisas se complicam quando o espaço de dados compartilhado é replicado e distribuído por vários servidores, como descreveremos a seguir.

13.7 Consistência e Replicação

A replicação desempenha um papel fundamental na escalabilidade de sistemas baseados em coordenação e, em particular, para os de comunicação geradora. A seguir, em primeiro lugar consideraremos algumas abordagens padronizadas que já exploramos em vários sistemas, como o JavaSpaces. Em seguida, descreveremos resultados que levam em conta o posicionamento dinâmico e automático de tuplas dependendo de seus padrões de acesso.

13.7.1 Abordagens estáticas

A implementação distribuída de um sistema que permite comunicação geradora freqüentemente requer atenção especial. Focalizaremos possíveis implementações distribuídas de um servidor JavaSpace, isto é, uma implementação pela qual o conjunto de instâncias de tupla pode ser distribuído e replicado por várias máquinas. Uma visão geral de técnicas de implementação para sistemas de execução baseados em tupla é dada por Rowstron (2001).

Considerações gerais

Uma implementação distribuída eficiente de um JavaSpace tem de resolver dois problemas:

1. Como simular endereçamento associativo sem busca maciça.
2. Como distribuir instâncias de tupla entre máquinas e localizá-las mais tarde.

A chave para ambos os problemas é observar que cada tupla é uma estrutura de dados tipada. Subdividir o espaço de tuplas em subespaços cujas tuplas são do mesmo tipo simplifica a programação e possibilita certas otimizações. Por exemplo, como as tuplas são tipadas, é possível determinar, em tempo de compilação, o subespaço sobre o qual agirá uma chamada para uma **write**, **read** ou **take**. Essa partição significa que somente uma fração do conjunto de instâncias de tupla tem se ser pesquisada.

Além disso, cada subespaço pode ser organizado como uma tabela de hash usando (parte de) seu i-ésimo campo de tupla como a chave de hash. Lembre-se de que todo campo em uma instância da tupla é uma referência construída para um objeto. JavaSpaces não prescreve como deve ser feita a construção. Por conseguinte, uma implementação pode decidir construir uma referência de modo tal que alguns dos primeiros bytes sejam usados como um identificador do tipo de objeto que está em construção. Então, uma chamada a uma operação **write**, **read** ou **take** pode ser executada com o cálculo da função de hash do i-ésimo campo para achar a posição na tabela de hash à qual a instância da tupla pertence. Conhecer o subespaço e a posição na tabela elimina toda a busca. É claro que, se o i-ésimo campo de uma operação **read** ou **take** for *NULL*, não é possível efetuar o hash; portanto, de maneira abrangente é necessária uma busca completa no subespaço. Entretanto, muitas vezes a procura pode ser evitada ao se escolher com cuidado o campo no qual efetuar o hash.

Otimizações adicionais também são usadas. Por exemplo, o esquema de hash que acabamos de descrever distribui as tuplas de um subespaço dado em sacolas para restringir a busca a uma única sacola. É possível colocar sacolas diferentes em máquinas diferentes, tanto para distribuir mais amplamente a carga, como também para aproveitar a vantagem da localidade. Se a função de hash for o tipo do identificador vezes o número de máquinas em valor absoluto, o número de sacolas aumenta proporcionalmente ao tamanho do sistema [veja também Bjornson (1993)].

Em uma rede de computadores, a melhor escolha depende da arquitetura de comunicação. Se broadcast confiável estiver disponível, uma candidata séria é replicar todos os subespaços na íntegra em todas as máquinas, como mostra a Figura 13.10. Quando uma **write** é concluída, a

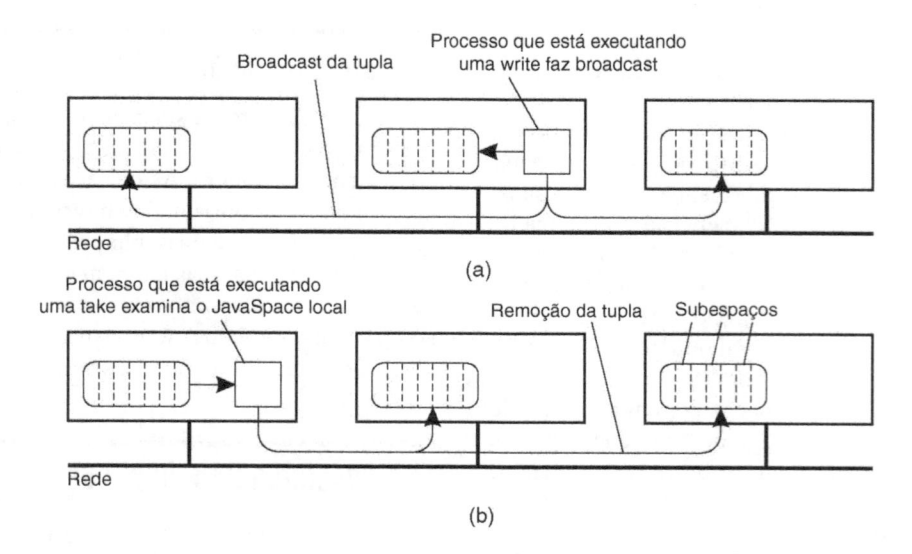

Figura 13-10 Um JavaSpace pode ser replicado em todas as máquinas. As linhas tracejadas mostram a partição do JavaSpace em subespaços. (a) Tuplas são enviadas em broadcast em **write**. (b) **read** s são locais, mas a remoção de uma instância ao chamar **take** deve ser enviada em broadcast.

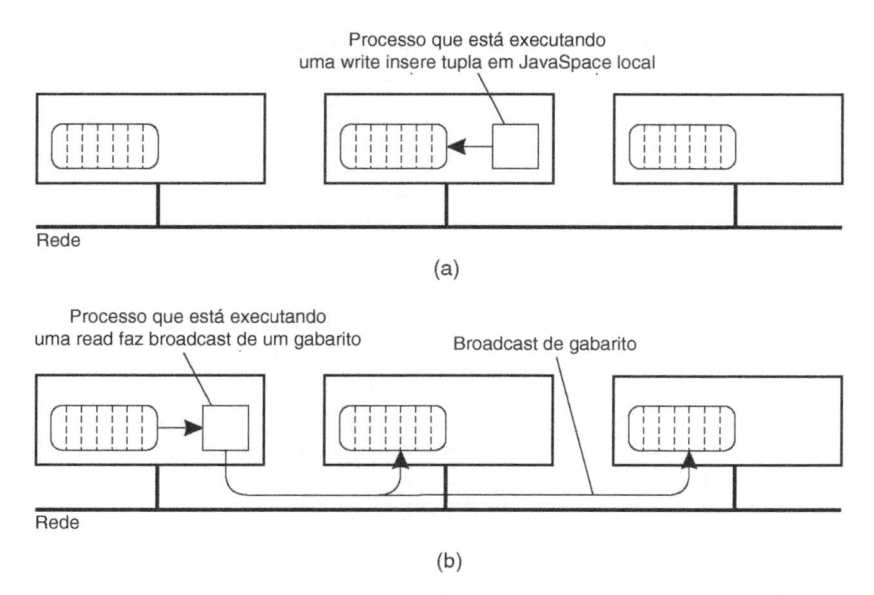

Figura 13.11 JavaSpace não replicado. (a) Uma **write** é executada localmente. (b) Uma **read** ou uma **take** requer que a tupla de gabarito seja enviada em broadcast de modo a achar uma instância da tupla que combine.

nova instância da tupla é enviada em broadcast e colocada no subespaço adequado em cada máquina. Para fazer uma operação read ou take, o subespaço local é pesquisado. Todavia, uma vez que a conclusão bem-sucedida de uma take requer a remoção da instância da tupla do JavaSpace, é preciso um protocolo para removê-la de todas as máquinas. Para evitar condições de disputa e deadlocks, pode-se usar um protocolo de comprometimento de duas fases.

Esse projeto é direto, mas a escalabilidade pode não ser boa à medida que o sistema crescer em número de instâncias de tupla e tamanho da rede. Por exemplo, o custo de implementar esse esquema em uma rede de longa distância é proibitivo.

O projeto inverso é fazer writes localmente, armazenando a instância da tupla somente na máquina que a gerou, como mostra a Figura 13.11. Para fazer uma read ou uma take, um processo deve enviar a tupla de gabarito em broadcast. Então, cada receptor faz uma comparação para ver se tem uma instância da tupla que combine e, se tiver, retorna uma resposta.

Se a instância da tupla não estiver presente, ou se o broadcast não for recebido na máquina que retém a tupla, a máquina requisitante retransmite a requisição em broadcast *ad infinitum*, aumentando o intervalo entre broadcasts até que uma instância da tupla adequada se materialize e a requisição possa ser atendida. Se forem enviadas duas ou mais tuplas, elas são tratadas como writes locais, e as instâncias são efetivamente movidas das máquinas que as tinham para a que está fazendo a requisição. Na verdade, o sistema de execução pode até mover tuplas de um lado para outro por conta própria para equilibrar a carga. Carriero e Gelernter (1986) usaram esse método para implementar o espaço de tuplas do Linda em uma LAN.

Esses dois métodos podem ser combinados para produzir um sistema com replicação parcial. Como um exemplo simples, imagine que todas as máquinas formam uma grade retangular lógica, como mostra a Figura 13.12. Quando um processo em uma máquina *A* quiser fazer uma write, envia a tupla em broadcast (ou a envia por mensagem ponto-a-ponto) para todas as máquinas que estão em sua linha da grade. Quando um processo em uma máquina *B* quer fazer uma read ou uma take em uma instância da tupla, ele transmite a tupla de gabarito em broadcast a todas as máquinas que estão em sua coluna. Devido à geometria, sempre haverá exatamente uma máquina que vê ambas, a instância da tupla e a tupla de gabarito (*C* neste exemplo), e essa máquina faz a associação e envia a instância da tupla ao processo que a está requisitando. Essa abordagem é semelhante a usar replicação baseada em quórum, como discutimos no Capítulo 7.

As implementações que discutimos até aqui apresentam sérios problemas de escalabilidade causados pelo fato de ser necessário multicast para inserir uma tupla em um espaço de tuplas ou para remover uma tupla. Não existem implementações de espaços de tuplas para redes de longa distância. Na melhor das hipóteses, espaços de tuplas *diferentes* podem coexistir em um único sistema, no qual cada espaço de tuplas em si é implementado em um único servidor ou em uma rede local. Essa abordagem é usada, por exemplo, em PageSpaces (Ciancarini et al., 1998) e WCL (Rowstron e Wray, 1998). Em WCL, cada servidor de espaço de tuplas é responsável por um espaço de tuplas inteiro. Em outras palavras, um processo sempre será direcionado exatamente a um servidor. Todavia, é possível migrar um espaço de tuplas para um servidor diferente para aprimorar o desempenho. Como desenvolver uma implementação eficiente de espaços de tuplas em redes de longa distância ainda é uma questão em aberto.

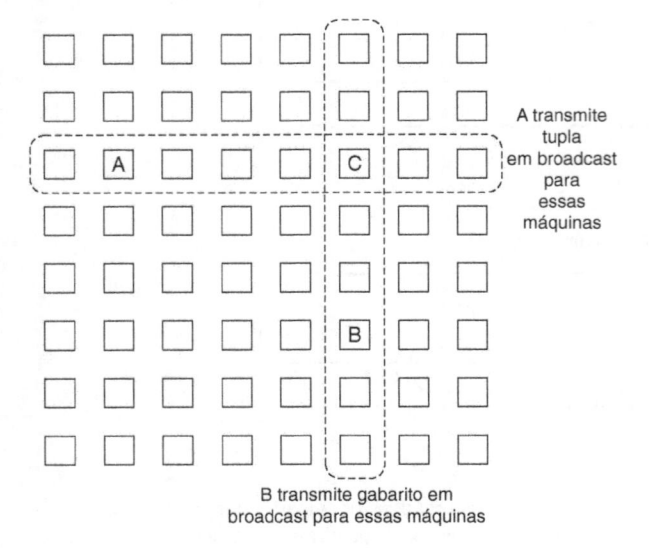

Figura 13.12 Broadcast parcial de tuplas e tuplas de gabarito.

13.7.2 Replicação dinâmica

De modo geral, a replicação em sistemas baseados em coordenação tem se restringido a políticas estáticas para aplicações paralelas como as que acabamos de discutir. Em aplicações comerciais também vemos esquemas relativamente simples nos quais espaços de dados inteiros, ou partes de um conjunto de dados que, quanto ao mais, são predefinidas estaticamente, estão sujeitos a uma única política (GigaSpaces, 2005). Inspirados pela replicação de fina granularidade de documentos Web em Globule, também é possível conseguir melhorias de desempenho quando se diferencia replicação entre as diferentes espécies de dados armazenados em um espaço de dados. Essa diferenciação é suportada por GSpace, que discutiremos brevemente nesta seção.

Visão geral do GSpace

GSpace é um sistema distribuído baseado em coordenação construído com base no JavaSpaces (Russello et al., 2004; 2006). A distribuição e a replicação de tuplas em GSpace são feitas por duas razões diferentes: melhorar desempenho e melhorar disponibilidade. Um elemento fundamental nessa abordagem é a separação de interesses: tuplas que precisam ser replicadas para disponibilidade talvez tenham de seguir uma estratégia diferente das tuplas para as quais o que está em jogo é o desempenho. Por essa razão, a arquitetura do GSpace foi estabelecida para suportar uma variedade de regras de replicação de modo que tuplas diferentes possam seguir regras diferentes.

O funcionamento principal é relativamente simples. A toda aplicação é oferecida uma interface com umas operações **read**, **write** e **take** semelhante à oferecida por JavaSpaces. Contudo, cada chamada é apanhada por um manipulador local de invocações que consulta a regra que deve ser seguida para a chamada específica. Uma regra é selecionada com base no tipo e conteúdo da tupla/gabarito que é transmitido como parte da chamada. Toda regra é identificada por um gabarito, semelhante ao modo como esses gabaritos são usados para selecionar tuplas em outros espaços de dados compartilhados baseados em Java, como já discutimos antes.

O resultado dessa seleção é uma referência a um gerenciador de distribuição que implementa a mesma interface mas, agora, de acordo com uma regra de replicação específica. Por exemplo, se foi implementada uma regra mestre/escravo, uma operação **read** pode ser implementada pela leitura imediata de uma tupla do espaço de dados disponível no local. Da mesma maneira, uma operação **write** pode requerer que o gerenciador de distribuição repasse a atualização para o nó mestre e espere um reconhecimento antes de realizar a operação localmente.

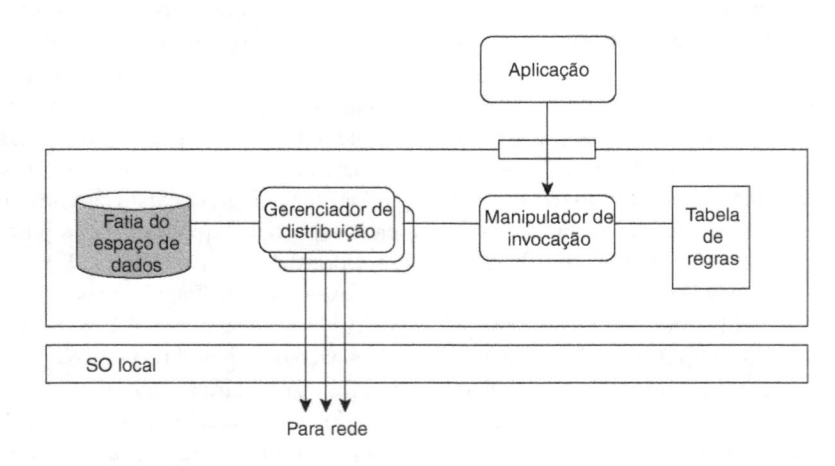

Figura 13.13 Organização interna de um núcleo GSpace.

Por fim, todo núcleo GSpace tem um espaço de dados local, denominado fatia, que é implementado como uma versão totalmente desenvolvida, não distribuída, de JavaSpaces.

Nessa arquitetura (da qual alguns componentes não são mostrados por questão de clareza), descritores de regras podem ser adicionados em tempo de execução e, da mesma maneira, gerentes de distribuição também podem ser trocados. Essa montagem permite um ajuste de granularidade fina da distribuição e replicação de tuplas, e, como é mostrado em Russello et al. (2004), esse ajuste fino permite desempenho muito melhor do que o que se pode conseguir com qualquer estratégia global, fixa, que seja aplicada a todas as tuplas em um espaço de dados.

Replicação adaptativa

Contudo, o aspecto mais importante de sistemas como o GSpace é que o gerenciamento de replicação é automatizado. Em outras palavras, em vez de deixar que o desenvolvedor de aplicação descubra qual é a melhor combinação de regras, é melhor permitir que o sistema monitore padrões de acesso e comportamentos, e, na seqüência, adote regras conforme necessário.

Para cumprir essa finalidade, o GSpace segue a mesma abordagem que o Globule: mede continuamente largura de banda de rede consumida, latência e utilização de memória e, dependendo de qual dessas métricas é considerada a mais importante, posiciona tuplas em diferentes nós, além de escolher o modo mais adequado para manter a consistência entre as réplicas. A avaliação de qual regra é a melhor para uma dada tupla é feita por meio de um coordenador central que simplesmente colhe informações dos nós que constituem o sistema GSpace.

Um aspecto interessante é que, de tempos em tempos, pode ser necessário mudar de uma regra de replicação para outra. Há vários modos pelos quais tal transição pode ocorrer. Como o GSpace visa a separar mecanismos de regras da melhor maneira possível, ele também pode manipular diferentes **regras de transição**. O caso padrão é congelar temporariamente todas as operações para um tipo específico de tupla, remover todas as réplicas e reinserir a tupla no espaço de dados compartilhado, porém, agora, seguindo a regra de replicação recém-selecionada. Todavia, dependendo da nova regra de replicação, talvez seja possível um modo diferente (e mais barato) de fazer a transição. Por exemplo, ao passar de nenhuma replicação para replicação mestre/escravo, uma abordagem poderia ser efetuar cópia lenta de tuplas para os escravos quando eles são acessados pela primeira vez.

13.8 Tolerância a Falha

Quando consideramos que a tolerância a falha é fundamental para qualquer sistema distribuído, de certa forma é surpreendente como é dada relativamente pouca atenção à tolerância a falha em sistemas baseados em coordenação, incluindo sistemas básicos publicar/subscrever, bem como os que suportam comunicação geradora. Na maioria dos casos, a atenção se volta para a garantia de confiabilidade eficiente da entrega de dados que, em essência, se resume a garantir comunicação confiável. Quando se espera que o middleware também armazene itens de dados, como é o caso da comunicação geradora, é dada certa atenção ao armazenamento confiável. Vamos examinar mais de perto esses dois casos.

13.8.1 Comunicação publicar/subscrever confiável

Em sistemas baseados em coordenação nos quais itens de dados publicados são comparados apenas com subscritores vivos, a comunicação confiável desempenha um papel crucial. Nesse caso, na maioria das vezes a tolerância a falha é implementada por meio da implementação de sistemas multicast confiáveis subjacentes ao software publicar/subscrever propriamente dito. De modo geral, há várias questões contempladas. A primeira é que, independentemente do modo como ocorre o roteamento baseado em conteúdo, um canal multicast confiável é estabelecido. A segunda é que é preciso manipular a tolerância a falha de processo. Vamos ver como esses assuntos são tratados em TIB/Rendezvous

Exemplo: Tolerância a falha em TIB/Rendezvous

TIB/Rendezvous considera que as capacidades de comunicação da rede subjacente são inerentemente não confiáveis. Para compensar essa falta de confiabilidade, sempre que um daemon de encontro publica uma mensagem para outros daemons, manterá aquela mensagem por, no mínimo, 60 segundos. Ao publicar uma mensagem, um daemon anexa um número de seqüência (independente de assunto) àquela mensagem. Um daemon receptor pode detectar que está faltando uma mensagem ao examinar os números de seqüência (lembre-se de que as mensagens são entregues a todos os daemons). Quando uma mensagem estiver faltando, o daemon publicador é requisitado a retransmitir a mensagem.

Ainda assim, essa forma de comunicação confiável não pode impedir que mensagens sejam perdidas. Por exemplo, se um daemon receptor requisitar a retransmissão de uma mensagem que foi publicada há mais de 60 segundos, o daemon publicador geralmente não poderá ajudar a recuperar essa mensagem perdida. Sob circunstâncias normais, as aplicações de publicação e subscrição serão notificadas de que ocorreu um erro de comunicação. Então, a manipulação de erros fica a cargo das aplicações.

Grande parte da confiabilidade da comunicação em TIB/Rendezvous é baseada na confiabilidade oferecida pela rede subjacente. O TIB/Rendezvous também oferece multicast confiável usando multicast IP (não confiável) como seu meio de comunicação subjacente. O esquema seguido em TIB/Rendezvous é um protocolo de multicast de camada de transporte conhecido como **multicast geral pragmático** (Pragmatic General Multicast — **PGM**), que é descrito em Speakman et al. (2001) e que discutiremos um pouco a seguir.

O PGM não fornece garantias firmes de que, quando uma mensagem é transmitida em multicast, em um dado instante ela será entregue a cada receptor. A Figura 13.14(a) mostra uma situação na qual uma mensagem foi enviada em multicast ao longo de uma árvore, mas não foi entregue a dois receptores. O PGM depende de os receptores detectarem que estão faltando mensagens para as quais eles enviarão uma requisição de retransmissão – isto é, um NAK – ao remetente. Essa requisição é enviada ao longo do caminho inverso na árvore multicast com raiz no remetente, como mostra a Figura 13.14(b). Sempre que uma requisição de retransmissão chegar a um nó intermediário, é possível que esse nó tenha a mensagem requisitada em cache, quando então manipulará a retransmissão. Caso contrário, o nó simplesmente repassa o NAK para o próximo nó, na direção do remetente. Em última instância, o remetente é responsável por retransmitir a mensagem.

O PGM adota várias medidas para fornecer uma solução escalável para multicast confiável. A primeira é que, se um nó intermediário receber várias requisições de retransmissão para exatamente a mesma mensagem, só uma requisição de retransmissão é repassada na direção do remetente. Desse modo, é feita uma tentativa para assegurar que só um único NAK chegue ao remetente para assim evitar uma implosão de realimentação. Já encontramos esse problema no Capítulo 8 quando discutimos questões de escalabilidade em multicast confiável.

Uma segunda medida tomada pelo PGM é lembrar o caminho que um NAK percorre dos receptores até o remetente, como é mostrado na Figura 13.14(c). Quando, por fim, o remetente retransmite a mensagem requisitada, o PGM cuida para que a mensagem seja transmitida em multicast somente para os receptores que tinham solicitado a retransmissão. Por isso, receptores para os quais a mensagem tinha sido entregue não são incomodados por retransmissões para as quais não têm utilidade.

Além do esquema básico de confiabilidade e do multicast confiável por PGM, o TIB/Rendezvous fornece confiabilidade extra por meio de **entrega certificada de mensagem**. Nesse caso, um processo usa um canal especial de comunicação para enviar ou receber mensagens. O canal tem um recurso associado, denominado **registro mestre**, para monitorar mensagens certificadas enviadas e recebidas. Um processo que quer receber mensagens certificadas se registra no remetente de tais mensagens. Na verdade, o registro permite que o canal manipule mais outras questões de confiabilidade para as quais os daemons de encontro não dão nenhum suporte. Muitas dessas questões ficam ocultas das aplicações e são manipuladas pela implementação do canal.

Quando um registro mestre é implementado como arquivo, torna-se possível fornecer entrega confiável de mensagens mesmo na presença de falhas de processos. Por exemplo, quando um processo receptor cai, todas as mensagens que ele deixou de receber até se recuperar novamente são armazenadas no registro mestre de um remetente. Quando da recuperação, o receptor apenas contata o registro mestre e requisita a retransmissão das mensagens que deixou de receber.

Para possibilitar o mascaramento de falhas de processos, o TIB/Rendezvous fornece um meio simples de ativar ou desativar processos automaticamente. Nesse contexto, um processo ativo normalmente responde a todas as mensagens que chegam, enquanto um inativo, não. Um processo inativo é um processo em funcionamento que só pode manipular eventos especiais, como explicaremos em breve.

Processos podem ser organizados em um grupo, sendo que cada um desses processos tem uma única categoria associada. A categoria de um processo é determinada por seu peso (designado manualmente), mas dois processos no mesmo grupo não podem ter a mesma categoria. O TIB/Rendezvous tentará ter um número de processos ativos

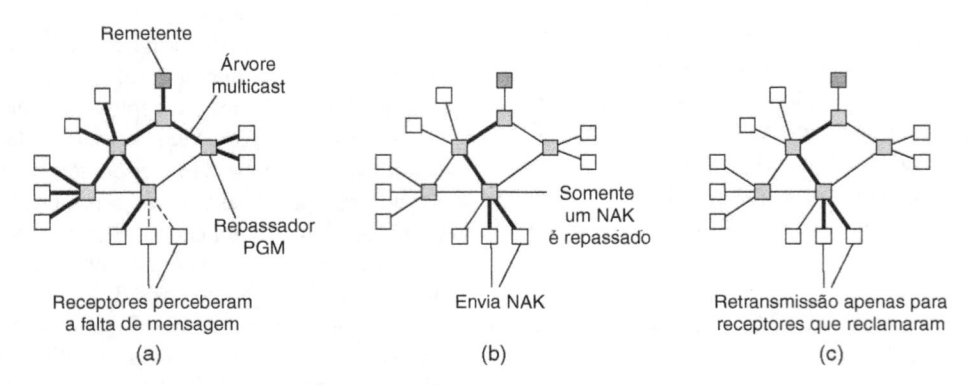

Figura 13.14 Princípio do PGM. (a) Uma mensagem é enviada ao longo de uma árvore multicast.
(b) Um repassador passará somente um único NAK para cada mensagem.
(c) Uma mensagem é retransmitida somente para os receptores que a solicitaram.

específico de cada grupo, denominado **meta ativa** do grupo. Em muitos casos, a meta ativa é definida como um, de modo que toda a comunicação com um grupo se reduz a um protocolo baseado em primários, como discutimos no Capítulo 7.

Um processo ativo envia uma mensagem periodicamente a todos os outros membros do grupo para anunciar que ainda está presente e em funcionamento. Sempre que tal **mensagem de presença** estiver faltando, o middleware ativará automaticamente o processo de categoria mais alta que esteja inativo no momento em questão. A ativação é realizada por uma chamada de retorno a uma operação action, que, se espera, cada membro do grupo implemente. Da mesma maneira, quando um processo que já estava fora do ar se recupera novamente e se torna ativo, o processo ativo de categoria mais baixa no momento considerado será automaticamente desativado.

Para manter consistência com processos ativos, é preciso que um processo inativo tome providências especiais antes de se tornar ativo. Uma abordagem simples é deixar que um processo inativo subscreva as mesmas mensagens que qualquer outro membro do grupo. Uma mensagem que chega é processada como sempre, mas nenhuma reação jamais será publicada. Observe que esse esquema é parecido com replicação ativa.

13.8.2 Tolerância a falha em espaços de dados compartilhados

Quando se trata de comunicação geradora, as coisas ficam mais complicadas. Como também observado em Tolksdorf e Rowstron (2000), tão logo seja preciso incorporar tolerância a falha em espaços de dados compartilhados, as soluções costumam se tornar tão ineficientes que só implementações centralizadas são viáveis. Nesses casos, são aplicadas soluções tradicionais, em particular a utilização de um servidor central apoiado pela utilização de um protocolo simples de primário e backup combinado com ponto de verificação.

Uma alternativa é oferecer replicação de modo mais agressivo pela colocação de cópias de itens de dados em várias máquinas. Essa abordagem foi adotada em GSpace oferecendo, em essência, os mesmos mecanismos que ele usa para melhorar desempenho por meio de replicação. Para cumprir essa finalidade, cada nó calcula sua disponibilidade, que então é utilizada para calcular a disponibilidade de um único item de dados (replicado) (Russello et al., 2006).

Para calcular sua disponibilidade, um nó escreve periodicamente uma marca de tempo no armazenamento persistente, o que lhe permite calcular o tempo em que esteve em funcionamento e o tempo em que não esteve em funcionamento. Em termos mais exatos, a disponibilidade é calculada em termos do **tempo médio de falha** (mean time to failure — MTTF) e do **tempo médio de raparo** (mean time to repair — MTTR):

$$Disponibilidade\ de\ nó = \frac{MTTF}{MTTF + MTTR}$$

Para calcular *MTTF* e *MTTR*, um nó simplesmente examina as marcas de tempo registradas, como mostra a Figura 13.15. Isso lhe permitirá calcular as médias para o tempo entre falhas, o que leva a uma disponibilidade de:

Disponibilidade de nó =

$$\frac{\sum_{k=1}^{n}(T_k^{início} - T_{k-1}^{final})}{\sum_{k=1}^{n}(T_k^{início} - T_{k-1}^{final}) + \sum_{k=1}^{n}(T_k^{final} - T_k^{início})}$$

Observe que é necessário registrar marcas de tempo periodicamente e que $T_k^{início}$ só pode ser tomado como uma melhor estimativa de quando ocorreu uma queda. Contudo, a disponibilidade assim calculada será pessimista, porque o instante propriamente dito em que um nó caiu pela K-*ésima* vez será um pouco depois do que $T_k^{início}$. Além disso, em vez de tomar médias desde o início, também é possível levar em conta apenas as últimas *N* quedas.

Em GSpace, cada tipo de item de dados tem um nó primário associado que é responsável por calcular a disponibilidade desse tipo. Dado que um item de dados é replicado em *m* nós, sua disponibilidade é calculada considerando a disponibilidade a_i de cada um dos *m* nós, o que resulta em:

$$Disponibilidade\ de\ item\ de\ dados = 1 - \prod_{k=1}^{m}(1 - a_i)$$

Levando em conta tão-somente a disponibilidade de um item de dados, bem como a de todos os nós, o primá-

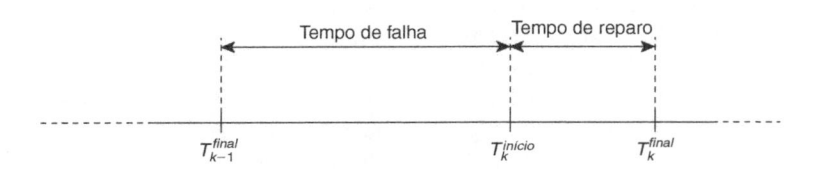

Figura 13.15 Linha temporal de um nó que está sofrendo falhas.

rio pode calcular um posicionamento ótimo para um item de dados que satisfará os seus requisitos de disponibilidade. Além disso, ele também pode levar em conta outros fatores, como utilização de largura de banda e cargas de CPU. Observe que o posicionamento pode mudar ao longo do tempo se esses fatores variarem.

13.9 Segurança

Segurança em sistemas baseados em coordenação propõe um difícil problema. Por um lado, afirmamos que processos devem ser desacoplados referencialmente mas, por outro, também devemos assegurar a integridade e a confidencialidade dos dados. Essa segurança é normalmente implementada por meio de canais (multicast) seguros que efetivamente requerem que remetentes e receptores possam autenticar uns aos outros. Tal autenticação viola o desacoplamento referencial.

Há várias abordagens para resolver esse problema. Uma abordagem comum é estabelecer uma rede de agentes que manipulam o processamento de dados e subscrições. Então, processos cliente contatarão os agentes que, em seguida, vão se encarregar da autenticação e da autorização. Observe que tal abordagem requer que os clientes confiem nos agentes. Todavia, como veremos mais adiante, se um cliente diferenciar entre tipos de agentes, não é necessário que tenha de confiar em *todos* os agentes abrangidos pelo sistema.

Pela natureza da coordenação de dados, autorização se traduz naturalmente em questões de confidencialidade. Agora, examinaremos mais de perto essas questões, segundo a discussão apresentada em Wang et al. (2002).

13.9.1 Confidencialidade

Uma diferença importante entre muitos sistemas distribuídos e os baseados em coordenação é que, para proporcionar eficiência, o middleware precisa inspecionar o conteúdo de dados publicados. Caso não possa fazer isso, o middleware só poderá, em essência, enviar os dados para todos os subscritores potenciais. Isso propõe o problema de **confidencialidade de informação**, que se refere ao fato de, às vezes, ser importante desautorizar o middleware a inspecionar dados publicados. Esse problema pode ser contornado por meio de criptografia fim-a-fim; o substrato de roteamento vê apenas os endereços da fonte e do destinatário.

Se os itens de dados publicados forem estruturados no sentido de que todo item contém vários campos, é possível oferecer sigilo parcial. Por exemplo, pode ser que dados referentes a imóveis precisem ser despachados entre agentes do mesmo escritório que tem filiais em lugares diferentes, mas sem revelar o exato endereço da propriedade em questão. Para permitir roteamento baseado em conteúdo, o campo de endereço poderia ser criptografado, enquanto a descrição da propriedade poderia ser publicada em texto aberto. Para cumprir essa finalidade, Khurana e Koleva (2006) propõem usar um esquema de criptografia por campo, como apresentado em Bertino e Ferrari (2002). Nesse caso, os agentes que pertencem à mesma filial compartilhariam a chave secreta para decifrar o campo de endereço. Certamente isso viola o desacoplamento referencial, porém mais adiante discutiremos um solução potencial para esse problema.

Mais problemático é o caso em que nenhum dos campos pode ser revelado ao middleware em texto aberto. A única solução que resta é que o roteamento baseado em conteúdo ocorra com os dados criptografados. Como os repassadores só conseguem ver dados criptografados, possivelmente por campo, as subscrições precisarão ser codificadas de modo tal que possa ocorrer uma combinção parcial. Observe que uma combinação parcial é a base que um repassador usa para decidir para qual enlace um item de dados publicado deve ser transmitido.

Esse problema se aproxima muito de consulta e pesquisa em dados criptografados, algo que é claramente quase impossível de conseguir. Ocorre que se sabe que é muito difícil manter alto grau de sigilo e, ao mesmo tempo, oferecer desempenho razoável (Kantarcioglu e Clifton, 2005). Um dos problemas é que, se for usada criptografia por campo, fica muito mais fácil descobrir do que tratam os dados.

Ter de trabalhar com dados criptografados também levanta a questão da **confidencialidade de subscrição**, que se refere ao fato de as subscrições também não poderem ser reveladas ao middleware. No caso de esquemas de endereçamento baseados em assunto, uma solução é simplesmente usar criptografia por campo e aplicar comparação em uma base estritamente campo por campo. Pode-se conseguir comparação parcial no caso de palavras-chave compostas, que podem ser representadas como conjuntos criptografados de seus constituintes. Portanto, um subscritor enviaria formulários criptografados de tais constituintes e deixaria que os repassadores verificassem a associação ao conjunto, como também sugerido por Raiciu e Rosenblum (2005). Ocorre que é possível até mesmo realizar consultas por faixas, contanto que se consiga projetar um esquema para representar intervalos. Uma solução potencial é discutida em Li et al. (2004a).

Por fim, a **confidencialidade de publicação** também é uma questão. Nesse caso, estamos nos referindo aos mecanismos de controle de acesso mais tradicionais nos quais certos processos não devem nem ao menos ter permissão de ver certas mensagens. Nesses casos, pode ser que os publicadores queiram restringir explicitamente o grupo de possíveis subscritores. Em muitos casos, esse controle pode ser exercido fora da banda no nível das aplicações publicadoras e subscritoras. Contudo, talvez seja conveniente que o middleware ofereça uma serviço para manipular tal controle de acesso.

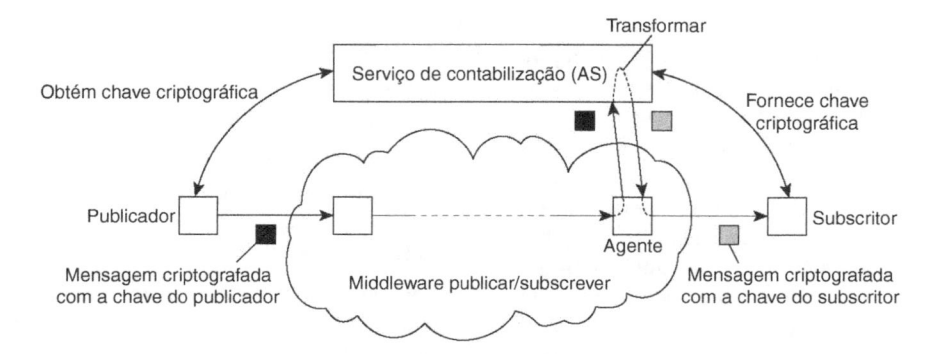

Figura 13.16 Desacoplamento de publicadores e subscritores com utilização de serviço adicional de confiança.

Desacoplamento de publicadores e subscritores

Se for necessário proteger dados e subscrições contra o middleware, Khurana e Koleva (2006) propõem utilizar um serviço especial de contabilização (Accounting Service — AS) que, em essência, está localizado entre clientes (publicadores e subscritores) e o middleware publicar/subscrever propriamente dito. A idéia básica é desacoplar publicadores de subscritores enquanto se continua fornecendo confidencialidade de informação. No esquema desses autores, os subscritores registram seu interesse em itens de dados específicos que, na seqüência, são roteados como sempre. Considera-se que os itens de dados contêm campos que foram criptografados. Para permitir decifração, tão logo uma mensagem tenha de ser entregue a um subscritor, o repassador a passará para o serviço de contabilização onde ela é *transformada* em uma mensagem que só o subscritor pode decifrar. Esse esquema é mostrado na Figura 13.16.

Um publicador se registra em qualquer nó da rede publicar/subscrever, isto é, em um agente. Este repassa a informação de registro para o serviço de contabilização que então gera uma chave pública para ser usada pelo publicador, e que é assinada pelo AS. É claro que o AS mantém a chave privada associada só para si. Quando um subscritor se registra, fornece uma chave criptográfica que é repassada pelo agente. É necessário passar por uma fase separada de autenticação para garantir que somente os subscritores legítimos se registrem. Por exemplo, de modo geral os agentes não devem ter permissão de subscrever dados publicados.

Ignorando muitos detalhes, quando um item de dados é publicado, seus campos críticos terão sido criptografados pelo publicador. Quando o item de dados chega a um agente que deseja passá-lo adiante para um subscritor, o primeiro requisita que o AS transforme a mensagem em primeiro lugar decifrando-a e, em seguida, criptografando-a com a chave fornecida pelo subscritor. Desse modo, os agentes jamais tomarão conhecimento do conteúdo que deve ser mantido em sigilo e, ao mesmo tempo, os publicadores e subscritores não precisarão compartilhar informações sobre chaves.

É certo que seja crucial que o serviço de contabilização em si seja escalável. Há várias providências que podem ser tomadas, mas uma abordagem razoável é introduzir domínios, semelhante ao que o Kerberos faz. Nesse caso, pode ser que mensagens em transmissão precisem ser transformadas criptografando-as mais uma vez com uso de chave pública de um serviço de contabilização externo. Se o leitor interessado quiser detalhes, pode consultar Khurana e Koleva, 2006.

13.9.2 Espaços de dados compartilhados seguros

Quando se trata de segurança de espaços de dados compartilhados, pouquíssima coisa foi feita. Uma abordagem comum é simplesmente criptografar os campos de itens de dados e permitir que a comparação ocorra somente quando a criptografia for bem-sucedida e o conteúdo combinar com a subscrição. Essa abordagem é descrita em Vitek et al. (2003). Um dos maiores problemas dessa abordagem é que as chaves talvez precisem ser compartilhadas entre publicadores e subscritores ou que subscritores autorizados tenham de tomar conhecimento das chaves criptográficas dos publicadores.

É claro que, se o espaço de dados compartilhado for de confiança — isto é, os processos que implementam o espaço de dados tiverem permissão de ver o conteúdo das tuplas —, as coisas ficam muito mais simples. Considerando que grande parte das implementações usa somente um único servidor, estender esse servidor com mecanismos de autenticação e autorização costuma ser a abordagem adotada na prática.

13.10 Resumo

Sistemas distribuídos baseados em coordenação desempenham um papel importante na construção de aplicações distribuídas. Grande parte desses sistemas focaliza desacoplamento referencial de processos, o que significa que os processos não precisam referenciar explicitamente uns aos outros para ocorrer a comunicação. Além disso, também é possível fornecer desacoplamento temporal pelo qual processos não têm de coexistir para se comunicar.

Um importante grupo de sistemas baseados em coordenação é formado pelos sistemas que seguem o paradigma publicar/subscrever, como é feito no TIB/Rendezvous. Nesse modelo, as mensagens não transportam o(s) endereço(s) de seu(s) receptor(es), mas são endereçadas por um assunto. Processos que desejam receber mensagens devem subscrever um assunto específico; o middleware se encarregará de rotear as mensagens dos publicadores aos subscritores.

Mais sofisticados são os sistemas nos quais subscritores podem formular predicados sobre os atributos de itens de dados publicados. Nesses casos, estamos lidando com sistemas publicar/subscrever baseados em conteúdo. Por questão de eficiência, é importante que os repassadores possam instalar filtros de modo que os dados publicados sejam repassados somente pelos enlaces de saída para os quais sabe-se que há subscritores.

Um outro grupo de sistemas baseados em coordenação usa comunicação geradora, que ocorre por meio de um espaço compartilhado de dados de tuplas. Uma tupla é uma estrutura de dados tipada semelhante a um registro. Para ler uma tupla de um espaço de tuplas, um processo especifica o que está procurando fornecendo uma tupla de gabarito. Portanto, uma tupla que combine com esse gabarito é selecionada e retornada ao processo requisitante. Se não for possível encontrar nenhuma tupla que combine, o processo bloqueia.

Sistemas baseados em coordenação são diferentes de muitos outros sistemas distribuídos no sentido de que se concentram completamente em proporcionar um modo conveniente para os processos se comunicarem sem tomar conhecimento uns dos outros antecipadamente. Além disso, a comunicação pode continuar de um modo anônimo. A principal vantagem dessa abordagem é a flexibilidade, porque fica mais fácil ampliar ou mudar um sistema enquanto ele continua em funcionamento.

Os princípios de sistemas distribuídos, como discutido na primeira parte deste livro, aplicam-se igualmente bem a sistemas baseados em coordenação, embora cache e replicação desempenhem um papel menos proeminente nas implementações atuais. Além disso, a nomeação guarda forte relação com busca baseada em atributos como implementada por serviços de diretório. A oferta de segurança é problemática porque, em essência, viola o desacoplamento entre publicadores e subscritores. Os problemas se blindado ainda mais quando o middleware tem de ser blindado do conteúdo de dados publicados, o que torna ainda mais difícil fornecer soluções eficientes.

Problemas

1. Em que tipo de modelo de coordenação você classificaria os sistemas de enfileiramento de mensagens discutidos no Capítulo 4?
2. Esboce uma implementação de um sistema publicar/subscrever baseado em sistema de enfileiramento de mensagens como o do WebSphere da IBM.
3. Explique por que sistemas descentralizados baseados em coordenação têm problemas inerentes de escalabilidade.
4. Para o que um nome de assunto em TIB/Rendezvous é realmente resolvido e como ocorre essa resolução?
5. Esquematize uma implementação simples para entrega de mensagens totalmente ordenada em um sistema TIB/Rendezvous.
6. Em roteamento baseado em conteúdo tal como usado no sistema Siena, que descrevemos no texto, poderemos encontrar um sério problema de gerenciamento. Qual é esse problema?
7. Considere que um processo é replicado em um sistema TIB/Rendezvous. Dê duas soluções para evitar que mensagens desse processo replicado sejam publicadas mais de uma vez.
8. Até que ponto precisamos de multicast totalmente ordenado quando processos são replicados em um sistema TIB/Rendezvous?
9. Descreva um esquema simples para PGM que permita aos receptores detectarem que estão faltando mensagens, mesmo que seja a última de uma série.
10. Como um modelo de coordenação baseado em comunicação geradora poderia ser implementado em TIB/Rendezvous?
11. Um período de leasing em Jini é sempre especificado como duração e não como um horário absoluto no qual o leasing expira. Por quê?
12. Quais são os mais importantes problemas de escalabilidade em Jini?
13. Considere uma implementação distribuída de um JavaSpace no qual as tuplas sejam replicadas por várias máquinas. Dê um protocolo para remover uma tupla de modo a evitar condições de disputa quando dois processos tentam remover a mesma tupla.
14. Suponha que uma transação T em Jini requeira uma trava em um objeto que está travado no momento em questão por uma outra transação T'. Explique o que acontece.
15. Suponha que um cliente Jini coloca em cache a tupla que obtêve de um JavaSpace de modo a evitar ter de consultar o JavaSpace da próxima vez. Essa cache faz algum sentido?
16. Responda à pergunta anterior, mas agora para o caso em que um cliente armazena os resultados retornados por um serviço de consulta.
17. Esquematize uma implementação simples de um JavaSpace tolerante a falha.
18. Em alguns sistemas publicar/subscrever baseados em assunto, procuram-se soluções seguras com criptografia fim-a-fim entre publicadores e subscritores. Entretanto, essa abordagem pode violar as metas iniciais de projeto de sistemas baseados em coordenação. Como?

14 Sugestões de leitura adicional e bibliografia

Nos 13 capítulos anteriores mencionamos uma variedade de tópicos. A intenção deste capítulo é auxiliar os leitores interessados a prosseguir no estudo de sistemas distribuídos. A Seção 14.1 é uma lista de material de leitura sugerido. A Seção 14.2 é uma bibliografia em ordem alfabética de todos os livros e artigos citados neste livro.

14.1 Sugestões para Leitura Adicional

14.1.1 Introdução e serviços gerais

Coulouris et al., *Distributed Systems — Concepts and Design*

Um bom texto geral sobre sistemas distribuídos. Os assuntos abordados são semelhantes ao material encontrado neste livro, mas organizados de modo completamente diferente. Há muita coisa sobre transações distribuídas, junto com algum material mais antigo sobre sistemas distribuídos de memória compartilhada.

Foster e Kesselman, *The Grid 2: Blueprint for a New Computing Infrastructure*

Esta é a segunda edição de um livro no qual muitos especialistas em grades destacam várias questões referentes à computação em grade em grande escala. O livro aborda todos os tópicos importantes, entre eles muitos exemplos sobre aplicações atuais e futuras.

Neuman, "Scale in Distributed Systems"

Um dos poucos artigos que dá uma visão geral sistemática sobre a questão da escala em sistemas distribuídos. Examina cache, replicação e distribuição como técnica de escalagem de sistemas e apresenta várias regras práticas para aplicar essas técnicas ao projeto de sistemas de grande escala.

Silberschatz et al., *Applied Operating System Concepts*

Livro didático geral sobre sistemas operacionais que inclui material sobre sistemas distribuídos com ênfase em sistemas de arquivos e coordenação distribuída.

Verissimo e Rodrigues, *Distributed Systems for Systems Architects*

Leitura avançada sobre sistemas distribuídos que abrange, basicamente, o mesmo material coberto neste livro. Os autores dão relativamente mais ênfase à tolerância a falha e a sistemas distribuídos em tempo real. Também dão atenção ao gerenciamento de sistemas distribuídos.

Zhao e Guibas, *Wireless Sensor Networks*

Muitos livros sobre redes de sensores (sem fio) descrevem esses sistemas do ponto de vista de rede. Esse livro adota uma perspectiva mais dirigida a sistemas, o que o torna uma leitura atraente para quem está interessado em sistemas distribuídos. O livro dá um bom panorama de redes de sensores sem fio.

14.1.2 Arquiteturas

Babaoglu et al., *Self-star Properties in Complex Information Systems*

Muito já foi dito sobre auto-sistemas, mas nem sempre com o grau de substância que seria de desejar. Esse livro contém uma coletânea de artigos de autores oriundos de vários campos de experiência profissional que consideram como certas características de auto-sistemas estão se infiltrando em modernos sistemas de computação.

Bass et al., *Software Architecture in Practice*

Esse livro de ampla utilização dá uma excelente introdução prática e visão geral sobre arquitetura de software. Embora o foco não se dirija especificamente a sistemas distribuídos, ele oferece uma excelente base para entender os vários modos de organização possíveis para sistemas complexos de software.

Hellerstein et al., *Feedback Control of Computing Systems*

Para leitores com formação matemática, esse livro proporciona um tratamento minucioso sobre o modo como laços de realimentação podem ser aplicados a sistemas de computação (distribuídos). Por isso, dá uma boa base alternativa para grande parte da pesquisa sobre auto-sistemas e sistemas de computação autonômica.

Lua et al., "A Survey and Comparison of Peer-to-Peer Overlay Network Schemes"

Excelente levantamento de modernos sistemas peer-to-peer que abrange redes estruturadas, bem como não estruturadas. Esse artigo dá uma boa introdução para quem quiser se aprofundar no assunto, mas realmente não sabe por onde começar.

Oram, *Peer-to-Peer: Harnessing the Power of Disruptive Technologies*

Esse livro reúne vários artigos sobre a primeira geração de redes peer-to-peer. Abrange vários projetos, bem como questões importantes como segurança, confiabilidade e responsabilidade. Apesar de a tecnologia peer-to-peer ter feito muito progresso, esse livro ainda é valioso para entender muitas das questões básicas que precisavam ser abordadas.

White et al., "An Architectural Approach to Autonomic Computing"

Escrito pelo pessoal técnico que idealizou a idéia da computação autonômica, esse curto artigo dá uma visão geral de alto nível dos requisitos que precisam ser cumpridos em auto-sistemas.

14.1.3 Processos

Andrews, *Foundations of Multithreaded, Parallel, and Distributed Programming*

Se você algum dia precisar de uma introdução completa à programação paralela e a sistemas distribuídos, este é o livro que você procura.

Lewis e Berg, *Multithreaded Programming with Pthreads*

Pthreads formam o padrão Posix para implementar threads para sistemas operacionais e são amplamente suportados por sistemas baseados em Unix. Embora os autores se concentrem em Pthreads, esse livro dá uma boa introdução à programação de threads em geral. Por isso, forma uma sólida base para desenvolver clientes e servidores multithread.

Schmidt et al., *Pattern-Oriented Software Architecture — Patterns for Concurrent and Networked Objects*

Alguns pesquisadores também examinaram padrões comuns de projeto em sistemas distribuídos. Esses padrões podem facilitar o desenvolvimento de sistemas distribuídos porque permitem que os programadores se concentrem mais em questões específicas de sistemas. Neste livro são discutidos padrões de projeto para acesso a serviços, manipulação de eventos, sincronização e concorrência.

Smith e Nair, *Virtual Machines: Versatile Platforms for Systems and Processes*

Esses autores também publicaram uma breve visão geral da virtualização na edição de maio de 2005 de *Computer*, mas esse livro entra em muitos detalhes (muitas vezes complexos) de máquinas virtuais. Como mencionamos no texto, máquinas virtuais estão se tornando cada vez mais importantes para sistemas distribuídos. Esse livro dá uma excelente introdução ao assunto.

Stevens e Rago, *Advanced Programming in the Unix Environment*

Se for para comprar um único volume sobre programação em sistemas Unix, este é o livro a considerar. Como outros livros escritos pelo falecido Richard Stevens, este contém uma profusão de informações detalhadas sobre como desenvolver servidores e outros tipos de programas. Essa segunda edição foi ampliada por Rago, que também é muito conhecido por seus livros sobre tópicos similares.

14.1.4 Comunicação

Birrell e Nelson, "Implementing Remote Procedure Calls"

Artigo clássico sobre projeto e implementação de um dos primeiros sistemas de chamada de procedimento remoto.

Hohpe e Woolf, *Enterprise Integration Patterns*

Como outras publicações sobre padrões de projeto, esse livro proporciona visões gerais de alto nível sobre como construir soluções de troca de mensagens. O livro é um excelente material para quem quiser projetar soluções orientadas a mensagens e abrange uma profusão de padrões que podem ser seguidos durante a fase de projeto.

Peterson e Davie, *Computer Networks, A Systems Approach*

Livro didático alternativo sobre redes de computadores que adota uma abordagem até certo ponto semelhante à deste livro, porque considera vários princípios e como eles se aplicam ao trabalho em redes.

Steinmetz e Nahrstedt, *Multimedia Systems*

Um bom livro didático (embora mal revisado) que abrange muitos aspectos de sistemas (distribuídos) para processamento de multimídia que, juntos, nos dão uma boa introdução ao assunto.

14.1.5 Nomeação

Albitz e Liu, *DNS and Bind*

Bind é uma implementação de um servidor DNS de domínio público e de ampla utilização. Nesse livro são discutidos todos os detalhes para estabelecer um domínio DNS usando Bind. Para isso, fornece grande quantidade de informações práticas sobre o maior serviço distribuído de nomeação atualmente em uso.

Balakrishnan et al., "Looking up Data in P2P Systems"

Boa introdução de fácil leitura para mecanismos de consulta em sistemas peer-to-peer. São dados apenas alguns detalhes sobre o real funcionamento desses mecanismos, mas são um bom ponto de partida para quem quiser ler mais sobre o assunto.

Balakrishnan et al., "A Layered Naming Architecture for the Internet"

Nesse artigo, os autores discutem a combinação de nomeação estruturada com nomeação simples e distinguem três níveis diferentes: 1) nomes amigáveis aos seres humanos os quais devem ser mapeados para identificadores de serviço; 2) identificadores de serviço que devem ser mapeados para identificadores de terminais que identificam um hospedeiro exclusivamente e 3) terminais que devem ser mapeados para endereços de rede. Por certo, nas partes em que só identificadores são usados podemos utilizar convenientemente um sistema baseado em DHT.

Loshin, *Big Book of Lightweight Directory Access Protocol (LDAP) RFCs*

Sistemas baseados em LDAP são amplamente usados em sistemas distribuídos. A fonte definitiva para serviços LDAP são as RFCs publicadas pela IETF. Loshin reuniu todas as relevantes em um único volume, fazendo dele uma fonte abrangente para projetar e implementar serviços LDAP.

Needham, "Names"

Excelente artigo de fácil leitura sobre o papel dos nomes em sistemas distribuídos. É dada ênfase a sistemas de nomeação como discutidos na Seção 5.3, usando o GNS da DEC como exemplo.

Pitoura e Samaras, "Locating Objects in Mobile Computing"

Esse artigo pode ser usado como uma introdução abrangente para serviços de localização. Os autores discutem vários tipos de serviços de localização, entre eles os utilizados em sistemas de telecomunicação. O artigo apresenta uma extensa lista de referências que pode ser usada como ponto de partida para quem quiser ler mais sobre o assunto.

Saltzer, "Naming and Binding Objects"

Embora escrito em 1978 e focalizando sistemas não distribuídos, esse artigo deve ser o ponto de partida para qualquer pesquisa sobre nomeação. O autor oferece um excelente tratamento da relação entre nomes e objetos e, em particular, daquilo que é preciso para resolver um nome para um objeto referenciado. É dada especial atenção ao conceito de mecanismos de fechamento.

14.1.6 Sincronização

Guerraoui e Rodrigues, *Introduction to Reliable Distributed Programming*

Um título um tanto questionável para um livro que se concentra, em grande parte, em algoritmos distribuídos que conseguem confiabilidade. O livro vem acompanhado de software que permite serem testadas na prática muitas das descrições teóricas.

Lynch, *Distributed Algorithms*

Usando uma estrutura única, o livro descreve variados tipos de algoritmos distribuídos. São considerados três modelos diferentes de temporização: modelos síncronos simples, modelos assíncronos sem quaisquer premissas de temporização e modelos parcialmente síncronos, que se aproximam de sistemas reais. Tão logo você se familiarize com a notação teórica, perceberá que esse livro contém muitos algoritmos úteis.

Raynal e Singhal, "Logical Time: Capturing Causality in Distributed Systems"

Esse artigo descreve em termos relativamente simples três tipos de relógios lógicos: tempo escalar (isto é, marcas de tempo de Lamport), tempo vetorial e tempo matricial. Além disso, o artigo descreve várias implementações que foram usadas em diversos sistemas distribuídos práticos e experimentais.

Tel, *Introduction to Distributed Algorithms*

Livro didático alternativo de introdução a algoritmos distribuídos, que se concentra exclusivamente em soluções para sistemas de troca de mensagens. Embora bastante teórico, em muitos casos o leitor pode construir soluções para sistemas reais com bastante facilidade.

14.1.7 Consistência e replicação

Adve e Gharachorloo, "Shared Memory Consistency Models: A Tutorial"

Até recentemente havia muitos grupos desenvolvendo sistemas distribuídos nos quais as memórias dispersas fisicamente eram reunidas em um único espaço virtual de endereços, resultando no que conhecemos como sistemas de memória compartilhada distribuída. Vários modelos de consistência de memória foram projetados para esses sistemas e formam a base para os modelos discutidos no Capítulo 7. Esse artigo oferece uma excelente introdução para esses modelos de consistência de memória.

Gray et al., "The Dangers of Replication and a Solution"

O artigo discute o compromisso entre replicação implementando modelos seqüenciais de consistência (denominada replicação ávida) e replicação preguiçosa. Ambas as formas de replicação são formuladas para transações. O problema da replicação ávida é sua pequena escalabilidade, ao passo que a replicação preguiçosa pode facilmente resultar em conflitos difíceis ou impossíveis de serem resolvidos. Os autores propõem um sistema híbrido.

Saito e Shapiro, "Optimistic Replication"

Esse livro apresenta uma taxonomia de algoritmos de replicação otimista para modelos de consistência fraca. Descreve um modo alternativo de considerar a replicação e seus protocolos de consistência associados. Uma questão interessante é a discussão da escalabilidade de várias soluções. O artigo também inclui um grande número de referências úteis.

Sivasubramanian et al., "Replication for Web Hosting Systems"
Nesse artigo, os autores discutem os muitos aspectos que precisam ser abordados para manipular replicação para sistemas de hospedagem Web, incluindo posicionamento de réplica, protocolos de consistência e roteamento de requisições para a melhor réplica. O artigo também inclui extensiva lista de material relevante.

Wiesmann et al., "Understanding Replication in Databases and Distributed Systems"
Por tradição, sempre houve uma diferença entre lidar com replicação em bancos de dados distribuídos e em sistemas distribuídos de uso geral. Em bancos de dados, a principal razão para a replicação costumava ser melhorar o desempenho. Em sistemas distribuídos de uso geral, a replicação costumava ser feita para melhorar a tolerância a falha. O artigo apresenta uma estrutura que permite uma comparação mais fácil entre soluções para essas duas áreas.

14.1.8 Tolerância a falha

Marcus e Stern, *Blueprints for High Availability*
Há muitas questões que devem ser consideradas no desenvolvimento de sistemas (distribuídos) para alta disponibilidade. Os autores desse livro adotam uma abordagem pragmática e comentam muitas das questões técnicas e não técnicas.

Birman, *Reliable Distributed Systems*
Escrito por uma autoridade na área, esse livro contém uma profusão de informações sobre as armadilhas do desenvolvimento de sistemas distribuídos de alta confiabilidade. O autor dá muitos exemplos do meio acadêmico e do setor industrial para ilustrar o que pode ser feito nesse campo. O livro abrange uma variedade de tópicos, entre eles computação cliente–servidor, serviços Web, sistemas baseados em objetos (Corba) e também sistemas peer-to-peer.

Cristian e Fetzer, "The Timed Asynchronous Distributed System Model".
O artigo discute outro modelo mais realista para sistemas distribuídos que não são os casos síncrono puro e assíncrono puro. Duas premissas importantes adotadas são: os serviços devem ser concluídos dentro de um intervalo de tempo específico e a comunicação é não confiável e sujeita a falhas de desempenho. O artigo demonstra a aplicabilidade desse modelo para capturar propriedades importantes de sistemas distribuídos reais.

Guerraoui e Schiper, "Software-Based Replication for Fault Tolerance"
Visão geral breve e clara sobre como a replicação em sistemas distribuídos pode ser aplicada para melhorar a tolerância a falha. O livro discute replicação com primário e back-up, de bem como replicação ativa, e relaciona replicação à comunicação entre grupos.

Jalote, *Fault Tolerance in Distributed Systems*
Um dos poucos livros didáticos inteiramente dirigidos à tolerância a falha em sistemas distribuídos. O livro abrange broadcast confiável, recuperação, replicação e resiliência de processo. Há um capítulo específico sobre falhas em projetos de software.

14.1.9 Segurança

Anderson, *Security Engineering: A Guide to Building Dependable Distributed Systems*
Um dos poucos livros que são bem-sucedidos em seu propósito de abranger toda a área da segurança. O livro discute questões básicas como senhas, controle de acesso e criptografia. A segurança está fortemente acoplada a domínios de aplicação e é discutida em diversos domínios: sistemas militares, bancários e médicos, entre outros. Por fim, também são discutidos aspectos organizacionais e políticos. Um ótimo ponto de partida para quem quiser ler e pesquisar mais sobre o assunto.

Bishop, *Computer Security: Art and Science*
Embora esse livro não seja escrito especificamente para sistemas distribuídos, contém uma profusão de informações sobre questões gerais para a segurança de computadores, incluindo muitos dos tópicos discutidos no Capítulo 9. Além do mais, contém material sobre regras de segurança, garantia, avaliação e muitas questões de implementação.

Blaze et al, "The Role of Trust Management in Distributed Systems Security"
O artigo argumenta que sistemas distribuídos de grande escala deveriam poder conceder acesso a um recurso usando uma abordagem mais simples do que as existentes. Em particular, quando se sabe que o conjunto de credenciais que acompanha uma requisição obedece a uma regra de segurança local, a requisição deve ser permitida. Em outras palavras, a autorização deve ocorrer sem separar autenticação e controle de acesso. O artigo explica esse modelo e mostra como ele pode ser implementado.

Kaufman et al., *Network Security*
Esse livro de grande autoridade e freqüentemente espirituoso é o primeiro lugar a procurar se quisermos uma introdução à segurança em redes. Algoritmos e protocolos de chaves secretas e públicas, hashes de mensagens, autenticação, Kerberos e e-mail, todos são explicados a fundo. As melhores partes são as discussões entre autores (ou até por um mesmo autor) denominadas por subscritos como em: "I_2 could not get me$_1$ to be very specific...". (Para ser muito específico, eu também não consegui obter um.)

Menezes et al., *Handbook of Applied Cryptography*
O título diz tudo. O livro fornece os fundamentos matemáticos necessários para entender as muitas e dife-

rentes soluções criptográficas para codificação, hashing e assim por diante. Capítulos específicos são dedicados à autenticação, assinaturas digitais, estabelecimento de chaves e gerenciamento de chaves.

Rafaeli e Hutchison, *A Survey of Key Management for Secure Group Communication*

O título diz tudo. Os autores discutem vários esquemas que podem ser usados em sistemas nos quais grupos de processos precisam se comunicar e interagir de modo seguro. O artigo se concentra nos meios para gerenciar e distribuir chaves.

Schneier, *Secrets and Lies*

Do mesmo autor de *Applied Cryptography*, esse livro focaliza a explicação de questões de segurança para o pessoal que não é da área técnica. Uma observação importante é que a segurança não é apenas uma questão tecnológica. Na verdade, o que podemos aprender com a leitura dessa obra é que a maioria dos riscos relacionados com a segurança talvez tenha a ver com os seres humanos e com o modo como eles organizam as coisas. Sendo assim, complementa grande parte do material apresentado no Capítulo 8.

14.1.10 Sistemas distribuídos baseados em objetos

Emmerich, *Engineering Distributed Objects*

Um livro excelente dedicado inteiramente à tecnologia de objetos remotos, que dá atenção específica a Corba, DCOM e RMI Java. Para isso, fornece uma boa base para comparar esses três populares modelos de objetos. Além disso, é apresentado material sobre a elaboração de projetos de sistemas usando objetos remotos, manipulando diferentes formas de comunicação, localizando objetos, persistência, transações e segurança.

Fleury e Reverbel, "The JBoss Extensible Server"

Muitas aplicações Web são baseadas no servidor de objetos JBoss J2EE. Nesse artigo, os desenvolvedores originais do servidor esboçam os princípios subjacentes e o projeto geral.

Henning, "The Rise and Fall of Corba"

Escrito por um especialista em desenvolvimento do Corba (mas que percebeu outros aspectos), esse artigo contém fortes argumentos contra a utilização do Corba. Bastante notável é o fato de Henning achar que o Corba é simplesmente muito complexo e que não facilita nem um pouquinho a vida dos desenvolvedores de sistemas distribuídos.

Henning e Vinoski, *Advanced Corba Programming with C++*

Se você precisar de material sobre programação Corba e, ao mesmo tempo, quiser aprender muito sobre o que o Corba significa na prática, esse livro será a sua opção. Escrito por duas pessoas envolvidas na especificação e desenvolvimento de sistemas Corba, o livro está repleto de detalhes práticos e técnicos sem se limitar a uma implementação específica de Corba.

14.1.11 Sistemas de arquivos distribuídos

Blanco et al., "A Survey of Data Management in Peer-to-Peer Systems"

Levantamento extensivo, que abrange muitos sistemas peer-to-peer importantes. O autor descreve questões de gerenciamento de dados, entre elas integração de dados, processamento de consultas e consistência de dados.

Pate, *Unix Filesystems: Evolution, Design, and Implementation*

Esse livro descreve muitos dos sistemas de arquivos que foram desenvolvidos para sistemas Unix, mas também contém um capítulo específico sobre sistemas de arquivos distribuídos. Ele dá uma visão geral das várias versões NFS, bem como de sistemas de arquivos para clusters de servidores.

Satyanarayanan, "The Evolution of Coda"

Coda é um importante sistema de arquivos distribuído para suportar usuários móveis. Em particular, ele tem aspectos avançados para suportar as operações que são conhecidas como desconectadas, pelas quais um usuário pode continuar a trabalhar com seu próprio conjunto de arquivos sem ter de contatar os servidores principais. Esse artigo descreve como o sistema evoluiu com o passar dos anos, à medida que surgiam novos requisitos.

Zhu et al., "Hibernator: Helping Disk Arrays Sleep through the Winter"

Centrais de dados usam uma quantidade inacreditável de discos para executar seu trabalho. É óbvio que isso requer uma enorme quantidade de energia. Esse artigo descreve várias técnicas de redução de consumo de energia como, por exemplo, distinguir entre dados utilizados com grande freqüência e dados que não são acessados muitas vezes.

14.1.12 Sistemas distribuídos baseados na Web

Alonso et al., *Web Services: Concepts, Architectures and Applications*

A popularidade e a complexidade de serviços Web resultaram em uma torrente infindável de documentos, muitos dos quais só podem ser caracterizados como lixo. Por comparação, esse é um dos poucos livros que dão uma descrição claríssima do que realmente são serviços Web. Muito recomendado como introdução ao leigo, uma visão geral para quem já leu muito lixo e um exemplo para os que produzem lixo.

Chappell, *Understanding .NET*

A abordagem que a Microsoft adotou para suportar o desenvolvimento de serviços Web é combinar muitas de suas técnicas existentes em uma única estrutura, aliada à adição de várias novas características. O resultado é denominado .NET. Essa abordagem causou muita confusão sobre o que é realmente essa estrutura. David Chappell consegue explicar as coisas muito bem.

Fielding, "Principled Design of the Modern Web Architecture"
Escrito pelo projetista-chefe do servidor Web Apache, esse artigo discute uma abordagem geral sobre como organizar aplicações Web de modo tal que elas possam fazer o melhor uso do conjunto de protocolos existente.

Podling e Boszormenyi, "A Survey of Web Cache Replacement Strategies"
Mal falamos do trabalho que precisa ser realizado quando as caches Web ficam cheias. Esse artigo dá uma excelente visão geral das opções para excluir conteúdo de caches quando elas ficam cheias.

Rabinovich e Spatscheck, *Web Caching and Replication*
Excelente livro que dá uma visão geral, bem como muitos detalhes, sobre distribuição de conteúdo na Web.

Sebesta, *Programming the World Wide Web*
Mal falamos sobre o desenvolvimento propriamente dito de aplicações Web, que geralmente envolve a utilização de miríades de ferramentas e técnicas. Esse livro oferece uma visão geral abrangente e dá um bom ponto de partida para desenvolver sites Web.

14.1.13 Sistemas distribuídos baseados em coordenação

Cabri et al., "Uncoupling Coordination: Tuple-based Models for Mobility"
Os autores oferecem uma boa visão geral de sistemas semelhantes ao Linda, que podem operar em ambientes móveis, distribuídos. Esse artigo também mostra onde estão em realização pesquisas em uma área que começou a ser explorada há mais de 15 anos.

Pietzuch e Bacon, "Hermes: A Distrib. Event-Based Middleware Architecture"
Hermes é um sistema distribuído do tipo publicar/subscrever desenvolvido na Universidade de Cambridge, Reino Unido. Esse sistema tem sido usado como base para muitos experimentos em sistemas de grande escala baseados em eventos, incluindo segurança. Esse artigo descreve a organização básica do Hermes.

Wells et al., "Linda Implementations in Java for Concurrent Systems"
Esse artigo oferece uma boa visão geral para quem está interessado em implementações de espaços de tuplas em Java. É mais ou menos focalizado em cálculo, em vez de aplicações gerais de espaço de tuplas; porém mesmo assim demonstra os vários compromissos que precisam ser feitos quando o desempenho está em jogo.

Zhao et al., "Subscription Propagation in Highly-Available Publish/Subscribe Middleware"
Embora seja razoavelmente técnico, esse artigo dá uma boa idéia de algumas questões relevantes quando a disponibilidade é um importante critério de projeto em sistemas publicar/subscrever. Em particular, os autores consideram como as atualizações de subscrições podem ser propagadas quando os caminhos de roteamento tornaram-se redundantes para obter alta disponibilidade. Não é difícil imaginar, por exemplo, que é fácil ocorrer entrega de mensagens fora de ordem. Esses casos precisam ser tratados.

14.2 Bibliografia em Ordem Alfabética

ABADI, M. e NEEDHAM, R. "Prudent Engineering Practice for Cryptographic Protocols". *IEEE Trans. Softw. Eng.*, (22)1:6-15, janeiro 1996.

ABDULLAHI, S. e RINGWOOD, G. "Garbage Collecting the Internet: A Survey of Distributed Garbage Collection". *ACM Comput. Surv.*, (30)3:330-373, setembro 1998.

ABERER, K. e HAUSWIRTH, M. "Peer-to-Peer Systems". In Singh, M. (ed.), *The Practical Handbook of Internet Computing*, capítulo 35. Boca Raton, FL: CRC Press, 2005.

ABERER, K.; ALIMA, L. O.; GHODSI, A.; GIRDZIJAUSKAS, S.; HAUSWIRTH, M. e HARIDI, S. "The Essence of P2P: A Reference Architecture for Overlay Networks". *Proc. Fifth Int'l Conf. Peer-to-Peer Comput.* (Konstanz, Alemanha). Los Alamitos, CA: IEEE Computer Society Press, 2005. pp. 11-20. .

ADAR, E. e HUBERMAN, B. A. "Free Riding on Gnutella". Hewlett Packard, Information Dynamics Lab, janeiro 2000.

AIYER, A.; ALVISI, L.; CLEMENT, A.; DAHLIN, M. e MARTIN, J.-P. "BAR Fault Tolerance for Cooperative Services". *Proc. 20th Symp. Operating System Principles* (Brighton, Reino Unido). Nova York, NY: ACM Press, 2005. pp. 45-58.

AKYILDIZ, I. F.; SU, W.; SANKARASUBRAMANIAM, Y. e CAYIRCI, E. "A Survey on Sensor Networks". *IEEE Commun. Mag.*, (40)8:102-114, agosto 2002.

AKYILDIZ, I. F.; WANG, X. e WANG, W. "Wireless Mesh Networks: A Survey". *Comp. Netw.*, (47)4:445-487, março 2005.

ALBITZ, P. e LIU, C. *DNS and Bind*. Sebastopol, CA: O'Reilly & Associates, 4. ed., 2001.

ALLEN, R. e LOWE-NORRIS, A. *Windows 2000 Active Directory*. Sebastopol, CA: O'Reilly & Associates, 2. ed., 2003.

ALLMAN, M. "An Evaluation of XML-RPC". *Perf. Eval. Rev.*, (30)4:2-11, março 2003. Citado na página 567.

ALONSO, G.; CASATI, F.; KUNO, H. e MACHIRAJU, V. *Web Services: Concepts, Architectures and Applications*. Berlin: Springer-Verlag, 2004. Citado nas páginas 20, 551, 554, 632.

ALVISI, L. e MARZULLO, K. "Message Logging: Pessimistic, Optimistic, Causal, and Optimal". *IEEE Trans. Softw. Eng.*, (24)2:149-159, fevereiro 1998.

AMAR, L.; BARAK, A. e SHILOH, A. "The Mosix Direct File System Access Method for Supporting Scalable Cluster File Systems". *Cluster Comput.*, (7)2:141-150, abril 2004.

ANDERSON, O. T.; LUAN, L.; EVERHART, C.; PEREIRA, M.; SARKAR, R. e XU, J. "Global Namespace for Files". *IBM Syst. J.*, (43)4:702-722, abril 2004.

ANDERSON, R. *Security Engineering — A Guide to Building Dependable Distributed Systems*. Nova York: John Wiley, 2001.

ANDERSON, T.; BERSHAD, B.; LAZOWSKA, E. e LEVY, H. "Scheduler Activations: Efficient Kernel Support for the User-Level Management of Parallelism". *Proc. 13th Symp. Operating System Principles*. Nova York, NY: ACM Press, 1991. pp. 95-109.

ANDREWS, G. *Foundations of Multithreaded, Parallel, and Distributed Programming*. Reading, MA: Addison-Wesley, 2000.

ANDROUTSELLIS-THEOTOKIS, S. e SPINELLIS, D. "A Survey of Peer-to-Peer Content Distribution Technologies". *ACM Comput. Surv.*, (36)4:335-371, dezembro 2004.

ARAUJO, F. e RODRIGUES, L. "Survey on Position-Based Routing". Relatório Técnico Minema TR-01, Universidade de Lisboa, outubro 2005.

ARKILLS, B. *LDAP Directories Explained: An Introduction and Analysis*. Reading, MA: Addison-Wesley, 2003.

ARON, M.; SANDERS, D.; DRUSCHEL, P. e ZWAENEPOEL, W. "Scalable Content-aware Request Distribution in Cluster-based Network Servers". *Proc. Usenix Ann. Techn. Conf.* Usenix, 2000. pp. 323-336.

ATTIYA, H. e WELCH, J. *Distributed Computing Fundamentals, Simulations, and Advanced Topics*. Nova York: John Wiley, 2. ed., 2004.

AVIZIENIS, A.; LAPRIE, J.-C.; RANDELL, B. e LANDWEHR, C. "Basic Concepts and Taxonomy of Dependable and Secure Computing". *IEEE Trans. Depend. Secure Comput.*, (1)1:11-33, janeiro 2004.

AWADALLAH, A. e ROSENBLUM, M. "The vMatrix: A Network of Virtual Machine Monitors for Dynamic Content Distribution". *Proc. Seventh Web Caching Workshop* (Boulder, CO), 2002.

AWADALLAH, A. e ROSENBLUM, M. "The vMatrix: Server Switching". *Proc. Tenth Workshop on Future Trends in Distributed Computing Systems* (Suzhou, China). Los Alamitos, CA: IEEE Computer Society Press, 2004. pp. 110-118.

BABAOGLU, O.; JELASITY, M.; MONTRESOR, A.; FETZER, C.; LEONARDI, S.; VAN MOORSEL, A. e VAN STEEN, M. (ed.): *Self-star Properties in Complex Information Systems*, vol. 3460 de *Lect. Notes Comp. Sc.* Berlim: Springer-Verlag, 2005.

BABAOGLU, O. e TOUEG, S. "Non-Blocking Atomic Commitment". In Mullender, S. (ed.), *Distributed Systems*, pp. 147-168. Wokingham: Addison-Wesley, 2. ed., 1993.

BABCOCK, B.; BABU, S.; DATAR, M.; MOTWANI, R. e WIDOM, J. "Models and Issues in Data Stream Systems". *Proc. 21st Symp. on Principles of Distributed Computing* (Monterey, CA). Nova York, NY: ACM Press, 2002. pp. 1-16.

BAL, H. *The Shared Data-Object Model as a Paradigm for Programming Distributed Systems*. Tese de doutorado, Universidade de Vrije, Amsterdã, 1989.

BALAKRISHNAN, H.; KAASHOEK, M. F.; KARGER, D.; MORRIS, R. e STOICA, I. "Looking up Data in P2P Systems". *Commun. ACM*, (46)2:43-48, fevereiro 2003.

BALAKRISHNAN, H.; LAKSHMINARAYANAN, K.; RATNASAMY, S.; SHENKER, S.; STOICA, I. e WALFISH, M. "A Layered Naming Architecture for the Internet". *Proc. SIGCOMM* (Portland, OR). Nova York, NY: ACM Press, 2004. pp. 343-352.

BALAZINSKA, M.; BALAKRISHNAN, H. e KARGER, D. "INS/Twine: A Scalable Peer-to-Peer Architecture for Intentional Resource Discovery". *Proc. First Int'l Conf. Pervasive Computing*, vol. 2414 de *Lect. Notes Comp. Sc.* (Zurique, Suíça). Berlim: Springer-Verlag, 2002. pp. 195-210.

BALLINTIJN, G. *Locating Objects in a Wide-area System*. Tese de doutorado, Universidade de Vrije, Amsterdã, 2003.

BARATTO, R. A.; NIEH, J. e KIM, L. "THINC: A Remote Display Architecture for Thin-Client Computing". *Proc. 20th Symp. Operating System Principles* (Brighton, Reino Unido). Nova York, NY: ACM Press, 2005. pp. 277-290.

BARBORAK, M.; MALEK, M. e DAHBURA, A. "The Consensus Problem in Fault-Tolerant Computing". *ACM Comput. Surv.*, (25)2:171-220, junho 1993.

BARHAM, P.; DRAGOVIC, B.; FRASER, K.; HAND, S.; HARRIS, T.; HO, A.; NEUGEBAR, R.; PRATT, I. e WARFIELD, A. "Xen and the Art of Virtualization". *Proc. 19th Symp. Operating System Principles* (Bolton Landing, NY). Nova York, NY: ACM Press, 2003. pp. 164-177.

BARKER, W. "Recommendation for the Triple Data Encryption Algorithm (TDEA) Block Cipher". NIST Special Publication 800-67, maio 2004.

BARRON, D. *Pascal — The Language and its Implementation*. Nova York: John Wiley, 1981.

BARROSO, L.; DEAM, J. e HOLZE, U. "Web Search for a Planet: The Google Cluster Architecture". *IEEE Micro*, (23)2:21-28, março 2003.

BARYSHNIKOV, Y.; COFFMAN, E. G.; PIERRE, G.; RUBENSTEIN, D.; SQUILLANTE, M. e YIMWADSANA, T. "Predictability of Web-Server Traffic Congestion". *Proc. Tenth Web Caching Workshop* (Sophia Antipolis, França). IEEE, 2005. pp. 97-103.

BASILE, C.; KALBARCZYK, Z. e IYER, R. K. "A Preemptive Deterministic Scheduling Algorithm for Multithreaded Replicas". *Proc. Int'l Conf. Dependable Systems and Networks* (San Francisco, CA). Los Alamitos, CA: IEEE Computer Society Press, 2003. pp. 149-158.

BASILE, C.; WHISNANT, K.; KALBARCZYK, Z. e IYER, R. K. "Loose Synchronization of Multithreaded Replicas". *Proc. 21st Symp. on Reliable Distributed Systems* (Osaka, Japão). Los Alamitos, CA: IEEE Computer Society Press, 2002. pp. 250-255.

BASS, L.; CLEMENTS, P. e KAZMAN, R. *Software Architecture in Practice*. Reading, MA: Addison-Wesley, 2. ed., 2003.

BAVIER, A.; BOWMAN, M.; CHUN, B.; CULLER, D.; KARLIN, S.; MUIR, S.; PETERSON, L.; ROSCOE, T.; SPALINK, T. e WAWRZONIAK, M. "Operating System Support for Planetary-Scale Network Services". *Proc. First Symp. Networked Systems Design and Impl.* (San Francisco, CA). Berkeley, CA: Usenix, 2004. pp. 245-266.

BERNERS-LEE, T.; CAILLIAU, R.; NIELSON, H. F. e SECRET, A. "The World-Wide Web". *Commun. ACM*, (37)8:76-82, agosto 1994.

BERNERS-LEE, T.; FIELDING, R. e MASINTER, L. "Uniform Resource Identifiers (URI): Generic Syntax". RFC 3986, janeiro 2005.

BERNSTEIN, P. "Middleware: A Model for Distributed System Services". *Commun. ACM*, (39)2:87-98, fevereiro 1996.

BERNSTEIN, P.; HADZILACOS, V. e GOODMAN, N. *Concurrency Control and Recovery in Database Systems*. Reading, MA: Addison-Wesley, 1987.

BERSHAD, B.; ZEKAUSKAS, M. e SAWDON, W. "The Midway Distributed Shared Memory System". *Proc. COMPCON*. IEEE, 1993. pp. 528-537.

BERTINO, E. e FERRARI, E. "Secure and Selective Dissemination of XML Documents". *ACM Trans. Inf. Syst. Sec.*, (5)3:290-331, 2002.

BHAGWAN, R.; TATI, K.; CHENG, Y.; SAVAGE, S. e VOELKER, G. M. "Total Recall: Systems Support for Automated Availability Management". *Proc. First Symp. Networked Systems Design and Impl.*, (San Francisco, CA). Berkeley, CA: Usenix, 2004. pp. 337-350.

BHARAMBE, A. R.; AGRAWAL, M. e SESHAN, S. "Mercury: Supporting Scalable Multi-Attribute Range Queries". *Proc. SIGCOMM*, (Portland, OR). Nova York, NY: ACM Press, 2004. pp. 353-366.

BIRMAN, K. *Reliable Distributed Systems: Technologies, Web Services, and Applications*. Berlim: Springer-Verlag, 2005.

BIRMAN, K. "A Response to Cheriton and Skeen's Criticism of Causal and Totally Ordered Communication". *Oper. Syst. Rev.*, (28)1:11-21, janeiro 1994.

BIRMAN, K. e JOSEPH, T. "Reliable Communication in the Presence of Failures". *ACM Trans. Comp. Syst.*, (5)1:47-76, fevereiro 1987.

BIRMAN, K.; SCHIPER, A. e STEPHENSON, P. "Lightweight Causal and Atomic Group Multicast". *ACM Trans. Comp. Syst.*, (9)3:272-314, agosto 1991.

BIRMAN, K. e VAN RENESSE, R. (eds.): *Reliable Distributed Computing with the Isis Toolkit*. Los Alamitos, CA: IEEE Computer Society Press, 1994.

BIRRELL, A. e NELSON, B. "Implementing Remote Procedure Calls". *ACM Trans. Comp. Syst.*, (2)1:39-59, fevereiro 1984.

BISHOP, M. *Computer Security: Art and Science*. Reading, MA: Addison-Wesley, 2003.

BJORNSON, R. *Linda on Distributed Memory Multicomputers*. Tese de doutorado, Universidade Yale, Departamento de Ciência da Computação, 1993.

BLACK, A. e ARTSY, Y. "Implementing Location Independent Invocation". *IEEE Trans. Par. Distr. Syst.*, (1)1:107-119, janeiro 1990.

BLAIR, G.; COULSON, G. e GRACE, P. "Research Directions in Reflective Middleware: the Lancaster Experience". *Proc. Third Workshop Reflective & Adaptive Middleware* (Toronto, Canadá). Nova York, NY: ACM Press, 2004. pp. 262-267.

BLAIR, G. e STEFANI, J.-B. *Open Distributed Processing and Multimedia*. Reading, MA: Addison-Wesley, 1998.

BLAKE-WILSON, S.; NYSTROM, M.; HOPWOOD, D.; MIKKELSEN, J. e WRIGHT, T. "Transport Layer Security (TLS) Extensions". RFC 3546, junho 2003.

BLANCO, R.; AHMED, N.; HADALLER, D.; SUNG, L. G. A.; LI, H. e SOLIMAN, M. A. "A Survey of Data Management in Peer-to-Peer Systems". Relatório Técnico CS-2006-18, Universidade de Waterloo, Canadá, junho 2006.

BLAZE, M.; FEIGENBAUM, J.; IOANNIDIS, J. e KEROMYTIS, A. "The Role of Trust Management in Distributed Systems Security". In Vitek, J. e Jensen, C. (eds.), *Secure Internet Programming: Security Issues for Mobile and Distributed Objects*, vol. 1603 de *Lect. Notes Comp. Sc.*, pp. 185-210. Berlim: Springer-Verlag, 1999.

BLAZE, M. *Caching in Large-Scale Distributed File Systems*. Tese de doutorado, Universidade Princeton, Departamento de Ciência da Computação, janeiro 1993.

BONNET, P.; GEHRKE, J. e SESHADRI, P. "Towards Sensor Database Systems". *Proc. Second Int'l Conf. Mobile Data Mgt.*, vol. 1987 de *Lect. Notes Comp. Sc.* (Hong Kong, China). Berlim: Springer-Verlag, 2002. pp. 3-14.

BOOTH, D.; HAAS, H.; MCCABE, F.; NEWCOMER, E.; CHAMPION, M.; FERRIS, C. e ORCHARD, D. "Web Services Architecture". W3C Working Group Note, fevereiro 2004.

BOUCHENAK, S.; BOYER, F.; HAGIMONT, D.; KRAKOWIAK, S.; MOS, A.; DE PALMA, N.; QUEMA, V. e STEFANI, J.-B. "Architecture-Based Autonomous Repair Management: An Application to J2EE Clusters". *Proc. 24th Symp. on Reliable Distributed Systems* (Orlando, FL). Los Alamitos, CA: IEEE Computer Society Press, 2005. pp. 13-24.

BREWER, E. "Lessons from Giant-Scale Services". *IEEE Internet Comput.* (5)4:46-55, julho 2001.

BRUNETON, E.; COUPAYE, T.; LECLERCQ, M.; QUEMA, V. e STEFANI, J.-B. "An Open Component Model and Its Support in Java". *Proc. Seventh Int'l Symp. Component-based Softw. Eng.*, vol. 3054 de *Lect. Notes Comp. Sc.* (Edimburgo, Reino Unido). Berlim: Springer-Verlag, 2004. pp. 7-22.

BUDHIRAJA, N.; MARZULLO, K.; SCHNEIDER, F. e TOUEG, S. "The Primary-Backup Approach". In Mullender, S. (ed.), *Distributed Systems*, pp. 199-216. Wokingham: Addison-Wesley, 2. ed., 1993.

BUDHIRAJA, N. e MARZULLO, K. "Tradeoffs in Implementing Primary-Backup Protocols". Relatório Técnico TR 92-1307, Universidade Cornell, Departamento de Ciência de computadores, 1992.

BURNS, R. C.; REES, R. M.; STOCKMEYER, L. J. e LONG, D. D. E. "Scalable Session Locking for a Distributed File System". *Cluster Computing*, (4)4:295-306, outubro 2001.

BUSI, N.; MONTRESOR, A. e ZAVATTARO, G. "Data-driven Coordination in Peer-to-Peer Information Systems". *Int'l J. Coop. Inf. Syst.*, (13)1:63-89, março 2004.

BUTT, A. R.; JOHNSON, T. A.; ZHENG, Y. e HU, Y. C. "Kosha: A Peer-to-Peer Enhancement for the Network File System". *Proc. Int'l Conf. Supercomputing* (Washington, DC). Los Alamitos, CA: IEEE Computer Society Press, 2004. pp. 51-61.

CABRI, G.; FERRARI, L.; LEONARDI, L.; MAMEI, M. e ZAMBONELLI, F. "Uncoupling Coordination: Tuple-based Models for Mobility". In Bellavista, Paolo e Corradi, Antonio (eds.), *The Handbook of Mobile Middleware*. Londres, Reino Unido: CRC Press, 2006.

CABRI, G.; LEONARDI, L. e ZAMBONELLI, F. "Mobile-Agent Coordination Models for Internet Applications". *IEEE Computer*, (33)2:82-89, fevereiro 2000.

CAI, M.; CHERVENAK, A. e FRANK, M. "A Peer-to-Peer Replica Location Service Based on a Distributed Hash Table". *Proc. High Perf. Comput., Netw., & Storage Conf.* (Pittsburgh, PA). Nova York, NY: ACM Press, 2004. pp. 56-67.

CALLAGHAN, B. *NFS Illustrated*. Reading, MA: Addison-Wesley, 2000.

CANDEA, G.; BROWN, A. B.; FOX, A. e PATTERSON, D. "Recovery-Oriented Computing: Building Multitier Dependability". *IEEE Computer*, (37)11:60-67, novembro 2004a.

CANDEA, G.; KAWAMOTO, S.; FUJIKI, Y.; FRIEDMAN, G. e FOX, A. "Microreboot: A Technique for Cheap Recovery". *Proc. Sixth Symp. on Operating System Design and Implementation* (San Francisco, CA). Berkeley, CA: Usenix, 2004b. pp. 31-44.

CANDEA, G.; KICIMAN, E.; KAWAMOTO, S. e FOX, A. "Autonomous Recovery in Componentized Internet Applications". *Cluster Comput.*, (9)2:175-190, fevereiro 2006.

CANTIN, J.; LIPASTI, M. e SMITH, J. "The Complexity of Verifying Memory Coherence and Consistency". *IEEE Trans. Par. Distr. Syst.*, (16)7:663-671, julho 2005.

CAO, L. e OSZU, T. "Evaluation of Strong Consistency Web Caching Techniques". *World Wide Web*, (5)2:95-123, junho 2002.

CAO, P. e LIU, C. "Maintaining Strong Cache Consistency in the World Wide Web". *IEEE Trans. Comp.*, (47)4:445-457, abril 1998.

CAPORUSCIO, M.; CARZANIGA, A. e WOLF, A. L. "Design and Evaluation of a Support Service for Mobile, Wireless Publish/Subscribe Applications". *IEEE Trans. Softw. Eng.*, (29)12:1059-1071, dezembro 2003.

CARDELLINI, V.; CASALICCHIO, E.; COLAJANNI, M. e YU, P. "The State of the Art in Locally Distributed Web-Server Systems". *ACM Comput. Surv.*, (34)2:263-311, junho 2002.

CARRIERO, N. e GELERNTER, D. "The S/Net's Linda Kernel". *ACM Trans. Comp. Syst.*, (32)2:110-129, maio 1986. Citado na página 609.

CARZANIGA, A.; RUTHERFORD, M. J. e WOLF, A. L. "A Routing Scheme for Content-based Networking". *Proc. 23rd Infocom Conf.* (Hong Kong, China). Los Alamitos, CA: IEEE Computer Society Press, 2004.

CARZANIGA, A. e WOLF, A. L. "Forwarding in a Content-based Network". *Proc. SIGCOMM* (Karlsruhe, Alemanha). Nova York, NY: ACM Press, 2003. pp. 163-174.

CASTRO, M.; DRUSCHEL, P.; GANESH, A.; ROWSTRON, A. e WALLACH, D. S. "Secure Routing for Structured Peer-to-Peer Overlay Networks". *Proc. Fifth Symp. on Operating System Design and Implementation* (Boston, MA). Nova York, NY: ACM Press, 2002a. pp. 299-314.

CASTRO, M.; DRUSCHEL, P.; HU, Y. C. e ROWSTRON, A. "Topology-aware Routing in Structured Peer-to-Peer Overlay Networks". Relatório Técnico MSR-TR-2002-82, Microsoft Research, Cambridge, Reino Unido, junho 2002b.

CASTRO, M.; RODRIGUES, R. e LISKOV, B. "Base: Using Abstraction to Improve Fault Tolerance". *ACM Trans. Comp. Syst.*, (21)3:236-269, agosto 2003.

CASTRO, M.; COSTA, M. e ROWSTRON, A. "Debunking Some Myths about Structured and Unstructured Overlays". *Proc. Second Symp. Networked Systems Design and Impl.*, (Boston, MA). Berkeley, CA: Usenix, 2005.

CASTRO, M.; DRUSCHEL, P.; KERMARREC, A.-M. e ROWSTRON, A. "Scribe: A Large-Scale and Decentralized Application-Level Multicast Infrastructure". *IEEE J. Selected Areas Commun.*, (20)8:100-110, outubro 2002.

CASTRO, M. e LISKOV, B. "Practical Byzantine Fault Tolerance and Proactive Recovery". *ACM Trans. Comp. Syst.*, (20)4:398-461, novembro 2002.

CHAPPELL, D. *Understanding.NET*. Reading, MA: Addison-Wesley, 2002.

CHERITON, D. e MANN, T. "Decentralizing a Global Naming Service for Improved Performance and Fault Tolerance". *ACM Trans. Comp. Syst.*, (7)2:147-183, maio 1989.

CHERITON, D. e SKEEN, D. "Understanding the Limitations of Causally and Totally Ordered Communication". *Proc. 14th Symp. Operating System Principles*. ACM, 1993. pp. 44-57.

CHERVENAK, A.; SCHULER, R.; KESSELMAN, C.; KORANDA, S. e MOE, B. "Wide Area Data Replication for Scientific Collaborations". *Proc. Sixth Int'l Workshop on Grid Computing* (Seattle, WA). Nova York, NY: ACM Press, 2005.

CHERVENAK, A.; FOSTER, I.; KESSELMAN, C.; SALISBURY, C. e TUECKE, S. "The Data Grid: Towards an Architecture for the Distributed Management and Analysis of Large Scientific Datasets". *J. Netw. Comp. App.*, (23)3:187-200, julho 2000.

CHESWICK, W. e BELLOVIN, S. *Firewalls and Internet Security*. Reading, MA: Addison-Wesley, 2. ed., 2000.

CHOW, R. e JOHNSON, T. *Distributed Operating Systems and Algorithms*. Reading, MA: Addison-Wesley, 1997.

CHUN, B. e SPALINK, T. "Slice Creation and Management". Relatório Técnico PDN-03-013, PlanetLab Consortium, julho 2003.

CIANCARINI, P.; TOLKSDORF, R.; VITALI, F. e KNOCHE, A. "Coordinating Multiagent Applications on the WWW: A Reference Architecture". *IEEE Trans. Softw. Eng.*, (24)5:362-375, maio 1998.

CLARK, C.; FRASER, K.; HAND, S.; HANSEN, J. G.; JUL, E.; LIMPACH, C.; PRATT, I. e WARFIELD, A. "Live Migration of Virtual Machines". *Proc. Second Symp. Networked Systems Design and Impl.* (Boston, MA). Berkeley, CA: Usenix, 2005.

CLARK, D. "The Design Philosophy of the Darpa Internet Protocols". *Proc. SIGCOMM* (Austin, TX). Nova York, NY: ACM Press, 1989. pp. 106-114.

CLEMENT, L.; HATELY, A.; VON RIEGEN, C. e ROGERS, T. "Universal Description, Discovery and Integration (UDDI)". Relatório Técnico, OASIS UDDI, 2004.

COHEN, B. "Incentives Build Robustness in Bittorrent". *Proc. First Workshop on Economics of Peer-to-Peer Systems* (Berkeley, CA), 2003.

COHEN, D. "On Holy Wars and a Plea for Peace". *IEEE Computer*, (14)10:48-54, outubro 1981.

COHEN, E. e SHENKER, S. "Replication Strategies in Unstructured Peer-to-Peer Networks". *Proc. SIGCOMM* (Pittsburgh, PA). Nova York, NY: ACM Press, 2002. pp. 177-190.

COMER, D. *Internetworking with TCP/IP, Volume I: Principles, Protocols, and Architecture*. Upper Saddle River, NJ: Prentice Hall, 5. ed., 2006.

CONTI, M.; GREGORI, E. e LAPENNA, W. "Content Delivery Policies in Replicated Web Services: Client-Side vs. Server-Side". *Cluster Comput.*, (8)47-60, janeiro 2005.

COPPERSMITH, D. "The Data Encryption Standard (DES) and its Strength Against Attacks". *IBM J. Research and Development*, (38)3:243-250, maio 1994.

COULOURIS, G.; DOLLIMORE, J. e KINDBERG, T. *Distributed Systems, Concepts and Design*. Reading, MA: Addison-Wesley, 4. ed., 2005.

COX, L. e NOBLE, B. "Samsara: Honor Among Thieves in Peer-to-Peer Storage". *Proc. 19th Symp. Operating System Principles* (Bolton Landing, NY). Nova York, NY: ACM Press, 2003. pp. 120-131.

COYLER, A.; BLAIR, G. e RASHID, A. "Managing Complexity in Middleware". *Proc. Second AOSD Workshop on Aspects, Components, and Patterns for Infrastructure Software*, 2003.

CRESPO, A. e GARCIA-MOILINA, H. "Semantic Overlay Networks for P2P Systems". Relatório Técnico, Stanford University, Department of Computer Science, 2003.

CRISTIAN, F. "Probabilistic Clock Synchronization". *Distributed Computing*, (3)146-158, 1989.

CRISTIAN, F. "Understanding Fault-Tolerant Distributed Systems". *Commun. ACM*, (34)2:56-78, fevereiro 1991.

CRISTIAN, F. e FETZER, C. "The Timed Asynchronous Distributed System Model". *IEEE Trans. Par. Distr. Syst.*, (10)6:642-657, junho 1999.

CROWLEY, C. *Operating Systems, A Design-Oriented Approach*. Chicago: Irwin, 1997.

DABEK, F.; COX, R.; KAASHOEK, F. e MORRIS, R. "Vivaldi: A Decentralized Network Coordinate System". *Proc. SIGCOMM* (Portland, OR). Nova York, NY: ACM Press, 2004a.

DABEK, F.; KAASHOEK, M. F.; KARGER, D.; MORRIS, R. e STOICA, I. "Wide-area Cooperative Storage with CFS". *Proc. 18th Symp. Operating System Principles*. ACM, 2001.

DABEK, F.; LI, J.; SIT, E.; ROBERTSON, J.; KAASHOEK, M. F. e MORRIS, R. "Designing a DHT for low latency and high throughput". *Proc. First Symp. Networked Systems Design and Impl.* (San Francisco, CA). Berkeley, CA: Usenix, 2004b. pp. 85-98.

DAIGLE, L.; VAN GULIK, D.; IANNELLA, R. e FALTSTROM, P. "Uniform Resource Names (URN) Namespace Definition Mechanisms". RFC 3406, outubro 2002.

DAVIE, B.; CHARNY, A.; BENNET, J.; BENSON, K.; BOUDEC, J. L.; COURTNEY, W.; S.DAVARI, FIROIU, V. e STILIADIS, D. "An Expedited Forwarding PHB (Per-Hop Behavior)". RFC 3246, março 2002.

DAY, J. e ZIMMERMAN, H. "The OSI Reference Model". *Proceedings of the IEEE*, (71)12:1334-1340, dezembro 1983.

DEERING, S.; ESTRIN, D.; FARINACCI, D.; JACOBSON, V.; LIU, C.-G. e WEI, L. "The PIM Architecture for Wide-Area Multicast Routing". *IEEE/ACM Trans. Netw*, (4)2:153-162, abril 1996.

DEERING, S. e CHERITON, D. "Multicast Routing in Datagram Internetworks and Extended LANs". *ACM Trans. Comp. Syst.*, (8)2:85-110, maio 1990.

DEMERS, A.; GEHRKE, J.; HONG, M.; RIEDEWALD, M. e WHITE, W. "Towards Expressive Publish/Subscribe Systems". *Proc. Tenth Int'l Conf. on Extended Database Technology* (Munique, Alemanha), 2006.

DEMERS, A.; GREENE, D.; HAUSER, C.; IRISH, W.; LARSON, J.; SHENKER, S.; STURGIS, H.; SWINEHART, D. e TERRY, D. "Epidemic Algorithms for Replicated Database Maintenance". *Proc. Sixth Symp. on Principles of Distributed Computing* (Vancouver). ACM, 1987. pp. 1-12.

DEUTSCH, P.; SCHOULTZ, R.; FALTSTROM, P. e WEIDER, C. "Architecture of the WHOIS++ Service". RFC 1835, agosto 1995.

DE FAGO, X.; SHIPER, A. e URBAN, P. "Total Order Broadcast and Multicast Algorithms: Taxonomy and Survey". *ACM Comput. Surv.*, (36)4:372-421, dezembro 2004.

DIAO, Y.; HELLERSTEIN, J.; PAREKH, S.; GRIFFITH, R.; KAISER, G. e PHUNG, D. "A Control Theory Foundation for Self-Managing Computing Systems". *IEEE J. Selected Areas Commun.*, (23)12:2213-2222, dezembro 2005.

DIERKS, T. e ALLEN, C. "The Transport Layer Security Protocol". RFC 2246, janeiro 1996.

DIFFIE, W. e HELLMAN, M. "New Directions in Cryptography". *IEEE Trans. Information Theory*, (IT-22)6:644-654, novembro 1976.

DILLEY, J.; MAGGS, B.; PARIKH, J.; PROKOP, H.; SITARAMAN, R. e WEIHL, B. "Globally Distributed Content Delivery". *IEEE Internet Comput.*, (6)5:50-58, setembro 2002.

DIOT, C.; LEVINE, B.; LYLES, B.; KASSEM, H. e BALENSIEFEN, D. "Deployment Issues for the IP Multicast Service and Architecture". *IEEE Network*, (14)1:78-88, janeiro 2000.

DOORN, J. H. e RIVERO, L. C. (eds.). *Database Integrity: Challenges and Solutions.* Hershey, PA: Idea Group, 2002.

DOUCEUR, J. R. "The Sybil Attack". *Proc. First Int'l Workshop on Peer-to-Peer Systems*, vol. 2429 of *Lect. Notes Comp. Sc*. Berlim: Springer-Verlag, 2002. pp. 251-260.

DUBOIS, M.; SCHEURICH, C. e BRIGGS, F. "Synchronization, Coherence, and Event Ordering in Multiprocessors". *IEEE Computer*, (21)2:9-21, fevereiro 1988.

DUNAGAN, J.; HARVEY, N. J. A.; JONES, M. B.; KOSTIC, D.; THEIMER, M. e WOLMAN, A. "Fuse: Lightweight Guaranteed Distributed Failure Notification". *Proc. Sixth Symp. on Operating System Design and Implementation*, (San Francisco, CA). Berkeley, CA: Usenix, 2004.

DUVVURI, V.; SHENOY, P. e TEWARI, R. "Adaptive Leases: A Strong Consistency Mechanism for the World Wide Web". *IEEE Trans. Know. Data Eng.*, (15)5:1266-1276, setembro 2003.

EDDON, G. e EDDON, H. *Inside Distributed COM*. Redmond, WA: Microsoft Press, 1998.

EISLER, M. "Lipkey – A Low Infrastructure Public Key Mechanism Using SPKM". RFC 2847, junho 2000.

EISLER, M.; CHIU, A. e LING, L. "RPCSEC_GSS Protocol Specification". RFC 2203, setembro 1997.

ELNOZAHY, E. N. e PLANK, J. S. "Checkpointing for Peta-Scale Systems: A Look into the Future of Practical Rollback-Recovery". *IEEE Trans. Depend. Secure Comput.*, (1)2:97-108, abril 2004.

ELNOZAHY, E.; ALVISI, L.; WANG, Y.-M. e JOHNSON, D. "A Survey of Rollback-Recovery Protocols in Message-Passing Systems". *ACM Comput. Surv.*, (34)3:375-408, setembro 2002.

ELSON, J.; GIROD, L. e ESTRIN, D. "Fine-Grained Network Time Synchronization using Reference Broadcasts". *Proc. Fifth Symp. on Operating System Design and Implementation* (Boston, MA). Nova York, NY: ACM Press, 2002. pp. 147-163.

EMMERICH, W. *Engineering Distributed Objects*. Nova York: John Wiley, 2000.

EUGSTER, P.; FELBER, P.; GUERRAOUI, R. e KERMARREC, A.-M. "The Many Faces of Publish/ Subscribe". *ACM Comput. Surv.*, (35)2:114-131, junho 2003.

EUGSTER, P.; GUERRAOUI, R.; KERMARREC, A.-M. e MASSOULI´E, L. "Epidemic Information Dissemination in Distributed Systems". *IEEE Computer*, (37)5:60-67, maio 2004.

FARMER, W. M.; GUTTMAN, J. D. e SWARUP, V. "Security for Mobile Agents: Issues and Requirements". *Proc. 19th National Information Systems Security Conf.*, 1996. pp. 591-597.

FELBER, P. e NARASIMHAN, P. "Experiences, Strategies, and Challenges in Building Fault-Tolerant Corba Systems". *IEEE Computer*, (53)5:497-511, maio 2004.

FERGUSON, N. e SCHNEIER, B. *Practical Cryptography*. Nova York: John Wiley, 2003.

FIELDING, R.; GETTYS, J.; MOGUL, J.; FRYSTYK, H.; MASINTER, L.; LEACH, P. e BERNERS-LEE, T. "Hypertext Transfer Protocol – HTTP/1.1". RFC 2616, junho 1999.

FIELDING, R. T. e TAYLOR, R. N. "Principled Design of the Modern Web Architecture". *ACM Trans. Internet Techn.*, (2)2:115-150, 2002.

FILMAN, R. E.; ELRAD, T.; CLARKE, S. e AKSIT, M. (eds.). *Aspect-Oriented Software Development*. Reading, MA: Addison-Wesley, 2005.

FISCHER, M.; LYNCH, N. e PATTERSON, M. "Impossibility of Distributed Consensus with one Faulty Processor". *J. ACM*, (32)2:374-382, abril. 1985.

FLEURY, M. e REVERBEL, F. "The JBoss Extensible Server". *Proc. Middleware 2003*, vol. 2672 of *Lect. Notes Comp. Sc.* (Rio de Janeiro, Brasil). Berlim: Springer-Verlag, 2003. pp. 344-373.

FLOYD, S.; JACOBSON, V.; MCCANNE, S.; LIU, C.-G. e ZHANG, L. "A Reliable Multicast Framework for Light-weight Sessions and Application Level Framing". *IEEE/ACM Trans. Netw.*, (5)6:784-803, dezembro 1997.

FOSTER, I. e KESSELMAN, C. *The Grid 2: Blueprint for a New Computing Infrastructure*. San Mateo, CA: Morgan Kaufman, 2. ed., 2003.

FOSTER, I.; KESSELMAN, C.; TSUDIK, G. e TUECKE, S. "A Security Architecture for Computational Grids". *Proc. Fifth Conf. Computer and Communications Security*. ACM, 1998. pp. 83-92.

FOSTER, I.; KESSELMAN, C. e TUECKE, S. "The Anatomy of the Grid, Enabling Scalable Virtual Organizations". *Journal of Supercomputer Applications*, (15)3: 200-222, outono de 2001.

FOSTER, I.; KISHIMOTO, H. e SAVVA, A. "The Open Grid Services Architecture, Version 1.0". GGF Informational Document GFD-I.030, janeiro 2005.

FOWLER, R. *Decentralized Object Finding Using Forwarding Addresses*. Tese de doutorado, Universidade de Washington, Seattle, 1985.

FRANKLIN, M. J.; CAREY, M. J. e LIVNY, M. "Transactional Client-Server Cache Consistency: Alternatives and Performance". *ACM Trans. Database Syst.*, (22)3:315-363, setembro 1997.

FREEMAN, E.; HUPFER, S. e ARNOLD, K. *JavaSpaces, Principles, Patterns and Practice*. Reading, MA: Addison-Wesley, 1999.

FREUND, R. "Web Services Coordination, Version 1.0", fevereiro 2005.

FRIEDMAN, R. e KAMA, A. "Transparent Fault-Tolerant Java Virtual Machine". *Proc. 22nd Symp. on Reliable Distributed Systems* (Florença, Itália). IEEE Computer Society Press: IEEE Computer Society Press, 2003. pp. 319-328.

FUGGETTA, A.; PICCO, G. P. e VIGNA, G. "Understanding Code Mobility". *IEEE Trans. Softw. Eng.*, (24)5:342-361, maio 1998.

GAMMA, E.; HELM, R.; JOHNSON, R. e VLISSIDES, J. *Design Patterns, Elements of Reusable Object-Oriented Software*. Reading, MA: Addison-Wesley, 1994.

GARBACKI, P.; EPEMA, D. e VAN STEEN, M. "A Two-Level Semantic Caching Scheme for Super-Peer Networks". *Proc. Tenth Web Caching Workshop* (Sophia Antipolis, França). IEEE, 2005.

GARCIA-MOLINA, H. "Elections in a Distributed Computing System". *IEEE Trans. Comp.*, (31)1:48-59, janeiro 1982.

GARMAN, J. *Kerberos: The Definitive Guide*. Sebastopol, CA: O'Reilly & Associates, 2003.

GELERNTER, D. "Generative Communication in Linda". *ACM Trans. Prog. Lang. Syst.*, (7)1:80-112, 1985.

GELERNTER, D. e CARRIERO, N. "Coordination Languages and their Significance". *Commun. ACM*, (35)2:96-107, fevereiro 1992.

GHEMAWAT, S.; GOBIOFF, H. e LEUNG, S.-T. "The Google File System". *Proc. 19th Symp. Operating System Principles* (Bolton Landing, NY). Nova York, NY: ACM Press, 2003. pp. 29-43.

GIFFORD, D. "Weighted Voting for Replicated Data". *Proc. Seventh Symp. Operating System Principles*. ACM, 1979. pp. 150-162.

GIGASPACES. *GigaSpaces Cache 5.0 Documentation*. Nova York, NY, 2005.

GIL, T. M. e POLETTO, M. "Multops: a Data-Structure for Bandwidth Attack Detection". *Proc. Tenth Usenix Security Symp.* (Washington, DC). Berkeley, CA: Usenix, 2001. pp. 23-38.

GLADNEY, H. "Access Control for Large Collections". *ACM Trans. Inf. Syst.*, (15)2:154-194, abril 1997.

GOLAND, Y.; WHITEHEAD, E.; FAIZI, A.; CARTER, S. e JENSEN, D. "HTTP Extensions for Distributed Authoring – WEBDAV". RFC 2518, fevereiro 1999.

GOLLMANN, D. *Computer Security*. Nova York: John Wiley, 2. ed., 2006.

GONG, L. e SCHEMERS, R. "Implementing Protection Domains in the Java Development Kit 1.2". *Proc. Symp. Network and Distributed System Security*. Internet Society, 1998. pp. 125-134.

GOPALAKRISHNAN, V.; SILAGHI, B.; BHATTACHARJEE, B. e KELEHER, P. "Adaptive Replication in Peer-to-Peer Systems". *Proc. 24th Int'l Conf. on Distributed Computing Systems* (Tóquio). Los Alamitos, CA: IEEE Computer Society Press, 2004. pp. 360-369.

GRAY, C. e CHERITON, D. "Leases: An Efficient Fault-Tolerant Mechanism for Distributed File Cache Consistency". *Proc. 12th Symp. Operating System Principles* (Litchfield Park, AZ). Nova York, NY: ACM Press, 1989. pp. 202-210.

GRAY, J.; HELLAND, P.; O'NEIL, P. e SASHNA, D. "The Dangers of Replication and a Solution". *Proc. Sigmod Int'l Conf. on Management of Data*. ACM, 1996. pp. 173-182.

GRAY, J. e REUTER, A. *Transaction Processing: Concepts and Techniques*. San Mateo, CA: Morgan Kaufman, 1993.

GRAY, J. "Notes on Database Operating Systems". In Bayer, R.; Graham, R. e Seegmuller, G. (eds.), *Operating Systems: An Advanced Course*, vol. 60 de *Lect. Notes Comp. Sc.*, pp. 393-481. Berlim: Springer-Verlag, 1978.

GRIMM, R.; DAVIS, J.; LEMAR, E.; MACBETH, A.; SWANSON, S.; ANDERSON, T.; BERSHAD, B.; BORRIELLO, G.; GRIBBLE, S. e WETHERALL, D. "System Support for Pervasive Applications". *ACM Trans. Comp. Syst.*, (22)4:421-486, novembro 2004.

GROPP, W.; HUSS-LEDERMAN, S.; LUMSDAINE, A.; LUSK, E.; NITZBERG, B.; SAPHIR, W. e SNIR, M. *MPI: The Complete Reference – The MPI-2 Extensions*. Cambridge, MA: MIT Press, 1998a. Citado na página 145.

GROPP, W.; LUSK, E. e SKJELLUM, A. *Using MPI, Portable Parallel Programming with the Message-Passing Interface*. Cambridge, MA: MIT Press, 2. ed., 1998b.

GROSSKURTH, A. e GODFREY, M. W. "A Reference Architecture for Web Browsers". *Proc. 21st Int'l Conf. Softw. Mainten.* (Budapeste, Hungria). Los Alamitos, CA: IEEE Computer Society Press, 2005. pp. 661-664. Citado na página 554.

GUDGIN, M.; HADLEY, M.; MENDELSOHN, N.; MOREAU, J.-J. e NIELSEN, H. F. "Soap Version 1.2". W3C Recommendation, junho 2003.

GUERRAOUI, R. e RODRIGUES, L. *Introduction to Reliable Distributed Programming*. Berlim: Springer-Verlag, 2006.

GUERRAOUI, R. e SCHIPER, A. "Software-Based Replication for Fault Tolerance". *IEEE Computer*, (30)4:68-74, abril 1997.

GUICHARD, J.; FAUCHEUR, F. L. e VASSEUR, J.-P. *Definitive MPLS Network Designs*. Indianápolis, IN: Cisco Press, 2005.

GULBRANDSEN, A.; VIXIE, P. e ESIBOV, L. "A DNSRR for specifying the location of services (DNS SRV)". RFC 2782, fevereiro 2000.

GUPTA, A.; SAHIN, O. D.; AGRAWAL, D. e ABBADI, A. E. "Meghdoot: Content-Based Publish/Subscribe over P2P Networks". *Proc. Middleware 2004*, vol. 3231 de *Lect. Notes Comp. Sc.* (Toronto, Canadá). Berlim: Springer-Verlag, 2004. pp. 254-273.

GUSELLA, R. e ZATTI, S. "The Accuracy of the Clock Synchronization Achieved by Tempo in Berkeley Unix 4.3BSD". *IEEE Trans. Softw. Eng.*, (15)7:847-853, julho 1989.

HADZILACOS, V. e TOUEG, S. "Fault-Tolerant Broadcasts and Related Problems". In Mullender, S. (ed.), *Distributed Systems*, Wokingham: Addison-Wesley, 2. ed., 1993. pp. 97-145.

HALSALL, F. *Multimedia Communications: Applications, Networks, Protocols and Standards*. Reading, MA: Addison-Wesley, 2001.

HANDURUKANDE, S.; KERMARREC, A.-M.; FESSANT, F. L. e MASSOULI´E, L. "Exploiting Semantic Clustering in the eDonkey P2P Network". *Proc. 11th Sigops European Workshop* (Leuven, Bélgica). Nova York, NY: ACM Press, 2004.

HELDER, D. A. e JAMIN, S. "End-Host Multicast Communication Using Switch-Trees Protocols". *Proc. Second Int'l Symp. Cluster Comput. & Grid* (Berlim, Alemanha). Los Alamitos, CA: IEEE Computer Society Press, 2002. pp. 419-424.

HELLERSTEIN, J. L.; DIAO, Y.; PAREKH, S. e TILBURY, D. M. *Feedback Control of Computing Systems*. Nova York: John Wiley, 2004.

HENNING, M. "A New Approach to Object-Oriented Middleware". *IEEE Internet Comput.*, (8)1:66-75, janeiro 2004.

HENNING, M. "The Rise and Fall of Corba". *ACM Queue*, (4)5, 2006.

HENNING, M. e SPRUIELL, M. *Distributed Programming with Ice*. ZeroC Inc., Brisbane, Austrália, maio 2005.

HENNING, M. e VINOSKI, S. *Advanced Corba Programming with C++*. Reading, MA: Addison-Wesley, 1999.

HOCHSTETLER, S. e BERINGER, B. "Linux Clustering with CSM and GPFS". Relatório Técnico SG24-6601-02, International Technical Support Organization, IBM, Austin, TX, janeiro 2004.

HOHPE, G. e WOOLF, B. *Enterprise Integration Patterns: Designing, Building, and Deploying Messaging Solutions*. Reading, MA: Addison-Wesley, 2004.

HOROWITZ, M. e LUNT, S. "FTP Security Extensions". RFC 2228, outubro 1997.

HOWES, T. "The String Representation of LDAP Search Filters". RFC 2254, dezembro 1997.

HUA CHU, Y.; RAO, S. G.; SESHAN, S. e ZHANG, H. "A Case for End System Multicast". *IEEE J. Selected Areas Commun.*, (20)8:1456-1471, outubro 2002.

HUFFAKER, B.; FOMENKOV, M.; PLUMMER, D. J.; MOORE, D. e CLAFFY, K. "Distance Metrics in the Internet". *Proc. Int'l Telecommun. Symp.* (Natal RN, Brasil). Los Alamitos, CA: IEEE Computer Society Press, 2002.

HUNT, G.; NAHUM, E. e TRACEY, J. "Enabling Content-Based Load Distribution for Scalable Services". Relatório Técnico, IBM T. J. Watson Research Center, maio 1997.

HUTTO, P. e AHAMAD, M. "Slow Memory: Weakening Consistency to Enhance Concurrency in Distributed Shared Memories". *Proc. Tenth Int'l Conf. on Distributed Computing Systems*. IEEE, 1990. pp. 302-311.

IBM. *WebSphere MQ Application Programming Guide*, maio 2005a.

IBM. *WebSphere MQ Intercommunication*, maio 2005b.

IBM. *WebSphere MQ Publish/Subscribe User's Guide*, maio 2005c.

IBM. *WebSphere MQ System Administration*, maio 2005d.

ISO. "Open Distributed Processing Reference Model". International Standard ISO/IEC IS 10746, 1995.

JAEGER, T.; PRAKASH, A.; LIEDTKE, J. e ISLAM, N. "Flexible Control of Downloaded Executable Content". *ACM Trans. Inf. Syst. Sec.*, (2)2:177-228, maio 1999.

JALOTE, P. *Fault Tolerance in Distributed Systems*. Englewood Cliffs, NJ: Prentice Hall, 1994.

JANIC, M. *Multicast in Network and Application Layer*. Tese de doutorado, Delft University of Technology, Holanda, outubro 2005.

JANIGA, M. J.; DIBNER, G. e GOVERNALI, F. J. "Internet Infrastructure: Content Delivery". Goldman Sachs Global Equity Research, abril 2001.

JELASITY, M.; GUERRAOUI, R.; KERMARREC, A.-M. e VAN STEEN, M. "The Peer Sampling Service: Experimental Evaluation of Unstructured Gossip-Based Implementations". *Proc. Middleware 2004*, vol. 3231 de *Lect. Notes Comp. Sc.* (Toronto, Canadá). Berlim: Springer-Verlag, 2004. pp. 79-98.

JELASITY, M.; VOULGARIS, S.; GUERRAOUI, R.; KERMARREC, A.-M. e VAN STEEN, M. "Gossip-based Peer Sampling". Relatório Técnico, Universidade de Vrije, Departamento de Ciência da Computação, setembro 2005a.

JELASITY, M. e BABAOGLU, O. "T-Man: Gossip-based Overlay Topology Management". *Proc. Third Int'l Workshop Eng. Self-Organising App.* (Utrecht, Holanda), 2005.

JELASITY, M.; MONTRESOR, A. e BABAOGLU, O. "Gossip-based Aggregation in Large Dynamic Networks". *ACM Trans. Comp. Syst.*, (23)3:219-252, agosto 2005b.

JIN, J. e NAHRSTEDT, K. "QoS Specification Languages for Distributed Multimedia Applications: A Survey and Taxonomy". *IEEE Multimedia*, (11)3:74-87, julho 2004.

JING, J.; HELAL, A. e ELMAGARMID, A. "Client-Server Computing in Mobile Environments". *ACM Comput. Surv.*, (31)2:117-157, junho 1999.

JOHNSON, B. "An Introduction to the Design and Analysis of Fault-Tolerant Systems". In Pradhan, D. K. (ed.), *Fault-Tolerant Computer System Design*, pp. 1-87. Upper Saddle River, NJ: Prentice Hall, 1995.

JOHNSON, D.; PERKINS, C. e ARKKO, J. "Mobility Support for IPv6". RFC 3775, junho 2004.

JOSEPH, J.; ERNEST, M. e FELLENSTEIN, C. "Evolution of grid computing architecture and grid adoption models". *IBM Syst. J.*, (43)4:624-645, abril 2004.

JUL, E.; LEVY, H.; HUTCHINSON, N. e BLACK, A. "Fine-Grained Mobility in the Emerald System". *ACM Trans. Comp. Syst.*, (6)1:109-133, fevereiro 1988.

JUNG, J.; SIT, E.; BALAKRISHNAN, H. e MORRIS, R. "DNS Performance and the Effectiveness of Caching". *IEEE/ACM Trans. Netw.*, (10)5:589-603, outubro 2002.

KAHN, D. *The Codebreakers*. Nova York: Macmillan, 1967.

KAMINSKY, M.; SAVVIDES, G.; MAZIhRES, D. e KAASHOEK, M. F. "Decentralized User Authentication in a Global File System". *Proc. 19th Symp. Operating System Principles* (Bolton Landing, NY). Nova York, NY: ACM Press, 2003. pp. 60-73.

KANTARCIOGLU, M. e CLIFTON, C. "Security Issues in Querying Encrypted Data". *Proc. 19th Conf. Data &Appl. Security*, vol. 3654 de *Lect. Notes Comp. Sc.* (Storrs, CT). Berlim: Springer-Verlag, 2005. pp. 325-337.

KARNIK, N. e TRIPATHI, A. "Security in the Ajanta Mobile Agent System". *Software – Practice & Experience*, (31)4:301-329, abril 2001.

KASERA, S.; KUROSE, J. e TOWSLEY, D. "Scalable Reliable Multicast Using Multiple Multicast Groups". *Proc. Int'l Conf. Measurements and Modeling of Computer Systems*. ACM, 1997. pp. 64-74.

KATZ, E.; BUTLER, M. e MCGRATH, R. "A Scalable HTTP Server: The NCSA Prototype". *Comp. Netw. & ISDN Syst.*, (27)2:155-164, setembro 1994.

KAUFMAN, C.; PERLMAN, R. e SPECINER, M. *Network Security: Private Communication in a Public World*. Englewood Cliffs, NJ: Prentice Hall, 2. ed., 2003.

KENT, S. "Internet Privacy Enhanced Mail". *Commun. ACM*, (36)8:48-60, agosto 1993.

KEPHART, J. O. e CHESS, D. M. "The Vision of Autonomic Computing". *IEEE Computer*, (36)1:41-50, janeiro 2003.

KHOSHAFIAN, S. e BUCKIEWICZ, M. *Introduction to Groupware, Workflow, and Workgroup Computing*. Nova York: John Wiley, 1995.

KHURANA, H. e KOLEVA, R. "Scalable Security and Accounting Services for Content-Based Publish Subscribe Systems". *Int'l J. E-Business Res.*, (2), 2006.

KIM, S.; PAN, K.; SINDERSON, E. e WHITEHEAD, J. "Architecture and Data Model of a WebDAV-based Collaborative System". *Proc. Collaborative Techn. Symp.\/R*, (San Diego, CA), 2004. pp. 48-55.

KISTLER, J. e SATYANARAYANAN, M. "Disconnected Operation in the Coda File System". *ACM Trans. Comp. Syst.*, (10)1:3-25, fevereiro 1992.

KLEIMAN, S. "Vnodes: an Architecture for Multiple File System Types in Unix". *Proc. Summer Techn. Conf.* Usenix, 1986. pp. 238-247.

KOHL, J.; NEUMAN, B. e T'SO, T. "The Evolution of the Kerberos Authentication System". In Brazier, F. e Johansen, D. (eds.), *Distributed Open Systems*, pp. 78-94. Los Alamitos, CA: IEEE Computer Society Press, 1994.

KON, F.; COSTA, F.; CAMPBELL, R. e BLAIR, G. "The Case for Reflective Middleware". *Commun. ACM*, (45)6:33-38, junho 2002.

KOPETZ, H. e VERISSIMO, P. "Real Time and Dependability Concepts". In Mullender, S. (ed.), *Distributed Systems*, pp. 411-446. Wokingham: Addison-Wesley, 2. ed., 1993.

KOSTOULAS, M. G.; MATSA, M.; MENDELSOHN, N.; PERKINS, E.; HEIFETS, A. e MERCALDI, M. "XML Screamer: An Integrated Approach to High Performance XML Parsing, Validation and Deserialization". *Proc. 15th Int'l WWW Conf.* (Edimburgo, Escócia). Nova York, NY: ACM Press, 2006.

KUMAR, P. e SATYANARAYANAN, M. "Flexible and Safe Resolution of File Conflicts". *Proc. Winter Techn. Conf.* Usenix, 1995. pp. 95-106.

LAI, A. e NIEH, J. "Limits of Wide-Area Thin-Client Computing". *Proc. Int'l Conf. Measurements and Modeling of Computer Systems* (Marina Del Rey, CA). Nova York, NY: ACM Press, 2002. pp. 228-239.

LAMACCHIA, B. e ODLYZKO, A. "Computation of Discrete Logarithms in Prime Fields". *Designs, Codes, and Cryptography*, (1)1:47-62, maio 1991.

LAMPORT, L. "Time, Clocks, and the Ordering of Events in a Distributed System". *Commun. ACM*, (21)7:558-565, julho 1978.

LAMPORT, L. "How to Make a Multiprocessor Computer that Correctly Executes Multiprocessor Programs". *IEEE Trans. Comp.*, (C-29)9:690-691, setembro 1979.

LAMPORT, L.; SHOSTAK, R. e PAESE, M. "Byzantine Generals Problem". *ACM Trans. Prog. Lang. Syst.*, (4)3:382-401, julho 1982.

LAMPSON, B.; ABADI, M.; BURROWS, M. e WOBBER, E. "Authentication in Distributed Systems: Theory and Practice". *ACM Trans. Comp. Syst.*, (10)4:265-310, novembro 1992.

LAPRIE, J.-C. "Dependability – Its Attributes, Impairments and Means". In Randell, B.; Laprie, J.-C.; Kopetz, H. e Littlewood, B. (eds.), *Predictably Dependable Computing Systems*. Berlim: Springer-Verlag, 1995. pp. 3-24.

LAURIE, B. e LAURIE, P. *Apache: The Definitive Guide*. Sebastopol, CA: O'Reilly & Associates, 3. ed., 2002.

LEFF, A. e RAYFIELD, J. T. "Alternative Edge-server Architectures for Enterprise JavaBeans Applications". *Proc. Middleware 2004*, vol. 3231 de *Lect. Notes Comp. Sc.* (Toronto, Canadá). Berlim: Springer-Verlag, 2004. pp. 195-211.

LEIGHTON, F. e LEWIN, D. "Global Hosting System". United States Patent, Number 6.108.703, agosto 2000.

LEVIEN, R. (ed.). *Signposts in Cyberspace: The Domain Name System and Internet Navigation*. Washington, DC: National Academic Research Council, 2005.

LEVINE, B. e GARCIA-LUNA-ACEVES, J. "A Comparison of Reliable Multicast Protocols". *ACM Multimedia Systems Journal*, (6)5:334-348, 1998.

LEWIS, B. e BERG, D. J. *Multithreaded Programming with Pthreads*. Englewood Cliffs, NJ: Prentice Hall, 2. ed., 1998.

LI, G. e JACOBSEN, H.-A. "Composite Subscriptions in Content-Based Publish/Subscribe Systems". *Proc. Middleware 2005*, vol. 3790 de *Lect. Notes Comp. Sc.*(Grenoble, França). Berlim: Springer-Verlag, 2005. pp. 249-269.

LI, J.; LU, C. e SHI, W. "An Efficient Scheme for Preserving Confidentiality in Content-Based Publish-Subscribe Systems". Relatório Técnico GIT-CC-04-01, Georgia Institute of Technology, College of Computing, 2004a.

LI, N.; MITCHELL, J. C. e TONG, D. "Securing Java RMI-based Distributed Applications". *Proc. 20th Ann. Computer Security Application Conf.* (Tucson, AZ). ACSA, 2004b.

LILJA, D. "Cache Coherence in Large-Scale Shared-Memory Multiprocessors: Issues and Comparisons". *ACM Comput. Surv.,* (25)3:303-338, setembro 1993.

LIN, M.-J. e MARZULLO, K. "Directional Gossip: Gossip in a Wide-Area Network". In *Proc. Third European Dependable Computing Conf.*, vol. 1667 de *Lect. Notes Comp. Sc.* Berlim: Springer-Verlag, setembro 1999. pp. 364-379.

LIN, S.-D.; LIAN, Q.; CHEN, M.; e ZHANG, Z. "A Practical Distributed Mutual Exclusion Protocol in Dynamic Peer-to-Peer Systems". *Proc. Third Int'l Workshop on Peer-to-Peer Systems,* vol. 3279 de *Lect. Notes Comp. Sc.,* (La Jolla, CA). Berlim: Springer-Verlag, 2004. pp. 11-21.

LING, B. C.; KICIMAN, E. e FOX, A. "Session State: Beyond Soft State". *Proc. First Symp. Networked Systems Design and Impl.,* (San Francisco, CA). Berkeley, CA: Usenix, 2004. pp. 295-308.

LINN, J. "Generic Security Service Application Program Interface, version 2". RFC 2078, janeiro 1997.

LIU, C.-G.; ESTRIN, D.; SHENKER, S. e ZHANG, L. "Local Error Recovery in SRM: Comparison of Two Approaches". *IEEE/ACM Trans. Netw.,* (6)6:686-699, dezembro 1998.

LIU, H. e JACOBSEN, H.-A. "Modeling Uncertainties in Publish/Subscribe Systems". *Proc. 20th Int'l Conf. Data Engineering,* (Boston, MA). Los Alamitos, CA: IEEE Computer Society Press, 2004. pp. 510-522.

LO, V.; ZHOU, D.; LIU, Y.; DICKEY, C. G. e LI, J. "Scalable Supernode Selection in Peer-to-Peer Overlay Networks". *Proc. Second Hot Topics in Peer-to-Peer Systems* (La Jolla, CA), 2005.

LOSHIN, P. (ed.): *Big Book of Lightweight Directory Access Protocol (LDAP) RFCs.* San Mateo, CA: Morgan Kaufman, 2000.

LUA, E. K.; CROWCROFT, J.; PIAS, M.; SHARMA, R. e LIM, S. "A Survey and Comparison of Peer-to-Peer Overlay Network Schemes". *IEEE Communications Surveys & Tutorials,* (7)2:22-73, abril 2005.

LUI, J.; MISRA, V. e RUBENSTEIN, D. "On the Robustness of Soft State Protocols". *Proc. 12th Int'l Conf. on Network Protocols* (Berlim, Alemanha). Los Alamitos, CA: IEEE Computer Society Press, 2004. pp. 50-60.

LUOTONEN, A. e ALTIS, K. "World-Wide Web Proxies". *Comp. Netw. & ISDN Syst.,* (27)2:1845-1855, 1994.

LYNCH, N. *Distributed Algorithms.* San Mateo, CA: Morgan Kaufman, 1996.

MAASSEN, J.; KIELMANN, T. e BAL, H. E. "Parallel Application Experience with Replicated Method Invocation". *Conc. & Comput.: Prac. Exp.* (13)8-9:681-712, 2001.

MACGREGOR, R.; DURBIN, D.; OWLETT, J. e YEOMANS, A. *Java Network Security.* Upper Saddle River, NJ: Prentice Hall, 1998.

MADDEN, S. R.; FRANKLIN, M. J.; HELLERSTEIN, J. M. e HONG, W. "TinyDB: An Acquisitional Query Processing System for Sensor Networks". *ACM Trans. Database Syst.,* (30)1:122-173, 2005.

MAKPANGOU, M.; GOURHANT, Y.; LE NARZUL, J.-P. e SHAPIRO, M. "Fragmented Objects for Distributed Abstractions". In Casavant, T. e Singhal, M. (eds.), *Readings in Distributed Computing Systems.* Los Alamitos, CA: IEEE Computer Society Press, 1994. pp. 170-186.

MALKHI, D. e REITER, M. "Secure Execution of Java Applets using a Remote Playground". *IEEE Trans. Softw. Eng.,* (26)12:1197-1209, dezembro 2000.

MAMEI, M. e ZAMBONELLI, F. "Programming Pervasive and Mobile Computing Applications with the tota Middleware". *Proc. Second Int'l Conf. Pervasive Computing and Communications (PerCom)* (Orlando, FL). Los Alamitos, CA: IEEE Computer Society Press, 2004. pp. 263-273.

MANOLA, F. e MILLER, E. "RDF Primer". W3C Recommendation, fevereiro 2004.

MARCUS, E. e STERN, H. *Blueprints for High Availability.* Nova York: John Wiley, 2. ed., 2003.

MASCOLO, C.; CAPRA, L. e EMMERICH, W. "Principles of Mobile Computing Middleware". In Mahmoud, Qusay H. (ed.), *Middleware for Communications,* capítulo 12. Nova York: John Wiley, 2004.

MASINTER, L. "The Data URL Scheme". RFC 2397, agosto 1998.

MAZIERES, D.; KAMINSKY, M.; KAASHOEK, M. e WITCHEL, E. "Separating Key Management from File System Security". *Proc. 17th Symp. Operating System Principles.* ACM, 1999. pp. 124-139.

MAZOUNI, K.; GARBINATO, B. e GUERRAOUI, R. "Building Reliable Client-Server Software Using Actively Replicated Objects". In Graham, I.; Magnusson, B. Meyer, B.; e Nerson, J.M. (eds.), *Technology of Object Oriented Languages and Systems.* Englewood Cliffs, NJ: Prentice Hall, 1995. pp. 37-53.

MCKINLEY, P.; SADJADI, S.; KASTEN, E. e CHENG, B. "Composing Adaptive Software". *IEEE Computer,* (37)7:56-64, janeiro 2004.

MEHTA, N.; MEDVIDOVIC, N. e PHADKE, S. "Towards a Taxonomy of Software Connectors". *Proc. 22nd Int'l Conf. on Software Engineering* (Limerick, Irlanda). Nova York, NY: ACM Press, 2000. pp. 178-187.

MENEZES, A. J.; VAN OORSCHOT, P. C. e VANSTONE, S. A. *Handbook of Applied Cryptography.* Boca Raton: CRC Press, 3. ed., 1996.

MERIDETH, M. G.; IYENGAR, A.; MIKALSEN, T.; TAI, S.; ROUVELLOU, I. e NARASIMHAN, P. "Thema: Byzantine-Fault-Tolerant Middleware for Web-Service Applications". *Proc. 24th Symp. on Reliable Distributed Systems* (Orlando, FL). Los Alamitos, CA: IEEE Computer Society Press, 2005. pp. 131-142.

MEYER, B. *Object-Oriented Software Construction*. Englewood Cliffs, NJ: Prentice Hall, 2. ed., 1997.

MILLER, B. N.; KONSTAN, J. A. e RIEDL, J. "PocketLens: Toward a Personal Recommender System". *ACM Trans. Inf. Syst.*, (22)3:437-476, julho 2004.

MILLS, D. L. *Computer Network Time Synchronization: The Network Time Protocol*. Boca Raton, FL: CRC Press, 2006.

MILLS, D. L. "Network Time Protocol (version 3): Specification, Implementation, and Analysis". RFC 1305, julho 1992.

MILOJICIC, D.; DOUGLIS, F.; PAINDAVEINE, Y.; WHEELER, R. e ZHOU, S. "Process Migration". *ACM Comput. Surv.*, (32)3:241-299, setembro 2000.

MIN, S. L. e BAER, J.-L. "Design and Analysis of a Scalable Cache Coherence Scheme Based on Clocks and Timestamps". *IEEE Trans. Par. Distr. Syst.*, (3)1:25-44, janeiro 1992.

MIRKOVIC, J.; DIETRICH, S. e ANDPETER REIHER, D. D. *Internet Denial of Service: Attack and Defense Mechanisms*. Englewood Cliffs, NJ: Prentice Hall, 2005.

MIRKOVIC, J. e REIHER, P. "A Taxonomy of DDoS Attack and DDoS Defense Mechanisms". *ACM Comp. Commun. Rev.*, (34)2:39-53, abril 2004.

MOCKAPETRIS, P. "Domain Names – Concepts and Facilities". RFC 1034, novembro 1987.

MONSON-HAEFEL, R.; BURKE, B. e LABOUREY, S. *Enterprise Java Beans*. Sebastopol, CA: O'Reilly & Associates, 4. ed., 2004.

MOSER, L.; MELLIAR-SMITH, P.; AGARWAL, D.; BUDHIA, R. e LINGLEY-PAPADOPOULOS, C. "Totem: A Fault-Tolerant Multicast Group Communication System". *Commun. ACM*, (39)4:54-63, abril 1996.

MOSER, L.; MELLIOR-SMITH, P. e NARASIMHAN, P. "Consistent Object Replication in the Eternal System". *Theory and Practice of Object Systems,* (4)2:81-92, 1998.

MULLENDER, S. e TANENBAUM, A. "Immediate Files". *Software – Practice & Experience,* (14)3:365-368, 1984.

MUNTZ, D. e HONEYMAN, P. "Multi-level Caching in Distributed File Systems". *Proc. Winter Techn. Conf.* Usenix, 1992. pp. 305-313.

MURPHY, A.; PICCO, G. e ROMAN, G.-C. "Lime: A Middleware for Physical and Logical Mobility". *Proc. 21st Int'l Conf. on Distr. Computing Systems* (Phoenix, AZ). Los Alamitos, CA: IEEE Computer Society Press, 2001. pp. 524-533.

MUTHITACHAROEN, A.; MORRIS, R.; GIL, T. e CHEN, B. "Ivy: A Read/Write Peer-to-Peer File System". *Proc. Fifth Symp. on Operating System Design and Implementation* (Boston, MA). Nova York, NY: ACM Press, 2002. pp. 31-44.

NAPPER, J.; ALVISI, L. e VIN, H. M. "A Fault-Tolerant Java Virtual Machine". *Proc. Int'l Conf. Dependable Systems and Networks* (San Francisco, CA). Los Alamitos, CA: IEEE Computer Society Press, 2003. pp. 425-434.

NARASIMHAN, P.; MOSER, L. e MELLIAR-SMITH, P. "The Eternal System". In Urban, J. e Dasgupta, P. (eds.), *Encyclopedia of Distributed Computing*. Dordrecht, Holanda: Kluwer Academic Publishers, 2000.

NAYATE, A.; DAHLIN, M. e IYENGAR, A. "Transparent Information Dissemination". *Proc. Middleware 2004*, vol. 3231 de *Lect. Notes Comp. Sc.* (Toronto, Canadá). Berlim: Springer-Verlag, 2004. pp. 212-231.

NEEDHAM, R. e SCHROEDER, M. "Using Encryption for Authentication in Large Networks of Computers". *Commun. ACM*, (21)12:993-999, dezembro 1978.

NEEDHAM, R. "Names". In Mullender, S. (ed.), *Distributed Systems*. Wokingham: Addison-Wesley, 2. ed., 1993. pp. 315-327.

NELSON, B. *Remote Procedure Call*. Tese de doutorado, Carnegie-Mellon, 1981.

NEUMAN, B. "Scale in Distributed Systems". In Casavant, T. e Singhal, M. (eds.), *Readings in Distributed Computing Systems*. Los Alamitos, CA: IEEE Computer Society Press, 1994. pp. 463-489.

NEUMAN, B. "Proxy-Based Authorization and Accounting for Distributed Systems". *Proc. 13th Int'l Conf. on Distributed Computing Systems*. IEEE, 1993. pp. 283-291.

NEUMAN, C.; YU, T.; HARTMAN, S. e RAEBURN, K. "The Kerberos Network Authentication Service". RFC 4120, julho 2005.

NEUMANN, P. "Architectures and Formal Representations for Secure Systems". Relatório Técnico, Computer Science Laboratory, SRI International, Menlo Park, CA, outubro 1995.

NG, E. e ZHANG, H. "Predicting Internet Network Distance with Coordinates-Based Approaches". *Proc. 21st Infocom Conf.* (Nova York, NY). Los Alamitos, CA: IEEE Computer Society Press, 2002.

NIEMELA, E. e LATVAKOSKI, J. "Survey of Requirements and Solutions for Ubiquitous Software". *Proc. Third Int'l Conf. Mobile & Ubiq. Multimedia* (College Park, MY), 2004. pp. 71-78.

NOBLE, B.; FLEIS, B. e KIM, M. "A Case for Fluid Replication". *Proc. NetStore'99*, 1999.

OBRACZKA, K. "Multicast Transport Protocols: A Survey and Taxonomy". *IEEE Commun. Mag.*, (36)1:94-102, janeiro 1998.

OMG. "The Common Object Request Broker: Core Specification, revision 3.0.3". OMG Document formal/04-03-12, Object Management Group, Framingham, MA, março 2004a. Citado nas páginas 54, 454, 465, 477.

OMG. "UML 2.0 Superstructure Specification". OMG Document ptc/04-10-02, Object Management Group, Framingham, MA, outubro 2004b.

OPPENHEIMER, D.; ALBRECHT, J.; PATTERSON, D. e VAHDAT, A. "Design and Implementation Tradeoffs for Wide-Area Resource Discovery". *Proc. 14th Int'l Symp. On High Performance Distributed Computing*

(Research Triangle Park, NC). Los Alamitos, CA: IEEE Computer Society Press, 2005.
ORAM, A. (ed.). *Peer-to-Peer: Harnessing the Power of Disruptive Technologies*. Sebastopol, CA: O'Reilly & Associates, 2001.
OSZU, T. e VALDURIEZ, P. *Principles of Distributed Database Systems*. Upper Saddle River, NJ: Prentice Hall, 2. ed., 1999.
PAI, V.; ARON, M.; BANGA, G.; SVENDSEN, M.; DRUSCHEL, P.; ZWAENEPOEL, W. e NAHUM, E. "Locality-Aware Request Distribution in Cluster-Based Network Servers". *Proc. Eighth Int'l Conf. Architectural Support for Programming Languages and Operating Systems* (San Jose, CA). Nova York, NY: ACM Press, 1998. pp. 205-216.
PANZIERI, F. e SHRIVASTAVA, S. "Rajdoot: A Remote Procedure Call Mechanism with Orphan Detection and Killing". *IEEE Trans. Softw. Eng.*, (14)1:30-37, janeiro 1988.
PARTRIDGE, C.; MENDEZ, T. e MILLIKEN, W. "Host Anycasting Service". RFC 1546, novembro 1993.
PATE, S. *Unix Filesystems: Evolution, Design, and Implementation*. Nova York: John Wiley, 2003.
PEASE, M.; SHOSTAK, R. e LAMPORT, L. "Reaching Agreement in the Presence of Faults". *J. ACM*, (27)2:228-234, abril 1980.
PERKINS, C.; HODSON, O. e HARDMAN, V. "A Survey of Packet Loss Recovery Techniques for Streaming Audio". *IEEE Network*, (12)5:40-48, setembro 1998.
PETERSON, L. e DAVIE, B. *Computer Networks, A Systems Approach*. San Mateo, CA: Morgan Kaufman, 3. ed., 2003.
PETERSON, L.; BAVIER, A.; FIUCZYNSKI, M.; MUIR, S. e ROSCOE, T. "Towards a Comprehensive PlanetLab Architecture". Relatório Técnico PDN-05-030, PlanetLab Consortium, junho 2005. Citado na página 99.
PFLEEGER, C. *Security in Computing*. Upper Saddle River, NJ: Prentice Hall, 3. ed., 2003.
PICCO, G.; BALZAROTTI, D. e COSTA, P. "LighTS: A Lightweight, Customizable Tuple Space Supporting Context-Aware Applications". *Proc. Symp. Applied Computing* (Santa Fe, NM). Nova York, NY: ACM Press, 2005. pp. 413-419.
PIERRE, G. e VAN STEEN, M. "Globule: A Collaborative Content Delivery Network". *IEEE Commun. Mag.*, (44)8, agosto 2006.
PIERRE, G.; VAN STEEN, M. e TANENBAUM, A. "Dynamically Selecting Optimal Distribution Strategies for Web Documents". *IEEE Trans. Comp.*, (51)6:637-651, junho 2002.
PIETZUCH, P. R. e BACON, J. M. "Hermes: A Distributed Event-Based Middleware Architecture". *Proc. Workshop on Distributed Event-Based Systems* (Viena, Áustria). Los Alamitos, CA: IEEE Computer Society Press, 2002.
PIKE, R.; PRESOTTO, D.; DORWARD, S.; FLANDRENA, B.; THOMPSON, K.; TRICKEY, H. e WINTERBOTTOM, P. "Plan 9 from Bell Labs". *Computing Systems*, (8)3:221-254, verão 1995.
PINZARI, G. "NX X Protocol Compression". Relatório Técnico D-309/3-NXP-DOC, NoMachine, Roma, Itália, setembro 2003.
PITOURA, E. e SAMARAS, G. "Locating Objects in Mobile Computing". *IEEE Trans. Know. Data Eng.*, (13)4:571-592, julho 2001.
PLAINFOSSE, D. e SHAPIRO, M. "A Survey of Distributed Garbage Collection Techniques". *Proc. Int'l Workshop on Memory Management*, vol. 986 de *Lect. Notes Comp. Sc.* Berlim: Springer-Verlag, setembro 1995. pp. 211-249.
PLUMMER, D. "Ethernet Address Resolution Protocol". RFC 826, novembro 1982.
PODLING, S. e BOSZORMENYI, L. "A Survey of Web Cache Replacement Strategies". *ACM Comput. Surv.*, (35)4:374-398, dezembro 2003.
POPESCU, B.; VAN STEEN, M. e TANENBAUM, A. "A Security Architecture for Object-Based Distributed Systems". *Proc. 18th Ann. Computer Security Application Conf.* (Las Vegas, NA). ACSA, 2002.
POSTEL, J. "Simple Mail Transfer Protocol". RFC 821, agosto 1982.
POSTEL, J. e REYNOLDS, J. "File Transfer Protocol". RFC 995, outubro 1985.
POTZL, H.; ANDERSON, M. e STEINBRINK, B. "Linux-VServer: Resource Efficient Context Isolation". *Free Software Magazine*, n°. 5, junho 2005.
POUWELSE, J.; GARBACKI, P.; EPEMA, D. e SIPS, H. "A Measurement Study of the BitTorrent Peer-to-Peer File-Sharing System". Relatório Técnico PDS-2004-003, Technical University Delft, abril 2004.
POUWELSE, J. A.; GARBACKI, P.; EPEMA, D. H. J. e SIPS, H. J. "The BitTorrent P2P File-Sharing System: Measurements and Analysis". *Proc. Fourth Int'l Workshop on Peer-to-Peer Systems*, vol. 3640 de *Lect. Notes Comp. Sc.* (Ithaca, NY). Berlim: Springer-Verlag, 2005. pp. 205-216.
QIN, F.; TUCEK, J.; SUNDARESAN, J. e ZHOU, Y. "Rx: Treating Bugs as Allergies – A Safe Method to Survive Software Failures". *Proc. 20th Symp. Operating System Principles* (Brighton, Reino Unido). Nova York, NY: ACM Press, 2005. pp. 235-248.
QIU, L.; PADMANABHAN, V. e VOELKER, G. "On the Placement of Web Server Replicas". *Proc. 20th Infocom Conf.* (Anchorage, AK). Los Alamitos, CA: IEEE Computer Society Press, 2001. pp. 1587-1596.
RABINOVICH, M. e SPATSCHECK, O. *Web Caching and Replication*. Reading, MA: Addison-Wesley, 2002.
RABINOVICH, M.; RABINOVICH, I.; RAJARAMAN, R. e AGGARWAL, A. "A Dynamic Object Replication and Migration Protocol for an Internet Hosting Service". *Proc. 19th Int'l Conf. on Distributed Computing Systems*. IEEE, 1999. pp. 101-113.
RADIA, S. *Names, Contexts, and Closure Mechanisms in Distributed Computing Environments*. Tese de doutorado, Universidade de Waterloo, Ontário, 1989.

RADOSLAVOV, P.; GOVINDAN, R. e ESTRIN, D. "Topology-Informed Internet Replica Placement". *Proc. Sixth Web Caching Workshop* (Boston, MA). Amsterdã: Holanda Norte, 2001.

RAFAELI, S. e HUTCHISON, D. "A Survey of Key Management for Secure Group Communication". *ACM Comput. Surv.*, (35)3:309-329, setembro 2003.

RAICIU, C. e ROSENBLUM, D. "Enabling Confidentiality in Content-Based Publish/Subscribe Infrastructures". Relatório Técnico RN/05/30, University College London, Department of Computer Science, 2005.

RAMANATHAN, P.; SHIN, K. e BUTLER, R. "Fault-Tolerant Clock Synchronization in Distributed Systems". *IEEE Computer*, (23)10:33-42, outubro 1990.

RAMASUBRAMANIAN, V. e SIRER, E. G. "The Design and Implementation of a Next Generation Name Service for the Internet". *Proc. SIGCOMM* (Portland, OR). Nova York, NY: ACM Press, 2004a.

RAMASUBRAMANIAN, V. e SIRER, E. G. "Beehive: O(1) Lookup Performance for Power-Law Query Distributions in Peer-to-Peer Overlays". *Proc. First Symp. Networked Systems Design and Impl.*, (San Francisco, CA). Berkeley, CA: Usenix, 2004b. pp. 99-112.

RATNASAMY, S.; FRANCIS, P.; HANDLEY, M.; KARP, R. e SCHENKER, S. "A Scalable Content-Addressable Network". *Proc. SIGCOMM*. ACM, 2001. pp. 161-172.

RAYNAL, M. e SINGHAL, M. "Logical Time: Capturing Causality in Distributed Systems". *IEEE Computer*, (29)2:49-56, fevereiro 1996.

REITER, M. "How to Securely Replicate Services". *ACM Trans. Prog. Lang. Syst.*, (16)3:986-1009, maio 1994.

REITER, M.; BIRMAN, K. e VAN RENESSE, R. "A Security Architecture for Fault-Tolerant Systems". *ACM Trans. Comp. Syst.*, (12)4:340-371, novembro 1994.

RESCORLA, E. e SCHIFFMAN, A. "The Secure HyperText Transfer Protocol". RFC 2660, agosto 1999.

REYNOLDS, J. e POSTEL, J. "Assigned Numbers". RFC 1700, outubro 1994.

RICART, G. e AGRAWALA, A. "An Optimal Algorithm for Mutual Exclusion in Computer Networks". *Commun. ACM*, (24)1:9-17, janeiro 1981.

RISSON, J. e MOORS, T. "Survey of Research towards Robust Peer-to-Peer Networks: Search Methods". *Comp. Netw.*, (50), 2006.

RIVEST, R. "The MD5 Message Digest Algorithm". RFC 1321, abril 1992.

RIVEST, R.; SHAMIR, A. e ADLEMAN, L. "A Method for Obtaining Digital Signatures and Public-key Cryptosystems". *Commun. ACM*, (21)2:120-126, fevereiro 1978.

RIZZO, L. "Effective Erasure Codes for Reliable Computer Communication Protocols". *ACM Comp. Commun. Rev.*, (27)2:24-36, abril 1997.

RODRIGUES, L.; FONSECA, H. e VERISSIMO, P. "Totally Ordered Multicast in Large-Scale Systems". *Proc. 16th Int'l Conf. on Distributed Computing Systems*. IEEE, 1996. pp. 503-510.

RODRIGUES, R. e LISKOV, B. "High Availability in DHTs: Erasure Coding vs. Replication". *Proc. Fourth Int'l Workshop on Peer-to-Peer Systems* (Ithaca, NY), 2005.

RODRIGUEZ, P.; SPANNER, C. e BIERSACK, E. "Analysis of Web Caching Architecture: Hierarchical and Distributed Caching". *IEEE/ACM Trans. Netw.*, (21)4:404-418, agosto 2001.

ROSENBLUM, M. e GARFINKEL, T. "Virtual Machine Monitors: Current Technology and Future Trends". *IEEE Computer*, (38)5:39-47, maio 2005.

ROUSSOS, G.; MARSH, A. J. e MAGLAVERA, S. "Enabling Pervasive Computing with Smart Phones". *IEEE Pervasive Comput.*, (4)2:20-26, abril 2005.

ROWSTRON, A. "Run-time Systems for Coordination". In Omicini, A.; Zambonelli, F.; Klusch, M. e Tolksdorf, R. (eds.), *Coordination of Internet Agents: Models, Technologies and Applications*. Berlim: Springer-Verlag, 2001. pp. 78-96.

ROWSTRON, A. e DRUSCHEL, P. "Pastry: Scalable, Distributed Object Location and Routing for Large-Scale Peer-to-Peer Systems". *Proc. Middleware 2001*, vol. 2218 de *Lect. Notes Comp. Sc.* Berlim: Springer-Verlag, 2001. pp. 329-350.

ROWSTRON, A. e WRAY, S. "A Run-Time System for WCL". In Bal, H.; Belkhouche, B. e Cardelli, L. (eds.), *Internet Programming Languages*, vol. 1686 de *Lect. Notes Comp. Sc.*. Berlim: Springer-Verlag, 1998, pp. 78-96.

RUSSELLO, G.; CHAUDRON, M. e VAN STEEN, M. "Adapting Strategies for Distributing Data in Shared Data Space". *Proc. Int'l Symp. Distr. Objects & Appl. (DOA)*, vol. 3291 de *Lect. Notes Comp. Sc.* (Agia Napa, Chipre). Berlim: Springer-Verlag, 2004. pp. 1225-1242.

RUSSELLO, G.; CHAUDRON, M.; VAN STEEN, M. e BOKHAROUSS, I. "Dynamically Adapting Tuple Replication for Managing Availability in a Shared Data Space". *Sc. Comp. Programming*, (63), 2006.

SADJADI, S. e MCKINLEY, P. "A Survey of Adaptive Middleware". Relatório Técnico MSU-CSE-03-35, Michigan State University, Computer Science and Engineering, dezembro 2003.

SAITO, Y. e SHAPIRO, M. "Optimistic Replication". *ACM Comput. Surv.*, (37)1:42-81, março 2005.

SALTZER, J. e SCHROEDER, M. "The Protection of Information in Computer Systems". *Proceedings of the IEEE*, (63)9:1278-1308, setembro 1975.

SALTZER, J. "Naming and Binding Objects". In Bayer, R.; Graham, R. e Seegmuller, G. (eds.), *Operating Systems: An Advanced Course*, vol. 60 de *Lect. Notes Comp. Sc.* Berlim: Springer-Verlag, 1978. pp. 99-208.

SALTZER, J.; REED, D. e CLARK, D. "End-to-End Arguments in System Design". *ACM Trans. Comp. Syst.*, (2)4:277-288, novembro 1984.

SANDHU, R. S.; COYNE, E. J.; FEINSTEIN, H. L. e YOUMAN, C. E. "Role-Based Access Control Models". *IEEE Computer*, (29)2:38-47, fevereiro 1996.

SAROIU, S.; GUMMADI, P. K. e GRIBBLE, S. D. "Measuring and Analyzing the Characteristics of Napster and Gnutella Hosts". *ACM Multimedia Syst.*, (9)2:170-184, agosto 2003.

SATYANARAYANAN, M. "The Evolution of Coda". *ACM Trans. Comp. Syst.*, (20)2:85-124, maio 2002.

SATYANARAYANAN, M. e SIEGEL, E. "Parallel Communication in a Large Distributed System". *IEEE Trans. Comp.*, (39)3:328-348, março 1990.

SAXENA, P. e RAI, J. "A Survey of Permission-based Distributed Mutual Exclusion Algorithms". *Computer Standards and Interfaces*, (25)2:159-181, maio 2003.

SCHMIDT, D.; STAL, M.; ROHNERT, H. e BUSCHMANN, F. *Pattern-Oriented Software Architecture – Patterns for Concurrent and Networked Objects*. Nova York: John Wiley, 2000.

SCHNEIDER, F. "Implementing Fault-Tolerant Services Using the State Machine Approach: A Tutorial". *ACM Comput. Surv.*, (22)4:299-320, dezembro 1990.

SCHNEIER, B. *Applied Cryptography*. Nova York: John Wiley, 2. ed., 1996.

SCHNEIER, B. *Secrets and Lies*. Nova York: John Wiley, 2000.

SCHULZRINNE, H. "The tel URI for Telephone Numbers". RFC 3966, janeiro 2005.

SCHULZRINNE, H.; CASNER, S.; FREDERICK, R. e JACOBSON, V. "RTP: A Transport Protocol for Real-Time Applications". RFC 3550, julho 2003.

SEBESTA, R. *Programming the World Wide Web*. Reading, MA: Addison-Wesley, 3. ed., 2006.

SHAPIRO, M.; DICKMAN, P. e PLAINFOSSE, D. "SSP Chains: Robust, Distributed References Supporting Acyclic Garbage Collection". Relatório Técnico 1799, INRIA, Rocquencourt, França, novembro 1992.

SHAW, M. e CLEMENTS, P. "A Field Guide to Boxology: Preliminary Classification of Architectural Styles for Software Systems". *Proc. 21st Int'l Comp. Softw. & Appl. Conf.*, 1997. pp. 6-13.

SHEPLER, S.; CALLAGHAN, B.; ROBINSON, D.; THURLOW, R.; BEAME, C.; EISLER, M. e NOVECK, D. "Network File System (NFS) Version 4 Protocol". RFC 3530, abril 2003.

SHETH, A. P. e LARSON, J. A. "Federated Database Systems for Managing Distributed, Heterogeneous, and Autonomous Databases". *ACM Comput. Surv.*, (22)3:183-236, setembro 1990.

SHOOMAN, M. L. *Reliability of Computer Systems and Networks: Fault Tolerance, Analysis, and Design*. Nova York: John Wiley, 2002.

SILBERSCHATZ, A.; GALVIN, P. e GAGNE, G. *Operating System Concepts*. Nova York: John Wiley, 7. ed., 2005.

SINGH, A.; CASTRO, M.; DRUSCHEL, P. e ROWSTRON, A. "Defending Against Eclipse Attacks on Overlay Networks". *Proc. 11th Sigops European Workshop* (Leuven, Bélgica). Nova York, NY: ACM Press, 2004. pp. 115-120.

SINGH, A.; NGAN, T.-W.; DRUSCHEL, P. e WALLACH, D. S. "Eclipse Attacks on Overlay Networks: Threats and Defenses". *Proc. 25th Infocom Conf.* (Barcelona, Espanha). Los Alamitos, CA: IEEE Computer Society Press, 2006.

SINGHAL, M. e SHIVARATRI, N. *Advanced Concepts in Operating Systems: Distributed, Database, and Multi-processor Operating Systems*. Nova York: McGraw-Hill, 1994.

SIVASUBRAMANIAN, S.; PIERRE, G. e VAN STEEN, M. "Replicating Web Applications On-Demand". *Proc. First Int'l Conf. Services Comput.* (Xangai, China). Los Alamitos, CA: IEEE Computer Society Press, 2004a. pp. 227-236.

SIVASUBRAMANIAN, S.; PIERRE, G.; VAN STEEN, M. e ALONSO, G. "GlobeCBC: Content-blind Result Caching for Dynamic Web Applications". Relatório Técnico, Universidade de Vrije, Departamento de Ciência da Computação, janeiro 2006.

SIVASUBRAMANIAN, S.; SZYMANIAK, M.; PIERRE, G. e VAN STEEN, M. "Replication for Web Hosting Systems". *ACM Comput. Surv.*, (36)3:1-44, setembro 2004b.

SIVASUBRAMANIAN, S.; ALONSO, G.; PIERRE, G. e VAN STEEN, M. "GlobeDB: Autonomic Data Replication for Web Applications". *Proc. 14th Int'l WWW Conf.* (Chiba, Japão). Nova York, NY: ACM Press, 2005. pp. 33-42.

SIVRIKAYA, F. e YENER, B. "Time Synchronization in Sensor Networks: A Survey". *IEEE Network*, (18)4:45-50, julho 2004.

SKEEN, D. "Nonblocking Commit Protocols". *Proc. Sigmod Int'l Conf. on Management of Data*. ACM, 1981. pp. 133-142.

SKEEN, D. e STONEBRAKER, M. "A Formal Model of Crash Recovery in a Distributed System". *IEEE Trans. Softw. Eng.*, (SE-9)3:219-228, março 1983.

SMITH, J. e NAIR, R. "The Architecture of Virtual Machines". *IEEE Computer*, (38)5:32-38, maio 2005.

SMITH, J. e NAIR, R. *Virtual Machines: Versatile Platforms for Systems and Processes*. San Mateo, CA: Morgan Kaufman, 2005.

SNIR, M.; OTTO, S.; HUSS-LEDERMAN, S.; WALKER, D. e DONGARRA, J. *MPI: The Complete Reference – The MPI Core*. Cambridge, MA: MIT Press, 1998.

SPEAKMAN, T.; CROWCROFT, J.; GEMMELL, J.; FARINACCI, D.; LIN, S.; LESHCHINER, D.; LUBY, M.; MONTGOMERY, T.; RIZZO, L.; TWEEDLY, A.; BHASKAR, N.; EDMONSTONE, R.; SUMANASEKERA, R. e VICISANO, L. "PGM Reliable Transport Protocol Specification". RFC 3208, dezembro 2001.

SPECHT, S. M. e LEE, R. B. "Distributed Denial of Service: Taxonomies of Attacks, Tools, and Countermeasures". *Proc. Int'l Workshop on Security in Parallel and Distributed Systems*, (San Francisco, CA), 2004. pp. 543-550.

SPECTOR, A. "Performing Remote Operations Efficiently on a Local Computer Network". *Commun. ACM*, (25)4:246-260, abril 1982.

SRINIVASAN, R. "RPC: Remote Procedure Call Protocol Specification Version 2". RFC 1831, agosto 1995a.

SRINIVASAN, R. "XDR: External Data Representation Standard". RFC 1832, agosto 1995b.

SRIPANIDKULCHAI, K.; MAGGS, B. e ZHANG, H. "Efficient Content Location Using Interest-Based Locality in Peer-to-Peer Systems". *Proc. 22nd Infocom Conf.* (San Francisco, CA). Los Alamitos, CA: IEEE Computer Society Press, 2003.

STEIN, L. *Web Security, a Step-by-Step Reference Guide*. Reading, MA: Addison-Wesley, 1998.

STEINDER, M. e SETHI, A. "A Survey of Fault Localization Techniques in Computer Networks". *Sc. Comp. Programming*, (53)165-194, maio 2004.

STEINER, J.; NEUMAN, C. e SCHILLER, J. "Kerberos: An Authentication Service for Open Network Systems". *Proc. Winter Techn. Conf.* Usenix, 1988. pp. 191-202.

STEINMETZ, R. "Human Perception of Jitter and Media Synchronization". *IEEE J. Selected Areas Commun.*, (14)1:61-72, janeiro 1996.

STEINMETZ, R. e NAHRSTEDT, K. *Multimedia Systems*. Berlim: Springer-Verlag, 2004.

STEVENS, W. *Unix Network Programming – Networking APIs: Sockets and XTI*. Englewood Cliffs, NJ: Prentice Hall, 2. ed., 1998.

STEVENS, W. *Unix Network Programming – Interprocess Communication*. Englewood Cliffs, NJ: Prentice Hall, 2a. ed., 1999.

STEVENS, W. e RAGO, S. *Advanced Programming in the Unix Environment*. Reading, MA: Addison-Wesley, 2. ed., 2005.

STOICA, I.; MORRIS, R.; LIBEN-NOWELL, D.; KARGER, D. R.; KAASHOEK, M. F.; DABEK, F. e BALAKRISHNAN, H. "Chord: A Scalable Peer-to-peer Lookup Protocol for Internet Applications". *IEEE/ACM Trans. Netw.*, (11)1:17-32, fevereiro 2003.

STOJMENOVIC, I. "Position-based Routing in Ad Hoc Networks". *IEEE Commun. Mag.*, (40)7:128-134, julho 2002.

STRAUSS, J.; KATABI, D. e KAASHOEK, F. "A Measurement Study of Available Bandwidth Estimation Tools". *Proc. Third Internet Measurement Conf.* (Miami Beach, FL). Nova York, NY: ACM Press, 2003. pp. 39-44.

SUGERMAN, J.; VENKITACHALAM, G. e LIM, B.-H. "Virtualizing I/O Devices on VMware Workstations Hosted Virtual Machine Monitor". *Proc. Usenix Ann. Techn. Conf.* (Boston, MA). Berkeley, CA: Usenix, 2001. pp. 1-14.

SUN MICROSYSTEMS. *Java Message Service, Version 1.1*. Sun Microsystems, Mountain View, Calif., abril 2004a.

SUN MICROSYSTEMS. *Java Remote Method Invocation Specification, JDK 1.5*. Sun Microsystems, Mountain View, Calif., 2004b.

SUN MICROSYSTEMS. *EJB 3.0 Simplified API*. Sun Microsystems, Mountain View, Calif., agosto 2005a.

SUN MICROSYSTEMS. *Jini Technology Starter Kit, Version 2.1*, outubro 2005b.

SUNDARARAMAN, B.; BUY, U. e KSHEMKALYANI, A. D. "Clock Synchronization for Wireless Sensor Networks: A Survey". *Ad-Hoc Networks*, (3)3:281-323, maio 2005.

SZYMANIAK, M.; PIERRE, G. e VAN STEEN, M. "Scalable Cooperative Latency Estimation". *Proc. Tenth Int'l Conf. Parallel and Distributed Systems* (Newport Beach, CA). Los Alamitos, CA: IEEE Computer Society Press, 2004. pp. 367-376.

SZYMANIAK, M.; PIERRE, G. e VAN STEEN, M. "A Single-Homed AD HOC Distributed Server". Relatório Técnico IR-CS-013, Universidade de Vrije, Departamento de Ciência da Computação, março 2005.

SZYMANIAK, M.; PIERRE, G. e VAN STEEN, M. "Latency-driven replica placement". *IPSJ Digital Courier*, (2), 2006.

TAIANI, F.; FABRE, J.-C. e KILLIJIAN, M.-O. "A Multi-Level Meta-Object Protocol for Fault-Tolerance in Complex Architectures". *Proc. Int'l Conf. Dependable Systems and Networks* (Yokohama, Japão). Los Alamitos, CA: IEEE Computer Society Press, 2005. pp. 270-279.

TAM, D.; AZIMI, R. e JACOBSEN, H.-A. "Building Content-Based Publish/Subscribe Systems with Distributed Hash Tables". *Proc. First Int'l Workshop on Databases, Information Systems and Peer-to-Peer Computing*, vol. 2944 de *Lect. Notes Comp. Sc.*, (Berlim, Alemanha). Berlim: Springer-Verlag, 2003. pp. 138-152.

TAN, S.-W.; WATERS, G. e CRAWFORD, J. "A Survey and Performance Evaluation of Scalable Tree-based Application Layer Multicast Protocols". Relatório Técnico 9-03, Universidade de Kent, Reino Unido, julho 2003.

TANENBAUM, A. *Computer Networks*. Upper Saddle River, NJ: Prentice Hall, 4. ed., 2003.

TANENBAUM, A.; MULLENDER, S. e VAN RENESSE, R. "Using Sparse Capabilities in a Distributed Operating System". *Proc. Sixth Int'l Conf. on Distributed Computing Systems*. IEEE, 1986. pp. 558-563.

TANENBAUM, A.; VAN RENESSE, R.; VAN STAVEREN, H.; SHARP, G.; MULLENDER, S.; JANSEN, J. e VAN ROSSUM, G. "Experiences with the Amoeba Distributed Operating System". *Commun. ACM*, (33)12:46-63, dezembro 1990. Citado na página 415.

TANENBAUM, A. e WOODHULL, A. *Operating Systems, Design and Implementation*. Englewood Cliffs, NJ: Prentice Hall, 3. ed., 2006. Citado nas páginas 197, 495.

TANISCH, P. "Atomic Commit in Concurrent Computing". *IEEE Concurrency*, (8)4:34-41, outubro 2000.

TARTALJA, I. e MILUTINOVIC, V. "Classifying Software-Based Cache Coherence Solutions". *IEEE Softw.*, (14)3:90-101, maio 1997.

TEL, G. *Introduction to Distributed Algorithms*. Cambridge, Reino Unido: Cambridge University Press, 2. ed., 2000.

TERRY, D.; DEMERS, A.; PETERSEN, K.; SPREITZER, M.; THEIMER, M. e WELSH, B. "Session

Guarantees for Weakly Consistent Replicated Data". *Proc. Third Int'l Conf. on Parallel and Distributed Information Systems* (Austin, TX). Los Alamitos, CA: IEEE Computer Society Press, 1994. pp. 140-149.

TERRY, D.; PETERSEN, K.; SPREITZER, M. e THEIMER, M. "The Case for Nontransparent Replication: Examples from Bayou". *IEEE Data Engineering*, (21)4:12-20, dezembro 1998.

THOMAS, R. "A Majority Consensus Approach to Concurrency Control for Multiple Copy Databases". *ACM Trans. Database Syst.*, (4)2:180-209, junho 1979.

TIBCO. *TIB/Rendezvous Concepts, Release 7.4*. TIBCO Software Inc., Palo Alto, CA, julho 2005.

TOLIA, N.; HARKES, J.; KOZUCH, M. e SATYANARAYAN, M. "Integrating Portable and Distributed Storage". *Proc. Third Usenix Conf. File and Storage Techn.*, (Boston, MA). Berkeley, CA: Usenix, 2004.

TOLKSDORF, R. e ROWSTRON, A. "Evaluating Fault Tolerance Methods for Large-scale Linda-like systems". *Proc. Int'l Conf. on Parallel and Distributed Processing Techniques and Applications*, vol. 2 (Las Vegas, NV), 2000. pp. 793-800.

TOWSLEY, D.; KUROSE, J. e PINGALI, S. "A Comparison of Sender-Initiated and Receiver-Initiated Reliable Multicast Protocols". *IEEE J. Selected Areas Commun.*, (15)3:398-407, abril 1997.

TRIPATHI, A.; KARNIK, N.; VORA, M.; AHMED, T. e SINGH, R. "Mobile Agent Programming in Ajanta". *Proc. 19th Int'l Conf. on Distributed Computing Systems*. IEEE, 1999. pp. 190-197.

TUREK, J. e SHASHA, S. "The Many Faces of Consensus in Distributed Systems". *IEEE Computer*, (25)6:8-17, junho 1992.

UMAR, A. *Object-Oriented Client/Server Internet Environments*. Upper Saddle River, NJ: Prentice Hall, 1997.

UPnP Forum. "UPnP Device Architecture Version 1.0.1", dezembro 2003.

VAN RENESSE, R.; BIRMAN, K. e VOGELS, W. "Astrolabe: A Robust and Scalable Technology for Distributed System Monitoring, Management, and Data Mining". *ACM Trans. Comp. Syst.*, (21)2:164-206, maio 2003.

VAN STEEN, M.; HAUCK, F.; HOMBURG, P. e TANENBAUM, A. "Locating Objects in Wide-Area Sys

VASUDEVAN, S.; KUROSE, J. F. e TOWSLEY, D. F. "Design and Analysis of a Leader Election Algorithm for Mobile Ad Hoc Networks". *Proc. 12th Int'l Conf. on Network Protocols* (Berlim, Alemanha). Los Alamitos, CA: IEEE Computer Society Press, 2004. pp. 350-360.

VEIGA, L. e FERREIRA, P. "Asynchronous Complete Distributed Garbage Collection". *Proc. 19th Int'l Parallel & Distributed Processing Symp.* (Denver, CO). Los Alamitos, CA: IEEE Computer Society Press, 2005.

VELAZQUEZ, M. "A Survey of Distributed Mutual Exclusion Algorithms". Relatório Técnico CS-93-116, Universidade do Colorado em Boulder, setembro 1993.

VERISSIMO, P. e RODRIGUES, L. *Distributed Systems for Systems Architects*. Dordrecht, Holanda: Kluwer Academic Publishers, 2001.

VETTER, R.; SPELL, C. e WARD, C. "Mosaic and the World-Wide Web". *IEEE Computer*, (27)10:49-57, outubro 1994.

VITEK, J.; BRYCE, C. e ORIOL, M. "Coordinating Processes with Secure Spaces". *Sc. Comp. Programming*, (46)1-2, 2003.

VOGELS, W. "Tracking Service Availability in Long Running Business Activities". *Proc. First Int'l Conf. Service Oriented Comput.*, vol. 2910 de *Lect. Notes Comp. Sc.* (Trento, Itália). Berlim: Springer-Verlag, 2003. pp. 395-408.

VOULGARIS, S. e VAN STEEN, M. "Epidemic-style Management of Semantic Overlays for Content-Based Searching". *Proc. 11th Int'l Conf. Parallel and Distributed Computing (Euro-Par)*, vol. 3648 de *Lect. Notes Comp. Sc.* (Lisboa, Portugal). Berlim: Springer-Verlag, 2005. pp. 1143-1152.

VOULGARIS, S.; RIVIÈRE, E.; KERMARREC, A.-M. e VAN STEEN, M. "Sub-2-Sub: Self-Organizing Content-Based Publish and Subscribe for Dynamic and Large Scale Collaborative Networks". *Proc. Fifth Int'l Workshop on Peer-to-Peer Systems* (Santa Barbara, CA), 2006.

VOYDOCK, V. e KENT, S. "Security Mechanisms in High-Level Network Protocols". *ACM Comput. Surv.*, (15)2:135-171, junho 1983.

WAH, B. W.; SU, X. e LIN, D. "A Survey of Error-Concealment Schemes for Real-Time Audio and Video Transmissions over the Internet". *Proc. Int'l Symp. Multimedia Softw. Eng.* (Taipei, Taiwan). Los Alamitos, CA: IEEE Computer Society Press, 2000. pp. 17-24.

WAHBE, R.; LUCCO, S.; ANDERSON, T. e GRAHAM, S. "Efficient Software-based Fault Isolation". *Proc. 14th Symp. Operating System Principles*. ACM, 1993. pp. 203-216.

WALDO, J. "Remote Procedure Calls and Java Remote Method Invocation". *IEEE Concurrency*, (6)3:5-7, julho 1998.

WALFISH, M.; BALAKRISHNAN, H. e SHENKER, S. "Untangling the Web from DNS". *Proc. First Symp. Networked Systems Design and Impl.* (San Francisco, CA). Berkeley, CA: Usenix, 2004. pp. 225-238.

WALLACH, D. "A Survey of Peer-to-Peer Security Issues". *Proc. Int'l Symp. Softw. Security*, vol. 2609 de *Lect. Notes Comp. Sc.* (Tóquio, Japão). Berlim: Springer-Verlag, 2002. pp. 42-57.

WALLACH, D.; BALFANZ, D.; DEAN, D. e FELTEN, E. "Extensible Security Architectures for Java". *Proc. 16th Symp. Operating System Principles*. ACM, 1997. pp. 116-128.

WANG, C.; CARZANIGA, A.; EVANS, D. e WOLF, A. L. "Security Issues and Requirements for Internet-Scale Publish-Subscribe Systems". *Proc. 35th Hawaii Int'l Conf. System Sciences*, vol. 9. IEEE, 2002. pp. 303-310.

WANG, H.; LO, M. K. e WANG, C. "Consumer Privacy Concerns about Internet Marketing". *Commun. ACM*, (41)3:63-70, março 1998.

WATTS, D. J. *Small Worlds, the Dynamics of Networks between Order and Randomness*. Princeton, NJ: Princeton University Press, 1999. Citado na página 226.

WELLS, G.; CHALMERS, A. e CLAYTON, P. "Linda Implementations in Java for Concurrent Systems". *Conc. & Comput.: Prac. Exp.*, (16)10:1005-1022, agosto 2004.

WESSELS, D. *Squid: The Definitive Guide*. Sebastopol, CA: O'Reilly & Associates, 2004.

WHITE, S. R.; HANSON, J. E.; WHALLEY, I.; CHESS, D. M. e KEPHART, J. O. "An Architectural Approach to Autonomic Computing". *Proc. First Int'l Conf. Autonomic Comput.* (Nova York, NY). Los Alamitos, CA: IEEE Computer Society Press, 2004. pp. 2-9.

WIERINGA, R. e DE JONGE, W. "Object Identifiers, Keys, and Surrogates – Object Identifiers Revisited." *Theory and Practice of Object Systems,* (1)2:101-114, 1995.

WIESMANN, M.; PEDONE, F.; SCHIPER, A.; KEMME, B. e ALONSO, G. "Understanding Replication in Databases and Distributed Systems". *Proc. 20th Int'l Conf. on Distributed Computing Systems.* IEEE, 2000. pp. 264-274.

WOLLRATH, A.; RIGGS, R. e WALDO, J. "A Distributed Object Model for the Java System". *Computing Systems*, (9)4:265-290, outono 1996.

WOLMAN, A.; VOELKER, G.; SHARMA, N.; CARDWELL, N.; KARLIN, A. e LEVY, H. "On the Scale and Performance of Cooperative Web Proxy Caching". *Proc. 17th Symp. Operating System Principles.* ACM, 1999. pp. 16-31.

WU, D.; HOU, Y.; ZHU, W.; ZHANG, Y. e PEHA, J. "Streaming Video over the Internet: Approaches and Directions". *IEEE Trans. Circuits & Syst. Video Techn.*, (11)1:1-20, fevereiro 2001.

YANG, B. e GARCIA-MOLINA, H. "Designing a Super-Peer Network". *Proc. 19th Int'l Conf. Data Engineering* (Bangalore, Índia). Los Alamitos, CA: IEEE Computer Society Press, 2003. pp. 49-60.

YANG, M.; ZHANG, Z.; LI, X. e DAI, Y. "An Empirical Study of Free-Riding Behavior in the Maze P2P File-Sharing System". *Proc. Fourth Int'l Workshop on Peer-to-Peer Systems*, (Ithaca, NY). Berlim: Springer-Verlag, 2005.

YELLIN, D. "Competitive Algorithms for the Dynamic Selection of Component Implementations". *IBM Syst. J.,* (42)1:85-97, janeiro 2003.

YU, H. e VAHDAT, A. "Efficient Numerical Error Bounding for Replicated Network Services". In Abbadi, Amr El; Brodie, Michael L.; Chakravarthy, Sharma; Dayal, Umeshwar; Kamel, Nabil; Schlageter, Gunter e Whang, Kyu-Young (eds.), *Proc. 26th Int'l Conf. Very Large Data Bases* (Cairo, Egito) San Mateo, CA: Morgan Kaufman, 2000. pp. 123-133.

YU, H. e VAHDAT, A. "Design and Evaluation of a Conit-Based Continuous Consistency model for Replicated Services". ACM Trans. Comp. Syst., (20)3:239-282, 2002.

ZHANG, C. e JACOBSEN, H.-A. "Resolving Feature Convolution in Middleware Systems". *Proc. 19th OOPSLA* (Vancouver, Canadá). Nova York, NY: ACM Press, 2004. pp. 188-205.

ZHAO, B.; HUANG, L.; STRIBLING, J.; RHEA, S.; JOSEPH, A. e KUBIATOWICZ, J. "Tapestry: A Resilient Global-Scale Overlay for Service Deployment". *IEEE J. Selected Areas Commun.*, (22)1:41-53, janeiro 2004.

ZHAO, F. e GUIBAS, L. *Wireless Sensor Networks*. San Mateo, CA: Morgan Kaufman, 2004.

ZHAO, Y.; STURMAN, D. e BHOLA, S. "Subscription Propagation in Highly-Available Publish/Subscribe Middleware". *Proc. Middleware 2004,* vol. 3231 de *Lect. Notes Comp. Sc.* (Toronto, Canadá). Berlim: Springer-Verlag, 2004. pp. 274-293.

ZHU, Q.; CHEN, Z.; TAN, L.; ZHOU, Y.; KEETON, K. e WILKES, J. "Hibernator: Helping Disk Arrays Sleep through the Winter". *Proc. 20th Symp. Operating System Prin.* (Brighton, Reino Unido). Nova York, NY: ACM Press, 2005. pp. 177-190.

ZHUANG, S. Q.; GEELS, D.; STOICA, I. e KATZ, R. H. "On Failure Detection Algorithms in Overlay Networks". *Proc. 24th Infocom Conf.* (Miami, FL). Los Alamitos, CA: IEEE Computer Society Press, 2005.

ZOGG, J.-M. "GPS Basics". Relatório Técnico GPS-X-02007, UBlox, março 2002.

ZWICKY, E.; COOPER, S.; CHAPMAN, D. e RUSSELL, D. *Building Internet Firewalls*. Sebastopol, CA: O'Reilly & Associates, 2. ed., 2000.

Índice remissivo

A

Abertura, grau, 4-5
Abordagem baseada em permissão, 152
Abordagem de terminais clientes minimizados, 50
Abordagens baseadas na localização nativa, 112-113
ACID (*veja* Propriedades atômicas, consistentes, isoladas, duráveis)
ACL (*veja* Lista de Controle de Acesso)
Acordo em sistemas com falhas, 200-202
Acordo, bizantino, 201-202
Adaptador de objeto, 269, 273-274
Adaptador, objeto, 270, 274-275
Agente de Canal de Mensagens (Message Channel Agent – MCA), 92
Agente de Serviço de Diretório (Directory Service Agent –DSA), 134
Agente de Usuário de Diretório (Directory User Agent –DUA), 134
Agente de usuário SFS, 325
Agente móvel, 62
Agente nativo, 112
Agente, 32
Akamai, 351
Algoritmo de eleição, 159-163
  anel, 159-161
  de grande escala, 161-163
  do valentão, 159-160
  sem fio, 160-161
Algoritmo de relógio Berkeley, 146
Algoritmo Rivest, Shamir, Adleman (algoritmo RSA), 238
Alongamento, 101
Alta disponibilidade em sistemas peer-to-peer, 322
Ambiente de execução (Apache Portable Runtime – APR), 337
Ambiente Distribuído de Computação (Distributed Computing Environment –DCE), 81-84, 280
  daemon, 84
Ameaças a segurança, 228-229
Apache, 337-338
Apêndice de servidor, 77
API (*veja* Interface de programação de aplicação)
Aplicação auxiliar, 331
APR (*veja* Apache de Tempo de Execução Portável)
Argumento fim-a-fim, 152
Armazenamento seguro, 327
Armazenamento colaborativo, 327-328
Armazenamento estável, 221-222
Arquitetura de duas divisões, 25
Arquitetura de três divisões, 26
Arquitetura descentralizadas, 26-31
Arquiteturas, 20-40, 32-35
  baseadas em eventos, 21
  centrada em dados, 21
  centralizadas, 22-26
  cliente-servidor, 296-299
  descentralizada, 26-31
  híbridas, 31-32
  máquinas virtuais, 49
  multicamadas, 24-26 (aparece multidivididas), 332-333
  peer-to-peer, 361-363
  publicar/subscrever, 21
  referencialmente desacoplada, 21
  simétricas, 301-302
  sistemas baseados em objeto, 269-275
  sistemas baseados na Web, 330-335
  sistemas de arquivo distribuído, 296-302
  sistemas, 20, 22-32
  software, 20
  tradicional, 359-361
Arrastar e soltar, 52
Árvore de iInformações de Diretório (Directory Information Tree – DIT), 133
Árvore de troca, 102
Árvore de Valores de Atributo (Attribute-Value Tree – AVTree), 135
AS (*veja* Servidor de Autenticação)
AS (*veja* Sistema Autônomo)
Assinatura de código, 257
Assinatura única, 249
Assinaturas digitais, 245-246
Associação ao grupo, 199
Astrolabe, 37
Ataque de Recusa de Serviço dDistribuído (Distributed Denial of Service attack – DdoS), 258
Ataque de reflexão, 241
Ataque Eclipse, 327
Ataque Sybil, 327
Ataque, segurança, 235-238
Ataques de recusa de serviço, 258-259
Ativações de escalonador, 45
Atomicidade, 73
Atributos, 358
Auditoria, 229
Autenticação, 229, 240-245, 249, 294, 322, 324-326
  baseada em uma chave secreta compartilhada, 240-242
  descentralizada, 324-326
  usando Needham-Schroeder, 243-244
  usando uma chave pública, 244-245
  utilizando uma central de distribuição de chaves, 242-244
Autogerenciamento em sistemas, 35-40
Automontagem, 308-309
Autoria e Versão Distribuídas na Web, 345
Autoridade de certificação, 260
Autoridade de fatia, 61
Autoridades de certificação de atributos, 264
Autoridades de Certificação de Política (Policy Certification Authority – PCA), 260
Autorização, 73, 228, 229, 250, 264-266
AVSG (*veja* Grupo de armazenamento de volume)
AVTree (*veja* Árvore de valores de atributo)

B

BAN (*veja* Rede local corporal)
Banco de dados normalizado, 352
Banner de propaganda, 347
Base de Computação Confiável (Trusted Computing Base – TCB, 234
Base de Informações de Diretório (Directory Information Base – DIB), 132-133
Bean de entidade, 271
Bean de sessão com estado, 271
Bean de sessão sem estado, 270
Beans acionados por mensagem, 271
BFT (*veja* Tolerância à falhas bizantinas)
BitTorrent, 31-32
Bloco de chaves públicas, 301
Bloco de hash de conteúdo, 301
Brokers de mensagens, 90-91
Browser, 331, 335, 336

C

Cabeçalho, mensagem, 70
Cache alheia a conteúdo, 353
Cache cliente-servidor, 316-318
Cache cooperativa, 346-347
Cache de escrita retroativa, 190
Cache de proxy, 347
Cache distribuída, 346-347
Cache, 9, 181
  Coda, 316
  dispositivos portáteis, 316-317
  lado do cliente, 315-317
  NFS, 314-316
  Web, 346-347
Caches cientes de conteúdo, 355
Caches de escrita direta, 190
Caches hierárquicas, 346
Cadeia SSP, 111-112
Caixa de areia, Java, 255
Camada de enlace de dados, 71
Camada administrativa, 122
Camada de aplicação, 71, 73
Camada de protocolo de registro TLS, 354
Camada de rede, 71, 72
Camada de Soquetes Seguros, Camada Segura de Soquetes, (Secure Socket Layer – SSL) 233-234, 354
Camada de transporte, 71, 72
Camada física, 71
Camada gerencial, 123
Camada global, 122
Camadas de aplicação, 23-24
CAN (*veja* Rede de Conteúdo Endereçável)
Canais de mensagens, 92
Canais seguros, 240-250
Capacidade de manutenção, 195
Capacidade de proprietário, 263
Capacidades, 251, 263-264
Carregadores de classe, Java, 255, 256
Causalidade, 151
CDN (*veja* Rede de Entrega de Conteúdo)
Central de Distribuição de Chaves (Key Distribution Center – KDC), 242
Certificado de chave pública, 260
Certificado de quórum, 321
Certificado de réplica, 292
Certificado de usuário, 292
Certificado, 104, 251, 260, 261, 265-266, 292
Certificados de atributos, 263-264
Certificados de óbito, 104
CGI (*veja* Interface comum de gateway)
Chamada de Procedimento Remoto 2 (Remote Procedure Call 2 – RPC2), 304-305
Chamada por referência, 76
Chamadas de Procedimento Remoto (Remote Procedure Calls – RPC), 14, 75-84, 204, 206, 234, 303-305
  apêndice de cliente, 77
  apêndice de servidor, 77
  chamada por referência, 76
  chamada por valor, 76
  chamar por copiar/restaurar, 76
  falha por não conseguir localizar servidor, 204
  falha por queda de cliente, 206-207
  falha por queda de servidor, 205
  falha por requisição perdida, 204
  falha por resposta perdida, 206
  falha, 203-207
  montagem de parâmetros, 78
  NFS, 303
  seguro, 322-324
Chamadas de sistema, 49
Chamar por copiar/restaurar, 76
Chave de objeto, 292
Chave de réplica, 292
Chave de sessão, 240, 246-247
Chave de usuário, 292
Ciclo de relógio, 141
Classe de objeto, 269
Classe do cliente, 279
Cliente de sistema de arquivo de rede, 297
Cliente SFS, 325
Cliente, 7, 12, 22, 50-53
  minimizados, 51-52
  Web, 335-336
Cliente Web, 335-336
Cluster de servidores Web, 338-339
Cluster de servidores, 56-59
  servidores Web, 338-339
CoA (*veja* Endereço aos cuidados de)
Coda
  cache de arquivo, 316
  compartilhamento de arquivo, 314
  replicação do servidor, 317-318
Codificação de rasura, 322
Código móvel, 254-258
Compartilhamento de arquivo, Coda, 314
Compartilhamento secreto, 247
Componente de análise de realimentação, 36
Componente de estimativa medição, 36
Componente replicado, 9
Componente, 20
Comportamento de requisição-resposta, 22
Composição de serviços Web, 334-335
Composições, 365
Comprometimento distribuído, 215-220
Computação autonômica, 35
Computação de cluster, 10
Computação em grade, 10-12
Computação orientada a recuperação, 226
Computing RPC – ONC RPC), 303
Comunicação assíncrona, 7, 75
Comunicação baseada em gossip, 102-105
Comunicação cliente-servidor, 75-84, 203, 205, 297
Comunicação de grupo, confidencial, 247
  confiável, 207-215
  segura, 247-249
Comunicação geradora, 358
Comunicação persistente, 75
Comunicação segura entre grupo, 247-248
Comunicação síncrona, 7, 75
Comunicação transiente, 75
Comunicação, 69-105
  aspectos fundamentais, 69-75
  confiável, 203-215
  multicast, 100-105
  orientada para fluxo, 95-100
  orientada para mensagem, 84-95
  Plan 9, 305-306
  publicar/subscrever, 371-373
  RPC, 75-84
  sistema de arquivo, 303-306
  usando objetos, 275-283
  Web, 339-344
Comutação Multiprotocolo de Rótulos (Multi-Protocolo Label Switching – MPLS), 348
Comutadores de camada de transporte, 57
Conector, 20
Conexão não persistente, 340
Conexão persistente, 340
Confiabilidade, 194
Confidencialidade de informação, 374
Confidencialidade de mensagens, 245-246
Confidencialidade de publicação, 374
Confidencialidade de subscrição, 374
Confidencialidade, 228
Conflito escrita-escrita, 174
Conflito leitura-escrita, 174
Conit, 168-169
Conserto de componente, 39-40
Consistência muito fraca, 174
Consistência causal, 171-172
Consistência centrada no cliente, 174-178
Consistência contínua, 167, 185-186
Consistência de entrada, 285-288
Consistência de leitura monotônica, 176
Consistência de sistema de arquivo, 314-320
Consistência e replicação, 165-192
Consistência eventual, 174-175
Consistência forte, 9, 165
Consistência leia-suas-escritas, 177-178
Consistência na Web, 346-,353
Consistência seqüencial, 170-174
Consistência versus coerência, 173
Consistência, 9
  sistema de arquivo, 314-320
  sistemas baseados em objeto, 285-288
  Web, 345-353

400 Sistemas distribuídos

Consistente por leitura monotônica, 176-177
Consulta recursiva, 115
Consultas iterativas, 115
Contador, 141
Contexto de thread, 43
Controle de acesso, 250-259
    NFS, 323-324
Controle de retorno, 209-210
Controle reverso de acesso, 292
Cookie, 55
Coordenação de caixa postal, 357
Coordenação de serviços Web, 334-335
Coordenação direta, 357
Coordenação orientada a reunião, 358
CORBA, 280
    nomeação, 281-283
Correção de Erro de Repasse (Forward Error Correction –FEC), 97
Correção de rasura, 220
Correio de Privacidade Aprimorada (Privacy Enhanced Mail – PEM), 260
Corretor de requisição de objeto, 283
Cotejar, 358
Criptografia, 229, 235
Criptossistema assimétrico, 236
Criptossistema simétrico, 236
Criptossistemas de chave pública, 236
CRL (*veja* Lista de Revogação de Certificado)
Custo da árvore, 102

D

Daemon de encontro, 361
DCE (*veja* Ambiente Distribuído de Computação)
DDoS (*veja* Ataque de Recusa de Serviço Distribuído)
Deadlock, 152
Decifrar, 235
Defasagem de relógio, 141
Delegação aberta, 315
Delegação, 265-266
Depósito de dados, 167
DES (*veja* Padrão de Criptografia de Dados)
DES triplo, 237
Descrição, Descoberta e Integração Universais (Universal Description, Discovery and Integration – UDDI), 334
Desenvolvimento de software orientado a aspecto, 34
Designação de identificadores de nós com base na topologia, 115
Desigualdade triangular, 158
Desmembrar de arquivos em tiras, 299
Despachante, 47
Detecção de falha, 202-203
Detectores distribuídos de eventos, 367
DHash, 301
DHT (*veja* Tabela de Hash Distribuída)
Dia solar, 142
DIB (*veja* Base de Informações de Diretório)
Direitos de acesso, 250
Disponibilidade, 122-124, 194, 322, 373-374
Distribuição de chaves, 260-262
Distribuição de conteúdo, 182-184
Distribuição de espaços de nomes, 122-124
Distribuição de requisição ciente de conteúdo, 338
Distribuição do tipo Zipf, 131
Distribuição horizontal, 26
Distribuição vertical, 26
Distribuição, 8
DIT (*veja* Árvore de informações de diretório)
DNS (*veja* Sistema de nomes de domínio)
DNS de varredura cíclica, 339
Documentos compostos, 52
Documentos embutidos, 331
Documentos Web, 331-332
Domínio de gerenciamento de conserto, 39
Domínio de proteção, 251-253
Domínio, 8, 116, 127
Domínio-folha, 116
DSA (*veja* Agente de serviço de diretório)
DUA (*veja* Agente de usuário de diretório)
Duráveis, 13

E

EAI (*veja* Integração de aplicações empresariais)
Edição no local, 52
Efeito colateral, RPC2, 304
Efeito do mundo pequeno, 136
Efeito dominó, 223
EJB (*veja* Enterprise Java Bean)
Endereço de contato, 58, 283
Endereço de instância
Endereço de multicast, 283
Endereço externo (Care-of Adress – CoA), 58, 112
Endereço Nativo (Home Address –HoA), 58
Endereço, 108-110
Enterprise Java Bean, 270-271

Entrega certificada de mensagem, 372
Entrega ordenada de mensagens, 151-152
Entrega totalmente ordenada, 213
Erro, 195
Escalabilidade, 5-9
    geográfica, 9
Escritas seguem-leituras, 178
Espaço de nomes, 118-119
    DNS, 127-128
    global, 309-310
    implementação, 122-126
Espaços compartilhados de dados, 22
Espelhamento, 180
Esqueleto, objeto, 268
Esquema de limiar, 248
Esquema, 344
Estabelecimento de chave, 259
Estado de sessão, 55
Estado flexível (soft), 55
Estado somente de anexação, 255
Estado, objeto, 268
Estilos arquitetônicos, 20-22
Estimação métrica, CDN, 348-349
Estratégia de detecção de coerência, 189
Estratégia de imposição de coerência, 189
Estresse do enlace, 101
Estrutura de replicação, 287-288
Evento, 359, 366
Eventos concorrentes, 148
Exceção, 204
Exclusão mútua, 152-157
    algoritmo centralizado, 152-153
    algoritmo descentralizado, 153-154
    algoritmo distribuído, 154-155
    algoritmo Token Ring, 155-156
Expiração, órfão, 206-207
Exportação de arquivos, NFS, 306-307
Extermínio de órfão, 206

F

Falha de resposta, 196
Falha de transição de estado, 196
Falha intermitente, 195
Falha permanente, 195
Falha por omissão, 196
Falha transiente, 195
Falha, 194
Falha, bizantina, 196, 320-322
    chamada de procedimento remoto, 204-207
Falhas arbitrárias, 196
Falhas de sistema de arquivo, bizantinas, 320-322
Falhas de temporização, 196
Falhas por parada, 197
Falhas seguras, 197
Fantasma virtual, 350
Fatia, 60
Fatores primos, 238
FEC (*veja* Correção de erro de repasse)
Ficha, 155
Fila de destino, 89
Filas de fonte, 89
Filtros de roteamento, 365
Firewalls, 253-254
Fluxo complexo, 96
Fluxo de dados, 95
Fluxo de programa, 100
Fluxo simples, 96
Fora da banda, 54
Formato big endian, 78
Formato little endian, 78
Forte resistência à colisão, 236
fotografia distribuída, 222
Fotografia incremental, 224
Fraca resistência à colisão, 236
Fragmentação vertical, 26
Framework – RDF, 132
Freqüência, relógio, 1
FTP (*veja* Protocolo de Transferência de Arquivos)
Função de controle de canal, 94
Função de hash MD5, 239
Funções de hash, 236, 239-240
Funções não reversíveis, 236

G

Gabaritos, 360
Gancho, Apache, 337
Gateway, nível de aplicação, 253
    filtragem de pacotes, 253
    proxy, 253
Geração de apêndice, 79-80
Gerenciador de janela, 50
Gerenciador de replicação, CORBA, 289
Gerenciador de segurança, Java, 256
Gerenciadores de fila, 89, 92
Gerenciamento da segurança, 259-266
Gerenciamento de associação ao grupo, 27
Gerenciamento de autenticação, 262
Gerenciamento de chaves, 259-262
Gerenciamento de cluster, 59-62

Gerenciamento de espaço de nomes, 258
Gerenciamento de grupo seguro, 262
Gerenciamento de redes de sobreposição, 94-95
Gerenciamento de réplica, 178-184
Gerenciamento de topologia, rede, 29-40
Gerente de nó, PlanetLab, 60
GFS (*veja* Sistema de Arquivo Google)
Globe, 271-272
Globule, 37-39
Globus, 229-232
GNS (*veja* Serviço Global de Espaço de Nomes)
Gossiping direcional, 104
Gossiping, 37
GPS (*veja* Sistema Global de Posicionamento)
Gráfico aleatório, 28
Grau interno, 29
Group Reference – IOGR, 288
Groupware, 2
Grupo de Armazenamento de Volume (Volume Storage Group – VSG), Coda, 318
Grupo de Especialistas em Cinema (Motion Picture Experts Group – MPEG), 100
Grupo hierárquico, 198
Grupo simples, 198
    hierárquico, 198
    objeto, 288
    proteção, 251
Grupos de objetos, 288

H

Hiperlink, 335-336
HoA (*veja* Endereço nativo)
Hora Atômica Internacional (International Atomic Time –IAT), 142
Hora Coordenada Universal (Universal Coordinate Time – UCT), 142-143
HTML (*veja* Linguagem de Marcação de Hipertexto)
HTTP (*veja* Protocolo de Transferência de Hipertexto)

I

Ice, 274-275
Identificador de endereço, 283
Identificador, 108-110
Identificadores Uniforme de Recurso (Uniform Resource Identifierrs – URI), 344
IDL (*veja* Linguagem de Definição de Interface)
IIOP (*veja* Protocolo de Internet Inter-ORB)
Imagem de sistema único, 11
Inanição, 152
Iniciada pelo remetente, 64
Instância de tupla, 360
Instruções de máquina, 49
Integração de Aplicações Empresariais (Enterprise Application Integration –EAI), 12, 91
Integridade, 228
    de mensagem, 245-246
Interceptador, 33-34
Interface Comum de Gateway (Common Gateway Interface – CGI), 332
Interface de Aplicação de Programação (Application Programming Interface – API), 49
Interface de cliente, 39
Interface de Enfileiramento de Mensagens (Message Queue Interface – MQI), 94
Interface de servidor, 39
Interface de transporte X/Open (X/Open Transport Interface), 85
Interface de Troca de Mensagens (Message-Passing Interface – MPI), 86-87
Interfaces Reduzidas para Componentes de Sistema Seguro (Reduced Interfaces for Interfaces, 2
    objeto, 268
Interoperabilidade, 5
Introspecção de pilha, 257
Intruso, 235
Invocação assíncrona de método, 280
Invocação de método, segura, 293
Invocação de objeto, 273, 277
    Java, 279, 280
    transferência de parâmetro, 277-278
Invocação,
    dinâmica, 277
    estática, 277
    objeto Java, 278, 280
    objeto, 271-274, 276
    replicada, 287
    segura, 293
Invocações de replicação, 287
Invocaçõesde Método Remoto (Remote Method Invocations – RMI), 14, 277
    Java, 279
Invólucro de objeto, 273
IOGR (*veja* Referência de Objeto de Grupo

Interoperável)
IOR (*veja* Referência de Objeto Interoperável)
IP (*veja* Protocolo de Internet)
IPRA (*veja* Autoridade de Registro de Política da Internet)
ISO OSI (*veja* Open Systems
Isoladas, 13
ISP (*veja* Provedor de Serviços de Internet)

J

Jade, 39
Java Bean, 270
Javascript, 336
JavaSpaces, 359-361, 368-369
Jini, 294, 359-361
JMS (*veja* Serviço de Troca de Mensagens Java)
Junção, 310
JVM (*veja* Máquina Virtual Java)

K

K tolerante à falha, 200
KDC (*veja* Central de Distribuição de Chaves)
Kerberos, 248-250

L

Laço de realimentação de controle, 36
LAN (*veja* Rede local)
LDAP (*veja* Protocolo Leve de Acesso a Diretório)
Lê uma, escreve todas (Read-One, Write-All – ROWA), 189
Leasing, 184
Linguagem de Definição de Serviços Web (Web Services Definition Language – WSDL), 334
Linguagem de Marcação de Hipertexto (Hypertext Markup Language –HTML), 331
Linguagem de marcação, 331
Linguagem Extensível de Marcação (Extensible Markup Language – XML), 331
Linha de recuperação, 222
Linha de requisição, 341
Linha de status, 341
Lista de Controle de Acesso (Access Control List – ACL), 251
Lista de Revogação de Certificado (Certificate Revocation List – CRL), 261
Localização nativa, 112
Localizador Uniforme de Recurso (Uniform Resource Locator – URL), 331, 344
LWP (*veja* Processo Leve)

M

Manipulador de arquivo, 297
    NFS, 307-308
Manipulador de arquivo-raiz, 308
manipulador de implementação de objeto, 276
Manipulador de Requisição, Objeto (Object Request Broker – ORB), 282
Máquina virtual de processo, 49
Máquina Virtual Java (Java Virtual Machine – JVM), 255
Máquina virtual, 49-50
    Java, 255
Marcos, 158
Mascaramento de falhas, 197-198
Matriz de controle de acesso, 251
MCA (*veja* Agente de Canal de Mensagem)
Mecanismo de busca da Internet, 23
Mecanismo de fechamento, 120
Mecanismo de segurança, 229
Mensagem de limpeza, 214
Mensagem de pulsação, 373
Mensagem estável, 225
Mensagem pings, 202
Meta ativa, 373
Método de objeto, 268
Método HTTP, 340-341
Middleware Orientado a Mensagem (Message-Oriented Middleware – MOM), 14, 87
Middleware, 2, 32-35, 73-75
Mídia contínua, 95-96
Mídia discreta, 95
Migração de código, 62-67
Migração de processo, 62
Mobilidade forte, 63
Mobilidade fraca, 63
Mobilidade iniciada pelo destinatário, 64
Modelo antientropia, 103
Modelo de acesso remoto, 296
Modelo de carregamento/descarregamento, 297
Modelo de chamada de retorno, 280
Modelo de consistência, 167-178
    centrado no cliente, 174-184
    consistência centrada no cliente, 174-178, 190-191
    consistência de escrita monotônica, 176-177
    consistência de leitura monotônica, 176
    consistência eventual, 174-175

consistência leia suas escritas, 177-178
consistência seqüencial, 170-174
escrita-segue-leitura, 178
Modelo de coordenação, 357-358
Modelo de Enfileiramento de Mensagens, 87-89
Modelo de falha, 195-197
Modelo de objeto Globe, 271-272
Modelo de objeto, 278
Modelo de referência para interconexão de sistemas abertos, 70
Modelo de seleção, 282
Modelo determinístico pedaço por trechos, 224
Modelo OSI, 70
Modelo, sistema de arquivo distribuído, 297-299
  objeto Globe, 271-272
  objeto Java, 278
Modelos de confiança, 260
Modo de transmissão assíncrono, 95
  isócrono, 96
  síncrono, 96
Modo núcleo, 44, 45
Módulo, Apache, 337
MOM (*veja* Middleware Orientado para Mensagem)
Monitor de Máquina Virtual (Virtual Machine Monitor – VMM), 49
Monitor de processamento de transação, 14
Monitor de referência, 250
Monitor TP, 14
Montagem de parâmetro, 78, 279
Montagem, 120-122
Mosix, 11
MPEG (*veja* Grupo de Especialistas em Cinema)
MPI (*veja* Interface de Troca de Mensagens)
MPLS (*veja* Comutação de Rótulos Multiprotocolo)
MQI (*veja* Interface de Fila de Mensagens)
MTTF (*veja* Tempo Médio até a Falha)
MTTR (*veja* Tempo Médio até o Conserto)
Mudança de visão, 211
Multicast atômico, 200, 210-215
Multicast Confiável Escalável (Scalable Reliable Multicasting – SRM), 209
Multicast confiável não ordenado, 212
Multicast confiável ordenado por causalidade, 213
Multicast confiável ordenados em FIFO, 213
Multicast Geral Pragmático (Pragmatic General Multicast – PGM), 372
Multicast ordenado por causalidade, 151
Multicast totalmente ordenado, 149-150
Multicast, 184
  confiável, 207-208
  escalável, 209
  RPC2, 305
  supressão de retorno, 209-210
Multicasting de nível de aplicação, 100-102
Multicomputador, 86
Multidão instantânea, 349
Multiprocessadores, 43, 46, 140, 170, 172, 189
MultiRPC, 305
Multithreading, 43

N

NFS (*veja* Sistema de arquivo em rede)
  canais seguros, 240-250
  NFS, 322-324
  objeto remoto, 294
  peer-to-peer, 326-327
  sistemas baseados em objeto, 291-294
  Web, 354
Nó de diretório, 118
Nó de encontro, 102
Nó infectado, 103
Nó removido, 103
Nó suscetível, 103
Nó-folha, 118
Nome amigável aos seres humanos, 109
Nome de caminho absoluto, 118
Nome de caminho relativo, 118
Nome de caminho, 118
Nome de domínio, 127
Nome global, 118
Nome independente de localização, 109
Nome local, 118
Nome Relativo Distinguido (Relative Distinguished Name – RDN), 133
Nome Uniforme de Recurso (Uniform Resource Name – URN), 344
Nomeação, 108-138
  baseada em atributo, 131-137
  baseada em objeto, 281-283
  CORBA, 281-283
  estruturada, 118-131
  na Web, 344-345
  simples, 110-118
  sistema de arquivo, 306-310
Nomes autocertificantes, 292

Nomes canônicos, 128
Nomes de caminho autocertificador, 325
Nomes de filas, 89
Nonce, 243
Nó-raiz, 116
Notificação, 258
NTP (*veja* Protocolo de tempo de rede)

O

Objeto distribuído, 268-274
  tempo de compilação, 269-270
  tempo de execução, 269-270
Objeto local composto, 272
Objeto local primitivo, 272
Objeto sincronizado, 284
Objeto, 250
  de estado, 268
  interface, 268
  persistente, 270
  remoto, 269
  transiente, 270
Objetos compartilhados distribuídos, 271
Objetos compartilhados, Globe, 271-272
Objetos remotos, 269
OGSA (*veja* Arquitetura de Serviços de Grade Aberta)
ONC RPC (*veja* RPC de Computação em Rede Aberta)
Operação desconectada, 321
Operação idempotente, 22, 84, 206
Operação no máximo uma vez, 84, 205
Operações concorrentes, 172
ORB (*veja* Object Request Broker)
Orca, 271
Ordenação de mensagem, 212-213
Órfão, 206-207, 225
Organização virtual, 11-12
Orientado para conexão, 70

P

Pacote, 72
Padrão de Criptografia de Dados (Data Encryption Standard – DES), 237-238
Papel, 232, 252
Parque, Java, 155
Passagem de parâmetro, 76, 78, 277
  (transferência), 278-279
PCA (*veja* Autoridade de Certificação de Política)
PEM (*veja* Correio de privacidade aprimorada)
Penalidade de Atraso Relativo (Relative Delay Penalty – RDP), 101
Perfis rotulados, 282
Persistência, 24
PGM (*veja* Multicast geral pragmático)
Pilha de protocolos, 71
Pipeline, 340
Plan 9, comunicação, 305
PlanetLab, 59-62
Plug-in, Browser, 332
Política de segurança, 229
Política e mecanismo, 5-6
Políticas de ativação, 274
Políticas de redirecionamento adaptativo, 351
Políticas de transição, 371
Ponteiros estritos, 120
Ponteiros repassadores, 111
Ponteiros simbólicos, 120
Ponto de acesso, 108
Ponto de verificação, 220
Pontos de montagem, 121, 299
Pontos de verificação coordenados, 224
Pontos de verificação independentes, 223
Porta de servidor, 263
Porta, 54, 84
Portabilidade, 5
Posicionamento de servidor de réplica, 157, 179-180, 348
Presença na cache, 182
Previsor de multidão instantânea, 349
Privacidade, 3, 56, 249, 261
Problema do acordo bizantino, 201
Procedimentos compostos, 222
Processamentos de dados na rede, 17-18
Processo, 42-67
  sistema baseado em objeto, 272-274
  sistemas de arquivo, 302
  Web, 335-339
Processos Leves (Lightweight Processes –LWP), 45
Promessa de chamada de retorno, 316
Propagação de boato (gossiping), 103
Propriedades Atômicas, Consistentes, Isoladas, Duráveis (ACID), 13
Protocolo baseado em cliente, 193
Protocolo baseado em envio de informações, 183
Protocolo baseado em primária, 186-188
Protocolo baseado em quórum, 188-189
Protocolo baseado em servidor, 183

Protocolo de backup de primárias, 186
Protocolo de coerência de cache, 189-190
Protocolo de comprometimento de duas fases, 215-218
Protocolo de comprometimento de três fases, 219
Protocolo de consistência, 185-191
Protocolo de Controle de Transmissão (Transmission Control Protocol – TCP), 72
Protocolo de coordenação, 335
Protocolo de desafio-resposta, 240
Protocolo de escrita local, 187-188
Protocolo de escrita remota, 186
Protocolo de escrita replicada, 188-189
Protocolo de Internet (Internet Protocol –IP), 72
Protocolo de Internet Inter-ORB (Internet Inter-ORB Protocol –IIOP), 282
Protocolo de middleware, 73-79
Protocolo de registro otimista, 226
Protocolo de registro pessimista, 226
Protocolo de resolução de endereço, 110
Protocolo de Tempo de Rede (Network Time Protocol – NTP), 145-146
Protocolo de Transferência de Arquivos (File Transfer Protocol –FTP), 73
Protocolo de Transferência de Hipertexto (Hypertext Transfer Protocol –HTTP), 73, 331, 339-340
  mensagens, 341-343
  métodos, 340-341
Protocolo de Transporte em Tempo Real (Real-Time Transport Protocol – RTP), 72
Protocolo de Validação Bloqueador, 218
Protocolo de validação de uma fase, 215
Protocolo em camadas, 69-74
Protocolo Needham-Schroeder, 242
Protocolo sem conexão, 70
Protocolo Simples de Acesso a Objeto (Simple Object Access Protocol – SOAP), 334, 343
  envelope, 343
Protocolo X, 50-51
Protocolo, 132-137
Protocolos de invalidação, 182
Protocolos epidêmicos, 102
Protocolos, 70
  baseado em envio de atualizações, 183
  baseado em primária, 186-188
  baseado em quórum, 188-189
  baseado em recuperação de atualizações, 183
  baseado em servidor, 183
  baseado no cliente, 183
  comprometimento de duas fases, 215-218
  comprometimento de três fases, 219-220
  de coerência de cache, 189-190
  de coordenação, 335
  de desafio-resposta, 240
  de Internet, 72
  de invalidação, 182
  de nível mais alto, 72-73
  de nível mais baixo, 71-72
  de resolução de endereço, 110
  de transferência de arquivo, 73
  de transferência de hipertexto, 73, 331, 339
  de transporte, 72-73
  de validação bloqueador, 218
  em camadas, 69-74
  epidêmico, 102
  escrita local, 187-188
  escrita remota, 186
  escrita replicada, 186-189
  leve de acesso a diretório, 132-137
  middleware, 73-74
  Needham-Schroeder, 242
  recuperação de primária, 186
  registro otimista, 226
  registro pessimista, 226
  registro, 226
  replicação, 210
  sem conexão, 70
  simples de acesso a objeto, 334, 343
  TCP, 72
  tempo de rede, 145-146
  transporte em tempo real, 72
  validação de uma fase, 215
  X, 50-51
Provedor de Serviço de Internet (Internet Service Provider – ISP), 31
Provedor de serviços, 60
Proximidade semântica, 30, 136-137
Proxy de autenticação, 294
Proxy de objeto, 268
Proxy de recurso, 231
Proxy de usuário, 231
Proxy gateway, 253
Proxy Web, 336
Proxy, 264, 294
  objeto, 268

Q

QoS (*veja* Qualidade de serviço)
Quadros, 71
JVM, 290

Qualidade de Serviço (Quality of Service – QoS), 96-98
Quebra de chamada de retorno, 316
Quebra, 195
Questões de projeto de segurança, 232-235
Quórum de escrita, 188
Quórum de leitura, 188

R

Raiz, 101, 118-119, 120, 124, 125-126, 308
Rastreador, 32
RBS (*veja* Sincronização por Broadcast de Referência)
RDF (*veja* Estrutura de Descrição de Recurso)
RDN (*veja* Nome Distinguido Relativo)
RDP (*veja* Penalidade de Atraso Relativo)
Recomendadores, 16
Recuperação para frente, 220-221
Recuperação retroativa, 220
Recuperação, falha, 220-226
Recurso amarrado, 65
Recursos fixos, 65
Recursos não-ligados, 65
Rede de Área Corporal (Body Area Network – BAN), 16
Rede de Conteúdo Endereçável (Content Addressable Network – CAN), 27
Rede de Entrega de Conteúdo (Content Delivery Network – CDN), 337, 348-351
Rede de Longa Distância (Wide-area network – WAN), 1
Rede de sobreposição, 26, 89
Rede em malha, 17
Rede local (Local-Area Network –LAN), 1, 60-61, 66, 253, 331
Rede nativa, 58
Rede, área corporal, 16
  de longa distância, 1
  de sensores, 17-18
  em malha, 17
  local, 1
Redes de sensores, 17-18
Redes de sobreposição geométrica, 157
Redes semânticas de sobreposição, 30, 136
Redirecionar, 231
Redundância Modular Tripla (Triple Modular Redundancy – TMR), 198
Reencarnação gentil, 206
Reencarnação, 207
Referência de objeto Globe, 283-284
Referência de Objeto Interoperável (Interoperable Object Reference –IOR), 282
Referência de objeto, 276-277
  Globe, 283-284
Registrador de retenção, 141
Registro baseado no receptor, 221
Registro baseado no remetente, 221
Registro de localização, 116
Registro de mensagens, 221, 224-226
Registro de recurso, 127
Registro somente de anexação, 254
Registro-mestre, 372
Relação acontece antes, 148, 206
Relógio de referência, 146
Relógio físico, 233-236
Relógio lógico, 148-152
Relógio Lógicos de Lamport, 148-152, 154, 188
Relógio vetorial, 150-152
Repassador, 101
Repassadores, 89
Repasse garantido, 97
Repasse garantido, 97
Réplica permanente, 180-181, 292
Réplica, iniciada por cliente, 181-182
  iniciada por servidor, 180-182
Replicação parcial, 352
Replicação de aplicações Web, 351-353
Replicação de estado de máquina, 155
Replicação de servidor, Coda, 317-318
Replicação de sistema de arquivo, 314-320
Replicação do lado do servidor, 317-318
Replicação na Web, 346-347
Replicação, ativa, 183, 188
Replicação, sistema de arquivo, 314-320
  aplicações Web, 351-353
  lado do servidor, 317-318
  peer-to-peer,318-320
  sistemas baseados em objeto, 286-287
  Web, 345-353
Representante local, Globe, 272
Reserva de compartilhamento, 313
Resiliência de processo, 198-203
Resolução de nomes, 119-122
  implementação, 124-126
Resolução iterativa de nomes, 124
Resolução recursiva de nomes, 125
Resolvedor de nomes, 124
Resumo de mensagens, 239
Revelação seletiva, 255
Reversão, 223, 224
RISSC (*veja* Interfaces Reduzidas para Componentes de Sistema Seguro)

RMI (*veja* Invocação de Método Remoto)
Rodada, baseada em gossiping, 103
Roteador, CORBA, 281
Roteamento baseado em conteúdo, 364
Roteamento baseado em posição, 157
Roteamento por proximidade, 115
Roteamento, 72
Rótulo, 341
ROWA (*veja* Lê uma-escreve todas)
RPC (*veja* Chamada de Procedimento Remoto)
RPC assíncrona deferida, 81
RPC assíncrona, 80-81
RPC de Computação em Rede Aberta (Open Network
RPC de uma via, 81
RPC em NFS, 303
RPC segura, 323-324
RPC transacional, 12
RPC2 (*veja* Chamada de Procedimento Remoto 2)
RPC2 em NFS, 304-305
RSA (*veja* algoritmo Rivest, Shamir, Adleman)
RSA, 238-239
RTP (*veja* Protocolo de Transporte em Tempo Real)

S

S-box, 237
Script do lado do servidor, 333
Script, lado do servidor, 333
SCS (*veja* Serviço de criação de fatia)
Secure System Component – RISSC, 234
Segundo solar médio, 142
Segundo solar, 142
Segundos extras, 142
Segurança de plataforma, 291
Segurança na Camada de Transporte (Transport Layer Security – TLS), 354
Segurança na Web, 354-355
Segurança para objeto remoto, 294
Segurança, 195
Segurança, 228-266
  controle de acesso, 250-259
  criptográfica, 235-240
  Globe, 291-293
  Globus, 229-232
  introdução, 228-240
  Java, 254-257
  sistema de arquivo, 322-328
Seleção de líder, 31
Seleção de vizinho por proximidade, 115
Sem estado, 40
Semântica ao menos uma vez, 205
Semântica de compartilhamento de arquivo, 310-312
  sessão, 311
  UNIX, 310
Semântica de compartilhamento de arquivos UNIX, 310
Semântica de sessão, 311
Semântica exatamente uma vez, 205
Semântica, compartilhamento de arquivo, 310-312
Seqüenciador, 188
Servente, 26
Serviço complexo, 334
Serviço de arquivo distribuído, 82
Serviço de arquivo remoto, 296
Serviço de Concessão de Tíquetes (Ticket Granting Service – TGS), 249
Serviço de Criação de Fatia (Slice Creation Service – SCS), 61
Serviço de Dados Multimegabit Comutado (Switched Multi-Megabit Data Service – SMDS), 233
Serviço de diretório, 82, 131-132
Serviço de localização Globe, 116-118
Serviço de mensagens, Java, 281
Serviço de segurança, 82
Serviço de Troca de Mensagens Java (Java Messaging Service – JMS), 281
Serviço distribuído de horário, 82
Serviço Web, 331, 333-335
Serviços compostos, 335
Serviços diferenciados, 97
Serviços especiais de localização de réplica, 320
Servidor com estado, 55
Servidor de arquivos, 3, 47, 121, 195, 234, 296-297
Servidor de Autenticação (Authentication Server – AS), 249
Servidor de estrato 1, 146
Servidor de grupo, 199
Servidor de laço de retorno NFS, 302
Servidor de localização, 276
Servidor de origem, 32
Servidor de porção, 300
Servidor de tempo, 145-146

Servidor iterativo, 53
Servidor NFS, 297
Servidor sem estado, 54
Servidor SFS, 325
Servidor, 22, 53-62
  Apache, 337
  multithread, 46-48
  objeto, 273-275
  Web, 336-339
Servidores distribuídos, 57
Servidores multithread, 46-48
Servidores replicados seguros, 247-249
Servidor-raiz, 110
Servlet, 333
Servo, 274
Sessão, 191
SFS (*veja* Sistema seguro de arquivo)
Sincronia virtual, 211-212
  implementação, 214-215
Sincronização de fluxos, 98-100
Sincronização de objeto, 284-285
Sincronização de relógios, 140-147
  sem fio, 146-147
Sincronização, 75, 99, 140-163, 172-173
  algoritmos de eleição, 159-163
  de fluxos, 98-100
  exclusão mútua, 152-157
  objeto, 284
  relógio físico, 141-147
  relógio lógico, 147-152
  sistema de arquivo, 310-314
  Web, 345-346
Sistema assíncrono, 200
Sistema Autônomo (Autonomous System – AS), 179
Sistema de arquivo autocertificador, 325-326
Sistema de Arquivo em Rede (Network File System – NFS), 121, 296
Sistema de Arquivo Google (Google File System –GFS), 299-300
Sistema de arquivo virtual (Virtual File System – VFS), 297
Sistema de execução, Ice, 274-275
Sistema de filas de mensagens, 93-94
Sistema de nomeação, 131
Sistema de Nomes de Domínio (Domain Name System –DNS), 6, 58, 127-131
  espaço de nomes, 127-128
  implementação, 128-131
Sistema de Posicionamento Global (Global Positioning System – GPS), 143-144
Sistema de processamento de transações, 12-14
Sistema de realimentação de controle, 36
Sistema de servidor de borda, 31
Sistema de suporte à decisão, 23
Sistema de transparência à falha, 4
Sistema distribuído aberto, 4
Sistema extensível, 5
Sistema operacional, 43, 77, 234
Sistema síncrono, 200
Sistema X Window, 50-51, 52
Sistemas a prova de silêncio, 197
Sistemas auto*, 35
Sistemas autonômicos, 20
Sistemas centralizados, 1
Sistemas confiáveis, 194
Sistemas de arquivo baseados em clusters, 299-301
Sistemas de arquivo distribuído, 296-329
Sistemas de arquivo seguro, 324
Sistemas de computação distribuídos, 10-12
Sistemas de informação distribuídos, 12-15
Sistemas distribuídos baseados em
  coordenação, 357-376
  arquiteturas, 358-364
  comunicação, 364-365
  consistência e replicação, 367-371
  introdução, 357-358
  nomeação, 365-367
  segurança, 374-375
  tolerância à falha, 371-374
Sistemas distribuídos baseados em objeto, 268-295
  consistência, 285-288
  replicação, 286-288
  segurança, 291-294
  tolerância à falha, 288-291
Sistemas distribuídos, 1
  baseados na Web, 330-355
  ciladas, 9
  colaborativos, 31-32
  comunicação, 69-106
  consistência e replicação, 165-192
  definição, 1
  domésticos, 15-16
  metas, 2-10
  nomeação, 109-138
  pervasivos, 15-16
  processos, 42-68
  segurança, 228-266
  sincronização, 140-163

sistemas baseados em objeto, 268-295
sistemas de arquivo, 296-329
threads, 46-48
tipos, 10-18
tolerância à falha, 194-227
virtualização, 48-49
Sistemas monoprocessadores, 1
Sistemas para tratamento de saúde, 16-17
Sistemas peer-to-peer, 26-31
  alta disponibilidade, 322
  estruturado, 27-28, 319-320
  não estruturado, 319
  replicação de arquivo, 318-320
  segurança, 327
Sistemas peer-to-peer, não estruturados, 28-29
Sistemas publicar/subscrever, 15, 21, 91, 358
Site espelhado, 180
SMDS (*veja* Serviço de Dados Multimegabit Comutado)
SOAP (*veja* Protocolo Simples de Acesso a Objeto)
Software adaptativo, 34-35
Solução baseadas em ficha, 152
Soma de verificação, 71
Sombra, 248
Soquetes Berkeley, 85
Squid, 336
SRM (*veja* Multicast Confiável Escalável)
SSL (*veja* Camada de Soquetes Seguros)
Stub de cliente, 76-77
Subfluxo, 96
Subobjeto de comunicação, Globe, 272
Subobjeto de controle, Globe, 272
subobjeto de semântica , Globe, 272
Subobjetos de replicação, Globe, 272
Subobjetos Globe, 272
Subscrição, 358
Sujeito, 250, 361
Superpar, 30-31, 161
Superservidor, 54
Supressão de retorno, 209

T

Tabela de derivações, 114
Tabela de diretório, 118
Tabela de Hash Distribuída (Distributed Hash Table X –DHT), 27, 113-115, 134-136
  segura, 326-327
Tabela de processos, 42
TAI (*veja* Horário Atômico Internacional)
Tamanho de janela, 349
TCB (*veja* Base de computação confiável)
TCP (*veja* Protocolo de Controle de Transmissão)
Técnica de desmembramento de arquivos em tiras, 299
Técnicas de escalabilidade, 7-9
Tempo Médio até a Falha (Mean Time To Failure – MTTF), 373
Tempo Médio até o Conserto (Mean Time To Repair – MTTR), 373
Temporizador, 141
Terminais clientes magros, 25, 51-52 (minimizados)
Terminal, 54, 84
Texto cifrado, 235
Texto comum, 235
TGS (*veja* Serviço de concessão de bilhetes de entrada)
THINC, 52
Thread operário, 47
Thread, 42-48
  implementação, 44-46
  operário, 47
  sistemas distribuídos, 46-48
TIB/Rendezvous, 361
Tipo MIME, 331-332
Tíquetes, 242, 249
TLS (*veja* Segurança na Camada de Transporte)
TMR (*veja* Redundância Modular Tripla)
Tolerância a falha BAR, 202
Tolerância a falha na Web, 353-354
Tolerância a falha, 194-227
  comprometimento distribuído, 215-220
  comunicação cliente-servidor, 203-207
  comunicação de grupo, 207-215
  conceitos básicos, 194-198
  CORBA, 288-290
  introdução, 194-198
  Java, 290
  recuperação, 220-226
  resiliência de processo, 198-203
  sistema de arquivo, 320-322
  sistemas baseados em objeto, 288-290
  Web, 353-354
Tolerância a Falhas Bizantinas (Byzantine Fault Tolerance – BFT), 354
Transação aninhada, 13
Transação atômica, 13

Transação distribuída, 12
Transações de serializáveis, 13
Transferência de mensagens, 282-283
Transferência de zona, 128
Transferência TCP, 57, 338
Trânsito solar, 142
Transparência, 3
  acesso, 3
  concorrência, 3
  distribuição, 3-4, 52-53
  falha, 4
  grau de, 4
  localização, 3
  migração, 3
  relocalização, 3
  replicação, 3
Travamento de arquivo, 312-314
Troca de chaves Diffie-Hellman, 259
Troca de mensagens, baseada em objeto, 280-281
Troca em estilo coloquial, 343
Troca em estilo RPC, 343
Trocas Multiuso do Correio da Internet, 331
Tuplas, 358

U

UDDI (*veja* Integração Universal de Diretório e Descoberta)
UDP (*veja* Protocolo Universal de Datagrama)
Unicast, 184
Universal plug and play, 15
UPnP (*veja* Universal Plug aNd Play)
URI (*veja* Identificador Uniforme de Recurso)
URL (*veja* Localizador Uniforme de Recurso)
URN (*veja* Uniform Resource Name)
UTC (*veja* Hora Coordenada Universal)

V

Variáveis de sincronização, 173
Verificação de inclusão de consulta, 353
Verificação pontual, 222-224
  coordenada, 224
  independente, 222-223
Verificador de código de byte, 255
Vetor de versões Coda, 318
VFS (*veja* Sistema de Arquivo Virtual)
Vida útil de certificados, 261
Vinculação nome-endereço, 110
Vinculação por identificador, 65
Vinculação por tipo, 65
Vinculação por valor, 65
Vinculação segura de objeto, 291
Vinculação, 39, 82, 275-276, 343
  objeto, 269, 276-278
  objeto, explícito, 276
  objeto, implícito, 275
Virtualização de recursos, 48
Virtualização, 48-50
Visão do grupo, 211
Visão parcial, 28, 136, 363
Visão, 185
VMM (*veja* Monitor de Máquina Virtual)
Volume, Coda, 317
Votação, 188
Vserver, 60
VSG (*veja* Grupo de armazenamento de volume)

W

WAN (*veja* Rede de longa distância)
WebDAV, 346
WebSphere MQ, 91-95
WSDL (*veja* Linguagem de definição de serviços Web)
WWW (*veja* World Wide Web)

X

XML (*veja* Linguagem extensível de marcação)
XTI (*veja* Interface de transporte X/Open)

Z

Zonas, 8, 123

Sobre os autores

Andrew S. Tanenbaum é bacharel em ciências pelo M.I.T. e doutor pela Universidade da Califórnia em Berkeley. Atualmente é professor de ciência da computação na Vrije Universiteit em Amsterdã, Holanda, onde ministra cursos muito concorridos sobre sistemas operacionais, organização de computadores e redes a milhares de estudantes há mais de trinta anos. Além disso, é autor e co-autor de cinco livros traduzidos para mais de vinte idiomas e usados no mundo inteiro. Também é o autor do MINIX, a inspiração e a base sobre o qual o Linux foi desenvolvido.

Maarten Van Steen estudou matemática aplicada na Twente University e é doutor em ciência da computação pela Leiden University. Atualmente é professor na Vrije Universiteit, Amsterdã, e trabalha com sistemas distribuídos de grade escala. Leciona as disciplinas de sistemas operacionais, redes de computadores e sistemas distribuídos.